Paradijzen van weleer

E.M. Beekman

Paradijzen van weleer

Koloniale literatuur uit Nederlands-Indië, 1600-1950

Vertaald door Maarten van der Marel en René Wezel

1998 Prometheus Amsterdam

Aan Rob Nieuwenhuys

Deze publicatie is totstandgekomen met financiële steun van het Prins Bernhard Fonds.

De vertalers bedanken Geert Prins voor het terugvinden van vele citaten en
Eli ten Lohuis voor het kritisch nalezen van delen van de vertaling.

Oorspronkelijke titel *Troubled Pleasures. Dutch Colonial Literature from the East Indies, 1600-1950*

Omslagontwerp Erik Prinsen, Zaandam
Foto achterplat Lida Moser
ISBN 90 5333 593 5

VERANTWOORDING

Een boek van deze omvang vraagt tijd en geld. De volgende instellingen boden in belangrijke mate steun. Van 1989-1990 was ik 'Fellow' aan het NIAS (Netherlands Institute for Advanced Study in the Humanities and Social Sciences) in Wassenaar: mijn dank gaat uit naar de staf en speciaal naar de directeur, prof.dr D.J. van de Kaa. In november en december 1989 had ik het voorrecht als intern onderzoeker verbonden te zijn aan het Bellago Study and Conference Center van de Rockefeller Foundation in Villa Serbonelli aan de oevers van het Comomeer. Het was treurig dat dit volmaakte verblijf werd gevolgd door de dood van Roberto Celli. Hij en zijn vrouw waren het type zeer hartelijke gastheer en gastvrouw dat men niet gauw vergeet. Als 'Research Scholar' kon ik gedurende de herfst van 1989 dankzij een Fulbright Grant belangrijk onderzoek verrichten in Nederlandse bibliotheken. De beproevingen van de publicatie van dit boek werden aanzienlijk verlicht door de deskundige en loyale steun van de heer F. Ligtvoet en mevrouw R. Wester van het Nederlands Literair Productie- en Vertalingenfonds in Amsterdam. De financiële steun van het fonds maakte de publicatie mogelijk en ik ben dankbaar voor deze ruimhartige medewerking. In 1993 stelde de Netherland-American Foundation in New York op tijd een toelage ter beschikking als tegemoetkoming in de kosten van de voorbereiding van het manuscript.

Delen van dit boek zijn eerder verschenen in een andere vorm. Ik dank de uitgevers van de volgende tijdschriften voor hun toestemming die vroegere teksten te gebruiken: *Canadian Journal of Netherlandic Studies* 12 (1991), 2; *Dutch Crossing* 42 (1990); *Semian* 4; en drie artikelen in *Indonesia* 34, 37 en 42. In het bijzonder dank ik Bruce Wilcox, de directeur van de University of Massachusetts Press, voor zijn toestemming gebruik te maken van al het benodigde materiaal uit de twaalfdelige reeks 'Library of the Indies', die ik tussen 1981 en 1988 publiceerde. Ik stel de vriendelijkheid, behulpzaamheid en deskundigheid van de heer Wilcox ten zeerste op prijs. Met het nuttige commentaar van prof.dr Reinier Salverda werd de laatste revisie van het boek vergemakkelijkt.

Ten slotte wil ik dr E.M. Joon bedanken, wiens belangstelling voor de Nederlandse koloniale literatuur in het algemeen en voor dit project in het bijzonder onmisbaar was. Zijn vertrouwen en aanmoediging zijn van blijvende waarde.

E.M.B.

ACKNOWLEDGMENTS

INHOUD

EEN OPMERKING OVER DE SPELLING

Ik heb in deze studie de oude spelling van Indische namen en begrippen aangehouden omdat deze in alle besproken teksten wordt gebruikt en alle secundaire literatuur van voor de Tweede Wereldoorlog in de oude spelling is gedrukt. De ongespecialiseerde lezer kan daardoor de bronnen gemakkelijker terugvinden. Degenen die de equivalenten in het moderne Bahasa Indonesia willen weten, dienen rekening te houden met de volgende wijzigingen: de voormalige spelling tj (tjemar) is nu c (cemar); dj (djoeroek) is nu j (jeruk); ch (chas) is nu kh (khas); nj (njai) is nu ny (nyai); sj (sjak) is nu sy (syak), en oe (soedah) is nu u (sudah).

Em seu trono entre o brilho das esferas,
Com seu manto de noite e solidão
Tem aos pés o mar novo e as mortas eras –
O único imperador que tem, deveras,
O globo mundo em sua mão.

PESSOA

Traigo todas las Indias en mi mano.

QUEVEDO

Batavia te sourirait peut-être davantage?
Nous y trouverions d'ailleurs l'esprit de l'Europe
marié à la beauté tropicale.

BAUDELAIRE

The wayside magic, the threshold spells,
Shall soon undo what the North has done –
Because of the sights and the sounds and the smells
That ran with our youth in the eye of the sun.

KIPLING

De zee is leeg, de schepen zijn verbrand.

VROMAN

I

INLEIDING

I

LITERAIRE UITGANGSPUNTEN

Literatuur is het voornaamste in dit boek. Deze literatuur is een bepaald corpus: teksten die geschreven zijn door Europese kolonisten in het voormalige Nederlands Oost-Indië tussen 1600 en de Tweede Wereldoorlog. Mijn algemene stellingen zijn dat koloniale literatuur stilistisch voortkomt uit de scheepsjournaals; dat reeds in de zeventiende eeuw uitzonderlijke geschriften zijn geproduceerd, ook al is er nog geen normale fictie, poëzie of toneelliteratuur; dat er in de tweede helft van de achttiende en de eerste helft van de negentiende eeuw een opvallende daling van niveau en productiviteit plaatsvond; dat er een renaissance plaatsvond in de tweede helft van de negentiende eeuw en men in de eerste decennia van de twintigste eeuw een nieuw hoogtepunt van koloniale literatuur aantreft. Mijn bedoeling is aan te tonen dat deze auteurs en deze teksten onderdeel uitmaken van een breder literair spectrum, dat deze teksten niet in vergetelheid hoeven te raken als bewijsstukken voor een ideologische discussie en dat het in de allereerste plaats voortreffelijke literaire werken op zich zijn.

Enkele waarschuwingen zijn op hun plaats. Hoewel ik geen enkele kritische theorie in het bijzonder volg, heb ik als mij dat uitkwam van aspecten van diverse theorieën gebruikgemaakt. Soms was semiotische interpretatie nuttig, evenals Bakhtins romantheorie. De laatste was vooral interessant aangezien de meeste Nederlandse koloniale literatuur proza is, waarvan het grootste deel verhalend proza. Omdat ik bovendien niet mag aannemen dat eenieder bekend is met de geschiedenis van het koloniale Nederlands Oost-Indië, of op de hoogte is van de biografische bijzonderheden van bepaalde personen, heb ik mij gedrongen gevoeld deze literatuurstudies aan te vullen met historische en biografische gegevens. Om een algemeen kader te bieden, laat ik de literaire bespreking voorafgaan door een algemeen historisch overzicht. Er is tevens sprake van een zekere herhaling van feitelijkheden; dit is opzettelijk gedaan omdat men anders in een overmaat aan nieuwe gegevens snel het spoor bijster raakt.

De ondertitel bevat nog een waarschuwing. Ik kon dit boek geen 'geschiedenis' van de Nederlandse koloniale literatuur noemen, omdat het niet alomvattend is. Hiervoor is een goede reden. Een opsomming van chronologische feiten met betrekking tot een onderwerp dat men niet gemakkelijk leert kennen, demonstreert alleen dat men de wetenschappelijke logistiek beheerst. Als het onderwerp onbekend is, heeft dit weinig zin. De lezer zou bedolven worden onder een overvloed aan namen en titels waarvan sommige nog geen serieuze aandacht vereisen. Als een bepaald corpus nog grotendeels onbekend is, dient men zich aanvankelijk te beperken tot de behandeling van de beste teksten. Dit is het geval met de Nederlandse koloniale literatuur, speciaal met betrekking tot een Engelssprekend publiek. Zelfs in Nederland bestaat maar één belangrijke uitgebreide studie: Rob Nieuwenhuys' baanbrekende *Oost-Indische Spiegel* (1972; derde, bijgewerkte en herziene druk 1978). Dit is een uitgebreide literatuurgeschiedenis waarin non-fictie is opgenomen die eerder niet als serieus materiaal zou zijn getolereerd. Nieuwenhuys schreef voor een publiek waarvan mocht worden aangenomen dat het een aantal literaire, sociale en historische feiten kende. Hij kon gebruikmaken van een kennis van de beeldspraak van de taal die ik mis, maar was anderzijds beperkt door een uitsluitend Nederlands referentiekader. Hoewel ik ten aanzien van het eerste word gehinderd door een tekort aan kennis, heb ik meer speelruimte ten aanzien van het laatste.

Dat Nieuwenhuys uitging van de kennis van zijn lezers, is ten dele toe te schrijven aan het feit dat de meeste belangrijke koloniale auteurs beter bekend zijn als meesters van de moderne Nederlandse literatuur. Het is bijvoorbeeld nauwelijks omstreden dat vier koloniale romans ook klassieke meesterwerken van de moderne Nederlandse literatuur zijn: Multatuli's *Max Havelaar* (1860), Louis Couperus' *De stille kracht* (1900), E. du Perrons *Het land van herkomst* (1935) en Maria Dermoûts *De tienduizend dingen* (1955). Andere auteurs die in dit boek worden besproken zijn eveneens geaccepteerd als belangrijke stemmen uit de Nederlandse literatuur van verleden en heden, maar andere worden noodzakelijkerwijs genegeerd. Een voorbeeld is Hella S. Haasse, een romanschrijfster die in 1918 in de voormalige hoofdstad van de kolonie werd geboren en het grootste deel van haar kindertijd en jeugd op Java doorbracht. Haar eerste belangrijke publicatie was een novelle, *Oeroeg* (1948); hierin werd de problematische vriendschap beschreven tussen de zoon van een koloniaal en een Indonesische patriot. De volgende twintig jaar kreeg ze faam als schrijfster van historische romans en ze schreef pas weer over Indonesië in het reisverhaal *Krassen op een rots. Notities bij een reis op Java* (1970). Toen de belangstelling voor het Nederlandse koloniale verleden weer toenam, keerde Haasse opnieuw naar haar geboorteland terug met autobiografische teksten verzameld in *Een handvol achtergrond* (1993) en de historische roman *Heren van de thee* (1992). Er zijn veel andere auteurs die als 'koloniale schrijvers' kunnen worden geclassificeerd maar niet worden besproken vanwege de aangegeven afgrenzing. Allen maken echter deel uit van een veel grotere groep aangezien er ook een aanzienlijke hoeveelheid koloniale literatuur uit het Caribische gebied (Nederlandse Antillen) en Suriname bestaat, evenals een geringer aantal bijdragen in verband met de koloniale presentie van Nederland in Brazilië, Guinea, Zuid-Afrika, New York en Ceylon, om enkele plaatsen te noemen. Maar zelfs als we ons beperken tot Nederlands Oost-Indië zijn de aantallen afdoende. Toen Nieuwenhuys in 1974-1975 een vierdelige bloemlezing van literatuur uit Indië publiceerde, bevatte deze werk van vijfenvijftig auteurs. Op de keper beschouwd kan gemakkelijk worden aangetoond dat dit geen definitief aantal was.

Hoewel niet al deze auteurs in dit boek kunnen worden besproken, hoop ik in grote lijnen de structuur en ontwikkeling van de Nederlandse koloniale literatuur te kunnen aangeven, welke mogelijk ook op andere koloniale literaturen van toepassing is.

Van aanzienlijk belang is de bewering dat de Nederlandse koloniale literatuur veel vernieuwender was dan men tot nu toe vermoedde. Men zou zelfs kunnen stellen dat de stijl van het moderne Nederlandse proza in Indië ontstond via Multatuli's *Max Havelaar.* Het mooiste voorbeeld van een moderne vorm als de autobiografie was E. du Perrons *Het land van herkomst*, terwijl Alberts' *De eilanden* ongetwijfeld een van de welsprekendste moderne teksten is. Naar mijn mening is de Nederlandse koloniale literatuur een onderdeel van de Romantiek en mogelijk de enige duidelijke en doorlopende romantische traditie van Nederland. De Nederlandse literatuur was opvallend afkerig van de resultaten van de romantische beweging,[1] maar in de tropen was de gevoelsmatige impuls meer aanvaardbaar en werd hij minder gauw onder censuur geplaatst. Misschien verleende de onverschilligheid ten aanzien van wetenschappelijke normen in de Aziatische kolonie de schrijver een vrijheid die zijn Europese collega miste. De westerse onderworpenheid aan Ixions rad van de wetenschappelijke mode bestond in de kolonie niet; het koloniale dogma was politiek, niet cultureel van aard. De koloniale schrijver was de vreemde eend in de bijt, een marginaal geval dat grotendeels werd genegeerd; maar deze zelfde onverschilligheid gaf zijn fantasie veel meer flexibiliteit naar vorm en uitdrukking dan op een vergelijkbaar tijdstip ginds in Europa waarschijnlijk was. Terwijl fantasievol ondernemen bij de aanvang van het kolonialisme centraal stond, werd het al spoedig een sta-in-de-weg en werden innovatie en durf ondergebracht bij de schrijver, een subversief element aan het einde van de negentiende en het begin van de twintigste eeuw. Vanaf het begin was er een tegenspraak in het spel.

In zijn heldere studie *Dreams of Adventure, Deeds of Empire* bespreekt Martin Green het verband tussen avonturenverhalen en het Britse imperialisme.[2] Hoewel de redenen voor de vestiging van een kolonie in de tropen uitsluitend met de handel te maken hadden, was de oorspronkelijke stimulans afkomstig van wat Green de 'aristomilitaire kaste' noemt. Deze twee krachten waren zelden in evenwicht en zij schiepen een spanningsveld dat aanvankelijk constructief was maar onvermijdelijk antagonistisch ging werken. En hoewel het aristocratische element in de Nederlandse geschiedenis en samenleving veel minder sterk aanwezig was, kan men sommige parallellen met Engeland niet ontkennen. Vooral in de eerste anderhalve eeuw van Nederlands kolonialisme boden de Indische koloniën jongemannen van eenvoudige sociale afkomst een mogelijkheid te streven naar een leven dat thuis in Europa alleen de betere standen zich konden veroorloven, en die ook werkelijk te realiseren. Steeds weer hoort men van eerzuchtige jonge Hollanders die een aanzienlijke positie in de koloniale hiërarchie veroveren. Genoemd mogen worden figuren als Coen, Camphuys, Anthonie van Diemen, Frederick de Houtman of Eduard Douwes Dekker. Zo'n sprookjesachtig bestaan werd het voornaamste onderdeel van een mythe die, ironisch genoeg, slechts diende tot versterking van het kapitalisme van de middenklasse. Wat Green vermeldt over Brits-Indië gold ook voor Nederlands Oost-Indië: ook daar kon je de 'living promise of lordship or royalty' aantreffen.[3] Dit aspect vertegenwoordigde altijd, ten goede of ten kwade, de romance van het kolonialisme. Maar het was ook bedrieglijk omdat het doel, hoe aanlokkelijk ook, geen romantisch genot maar harde pecunia was. En het laatste compromitteerde bijna altijd het eerste.

De aanvankelijke energie van moedige individualisten die tegen de stroom in roeiden, was in het eerste kwart van de negentiende eeuw geworden tot een sta-in-de-weg voor een overheidsstelsel waarin regelmaat, voorzichtigheid en de status-quo tot instellingen waren geworden. De koloniale realiteit was nu een bureaucratische hiërarchie, moedige daden werden in de kiem gesmoord, en welwillend conformisme had de troon veroverd van de alleenheerser die, hoe inhalig ook, open geweest was over zijn plannen. Aristocratie betekende nu meestal dat je de juiste connecties moest hebben. Het begrip zelf moest opnieuw onder woorden worden gebracht. Gedurende de negentiende eeuw kreeg het nieuw leven als een adeldom van idealisme met de daarmee gepaard gaande minachting voor de onbeschaafde hiërarchie van de klerken. Of het kon de vorm aannemen van een bewust isolement getypeerd door een bepaalde levensstijl, een minachting voor conventies die een excentriciteit mogelijk maakte die tevoren tot de betere standen beperkt was. De leden van deze in zichzelf gekeerde en subversieve aristocratie, geadeld door haar afwijkende mening, waren wat Hannah Arendt noemde de 'tragische en wereldvreemde dwazen van het imperialisme'.[4] De nakomelingen van de oude zeelieden en rovers waren noodzakelijkerwijs intellectuele iconoclasten en ontevreden schrijvers geworden. De werkelijkheid zou nooit meer een romance zijn.

Het voorgaande is waar tot aan de Tweede Wereldoorlog. Na de oorlog wisten we dat een tijdperk van betrekkelijke onschuld voor altijd voorbij was. Het tegenwoordige kwaad was een kwaad dat die vroegere tijd zich nooit had kunnen voorstellen. De literatuur van de moderne Romantiek en de beste koloniale literatuur behoren wezenlijk tot die verwarde tijd. En toch krijgen we vandaag bij lezing nostalgische gevoelens. De reden is een zekere onschuld, ondanks zeer reële overtredingen.

In Nederland noemde men dit tempo doeloe – de tijd van weleer. Aan het einde van de twintigste eeuw houdt dit meer in dan droefheid over het verlies van bepaalde voorrechten: het verwijst naar een schrijnend besef dat een tijdperk onherroepelijk voorbij is, om nooit terug te keren. Op z'n slechtst is de neerslag van deze ervaring sentimenteel zelfmedelijden, maar op z'n best is het de poëzie van een verdwenen tijdperk, van het voorbijgaan van een tijd toen zowel morele als ideologische problemen harder en duidelijker waren.

Koloniale literatuur – en Nederlandse koloniale literatuur in het bijzonder – kent zowel individuele variatie als een duidelijk beroep op orde. Ze is veel meer dan een eigenaardige regionale literatuur, omdat ze handelt over enkele van de belangrijkste thema's van de moderne literatuur: twijfel, ontevredenheid, vervreemding, herinnering en tijd. Als zodanig vertoont ze overeenkomst met de literatuur van het Zuiden van de Verenigde Staten. De Nederlandse koloniale literatuur heeft nog meer aspecten met de Amerikaanse literatuur gemeen, waarvan het overheersende romanticisme en de toewijding aan de natuur niet de minste zijn.

Maar ongeacht de literaire traditie waarmee men haar wenst te vergelijken, was de koloniale literatuur altijd een bijkomstige literatuur in de zin dat ze noch deel uitmaakte van de inheemse traditie noch volledig werd erkend door Europa. Haar genoegens waren nooit onverdeeld, omdat zekerheid en bevestiging onmogelijk verkrijgbaar leken. Toch hoefde ze zich nooit te verontschuldigen, omdat haar mooiste teksten, net als elke andere tekst in welke taal dan ook, getuigenis afleggen van de blijvende kracht van de menselijke verbeelding.

2

ALGEMENE HISTORISCHE INLEIDING

De voormalige kolonie Nederlands Oost-Indië, thans beter bekend als de Republiek Indonesië, is een rijk van 13.670 eilanden, ruwweg een kwart van de grootte van het vasteland van de Verenigde Staten. Het bestaat uit de vier Grote Soenda-eilanden – Sumatra, groter dan Californië, Java, drieënhalfmaal zo groot als Nederland, Borneo (tegenwoordig Kalimantan), ongeveer zo groot als Frankrijk; en Celebes (tegenwoordig Sulawesi), ongeveer zo groot als Groot-Brittannië. Ten oosten van Java ligt een rij kleinere eilanden, de Kleine Soenda-eilanden genaamd, waartoe Bali, Lombok, Soemba, Soembawa, Flores en Timor behoren (nu zonder Bali samen bekend onder de naam Nusa Tenggara). Verder naar het oosten van de Kleine Soenda-eilanden ligt Nieuw-Guinea, thans Irian Jaya (West-Irian), het op één na grootste eiland ter wereld. Tussen Nieuw-Guinea en Celebes ligt een menigte kleinere eilanden, vaak de Molukken (Maluku) genoemd, waartoe een groep behoort die ooit beroemd was als de Specerij-eilanden.

De Maleise archipel is een van de meest vulkanische gebieden ter wereld, het klimaat is tropisch en de bevolking gevarieerd. In Indonesië worden meer dan 300 talen gesproken en het is opmerkelijk dat een bevolking die bestaat uit zulke uiteenlopende culturen en etnische achtergronden vanaf omstreeks de vijftiende eeuw het Maleis als lingua franca heeft aangenomen, hoewel die taal aanvankelijk alleen in delen van Sumatra en het Maleise schiereiland (thans Maleisië) werd gesproken.

Hoewel Java het kleinste van de Grote Soenda-eilanden is, was het altijd het dichtst bevolkte eiland: hier leeft ongeveer twee derde van alle Indonesiërs. In veel opzichten is een geschiedenis van Indonesië in de allereerste plaats de geschiedenis van Java. Maar Java's prominente rol is misleidend omdat deze geen recht doet aan de grote diversiteit van dit eilandenrijk. Zo was de bestemming van de eerste Europeanen die naar Zuidoost-Azië zeilden niet Java maar de Molukken. Het waren de kruidnagel, de nootmuskaat en de foelie die de Portugezen aan het begin van de zestiende eeuw naar een groep kleine eilanden in de Ceramzee en de Bandazee lokten. Ook peper was een goede handelswaar en pogingen om deze te verkrijgen brachten de Portugezen in botsing met Atjeh (Aceh), een islamitisch sultanaat in Noord-Sumatra, en met Javaanse handelaars die, samen met kooplieden uit India, de traditionele tussenpersonen van de specerijenhandel waren. Het precedent van Europese interventie was geschapen en de Europese aanwezigheid zou bijna vier eeuwen gehandhaafd blijven.

Hoewel de daaropvolgende geschiedenis qua oorzaken en gevolgen gecompliceerd is, kunnen enkele grote lijnen worden getrokken. Het Maleise rijk was in wezen een kustrijk. Zelfs op Java was het binnenland dunbevolkt en praktisch onbekend terrein voor de buitenlandse indringers uit China, India en Europa. Wie de zee beheerste, beheerste de archipel en gedurende de volgende drie eeuwen was de sleutel die nodig was om de rijkdommen van Indonesië te ontsluiten de heerschappij over de Indische Oceaan. De volken die daarin slaagden waren achtereenvolgens Portugal, Nederland en Groot-Brittannië, en men kan de verschuiving van de macht aflezen aan de opkomst en ondergang van hun grote steden in het Oosten. Goa, Portugals bolwerk in India, maakte plaats voor Batavia in Nederlands Oost-Indië, terwijl Batavia aan het eind van de negentiende eeuw door Singapore in de schaduw werd gesteld. Hoewel het alle drie betrekkelijk kleine landen waren, waren het maritieme reuzen. Hun succes was ten dele te danken aan de verwoestende oorlogen tussen de talloze stadstaten, vorstendommen en inheemse machthebbers. De Nederlanders waren er meesters in hen tegen elkaar uit te spelen.

Religie was een belangrijke factor in de lotgevallen van Indonesië. De Portugese expansie was gedeeltelijk het gevolg van Portugals kruistocht tegen de islam, die al net zo wreed en onverzoenlijk was als de heilige oorlog van de moslims. De islam kan gezien worden als een bindende kracht in de archipel; hij verenigde alle lagen van de maatschappij en bood een concentratiepunt voor verzet tegen vreemde indringers. Evenals de Maleise taal op linguïstisch gebied een verenigende kracht was geweest, bleek de islam dit op politiek gebied te zijn als er verder geen verenigd front bestond. Een van de oorzaken van de ondergang van Portugal was de onbuigzame houding tegenover de islam, en de Nederlanders kwamen later in aanraking met een verzet tegen hun regime dat werd gevoed door religieuze hartstocht naast politieke ontevredenheid.

De Nederlanders waagden de reis naar hun tropische antipoden niet alleen omdat hun grote tegenstander, Filips II van Spanje, Portugal annexeerde en hun de toegang tot Lissabon ontzegde. De Verenigde Nederlanden waren een volk van kooplieden, een doorvoerland voor Noord-Europa dat zelf wilde doorstoten tot de bronnen van de tropische rijkdom. Nederlandse zeevaarders en handelaars kenden de plaats van het legendarische Indië; ze waren goed op de hoogte van de Portugese prestaties op zee en tot hun rangen behoorden personen die voor de Portugezen hadden gewerkt. Filips II versnelde alleen een proces dat onvermijdelijk was.

Eerst rustten diverse zelfstandige ondernemingen schepen uit en stuurden deze naar het Verre Oosten in een verre van lucratief vertoon van vrije ondernemersgeest. De aankomst van de Nederlanders in de archipel was evenmin veelbelovend, hoewel zij misschien symbolisch was voor volgende ontwikkelingen. In juni 1596 ging een Nederlandse vloot van vier schepen bij Java voor anker.

Zinloos geweld en een algeheel gebrek aan respect voor plaatselijke gewoonten maakten dat de Nederlanders op deze kusten niet welkom waren.

Gedurende de zeventiende eeuw breidden de Nederlanders hun invloed in de archipel uit door hun superioriteit ter zee, door middel van gewapende interventie, die dikwijls meedogenloos was, en door het spelen van sluwe politieke spelletjes en het uitbuiten van plaatselijke geschillen. Hun zaak werd bevorderd doordat het aan een samenhangend verzet ontbrak. Maar de zeventiende eeuw kende ook een aantal mensen die het nieuwe gebied wilden leren kennen, die de taal en de zeden van de mensen die zij ontmoetten onderzochten en die de flora en fauna bestudeerden. Deze mannen plaatsten niet alleen Indië op de kaart van de handelsroutes, maar brachten ook niet-commerciële rijkdommen in kaart.

Het werd de Hollanders spoedig duidelijk dat de afzonderlijke ondernemingen weinig welvaart opleverden. In 1602 slaagde Johan van Oldenbarneveldt, de landsadvocaat van de Verenigde Provinciën (de invloedrijkste staatsman op dat moment), erin een contract tot stand te brengen waarin inderdaad al deze afzonderlijke ondernemingen opgingen in één Verenigde Oost-Indische Compagnie, beter bekend onder de afkorting VOC. De fusie zorgde voor een monopolie in het vaderland en de Compagnie ging op jacht naar een soortgelijke situatie in Indië. Dit streven naar exclusieve rechten op de productie en verhandeling van specerijen en andere goederen bleek een tweesnijdend zwaard te zijn.

Dankzij haar onafgebroken alertheid op zeevaartgebied en omdat Indië een instabiel gebied was, slaagde de VOC erin Europese competitie af te schrikken. En zelfs hoewel de Compagnie alleen in haar eigen jaarrekening geïnteresseerd was, kwam ze spoedig tot de ontdekking dat ze te maken had met een groeiend imperium en een indolente bureaucratie die in de achttiende eeuw niet alleen onhanteerbaar maar ook gevoelig voor omkoperij en afpersing werd. Verder hield de Compagnie, hoewel de winsten veel lager waren dan de geruchten wilden, haar dividenden kunstmatig hoog en werd ze spoedig gedwongen geld te lenen om de rente op voorgaande leningen te kunnen betalen. Toen de Hollandse suprematie ter zee in 1780 serieus door de Engelsen werd aangetast, konden de schepen van de Compagnie de thuishaven niet bereiken vanwege een blokkade en nam het verschil tussen kapitaal en uitgaven dramatisch toe, totdat het tekort van de Compagnie zo groot was dat ze staatshulp moest aanvragen. In 1799 hield de Compagnie, na bijna twee eeuwen, op te bestaan. Haar schuld van 140 miljoen gulden werd door de staat overgenomen en de handelsonderneming werd een koloniaal rijk.[1]

Aan het begin van de negentiende eeuw was de Nederlandse invloed nog altijd bepaald door het kustkarakter van het gebied. Men kan zeggen dat de Nederlandse aanwezigheid in de archipel drieënhalve eeuw duurde, maar als men kolonialisme definieert als de onderwerping van een vollédig gebied en laat beginnen bij de tijd toen het laatste onafhankelijke domein werd veroverd – Atjeh (Aceh) in Noord-Sumatra in 1909 – dan bestond het Nederlandse koloniale rijk minder dan een halve eeuw. Van effectief bestuur was alleen sprake voor de Molukken, bepaalde delen van Java (in geen geval het hele eiland), een zuidelijk deel van Celebes en sommige kustgebieden van Sumatra en Borneo. Toch is het ook waar dat Nederland juist omdat Indonesië een eilandenrijk was, nooit een groot leger op de been hoefde te brengen zoals de Engelsen op het grote subcontinent van India. In de uitgestrekte binnenlanden van eilanden als Sumatra, Borneo of Celebes drong men niet door, omdat de exploratie van dergelijke gebieden voor de handelsbelangen van het zeevarende rijk niet winstgevend en dus niet gewenst was.

Het karakter van de Nederlandse betrokkenheid veranderde met de ambtsperiode van Herman Willem Daendels als gouverneur-generaal, kort na de Franse Revolutie. In 1795 verklaarde de Nederlandse Republiek zich tot een democratisch met Frankrijk verbonden land – wat een directe confrontatie met Engeland inhield – en tot 1810 was het praktisch een vazalstaat van Frankrijk. Hoewel hervorming, liberale programma's en mensenrechten in Europa luidkeels werden verkondigd, schenen deze niet van toepassing te zijn op de Aziatische tak van de mensheid. Daendels was een voorbeeld van deze dubbele moraal. Hij gaf blijk van hervormingsgezindheid, hetzij in werkelijkheid of op papier, maar deed dat op een heerszuchtige manier en zonder enig respect voor inheemse gewoonten en wetten (de zogenaamde adat). Stamford Raffles, de voornaamste bestuurder van de Britse interimregering van 1811 tot 1816, breidde Daendels vernieuwingen uit, onder andere met belastinghervorming en de invoering van het landrentestelsel gebaseerd op de gedachte dat al het land eigendom was van het koloniale bestuur. Tegen de tijd dat de Nederlandse koloniën in 1816 werden heroverd, was elke gelijkenis met de voormalige Compagnie verdwenen. In plaats daarvan bestond er een stevig gevestigd, paternalistisch koloniaal bestuur dat regeerde bij decreet en regelgeving, een enorme bureaucratie in stand hield en probeerde de koloniën winstgevend te maken alsmede de levenswijze van de inwoners wettelijk te regelen.

De rest van de negentiende eeuw werden door een gecentraliseerd gezag van bovenaf veranderingen opgelegd die vaak rechtstreeks in strijd waren met het Javaanse leven en welzijn. Een dergelijke verandering, die geacht werd het inkomen van de Javaanse boer te vergroten en zijn leven te verbeteren, was het beruchte 'cultuurstelsel'.[2] Onder dit stelsel moesten de Javanen marktgewassen zoals suikerriet of indigo kweken die weliswaar winstgevend waren op de wereldmarkt maar weinig praktisch nut voor de Javanen hadden. In feite betekende dit dwangarbeid en uitbuiting van het hele eiland alsof het een feodale staat was. Het stelsel bleek voordelig voor de Nederlanders en omdat er diverse gewassen zoals thee en tabak in de plaatselijke landbouw werden geïntroduceerd, verhoogde het indirect de levensstandaard van sommige mensen. Het bevorderde ook het wantrouwen in het koloniaal gezag, wat opstanden met zich meebracht, en gaf de aanstoot tot liberale hervormingen van de kant van Nederlandse politici in het thuisland.

In de tweede helft van de negentiende eeuw breidde zich, ondanks de toegenomen vraag naar liberale hervormingen, de directe controle over andere gebieden van de archipel uit. Een van de redenen hiervan was een ongekende toestroom van individuele burgers uit Nederland. Uitbreiding van de handel vereiste uitbreiding van gebied dat onder rechtstreeks bestuur van Batavia stond om de stabiliteit te garanderen. Het koloniale bestuur verbeterde het onderwijs, de landbouw en de openbare hygiëne en breidde het transportnetwerk uit. In Java was een paternalistische politiek niet aanstootgevend, omdat de regerende klasse (de prijaji) hier eeuwenlang op die manier had geregeerd; maar progressieve politici in Den Haag eisten dat Indië werd geregeerd op een morele grondslag die het belang van de Indonesiërs diende en niet zozeer dat van de Nederlandse regering in Europa. Deze 'ethische politiek' werd in 1901 officieel toen koningin Wilhelmina haar in haar toespraak tot het parlement proclameerde,[3] en sloot aan bij een opleving van het wetenschappelijk onderzoek van Indië, al even enthousiast als dat in de zeventiende eeuw.

De eerste dertig jaar van de twintigste eeuw waren waarschijnlijk de meest stabiele en welvarende uit de koloniale geschiedenis. In deze periode ontstond ook een opkomend nationaal Indonesisch bewustzijn. Diverse nationalistische partijen werden opgericht en de Indonesiërs eisten een veel representatievere rol in de regering van hun land. Het voorbeeld van Japan duidde er voor de Indonesiërs op dat Europese heersers niet onoverwinlijk waren. De snelheid waarmee de Japanners in de Tweede Wereldoorlog Zuidoost-Azië veroverden versnelde het proces van de dekolonisatie alleen maar. In 1945 riep Indonesië de onafhankelijkheid uit en benoemde Soekarno tot de eerste president van de republiek. De Nederlanders accepteerden de onafhankelijkheid niet en voerden tussen 1945 en 1949 zonder succes een aantal militaire acties uit om het gezag te herstellen. In 1950 werd Indonesië met een nieuwe grondwet een soevereine staat.

II

DE ZESTIENDE EN ZEVENTIENDE EEUW

3

DE BEHEERSING VAN DE OCEANEN: DE NEDERLANDSE BIJDRAGE AAN DE GESCHIEDENIS VAN DE ZEEVAART

Europa moest eerst de oceanen beheersen voordat het imperialistische gedachten kon koesteren. Deze beheersing was aanvankelijk vooral een gevolg van onderzoek en niet van verovering. De eerste pogingen van Europa waren dan ook onderzoekingen in de oorspronkelijke betekenis van het woord – zij waren bedoeld om dingen uit te zoeken en grondig te bekijken. Maar de wens om te verklaren veranderde al spoedig in de verleiding om zichzelf tot eigenaar te verklaren, een proces dat we uit de geschiedenis maar al te goed kennen. Wat hier volgt is een kort overzicht van de eerste helft van de Europese maritieme ontwikkeling, met een speciaal accent op de Portugese en Nederlandse bijdrage daaraan. Hoewel er relevante details worden vermeld, is deze bespreking alleen bedoeld als een schets; de omvang van het onderwerp en de beperkingen van dit boek laten slechts een algemene oriëntatie toe.[1]

De zeelieden van de vijftiende en zestiende eeuw kwamen er geleidelijk achter dat de continenten omringd waren door een aaneengesloten oceaan die men kon doorkruisen en waarover men kon rondvaren. Hun kennis ontleenden zij aan inlichtingen van mannen die van hun gewaagde ondernemingen waren terúggekeerd. Pas toen men er zeker van kon zijn dat een zeereis niet een enkele reis naar de vergetelheid was, maar een prestatie die kon worden herhaald, ontstond een gevoel van vertrouwen dat leidde tot hoop op beloning.

De ontdekking en beheersing van de wereldzeeën was een Europese aangelegenheid. Zeker, er waren nog meer zeevarende volken, maar slechts weinige zeilden buiten hun vertrouwde domein. Alleen de Chinezen hadden het succes van Europa in de schaduw kunnen stellen. De jonk – een Portugese term afgeleid van het Javaanse woord *ajong*, dat schip betekent – was een goed vaartuig van ruime afmetingen en in staat tot lange reizen. De zeven reizen die de Chinese admiraal Chêng Ho (Zheng He) bijvoorbeeld tussen 1405 en 1433 maakte waren verbazingwekkende prestaties. Zijn vloten waren toen veel groter dan die welke de Europeanen de volgende honderd jaar bijeen konden brengen. De vloot die in 1405 naar Zuid-Azië en verder vertrok, telde 62 schepen en veertigduizend man. De vrachtschepen van Chêng Ho waren 1500 ton en meer groot, een tonnage waarbij Europese schepen nog minstens een eeuw in het niet vielen. Deze keizerlijke koopvaardijvloot van de Ming-dynastie voer helemaal tot de

Perzische Golf, onderzocht de oostkust van Afrika en slaagde erin voor het keizerlijk hof een giraffe mee terug te brengen. Maar om politieke redenen besloot China af te zien van een vervolg op deze opmerkelijke prestaties, en aan het einde van de vijftiende eeuw was zijn maritieme macht verdwenen.[2]

De Europese heldendaden ter zee kwamen geleidelijk tot stand en daarbij werd goed gebruikgemaakt van het Europese talent voor aanpassing en improvisatie. Het was een traag proces, maar men moet bedenken dat er grote risico's aan verbonden waren, en dat de zeevaart een uiterst praktische bezigheid is. Theorieën schieten tekort als men wanhopig is, en benauwde situaties waren, naar alles wat men erover hoort, tot ver in de negentiende eeuw het normale lot van zeelui. Wetenschappelijk onderzoek verdiende slechts aanbeveling als het op een praktische en pragmatische manier kon worden toegepast; ervaring was veel waardevoller dan experiment. Dit principe werd ook gehuldigd bij de ontwikkeling van het soort schip dat lange reizen op open zee kon volbrengen.

De *naos*-schepen die Iberische ontdekkingsreizigers aan het einde van de vijftiende eeuw en het begin van de zestiende eeuw gebruikten waren een mengsel van de zuidelijke en noordelijke tradities binnen de Europese scheepsbouw. Volgens de mediterrane methode van de karveelbouw werd de romp geconstrueerd over een eerder gebouwd skelet. Dit betekent dat de planken met de randen tegen elkaar aan het skelet werden vastgemaakt, met een glad oppervlak en gebreeuwde naden. Deze methode maakte het mogelijk grotere schepen te bouwen dan de Noord-Europese overnaadse schepen met hun overlappende planken, vergelijkbaar met de muren van sommige houten huizen. Aan de bezaansmast (de korte mast bij het achterschip) was het typisch mediterrane, driehoekige latijnzeil bevestigd, maar de voorste en de grote mast droegen vierkante zeilen afkomstig uit de noordelijke traditie. Het gebruik van het latijnzeil is gevaarlijk, behalve bij rustig weer, terwijl vierkante zeilen snel en goed zijn bij rugwind; ze hebben een groter oppervlak en zijn gemakkelijker te hanteren bij ruw weer – allemaal belangrijke factoren op lange zeereizen. De meerdere masten – meestal drie: grote, voor- en bezaansmast – waren afkomstig uit de mediterrane praktijk, hoewel het gebruik van meer dan één zeil per mast hoogstwaarschijnlijk in het Noorden ontstond. Een bijdrage van het Noorden aan de naos was ook de rechte kiel en de achtersteven met het noordelijke type achterstevenroer. De helmstok stak uit in het schip waardoor zo'n roer gemakkelijker te bedienen was, hoewel het altijd een zware taak bleef. Bij slecht weer waren soms wel twaalf of meer mannen nodig om de helmstok in bedwang te houden. Het stuurrad kwam pas aan het einde van de zeventiende eeuw in gebruik. Ook werd er een sprietzeil aan toegevoegd. Dit was het vierkante zeil dat werd gehesen onder de boegspriet – de mast die uitsteekt van de boeg – waardoor meer controle over het voorschip mogelijk was. De naos had mede dankzij de rechte kiel weinig diepgang waardoor het mogelijk was dichter bij de kust te komen.

Bij de ontwikkeling van hulpmiddelen voor de navigatie werd volgens eenzelfde patroon datgene wat nuttig en praktisch was uit de noordelijke en zuidelijke traditie gecombineerd. Het magnetische kompas, dat onmisbaar was voor de navigatie wanneer er geen land zichtbaar was of bij onhelder weer, had een lange mediterrane voorgeschiedenis. Hetzelfde geldt voor zeekaarten, hoewel deze in de vijftiende eeuw 'hoofdzakelijk zeemansgidsen getekend in kaartvorm' waren.[3] Zeelieden uit het Noorden waren vaardige loodsen, hun bijdrage bestond uit de deskundigheid waarmee zij een schip langs een kust met wisselende getijden, stromingen, ondiepten en zowel land- als zeebakens wisten te sturen. Bij het loodsen hoorde ook de gewoonte van het peilen, een bekwaamheid die in de noordelijke wateren met hun nevel, mist, variërende diepte en ruwe zeeën noodzakelijk was. Het meest gebruikte apparaat voor het peilen was een eenvoudige staaf met merktekens, opgehangen aan een lange lijn, maar voor diepere zeeën werd een loden gewicht gebruikt. In een komvormige holte aan het einde zat wat vet, waaraan alle mogelijke bodembestanddelen, of het nu zand, modder of grind was, bleven kleven waardoor de loods wist welk soort zeebodem zich onder het schip bevond. Als het dieplood schoon naar boven kwam, duidde dit op een rotsbodem. Het peilen was dus duidelijk een cruciale vaardigheid voor het onderzoek van vreemde kustwateren.

Terwijl in het Noorden zeelieden uitstekende loodsen waren, waren geschreven zeemansgidsen, portolanen, al lang vóór de Noord-Europese rutters (de noordelijke equivalenten van portolanen) in het Middellandse-Zeegebied een gebruikelijk hulpmiddel. Portolanen hadden de mediterrane zeelieden al sinds de middeleeuwen geholpen: zij bevatten aanwijzingen voor het zeilen langs de kust, gaven aan waar zich kustlijnen en ankerplaatsen bevonden, waarschuwden voor gevaren en vermeldden het soort faciliteiten dat in diverse havens aanwezig was. Portolanen vertegenwoordigden de gezamenlijke ervaring van verstandige zeelieden. Hun bezwaar was dat men, om ze te gebruiken, moest kunnen lezen, en de meeste noordelijke zeelieden waren analfabeet. Rutters verschenen pas aan het einde van de vijftiende eeuw. De eerste gedrukte versie in het Engels werd uitgegeven in 1521. In het Nederlands waren portolanen bekend als 'leeskaarten', wat precies zegt wat het waren. Toen er zeekaarten ontstonden, werden dat 'paskaarten' genoemd, kaarten waarop het aantal reismijlen en de gevolgde koers sinds de laatste waarneming waren uitgemeten. De maat werd uitgezet met een passer. De gewoonte om de fysieke kenmerken van een reis, zoals windrichtingen, stromingen, snelheden en diepten, nauwkeurig te noteren, was zeer belangrijk voor ontdekkingsreizen. Deze waardevolle logboeken met informatie werden door de Portugezen streng bewaakt om concurrerende volken niet te laten profiteren van de moeizaam verzamelde maritieme wetenschap.

Behalve schepen, bemanningen en nautische hulpmiddelen bleek ook de ontwikkeling van scheepsartillerie een beslissende innovatie te zijn. Geschut aan boord was een uitvinding die voor de Europeanen verscheidene eeuwen lang de suprematie op zee zeker stelde. Vóór het midden van de zestiende eeuw werden de beste kanonnen gemaakt in Italië, Nederland en Duitsland. Zowel Portugal als Spanje moest zich verlaten op geschutsfabrikanten uit Noord-Europa, ook al waren deze politieke vijanden, zoals de Nederlanders. De meest ervaren en bekwame schutters werden ook geworven in het Noorden. Nederland werd marktleider van de continentale bewapeningsindustrie. Aan het begin van de zeventiende eeuw hadden de Nederlanders hun eigen welvarende kanonnengieterijen, en in de loop van de hele zeventiende en het begin van de achttiende eeuw werd Amsterdam de belangrijkste Europese verkoopplaats van wapens en munitie.[4]

Aanvankelijk werden de meeste kanonnen gemaakt van een legering van koper, tin en zink, maar deze waren duur. Geleidelijk werd het kanon van gietijzer vervolmaakt, voornamelijk in Engeland, zodat ijzeren kanonnen aan het einde van de zeventiende eeuw het voornaamste geschut aan boord van Europese schepen vormden. Omstreeks 1500 werd het mogelijk in de romp van een schip patrijspoorten te zagen, waardoor op het hoofddek en later op een apart dek kanonnen konden worden geïnstalleerd. De toegenomen stabiliteit van de schepen liet een groter kaliber (tot zes en zeven duim) en meer stukken toe.

De scheepsartillerie had belangrijke gevolgen voor de constructie van schepen. Deze werden groter, niet alleen om grotere vrachten te kunnen vervoeren, maar ook om plaats te bieden aan kanonnen. Omdat ruimte geld was, bleven vrachtschepen in tonnage toenemen, maar dit ging ten koste van de snelheid. Het waren de Nederlanders en de Engelsen die de voordelen inzagen van de ontwikkeling van een afzonderlijke klasse snelle schepen die van veel geschut waren voorzien, niet alleen om hun eigen schepen te beschermen maar ook om zware rompen van de Spaanse en Portugese vrachtvloten te doorboren. Aan het eind van de zestiende eeuw behaalden de Nederlandse en Engelse scheepsbouwers een succes met het galjoen, een oorlogsschip dat zijn kracht in de eerste plaats te danken had aan boordvuur met een groot bereik uit een indrukwekkende rij kanonnen. Hoe effectief het galjoen was, bleek in 1588 in de strijd tegen de Spaanse Armada.

Deze Atlantische ontwikkeling van schepen met volledige tuigage en bewapening maakte Europa op zee onoverwinnelijk en heer en meester van de oceanen. Tot de achttiende eeuw strekte deze onbetwistbare superioriteit zich echter niet ver landinwaarts uit. Afgezien van de Spaanse bezittingen in Zuid-Amerika was de Europese aanwezigheid in hoofdzaak beperkt tot de kusten. Maar wilde Europa die vreemde kusten bereiken, dan moest het zich eerst losmaken van de eigen kusten. De onafhankelijkheid ter zee werd daarom gevestigd met behulp van eilanden.

Als de Europese zeelieden eerst de Stille Oceaan hadden moeten bedwingen, had deze poging heel wat meer tijd gekost. Die enorme zeewoestijn, een derde van de hele aardoppervlakte, met zijn weinige en ver uiteenliggende eilandoases, vormde een onoverwinnelijke tegenstander. Maar in de Atlantische Oceaan konden de Portugezen zich van eiland tot eiland moed indrinken. De eerste eilanden die de Portugezen op hun zuidwestelijke zoektocht in de Atlantische Oceaan tegenkwamen, waren Madeira en de Canarische Eilanden. Deze raakten in de vijftiende eeuw bewoond en werden belangrijke aanloophavens voor de ontdekkingsreizigers uit Lusitania op hun heenreis naar India. Begunstigd door een noordoostelijke passaatwind gebruikte Columbus de Canarische Eilanden als laatste aanloophaven op zijn reis naar de Nieuwe Wereld. Tegen het einde van dezelfde eeuw werden de Kaapverdische Eilanden een extra haven op de lange Atlantische route. Op de terugreis konden kapiteins de Azoren aandoen, eilanden die ook in de vijftiende eeuw waren gekoloniseerd. Ze stonden geruime tijd bekend als de Vlaamse Eilanden, vanwege het grote aantal Nederlandse kolonisten. Het eiland Sint-Helena, meer naar het zuiden, onder de evenaar en op ongeveer dezelfde breedte als Angola, werd pas in 1588 door Thomas Cavendish ontdekt.

Of men deze eilanden kon gebruiken om te landen hing af van windpatronen en zeestromingen, en de kennis daarover werd in de dertig jaar die nodig waren om een praktische route naar India vast te stellen van de ene kapitein aan de andere doorgegeven. De Portugezen waren vertrouwd met de wateren langs de westkust van Afrika omdat zij op jacht waren geweest naar het goud dat aan de kust van Guinea te vinden zou zijn. Zij passeerden de evenaar in 1474. Bartholomeus Diaz (1455?-1500) waagde zich nog verder in het zuiden van de Atlantische Oceaan en was de eerste Europeaan die de uiterste zuidpunt van Afrika rondde. In 1488 landde hij in Mosselbaai, vierhonderd kilometer ten oosten van Kaap de Goede Hoop. Diaz was de eerste Europeaan die vaststelde dat de Atlantische en de Indische Oceaan door een aaneengesloten watermassa met elkaar in verbinding stonden. Hij maakte ook de langste reis (meer dan 9500 kilometer van Lissabon naar de Kaap) die tot die tijd ooit door een Europeaan was gemaakt en schiep tevens een precedent door Kaap de Goede Hoop te ronden door eerst zuidwaarts en vervolgens naar het noordoosten te zeilen, om zo voldoende ruimte te hebben om uit de buurt van dat gevaarlijke punt te blijven. Diaz keerde nog dat jaar naar Portugal terug om zijn belangrijke informatie door te geven. Hij stierf in 1500, tijdens de tweede Portugese reis naar India door Pedro Cabral, in een storm bij de Kaap die hij met zo veel recht de 'Stormkaap' (Cabo Tormentoso) had genoemd.

Vier jaar na Diaz' gedenkwaardige ontdekking stelde Columbus vast dat de breedte van de Atlantische Oceaan niet onbeperkt was. Vlak voor de eeuwwisseling leidde Vasco da Gama de eerste succesvolle heen- en terugreis naar India. Da Gama (1460?-1524) verliet Lissabon in 1497 met een vloot van twee sterke, gewapende naos, een karveel en een proviandschip. Diaz was langs de kust van Afrika gezeild, maar Da Gama durfde in een westerse koers de open oceaan op te varen. De vloot zag drie maanden geen land, van de Kaapverdische Eilanden tot Zuid-Afrika, een langere zeilperiode dan enige Europese zeeman ooit had gemaakt. Dit was het eerste Europese bewijs van nautische onafhankelijkheid; zeelieden hadden ontdekt dat het mogelijk was zich op de enorme 'dode' zeeën, zoals onbekende zeeën werden genoemd, te wagen, zonder land in zicht, en levend terug te keren. Na de Kaap te hebben gerond, zeilde Da Gama omhoog langs de oostkust van Afrika in wateren die nog niet in kaart waren gebracht. Hij vond bloeiende havens als Mozambique en Mombasa, die beide deel uitmaakten van een bedrijvige wereld van Arabische handelaars die niet bijzonder onder de indruk waren van de Portugezen. In de kustplaats Malindi – net onder de evenaar – vond Da Gama een Arabische loods die bereid was hem over de Indische Oceaan naar India te brengen. De oversteek kostte maar 27 dagen; op 20 mei 1498 liet Da Gama zijn ankers vallen in Calicoet aan de westelijke Malabarkust. In september 1499 keerde hij terug met een complete vracht specerijen. Da Gama had met succes vastgesteld dat er inderdaad een grote oceaan ten oosten van de meest zuidelijke punt van Afrika was, een watermassa die een bruikbare zeeweg naar het oosten bood. Ongeveer een half jaar na Da Gama's triomfantelijke terugkeer stuurde Portugal Pedro Cabral (1467?-1530) de Taag af voor de tweede reis naar India (1500-1501). Cabral vestigde de eerste Portugese en daarom de eerste Europese factorij (van het woord *fondaco*, dat 'handelsnederzetting' betekent) in Calicoet, waarmee de grondslag was gelegd voor het eerste Europese koloniale rijk in het Oosten.

Cabrals nederzetting werd aangevallen op instigatie van Arabische handelaars. Om deze aanval te wreken werd Da Gama in 1502 met een vloot van 25 zwaarbewapende schepen naar Calicoet gestuurd. Dankzij zijn goedgebouwde vaartuigen en superieure vuurkracht was zijn aanval een groot succes. Dit markeerde het begin van Europa's handelsoorlog met het Oosten, een oorlog die bijna vier eeuwen duurde. Om de omcirkeling van de wereld te voltooien, zeilde Fernão de Magalhães (1480?-1521) slechts twintig jaar na Da Gama's eerste aanval op de Indische Oceaan de wereld rond, waarmee hij bewees dat de drie grote oceanen van de wereld met elkaar verbonden waren en bevaarbaar waren. Deze nieuwe en, wat belangrijker is, eindige afmetingen van de wereld waren in minder dan een halve eeuw vastgesteld. Het kostte nog een eeuw voordat Noord-Europa kon gaan profiteren van de prestaties van de zuidelijke pioniers. Tegen die tijd konden de Europese waaghalzen zich er met Satan in het boek Job op beroemen dat zij kwamen 'van om te trekken op de aarde en van die te doorwandelen', maar er waren er velen die slechts wind oogstten.

In de zestiende eeuw begon het machtscentrum van Zuid- naar Noord-Europa te verschuiven, een proces dat aan het begin van de zeventiende eeuw was voltooid. De volgende driehonderd jaar was Noord-Europa de baas over de wereld, een vooraanstaande positie die samenvalt met de komst en ontwikkeling van de moderne tijd. De toonaangevende landen waren Nederland en Engeland, maar omdat we ons vooral bezighouden met het Nederlandse kolonialisme zullen we de bespreking beperken tot de Nederlandse bijdrage aan de overzeese expansie van Europa en meer in het bijzonder tot de Nederlandse kolonisatie van Oost-Indië.

Toen de Nederlanders rond 1600 de Iberische overheersing in Azië serieus begonnen te betwisten, had het Portugese rijk zich al een eeuw lang uitgebreid. Toch begonnen bepaalde kwaliteiten die hadden gezorgd voor Portugals triomf nu de voorspoed van het land aan te tasten, een kringloop die zich bij elk van zijn opvolgers herhaalde.

Portugal en Spanje begonnen hun verovering van het Oosten en de Nieuwe Wereld om zowel religieuze als commerciële redenen. Zeker, bekeringsijver was vaak alleen maar een voorwendsel om goud te zoeken, maar men kan de zendingsijver en kruistochtmentaliteit die zoveel van de Iberische inspanningen inspireerde, niet buiten beschouwing laten. In de confrontatie met de islam en andere 'heidense' religies kwam Portugals onverzettelijkheid tot uitdrukking in militaire meedogenloosheid. Een Chinese geleerde merkte op dat 'Boeddha naar China kwam op witte olifanten, [maar] Christus op kanonskogels'.[5] De Portugezen 'gebruikten een terreurpolitiek'[6] waarmee zij naast machiavellistische bondgenoten onverzoenlijke vijanden kregen. Spanje voer een soortgelijke koers in Zuid-Amerika, net als de Nederlanders op de Specerij-eilanden. Aanvankelijk kregen de Nederlanders de overhand op deze eilanden vanwege hun pragmatische beleefdheid en godsdienstige verdraagzaamheid, die gunstig afstak bij de katholieke rivalen. Maar deze hoffelijkheid zou alleen maar roekeloos zijn geweest zonder de steun van het kanon, en de Nederlanders moesten de plaatselijke machthebbers bewijzen dat de Portugezen niet langer dicteerden wie de wereldzeeën mocht bezeilen. Alleen een Europese natie met een even grote of grotere bekwaamheid ter zee mocht hopen de Portugezen te verslaan en de Nederlanders gingen daartoe over met superieur vakmanschap, zeemanschap en kanonnen.

De Portugezen hadden hun hand overspeeld. Zij hadden de naos op een onbezonnen en zinloze manier laten uitdijen. De enorme ruimen, bemanningen en de ondeskundige kapiteins maakten de naos de Carreira da India kwetsbaar voor aanvallen en een gemakkelijke prooi voor stormen. Een derde ervan bereikte nooit de haven. Het praktische gevoel en improvisatietalent dat de Portugezen in de vijftiende eeuw had gekenmerkt liet hen in de steek, ten prooi als ze waren aan hebzucht en zelfoverschatting.

Nu kregen de Nederlanders een kans, en hun effectieve pragmatisme bleek uit het soort en de grootte van de schepen die zij bouwden. Het eerste succes was de 'fluyt', het fluitschip, in het Engels *flute*, in het Spaans *felibotes*, ontwikkeld aan het einde van de zestiende eeuw en de volgende veertig jaar verbeterd. De fluyt was het resultaat van een langzaam, geleidelijk proces waarbij de Nederlanders handige uitbreidingen en wijzigingen aanbrachten die zij hadden overgenomen van andere volken, van hun eigen kustschepen waarmee zij handel dreven met de Baltische landen, en van de binnenvaart. De Nederlanders blonken uit in het ontwerpen van vrachtschepen van gemiddelde omvang. De fluyt was zo'n schip, een drijvend symbool van hun praktisch inzicht en hun bijzondere handigheid om specifieke problemen op te lossen. Het had een hele grote vrachtruimte, een platte bodem, weinig diepgang en een volledig dek. Van de drie masten droeg de voorste een enkel vierkant zeil, de hoofdmast twee vierkante zeilen en de bezaan een latijnzeil; onder de boegspriet bevond zich een sprietzeil. De bemanning was klein omdat de lage snelheid, het bedieningsgemak en het geavanceerde gebruik van katrollen de noodzaak van fysieke arbeid verminderde. Maar een fluitschip bezat geen verdediging. Om aan de behoefte aan een effectief oorlogsschip tegemoet te komen, pasten de Nederlandse scheepsbouwers het ontwerp van de romp en de achtersteven van de fluit aan en breidden ze het zeiloppervlak uit om snelheid te winnen. Deze oorlogsversie van het fluitschip werd bekend als 'pinas'.[7]

Gedurende de zeventiende eeuw erkende men in heel Europa dat het Nederlandse zeemanschap en de Nederlandse scheepsbouw superieur waren. De Nederlanders benoemden geen kapiteins op basis van hun sociale positie, maar bevorderden hen op grond van hun bewezen deskundigheid. Uitstekende zeelieden waren in Nederland volop aanwezig omdat dit land voor zijn economische welvaart altijd van de zee afhankelijk was geweest; daardoor was er een lange traditie van bekwame mannen die hun vaardigheid proefondervindelijk en niet uit boeken hadden opgedaan. Omdat de Nederlanders scheepstypen bouwden die goedkoper konden worden geproduceerd, konden zij de omvang van hun vloten drastisch vergroten. Daarom waren zij in staat door numerieke meerderheid, ontwerpkwaliteit en nautische bekwaamheid de Portugese hegemonie in Oost-Indië aan te tasten.

> Elk [Portugees galjoen] ziet eruit als een kasteel en is uitgerust met 80 of meer bronzen kanonnen. Het dek is zo ruim dat de zeelieden er vaak met een bal spelen. De hutten zijn talrijk, ruim en met volop hoofdruimte, zodat de galjoenen meer op comfortabele huizen dan op vaartuigen lijken. De kabels worden grotendeels bediend met behulp van lieren. De planken zijn dik genoeg om kanonskogels tegen te houden. Kortom, deze schepen zouden hun gelijke niet hebben als ze niet zo sloom waren en beter werden bemand. De Nederlandse schepen, die op de wind handiger manoeuvreerbaar zijn, halen de Portugese galjoenen heel gemakkelijk in. De Nederlanders kunnen vluchten als de wind gunstig is voor de vijand en aanvallen als de vijand gehandicapt is door weinig wind. Voor de Nederlanders is elk zuchtje wind voldoende, terwijl voor de Portugese schepen een halve storm nodig is om ze in beweging te krijgen.[8]

De zeevarende Europese volken richtten hun voornaamste inspanningen op het Oosten omdat zij droomden van specerijen. Hoewel de term 'specerijen' ooit een verbijsterende variatie aan goederen aanduidde, verwees het woord in de vijftiende eeuw naar dezelfde geurige ingrediënten voor het kruiden en conserveren van voedsel als waarmee wij tegenwoordig vertrouwd zijn. De belangrijkste waren peper, kaneel, nootmuskaat en kruidnagel. Ze stonden in hoog aanzien omdat zij vanwege hun geringe omvang en grote waarde de ideale vracht vertegenwoordigden. De kostbaarste specerij was de kruidnagel. De kruidnagelboom groeide uitsluitend op vijf kleine eilanden die de oorspronkelijke Molukken of Specerij-eilanden vormen, in de oostelijke archipel van Indonesië. Nootmuskaat kwam van de zes eilanden van de Banda-groep ten zuiden van Ambon. Het is daarom niet verrassend dat 'India' voor de Portugezen Indonesië betekende, en dat zij naar het oosten zeilden wegens hun verlangen de Specerij-eilanden te bereiken en de productie van en handel in kruidnagels en nootmuskaat te monopoliseren, een onderneming die haalbaar was omdat het gebied waaruit de specerijen afkomstig waren afgelegen en betrekkelijk klein is.

De oudst bekende Europese kaart waarop Indonesië voorkwam, was in Genua gemaakt en dateert uit 1457. De oudste kaart die op Portugese ontdekkingen in de archipel is gebaseerd, is uit 1510 en de oudste Portugese nederzetting in Indonesië was op de kust van het Maleise schiereiland, dat in die tijd bekendstond onder de klinkende Ptolemaeïsche naam 'de gouden Chersonesus'. De Portugees Sequeira bereikte Malakka, de voornaamste stad aan de westkust van het schiereiland, in 1508. Albuquerque veroverde de stad in 1511 en maakte haar tot Portugals basis voor commerciële en militaire operaties in Zuidoost-Azië. Malakka bleef 130 jaar Portugees. In 1641 namen de Nederlanders de stad in en Malakka bleef een Nederlandse kolonie tot 1795.

Direct na zijn verovering stuurde Albuquerque een vloot van drie schepen onder aanvoering van Antonio de Abreu erop uit om de Specerij-eilanden te zoeken. Hij vond deze omdat verscheidene Javaanse loodsen hem de weg wezen. Abreu stopte op Ambon en de Banda-eilanden (waar hij een lading nootmuskaat innam) en keerde naar Malakka terug. Een van zijn schepen, onder bevel van Francesco Serrão, verging in een storm, maar de bemanning slaagde erin Ambon te bereiken en begaf zich vervolgens naar Ternate, een eiland verder naar het noorden. Op Ternate groeiden kruidnagelbomen op een smalle strook aan de kust en Serrão bleef er als adviseur van de sultan. Dit was het eerste langere Europese contact met de Molukken.

De eerste Nederlandse reis naar Oost-Indië (1595-1597) was bedoeld om het Portugese monopolie van de specerijenhandel, dat bijna een eeuw had bestaan, aan te tasten. De kleine Nederlandse vloot onder aanvoering van de onbekwame Cornelis de Houtman kwam nooit in de Molukken aan, hoewel hij de belangrijkste voorwaarde voor maritieme expansie vervulde door naar de thuishaven terug te keren. Dat men zo'n reis zelfs maar kon overwegen, was te danken aan informatie die was verzameld door de Mozes van het Nederlandse kolonialisme, Jan Huyghen van Linschoten (1562?-1611).[9] Linschoten ging van huis toen hij nauwelijks zeventien jaar oud was, werkte met zijn broer in Lissabon en voer in 1583 naar Goa, als klerk in het gevolg van de pasbenoemde primaat van het Oosten, de aartsbisschop van Goa. Goa, gelegen aan de westkust van het Indiase schiereiland tussen Bombay in het Noorden en Mangalore in het Zuiden, was in 1510 door Albuquerque veroverd. Het werd de hoofdstad van 'Asia Portuguesa' en toen Linschoten er woonde, was Goa een van de grootste steden ter wereld, met ongeveer een kwart miljoen inwoners.

Linschoten bleef vijf jaar in Goa, van 1583 tot 1588, maar Oost-Indië heeft hij nooit gezien. Op de terugreis naar Lissabon leed hij schipbreuk voor de kust van

Terceira. Hij was gedwongen twee jaar op de Azoren te blijven en arriveerde in 1591 in Lissabon. Na bijna dertien jaar uit Nederland weg te zijn geweest, kwam hij in de herfst van 1592 terug. In zijn vaderstad Enkhuizen schreef hij zijn ervaringen op en voltooide hij heel snel zijn *Itinerario.* Het boek werd tussen 1595 en 1596 in drie delen in Amsterdam gedrukt, maar een manuscriptversie van het eerste en in die tijd belangrijkste deel ging in 1595 met Cornelis de Houtman mee op de eerste Nederlandse reis naar Oost-Indië.[10] Dat *Reysgeschrift* was een verzameling zeevaartinstructies (ontleend aan Portugese loodsen) om een schip van Portugal naar India te brengen. Deze informatie was eerder niet in geschreven vorm beschikbaar voor de maritieme naties van Noord-Europa, omdat ze door de Portugese regering ijverig als staatsgeheim was bewaakt. Het volledige *Itinerario* bevatte een gedetailleerde beschrijving van Linschotens eigen ervaringen tijdens zijn dertienjarige dienst in Portugal, Spanje en Goa. Bovendien bood hij geografische beschrijvingen, compleet met fauna en flora, van Afrika, Azië en Oost- en West-Indië, gebaseerd op diverse bronnen in het Spaans en Portugees, waaronder inlichtingen uit de eerste hand van personen die hij had ontmoet. Om zijn beeld af te ronden, reproduceerde Linschoten kaarten en grafieken, opnieuw meestal gebaseerd op Portugese bronnen, en gedetailleerde afbeeldingen van het leven in Goa. Het *Itinerario* werd een soort bestseller. Het werd in 1598 in het Engels en Duits vertaald, in 1599 in het Latijn en het werd in 1610 in het Frans uitgegeven. Linschotens belangrijke geschrift werd niet alleen nog jarenlang door kapiteins in ere gehouden, maar werd ook in liederen en sonnetten verheerlijkt.[11]

Het *Itinerario* was een schatkamer van praktische informatie over Asia Portuguesa. Het belangrijkste advies was misschien de aanbeveling dat Nederlandse schepen na de ronding van Kaap de Goede Hoop naar het zuiden moesten varen en vervolgens ongeveer ter hoogte van het Australische continent over de Indische Oceaan in de richting van Straat Soenda tussen Java en Sumatra. Op deze route vermeed men met opzet de Portugese vestingen in India en Malakka, maar wat belangrijker is, hiermee konden de Nederlanders ook het hele jaar door naar Oost-Indië varen. Door op de zuidelijke breedtes van de Indische Oceaan te blijven, konden zij profiteren van de zuidoostelijke passaatwinden (winden die het hele jaar uit dezelfde richting bliezen). Op deze manier waren zij de Portugezen te slim af, die werden geremd door hun geloof in de moessonbreedtes. Zij dachten dat zij alleen konden zeilen tijdens de noordoost- of wintermoesson, van oktober tot april, en dat zij tijdens de zuidwestmoesson, van mei tot september, in de haven moesten blijven. Omdat de gemiddelde duur van een reis van Lissabon naar Goa tussen zes en acht maanden lag, moesten de Portugezen hun tochten plannen gedurende de periode van ongeveer zes maanden van de noordoostmoesson. De Hollandse route van de passaatwind bleef tot het einde van het zeiltijdperk de voornaamste voor alle scheepvaart. Voor Coen, de vierde gouverneur-generaal van Nederlands Oost-Indië, was het voordeel van het zeilen met de passaatwinden reden om in 1619 de stad Batavia te stichten op de noordwestkust van Java. Later lag de hoofdstad van Nederlands Oost-Indië aan de loefzijde (de richting van waaruit de wind woei) van Goa en Malakka.[12]

Na het slechte begin van Houtmans reis onderging het Nederlandse handelsrijk een snelle en energieke uitbreiding. Vanuit Nederlandse havens in verscheidene provincies werden voor eigen rekening vloten naar Indië gestuurd. In 1598 bereikte een vloot onder Van Neck en Warwijck de Specerij-eilanden en deze keerde met een waardevolle lading terug. Tussen 1598 en 1600 werd Olivier van Noort de eerste Nederlander die rondom de aarde voer, ongeveer twintig jaar na Drake. In 1600 stichtten de Nederlanders de eerste vesting in Indië op het eiland Ambon. De Staten-Generaal realiseerden zich dat het toenemende aantal van deze onafhankelijke compagnieën een verspilling van financiële en politieke energie inhield en in 1602 werden de onafhankelijke compagnieën overgehaald hun krachten te bundelen en de Verenigde Oost-Indische Compagnie, beter bekend onder de Nederlandse afkorting VOC, te vormen. De Compagnie kreeg de monopolierechten voor alle handel in Azië en de verschillende directies werden in één bestuur ondergebracht die de Vergadering der Heren XVII werd genoemd. Het beginkapitaal bedroeg een half miljoen gulden.[13]

De Gouden Eeuw van de Hollandse koloniale geschiedenis was de zeventiende eeuw. Vanaf het eerste begin onderschreef de VOC de waarheid van de opmerking van Sir Walter Raleigh: 'Wie de zee beheerst, beheerst de handel, wie de handel beheerst, beheerst de rijkdommen van de wereld en daarom de wereld zelf.' Minder dan een jaar na haar stichting bezat en gebruikte de VOC haar eigen scheepswerven. Het aantal schepen en hun tonnage namen drastisch toe en de Nederlanders overtroffen weldra de Portugezen en andere concurrerende naties. De schepen van de Compagnie werden beter gebouwd, gebruikt en bewapend. De pinas werd speciaal ontwikkeld voor de lange reizen naar Azië. Tegen het einde van de achttiende eeuw werden pinassen van wel 1200 ton gebouwd. Het waren zowel ruime vrachtschepen als geduchte oorlogsschepen. De Nederlanders noemden deze maritieme werkpaarden, in Engeland bekend als 'East Indiamen', toen 'spiegelschepen'. De spiegel was in dit geval de achtersteven van het schip; in de zestiende eeuw werd deze van steeds meer houtsnijwerk, verguldsel en versieringen voorzien. De Nederlandse jachten werden ook aangepast en vergroot totdat zij aan het begin van de zeventiende eeuw in feite kleine, snelle, zwaarbewapende oorlogsschepen waren geworden. Eerst werden zij in Indië gebruikt voor patrouilles en konvooien; op het laatst bleven zij in Indonesische wateren als permanente oorlogsvloten.

Gedurende de twee eeuwen van haar bestaan rustte de VOC 4772 uitreizende en 3359 terugreizende vloten uit, een opmerkelijk groot aantal. Geen wonder dat Amsterdam het internationale cartografisch centrum werd. De beroemde kaartenmakers Blaeu waren de officiële leveranciers van de VOC; hun hoofdkantoor was op ongeveer twee minuten lopen van het Oostindisch Huis, het hoofdkwartier van de Compagnie. De VOC betaalde miljoenen aan de staat voor konvooien, licenties en contracten, en verschafte de Nederlandse regering herhaaldelijk (volledig bemande en geproviandeerde) schepen tijdens de vele oorlogen die deze moest voeren, met name in de zeventiende eeuw.[14]

Deze grote commerciële onderneming had eerst de uitgesproken bedoeling slechts een handelscompagnie te zijn. Dit blijkt duidelijk uit het beleid om aan de ambtenaren van de Compagnie handelsrangen te verlenen. Op Ambon droeg de vice-gouverneur de titel van 'opperkoopman', evenals de militaire commandant. De havenmeester en de fiscaal hadden beiden de rang van 'koopman', terwijl de baljuw, de kassier en de equipagemeester 'onderkoopman' waren. Op zee was een koopman degene die werkelijk het bevel voerde en het oneens mocht zijn met de besluiten van de kapitein als de scheepsraad bijeen werd geroepen. Op grotere schepen was ook een opperkoopman en een onderkoopman. In elk geval was de kapitein niet de alleenheerser op Nederlandse schepen zoals dat op Britse schepen het geval was. De zaken gingen voor.

Deze zuiver commerciële motieven werden spoedig doorkruist door de monopolistische verlangens die ermee gepaard gingen. Monopolies kunnen wettelijk worden vastgelegd, maar ze kunnen alleen met geweld worden gehandhaafd, en de Nederlanders waren al spoedig in een soortgelijke positie als de Portugezen. Om hun monopolie in de specerijenhandel te behouden, moesten zij alle nieuwkomers bestrijden en de plaatselijke bevolking aan zich onderwerpen. Om hun heerschappij over heel Azië en het Oosten te behouden, moesten zij zich permanent vestigen en hun invloedssfeer voortdurend uitbreiden. Het gevolg was dat de handelsonderneming aan het einde van de achttiende eeuw ophield een privéonderneming te zijn en dat Holland een koloniaal rijk werd. Maar

> de agressiviteit ter zee en de commerciële groei van de Nederlanders in de zeventiende eeuw had geleid tot een grote omwenteling in het handelssysteem van de Indische Oceaan en aangrenzende wateren. Een groot handelsvolume verruilde de noordelijke helft van de oceaan voor de zuidelijke. De Rode Zee en de Perzische Golf werden langzaamaan commerciële uithoeken. (...) Op soortgelijke wijze verloor Straat Malakka veel van zijn vroegere belang en een tijdlang zag men er bijna geen Europese schepen. Het handelsverkeer tussen Zuidoost-Azië en Europa verliep van Batavia naar de Kaap helemaal ten zuiden van de evenaar.

Deze commentator kwam tot de conclusie dat de 'Nederlanders zich meer dan de Fransen of de Engelsen hadden gewijd aan de zeehandel als middel van bestaan'. In feite leerden de Engelsen en Fransen van de Nederlandse grootmacht op maritiem en economisch gebied een 'handelsimperialisme dat hun beleid van kolonisatie en handel de volgende tweehonderd jaar zou beïnvloeden'.[15]

Evenals eerder met Portugal en Spanje en later met Groot-Brittannië en Frankrijk het geval was, bezweek de Nederlandse Republiek voor de hebzucht die samengaat met macht en overheersing. Deze onvermijdelijke historische gang van zaken begon zich tegen het einde van de zeventiende eeuw af te tekenen, terwijl de achteruitgang in de achttiende eeuw nog sneller ging. Het streven naar innovatie van de scheepsontwerpen en de scheepsbouw werd zwakker; men beperkte zich tot het stellen van een standaard. De Nederlanders gaven nooit toe aan de verleiding steeds grotere schepen te bouwen, wat de slagvaardigheid van de Portugese en Spaanse vloten gehinderd had. Het vakmanschap nam af en de technologische vernieuwingen die de Nederlanders hadden ontwikkeld – zoals door de wind aangedreven houtzaagmolens – werden door andere volken overgenomen en betekenden dus niet langer een concurrentievoordeel. De kwaliteit van Nederlandse schepen werd slechter omdat scheepsbouwers niet langer geïnteresseerd waren in buitenlandse verbeteringen en technieken en zich verschansten achter een star conservatisme.

De Nederlanders herhaalden nog meer Portugese vergissingen. Ooit kozen zij hun beroemde kapiteins en vloothoofden om hun voortreffelijk praktisch inzicht dat zij getoond hadden in hun daadwerkelijke taakvervulling ter zee, maar in de achttiende eeuw werden zij gepromoveerd op grond van leeftijd. Evenals de Portugezen breidden de Nederlanders hun imperium overal ter wereld te sterk uit. Hun vloten waren niet langer toereikend voor de grote gebieden die zij met hun afnemende aantallen moesten controleren. Vaak onderschatten zij de vijand, maar fouten werden niet toegegeven en dikwijls verdraaid. Er waren gevallen waarin nederlagen werden voorgesteld als schijnbare heldendaden doordat men loog over de kracht van een tegenstander. De Nederlandse artillerie, die de beste in Europa was geweest, werd kleiner en minder efficiënt. En net als de Portugezen begonnen de Nederlanders het steeds moeilijker te vinden goede bemanningen aan te monsteren en waren zij spoedig gedwongen het uitschot uit hun eigen steden en uit het buitenland in dienst te nemen. Net als de toenmalige Portugese regering werd de VOC uiterst prijsbewust, op het gierige af. Een van de gevolgen was een algemene achteruitgang van de vloten en de forten. In zijn *Voyages*, in het Nederlands uitgegeven in 1793 en 1797, beweerde Stavorinus zonder blikken of blozen: 'De vestingwerken van *Samarang* zijn in denzelfden staat, als alle die ik van de Compagnie gezien heb, ten uitersten slecht.'[16]

Overal was sprake van misstanden. Een daarvan werd veroorzaakt door hebzucht – de fout waarvan Linschoten de Portugezen twee eeuwen eerder had beschuldigd. Als gevolg van hebzucht werden de schepen overladen met buitensporige vracht en een overvloed aan contrabande die illegaal werd verstuurd voor persoonlijk winstbejag. Compagnieregels werden bijna nergens eerlijk opgevolgd. Het schijnt dat iedereen omkoopbaar was. Ongeoorloofde handel was vooral opvallend bij de Kaap; de Oost-Indiëvaarders waren nergens zo overbelast als op het eerste stuk van de terugreis van Batavia naar Zuid-Afrika. De planken van de romp trokken krom onder de extreme druk, zodat een schip storm en ontij niet langer heelhuids kon overleven. Het kwam zelfs voor dat de dekken zo afgeladen waren met goederen dat de bemanning bij een vijandelijke aanval haar posities niet kon innemen.[17]

Van gouverneurs tot gewone matrozen, overal heerste op democratische wijze de hebzucht: allen deden eraan mee 'om zijn beurs op de best mogelijke wijze en schielijk te vullen'.[18] Immorele kapiteins schuimden hun victualiën af om deze 'onderhands' te verkopen en het was verre van ongebruikelijk dat voor grote braspartijen in de hut van de kapitein de scheepsvoorraad sterke drank werd opgemaakt, ook al was alcohol van levensbelang voor de behandeling van de zieken.[19] In tijd van oorlog voeren de retourvloten langs het noorden van Ierland en Schotland om vijandige schepen in de Golf van Biskaje en het Kanaal te vermijden; maar ook in vredestijd werd deze route gekozen, omdat er dan meer gelegenheid was illegale koopwaar aan buitenlandse partners te verhandelen.

Hoewel hoge ambtenaren rijk konden worden door lucratieve banen aan plaatselijke leiders te verkopen, werden de lagere rangen door hun werkgever met grote onverschilligheid behandeld. Sprekend over Ambon beweerde Stavorinus: 'Hoe zeer de Justitie hier een waaksaam oog houdt, is het echter te verfoeijen, dat men de hevigste misdaaden van persoonen van aanzien of gunstelingen ongestraft laat blijven.'[20]

> Aan beide kanten van de evenaar heerste het eigenbelang. Hoe geld werd verspild, ondanks de nood van de tijd [laat-achttiende eeuw], kan met enkele voorbeelden worden geïllustreerd. Jaarlijks placht men specerijen, suiker, enzovoort ten bedrage van ongeveer 50.000 gulden te verdelen onder de bewindhebbers en hun vrienden. In Den Haag, waar af en toe vergaderingen werden gehouden, bestond een hotel waarvan het onderhoud 16.000 gulden per jaar kostte. Elk van de raden bezat een speciaal privé-jacht voor de directeur, een duur luxe-artikel. Buitensporigheden van dit soort bleven zelfs gehandhaafd toen de oorlog met Engeland het land dreigde te ruïneren en de Compagnie in feite van alle inkomsten beroofde, zodat ze geheel afhankelijk werd van de steun van de Staten.[21]

Nog geen twintig jaar later werd de VOC ontbonden (31 december 1799), en werd de Nederlandse regering opgezadeld met een schuld van 134 miljoen gulden.

Ironisch genoeg betaalde de VOC notoir lage lonen en was zij een meester in het verkleinen van haar verplichtingen. Naast een menigte dubieuze praktijken voerde de Compagnie een beleid waarbij *zíj* bepaalde hoeveel het geld waard was. Normaal was een rijksdaalder tweeënhalve gulden waard, maar als een werknemer in Indië werd betaald, werd de nominale waarde door de Compagnie verlaagd tot *f* 2,40, en werd de rekening van de man tegelijkertijd gedebiteerd voor *f* 3,20. Om het nog erger te maken betaalde de VOC maar de helft van de lonen uit in contanten; de andere helft werd in natura betaald, en men kan er zeker van zijn dat de goederen zorgvuldig werden uitgekozen om ervoor te zorgen dat de winstmarge van de Compagnie niet kleiner werd. Men heeft uitgerekend dat de VOC aan het einde van de zeventiende eeuw op haar muntgeld een winst boekte van 33,5 procent. Men zegt dat de VOC halverwege de achttiende eeuw een 'permanente' winst van 140,3 procent maakte op haar lonen in Indië, terwijl de werknemers een koopkrachtverlies van 39 procent leden. De werknemers van de Compagnie werden om de ongelooflijkste redenen belast, aanslagen die rechtstreeks van hun loon werden afgetrokken. Tot de meest bizarre aanslagen behoorden de 'hospitaalguasto's', bijdragen die werden opgelegd aan een zeeman voor het aantal dagen dat hij in de Kaap in het ziekenhuis lag. Als iemand aan boord overleed, wat eerder regel dan uitzondering was, werden zijn verwanten aangeslagen voor de kist en de kanonskogels die nodig waren om het lichaam naar de zeebodem te laten zinken.[22]

Een goed voorbeeld van de dwaze krenterigheid van de VOC heeft ook betrekking op haar schepen; de Compagnie was vergeten dat deze onmisbaar voor haar roem waren geweest. De Nederlandse cartografie was ooit terecht beroemd. Tegen het einde van de zestiende eeuw was het algemene Engelse woord voor een zeeatlas *waggoner*. Dit was een verbastering van de achternaam van Lucas Janszoon Waghenaer, die in 1584 en 1585 een verzameling zeekaarten van de Noordzee en het noorden van de Atlantische Oceaan publiceerde (*Spieghel der Zeevaerdt*). Deze werd in 1588 in Engeland uitgegeven als *The Mariner's Mirror* en bleef meer dan een eeuw de meest gebruikte kaartenverzameling van Britse zeelieden. Toen Stavorinus in de tweede helft van de achttiende eeuw voor de VOC voer, waren de zeekaarten van de Compagnie echter ongeschikt. En een gewetensvolle kapitein kon elders evenmin betere vinden omdat de VOC, evenals de Portugezen, in navigatiezaken een politiek van geheimhouding volgde. Een kapitein ontving in Amsterdam van het hoofdkantoor van de Compagnie de vereiste kaarten voor zijn reis en moest deze in Batavia inleveren. Alle nieuwe gegevens die hij kreeg, werden overgedragen aan de cartografen van de VOC, die tot strikte geheimhouding verplicht waren.[23] Maar op de kaarten die Stavorinus van de Compagnie kreeg waren kusten op de verkeerde plaats aangegeven, zodat een schip zonder het te weten op het land afvoer in plaats van ervandaan. Posities waren onnauwkeurig en afstanden onbetrouwbaar. Stavorinus' kritiek was volkomen terecht:

> Het is waarlijk te beklaagen, dat een zoo magtig ligchaam, als dat der O. Indische Compagnie, welker welvaart zoo grootlijks van het behouden en gelukkig vaaren haarer schepen afhangt, zich zoo weinig moeite geeft, om de Zeevaart in 't gemeen, en haare Kaarten in 't bijzonder, te verbeteren, waar van ik verscheiden staaltjens, zoo van Indie als de kust van Africa, zoude kunnen bijbrengen. Hierin gaan de vreemde Natien, met onvermoeiden ijver, haar voor, voornamelijk de Engelschen, welker meeste Kaarten oneindig verre boven de onze te schatten zijn.[24]

Verderop ventileert Stavorinus een mening waardoor de VOC nog meer te schande wordt gemaakt:

> deze fout maakt niet alleen alle Zeekaarten nutteloos, maar zelfs ten uitersten schadelijk, vermits dit de eenigste zekerheid van den Zee-man uitmaakt. Mogelijk geschiedt dit mede al uit zekere inzichten, dat men liever eenige schepen in gevaar wil

> stellen, dan de fouten verbeteren, die den weg naar de Specerij-Eilanden voor andere Natiën zouden gemakkelijk maaken; want men kan niet voorgeeven daarvan onkundig te zijn, vermits ieder schip, bij zijn retour op *Batavia* een Journaal der reize, aan den expres daar toe aangestelden Baas Kaartenmaaker, moet overgeeven.[25]

Het belangrijkste excuus voor de misstanden en corruptie was het handelsmonopolie dat de Nederlanders zo ijverig bewaakten en in stand hielden. Het monopolie zorgde voor winsten, maar bevorderde tevens hebzucht, luiheid en wanbeheer. Zonder de prikkel van concurrentie en de aansporing om uit te blinken keerde het monopolie van de Nederlanders zich tegen hen. In het geval van de specerijen waar zij zo hard voor gevochten hadden, leidde de nadruk van de Nederlanders op verkoop tot enorme overschotten, en deze overvloed konden zij niet afzetten omdat zij vreesden daardoor de prijs op de wereldmarkt te verlagen. Dan weer beschikte de Compagnie over meer dan overvloedige voorraden, voldoende om vele jaren aan de Europese vraag te voldoen, dan weer resteerden haar – dankzij haar zuinige beleid om de specerijenbomen te vernietigen om clandestiene verkopen te voorkomen – geringe voorraden wanneer de weinige uitgelezen plaatsen waar de kruidnagel- en nootmuskaatbomen wél mochten blijven groeien door natuurrampen werden vernietigd. Er is misschien geen beter beeld om te illustreren dat overmoed hetzelfde fortuin dat tot die overmoed aanleiding gaf, kan vernietigen, dan het beeld van de Nederlanders die hun kostbare voorraden specerijen opofferden om hun handelsdomein te behouden. Iemand op de Specerij-eilanden was getuige van een verbranding van nootmuskaat; alle drie de hopen die werden verbrand waren 'meer dan een gewoon kerkgebouw kon bevatten'. En thuis in Nederland werden op een klein eiland in de provincie Zeeland in zo grote hoeveelheden kruidnagels, nootmuskaat en kaneel verbrand, dat de lucht kilometers in het rond van de geur ervan vervuld was.[26]

De zee was het middel geweest om het goud te bereiken – dat noodzakelijkerwijs zijn glans verloor – maar het rijke lazuur was voor velen een uiterst bitter blauw. De kans op overleven was heel gering voor de mannen die Portugal, Spanje, Nederland en Engeland de rijkdommen bezorgden die deze tot grote naties maakten. De risico's van een reis op een zeilschip in de zeventiende of achttiende eeuw waren niet veel kleiner dan ze in de vijftiende eeuw waren geweest.

In de vijftiende eeuw gebruikte de zeeman een astrolabium en een kwadrant (om de hoogte van de zon en de sterren te meten), hoewel beide nagenoeg nutteloos waren op het bewegende dek van een schip. In de zestiende eeuw werd de waarneming van een hemellichaam iets gemakkelijker met behulp van de driestaf, die vervolgens nog werd verfijnd voor het waarnemen van de zon. De sextant werd pas laat in de achttiende eeuw geïntroduceerd. Zelfs toen maakte een groot zeeman als kapitein Cook nog enorme fouten in zijn positiebepaling. De reden was dat in al deze eeuwen de zeelieden geen methode kenden om hun lengte te berekenen, dat wil zeggen hun positie ten opzichte van oost en west. Pas na de introductie van de chronometer in de negentiende eeuw werd enige nauwkeurigheid mogelijk. Zelfs breedte, dat wil zeggen de positie van een schip ten noorden of ten zuiden van de evenaar, was onzeker omdat de berekening afhing van de helderheid van het weer. De kaarten werden in de loop der jaren beter, maar Stavorinus' commentaar wijst erop dat er nog veel te wensen overbleef. Tot de negentiende eeuw bleef gegist bestek de voornaamste navigatiemethode. Nederlandse kapiteins noemden het 'een blinde en stomme loods' omdat zij nooit zeker waren van hun koers en afstand. Bij gegist bestek was men voor zijn berekeningen afhankelijk van de vastgelegde afstanden en de aangehouden koersen, sinds de laatste vaststaande positie, waarbij men zoveel mogelijk rekening hield met stromingen, getijden en afdrijving. En het waren nu net die zaken die gegist bestek zo riskant maakten. Stavorinus geeft hiervan een goed voorbeeld als hij uitlegt waarom de navigatie van Java oostwaarts naar Ambon zo gevaarlijk was.

> De tweede omstandigheid, die het Oostersch vaarwater gevaarlijk maakt, zijn de stroomen, welke hier met zulk een geweld tusschen de eilanden en kusten heen vallen, dat zonder eigen ondervinding, het verhaal daarvan ongelooflijk moet toeschijnen: hierbij komt nog dat zij geen vaste streek houden, en somtijds tegen den wind, op onbepaalde tijden, inloopen. Wanneer hierbij de stiltens, als eene derde omstandigheid, nog bijkomen, zoo drijven de schepen op reeven en klippen, zonder dat de geöefendste Zee-man, den aan hem toevertrouwden bodem in dien nood, kan behouden.[27]

Daarom mogen we aannemen dat naar verhouding het aantal schepen dat op zee verloren ging, ondanks de verbetering van de navigatie-uitrusting, niet opvallend afnam.

Een zeilschip is voor zijn voortgang afhankelijk van het weer en het water, en een kapitein kon soms heel lang door de elementen worden gefrustreerd en daardoor maar weinig opschieten. Dit probleem was evenmin beperkt tot een eerdere zeilperiode. In juni 1768 kostte het Stavorinus elf dagen om alleen maar uit de kust van Zeeland te komen, veertig dagen (van 25 juni tot 4 augustus) om door het Kanaal te komen en in totaal vijf maanden om de Kaap te bereiken. Het kostte hem drie dagen laveren om de Kaap te ronden, en alleen al drie dagen om de haven van Makassar binnen te komen, waarbij hij op een van die dagen niet meer dan anderhalve mijl opschoot. Nadat Bontekoe de evenaar had bereikt, kon hij deze drie weken lang niet passeren vanwege onweer, rukwinden en winden die steeds van richting veranderden.

De eigenlijke tijd die men op zee doorbracht was heel lang en werd in de loop der jaren niet veel korter. In 1620 kostte het Bontekoe vijf maanden om de Kaap te bereiken en Stavorinus had anderhalve eeuw later net zoveel tijd nodig. Toen Stavorinus Nederland in 1768 verliet, was zijn schip 'volgens gewoonte' uitgerust voor een reis van negen maanden. Toch was de 'legale' duur van een reis naar

Indië aan het einde van de zeventiende eeuw volgens een optimistische richtlijn van de VOC zevenenhalve maand. In 1646 verliet de Nederlandse Oost-Indiëvaarder Nieu Delf Holland op 9 mei en het kwam pas op 12 juli 1647 in Batavia aan, na een reis van meer dan een jaar. De Indiavaarders uit Engeland verging het weinig beter; omstreeks 1800 kon het hun tot negen maanden kosten om de reis van Londen naar Calcutta te maken.

Het sterftecijfer van het VOC-personeel was erg hoog: van iedere drie mensen die naar Indië gingen kwam er waarschijnlijk maar één in Nederland terug. De overlevingskansen van de bemanning aan boord van een schip waren nog geringer. Van de bemanning van 322 koppen van de Nieu Delf waren er nog maar 152 in leven toen het schip in Batavia voor anker ging. Het Nederlandse schip Asia werd net als dat van Bontekoe negen dagen tegengehouden 'onder de linie'. In die korte tijd stierven er 62 mensen. Op de ongelukkige reis van Bontekoe bleven er maar 56 van de 206 bemanningsleden in leven. Het werd er later niet veel beter op. Toen de Britse zeeheld Anson in 1744 naar huis terugkeerde (na in 1740 te zijn vertrokken) waren er 1300 mannen ten gevolge van ziekte overleden en maar vier ten gevolge van verwondingen bij gevechten. In moderne onderzoekingen wordt geschat dat het gemiddelde sterftecijfer op Portugese schepen in de zestiende eeuw vijftig procent van bemanning en passagiers bedroeg.[28]

Zoals ook gold voor koloniale soldaten, stierven de meeste zeelieden aan een ziekte. De meest voorkomende ziekte was scheurbuik, een gevreesde en meestal dodelijke ziekte waaraan zeelieden van de zestiende tot de negentiende eeuw overleden. Scheurbuik wordt veroorzaakt door een ernstig gebrek aan vitamine C en geneest meestal door verse vruchten en groenten, maar beide voedingsmiddelen waren moeilijk te vinden aan boord van schepen, behalve gedurende korte perioden. Hoewel de symptomen verschilden, zijn de meeste bronnen het erover eens dat de ziekte zich eerst manifesteerde door loomheid, lusteloosheid, gezwollen ledematen, gezwollen tandvlees en uitval van het gebit. Daarna stierf men aan allerlei symptomen die óf te wijten waren aan de scheurbuik zelf, óf aan andere infecties die de patiënt vanwege diens ernstige verzwakking gemakkelijk op kon lopen.

Behalve voor scheurbuik was de bemanning ook vatbaar voor wat men 'brandende koortsen' noemde, aandoeningen die de hersenen schenen aan te tasten, met het gevolg dat sommigen probeerden zelfmoord te plegen of overboord te springen. Ook was er een zeer besmettelijke 'allerkwaadaardigste rotkoorts' die Stavorinus' bemanning decimeerde op zijn reis naar Indië in 1774.

> De zieken klaagden eenige dagen te vooren van zwaare hoofd- en maagpijnen, van magteloosheid en verval van eetlust: verscheiden stierven in de eerste koorts: andere twee of drie dagen daarna. Voor dat zij stierven was er reeds een sterk bedorven reuk bij die ongelukkigen, en veele die een half uur na hunne dood zulk een afgrijslijken stank van zich gaven, dat ik dezelven oogenbliklijk over boord moest laaten zetten. Even na hunnen dood, en bij sommige nog voor denzelven, waren de lig-

> chaamen met zwarte en blaauwe vlekken uitgeslagen, vooral aan den hals en borst, die eene totaale bederving van het gansche gestel aanduidden.[29]

Stavorinus verloor in een maand 42 man aan deze ziekte en scheurbuik, en liet er 108 'in de kooi'. Hij vermeldt ook andere kwalen zoals 'galkoortsen, en kramp colijken'.[30]

Als schepen niet de juiste wind kregen om de Hollandse kusten te verlaten, konden zij weken- of maandenlang worden opgehouden. Wanneer het vochtig, koud weer was met mist en nevel, maakte dat de zeelieden ziek omdat zij geen middel hadden om zichzelf te warmen of hun enige stel kleren te drogen. Tussen de beide keerkringen werd een door windstilte overvallen schip door de hitte overweldigd en als het niet regende werden de mannen door dorst gekweld. Vers water was altijd schaars. Hoeveel er ook aan het begin van een reis was ingenomen, het raakte algauw vervuild en bedorven en er zijn talloze verhalen van mannen die het drinkwater tussen hun tanden zeefden om te voorkomen dat zij wormen en ander ongedierte door zouden slikken. Zelfs onder de beste omstandigheden kreeg de bemanning niet meer dan twee pinten (circa een liter) per dag, ondanks het beestachtig zware werk dat zij moesten doen en het zwaar gezouten voedsel, dat volgens een van de bronnen een struisvogelmaag vroeg om het te kunnen verteren.[31] Als het water schaars werd en het rantsoen tot één pint, een mok of nog minder werd teruggebracht, placht men op loden kogeltjes te zuigen om wat speeksel te produceren of de eigen urine te drinken, iets waartoe de bemanning van Bontekoe gedwongen was. Een aanwijzing voor de kwaliteit van het water is dat doodzieke mensen wijn of bier kregen om te drinken.

De kwaliteit van de etenswaren was ook berucht. Het meeste bederfelijke voedsel, zoals vlees en vis, was gezouten en andere zaken, waaronder erwten en bonen, waren gedroogd. Er was geen verse groente, uien uitgezonderd, hoewel Nederlandse schepen tegen het einde van de achttiende eeuw voorzien werden van zuurkool en augurken. Algemeen werd toegegeven dat het voedsel, zelfs aan het begin van een reis, zo moeilijk verteerbaar was dat het voor normale mensen niet te eten was. En om het nog erger te maken, was het vaak van de slechtst denkbare kwaliteit omdat immorele leveranciers een schip plachten te voorzien van voedsel van het laagste allooi, bijvoorbeeld erwten en bonen die hárder werden als men ze kookte, of vlees dat voor jaren gezouten en gepekeld was. Voedsel dat in het ruim van het schip was opgeslagen, ging snel in kwaliteit achteruit. De ruimen waren vochtig en klam, ze stonken en het was er heet, ideale omstandigheden om zelfs het beste voedsel snel te laten bederven. De VOC, evenals verantwoordelijke kapiteins als Bontekoe en Stavorinus, deden hun best dergelijke omstandigheden te verlichten. Al aan het einde van de zeventiende eeuw wist de Compagnie dat zout water gedestilleerd kon worden tot zoet water. In feite smaakte dit beter dan wat ze aan boord hadden genomen toen ze nog in de haven lagen. Maar de mannen hadden er iets op tegen en weigerden de destilleerketels te gebruiken.[32]

Elk schip had hoeveelheden wijn, bier en brandewijn aan boord, alcoholische dranken die voor medische doeleinden werden uitgedeeld. Bier en wijn werden soms opgewarmd. Een mengsel van beide kon voor het ontbijt worden geserveerd als 'bieren-broodspap'. Verantwoordelijke kapiteins probeerden zo vaak mogelijk fruit aan boord te krijgen, in het bijzonder citroenen, waarvan zij uit ervaring wisten dat scheurbuik ervan genas. Gemakkelijker te bewaren waren gedroogde pruimen. Over het algemeen waren de levensmiddelen van slechte kwaliteit en schaars. Daarom is het niet verbazingwekkend dat een kapitein bij elke gelegenheid vers voedsel voor zijn bemanning probeerde te krijgen. Steeds weer lees je over landingen op eilanden om verse voorraden en water te krijgen. Een andere welkome aanvulling op het dieet was in zee gevangen vis.

De omstandigheden werden alleen maar slechter door de totale afwezigheid van persoonlijke hygiëne. De mannen deden hun ontlasting tussen de dekken, wasten zich zelden en waren bedekt met ongedierte. Luizen beten soms gaten in het lichaam en ze konden zo talrijk zijn dat men ze moest afborstelen. Het gebrek aan hygiëne was vooral dodelijk voor de patiënten op de onvermijdelijke ziekenlijst. In de zestiende en zeventiende eeuw waren er geen dokters aan boord, alleen maar barbiers of 'chirurgijns'. De laatsten waren in de meeste gevallen waardeloos; Stavorinus merkt op dat 'hun getal, van tijd tot tijd, verminderde, na dat de Chirurgijn door dezelfde ziekte werd aangetast'. De favoriete behandeling van de chirurgijn was aderlaten. Op een bepaald schip paste de chirurgijn eens aderlating toe bij vierhonderd patiënten. Een wond in een van de ledematen kon gangreen veroorzaken; om dat te voorkomen werd de arm of het been zo snel mogelijk geamputeerd met een zaag en de stomp werd ontsmet met kokend pek. Het enige verdovende middel was sterke drank. In het algemeen schijnt het niet de scherpzinnigheid van de chirurg, maar die van de kapitein te zijn geweest waardoor een groter aantal sterfgevallen werd voorkomen. Stavorinus hield zijn 'zieken Grens' (ziekenboeg) schoon, opgeruimd en luchtig:

> Voords werd er bij het schoonmaaken [van de ziekenboeg] geen water gebruikt, om door de vochtigheid de lucht niet meer tot bederf te doen overgaan; maar in tegendeel werden er daaglijks geneverbessen, en wierook, waarvan wij nog al redelijk voorzien waren, gerookt; alsmede kruit en azijn op gloeijende kogels gegooten. De britsen der zieken werden ook met dezen azijn besprengd, en alle morgen moesten de lijders hun handen en aangezicht daarmede waschen en den mond spoelen. Hun eeten bestond, den eenen dag in eene zeer dunne soup van schaapenvleesch met limoensap; den anderen dag in pappige rijst; den derden dag in bier en brood met wijn, en des morgens in wat gort met Spaanschen wijn.[33]

Men moet echter niet vergeten dat maatregelen als deze alleen werden toegepast door gewetensvolle kapiteins die ook streng en consequent genoeg waren om ze door te voeren. Een vergelijkbare zorg en discipline toonden Cook, met opvallend goede resultaten, en de grote Engelse kapitein John Hawkins, die in de zestiende eeuw hard streden voor betere sanitaire omstandigheden en met klem beweerden dat hierin het geheim school van een goede bemanning en een goede vloot. Maar niet alle kapiteins waren zorgzaam of bezaten de karaktervastheid om de noodzakelijke discipline onder een opstandige en vijandige bemanning te handhaven.

Toen de Nederlandse vloten regelmatig tussen Holland en Indië heen en weer voeren, werd de VOC gedwongen bemanningen aan te monsteren uit de slechtste elementen van de samenleving, omdat ze niet langer volmatrozen konden vinden die bereid waren onder de beschreven voorwaarden te werken. De mannen werden opgespoord door ronselaars, zogenaamde 'zielenverkopers', die iedereen alles beloofden zolang zij hen maar in dienst konden nemen. De kandidaten kregen te horen dat zij een hamer mee moesten nemen omdat dat, eenmaal in Indië, het enige was dat zij nodig hadden om de overvloed aan diamanten van bijna elke rots te hakken. Zodra iemand door de VOC was aangenomen en zijn voorschot had ontvangen, nam hij zijn intrek bij de zielenverkoper, die hem liet betalen voor voedsel en onderdak en voor de uitrusting die hij hem verschafte. De meeste rekeningen klopten niet en de toekomstige matroos stond voor maanden of zelfs jaren bij zijn weldoener in het krijt. Maar ook de zielenverkoper liep risico. De kans dat iemand lang genoeg in leven zou blijven om zijn zogenaamde schuld terug te betalen, was niet erg groot. Als er bijvoorbeeld een schip verging, stopte de VOC met de betaling van alle lonen vanaf de dag dat de ramp gebeurde. Om te garanderen dat hij althans enig geld in het laatje kreeg, verkocht de zielenverkoper zijn zielen aan 'ceelkopers' of kopers van bewijsbrieven. Deze mensen kochten als verzekeringsmakelaars de contracten van de zeelieden van de zielenverkopers voor veel minder dan de nominale waarde en vergrootten hun eigen winstkansen door zoveel mogelijk zielen te kopen en hen te verdelen over een willekeurig aantal vertrekkende schepen.[34]

Alles in aanmerking nemende, kan men zich heel goed voorstellen dat het niet gemakkelijk was iemand tot tekenen te bewegen. Het gevolg was dat de meeste bemanningen een groot aantal vreemdelingen telden, die meestal afkomstig waren uit de onderlaag van de maatschappij. Velen waren misdadigers die weinig te verliezen hadden en geen enkele maritieme ervaring bezaten, mannen die er over het algemeen een hekel aan hadden bevelen op te volgen. Muiterij, door hele bemanningen of door afzonderlijke personen, was heel gewoon. Gevechten, moord, dronkenschap en diefstal kwamen veel voor. De orde kon alleen worden gehandhaafd dankzij een zeer reële bedreiging met harde straffen. Op vloeken of dronkenschap stonden boetes. Een pijp roken was verboden – behalve als men dat voor de grote mast en met toestemming van de kapitein deed – evenals het dragen van een brandend voorwerp zonder toestemming. Wie zich daar niet aan hield, werd in de boeien geslagen en gekort op zijn rantsoenen. Open vuur was buitengewoon gevaarlijk op deze drijvende kruitvaten. Als een lid van de bemanning een andere man neerstak, werd de schuldige met de rechterhand aan de grote mast gestoken met zijn eigen mes. Wanneer men van mening was dat hij daar lang genoeg had gestaan, mocht hij zichzelf bevrijden door zijn rechterhand van de mast los te trekken terwijl het mes er nog in zat.

Een kapitein was bevoegd ongehoorzaamheid en daden van muiterij te straffen door de dader 'van de ra te laten lopen', ook bekend als 'van de ra laten dansen'. De schuldige werd van zijn meeste kleren ontdaan; vervolgens werden zijn handen en voeten aan elkaar gebonden en vastgemaakt aan een touw dat door een katrol op de hoofdra liep. De man werd overboord gegooid, vervolgens opgehesen tot het uiteinde van de ra en plotseling losgelaten. De loden gewichten aan zijn voeten trokken hem onder water, waarna hij nogmaals werd opgehesen om opnieuw kopje onder te gaan. Nadat dit driemaal was gebeurd, werd hij weer op het dek gehaald en werd hij 'gelaarsd'. Dit hield in dat hij tussen tweehonderd en vijfhonderd maal met een dik touw of 'dagge' op de blote rug werd geslagen. Als iemand een meerdere aanviel, werd hij gekielhaald. Een touw dat onder het schip doorliep werd aan beide uiteinden van de hoofdra bevestigd. De man werd met gewichten verzwaard, opgehesen naar het ene uiteinde, in zee gegooid, vervolgens opgehesen, eerst langzaam zodat hij de kiel kon vermijden, daarna vlugger, over de hele breedte van het schip en omhoog naar de andere kant van de ra. Dit gebeurde driemaal. Een grote spons of lap werd aan een van zijn bovenarmen gebonden waar hij onder water in kon bijten om te voorkomen dat hij grote hoeveelheden zeewater inslikte, en zijn oren werden volgestopt met wol om het bloeden te voorkomen. Als de gewichten niet zwaar genoeg waren, kon men gemakkelijk met het hoofd tegen de onderkant van het schip stoten. 'Kielhalen' is een Nederlands woord[35] en men zegt dat dit gebruik door de Nederlanders is uitgevonden. De straf werd pas in 1854 officieel afgeschaft. Andere straffen voor ernstige vergrijpen waren ophanging of achterlating op een onbewoond eiland. Als iemand een medelid van de bemanning had gedood, werd hij aan het lijk vastgebonden en overboord geslingerd. Overboord geworpen worden was ook de straf voor de 'stomme zonde' van homoseksualiteit.

Er waren vele vormen van straffen voor een menigte overtredingen, en de lengte en mate van strengheid waren volledig een zaak van de kapitein. Bontekoe schijnt ongewoon vriendelijk en soepel te zijn geweest, terwijl Stavorinus aan de genoemde maatregelen vasthield. Maar misbruik was normaal. In de achttiende eeuw hing een Engelse kapitein een scheepsmaatje op 'vanwege muiterij met een opstandige blik in de ogen'. Anderzijds waren er veel beroemde gevallen van muiterij waarbij de bemanning de officieren genadeloos en zonder aanzien des persoons vermoordde.[36]

Evenmin als het ontwerp van de romp en de tuigage van grote schepen na 1600 drastisch veranderde, veranderde het lot van zeelieden sterk in de loop van drie eeuwen. Afgezien van individuele verschillen, en nationale bijzonderheden in aanmerking genomen, waren de toestand van de schepen en de bemanningen over het algemeen voor alle zeemogendheden gelijk. Ieder die vertrouwd is met de negentiende-eeuwse verhalen van Melville of Dana, weet dat de omstandigheden in de Amerikaanse marine of de koopvaardij nauwelijks beter waren.

Meestentijds moet men het eens zijn met Linschoten, die tegen het einde van de zestiende eeuw schreef dat de Indiëvaarders hun reizen, zij het met grote ellende, pijn en moeite, verliezen en belemmeringen, alleen voltooien door Gods genade en bijzondere gunst.

4

DE EERSTE REIS NAAR OOST-INDIË (1595-1597) EN HET BEGIN VAN DE KOLONIALE LITERATUUR

Linschotens evaluatie van de Europese zeevaart was hard maar waar. De eerste Nederlandse reis naar 'Oost-Indië', aan het einde van de zestiende eeuw, levert hiervan ruimschoots het bewijs. Tegelijkertijd vormt het betrekkelijk kleine aantal authentieke beschrijvingen van de gebeurtenissen de oorsprong van de Nederlandse koloniale literatuur: het scheepsjournaal, evenals het bijna gelijktijdig optredende reisverhaal. De zowel gepubliceerde als ongepubliceerde journaals waarnaar in het vervolg het meest wordt verwezen zijn *D'Eerste Boeck* van Willem Lodewycksz.; *Cort Verhael*, een journaal van Franck van der Does, pas in 1864 gepubliceerd; het journaal van Cornelis Jansz. Turck; en het journaal van Jacob Jansz. Kackerlack, dat ook nog niet eerder was gepubliceerd.[1]

De gebeurtenissen van de reis waren tegenstrijdig en dubbelzinnig en deze ambivalentie wordt weerspiegeld in de teksten. Maar ondanks het feit dat veel van wat er gebeurde op ons ongerijmd overkomt, was de reis indrukwekkend genoeg om te worden opgevat als een symbool van volgende historische ontwikkelingen en gaf ze de stimulans voor het ontstaan van de Nederlandse koloniale literatuur in al haar onorthodoxe eigenaardigheid. In het vervolg worden zowel de historische feiten als de literaire parafrase daarvan in aanmerking genomen, maar de bedoeling is aan te tonen dat door elke interpretatie van gebeurtenissen simpele aantekeningen veranderden in literaire teksten met een verschillende mate van verfijning.

De primitieve en barre omstandigheden van de eerste oceaanreizen voorspelden bijna een ramp voor de 'vloot' van vier schepen die Nederland op 2 april 1595 verliet. Twee van de schepen waren waarschijnlijk galjoenen en het kleinste was een pinas. Het totale tonnage van de vier schepen samen was minder dan dat van één Portugese kraak (*carraca*). Bij de evenaar ontmoetten de Nederlanders twee carraca's. De ene, met de aartsbisschop van Goa aan boord, had een bemanning van 150 zeelieden naast 450 soldaten (i. 3). Ter vergelijking: de bemanning van de héle Nederlandse vloot bedroeg 249; slechts 36 procent van hen zag Nederland terug. De voornaamste redenen van dit ontstellend hoge sterftecijfer waren de lange duur en het langzame tempo van de reis en de wanhopig slechte omstandigheden die daarvan het gevolg waren.

De eerste Hollandse expeditie naar Zuidoost-Azië duurde twee jaar en vier maanden. Het aantal échte zeildagen bedroeg 493; toen de vloot de Indische

Oceaan overstak, worstelde men 27 dagen met een gemiddelde snelheid van een knoop per uur.[2] Het kostte twee weken om Straat Soenda door te komen en de Hollandia had zestien dagen nodig om de zuidelijkste punt van Bali, kaap Meboeloe, te ronden. Zelfs als hun kameraden in nood waren, ontkwamen zij niet aan de tirannie van het weer. Toen de Javanen verscheidene Nederlandse officieren gijzelden, legde de vloot een blokkade voor de baai van Bantam. Maar hun voorraden vers water raakten op, zij moesten de blokkade opheffen en hun vrienden in de steek laten en er gingen twee weken verloren met het vinden en innemen van verse drinkwatervoorraden (i. 93-4).

Hoe kwetsbaar deze zeelieden uit de begintijd waren, blijkt duidelijk uit het sterftecijfer door ziekte, in het bijzonder scheurbuik. De eerste zeemansbegrafenis vond plaats een maand nadat de Hollandia, de Mauritius, de Amsterdam en de Duijfken de evenaar waren gepasseerd. Het scheurbuikslachtoffer stierf ongeveer een week nadat zij een groep rotsen waren gepasseerd met de naam Abrolhos, ongeveer twaalf zeemijlen van de oostkust van de Brazilië. Het feit dat een groot deel van de proviand toen volledig bedorven was, bewijst, zoals een commentator terecht opmerkt, dat de Nederlanders nog nooit zo ver waren gegaan. Voorbij dit punt op achttien graden zuiderbreedte bezaten de Nederlanders geen praktische ervaring meer in de omgang met de gevreesde ziekte (ii. 6) die bemanningen tot ver in de negentiende eeuw decimeerde.[3] Na 1 juni 1597, toen men pas drie maanden onderweg was, begonnen er met schrikwekkende regelmaat mannen te overlijden. Ten slotte waren er zoveel gestorven dat de Amsterdam tot zinken moest worden gebracht (januari 1597) omdat er niet genoeg mankracht meer was om het schip varende te houden.

De gestage inkrimping van de bemanningen komt het krachtigst naar voren uit het journaal van Cornelis Jansz. Turck (iii. 135-81). Bladzijde na bladzijde somt hij nuchter de namen op van de doden die 'buijten boort gheworpen' waren. In dit geval is de kracht van Turcks eerlijke en directe proza veel effectiever dan de ontwijkende en voorzichtige stijl van het belangrijkste journaal van de reis, geschreven door Willem Lodewycksz. en in 1598 in Amsterdam gepubliceerd. Lodewycksz.' verhaal is het volledigst, maar het is ook dubieus, omdat het een officieel goedgekeurde tekst was, wat betekent dat het journaal door de autoriteiten in Nederland was gecontroleerd voordat het voor publicatie werd vrijgegeven. Lodewycksz. noemt bijvoorbeeld zelden de namen van gewone slachtoffers maar Turck roept zonder uitzondering de namen af, alsof het reciteren de herinnering waarborgt, alsof hij erop staat dat zelfs het meest beklagenswaardige bestaan herdacht moet worden (iii. 142-6). Hoewel scheurbuik geen rangen kende – de eerste officier stierf drie maanden na de eerste zeeman – werd er om een gewoon bemanningslid zelden officieel gerouwd. Maar Turck protesteert en vermeldt steevast bijzonderheden, bijvoorbeeld hoe onverwacht de dood intrad: 'alsoe sturuen [stierven] daer weele naeedeerhandt, wandt al spreckkende [terwijl zij nog praatten] waeren sij doet' (iii. 145).

Willem Lodewycksz.' verslag laat de lezer weten dat het leven aan boord van de vier schepen ellendig was; de teksten van Turck en diverse anonieme auteurs laten zien waarom. Een voorbeeld is het lot van Cornelis Fasser. Hij was de achtendertigste op Turcks schip, de Mauritius, die overleed. Fasser bezweek 's nachts, en toen zijn maten de volgende morgen zijn lichaam kwamen halen, ontdekten zij dat ratten 'hadden hem zijn eenee oog wttet hooft ghegeeten ende zijn halue mondt wech ghegheten, met baeyde zijn handen sommighe wingren al stuckken ghebeeten' (iii. 169). Nog een van Turcks realistische aantekeningen:

> Item den 4en ditto [september 1595] sturff onsen constapelsmaet [geschutsmatroos] ghenampt Hans van Staaten, ende hadde langh gheleeghen in groeten eelendt, soodat hij bijkans cranckhofdich ghevorden was, vandt hij den ghehelen dach duer lach ende wloeckten; ende gheen dach tee woeren dat hij sturff, woude hij eenen halff cartou [musket] hebben met hem om die hell mede tee bestormen. Alsulckken eeijdelheijt lach hem in zijn hooft wan die groete siecktee, ende hij wert den sulffden dach buijten boort gheuorpen. (iii. 147)

Een anonieme auteur vertelt hoe dicht de mannen bij de hongerdood waren. Op een van de schepen was de bottelier ofwel de hofmeester zo gelukkig in het ruim een vat stokvis te vinden. Het stonk zo dat ze het thuis op de mesthoop zouden hebben gegooid, maar op 23 juli 1597 'wy atense noch met sulcken smaeck als de beste cost vander Werelt' (ii. 73).

Een alledaagse werkelijkheid als deze roept vreemde reacties op. Er is een stuk bewaard gebleven waarin een aantal klachten tegen de provoost op de Amsterdam wordt opgesomd. Hij trok zonder reden een mes tegen de 'trompetter' en zou hem vermoord hebben als anderen hem niet hadden tegengehouden (iii. 217). Hij maakte zich herhaaldelijk schuldig aan insubordinatie, vloekte tegen zijn meerderen, werd in de boeien geslagen maar zag op de een of andere manier kans zich te bevrijden (iii. 217-9). Op een dag zei hij tegen de kapitein dat 'het bier wat dick was (...) moecht ghij varckens geven' en als ze geen beter bier gaven, zou hij alles kort en klein slaan (iii. 217). Het werd bekend dat hij enkele mannen probeerde over te halen de pinas over te nemen en kapers te worden, wat een zuivere daad van muiterij was (iii. 218). Hij bedreigde de kapitein zelfs met een mes en dreigde verscheidene officieren te lijf te gaan. Het eigenaardige en gewelddadige gedrag van Cornelis Luytsen illustreert niet alleen dat strenge discipline en zware straffen van levensbelang waren, maar verraadt ook hoe absurd dit extreme bestaan was, omdat Luytsen als provoost de officier aan boord van de Amsterdam was die belast was met de handhaving van de orde en met de arrestatie en bewaring van overtreders! Uiteindelijk werd hij verhoord, schuldig bevonden en veroordeeld om in Madagaskar achter te blijven. Men hoorde nooit meer iets van hem (iii. 219).

Geweld was de dagelijkse werkelijkheid, niet alleen aan boord van schepen maar ook op het vasteland. Het dikwijls beestachtige gedrag van de bemanningen als zij zich in vreemde plaatsen bevonden, was weinig zinvol en soms geheel onbegrijpelijk, maar de teksten suggereren diverse verklaringen. Een daarvan was het ontbreken van een sterk, centraal gezag, een andere was de alcohol en een derde het lage allooi van de mannen die voor deze reis hadden aangemonsterd.

De vloot stond onder gezamenlijk commando. Men zou kunnen denken dat de aanvoerder in naam, Cornelis de Houtman (1565-1599), de enige autoriteit was, maar dat was niet het geval. Hij bezat niet de karaktervastheid om als een betrouwbaar leider op te treden en bovendien hadden zijn meerderen thuis het gezag opzettelijk verdeeld over een aantal hoofden in de hoop zich zo te verzekeren van volledige toewijding aan hun eigen belangen.[4] De schier eindeloze onenigheden tussen Cornelis de Houtman en zijn voornaamste rivaal, de 'commies' (of handelsofficier) Gerrit van Boninghen, hoeven hier niet te worden vermeld (iii. 14-5 bijvoorbeeld), of tussen Houtman en het comité van kooplieden (iii. 195-210; iii. 211-84), tussen de kooplieden en de zeelui (ii. 362-3 n. 1), om maar niet te spreken van de (soms aan wanhoop grenzende) ontevredenheid van de gewone bemanning (ii. 362). Onenigheid heerste alom. Houtman werd zelfs beschuldigd van de onwaarschijnlijke misdaad van de vergiftiging van kapitein Jan Muelenaer in december 1596 (ii. 325-7). Zelfs Willem Lodewycksz.' goedgekeurde verslag bevat nog bittere woorden waarmee hij zijn walging over deze karikatuur van het leiderschap uitdrukt. Toen Jan Dignum in oktober 1595 op het eiland Madagaskar stierf, moest er een nieuwe kapitein voor de Hollandia worden benoemd. Het had een snelle, eenvoudige procedure moeten zijn, maar: 'groote tweedracht inde Vlote rees tusschen de hoofden, tot groote confusie, [en] schade vande generael compaengie' (i. 18; zie ook ii. 362). Bijna een jaar later kruiste de gedesillusioneerde en onderbemande Nederlandse vloot tamelijk doelloos langs de noordoostkust van Java, tussen Djapara en de Karimoenjawa-eilanden. De vlootraad (*collegie*) van handelsofficieren (*commiezen*) en kapiteins (*schippers*) belegde de ene na de andere vergadering omdat zij niet konden besluiten of zij naar de Molukken (Specerij-eilanden) of naar Sumatra zouden gaan. Lodewycksz. noteert: 'Het collegie is weder vergadert gheweest: maer naer ouder ghebruijck weynich uytghericht' (i. 165). Lodewycksz. heeft de frustratie en uitzichtloosheid van deze vreemde reis voortreffelijk vastgelegd in zijn majestueuze zin: 'Dwalende dus met grooter moeyte ende verdriet lancks de Custe sonder eenighe finale resolutie te nemen, hebben wy den tweeden Decembris onsen cours nae de wal toe gheset, waer wy veel visschers saghen naer toe seylen, die ons seyden tlandt te wesen boven *Tubaon*' (i. 166). Drie dagen later werden zij verrast door piraten en in het volgende gevecht verloren zij twaalf onmisbare mannen (i. 169-71).

Cornelis de Houtman schijnt het aan de meeste vereisten voor het leiderschap te hebben ontbroken en was hoogstwaarschijnlijk niet in staat de ruwe en ongezeglijke mannen van wier werk hij voor een veilige terugkeer afhankelijk was, in de hand te houden. Hoewel de schaarste aan bewaard gebleven documenten altijd een belemmering zal vormen om tot een objectief oordeel te komen, zijn de overgebleven getuigenissen ten aanzien van Houtmans karakter over het algemeen negatief.[5] Daar is de regelrechte veroordeling van John Davis, de Engelse zeeman die als loods dienstdeed op Houtmans tweede en nog rampzaliger reis naar Indië. Davis' minachting is illustratief voor de aanhoudende rivaliteit tussen de twee noordelijke zeemachten en werd ongetwijfeld ingegeven door chauvinistische vooroordelen, maar de heftigheid ervan moet enigszins op feiten gebaseerd zijn geweest. Hij beschuldigt Houtman, die Davis nadrukkelijk de 'Baase' blijft noemen, van lafheid,[6] wreedheid en onverschilligheid voor plaatselijke gewoonten terwijl diplomatie en voorzichtigheid geboden zijn (*Zeeuwen*, 43-6). Een minder bevooroordeelde bron is de verzameling instructies die Houtmans nieuwe werkgevers speciaal aan hem stuurden als waarschuwing en richtlijn op zijn tweede reis naar Indië in 1599. De lijst van instructies was kennelijk opgesteld met de nadelige acties van de eerste reis in gedachten. Voorzichtigheid (*prudencie*) is het woord waar het in deze tekst om draait; het wordt letterlijk diverse malen herhaald en er wordt overal in de vermaning op gezinspeeld door middel van een aantal synoniemen (*Zeeuwen*, 30-4). Dit specifieke beroep op overleg en zelfbeheersing duidt erop dat dit op de eerste reis schitterde door afwezigheid. Houtmans meerderen merken op dat een verdeeld gezag onenigheid en twist veroorzaakt en stellen botweg: 'alle twyst ende twedracht oorsaecke sijn van quaede ende ongeluckige reysen' (*Zeeuwen*, 30). Houtman wordt aangespoord naar advies te luisteren (p. 30), te letten op verraad door buitenlanders (p. 32), inlanders met respect te behandelen (p. 31), geen bloed te vergieten (p. 32); kortom, vriendelijker en verstandiger te zijn. Het is geen lijst die vertrouwen inboezemt en hij levert achteraf bewijzen dat het beeld van degene die Houtman had gekleineerd als een gewelddadige, besluiteloze en laffe boerenpummel, enige waarheid bevatte.

IJdelheid was een andere beschuldiging die tegen Houtman werd ingebracht. Er is een beschrijving van zijn bezoek aan de stad Bantam, kort nadat de Nederlanders de Javaanse kust hadden bereikt, die bijna bespottelijk is. Houtman ging aan wal, volledig uitgedost in ongemakkelijk zittend satijn en fluweel, omgeven door een gevolg van zo'n twintig man, met een 'trompetter' voorop die op een hoorn blies. Een van de onderofficieren hield een zonnescherm of 'tiresol' boven zijn hoofd, een voorrecht dat op Java minder een poging was om te schuilen tegen de felle tropenzon dan een indicatie van hoge sociale rang. Verder was dit een symbool van macht. De Nederlanders kopieerden deze inheemse gewoonte en als een hoge koloniale beambte in het openbaar optrad, werd hij altijd vergezeld door de gouden *payung* of parasol – de 'dichtgestraalde zon' zoals Couperus hem in zijn roman *De stille kracht* (1900) noemde.[7] Deze gewoonte werd pas in 1904 officieel afgeschaft, maar het is merkwaardig om te zien hoe snel deze Europeaan verliefd werd op Aziatische pracht en praal. Tenslotte waren ze pas nauwelijks een week op Java! Een Portugees die Houtman scheen te kennen vroeg hem spottend (*uyt schimp*) of hij dacht dat hij een hertog was (ii. 18-9). Anderzijds was Cornelis de Houtman ook degene die het eerste Nederlandse handelscontract met een Indonesische machthebber sloot. Het werd getekend op 3 juli 1596, slechts enkele dagen na zijn misplaatste uitstapje; het bevatte zelfs uitspraken die neerkwamen op een wederzijds verdedigingsverdrag (i. 80-1).

Men vraagt zich af waarom een man als Cornelis de Houtman was gekozen. Later werden meestal personen met karakter en bekwaamheden benoemd, maar toen was Oost-Indië een bekende grootheid. In 1595 werd de onderneming echter beschouwd als een dwaas avontuur met weinig kans van slagen, zodat het de beste kandidaten ontbrak aan de ware bezieling.[8] Nepotisme speelde eveneens een rol. De twee gebroeders De Houtman, Cornelis en Frederick, waren familie van Reynier Pauw, een van de negen Amsterdamse kooplieden die de onderneming financierden. Zowel Pauw als de De Houtmans waren afkomstig uit Gouda, waar een bescheiden monument nog aan hun daden herinnert. Ten slotte schijnt althans Cornelis ongeveer een jaar in Lissabon te hebben gewoond om geheime inlichtingen in te winnen over handelsroutes naar Zuidoost-Azië (i. p. xxxi). Het is hoogstwaarschijnlijk dat deze zestiende-eeuwse vorm van bedrijfsspionage inderdaad plaatsvond, want in één journaal wordt, als een zeldzame vergissing, vermeld dat zij Portugese kaarten aan boord hadden (ii. 13), terwijl de schrijver die het weinig vleiende beeld van Houtman op zijn wandeling door Bantam schetste, zegt dat de man die de Hollander belachelijk maakte 'was een die *Houtman* te Lissebon wel ghesien hadde' (ii.18).

Wat de reden ook was – we weten toch al weinig van de hoofdrolspelers op deze belangrijke reis – Cornelis de Houtman was er niet de man naar om deze bepaalde bemanning stevig in de hand te houden. Evenals de Engelse zeelieden die de Indonesische archipel voor hem op strooptochten hadden aangedaan, hadden deze mannen de Spanjaarden ter zee bevochten, al of niet met een formele oorlogsverklaring. Het waren vrijbuiters die geen politiek excuus nodig hadden om geweld te plegen als er voordeel mee te behalen viel. Dit werd nauwelijks een maand nadat zij de Nederlandse kustwateren hadden verlaten al volkomen duidelijk, zoals Kaerel, de commies op de Hollandia, ons laat weten. Bij de evenaar kregen zij twee Portugese carraca's in zicht en de mannen wilden aanvallen. Dit was tegen de politiek van neutraliteit, die hun meerderen in Amsterdam verstandiger achtten; daarom verbood de raad van kooplieden en kapiteins vijandelijkheden. Het gevolg was dat er bijna muiterij ontstond. De bemanning 'nauwelicx in dwang en conde ghehouden zijn, seggende wy connen ons ende onse meesters hier meer verrijcken, dan wy op al de reyse sullen vermoghen te doen' (iii. 4). Ruilhandel en handel waren niet hun modus vivendi. Hoewel Grotius de Portugezen de schuld gaf van het meeste verzet dat de Nederlanders op Java ontmoetten, moest zelfs hij toegeven dat een deel van het probleem te maken had met de lagere rangen, mannen 'die, om hunne schulden of quaede seden uyt het vaederlandt verjaeght, met hunne gebreeken vergeselschapt quaemen' (iii. p. xxxviii).

In het licht van het gebrek aan een duidelijk en onverzettelijk gezag en de bijna schurkachtige reputatie van de bemanning,[9] hoeven we ons er niet over te verbazen dat deze reis, evenals Houtmans tweede reis, door geweld werd ontsierd. De Nederlanders vochten met de plaatselijke bevolking in Zuid-Afrika, op Madagaskar en te Bantam, met de piraten voor de noordoostkust van Java en met de ongelukkige Madoerezen, afgezien van de mislukte pogingen vreemde vaartuigen te veroveren. De interventie op Java valt te verdedigen, maar de verwoestende acties in en bij Afrika roepen vragen op en zijn in strijd met het gezond verstand. Een voorbeeld hiervan is het verblijf op Madagaskar tegen het einde van 1595 en de eerste twee maanden van 1596.

De vier Nederlandse schepen konden dit eiland, het op twee na grootste ter wereld aan de oostkust van Afrika, nauwelijks bereiken. De bemanning was er vreselijk aan toe. Toen zij van het eiland afvoeren voor de laatste oversteek naar Indonesië, was de helft van alle mannen al overleden. De 127 overlevenden die koers zetten naar Indië hadden de Malagassiërs dankbaar moeten zijn, maar de journaals geven een ander beeld.

We kennen twee oponthouden van verschillende lengte. Het eerste aan de westkust, in wat bekendstond als St.-Augustinusbaai, duurde van 9 oktober tot 13 december 1595. Het is moeilijk oorzaken aan te wijzen of ondersteunende details te vinden, en we beschikken evenmin over documenten die pleiten voor de Malagassiërs, maar wel is duidelijk dat wat aanvankelijk bestond in vriendschappelijk loven en bieden voor het hoognodige levensonderhoud al snel omsloeg in gewapende vijandschap. De reden die Lodewycksz. (i. 19 *passim*), Van der Does (ii. 267 *passim*) en Turck (iii. 170 *passim*) aanvoeren, is dat de inboorlingen de zieken lastig kwamen vallen die op 12 oktober aan land waren gebracht. Zij werden, zoals Turck noteert, afgeslagen door enkele van de naakte zeelieden die nog in staat waren hun vuurwapens ('roers'; iii. 170) af te vuren, maar pas nadat een deel van de patiënten was mishandeld en beroofd van wat zij bij zich hadden. Dit merkwaardige incident werd gebruikt om het volgende geweld te rechtvaardigen. Maar zoals zo veel dingen met betrekking tot deze eigenaardige reis zijn de feiten paradoxaal en tegenstrijdig en roepen zij ongemakkelijke vragen op.

Welk soort leiders, mag men vragen, laat zieken onverzorgd en onbewaakt achter op twee afzónderlijke plaatsen (iii. 170), 's nachts, op een vreemde kust? En waarom waren de wachten zelden op hun post, ook al was er snel een soort barricade gemaakt van takken en jonge bomen (iii. 170)? Een gedeeltelijk antwoord is gelegen in incompetente leiding en lamlendige kameraden, maar dit is onvoldoende om de schandelijke nonchalance te verklaren. Zelfs de naïeve Turck vraagt zich af waarom zij niet waren overvallen en gedood (iii. 170), omdat zij ook de meest elementaire beginselen van de veiligheid veronachtzaamden. Dit roept de derde vraag op: waarom doodden deze zogenaamd bloeddorstige wilden niet iemand als zij de kans hadden? Pas op 26 november (anderhalve maand later) wordt er een Nederlander gedood en toen waren de bewoners, zoals Franck van der Does met zijn gebruikelijke eerlijkheid noteert, gevaarlijk geworden ten gevolge van de brute behandeling die zij al meer dan vier weken hadden ondergaan (ii. 269).[10]

Nadat de Nederlandse bemanningen waren hersteld, gingen zij op wat 'landtochten' werden genoemd (ii. 129). Dit waren eerst zuiver verkenningspatrouilles, maar het duurde niet lang of het werden plundertochten. Lodewycksz. maakte deel uit van zo'n ogenschijnlijk onschuldig jachtuitje dat plotseling omsloeg. Op de morgen van 26 oktober 1595 gingen enkele mannen jagen, speciaal op vogels. Geroosterde papegaai was een van de lekkernijen waaraan zij niet gewend waren (ii. 129). Zij stuitten op enkele hutten van inboorlingen. De bewoners vluchtten, behalve een man aan een weefgetouw 'een Cattoenen cleet wevende' (i. 21). Hij werd gevangengenomen en meegenomen naar de 'Schans'. Lodewycksz. vermeldt geen provocatie als excuus voor deze daad van ontvoering. Enige tijd later ontmoetten dezelfde zeelieden zeven kano's bemand met inwoners die vis kwamen verkopen. De Nederlanders vielen de vissers aan omdat zij, zoals zowel Lodewycksz. (i. 21) als Turck (iii. 172) volhoudt, enkele dingen bij zich droegen die twee weken eerder van de zieke zeelui waren gestolen. Na het gevecht dat ontbrandt, blijven één inheemse man dood en verscheidene gewond achter, terwijl één man, twee vrouwen en vier kinderen als gevangenen werden meegenomen (i. 21). Het wraakmotief is verdacht. Het lijkt erop dat deze actie, net als andere, was gemotiveerd door niets beters dan hebzucht. Want hoe slim is de inboorling als hij vrijwillig, met kinderen en vrouwen, naar zijn vijand toe komt om vis te verkopen, en daarbij bezwarende gestolen goederen laat zien? De volgende gedragingen versterken deze verdenking alleen maar, omdat de ongelukkige vrouwen bijna direct werden vrijgelaten terwijl de mannen en jongens aan boord in de boeien werden geslagen. Verscheidene dagen later werden de 'wever' en één jongen aan hun volk teruggegeven in ruil voor een losprijs bestaande uit vee, wat duidelijk vanaf het eerste begin de bedoeling was geweest (i. 21).

De strooptochten gingen door, ook al brachten zij weinig op (i. 22), maar het ruwe gedrag van de bemanning bracht de Malagassiërs er ten slotte toe terug te slaan. Op 26 november gingen de Nederlanders opnieuw op vee uit (iii. 298). Diezelfde middag kwamen enkele 'wilden' naar het kamp met de mededeling dat zij wat ossen te koop hadden (iii. 299, 175) terwijl een andere bron vermeldt dat zij voorgaven melk te willen verkopen (i. 26). Van der Does veronderstelt echter geen enkele onoprechtheid bij de inheemse mensen (ii. 269). Maar hoe dan ook, zij doodden de stuurman, Claes Jansz., die ongewapend naar hen toe was gegaan. Lodewycksz. zegt duidelijk dat de Malagassiërs kwamen om wraak te nemen voor de wreedheden die zij hadden ondergaan,[11] maar Turck drijft de spot met zijn landgenoten door te beweren dat dit het gevolg was van het grote 'beetrouuen' dat zij hadden gesteld in de 'Moeren en wijlden' (iii. 176). Turcks ingenieuze verwijt is louter wijsheid achteraf. In tegenstelling tot scheepslogboeken werden de meeste 'journaals' thuis geschreven nadát de hele reis achter de rug was (ii. 260 n. 4). Een van de gevolgen daarvan was psychologisch: een bijzonder traumatische belevenis kon de weergave van voorbije gebeurtenissen beïnvloeden en elke poging tot objectiviteit tenietdoen. In Turcks geval (evenals bij andere zeelieden) maakte de verraderlijke en bijna rampzalige aanval door de piraten voor Sedajoe alle 'Moeren' achteraf schuldig (iii. 176). Een dergelijke oneerlijke vaststelling overtuigt niet, omdat het enig mogelijke 'beetrouuen' aan de kant van de Nederlanders hun zekerheid schijnt te zijn geweest dat de inheemse bevolking elke belediging die deze vreemdelingen hun maar wilden aandoen, kalm zouden ondergaan.

Razend om de onbezonnenheid van de inboorlingen stuurden de Nederlanders strafpatrouilles uit met de bedoeling op oudtestamentische wijze gerechtigheid te oefenen. Zij brandden een dorp van tweehonderd hutten plat (iii. 177), probeerden wat vee te vangen (i. 27), maar konden geen mensen vinden. Op 28 november 1595 begingen zij de misdaad die men zich, volgens John Davis, vier jaar later nog herinnerde en die de reden was waarom deze mensen de Nederlanders 'no more abide' (niet langer dulden) (*Zeeuwen*, 44). Alle verslagen zeggen dat het begon toen zij een kano langs het kamp zagen varen. Deze werd achtervolgd en tegengehouden. Lodewycksz. en Turck zeggen dat er twee mannen in zaten, van wie er één vluchtte (i. 27; iii. 177); een ander journaal, geschreven door de stuurman, Jacob Jansz. Kackerlack, zegt dat het er maar één was (iii. 300), terwijl Van der Does niet al te subtiel suggereert dat de Nederlanders zomaar een inheemse man meenamen (ii. 269). Lodewycksz. en Kackerlack zijn ervan overtuigd dat deze man inderdaad een van de moordenaars was, maar Turck maakt de vernietigende opmerking: 'het was een out man, daerom wouden wij hem ock nijet hebben. Also hebben onsen ouerrijchheijt met malkander hem ghekonnert [veroordeeld] tee steruen op die sulfste plaetze daer Clas Jansen wormoort was' (iii. 177). Zoals we hiervoor opmerkten, was Turck zeker geen vriend van de inheemse bevolking, zodat zijn eerlijke getuigenis veel gewicht in de schaal legt, vooral in combinatie met de simpele bewering van Van der Does dat een plaatselijke man 'gevanghen' werd genomen en zonder vorm van proces terecht werd gesteld (ii. 269). Spoedig na deze gerechtelijke moord besloot de vloot onder zeil te gaan omdat, zoals een journaal laconiek opmerkt, 'de vrundtschap vant volck gants uyt was' (ii. 132).

Binnen drie weken na hun tweede poging om Java te bereiken moest de vloot naar Madagaskar terugkeren omdat er opnieuw bemanningsleden ziek werden en zelfs stierven. Hoewel de bevelhebbers niet lang wilden blijven en de mannen verboden op het land hun bivak op te slaan, schijnen hun gezag en wijsheid nog niet te zijn toegenomen. De schepen gingen voor anker in de Antongilbaai (Noordoost-Madagaskar), bij het eiland Nosy Marosy, en bleven daar van 26 januari tot 12 februari 1596. Maar zelfs in deze korte periode herhaalde zich het wrede gedrag van St.-Augustinusbaai, een feit dat erop duidt dat het hier om een vast gedragspatroon gaat en niet om een reactie uit zelfverdediging, zoals sommige defensieve journaals willen suggereren.

De dingen gingen aanvankelijk goed. Bij de nieuwe ankerplaats was volop zoet water en er waren, en dat was het belangrijkste, grote hoeveelheden citrusvruchten. Door ondervinding hadden zij geleerd dat door het eten van citrusvruchten scheurbuik als bij toverslag genas (ii. 142, 138) en toen hun normale voedsel werd vervangen door rijst, ontdekten zij dat hun gezondheid sterk vooruitging en goed bleef: vanaf januari 1596 verloren zij niemand meer aan scheurbuik (iii. 14).

De mensen die op de noordkust van Madagaskar woonden waren veel minder primitief dan die rond St.-Augustinusbaai (ii. 276-9). Hun voornaamste bezigheid was landbouw, waarin zij uitblonken, en zij aarzelden niet hun producten te verkopen. Ze waren gastvrij en vriendelijk voor de vreemdelingen. Een verrassende toegift was het plaatselijke vermogen een alcoholische drank te fabriceren, om niet te spreken van het mateloze verlangen deze ook te consumeren (ii. 282; i. 40-1; iii. 13). Dronkenschap was normaal. Zowel Lodewycksz. als Van der Does schrijft dat de plaatselijke drank werd gemaakt van rijst en honing, gedronken uit een runderhoorn en volgens Van der Does was hij vergelijkbaar met 'het soete Lonsbier [Londense bier]' (ii. 282; i. 41). Beide schrijvers beweren dat de '*Coninc*' en zijn mensen vaak volkomen laveloos waren en door hun vrouwen thuisgebracht moesten worden (ii. 282). Er was zelfs een café of kroeg (*Croeghe*) 'waar eenighe vande onse maets haer vrolijck ghedroncken hadden met de Inwoonderen' (i. 41). De Nederlanders herkenden zulk gedrag gemakkelijk, want het leek op dat van henzelf. Wanneer Van der Does een Malagassisch bacchanaal heeft gezien, merkt hij droogjes op: 'docht myn dat ick in ons lant op een boeren kermisse was, want sy lyden in sullcx de Neerlanders heel gelyck syn' (ii. 282). We vinden hier, zij het indirect, de eerste vermelding van de stereotiepe dronkaard uit de latere koloniale fictie.[12] Een onvergetelijke schildering van een *maboek*-koloniaal (bekend geworden met een Maleis woord) is de roman van P.A. Daum, *H. van Brakel, Ing. B.O.W.* (1886); hoezeer dronkenschap werd beschouwd als een Europese ondeugd kan worden afgeleid uit de shockerende scène in Louis Couperus' roman *De stille kracht* (1900), wanneer de Javaanse regent van Ngadjiwa zichzelf toestaat in het openbaar dronken te worden. We hebben ook de derde oorzaak van de herhaalde gewelddadigheid op deze reis vastgesteld. Als men weet dat er op alle schepen gewoonlijk grote hoeveelheden alcohol werden opgeslagen, ook al was het maar als geneesmiddel of als een veilig substituut voor het slechte water als men onder zeil was, wordt het heel waarschijnlijk dat de bemanningen als ze aan wal gingen beneveld waren en dienovereenkomstig optraden. Met de aanwezigheid van alcohol, de geringe discipline en een gezag dat berustte bij een groep mannen die elkaar constant bekritiseerden, is het weinig verrassend dat de zaken zelden onder controle waren. Vanuit literair gezichtspunt moet hieraan worden toegevoegd dat geweld weliswaar in de Nederlandse literatuur tot de Tweede Wereldoorlog een ongebruikelijk onderwerp was, maar in de koloniale literatuur gewoon bleef. Dit was natuurlijk ten dele te danken aan de hardheid van het dagelijks leven, maar dit diepgewortelde facet van de koloniale letteren is weer een aspect waarin deze verschillen van vergelijkbare literatuur in Europa.

Eind januari liepen de dingen opnieuw uit de hand, ondanks het feit dat er sprake was van een levendige handel. De bemanning verdiende goed aan de rozenkransen ('pater nosters' genaamd; i. 12) die zij in grote hoeveelheden hadden meegebracht. Het is een gebeurtenis om van te genieten: lompe, protestantse bemanningsleden gebruiken katholieke heilige kralen om te verhandelen aan wat naar zij meenden moslims waren.[13] Maar zij schenen er nooit genoeg van te krijgen en op 1 februari verbood een plaatselijk leider iedere verdere handel omdat hij bang was dat de opeenhoping van rijst, vlees (dat zij niet graag verkochten) en fruit door de Nederlanders zou leiden tot tekorten voor zijn onderdanen (i. 42). Dit was een teken voor de vloot om opnieuw te proberen de Indische Oceaan over te steken. Maar zij werden door een vreselijke storm verrast, naar de kust teruggeblazen, waar drie schepen bijna strandden en de sloepen op het strand stuksloegen. De bewoners van één dorp gingen naar het strand en vernielden de sloepen nog meer om het ijzer te bemachtigen (i. 43). Verscheidene dagen later brachten de Nederlandse autoriteiten een groep van 48 gewapende mannen aan land, vermoedelijk om enkele inlandse boten te kopen.

Zij ontmoetten tegenstand van een vijandige groep en nadat de 'snaphanen' de vijand hadden verstrooid, waarbij verscheidene Malagassiërs dood achterbleven, overvielen de zeelieden een dorp, namen een klein meisje gevangen dat als gijzelaar moest dienen (i. 44-5), plunderden de plaats en staken hem in brand. De gecensureerde tekst van Lodewycksz. vermeldt dat de brand per ongeluk uitbrak, maar vervolgens wil hij ons ook doen geloven dat de militaire actie was bedoeld om 'haer trotsicheyt te modereren' (i. 45). Een eerlijker getuige concludeert: 'Dit was den danck, die sij hadden van ons gespijst te hebben' (iii. 112).

De zestiende eeuw was een gewelddadige tijd en de Nederlanden waren een land in oorlog. Deze mannen waren niet de besten om in dienst te nemen, maar het is eveneens waar dat hun werkgevers in Amsterdam zich ten volle realiseerden dat diplomatie veel winstgevender was dan de dood. In de scherpe instructies die zij Houtman op zijn tweede reis meegaven gingen zij speciaal in op het probleem van wat we buitenlandse politiek of handelspolitiek zouden kunnen noemen: 'Het sal ons aengenaem wesen dat alle desen handel geschiet sonder bloet te storten, noch sonder eenige overlast aen de inwoonders des lantz te doen, dus wilt dese saecke schauwen ende goet regardt nemen dat het niet en geschiedt' (*Zeeuwen*, 32). Gezond verstand en de gebeurtenissen bewezen dat zij gelijk hadden.

Toen de Amsterdamse speculanten in 1598 een vloot van acht schepen naar Indië stuurden, kozen zij een verantwoordelijk man, Jacob Cornelisz. van Neck, als leider. Hij onderhandelde op een geduldige en verstandige manier met de autoriteiten in Bantam, die nog altijd dwarslagen, en keerde naar Holland terug met de ruimen van zijn schepen vol specerijen.[14] Zijn vice-admiraals, Van Warwijck en Van Heemskerck, volgden een soortgelijk beleid van geduldig onderhandelen en (zo nodig) vastberadenheid in de Molukken of Specerij-eilanden.[15] Zoals Van Neck terecht met trots aan zijn meerderen schreef, was hij veilig teruggekeerd met rijke ladingen en had hij dat gedaan door 'oprechtelijck met de uijtheemsche natien te negocieren'.[16]

Een paar jaar later herstelde een andere vloot met succes Houtmans fouten. Houtman was in 1599 naar Indië teruggegaan om peper te halen uit het machtige sultanaat Atjeh in Noord-Sumatra. Door onvoorzichtigheid vond hij uiteindelijk de dood. De sultan van Atjeh, die aan de kant van de Portugezen stond, beval de Nederlandse schepen die voor de kust voor anker lagen, aan te vallen. Houtman liet een groot aantal Atjehers aan boord komen en werd in het daarop volgende gevecht gedood terwijl zijn broer, Frederick de Houtman, gevangen werd genomen en drieëntwintig maanden als gevangene in Atjeh bleef. In het volgende jaar, 1601, veroverde Paulus van Caerden – een dappere, maar opvliegende en onverstandige commandant – in de haven van Atjeh als wraakoefening negen schepen.

Deze vijandige actie belemmerde de handel en bracht de levens van de Nederlandse gevangenen van de sultan ernstig in gevaar.[17] In augustus van hetzelfde jaar arriveerde een vloot uit Zeeland bij Atjeh en na geduldige onderhandelingen werden Frederick de Houtman en de andere ongelukkigen dankzij de bekwame diplomatie van de twee hoofdkooplieden van de vloot, Gerard le Roy en Laurens Bicker, zonder losgeld te betalen in vrijheid gesteld. Zij slaagden er ook in voldoende peper te kopen om de ruimen van twee schepen te vullen, en, het meest verrassend, zij haalden de sultan over toestemming te geven een onderkomen – in die tijd gewoonlijk 'factorij' genaamd – te bouwen, de eerste Nederlandse handelspost op Sumatra. In november keerde Bicker in Nederland terug met volle ruimen en met een ambassadoriaal gezantschap uit Atjeh aan boord.[18] Ongeveer vijf jaar nadat Cornelis de Houtman er op de een of andere manier in was geslaagd naar Amsterdam terug te keren, en zo de eerste Nederlandse reis naar Oost-Indië af te ronden, arriveerde er in Middelburg, de hoofdstad van de provincie Zeeland, een bejaarde ambassadeur van een Sumatraans sultanaat. Het gezantschap uit Atjeh werd met dezelfde egards behandeld als elk Europees gezantschap en toen de bejaarde ambassadeur later dat jaar stierf, werd hij in de voornaamste kerk van Middelburg eervol begraven tijdens een plechtigheid die door alle hoogwaardigheidsbekleders werd bijgewoond. Gedurende vijftien maanden reisden de Indonesische diplomaten de Nederlanden rond op kosten van de VOC. Zij werden naar behoren behandeld, 'gemerckt zyluyden tot dienste ende confirmatie van de negocie gecomen sijn'.[19] De eerste tijd bleven de betrekkingen tussen de Noord-Europese republiek en het Sumatraanse sultanaat hartelijk. Met wijs beleid kon je veel peper kopen.

Cornelis de Houtman voer niet uit om iets wonderbaarlijks te bewijzen, zoals Columbus had gedaan, maar om een behoorlijke winstmarge op te bouwen. Het Nederlandse wonder was 'crameryе' zoals Lodewycksz. het in zijn officiële journaal noemde (i. 57). Zij hadden zoveel geleden en waren zo ver gekomen om slechts één ding te doen: 'om te coopen ende te betalen' (i. 73); 'om te handelen, ende niet om te cryghen [vechten]' (i. 75). Hoewel dit pragmatische programma op de eerste reis verre van succesvol was, was het niettemin een realistische doelstelling waaraan de Nederlanders bijna twee eeuwen vasthielden. Zij wilden een handelsmonopolie, geen politieke annexatie; hun doel waren de winstcijfers, niet de fysieke overheersing.[20] Zoals we zagen, betekent dit niet dat zij afkerig waren van geweld, maar agressie was een handelsinstrument nadat alle andere alternatieven waren uitgeput, geen eis van de politiek. De Nederlanders waren oorspronkelijk naar de tropen gekomen in de rol die Defoe zo goed had omschreven: 'Als agenten en makelaars van Europa (...) bestaat hun enorme handel in bevoorrading vanuit alle delen van de wereld, om op hun beurt de wereld te bevoorraden.'[21]

Hun voornaamste Europese concurrenten waren de Portugezen. De Lusitaniers waren al driekwart eeuw in de Indonesische archipel en zagen niet graag concurrenten. Om hun noordelijke vijanden in diskrediet te brengen vertelden de Portugezen aan het Javaanse hof dat de Nederlanders in werkelijkheid Engelsen waren, dat wil zeggen geen kooplieden maar zeerovers (i. 82). Drake (1579-1580), Cavendish (1588) en Lancaster (1592) waren hun inderdaad voorgegaan in de Indonesische wateren, maar deze Britse rooftochten waren kapersexpedities en geen handelsmissies. De gemakkelijkste manier om het ongelijk van de Portugezen te bewijzen was een contract afsluiten, maar Cornelis de Houtman was, afgezien van zijn andere gebreken, buitengewoon krenterig en bleef zo lang met zijn veronderstelde handelspartners sjacheren tot hij alle goodwill had verspeeld. Deze negatieve eigenschap om het onderste uit de kan te willen halen, deze 'kruideniersmentaliteit', is veel kenmerkender voor de Nederlandse koloniale geschiedenis dan meedogenloze expansiezucht. Maar men denkt gemakkelijker terug aan de meer stoutmoedige en meedogenloze leiders, omdat het interessantere persoonlijkheden zijn.

Eén voorbeeld is Jan Pietersz. Coen (1587?-1629). De onverbiddelijke en vrome Coen was, evenals Rhodes, een echte imperiumbouwer, maar zijn meerderen waren het niet met hem eens. Zij wilden monopolies, geen imperia. Ondanks de beperkingen waaraan zijn verlangens onderhevig waren, herinnert men zich Coen vanwege de stichting van de koloniale hoofdstad, Batavia, op de overblijfselen van de Indonesische stad Jakarta (1619), en omdat hij ervoor zorgde dat de Nederlanders hun monopolie in de zeer lucratieve nootmuskaathandel behielden door in 1621 de opstandige bevolking van de Banda-eilanden uit te roeien, een actie die voortleeft vanwege haar schandelijkheid. In plaats van Coen zijn het mannen als Johannes Maetsuycker (1606-1678) die de typische directeur van de Compagnie vertegenwoordigen, omdat de VOC 'sympathie' prefereerde boven 'ontzag'. Maetsuycker was van geboorte katholiek en werd ervan verdacht in het geheim tot die religie te behoren, maar de protestantse directeuren stapten over hun bedenkingen heen en benoemden hem tot het hoogste ambt in Indië omdat hij doorging voor een juridisch genie. Hun vertrouwen bleek terecht. Maetsuycker legde groot politiek talent aan de dag terwijl hij de belangen van de Compagnie door de verraderlijke wateren van de Indonesische politiek loodste. Hoewel gewapend geweld soms noodzakelijk was, bereikte hij de meeste resultaten door geduldig en zorgvuldig overleg. Maetsuycker was de langstzittende gouverneur-generaal in de geschiedenis van koloniaal Indië – van 1653 tot 1678 – en het was dat kwart van een eeuw uit de geschiedenis van de Compagnie dat de historicus Stapel het 'hoogtepunt harer geschiedenis' achtte en hun onvermoeide dienaar 'behoort tot de allergrootste figuren der compagnie'.[22]

Maetsuyckers voorzichtigheid en Houtmans pogingen tijd te winnen zijn typerend voor het verloop van de Nederlandse koloniale geschiedenis in Indië. Prudentie was echter nog niet de grote lijn die de voorkeur verdiende. In de zeventiende eeuw had de commerciële onderneming nog iets van stoutmoedige vindingrijkheid, maar in de achttiende eeuw werden de avonturiers getemd, terwijl zij aan het einde van de negentiende eeuw dankzij de wetgeving niet meer bestonden. Alleen de literatuur bewaarde hen voor uitsterving.

Houtman deed er bij zijn aankomst in Bantam in juni 1596 verstandig aan omzichtig te werk te gaan omdat de Javaanse haven sterk verschilde van de primitieve nederzettingen waar zij op Madagaskar tekeer waren gegaan. De Nederlanders waren niet bijzonder onder de indruk van Bantam, zoals de Spanjaarden waren geweest toen zij voor het eerst de pracht van Tenochtitlán zagen, maar Houtmans mannen wisten direct dat dit geen tropisch provincieplaatsje was maar een belangrijk handelscentrum dat 'voor al de werelt open stondt' (iii. 17; ii. 24-5). Ze ontmoetten Chinezen, Turken, 'Moeren', Malabaren, Javanen, Bengalezen en Molukkers, allemaal kooplieden die, evenals de Nederlanders, naar Bantam waren gekomen 'om te coopen ende te betalen', en dat allang gewoon waren. Bantam was een kosmopolitische plaats vanwaar sommige mensen helemaal in Constantinopel, Venetië of Rome waren geweest (iii. 17). Baar geld, geen 'crameryе', was het wettige betaalmiddel en de Javanen waren zo gewend aan vreemdelingen dat zij hun de opdracht gaven in een getto buiten de stadsmuren te gaan wonen (ii. 24). De journaals geven een goed beeld van deze andere maatschappij, maar afgezien van dierlijke en plantaardige wonderen, is de toon niet uitgesproken beduusd. De nadruk ligt op het sociale aspect vanwege het economische belang; vandaar de afwezigheid van de theatrale en zintuiglijke gezichtspunten. Waar de journaals spreken van de ontmoeting met verschillende volken, geven zij de indruk van een flegmatisch opportunisme, behalve waar het de Javanen betreft.

De voornaamste beschuldiging aan het adres van de Javanen is die van bedrieglijkheid of leugenachtigheid. Hoewel sommige commentatoren dit als typisch koloniaal mogen beschouwen en er een cliché voor de volgende driehonderd jaar van maken, is er, afgezien van het onvermogen Aziatische gewoonten te doorgronden, een praktische reden voor dit oordeel. Lodewycksz. noemt de Javanen 'hartneckigh, ontrouw, boos ende mordadigh' (i. 117), terwijl een andere auteur zegt dat zij zijn: 'hovaerdich ende obstinaet (…) Het is een seer leughenachtich ende diefachtich volck: gants niet te gelooven' (ii. 27). Geen van de overige schrijvers denkt er anders over. Dergelijke uitgesproken meningen waren niet ongewoon in die tijd waarin men geen blad voor de mond nam, en men zou hetzelfde hebben gezegd over de Europese concurrenten, of het nu Engelsen, Spanjaarden of Portugezen waren. Deze mening weerspiegelt echter de stemming *a posteriori*, nadát de overlevenden waren teruggekeerd, en was gebaseerd op hun ervaringen gedurende de vijf maanden van eind juni tot begin november 1596.

In die korte periode bereikten de Portugezen met hun voortdurende intriges enig resultaat, terwijl de vertragingstactiek van de Nederlanders zich uiteindelijk tegen hen keerde. Eind augustus werd de toestand kritiek. Toen de gouverneur van Bantam Cornelis de Houtman en acht anderen onder wie Lodewycksz. (i. 89 n. 2) gevangenzette, blokkeerde de vloot de haven en werd de stad gebombardeerd. Desondanks werden de Nederlanders gedwongen een losgeld te betalen, dat na veel gesjacher neerkwam op tweeduizend realen, en nadat de gijzelaars veilig waren teruggekeerd, verlieten de Nederlanders de baai van Bantam om in oostelijke richting te vertrekken. Onzeker en achterdochtig, gehinderd door onderlinge strijd en aarzelingen, zeilden zij langs de noordoostkust totdat zij een maand later het anker lieten vallen bij een stad genaamd Sedajoe. Misleid door beloften van peper en kruidnagels en verlokt door zeldzame cadeaus zoals een 'Eeme' (kasuaris) (i. 168), lieten de officieren van de Amsterdam zo'n tweehonderd Javanen aan boord komen in de mening dat zij gastvrijheid verleenden aan de plaatselijke heerser en zijn gevolg (i. 169). Binnen enkele minuten waren twaalf mannen gedood en de wanhopige bemanning slaagde er ternauwernood in met 'Spiessen, Boomen, Braetspeten ende sabels' (iii. 50) de aanvallers over de reling te drijven. Het verlies van twaalf doden en twee gewonden was ernstig voor een bemanning die maar 27 man telde (iii. 50; i. 169-71). Door de gemene aanval waren de overlevenden ervan overtuigd dat de Bantammers, samen met de Portugezen, erin waren geslaagd de plaatselijke bevolking in beide richtingen langs de kust ertoe over te halen de Nederlanders op alle mogelijke manieren schade te berokkenen. Lodewycksz. was niet de enige die dit dacht (i. 170): Turck dacht het (iii. 176), Pontanus dacht het (iii. 51), Van der Does schrijft dat de aanvoerder van de troep die hen aanviel, zei dat hij 'een groot viant van de stadt Bantam' (ii. 315) was, terwijl Kackerlack van een soortgelijk verraad spreekt (iii. 318). Deze traumatische gebeurtenis bepaalde de volgende verslagen en werkte door op hun ideeën over de Javanen. Helaas hadden zij ongelijk wat de Bantammers betreft. Historici stemmen in met een Balinese ambtenaar die Aernoudt Lintgens een paar maanden later vertelde (iii. 82) dat de mensen van Sedajoe beruchte piraten waren die bekendstonden om hun wreedheid en huichelarij.[23] Drie dagen later sloeg de gedecimeerde bemanning van de Amsterdam, onhandelbaar, wantrouwig en achterdochtig als ze was, een grote flater. Voor de kust van het naburige eiland Madoera zagen zij verscheidene prauwen vol mannen op hun schip afkomen. En zonder enig bevel daartoe vuurden zij een kanonskogel af op de voorste boot, waarbij bijna alle inzittenden onder wie de plaatselijke leider en een belangrijke religieuze leider werden gedood. De Madoerezen hadden vermoedelijk slechts vreedzame bedoelingen (ii. 318-19; i. 173). De repercussies van deze ongemotiveerde aanval kwamen ongeveer een jaar later, toen in 1599 de vloot onder leiding van Van Neck en Van Warwijck in hetzelfde gebied op een vijandige bevolking stuitte, hen onmogelijk van hun vreedzame bedoelingen kon overtuigen en bij de daaropvolgende schermutselingen manschappen en geld verloren.[24]

De tragedie van Sedajoe levert een goed voorbeeld van hoe extreme voorwaarden en verwarrende omstandigheden kunnen leiden tot een foutief psychologisch oordeel, waardoor historische documenten kunnen veranderen in teksten die als literaire constructies niet uit de toon vallen maar die schadelijk zijn als beleidsinstrumenten. In dit geval lieten de Nederlandse heren in Amsterdam, zoals we zagen, hun beslissingen niet op een negatieve manier door de gebeurtenissen beïnvloeden, maar de insinuaties van gevaarlijk bedrog konden anderszins nog jaren worden gehanteerd. Ook in de literatuur liet het zijn sporen na: zo zijn er bijvoorbeeld de voortreffelijke fictieve variaties op het thema van de dubbelhartigheid in de figuur van de regent in de *Max Havelaar* (1860) of raden Soenario in Couperus' *De stille kracht* (1900). De ervaring van Sedajoe duidt op een vergelijkbare herkomst van literatuur en geschiedenis. Het verhaal van Sedajoe was niet onjuist maar de behandeling achteraf wel. Diëgese schrijft zowel fictie als geschiedenis terwijl mimesis de waarheid van het moment meedeelt.

De navertelling van deze eerste reis heeft nog een mimetisch aspect dat historici over het algemeen minder belangrijk vinden dan de wijzigingen in het sociale verkeer. Omdat het vastleggen van natuurlijke gegevens in de meeste gevallen gespeend is van ideologie, lijkt het slechts van wezenlijk belang voor de ontwikkeling van wetenschappelijke kennis en de vorming van een artistieke verbeelding, terwijl het in veel gevallen ook een zeldzame blik op de persoonlijkheid van de schrijver geeft. Dit geldt voor deze oudste evenals voor latere journaals en reisverhalen.

De overdracht van natuurlijke gegevens was belangrijk voor de lezers thuis omdat dit hun enige bron van kennis was over een wereld die zij nooit zouden zien. Zij waren afhankelijk 'van de beschrijvingen in proza van uitgelezen ooggetuigen en hun commentatoren. (...) Een feit en de woorden waarin het was vervat, hingen veel inniger samen dan tegenwoordig: eigenlijk was een verandering in bewoording al een verandering in de feiten, een verkeerde vertaling kon de wereld veranderen.'[25] Eén voorbeeld met betrekking tot deze eerste reis is een verkeerd idee van de financiers in Amsterdam: op basis van Linschotens boek stelden zij vast dat deze, hun eerste poging, niet moest worden gericht op de Specerij-eilanden, maar op Java, omdat Linschoten had gezegd dat er geen Portugezen op dat eiland waren.[26] Zoals Houtman ontdekte had Linschoten ongelijk; de voornaamste reden van zijn fout was natuurlijk dat hij nooit naar de archipel was geweest. Afhankelijk van de vraag of de auteur een plaats uit de eerste hand kende, van zijn intelligentie en zijn opleidingsniveau konden deze verhalende beschrijvingen variëren van pure fantasie tot opmerkelijk objectieve gegevens. Geruime tijd waren zij een mengsel van beide omdat voorgaande werken op onkritische wijze in een nieuwe tekst werden opgenomen; de meeste vroegere bronnen boden geruchten of mythen aan als overgeleverde feiten. Een van de illustraties in Lodewycksz.' boek toont een Malagassische 'salamander' midden in een zee van vuur; het dier zweeft nogal dreigend voor een Nederlandse koe die ons wil doen geloven dat ze een Indonesische waterbuffel is (i. 136, plaat). Salamanders komen op Madagaskar niet voor, terwijl hun vurige habitat een antiek en middeleeuws bijgeloof is dat voorschreef dat salamanders de kracht van het vuur neutraliseren, dat zij daarom in het vuur kunnen leven en dat zij aan het vuur gelijk kunnen worden.[27] Een ander voorbeeld is dat, hoewel de Nederlanders de Chinezen in Bantam goed kenden (ii. 260), Lodewycksz.' beschrijving van hun religie geheel uit de lucht gegrepen is, waarschijnlijk op basis van Linschoten en van Portugese bronnen (i. 124-5). Ten slotte beweert Lodewycksz., evenals anderen, doodgemoedereerd dat zij zeilden in de buurt van het eiland 'Brandaon', en geeft hij zelfs een exacte positie op (i. 55). Hij doelde op het eiland van Sint-Brandaan, een fictief eiland dat nooit heeft bestaan maar dat nog minstens een eeuw in scheepsjournaals opduikt.

Het is moeilijk zulke fouten te verklaren, maar een belangrijke reden, naar mij voorkomt, is dat men volledig wil zijn. Het lijkt heel waarschijnlijk dat Lodewycksz. een intelligente en ontwikkelde man uit de zuidelijke Nederlanden was, die, zoals hij in zijn voorwoord schreef, begerig was 'om vreemde landen te duerwandelen' (i. p. xxxiii).[28] Men kan zijn graad van verfijning afleiden uit zijn uitvoerige vergelijking (bijna een metafysische verbeelding) van de uitspraak van het Hottentots met de belemmerde spraak van mensen in Zuid-Duitsland die leden aan kropgezwellen ten gevolge van de 'hardicheyt van tsneeuwater [hardheid van 't sneeuwwater]' (i. 9). Misschien was het deze zelfde eruditie die hem aanzette dan wel niet de eerste maar ongetwijfeld de meest uitgebreide beschrijving van deze reis en van de exotische flora's, fauna's en samenlevingen die zij ontmoetten, te produceren.

Lodewycksz.' verhaal over Bali is de eerste uitvoerige beschrijving door een Europeaan (i. 197-202, spec. n. 1). Verder bevat zijn boek de eerste en gedetailleerdste Nederlandse beschrijving – gebaseerd op eigen ondervinding – van Kaap de Goede Hoop (i. 6-9), van de St.-Augustinusbaai op Madagaskar (i. 28-30), van het eiland Santa Maria (nu Sainte-Marie) (i. 34-6) en van de Dantagilbaai (nu Antongilbaai) (i. 48-51). De beschrijving van Sumatra (i. 64-70) is noodzakelijkerwijs beperkt tot de oostkust omdat veel van dat grote eiland tot ver in de negentiende eeuw *terra incognita* bleef. Dat het grootste deel van Lodewycksz.' beschrijving van Java werd overgenomen uit Portugese bronnen (i. 99 n. 1) is niet verwonderlijk wanneer men bedenkt dat hij samen met Cornelis de Houtman anderhalve maand gevangenzat in de haven van Bantam, waardoor hij Bantam maar ten dele kon kennen (i. 105-33). Naast deze geografische en etnografische informatie vindt men gegevens over Javaanse dieren (i. 133-6), Javaanse flora (i. 136-57) en de vissen en vogels die hij zag tussen de Malediven en Sumatra (i. 52-5).

Botanische, zoölogische en etnografische beschrijvingen als deze bevatten een welkome ondertoon van subjectiviteit – dat wil zeggen, welkom vanuit literair standpunt. Dergelijke onderwerpen waren veel minder snel onderhevig aan censuur door de handelsautoriteiten en mochten vaak uitdrukkingen behouden die duidden op het karakter van een bepaalde auteur. In het geval van Lodewycksz. ontdekken we een ongebruikelijke sympathie voor dieren, uitgedrukt in levendige beeldspraak die zich in beknopte termen richt op een ander soort leven dan dat van ontbering, ruzie, agressie en geweld. Maar de glimp van een vreedzamer rijk vervaagt meestal snel en zwicht voor menselijke wreedheid. Vliegende vissen worden bijvoorbeeld gewoonlijk alleen in het voorbijgaan genoemd als een welkome aanvulling op het dieet (ii. 118). Lodewycksz. staat er echter bij stil en neemt de tijd om over hun wrede lot na te denken.

> Alle dese voghelen halen haren cost ende onderhaut uyt de soute Zee, ende insonderheyt van een soorte van vlieghende Visschen, zijnde van grootte als Haringhen, hebbende langhe vinnen, sommighe [ervan] twee, sommige vier, waer mede int water vervolcht zijnde vande *Dorados* [dolfijnen], *Bonitos* [tonijn], *Albocares* [soort tonijn], zy daer uyt de water heffen, meynende haer, door haer snelle vlucht te salveren ende bevryden van andere visschen, die haer met groote snellicheyt naspringen ende swemmen haer na tegen dat zy weder int water vallen, overmidts haer vleugelen oft vinnen droogh wordende niet langher haer en connen bouen houden, sonder die weder int water te natten, ende inder vlucht worden dese arme verdruckte visschen vande boven ghenoemde voghelen ghevangen ende ingheslockt, waer van eenighe sterckelijck vervolcht zijnde van beyde hare partyen haer in onse schepen bergende, ende niet meer haer connen opheffen, aldaer vande bootsghesellen ghevanghen ende ghegheten worden, zijnde seer lieffelijck van smaeck. (i. 52-3)

Heel even verkeren we in het gezelschap van een opmerkzame geest die een mededogen kent dat de meeste mannen om hem heen niet aan de dag zouden leggen. De passage laat ook zien dat de tekst, als er een sterke emotie in het spel is, onmiddellijk van mimesis overgaat in diëgese. Dit is een verfijnde literaire impuls en een van de redenen waarom de koloniale literatuur begint in deze scheepsjournaals.

Dit is ook geen geïsoleerd voorbeeld. Dezelfde aandacht voor de natuur – die we in de zeventiende eeuw opnieuw aantreffen bij Rumphius, in de negentiende bij Junghuhn en in de twintigste bij Dermoût – herhaalt zich in Lodewycksz.' beschrijvingen van haaien en zeeschildpadden. Men zal opmerken dat de voedselimperatief nooit wordt genegeerd, dat kon ook niet op een reis waarop men door honger werd achtervolgd, maar Lodewycksz. weigert op dat overlevingsniveau te blijven steken. Hij merkt op dat zeelui moeten oppassen voor haaien, en vervolgt: 'Ende alsoo hy [de haai] onlieflijck is om te eten, so vanghen de bootsghesellen de selve om haer ghenoechte mede te houden, steecken hem zijn ooghen uyt, oft binden hem een hout aende steert oft botige [tonnetje], laten hem alsdan weder inde zee vallen, waer hy groote toormenten ende pyne door lijdt' (i. 55).[29] Even verderop merkt hij op dat in de buurt van de Kaapverdische Eilanden 'men vint oock inde zee seer groote Schilt-padden, dryvende meest slapende, want het seer droomachtighe beesten zijn, seer groot ende seer goet om eten, smakende als Calfvleesch, ende als haer de Sonne de opperste schelpe verwermt heeft, keeren zy haren buijck om hooghe, als dan comen de bootsghesellen seer stillekens, ende slaen eenen haeck tusschen beyde de schelpen, ende treckense also in haer boot' (i. 55).

Hoewel het nooit openlijk wordt gezegd, impliceert Lodewycksz.' stijl en zijn combinatie van wreedheid en sereniteit een oordeel over zijn ruwe metgezellen. Zulke tegengestelde paren, vaak met de kracht van een uitgebreid oxymoron, wijzen op een ruimere geesteshouding dan bijvoorbeeld Turcks beperkte belangstelling voor zijn kleine kring van scheepsgezellen. Het bondigste voorbeeld van Lodewycksz.' onuitgesproken kritiek treffen we aan in zijn beschrijving van een jachtpartij die ontaardde in een strooptocht. Op een morgen gingen de mannen op Madagaskar op vogeljacht, zoals te doen gebruikelijk. De streek kende een menigte vogels die 'met haren soeten sanck ende schoone plumaige de wildernisse vercierden'. Deze onverwachte en heldere metafoor wordt onmiddellijk gevolgd door de gelijkwaardige zinsnede die zegt: 'waer mede onse maets goede chiere maeckten' (i. 21), wat betekent dat zij plezier hadden in het doden van de vogels. Als onschuldige schoonheid zo terloops kan worden vernietigd, is men gewaarschuwd dat er niet veel goeds uit deze expeditie zal voortkomen en de lezer is zonder het te weten in aanraking gebracht met een stem met moreel gezag. Stijl heeft betekenis.

Lodewycksz.' morele superioriteit is vooral opvallend in zijn etnografische beschrijvingen, die in vergelijking met de meeste andere journaalschrijvers van deze eerste reis weloverwogen zijn, geschreven met meer objectiviteit en minder vooroordeel. Het is evenwel interessant op te merken dat de objectieve observatie van mensen vaak samengaat met een minder bezielde beeldende taal. Daarmee vergeleken is Van der Does, de voormalige Leidse student, minder voorzichtig in zijn meningen over vreemde volken, maar zijn stijl blijft indringend, met levendige beelden. Neem de volgende beschrijvingen van de Hottentotten die zij ontmoetten; de eerste is van Lodewycksz., de tweede van Van der Does.

> Dese luyden zijn van ghedaente wat cleijnder, als de luyde van hier te lande, bruijn ros van couleur, doch d'een bruijnder dan d'ander, gaen naeckt, hebbende een Ossen-huijt, mantels wijs gheront, thayr teghen haer lichaam aen, met eenen breede riemen vanden seluen om haer middel, d'een eynde hangende voor haer schamelheyt, eenige draghen berderkens [plankjes] onder de voeten, in plaets van schoenen.

Haer cireat zijn arm-ringhen van elpen been ende root coper, gheslepen schelpen, oock eenighe goude ringskens aen haer vinger, Pater nosters [grote kralen] van been ende hout, diverse hackelinge op haer lijf brandende ghenepen [ingebrande tatoeages]. Sy waren altijts seer stinckende, onvermidts zy haer altijt met vet ende onghel [schapenvet] besmeren. (i. 8)

Sy syn Cleyn van parsoon leelyck van gesichte haer haer opt hooft staedt oft affgeschroijt waer vande zonne ende sien daer wyt eeuen gelyck een dieff die door het langhe hanghen verdroocht es, sy gaen gans naeckt dan hebben een staert van een wilt cleyn gedierte voor haer schamelheyt twelck door de staert seer weynich bedeckt es, daer beneffens hebben zy in plaetse van een cle[e]dt een wilde beest syn huydt omden hals hanghen die vant het smeeren wel sterck ruijcken ende sti[n]cken, alwaer het haer noch op staedt twelck het buytenste is, ende hanght haer omt lyff gelyck een mantel, in plaetse schoen hebben sy twee dobbell leere lappen die sy onder haer voeten in plaetse van aende teenen vast binden. Sy hebben seer oolyck geweer waer van ick een mede daer vandaen gebrocht hebbe, synde het fatsoen van een spiets synde een duym dick ende 8 ofte 9 voeten lang sommighe met een ysere spits ende sommighe niet. Belangende haer spraeck is eeuen gelyck offte men een deel Calcoenske hanen hoorden raesen eeuen gelyck is oock haere spraecke daer van gij weynich anders cont hooren als clocken ende flueyten (ii. 260)

Lodewycksz. heeft zich van zijn tekst verwijderd om de lezer te voorzien van kennis, van een redelijk getrouwe weergave van wat hij waarnam. Van der Does daarentegen is meer literair dankzij zijn twee opvallende en buitensporige vergelijkingen. Door het toneel van de beeldende taal heen blijft er iets magisch behouden; zijn stijl is persoonlijker en dus avontuurlijker.

Misschien moeten we veronderstellen dat het behoud van de originaliteit te danken was aan de anonimiteit; de tekst van Van der Does werd pas in 1864 gepubliceerd.[30] Lodewycksz. had echter te kampen met een handelsinquisitie die geen speciale dispensatie voor schoonheid verleende. Dit kan ook het begin zijn van de subversieve aard van de latere koloniale literatuur, omdat Lodewycksz. zijn persoonlijke ideeën slechts schijnt te kunnen ventileren als het gaat over het politiek minder gevoelige terrein van de natuur. Daar kan hij zich dromende schildpadden veroorloven, genieten van dat 'snoode ghebroetsel van Mussen' (i. 134), en het martelen van haaien afkeuren. Let er ten slotte op hoe beide teksten verraden dat deze journaals ná de thuisreis werden geschreven: Lodewycksz. geeft dit aan in zijn vergelijking met de mensen 'in dit land', dat wil zeggen Nederland, en Van der Does met zijn uitlating dat hij erin slaagde een van de uitheemse speren mee naar huis te brengen. In feite keerde Van der Does terug met diverse kunstvoorwerpen, een interessante onderneming die wijst op een onderzoekende geest die het waagde meer dan alleen geld uit deze onbekende streken mee te brengen.

Frederick de Houtman, de jongere broer van Cornelis, was een soortgelijk man. Hoewel we op de eerste reis van zijn broer naar Indië niet van hem horen, verdiende hij zeker respect op de tweede reis, die rampzalig eindigde in Atjeh. Zijn latere loopbaan is veel succesvoller dan Cornelis' trieste leven. Naast zijn deelname aan deze twee gewichtige reizen werd Frederick de Houtman (1570?-1627) de eerste gouverneur van Ambon (1605-1611), een klein eiland dat van groot belang werd in de volgende koloniale geschiedenis van de archipel. Tijdens Coens eerste ambtsperiode als gouverneur-generaal werd Houtman benoemd tot Raad van Indië (1619-1621) en na Coens beruchte 'pacificatie' van de Banda-eilanden werd hij geïnstalleerd als de eerste gouverneur van de Molukken (tot 1623). Hij keerde in 1624 naar Holland terug en verkoos Alkmaar als woonplaats en niet zijn geboorteplaats Gouda. Hij werd schepen en een zeer gerespecteerd burger. Hij stierf toen hij 57 was, en overleefde zijn oudere broer met meer dan twintig jaar.[31]

Er is nog een interessanter aspect aan Frederick de Houtman. Hij liet een levendig verslag na van zijn tweejarige gevangenschap in Atjeh (voor het eerst gedrukt in Gouda in 1880 in een gebrekkige uitgave; moderne uitgave: 1948) en publiceerde in 1603 een boek met woorden en uitdrukkingen in het Maleis dat het eerste Europese boekwerk van dit soort genoemd mag worden.[32] Als aanhangsel aan dit taalkundige werk was een catalogus van 303 sterren van het zuidelijk halfrond toegevoegd. De volledige titel van dit belangrijke document luidt: *Spraeck ende woord-boeck, Inde Maleysche ende Madagaskarsche Talen/ met vele Arabische ende Turcsche woorden: Inhoudende twaelf tsamensprekinghen inde Maleysche/ ende drie inde Madagaskarsche spraken/ met alderhande woorden ende namen/ ghestelt naer ordre vanden abc alles int Nederduytsch verduytst. Noch zijn hier byghevoecht de Declinatien van vele vast Sterren/ staende ontrent den Zuydpool: voor desen tijdt noyt ghesien. Sonderling nut voor de ghene die de Landen van Oost-Indien besoecken: ende niet min vermakelick voor alle curieuse Lief-hebbers van vreemdicheydt. Alles ghesteldt, gheobserveert, ende beschreven door Frederick de Houtman van Gouda. t'Amstelredam, By Jan Evertsz. Cloppenburch/Boeckvercooper.*[33]

Helaas is Fredericks bewering dat hij de eerste waarnemer en vastlegger van de zuidelijke sterrenhemel was, weerlegd. Uit onderzoek is gebleken dat deze eer toekomt aan de hoofdloods van de eerste reis, Pieter Dircksz. Keyser, die Frederick astronomie-onderricht gaf en in september 1596 in de baai van Bantam stierf. Houtman schijnt Keysers lijst onder eigen naam te hebben gepubliceerd. Niettegenstaande deze tamelijk gebruikelijke praktijk in die tijd – vergelijk het geval van Valentijn en Rumphius (zie hierna hoofdstuk 6) – lijdt het geen twijfel dat 'de verdienste van de ontdekking en opstelling van de [zuidelijke] constellaties geheel moet worden toegeschreven aan de Nederlanders' (*Zeeuwen*, p. xl).[34]

Naast zijn woordenboek Nederlands-Maleis, dat tweeduizend ingangen bevat, biedt Houtmans tekst ons ook zeldzame voorbeelden van de grammatica van het Maleis zoals dat aan het eind van de zestiende eeuw werd gesproken.[35] Het is ook het vermelden waard dat Houtman zich er goed van bewust was dat het

Maleis de lingua franca was die tot op de Molukken werd gebruikt.[36] De linguïstische informatie die hij zijn lezers bood – het boek was een succes, werd in de zeventiende eeuw verscheidene malen herdrukt en in verschillende talen waaronder Latijn en Engels vertaald – was praktisch en nuttig: hoe groet je een sultan, hoe doe je zaken met plaatselijke kooplieden en autoriteiten, hoe koop je levensmiddelen, hoe pleeg je ruilhandel en hoe ding je af, hoe spreek je je debiteuren aan om ze tot betaling te bewegen, hoe vraag je om aanwijzingen, gedachtewisselingen over huishoudelijke en alledaagse zaken, een scheepvaartsgesprek tussen een land- en een zeerot, zelfs een soort ruzie tussen twee mannen die te diep in het glaasje hebben gekeken.

Frederick de Houtmans boek met uitdrukkingen vertegenwoordigt het begin van het Nederlandse linguïstische onderzoek naar Indonesische talen dat, wat het koloniale tijdperk betreft, zijn hoogtepunt vond in het werk van Van der Tuuk in de tweede helft van de negentiende eeuw, met name de publicatie van zijn ontzagwekkende Kawi-Balinees-Nederlands woordenboek, postuum gepubliceerd tussen 1897 en 1912.[37] Er zijn ook andere aspecten die voor deze discussie van belang zijn. Het boek werd geschreven tijdens Houtmans hechtenis in Atjeh, die 23 maanden duurde.[38] Tijdens deze beproeving werd hij met een stuk hout en een touw om zijn nek en kluisters aan de benen vastgehouden bij de poort van de sultan (*Zeeuwen*, 78), was hij acht maanden aan een stuk geboeid (p. 109), werd hij ter dood veroordeeld door vermaling, door te worden afgevuurd uit een kanon en door het afsnijden van de keel (p. 101), werd hij uitgehongerd (p. 103), en werd hij voortdurend onder druk gezet om over te gaan tot de islam. Toch ontbreekt in deze linguïstische tekst en zijn autobiografische *Cort Verhael* de negatieve kritiek die in de journaals van de geschiedschrijvers van de eerste reis zo duidelijk aanwezig is. Het ontbeert verwensingen en een door haat vernauwde blik. Het boek met uitdrukkingen is opmerkelijk divers, bevat zelfs humor, bijvoorbeeld in de twaalfde dialoog over de zeevaart. De vastberaden persoonlijkheid die uit Houtmans twee teksten spreekt is misschien nog opmerkelijker – vanwege de wreedheid die hij moest ondergaan – dan die welke ons uit de verhalen van Lodewycksz. en Van der Does vertrouwd zijn.

Frederick de Houtman geeft blijk van wat zijn oudere broer zo pijnlijk miste: flexibiliteit en aanpassingsvermogen. Dit Europese talent voor improvisatie was, zoals Todorov opmerkte, een van de voornaamste redenen voor het succes van de Europese expansie.[39] Terwijl Cornelis zich terugtrok in onverzettelijkheid, bleef Frederick ontvankelijk omdat hij meer veerkracht bezat. Hij beschreef het heel eenvoudig in zijn *Cort Verhael*: 'Kreech anders niet als een weynich droge rijs van den coninck; die wy selver coocken mosten, welcke ick qualijck geleert hadde, doch mosten patientie hebben ende stellen my na de staet ende het land, daer ick in was, mijn aldus hier generende met den hongerigen buyck.'[40] Deze verplaatsing van de belangstelling naar de buitenwereld, die ook kenmerkend is voor Van der Does en fundamenteel voor de schepping van literatuur, is vanaf het eerste begin van Houtmans verhaal opvallend.

Eén voorbeeld is zijn intelligente beschrijving van de Malediven, een groep van meer dan duizend kleine, lage koraaleilanden in de Indische Oceaan, ten zuidwesten van Sri Lanka (Ceylon). De eerste bewoners waren boeddhisten (waarschijnlijk niet later dan de vijfde eeuw), maar in de twaalfde eeuw werd de islam geïntroduceerd (die er vier eeuwen later, toen Houtman er verbleef, nog aanwezig was), terwijl de Portugezen er nauwelijks twintig jaar bivakkeerden (1558-1573) voordat de Nederlanders arriveerden. De Hollanders regeerden de hele zeventiende eeuw over de archipel vanaf Ceylon. John Davis, de Engelse zeeman, publiceerde een verhaal over precies dezelfde reis, maar hij vermeldt de Maladiven slechts kort en oppervlakkig.[41] Het verhaal van Frederick is daarentegen gevarieerd en driemaal zo lang en getuigt van echte nieuwsgierigheid voor deze intrigerende eilanden. Behalve een aantal slimme opmerkingen over het soort land dat dit kan zijn, geeft hij een gedetailleerde beschrijving van diverse geruïneerde gebouwen. Uit de scheepsjournaals spreekt belangstelling voor uiterlijk vertoon, maar zelden ontmoet je echte belangstelling voor architectuur. Zoals het volgende uittreksel aangeeft, onderzocht Frederick de Houtman deze boeddhistische sporen – die herinneren aan de Maya-bouwwerken in Yucatan – zeer zorgvuldig en geïnteresseerd.

> Het scheenen alle manieren van tempels ende offer-plaetsen, welcke daer waren in dat cleyn begrip wel tot 10 oft 12 toe, onder welcke een was dat seer uytgenomen van een out werck was, alle van blauwe steen, rondtom met sijn listen, basementen, cappeteelen, fristen, zijn tandeersel, de trappen van den inganck borstwijs. Ende waer ick meest aff verwondert was, dat ist dattet all sonder kalck oft eenige vasthouwende materie aen malcanderen gebrocht [was], dan was alle met gehouwen spondingen soo dicht gevoecht, dat men niet een punt van een mes in conde crygen, ende op ieder hoeck een slotsteen, dat het gehele werck tzamen hielt.[42]

Zijn leergierigheid, onverschrokken persoonlijkheid en nieuwsgierigheid kwamen Frederick de Houtman goed van pas tijdens zijn hardvochtige gevangenhouding. De hoogste uitdrukking van aanpassingsvermogen is beheersing van de taal, speciaal de taal van de ander, omdat linguïstische veelzijdigheid kennis en macht vertegenwoordigt. Frederick de Houtman schijnt door de sultan van Atjeh gespaard te zijn omdat hij vloeiend Maleis leerde spreken en vanwege zijn praktische kennis. Hij vertaalde Nederlandse documenten in het Maleis en omgekeerd (*Zeeuwen*, 103), en om zijn hongerdieet te verbeteren stelde hij voor een kruitmolen ('bossecruytmolen') te maken voor de productie van buskruit – een onderneming die mislukte omdat de plaatselijke handwerkslieden 'weynich conden, oock weynich quamen wercken' (*Zeeuwen*, 106). Het is bijna zeker dat hij de bekeringspogingen van de vrome Atjehers overleefde omdat hij met hen kon discussiëren in hun eigen taal (ibid. 96). Houtman schetst een prachtig theologisch debat tussen hemzelf, de vrome, gevangen calvinist en de imams met hun bekeringsijver die zich in hem verlustigden.

Frederick de Houtman was een *taelman*, een 'talenman', zoals een tolk in de zestiende eeuw werd genoemd (bijvoorbeeld i. 73). Intellectuele veelzijdigheid was zijn reddende engel, hield hem in leven en zorgde voor zijn latere, succesvolle loopbaan. Linguïstische bekwaamheid schenkt kennis en kennis is macht. Het lijdt weinig twijfel dat 'kolonisatie gedeeltelijk een linguïstische daad is',[43] hoewel sommige critici beweren dat het leren van vreemde talen een daad van agressie is – een merkwaardig anti-intellectueel idee – en dat fysieke overheersing linguïstische overheersing betekent.[44] Misschien valt dit te verdedigen voor Spaans en Angelsaksisch kolonialisme, maar niet voor dat van de Hollanders. Mogelijk in overeenstemming met hun gewoonte thuis, wierf de VOC 'talenmensen' als Frederick de Houtman aan, koesterde hen (Rumphius bijvoorbeeld), tenzij zij hun een vroege dood bezorgden (zoals het geval was met Herbert de Jager: zie onder, hoofdstuk 6). Maar de Hollanders legden nooit hun eigen taal als veroveringsdaad op aan een vreemd volk. Taalkundige vaardigheden schijnen voor de Hollanders van tweeledig belang te zijn geweest: als pragmatisch hulpmiddel voor handel en als instrument voor kennis. Ten slotte leidde dit gebruik van taal – een uitdrukking van aanpassingsvermogen en intellectuele wendbaarheid – ook tot het ontstaan van een literatuur.

Helemaal aan het begin van het Nederlandse kolonialisme vinden we de historische realiteit van twee broers die de tegenstrijdige aard van het kolonialisme symboliseren. Enerzijds Cornelis, die het type is van de stereotiepe trouweloosheid van het kolonialisme: hebzucht, domheid en geweld. Onbuigzaam, opvliegend, niet tot compromissen in staat, verslaafd aan de rituelen van het geld, staat Cornelis de Houtman voor de starheid die zo vaak met de geschiedenis van het kolonialisme wordt geassocieerd en die werd geïnstitutionaliseerd door de postnapoleontische overheidsbureaucratie. Zijn broer Frederick staat echter voor de onderzoekende geest, nieuwsgierigheid, aanpassingsvermogen, de noodzakelijke dialoog tussen culturen, het oprechte verlangen andere ervaringsgebieden te leren kennen. Deze krachten zijn minder bekend dan die welke afkeuring oproepen. Zij zijn echter verantwoordelijk voor het optreden van kennis, voor de poging – aan het eind van de negentiende eeuw – hebzucht te verzachten door menselijkheid, en voor het opvallende individualisme van de koloniale auteurs.

De historische tegenstelling van de koloniale geschiedenis wordt weerspiegeld in wat aanvankelijk slechts een schijnbare tegenstelling in de aard van de scheepsjournaals was. De ondertitel van het boek met uitdrukkingen van Frederick de Houtman zegt het eerlijk: '*Sonderling nut voor de ghene die de Landen van Oost-Indien besoecken: ende niet min vermakelick voor alle curieuse Lief-hebbers van vreemdicheydt.*'

Deze scheepsjournaals werden zowel om praktische instructiedoeleinden als voor het genoegen van mogelijke lezers gedrukt. Het dubbele profijt wordt met een berekenende openhartigheid uitgedrukt door Langhenes, de uitgever van *Verhael*, in een Engelse vertaling uit die tijd:

> Het leek mij goed het in druk te geven, met veel afbeeldingen en kaarten, waardoor de lezer de aard, de kleding en de gewoonten van die landen en volken gemakkelijker kan leren kennen, evenals het soort schepen, naast het nut en de grote hoeveelheid daarvan, in de hoop dat dit mijn werk niet alleen aanvaardbaar is voor alle handelaars en zeelieden die nog naar die landen zullen reizen, maar ook aangenaam en profijtelijk voor allen die kennis wensen te nemen van zulke nieuwe en vreemde dingen, die nooit eerder in ons land bekend waren. (ii. 108; zie ook ii. 116)

Een tijdlang liepen de beide lagen, nut en verbeelding, gelijk op, maar uiteindelijk gingen zij uit elkaar, steeds verder, totdat zij elkaar weer als tegenstanders ontmoetten in de vermomming van economisch imperialisme en literatuur. Korte tijd kon echter het verlangen naar avontuur nog praktische gevolgen hebben, terwijl de zakelijke onderneming nog een air van dappere inventiviteit verspreidde. Dat was niet blijvend, maar gedurende enige tijd leek de werkelijkheid opvallend verwant te zijn met romantiek en was romantiek veel steviger dan fantasie. Het is deze esthetische dimensie van het kolonialisme, en niet de ideologie of de politiek, die in dit boek wordt besproken. Over het algemeen zal men het karakter van de koloniale literatuur paradoxaal vinden, omdat de krachten van intellect en verbeelding die deel waren van de structuur van het alledaagse leven, uiteindelijk onvoordelig en onverenigbaar werden verklaard door de conformistische actualiteit van een geïnstitutionaliseerd imperialisme. Toch kon deze onweerstaanbare kracht niet worden ontkend en kwam hij in de negentiende eeuw opnieuw aan de oppervlakte in de afwijkende vorm van literatuur en intellectueel non-conformisme.

Men kan deze scheepsjournaals en reisverslagen niet beschuldigen van rechtschapenheid; de uitgesproken 'winst'-doeleinden sluiten onschuld uit. 'De populariteit van reisboeken en van verwijzingen naar afgelegen landen in toneelstukken en zinnebeeldige voorstellingen was een opvallend kenmerk van het literaire leven van de zestiende eeuw en droeg sterk bij aan de gestage groei van de belangstelling zowel voor exploratie als voor ontdekkingen.'[45] Dit wezenlijke verband tussen het gedrukte woord en de manipulatie van het bewustzijn van een volk werd in Engeland veel eerder ontdekt dan in Holland. Richard Hakluyt (1552-1616) publiceerde wat 'the very papers of empire' is genoemd met zijn *Principal Navigations, Voiages, Traffiques and Discoveries of the Englisch Nation (1582-1600).* Hakluyts *Voyages* zijn ongetwijfeld propaganda: Engeland wordt geprezen, kolonisatie toegejuicht, er wordt steun gevraagd voor de groeiende zeestrijdkrachten, de prestaties van de grote kapiteins worden bejubeld, en tegelijkertijd worden de zwakke plekken van Engelands grote vijand Spanje onthuld.[46] Dat dit nationale onderwijs in die tijd geen geheim was, wordt duidelijk uit het gedicht 'To the Virginian Voyage' van Michael Drayton (1563-1631); dit eindigt met de strofe:

The Voyage attend,
Industrious Hackluit,
Whose Reading shall inflame
Men to seek Fame,
And much commend
To after-Times thy Wit.

Zo'n eensgezinde poging werd aan de andere kant van het Kanaal niet overwogen of uitgevoerd. In Holland werd de belangstelling gestimuleerd door afzonderlijke publicaties van ervaringen die allerlei personen zich herinnerden en opschreven. De overvloed aan reisliteratuur die in de zeventiende eeuw werd gepubliceerd, begon met de publicatie van het *Itinerario* van Jan Huyghen van Linschoten in 1596. Het werk verkocht goed, net als een behoorlijk aantal boeken die na het zijne werden uitgegeven. De belangstelling voor deze verhalen kan worden afgeleid uit de snelheid waarmee diverse scheepsjournaals van de eerste reis werden gedrukt. De ongelukkige vloot onder commando van Cornelis de Houtman keerde halverwege augustus 1597 naar Nederland terug. Binnen twee maanden publiceerde een anonieme auteur het *Verhael van de Reyse*, in oktober 1597, en een (enigszins herziene) tweede editie voor het eind van hetzelfde jaar, beide uitgegeven door Barent Langhenes in Zeeland. Deze tweede editie werd in het Engels vertaald en in februari 1598 in Londen gepubliceerd (ii. p. xlvi). In hetzelfde jaar drukte Langhenes' Amsterdamse concurrent Cornelis Claesz. *D'Eerste Boeck* van Willem Lodewycksz., dat hiermee de derde gedrukte bron over de eerste Nederlandse reis naar Oost-Indië vormt. Cornelis Claesz., die in 1596 Linschotens *Itinerario* had gepubliceerd, drukte snel nog een reisverslag na dat van Lodewycksz.: *Waerachtighe Beschryvinghe van drie seylagien* door Gerrit de Veer (in het Engels verschenen in 1609), over reizen tussen 1594 en 1596 met als doel een noordelijke route naar Indië te vinden. Dit werd een van de populairste reisverhalen in de Nederlanden, slechts overtroffen door dat van Bontekoe. En nogmaals in 1598 publiceerde dezelfde Engelse uitgever van *Verhael*, John Wolfe in Londen, de Engelse vertaling van de complete tekst van Linschotens *Itinerario.*

Linschotens boek werd in het Engels vertaald door William Phillip, de man die ook *Verhael* vertaalde. Phillip vertaalde ook de tekst van Gerrit de Veer en een ander scheepsjournaal, dat van Willem Schouten. De snelle toename van het aantal vertaalde teksten bewees niet alleen hoe verzot de lezers waren op reisliteratuur, maar laat ook zien van hoe nabij de Nederlandse prestaties in Engeland werden gevolgd. Hakluyt was de verantwoordelijke man, omdat hij zich realiseerde hoe ver zijn land op Europa in het algemeen en op Holland in het bijzonder achterlag. Misschien herinnert u zich dat een van de cruciale gebeurtenissen uit de Britse geschiedenis, de nederlaag van de Spaanse Armada, deel uitmaakte van Hakluyts *Principal Voyages* in een vertaling van een Latijns verslag geschreven door de Hollandse vluchteling Emanuel van Meteren. Er bestond geen Engelse lofrede op. Nederlandse bronnen waren voor Hakluyt net zo waardevol als zijn Iberische en Franse bronnen. Tot zijn hardnekkige streven zijn landgenoten te voorzien van de hulpmiddelen voor ontdekking en expansie behoorden interviews met de grote Nederlandse geografen Ortelius en Mercator en de verwerving van Nederlandse teksten ter vertaling. Hakluyt speelde een rol bij de publicatie van Engelse vertalingen van Linschoten, van het anonieme *Verhael*, van Gerrit de Veer, van het journaal van Van Necks reis naar Indië, zelfs van het boek met Maleise uitdrukkingen van Frederick de Houtman, terwijl hij er ook voor zorgde dat Grotius' *Mare liberum* – gepubliceerd in 1608, en nog heden de basis voor de maritieme wetgeving – werd vertaald, hoewel het nooit werd gedrukt.[47]

De zakelijke belangstelling voor reisliteratuur bleef aan beide zijden van het Kanaal groot. In de Nederlanden verschenen in de zeventiende eeuw 461 reisboeken waaronder vertalingen en herdrukken. De grootste vraag was naar beschrijvingen van reizen rond de wereld of naar Indië; deze vertegenwoordigden 75 procent van de gedrukte boeken; 80 procent van deze boeken werd gedrukt in Amsterdam, wat aangeeft hoe belangrijk de hoofdstad van Holland als handelscentrum en als intellectueel centrum was. Van al die honderden boeken was Bontekoes kleine boekje – *Journalen van de Gedenckwaerdige Reijsen van Willem Ysbrantsz. Bontekoe 1618-1625* – het populairst. Het werd in de zeventiende eeuw achtendertig keer herdrukt en tot 1800 zeventig keer. Het werd vertaald in het Engels, Frans, Duits, zelfs in het Javaans (uitgegeven in Batavia in 1873; tweede druk in 1883) en in het Soendanees (1874).[48]

Bontekoe leek op de reeds besproken stoere zeevaarders: mannen die de gevaren van water, lucht, vuur en land trotseerden, en voortleefden om erover te vertellen. We weten weinig van hem af. Zijn volledige naam geeft aan dat hij de zoon was van Ysbrants, die zelf zeeman was geweest; de merkwaardige achternaam werd er later aan toegevoegd. De naam 'Bontekoe' is afgeleid van een afbeelding van zo'n bonte herkauwer op een gemetselde steen in de schoorsteen van het huis waarin het gezin waarschijnlijk woonde.

Het ouderlijk huis stond in Hoorn, ooit een belangrijke haven in de provincie Noord-Holland, en Willem Ysbrantsz. was daar geboren in 1587. Hij was dus geboren in hetzelfde jaar en in dezelfde stad als Jan Pietersz. Coen. Toen Coen Batavia, de koloniale hoofdstad, stichtte, wilde hij deze naar zijn geboorteplaats Nieuw-Hoorn noemen, en op zijn eerste reis naar Java in 1607 met de rang van 'onderkoopman' voer hij op het schip Nieu-Hoorn, waarop hij in 1611 naar Holland terugkeerde. Dit was het schip waarover Bontekoe het bevel voerde op zijn eerste en noodlottige reis naar Indië. Het verliet het eiland Texel drie dagen na Kerstmis 1618, en ontplofte in november 1619 bij Madagaskar in de Indische Oceaan. De brand die de explosie veroorzaakte, was begonnen nadat de pit van een kaars in een vat brandewijn was gevallen. Veel mannen stierven en Bontekoe was ernstig gewond. De overlevenden voeren twee weken in een open boot, zonder voedsel en water, totdat zij een eiland bij Sumatra ontdekten waarop zij met moeite konden landen. Zij onderhandelden over voedsel, waarop de bewoners hen aanvielen en twaalf man doodden. De wanhopige zeelieden vluchtten, overleefden een storm en landden ten slotte op Sumatra. Bontekoe klom op een heuvel en toen het weer opklaarde zag hij twee blauwe bergen, wat zoals hij zich herinnerde van informatie die hij in Hoorn had gekregen, betekende dat hij dicht bij West-Java was. Met nieuwe hoop bleven zij roeien en algauw ontmoetten zij een vloot Hollandse schepen onder aanvoering van Frederick de Houtman, die Bontekoes gehavende vaartuig, typerend, nauwkeurig bekeek door een 'kijcker of bril', een soort telescoop die uiterst zeldzaam was aan het begin van de zeventiende eeuw. Houtman was degene die Bontekoe naar Batavia bracht voor zijn laconieke onderhoud met Coen. Bontekoe was pas 31 toen hij het commando over een schip kreeg, terwijl Coen, ook op zijn eenendertigste, de vierde gouverneur-generaal van Indië werd voor zijn eerste ambtsperiode (van 1618 tot 1623); zijn tweede ambtsperiode liep van 1627 tot zijn dood in 1629. De twee mannen waren heel verschillend in temperament en karakter. Coen was zelfverzekerd, dapper en hard. Bontekoe daarentegen schijnt, hoewel hij een onverschrokken zeeman was, tamelijk zachtaardig en vriendelijk te zijn geweest, een betrekkelijke zeldzaamheid onder zeventiende-eeuwse heren. Uit zijn journaal blijkt dat hij zijn manschappen soms overhaalde met 'soete woorden' en zijn mannen spraken hem soms aan met 'lieve schipper'. Het is echter een feit dat hij na zijn vier jaar gevechtsdienst voor de kust van China duidelijk harder en strenger werd. Hij sloeg een eerste stuurman in de boeien omdat deze zonder toestemming zijn pijp had gerookt – misschien had de herinnering aan de explosie ten gevolge van onvoorzichtigheid hem minder toegeeflijk gemaakt – en hij deed hetzelfde met een predikant die ruzie had gemaakt met een assistent. Bontekoes gedachtewisseling met zijn stadsgenoot en meerdere Coen, aan het einde van zijn rampzalige reis, is een toonbeeld van terughoudendheid, maar laat je achter met de wens meer te weten over de conversatie tussen deze twee uitermate verschillende dienaren van de VOC.

Bontekoe komt over als een innemend, eerlijk, uiterst integer mens, zonder ook maar een greintje opschepperij. Hij was een toegewijd gelovige op een eenvoudige, directe manier met nergens een spoor van hypocrisie of onechtheid. Het was ongetwijfeld zowel aan zijn karakter als aan zijn stijl te danken dat zijn aangrijpende verhaal zo beroemd werd. Het is een stijl zonder pretenties, nuchter, direct en met een schijnbaar natuurlijke neiging om op details in te gaan. Zoals zo veel reisbeschrijvingen uit die tijd bevat Bontekoes proza verwijzingen naar de werkelijkheid die niet door reflectie of verfraaiing zijn aangetast. Op vele wijzen komt de stijl van deze zestiende- en zeventiende-eeuwse schrijvers opvallend sterk overeen met de 'minimalistische' stijl van hedendaagse Amerikaanse fictie, hoewel de laatste met opzettelijke kunstgrepen totstandkomt.

Bontekoes karakteristieke 'stem' is hier van belang omdat de gebeurtenissen die hij meemaakte in die tijd niet ongebruikelijk waren. Maar het is de manier waarop hij de grootste gevaren onderging, Hemingways 'genade onder druk', die voor het verschil zorgt, en Bontekoe schijnt tegen de taak opgewassen te zijn geweest. Want men moet niet vergeten dat zijn inspanningen succes hadden en dat hij erin slaagde de haven van Batavia te bereiken ondanks de ongelooflijkste hindernissen. Zijn verhaal was zo populair dat zijn naam werd opgenomen in het Nederlandse vocabulaire; een 'reis van Bontekoe' is een uitstapje of onderneming die gepaard gaat met buitengewoon veel pech en problemen.

Nadat hij de beproevingen met de Nieu-Hoorn had overleefd, nam Bontekoe deel aan Coens campagne voor de verovering van Macau. De poging mislukte, maar Coen had de Nederlandse vloot ook bevel gegeven de Chinese kust te terroriseren om de Chinezen te dwingen handel met de Nederlanders te drijven. 'Den 18. [oktober 1622] zijn wy met ons acht seylen, drie schepen en vijf jachten, gecommandeert te gaen nae de revier Chincheo en de kust van China, om te sien of wy haer door vreese van onse vyandtschap en gewelt tot den handel mochten beweghen.' Tijdens deze schandelijke expeditie tussen 1622 en 1625 voerde de afkerige en aarzelende Bontekoe het commando over een schip. In 1625 keerde hij naar Holland terug. Hij leefde enige tijd rustig in Hoorn als gepensioneerd zeeman, maar in 1646 werd hij beroemd nadat zijn journaal was gedrukt door Jan Jansz. Deutel te Hoorn. Nog in hetzelfde jaar werd de goedgekeurde versie herdrukt en verschenen er tevens drie roofdrukken. We weten niets van Bontekoes leven op dit tijdstip, en evenmin wanneer hij stierf of waar hij werd begraven. Maar het nageslacht was minder onachtzaam dan zijn eigen tijd en hij is sindsdien niet vergeten.

In het voorwoord aan zijn lezers vraagt Bontekoe hem 'te verschoonen' want 'sijn oogh-wit in 't beschrijven van dese sijne reys is meer op waerheydt als op cierelijckheydt van segghen geweest'. Ook Linschoten achtte zijn werk grof en onwaardig en vroeg zijn lezers excuus voor zijn 'cleyne vernuft, arbeyt ende onghestileerde manier van schryuen'. Frederick de Houtman volgde en droeg zijn *Cort Verhael* op aan prins Maurits, ondanks het feit dat het 'niet naer de conste des welsprekens maer naer de rechte waerheyt gestelt' was (*Zeeuwen*, 110). Deze bescheidenheid is kunstmatig en stereotiep. In de middeleeuwen was het een gemeenplaats die door Curtius werd herleid tot de klassieke Latijnse redenaars.[49] Uit de contemporaine Engelse vertaling van de inleidende brief van Barent Langhenes op zijn editie van *Verhael van de Reyse* blijkt heel duidelijk dat de voorgewende middelmatigheid een retorisch middel is dat wordt gebruikt om zijn product aan te bevelen:

> En hoewel welsprekendheid en goed geplaatste woorden van veel belang zijn voor een verhaal en dit ook verfraaien, zijn zulke rapporten en verklaringen veel geloofwaardiger en aanbevelenswaardiger voor het algemeen belang, die niet met subtiele welsprekendheid worden geschreven of uitgeplust, maar worden uitgevoerd door eenvoudige lieden, zodat de waarheid van de zaak niet wordt aangetast door een

> overvloed aan woorden of subtiliteit, wat tegenwoordig een algemeen gebrek is van vele historiografen. (ii. 108-109)

Als dit slechts een conventionele topos van de literaire etiquette was, zou er hier weinig over te zeggen zijn, maar de plechtige verklaringen van de Hollandse auteurs aangaande de waarheid en de onbeschaafde stijl zijn veelbetekenend.

Door de nadruk te leggen op de waarachtigheid van hun verhalen, onderscheidden zij deze van fantasierijke verhalen zoals dat van de onechte Sir John Mandeville en Prester John of de ongeloofwaardige fragmenten van autoriteiten uit de klassieke oudheid zoals Plinius, Pythagoras of Lucianus. Desondanks bleef er, zoals hiervoor is opgemerkt, veel traditioneel materiaal als waarheid gehandhaafd in wat overigens respectabele teksten waren. Vandaar dat de topos van valse bescheidenheid de lezer vraagt gebeurtenissen die worden verteld te aanvaarden als weergave van ware belevenissen, hoe irreëel ze ook mogen lijken. Tenslotte leek wat zij hadden gezien en beleefd inderdaad onwaarschijnlijk voor degenen die thuis waren gebleven. Bontekoe verzekerde zijn lezers dat zijn verhaal niet was gebaseerd op 'hooren segghen (ghelijck men seydt), neen, maer komt uyt selfs-ondervindinghe, verhalende wat wonderen dat Godt aen den autheur self, als oock aen dieghene, die by hem waren, bewesen heeft'. Vooruitlopend op de informatiegolf van de zeventiende eeuw waarschuwde Linschoten zijn lezers in zijn boek niet naar 'sonderlinghe frayicheyt' te zoeken, omdat zij alleen maar 'natuerlicke ende warachtighe afbeeldinghe' zouden aantreffen. En toen ene Cornelis Gerritsz. zo'n vreemd dier als de kasuaris aan zijn Nederlandse lezers voorstelde, stelde hij nadrukkelijk dat deze 'vreemden Voghels, ghenaemt *Eme*' waren 'geconterfeyt naert leven' (ii. 174) en gaf hij er een goede beschrijving van, ook al herhaalde hij de Chinese legende dat ze brandende kolen konden doorslikken (i. 135).

De waarheid is overtuigender als ze eenvoudig is. Buitengewone gebeurtenissen hebben geen 'subtiele welsprekendheid' nodig als ze door eenvoudige mensen worden verteld. Niet alle auteurs waren dat; zoals we zagen was Lodewycksz. geen eenvoudig iemand, evenmin als Van der Does, en in Engeland een Raleigh, en al evenmin Dampier of Settle. Maar er waren ook die krachtige en beeldende teksten van ongeschoolde geesten als Bontekoe, Kackerlack of Barentz in Holland, en Davis, Sparke en John Davys in Engeland. Waar het op neerkomt is dat als de gebeurtenissen op zich heftig en buitensporig zijn, een stijl vol overdrijving in strijd is met een effectieve weergave. Het adagium van Wallace Stevens is zeer toepasselijk voor deze vroege scheepsjournaals en reisboeken: 'Ten overstaan van buitengewone feiten, neemt het bewustzijn de plaats van de verbeelding in.'[50] Het zijn de feiten die ertoe doen.

Dat is de reden waarom stijlfiguren die deze auteurs gebruiken in wezen nog waarnemingen zijn; niet omdat ze gekunsteld zijn, want dat zijn ze grotendeels niet, maar omdat ze alleen vergelijkbaar waren met wat voor hen alledaagse ervaring was. Sommige voorbeelden bestonden reeds – dromende schildpadden, verschroeid haar dat herinnert aan een vergaan lijk dat te lang in de lucht heeft gehangen, taal met klikgeluiden die wordt vergeleken met klokkende vogels – maar men zou nog wel meer voorbeelden kunnen noemen, overwegend Engelse, al was het maar om aan te tonen dat deze cognitieve poëzie niet tot één nationaliteit beperkt is. Eerst nog één Nederlands beeld. Bali was het enige grote succes van de eerste reis. Dat wonderbaarlijke eiland betoverde de manschappen en zij verbaasden zich over het grote aantal dorpen en steden en de waterrijkdom ervan. In *The Anatomy of Melancholy* noemt Robert Burton deze zelfde eigenschappen kenmerkend voor Holland. Hoogstwaarschijnlijk om dezelfde reden noemde Aernoudt Lintgens Bali 'jonck Hollandt' (iii. 85), een heel aantrekkelijk beeld waar je niet gemakkelijk opkomt, maar waarin Oost en West elkaar op een geheel nieuwe wijze ontmoeten. Het is het wezenlijke van dit soort geschriften dat een sfeer van actualiteit in stand houdt, die tot op heden niet verveelt. Beknopt maar oplettend. De rug van een kameel is een 'rug als een molshoop'; inboorlingen die zichzelf laten tatoeëren 'prikken in hun vlees, beide benen, armen en hun lichaam, net zo vakbekwaam als bij ons een kleermaker een wambuis maakt'; de vinnen van een vliegende vis lijken 'overal ter wereld sterk op de Nederlandse waaiers van onze dames, die zijn gemaakt van papier, perkament of zijde'; het vlees van de kokosnoot 'lijkt nog het meest op het wit van een hardgekookt ei'; sago smaakt 'in de mond als zure melk, maar smelt als suiker'; of als laatste: een Portugees oorlogsschip 'drijft op het water als een hanenkam (die zij een Guinees schip noemen) maar van een veel lichtere kleur'.[51]

Dit mag dan proza zijn, maar het is ook de poëzie van de feiten. En als de verhaalde gebeurtenissen na verloop van tijd op een roman leken, dan zijn deze teksten de Vulgaat van de romanliteratuur. Letterkundigen hebben de verdienste van dit proza erkend, sommigen enthousiast, zoals Lowes, anderen, zoals Douglas Bush, met tegenzin.[52] Er schijnt echter geen behoefte te zijn aan kritische waarschuwingen, hoewel er misschien een dichter voor nodig is om een kritisch oordeel te omzeilen. Deze scheepsjournaals kunnen gemakkelijk materiaal leveren voor de 'hoogste vorm van fictie' omdat, zoals Wallace Stevens kortweg zegt, 'de grote bron van de poëzie niet bestaat in andere poëzie maar in proza: de realiteit. Er is echter een dichter voor nodig om de poëzie in de realiteit te onderkennen.'[53] Dat is precies wat Coleridge inzag. Het is een bekend feit dat Coleridge graag reisliteratuur las en dat hij aan Hakluyt en Purchas materiaal ontleende voor meesterwerken als 'The Rime of the Ancient Mariner' en 'Kubla Khan',[54] terwijl hij samen met Wordsworth werkte aan de productie van de 'agressieve eenvoud'[55] van de *Lyrical Ballads* (1798) waarin, zoals Wordsworth schreef, zij hoopten verzen af te drukken gebaseerd op 'de ware taal van mensen in een toestand van levendige beroering'.[56] Wat dat betreft een gelukkige definitie van het proza van de zeeman.

Het is een naïeve, scherpe, gemeenzame, directe stijl. Het is een scheppend realistische, gekruide en aardse stijl. Over het algemeen is het een zichzelf herhalende stijl, een 'clausal mode' (zoals Josephine Miles hem zou hebben genoemd) met de nadruk op werkwoorden en zelfstandige naamwoorden; hij is centripetaal, normatief, appelleert aan de natuurlijke basis van een taal, is dramatisch, en maakt gebruik van een terminologie van cognitie en interactie. In het Engels is het de prosodie van Chaucer, Marlowe, de metafysische dichters (Donne), de romantici (speciaal Coleridge en Byron), van Browning, Hardy, Housman, en in de moderne literatuur van Cummings, Frost en Auden.[57] In de Nederlandse literatuur is het de taal van de grote middeleeuwse dichter Hadewijch, van het dierenepos *Van den vos Reinaerde*, van de zeventiende eeuw (Bredero, Huygens, Focquenbroch), van Rumphius en Valentijn, van Multatuli, Gezelle en Gorter in de negentiende en van Nijhoff, Van Ostaijen, Achterberg, Elsschot en Boon in de twintigste eeuw. Het is wat ik de 'ergatische modus' heb genoemd.[58] Het is de stijl van de koloniale literatuur.

Hoewel de literaire traditie hen tot nu toe niet in de canon wilde opnemen, behoort het proza van de oude kapiteins tot een lange, eerbiedwaardige literaire traditie, van klassieke redenaars tot hedendaags Amerikaans proza. De blijvende aantrekkingskracht van deze stijl zou er eenvoudigweg in kunnen bestaan dat men in plaats van retoriek een individu ontmoet. Pascal erkende dit enkele tientallen jaren later in dezelfde eeuw: 'Als we een natuurlijke stijl aantreffen, zijn we verbaasd en verrukt; want we verwachten een auteur en we ontdekken een mens.'[59] Dit herinnert aan de strijdkreet in de twintigste-eeuwse Nederlandse literatuur van de '*Forum*-generatie', waarvan de koloniale schrijver Du Perron (1899-1940) een vooraanstaand lid was.[60]

Schopenhauer beweerde hetzelfde in de negentiende eeuw. Als een van de beste stilisten onder de filosofen was Schopenhauer er zeker van dat de 'eerste regel, ja zelfs op zich bijna de enig noodzakelijke regel voor een goede stijl is *dat men iets te zeggen heeft* [sic]: o, wat kun je daar ver mee komen'. Dit schijnbaar simpele adagium is geen trivialiteit omdat, zoals hij ook stelde, 'stijl de fysionomie van de geest is'.[61] Dat is hij inderdaad. Montaigne, een tijdgenoot van deze reizigers, die dat soort proza niet alleen predikte maar ook praktiseerde, was van mening dat Socrates door een soortgelijke aandrang werd bewogen. 'Socrates laat zijn ziel bewegen met een natuurlijke en gewone beweging. Zo spreekt een boer, zo spreekt een vrouw. Zijn mond is vol met niets dan koetsiers, timmerlieden, schoenlappers en metselaars. Hij ontleent zijn redeneringen en beelden aan de gewoonste en bekendste handelingen van de mens; iedereen begrijpt hem.'[62] Daarom zijn Montaignes vereisten voor een heldere stijl even goed van toepassing op deze scheepsjournaals en reisverhalen.

> De taal waarvan ik houd, is een eenvoudige, natuurlijke taal, dezelfde op papier als in de mond; een sappige en gespierde taal, kort en compact, niet zozeer fraai en uitgekookt als wel heftig en abrupt (...) eerder moeilijk dan vervelend, verre van geaffecteerd, onregelmatig, onthecht en stoutmoedig; elk onderdeel op zich een geheel; niet pedant, niet monnikachtig, niet advocaatachtig, maar eerder soldatesk.[63]

Dit is Linschotens 'ongeschoolde manier van schrijven', zo niet Wordsworths' 'ware taal van mensen in een toestand van levendige beroering'. Bacon noemde het een 'turned' stijl en de hele zeventiende eeuw door pleitten zijn medevoorstanders voor wat zij een 'Attische' stijl noemden.

Al deze plechtige verklaringen gaan terug op het debat in de Griekse en Romeinse retorica over de vraag of een redenaarsstijl genaamd *genus grande* te prefereren viel boven zijn tegenovergestelde, *genus humile*; of men moest schrijven in bloemrijke 'Aziatische' stijl of in de meer ingehouden 'Attische' stijl. De theoretische uitdrukkingen van wat een fundamenteel thema in de stilistiek lijkt, zijn hier niet relevant, hoewel het probleem nog niet is opgelost. In de Amerikaanse literatuur zou bijvoorbeeld Faulkner tegenover Hemingway komen te staan. Wij volstaan met te zeggen dat het proza van de scheepsjournaals verwant is aan de Attische stijl die wordt toegepast door prozaschrijvers in de zeventiende eeuw – Montaigne in Frankrijk, Bacon en Jonson in Engeland – die

> de eigenlijke grondleggers van de moderne prozastijl zijn (...) In de werken van deze auteurs en in geen van degenen die hun voorgingen, kunnen we een stijl vinden in de populaire taal die enerzijds krachtig, eenvormig en regelmatig genoeg is om een stijl genoemd te worden en anderzijds beweeglijk genoeg om zich aan te passen aan het veranderende leven van de moderne wereld – een stijl die kan groeien en veranderen in latere generaties zonder zijn herkenbare eigenschappen te verliezen.[64]

Deze stijl is ook de paradigmatische stijl van de koloniale literatuur.

De andere stilistische tegenstelling die ook twee fundamentele vormen van de literatuur weerspiegelt – die van fictie en die van realisme – werd al ten tijde van de dichtwerken van Homerus erkend als uitdrukking van twee fundamentele, hoewel verschillende aspecten van het menselijk bewustzijn. In de *Odyssee* werden zij geïdentificeerd als poorten van dromen, maar zij vertegenwoordigen duidelijk ook passages van de verbeelding.

> Want er bestaan twee poorten, bestemd voor de wankele dromen:
> d'Ene gemaakt van ivoor en de andre van hoorn vervaardigd.
> Wie van de dromen 't gezaagde ivoor doorkomen, bedriegen,
> brengende níet te vervullen beloften, maar die door de poorten
> komen van dungeschaafd hoorn, die brengen aan ieder de waarheid,
> Wie van de mensen ze ziet!
> (19. 560-5; vertaling A.W. Timmerman)

De stijl die registreert wat afkomstig is van de hoornen poort, is als het materiaal daarvan: eerlijk, stevig en gepolijst. Het is de stem van de homerische gedichten en de reisjournaals en vertegenwoordigt volgens Auerbach een van de fundamentele stijlsoorten om de werkelijkheid in de Europese cultuur uit te beelden: 'volledige beschrijving, gelijkmatige belichting, ononderbroken verbinding, vrije uitdrukkingswijze, voorgrondelijkheid, ondubbelzinnigheid, beperking in historische ontwikkeling en menselijke problematiek.' Auerbach omschrijft de andere fundamentele stijl van voorstelling van de werkelijkheid – die hij afleidt uit de oudtestamentische verteltechnieken – als een stijl waarin 'sommige onderdelen worden uitgewerkt, andere duister blijven, springerigheid, suggestieve werking van onuitgesproken zaken, achtergrondelijkheid, meerduidigheid en behoefte aan duiding, universele aanspraken, uitwerking van de voorstelling van het historische wordingsproces en verdieping van het problematische'.[65] De overgang van de een naar de ander vertegenwoordigt de ontwikkeling van de koloniale literatuur, maar men moet niet vergeten dat beide afkomstig zijn van de poort van hoorn, dat beide bepalen hoe men werkelijkheid in literaire termen vormgeeft.

Dat men de *Odyssee* kan koppelen aan de scheepsjournaals is niet toevallig. Odysseus was een groot kapitein evenals een krijgsman en zijn relaas is het model van het avonturenverhaal van de westerse literatuur. Paul Zweig herinnert er ons in *The Adventurer*, zijn provocerende meditatie over 'het lot van het avontuur in de westerse wereld', aan dat de eeuwige aantrekkingskracht van dit soort fictie erin bestaat dat avontuur 'een sprong in een wezenlijke ervaring' vertegenwoordigt en dat 'de avonturier ouder, wezenlijker is dan de held'.[66] Odysseus is de archetypische avonturier en het archetypische avonturenverhaal is het verhaal van een reis. Getuige de *Odyssee*. Verscheidene fundamentele aspecten van zowel handelende persoon als verhaal zijn ook relevant voor de koloniale literatuur.

Misschien komt avontuur in wezen neer op actie. Deze kan vele vormen aannemen maar avontuur als handeling en als verhaal is diametraal tegengesteld aan rust en huiselijkheid. Sprekend vanuit zijn gehoornde vlam is Dantes Ulixes zich van dit principe heel goed bewust:

> vermocht noch genegenheid voor mijn oude vader,
> noch tederheid voor mijn zoon, noch liefdeplichten,
> die mijn Penelope verheugen moesten,
> het vuur te doven dat mijn borst doorstroomde,
> om kennis van de wereld te verzaamlen
> en van de mensen met hun deugd en zonde.
> (*Inferno*, xxvi. 94-9; vertaling C. Kops)[67]

Ulixes' verlangen 'kennis van de wereld te verzaamlen' (*l'ardore ch'i' ebbi a divenir del mondo esperto*) weerklinkt in Linschotens verlangen te weten 'wat de werelt in sich heeft' of het verlangen van Lodewycksz. 'om vreemde landen te duerwandelen'. Zij verkregen kennis door actie, niet door contemplatie. 'Gaan' is een onovergankelijk werkwoord; het vereist geen object. Een reis voldoet aan het verlangen naar beweging.[68]

De zee is de volmaakte omgeving voor de avonturier. Zoals W.H. Auden het formuleerde: 'De zee is de plaats waar beslissende gebeurtenissen, de ogenblikken van eeuwige keuze, van verleiding, val en verlossing voorkomen.' Auden baseert zijn analyse van deze topos op de romantische literatuur en toont vervolgens aan dat de zee een woestijn is, een plaats zonder gemeenschap, waar de enkeling 'vrij is van zowel de kwade kanten als de verantwoordelijkheden van het gemeenschapsleven'. De grote oceanen zijn een omgeving 'gekenmerkt door de afwezigheid van beperkingen' maar 'juist omdat het vrije plaatsen zijn, zijn het ook eenzame plaatsen van vervreemding'. Desondanks 'is de zee de ware situatie en de reis de reële toestand van de mens'.[69]

Eenzaamheid is het onvermijdelijke lot van de avonturier. Het bestaan is 'een soort ballingschap, een eenzaamheid die alleen verdwijnt in de volheid van actie'.[70] De avonturier is kennelijk het laatste individu, de balling, degene die van de norm afwijkt. Als hij aan iets hecht is het aan zijn eigen ingevingen en de wisselvalligheden van het lot. Voor latere schrijvers zoals Stevenson en Conrad was het toeval de enige overgebleven smaakmaker in de moderne samenleving, wordt toeval hetzelfde als kunst.[71] 'De verworvenheden van de poëzie zijn toevallig: trouvailles. (Vandaar haar wanorde.)'[72] Wallace Stevens verdedigde de vrijheid, het avontuur van de poëzie, die regelmaat moest voorkomen. Ze is ook de reisroute van Odysseus en de kapiteins van weleer.

Helaas konden hun reizen spoedig alleen nog maar worden verteld in de voltooid verleden tijd. Non-conformisten floreren niet in een deterministische maatschappij. Wat Odysseus betreft, de enige ware schatten van de avonturier en de zeeman zijn hun verhaal, niet de commerciële rijkdom. Hier komen de avonturier, de zeeman en de schrijver bijeen en dit is waarom de ingehouden stijl de voorkeur had, omdat werd verondersteld dat deze 'het informele gemak en de *mondanité* van het goede gesprek evenaarde'.[73] De journaals die we hebben onderzocht laten zich lezen als verhalen die Odysseus had kunnen vertellen aan koning Alkinoös en mondelinge verhalen verlenen de koloniale literatuur haar kenmerkende narratieve karakter. De kapiteins werden schrijvers, uiterlijke actie moest voldoening vinden in innerlijke beweeglijkheid. In de achttiende eeuw hield men de avonturier voor een onaangepast iemand omdat het avontuur was getemd; in de negentiende en de twintigste eeuw werd hij tot misdadiger verklaard.[74] Zijn enige toevluchtsoord was de vreemde woestijn van de geest. Sartre beschreef een soortgelijke, haveloze adeldom voor de schrijver in het negentiende-eeuwse Frankrijk. Hij was

> een vreemdeling in zijn tijd, ontheemd, *maudit*... Behalve in de kunst zelf, vindt hij alleen adeldom in drie soorten bezigheden. Ten eerste in de liefde omdat het een nutteloze passie is en omdat vrouwen, zoals Nietzsche zei, het gevaarlijkste van alle spelen zijn. Ook in het reizen, omdat de reiziger een constante getuige is, die van de ene samenleving naar de andere gaat zonder ooit ergens te blijven, en omdat hij als vreemde mee-eter in een werkzame gemeenschap, het beeld van het parasitisme zelf is. Soms, ten slotte, in de oorlog, omdat de oorlog een enorm verbruik van mensen en goederen inhoudt.[75]

Het lot van de avonturier is een onderdeel van de geschiedenis van het expansionisme. Men zou de ontwikkeling van het kolonialisme van de zeventiende tot de twintigste eeuw in feite kunnen beschrijven als een geleidelijke overgang van een heroïsche naar een verstandige tijd.[76] In haar studie over *The Origins of Totalitarianism* maakte Hannah Arendt een soortgelijk onderscheid tussen de vroegere periode van koloniale handel en de postnapoleontische institutionalisering van het imperialisme. In de vroegere periode werden avonturiers gebruikt die 'uit de maatschappij waren gestapt' en in Europese termen 'ondernemend waren buiten de toegestane grenzen van de beschaving'. Dit waren echte individuen 'van eigen makelij' die, in Conrads woorden, leefden in 'een wereld vol gevaar en avontuur'.[77] Deze singletons vertegenwoordigen de oudere wereld van de koloniale handel, die werd vervangen door het koloniale imperialisme in de vorm van de enorme bureaucratie van de koloniale ambtenarij. Toen de VOC op 31 december 1799 ophield te bestaan en de handelsonderneming een koloniaal rijk werd, kon men zeggen dat gevaar, symbolisch, werd vervangen door administratieve noodzaak, dat avontuur aan banden werd gelegd door wetgeving en de grenzen van de geest zowel als de landkaart niet langer ongelimiteerd maar zorgvuldig omschreven waren door overheidsbepalingen. Het overzeese rijk was niet geïnteresseerd in individuen – zijn kracht bestond in aantallen, zijn beloning in ijver. Zeker, de mythe van de mogelijkheden, overvloed, luxe en romantiek van de tropen bleef bestaan en trok de besten en de slechtsten van de imperialistische natie aan, maar deze individuen ontdekten steevast dat ridderlijkheid, adeldom en dapperheid niet langer haalbaar waren in de politieke werkelijkheid van het imperialisme. Zij waren in Hannah Arendts woorden de 'tragische en wereldvreemde dwazen van het imperialisme' geworden.[78]

Zulke dwazen kun je ook romantici noemen. De oorspronkelijke deugden van individualisme, onafhankelijkheid en inventiviteit waardoor de eerste onverschrokken reizigers waren gekenmerkt, en die nog van essentieel belang waren in de zeventiende eeuw, werden in de negentiende subversief. Waar deze ooit onmisbaar waren geweest om een overweldigende werkelijkheid te overwinnen omdat zij ertegen opgewassen waren, werden zulke individuen nu als strijdig met de norm aangemerkt. In literaire termen correspondeert dit met de romantische beweging in het laatste kwart van de achttiende en het eerste van de negentiende eeuw. Op het terrein van verbeelding en psychologie kan men een verband leggen tussen de vroege zeelieden en reizigers, de handelsheren van de zeventiende eeuw, en de schrijvers en andere non-conformisten van de negentiende en twintigste eeuw. Romantiek, die ooit synoniem was met werkelijkheid, werd het exclusieve terrein van 'tragische en wereldvreemde dwazen', en kreeg daardoor de gevoelskenmerken die wij associëren met de modernistische literatuur: twijfel, ontrouw en vervreemding. De beste koloniale literatuur bezat die kenmerkende romantische gevoeligheid.

De waardevermindering van het avontuur kan geïllustreerd worden aan de hand van het gebruik van dit woord in de Engelse taal. In zijn verslag van Cornelis de Houtmans tweede reis naar Indië noemde John Davys de kooplieden die de expeditie financierden 'Owners and only adventurers' (*Zeeuwen*, 41, 52). Dit is positief bedoeld. Hakluyt gebruikte het woord overal in zijn *carmen epicum*[79] in proza; vanaf de verwijzing naar Karel v in 1527 door Robert Thorne tot Hakluyts eigen gebruik van het werkwoord als synoniem van 'doeltreffend afhandelen' (*dispatch*) in 1598, wordt de term nooit in een negatieve zin gebruikt.

Deze oude betekenis van een gunstige veranderlijkheid, van bijzonderheid, het buitengewone, de implicatie dat op goed geluk leven beloond kan worden met een wonderbaarlijke uitkomst – dat samenvallen van fysieke en geestelijke moed wordt toegelicht als De Santillana de renaissance 'de eeuw van het avontuur' noemt omdat hij niet alleen bevolkt was met Hakluyts kapiteins, maar ook met denkers en kunstenaars voor wie avontuur was: 'het vermogen van de geest zelf om grenzen te overschrijden, gedragen door wat hij heeft geschapen'.[80] De connotatie van het wonderbaarlijke verminderde tegen het einde van de achttiende eeuw en verdween in de negentiende eeuw toen 'avontuur' weinig meer dan een nieuwe gebeurtenis inhield. Het werd een salonterm, getemd en onschuldig, en het opwindendste aspect van avontuur waren iemands pogingen te slagen in de maatschappij of in zaken. In de twintigste eeuw zonk het woord als zelfstandig naamwoord en als werkwoord het diepst: het werd een politieke schande en een kreet van Madison Avenue. Dit komt overeen met de ontwaarding van Arendts 'oude avonturiers' tot de plebejische hiërarchie van de klerken, de werkbijen van de bijenkorf van het imperium.

De geest van het avontuur werd naar binnen verplaatst. Zoals Paul Zweig opmerkte, werden 'traditionele avontuurlijke verwachtingen [geleend] om onze grootste uitdaging mee uit te drukken: het onderzoek van de innerlijke ruimte'.[81] Schrijvers en denkers openbaarden zich als de ware erfgenamen van de kapiteins. Autobiografie werd het grootste avonturenverhaal.[82] In de Nederlandse koloniale literatuur komt dit tot uitdrukking in de overgang van de verhalen van de zeelieden naar het autobiografische *Het land van herkomst* (1935) van E. du Perron, waarin Indië zowel een plaats is als een gedachteconstructie, gevolgd door de antinomistische onderzoekingen van het geheugen die na de Tweede Wereldoorlog werden geschreven.

Uit moderne beschouwingen over het avontuur en de rol ervan in ons leven en de beschaving spreekt een opvallende verwantschap met wat wij hier het wezenlijke aspect hebben genoemd. Zo erkende bijvoorbeeld ook Georg Simmel de wezenlijke breuk van het avontuur met de norm. In Simmels gecompliceerde essay (*Das Abenteuer*, 1911) lijkt het avontuur te worden bedolven onder theoretische vaagheden, maar evenals Whitehead kent Simmel er een wezenlijke rol aan toe als 'het rubato van het levensproces'.[83] Het avontuur maakt los, terwijl het gewone leven verbindt, het vraagt om afzondering, en de avonturier doet alsof gevaar zekerheid impliceert. Het eerste kan hem diepgang verlenen: 'De filosoof is de avonturier van de geest. Hij doet de hopeloze maar daarom niet zinloze poging in begripsmatige kennis een opvatting te vormen over de ziel, haar instelling tegenover zichzelf, de wereld, God. Hij behandelt dit onoplosbare probleem alsof het oplosbaar is.'[84] Deze interessante verklaring is gebaseerd op Simmels opmerkelijke definitie van avontuur als 'die onvergelijkelijke ervaring die slechts kan worden geïnterpreteerd als een bijzondere omsluiting van het toevallig uitwendige door het inwendig noodzakelijke'.[85] De tweede helft kan eveneens dienen als definitie van de dichtkunst. Simmel veronderstelt inderdaad 'een diepgaande overeenkomst tussen de avonturier en de kunstenaar', omdat zij beiden een autarkische onafhankelijkheid hebben.[86]

Heinrich Zimmers commentaar op de ridders van koning Arthur (1939) leidde tot de volgende opmerking over de fundamentele behoefte van de avonturier aan beweeglijkheid en zijn noodzakelijke afkeer van een wereld vol zinloze herhaling:

> Elk moment van succes in het leven van de uitverkorene is een stap die het zaad van de dood in zich draagt; want zodra hij gelooft dat wat hij heeft bereikt het einde is, verbleekt het resultaat en wordt oudbakken, eentonig en monotoon. De tastbare wereld wordt verwoest voor zover hij wordt veroverd, voor zover hij veilig en geordend is, zonder reële gevaren en avonturen is hij kleurloos... Waar er geen avonturen meer in voorraad zijn, heeft de beschaafde wereld de uitverkorene niets te bieden dan de positie van een hoogwaardigheidsbekleder. De ware inspanning moet dan worden gericht op het avontuur van de ziel.[87]

Whitehead gaf een soortgelijk oordeel over het tekort van de perfectie. Een hoge beschaving is alleen levensvatbaar zolang 'experimenten binnen het type mogelijk zijn'; dat wil zeggen, culturele en intellectuele beweeglijkheid. Maar als het een maatschappij gaat ontbreken aan 'verbeeldingskracht (...) wordt ze muf. Herhaling brengt een geleidelijke vermindering van levendige belangstelling met zich mee. Conventie voert de boventoon. Een geleerde orthodoxie onderdrukt het avontuur.'[88] Hier hebben we een commentaar in een notendop op het lange historische traject van de kooplieden-avonturiers naar de rijksbureaucraten en op de reden waarom de koloniale schrijver in de negentiende en twintigste eeuw – Multatuli, Junghuhn, Vuyk, Walraven, om enkele voor de hand liggende voorbeelden te noemen – de voorkeur gaven aan hun innerlijke reizen en de verhalen waartoe deze aanleiding gaven, boven de beter betaalde positie van hoogwaardigheidsbekleders in de hiërarchie van het imperium.

De schrijver dient afzijdig te blijven omdat hij geen enkel bondgenootschap in overweging mag nemen waardoor hij de gevangene van het normale wordt. Dit dilemma is op hoogst gedenkwaardige wijze belichaamd in *Tonio Kröger* van Thomas Mann (1903) en heeft hem voortdurend beziggehouden. In *Betrachtungen eines Unpolitischen* (1918) staat een passage die zich laat lezen als een kanttekening bij Whiteheads stelling 'Kunst is een zaak van avontuur':[89]

> Ik denk dat een kunstenaar tot zijn laatste adem een avonturier van gevoel en verstand blijft; gevoelig voor vergissingen, aangetrokken door de afgrond, vatbaar voor gevaar en schade. Zijn opgave zelf vraagt psychologische en intellectuele vrijgevigheid van hem, verlangt van hem dat hij thuis is in vele verschillende, zo niet onherbergzame werelden, al staat ze hem niet toe tevreden te zijn met enige waarheid of deugd. De kunstenaar zal altijd een zwerver zijn.[90]

Een beweeglijke geest, hoezeer ook geneigd tot fouten, is wat Frederick de Houtman onderscheidde van zijn ruwe broer en was de beslissende eigenschap waarin de Europese veroveraar zich onderscheidde. Ze brengt historisch onderscheidingsvermogen, artistieke durf en intellectueel inzicht met zich mee. Toch kan dit nooit tot afstomping leiden; de kunstenaar blijft in zijn hart altijd een zwerver. Een zeker gebrek aan reputatie is een kenmerk van achting.

Avontuur, of het nu op zee, in de geest of bij wijze van fictie is, gaat altijd gepaard met gevaar, maar Whitehead aarzelt niet om te zeggen: 'Avontuur behoort tot het wezen van de beschaving.'[91] Meer nog dan Simmel beschouwt Whitehead geestelijke activiteit misschien als het belangrijkste ingrediënt van avontuur. Dit is echter geen muffe en improductieve verstandelijkheid; Whitehead kent aan het denken dezelfde kracht toe die vereist is voor fysieke handelingen. Geen enkel echt avontuur is eenvoudig en Whitehead maakt duidelijk waarom deze lichtvaardige impuls zo gemakkelijk zijn toevlucht kon nemen tot de literatuur.

> De wereld droomt van toekomstige dingen en als de tijd rijp is zet men zich aan de realisering daarvan. Ja, elk fysiek avontuur waaraan men doelbewust begint impliceert een filosofisch avontuur met nog niet gerealiseerde dingen. Voordat Columbus koers zette naar Amerika droomde hij van het Verre Oosten en de ronde wereld en de ongebaande oceaan. Avontuur bereikt zelden het bestemde doel. Columbus kwam nooit in China. Maar hij ontdekte Amerika... Zonder avontuur is de beschaving volop in ontbinding... Daarom is de definitie van cultuur als de kennis van het beste van wat er is gezegd en gedaan zo gevaarlijk; om wat eraan ontbreekt. Wat wordt weggelaten is het belangrijke feit dat de prestaties van vroeger in hun dagen de avonturen van vroeger waren. Alleen de avontuurlijke geesten kunnen de grootheid van het verleden begrijpen. In haar tijd was de literatuur van het verleden een avontuur. Aeschylus, Sophocles, Euripides waren avonturiers in de wereld van het denken. Wie hun stukken leest zonder enig gevoel voor de nieuwe manieren om de wereld te verstaan en te genieten van zijn emoties, mist de levendigheid die ze waardevol maakt. Maar avonturen zijn bestemd voor de avontuurlijke geesten. Daarom mist een passieve kennis van het verleden volledig de waarde van zijn boodschap.[92]

Er is hier sprake van een begrip van orde dat zowel reëel als ingebeeld is. Toen Odysseus Troje verliet om naar Ithaca terug te keren, had hij er geen idee van dat hij Penelope in Dublin zou vinden.

Mikhail Bakhtin paste Whiteheads geestelijke activiteit, Zimmers beweeglijkheid en Simmels contingentie toe op een duidelijk literair onderwerp. Hij stelde dat een van de redenen dat Dostojevski's romans zo onorthodox waren, zijn gebruik van de avonturenplot was. Zowel de held als de plot van het avonturenverhaal is vrij van sociale beperkingen, is onvoorspelbaar, toevallig en geneigd de genrebeperkingen te negeren. Al deze eigenschappen zijn zoals we zagen van toepassing op de koloniale literatuur. Bakhtin merkte ook op dat het avonturenverhaal een onverwachte aantrekkingskracht uitoefent op meer cerebrale vormen van literatuur.

> Bij Dostojevski wordt de avontuurlijke plot gecombineerd met het aan de orde stellen van diepzinnige en acute problemen; en deze plot wordt bovendien geheel in dienst gesteld van het idee. Een persoon wordt in buitengewone situaties geplaatst waardoor hij wordt blootgesteld en uitgedaagd, hij komt in aanraking en in botsing met andere mensen onder ongebruikelijke en onverwachte omstandigheden met de bedoeling het idee en de mens van het idee te tésten [sic], dat wil zeggen om de 'mens in de mens' te testen. En hierdoor kan het avonturenverhaal worden gecombineerd met andere genres die er naar het schijnt in het geheel niet bij horen, zoals de bekentenisliteratuur en het heiligenleven.[93]

Zowel de buitengewone omstandigheden die zo gebruikelijk zijn bij het avonturenverhaal als het idee van een geestelijke worsteling zijn overheersende elementen in de Nederlandse koloniale literatuur. Het eerste spreekt vanzelf – toen Couperus een dramatisch klankbord moest bieden voor zijn verhaal van een zondige passie in *Van oude mensen de dingen die voorbijgaan* (1906), gebruikte hij een bijna melodramatische gebeurtenis die plaatsvond op Java – terwijl het laatstgenoemde idee van een test, die of fysiek of intellectueel of beide kan zijn, centraal staat in fictie zoals Beb Vuyks vooroorlogse verhalen over een pioniersbestaan op de Molukken, in Multatuli's worsteling met de negentiende-eeuwse maatschappij en taal, Du Perrons onderzoek naar het vervreemde zelf of Walravens strijd met de ervaring van de kolonie zelf. In tegenstelling met conventionelere veronderstellingen verleenden de kenmerken van het avontuur de koloniale literatuur een onverwachte diepgang.

Het voorgaande diende om de scheepsjournaals van de zestiende en zeventiende eeuw hun ware betekenis te geven. Ze zijn veel meer dan historische bronnen die slechts aspecten van een speciaal gebied kunnen illustreren. Dat zij gewaardeerd moeten worden als onderdeel van een belangrijke literaire classificatie is te danken aan hun gemakkelijke metamorfose in reisverhalen die op hun beurt een fundamentele categorie van avonturenfictie vormen.

Alleen logboeken zouden hiervan uitgezonderd zijn. Deze verplichte verslagen van de navigatie (en alles wat erbij hoort) en scheepsonderhoud hebben weinig of geen literaire waarde. De scheepsjournaals gingen echter ongemerkt over naar het terrein van de reisliteratuur toen zij werden gedrukt. Het enige echte verschil tussen het dagboek van een reiziger en reisverhalen is misschien dat het eerste onuitgegeven blijft. Dit was zeker het geval met de Nederlandse scheepsjournaals.

De zeereis leverde het patroon voor reisliteratuur en vervolgens voor de avonturenfictie. Reisliteratuur droeg van nature – omdat het een verslag is van een ontdekking, als teken of symbool – '[sterk] bij tot het ontstaan van de moderne roman en de wedergeboorte van de autobiografie'.[94] Mary B. Campbell vervolgt met de woorden dat de

> reisliteratuur een rol speelde bij de ontwikkeling van vele nieuwe soorten geschriften: als ze betrokken is bij het ontstaan van de culturele antropologie, is ze ook betrokken bij het ontstaan van de moderne roman, de vernieuwing van de heroïsche avonturenroman en de grondslagen van de wetenschappelijke geografie. Dat zulke uiteenlopende discoursen onderling zo sterk verknoopt zijn in het corpus van de reisliteratuur van de renaissance is een feit dat voor de geschiedenis van elk ervan werkelijk van belang is, maar misschien het meest voor de geschiedenis van de literatuur.[95]

Koloniale literatuur kent een soortgelijke ontwikkeling als het reisverhaal. De bron is dezelfde: het dagboek van de zeeman. Chronologisch ontstond de koloniale literatuur ook samen met het reisverhaal: ze komt op aan het einde van de zestiende en gedurende de hele zeventiende eeuw. Voor beide was de stijl die het beste bij het onderwerp paste, de Attische of ingehouden stijl, de stijl die in de zeventiende eeuw op de voorgrond trad en kan worden beschouwd als de basis van het moderne proza. Daarna ontwikkelde de koloniale literatuur zich, zeker in het Nederlandse geval in overeenstemming met de uitspraken over reisliteratuur van Mary B. Campbell. Zonder te vergeten dat mijn norm in de allereerste plaats literair is, kan men wijzen op een antropologische implicatie in het werk van Valentijn of op een oorspronkelijke bron voor natuurwetenschap bij Rumphius in de zeventiende en Junghuhn in de negentiende eeuw. Wat de Nederlandse literatuurgeschiedenis betreft, is de *Max Havelaar* van Multatuli de incarnatie van de moderne Nederlandse roman, terwijl de stijl die hij zich op onnavolgbare wijze eigen maakte gewoonlijk wordt beschouwd als het kenmerkende handelsmerk van het moderne Nederlandse proza. Tegelijkertijd vind je nergens een romantischer tekst of een romantischer auteur dan Multatuli. Autobiografieën zijn zeldzaam in de Nederlandse literatuur, maar van de weinige die er zijn, is de belangrijkste opnieuw het werk van een koloniale auteur: E. du Perron.

Het voorgaande geldt in grote lijnen ook voor de Spaanse en Engelse literatuur, maar is in het bijzonder van toepassing op de Nederlandse koloniale literatuur. De Nederlandstalige literatuur die tussen 1600 en het begin van de Tweede Wereldoorlog geschreven werd in het koloniale Oost-Indië, is een model bij uitstek voor de ontwikkeling van dit literaire genre. In de volgende hoofdstukken komen de meest representatieve vertegenwoordigers daarvan aan de orde.

5

RUMPHIUS (1627-1702): DE TROPISCHE NATUUR ZIEN ALS EEN GEHEEL

De zeventiende-eeuwse natuuronderzoeker die bekendstaat onder de naam Rumphius beval zijn werk aan om soortgelijke redenen als de kapiteins en Frederick de Houtman: tot lering en vermaak. In het voorwoord van zijn hoofdwerk, het omvangrijke *Amboinsche kruidboek*, zegt hij dat het werk het volgende bevat: 'wat nieuws, geen monster uit de wildernissen van Africa gehaalt, maar een vermakelyke, en niet te min nutte Historie, of beschryving van 't jeugdig Aard-gewas, dat men in dese uiterste werelts-hoek beschouwen mag, en tot nog toe aan onze Europianen onbekent is.' Het is een bekende aanbeveling die typisch is voor de zeventiende eeuw: het aanbieden van originele kennis uit de eerste hand die zowel aangenaam als nuttig is. In het geval van Rumphius werd het aangename later vereerd als de grondslag van de tropische plantkunde en geformaliseerd in wetenschappelijke aanpassingen uit de negentiende en twintigste eeuw. Ook hij leidde een rustig, maar ongewoon moedig leven.

Rumphius (1627-1702) was een tropische Thoreau wiens geestdrift werd getemperd door een Emersoniaans geduld. Zijn Concord was het kleine eiland Ambon in de Molukken, en hij beschreef de natuurlijke bewoners met evenveel zorg als de Amerikaan de genoegens van landelijk Massachusetts. Evenals Thoreau was hij 'gehecht aan deze (...) regio, lang en aanhoudend, en ging hij dit stukje aarde steeds grondiger onderzoeken en liefhebben. Wat zou in vergelijking daarmee een door zwerftochten verkregen oppervlakkige liefde en verwarde kennis van de hele aarde kunnen betekenen?' (Dagboek, 12 november 1853).

Rumphius schreef een fraai Nederlands proza hoewel hij was geboren in de buurt van Hanau, een stadje bij Frankfurt am Main.[1] De reden dat hij en veel andere Duitsers in Nederlands Oost-Indië gingen wonen is dat het de VOC wegens de hiervoor beschreven omstandigheden grote moeite kostte Nederlandse burgers over te halen de oceanen over te steken voor wat een bijna zekere dood scheen in te houden.

Zo was tijdens het beleg van de stad Makassar op Celebes door Cornelis Speelman (van 1668 tot 1669) het aantal sterfgevallen door ziekte veel groter dan die ten gevolge van gevechtshandelingen.[2] Omstreeks die tijd luidde de publieke opinie in de Nederlanden dat maar één op de honderd mensen die naar Indië voeren ooit levend terugkwam. Geplaagd door een voortdurend tekort aan mankracht negeerde de Compagnie haar eigen bepalingen en al spoedig werden de schepen bemand en de rangen van de strijdkrachten gevuld met buitenlands gespuis.[3] In een brief van 1 januari 1614 schreef Pieter Both (1568-1615), de eerste gouverneur-generaal van Nederlands Oost-Indië (1609-1614), aan zijn superieuren in Amsterdam: 'Het is seer bedroeft te verstaen dat sulcken bosen, verdurven aert met ons uyt het vaderlandt comen ende werden versonden; die niet alleen en verlaten het vaderlandt tegens den gedane eedt, maer onsen Salichmaker Jesum Christum vervloecken ende versweren, aennemende het Moorse gelooff ende haer laten besnijden ende ons alle mogelijcke afbreuck doen.'[4] Tien maanden later bekende hij spijtig dat er niets was veranderd. 'Sommige van dien sijn banckerottiers, ende die 't door quade menage niet langer aen den wal en connen houden, alsmede capiteyns, die van den vyandt zijn overgecomen ende meer bedreven sijn omme den coopman in den buyll te rijden [verlies berokkenen] als anders. Het schijnt dat het landt van ervaren landtsaten [(vrije) ingezetenen] gepriveert [beroofd] is ende alsoo gaet het met alle de reste. Men brenght er in de schepen sommige met de boeyen aen de benen om herwerts te comen; van andere wert de schippers belast haer aen landt niet te laten keren; eenige geheel van haer verstandt gepriveert ende alsoo onbequaem tot eenigen dienst.'[5] De VOC stuurde hem bijvoorbeeld een dove vaandrig die alleen kon communiceren via een lei ('hij is wel een goet, verstandich soldaet, maer eylacij [helaas], hoe sal ons dat te pas comen, wesende voor [oog in oog met] de vyandt') en een kapitein die cavalerist en geen infanterist was en daarom van weinig nut in een terrein dat niet geschikt was voor paarden. Both stuurde een andere kapitein terug omdat deze in zijn hut 'een schone Engelse cortisane [had], gaende met de blote borsten, tot gerieff van eenyeder die 't begeerde'. Weer een andere man werd naar hem toe gestuurd als kapitein hoewel hij vroeger tamboer was geweest en de stad Geertruydenberg aan de vijand had verraden. Dezelfde man werd vergezeld door zijn zwager, een Schot die geen woord Nederlands kende.[6]

De VOC maakte gebruik van wat in feite een vreemdelingenlegioen was. Dat werd het echt in de negentiende eeuw, toen het koloniale leger werd opgericht (zie hoofdstuk 10). Maar reeds in 1622, toen het garnizoen van de hoofdstad van de kolonie bestond uit 143 soldaten, bestond bijna de helft ervan uit Duitsers, Zwitsers, Schotten, Ieren, Denen en Engelsen.[7] En dat bleef ook zo. In 1710 schreef een Duitser dat het leger in Batavia voornamelijk buitenlanders in dienst had, terwijl iemand in 1770 rapporteerde dat op Java de meeste commando's in het Duits werden gegeven. Nog in 1811 wordt gezegd: 'De meeste van de voornaamste ambten waren in 1811 door vreemdelingen bezet, namelijk door Duitschers.'[8] Afgezien van het ongeschoolde gespuis waren er echter velen die het zwaard verruilden voor de pen en hoopten verbetering in hun lot te brengen door de overstap naar de ambtenarij te maken. Sommigen slaagden daarin, zoals Rumphius, of Junghuhn, de negentiende-eeuwse natuuronderzoeker die Rumphius naar de kroon steekt (hoofdstuk 7), of Kurz, die onder een valse naam als infanterist naar Indië kwam en als bekend botanicus naar Brits-Indië vertrok, of Johannes Thedens, die eveneens zijn loopbaan begon als infanterist en als gouverneur-generaal eindigde (1741-1743).[9]

De meeste van deze mannen waren geronseld – dat wil zeggen, door bedrog, zwendel of overreding gedwongen dienst te nemen – door personen die bekendstonden als 'zielverkopers'.[10] Hun slachtoffers moesten in de praktijk gedurende vele maanden zo niet jaren hun salaris aan deze ronselaars afdragen ter compensatie van verondersteIde uitgaven. De ronselaars werden berucht om het bedrog dat zij pleegden doordat bijvoorbeeld die mannen 'die absoluut naar de Oost willen, tegen hun zin naar de West, ten oorlog, ja zelfs naar Engelsche koloniën te varen gedwongen worden, nimmer weten zij waar heen'.[11]

Rumphius' eerste betrekkingen met de Compagnie volgden dit patroon. Hij was geboren in de herfst van 1627 (en niet in 1628 zoals velen menen) en woonde in zijn jeugd in Hanau, een stad bij Frankfurt am Main. Zijn vader was werkzaam als 'architect' (*Baumeister* in het Duits) en moet genoeg inkomsten hebben gehad om zijn zoon naar het gymnasium in Hanau te kunnen sturen. Hij groeide op in een Evangelisch gezin in een stad die onderdak had verleend aan Nederlandse protestanten die voor de Spaanse vervolging waren gevlucht. Er wordt verondersteld dat zijn moeder een Nederlandse was, alleen al om zijn fraaie Nederlandse prozastijl te kunnen verklaren.[12] Hij bleef tot zijn achttiende jaar in Hanau.

Omstreeks 1645 bedroog graaf Ludwig von Solms-Greiffenstein, een verarmde edelman uit dezelfde streek als Rumphius, zijn landgenoot en anderen met het praatje dat hij soldaten rekruteerde voor de republiek Venetië, terwijl hij in werkelijkheid 'zielen' ronselde voor de Nederlandse West-Indische Compagnie. In de illusie dat hij naar Italië reisde, ging Rumphius aan boord van het schip met de toepasselijke naam De Swarte Raef, dat onderweg was naar Brazilië, waar de Nederlanders tegen de Portugezen vochten. Maar het schip bereikte nooit zijn bestemming; het werd door de vijand veroverd en de misleide passagiers belandden in Portugal. Rumphius bracht daar bijna drie jaar door, hoogstwaarschijnlijk als soldaat, en het kan heel goed zijn dat hij in het land van de koloniale concurrent van de Nederlanders de bekoring onderging van wat Camões noemde 'de oceanen van het Oosten bezaaid met hun ontelbare eilanden'.[13]

Dat zijn verbeelding op hol is geraakt door de woorden van zijn Lusitanische voorganger, Garcia da Orta, die een invloedrijk boek over tropische kruiden en planten schreef, *Coloquios dos simples e drogas da India*, gepubliceerd in 1563, is onwaarschijnlijk. Op basis van interne aanwijzingen in het werk van Rumphius en Orta trachtte de Portugese geleerde Ficalho dit aannemelijk te maken.[14] Orta's oorspronkelijke tekst was zelfs in die tijd buitengewoon schaars, zodat Rumphius alleen in Portugal een exemplaar kan hebben gelezen.

Na een verblijf van bijna drie jaar in Portugal (waarschijnlijk van 1645 tot 1648) keerde Rumphius naar Hanau terug. Hij schijnt als 'bouwopzichter' en leraar van de zoon van de edelman gewerkt te hebben bij een plaatselijke graaf, Johannes von Nassau-Idstein.[15] In 1652 nam Rumphius vrijwillig dienst bij de Nederlandse Oost-Indische Compagnie en ging op de dag na Kerstmis onderweg als adelborst, een rang tussen gewoon soldaat en korporaal. In juni 1653 kwam hij in Batavia aan en hij verliet de tropen nooit meer.

Toen Rumphius in Indië aankwam veranderde de Compagnie zonder dat men er erg in had van een zuivere handelsorganisatie in een koloniale macht. De redenen waren zowel politiek als economisch: om de onophoudelijke infiltratie van concurrerende Europese machten in wat de VOC als haar privé-handelsgebied beschouwde, ongedaan te maken. De Molukken, beter bekend onder de foutieve verzamelnaam Specerij-eilanden, waren hun oorspronkelijke doel geweest en de Nederlanders stichtten hun eerste handelspost op Ambon, het eiland dat Rumphius nooit zou verlaten. Sinds 1650 was er op deze eilanden een slepende oorlog gevoerd – speciaal op Banda, Ambon, Ceram, met het rijk van Ternate, en met Makassar op Celebes – in stand gehouden door de harde maatregelen van de militaire leiders van de Compagnie om de trouw aan hun monopolie te verzekeren. Opstanden vlamden op en werden slechts gedoofd om elders weer op te laaien. Het werd een lange strijd die eindigde in de overwinning voor de Nederlanders maar die de Molukken veroordeelde tot een beginnende achteruitgang en kleurloze saaiheid. De man wiens naam voor de plaatselijke bevolking synoniem werd met vrees en eerloosheid was Arnold de Vlamingh van Oudshoorn (1608-1661). Als admiraal en gouverneur van de Molukken sloeg hij de opstanden neer, ontdeed de kruidnagelbomen van hun bast of rooide deze waar de autochtonen de kruidnagels oogstten voor de Portugese en Engelse handelaars. Hij ging door met de gevreesde *hongi*-tochten (politionele acties uitgevoerd door een kleine vloot plaatselijke vaartuigen en Nederlandse schepen uit Batavia) en vestigde de absolute macht van de Compagnie op de eilanden. Ten gevolge van sterfgevallen door oorlog en ziekte was De Vlamingh gedwongen elke paar maanden naar Batavia terug te keren om zijn manschappen en munitie aan te vullen. Dat deed hij ook in 1653 en het is waarschijnlijk dat de soldaat Georg Rumpf met de vloot van De Vlamingh terugkeerde naar het toneel van de strijd en in deze campagnes heeft meegevochten. Uit zijn beschrijvingen van militaire veldtochten zowel in zijn *Amboinsche historie* als in teksten als 'Macassarsche Gift-Boom' (in *Het Amboinsche kruidboek*), krijgt men de indruk dat er sprake is van persoonlijke ervaring, zodat men ervan overtuigd kan zijn dat Rumphius het gevecht kende.

De volgende decade was een tijd van geleidelijke vooruitgang voor Rumphius. In 1656 werd hij gepromoveerd tot de rang van vaandrig. Rumphius' talenten werden beter gebruikt als officier. In 1657 kreeg hij de taak van 'fabryck', een positie die ruwweg overeenkwam met dienst in het corps van technici, om meer gebruik te maken van zijn gaven als wiskundige en architect – gaven die lang niet algemeen waren in het Indië van die tijd. Maar het militaire leven lag hem niet, en Jacob Hustaert, de gouverneur van Ambon na De Vlamingh, stemde in met Rumphius' verzoek overgeplaatst te worden naar de administratie van de Compagnie. Er waren vier rangen – assistent, onderkoopman, koopman en opperkoopman – en Rumphius, die de laagste rang oversloeg, klom binnen vijf jaar op tot de rang van opperkoopman, de officiële aanstelling kreeg hij in 1662. Hij werd eerst gestationeerd in de stad Larike op het noordelijke schiereiland van Ambon ('Hitu' geheten), en ging vervolgens omhoog langs de kust naar de stad Hila. Hoewel hij in 1666 werd afgewezen voor de op één na hoogste positie op Ambon, direct onder de gouverneur, had hij snel promotie gemaakt, want in minder dan tien jaar was hij van infanterist opgestegen tot de aanzienlijke positie van koopman.

Voor zover men uit de verhalen kan opmaken, moet het een aangenaam hoewel eentonig leven zijn geweest in een prachtig gebied waar een man op Rumphius' positie, volgens Valentijn (hoofdstuk 6), kon leven als een vorst.[16] Er zijn goede aanwijzingen dat het vertrouwen dat de Compagnie in hem stelde terecht was. Zijn meerderen beschreven hem als 'een man van nuchtere bequaemheit die sich heel wel na de humeuren der Amboinesen weet te schikken, het Arabisch schrift lesende en schrijvende'. Taalkundige vaardigheid werd zeer op prijs gesteld en het is duidelijk dat Rumphius waarschijnlijk Portugees kende, evenals Duits, Latijn, Nederlands, Arabisch en Maleis. De laatste taal kende hij grondig: in 1661 werd hem gevraagd Maleise preken geschreven door een predikant Molanus te corrigeren, en wat belangrijker is, voor 1670 heeft hij zich beziggehouden met het schrijven van een woordenboek in het Maleis dat eindigde met de letter 'P' en nooit is voltooid.[17] Zijn wiskundige bekwaamheden en zijn waarde als architect worden bevestigd door het feit dat hij versterkingen ontwierp voor een fort op Banda en verbouwingen schetste voor het fort Victoria in de hoofdstad van Ambon.[18]

In 1669 horen we van zijn vrouw, zoon en dochter. Er kan nog een kind zijn geweest. Alles wat we met zekerheid van zijn vrouw weten is dat haar naam Susanna was, dat ze stierf bij de vreselijke aardbeving van 1674 en dat Rumphius een zeldzame orchideeënsoort naar haar noemde. Susanna was geen Nederlandse, want als dat het geval was geweest zouden er documenten over haar zijn gevonden, zoals er bijvoorbeeld zijn gevonden over Rumphius' tweede vrouw, Isabella Ras.[19] Het was niet ongewoon dat een Europeaan trouwde met een van de vrouwen met gemengd bloed, die naar het Portugese woord 'mestiços' 'mexticen' werden genoemd.[20] De vrouw nam een Nederlandse voornaam aan en stond in de gemeenschap bekend onder de familienaam van haar man.[21] Uit de tekst die is gewijd aan de 'Susanna-Bloem' blijkt dat zijn vrouw hem bij zijn botanische werk hielp en het in memoriam dat Rumphius in deze tekst invlocht is des te treffender in zijn ingehouden soberheid: 'Dewyl ik geen Maleytschen noch Amboinschen naam heb konnen verneemen, zoo heb ik ze in 't Latyn genaamt *Flos Susannae*. In 't Maleyts *Bonga Susanna*, ter gedachtenisse van die geene, die by haar leven myn eerste Gezellinne en Behulpe in 't opzoeken van kruiden is geweest, ook de eerstemaal my deze bloem getoond heeft.'

Niets duidde erop dat de voorbeeldige ambtenaar meer was dan dat. Er wordt verscheidene malen gezinspeeld op zijn prijzenswaardige leven en hij schijnt een persoonlijkheid te zijn geweest die zichzelf wegcijferde.[22] Hij was een toegewijd protestant en, wat vreemder was, een felle patriot. Als je niet wist uit welk land hij afkomstig was, zou je nooit raden dat deze patriottische Nederlander in werkelijkheid een immigrant was. Hier was sprake van een voorbeeldig, bescheiden leven.

In 1658, pas vijf jaar nadat hij in Indië aankwam, schreef hij zijn naam niet langer als 'Jeuriaen Rumph van Hanau' (de spelling van zijn voornaam was zeer Nederlands) maar als 'Georgius Everhardus Rumphius'. Dit was in het geheel geen algemene praktijk; alleen personen met wetenschappelijke pretenties latiniseerden hun naam. In 1663 schreef hij een brief aan zijn superieuren over zijn botanische werk, waarmee Rumphius een jaar na zijn aankomst op Ambon in 1654 was begonnen.[23] De vroege datum steunt ongetwijfeld zijn opmerking: 'de ondersoeckinge van Amboinaes gewassen is wel het meeste oogmerck waerom ik mij in India begeven hebbe.' De brief van 1663 geeft aan dat dit onderzoek in zijn leven van groot belang was. Hij noemde deze intellectuele activiteiten *lucubrationes* – 'nachtelijke studiën bij lamplicht' – waarmee hij eventuele officiele bezwaren voor was. De directe aanleiding voor zijn brief was het verzoek naslagwerken en instrumenten voor zijn onderzoek te mogen ontvangen. Heel diplomatiek wees Rumphius een lid van de geestelijkheid aan als zijn contactpersoon in Nederland, en sprak de hoop uit dat zijn aankopen vanaf dat moment verscheept konden worden met de vertrekkende vloten onder de bescherming van de vlag van de Compagnie.[24] Zijn verzoek werd gunstig ontvangen en ondersteund door Joan Maetsuycker, de toenmalige gouverneur-generaal van Indië.

Met deze publieke bekendmaking van het werk dat een van de trotse hoogtepunten van de Nederlandse koloniale geschiedenis zou blijken te zijn, krijgt het voorbeeldige bestaan van deze bescheiden en trouwe dienaar van de Compagnie een andere kleur. Zijn voorbeeldige carrière was in feite wat hij (in een brief van 1699, drie jaar voor zijn dood) 'een masker' noemde, 'welcke masque ick voor dese tyt dragen moet, om het dagelijxse broot voor my en de myne te winnen'. Dit is misschien wel de eerste toespeling op het onwettige bestaan van de schrijver van fictie in de koloniale maatschappij. Het 'vluchtige en ontwijkende soort incidenten' waarvan Samuel Johnson oordeelde dat zij 'excellence' verlenen aan een leven, maakt dat wij de verspreide sporen van Rumphius' leven in een ander licht bezien.[25] Zijn doelgerichtheid, zijn koppigheid bijna, wordt zo haast een deugd, en is in ieder geval het noodzakelijke aanhangsel van een hevige toewijding aan een moeilijk bereikbaar ideaal.[26] En de voortgang was omringd door rampen die de grootste geesten en de beste karakters op de proef zouden stellen. Het lijkt immers wel of deze eerste publieke bekendmaking van zijn project door het lot als een uitdaging werd opgevat, want allerlei belemmeringen maakten van deze liefdevolle inspanning een Sisyfusarbeid.

De brief is gedateerd in het jaar 1663; tien jaar lang was het lot hem goedgezind geweest. Maar in 1666 stelde Pieter Marville, de toenmalige gouverneur van Ambon, Rumphius met de meest gunstige termen voor voor de op één na hoogste post op het eiland. De aanbeveling werd in 1667 door Batavia afgewezen.

Om de afwijzing te verzachten kreeg Rumphius een 'seker stuckie landt' bij fort Victoria (ook wel het 'kasteel' genoemd), waarvan de voorzichtige correspondent zijn meerderen verzekerde dat het niet overdreven groot was, want 'dewyl hetselve by vercoopinge geoordeelt wordt doch niet meer te sullen opbrengen als ongeveer 100 rycksdaelders'. Na vijftien jaar dienst vroeg Rumphius in 1668 verlof om zich helemaal aan zijn 'curieuse studiën' te kunnen wijden. Dit verlof werd om diverse redenen niet verleend, maar het feit dat hij ontslag aanvroeg zorgde ervoor dat hij de hoge positie in 1667, evenals in 1669 toen deze opnieuw vacant kwam, misliep. Op deze plotselinge tegenslagen in zijn publieke loopbaan volgen binnen de volgende vijf jaar nog twee rampen.

In een missive van 9 mei 1670 berichtten zijn superieuren op Ambon aan Batavia: 'Den Coopman Rumphius is nu sedert eenige weken blind geworden.' Rumphius zelf noemde zijn aandoening '*suffusio oculorum*' (een uitdrukking van Plinius, de bron van zijn voorkeur voor Latijnse benamingen), wat 'een ontsteking van het hoornvlies' betekent; hij noemde het ook '*cataracta nigra*'. Uit de symptomen blijkt dat hij aan grauwe staar leed, een aandoening die in zijn tijd onherroepelijk eindigde in volledige blindheid, zelfs als ze zoals in Rumphius' geval werd voorafgegaan door een misleidende periode van louter verminderde gevoeligheid voor licht.[27]

Uit de officiële reactie op dit nieuws blijken tegenstrijdige aspecten van de Compagnie. De gouverneur van Ambon, Jacob Cops, schreef Rumphius op een manier die volkomen past bij de reputatie van harteloos en brutaal kapitalisme: 'daer de verduystering van UEd. gesicht nu al een geruymen tyt heeft geduirt, en dat by onverwacht voorval niet wel gerust souden connen syn, op de versekering der costelycke cust van Hitoe, hebben wy heden in Rade van Amboina goet gevonden UEd. persoon bij provisie te doen vervangen.'[28] Rumphius werd verzocht met zijn gezin te verhuizen naar de stad Ambon, waar hij in juni 1670 aankwam en onderdak vond in fort Victoria. Terwijl hij in het kasteel verbleef drukte hij zijn grieven over de manier waarop hij was behandeld uit in een brief aan de gouverneur-generaal. Maetsuycker antwoordde met de volgende aanwijzingen voor Cops, waaruit blijkt dat een ongenuanceerde veroordeling van de Compagnie op onjuiste vooroordelen berust. Hij gaf opdracht dat 'de gagie van den Coopman Rumphius vooreerst noch tot nader ordre sal blyven voortloopen' niet alleen omdat er misschien nog hoop op genezing bestaat, maar temeer vanwege 'syne langduyrige, goede, onopspraeckelijcke diensten, en dat het oock misschien noch op Hitoe met syn persoon wel wat had mogen aengesien worden'. Hij schrijft voor dat Rumphius lid moet blijven van de Raad van de gouverneur, terwijl hij ook op elke andere vergadering '(vermogens synde) sal hebben te verschijnen' en dat hij 'syn oude sitplaets en rang, sonder vercleyninge in dien deele' moet behouden.

Maetsuyckers richtlijnen betreffende een man die hij nooit had ontmoet waren slim. Hij berispte de hardvochtigheid van de gouverneur van Ambon op een diplomatieke wijze, zorgde ervoor dat Rumphius niet nog meer beledigd werd en vond een manier om te maken dat hij zich zowel nuttig als onmisbaar voelde. Rumphius werd benoemd tot wat we vandaag een overheidsadviseur van Ambon zouden noemen. Het moet een bittere ironie voor hem zijn geweest dat hij, net de veertig gepasseerd, door een ramp meer vrije tijd kreeg om zijn werk voort te zetten. Rumphius, die bekend werd om de buitengewone verfijning van zijn gedetailleerde beschrijvingen, moest het gedurende de resterende dertig jaar van zijn leven als blinde doen 'met een geleende pen en oogen' voor de duur van 'een droeve lange nacht' zoals hij schreef in het voorwoord van zijn *Kruidboek.*

Het officiële register van fort Victoria op Ambon bevat voor 17 februari 1674 de volgende mededeling aangaande een van de meest verwoestende aardbevingen die het eiland ooit heeft meegemaakt en die de dood van 2322 mensen ten gevolge had. Rumphius' vrouw en haar jongste dochter maakten een wandeling door de Chinese wijk van de stad,

> door zeeckere Sineese vrouw aengeroepen ende genoodigt sijnde om te besien het spelen der Sinesen met papieren paerden, op hunnen tegenwoordigen nieuwejaerstyd, op 't gevoel van d'eerste dreuning willende wegloopen, de muur van 't huys achter op den rugge kregen ende alsoo daeronder deerlyck versmoorden, onaengesien deselve soo spoedig als mogelyck was opgegraven wierden. Gemelte Rumphius was even te voren voorby 't selve huys om een avondwandeling gegaen en noch door zyn vrouw en dochter aengeroepen, doch had zulcks geweygerd; waeraen de schickinge Godes tot zyn behoud klaer gebleecken is, want zoo hy geseten ware, zoude ongetwyffeld, mits zyn blindheyd, geen ontkomen voor hem geweest hebben. Erbermelyck was het, dien man by deze zyne lycken te zien zitten, alsmede aen te hooren zyne weeklacht, beyde op dit toeval ende zyne blindheid gepast.[29]

Rumphius hertrouwde (hoewel we niet weten wanneer) en overleefde ook zijn tweede vrouw.

Rumphius' vastbeslotenheid om zijn werk te voltooien is verbazingwekkend. Hindernissen en tegenslagen bleven hem achtervolgen, maar zijn onvermoeibare ijver bleef. Ook al was dit, zoals in 1697 over hem werd geschreven, 'om de geesten [zijn geest] wat werck te geven, zonder het welck hy anders sorgt in melancholy zyne dagen te sullen moeten eyndigen', doet dit niets af aan zijn prestatie. De man is zo groot als zijn werk.

De enige tekst die tijdens zijn leven werd gepubliceerd was 'Waerachtig Verhael van de Schrickelijke Aerdbevinge' gedrukt in Batavia in 1675. In 1678 beëindigde hij de *Amboinsche historie*, voorafgegaan door een algemene beschrijving. In 1686 schreef hij een verslag over Ambonese landbouw. We weten dat hij een woordenboek van de Maleise taal (tot de letter 'P') had geschreven, 'noch drie andere boeken van Land- Lugt ende Zeegedierte deser eylanden' en de drie boeken van zijn *D'Amboinsche rariteitkamer* (Het Ambonese rariteitenkabinet). Tegelijkertijd had Rumphius gestaag gewerkt aan zijn levenswerk, het boek over tropische planten op Ambon en in andere delen van Indië. Aan het begin van

1687 waren meer dan zevenhonderd hoofdstukken van *Het Amboinsche kruidboek* in manuscript gereed. Een dergelijk werk was altijd voorzien van illustraties van de beschreven planten en voordat hij blind werd had Rumphius een flink aantal daarvan in kleur getekend. Maar op 11 januari 1687 verwoestte een grote brand 'de helft van de nodige figuren zoo door hem als andere teyckenaers vervaerdigt'. Dezelfde brand vernietigde zijn boeken, die naar verluidt heel moeilijk te krijgen waren.[30]

In september 1690 stuurde Rumphius de eerste zes van de uiteindelijk twaalf boeken van het *Kruidboek* naar Batavia. De illustraties waren opnieuw getekend door zijn zoon, Paulus Augustus, met extra hulp van twee tekenaars, aangeboden door het gouvernement in Batavia. Maetsuycker was, evenals twee andere gouverneurs-generaal, gestorven en Johannes Camphuys was nu de hoogste ambtenaar van de Compagnie. Camphuys was een enthousiast natuuronderzoeker en las Rumphius' manuscript met belangstelling.[31] Om zelf over een duplicaat te beschikken liet hij de 345 hoofdstukken en 392 illustraties kopiëren. Dat kostte veel tijd. Het oorspronkelijke manuscript werd pas twee jaar later, in 1692, naar Holland gestuurd. Maar het bereikte zijn bestemming nooit omdat het schip, Waterlandt, door een Frans eskader tot zinken werd gebracht; daarom beschikken we alleen over het volledige werk dankzij Camphuys' belangstelling en ijver. Het is begrijpelijk dat Rumphius in 1695 aan Camphuys schreef dat al deze gebeurtenissen 'latende my egter in kleene hoope om by myn leven nog iets daervan in 't ligt te sien'. In februari 1696 werden er opnieuw kopieën van de eerste zes boeken naar Holland gestuurd, samen met de volgende drie. Deze kwamen veilig aan. Iets minder dan een jaar later werden de laatste drie boeken verscheept en eveneens veilig in ontvangst genomen door de VOC in Amsterdam.

Nadat hij deze enorme taak had afgesloten, weigerde Rumphius op zijn lauweren te gaan rusten. In mei 1697 schreven de Ambonese autoriteiten aan Batavia:

> Onder den voorschreven Coopman Rumphius, berusten noch eenige andere schriften, doch van minder belangh, en die hy derhalven Uw Hoog Edelh. niet zeer durft aenprysen, zynde de Ambonse Rariteytkamer, bestaende in drie boecken, ende noch drie andere boeken van Land- Lugt ende Zeegedierte deser eylanden, om welcke te perfectioneren hy zelffs weynigh moed heeft wegens zyn ouderdom ende aengroeyende swackheden. Echter versoeckt hy nochmael Uw Hoog Edelh. op het nederigste, dat hy een schryver en een teyckenaer, voor syne misschien weynige resteerende jaren syns levens magh behouden, om de geesten wat werck te geven, zonder het welck hy anders sorgt in melancholy zyne dagen te sullen moeten eyndigen.

Toen hij *D'Amboinsche rariteitkamer* beëindigde, waarin 'rariteiten' zoals schelpdieren, schelpen, mineralen en stenen werden beschreven, stuurde Rumphius het niet naar de VOC in Amsterdam maar in plaats daarvan naar Hendrik d'Acquet, de burgemeester van Delft, die het manuscript in 1701 ontving. Het werd in 1705 in Amsterdam uitgegeven en genoot een zekere vermaardheid bij het publiek, hoewel te laat voor Rumphius om er nog van te genieten. In 1701 sloot hij een *Auctuarium* of 'vermeerdering' op zijn *Kruidboek* af dat hij naar Batavia stuurde om te worden gekopieerd. In een brief van 19 mei 1702 schreef de gouverneur van Ambon aan zijn superieuren: 'Wy bedancken U Hoog Edelheden dat het gesondene auctuarium van het Herbarii Rumphii, eer het na het Vaderland gesonden is geworden, hebben laten copiëeren, aengesien van dien ouden Heer niets meer te verwachten sal zyn, als uytgeleeft hebbende.'

Met de toevoeging van het *Auctuarium* was het *Kruidboek* helemaal gereed. De bewindvoerders in Amsterdam drukten hun bewondering en hoogachting voor de auteur uit door zijn zoon te bevorderen tot de positie van koopman met hetzelfde salaris van zestig gulden per maand dat diens vader tevoren had ontvangen. Maar zij stonden niet toe dat het werk werd gedrukt, omdat zij ervan overtuigd waren dat er diverse gegevens in deze botanische geschriften waren waarin de concurrentie belang stelde. In 1702 herriepen zij hun verbod en gaven het werk vrij voor publicatie op voorwaarde dat de Compagnie er niets aan zou betalen en dat passages 'die men soude kunnen oordeelen, tot naedeel van de Comp. te sullen strecken, daeruyt te lighten'. Er waren geen liefhebbers voor. *Het Amboinsche kruidboek* werd pas bijna veertig jaar later uitgegeven. Het negatieve besluit werd overhandigd in september 1702; Rumphius was drie maanden daarvoor overleden, op 15 juni 1702.

De twaalf boeken van *Het Amboinsche kruidboek* werden tussen 1741 en 1750 gepubliceerd in zes banden – in 1755 gevolgd door het *Auctuarium* (ook bekend als deel 7) – door een aantal uitgevers in Amsterdam, Den Haag en Utrecht. Het werk verscheen pas ongeveer een halve eeuw na Rumphius' dood in zijn geheel in druk. De volledige titel luidt: *Het Amboinsche Kruidboek. Dat is, Beschryving van de meest bekende Boomen, Heesters, Kruiden, Land- en Water-Planten, die men in Amboina en de omleggende eylanden vind, Na haare gedaante, verscheide benamingen, aanqueking, en gebruik: mitsgaders van eenige insecten en gediertens, Voor 't meeste deel met de Figuren daar toe behoorende, Allen met veel moeite en vleit in veele jaaren vergadert, en beschreven in twaalf boeken, door Georgius Everhardus Rumphius, Med. Doct. van Hanau, Oud Koopman en Raadspersoon in Amboina, mitsgaders onder de naam van Plinius Indicus, Lid van de Illustre Academia Naturae Curiosorum, in 't Duitsche en Roomsche Ryk opgerigt. Nagezien en uitgegeven door Johannes Burmannus, Med. Doct. en Botanices Professor in den Hortus Medicus te Amsterdam, Medelidt van het Keyzerlyke Queekschool der onderzoekers van de Natuurkunde; Die daar verscheide Benamingen, en zyne Aanmerkingen heeft bygevoegt.*

De inhoud van het werk beschreef Rumphius met zijn karakteristieke bescheidenheid in zijn voorwoord:

> Het draagt de naam van een *Amboinsche Kruydboek*, om dat het van zig zelfs een gering gevoelen heeft; dog met dien verstande, dat het vertoont zodanige aard-gewassen, die men niet alleen in de Amboinse Eylanden kan beoogen, maar die ook in de omleggende Moluccos, Banda, en andere, tot Java toe, voor 't meesten deel mede te vinden zyn. Het werk heeft zig dan Ambोins bygenaamt, om dat het in Amboina beschreven is, na zodanige gedaante, als de planten in Amboina dragen.

De opzet van het *Kruidboek* kwam overeen met het vaste patroon (sinds Aristoteles) waarbij beschrijvingen van planten werden ingedeeld in drie hoofdgroepen: bomen, struiken en kruiden. Elke groep kon opnieuw worden ingedeeld volgens een meer specifiek patroon van de auteur. Rumphius deelde zijn werk volgens soortgelijke principes in en kan bepaalde aanpassingen hebben aangetroffen in het werk van zijn voorganger, Carolus Clusius, die in zijn *Rariorum plantarum Historia* (1576) categorieën als 'geurige bloemen', 'bloemen zonder geur' en 'giftige, bedwelmende of stekelige planten' toevoegde.[32] De eerste vijf boeken van Rumphius' *Kruidboek* gingen over 'alderhande Bomen, zo eetbare, vrugtdragende, als speceryagtige, en wilde'; boek 6 ging over 'allerhande Heesteren, die over eynde staan'; boek 7 bevatte 'zodanige Heesteren, die op zig zelfs niet staan kunnen, maar met een lange ranke stam voortkruipen, of zig om andere bomen winden, diergelyke wy in Indien *Boschtouwen*, in 't Maleyts *Taly-Outang* noemen'. In boek 8-11 werden kruiden beschreven, terwijl boek 12 planten bevatte 'niet op land, maar in Zee wassende, en een gemengde natuur van hout, en steen hebbende, die men Zee-boompjes of *Coraal-gewassen* noemt'.

Elke afzonderlijke ingang beschreef de plant of boom *en detail*, gevolgd door de naam in diverse talen, waaronder altijd Nederlands, Latijn, Maleis en Ambonees, terwijl Rumphius vaak ook Javaanse, Hindoestaanse, Portugese of Chinese namen gaf. Deze namen waren niet aan Linnaeus ontleend maar waren ofwel door Rumphius zelf bedacht ofwel vertalingen van inheemse namen. Vervolgens werd de habitat van de plant gegeven en werden de gebruiksmogelijkheden ervan beschreven. Wat het laatste betreft werd vooral aandacht geschonken aan de medische toepassingen van een plant, want Rumphius wilde dat zijn werk niet alleen 'vermakelyk voor de curieuse Liefhebbers' was, maar ook 'dienstig en nut zal konnen wezen, inzonderheit voor die hier in Oost-Indien wonen'. Hij zegt in het voorwoord dat hoewel hij niet pretendeert 'absolute genees-konstte' te geven, hij toch biedt

> een ryke Apotheek voorgesteld den genen, die in de genees-kunst haar werk willen, en moeten maken; want wy ervaren dagelyks, niet zonder schade, dat de Europische genees-middelen, die d'E. Comp. jaarlyks met geen kleine kosten uytzend, of voor 't meesten deel veroudert, en bedorven, of lang niet genoeg zyn voor den groten hoop der Europianen, en hare kinderen, die in Indien wonen, en zo ze dan nog al in genoegzame quantiteyt gezonden wierden, zo hebben wy over al niet bequame Doctoren en ervare Chirurgyns, die dezelve konnen appliceren.

> Boven dat is genoegzaam bekent, dat de wysheit des Scheppers alle landen met haar eygene genees-middelen voorzien heeft, gelyk ook alle landen hare eygene en byzondere ziektens hebben, die door haar inlantze middelen moeten genezen worden.

Rumphius' geneeskundige ideeën weerspiegelen de geneeskunde van Galenus, die is gericht op het herstel van het evenwicht tussen de vier 'lichaamssappen' dat door de ziekte is verstoord. Merkwaardig genoeg vertoonde de inheemse geneeskunde bepaalde overeenkomsten,[33] en dit werd zeker opgemerkt. Rumphius spreekt vaak van 'warme' en 'koude' ziekten op de manier waarop de *doekoens* of inheemse medicijnmeesters deden en schreef, evenals de doekoens, middelen voor om overmaat in diverse gedaanten te bestrijden. Ook andere details kunnen worden herleid tot de gebruiken van de Indonesische kruidendokters. In het *Kruidboek* worden bijvoorbeeld hoeveelheden gemeten op een manier die verre van nauwkeurig is; men leest over een handvol, een snufje, een gewicht dat overeenkomt met dat van een bepaalde oude munt, of over een wortel die moet worden afgesneden ter lengte van een vinger of een vingerkootje.

Geneeskrachtige kruiden werden ofwel gedroogd of in een soort oplossing gebruikt. Om de laatste te bereiden, werden kruiden gemalen tussen twee stenen, die in het Javaans samen *batoe pipisan* werden genoemd. Batoe was het algemene woord voor steen, pipisan sloeg op de vierkante steen of vijzel, terwijl de cilindervormige steen of stamper een *gandik* werd genoemd. Nadat de gemalen kruiden aan een vloeistof waren toegevoegd, werd de stroperige massa op een doekje gesmeerd en op het lichaam van de patiënt aangebracht in de vorm van een kompres. In Rumphius' werk vindt men talloze verwijzingen naar zo'n 'papje'. Heel vaak waren de mengsels zeer ingewikkeld en kon er een lange lijst ingrediënten voor nodig zijn, zoals planten, kruiden, bloemen en allerlei andere stoffen, hetzij gedroogd, vers, gemalen, gedistilleerd, hetzij eenvoudig tussen de handen tot een fijn poeder gewreven. Zo'n mengsel werd in het Javaans *djamoe* genoemd en werd aan de deur verkocht.

De inheemse *medicus herbarum*, zoals Plinius hem zou hebben genoemd, maakte voor een groot deel gebruik van de leer van de signaturen die voorschreef dat planten en mineralen gekenmerkt worden door een natuurlijk teken of symbool dat aangeeft hoe God of de natuur hun gebruik als een vorm van medicijn heeft bedoeld. De doekoens benadrukten dat er weinig plaats voor twijfel was, aangezien dergelijke overeenkomsten empirisch duidelijk waren. Bijvoorbeeld: de gele wortelstok van een *Curcuma*-variant (*temoe lawak*) was een patent geneesmiddel voor geelzucht; *setjang* (*Caesalpina sappan*), een struik die een rode kleurstof produceert, werd gebruikt voor bloederige diarree; en een mos dat op de windkant van bomen groeide werd voorgeschreven tegen winderigheid: de Javaanse naam *masoek angin* betekent zoiets als 'innerlijke wind'. De bladeren van de *daoen kesoemboekan* brengen een sterke ontlastinggeur voort als de plant in de volle zon staat of als de bladeren worden geplet, zodat deze bladeren als geneeskrachtig werden beschouwd voor een patiënt die aan dysenterie leed.

Onrustige kinderen sliepen rustig als er een takje van de plant *daoen tidoer-tidoeran* onder hun kussen werd gelegd. Daoen betekent 'blad' en tidoer betekent 'slaap'; de bladeren van deze *Mimosa pudica* trekken zich bij de geringste aanraking samen en zien eruit of zij gaan slapen. Hetzelfde gold ook voor de dierenwereld; zo werd de *tjitjak* (een kleine hagedis die in huizen leeft en muskieten eet) gekozen als geneesmiddel tegen lepra omdat hij zijn huid en staart kan regenereren.

De lezer vindt ook ontelbare aanwijzingen met betrekking tot aspecten van de menselijke seksualiteit. Het was ongetwijfeld een van de belangrijkste taken van de inheemse kruidendokter zijn of haar cliënten te voorzien van middelen om het seksuele genot voor zowel man als vrouw te vergroten, door geslachtsgemeenschap veroorzaakte ziekten te bestrijden, de vruchtbaarheid te bevorderen, te zorgen voor geboorteregeling en de genezing na de bevalling te bespoedigen. Misschien was Rumphius' werk het laatste grote document dat zich met deze zaken bezighield, want het lijkt er soms op dat de erotiek in de achttiende en negentiende eeuw uit de tropen verbannen is, terwijl dat gebied anderszins in de populaire verbeelding bekendstaat om zijn exotische sensualiteit. Tot ver in de twintigste eeuw werd 'zeemanshumor' als bezwaar tegen Rumphius ingebracht.[34]

Het lag in de aard van de traditionele plaatselijke kennis dat merkwaardige gegevens als waarheid werden aangeboden. Rumphius wist er veel van en nam ze op in zijn werk. Dit heeft soms geleid tot de beschuldiging van naïveteit of domheid. Dat is niet eerlijk. In de eerste plaats was Rumphius, ondanks diverse vooruitziende theorieën, een product van een bijzondere samenloop van historische krachten die hij niet kon ontkennen of negeren. In die zin was hij evenzeer een slachtoffer van zijn tijd als wij het zijn van de onze. Ten tweede zorgde Rumphius ervoor dat zijn lezers wisten dat hij zich er volledig van bewust was dat hij dingen meedeelde die tot misverstanden konden leiden. In zijn voorwoord waarschuwde hij dat zijn werk dingen kon bevatten

> 't welk oorzaak tot Cavillatien [kritiek] mogt geven, als of het zelve vervult was met fabeltjes, superstitien, en oude wyfs praatjes, waar van ik geen reden wil geven: ik zeg dan, dat ik ze al willens gesteld heb, niet als of ik absoluit geloof daar aan stelde, of den lezer te geloven opdringen wilde, maar om dat 'er onder die fabeltjes altyt wat waarheyts en verborgene eygenschappen in de natuur schuylen, gelyck in de fabelen van *Ovidius* en andere *Poëten*, dog gelentheit en tyd heeft my ontbroken, om van alles den grond te onderzoeken, waar toe meer dan een menschens leven van noden is.
>
> Zo moet men ook niet straks verwerpen, of voor leugens houden, als in 't lezen iets, na den schyn ongelooflyk, en tegens de bekende natuur de Europische planten strydende, voortkomt, want ik zelfs vele dingen niet heb kunnen geloven, tot dat ik ze dikwils en neerstig onderzogt, en ondervraagt hadde.

Dit mag voldoende zijn om de beschuldigingen van 'fantasieën' van De Haan, die Rumphius een gebrek aan 'breeden blik' verwijt, te weerleggen. Hoewel hij zichzelf ironisch genoeg beschuldigt van 'ketterij' als hij zijn negatieve oordeel over Rumphius noteert, neemt De Haan de moeite allerlei overtredingen op te sommen, zoals Rumphius' geloof dat God na de zondvloed bepaalde schelpen op bergtoppen achterliet, dat Rumphius de kracht van de 'hemelsche directeurs' genaamd astrologie en magie niet ontkent, of dat het heelal is geschapen voor het welzijn van de mensheid. Ten slotte bestraft hij Rumphius dat hij geloofde in de leer van de signaturen 'die door anderen al lang was verworpen'. Het steunt ongetwijfeld iemands betoog als hij een afwijkend gezichtspunt heeft, in het bijzonder in het geval van Rumphius, die door zijn aanhangers is verheerlijkt, maar De Haan had ongelijk.[35] Rumphius had bijvoorbeeld wél een brede blik, waarmee hij gemakkelijk objectieve beschrijvingen van botanische details kon combineren met legenden die dikwijls een kern van waarheid bevatten.

Dat Rumphius een vroom christen was en bepaalde dingen voor waar aannam, is een kwestie van opvatting waarover moeilijk te discussiëren valt; men aanvaardt het morele standpunt, of men doet dat niet. Maar gezegd dient te worden dat zijn geloof in de protestantse geloofswaarheden in zijn tijd normatief was. Men kan in feite nog verder gaan en laten zien – bijvoorbeeld in bijna alles wat hij schreef over de aardbeving die hem zijn vrouw en jongste dochter kostte – dat Rumphius het christelijke fatalisme van zijn tijdgenoten deelde. Want De Haan is inconsequent als hij Rumphius hekelt, maar zijn best doet de gouverneur vrij te pleiten wat betreft zijn laconieke rapport over Rumphius' blindheid, en dat doet op basis van precies hetzelfde soort fatalisme en blind geloof in predestinatie waarom hij Rumphius bekritiseert. De Haan neemt de moeite op dit punt naar het evangelie van Matteüs te verwijzen en citeert Macaulay, die over Willem III zegt dat 'het dogma van de predestinatie de hoeksteen van zijn godsdienst was'.[36] Maar wat goed is voor de een moet ook goed zijn voor de ander. Verder mogen we blij zijn dat Rumphius belangstelling had voor astrologie en magie, want dankzij deze belangstelling heeft hij ons vele fascinerende details nagelaten die anders verloren waren gegaan. Rumphius leefde onder mensen wier dagelijks leven vol was van magie en rituelen en het is zijn verdienste dat hij er notitie van nam en wel op een sympathieke manier. De studie *Malay Magic* van W.W. Skeat levert het overtuigende bewijs dat een Europeaan die deze tradities niet minstens oppervlakkig kent, voor altijd een domme buitenstaander blijft. En het is nu juist deze onwetendheid waarom talloze Nederlanders werden bekritiseerd als zij dat wat Couperus 'de stille kracht' van Indië noemde, niet begrepen.

Ten slotte ben ik er, wat De Haans beschuldiging van lichtgelovigheid op het gebied van de signatuur van planten betreft, lang niet zo sterk van overtuigd als hij dat deze opvatting toen Rumphius zijn *Kruidboek* schreef allang naar het rijk der fabelen was verwezen. Harvey mag dan wel in 1628 de mechanische principes van de natuurwetenschap op het menselijk lichaam hebben toegepast, maar de geneeskunde van Galenus was nog in de zeventiende eeuw in gebruik.[37] Dat Rumphius sympathieker stond tegenover de geneeskunst van Hippocrates en Galenus kan men misschien afleiden uit de manier waarop hij de natuur beschreef: hoe nauwkeurig of scherpzinnig ook, hij doodde nooit een plant om hem te kunnen ontleden. Bloem, plant of boom worden altijd gezien *in toto*, als een fenomenale eenheid, en soms inspireerde de natuur hem zelfs om te pauzeren en na te denken. Rumphius' beleving van de natuur was esthetisch, al sloot dit dat wat wij nu 'wetenschap' noemen, niet uit.[38] Hij offerde gewoonweg niet op haar altaar van de objectiviteit. Zijn geschriften bezitten een ondertoon van sympathie, een kameraadschappelijkheid die over iets levends spreekt. Hij waarschuwde toekomstige lezers dat zijn *Kruidboek* 'van geen geleerd *Medicus*, *Physicus*, of die zyn professie van die konst maakt, maar allenelyk van een liefhebber der natuurlyke wetenschap voortgebracht is, dog die zig een matige kennisse der Kruidkunde toeschryft' en dit moeizame werk uitvoerde in de vrije uren die hij overhield van 'zyne militaire en publicque bedieningen'. Hij deed zijn werk uit wat Rousseau later 'pure nieuwsgierigheid' zou noemen, een onderzoek zonder 'echt nut behalve wat een nadenkend, gevoelig mens kan afleiden uit de waarneming van de natuur en de wonderen van het heelal'.[39] Tegelijkertijd klinkt hij als de objectieve wetenschapper die de 'kragten' van bepaalde planten testte 'in myn huys, en andere familien'. Zijn wetenschappelijke reputatie is tegenwoordig veiliggesteld, en ondanks de verleiding hem voor te stellen in de romantische rol van de 'blinde ziener van Ambon' die werkte in een onafgebroken nacht, alleen, niet gewaardeerd en geminacht, is zijn leven in werkelijkheid enigszins anders. Wat dat betreft zijn de harde feiten van dat leven erg genoeg om overdrijving overbodig te maken. Persoonlijke rampen, natuurrampen, diefstal, brand, schipbreuk en plagiaat, het leven van de schrijver en het lot van zijn werk laten zich lezen als een allegorie van de beproevingen van de kunstenaar.

Ondanks alle tegenspoed proefde Rumphius iets van de faam die hij verdiende. Uitsluitend vanwege zijn reputatie – die was gebaseerd op de mening van zijn collega's, enkele brieven en delen van zijn manuscripten die in kleine kring circuleerden – werd Rumphius in 1681 tot lid gekozen van de 'Academia Naturae Curiosorum' in Wenen (een organisatie die in 1939 nog bestond),[40] en werd hem de eretitel 'Plinius Indicus' toegekend, die hij trots vermeldde op de titelpagina's van de werken die hij nooit in handen zou krijgen. Het was een zeer vleiende benaming. Plinius was nog altijd de grote meester uit de oudheid die men niet louter uit nieuwsgierigheid of voor specialistisch onderzoek las, maar in hoge mate als een levende vertegenwoordiger van een wetenschappelijke traditie. Ieder die bekend is met Rumphius' werk heeft de voortdurende verwijzingen naar Plinius' *Naturalis Historia* opgemerkt, terwijl hij zichzelf in het voorwoord van zijn *Kruidboek* vergeleek met zijn beroemde voorganger. 'Want heeft *Plinius*, onder 't kommanderen der Roomsche-vloot, nog tyt kunnen vinden, om zyn loffelyk werk te voltoyen, waar van de werelt nog hedendaags gedient wert, zo heb ik nog al betere tyt en gelegentheit gehad, by myne geruste *Prefecturen*[41], de planten van deze Eylanden te beschryven.' Dat de vergelijking niet opging heeft hem waarschijnlijk nooit iets kunnen schelen. Vergelijkbaar is alleen Plinius' ijver, want verder was de Romein een compilator, een encyclopedist die zichzelf beroemde op het aantal 'autoriteiten' dat aan zijn werk had bijgedragen.

Rumphius correspondeerde met andere leden van de Academie over zaken als kruidnagels, tropische bomen, schelpen of de ginsengwortel.[42] Deze wetenschappelijke correspondentie was belangrijk genoeg om een voorname plaats in te nemen in het artikel over Rumphius in het in 1742 gepubliceerde *Universal Lexicon* van Zedler.[43] Verder is er de hoogachting die zijn meerderen hem betoonden.

Rumphius had het geluk dat hij in de zeventiende eeuw in Indië leefde, omdat die eeuw meer uitstekende koloniale bestuurders heeft gekend dan misschien enige andere tijd. Geheel afgezien van militaire bekwaamheden, waren er mannen als Maetsuycker, Speelman, Camphuys of Isaac de Saint-Martin, gecultiveerde en onderlegde personen met een meer dan vluchtige belangstelling voor de diverse takken van wetenschap. De koloniale maatschappij tijdens de eerste eeuw van het Nederlands bewind in Indië is vaak afgeschilderd als een intellectueel en cultureel braakland bewoond door woeste zeeschuimers die eropuit waren zichzelf te verrijken. Maar het kan een verrassing zijn als men bijvoorbeeld ontdekt dat de natuur veel fijnzinniger wordt gewaardeerd in het journaal van admiraal Van Eck dan in de geschriften van Valentijn.[44] Als onderkoopman in de hiërarchie van de Compagnie was Herbert de Jager een begaafd taalkundige, die verscheidene oosterse talen vloeiend beheerste, les gaf in Arabisch, Perzisch en Maleis en met Rumphius over planten correspondeerde. Tijdens een uiterst zwaar bestaan in de tropen slaagde Jacob Bontius erin een baanbrekend werk over tropische geneeskunde te schrijven, terwijl Ten Rhyne, een arts in Batavia, een studie over lepra schreef waarin hij terecht stelde dat het drinkwater besmet was met diertjes die de ziekte overdroegen. Van Rheede tot Drakesteyn, gouverneur van Malabar, stelde brahmanen aan als een soort college dat zijn oordeel moest geven over de tropische planten die hij op officiële reizen verzamelde en die hij beschreef in zijn beroemde *Hortus Malabaricus.* Camphuys, de gouverneur-generaal die Rumphius zo vaak hielp, schreef een historisch overzicht over de stichting van Batavia, terwijl Speelman, de veroveraar van Makassar, ervan genoot zijn correspondentie te verluchtigen met woordspelingen, terwijl hij ook oprechte belangstelling toonde voor en een uitgebreide kennis aan de dag legde van die delen van de archipel die hij persoonlijk leerde kennen. En wat zeker merkwaardig is, zeventiende-eeuwse koloniale verslagen en administratieve journaals blijken doorspekt te zijn met verzen. Bontius, Rumphius, Valentijn en gouverneur Camphuys namen in hun werk gedichten op; dat de muze in de tropen verkommerd schijnt te zijn, is minder belangrijk dan het feit dat zij toch nog iemand heeft aangeraakt.[45]

Daarom heeft De Haan gelijk als hij opmerkt dat er niet genoeg aandacht is besteed aan de medewerking die Rumphius heeft genoten. De Jong stuurde hem exemplaren van planten uit Celebes; Padtbrugges aantekeningen van zijn reis door Noord-Celebes, waaronder wetenschappelijke waarnemingen over de flora en fauna van dat gebied, stonden Rumphius ter beschikking; Isaac de Saint-Martin verschafte Rumphius, in zijn eigen woorden, 'zeer vele uiterst zeldzame planten, die in de bosschen van Java groeien en welke ik anders misschien nooit zou hebben bemachtigd'. Het is eveneens duidelijk dat Rumphius' *Kruidboek* en andere werken, gezien het onheil dat hem trof, het daglicht niet zouden hebben gezien zonder 'geleende pen en oogen', zoals hij het noemt in het gedicht dat als opdracht in het boek is opgenomen. Tijdens Maetsuyckers ambtsperiode (1653-1678) kreeg Rumphius de garantie dat hij zijn 'curieuse studiën' zou kunnen voortzetten. Rijklof van Goens, die Maetsuycker als gouverneur-generaal opvolgde (1678-1681) en die vooral bekendstond als een uitstekend militair, stuurde een schrijver naar Rumphius om zijn geschiedenis van Ambon af te maken, terwijl een jaar later een andere assistent opdracht kreeg zich bij Rumphius op Ambon te voegen. Toen Rumphius' botanische manuscript zich in 1696 in wanordelijke toestand in Batavia bevond, stuurde hij twee van zijn 'schrijvers' naar de hoofdstad om de zaken te ordenen: de een was Sipman, die al vier jaar (sinds 1692) zijn assistent was, de ander de tekenaar Philip van Eyck, die al acht jaar, sinds 1688, voor Rumphius tekende. Toen deze twee assistenten in 1697 naar Holland terugkeerden, werd een andere illustrator aan hem toegewezen, Pieter de Ruyter, die het vak van Van Eyck had geleerd.[46] Nadat Rumphius in 1670 blind was geworden, werd zijn zoon, Paulus Augustus Rumphius, zijn eerste en meest toegewijde secretaris. Het enige portret dat wij van Rumphius bezitten, is getekend door zijn zoon ter gelegenheid van de achtenzestigste verjaardag van zijn vader: het ging vergezeld van een Latijns kwatrijn ter ere van Rumphius geschreven door Nicolaas Schagen, die toen gouverneur van Ambon was. De Compagnie zag stilzwijgend door de vingers dat het administratieve werk van de zoon vertraging ondervond, zodat hij zijn vader kon assisteren. Hij werd later beloond met een promotie toen de bewindhebbers in Amsterdam inzagen dat Rumphius' prestaties een tastbare beloning vroegen.

Maar misschien de meest opmerkelijke steun die Rumphius genoot, was afkomstig van Johannes Camphuys (1634-1695), de gepensioneerde gouverneur-generaal.[47] Camphuys heeft Rumphius nooit ontmoet maar zijn bewondering voor Rumphius' werk moet groot zijn geweest want hij stak er veel tijd en energie in om ervoor te zorgen dat het werk goed werd gekopieerd. Twee lange brieven, één van elke afzender, zijn bewaard gebleven.[48] Zij schenken een zeldzame blik op de beide oude mannen die opgaan in wat voor Camphuys een vrijetijdspassie was en wat voor Rumphius een levenswerk vertegenwoordigde dat was veroverd op de plichten van de realiteit. Beide brieven zijn uit 1695; Camphuys was 61 en overleed in datzelfde jaar, terwijl Rumphius 67 was en nog zeven jaar voor de boeg had. Camphuys was rijk en woonde op een landgoed buiten Batavia. Hij bezat ook een eilandje, Edam, dat de Compagnie hem had geschonken.[49] Daar liet hij een huis bouwen in Japanse stijl, hield hij een menagerie en legde hij tuinen aan. Camphuys' brief maakt duidelijk hoe moeilijk het was een goede secretaris te vinden; we moeten ons dan ook realiseren dat het geen kleinigheid was dat Batavia dergelijke mensen vond om Rumphius op Ambon te helpen of zijn werk in Batavia te kopiëren. Het was minder moeilijk tekenaars te vinden en Camphuys vroeg Rumphius hem 'figuuren' van schelpen, vissen, alikruiken en dergelijke te sturen die zijn artiesten in Batavia moesten kopiëren.

De gepensioneerde gouverneur-generaal legde een oprechte bezorgdheid aan de dag voor het lot van het *Kruidboek* en het welzijn van de auteur daarvan:

> Om nu weder te comen tot de voorsz. ses eerste Kruydeboecken, mitsgaders hetgene UE. nogh verder onderhanden hebt, en waervan UE. seght, dat liever sagh dat het geheele werck hier te lande in goede ordre moghte gestelt worden, sulx comt volcomen met myn gevoelen en sentiment overeen. Want schoon het nu met de versendingh wat langer moghte comen aan te loopen, soo sal het als dan evenwel geschieden met des te meer versekeringhe en gerustheyt; en ick heb nogh nooyt de gedaghten gehadt om UE. Kruydeboecken die ick voor myn selven heb laeten copieren, wegh te senden sonder daervan de weergae off copye te behouden. Het sneuvelen off vergaen van de origineele, met het schip *Waterlandt*, my niet buyten bedughting connende stellen datter niet wel een tweede off meerder ongeluck, en verlies van 't geen nu nogh geluckig in wesen gebleven is, op soude connen volgen, als wanneer ick de myne quit soude wesen, en UE. apperent daervan niet meer behouden als eenige cladden off minuten, sonder teekeningen off figuuren; wat my aengaet, ick en stoot my niet geerne tweemael aen eenen steen.

Men dient te bedenken dat deze bezorgdheid afkomstig was van een zieke man die vijf maanden later dood zou zijn, en die in dezelfde brief over zichzelf zei:

> Ick heb myn aertse Camphuys[50] nu al ruym sestigh jaeren bewoont, en kan dienvolgende wel staet maecken van haest te sullen moeten verhuysen, om, door de verdiensten van onsen Heylandt en Zalighmaecker Jesum Christuym, te gaen bezitten een gebouw van Godt, en een huys dat niet met handen gemaeckt maer eeuwigh in de Heemelen is.

Rumphius antwoordde 'bekommert en beschaemt' omdat hij Camphuys' 'indispositie die moeyten veroorsaekt' had door hem

> een zoo ampelen brief in te stellen, dewelcke voor my niet te lank was, als synde vervuld met aengename stoff, behalve dat punctje 't welck my wat melancolic maekte, moetende hooren dat myne schriften op Batavia dus lank opgesloten blyven; waertegen ik anders niets doen kan als patientie dragen en gedencken dat alle genereuse voornemens in haer begin met tegenspoeden vergeselschapt syn. Ondertussen blyf ik egter continueren myn vertrouwen te stellen op UHoogEdelhts gunstige voorsorge en weyse directie, dat daerdoor myne schriften voor de 2de mael na het

vaderland sullen mogen gaen; latende my egter in kleene hoope om by myn leven nog iets daervan in 't ligt te sien.

Ondanks zijn ziekte en naderende dood kon Camphuys schertsend schrijven over hun gemeenschappelijke passie voor het verzamelen van schelpen.

> Geduurende myn voorledenjarigh verblyff op het Eylantje Edam, synde niet veel minder geweest als ses maenden, ben ik mede aen 't soecken van horenties, schelpen en andere zeegewassen vast geraekt; en myne lyfeygenen, zoo jongens als meyden, hebben aldaer alsmede op het Eylandtje Alckmaer, al vry wat veel gevonden off opgedaen, en daeronder eenige, die (volgens het seggen dergene die pretenderen kennisse van saecken te hebben) in Amboina, midsgaders de daer omher gelegene Eylanden, niet mooyer nogh curieuser te becomen souden wesen.

Rumphius antwoordde:

> Ick heb mede nieuw toegehoort, dat UEdelheyt door syne dienaers op de eilanden Edam en Alckmaer soo veel Zee rariteiten van hoorntjes en schulpen heeft opgesogt, datse de Ambonse en Molucse soude konnen tarten, 't welck met myn oude gissinge accordeert en my verseekert, dat het ten deele waer zy, vermits ik al ruym 40 soorten van verscheyden vrinden bekomen heb, op de Batavische stranden en eilanden byeengesogt. Dog ofse in frajigheyt en mooyigheyt van soorten de Ambonse souden konnen tarten, dat raekt de eer der Ambonsche monarghie die wy soo lange jaren over de Zee rariteyten gevoerd hebben. Ick heb dierhalven goedgevonden onder UEdelheyts welnemen een proeff hiervan te doen, en tot dien eynde omtrent hondert soorten uyt de Ambonse voorvegters gecommandeert, t'zamen gepackt in dit neffens komende Tomtommetje, om de Batavisse uyt te dagen, hopende van die Batallie t'zyner tyd een goed succes te hooren, verliesense het spel, soo behoeven ze niet weder te komen, maer mogen in de gevanckenis blyven.

Camphuys stierf op zijn verjaardag, 18 juli 1695, op de leeftijd van 61 jaar. Vier dagen voor zijn dood dicteerde hij een memorandum aan zijn vriend en compagnon Isaac de Saint-Martin over de afwikkeling van Rumphius' *Kruidboek.* De Saint-Martin (1629-1696), een hugenoot, kwam naar Indië als gewoon infanterist om op te klimmen tot de hoogste militaire rang die de Compagnie in die dagen kende, die van majoor, waarop hij werd benoemd tot lid van de Raad van Indië. Hij leerde Maleis, was geïnteresseerd in Javaanse volkenkunde en hield van plantkunde.[51] Voordat De Saint-Martin in april 1696 stierf, legde hij de zorg voor Rumphius' werk in handen van een andere hoge ambtenaar en een boeiende figuur, Cornelis Chastelein (1657-1714). Chastelein was rijk en probeerde evenals Camphuys afstand te nemen van de intriges in Batavia door landgoederen te kopen die op enige afstand van de hoofdstad en op een gezondere hoogte lagen. Het beroemdste landgoed dat hij kocht was Dépok. Hoewel hij een zoon en erfgenaam had (die zijn vader minder dan een jaar overleefde), liet Chastelein land na aan twee onwettige dochters van gemengd ras (hun moeders waren Balinese slaven) en het hele landgoed Dépok aan zijn vrijgelaten 'christen slaven en slavinnen benevens haare kinderen en kindskinderen'. Hij liet hun ook vee, twee gamelans en vijftig met zilver ingelegde speren na, terwijl hij bepaalde dat een naburig ongerept woud niet mocht worden ontgonnen. Dépok bestaat vandaag nog als een onafhankelijke gemeenschap van christelijke Indonesiërs. In 1705 schreef Chastelein een verhandeling getiteld 'Invallende Gedagten ende aanmerkingen over Colonien...' waarin hij op overtuigende wijze pleitte tegen de handelsgeest van de VOC en een meer ethische houding aanbeval. Een dergelijke politiek werd bijna twee eeuwen later wettelijk vastgelegd.[52]

Rumphius had het geluk steun te krijgen van dergelijke verlichte personen. Zij zorgden niet alleen voor belangrijke politieke invloed maar gaven hem ook toegang tot plantensoorten die reizigers uit verschillende hoeken van de archipel naar Batavia stuurden. Het terrein van de tropische plantkunde stond nog in de kinderschoenen; hoewel hij niet de eerste was, waren auteurs met kennis uit de eerste hand van tropische plantengroei niet talrijk.[53] Rumphius was er terecht trots op dat hij zich in de voorhoede bevond, maar hij wilde ook graag weten wat er vóór hem was ontdekt. In zijn verzoek aan het bestuur van de Compagnie in Amsterdam om wat neerkwam op subsidie voor boeken, merkte Rumphius in 1663 op: 'Alsoo ick my dan met dese onbesochte ende tot noch toe weynich bekende materie ingelaten hebbe, in een werck daerin ick weynich voorgangers ofte leytslieden vinde, ende de paden overal verwerret door malcander loopen, soo ben ick hiertoe alderhande goede ende geprobeerde autheuren benoodight, dewelcke my tot een compas in dese Indiaensche wildernisse ende steunsel van de memorie mochten dienen.'

Rumphius' antieke teksten en autoriteiten waren de standaardteksten voor ieder die zich bezighield met planten en geneeskunde. Zijn grote voorbeeld was Plinius de Oude (23/24-79 n.C.), geboren in Como, procurator en admiraal, en tevens een onvermoeibaar onderzoeker van de wereld der natuur. Hij schreef boeken over cavalerietactiek, grammatica en geschiedenis, terwijl hij volgens zijn zoon door zijn nieuwsgierigheid de dood vond toen hij erop stond de uitbarsting van de Vesuvius waar te nemen waardoor Pompeji bedolven werd. Zijn voornaamste overgebleven werk is de *Naturalis Historia*, postuum uitgegeven in 37 boeken. Plinius' werk, van kunstgeschiedenis tot geneeskrachtige planten, bleef eeuwenlang een standaardwerk. Een ander standaardwerk, over farmacologie, was de *Materia Medica* door een Griekse arts uit de eerste eeuw, Dioscurides. Ook dit behield zijn faam verscheidene eeuwen. De laatste van dit eerbiedwaardige drietal is de Griek Galenus (129-199 n.C.), lijfarts van drie Romeinse keizers en schrijver van een uitvoerige verhandeling over medische zaken. Galenus' autoriteit gold nog ver na de middeleeuwen. Rumphius citeerde vele andere antieke bronnen zolang deze enige informatie bevatten over planten en over het Oosten: één tekst bevat, behalve naar de drie genoemden, verwijzingen naar Arianus, Theophrastus, Strabo en Hippocrates.

Tot de bronnen die dichter bij zijn eigen tijd lagen behoren Linschoten, Scaliger, Piso, Bauhinus en zelfs zijn tijdgenoot de Nederlandse arts Olfert Dapper, die een boek over Afrika publiceerde zonder er ooit geweest te zijn. Maar van het hoogste belang voor Rumphius en voor de ontwikkeling van de tropische planten geneeskunde was het Iberische drietal Oviedo, Orta en Acosta, terwijl tijdens zijn eigen leven Bontius en Van Rheede tot Drakesteyn zijn collega's waren.[54] Al deze mannen waren fascinerende persoonlijkheden op zich, maar een korte bespreking is ook belangrijk om enig zicht te krijgen op Rumphius' plaats in zijn eigen tijd en binnen wat nog een betrekkelijk nieuw onderzoeksgebied was dat echter tot ver in de twintigste eeuw van doorslaggevend belang zou worden voor de natuurwetenschap in de tropen.

Gonzalo Fernández de Oviedo (1478-1557) was een Spaans schrijver, militair en ambtenaar. Zijn leven vertoont enige overeenkomst met dat van Rumphius. Oviedo was zowel een man van actie als een geleerde; hij vocht op Sicilië en in Italië en nam deel aan veldtochten tegen de indianen in de Nieuwe Wereld. Hij verloor zijn eerste en tweede vrouw evenals een heel jong zoontje. Net als Rumphius was Oviedo een koloniaal beambte met veel verantwoordelijkheid, die de tijd vond om een grote hoeveelheid werken te schrijven die de eeuwen hebben getrotseerd. Bijna twintig jaar was Oviedo opzichter van de goudsmelterij in Terra Firme, een gebied langs de kust van Zuid-Amerika van Yucatán tot de andere kant van Venezuela. Het was deze persoonlijke ervaring met de tropen die hem het materiaal leverde voor zijn *Geschiedenis* van de Spaanse bezittingen aldaar, die keizer Karel v hem persoonlijk had opgedragen te schrijven. Van historisch belang is het feit dat Oviedo de familie van Columbus kende en die zeeman had ontmoet toen Oviedo zelf nog een jonge man was. Later was Bartolomé de las Casas, de beroemde voorvechter van de inheemse bevolking van de Amerikaanse wingewesten, zijn concurrent wat de aandacht van Karel v betrof. Mogelijk was het ook Oviedo die het nieuws aan zijn heer overbracht dat Juan de Grijalva Yucatán had ontdekt en geëxploreerd.

Oviedo's literaire werk bestaat, afgezien van een ridderroman, uit zijn korte *Natuurlijke Historie van West-Indië*, gepubliceerd in Toledo in 1526, en zijn langere *Algemene en Natuurlijke Historie van Indië*, dat tijdens zijn leven niet in zijn geheel werd gedrukt. Deel i werd gedrukt in Sevilla in 1535 en het tweede deel na zijn dood in Valladolid in 1557. Een complete kritische editie van zijn werk verscheen pas in de negentiende eeuw: *Historia general y natural de las Indias, islas y tierra-firme del Mar Océano*, gepubliceerd in Madrid tussen 1851 en 1855.

In het voorwoord van zijn korte en zeer populaire *De la natural historia de las Indias* (Toledo: Ramón de Petras, 1526) maakt Oviedo duidelijk dat zijn inspirator en geestelijke leidsman, net als voor Rumphius, Plinius was. Hij biedt in een levendige stijl een overzicht van de inheemse bevolkingen, vreemde dieren en exotische flora van de kust van Zuid-Amerika en het eiland Hispaniola (nu Haïti en de Dominicaanse Republiek). Van belang voor onderzoekers van Rumphius' werk zijn Oviedo's beschrijvingen van slangen, hagedissen (ook draken genoemd), krabben, de guaveboom, kokospalmen, zuurzakbomen, andere palmen, de manzenilleboom (die de Caribische indianen gebruikten voor hun giftige pijlen), barnsteen, goud en diverse vissen. Het werk werd in heel Europa bijzonder populair en men zegt dat het van invloed is geweest op het plan van Sir Walter Raleigh om een kolonie in de Nieuwe Wereld te stichten.[55]

Garcia da Orta is een ander verhaal. Orta was de zoon van Spaanse joden die samen met bijna honderdduizend joden naar Portugal vluchtten na het verdrijvingsedict (1492). Hij werd omstreeks 1500 in Portugal geboren en stierf in 1568 in Goa. Hij studeerde geneeskunde in Spanje en keerde na 1523 als gediplomeerd arts naar Portugal terug. Van 1530 tot 1531 was hij professor in de natuurfilosofie en van 1531 tot 1534 professor in de moraalfilosofie aan de universiteit van Lissabon. Vanwege een beroepsmatige belangstelling voor botanie en medicijnen, maar ook vanwege een zeer reële angst voor de Spaanse inquisitie, ging Orta in 1534 scheep naar Goa en hij bleef daar bijna dertig jaar, tot het einde van zijn leven.

In Goa was hij zo gelukkig de vriend en beschermeling van Alfonso de Sousa te worden, die roem verwierf als 'de admiraal van de Indische Oceaan'. Evenals Rumphius legde Orta een tuin aan voor de uiteenlopende planten en bomen die hem interesseerden, bouwde hij een bibliotheek op, was hij actief in zaken en beoefende hij de geneeskunde. Hij had de pech te trouwen met Brianda de Solis, de dochter van een rijke familie en een verre bloedverwante, van wie gierigheid de voornaamste hartstocht was. Bij de dood van haar man weigerde ze zelfs te zorgen voor het eenvoudigste en goedkoopste linnen voor een lijkkleed. In de laatste twintig jaar van zijn leven voelde Orta zich bedreigd door de vervolging van de joden in Goa. In 1569 werd zijn zuster Catarina da Orta op last van de inquisitie op de brandstapel verbrand. Orta zelf ontkwam dankzij zijn dood aan dit lot, maar in 1580 beval de katholieke overheid dat zijn stoffelijke resten moesten worden opgegraven en verbrand en dat de as in de rivier moest worden gegooid. Hetzelfde lot trof de eerste editie van zijn belangrijke boek, wat de grote zeldzaamheid van dit werk verklaart. Er is slechts een tiental exemplaren van de eerste druk bekend.

Het betreffende werk is: Garcia da Orta, *Coloquios dos Simples e Drogas e Cousas Medicinais da India*, gepubliceerd in Goa in 1563. Het was oorspronkelijk geschreven als een reeks dialogen tussen een zekere Ruano – die een academisch ingesteld arts moet voorstellen – en Orta, eveneens een arts maar iemand wiens theoretische kennis is genuanceerd door rechtstreekse en praktische waarnemingen. In het voorwoord wordt gezegd dat het boek eerst in het Latijn is geschreven maar vervolgens door Orta in het Portugees is vertaald ter wille van 'die eerlijke mensen die nieuwsgierig zijn naar de waarheid'. Het oorspronkelijke inleidende materiaal van het boek dient een ander belang. Na een brief aan zijn beschermheer admiraal Sousa, vindt men een sonnet waarin de 'auteur zijn boek toespreekt'. In Rumphius' inleidende materiaal van zijn *Amboinsche kruidboek* staat ook een gedicht in het Latijn met de titel 'Auctor Librum Adloquitur'.

Er is wel gezegd dat het Portugese sonnet was geschreven door Camões. Het lijdt geen twijfel dat de *Ode* (aan de onderkoning van Indië, de graaf van Redondo) die op het sonnet volgt, werd geschreven door Camões en hiermee het eerste dichterlijke product van Portugals nationale zanger in druk is, negen jaar voor *Os Lusíades.* Orta beschrijft in zijn boek allerlei geneesmiddelen, die voor Rumphius zeker van belang waren: opium, benzoë, kamfer (Orta beschrijft het soort van Borneo), bamboesuiker, kaneel, de pinangnoot, foelie (van Banda), peper, staartpeper (een pepersoort van Java), de kokosnoot, saffraan, gember, bezoarstenen, de bananenboom, de doerian en de indigoplant.

Men kan zeggen dat Orta de tropische geneeskunde introduceerde bij westerse geleerden. Hij was de pionier van betrouwbare beschrijvingen van tropische ziekten; zijn weergave van Aziatische cholera werd standaard. Hetzelfde kan gezegd worden van zijn zorgvuldig waargenomen beschrijvingen van de gevolgen van chronische dysenterie, de beet van de cobra en vergiftiging door slangenbeten in het algemeen.

De *Coloquios* was de vrucht van dertig jaar praktische ervaring in India. Orta's methode was vergelijkbaar met die van Rumphius in *Het Amboinsche kruidboek.* Voor elke plantensoort gaf Orta namen in de plaatselijke talen evenals in het Grieks en Arabisch; de grootte en vorm van de plant, bladeren, bloemen, vruchten; vervolgens welke delen bruikbaar waren; kweekmethoden en bereiding; en de exacte plaats waar de plant voorkwam. De parallellen met Rumphius' werk spreken voor zich.

Het werk van de Portugese geleerde werd vooral bekend door de uitgaven die waren voorbereid door Carolus Clusius. Dit is de gelatiniseerde vorm van Charles de l'Escluse (1526-1609), een Belgische geleerde die geboren werd in wat in de zestiende eeuw de zuidelijke provincies van de Nederlanden waren. Hij kreeg zijn opleiding aan de universiteiten van Gent, Leuven en Wittenberg en studeerde geneeskunde onder de beroemde Rondolet aan de universiteit van Montpellier. Hij werd mentor van de zoon van de rijke bankier Fugger. In 1564 reisde hij naar Spanje en Portugal en kwam in aanraking met Orta's werk. In 1571 vond Clusius in Engeland het werk over geneeskrachtige planten van de Nieuwe Wereld van Nicolas Monardes, een Spaanse arts uit Sevilla, dat (in Clusius' vertaling) de titel draagt *De simplicibus medicamentis ex occidentali India delatis, quorum in medicina usus est,* en tijdens een ander verblijf in Engeland verwierf hij een exemplaar van het werk van Cristobal Acosta getiteld *Tractado de las drogas, y medicinas de las Indias orientales.* Clusius werd hoofd van de keizerlijke tuinen in Wenen en later directeur van de hortus botanicus van de universiteit van Leiden.

Wat Clusius schijnt te hebben gedaan, is het verzamelen van werken over botanie zoals de drie zojuist genoemde Iberische werken (Orta, Monardes, Acosta), deze inkorten, de afgekorte versie in het Latijn vertalen, ze annoteren en corrigeren en vervolgens publiceren met zijn naam opvallend afgedrukt op de titelpagina. Dit was geen kwestie van plagiaat maar iets wat men tegenwoordig het ‘uitgeven’ van een bestaand werk noemt. Het probleem rijst – met name in het geval van Garcia da Orta – dat het oorspronkelijke werk soms werd vervangen door de latere versie, zodat men dikwijls verwijzingen naar Carolus Clusius’ werk aantreft terwijl het in werkelijkheid gaat om het werk van iemand anders. Rumphius schijnt zich van dit belangrijke onderscheid bewust te zijn geweest.

In 1567 publiceerde Clusius zijn Latijnse versie van Orta's werk onder de titel: *Aromatum, et Simplicium aliquot medicamentorum apud indos nascentium historia.* Dit was een sterk bekorte versie van Orta's oorspronkelijke werk. Hij voegde zijn eigen annotaties toe, evenals een aantal platen, en het werk werd gepubliceerd door de beroemde drukker Plantijn. Het boek had succes; het werd in 1574 en 1579 in hetzelfde formaat herdrukt. In 1593 verzamelde Clusius zijn ingekorte edities (in het Latijn) van Orta, Acosta en Monardes en publiceerde deze samen in één boek met doorlopende paginanummers. Het was Clusius' uitgave van Orta die in 1577 in het Engels, in 1576 in het Italiaans (met vijf latere edities) en in 1602 en 1619 in het Frans werd gepubliceerd.[56]

De laatste van deze Iberische botanici is Cristobal Acosta (1525?-1594?). Hij werd geboren op de Kaapverdische Eilanden, studeerde geneeskunde in Spanje en verbleef lange tijd in de tropen. Ook hij ging eerst als soldaat naar de tropen en bezocht India, Maleisië en misschien China. Hij ontmoette Orta in Goa. In 1568 keerde hij naar Goa terug, ditmaal als arts verbonden aan de onderkoning, woonde in Cochin en verzamelde een groot aantal plantensoorten uit heel India. Zijn botanisch onderzoek en zijn uitgebreide ervaring uit de eerste hand met oosterse geneesmiddelen kwamen terecht in zijn hoofdwerk: *Tractado de las drogas, y medicinas de las Indias Orientalis*, in 1578 gepubliceerd in Burgos. Het wordt als beter beschouwd dan Orta's werk en een van de pluspunten is een aantal nauwkeurige houtsneden die zijn gemaakt naar zijn eigen tekeningen. Carolus Clusius vertaalde het werk in het Latijn en zo werd het in 1582 in Antwerpen gepubliceerd, met volgende edities in 1593 en 1605.

In de zeventiende eeuw verbreedden de Nederlanders deze Portugese en Spaanse grondslagen aanzienlijk, waarbij Rumphius' werk de grootste bijdrage leverde. Een bescheiden maar belangrijke toevoeging werd gedaan door Jacobus Bontius (1591-1631), zo'n twintig jaar voordat Rumphius in Batavia arriveerde. Bontius, die evenals Rumphius veel tegenslagen ontmoette, was de zoon van een professor in Leiden. Toen hij twaalf jaar oud was werd hij als student toegelaten en hij behaalde zijn medische graad in 1614. In 1627 zeilde hij als medische autoriteit op de vloot van J.P. Coen naar Java. Hij overleefde de twee beroemde belegeringen van Batavia door de sultan van Mataram, Ageng, in 1628 en 1629, hoewel hij vier maanden aan malaria, dysenterie en beriberi leed. Zijn eerste vrouw stierf op de heenreis, zijn tweede vrouw stierf in Batavia aan cholera, maar zijn derde vrouw overleefde hem. Bontius wilde naar Holland terugkeren en tot professor in Leiden benoemd worden, maar hij zag Holland nooit terug en stierf in Batavia. Wat ons verbaast is dat Bontius erin slaagde in minder dan vier jaar tropenervaring, belast met de verantwoordelijkheden van medicus op wat nog praktisch een buitenpost was, naast zijn benoeming tot advocaat-fiscaal en tot baljuw, botanische gegevens te verzamelen en te beschrijven. Zijn boeken werden pas na zijn dood uitgegeven. Vier ervan werden in 1642 in Leiden gepubliceerd, het vierdelige *De Medicina Indorum Lib. iv*, waarvan boek I bestond uit aantekeningen bij het werk van Garcia da Orta. Dit vierdelige werk is hoogstwaarschijnlijk het werk dat Rumphius kende. Er bestaat geen andere belangrijke editie van. In een werk van Gulielmus Piso dat bestaat uit 24 delen en in 1650 is gedrukt door de befaamde gebroeders Elsevier, bevinden zich zes boeken die het werk van Bontius zijn: vier ervan zijn de hiervoor genoemde *De Medicina Indorum* en de twee andere zijn Bontius' onvoltooide *Historia Animalium* en *Historia Plantarum.* Men zegt dat Bontius' werk het eerste was dat zich bezighield met tropische ziekten in de equatoriale gebieden.[57] Het is verbazend om te zien dat Bontius zich ondanks een hoogst inspannend leven vermaakte met het schrijven van humoristische kwatrijnen, zowel in het Latijn als in het Nederlands.[58]

Opvallend veel beter verging het Rumphius' tijdgenoot de adellijke Hendrik Adriaan van Rheede tot Drakesteyn (1637-1691). Deze ging al op de jeugdige leeftijd van veertien jaar naar zee en een aantal jaren later trad hij in dienst van de VOC. Hij diende de Compagnie zowel in een politieke als een handelsfunctie aan de kust van Malabar (de westkust van het Indiase subcontinent), in Ceylon en in Cochin (een provincie van Malabar). Hij besteedde enorme sommen geld aan bouwwerken en forten evenals aan persoonlijke ondernemingen zoals de grote botanische tuin die hij aanlegde bij de gouverneurswoning in Cochin. Daar kweekte hij een aanzienlijk aantal tropische planten die later werden opgenomen in zijn *Hortus Indicus Malabaricus.* In 1684 benoemde de Compagnie hem op een post die vergelijkbaar is met die van inspecteur-generaal en gaf hem opdracht de corruptie en onwettige praktijken onder zijn eigen medewerkers uit te roeien. Misschien voerde hij zijn opdracht te goed uit door ambtenaren ongeacht hun rang te ontslaan of te degraderen. Al spoedig werd hij een gehaat persoon op Ceylon en in Hindoestan. Hij stierf aan boord van een schip toen hij van Ceylon naar Soerat voer. Er bestaan sterke vermoedens dat hij werd vergiftigd.

De volledige titel van Van Rheedes werk luidt *Hortus Indicus Malabaricus Continens Regni Malabarici apud Indos celeberrimi omnis generis Plantas rariores; Malabaricis, Arabicis et Bramanum Characteribus niminibusque expressas, Und cum Floribus, Fructibus et Seminibus, naturali magnitudine à peritissimis pictoribus delineatas, et ad vivum exhibitas. Addita insuper accurata earundum descriptione, qua colores, odores, sapores, facultates, et praecipuae in Medicina vires ezactissime demostrantur. Adornatus per Henricum van Rheede, van Draakenstein, Nuperrime Malabarici Regni Gubernatorem, nunc supremi Consessus apud Indos Belgas Senatorem Extraordinarium, et primum successorem loco ordinario destinatum, et Johannem Casearium, Ecclesiast. in Cochin. Notis adauxit, et commentariis illustravit Arnoldus Syen, Medicinae et Botanices in Academia Lugduno-Batava Professor.*

Amstelodami Sumptibus Joannis van Someren et Johannis van Dyck Anno mdclxxviii. Bij de voltooiing bleek het een groot werk te zijn in twaalf delen dat tussen 1678 en 1703 in Amsterdam werd gepubliceerd. De afsluiting vond plaats na de dood van Van Rheede.

De geschiedenis van het schrijven ervan is al even interessant als dit ooit beroemde werk zelf. Zoals in de volledige titel openlijk wordt toegegeven, 'stelde' Van Rheede de *Hortus* ongeveer 'samen' (*adornatus*) zoals vandaag de dag een redacteur dat zou doen. In zijn streven naar de voltooiing ervan was hij net zo onstuitbaar als hij was geweest in de vervolging van misdadige praktijken in de Compagnie. Hij was zich bewust van de leemten in zijn opleiding en zocht allerlei personen om hem te helpen. Eerst strikte hij een oude katholieke missionaris, daarna een arts en ten slotte een jonge protestantse predikant, Johannes Casearius, die Latijn kon schrijven. Uit de Malabaren koos Van Rheede vier tekenaars, die hij aanstelde om hem overal waar hij heen ging te vergezellen om exemplaren te verzamelen, die zij ter plekke moesten tekenen. Hij bedacht officiële redenen om lange tochten landinwaarts te maken en deed dat met een groot gevolg van Malabaren, die de oerwouden in werden gestuurd om planten te zoeken en deze mee te brengen naar het schip van Van Rheede. Daar werden zij door de jonge Nederlandse predikant in het Latijn beschreven en, terwijl ze nog fris waren, getekend door de inheemse kunstenaars. Hij liet ook inheemse hoofden exemplaren naar hem opsturen om te worden bekeken, gesorteerd en geclassificeerd door wat men een 'college' van ongeveer vijftien brahmanen kan noemen die Van Rheede had overgehaald om als zijn adviseurs op te treden. In zijn *Praefatio ad Benevolos Lectores* in het derde deel merkt Van Rheede met verbazing op dat deze academici hun meningsverschillen op een hoogst beschaafde en hoffelijke manier oplosten.[59]

Rumphius' botanische werk was niet zo snel verouderd als dat van zijn voorgangers. Hij bedankte hen in zijn voorwoord – zowel de Portugezen als 'geleerde mannen van de Nederlandse natie' – maar hij wilde ook zichzelf 'die eer aanmatigen' 'het ys gebroken' te hebben voor zover het de beschrijving van planten betrof die groeien in de 'Oosterse-gewesten' van wat hij zo toepasselijk de 'water-Indien' noemde, de Indonesische eilandenketen die Scaliger vergeleek met de 'oogleden van de wereld'. Uiteraard geeft hij toe dat sommige planten al door anderen waren beschreven, maar: 'ik betrouw, dat men 'er geen vyftig tellen zal in dit gehele Kruydboek, het welk over de 700 stuks vertoont.'[60]

Deze bewering is bijna twee eeuwen later gecontroleerd door de botanicus M. Greshoff, die schreef dat Rumphius' invloed nog altijd

> zóó groot en zóó onmiddellijk is, dat het soms schijnt alsof hij nog rondwandelt, leerende van de Indische planten en dieren, en opwekkend tot nader onderzoek der landen van de Oost-Indische Compagnie. Hij heeft in het 'Amboinsch Kruidboek' den grondslag gegeven voor het verzamelen der inlandsche plantennamen, en wel van de twee groepen, n.l. de in den geheelen archipel voor cultuurplanten en land-

bouwproducten gangbare algemeene namen (meestal Maleisch) en het veel grooter getal locale namen. Rumphius vermeldt deze laatste voornamelijk van de Molukken; namen van Java en Bali geeft hij in geringer getal, die van Sumatra en Borneo bijna niet. Het aantal Rumphiaansche plantennamen kan op 8000 geschat worden: er zijn daaronder in onbruik geraakte namen en zelfs van uitgeroeide volken (Banda), doch verreweg het grootste gedeelte is nog van beteekenis en behoeft slechts eene taalkundige revisie om voor het heden bruikbaar te zijn, te meer daar Rumphius van bijna alle door hem genoemde namen de controle mogelijk maakt door zijn beschrijvingen en afbeeldingen, welke gemakkelijk met de tegenwoordige systematiek in verband gebracht kunnen worden.[61]

De wetenschappelijke reputatie van *Het Amboinsche kruidboek* blijft onaangetast. Steeds opnieuw hebben hedendaagse geleerden Rumphius' werk gewogen en niet te licht bevonden. Deze stelling kan het gemakkelijkst bevestigd worden op grond van de artikelen door een reeks specialisten in de twee herdenkingsbanden die in 1902 en 1959 zijn gepubliceerd. Vele tropische planten, struiken en bomen zijn door hem benoemd of naar hem vernoemd. In één *Flora van Nederlandsch Indië* worden voor de Molukken zestien soorten naar Rumphius genoemd en negentien zijn door hem benoemd.[62] In het werk van de bekende Amerikaanse botanicus E.D. Merrill, die zijn leven op de Filippijnen doorbracht, ziet men dat sommige planten en bomen nog in de tweede decade van de twintigste eeuw qua nomenclatuur bekend waren onder Rumphius' naam, waaronder een tropische klimplant en diverse soorten palmen.[63] Het doet goed te zien dat in de lijst van Ambonese orchideeën van J.J. Smith (1905) drie exemplaren nog Rumphius' naam in herinnering houden terwijl de kleine orchidee die hij naar zijn vrouw noemde dat eerbewijs behield in de naam *Platanthera Susannae*.[64]

Zelfs een bevooroordeelde criticus als Crawfurd uit het midden van de negentiende eeuw erkent:

Rumphius was kennelijk een man met talenten, gezond verstand en een onvermoeibare ijver. Veel van zijn informatie verkreeg hij via de inheemse bewoners van het land, en zijn werk levert ruimschoots het bewijs dat hij hun taal kende. Hij was degene die de inheemse bewoners van Ambon de verbeterde methode om sago te maken leerde, die zij nog altijd volgen en waarom zij zich zijn naam nog altijd herinneren.[65]

Hoe vreemd het ook klinken mag, dit laatste is een feit.

Rumphius' werk is ouder dan dat van Linnaeus, wat voor wetenschappers misschien een beproeving is, maar voor bewonderaars van lyrische vondsten een zegen. 'Desondanks zijn er,' volgens De Wit, 'meer dan 350 volgens de binaire nomenclatuur correcte namen die berusten op of worden getypeerd door *Het Amboinsche kruidboek*.' Het schijnt dat Rumphius 'de eerste botanicus in de geschiedenis was die de aanwezigheid van stuifmeel in orchideeën opmerkte (...)

en de eerste auteur die vruchten en zaden van orchideeën heeft beschreven'.[66] Rumphius had, en daarmee was hij zijn tijd ver vooruit, begrepen dat de eetbare vogelnestjes waren gemaakt met het speeksel van de kleine gierzwaluwen en niet van algen, zoals men in zijn tijd dacht. Hij schijnt ook de eerste te zijn geweest die vaststelde dat de schrik van de oude zeelieden, de Sargassozee, werd veroorzaakt door grote hoeveelheden algen die door oceaanstromingen werden opgestuwd.[67] Zijn beschrijvingen van koralen zijn nog altijd van meer dan antiquarisch belang, terwijl zijn beschrijvingen van schelpen tot de dag van vandaag door kenners worden bewonderd.

Deze beschrijvingen van schelpen vindt men in *D'Amboinsche rariteitenkamer*. Dit had na het *Kruidboek* moeten komen, maar werd het eerst gepubliceerd. Ondanks de wetenschappelijke aspiraties ervan schreef Rumphius het ongetwijfeld ook met het oog op de heersende mode om merkwaardige dingen uit de natuur te verzamelen, in het bijzonder zeeschelpen uit de tropen, die oogverblindend, exotisch en heel duur waren. Hij wist hoe populair ze bij de rijken waren. In 1682 verkocht hij een collectie schelpen van de Molukken en andere 'rariteiten' uit de natuur aan een van de Medici, Cosimo III, groothertog van Toscane. Rumphius' verlangen naar een lucratiever publiek, dat iedere schrijver die eerlijk genoeg is om het toe te geven met hem deelt, ging in vervulling, zij het postuum. *D'Amboinsche rariteitenkamer* werd in 1705 in het Nederlands gedrukt en dezelfde eeuw nog verscheidene malen herdrukt met Latijnse en Duitse vertalingen, en blijft waarschijnlijk zijn bekendste werk. Uit brieven – zoals die aan Camphuys – is duidelijk dat Rumphius eraan werkte terwijl hij nog bezig was het *Kruidboek* te voltooien. In zijn korte inleiding typeerde hij het als een werk waarin

> beschreeven worden de dingen, zoo van levende als levenloose Schepselen, die, of wegens hunne zeltzaame figuur, of om datze zelden gevonden worden, de Liefhebbers tot *rariteiten* plegen te bewaren, en is verdeelt in 3 Boeken.
>
> Het eerste Boek behelst die geene, die men weeke Schaalvissen, in 't Latyn *Pisches Crustaceos*, in 't Grieks *Malacostrea*, noemt, die wel eene harde, doch breekzaame Schaal hebben; gelyck daar zyn Kreeften, Krabben, Garneelen, Zeeappels en Zeesterren: waar van de twee laatste soorten ook *Zoophyta*, of *Plantanimalia* heeten.
>
> Daar op volgt, in 't tweede boek, het tweede Hooftgeslagt, 't geen men eigentlyk *Ostracoderma*, of *Sclerostrea*, dat is harde Schaalvissen noemt, en die een steen- of beenharde schaal hebben, waarmede zy het geheele lyf, behalven den mond, bedekken; als daar zyn Hoorntjes, Schulpen, en Oesters. Dit is de eigentlyke Kamer der liefhebbery, of vergadering van alle *rariteiten* in Hoortnjes [sic] en Schulpjes bestaande, die ik in de *Amboinsche Zee* heb konnen opzoeken, en waar door ons *Amboina* in geheel *Europa* bekent is.
>
> In het derde boek sult gy hebben verscheide *Mineralen*, raare Gesteenten, Aarden, en Sappen, die men in deze Oostersche gewesten vind.

Dit bleef Rumphius' beroemdste werk, vooral vanwege de beschrijvingen van exotische schelpen in boek 2. Enthousiaste schelpenkundigen hielden zijn naam in ere onder een tamelijk groot publiek, terwijl zijn veel belangrijker *Kruidboek* meer beperkt bleef tot het gebruik door specialisten. Om de faam van dit werk te illustreren kan gewezen worden op de Amerikaanse geleerde A.S. Bickmore, die in 1865 uitsluitend naar de 'East Indian Archipelago' zeilde met

> het doel mooie schelpen uit die zeeën te verzamelen. Ik had voor dat deel van de wereld gekozen omdat de eerste verzameling schelpen uit het Oosten die ooit is beschreven en voldoende nauwkeurig geïllustreerd om van enige wetenschappelijke waarde te zijn, is gemaakt door Rumphius, een arts [sic] die vele jaren op Ambon, de hoofdstad van deze eilanden, leefde. Zijn grote werk, de 'Rariteit Kamer', of Kamer van curiositeiten, werd gepubliceerd in 1705, meer dan zestig jaar voordat de twaalfde editie van de 'Systema Naturae' door Linnaeus, 'de vader van de natuurlijke historie', werd uitgegeven, die naar de afbeeldingen in dat werk verwees om een deel van zijn eigen geschriften te illustreren.

Het is duidelijk dat Bickmore met een exemplaar ervan in zijn bagage reisde. Toen Bickmore op Ambon aankwam en de meest algemene schelpen kocht, ging hij erop uit en 'liet de bewoners de afbeeldingen in Rumphius' *Rariteit Kamer* zien van die soorten die ik nog wilde bemachtigen, en bood hun tegelijk een extra prijs voor andere die niet in dat veelomvattende werk vertegenwoordigd waren'.[68]

In Rumphius' dagen moest ieder die als geleerde serieus genomen wilde worden in het Latijn schrijven, zoals vandaag mensen met soortgelijke aspiraties een gespecialiseerd jargon gebruiken. Het is duidelijk dat het met Rumphius niet anders was. Het *Kruidboek*, zo schreef hij in zijn voorwoord, 'was in 't eerst door my zelfs in 't Latyn beschreven, met byvoeging van de eygenen namen, die ze in verscheide talen van deze omliggende Eylanden voeren, (...) ook had ik van de meeste haar figuurtjes gemaakt, hoewel wat klein, na 't gering vermogen van de teyken-kunst, die by my was'. We weten dat hij zijn werk in 1654 was begonnen. We weten niet wanneer hij begon te schrijven, maar we mogen veilig aannemen dat hij tot 1670, het jaar waarin hij blind werd, Latijn gebruikte. Dat was niet Shakespeares 'eenvoudige Latijn', want Rumphius was een volleerd latinist.[69]

Het was door zijn blindheid dat hij werd gedwongen in zijn aangenomen taal te schrijven, een noodzaak omdat het praktisch onmogelijk moet zijn geweest in Indië iemand te vinden die vloeiend Latijn kende en het van dictaat kon opschrijven. Zo bleek noodzaak opnieuw de moeder van de vindingrijkheid te zijn, want Latijn leent zich niet gemakkelijk voor een gesproken, schilderachtige of prikkelende stijl. Het Latijn van het *Kruidboek* wekt over het algemeen de indruk van abstractie, een saaie netheid die het op geen enkele manier haalt bij de verve en de levendige verbeelding van de Nederlandse tekst. Steeds opnieuw laat een vergelijkend onderzoek duidelijk zien hoe de pittige Nederlandse stijl in de Latijnse versie, waarvoor de academische redacteur Johannes Burman, professor in de botanie in Amsterdam verantwoordelijk was, wordt afgevlakt en gegeneraliseerd.[70] Men komt expressieve uitdrukkingen tegen die niet in het Latijn zijn vertaald, een gedicht zoals Rumphius' ontroerende herinnering aan de aardbeving blijft in het oorspronkelijke Nederlands, terwijl de hele *D'Amboinsche rariteitenkamer* in het Nederlands was geschreven. Dit droeg ook bij aan Rumphius' uitgesproken bedoeling zijn werk nuttig te maken voor 'de gemene man, en inzonderheid, die hier in Indien leeft, aangaande de genees-kunst eenigen dienst daar uyt konde scheppen'. Zonder de kracht en levendigheid van de Nederlandse taal zou zijn werk, als literair fenomeen, voor de volgende generaties verloren zijn gegaan.

Rumphius' beschrijvingen van de natuur zijn niet alleen wetenschappelijk onderricht, ze zijn ook een esthetische belevenis. Het eenvoudigste voorbeeld is Rumphius' keuze voor de kokospalm als het eerste item dat hij in zijn *Kruidboek* beschrijft: 'Aangesien de *Palma Indica* of *Cocosboom* gemeenlyk ten eersten in 't gesigt komt den geenen, die uyt Zee de Indische Eylanden naderen, met zyn kruyn boven de andere uytsteekende, zoo mag hy met reden tot den Kapiteyn van dit *Ambons Kruidboek* gesteld worden.' Deze keuze wijst op een aanpak die niet objectief of wetenschappelijk, maar esthetisch is.

Idealiter moeten welsprekendheid en geleerdheid gelijk opgaan, maar de wens feit en vormgeving van elkaar te onderscheiden is een vroeg verschijnsel in de westerse beschaving. Een onbedoeld voorbeeld is wellicht Garcia da Orta. Zoals we zagen, had hij zijn verhandeling over planten en geneesmiddelen eerst in het Latijn geschreven maar vertaalde deze daarna in de volkstaal, in zijn geval het Portugees, om net als Rumphius een groter publiek te bereiken.[71] Het boek werd gegoten in de vorm van een dialoog tussen Orta en een fictieve figuur genaamd Ruano; een vraag-en-antwoordspel waarin kennis wordt voorgesteld als een dynamische, bezielde ontwikkeling, communicatie, geen recept. Bakhtin zou dit 'dialogisch' hebben genoemd, en omdat Orta's boek de indruk geeft van onsamenhangendheid, toevalligheid, van het sociale zo men wil, verleent zijn gebruik van de dialoog zijn tekst een artistiek voorkomen. Clusius, die het werk inkortte, kon de levendigheid waarmee Orta zijn tweegesprek had bezield niet gebruiken. Hij ontdeed de tekst van alles wat er idiosyncratisch of niet direct nuttig aan was, alles wat irrelevant was voor een directe overdracht van informatie, en daarmee reduceerde hij de bescheiden vrijheid en variatie van Orta's tekst tot een eenzijdige visie, tot een monotone opsomming van gegevens.[72]

Dit was precies de loop die de wetenschap de volgende drie eeuwen zou nemen, maar voor sommigen, zoals de Poolse wetenschapper en filosoof Minkowski, moest de wereld die was onderzocht en geregistreerd, levend blijven.[73] Eén manier om dat over te brengen is de poëtica van het proza en dat is nu net wat Rumphius' teksten zo krachtig maakt: natuurbeschrijvingen die dezelfde kwaliteit bezitten als de cognitieve poëzie van de zeereizigers. Dat wil niet zeggen dat Rumphius Orta's lot bespaard bleef; dat was niet het geval, zoals bewezen kan worden uit de taxonomische sleutels tot zijn werk door Henschel (1833), Hasskarl (1866), Smith (1905), Merrill (1917), Heyne (1927), Blume (1935) en De Wit (1959). Maar er waren er genoeg, zoals Goebel, Sirks of De Wit, die dat wat Goebel Rumphius' 'persoonlijkheid' noemde – die individuele kenmerken die worden overgedragen door de esthetische aspecten van een literaire stijl – nooit zouden opofferen. Degene die dit het beste begreep was Maria Dermoût (zie hoofdstuk 15), die in haar romans en verhalen blijk gaf van veel begrip voor Rumphius, zowel voor de mens als voor zijn werk.

Actieve werkwoorden maken Rumphius' beschrijvingen levendig, terwijl deze in Linnaeus' naamgeving schaars zijn. Het wetenschappelijk betoog heeft een voorkeur voor passieve constructies en zelfstandig-naamwoordgroepen. Rumphius wekt met zijn werk de indruk dat hij de lezer rechtstreeks aanspreekt, alsof hij een gevoel van jovialiteit uitstraalt, een suggestie van spanning. Cognitie is interactie. Daarom heeft Rumphius' proza een orale toon, alsof hij uitgaat van de aanwezigheid van een andere persoon. Deze veronachtzaming van de objectiviteit is te danken aan het feit dat Rumphius een innige verbondenheid met de natuur verraadt. Zonder zich daarvan bewust te zijn getuigt Rumphius, met de veelzeggende uitdrukking van Erich Fromm, van biofilie.[74] Dit verklaart de buitengewone gevoeligheid, de geduldige aandacht voor het detail, de tederheid van de benadering en een toon die nooit in sentimentaliteit vervalt, om niet te spreken van de gelijkmatige belangstelling voor wat de wereld van de natuur te bieden heeft. Neem enkele voorbeelden; de eerste drie zijn uit de eerste tekst van het *Kruidboek* over de kokospalm.

Rumphius was geboeid door wat hij 'Mesticas' noemde, vergroeiingen bij planten en dieren ter grootte van een kiezelsteen. Noem het botanische tumoren. Hij noemde die welke hij vond in kokosnoten 'Calappites' en beschreef er een als volgt:

> De eerste is langwerpig, als een stomp kegeltje, of hagedissen ey, inde grootte van een klein vogels hert, zomtyts ook als een duiven hert. Aan 't agterste, en breetste eind' is hy vuil-geel, en heeft een kroontje, als een uitgevallen tant, waar mede hy aan den tampoerong vast gezeten heeft: op het voorste en smalste eind, ziet men een blinkend plekje, als men hem tegens den dag houd, gelyk een stralend Zonnetje, en zoo zy dit niet en hebben, wordenze voor dood, of bastard gehouden.

De Maleiers hechtten veel waarde aan zulke Mesticas, prezen ze als de mooiste edelstenen en droegen ze bij zich als amulet. Dat deden ze zelfs in gevechten, wat Rumphius belachelijk vindt want 'deze steenen zyn vrugten van een boom met oorlogs zaaken geen gemeenschap hebbende: gelyk in andere zaaken die door de natuur groejen, geen gemeenschap is tussen planten *Joviales* en *Martiales* genaamt'. Het laatste citaat is interessant vanwege de irenische toon terwijl het eerste sterk lijkt op de feitelijke poëzie van de zeevaarder, inclusief de vergelijkingen met alledaagse gegevens.

In de volgende passage wordt kokosmelk beschreven. Deze beschrijving is exact en informatief, maar de woordkeus en stijl is zintuiglijk en levendig en spreekt van een aanzwellend gevoel dat men normaliter zou verwachten bij beschrijvingen van tropische plantengroei in het algemeen maar niet bij informatie over zo'n gewone vrucht als de kokosnoot.

> Binnen deze schaal is een edel Zap, als klaar water, zeer zoet, koel en aangenaam van smaak, als of 'er weynig Zuyker onder vers water gemengt was, en daar van zoo vol, dat de Noot gespannen staat, en het met geweld daar uytspringt, geluck uyt een spuyte, als men de jonge Noot opend, en zoo veel, dat twee Persoonen een dronk daar van hebben konnen: en dat te verwonderen is, als men de geopende beschouwt, zoo schynt ze nog evenwel vol te zyn, een teyken, dat ze te vooren gespannen was, en nu wat geslonken is. Dit is te verstaan van de volwassene Nooten, daar aan de Schaal egter nog week en krakebenig is, hebbende van binnen effen een weynig merg gezet, wanneer het water op 't smakelykst en bequaamst is om te drinken; want men vind 'er vierderley smaak aan, na haar verscheiden ouderdom; in de geheel jonge is het wel zoet, dog wat brak; in de volwassene, dog nog jonge, die men eygentlyk *Calappa Muda* of *Moeda* noemt, is het van de voornoemde en best smaak; in de oude daar de Schaal al been-hard is, is het wat rinsch of zuuragtig; in de geheel oude wederom laf-zoet, en daar by goor, niet meer bekwaam om te drinken.

Rumphius beschrijft een volkomen onopvallend en nutteloos klein kruid en neemt het desondanks op zodat het zal worden 'alzoo tot memorie genoemt [herinnerd], om dat het by de Inlanders onbekent is, en ik het wegens zyne mooje gedaant niet hebbe willen voor by gaan'. Hij was verrukt over een soort kleine kwallen die hij 'besaantjes' noemde. 'Het lyf is van koleur doorschynend, als of 'er een krystallyne vlesch met dat groen blauwe *Aqua Fort*, 't welk men *Aqua Regis* noemt, gevuld was. De zeiltjes zyn wit als krystal en het bovenste zoomtje heeft wat purper of violet, schoon om aan te zien, als of het geheele Dier een kostelyk juweel was.' Een klein plantje introduceert hij als volgt: 'Het geene alhier beschryven, is een laag kruidje, een meesterstuk der natuur, en materie, tot onderzoek verschaffende voor de subtiele geesten om te raden, waar in zyn wonderlyke eigenschap gelegen zy.' Het is een soort tropisch kruidje-roer-mij-niet, maar zoals Rumphius opmerkt: het is een 'wonder dat dit kruidje zo zeer schuwd het aanraaken, en nogtans altyd by de wegen wast, en in de tuinen by menschen, slagtende [gelijk] de Meisjes, die niet willen aangeraakt, nogtans gaarn gezien zyn'.

Men kan dergelijke passages met honderden vermenigvuldigen; heel Rumphius' werk kenmerkt zich door wat Peter Sloterdijk zou noemen: 'de warme golfstroom van een vrolijke verstandelijkheid en een wellustige wereldnabijheid.'[75] Het is gul, lyrisch, nauwkeurig, irenisch en zintuiglijk. Aan alle vier de zintuigen wordt gedacht en zij worden gebruikt met plezier en met zorg. Misschien onderscheidt dit werk zich wel doordat de tastzin vaker wordt gebruikt terwijl de subtiele weergave van kleur je perplex doet staan. In aanmerking genomen dat hij blind was en vooral heel veel vanuit zijn herinnering schreef, moet Rumphius' geest een zo verfijnd kleurenspectrum hebben opgeslagen dat schilders er jaloers op zouden zijn geweest. Dit is een poëzie van feiten, en als men Rumphius geen dichter zou noemen (hoewel Minkowski dat zeker zou doen), nam hij ongetwijfeld waar met het 'bewustzijn' van Wallace Stevens. Dit is de reden waarom we Rumphius' werk, zelfs al zou zijn zuiver wetenschappelijke belang verdwijnen, nog altijd met genoegen, zo niet met profijt, kunnen lezen. In hem was nog aanwezig wat John Fowles in zijn leesbare essay over 'de natuur zien als een geheel' beschreef als de 'groene mens'; in die lange nacht van meer dan dertig jaar kon Rumphius vluchten naar een 'groen woud in zijn geest' dat ongetwijfeld hel verlicht was.[76]

Het 'bewustzijn' van Wallace Stevens zoals Rumphius en andere Nederlandse natuuronderzoekers van de zeventiende eeuw dat gebruikten, lijkt op wat Sloterdijk 'fysiognomisch denken' noemde.[77] Zij die zo denken hebben een 'gaaf waarnemingsvermogen' bewaard en hebben een 'nabijheid tot de omgeving', een 'intimiteit', een 'levendige kennis der dingen' weten te bewaren. Zoals Nederlandse onderzoekers drie eeuwen geleden fysiognomisch wisten, 'heeft alles vorm en spreekt elke vorm ons op vele manieren aan'.[78] Rumphius bijvoorbeeld betaalde nooit de prijs voor objectiviteit, die bestaat in het verlies van nabijheid. Hij was ongetwijfeld goed op de hoogte van de wereld van planten en schelpdieren, maar hij wilde die niet domineren. Zijn werk bezit een 'zintuiglijke waarachtigheid'[79] die, evenals bij Swammerdam, Huygens en Leeuwenhoek, berustte op wat men een zeker sensualisme kan noemen. In plaats van mee te gaan in een objectivering van de natuur en haar voorwerpen, voelen de beoefenaars van een dergelijke zintuiglijkheid dat het, in de woorden van Sloterdijk, 'de dingen zijn die hen verwikkelen in het avontuur van de ervaring. Zij gaan naar de dingen toe, geven zich over aan hun indrukken en voelen zich, als ware onderzoekers, onder hun betovering'.[80]

Zo'n avonturier was Rumphius, die het verblindende zand van Ambons stranden en de onbetreden paden van het binnenland afzocht naar natuur, van de statigste palm tot de stinkendste zwam. Hij was geestelijk verwant met Jan Swammerdam (1637-1680) in Nederland, die volgens Boerhaave onderzoek deed in

> lucht, water, aarde, land, veld, wyde, akkers, woesteny, duyn, rivierkant, strand, rivier, stilstaand water, meeren, zee, put, kruyd, puynhoop, holen, bewoonde plaatsen, jaa selvs geheyme vertrekken: opdat hy de eyerkens, wurmkens, popkens, capellekens, sogte; haar nesten, voedsel, levenswyse, siektens, veranderingen, en versamelingen, mogt leeren.[81]

Verder was er Leeuwenhoek (1632-1723), die zijn gewapend oog richtte op bloemen en grassen evenals op zijn eigen uitscheidingsproducten.

Sloterdijk had het gevoel dat zulke geestelijke sensualisten zich overgaven aan het 'avontuur van de ervaring'. Dit is zeer toepasselijk voor de zeventiende-eeuwse Nederlanders omdat is aangetoond dat wat wij een 'wetenschappelijk experiment' noemen in die tijd werd beschouwd als 'ervaring' en niet als een proefneming.[82] Een experiment betekende geen aantasting van de natuur maar hield in dat men haar met rust liet. Alpers heeft gezegd dat voor de zeventiende-eeuwse Nederlandse kunst en cultuur het oog de gids van het verstand was. Wat zij zagen werd door hen niet geïnterpreteerd maar eenvoudigweg weergegeven. Met 'eenvoudigweg' bedoel ik niet 'ondeskundig', want, zoals Sloterdijk benadrukt, 'de ogen (zijn) het organische prototype van de filosofie'.[83] De denker is een ziener.[84] Voor de zeventiende-eeuwse Nederlanders was zien geen automatisme, omdat observatie een ambacht was.[85]

Dit is zowel literatuur als wetenschap. Rumphius, Swammerdam en Leeuwenhoek verrukken ons met een verwoording van het zien. Zien is kennen en daarom zijn deze beschrijvingen een beschouwing. De planten in Rumphius' *Kruidboek* zijn replica's van de wereld waarin zij leven, geen bewijs van een natuurlijke orde. De beschrijvingen hebben ze niet van hun habitat verwijderd, en we kunnen ook niet zeggen dat ze reëel zijn, maar ze zijn op zijn minst een substituut van de wereld waar zij werden waargenomen. Als er sprake is van ware liefde voor schoonheid wenst men haar niet te veranderen: het object heeft voorrang. Daarom is Rumphius' nomenclatuur esthetisch; een naam is een metonymie van het natuurlijke bestaan van de plant in zijn gewone omgeving. Deze naamgeving is fysiognomisch. In de wegbermen en zijpaden van Rumphius wordt men voorgesteld aan het 'droevige Kruid', het 'ootmoedige Kruid', de 'blaauwe Clitorisbloem', de 'Godlooze Bloem', de 'Peerdevoetjes', de 'Schryf vaare', de 'witte wonderboom', het 'ABC Kruid', het 'Amboinsche Muize-oor', de 'Duivels Campernoelje', het 'Overspels-kruid', het 'Gevoelige-Kruid', of de 'Susanne-Bloem'. In de zee vindt men het 'haair der Nymphen', het 'Zee-netje' en 'Zee-boompjes', waarvan er een de mooie naam 'Erica marina' of 'Zee-Heide' draagt. Er is een 'puiste der bomen', een 'Gift-Boom' of een 'Naakte-Boom', die heel goed afgezet kan zijn met 'Boschtouwen'. Kwallen worden 'Besaantjes' genoemd, een krab word 'Bloem-krabbe' gedoopt, 'om dat zy onder alle [krabben] het schoonste schild heeft, als of het met bloemen bezaait was'. Schelpen staan bekend als 'Stompe Spil', 'Baertmannetjes', 'Babylonische Toren', 'Spookjes', 'Grauwe Munniken', 'Oude Wyven', 'Muzykhoorens' of krijgen de naam 'Bisschopsmijter' of 'Pauskroon', omdat deze bedekt is met rode bolletjes in een aantal rijen 'als of het kostelyke steenen waren aan eenen Paus-kroon'. De lijst is eindeloos. Dit was zowel een artistieke als een onderzoekende geest die opvallende overeenkomsten herkende en wist hoe hij ze moest verwoorden. Een dergelijke naamgeving is erop gericht de bijzonderheid te bewaren van elke bewoner van het democratische rijk der natuur, hetzij hoog hetzij laag.

De zeventiende eeuw was geen sentimentele tijd. Rumphius meende bijvoorbeeld, zoals hij schreef in het voorwoord van het *Kruidboek*, dat zijn levenswerk in het teken stond van Prediker 1:13: 'En ik begaf mijn hart om met wijsheid te onderzoeken en na te speuren al wat er geschiedt onder den hemel. Deze moeilijke bezigheid heeft God den kinderen der menschen gegeven om zich daarin te bekommeren.' Lijden heeft geen behoefte aan geschiedschrijving; lijden is een feit. Toch getuigt het geschreven materiaal uit die tijd van een benijdenswaardige gelijktijdigheid van gedachte en uitdrukkingswijze die voor haar bestaan geen theoretische zegen nodig had. Het samengaan van gedachte en geschreven actie, dat we zagen in de scheepsjournaals en Rumphius' geschriften over de natuur, verdween in de volgende anderhalve eeuw. Toch kan men ook zeggen dat de fysiognomie van zowel de stijl als de geest die ertoe inspireerde, in de tweede helft van de negentiende eeuw en de eerste helft van de twintigste eeuw nieuw leven werd ingeblazen door literaire kunstenaars, hoewel ze nooit meer zo zuiver kon zijn. Om het zo kort mogelijk te zeggen: Rumphius is veel sterker aanwezig in Dermoût dan in Junghuhn. Je zou het omgekeerde verwachten. Tenslotte was Junghuhn een botanicus en een natuuronderzoeker met buitengewone gaven (zie onder, hoofdstuk 7). Zijn enthousiasme voor de tropische natuur was misschien nog wel groter dan dat van Rumphius, afgezien van het feit dat de hartstocht voor de natuur twee eeuwen later een door twijfel aangetaste en door een zoeken naar legitimiteit onderdrukte hartstocht was. Rumphius werd daar nog niet door geplaagd. Bij Junghuhn stonden de wetenschapper en de dichter tegenover elkaar; dat was bij Rumphius nooit het geval. De wetenschapper verouderde, maar de 'dichter' – dat conglomeraat van specifieke gevoelens dat de botanicus Goebel Rumphius' 'persoonlijkheid'[86] noemde en dat ik heb vergeleken met het feestelijke 'bewustzijn' van Wallace Stevens – was een inspiratiebron voor de fictie van de koloniale schrijfster Maria Dermoût. Ook een aantal andere twintigste-eeuwers werden er hierdoor aan herinnerd dat er nog altijd een methode bestaat om de irrationele behoeften van ons gevoel te bevredigen.[87]

III

DE ACHTTIENDE EEUW

6

F. VALENTIJN (1666-1727): MEESTER IN HET ANEKDOTISCH PROZA

Aan het begin van de achttiende eeuw was de Nederlandse republiek, dat wil zeggen de VOC, de grootste macht in Zuidoost-Azië. Behalve in Indonesië waren de Nederlanders sterk vertegenwoordigd in India, Ceylon, Formosa, Mauritius, Malakka, Perzië, Noord-Amerika, Guyana en de Antillen in West-Indië, Brazilië, Zuid-Afrika en Guinea aan de westkust van Afrika. Nog geen honderd jaar later was de VOC bankroet.

De achteruitgang was te wijten aan de reeds genoemde oorzaken: hebzucht, vriendjespolitiek, wanbeheer, naast radicale politieke veranderingen in Europa.[1] Hoge ambtenaren verrijkten zichzelf door middel van illegale privé-handel, smeergeld, dubbel boekhouden en verduistering.[2] De bewindhebbers van de Compagnie verzamelden niet alleen enorme privé-fortuinen, maar gingen zich ook openlijk te buiten aan nepotisme op grote schaal. De beruchtste gouverneurs-generaal in de achttiende eeuw waren Durven, Van der Parra, Jeremias van Riemsdijk, Alting en Siberg. Van Riemsdijk importeerde bijvoorbeeld een kristallen koets met een stel Arabische paarden en benoemde zijn zoon op negenjarige leeftijd tot betaald 'assistent' en toen hij zestien was tot 'administrateur'. Van der Parra, een ijdele man en een trouw kerkganger, benoemde vooral familieleden en vrienden op lucratieve posities en verkocht andere aantrekkelijke banen voor een jaarlijkse 'compensatie'. De namen van de families Alting en Siberg werden synoniem met nepotisme.

De bewindhebbers in Amsterdam waren zich van de fraude en corruptie goed bewust,[3] maar gouverneurs als Van Riebeeck, Zwaardecroon, Van Imhoff of De Klerk, die reorganisatiepogingen ondernamen, leefden niet lang genoeg, waren door eerdere betrekkingen gecompromitteerd of werden tegengewerkt. Het kon zelfs voorkomen dat verbeteringen zelfs wettelijk werden vastgelegd maar in de praktijk onmogelijk uitvoerbaar bleken. Men gebruikte bijvoorbeeld de oude truc van bezuiniging op kleine uitgaven terwijl de algehele structuur van misbruik en fraude intact bleef.[4]

Terwijl de privé-fortuinen groeiden, ging de Compagnie steeds sneller achteruit. De VOC bleef dividend op haar aandelen uitkeren, hoe de zaken er ook voor stonden. Halverwege de eeuw waren de schulden alarmerend hoog en waren de liquide middelen uitgeput.[5] Tijdens de Vierde Engelse Oorlog (1780-1784) stopte de geldstroom helemaal.[6] In 1781 vroeg de VOC voor het eerst om financiële steun bij de Nederlandse regering;[7] een paar jaar later bedroeg de schuld van de Compagnie 140 miljoen,[8] en op de laatste dag van 1799 hield zij officieel op te bestaan.

In tegenstelling tot de zeventiende eeuw onderscheidt de achttiende eeuw zich niet door wetenschappelijke of literaire prestaties.[9] Zoals altijd zijn er uitzonderingen, maar geen enkele was groot genoeg om gedenkwaardig te zijn. Zo was er in 1745 de poging van Van Imhoff om de eerste koloniale krant, *Bataviase Nouvellen*, op te richten, die in hetzelfde jaar ter ziele ging, of de stichting van het Bataviaas Genootschap van Kunsten en Wetenschappen door Reinier de Klerk, die pas de volgende eeuw tot bloei kwam. Men kan ook denken aan *Agon*, de tragedie in vijf bedrijven van Onno Zwier van Haren, waarin de ondergang van de sultan van Bantam wordt gedramatiseerd, maar het stuk werd in 1769 in Leeuwarden uitgegeven en kan, evenals Drydens drama *Amboyna*, slechts als curiosum van de koloniale literatuur worden beschouwd.[10] Dan zijn er de novellen *Sophronisba* (1799) en *Kraspoekol* (1780) van Willem van Hogendorp, beide gepubliceerd in Batavia en geschreven door een man die naar Indië was gegaan om zijn fortuin weer op te bouwen.[11] Beide teksten zijn echter stichtelijke traktaten in de vorm van fictie, het eerste over inenting, het tweede over slavernij. In moreel opzicht kunnen dergelijke teksten ermee door, maar in literair opzicht niet. Tenslotte moet elke tekst met literaire aspiraties de lezers ofwel esthetisch ofwel emotioneel raken, bij voorkeur beide tegelijkertijd. De meeste achttiende-eeuwse teksten voldoen niet aan dit criterium, behalve die van François Valentijn.

François Valentijns *Oud en Nieuw Oost-Indiën* verscheen tussen 1724 en 1726 in acht delen. Het leven van de schrijver van dit 'continent of a work'[12] is informatief, zo niet controversieel.

Valentijn werd geboren in de lente van 1666 in Dordrecht, een middelgrote stad die er aanspraak op maakt de oudste stedelijke nederzetting van Holland te zijn.[13] 'Dordt' is bekend als de geboorteplaats van Cornelis en Johan de Witt, twee grote staatslieden uit de tweede helft van de zeventiende eeuw, en de schilders Albert Cuyp en Nicolaes Maes, en als de plaats van het beroemde godsdienstige congres in 1618-1619, de Dordtse Synode, waar een overheersend godsdienstig debat werd beslist ten gunste van het orthodoxe calvinisme op een wijze die allesbehalve christelijk was. Een vergelijkbare beschuldiging van hypocrisie als de synode trof, is tegen Valentijn ingebracht.

Valentijns moeder was de dochter van een protestantse predikant en zijn vader was conrector van de Latijnse school van Dordrecht, waar Valentijn zijn eerste onderwijs kreeg. Tegen deze achtergrond is het niet verrassend dat Valentijn ook predikant werd. Nadat hij aan de universiteiten van Leiden en Utrecht theologie en filosofie had gestudeerd, legde Valentijn zijn laatste examens af toen hij net achttien jaar oud was en hij verliet Holland op negentienjarige leeftijd om predikant in Indië te worden. Het lijdt weinig twijfel dat hij net als vele anderen naar de tropen ging om zijn positie in het leven te verbeteren.[14] Omdat hij persoonlijk niet veel bezat, gebruikte hij zijn intellectuele gaven om vooruit te komen. Zoals hij zelf toegeeft, slaagde hij daarin door middel van een soberheid en slimheid die niet met sentiment gepaard ging. Op negentienjarige leeftijd werd hij al beschouwd als 'bedaagd van wezen' (*Uit*, 41).

Valentijns beroep was geen garantie voor de rijkdom die hij zocht. Toen hij op Ambon woonde ontving hij maar honderd gulden per maand (*Uit*, 71). Tijdens zijn eerste verblijf in de tropen, van december 1685 tot december 1694, probeerde hij zich bewust te verrijken door zijn huwelijk met Cornelia Snaats, de weduwe van zijn 'vriend en beschermer' Henrik Leydekker. Binnen twee jaar was hij terug in Holland met zijn vrouw, dochter en vier stiefkinderen. Zijn tweede verblijf in Indië begon pas in januari 1706 en duurde tot augustus 1714. Hij keerde na de onderbreking van tien jaar pas naar Indië terug na sterke aandrang van verscheidene hoge heren (*Priangan*, i. 271), en niet vanwege geldgebrek.

Na een moeilijke reis was Valentijn dus in januari 1706 op Java terug. Uitgeput door de inspanningen van de reis, verzocht hij het koloniale gouvernement een jaar op Java te mogen blijven. Zijn definitieve bestemming was opnieuw het eiland Ambon, maar ditmaal werd hem beloofd dat hij geen 'zeevisiten' aan naburige eilanden zou hoeven maken. In juni van datzelfde jaar gaf het gouvernement hem echter opdracht als legerpredikant op te treden tijdens een militaire campagne in Oost-Java. Valentijn protesteerde heftig, maar omdat de kerkelijke overheden ondergeschikt waren aan de wereldse macht van de VOC, moest hij gehoorzamen. Nadat hij vijf jaar op Ambon had gewerkt, werd hij gedwongen in mei 1712 naar de koloniale hoofdstad Batavia terug te keren om zich te verdedigen tegen beschuldigingen op kerkelijk gebied en betreffende zijn Maleise vertaling van de bijbel. Hij beroemde zich er altijd op dat hij veel vrienden op hoge posities had, maar er zijn aanwijzingen dat hij ook nogal wat vijanden had. In die tijd was zijn machtigste tegenstander de zittende gouverneur-generaal, Van Riebeeck,[15] die aan de kant van de kerkleiders en tegenover Valentijn stond. Hoewel de beschuldigingen werden ingetrokken, had Valentijn zich noch bij de wereldse noch bij de kerkelijke bestuurders geliefd gemaakt. Omdat zij wist dat Valentijn een pathologische angst voor de zee had, beval de koloniale overheid hem een positie te aanvaarden op Ternate, een afgelegen eiland ver ten noorden van Ambon en ten oosten van Celebes. Valentijn weigerde en werd ontslagen en kreeg geen gelegenheid naar Holland terug te keren vóór de dood van Van Riebeeck in november 1713. Na een opnieuw slopende reis kwamen Valentijn en zijn gezin uiteindelijk op 1 augustus 1714 in het vaderland terug.

Hij vestigde zich weer in Dordrecht en besteedde de overige dertien jaar van zijn leven aan het schrijven van *Oud en Nieuw Oost-Indiën*, en het musiceren. Daarnaast deed hij mee aan de Europese rage van die tijd: het verzamelen en tentoonstellen van exotische curiosa zoals schelpen, weekdieren en koralen. Hij trof het bijzonder dat hij tijd had om te schrijven; Rumphius bijvoorbeeld moest in zijn vrije tijd schrijven. Valentijn genoot de medewerking van een lange lijst gepensioneerde ambtenaren, die zoals hij in het voorwoord van het eerste stuk van deel drie trots opmerkte, hem voorzagen van 'verscheide zeer nette en echte Papieren'. Het feit dat zijn werk werd gedrukt en nog wel voor zijn dood, was op zichzelf al bijzonder. De VOC had een vast beleid niet toe te staan dat voormalige werknemers iets met betrekking tot de koloniën en het bestuur publiceerden, hoewel dit beleid grillig en afhankelijk van persoonlijke motieven werd uitgevoerd. Zo stond Van Riebeeck Valentijn bijvoorbeeld niet toe twee 'van myne beste' kisten met persoonlijke bezittingen naar huis mee te nemen (iii. i. 104). Op paradoxale wijze kreeg Valentijn toestemming zijn boek te drukken, dat ook nog een commercieel succes werd. De vijf 'boeken' van *Oud en Nieuw Oost-Indiën*, gedrukt in acht delen, werden gepubliceerd tussen 1724 en 1726. De auteur had de zeldzame gelegenheid de drukproeven te corrigeren en het hele werk verscheen in augustus 1727, acht maanden voor zijn dood. Ter vergelijking: de zes delen van Rumphius' *Kruidboek* verschenen pas bijna een halve eeuw na de dood van de auteur in 1702, en als men het *Auctuarium ofte vermeerdering* meerekent als deel 7, was het hele *Kruidboek* pas in 1755 in druk. Rumphius verdiende met zijn inspanningen nooit enig geld, maar Valentijn had 650 'inteekenaars' op zijn werk, voor die tijd een indrukwekkend aantal.

Ondanks het geluk van de hoofdpersoon is er in de levensbeschrijving van Valentijn weinig aanbevelenswaardigs voor het nageslacht. Het is zijn werk dat ervoor heeft gezorgd dat zijn naam niet is vergeten. *Oud en Nieuw Oost-Indiën* is Valentijns hele investering in de aandelen van de roem. Het dividend hield inderdaad zijn reputatie in stand, maar heeft de man zelf tevens kleiner gemaakt. De reden voor deze paradox is dat Valentijn in zijn werk voortdurend aanwezig is en een afkeer heeft van anonimiteit of objectiviteit. In zelfbewustheid en strijdlust zijn Valentijn en zijn werk niet van elkaar te onderscheiden. Deze partijdige potpourri van historische feiten en verbeelding mist elke gelijkenis met een ontwerp of een speculatieve opzet. Met zijn algehele gebrek aan aandacht voor verhalende of geografische consequentie, voor chronologie, of voor het belang van bepaalde historische gebeurtenissen, heeft het geleerden tot wanhoop gedreven. En toch weigert Valentijns rammelende werkstuk, waaraan iedere methode ontbreekt, zich te laten schrappen uit enig historisch onderzoek naar wat men 'de Oost' placht te noemen, of, wat dat aangaat, uit de Nederlandse koloniale literatuur. En daarvoor bestaan goede redenen.

Het historische belang van Valentijn is gemakkelijk aanwijsbaar en hangt voornamelijk af van dezelfde breedsprakigheid die voor gezondere temperamenten overdreven kan lijken. Men kan dit afleiden uit een analyse van de bijna vijfduizend pagina's van *Oud en Nieuw Oost-Indiën*. Deel i bevat beschrijvingen van de 'zes Moluccos', waarmee Valentijn de eilanden Djilolo, Ternate, Tidore, Batjan, Makjan en Motir bedoelt, evenals Noord- en Oost-Celebes en eilanden daar in de buurt. Deel ii bevat het bestuur van Ambon en de andere eilanden onder dat gezag, zoals Ceram, Boeroe, Noesa-Laoet, Oma, evenals geografische beschrijvingen en 'wereldlyke geschiedenissen' van deze eilanden. Beide delen van deel iii bieden een kerkelijke geschiedenis en een beschrijving van het kerkelijk bestuur van Ambon en naburige eilanden, naast een 'Fraaye Verhandeling' over de flora en fauna daarvan, gevolgd door een beschrijving van Banda, Timor, Celebes, Borneo, Bali, Tonkin-China, Cambodja en Siam. Het eerste gedeelte van deel iv beschrijft 'Groot Djava' en de levens van de gouverneurs-generaal, van Pieter Both, die deze positie bekleedde van 1610 tot 1614, tot Mattheus de Haan, die gouverneur-generaal was van 1725 tot 1729. Dit wordt gevolgd door een verslag over de stichting van de koloniale hoofdstad Batavia. In het tweede gedeelte komt de schrijver terug op de beschrijving van Java, springt vervolgens naar een weergave van de Nederlandse vestiging (of 'comptoir', zoals Valentijn het noemt) in Surat (India), gevolgd door de 'Levens der Groote Mogols', evenals 'een Verhaal der Zaaken' van China, een beschrijving van Formosa of 'Tayouan', en hij eindigt met een verhaal over zijn vier reizen tussen Holland en Indië. Deel één van het vijfde en laatste deel beschrijft op onverklaarbare wijze Coromandel en andere streken van India, evenals Perzië, Malakka en Ceylon, terwijl het grootste deel een beschrijving bevat van Malabar, Japan, Kaap de Goede Hoop en Mauritius. Op de titelpagina van het complete werk wordt aangekondigd dat wat volgt een 'nette Beschryving' is, aangevuld met 'zeer nette Kaarten' en verlucht met 'zeer veel nette Prentverbeeldingen'.

Zelfs uit deze korte beschrijving kan men afleiden dat er in deze mengelmoes van weinig orde sprake was. Een nadere beschouwing maakt het alleen maar erger. Sumatra wordt behandeld tussen beschrijvingen van Malakka en Ceylon; Celebes vindt men in deel i en in het tweede deel van deel iii; wat Indo-China heette wordt tussen Bali en Java geschoven; India wordt in drie delen besproken en de uiteindelijke beschrijvingen van Valentijns eigen zeereizen komen aan het einde van het vierde deel, en niet van het vijfde en laatste deel. Valentijns verhaal over Java is heel schetsmatig, Sumatra krijgt niet meer dan 46 pagina's terwijl Borneo er maar nauwelijks zeventien krijgt. Valentijns kaarten zijn een ramp (*Priangan*, iv. 715-16), en zijn illustraties worden ook als weinig betrouwbaar gezien. Een beroemde afbeelding, van een zeemeermin, was volgens een Britse schrijver gekopieerd uit een van de 'phantasmagoria' van de Amsterdamse schrijver en uitgever Louis Renard.[16] Valentijn geloofde kennelijk in zeemeerminnen en -mannen (of 'Zee-Menschen') en werd bijzonder onaangenaam als hij sprak over die 'styf-koppige Wereld dit niet gelooven, daar legt weinig aangelegen, alzoo weinig, als of zy ook niet gelooven wilde, dat 'r een *Romen*, *Constantinopel*, *Alcairo*, of diergelyken *Steden*, in de Wereld zyn' (iii. i. 331). Hij beweert dat hij zelf op 1 mei 1714 een van de zeemensen heeft gezien, met een 'grijze Poolsche muts' op het hoofd op de hoge zeeën, tussen Sint-Helena en Ascension (*Uit*, 181).

Het grootste deel van *Oud en Nieuw Oost-Indiën* schijnt niet origineel te zijn. De beschrijvingen van zijn eigen reizen – die tot zijn beste teksten behoren –

zijn kennelijk gebaseerd op eigen ervaring, maar Valentijn kende alleen Ambon, Banda (plus enkele eilandjes in datzelfde gebied), delen van Java en Kaap de Goede Hoop uit de eerste hand. Als deze lijst wordt gelegd naast de inhoudsopgave, wordt duidelijk dat een groot deel van de informatie van elders afkomstig is. Deze 'letterdief' (zoals een criticus hem afdeed[17]) citeerde zijn bronnen alleen als ze algemeen bekend waren of als hij een van zijn beschermers kon vleien (*Priangan*, i. 271). Af en toe noemde hij de naam van een auteur in de tekst, maar alleen op een achteloze manier, alsof het ging om een stuk afval dat toevallig door de woordenstroom was meegevoerd.

Valentijns walgelijkste plagiaat waren zijn ontleningen aan Rumphius' werk. De koloniaal-historicus De Haan, die de meest vernietigende kritiek op Valentijn leverde, heeft de intellectuele verduistering van de predikant zeer overtuigend gedocumenteerd. Rumphius leefde een halve eeuw op Ambon, van 1653 tot zijn dood in 1702. Valentijn diende in totaal twaalf jaar als predikant op Ambon en ongetwijfeld kende hij Rumphius. Tijdens zijn eerste maanden op Ambon was Rumphius een van zijn leraren in het Maleis (*Uit*, 71). In zijn gedetailleerde beschrijving van de stad Ambon noteert Valentijn heel zorgvuldig dat Rumphius' 'graf-thuin' aan de Makassarstraat lag.[18] Elders maakt Valentijn bekend dat zijn stiefzoon Gerard Leydekker in 1710 trouwde met de weduwe van Paulus Augustus Rumphius, de enige zoon van 'dien vermaarden blinden Heer Georgius Everhardus Rumphius, die de Amboinsche Rariteitkamer beschreven heeft', en dat zijn jongste stiefzoon, Bartholomeus, in 1711 trouwde met Adriana Augustina Rumphius, de oudste dochter van Gerards vrouw en Rumphius' kleindochter (*Uit*, 160). In het derde deel van *Oud en Nieuw Oost-Indiën* noemt de auteur Rumphius zijn 'boezemvriend' en bij de beschrijving van het eiland Manipa vertelt Valentijn zijn lezers dat hij 'een zeer net Kaartje..., 't geen de vermaarde Heer *Georgius Everhardus Rumphius*, (een Man, van wiens nette aanteekeningen over dit land van Amboina wy ons veel bedienen.) (...) wonderlyk fray afgeteekent (heeft)' (ii. 32) toevoegt. Op een andere plaats weigert Valentijn een uitvoerige lijst met beschrijvingen van Ambonese stenen te geven 'dog alzo dat uytvoerig door den Heer *Rumphius* in zijn Ambonsche Rariteytkamer gedaan is, zo wysen wy den Lezer tot de zelve' (ii. 138).[19]

Het zou dus niet juist zijn vol te houden dat Rumphius nooit door Valentijn wordt vermeld. Evenmin schijnt het toeval te zijn dat het enige werk van Rumphius dat met de titel wordt genoemd, ook het enige werk is dat was gedrukt in de tijd toen Valentijn schreef. Maar nergens verantwoordt Valentijn voor zover ik weet waar hij grote delen van zijn beschrijving van Ambon en van Ambonese zaken vandaan heeft. Het meeste hiervan is afkomstig van Rumphius, en Valentijn 'bewerkte' of kopieerde eenvoudigweg een grote hoeveelheid, waaronder het (verloren) materiaal van Rumphius' drie 'boeken' over 'Land- Lugt ende Zeegedierte',[20] de natuurkundige beschrijving van Ambon,[21] Rumphius' geschiedenis van Ambon en zijn beschrijving van Banda,[22] zelfs gegevens uit het *Kruidboek*, dat nog op de toestemming van de VOC wachtte om te worden gedrukt. Waarschijnlijk roofde Valentijn eveneens uit Rumphius' Maleise woordenboek (*Priangan*, i. 276).

Deze stilzwijgende ontleningen zijn slechts voorbeelden, maar zij wekken geen hoge verwachtingen ten aanzien van Valentijns eerlijkheid. Er zijn meer gevallen; zijn beschrijving van Batavia (een stad die hij goed kende) was bijvoorbeeld ook het werk van iemand anders (*Priangan*, i. 271), en zelfs als hij een autoriteit vermeldt deed hij geen poging tot een enigszins nauwkeurige verwijzing.[23] Niettemin huichelde Valentijn, net als de brutale ekster, goed genoeg om een deel van zijn publiek bijna twee eeuwen lang te misleiden. Er is opgemerkt dat dergelijke praktijken in de zeventiende en achttiende eeuw algemeen waren.[24] Dat mag tot op zekere hoogte waar zijn, maar het gaat niet aan zo al zijn collega's evenzeer schuldig te verklaren. Bij zorgvuldige lezing van *Het Amboinsche kruidboek* wordt bijvoorbeeld direct duidelijk dat Rumphius zorgvuldig naar zijn bronnen verwijst, zelfs al zijn zijn gegevens niet zo nauwkeurig als hedendaagse normen vereisen. Wetenschapshistorici kennen ongetwijfeld een willekeurig aantal toegewijde en uiterst objectieve mensen. Eén voorbeeld van iemand die ook een verhandeling over een exotisch onderwerp schreef, is Bernardino de Sahagún (1499-1590). Deze franciscaanse monnik schreef een monumentaal etnografisch werk in twaalf boeken, *Historia General de las Cosas de la Nuèva España*, over de religie, gewoonten en natuurlijke historie van de Azteken en de Vallei van Mexico. Behalve talloze werken en antieke codices, waarvan de meeste verloren zijn gegaan, gebruikte Sahagún een groot aantal van wat antropologen 'informanten' noemen. Een erkende autoriteit prees de ijver en zorgvuldigheid van de Spaanse monnik met de woorden dat Sahagún 'de beste informanten' koos, 'zorgvuldig geselecteerd om hun kennis en eerlijkheid' en na vele andere stadia in zijn onderzoek, 'alle zo verzamelde diverse zeven liet passeren', en kwam tot de conclusie dat Sahagún 'de meest rigoureuze en veeleisende van de wetenschappelijke antropologische methoden volgde'.[25]

En toch heeft Valentijns rommelige werk een opmerkelijk overlevingsvermogen.[26] Dit berust op een eigen ironische logica: juist Valentijns gebreken zijn verantwoordelijk voor zijn graad van onsterfelijkheid. Het onmiskenbare feit dat hij geen 'ernstig onderzoeker is geweest, maar een verzamelaar, in wiens oog quantiteit van meer belang was dan qualiteit',[27] voorkwam dat hij een theoretisch werk samenstelde waarop het nageslacht zou hebben neergezien. Wat hij wel maakte is een werk vol van mooie passages en nagenoeg vrij van ideeën, maar zijn brutale kolonisatie van feiten maakte van *Oud en Nieuw Oost-Indiën* een rijke schatkamer van materiaal waarvan zelfs zijn meest vijandige critici profiteren.[28]

Valentijns panoramische beeld van Indië is door en door persoonlijk en dat laat hij zijn lezers weten ook. Terwijl de lezer heel wat leert, raakt hij noodgedwongen ook goed op de hoogte van de auteur. Ook al draagt deze persoonlijke stijl sterk bij aan de charme van *Oud en Nieuw Oost-Indiën*, de zelfvoldane, zelfgenoegzame toon lijkt tevens tot afkeuring uit te nodigen. Valentijns besliste chauvinisme – zowel in termen van zijn volk als zijn godsdienst – werkt menige postkoloniaal op de zenuwen. In zijn voorwoord deelt hij mee dat hij zijn enorme werk heeft uitgevoerd

> om de Nederlandse Natie niet alleen boven alle de Ouden, die oit of oit in 't Oosten geweest zyn; maar, voor al in opzigt van hunne Oppermogentheid in die Landen, en de menigvuldige Koninkryken, die zy daar bezitten, ook boven alle Europeërs te verheffen, en te toonen, dat die Nazaaten der Oude Bataviers van hunne beroemde Voorouders niet ontaard zyn, wel verre van daar, dat ik, gelyk sommige meinen, voorgehad zou hebben aan deze en gene van myne Natie by myn dit schryven groote ondienst te doen. In tegendeel hebbe ik dit over al waar ik maar konde, met opzet gemyd, en met bescheidenheid voorbygegaan, om doch een Werk, anderzins in den grond goed, door deze of gene byzondere drift niet het allerminste te beswalken [bevuilen].

Deze passage duidt erop dat hij opzettelijk geen enkele VOC-ambtenaar bekritiseerde en doet vermoeden waarom zijn werk zo snel werd gepubliceerd. Maar hoe dan ook, Valentijns zelfgenoegzame toon spoort niet goed met Rumphius' bescheidenheid. Laatstgenoemde schreef in het voorwoord van zijn *Kruidboek* dat het 'van geen geleerd *Medicus*, *Physicus*, of die zyn professie van die konst maakt, maar allenelyk van een liefhebber der natuurlyke wetenschap voortgebracht is, dog die zig een matige kennisse der Kruidkunde toeschryft'. Valentijn daarentegen zegt: het 'is zeker, dat alle Lieden van kennis en opmerking zullen moeten bekennen, dat zy noit diergelyken opstel van Oostindiën gezien hebben, behalven dat hier in een groote menigte van zaaken, die men noit by anderen, veel min in die nette ordre, gelezen heeft, voorkomen zal'. We weten dat niemand het ooit met hem eens is geweest wat de laatste uitspraak betreft, en toch was 'net' Valentijns lievelingswoord. Het wordt opvallend weergegeven in de volledige titel van *Oud en Nieuw Oost-Indiën* en keert door het hele werk heen als een spottende echo terug.

> Men ontmoet daar in ettelyke keurlyke, zeldzame, en noit by eenig ander Schryver opgedolvene Schriften, en een groote menigte van zeer nette en niet zonder veel moeite opgebaggerde lysten van Onderkoningen, Landvoogden, Bewindhebberen, en van de voornaamste Bedienden der E: [eerbiedwaardige] Maatschappy, waar over zich veele zullen verwonderen, hoe ik die nog heb weten meester te worden, daar ik die uit zoo veelerlei Landen heb moeten by een zamelen, 't welk my meer moeite gekost heeft, dan men gelooven zou, om dit alles uit de duisternis en vergetelheid weder uit te graven.

Valentijn ging niet naar Indië om zijn Schepper te dienen maar om zijn lot te verbeteren. Niettemin is het waar dat het leven van een protestantse predikant, tenzij hij in een koloniale stad leefde, verre van gemakkelijk was. Ten eerste werd er een onderscheid gemaakt tussen predikanten die alleen in het Nederlands konden preken en zij die het ook in het Maleis konden. Hoewel het de taal van de veroveraar was, werd het Nederlands gedurende minstens drie eeuwen van de Nederlandse koloniale aanwezigheid in Indië niet als politiek middel gebruikt. Om het evangelie te verbreiden moesten de Nederlanders zich bij de realiteit neerleggen en toegeven dat het Maleis, de lingua franca van de archipel, veel belangrijker was.[29] Opportunistisch als hij was, schikte Valentijn zich hier hoogstwaarschijnlijk in omdat het financieel voordeel opleverde. Het lijkt erop dat hij heel ijverig was, want hij vertelt dat hij in drie maanden voldoende Maleis leerde om in die taal te kunnen preken.[30] Zijn leermeesters waren Rumphius en De Ruyter (*Uit*, 71). Taalbeheersing was heel belangrijk omdat zo'n 'Maleise predikant' vele en gevarieerde verplichtingen had. Hij moest elke zondag een preek in het Maleis houden, de plaatselijke bevolking de protestantse leer in het Maleis bijbrengen en hun vooruitgang onderzoeken. Hij moest tevens toezien op de opvoeding van verscheidene kinderen van inheemse aristocraten die in het huis van de predikant woonden en huishoudelijke taken vervulden in ruil voor logies en levensonderhoud. Maar het ergste onderdeel van 's mans verplichtingen, in het bijzonder voor Valentijn, was de inspectietocht, tweemaal per jaar, naar zo'n vijftig buitenposten op alle eilanden die onder het gezag van Ambon vielen. Tijdens zo'n reis moest hij in elk dorp een preek houden, de bevolking de catechismus, de Tien Geboden en de artikelen van het geloof overhoren, pasgeboren kinderen dopen, schrijfwerk corrigeren, grieven aanhoren en, als het geval niet te ernstig was, een oordeel vellen over verzoekschriften.[31]

Valentijn gaf altijd de voorkeur aan Batavia maar hij moest het doen met Ambon. Toch protesteerde hij heftig als hij werd gedwongen het betrekkelijke comfort van Ambon te verruilen voor de gevaren van een inspectietocht of voor het eenzame bestaan op een klein eiland zoals Banda, waar hij in 1687 en 1688 tien maanden werd gestationeerd. Dit is hetzelfde eiland in de afgelegen hoek van de archipel waardoor bijna drie eeuwen later zowel Somerset Maugham als S.J. Perelman werd betoverd. De Amerikaanse satiricus, een hoogst onwaarschijnlijke bewonderaar, schreef dat Banda ooit het 'Beverly Hills van Indië' was.

> Landschappelijk is het uiterst fraai; eerst stijgt een scherpe kegelvormige vulkaan steil op uit de zee; vaar je eromheen dan beland je in een heerlijke rustige baai die een bocht maakt. Daar liggen aan de linkerkant de huizen in de schaduw van enorme kenaribomen elk ter grootte van de Charter Oak... Als er ooit een hoekje van de aarde is geweest waar de natuur heeft geglimlacht, dan was het op Banda; daar heb je elke denkbare vrucht en bloem onder handbereik, bananen, mango's, kokosnoten, katoen en wat niet al.[32]

Valentijn schijnt blind te zijn geweest voor de schoonheid van Banda, maar zijn bezwaren tegen deze post deden weinig ter zake. De kerk nam in de koloniën een ondergeschikte plaats in en moest de VOC gehoorzamen omdat de Compagnie haar activiteiten subsidieerde.[33] Het enige waarin zij zonder mankeren overeenstemden was een afkeer van het katholicisme. 'Paapsgezinden' werden in Indië niet toegelaten hoewel er altijd ontsnappingsmogelijkheden waren.[34] Toch kon de beschuldiging dat men in het geheim het katholieke geloof aanhing tot ernstig stigma leiden. Valentijn gebruikte haar bijvoorbeeld in zijn poging Maetsuycker in diskrediet te brengen. In zijn biografie van de gouverneur-generaal (iv. 297-306) noemde hij Maetsuycker een 'Jesuiet' en, als logisch gevolg, 'een looze en doortrapte vos'. Afgezien van persoonlijke redenen kan Valentijn een hekel aan hem hebben gehad vanwege het vastberaden verzet van de gouverneur-generaal tegen de macht van de Kerk. 'Toen de consistorie van Batavia gouverneur-generaal Maetsuycker erop wees dat de Wet van Mozes het gedogen van andere religies niet toestond, antwoordde hij eenvoudigweg: "De wet van de oude joodse republieken gelden niet in het territorium van de VOC."'[35] Vandaar dat de Nederlandse protestantse Kerk als politieke macht veel minder invloedrijk was dan de rooms-katholieke Kerk bijvoorbeeld in Zuid-Amerika. De VOC had het recht recalcitrante geestelijken te ontslaan en naar Nederland terug te sturen, zodat de ondergeschikte positie van de Kerk praktisch gezien betekende dat toen Valentijn zich het ongenoegen van zijn kerkelijke superieuren op de hals haalde, hij ook de strijd moest aanbinden met het hoogste gezag van de VOC. En de Ambonese kerkenraad was verre van gelukkig met Valentijns optreden. Zij noemden hem lui, nalatig in zijn verplichtingen, ziekelijk bang voor de zee en te veel in de weer met het zoeken naar een rijke vrouw (*Priangan*, 272-3). Er werd gezegd dat hij niet veel tijd voor de plaatselijke christenen had, dat hij 'het eiland Haroeko' weigerde te bezoeken vanwege zijn angst voor de zee, dat hij de inheemse 'discipelen' in zijn huis uitbuitte en dat hij over het algemeen voor geld alles deed zonder veel zorg te hebben voor zijn eer of reputatie. Kortom, zoals het een dienaar van de Compagnie in die tijd paste, deed hij alles om zichzelf te verrijken of zijn carrière te bevorderen.

Meer bewijzen voor deze beschuldigingen kunnen worden ontleend aan Valentijns betrokkenheid bij een controverse over de Maleise vertaling van de bijbel. Ten tijde van Valentijns eerste verblijf op Ambon was er nog geen Maleise vertaling van de hele bijbel.[36] Enkele jaren later begon een bekwame linguïst en protestantse predikant in Batavia, Melchior Leijdecker (1645-1701), aan een vertaling in een soort Maleis dat was gebaseerd op de taal die werd gebruikt in authentieke Maleise teksten. Leijdecker begon hiermee in 1691 en was bijna klaar toen hij stierf. Een collega voltooide de vertaling in dat jaar, 1701, maar ze werd door de kerkelijke autoriteiten meer dan twintig jaar ter zijde gelegd. Dit ongelukkige uitstel was hoofdzakelijk te wijten aan een verschil van mening over het soort Maleis dat het nuttigst zou zijn. Moest het de plaatselijke variant zijn zoals die in een verbijsterend aantal streken werd gesproken – wat een Babylonische spraakverwarring van 'wettige' vertalingen noodzakelijk zou maken – of moest het de geschreven vorm van Maleis zijn die overal in de archipel begrijpelijk was voor de geschoolde elite? Het eerste soort, het duidelijk al te zeer beperkte plaatselijke taalgebruik, werd 'Laagmaleis' genoemd, en het tweede, gebaseerd op geschreven Maleis en het dichtst bij de lingua franca die overal werd gebruikt, stond bekend als 'Hoogmaleis'. Leijdeckers vertaling was in 'Hoogmaleis' geweest; Valentijn had een voorkeur voor 'Laagmaleis'.[37]

Volgens Valentijns eigen zeggen begon hij in 1689 met een vertaling van de bijbel in 'Laagmaleis' en voltooide hij deze in 1693 (iii. i. 180). De kerkenraad in Batavia, met zijn vooroordeel tegen Valentijn, schreef in zijn verslag dat niemand hem geloofde en beweerde in een brief van 27 september 1700 openlijk dat Valentijn hoogstwaarschijnlijk het werk van iemand anders had gebruikt omdat hij het te druk had met de zaken van de rijke weduwe die zijn vrouw zou worden (*Priangan*, i. 275-6). Toen Valentijn naar Batavia kwam om voor de aanvaarding van zijn tekst te pleiten, besloot de kerkenraad na overleg ten gunste van Leijdecker. De historicus De Haan heeft aangetoond dat het ondenkbaar is dat Valentijn het werk in zo korte tijd heeft voltooid; het is ook zeer verdacht dat hij zijn manuscript in die tijd nooit aan iemand heeft laten zien, zelfs niet toen hij met de autoriteiten over zijn 'superieure' vertaling (*Priangan*, i, 276-7) discussieerde. Na zijn terugkeer naar Nederland publiceerde Valentijn in 1698 een klein deeltje met de titel *Deure der Waarhyd, enz.*, waarin hij de voorstanders van 'Hoogmaleis' – dat wil zeggen de kerkenraad in Batavia – scherp bekritiseerde en voortdurend verwees naar zijn eigen vertaling zonder er ooit een enkel voorbeeld uit aan te halen.

Valentijn hield vol dat hij de tweede keer uitsluitend naar Indië terugkeerde om zijn bijbelvertaling te propageren, een bewering die niemand ooit heeft geloofd. In 1706 bood hij de raad in Batavia een manuscript aan en vroeg hun dit te vergelijken met Leijdeckers werk. Het uiteindelijke oordeel viel uit in zijn nadeel vanwege de ongelijkmatige kwaliteit van het Maleis en de verdenking van fraude die Valentijn nooit weg heeft kunnen nemen. Nooit hoorde men meer over Valentijns 'subreptive en onwettige versie, hoedanig die hier nog proef nog toetst heeft connen uijtstaan' en het manuscript is nooit gevonden (*Priangan*, i. 278).

Diverse deskundigen hebben aangetoond dat Valentijns bijbelvertaling hoogstwaarschijnlijk het werk van anderen was. Eén kandidaat was zijn collega Simon de Larges, die in 1677 overleed. Zijn weduwe gaf het manuscript van de vertaling van haar echtgenoot aan een andere predikant die in 1687 stierf, toevallig in Valentijns huis in Ambon. Valentijn was de executeur-testamentair van deze man en het manuscript van De Larges is nooit tussen zijn papieren teruggevonden.[38] Belastender nog was de mening van zijn meerderen op Ambon dat Valentijn nooit vloeiend Maleis had leren spreken. Tot de argumenten die zij voor hun oordeel gaven, behoorde dat hun collega altijd te druk was geweest met privé-aangelegenheden; ten tweede dat hij zijn eerste preek in het Maleis *uit het hoofd had geleerd* (Valentijn beweerde in *Oud en Nieuw Oost-Indiën* dat hij 'competent' in deze taal was; en ten slotte dat hij tot 1693 zijn voorbereide preken voorlas en niet kon improviseren (*Priangan*, i. 276). Het is mogelijk dat het grootste deel van zijn werk in het Maleis gedaan werd door zijn vrouw Cornelia. De toekomstige mevrouw Valentijn was op haar dertiende al opvallend goed in talen.[39] Waarschijnlijk gebruikte hij ook Rumphius' kennis van het Maleis. In *Oud en Nieuw Oost-Indiën* schrijft hij dat Rumphius zijn leraar Maleis was toen hij in 1686 de eerste keer naar Ambon kwam, en men vermoedt dat hij het Maleise woordenboek van deze oudere man gebruikte dat Rumphius onvoltooid had moeten laten toen hij in 1670 blind werd.

De ondernemende geestelijke kan zich ook het werk van een andere opmerkelijke man uit de zeventiende eeuw hebben toegeëigend. Herbert de Jager (1636?-1694) was bij zijn tijdgenoten bekend als de beste kenner van oosterse talen.[40] Hij was een boerenzoon uit Zwammerdam, een plaatsje ten oosten van Alphen aan den Rijn. In 1657 ging hij als beursstudent theologie naar de universiteit van Leiden met de bedoeling om (net als Valentijn) predikant te worden. Aangemoedigd door de hartelijke aanbevelingen van zijn professoren, verzocht De Jager in het voorjaar van 1658 de VOC zijn verdere studie te subsidiëren. Zijn verzoek werd ingewilligd. Tegen het einde van deze periode, herfst 1661, vroeg De Jager zijn weldoeners ontslagen te worden van het halen van een graad in de theologie vanwege een 'defect in syne stem' en omdat hij niet langer 'de meeste inclinatie tot de Theologische studiën' had. In plaats daarvan wilde hij nog één jaar aan de universiteit blijven om natuurwetenschap en oosterse talen te studeren. De beslissing viel opnieuw gunstig uit en De Jager rondde zijn werk aan de universiteit in september 1622 af met een specialisatie in oosterse talen en op verzoek van de VOC in wiskunde (*Studium Mathesios*) met de uitdrukkelijke bedoeling expert in versterkingen te worden.[41] In dat jaar vertrok De Jager naar Indië met de opdracht in Batavia een Latijnse school op te richten, zodat kinderen van Europeanen niet meer voor hun scholing naar het vaderland hoefden te worden teruggestuurd.

Toen hij Nederland in dienst van de VOC verliet, bezat De Jager de rang van onderkoopman met een salaris van veertig gulden per maand. Dat was heel weinig voor iemand met een universitaire opleiding. Het was maar vier gulden meer dan een 'ziekentrooster' ontving[42] en vijftig gulden minder dan een predikant die voor het eerst naar Indië ging.[43] Dat laatste was Valentijn toen hij in 1685 op twintigjarige leeftijd op Java aankwam. Zijn beginsalaris was, naar hij ons laat weten, tachtig gulden en hij kreeg na drie maanden een verhoging van 25 procent om zijn 'ijver, en zoo spoedig bekomen bekwaamheid in die taal' (*Uit*, 71). We weten inmiddels dat zijn veelgeprezen talenkennis onzin was, maar de jonge Valentijn verdiende anderhalf maal zoveel als De Jager, die ertegen opzag geestelijke te worden, die minstens zeven jaar ouder was en die een begaafd taalkundige was wiens prestaties door de universiteit van Leiden waren geprezen.

Als man van vele talenten werd De Jager onmiddellijk aan het werk gezet in het secretariaat van de VOC in Batavia. Nog geen twee jaar later kreeg hij opdracht de nieuwe Nederlandse opziener van het VOC-gebied in Perzië te vergezellen. Hij woonde de meeste tijd in Isfahan (ver ten zuiden van Teheran), dat toen de hoofdstad van het land was. Op dit punt werkten De Jagers bekwaamheden in zijn nadeel. Vanwege zijn uitstekende Perzisch en zijn diepgaande kennis van de Perzische maatschappij wilden zijn superieuren hem niet laten gaan. Na vijf jaar in Isfahan weigerde de directeur hem naar Java te laten terugkeren, zodat De Jager de volgende tien jaar in Coromandel bleef, een kuststreek in Zuidoost-India. Terwijl hij in Coromandel was, leerde De Jager Tamil en Telugu en studeerde hij Sanskriet. Toen hij ten slotte in 1680 naar Java kon terugkeren, was de aanvankelijk tijdelijke benoeming veranderd in een vijftienjarige diensttijd. De volgende drie jaar onderwees hij Arabisch en Maleis aan predikanten in Batavia en in 1682 werd hij zowel officieel als in het openbaar geprezen om 'zyn perfectheyt in de Maleische taal'.[44] Zijn linguïstische Midas-lot bleef hem achtervolgen. Ondanks een slechte gezondheid en een zwakke constitutie werd De Jager benoemd tot staflid van de nieuwe directeur in Perzië, opnieuw ten gevolge van zijn bekwaamheid in het Perzisch. Pas in april 1687 kwam hij op Java terug. Toen was De Jager de vijftig gepasseerd, leed hij aan astma en andere ademhalingsziekten en bezat hij nog altijd weinig wereldse goederen. Over de laatste zeven jaar van zijn leven is heel weinig bekend, maar officiële verslagen melden dat hij aan geheugenverlies en periodieke krankzinnigheid leed, dat hij *non compos mentis* werd verklaard en dat hij op 6 januari 1694 zonder een cent te bezitten in Batavia overleed. Een man die De Jager zijn hele leven had gekend schreef dit melancholieke grafschrift: 'Sijn geleertheijt was oorzaak dat hij arm stierf op Batavia; hij heeft een schat van geleerde aantekeningen nagelaeten, dog alle verwaerloost, sijnde schier nimant *bij ons* curieus' (*Priangan*, i. 221). Deze 'aantekeningen', evenals De Jagers boeken, werden uiteindelijk naar Nederland verscheept en in augustus 1695 door de VOC in Amsterdam ontvangen, maar zij verdwenen vervolgens zonder een spoor na te laten.[45]

Hoewel Valentijns opmerking dat 'De beroemde *Heer Herbert de Jager*, die (...) in de twintig (meest *Oostersche*) Taalen grondig verstond' (iii. i. 207) waarschijnlijk overdreven is, kan men terecht zeggen dat De Jager er minstens acht kende – Nederlands, Frans, Duits, Arabisch, Maleis, Perzisch, Tamil en Telugu – en dat hij vermoedelijk een meer dan oppervlakkige kennis van Sanskriet en Javaans bezat. De opvallende breedte van De Jagers geleerdheid kan worden vastgesteld op grond van een brief aan Rumphius (met wie hij in het Duits correspondeerde) waarin hij zijn mening geeft dat wel 'drey viertel' van het oude Javaans afgeleid is van het Tamil en Sanskriet.[46] Naast zijn begaafdheid voor talen was De Jager ook een bekend botanicus. In een brief uit Coromandel in 1680 verklaarden zijn superieuren dat zij als ze wilden weten welke plaatselijke kruiden en medicijnen zij veilig konden gebruiken, dat liever aan De Jager vroegen en niet aan hun professionele expert, omdat de eerstgenoemde 'een studie gemaeckt [heeft], en de landen hier om her seer nauwe doorsogt en besigtigt heeft, ende over sulcx dier wegen volcomen en beter satisfactie dan onsen chirurgijn can doen'.[47] De Jager correspondeerde tussen 1683 en 1689 met Rumphius over tropische plantkunde. Rumphius verwees in zijn *Amboinsche kruidboek* verscheidene malen naar De Jager en deed dat met kennelijk respect voor deze 'geleerden Botanicus'.[48]

De koloniaal-historicus De Haan beweert dat Valentijn plagieerde op kosten van deze buitengewone maar onfortuinlijke intellectueel. Valentijn noemt De Jager bij name in *Oud en Nieuw Oost-Indiën* (v. i. 220, 249, 269-70) en er kan weinig twijfel over bestaan dat Valentijn hem had ontmoet of op zijn minst van hem gehoord had. De gemeenschappen van Europeanen waren nooit bijzonder groot en bovendien nogal incestueus. Valentijn kende Rumphius persoonlijk en de 'blinde ziener van Ambon' onderhield contact met De Jager; De Jagers tante woonde ook in Ambon ten tijde van Valentijns eerste verplichte rondreis.

De meeste handschriften van De Jager verdwenen, zelfs al werden zijn boeken en artikelen na zijn dood gecatalogiseerd door Melchior Leijdecker, dezelfde predikant wiens Maleise vertaling van de bijbel Valentijn zo veel problemen bezorgde. De stukken werden geveild op 24 mei 1694, en binnen een week arriveerde Valentijn in Batavia op zijn terugweg naar Nederland. Het is onwaarschijnlijk dat de trieste dood van zo'n eminent man onopgemerkt voorbij gegaan is, in het bijzonder als de bezigheden en capaciteiten van die man van speciaal belang waren voor iemand in de positie van Valentijn. Toch schrijft Valentijn in *Oud en Nieuw Oost-Indiën* duidelijk dat De Jager in 1693 opnieuw naar Perzië vertrok en dat hij vandaar nog niet was teruggekeerd toen Valentijn in Batavia was (mei 1694), en dat De Jager in 1696 in Perzië stierf (v. i. 270, 249). Men moet ook instemmen met De Haan dat dit 'een opzettelijke leugen' moet zijn geweest (*Priangan*, i. 223-4) om de indruk te wekken dat Valentijn zijn voorgewende deskundigheid nooit aan het werk van De Jager had kunnen ontlenen. Tot die deskundigheid behoorde bijvoorbeeld De Jagers diepgaande kennis van Perzië en Coromandel, twee streken die Valentijn in het eerste gedeelte van deel vijf gedetailleerd beschreef, terwijl een ontsluiting van mogelijke bronnen ook Valentijns opschepperij (in zijn voorwoord) zou ondermijnen dat hij die oosterse talen, speciaal de Maleise taal, en het Arabische schrift door en door kende.

Valentijn slaagde erin aan de vergetelheid te ontkomen, maar dat deed hij door het geloof, dat hij werd geacht lief te hebben en te verdedigen, te ondermijnen, en het schijnt hem geen moeite te hebben gekost zedelijke moed in te ruilen voor de belofte van roem. Het getuigenis van zijn eigen tijdgenoten, evenals van latere geleerden, maakt duidelijk dat niets minder waar is dan dat de eerwaarde François Valentijn een oplettend, eerbiedwaardig en vroom leven leidde, zoals de uitstekende Nederlandse criticus Busken Huet aan het einde van de negentiende eeuw nog geloofde (*Uit*, 35). De huichelarij van de verzamelaar kan ons nog altijd ergeren en de welsprekende schijnheiligheid in zijn voorwoord was meer geschikt voor de preekstoel dan voor de drukpers:

> Vraagt men my, wat my bewogen heeft dit Werk te schryven, niet anders, dan om eere by de verstandige Wereld in te leggen, om te toonen, dat ik myn tyd, terwyl

> [ik] nog geen vast Beroep weer kreeg, neerstig waargenomen heb, en om te beantwoorden dien pligt, die op my, en op alle anderen legt, te weten, om het talent, dat God my gegeven heeft, na myn uiterste vermogen tot dienst en nut van 't gemeen aan te leggen, alzoo ik, hoewel een van de allerminste leden van deze myne geboorteplaats, my verpligt rekene, om alles, wat in my is, tot verheffing van myne Natie, tot luister der E:Maatschappy van het Oosten, en, by een zeker gevolg hier uit, ook tot eere van Dordrecht aan te leggen; alzoo 't voor die Stadt geen oneere is inboorlingen te hebben, die dat klein en als uit de modder opgerezen Nederland zoo sterk en zoo kragtig in zynen helderen dag weten te zetten.

In een uitlating als deze wordt Valentijns valse bescheidenheid nauwelijks beteugeld door de eisen van goede smaak, omdat hij er kennelijk van overtuigd is dat hij inderdaad met zijn eigen voorbeeld de reputatie van zijn land heeft vergroot. Hij deed evenmin alsof, want hij was er altijd op uit op zijn eigen altaar te offeren. Busken Huet heeft daarom helemaal gelijk als hij zegt dat als *Oud en Nieuw Oost-Indiën* al enige consistentie bezit, dit te danken is aan de onveranderlijkheid van de persoonlijkheid van de auteur en dat de Nederlandse predikant in dit opzicht lijkt op de Franse hoveling Saint-Simon (*Uit*, 23-4).

Hoewel men kan zeggen dat de hertog van Saint-Simon (1675-1755) Valentijns tijdgenoot is geweest, hebben hun levens weinig gemeen, hoewel dat met hun geschriften wel het geval is. De Franse hertog werd beroemd om zijn omvangrijke memoires over het Franse hof, speciaal dat van Lodewijk XIV in Versailles. Omdat Saint-Simon ook de meest intieme details van het Franse koninklijke en aristocratische leven opnam, werd zijn werk pas in de tweede helft van de negentiende eeuw in zijn geheel gepubliceerd. Evenals het werk van Valentijn bestaat dat van Saint-Simon uit een overweldigende hoeveelheid waarnemingen die geen andere vorm vertoont dan het ongevoelige perspectief van de waarnemer. Als het hun uitkwam noteerden beide auteurs, met de uitdrukking van Bagehot, ook de 'scum of events'. Een dergelijke ononderbroken aandacht voor details kan saai zijn. Beide schrijvers bezaten de liefde voor inventarisatie van de bureaucraat. Valentijn kopieerde honderden pagina's lang de verslagen van de kerkenraden, terwijl Saint-Simon nooit moe werd de genealogieën van ook de minst belangrijke hoveling op te tekenen. Beide mannen waren betweters met een bemoeizuchtige inslag. Hun meningen stonden vast en waren niet onderhevig aan verandering. In feite gaf zowel Valentijn als Saint-Simon de indruk nooit jong te zijn geweest, alsof zij, zoals is opgemerkt over Pitt de Jongere, niet waren gegroeid maar gegoten.

De enorme panorama's die zowel Valentijn als Saint-Simon ontwierp, zijn noodzakelijkerwijs van ongelijke kwaliteit. Toch dient men bij lezing alert te zijn, want zelfs in de saaiste passages ontdekt men plotseling een fraaie uitdrukking of een boeiende beschrijving. Midden in een droge (zij het historisch nuttige) opsomming van gebouwen in de stad Ambon onderbreekt Valentijn zijn beschrijving van wat eens het ziekenhuis was voor een uitweiding:

> Het is ook zeer bequaam voor de Rechters, om uyt die boven-vensters te leggen, wanneer 'er imand gerecht zal werden, alzo daar een steene schavot met een hegte galg, en gerichtspalen 'er tegen over aan de andre zyde van de weg staan: ik zegge een hegte galg, om dat ik aan de voorige een deugniet heb zien ophangen, die zeer gevallig driemaal gehangen wierd.
> De beul met hem na die galg, die zeer zwak en van hout was, geklommen zynde, storte met de misdadiger zo als [toen] hy hem van de ladder stiet, met galg met al, van boven neder, dat wel eenig ongemak zou hebben konnen geven, zo de troep zoldaten, die by zulk een geval altyd rontom het schavot in een kring geposteert is, zig niet wel gesloten had. De scherprechter, die een wakker keerel, en niet verlegen was, maakte den misdadige, op ordre van den Fiscaal,[49] ten eerste los, bracht hem weer op 't schavot, en hing hem aan een van de paalen daar ontrent; dog door 't breken van de lyn, quam hy ten tweedemaal beneden. Hy meende daar mede vry te zyn, en de borst wist niet, hoe hy 't nu hebben zou; dog, in gevolge van zyn vonnis, moest hy hangen, tot 'er de dood na volgde, waar op dan de beul hem de derdemaal zo wel en zeker ophing, dat hy een inwooner van de lucht bleef. (ii. 130)

Zowel Valentijn als Saint-Simon vergast ons op beschrijvingen van gewoonten en gedrag die vreemd zijn omdat zij verouderd zijn. Hoewel Proust Saint-Simons obsessie met wat men kan noemen 'een sociologie van het alledaagse leven zoals het werd geleefd door de Franse heersende stand' bewonderde, heeft Valentijn een streepje voor omdat zijn exotische materiaal niet zo vlug saai wordt. Zijn eigen eeuw genoot van treffende en ongewone details omdat men nog geloofde dat de werkelijkheid fantasievol kan zijn; tegenwoordig kunnen dergelijke reisgebeurtenissen, naast hun antropologische waarde, nog waardevol zijn omdat ze ons kunnen betoveren door een nostalgie naar wat – zoals wij graag zouden geloven – een kinderlijker eeuw was. Hier volgen enkele culinaire details.

> Een van de vaste, en eerste Schotels op een Amboinsche Tafel, is een Verkens-kop met een opengesperde bek, waar in zy een Limoen steken, en die zy verder met Bonga Raya (een zoort van groote schoone hoogroode bloemen) opçieren, en die zy gemeenlyk, daar de weerdigste Persoon aan die tafel zitten zal, plaatsen.
> Het overige van dat verken koken zy, of braden 't wel aan bamboese speeten, bedropende dat met water, en zyn eigen vet. Zy kappen 'er ook wel een gedeelte van in kleene stukskens, en stoven het met ritsjens (een zoort van rode vrugt, veel scherper als Peper, hier te lande Achai of Spaansche Peper genaamd) ook met look, peper, nagelen, zout, gember, of Lanquas (een wortel byna, als de gember)[50] makende het zo scherp van smaak, dat het een goede tong moet zyn, die dat onder malkanderen verdragen kan.
> Indien 'er visch op die maaltyd is, zo is 't hoofd van die visch het deel, dat men voor een Koning, of voor den aanzienelykste zet, die daar naar, als alleen tot die schotel geregtigt zynde, van hen ook wel Kapala Ikan, dat is, 't hoofd van de visch, genaamt word.

> Van dat hoofd geeft die Koning, of Persoon van aansien, dan gemeenelyk de rechter en linker zyde aan twee Orang Toeha Toeha's, zyne oudsten, of mede-regenten van het dorp, en 't overige geeft hy aan deze en gene van de vreinden, behoudende voor zich zo veel hy van nooden heeft. (ii. 157)

Of:

> een ey, daar een kieken in is, is voor de Koning, en de eerste Persoon aan de tafel onder hen, en die eten dat voor de grootste lekkerny, die men hen aanbieden kan. (ii. 159)

Occulte folklore:

> De Amboineesen gelooven ook, dat wanneer een vrouw, swanger zynde, of in de kraam, gestorven is, zy in een Pontiana verandert, waar door zy een schim, geest, of duivel verstaan, die met zeer lange hairen dan hier dan daar vliegt, en sweeft, en dat zy de boomen tot rest-plaats hebbende, in 't bosch in d'een of d'andre der zelve blyft hangen; ja dat men haar daar haar kind hoort beweenen, en het kind met haar schreyen. Dat zy ook als een vleedermuis in de dorpen, om na haar man te zoeken, omzwerft.
> Om nu te beletten, dat zulk een vrouw in geen Pontiana verandere, zyn zy gewoon deze middelen in 't werk te stellen.
> Men legt, voor 't begraven, en by 't afleggen van zulken vrouw, onder ieder van hare oxelen een hoender-ey, op dat zy, die na der Amboinesen gedagten anders zou willen vliegen, belet werde, dewyl zy, die eyers onder haare oxelen voelende, zig inbeeld, haar kind onder haar armen te hebben, en bevreest is 't zelve, als zy maar begon te vliegen, te zullen laten vallen, waar door zy genoodzaakt word ter plaatze, daar zy is, te blyven.
> Ook steken zy tusschen de nagelen van handen en voeten zoo veel watte, of kattoen, als 'er in te krygen is, en dat in ider nagel een spel tot de kop toe. Daar na nemen zy houts-kool, en Bobori (anders Borri Borri, of Indiaansche Saffraan) 't welk zy zamen gewreven, en gemengt hebbende, maaken zy daar van een kruis op 't hol der voeten. Dan nemen zy een Koeso, of lang sny-gras, in zyn zaad staande, en maken daar van strikken kruis-wys, aan ider oor een, binden de beenen op de kuiten, of in 't midden, met een bandje te zaamen, en leggen haar zoo in de Kist. Den derden dag na de begrafenis verryst zy (na hare gedagten) 's nagts ten twaalf uuren van de dooden, riekt aan haar grooten teen, en zegt: Ik ben gestorven. Daar na staat zy op, gaat na 't huis daar zy gestorven is, blyft daar een uur of twee, en keert dan weer na 't graf zonder imand wakende te vinden, en daar na hoort men niet meer van haar. (ii. 144-5)

Er worden merkwaardige geneeswijzen beschreven:

> Men heeft hier te Lande nog een ander ongemak, bestaande in een inkrimping van de schamele leden, dat veeltyds doodelyk, en met een groot gevaar des levens, zo men 'er ten eersten niet voor zorgd, vermengd is. De inlanders noemen dit Tateroega, dat is, in 't Portugeesch, de Schildpad. Zy gebruyken hier tegen het teel-lid van een Kaaiman of Crocodil, en dat van een schildpad, dat zy beiden droogen, op een steen met water en Lolan-hout[51] wryven, 't geen zy den Lyder 2 à drie dagen ingeven, en hem ook op de Lendenen, en op den buyk, smeeren, en daar na met soeten Arak[52] te drinken geven, waar door hy volkomen hersteld werd. (ii. 253-4)

Een realistisch detail kan ons historisch perspectief corrigeren door ons te herinneren aan de risico's waaraan het koloniale bestaan in de zeventiende eeuw blootstond.

> Korten tijd bevorens was een schildwacht op den berg van Japara 's nachts door een tijger van zijn post gehaald, die met hem door een schietgat van boven den berg naar beneden (eene vervaarlijke hoogte) gesprongen was; weshalve de Javaansche landvoogd ettelijke duizenden Javanen met pieken voor den dag deed komen, om den berg, en dien tijger, door allengskens malkanderen met de pieken, dicht bijeen omhoog gehouden zijnde, te naderen, te bezetten, gelijk zij hem eindelijk, niet zonder eerst nog eenige Javanen te verliezen, en na ettelijke vreeselijke brullingen en sprongen in de lucht, op hunne pieken vingen. Men vond het lijk beneden, doch hoofdeloos, en wat verder 't hoofd, geheel uitgezogen, liggen. Hoedanige gevallen men hier wel meer heeft. (*Uit*, 68)

Zowel Valentijn als de hertog van Saint-Simon was gezegend met een uitzonderlijke opmerkingsgave. Dat bezorgde hun werk een mate van duurzaamheid, alleen al als verzamelingen van anderszins vluchtige feiten. Maar hun talent is de keerzijde van hun ijdelheid, omdat zij er zorgeloos zeker van waren dat wat zij zagen er toe deed, juist omdat zíj hadden verkozen het te zien. En omdat zij allereerst in zichzelf geïnteresseerd waren, leren we ook veel over hen als persoon. Zelfs De Haan moet toegeven dat zulke intieme persoonlijke details in Valentijns geval het interessantste aspect van zijn werk vormen.

Valentijn vertelt verscheidene malen (*Uit*, 42-3, 87; iv. 2. 97) dat hij gauw zeeziek werd, hoewel hij ons niet laat weten dat hij bang was voor de open zee en, zoals men op Ambon over hem vertelde, naar het land terugkeerde als er 'een weijnig kabbeling in 't water was' (*Priangan*, i. 272). Dit was in de tijd van het zeilschip ongetwijfeld een ernstige handicap in een archipel van meer dan dertienduizend eilanden, toen het Valentijn bijna drie jaar kostte om zijn twee retourvaarten tussen Holland en Indië te maken. Zijn ijdelheid weerhoudt hem er niet van mee te delen dat de enige kookkunst waarvan hij hield die van zijn moederland was (*Uit*, 62; ii. 158), hoewel hij in geen geval de enige Nederlandse koloniaal was die er zo over dacht. Zijn afkeer van inheems voedsel was gedeeltelijk te wijten aan het overvloedige gebruik van kokosolie. 'Alles wat wy met boter doen, doen zy met Clappus-olie, waar in zy hun visch, vleesch, en alles braden, en die men ook (als de olie versch is) van booter nauwlyks onderscheiden kan, hoewel ik die olie niet kon verdragen, en het aanstonds proefden een reden, waarom ook al hun eeten my tegenstondt.' (ii. 159)

Men moet het echter ook met De Haan eens zijn dat het soms beter was geweest als Valentijn niet zoveel over zichzelf had onthuld. In een beschrijving uit eigenbelang over zijn veronderstelde intieme relatie met gouverneur-generaal Camphuys struikelt Valentijn over zijn eigen vooroordelen. Omdat Camphuys een hoge positie voor de VOC in Japan had bekleed was hij dol op Japanse dingen. Elke donderdag nodigde hij mensen uit op een Japans diner en ook Valentijn had een keer die eer. Maar toen hij zich aan tafel zette, stond hij versteld

> ziende niet anders, dan eenige kopjens met wat gekookte Ryst, en eenige Japansche vieze composten, welker reuk my verveelde, op tafel komen. Daar benevens moest men die spyze meest met twee ronde lange Chineesche stokjens op zyn Japans in de mond schoffelen, dat my al mede niet geleek; maar daar nog een gelukje by quam, dat myn naaste buurman, die geen stokjens had, my stil (hoewel ik het wel merkte) van de zelve beroofde, weshalven ik genoodzaakt wierd, om my met een lepel, die 'er by lag, te behelpen; moetende bekennen, dat ik de dagen van myn leven my op geen maaltyd bevond, daar minder eeten na myn zin was, zoo dat ik my aan een Opperlandvoogds tafel met drooge ryst behelpen moest, terwyl alle de anderen zeiden, dat zy zeer lekker aten; dog men moet weten, dat ik noit een liefhebber van al die scherpe, heete, zeldzaam 'er uitziende, en nog wonderlyker smakende en riekende Indische spyzen geweest ben. (iv. i. 322; cf. *Uit*, 62)

Toen hij nog in Holland woonde had hij een hekel aan kool, maar na de schaarse maaltijden aan boord van schepen, leerde hij in Kaap de Goede Hoop kool eten (*Uit*, 55). Dat hij geen vis kon verdragen, ten gevolge van een ziekte in Batavia, wordt ons meegedeeld in twee korte maar veelzeggende notities in de beschrijving van zijn laatste thuisreis. Daaruit blijkt het ontstellende gebrek van de geestelijke aan gevoeligheid voor zijn medemensen en een daarmee gepaard gaande schandelijke eigenwaan.

> Den 28sten dito [april 1714] werd ik door 't eten van den ajuin – die maar lag bij den stokvisch (alzoo ik geen visch ter wereld verdragen kon) zeer ziek. Ook stierf heden een van ons scheepsvolk (...) Op 50 graden en 37 minuten verloren wij Jacob Croonenburg [tussen 3 en 6 juni 1714], een soldaat, die ons voor broodbakker dus verre gediend had, waaraan wij veel misten; waardoor ik mij, alzoo ik geen visch verdragen kon, en de provisie allengskens minderde, nu met beschuit behelpen moest. (*Uit*, 181, 185)

Maar dankzij deze zelfde subjectiviteit ontdekt men ook enkele verrassende tegenstrijdigheden die Valentijn gecompliceerder maken dan de bevooroordeelde dweper die hij soms schijnt te zijn geweest.

Broms norse afwijzing bijvoorbeeld, is nauwelijks verantwoord. Hij is van mening dat Valentijn 'geen oog voor het landschap, geen oor voor de muziek, geen hart voor de mensen van het Oosten' had.[53] Maar wanneer je het verhaal over koning Pelimao (ii. 176-80) leest, word je getroffen door Valentijns sympathie voor de koning van de Alfoeren en door zijn bewondering voor de natuurlijke waardigheid van deze man. Ondanks veel gevallen waar Valentijn klinkt als de gangbare imperialist, zijn er voldoende passages die erop wijzen dat hij enig medelijden had met het harde lot van de inheemse bevolking. Dit is het enige aspect van Valentijns werk waarover De Haan iets positiefs heeft te zeggen (*Priangan*, iv. 730). Valentijns gezonde interpretatie van religieuze tolerantie, wat de inheemse bevolking betreft, is eveneens onverwacht. Dit wordt opnieuw duidelijk uit het verhaal van koning Pelimao, maar is ook te vinden in de volgende opmerking, waarin hij een Europeaan een uitbrander geeft omdat hij het inheemse bijgeloof bespot; dat vindt hij verkeerd, 'van oordeel zijnde, dat men niemand, hoe blind hij ook zij, in zijnen godsdienst bespotten, of daarin eenigen hoon aandoen moet, alzoo dit de middelen niet zijn, om hem te verbeteren, maar wel om hem nog meer te verbitteren' (*Uit*, 102). In een andere context laat de predikant zich niet verleiden als de Ambonese christenen deelnemen aan een bijgelovig ritueel. Hun protesten dat dit niet het geval is, wijst Valentijn af omdat hij ervan overtuigd is 'dat 'er nog al iets van den ouden suurdeegsem' in hun christendom zit (ii. 143).

Valentijn beweert dat hij fysieke moed bezat. Er is reden dit te geloven omdat het past bij de over het algemeen directe, zo niet opschepperige toon van zijn werk. Hoewel er sprake kan zijn van een soort moed die voortkomt uit wanhoop, houdt Valentijn vol dat er op een van zijn gedwongen tochten langs de eilanden rondom Ambon een storm opstak die zowel hem als de inheemse bemanning met schipbreuk bedreigde. De laatsten stonden op het punt overboord te springen toen Valentijn zijn 'houwer' trok en dreigde hen 'in stukken te kappen'. Dankzij dat blote zwaard boden zij de storm het hoofd en slaagden zij erin het dichtstbijzijnde eiland te bereiken (*Uit*, 75). In een ander goed verteld verhaal is Valentijn zijn eigen held, die huis en bewoners verdedigt tegen 'een zwarte', dat wil zeggen inheemse misdadiger. Op het horen van geluiden beneden waarschuwt hij zijn vrouw en gaat de trap af, in de ene hand 'eene kandelaar, met eene brandende kaars, en in de andere eene bloote kris, of gevlamden pook'. Nadat hij de dief slim heeft verrast, die zich had verstopt in een 'groote toetombo, of doos, zeer proper, gelijk een slang', draagt hij hem over aan de 'ratelwacht', een ambtenaar die Sewel beschrijft als een nachtwacht die 's nachts zijn ronden loopt, ratelt en elk half uur roept hoe laat het is.[54] De volgende dag wordt de ploert gestraft doordat hem 'de vliegen zoodanig van 't lijf gejaagd werden, dat ik hem sedert nooit meer vernomen heb' (*Uit*, 100).

Valentijns liefde voor muziek is verrassender. Zelfs zijn vijandige superieuren in Ambon gaven toe dat hij een mooie stem had (*Priangan*, i. 276). Hij maakte graag muziek met kolonialen die daar ook voor voelden (*Uit*, 44-5, 64-5) en uit zijn beschrijving van Ambon blijkt dat hij goed op de hoogte schijnt te zijn van inheemse instrumenten, musici en hun manier van zingen (ii. 164-5). Muziek inspireerde hem ook tot een van de aantrekkelijkste passages in *Oud en Nieuw Oost-Indiën.*

> Gelyk men hier tegen den avond een ongemeen vermaak, en een groote verquikking, by 't zitten en 't wandelen in de lichte Maan, heeft, alzoo is het een van de grootste uitspanningen hier, dat men tegen 9, 10, en 11 uren nu en dan by hoog water eenige vaartuigen met allerlei speeltuigen, en voor al van blaas-tuigen en musicyns heeft, die zeer stil door de gragten komen aan scheppen en een ongemeen fraei muzycq (dat een heerlyke weergalm tegen de huizen geeft, en waar by zig ook wel stemmen voegen) aanregten, werdende van een ander vaartuig met jong gezelschap kort 'er agter gevolgt. Ik heb wel halve nagten daar na, zonder verzadigd te konnen werden, leggen luisteren, en heb zoo volmaakte concerten, die van enkele slaven op de hand-viool, viool di gamba, harp, cither, of guitaire, en wat dies meer, meesterlyk uitgevoerd wierden, daar gehoord, dat zy van geen concert in 't Vaderland verbeterd konden werden.
> Men kan zich ook geen vermakelyker stad in de wereld, om te wandelen, verbeelden, alzoo men hier langs de gragten niet alleen allerlei, en veel welriekende bloemboomen, maar ('t geen men nergens anders zoo vond) die men het geheel jaar door groen heeft. (iv. 1. 365-6)

Bij Saint-Simon, maar nog meer bij de vaak stugge Hollandse predikant, is men verwonderd wanneer men een natuurlijk gevoel voor humor ontdekt. De Franse en de Nederlandse schrijver hadden beiden oog voor het absurde, wat waarschijnlijk de reden is waarom zij allebei van roddel hielden en meesters in het anekdotische proza waren. Valentijn valt zichzelf voortdurend in de rede om een goed verhaal te vertellen, zelfs als het niets met de stof te maken heeft. Zo is er bijvoorbeeld het verhaal hoe een schoenmaker een fiscaal, in sociaal opzicht zijn meerdere, om de tuin leidt. Het verhaal staat midden in een verslag over de luxueuze levensstijl van de Hollanders in Batavia. Valentijn, wie anders, denkt dat zij berispt moeten worden om hun levenswijze, in het bijzonder door degenen 'die dat anderen behooren te beletten. Men heeft my daar een geval van verhaald, dat ik niet wel voorby gaan kan hier in te lassen, alzoo ik den Heer Fiscaal, die man zegt dit gebeurt te zyn, zeer wel gekend heb, en 't geval te aardig vind, om het den lezer niet mede te deelen' (iv. i. 363). Verder is er een incident op het eiland Sint-Jago[55], als een Portugees de hoed en de pruik van de scheepsassistent steelt (*Uit*, 45) en een scène aan boord van een schip als de hofmeester, Faro, op een slingerend en stampend schip een grote pot niervet probeert vast te houden. Hij valt en slaagt er niet in op te staan, omdat hij op het vet blijft uitglijden terwijl hij door de wind wordt bestookt; het is een slapstick-scène Chaplin waardig (*Uit*, 116). Overal in *Oud en Nieuw Oost-Indiën* staan vele amusante verhalen die vergelijkbaar zijn met dat van de schoenmaker en de fiscaal. Het laat zich lezen als een *fabliau*, vergelijkbaar met de verhalen van Miller en Reeve in de *Canterbury Tales* van Chaucer.[56] Er is ook zijn wrange afsluitende opmerking over de soms ongelooflijk vlotte huwelijken die in de koloniën werden gesloten. 'Diergelijk schielijk huwelijk heb ik nog eens op Batavia van eenen Bayle gezien, maar moet bekennen, dat het leifdevuur daar wonderlijk schielijk bij deze gelieven moet vonk gevat hebben, alzoo er mede maar een dag tusschenbeide was. Echter zijn dit beide zeer goede huwelijken geweest, schoon daar geen tijd was, om malkanders aard of gedrag te leeren kennen' (*Uit*, 59). En ik denk, of ik het nu wil of niet, dat zijn opmerking over het gebit van de Ambonezen een schimpscheut is naar zijn landgenoten. Hij vertelt dat bepaalde dingen die de Ambonezen doen de Hollanders 'misstaan', zoals hun 'lange nagels, met Lacca ('t geen anders Alcanna by de Arabiers genaamd werd) rood gemaakt', maar dit geldt niet voor hun 'witte en zuivre tanden zeer gemeen, veragtende veele Europeers, die geele of blaeu-begroeide tanden hebben, een zaak, waar in zy ons buiten alle tegenspraak overtreffen' (ii. 165).

Valentijns gevoel voor humor, zijn voorkeur voor het absurde en het dramatische, zijn droge geestigheid en zijn voorliefde voor treffende details zijn allemaal dingen die iemand tot een goed prozaschrijver maken. En het is waar dat als de historische waarde van Valentijns werk zou verdwijnen, men hem nog altijd zou moeten prijzen als een van de beste schrijvers van zeventiende-eeuws Nederlands proza. Zijn beschrijvingen van mens en maatschappij zijn gesteld in een stijl die volgens de uitdrukking van Johnson 'een niet kunstmatige majesteit' bezit. Alleen Valentijns drang om volledig te willen zijn, leidt, net als bij Saint-Simon, de aandacht van de lezer af. Valentijns Nederlands is krachtig, met plotselinge zinswendingen en een ongewoon beeldend vocabulaire. De meeste commentatoren hebben gewezen op zijn hardnekkige weigering een taalgebruik te bezigen dat was gebaseerd op buitenlandse leenwoorden – hij versmaadde zelfs woorden als 'gouverneur' en 'admiraal'. Dit was geen pedanterie van zijn kant. De officiele documenten van de Compagnie zaten er vol mee. De officiële correspondentie van Herbert de Jager lijkt bijvoorbeeld wel een slechte Franse vertaling uit het Nederlands.[57] Valentijns gewoonte was misschien weer een uiting van zijn conservatisme, maar in dit geval is het een aanbevelenswaardig conservatisme. Zijn kleurrijke idioom gaat in het Engels verloren, maar van zijn levendige schildering van details, zoals wanneer een maansverduistering een 'Maan-swym' (ii. 146) wordt genoemd, kan men ook in vertaling genieten. Wanneer hij opmerkt dat de Ambonezen heel oud plegen te worden, verwijst Valentijn naar een man die 'zoo oud was, dat hem de geheele ruggestreng was uitgekalkt, en zoo bloot, dat men ider leedje, als dat van een Japansche rotting, leggen zag' (ii. 181). De Portugese gouverneur van Sint-Jago leefde volgens de beschrijving in een hoogst deerniswekkende toestand; de houten vloer van zijn officiële residentie was 'gevaarlijk-doorluchtig' (*Uit*, 46), waarbij het woord 'doorluchtig' natuurlijk dubbelzinnig is. De gouverneur had een priester bij zich met 'een zeer breedgeranden hoed op zijn kaal hoofd (een heerlijk zonnescherm, als hij naar buiten gaan wilde)'. De wachtcommandant op hetzelfde eiland maakte de indruk van een doodgewone kleermaker; toen de Nederlandse scheepsofficieren hun opwachting kwamen maken deed hij wanhopige pogingen een oude rode mantel over een geel hemd aan te trekken. De mantel leek ofwel 'voor hem niet (...) gemaakt, of door hem in langen tijd niet gebruikt te zijn, en schoon hij er al vrij wat mager uitzag, had hij echter veel werk, om er zich als in te schroeven' (*Uit*, 49).

Valentijn was een goed prozaschrijver zolang het niet ging over zijn eigen ervaringen met plaatsen, mensen en gebeurtenissen. Hij kon een zuiver, krachtig proza schrijven, dat op zijn beste momenten deed denken aan de stijl van de scheepsjournaals. De inhoud was misschien aanvechtbaar, omdat Valentijn een ideologie propageerde, maar zijn verdiensten als schrijver zijn onmiskenbaar. Dit wordt duidelijk als men zijn werk vergelijkt met dat van Samuel Purchas (1577-1626), ooit de assistent van Hakluyt en voor sommigen 'de onbekwame werkman' die het 'grootse bouwwerk' van Hakluyt verminkte.[58] Purchas' monumentale werk (de moderne 'Glasgow-editie' bestaat uit twintig delen), *Hakluytus Posthumus of Purchas His Pilgrimes, Containing a History of the World in Sea Voyages and Lande Travells by Englishmen and Others* (1625) vertoont een aantal overeenkomsten met Valentijns *Oud en Nieuw Oost-Indiën.* Beide zijn compilaties die voornamelijk bestaan uit het werk van anderen. Geen van beide kan aanspraak maken op 'wetenschappelijke' verdiensten, zoals men wel kan doen voor hun respectievelijke leermeesters, Hakluyt en Rumphius, maar in beide werken is veel materiaal vastgelegd dat anders verloren zou zijn gegaan. Evenals Clusius waren beide mannen mensen die uittreksels en samenvattingen maakten en die zich niet bekommerden om het behoud van de integriteit van het origineel. Purchas was echter eerlijker omdat hij bescheidener was: hij noemt altijd zijn bronnen en probeert niet met andermans veren te pronken. Valentijn had, zoals we zagen, in dit opzicht geen scrupules. Beide chauvinistische protestanten waren onverbeterlijke patriotten en deelden een haat tegen 'papisten' en 'Portugezen', hoewel Purchas een speciale, uit afgunst geboren afkeer reserveert voor de Nederlanders.[59] Beide geestelijken waren abominabele dichters.

Purchas was beter in het ontwerpen van zijn spektakel dan Valentijn. Terwijl hij vasthield aan Hakluyts schema, rangschikte hij de enorme hoeveelheid materiaal volgens een aanwijsbaar plan. Valentijn daarentegen schijnt zijn materiaal naar willekeur te hebben laten aangroeien. Maar het grootste verschil tussen de verder opmerkelijk overeenkomstige ondernemingen is dat Valentijn de betere prozastilist is en dat hij, omdat hij geen sedentair leven leidde (hoezeer hij daar ook naar streefde), meer te vertellen had dan Purchas ooit zou kunnen. De stijl van de Engelse predikant is op uiteenlopende manieren getypeerd: als 'duf',[60] als 'geaffecteerd',[61] en als 'breedsprakige retoriek'.[62] Geen van deze kritische beoordelingen zou op Valentijn van toepassing zijn. De Hollandse pastor zondigt inhoudelijk, maar niet in stijl. Afhankelijk van de aard van zijn onderwerp en vaak van het proza dat hij had ontvreemd, kan Valentijn langdradig of saai zijn. Een voorbeeld is de kerkgeschiedenis die het hele derde deel van *Oud en Nieuw Oost-Indiën* beslaat. Maar als hij om welke reden dan ook werd uitgedaagd om fel en geestig te schrijven, produceerde Valentijn gedenkwaardige pagina's, zoals bijvoorbeeld het 'leven' van Maetsuycker (iv. i. 303-4), zijn verslag uit de eerste hand van de campagne van 1706 tegen Soerapati (v. 151-93), de losse verhalen die door het werk gestrooid zijn,[63] of het verhaal van zijn eigen zeereizen in het tweede stuk van het vierde deel. Een mooi voorbeeld van een dramatisch verhaal is wat Valentijn vertelt over een 'seur' of boekhouder. De man heeft werkelijk bestaan (*Priangan*, i. 22) en zijn vreemde en gewelddadige gedrag laat zich lezen als een modern absurdistisch sprookje. Iets dergelijks zal men bij Purchas nooit lezen.

Er zijn vele overeenkomsten tussen deze twee enorme ondernemingen, maar Purchas zal degene blijven die de inspanningen van anderen verzamelt en samenvat, terwijl Valentijn daarnaast een scheppend prozaïst en een oorspronkelijk stilist was. De sleutel voor zijn succes als schrijver ligt in zijn persoonlijkheid. Terwijl Purchas wordt beschreven als iemand met een gebrek aan waardigheid, kruiperig en nederig,[64] zagen we dat Valentijn daarentegen onbeschaamd, brutaal, trots, ruziezoekend en rancuneus is, het toppunt van eigenwaan. Dat zijn twijfelachtige eigenschappen voor een geestelijke, maar zij kunnen voor een schrijver diens redding betekenen.

Eeuwenlang werd Valentijns *Oud en Nieuw Oost-Indiën* gebruikt als de meest uitvoerige en gezaghebbende bron betreffende het Nederlandse koloniale rijk, maar de literaire kwaliteiten ervan werden pas aan het einde van de negentiende eeuw herkend. Zelfs een moderne en gevreesde criticus als E. du Perron (zie hoofdstuk 13) gaf toe dat Valentijn 'een opmerkelik goed verteller (...) in proza' was.[65] Maar of men hem nu leest als historische bron, als een schatkamer van vreemde gebruiken en exotische details, of om zijn literaire kwaliteiten, men ontkomt niet aan de man zelf. Maria Dermoût (1888-1962) begreep dit beter dan wie ook. Als een van de fijnzinnigste koloniale schrijvers plunderde zij *Oud en Nieuw Oost-Indiën* voor de gebruiken en legenden die ze nodig had voor haar buitengewone romans.[66] Ook zij kende een vorm van diefstal, want alle creatieve schrijvers zijn tot op zekere hoogte eksters. Het is echter nogal wat anders of men feiten oppikt om ze tot leven te brengen met het vlees van de fantasie, of dat men, zoals Valentijn doet, wetenschappelijke bronnen verduistert en deze vervolgens als eigen inzichten presenteert. Je zou denken dat voor een vrouw die een diepe genegenheid voor Rumphius voelde, wiens werk ze als 'een openbaring' beschouwde en wiens voorbeeldige leven voor haar liefde en barmhartigheid inhield, een man als Valentijn slechts een gruwel kon zijn. En toch begreep ze zijn tegenstrijdigheden en was ze in staat Valentijn in zijn geheel in haar waardering een plaats te geven.

Wij wonen in Ambon, en ik heb Valentijn cadeau gekregen, drie dikke delen in een geel papieren omslag met zwarte ouderwetse letters en krullen bedrukt, *Oud en Nieuw Oost Indien* [sic]. Ik lees er veel in, vooral *Beschrijving der Molucco's*, en *Moluksche zaken* [sic], en leg het weg omdat hij me zo ergert, zo eigengereid! huichelachtig! zoveel van Rumphius gestolen! ik neem het weer op, omdat hij goed opgelet heeft, en vertellen kan.[67]

IV

DE NEGENTIENDE EEUW

7

F.W. JUNGHUHN (1809-1864): VERHEFFING VAN DE TROPISCHE NATUUR

Driemaal is Nederland verwoest door een vreemde mogendheid. De eerste keer door het koninkrijk Spanje in de zestiende eeuw. Twee eeuwen later was het Frankrijk, in het bijzonder tijdens de regering van Napoleon, tot 1813. De Duitse bezetting in de Tweede Wereldoorlog was de derde maal.

In 1813, toen Nederland weer vrij was na de nederlaag van Napoleon in Leipzig, werd het geconfronteerd met een economische ramp. Er werden diverse oplossingen voorgesteld en uitgeprobeerd, maar uiteindelijk dacht men dat het het makkelijkst was de kolonie in Azië te laten betalen voor het herstel van de Nederlandse economie. Voor dat doel introduceerde Van den Bosch het beruchte 'cultuurstelsel', een systeem van gedwongen teelt van marktgewassen in opdracht van de koloniale regering. Dit werkte. Tussen 1831 en 1877 genereerde het stelsel een heleboel geld, dat voornamelijk in Europa werd uitgegeven, maar het stelsel leidde ook tot excessen en corruptie, die echter weer snel werden overvleugeld door de liberale ideologie die de Franse Revolutie had overleefd.

Enkele van de problemen die samenhangen met deze gecompliceerde strijd tussen materialisme en liberale ideologie zullen in de volgende vijf hoofdstukken worden vermeld. In dit hoofdstuk wordt het werk onderzocht van een man die weleens de laatste koloniale intellectueel kan zijn geweest die wetenschappelijke deskundigheid paarde aan literaire begaafdheid. Hoewel een literaire reputatie, als ze eenmaal is gevestigd, behoorlijk stabiel is, gaat de tijd zelden zachtzinnig om met wetenschappelijke reputaties. Hij spaarde Junghuhn niet, de 'Humboldt van Java', die bij zijn leven werd geëerd als geograaf, cartograaf, etnoloog, vulkanoloog, klimatoloog en botanicus, maar nog geen halve eeuw na zijn dood voor niet meer dan een slechte of onbelangrijke topograaf, paleontoloog, linguïst, etnograaf en geoloog gehouden werd.[1] Zijn reputatie als botanicus bleef echter in stand en zelfs degenen die hem kleineerden prezen hem als kenner van de natuur en voortreffelijk schrijver.[2] Juist deze laatste kwalificaties pleiten voor Junghuhns opname in dit boek, benevens het feit dat essays over de natuur in de geschiedenis van de Nederlandse koloniale letteren betrekkelijk zeldzaam zijn.

Tot de twintigste eeuw was de tropische natuur ofwel van weinig belang of een sierlijk literair cliché. De Nederlandse kolonie was een kustkolonie en de wilde binnenlanden (die geacht werden slechts een paar mijl van de kust te beginnen) waren verboden terrein. Zowel in de achttiende als in de negentiende eeuw zouden de Nederlanders hebben ingestemd met de eigenaardige mening van Aldous Huxley van wouden als 'vreemd, afschrikwekkend, fundamenteel en uitermate vijandig voor de mens die erin doordringt'.[3] Zij gaven de voorkeur aan bewerkte natuur, dat wil zeggen bewerkt land dat winst oplevert.[4] De overheersende mening over de natuur in Indië werd op de spits gedreven door Bas Veth (1860-1922), die in zijn boek *Het leven in Nederlandsch-Indië* (in 1900 uitgegeven in Amsterdam) zijn lezers ervan probeerde te overtuigen dat er niets was om de koloniën aan te bevelen, zelfs niet de tropische natuur want deze 'geeft geen vreugde'. Voor Veth was het een begrafenisnatuur, een 'dode pracht', die hij zelfs arctisch wist te maken: voor de repatriërende Europeaan moest alleen al de belofte van Holland voldoende zijn: dan 'ontdooit bij hem de Indische verijzing'.[5]

Junghuhn hield er een volmaakt tegenovergestelde mening op na. Hij had een hartstochtelijke belangstelling voor de tropische natuur, met zijn romantische karakter genoot hij van onbekende streken, en zijn houding tegenover agrarische kolonisatie was hooguit ambivalent. Tot de twintigste eeuw waren de twee grootste natuuronderzoekers van Indië genaturaliseerde Nederlanders geweest die in Duitsland geboren waren. Rumphius offerde, zoals we zagen, zijn gezichtsvermogen op aan de liefdevolle registratie van ook het kleinste Ambonese kruidje en bloempje, terwijl Junghuhns leven werd bekort door zijn ingespannen onderzoek van de vulkanen van Java. Het werk van deze twee mannen – de een bijna microscopisch, de ander meer telescopisch – bleef een unieke uitzondering op de afwijzende regel, tot de tropische natuur in de verhalende literatuur van de twintigste eeuw (met schrijvers als Couperus, Vuyk, Dermoût of Alberts) eindelijk onbelemmerd en ongecensureerd werd gepresenteerd.

Men kan Junghuhns omvangrijke geschriften niet als fictie opvatten, hoewel zijn stijl als het meest blijvende element van zijn werk werd gewaardeerd. Bijna-tijdgenoten prezen zijn 'poëtisch elan' (*poetischem Schwung*), zijn rijke vocabulaire en de ongeëvenaarde wijze waarop hij de 'natuur schilderde', waaruit onvermijdelijk een 'meesterwerk' moest voortkomen.[6] De wetenschappelijke critici voegden hieraan toe dat de andere eigenschap waardoor Junghuhns oeuvre zich onderscheidde bestond in zijn kracht als natuuronderzoeker (*Naturforscher*), iemand die zich scherp bewust was van de natuurlijke omgeving en gezegend met 'het fijn ontwikkelde gevoel voor het schoone in de natuur'.[7] Dit natuurlijke esthetische gevoel werd, naar zij meenden, altijd in toom gehouden door zijn deskundigheid, zijn nauwkeurige waarnemingen en zijn talent om dingen met elkaar in verband te brengen.[8] Met andere woorden, Junghuhn maakte voortreffelijke natuurbeschrijvingen, een literair genre dat voortkwam uit de romantische beweging aan het einde van de achttiende eeuw en dat vooral van belang werd in de literatuur van het negentiende-eeuwse Amerika.

In een poging een indeling van natuurbeschrijvingen te geven, onderscheidde Thomas J. Lyon drie hoofdcategorieën, die, zoals hij onmiddellijk waarschuwt, verre van exact zijn en die 'heel vaak in elkaar overlopen': 'natuurhistorische informatie, persoonlijke reacties op de natuur, en filosofische interpretaties van de natuur'. De bedoeling van de eerste categorie is uitsluitend kennis verschaffen, van de tweede 'het overbrengen van duidelijk onderricht over de feiten van de natuur [binnen] een literair kader', terwijl bij de derde categorie 'interpretatie overheerst en de natuurhistorische feiten of de persoonlijke ervaringen beslist secundair zijn'.[9] De onderdelen van Junghuhns werk die kritische aandacht verdienen, vallen in al deze categorieën en bevatten ze dikwijls alle drie binnen dezelfde tekst. Deze werken zijn in chronologische volgorde: *Die Battaländer auf Sumatra* (*De Bataklanden op Sumatra*; twee delen; 1847; geciteerd als *Batta*. deelnummer en paginanummer); *Java, zijn gedaante, zijn plantentooi en inwendige bouw* (vier delen; 1850-1853; tweede druk 1853-1854; de laatste geciteerd als *Java*, deelnummer en paginanummer); *Terugreis van Java naar Europa* (1851; geciteerd als *Reis*); en *Licht- en Schaduwbeelden uit de binnenlanden van Java* (1854; geciteerd als *Licht*).

De eerste twee teksten werden in die tijd beschouwd als wetenschappelijke onderzoekingen, maar we zijn ons er tegenwoordig goed van bewust dat als wat placht te worden beschouwd als pragmatische informatie, in geschreven vorm werd overgedragen, elke aanspraak op objectiviteit zeker niet impliciet en in feite toevallig was: subjectiviteit manipuleert de presentatie. In de negentiende eeuw kende men dit nog niet als kennistheoretisch probleem. Daarom waren wetenschappelijke documenten eveneens literaire teksten, verbale boodschappen die trachtten te overtuigen; en overreding maakt gebruik van retoriek en retoriek is stijl.[10] Alexander von Humboldt (1769-1859), waarschijnlijk de enige van wie Junghuhn zou hebben erkend dat hij hem als voorbeeld bewonderde en de invloedrijkste wetenschapsbeoefenaar van de eerste helft van de negentiende eeuw, gaf deze wens om effect te sorteren graag toe: in het voorwoord van *Kosmos*, dat grote werk van zijn oude dag, schreef Humboldt dat hij wilde aantonen dat 'een bepaalde mate van wetenschappelijke volledigheid in de behandeling van afzonderlijke feiten niet geheel onverenigbaar is met een schilderachtige stijl'.[11] Junghuhn vroeg zijn lezer excuus voor een soortgelijke bedoeling: hij verontschuldigde zich ervoor dat hij zijn ongewijzigde veldnotities had gebruikt om zijn taferelen van Java te schilderen hoewel hij zegt dat zij 'meerdere frischheid der beelden, en de levendigheid der schilderingen van natuurverschijnselen' (*Java*, i. 48) bieden. Evenals in andere werken uit die tijd vormden wetenschap en poëzie nog een vruchtbare eenheid in Junghuhns natuurgeschriften, hoewel de tegengestelde eisen van nauwkeurigheid enerzijds en gevoeligheid anderzijds soms spanning konden veroorzaken en om een beslissing vroegen. Een analyse van deze werken als literaire teksten wijst erop dat Junghuhn in de meeste gevallen overhelde naar de kant van de literatuur en intussen vorm gaf aan een uitzonderlijke visie op de Indonesische natuur, waarbij hij er steeds van overtuigd was dat hij een onbevooroordeeld beeld van de werkelijkheid gaf. Junghuhn werd zijn leven lang geplaagd door disharmonie. Het schijnt dat hij een terugkerend gevoel van vervreemding en dubbelheid slechts kon overwinnen wanneer hij helemaal alleen was met de natuur. Het past dan ook goed dat hij in zijn eerste gepubliceerde werk, *Reisen durch Java* (1845), de wanhopige woorden van Faust citeert – 'Zwei Seelen wohnen, ach! in meiner Brust' (helaas, twee zielen wonen in mijn borst) –, een kreet die ook het dilemma van de romantische kunstenaar samenvat.[12]

Hij werd in 1809 geboren in Mansfeld (Saksen), in die tijd een stad aan de oostkant van het koninkrijk Pruisen.[13] Zijn vader was een barbier-chirurgijn die wilde dat zijn oudste kind en enige zoon arts werd en die over de middelen beschikte om deze wens te realiseren. Zoals heel gebruikelijk was aan het begin van de negentiende eeuw, was Junghuhn senior een autoritair man, met het gevolg dat, ook al moest de zoon voldoen aan de wensen van zijn vader, zij vaak en heftig met elkaar in botsing kwamen. Om hem op de universiteit voor te bereiden stelde de oude Junghuhn een theoloog aan om zijn zoon op het vereiste toelatingsniveau te brengen. Het privé-onderwijs slaagde, gezien het feit dat Junghuhn zich reeds toen hij pas zestien was als student liet inschrijven, maar de methodiek van zijn leermeester moet weerzinwekkend zijn geweest, want de man bracht hem een levenslange haat tegen georganiseerde godsdienst en het christendom in het bijzonder bij.[14] Als student in Halle en Berlijn studeerde Junghuhn trouw medicijnen, hoewel hij in werkelijkheid de botanie en geologie was toegedaan. De spanning van het generatieconflict kwam op dramatische wijze aan het licht toen de zoon in 1830 een zelfmoordpoging deed. Gelukkig slaagde hij er niet in, maar we weten dat de vader hem om zijn mislukte poging minachtte en de onhandigheid van zijn zoon belachelijk maakte. Het enige positieve gevolg van deze ongebruikelijke kreet om hulp was de toestemming zijn studie voort te zetten in het verre Berlijn in plaats van in het naburige Halle.

Het onbuigzame vaderlijke gezag en de langdurige botsing van twee koppige persoonlijkheden maakten Junghuhn het grootste deel van zijn leven tot een onhandelbaar burger. Hij had altijd onenigheid met zijn meerderen, wilde niet schipperen met rechtvaardigheid en zocht vaak verlichting in de eenzaamheid. Hij werd een eenling die zijn eigen strengste opdrachtgever was. Anderzijds duiden de chronologische feiten erop dat hij ook de wensen van zijn vader honoreerde, want hij legde met succes zijn medische examens af en verdiende tot de dood van zijn vader in 1844 als medicus de kost in het Pruisische, Franse en Nederlandse leger.

De redenen om zijn toevlucht in Afrika te zoeken waren bijzonder en zeker romantisch. Nog als medisch student in Berlijn raakte Junghuhn volgens zijn eigen verhaal op een feest betrokken bij een gevecht en voelde hij zich gedrongen zijn tegenstander uit te dagen tot een pistoolduel. Hoewel het in latere bronnen wordt ontkend, hield Junghuhn vol dat híj gewond werd en dat zijn tegenstander geen schrammetje opliep.[15] Hoe dit ook zij, de koning had duels verboden en overtreders werden zwaar gestraft. Junghuhn had in 1831 als militair arts dienst genomen in het Pruisische leger, hetzelfde jaar waarin het duel plaatsvond, en terwijl hij in en om Koblenz (in het Rijnland) was gestationeerd, schijnt de misdaad te zijn vergeten. Met Kerstmis werd hij echter plotseling gearresteerd, tot tien jaar celstraf veroordeeld en op nieuwjaarsdag 1832 overgebracht naar de militaire gevangenis in de vesting Ehrenbreitstein bij Koblenz. Aanvankelijk gaf het zware vonnis hem het gevoel een 'ongelukkig slachtoffer van een harde tirannie' te zijn, terwijl de schrik hem volgzaam en toegeeflijk maakte.[16] Maar gedurende de volgende twintig maanden werd de gedachte aan ontsnapping een obsessie en moest Junghuhn een uitweg bedenken. Hij wendde een longontsteking voor en werd in januari 1833 overgebracht naar een ziekenhuis in Koblenz. De tijd verstreek en hij slaagde er niet in een ontsnappingsroute te ontdekken. Toen het duidelijk werd dat men op het punt stond hem naar zijn cel terug te brengen, besloot Junghuhn net te doen of hij gek was en hij vertelt ons, zoals past bij de existentiële gespletenheid van zijn leven, dat zijn 'krankzinnigheid zeer methodisch was'.[17] Hij maakte lijsten van zijn vijanden, tekende duivels op de muren en praatte 's middernachts met hen, terwijl hij, geheel in de geest van de romantische verhalen van Tieck, Chamisso of Hoffmann, speelde dat de andere patiënten monniken waren en hijzelf de abt van een klooster. Meer in overeenstemming met zijn bewondering voor de natuur was de bewering dat de raven daar boze geesten, en troepen mussen betoverde prinsessen waren. Een team legerartsen werd om de tuin geleid en gaf opdracht Junghuhn voor observatie in het ziekenhuis te houden. In een septembernacht zag hij zijn kans schoon. Hij liep in de nacht door het Rijnland, passeerde vijandelijke grenswachten, reisde door België (waar hij enig begrip voor zijn lot ontmoette) en verder te voet door heel Frankrijk. Terwijl hij van de hand in de tand leefde en zo nu en dan iets verdiende met tekenen en schilderen, vertelde men hem dat zijn problemen opgelost konden worden door zich bij het Franse Vreemdelingenlegioen aan te sluiten. Volgens het beproefde recept beloofde de sergeant die hem ronselde, dat hij als militair arts bij het Legioen zou komen, maar toen hij in Algiers aankwam werd hij als gewoon soldaat bij de garnizoensdienst ingedeeld. Ironisch genoeg gingen romantische vooroordelen over het Vreemdelingenlegioen in Junghuhns geval niet op. Afgezien van zijn deelname aan één strafexpeditie tegen Arabische soldaten, mocht de jonge rekruut wat botanisch veldwerk doen, kreeg hij toestemming een aantal ruïnes te bezoeken, en werd hij na slechts vijf maanden dienst als legionair, in juni 1834, ontslagen als 'ongeschikt voor de dienst' en naar Frankrijk teruggestuurd.[18] Een maand later was hij als burger terug in Parijs.

Junghuhns eerste liefde was de mycologie. Zijn eerste publicatie (1830) was een wetenschappelijk artikel, in het Latijn, over paddestoelen, zodat hij waarschijnlijk wist dat C.H. Persoon (1761-1836), de grondlegger van de moderne mycologie, sinds 1802 in Parijs woonde. Junghuhn slaagde erin hem op te sporen, maar trof slechts een misantropische oude man aan die hem de raad gaf dienst te nemen in het Nederlandse koloniale leger en uit te reizen naar Indië. Maar hij moest zichzelf eerst zuiveren, en met de steun van Alexander von Humboldt vroeg hij de koning van Pruisen om kwijtschelding, en ontdekte dat die al veertien maanden geleden was verleend. Na een kort verblijf thuis in

Duitsland legde Junghuhn de nodige officiële examens af en voer in juni 1835 naar Java als 'Officier van Gezondheid derde klas'; zo begon een verblijf van bijna dertien jaar in de tropen.

Als onverschillig geneesheer kwam hij spoedig vanwege plichtsverzuim in moeilijkheden, waaruit hij werd gered door zijn meerdere, E.A. Fritze, die hem onder zijn hoede nam en Junghuhn, tot officiële medewerker op zijn inspectiereizen maakte. Fritze, die tweemaal zo oud was als Junghuhn, stierf twee jaar later, in 1839. In 1840 belastte de toekomstige gouverneur-generaal Merkus Junghuhn met een onderzoek van het Batak-gebied op Sumatra, waaraan hij in zeer moeilijke, vaak levensgevaarlijke omstandigheden twintig maanden besteedde. Hij publiceerde zijn waarnemingen in 1847. Op dat tijdstip was zijn vader gestorven, was hij ontheven van militaire dienst, benoemd tot lid van de Natuurkundige Commissie en had hij een beschrijving van zijn reizen door Java gepubliceerd. Een jaar later zeilde hij naar Europa om te beginnen aan een lang verlof van zeven jaar. Hij reisde niet langs de gebruikelijke route maar ging per boot naar Suez, per reiswagen naar Egypte, opnieuw per boot van Alexandrië naar Triëst en zo over land naar Nederland. In 1851 publiceerde hij een verslag van zijn reis. Hij verbleef in Leiden terwijl hij zijn belangrijkste werken schreef en publiceerde de vier delen van *Java* (uitgegeven tussen 1850 en 1854), een catalogus van de planten die hij zowel op Sumatra als op Java had ontdekt en verzameld getiteld *Enumeratio plantarum, quas in insulis Java et Sumatra, detexit Fr.Junghuhn* (uitgegeven tussen 1851 en 1856), en zijn filosofische verklaring *Licht- en schaduwbeelden* (anoniem gepubliceerd in 1854 en pas bij de vierde druk in 1866 onder zijn eigen naam). Als logisch vervolg op de laatste publicatie richtte Junghuhn in 1855, samen met negen gelijkgezinde geesten, het voor vrijdenkers bedoelde tijdschrift *De Dageraad* op.

Hij trouwde in 1850 en keerde in 1855 met zijn vrouw naar Java terug. Hij had de rang van inspecteur gekregen en was belast met de taak de kinateelt te vestigen. Hiermee hield hij zich tot zijn dood bezig en dit verwikkelde hem in nog meer wetenschappelijke en professionele uiteenzettingen en discussies.[19] Ironisch genoeg werd Junghuhn vooral bekend als de grondlegger van de kinineproductie in Nederlands Oost-Indië, terwijl zijn veel indrukwekkender prestaties als natuuronderzoeker slechts door weinigen werden erkend. Hij stierf in 1864, pas 54 jaar oud, in Lembang op West-Java. Zijn betekenis als pionier-natuuronderzoeker staat nu vast, en evenals bij Rumphius worden Junghuhns verdiensten als botanicus als even groot beschouwd als zijn literaire vaardigheden. Geschreven op een pragmatisch lyrische toon, biedt Junghuhns beste werk zijn lezers een eerbiedige doch weloverwogen waardering voor de tropische natuur.

Junghuhns wetenschappelijke voorbeeld was Emersons 'homo universalis', Alexander von Humboldt (1769-1859), die al een beroemdheid was toen Junghuhn geboren werd en later de beroemdste man van Europa werd genoemd, de evenknie van Napoleon. Men doet Junghuhn niet tekort als men zegt dat de prestaties van Humboldt groter waren, al was het alleen al in omvang en gevarieerdheid, want het succes van de Pruis was overweldigend, zelfs in die verbazingwekkende tijd toen het optimisme van de Romantiek sommigen inspireerde tot zeer ambitieuze ondernemingen. Levendigheid, zowel geestelijk als fysiek, was een van de belangrijkste eisen van de romantische beweging en Humboldt had zich over zijn tijd niet nauwkeuriger kunnen uitdrukken dan toen hij in 1822 aan zijn broer Wilhelm schreef: 'Wij leven in een eeuw waarin niets op zijn plaats blijft.'

De grote vooruitgang waartoe de Romantiek in de negentiende eeuw inspireerde, was niet langer gebaseerd op academische speculaties maar op het onderzoek van de dingen aan de bron. In Duitsland kan men wijzen op het werk van de gebroeders Grimm op het gebied van folklore en filologie of op Humboldts eigen grandioze poging, in *Kosmos*, om (zoals de ondertitel zegt) 'een fysieke beschrijving van het heelal' te bieden; in Engeland was er Darwin, met vijf avontuurlijke jaren op de Beagle gevolgd door zijn uitgebreide onderzoek dat zijn alomvattende evolutietheorie ondersteunde; in Finland verzamelde Elias Lönnrot in een tijd van twintig jaar traditionele liederen, lyriek en magische formules van ongeletterde boeren en ontdekte en bewaarde zo het mondelinge heldendicht van Finland, de *Kalevala* (eerste uitgave door Lönnrot in 1835); en in de Verenigde Staten bereisde Audubon te paard de jonge republiek om álle vogels en viervoeters af te beelden binnen één 'tastbaar beeld van de Nieuwe Wereld'.

Deze herculische ondernemingen werden gedreven door een aanstekelijk optimisme. De metafoor die er het best bij past, is misschien de titel van Humboldts onvoltooide laatste werk: *Kosmos* (1845-1862). De titel alleen al sprak van een geloof in de harmonieuze orde van de fysieke wereld en sprak onbevreesd uit dat alles behandeld zou worden 'wat we vandaag weten van de verschijnselen van de hemelruimten en van het leven op aarde, van de sterren in de nevels tot de geografie van mossen op granietrotsen, en wel in een boek dat de verbeelding prikkelt door zijn levendige taal'.[20] De prolegomena voor deze hoogste synthese was een lang leven vol ongelooflijke activiteit. Daar waren bijvoorbeeld vijf jaren van reizen met Bonpland in Latijns-Amerika, waar Humboldt de berg Chimborazo in Peru beklom (waarmee hij de volgende zesendertig jaar het hoogterecord bergklimmen bezat); Humboldt bevestigde de verbinding tussen de Orinoco en de Amazone, reisde talloos veel kilometers door ongerept gebied en verzamelde zo'n enorme rijkdom aan gegevens in zo'n diversiteit aan onderzoeksrichtingen dat het hem eenentwintig jaar kostte om zijn bevindingen op een rij te zetten en te publiceren onder de algemene titel *Voyage de Humboldt et Bonpland* (1807-1834). Ten slotte bestond het uit dertig delen; het werd echter nooit voltooid en was zo duur dat het de schrijver financieel ruïneerde en hij niet eens een exemplaar van de reeks voor zichzelf kon houden. Deze enorme inspanning bewaarde echter zijn roem voor het nageslacht. Humboldt bedacht en introduceerde bijvoorbeeld het idee van isothermen (lijnen die plaatsen met een gelijke temperatuur met elkaar verbinden) en ontwikkelde het begrip 'plantengeografie' aan de hand van het toen nieuwe idee dat organisch leven wordt beïnvloed door fysieke factoren in zijn omgeving. Feitelijk loopt de centrale stelling van zijn werk vooruit op het hedendaagse begrip ecologie. Verder mat hij de snelheid van oceaanstromen en legde hij de grondslag voor de studie van de oceanografie; zijn metingen van afnemend magnetisme tussen de polen waren baanbrekend; een bijdrage aan de geologie leverde Humboldt met zijn onderzoek naar de bergketens van de Nieuwe Wereld in de vorm van belangrijke theorieën over het ontstaan en de verspreiding van vulkanen en hun seismologische eigenschappen; en zijn uitvoerige en sympathieke beschrijvingen van Mexico en Cuba kan men opvatten als de eerste voorbeelden van de hedendaagse culturele en politieke antropologie.

De populairste werken van Humboldt waren: *Ansichten der Natur* (1807), in 1850 in het Engels uitgegeven (*Views of Nature*); het eerste deel van zijn enorme Zuid-Amerikaanse opus, *Voyages aux régions équinoxiales du nouveau continent fait dans les années 1799 à 1804 par Alexandre de Humboldt et Aimé Bonpland*, uitgegeven in Parijs tussen 1814 en 1819 en in 1825 in het Engels in Londen uitgegeven als *Personal Narrative of Travels to the Equinoxial Regions of the New Continent during the Years 1799-1804*; en *Kosmos* (eerste twee delen 1845 en 1847, derde en vierde tussen 1850 en 1858, en het vijfde postuum in 1862), dat in de uitgebreidste Engelse editie in 1888 werd gepubliceerd als *Cosmos: A Sketch of a Physical Description of the Universe.* Het eerstgenoemde werk was voor Junghuhn belangrijk omdat het hem liet zien dat 'de combinatie van een literair en zuiver wetenschappelijk doel, de wens om de verbeelding te prikkelen en tegelijkertijd het leven te verrijken met nieuwe ideeën door de toename van kennis' mogelijk was binnen een 'eenheid van compositie'.[21] In zijn monumentale beschrijving van Java stelde Junghuhn op soortgelijke wijze dat hij een wetenschappelijk verantwoorde 'physico-geographische' beschrijving van het eiland wilde geven (i. 43) waarbij hij wilde afzien van lange topografische beschrijvingen omdat deze 'droog en vermoeijend voor den lezer' waren (i. 44). In *Ansichten* had Humboldt bewezen dat (in zijn eigen woorden) 'losse, ter plekke geschreven fragmenten' op een boeiende wijze onderdeel van het geheel konden uitmaken, maar hij was bang dat zo'n 'esthetische wijze om natuurhistorische onderwerpen te behandelen in de praktijk vol grote problemen' was en hij voelde dat zijn boek ontsierd werd door 'overvloedige voorbeelden van zulke afwijkingen en van zo'n gebrek aan eenheid'.[22] Junghuhn is eveneens terughoudend aangaande zijn veldnotities en hun opname: 'Moge de gelijkvormigheid van stijl en voordragt in dit werk daardoor eeniger mate hebben geleden, zo hoop ik, dat dit nadeel eenigzins zal zijn vergoed geworden door de meerdere frischheid der beelden, en de levendigheid der schilderingen van natuurverschijnselen' (*Java,* i. 48). In *Kosmos* zou hij nog meer steun hiervoor gevonden hebben in de opmerking, geformuleerd met Humboldts karakteristieke gebruik van litotes, dat 'een bepaalde mate van wetenschappelijke volledigheid in de behandeling van afzonderlijke feiten niet geheel onverenigbaar is met een schilderachtige stijl'.[23]

Junghuhn had niet alleen steun gevonden voor een speciale esthetica en een manier van schrijven over de natuur, hij ontdekte ook een natuurfilosofie waarmee hij kon instemmen. Ondanks zijn vele en gevarieerde prestaties in een heel scala van specialisaties, had Humboldt altijd gedroomd van een synthetische visie (in feite vanaf 1794, toen hij al de gedachte van een *physique du monde* koesterde), en wilde hij de natuur weergeven 'als één groot geheel, bewogen en bezield door interne krachten'.[24] Hij vatte de kosmos op als 'een harmonie die alle geschapen dingen, hoe verschillend ook in vorm en eigenschappen, met elkaar verenigde; één groot geheel, bezield door de adem van het leven'.[25] Dit werd ook het credo van Junghuhn. Hij verwoordde het kort in de laatste zin van *Licht- en schaduwbeelden*: 'Schoone, onuitputtelijke, door Gods adem bezielde natuur'. Het pantheïsme dat Junghuhn en Humboldt deelden was geen blinde verering maar een conclusie die berustte op wetenschappelijke bewijzen. Humboldt definieerde wetenschap als 'de inspanning van de geest toegepast op de natuur', een elegante definitie die des te inspirerender is vanwege haar organische inslag. Daarom zou het een vergissing zijn te denken dat Humboldt of Junghuhn keken door een wolk van romantische onwetendheid; integendeel, zij onderzochten de natuur 'rationeel [sic], dat wil zeggen, onderwierpen haar aan de processen van het denken [en ontdekten dat ze] een eenheid in verscheidenheid van verschijnselen is'.[26] Beide mannen spanden zich in om in het veld bewijzen voor hun geloof te vinden, geholpen door wetenschappelijke hulpmiddelen en hun zintuigen. Zowel Humboldt als Junghuhn was in zijn tijd een rigoureuze wetenschapper maar wat voor onze analytische tijd zo romantisch blijft is hun zelfvertrouwen en geestkracht. Als zij klaar waren met hun onderzoek, konden zij pauzeren en serene rust ontdekken te midden van onophoudelijke verandering. Hun wereld was een stralende wereld die nog troost kon bieden.

Junghuhn vond in Humboldt een methode, een stijl en een geloof. Hij citeert Humboldt overal in zijn werk, citeert hem vaker dan geliefde dichters zoals Schiller, Goethe en Shakespeare. Andere wetenschappelijke verwijzingen zijn zeldzaam, omdat hij het idee had dat hij pionierswerk verrichtte. Zijn Pruisische landgenoot beval zelfs een specifieke locatie aan omdat niemand vóór Humboldt de grootsheid en variatie van de tropische natuur zo onvermoeibaar had geprezen. Dit aspect van Humboldts werk beïnvloedde ook Darwin. Humboldts *Personal Narrative* was een van de weinige boeken die Darwin meenam op zijn gewichtige reis met de Beagle tussen 1831 en 1836, en overal in de notitieboeken die de basis van zijn revolutionaire theorieën vormen, verwijst hij naar Humboldt. Darwin merkt op: omdat 'de kracht van indrukken over het algemeen afhangt van vooropgezette ideeën, mag ik eraan toevoegen dat de mijne ontleend zijn aan de levendige beschrijvingen in het *Personal Narrative* van Humboldt, die qua verdienste alles wat ik heb gelezen verre overtreffen'.[27] Op één punt schreef hij vanuit Zuid-Amerika naar Engeland: 'vroeger bewonderde ik Humboldt, nu vereer ik hem bijna; alleen hij geeft enig idee van de gevoelens die in je opkomen als je de tropen betreedt.'[28]

Tot de specifiekere voorbeelden van de intellectuele verwantschap tussen

Humboldt en Junghuhn behoort hun gedeelde hartstocht voor wat men wetenschappelijk alpinisme kan noemen, hoewel Junghuhns onvermoeibare onderzoek van de bergen van Java veel meer van een obsessie heeft dan de eenmalige bedwinging van de bergtop in Peru door Humboldt. Toen Humboldt in 1802 de berg Chimborazo beklom, was het in feite nog geen halve eeuw geleden dat men de bergen had ontdekt als esthetische voorwerpen, en toen Junghuhn de vijftig vulkanen op Java en Sumatra beklom niet meer dan driekwart eeuw. Natuurlijk waren er altijd bergen geweest maar de westerse geest gunde hun pas een bestaan toen Rousseau in *La Nouvelle Héloïse*, uitgegeven in 1761, in zijn eentje hun schoonheid uitvond.[29] Zoals Michel Tournier opmerkte, waren bergen vóór Rousseau hoogstens 'afschrikwekkende nabootsingen van de hel', terwijl hun schoonheid na 1761 plotseling 'vanzelfsprekend' was.[30] Junghuhns beschrijving van Java had dezelfde functie voor de bergstreken van dat eiland: na zijn lofredes op de Indonesische vulkanen kon men er nog altijd bang voor zijn, maar men kon hun sublieme aanwezigheid niet langer negeren. Kant had nog niet lang geleden het begrip van het sublieme gedefinieerd in zijn *Beobachtung über das Gefühl des Schönen und Erhabenen* (1764) en zijn *Kritik der Urteilskraft* (1790), en opgemerkt dat men het in de geest moest zoeken en niet in de natuur. In het eerste deel van het eerstgenoemde werk wees Kant bergen duidelijk aan als voorwerpen die verheven gevoelens wekken. Maar een geest moest dit ontdekken en dat is de reden waarom de Alpen vóór Rousseau niet bestonden en waarom Junghuhns obsessie in die tijd zo bijzonder was.[31]

Junghuhns uitvoerige werk over de vulkanen van Java bracht Humboldt ertoe hem in het vierde deel van *Kosmos* lof toe te zwaaien. Hij citeerde vaak en lang uit Junghuhns beschrijvingen van de twee Grote Soenda-eilanden, baseerde grote stukken van het gedeelte over 'echte vulkanen' op *Java*, en prees de auteur ervan als een 'geleerde, dappere, onvermoeibaar actieve natuuronderzoeker'. En voor zijn bespreking van de 'vulkanische eilandenwereld tussen 10 graden zuider- en 14 graden noorderbreedte' was hij helemaal afhankelijk van Junghuhns werk, dat hij niet alleen aanbeval vanwege de beschrijvingen uit de eerste hand van grote vulkanen maar ook vanwege Junghuhns bespreking van sedimentformaties, vanwege 'het eerste voorbeeld van de fossiele flora van een zuiver tropisch gebied', en vanwege diens bewijs van 'geribbelde vorming' (*gerippter Gestaltung*) van Javaanse vulkanen. Algemeen gesproken loofde hij Junghuhn om zijn 'bewonderenswaardige waarnemingen over de structuur van de vulkanen, de geografie van planten en de psychrometrische condities van vocht' in de Maleise archipel.[32]

Humboldts geliefde idee van een 'geografie van planten' werd door Junghuhn toegepast op Java en als zodanig uitgewerkt in het eerste deel van *Java*, een onderdeel van het werk dat lange tijd werd bejubeld om zijn welsprekendheid en nauwkeurigheid.[33] Humboldt had zijn theorie in 1805 gepubliceerd als een afzonderlijk *Essai sur la géographie des plantes* – waarbij hij de Duitse uitgave, die in hetzelfde jaar verscheen, opdroeg aan Goethe, de auteur van *Die Metamorpho-*

se der Planzen (1790) – en haar sterk ontwikkeld in *Ansichten der Natur* en in *Kosmos.* Algemeen gesproken werd de verandering van flora opgevat als het gevolg van variaties in het klimaat. Bij het in kaart brengen van een dergelijke 'geografie' kon Humboldts verlangen naar rationeel onderzoek goed samengaan met het genot van de natuurbeschouwing omdat 'de indruk die het uiterlijk van de vegetatie op de geest maakt, afhankelijk is van de plaatselijke verspreiding, het aantal en de weelderige groei van de plantaardige vormen die in het geheel de boventoon voeren'. Zo 'leidt beschrijvende botanie [mits] niet langer beperkt tot de enge kring van het determineren van geslachten en soorten, de waarnemer die verre landen en hoge bergen bereist tot de bestudering van de geografische verspreiding van planten over het aardoppervlak volgens de afstand van de evenaar en de verticale hoogte boven de zee'.[34]

Ook het project van Junghuhns laatste jaren is mogelijk gestimuleerd door Humboldt. Van 1855 tot zijn dood in 1864 was Junghuhn officieel belast met de introductie van kinabomen in Nederlands Oost-Indië. Op zijn reis in Zuid-Amerika onderzocht Humboldt in de bovenloop van het Amazonegebied de natuurlijke omgeving van de boom (*Cinchona condaminea*) die de 'koortsbast' leverde. In 1807 publiceerde hij een verhandeling over de 'Quina Tree', hij schreef erover in *Ansichten der Natur*, en opnieuw, uitvoerig, in *Plantes équinoxiales* (1805-1817). Zowel Engeland als Nederland stuurde botanici naar de door Humboldt beschreven gebieden om exemplaren mee terug te brengen voor regionale cultivering in hun koloniën. Omstreeks de eeuwwisseling hadden de Nederlanders een monopolie opgebouwd in de productie van kinine op hun uitgebreide plantages op Java. Het was Junghuhn geweest die terecht de bergen boven Bandoeng op West-Java had aangewezen als de beste plaats om de bomen te laten groeien. Hij werd zwaar bekritiseerd om zijn methode de jonge bomen te planten in gevestigde bossen en omdat hij aan één soort (*Cinchona pahudania*) de voorkeur gaf boven alle andere. Hij won niet alleen het debat, zij het postuum, maar met zijn werk legde hij de grondslag voor een zakelijke onderneming die de eerste dertig jaar van de twintigste eeuw een nettowinst opleverde van meer dan vierenhalf miljoen dollar.[35]

Wat hier in het kort is beschreven bepaalde tot op grote hoogte de vorm die Junghuhns werk zou aannemen. Door zijn leven en zijn ongewone avonturen ontwikkelde hij een opstandige visie op het bestaan; de tijd waarin hij leefde stond hem bepaalde intellectuele vrijheden toe, maar verklaarde andere onwettig of gevaarlijk; en Alexander von Humboldt leverde hem een royaal model waaraan hij advies en instemming ontleende. Maar Junghuhn was ook een felle individualist, zodat zijn werk, hoewel onmiskenbaar bepaald door deze bredere factoren, tevens een persoonlijke dimensie vereiste, wilde hij het het zijne kunnen noemen. Daarom zal een nauwkeurig onderzoek van zijn teksten ons een Java onthullen dat in zijn details een product was van aantoonbare feiten, maar dat alles bij elkaar genomen een plaats was waarin de verbeelding gestalte kreeg.

Het gezichtsvermogen is het overheersende zintuig in Junghuhns werk. Misschien mag men dit verwachten van een man die eilanden in kaart bracht, maar het heeft niet alleen met praktisch nut te maken, het wijst op een manier om de wereld te ervaren, een kennisleer zo niet een filosofie.[36] Humboldt wist dat zien meer is dan een mechanisch proces – het hoornvlies dat ergens op wordt gericht en het netvlies dat registreert. Het menselijk gezichtsvermogen is gekoppeld aan begrijpen. Voor hem was het oog 'het middel waardoor we het heelal kunnen beschouwen',[37] een onderwijs, zou Thoreau zeggen, dat veel grootser is dan geschiedenis, filosofie of zelfs poëzie, zodat hij ooit vol verbazing uitriep: 'Hoe groot is de kracht van eenvoudigweg zien.'[38] Die kracht is afgeleid van de fundamentele noodzaak van onze zintuiglijke participatie in de wereld. *Nihil est in intellectu nisi prius fuerit in sensu* ('Niets is in het verstand dat niet al eerder in de zintuigen was'; Nevizanus volgens Aristoteles.) Zien is kennen.

De oude Grieken waren zich van dit feit bewust en erkenden dit met zo veel woorden in hun filosofie en religie. Op zijn verheven plaats in het Griekse pantheon is Apollo de zonnegod, de god van het licht, en dientengevolge de brenger van licht, helderheid, vorm en distantie (objectiviteit). Walter Otto vatte Apollo op als de god die staat voor de 'houding van het kennen. (...) In Apollo worden wij begroet door de geest van helderziende kennis die het bestaan en de wereld confronteert met een ongeëvenaarde vrijheid – de waarlijk Griekse geest die was voorbestemd niet alleen de kunsten maar uiteindelijk elke wetenschap voort te brengen.'[39] Thoreau identificeerde zichzelf met de apollinische geest,[40] en evenals hij probeerde Junghuhn het goddelijke te ontdekken in de natuurlijke wereld, uit de natuurverschijnselen een zinnig plan af te leiden (dat de Grieken en Humboldt *kosmos* noemden), een samenhang die men een wet kan noemen.

Het kennende oog is het oog van de wetenschapsman. In Junghuhns beschrijving van het Batakgebied op Sumatra, geschreven in het Duits, gebruikt hij een aantal malen de onthullende uitdrukking 'belehrende Aussicht' (*Batta.* 20, 231, etc.) – een 'leerzaam uitzicht' dat men alleen van grote hoogte heeft. Zien onderwíjst (*belehren*) en de overdracht van dergelijke kennis is niet mogelijk met een simpele 'aanblik' (of *Ansicht*, een deel van de titel van Humboldts eerste populaire werk: *Ansichten der Natur*) maar alleen met een *Aussicht*, een verre aanblik, een telescopisch overzicht van het landschap dat voor hem ligt. Het oog van de wetenschapper is een bevelend oog maar zelfs dit is blind zonder licht, die onontkoombare voorwaarde om dingen zichtbaar te maken. Op Sumatra was het weer vaak onvoorspelbaar, zodat Junghuhn de vaste punten voor zijn overzichtswerkzaamheden niet kon zien. Op de een of andere manier moest hij hoger komen dan de ongerepte bossen die zo hoog waren dat zij elk panorama verhinderden.[41] Daarom bouwde hij in een hele hoge boom een platform en in dit 'luchtige observatorium tussen Usnea [korstmos] en nevelwolken' wachtte hij drie dagen tot de lucht opklaarde. Toen dat het geval was, overzag de zon met één snelle verlichting het landschap voor hem en maakte onmiddellijk een 'kaart van het Batak-gebied'; in feite was één enkele zonnestraal genoeg om 'een kleine, vreemde wereld' te onthullen waarvan hij het bestaan eerder niet had gekend (*Batta.* 47-8).

Deze passage onthult enkele cruciale zaken die heel goed passen bij een romantische geest. Het ogenblik waarop de zon te voorschijn komt spot met Junghuhns moeizame werk en confronteert hem met zijn ontoereikendheid. De romantici waren meesters van de ironie, en de tekst suggereert, door alinea's naast elkaar te zetten, dat Junghuhn zich bewust was van zijn belachelijke situatie daar hoog op een twijfelachtig platform in een grote 'Leptospermum' [een myrte], met al zijn onhandige instrumenten om hem heen, zonder geschikt gezelschap, rillend, het tegenwerkende weer vervloekend. Maar de volgende alinea, om niet te zeggen de rest van zijn omvangrijke geschriften, wijst erop dat hij stug doorging met zijn werk, een voorbeeld van die hardnekkige wilskracht waaraan zoveel van de gewaagde ondernemingen in die tijd hun kracht ontleenden. Het is een beeld van achttiende-eeuws verlicht rationalisme, onthuld door het licht van een natuurlijke ster dat zowel wreed als stralend was, een licht dat er altijd al was geweest maar zelden was gezien. Het wierp de waarnemer in de twijfel van de negentiende eeuw (*Java*, iii. 1001-2), confronteerde hem met zijn wezenlijke eenzaamheid, en spotte met genadeloze onverschilligheid met zijn vertoon van zelfvertrouwen. Er is maar één manier om zo'n tegenstander te bestrijden: door het behalen van kleine overwinningen. Junghuhn kon nooit de natuurlijke epifanie in het Sumatraanse oerwoud evenaren, maar hij kon kleine feitelijke epifanieën verzamelen.

Het menselijk oog, zelfs het wetenschappelijk oog, heeft voor zo'n taak versterking nodig; daarmee 'wapent' Junghuhn het (*Java*, ii. 326). De wapens worden opgesomd in *Licht- en schaduwbeelden*: 'een aard- en hemelglobe, een sextant en kunstmatigen horizon, een verrekijker, een chronometer, een barometer, een thermometer, een psychrometer, een kompas, een kunstmagneet, een microscoop, een araeometer van Nicholson, een prisma, een draagbare camera obscura, een daguerreotyp-toestel, een kastje met scheikundige reagentia, en andere dergelijke werktuigen der toegepaste wetenschap' (p. 87; zie ook *Java*, i. 99). Hij noemt het 'zinnebeelden van mijn geloof' maar men kan ze opvatten als hulpmiddelen voor de technische beheersing van de wereld. Vele veroveringen zijn totstandgekomen door de symbolen van een geloof, dus lijdt het geen twijfel dat dit gedeeltelijk Emersons 'tirannieke oog'[42] is dat, net als Coopers Dr. Battius in *The Prairie*, classificeert om te overwinnen.[43] Maar Junghuhn bleef een hartstochtelijk wetenschapper in een romantisch tijdperk en daarom eerlijk genoeg om toe te geven dat hij soms twijfelde. Maar in alle andere opzichten komt Junghuhn over als een modelgeleerde. Meten is een vreugde, en Junghuhn had met Walt Whitman kunnen uitroepen: 'Hoera voor de positieve wetenschap! Lang leve de exacte demonstratie!' (*Song of Myself*). Wanneer hij 's morgens boven op de berg Tjikorai wakker wordt, is hij dolblij dat hij zijn theodoliet (een instrument waarmee een landmeter horizontale en verticale hoeken kan meten) nog kan gebruiken omdat de zon nog niet boven de horizon is (*Java*, iii. 582). Zo ging het ook op de berg Tampomas:

> Ik had nu (…), met de grootste inspanning, echter mijn doel bereikt, en was nog bij tijds op den top aangekomen, terwijl alle bergkruinen zigtbaar en zij door de opstijgende wolken nog niet waren omhuld; ik hing mijne thermometers en mijn barometer op, nam peilingen naar alle onderscheidenlijk waar te nemen punten en bezag naauwkeurig, alvorens tot het onderzoek der kruin zelve over te gaan, den terreinvorm van de omringende landschappen, welke hier duidelijk voor mijne blikken ontrold lagen, doch waarvan een groot gedeelte nog behoorde tot de terra incognita! (*Java*, iii. 613; zie ook 675, 779)

Niet het schouwspel maar de gelegenheid inspireerde hem.

Zelfs het serieuze gevaar weerhoudt de onverschrokken wetenschapper niet zijn zorgvuldige waarnemingen vast te leggen. De werkende vulkaan Keloed joeg Junghuhn werkelijk angst aan (*Java*, iii. 696-7), maar hij dwong zichzelf zijn instrumenten te gebruiken en het schijnt dat de feitelijke informatie hier nog overvloediger is dan normaal (696-8, en verder), alsof de redelijke rituelen de angst onder controle houden. Een andere keer vergroten empirische bewijzen zijn moed en kan hij een superieure houding aannemen. In de Diëngketen was een plaats die algemeen bekendstond als Java's Doodsvallei, volgens Junghuhn eigenlijk een 'hol' waaruit soms een dodelijk gas ontsnapte. Uit onderzoek aan het lichaam van een Javaanse man dat van 1838 tot 1840 op de bodem van het hol niet verteerde, concludeerde Junghuhn dat de gevreesde gassen kooldioxide moesten zijn, omdat voor ontbinding zuurstof nodig is en kooldioxide zwaarder is dan de lucht die we inademen en, zoals hij terecht beredeneerde, dicht bij de grond zou blijven in een laag van zestig centimeter (*Java*, ii. 284-5). Hij controleerde zijn waarnemingen proefondervindelijk door een hond met zich mee naar beneden te nemen en hij zag hoe het dier stikte terwijl hij over zichzelf opmerkte dat hij rond kon lopen 'zonder eenige steken hoegenaamd in de longen waar te nemen' (ii. 285).

Hier staat geen dichter op het toneel. Thoreau had geen Javaans lijk en een stervende hond kunnen waarnemen zonder enige emotie te voelen. Kennis wordt overheersend en vreemd aan gevoeligheid. Het feit dat de identiteit van het lijk ('blijkbaar het lijk van een Javaan der lagere klasse') tussen haakjes wordt vermeld (ii. 285) zou een bewijs kunnen zijn van de meedogenloosheid van het kolonialisme. En Junghuhn was ongetwijfeld arrogant,[44] en zeer bepaald (en op een verwarde manier) een voorstander van het kolonialisme. Maar een dergelijke onbewogenheid schijnt veel meer typerend te zijn voor de Europese wetenschappelijke geest, die niet ontvankelijk was voor gevoelens die de rede niet bevorderden of geen resultaten opleverden. Zelfs de aantrekkelijke beschrijving van *The Malay Archipelago* door een sympathieke natuur als Alfred Russel Wallace (1823-1913) is doorspekt met het doden van dieren. Waar deze reizende wetenschappers ook rondzwierven, op aandrang van de wetenschap offerden zij de fauna en flora waarvan zij hadden gedroomd rustig op. Het geweer diende niet alleen ter bescherming, maar was ook een wetenschappelijk hulpmiddel.[45]

Deze negentiende-eeuwse geschriften bevatten nauwelijks tekenen van spijt en Junghuhn is slechts in zoverre een uitzondering dat hij heel zelden zulke voorvallen vermeldt. In het eerste deel van Junghuhn treft men één ander voorbeeld aan, namelijk waar hij met liefde de majesteitelijke Rasamalaboom beschrijft, een van de meest grandioze 'woudburgers' en een uitstekend voorbeeld van de 'majesteit, van de verbazende groeikracht der tropische streek' (i. 443), om slechts terloops te vermelden dat hij de gemiddelde hoogte ervan kende omdat hij er een aantal van had geveld om ze op te meten (i. 441). En dit van een man die meer van bomen dan van mensen hield en vond dat het kappen van wouden een onmenselijke misdaad was. Ten slotte is er een brief uit 1849 aan het Museum voor Natuurlijke Historie in Leiden waarin de directie wordt meegedeeld dat er twee kisten aankomen met een 'schedel en geraamte van een rhinoceros'. Junghuhn noteert zorgvuldig dat hij het dier in 1847 ten zuiden van Bandoeng heeft geschoten. In deel twee van *Java* (ii. 233-4) benadrukt hij het feit dat er in 1847 ten oosten van de vulkaan Slamat, dat wil zeggen in een gebied dat groter is dan de helft van het eiland, geen enkele neushoorn te vinden was. Waarom was hij dan medeplichtig aan de uitroeiing van deze merkwaardige dieren? Junghuhns reden is afschuwelijk pragmatisch: hij had er al eerder een geschoten en naar Leiden gestuurd, maar hij had nooit gehoord of de gift ook was aangekomen, daarom stuurde hij voor alle zekerheid een ander karkas.[46] Zo werden er gewelddaden gepleegd om de wetenschappelijke vooruitgang veilig te stellen. Geen enkele rechtvaardiging kan het gezegde van Wordsworth weerleggen, en de paradox blijft bestaan.

Het oog van de kennis zou beter bewapend kunnen worden met een camera; de natuur 'schieten' zou dan nog maar een beeld zijn. Junghuhn werd inderdaad een hartstochtelijk fotograaf die grote sommen geld uitgaf voor zijn uitrusting en het maken van een groot aantal foto's.[47] Maar de techniek van het tekenen met licht was pas in 1839-1840 gerealiseerd, toen Junghuhn zich voorbereidde op zijn expeditie naar de Bataklanden op Sumatra, en de fotografie bleef veel te lastig en ingewikkeld om tijdens zijn leven van groot belang te zijn.[48] Junghuhn moest het doen met een potlood, en de schetsen en platen die hij tekende om zijn wetenschappelijke verhalen te illustreren, verraden een opmerkelijk talent waarmee hij afbeeldingen van een vreemde schoonheid doch hoogstwaarschijnlijk van twijfelachtig nut voortbracht.

Wetenschap is ook een dominante factor vanwege de alomtegenwoordige wetenschappelijke terminologie. Deze bevordert de schoonheid zeker niet: 'De woudboomen alhier waren hoofdzakelijk Casuarina's en eiken, waar tusschen op vele plaatsen Polyosma ilicifolium Bl. werd aangetroffen, terwijl het kreupelhout merendeels uit Rubus- en Strobilanthes-soorten bestond' (*Java*, iii. 1080). Dit is van belang voor de specialist maar niet aantrekkelijk voor een literair publiek. Om soortgelijke redenen is het laatste deel van Junghuhn het minst interessante van de vier. Hierin beschrijft Junghuhn het 'tertiaire gebergte' van Java in een ongewoon droge, wetenschappelijke stijl die sober en zonder beeldspraak is. Als al zijn werk zo was geweest, zou hij volledig vergeten zijn, omdat het evenals de geschriften van Lamarck een 'proza is [dat] misschien informatief is, maar zeker niet boeiend'.[49] Dat zou tegen zijn uitgesproken program zijn geweest: de lezer een tekst bieden die zichzelf zou aanbevelen vanwege de 'levendigheid der beschrijvingen van de natuur-physiognomie en aan de frischheid der beelden' (*Java*, ii. 470). De meeste tijd slaagde hij hierin; het lijkt er feitelijk op dat Junghuhn na uitgesproken wetenschappelijke passages opgelucht is dat hij in een meer sprekende stijl kan vervallen. De toon verandert dan van strak onderricht in verleidelijke beeldspraak. In het eerste geval wil de auteur louter de onderdelen van het schouwspel meedelen, terwijl hij ons in het laatste geval wil overtuigen van zijn organische schoonheid.

Licht- en schaduwbeelden is helemaal in deze laatste stijl geschreven en is bedoeld om te overtuigen in plaats van te informeren, maar er zijn talloze passages in zijn andere werk waarmee hij hetzelfde beoogt. In het volgende voorbeeld bespreekt Junghuhn het oninteressante onderwerp van klimaatveranderingen. Plotseling steekt een windvlaag op en veranderen de toon en de stijl meer in poëzie, om dan weer terug te keren tot nuttige informatie.

> (...) de drooge weêrsgesteldheid, die, in de maanden Julij en Augustus wordt waargenomen; dan waait er geen westewind, dan worden de benedenste lagen des dampkrings, algemeen genomen, door geen anderen stroom in beweging gebragt dan door de land- en zeewinden, die elkander regelmatig afwisselen. Mogen de zeelieden, die zich aan boord op de reede (van Batavia) bevinden, den landwind hoogst welkom heeten, wanneer hij des avonds, doch menigwerf eerst laat zich verheft, en hij hun den welriekenden geur van het bloemrijke land toevoert, zoo bespeurt men hem op het land zelf in eene zeer geringe mate; stil en helder verstrijkt de nacht, de koelte des dampkrings neemt meer en meer toe, naar gelang het morgenuur nadert en de waterdamp, dien de heeteلucht gedurende den loop des daags opgelost kon houden, is dan neêrgeploft en bevochtigt als een rijke dauw gras en struiken, ja, somtijds ligt hij als eene nevellaag ter dikte van vier à vijf voet op de grasvelden, wanneer de temperatuur – ten gevolge van uitstraling der warmte bij windstilte en heldere lucht – beneden 16,8 graden R. of 70,0 graden F. is gedaald. (*Java*, i. 221)

Deze passage bevat enkele karakteristieke elementen. Junghuhns lange, samengestelde zinnen zijn meestal heel uitvoerig en bestaan uit een aaneenrijging van (stukken van) zinnen. Veel daarvan zijn ondergeschikte bijzinnen, maar er is een hoog percentage nevenschikkingen, een grammaticaal verschijnsel dat bijdraagt aan het hypnotische ritme van zijn proza. Ondergeschikte bijzinnen zijn een cognitief hulpmiddel: zij maken de hoofdzin nauwkeuriger, rusten deze als het ware toe, vormen het illustratieve materiaal ervan. Nevengeschikte bijzinnen daarentegen geven een aanvulling zonder dwingende noodzaak, zij kunnen schoonheid uitdrukken zonder syntactische dwang. Junghuhns stijl weerspiegelt daarom de eerder genoemde tegenstelling: de bijzinnen delen de ordenende functie van de wetenschap, terwijl de nevengeschikte zinnen genoegen nemen met het verschaffen van meer toevallig materiaal dat gewoonlijk esthetisch aantrekkelijk is. Daarom is het een stijl die afwisselend meeslepend en belerend is, een stijl waarvan men zou denken dat hij voornamelijk wordt gebruikt in teksten over de natuur in het algemeen en in het bijzonder door negentiende-eeuwse onderzoekers. Wat echter hun bedoeling mag zijn, zo'n stijl is niet langer objectief, en evenmin naïef.

Junghuhns stijl is als zijn voorkeurszintuig: hij blijft niet gefixeerd (behalve in opdracht van de objectiviteit, en dan nog alleen zo nu en dan) maar zwerft, op de manier waarop het oog over een natuurlijke ruimte zwerft. Het is een onderwijzende stijl die ook aangenaam wil zijn. Idealiter zou dit ook moeten gelden voor het verband tussen auteur en lezer en Junghuhn wil inderdaad, in tegenstelling tot de kille afstandelijkheid van de hedendaagse wetenschappelijke specialist, gastvrij en onderhoudend zijn. Zoals hij ons vertelt, is de meest geschikte methode voor presentatie de 'narratieve'. 'Nu eens zullen wij den lezer verzoeken zijn paard te doen zadelen, of, waar geen gebaande weg wordt gevonden, waar eene ongerepte, woeste natuur zich vóór ons uitbreidt, dan zullen wij hem uitnoodigen den reisstaf ter hand te nemen, ten einde ons te begeleiden op onzen tocht door de verschillende oorden en landstreken, die wij hem als *typen* wenschen af te malen' (*Java*, i. 200; cursivering in het origineel). Vele bladzijden later noemt hij zichzelf 'de schrijver van dit verhaal' (iii. 889; ook 875). De lezer wordt 'verzocht' en 'uitgenodigd' de schrijver te 'vergezellen', als een goede kennis die in vertrouwen wordt genomen. De lezer in de rol van de medereiziger van de auteur is een gemeenplaats in de negentiende-eeuwse literatuur, maar diverse directe aanspraken van de lezer hebben een merkwaardige smekende toon (*Java*, i. 12, 44, 47-8, 200-1, 215-16; ii. 470; iii. 875, 889). Het lijkt op een man die dolgraag zijn diepste geheimen aan een geliefde wil meedelen, maar onzeker is.

Is dit aannemelijk? Ludmilla Jordanova stelt ronduit dat 'veel wetenschappelijke geschriften vol [zijn] van seksueel taalgebruik'.[50] Geconfronteerd met iemand als Junghuhn lijkt dit uitgesproken dwaas, maar zijn teksten vertellen een ander en ingewikkeld verhaal. De hiervoor genoemde overheersing van het zien wijst op een zintuig dat kan vereren maar geen nabijheid vereist. Beelden van aanraking zijn zeldzaam in Junghuhns geschriften. Intimiteit was een bedreiging voor hem, maar toch wendt hij vertrouwdheid met de natuur voor. Junghuhn was in veel opzichten een misantroop maar hij was ook emotioneel even inconsistent als ieder van ons: hij haakte naar eenzaamheid maar onderging het alleenzijn niet met genoegen. Hij vond het eerste in de onbewoonde natuur terwijl hij het tweede kon verlichten door een niet-substantiële abstractie genaamd 'de lezer'. Met de laatste kan een intiem contact voorgewend worden maar hij is nooit een realiteit, terwijl zelfs de gewenste relatie met de natuur dankzij de eisen van de wetenschap voor ongecontroleerde hartstocht wordt bewaard. Cognitieve voorschriften konden altijd voor emotioneel evenwicht zorgen: de gereedschappen van zijn beroep meten, formuleren en objectiveren. Als schoonheid je dreigt te overweldigen, analyseer haar dan. Men kan een beschrijvende analogie vinden in een van Junghuhns belangrijke beelden van het dynamische gevoel voor proportie van de natuur: in *Java* merkt hij op hoe het creatieve 'vegetabile leven' van het tropische woud de hellingen van een vulkaan dreigt te overweldigen, maar vanaf de top wordt lava naar beneden gestuurd 'ten einde hunnen voortgang [van de bossen] binnen zekere grenzen te beperken' (iii. 1114). In zijn eigen geval betekende dit dat als het wetenschappelijke gezag tiranniek dreigde te worden de dichter in hem zijn arrogante objectiviteit plachte te ondermijnen, maar als de dichter op het punt stond te stikken in een overweldigend gevoel, placht zijn apollinische geest ertegen in te gaan met concrete dingen en de zuiverheid van de vorm. Je zou hier kunnen spreken van een verantwoordelijke wijze van liefhebben die niet bindt.

De natuur is in Junghuhns geschriften vrouwelijk, de taal die hij gebruikt om haar te beschrijven is zintuiglijk en zijn geliefde figuurlijke hulpmiddel is de beeldspraak. Het plantenrijk van de natuur wordt vaak met een hoofdletter geschreven (dat wil zeggen 'Flora'; *Java*, ii. 237 bijvoorbeeld), het is expliciet een 'levende' natuur (*Java*, i. 669) en heeft vrouwelijke attributen als een 'schoot' (*Java*, i. 49). Water is 'bezwangerd' met kooldioxide (*Java*, i. 332-4; ook iv. 232) dat uitgefilterd wordt uit kalksteen. Hier hebben we een van de vele voorbeelden waaruit blijkt dat door een nauwkeurige beschouwing van een tekst overhaaste conclusies kunnen worden voorkomen. Gegeven het feit dat kooldioxide mensen en dieren in de Diëngbergen doodde, is men geneigd bovenstaande metafoor negatief te interpreteren. Het blijft echter een positieve en vruchtbare vergelijking omdat Liebig heeft aangetoond dat kalksteen die rijk is aan kooldioxide alleen oplosbaar is vanwege de 'aanwezigheid van vruchtbare aarde, ontstaan uit vergane plantaardige zelfstandigheden', dat wil zeggen humus die in regenwater is opgelost (i. 332). In werkelijkheid levert deze kooldioxide de 'groeikracht' die op zijn beurt 'kolossale vijgenboomwouden, waarvan de weelderigheid alle beschrijving te boven gaat' voortbrengt (i. 333). Wat hier aan het werk is, is de 'stiller, langzamer werkende kracht van het plantenrijk' (i. 334-5).[51]

Figuurlijk taalgebruik wordt gecompliceerder als we rekening houden met het feit dat bergen – een van Junghuhns grootste obsessies – beslist mannelijk van karakter zijn. In de volgende passage valt de nacht, maar er ligt nog enig licht van de ondergaande zon op de 'eerbiedwekkende kruin van den Goenoeng Slamat... Op *hem* waren aller oogen gevestigd, als op het beeld eener verwijderde hoop; wij zwegen stil, want de natuur sprak. *Zij* sprak en zong haar verheven loflied: ook de gloed, welke gindschen berg in vuurschijn hulde, werd uitgedoofd en de donkere schaduwen van den nacht spreidden zich uit over de wolkenzee' (*Java*, iii. 580; cursivering toegevoegd). De bergen van Java zijn vaak levensgevaarlijk maar we zagen al dat hun geweld ingetoomd is (lava die overtollige plantengroei inperkt) en hun mannelijke aanwezigheid lijkt ondergeschikt aan de vrouwelijke natuur in haar geheel. Op de hellingen van de berg Kembang kwam Junghuhn voor een afgrond te staan die hem vrees inboezemde. De reden voor zijn aanvankelijke huivering was dat er ter plaatse niets groeide, het was er doodstil, zonder een spoor van leven. Toch beschrijft hij dit stenen landschap in beelden van geslacht en voortbrenging. Zo'n landschap moet stom zijn, maar voor Junghuhn spreekt het van de 'vermetele weetgierigheid der menschen, die de geheimen der natuur durfden bespieden'.[52] Het is een plaats van 'genesis' die, evenals wanneer men een heilige plaats nadert die aan een Griekse godin is gewijd, de indringer waarschuwt voor zijn hubris en de harde consequenties als hij blijft aandringen. Er is hier geen gevoel van gelijkwaardigheid: bergen zijn een ondergeschikt (of hoogstens een nevengeschikt) aspect van iets wat individuele manifestaties van de natuur te boven gaat. Een mens vertegenwoordigt zelfs nog minder.

Een ander soort beeldspraak is een verleidelijke woordenschat waar het planten en in het bijzonder bloemen betreft. Uitzonderlijke soorten lokken de reiziger – bedenk dat Junghuhn de botanist als de ideale reiziger beschouwde (*Java*, i. 501) –: '[daar] trekken allerwege kleine, vurig gele bloemen het oog tot zich'; de Badóri-struik 'trekt de blikken tot zich door zijne lila-blaauwe, tuilvormige bloesems, die zich tusschen het bleeke kopergroen der groote bladeren van dezen struik aan het oog voordoen' (i. 319). Bladeren kunnen al even verleidelijk zijn; van diverse soorten bomen geldt: 'Onweêrstaanbaar trekt het groen van hun gebladerte het oog tot zich' (i. 344). Pandanusbomen van zestien meter hoog zijn niet minder verleidelijk; ook deze 'trekt (...) de blikken des reizigers tot zich' (i. 268), ja zelfs hele bergen strijden met elkaar 'om den voorrrang in schoonheid van het geboomte, dat hen siert' (i. 344). Ook dit is overal aanwezig en het heeft weinig zin nog meer voorbeelden te geven. Waar het om gaat is dat de natuur een rol toegewezen krijgt die de negentiende eeuw vrouwelijk vond.

Niet alleen de natuur is verleidelijk maar ook een schrijver moet zijn lezers verleiden zoals Humboldt en Junghuhn beiden bepleitten. Junghuhn beloofde zijn lezers 'levendigheid der beschrijvingen van de natuur-physiognomie' en 'frischheid der beelden' (*Java*, ii. 470) en hij gebruikte inderdaad dikwijls levendige beeldende taal. Toen hij de uiterlijke natuur van Java besprak stelde hij het beeld voor van het eiland dat langzaam in de Indische Oceaan zonk om zijn lezer vertrouwd te maken met acht verschillende hoogten en hun overeenkomstige flora en fauna (*Java*, i. 148-76). Dit was ongetwijfeld gebaseerd op Humboldts uitvinding van geografische profielen en het toont Junghuhns fantasierijke gebruik van esthetische hulpmiddelen om verband te leggen tussen wat anders een uiteenlopende massa pragmatische waarnemingen zou zijn. Behalve de hierboven genoemde voorbeelden zijn andere, zuiver literaire stijlfiguren uit *Java* de volgende: een moerasplant, *Lemma minor*, wordt een 'een echte kosmopoliet' genoemd, die 'overal een vaderland vindt' (i. 285-6); als je neerkijkt op een bloeiende Ploso-boom maken de felrode bloemen dat het lijkt of je neerkijkt op 'gloeijende kolen' (i. 311); waterhoentjes op een schaduwrijk *telega* of bergmeer zijn 'zoo vele lichtpunten op zijn donkeren spiegel' (ii. 276); rustende waterbuffels worden vergeleken met 'olifantskalveren' (iii. 600); een van de hellingen van de berg Batoel heeft regelmatige hoeken en lijkt daarom op 'een ten halve geopenden regenscherm' (iii. 856); lagen in het gesteente van bergen worden vergeleken met een rij 'planken, welke met hare smalle zijden naar boven gekeerd en verticaal nevens elkander zijn geplaatst, ten einde te droogen, gelijk bij zaagmolens dikwerf geschiedt' (iv. 82). Schepen die voor anker liggen op een volkomen stille zee lijken op 'de huizen eener stad' (*Reis*, 4), terwijl de berg Manoembing op het eiland Banka hem herinnert aan 'een gekromde katterug' (*Reis*, 9). In een bespreking van zijn cartografische activiteit in het Batakgebied van Sumatra gebruikt Junghuhn de expressieve samengestelde zelfstandige naamwoorden 'Gebirgsplastik' en 'Gebirgsgezimmer' (*Batta.* 49), die verwijzen naar de plasticiteit van bergvormen en de structuur van een berg, dat wil zeggen, de manier waarop de natuur het in elkaar heeft gezet. Het laatste voorbeeld van deze willekeurige lijst beelden is Junghuhns heerlijke metafoor voor paddestoelen in een herfstbos: 'ein Nachtraum der Blüte des Sommers'. Dit betekent zoiets als 'de na-droom van de bloei van de zomer', maar het is moeilijk de woordspeling in het samengestelde zelfstandig naamwoord weer te geven.[53]

Junghuhn kon deze originaliteit in lange stukken proza niet volhouden en verviel vaak in kant-en-klare clichés, romantisch puin dat zich nestelde in de stijl van het negentiende-eeuwse Europa. Het woud 'weergalmt' altijd van het geluid van dieren, hij staat altijd op bij het 'krieken van de dag', vulkanen laten nooit na te 'braken' tenzij anders aangegeven, water is altijd 'kristalhelder', de vlammen van het houtvuur kunnen alleen maar 'vrolijk' zijn, de rijstplanten op de sawa's worden onveranderlijk vergeleken met 'groene tapijten' en een schip is altijd op de 'boezem' van de zee. Andere herhalingen zijn interessanter. Junghuhn laat zelden na de top van een berg anders te benoemen dan als 'schedel'. Dit zou een verleidelijk bewijs kunnen zijn van mijn bewering dat Junghuhns stijl lichamelijk is. Dit is echter geen poëtische uitdrukking maar eenvoudigweg een germanisme waarvan Junghuhn zich niet bewust was. Het gebruikelijke woord voor 'top' is in het Nederlands 'kruin', terwijl een 'schedel' duidelijk het cranium aanduidt. Het Duitse woord Scheitel daarentegen verwijst zowel naar het hoofd als naar een berg en wordt zo door Junghuhn gebruikt in zijn originele Duitse tekst over het Batakgebied. Zo is ook Junghuhns irritante gewoonte om het bijwoord 'eigendomlijk' te gebruiken (als adjectief en als substantief) in principe niets anders dan een lelijk germanisme afgeleid van 'eigentümlich' en meestal door Junghuhn gebruikt als hij 'karakteristiek' of 'merkwaardig' bedoelt.[54] Een ander, op het eerste gezicht onbegrijpelijk woordgebruik is 'diepland', waarmee Junghuhn 'vlakte' of 'laagland' bedoelt. Dit is bijna een regelrechte transcriptie van het Duitse zelfstandig naamwoord Tiefland.

In het licht van Junghuhns zintuiglijke stijl, zijn vrouwelijke interpretatie van de natuur, liefde voor wouden en verspreide gebruik van clichés, zou men verwachten dat hij ongerepte, tropische bossen herhaaldelijk aan zou duiden als 'maagdelijke bossen'. Hij doet dat weleens, maar zelden. Het adjectief dat hij het meest gebruikt, is 'oorspronkelijk' in de betekenis van 'oer-', 'ongerept', zelfs 'inheems' of 'autochtoon'. Een ander veelzeggend gegeven in Junghuhns vocabulaire is 'physiognomie', dat hij en als bijvoeglijk naamwoord en als zelfstandig naamwoord gebruikt. Ook Humboldt gebruikte het heel vaak, evenals andere negentiende-eeuwse auteurs die over de levenswetenschappen schreven. Het slaat op een manier om de wereld te zien die nabijheid bezit zelfs ten koste van de objectiviteit. Het suggereert een levendige begrijpelijkheid waardoor Junghuhn plotseling heel dicht bij Rumphius in de buurt komt. De simpele betekenis van het woord suggereert al nabijheid: de gezamenlijke trekken van een gelaat. Deze kan men niet gedetailleerd onderscheiden als men een objectiverende afstand in acht neemt. Ik heb gezegd dat Junghuhn bang was voor menselijke intimiteit, maar visuele nabijheid kon worden overgedragen op de natuur en Junghuhn gebruikt de term meestal in de zin van een 'karakteristiek aspect' van de natuur. Dit was een gangbaar bijvoeglijk gebruik gebaseerd op de gedachte dat het gelaat een aanwijzing was van iemands verstand en karakter. Zo'n somatische 'interpretatie' was de samenwerkende inspanning van verstand en oog die Junghuhn reserveerde voor de organische wereld om hem heen. Daarom kan men voorlopig concluderen dat het voornaamste effect van Junghuhns geschriften over de natuur, hoewel zijn middelen empirisch en analytisch waren, eerder subjectief dan objectief was, dichter bij een kunstvorm staat dan bij een techniek. Dit doet evenmin afbreuk aan de nauwkeurigheid, omdat er evengoed sprake is van de precisie van de liefhebber als van die van het laboratorium. Wat voor beeld van Java levert deze speciale organische perceptie op en hoe werd deze visie overgebracht in zintuiglijke taal?

Het doel van de reis die Junghuhn voorstelt met zijn lezer te ondernemen, ligt verborgen in het binnenland van Java. Hij voelt dat het niet mee zal vallen zijn metgezel weg te lokken van de overvolle kusten en daarom zal hij hem eerst als lokmiddel trakteren op wat 'den blik des reizigers het eerst boeit', dat wil zeggen 'de steden, de dorpen en de velden'. Maar de fictieve vriend moet ook worden losgemaakt van de stedelijke beschaving en de cultuurlandschappen. Junghuhn doet dit met verleidelijke werkwoorden die beweging uitdrukken: hij zal de lezer van de kust 'leiden' en 'voeren' en terwijl zij 'elk gebied der flora doorwandelen' zullen zij 'in treden' in het binnenland en hun reis voortzetten 'totdat wij worden overschaduwd door het bladerendak der majestueuse, maagdelijke wouden' (*Java*, i. 226). Dit is inderdaad het reisschema van de vier delen van *Java*, zowel fysiek als emotioneel. (In de volgende analyse slaan alle paginaverwijzingen op de vier delen van *Java*, tenzij anders aangegeven.) Junghuhn bewijst slechts de meest plichtmatige lippendienst aan de ontwikkelde streken van Java, ook al zouden de meeste bezoekers en commentatoren, om maar niet te spreken van de koloniale overheid, deze beschouwen als de belangrijkste gebieden van het eiland. Een goed voorbeeld is zijn afkeer van gecultiveerd land.

Aarzelend bespreekt Junghuhn een van de voordeligste ondernemingen van de kolonie: de thee- en koffieplantages. De aanplant van theestruiken eist dat de 'zacht glooijende hellingen' 'van alle geboomte zijn ontbloot', zodat ze typisch 'kaal' achterblijven. Opvallend is dat de 'kleine struiken in zulke regte rijen en op regelmatige afstanden van elkander op den bruinkleurigen, zeer zuiver gehouden bodem zijn geplant' (i. 408). Koffieteelt is echter een veel succesvoller en winstgevender aangelegenheid. De koffiestruiken worden ook 'op regelmatigen afstanden' geplant, maar in tegenstelling tot thee vereist koffie schaduwbomen zodat wanneer de 'oorspronkelijke wouden' worden gekapt om plaats te maken voor deze handelsgewassen sommige bomen worden 'gespaard, ten einde lommer te verspreiden over de koffijstruiken' (i. 410), terwijl er bovendien andere snelgroeiende schaduwbomen worden geplant. Theeplantages worden oppervlakkig behandeld in een halve pagina en in uitgesproken negatieve termen: bruin is een onaantrekkelijke kleur voor Junghuhn (zie bijvoorbeeld *Reis*, III), regelmaat is hem een gruwel, en, als ergste belediging, de mensen geven de voorkeur aan Chinese thee (i. 408). De beschrijving van de koffieteelt vergt daarentegen acht pagina's (i. 409-16) en ondanks de vereiste uitroeiing van ongerept woud blijft de bespreking vervat in positieve termen. De enige reden is dat koffieteelt niet zonder bomen kan.

Terwijl bij een theeplantage sprake is van het 'kale, eentonige' uiterlijk, 'vertoont een koffijtuin zich aan het oog des beschouwers als een welig, groen woud, dat verlevendigd wordt door insekten, vogelen en een aantal kleine viervoetige dieren'. Verder bereiken koffiestruiken hoogten die meer in overeenstemming zijn met Junghuhns idee hoe hoog een echte boom moet zijn. Theestruiken worden alleen maar klein genoemd (Junghuhn gebruikt het verkleinwoord; i. 408) maar Junghuhn vermeldt zorgvuldig dat jonge koffiestruiken een hoogte bereiken van vier tot vijf meter en wat belangrijker is, zij kunnen een hoogte bereiken van tien of meer meter op oude, verlaten plantages 'waarvan men de boomen in het wild heeft laten opgroeijen, sedert zij geene vruchten meer gaven'. Het laatste 'verdient te regt den naam van *woud*' (i. 413; cursief in het origineel). In dat stadium zijn zij 'van hunnen voet tot aan den top met mos, Usneen en Orchideën beladen, bezitten een buitengewonen rijkdom aan takken, bladeren en *hout*, maar reeds sedert verscheidene jaren brengen zij geene enkele vrucht meer voort' (i. 414; spelling en cursivering in het origineel).

Koffieplantages zijn echter verplaatsbare landgoederen omdat de plant alkali – volgens Junghuhn het voornaamste mineraal in koffie – uit de grond haalt en dit niet wordt vervangen. Een alkali-arme bodem kan 'voedsel (...) opleveren tot het bevorderen van den wasdom van het hout en van de bladeren der koffijstruiken, maar geen koffij-*vruchten* meer (...) voortbrengen' (i. 414; cursivering in het origineel). Merk op dat als dit is gebeurd, de 'struik' is gepromoveerd tot een 'boom'. Koffieplantages verdienen de voorkeur boven theeplantages omdat zij op een bos lijken ook al zijn het nog bloeiende ondernemingen en omdat zij in een wild bos veranderen als ze geen vrucht meer opleveren. Dat wil zeggen: als deze commerciële landerijen economisch árm worden, krijgen zij een grotere rijkdom aan bladeren en takken. Voor Junghuhn zijn de koffiebonen taboe. Een hoogst eigenaardig standpunt voor het tijdperk van het cultuurstelsel! Hij geeft zijn minachting voor de winstgevende boon nog beeldender aan door een bijzonder aantrekkelijk beeld te schetsen van de *moesang*, een carnivoor die op een marter lijkt. In de koloniale literatuur wordt de moesang gewoonlijk een schadelijk dier genoemd, een kippendief met een enorme eetlust. Junghuhn heeft echter alleen weet van een opgewekte deugniet wiens vernietigingsdrang heel vertederend is. Het dier is 'vrolijk van aard', 'zeer vlug en gemakkelijk in zijne bewegingen' en 'zonder moeite laat hij zich temmen'. Zelfs de beruchte kruimeldiefstallen van de moesang worden ongegeneerd vermeld. 'Het zuigt de eijeren uit van wild en tam gevogelte, waarop het zeer verlekkerd is en maakt eene menigte wilde hoenders tot zijne prooi' (i. 413). Junghuhns liefde voor de moesang hangt samen met het feit dat het dier koffiebonen eet. Vruchten maken deel uit van zijn voedselpakket en het 'geeft (...) de voorkeur aan de vrucht van den koffijboom'. Het eet alleen het sappige vruchtvlees en 'de onverteerde kern werpt hij later weder uit, welke, naar de verzekering der Javanen, de lekkerste koffij oplevert, hetgeen waarschijnlijk hieraan moet worden toegeschreven, dat het dier de rijpste vruchten nuttigde' (i. 413). Hier lijkt Junghuhns moesang op de trickster van de Noord-Amerikaanse indianen. Het dier is een bondgenoot als het erom gaat koffieplantages sneller in de gewenste toestand van nutteloosheid te brengen en zijn oneerbiedige manier van reclame maken voor de beste kwaliteit koffie is een pikante beschuldiging waarover echte negentiende-eeuwse wetenschappers niet beschikken.

In zijn behandeling van deze plantagegewassen introduceert Junghuhn twee negatieve gegevens in zijn naamgeving: regelmaat en struiken. Grote struiken of lage bomen zijn lelijk (iii. 958), zijn heet en doornig, dicht en ondoordringbaar, geven aan waar het oerwoud éindigt (door een 'gordel' te vormen) en je vindt ze meestal op 'woudeilanden' in de 'Alang-woestijnen' (i. 299). *Fruticeta* of 'boschjes' zijn voor Junghuhn pseudo-bomen en men moet ze verachten alleen al omdat zij voorkomen naast de Javaanse grasvlakten die bedekt zijn met *alang-alang*. Velden met dit taaie gras hebben bij Europese reizigers nooit enige sympathie opgeroepen, maar voor Junghuhn is hun oorsprong al verkeerd: alang-alang betekent dat oerwouden zijn gekapt en verbrand om landbouw te plegen (i. 296, 293, enz.). Steeds wanneer hij naar deze 'wildernissen' verwijst, is Junghuhns vocabulaire uitgesproken negatief. Omdat dit gras zo groot wordt als een man (i. 290) en heel dicht is, valt een reiziger snel ten prooi aan een gevoel van claustrofobie omdat zijn richtingsgevoel door het dichte scherm van gras ernstig wordt aangetast. Het scherpe gras snijdt in het gezicht en de handen van de reiziger, als hij op de grond in elkaar zakt, wordt hij geplaagd door mieren, hij wordt voortdurend bedreigd door tijgers die in deze ongastvrije wildernis op de loer liggen (i. 291) en wordt letterlijk verblind omdat de 'millioenen' grasprieten evenzoveel spiegelende oppervlakken vertegenwoordigen (i. 296, 278). Het licht van de apollinische 'levenwekkenden agens' (iii. 582) is schadelijk geworden en de zon begaat de misdaad van het teveel: het licht maakt zien onmogelijk (i. 278). Verstikkende hitte (i. 291, 196) en gebrek aan water (i. 291) maakt de helse ervaring van het reizen door deze 'graswoestijn' (i. 291) die niet eens groen maar 'zilverwit' (i. 290) is en waar 'zelfs geen bloempje verheugt het oog' (i. 291), compleet. Alleen een zeldzaam en solitair soort blauwe gentiaan vormt een uitzondering in deze zee van gras zonder bloemen, ze doet hem bijna letterlijk herleven en houdt hem gaande (i. 292).

Hoewel de afwezigheid van groen en bloemen indirecte negaties kunnen lijken, zijn zij binnen het kader van Junghuhns betoog zeer betrouwbare informanten. Dit is niet zo duidelijk wanneer Junghuhn zegt dat herten zich in het bos verbergen om de hitte van de alang-alang-velden te vermijden (i. 306). In Junghuhns geheimschrift laat hun voorkeur voor het bos zien dat zij intelligenter zijn dan de *babi oetan* of wilde zwijnen die rondom deze zelfde helse woestijnen wroeten en daarmee tijgers aanlokken die op hun beurt deze troosteloze en eenzame streken nog gevaarlijker maken. Feitelijk beweert Junghuhn dat de mensen die in de buurt wonen, omringd zijn door tijgers en heel arm zijn. Maar het waren niet de vreselijke economische omstandigheden die hun depressieve geestestoestand veroorzaakten, maar het eentonige, treurige, wilde gebied waarin zij leefden. Daarom zijn politieke en economische omstandigheden niet de bepalende factoren van het Javaanse leven, maar de fysische geografie.

James Fenimore Cooper, die ook de vernietiging van bossen haatte en een hekel had aan de boomloze vlakten ten westen van de Mississippi, beschreef de prairies als 'qua karakter weinig gevarieerd' en als een landschap waar 'het oog moe wordt van de eentonigheid en griezelige saaiheid'.[55] De kritiek was zowel bij Junghuhn als bij Cooper waarschijnlijk gebaseerd op directe waarneming van de natuur, maar gekleurd door romantische literatuur. Junghuhn stelde categorisch dat 'schoonheid der natuur' identiek is met de 'werking der tegenstellingen' (iii. 542); de natuur houdt niet van eenvormigheid en bevordert actief de variatie (i. 339). Dichte wouden vormen bijvoorbeeld 'levendigste kontrast' met 'de vlakke streken in het rond (...), waarop slechts het dorre Alang-gras' groeit (i. 331). 'De schoonheid der natuur wordt vernietigd door het toenemen der bevolking en der bebouwing des bodems' (i. 639).

Levendigheid (die hij ook in zijn stijl gelegd hoopte te hebben, ii. 470), contrast en variatie zijn kenmerken van de romantische literatuur. Ook Junghuhn was met afschuw vervuld als hij de onderdrukkende macht van gewoonte en routine tegenkwam, een kracht die alle plezier vergalt (iii. 542). Ook hij zou de voorkeur hebben gegeven aan Victor Hugo's keuze voor een Amerikaans oerwoud (*l'oeuvre de la nature*) boven de koninklijke tuinen in Versailles, omdat het eerste een 'schoonheid zonder regels' (*beau sans les règles*) vertoont die lijkt op 'oorspronkelijke poëzie' (*poésie originale*), terwijl het koninklijk domein louter 'conventionele schoonheid' bezat (*qui est beau de convention*). Hugo maakt nog een onderscheid dat een schijnbare tegenstelling in Junghuhns bespreking van Java's natuurschoon verklaart. Een voorbeeld hiervan is het feit dat de nette, ordelijke aanplant van theeplanten op de een of andere manier inferieur is aan die van koffiestruiken. Het antwoord op de vraag waarom dit zo is, is te vinden in het onderscheid dat Hugo maakt tussen orde en regelmaat. Evenals Junghuhn verklaarde de Franse dichter dat er in de ongerepte natuur een orde bestaat en 'orde is volmaakt verenigbaar met vrijheid' (*l'ordre se concilie merveilleusement avec la liberté*). 'Regelmaat is de smaak van de middelmaat, orde is de smaak van het genie.'[56] Regelmaat is het kweken van een gewas om de winst, orde is het 'innige verband, dat tusschen alle krachten der natuur bestaat, dien onderlingen zamenhang, welken alle deelen van het geschapenen zaâmverbindt' (i. 106) en waarvan Junghuhn in *Licht- en schaduwbeelden* een geloofsbelijdenis maakte: 'de voortdurende gelijkvormigheid in alle verschijnselen der natuur' (*Licht*, 4).

De gedachte dat orde verenigbaar kan zijn met vrijheid is een aanklacht tegen de onderdrukkende alang-alang-vlakten en Coopers ruige prairies ten westen van de Mississippi. Zij kan ook Junghuhns eigenaardige beschrijving van een typisch 'woudeiland' in de zee van alang-gras helpen verklaren. Junghuhn stelt deze bosjes voor in termen waarmee hij ze – in het licht van zijn uiteenzetting – schuldig verklaart door tekstuele associatie. Ze zijn 'heet', 'stekelachtig', bijna niet te onderzoeken omdat ze 'door slingerplanten in allerlei rigtingen doorvlochten' zijn (i. 299). Men vindt ze als eenzame archipels in de zee van gras of ze 'vormen een gordel rondom de eigenlijk oorspronkelijke wouden' en doen dat waar zulke wouden 'aan bebouwde streken grenzen' (i. 209). We kennen Junghuhns tekstuele wereld nu voldoende om te weten dat deze kleine bosjes de verschoppelingen van het paradijs zijn. Hun beschrijving veroorzaakt echter een nieuwe verwarring. Deze bosjes lijken meer op een verwarde bol van kruipplanten dan op een bosje van bomen: 'Als ware het weefsel van bladeren en takken nog niet digt genoeg zaâmgegroeid, zoo wassen hier slingerplanten (...) wier klimmende stengels de digtheid van het bosch vermeerderen' (i. 300). De lange lijst van kruipende planten en lianen omvat planten met stengels die 'worden gebezigd als strikken' (i. 301) en een wilde bamboe die 'de laatste hand legt aan (...) de digtheid van dit alles (...) met hare dunne, Rotan-achtige ranken' (i. 301).

Junghuhn beschrijft een typisch bosje als volgt: 'het boschje, dat al die struiken, boomen en lianen gezamenlijk vormen, deed zich, in zijn geheel genomen, aan mijn oog voor als een laag, klein, maar met een digt loof gedekt woud, omgolfd door de bleek gekleurde graszee, waarin geene enkele opening werd gevonden, waardoor nergens het daglicht van ter zijden kon doordringen.' Binnen deze ontoegankelijke vesting 'liet zich de zonderlinge gedaante van een Pandanus [-boom] bespeuren' (i. 303). Deze geïsoleerde bosjes wekken de indruk van een ingesloten woud. Junghuhn kan 'hunne physiognomie (...) bezwaarlijk met kort woorden afmalen' omdat het zowel individualiteit als orde mist: de wirwar van soorten 'ontstaat slechts door de zamensmelting van allen tot één geheel' (i. 303). Het bosje is een abstractie geworden (wat tegen het organische denken ingaat), het mist variatie (wat de romantische diversiteit ontkent) en ontbeert levendigheid en beweging (nog een essentiële ingang in Junghuhns lexicon; zie i. 51). Als hij zou proberen erin door te dringen, zou het netwerk van stekelige, taaie kruipplanten hem beroven van zijn bewegingsvrijheid en het zou lijken alsof hij was opgesloten in een tropisch Fort Ehrenbreitstein. Verwarring dwingt ook tot nabijheid, precies het tegenovergestelde van de apollinische distantie en de hoogte waarvoor Junghuhn een voorkeur heeft om vandaar een leerzaam uitzicht te kunnen hebben. In feite suggereert de lexicale combinatie van termen die eerder in specifieke contexten werden gebruikt dat verwarring synoniem is met stedelijke ontwikkeling. De heggen en groentetuinen van dorpen zijn 'doorvlochten' met diverse kruipplanten die samen een 'digt, brandend bladerenweefsel' vormen (i. 320).

Een omvangrijke tekst als die van Junghuhn schept een eigen syntagmatische ordening, hiërarchieën die ontkennen wat in het normale geval als tegenstellingen word beschouwd. Er zijn bijvoorbeeld een hiërarchie van paradijzen, een hiërarchische schaal van geografische zones, of zoals in het onderhavige geval een kleine hiërarchie van verwarringen. Als Junghuhn op Ceylon landt, op zijn terugweg naar Europa, wordt hij overweldigd door mensen alsof hij door een luidruchtige vloedgolf van de mensheid wordt meegesleept (*Reis*, 38-9). Iets later noemt hij deze verwarde mensenmassa een 'warreboel' ('warboel': verwarring, rommel, wirwar, knoop), een 'dooreen kruisende menigte', waarbij hij hetzelfde werkwoord 'dooreenkruisen' (*Reis*, 40) gebruikt dat hij elders gebruikte om het 'ondoordringbaar palissadenwerk van takken, wortelen, die elkander in alle rigtingen doorkruisen' van de mangrove te beschrijven (i. 256). Voor Junghuhn zijn mangrovebossen niet veel beter dan struikgewas en hun enige functie is louter het aangeven van de kust. Daarom is, volgens de speciale logica van zijn betoog, een 'verwarring' (wirwar) van stammen in een palmbos boven de stad Punto Galle een positieve verwarring (*Reis*, 40). De twee woorden zijn synoniem, zij delen de wortel 'war' (verwarring in het Middelnederlands), maar als Junghuhn mag kiezen, kiest hij voor de verwarring van de bomen boven de luidruchtige wirwar van menselijke lichamen. Dit geldt nog steeds, ook al zijn palmen niet zo positief als bijvoorbeeld Rasamalabomen. *Gebang*-palmen (waaierpalmen) nemen een lage plaats in op de ranglijst van bomen omdat zij tussen alang-alang groeien, zichzelf met een geometrische regelmaat uitzaaien en van zeelucht leven (*Java*, i. 277-9; cf. iii. 542). Van pinangpalmen en kokospalmen geldt: 'nimmer treft men deze palmen in oorspronkelijke wildernissen aan' (i. 245).

Palmen kondigen ook inheemse dorpen aan en vormen daarom een metonymie voor beschaving. Anderzijds zijn Javaanse dorpen veel beter dan steden omdat je ze van een afstand niet kunt ontdekken; ze zijn volledig verborgen in groene vegetatie. In werkelijkheid noemt Junghuhn het 'dorpsboschjes', waarbij het laatste deel van de samenstelling (boschje) het eerste (dorp) in waarde doet stijgen, omdat hierdoor een verband wordt gelegd met die andere 'boschjes' in de zee van alang-gras. Ook hier is de toegang hem ontzegd door een 'ondoordringbare haag', een ronde palissade van bamboe (i. 233). Maar dit is een ander soort versterking. De kring om het 'boschje' dat het dorp is, wordt gevormd door de grootste verandering die een gras kan bereiken: het is een 'boomachtige gras' (i. 234). Terwijl er geen enkele opening in het onaanlokkelijke bosje was, is er toevallig wel een in dit ommuurde kamp: 'Als door een poortgewelf treden wij door deze opening het woud binnen' (i. 234). 'Gewelf' in Junghuhns 'poortgewelf' is een positief woord in zijn woordenschat omdat het wordt geassocieerd met het overhangende gebladerte van de fraaiste bomen (i. 509), terwijl het ook deel uitmaakt van de architectuur van zijn ideale kerk: 'de *hooggewelfde* kerk, waarvan het dak met sterren is bezaaid' (*Licht*, 33; cursivering toegevoegd). In deze door de bomen goedgekeurde woonplaats is geen sprake van verwarring. De 'geelachtige halmen' van de bamboe, die met hun lengte van vijftien tot vijfentwintig meter langer zijn dan koffiebomen, worden op regelmatige afstanden van elkaar geplant. Hun geplande rangschikking benadert echter orde en het vocabulaire drukt Junghuhns goedkeuring uit: 'hunne toppen, met een zacht loof versierd, dat door den ligtsten adem des winds wordt in beweging gebragt, hellen boogsgewijs over, waardoor de schoonste zuilengangen worden gevormd' (i. 233). Deze koele, uitnodigende, schaduwrijke onderkomens zonder dorens herbergen een gemeenschap van bomen en niet een eenzame Pandanus-gijzelaar.

De 'physiognomie' van deze bosjes is eveneens moeilijk te beschrijven, maar in tegenstelling tot die bosjes in de alang-zee ontdekt men dat divers geboomte 'de blikken des reizigers (...) tot zich trekt' (i. 242-3). Het is een lange passage, verteld met een visueel vocabulaire waartoe 'zien', 'het oog', 'blik', 'bespeuren' en diverse combinaties van die woorden behoren. Het Javaanse dorp is dus goedgekeurd, niet vanwege zijn agrarische of economische waarde, maar omdat het zich verzet tegen abstractie, vrijheid van beweging toelaat, op een bosje lijkt en omdat het de verlichte blik niet in verwarring brengt.

Het beeld van het inheemse dorp of de kampong als een tropisch prieeltje kan romantisch lijken, wat het tot op zekere hoogte ook is, maar de in de tekst gemaakte associaties geven ook aan dat het hier om een bijzondere beschrijving gaat. Zo biedt de tekst ons bijvoorbeeld in plaats van een menselijke woonplaats een plaats waar gedomesticeerde bomen samenleven, zodat de metonymie voor deze kampongs niet de Javaanse boer of *abangan* is, maar de *waringin*. Op het dichtst bevolkte Soenda-eiland is het niet de mens die er de paradigmatische vertegenwoordiger van is, maar een grote ficusboom waarvan de superioriteit door Junghuhn wordt benadrukt met het epitheton 'een berg! van loof'.[57] De waringin werd vaak beschouwd als de typisch Javaanse boom omdat hij zo nauw verbonden was met de Javaanse maatschappij. De inheemse bevolking beschouwde hem als heilig en bijna alle dorpen en steden beroemden zich op een van deze grote bomen op hun *aloen-aloen* of centrale plein. Junghuhn negeert deze stedelijke en gewijde associatie, hoewel zijn evaluatie niet zo extreem is als die van Bas Veth, die in overeenstemming met zijn eerder genoemde mening over Indië de waringin afdeed als een symbool van onbeweeglijkheid van de begraafplaats. Ondanks de duidelijke connectie van de boom met de beschaving kiest Junghuhn ervoor veel positiever te zijn, hoewel hij onmiskenbaar idiosyncratisch blijft. Hij gebruikt hetzelfde beeld uit de bouwkunst dat eerder op voortreffelijkheid duidde en zegt dat het 'loofgewelf' van de ficusboom zijn aandacht trok (i. 353). Vanuit dit gewelfde baldakijn reiken luchtwortels tot op de grond waar zij stevig wortelen als een menigte 'nevenstammen' (i. 353). Een 'dooreengewarde' (vergelijk 'verwarring' en 'warreboel') hoeveelheid van deze dikke wortels vormt wat men een arboriserend gebouw kan noemen, compleet met zuilen en een netwerk van gangen. Hoewel de terminologie er een van verwarring is, blijkt dit groene herenhuis net zo uitnodigend en gastvrij te zijn als een Javaans 'dorpsboschje'. De luchtwortels

> trekken tot steun aan de takken en omgeven als zuilengangen den hoofdstam, die op zijne beurt uit niets anders bestaat dan uit verscheidene tientallen van dergelijke dooreengewarde en zaâmgevlochten nevenstammen. Op die wijze verkrijgt een Ficus-stam eene middellijn van 20, 50, ja, menigwerf van verscheidene honderd voet, hij vormt een vlechtwerk, een traliewerk, dat de onderste, horizontaal uitgestrekte takken met den bodem verbindt, in het midden openingen, als het ware deuren en vensters heeft, waardoor men kan heenkruipen en in het rond met zuilengangen is versierd, waar tusschen men zijn togt kan voortzetten. (i. 353)

Opnieuw werkt verwarring niet verstrikkend en kan wanorde zich oplossen in orde, maar dit gaat alleen op als de context het bos is en de beschaving buitengesloten wordt.

Symbolisch fungeert de waringin en als vertegenwoordiger van het dorp en als intermediair tussen boomloze vlakte en ongerept bos. Want de waringin wordt vaak alleen aangetroffen, maar maakt ook deel uit van gemengde bossen. Hij vormt ook heel letterlijk een schakel met Junghuhns paradigmatische bomen, de 'reusachtige woudburgers', zoals hij bomen als de Rasamala, de Acacia en de Podocarpus-soorten vaak noemt. Een bepaalde soort klimmende vijg lijkt volmaakt op een Rasamalaboom, schiet tussen twintig en vijfentwintig meter omhoog tot hij de zware kroon van zijn buurman heeft bereikt: 'dan eerst schiet hij zijne luchtwortelen en omknelt daarmede in spiraalvormige kringen den hoofdstam. Hooger opwaarts worden deze spiralen tot een net of vlechtwerk, dat den Rasamala omkleedt en waarop zich eindelijk het loof van den vijgenboom, 120 à 150 voet boven den grond, vereenigt met het loof van den Rasamala' (i. 442-3). Het taalgebruik waarmee dit bomenhuwelijk wordt beschreven bevestigt de seksuele vurigheid ervan, want het blijkt een voorbeeld te zijn van de wonderbaarlijke vruchtbaarheid van de natuur.

> Hangt dan, op zekeren afstand van den stam, aan een der takken een Cissus-rank (C. papillosa, dichotoma) ter lengte van honderd voet in eene verticale rigting zoo hoog opwaarts (ik weet niet, aan welke dezer beide uitdrukkingen de voorkeur behoort gegeven te worden), dan heeft de reiziger bij het beschouwen van een dergelij-

> ken Rasamala-stam, op die wijze [sic] omvlochten en met nevenstammen omgroeid, een tafereel voor oogen, dat meer dan elk ander geschikt is om hem eene ware voorstelling te leveren van de majesteit, van de verbazende groeikracht der tropische natuur. (i. 443)

Die vitaliteit is bij wijze van spreken de 'waarheid' van de natuur, ware seksualiteit. Hindoeïstische goden vertegenwoordigden haar in diverse vormen, maar hun beelden liggen nu in verspreide brokstukken in verlaten heiligdommen (i. 421). Junghuhn heeft geen behoefte aan door de mens gemaakte gedenktekens; in plaats daarvan kiest hij ervoor de natuur te dienen op met ongerepte oerwouden bedekte berghellingen, bossen die bestaan uit gigantische bomen (i. 339). Wat deze bomen gemeen hebben zijn heel lange, kaarsrechte stammen die zich pas vertakken op twintig tot dertig meter boven de grond. Hun verheven toppen moeten hun kronen meer dan dertig meter boven de bosbodem dragen en een 'loofgewelf' van uitzonderlijke schoonheid vertonen. Het gebladerte kan doen denken aan coniferen, zoals de diverse soorten Podocarpus (i. 509) of aan bolvormige kronen zoals de Rasamala (i. 443), of lijken op het dunne, doorzichtige gebladerte van de Acacia's (i. 342-3). Nog een belangrijk onderscheid is een heel laag verwarringsgehalte (i. 342, 442, 508); de lichte, gladde stammen zijn zelden beschadigd door parasieten. De geliefde streken van deze onvergelijkelijke bomen zijn de hellingen van bergketens en hun paradijselijk klimaat (i. 34) is het koelste van de hogere regionen van Java. Dat deze oerwouden aan het paradijs doen denken wordt gesuggereerd door toespelingen op eeuwigheid. Zij zijn van wortel tot tak tijd. Hun beeld blijft de reiziger het langst bij (i. 505) en de tijdloosheid die zij uitstralen is het wezen van de natuur omdat zij 'in den regten zin des woords' 'physiognomische boomen' zijn (i. 507). Deze wouden hebben sinds 'eeuwenheugende tijden' (ii. 84) bestaan en zij behouden een gevoel van ontzag en mysterie, wat Junghuhn 'het geheimzinnige kleed van onbewoonde, oorspronkelijke wouden' noemt (ii. 8). Maar al toen Junghuhn erover schreef, halverwege de negentiende eeuw, waren er nog maar weinig van deze gelukzalige wouden over. Zij waren opgeofferd aan een ander soort tijd: de chronologie van de vooruitgang die moet vernietigen om verder te komen. Junghuhns compromisloze veroordeling van de beschaving (die hij 'cultuur' noemde) laat opnieuw zien dat zijn strijdvaardige romanticisme gemakkelijk de eisen van de politiek en de positivistische wetenschap kon negeren, zelfs als dit hem soms in moeilijke situaties bracht.

Junghuhn was eerlijk over het bedreigde bestaan van de bossen van Java. Hij besluit het eerste deel van zijn beschrijving van Java met de volgende militante constatering:

> 'Kultuur is de ondergang der botanie;' dit zijn de woorden van een beroemde, sedert lang gestorven kruidkundige, die zijn verdriet gewoonlijk op deze wijze te kennen gaf, wanneer hij op zijne botanische uitstapjes eene zeldzame plant niet meer kon

> vinden ter plaatse, waar hij ze vroeger in menigte had aangetroffen. Met een gelijk regt kan dit van de wilde dieren gezegd worden die zich van planten voeden en die, wanneer zij verdelgd worden, op hunne beurt weder den ondergang der roofdieren ten gevolge hebben, waaraan *zij* tot voedsel strekken. De schoonheid der natuur wordt vernietigd door het toenemen der bevolking en der bebouwing des bodems. Eentoonigheid komt in de plaats der verscheidenheid en schilderachtige afwisseling van vormen.
> Deze heerlijke, met een overvloed van bloemen bedekte boschjes, deze grasvelden waarop zich groepen van woudgeboomte verheffen, verlevendigd door eene menigte van verschillende dieren, hoe uiterst boeijend, hoe liefelijk doen zij zich aan het oog des reizigers voor! Maar, helaas! zij zullen eindelijk vervangen worden door het floragebied, dat in Midden-Europa alle anderen heeft verdrongen, door den '*eentonigen, akeligen akker*', dien men niet zien kan zonder den wensch te koesteren, zoo ver en zoo spoedig mogelijk van daar verplaatst te zijn, en waarop men niets ontwaart dan vervelende, door de beschaving bedorvene menschen, die zes dagen in de week het ploegijzer volgen, de natuur uitroeijen, des zondags in de kerk gaan, geboren worden en sterven. (i. 638-9)

De voornaamste thema's van Junghuhns werk zijn in deze passage allemaal aanwezig: de weeklacht voor de wildernis, de haat tegen de beschaving, Victor Hugo's romantische voorkeur voor variatie boven regelmaat, en wat we nu het ecologische besef van het natuurlijke ecosysteem met zijn onderlinge afhankelijkheid zouden noemen. Junghuhn zag het laatste speciaal in het vermogen van het bos om vocht te hergebruiken. Hij maakte een eenvoudige en ware vergelijking: gebrek aan bomen staat gelijk met een gebrek aan water (ii. 320-1). Door directe waarneming (op de berg Goerat bijvoorbeeld) raakte Junghuhn op de hoogte van 'het klimmende en dalende spel van den in damp, nevel, wolken en dauw herschapen waterdruppel, welks gedaanteveranderingen, waarvan de vruchtbaarheid of de dorheid van een land afhangt, honderd andere natuurverschijnselen doen geboren worden, zoo wel eene ruischende stortbeek of een buiten zijne oevers tredenden vloed, als windstilte, en ratelenden donder' (iii. 582-3; zie ook iii. 894 en ii. 320). Of meer rechtstreeks: 'De invloed, te weeg gebragt door de uitbreiding van den landbouw, openbaart zich voornamelijk door het vellen van wouden, ten gevolge waarvan de dampkring drooger wordt, en beken en stroomen een geringeren toevoer van water verkrijgen' (i. 205). Junghuhn noteerde zijn waarnemingen tussen 1830 en 1845 en publiceerde ze in definitieve vorm in de jaren 1850, wat veel eerder is dan John Muir, de kampioen van de bergen en bomen van Californië, die erom wordt geprezen dat hij 'al in 1875 stelde dat het behoud van bossen alleen al zinvol was voor het intact houden van waterscheidingen'.[58]

Junghuhns symbool voor de toenemende vernietiging van bossen is de bijl en hij gebruikt deze metonymie met dezelfde kracht als Cooper en Thoreau.[59] Hij formuleerde zelfs wat men een alternatieve definitie van een oerwoud kan noemen: het is een woud waarin nog nooit een bijl werd gehoord (iii. 254) of 'hetwelk nog nimmer door de bijl werd geschonden' (ii. 809), en, meer in overeenstemming met de seksuele beeldspraak van de tekst, een maagdelijk woud is een woud dat nooit door een bijl is overweldigd (ii. 254; zie ook 23, 313, 353). Junghuhns militante houding blijkt ook uit het frequente voorkomen van deze ver doorgevoerde vergelijking (zie bijvoorbeeld i. 334-5, 410, 428, 549; ii. 23, 313, 353; iii. 819, 821), terwijl deze ook zijn positie als koloniaal wetenschapper aan het wankelen brengt. Hoe boomachtiger Junghuhn wordt, hoe meer de dichter in hem opstaat.

De tegenstellingen werden opnieuw verscherpt tot conflicten. De natuur van Indië begrijpen hield in deze in kaart brengen voor exploitatie. De Nederlandse koloniale regering gaf hem opdrachten, betaalde zijn salaris, steunde zijn wetenschappelijke publicaties. Daarom kon zijn wetenschappelijke werk nooit altruïstisch of nutteloos blijven. Het kennende, ordenende oog was ook een slaafs oog. Dit knaagde aan Junghuhn. Voordat Junghuhn naar Indië voer, somde hij zijn 'sacra principia' op. Een daarvan was de voorspelbare eis van eerbied voor de natuur, maar hij noteerde ook het gebod 'gij zult geen voldoening vinden onder anderen'. Waar hij het grootste deel van zijn leven als volwassene naar streefde was 'dat hooggestemde genot van een vrij leven in de schooner verhevene, rijke natuur'.[60] Wanneer men wordt betaald door een koloniale overheid kan zo'n ideaal soms moeilijk blijken te zijn, omdat men nooit vrij van haar gezag kan zijn noch haar vraag naar economisch nut kan negeren. De faustiaanse krachten zijn hiermee duidelijk in strijd: het zoeken naar kennis vraagt om het offer van schoonheid en onafhankelijkheid. Junghuhn wilde dit niet accepteren en deze weigering, gepaard aan zijn misantropie, zorgde voor enkele eigenaardige inconsequenties. Zo geloofde Junghuhn dat alleen de Javanen een bijl hanteerden.

Evenals het geweer is de bijl een instrument, een door en voor mensen gemaakt werktuig. Wanneer men er een radicaal gebruik van maakt, verandert het de physiognomie van de natuur (*Licht*, 173). Zoals we zagen, is 'physiognomie' identiek met de 'essentie' van de natuur, zodat het gebruik van een bijl betekent dat de natuur onherkenbaar wordt verminkt. Op een bepaald punt onderscheidt Junghuhn tussen 'bewerktuigde en onbewerktuigde natuur' (ii. 207), waarvan de eerste die van het huidige moment en de laatste die van de eeuwen is. Beide zijn aan verandering onderhevig maar volgens Junghuhn betekent verandering in de onbewerktuigde natuur uitwisseling, terwijl verandering in de onderworpen en bewerktuigde natuur plaatsvindt om de verandering zelf. De bijl bevordert verandering, maar geen wederkerigheid.

Cooper noemde zijn fictieve vernietiger van bomen Ishmael Bush en liet hem zijn ruwe conservatisme als volgt onder woorden brengen: 'de aarde is gemaakt voor ons gemak; en wat dat betreft ook haar schepselen'. Hij is blind voor zijn vastgestelde plaats in de natuur en is een schepsel van het bewerktuigde heden die geen benul heeft van toekomstige consequenties of vroegere voordelen.

Coopers woudloper, Deerslayer of Leatherstocking, hoort 'het geluid van bijlen en het neerstorten van vallende bomen' aankomen uit 'het Oosten', die magnetische richting die duidde op macht, rijkdom en economische ontwikkeling.[61] Zoals zal worden aangetoond in het hoofdstuk over P.A. Daum (hoofdstuk 11) stond het 'Yankee Oosten' voor Indië gelijk met de Nederlandse regering in Den Haag en ook ten opzichte van haar koesterde de overwegend grond bezittende elite van de kolonie afkeer en wantrouwen. Hoewel Junghuhn een hoogst ambivalente verhouding tot de koloniale machtsstructuur bezat – men herinnert zich wellicht de arrogante kaneelinspecteur (iii. 1060-1), of men kan denken aan het incident met de gekke 'controleur' die mensen van de weg af rijdt (iii. 605) – klaagt Junghuhn haar aanwezigheid of beleid niet rechtstreeks aan. Junghuhns Ishmael Bush is de abangan, de Javaanse boer.

Junghuhns weinig vleiende en ongevoelige tekening van de inheemse bevolking van het eiland valt vooral op in zijn grote werk over Java, waar zijn commentaar door de hele tekst verspreid voorkomt. Zijn kritiek herinnert ten dele aan soortgelijke gefrustreerde opmerkingen van andere reizigers in andere gebieden ter wereld: vervoermiddelen, of ze nu dierlijk of menselijk waren, waren altijd berucht om hun eigenzinnigheid. Het andere probleem is dat hij de Javanen beziet vanuit een Noord-Europees standpunt en, anders dan zijn Duitse landgenoot Goethe, niet in staat was een volkomen vreemd volk te begrijpen.[62] Daarom beschouwt hij de Javanen als lui (iii. 558; ii. 141) en weinig enthousiast (ii. 332). Zijn lofrede op enthousiaste initiatieven (ii. 332) is werkelijk één lofzang op het romantische principe van vitaliteit en de karakteristieke Europese eigenschap van individueel initiatief. Het is dan ook niet verrassend dat hij de Javanen als dociel beschouwt (ii. 240), een negatieve eigenschap die hij aan de natuur toeschrijft! Hij vindt de natuur van Java zo groots en indrukwekkend dat de inboorling van jongs af gedwongen is zich aan haar macht te onderwerpen (*Licht*, 208; zie ook i. 105). Toch verhindert dit inzicht (als we het zo mogen noemen) Junghuhn niet woedend te worden als de Javanen weigeren voor hem, een onbekende vreemdeling, te werken, maar hem met hulp overladen als zij daarvoor opdracht krijgen in een officiële mededeling (iii. 1062-3).

Junghuhn schijnt in het geheel niet op de hoogte te zijn geweest van een fundamenteel begrip als 'adat': de Javaanse sociale mores. Hij heeft gelijk als hij zegt dat de Javaan in wezen conservatief is (iii. 770) en zeer geïnteresseerd in de uiterlijkheden van de maatschappelijke rangen en standen (iii. 762) maar hij schijnt niet te weten dat dit voor hen volkomen logisch is. Junghuhn moet zich niet bewust zijn geweest van de polaire Javaanse tegenstelling tussen *kasar*, belichaamd in de negatieve wereld van materiële zaken, onhandig sociaal gedrag en trots op werk, en het tegenovergestelde, *aloes*, vertegenwoordigd door de verfijnde Javaanse maatschappij. Zoals Niels Mulder in zijn studie heeft aangetoond, bestaat deze merkwaardige wereld, totaal vreemd aan de westerse mentaliteit, nog tot op de huidige dag.[63] Mulders studie (of wat dat aangaat, Couperus' en Dermoûts romans) laat zien dat Junghuhns uiterlijk en optreden hopeloos ongepast moeten zijn geweest. Feitelijk zijn er geen meer tegengestelde principes denkbaar dan het romantische temperament en de Javaanse maatschappij!

Voor de negentiende-eeuwse Javaan moet Junghuhn de belichaming van kasar zijn geweest. Op een bepaald punt beschrijft hij zichzelf: zijn kleren zijn bedekt met vulkanische as, zijn schoenen zijn stuk, zijn hoofd is bloot en zijn gezicht rood verbrand door de zon (iii. 995). De afschuw van mensen die harige personen bijzonder lelijk vinden, moet door zijn volle baard en snor en zijn verwarde haar alleen maar zijn toegenomen, terwijl zijn ruwe taalgebruik en ongeduldige gebaren de belichaming van alles wat de Javaanse maatschappij afstotelijk vindt, moeten hebben voltooid. Geld is kasar, en daarom heeft het absoluut geen zin als je hun er meer dan normaal van aanbiedt (iii. 1062), en minachting voor gewin (iii. 597) is volkomen logisch en niet, zoals Junghuhn aannam, de reden voor hun gastvrijheid. Het laatste is een kwestie van adat en wordt vereist door de sociale voorrechten van de bezoeker. Het is inderdaad grappig als Junghuhn de Javanen 'halfbeschaafd' (iii. 647) noemt, want vanuit hun standpunt waren hij en alle westerlingen onherroepelijk barbaren. Al Junghuhns klachten (die net zo klinken bij veel andere Europeanen) over Javaanse incompetentie (iii. 553), afkeer van vooruitgang (iii. 554), onderworpenheid (iii. 636) en zorgeloosheid (iii. 671) waren voor de Javanen evenzovele triviale westerse irritaties. Voor hen duidden deze op materiële stimulansen en moesten dus worden vermeden. De materiële wereld, die voor hen de natuur insluit, is veel meer een obstakel dan een inspiratie. Een boom kappen is een kleinigheid in een maatschappij die primair is 'gericht op mensen en ceremoniën'.[64]

De wereld van de Javanen bezat geen aanbeveling voor een zo weinig sociaal iemand als Junghuhn. Het lijkt er echter op dat zijn onliberale gevoelens minder de voorspelbare antwoorden van een koloniale racist waren dan reacties die voortkwamen uit een bijzondere psychologische gesteldheid, gekwetst door een ongelukkige jeugd en adolescentie. Maar dit betekent evenmin dat Junghuhn tegen kolonialisme was. Eén veelzeggend voorbeeld leert ons het tegendeel. Op een zeldzaam moment van neerslachtigheid – want over het geheel genomen is Junghuhns werk merkwaardig optimistisch – geeft hij toe dat hij lijdt aan eenzaamheid (iii. 593), maar elders horen we dat hij met een gevolg van veertig man reisde (iii. 671). Men moet onvermijdelijk concluderen dat Javaanse koelies geen gezelschap voor hem zijn. Een andere keer is hij woedend dat een Javaanse opzichter hem durft te vertellen wat hij moet doen (iii. 629), en hij voegt eraan toe dat een echt Javaans opperhoofd vrees moet tonen voor Europese functionarissen (iii. 752). Koloniaal bestuur is een zegen (iii. 906) en Junghuhn biedt zijn lezers een hoogst verwerpelijke apologie van het Nederlandse kolonialisme (ii. 358), ook al legt hij deze in de mond van zijn Duitse weldoener, dr Fritze. Desondanks klinkt er in Junghuhns steun voor het Nederlandse kolonialisme, voor zover het niet gaat om een onvrijwillige reactie van een heerszuchtige negentiende-eeuwse Europeaan, iets onwaarachtigs door.

Junghuhn noemt de Nederlandse koloniale hiërarchie bijna steeds 'Europees'. Een onwetende lezer van zijn werk zou moeite hebben vast te stellen dat Java een Nederlandse kolonie was, en zou evenmin weten dat Junghuhn in dienst was van het Nederlandse koloniale bestuur. De eerste keer en een van de zeldzame keren dat Nederland in zijn werk wordt genoemd – aan het begin van het semi-autobiografische *Reisen durch Java* (1845) – doet hij het land af als 'zonder natuurschoon en eentonig', wat voor Junghuhn zoals we zagen een vernietigende kritiek inhoudt, om maar niet te spreken van de negatieve Nederlandse contacten met de zee.[65] Zes jaar later eindigt Junghuhns verhaal over zijn terugreis naar Nederland met een felle filippica tegen de Nederlanders die in Leiden wonen (*Reis*, 126-7). Verder is er de merkwaardige ontmoeting met enkele Nederlandse kapiteins in Tegal. Junghuhn beschrijft hun grove gedrag niet alleen op zijn meest misantropische manier, maar ook alsof hij er met Javaanse ogen naar kijkt: de luidruchtige, vloekende en drinkende mannen lijken volmaakte voorbeelden van kasar. Het viel hem op dat zij zich met elkaar

> over de eenvoudigste zaken ter wereld op eene wijze onderhielden als of zij, met de spreektrompet in de hand, hunne bevelen aan de matrozen uitbulderden, ja als of het in de herberg even hard stormde als op zee! De jongste van het gezelschap was zulk een dolleman, dat hij zich den tijd niet gunde om te eten, maar als een wilde door het huis liep. Ware het van mijne keuze afhankelijk geweest, dan had ik liever den nacht in den eenzaamsten krater doorgebragt dan hier! Het gemis aan rustige bedaardheid, dat voortdurende opbruischen des gemoeds, die hartstogtelijke drift maakten een even onaangenamen indruk op de Javanen. (iii. 631-2)

Hoewel Junghuhn de Javanen insluit, schijnt hij zich niet te realiseren hoezeer hijzelf klinkt als een aristocratische Javaan (*prijaji*). Junghuhn sluit de passage af met nog een verwijzing naar de natuur: de grote hitte van het land zou een 'verkoelende werking' op de ziel van een mens hebben (iii. 632). Deze Nederlandse zeelieden zijn inderdaad onnatuurlijk.

We zijn terug bij de 'natuur' van Junghuhn. Zijn teksten onthullen een diëgetische gelaagdheid waaruit we kunnen concluderen dat zijn 'natuur' niet alleen die van de romantici, van Humboldt, was, een negentiende-eeuwse abstractie van een concreet landschap, maar dat ze bovenal een norm aangaf die al het andere uitsloot. In Junghuhns 'wetenschappelijke' en verhalende teksten (die samen in werkelijkheid één paradigmatisch genre vormen) is een opvatting over de natuur verwoord die zo hoogstaand is als een religie en zo concreet als de strengste wet. De natuur wordt alles. Ze is onnavolgbaar, boven menselijke overwegingen verheven, Spinoza's *natura naturans*. Wat Junghuhns tekst zo eigenaardig maakt, is het simpele maar verbazingwekkende feit dat er voor hem geen ruimte zit tussen teken en betekende zaak. De natuur is geen abstractie maar een constante werkelijkheid, een fenomenale onvermijdelijkheid. Wat er gebeurt is dat, als in Junghuhns werk begrippen belangrijk worden, of het nu uit de codex van de positivistische wetenschap, van de Romantiek of van Humboldt is, het teken 'natuur' plotseling het belangrijke begrip overweldigt omdat de natuur nooit de mindere kan zijn. Dientengevolge bouwt Junghuhn hiërarchieën op van boven – dat wil zeggen de natuur – naar beneden. Hij kan de wereld alleen maar behandelen vanuit het perspectief van de natuur, kan alleen maar denken in organische termen.

Junghuhn kan zich alleen maar met mensen bezighouden als hij hen kan veranderen in aspecten van de natuur. Van dichtbij zijn de Javanen even onnatuurlijk als Europeanen, feitelijk nog erger omdat ze onderdanig zijn, dat wil zeggen het verst van de aanduiding 'vrij'. Dit in vergelijking met het teken 'natuur' omdat natuur voor Junghuhn de hoogste vrijheid betekent, Thoreaus 'vreemde vrijheid in de Natuur, een deel van haarzelf'.[66] De menselijke samenleving is geen voorwaarde voor een betekenisvol bestaan. Junghuhn zou Thoreaus gedachte onderschrijven dat de aangenaamste en weldadigste maatschappij te vinden is in de Natuur en dat bij haar niemand ooit alleen hoeft te zijn.[67] Maar op Java, dat dichtst bevolkte eiland van Indië, stoot Junghuhn voortdurend op menselijke woonplaatsen, en daarom maakt hij van de dorpen miniatuurbossen ('dorpsboschjes') en geeft hij een opsomming van hun bosachtige bewoners. Mensen behoren eigenlijk planten te zijn; wat is er dan natuurlijker dan een bevolking classificeren in termen van een 'plantengeografie'? De voorbeelden zijn talrijk.

De Bataks op Sumatra staan boven de Javanen, zij zijn 'vrij, niemand heerst over hen, evenmin als zich boven de bergvlakte, door hen bewoond, andere hoogten verheffen' (i. 105). Om soortgelijke redenen van geografische hoogte krijgen de Soendanezen van Junghuhn het grootste compliment omdat zij 'zeer goede natuurkenners, maar vooral goede botanici mogen geheeten worden' (i. 501). De niet-genoemde reden is dat het Soenda-gebied uit bergland bestaat; sommige Soendanezen noemen hun taal zelfs *Bahasa Goenoeng* of 'bergtaal'. Dit was ook het gebied waar volgens Junghuhn de meeste *badaks* of neushoorns voorkwamen en de rinoceros was, zoals we zullen zien, Junghuhns symbool voor Java's wilde en onbedorven natuur. Ook de Tengger-bergen worden positief en uitvoerig beschreven (iii. 802-90). Dit is hoogland, met overal bergmeren, bedekt met ongerepte wouden en bewoond door een inheems, niet-Javaans volk. Het hele gebied herinnert Junghuhn aan Noord-Europa (iii. 823), in het bijzonder de planten, en de logische conclusie volgt al snel: 'Even eigenaardig als het karakter van den plantengroei van dit gebergte is, even zeer is zulks het geval met de zeden, de gebruiken en de woningen van zijn bewoners' (iii. 823). Zij doen Europese dingen zoals het bouwen van huizen met planken (geen *atap* of tropisch riet) en het aanhouden van een vuur in een haard. Hun huizen zijn gemeenschapshuizen, diefstal is onbekend (iii. 826) en zij houden kudden buffels die 's avonds uit eigen beweging naar hun stallen terugkeren (iii. 825) alsof zij in de Zwitserse Alpen graasden. Andere Noord-Europese trekjes zijn het kweken van aardappels, uien en kool en deze gewassen geven de 'fraaije, groene grasmatten' 'een bespikkeld en liefelijk aanzien' (iii. 826). Dit zou elders negatief zijn maar niet in dit koele, hooggelegen paradijs waar geen tijgers rondzwerven (iii. 825). Evenzo zijn de Tengger-mensen lui en lelijk (iii. 826) maar nu doet het er niet toe. Ze zijn sterker en beter gebouwd dan de Javanen (iii. 826), verkiezen het superieure hindoeïsme boven de schandelijke islam (iii. 824) en vereren de Bromo-vulkaan, volgens Junghuhn een naam die 'zonder twijfel betrekking heeft op Brahma' (iii. 825). Net als de grote wouden die onaangetast bleven, worden ook deze mensen aangeduid als 'oorspronkelijke bewoners van Java' (iii. 824) en ook zij zijn gering in aantal (iii. 824), maar zij leven 'gelukkig in den eenzamen, koelen uithoek van dit gebergte, hetwelk zij voor al de schatten van het diepland niet zouden verlaten' (iii. 827).

Menselijke, botanische of dierlijke grootheid wordt bepaald door hoogte. De Tengger-bevolking leeft op een hoogte tussen 1500 en 2500 meter (iii. 806), de Soendanezen tussen 650 en 1300 meter (i. 102) en de Bataks op Sumatra op 1300 tot 1600 meter (i. 103) – maar hun hoogvlakten zijn kaal en volkomen boomloos – en de lage Javanen lijden, op krap 60 tot 80 meter boven zeeniveau (i. 103). Geen wonder dat Junghuhns Nederlandse werkgevers in het licht van zo'n indeling zelden worden genoemd!

Wanneer met behulp van diëgese eenmaal het idiosyncratische genre van een auteur is vastgesteld, kan men zien hoe een tekst (als uitdrukking van de onbewuste tendens van een auteur) zijn wil op de meest uiteenlopende manieren kan opleggen. Dit proces is metonymisch en verloopt via nabijheid. Hoewel bijvoorbeeld pauwen voor de meeste mensen een symbool van schoonheid zijn, staan zij voor Junghuhn gelijk met wildernis (iii. 900). 'Wildernis' is geen positieve term maar slaat op alang-alang-savannes. De nabijheidslogica achter deze gelijkstelling is dat men pauwen altijd waarneemt in de buurt van tijgers (i. 308), tijgers jagen het liefst in de laaggelegen alang-alang-velden en men ziet ze zelden op enige hoogte boven de kust, en daarom zijn pauwen synoniem met wildernis. Als een bos door houthakkers wordt aangevallen en dorpen de heilige ruimte binnendringen, is het werkwoord dat voor deze verwoesting wordt gebruikt 'uitroeien', wat gewoonlijk wordt gebruikt in verband met mensen. In verband met bomen gebruikt men 'rooien'. Op één plaats geeft Junghuhn de negatieve dalende lijn aan die zijn werk doortrekt: gekapte wouden = landbouw = dorpen = alang-alang-wildernis (i. 318). En er is een nog scherpere reductie mogelijk: alang-alang staat gelijk aan beschaving (i. 344).

Bewoonde landschappen worden mooier als de mensen slapen (i. 342-3) en over het algemeen roept de nacht de meest lyrische gedachten op. Hoewel de stad Bandoeng 'sterk bevolkt' is, is ze 'lieflijk' als Junghuhn arriveert; dit was tijdens de tropische siësta en de mensen waren in slaap en daarom 'stil'.[68] Een heel zeldzame beschrijving van een stad, in dit speciale geval Semarang, beslaat maar een halve bladzijde en de korte beschrijving eindigt 'zeer gepast' met een begrafenis (iii. 637). Een vergelijkbare ongelijkmatige verdeling is te vinden in een 'algemeen overzigt' van de flora van Java (i. 218) die achtentwintig bladzijden lang is (i. 226-254). Er zijn vijf pagina's nodig om te beschrijven hoe de nacht in een Javaans dorp valt (de mensen worden niet genoemd), drie pagina's zijn gewijd aan beschrijvingen van dieren waarvan een derde gewijd is aan de beschrijving van een bijensoort. In de termen van deze tekst is de *selemprang* een speciaal soort paradijselijke bij omdat hij alleen in de Soendanese bergdorpen voorkomt, hij steekt niet, zoemt zelfs niet als hij vliegt en leeft onder één dak met de bergbewoners: 'het is een der leden van zijn [de bewoner der dorpen] huisgezin en leeft, gelijk hij, stil en tevreden' (i. 247). In zeven pagina's worden nuttige planten opgesomd maar bijna de helft van het hele stuk, dertien pagina's om precies te zijn, is nodig om de plaatselijke bomen te beschrijven.

Apen staan bij Junghuhn misschien wel hoger op de ladder dan mensen. Een goed voorbeeld is de *soerili*, die in de tekst een hogere plaats krijgt in het bergdorp Goea omdat de apen – hoewel de mensen en de primaten naast elkaar leven – het voorrecht hebben de zon twee uur eerder op te zien komen dan de dorpelingen aangezien zij 'eenige honderd voeten hooger' leven in die wonderen van bomen die Ficus heten (i. 330-1). Hoogte verleent ook distinctie aan de *loetoeng*-aap omdat deze uitsluitend in bepaalde delen van de Tengger-bergen voorkomt (iii. 806). De tekst maakt van beide soorten toonbeelden van apen omdat de soerili een solitair dier is – in tegenstelling tot de *monjet* waarmee hij wordt vergeleken, waarvoor eenzaamheid 'een gruwel' is en die liever in grote groepen leeft (i. 364) – die zich bij de nadering van een mens in het dichtste bos terugtrekt, en de loetoeng (behalve één andere soort) leeft het hoogst van alle Javaanse apen (i. 466).

Wanneer men de tekst op deze manier onderzoekt, ontdekt men ook de ware, zij het nagenoeg verborgen reden voor de onverschilligheid ten opzichte van de Javanen. Nadat bepaalde termen via diëgese in een heldere voorkeursvolgorde zijn geplaatst, zijn verwijzingen als die hierboven niet langer een verrassing, maar toch lijken zij voor een oppervlakkig lezer incidenteel en triviaal. Het tegenovergestelde is echter het geval. In Junghuhns natuurbeschrijvingen, waarin hoogte verhevenheid betekent, ontmoeten we het zogenaamde feit dat een islamitische Javaan niet vrijwillig een berg zal beklimmen (iii. 743). Of dit waar is of niet is niet belangrijk, want in deze voetnoot wordt de Javaan eens en voorgoed veroordeeld. Ook geeft hij het tegenovergestelde aan: hindoeïsme staat hoger dan de islam omdat Junghuhn bij verscheidene gelegenheden op grote hoogte tot dan toe onbekende ruïnes aantrof, en deze waren allemaal van hindoeïstische oorsprong.

Men kan ook gemakkelijk de informatie negeren dat een Javaans opperhoofd in Malembong geen van de namen van de bergen in zijn district kende. Hij moest er in zijn omgeving naar informeren (597). De Javanen missen duidelijk wat Junghuhn 'berglust' noemt (578), wat op zijn beurt een onderdeel is van een bredere codificering. 'Zelden vindt men, dat Javanen vrijwillig deel nemen aan dergelijke togten in het gebergte. Bijna allen bezielt groote onverschilligheid omtrent de wonderen der natuur, welke hun land oplevert; alle buitengewone inspanning des ligchaams schuwen zij als de pest' (558). De negatieve vermelding van werk is niet het voornaamste belang van deze uitspraak hoewel ze opnieuw illustreert hoe weinig Junghuhn van de Javaanse maatschappij af wist. Zoals een onderzoeker heeft aangetoond, hebben Javanen niet zozeer een hekel aan fysieke arbeid als wel dat: 'overdreven inspanning door de samenleving wordt veroordeeld'.[69] De centrale kritiek geldt echter hun onverschilligheid tegenover de natuur, en dit gebrek aan belangstelling is opnieuw gewoon hun manier om het bestaan te interpreteren. Een westerse waarnemer heeft onomwonden gezegd dat maar 'weinig Javanen bewust schijnen te genieten van de schoonheid van hun natuurlijke omgeving. De Javanen schijnen in de eerste plaats op te gaan in hun sociale en culturele omgeving, waarvan zij zich uiterst bewust zijn.'[70] Een Javaanse Thoreau is ondenkbaar.

Geen enkele toenadering is mogelijk als twee werelden zo diametraal tegenover elkaar staan. Junghuhns negatieve opmerkingen lijken misschien ingegeven door historisch vooroordeel, maar het zijn in werkelijkheid uitingen van een zeer persoonlijke en onbuigzame interpretatie van het leven en de wereld. In Junghuhns betoog liggen een specifieke ethiek en kennisleer opgeslagen die onvermijdelijk vorm gaven aan een geheel van geschriften dat behoorlijk lang een prominente plaats innam als de beste algemene beschrijving van Java die door de wetenschappelijke methode kon worden voortgebracht. Een analyse van dit werk als literaire tekst laat daarentegen zien dat objectiviteit niet zijn sterkste punt was en dat de wereld die erdoor werd ontsloten niet de verwachte wetenschappelijke constructie was die onafhankelijk diende te zijn van subjectieve interpretatie. Aan de andere kant is Junghuhns objectieve correlaat in veel opzichten fraaier.

Na de Eerste Wereldoorlog was Junghuhns werk bijna vergeten, totdat Rob Nieuwenhuys het in 1966 aan de vergetelheid ontrukte.[71] Junghuhns onderzoek was door de naoorlogse wetenschappelijke vooronderstellingen als gedateerd geclassificeerd, omdat er in de Nederlandse literatuur praktisch geen traditie van natuurhistorische geschriften bestond. Het laatste kan worden verklaard door het feit dat de geografie van Nederland niet kon bogen op veel uitzonderlijke aspecten. Bovendien was de wereld van de Nederlanders, net als die van de Javanen, in de allereerste plaats een sociale wereld, zodat het belangrijkste literaire genre de roman was. Tenslotte was de drijfkracht van de Nederlandse geschiedenis de economie en economie is geen natuurlijk maar een sociaal gegeven. Op soortgelijke wijze was het Nederlandse kolonialisme eerst en vooral een zakelijke onderneming en geen veroveringsprogramma. De bevolking van de kolonie bleef lange tijd marginaal, wat betreft haar woonplaatsen en haar geestelijke gerichtheid, terwijl het binnenland, waar het ongewone met een grotere mate van waarschijnlijkheid een alledaagse ervaring was, een vreemd woongebied en een vreemde ervaring bleef.

Wonderen waren er ongetwijfeld in overvloed – althans in de negentiende eeuw. Junghuhn was bijvoorbeeld de eerste Europeaan die in de Bataklanden van Sumatra reisde, waar de bewoners hun vijanden als een vorm van rituele straf opaten. Verscheidene jaren later was hij als toeschouwer aanwezig bij het rituele gevecht tussen buffels en tijgers dat werd opgevoerd aan het koninklijke hof in Solo op Midden-Java (iii. 638-43). Hij reed dagenlang door alang-alang-prairies op een paard dat doodsbang was vanwege de aanwezigheid van onzichtbare tijgers in het gras (i. 306). Op een nacht op een strand op West-Java zag hij een ongewoon gewelddadig schouwspel toen reusachtige zeeschildpadden aan land kwamen om eieren te leggen en werden aangevallen door wilde honden, krokodillen en tijgers (i. 264-6). Junghuhn werkte dit toneel van schijnbaar ongebruikelijk geweld uit en nam het op in *Licht- en schaduwbeelden* (*Licht*, 187-92), terwijl Schopenhauer het aanhaalde als een voorbeeld van de blinde macht van de wil. Hij hoorde de roep van bronstige neushoorns in de nacht (i. 308-9), liep rond als in 'een droom, dien ik als versteend vóór mij ontwaar' van de ruïne van een hindoeïstisch tempelcomplex (ii. 266-7) en zag met verbazing hoe een dicht wolkendek ónder zijn voeten steeds lager en lager zakte totdat de wereld onder hem verdwenen was (iii. 579-80). Eens ontmoette hij een oude soldaat die doof was geworden toen hij tijdens een vulkaanuitbarsting door een steen uit de gewelddadige regen aan het hoofd was geraakt (ii. 256). Hij kwam bijna om toen hij de weg kwijtraakte tijdens zijn afdaling van de vulkaan Lawoe. Uiteindelijk stelde hij zichzelf in veiligheid nadat hij bóven op struiken en andere planten had gelopen en afgronden was overgestoken door langs glibberige, met mos bedekte boomstammen te glijden die door niet-menselijke krachten dwars over de kloven waren geslingerd (ii. 502-6). Junghuhn was zich goed bewust van de romantiek van het geheel toen zijn paard tijdens de avondlijke afdaling van de berg Keloed omringd was door gewapende Javanen die met brandende fakkels zwaaiden omdat ze wisten dat er in het donker talloze tijgers loerden, en besefte ook het groteske hiervan als hij eraan toevoegt dat de lucht vol was van lijkenlucht ten gevolge van het feit dat er op die tijd een menigte Arum-planten in bloei stond (iii. 704). Hij beschreef hoe hij zichzelf moest dwingen om aan de rand van een krater een vulkaanuitbarsting mee te maken, waarbij hij zich op zijn instrumenten concentreerde terwijl de berg brulde en de aarde schudde (iii. 783-92). Hij was de eerste Europeaan die de berg Ajang op Oost-Java beklom en op grote hoogte vond hij afval zoals 'tallooze paauwenvederen, horens van herten, benevens uitwerpselen van koningstijgers' (iii. 1082). Nog hoger, boven 3000 meter, ontdekte hij een uitgebreid ruïnecomplex net onder rand van de krater van de vulkaan (iii. 1090). En ten slotte, toen hij zijn kamp voor de nacht had opgeslagen aan de kust van een bergmeer, kwam de vulkaan Lamongan plotseling tot uitbarsting en de hele nacht was de hemel verlicht door het vuur uit de berg terwijl Junghuhn naar de spectaculaire weerkaatsing daarvan in de nachtelijke wateren van het meer keek (ii. 1119-20).

Om dergelijke ervaringen een plaats te geven, evenals de verstandelijke kennis die ermee gepaard ging, was niet gemakkelijk in een tijd waarin natuurbeschrijving niet zo gewoon was als vandaag. Formeel gesproken was Junghuhns werk een onderdeel van de algemene vorm van discours die bekendstaat onder de naam wetenschappelijke studie. Deze vorm van discours werd echter onmiddellijk beïnvloed door reeds bestaande literaire codes zoals het reisverhaal en het filosofische essay. Junghuhns geschriften hebben in diverse graden van complexiteit deel aan alle drie de vormen, terwijl zij allemaal Humboldts werk als intertekst gemeenschappelijk hebben. De stilistische conventie voor Junghuhns onderwerp was de Romantiek, hoewel moet worden bedacht dat deze in zijn levensdagen minder 'conventioneel' was dan tegenwoordig het geval is. Hoewel sommige commentatoren haar misschien eerder zouden laten beginnen en langer laten doorlopen, kan men veilig zeggen dat de Romantiek bloeide tussen 1790 en 1835, en dat ze voor het eerst in Duitsland optrad. Tegen de tijd dat Junghuhn in Indië aankwam waren de meeste belangrijke teksten van de Duitse, Franse en Engelse Romantiek al gepubliceerd.

Het schrijven over de natuur nam de vorm over van het reisverhaal: de verteller is meestal een reiziger die op een bepaalde plaats start en naar een specifieke bestemming gaat. John Muir zwierf door de Sierra Nevada in Californië, Thoreau reisde van Bangor de rivier de Penobscot op om de berg Katahdin in Maine te beklimmen, en William Bartram vertrok vanuit Philadelphia om Florida te onderzoeken. Zo reisde ook Junghuhn over de hele lengte van Java van west naar oost en beklom en onderzocht hij onderweg vijfenveertig vulkanen (iii. 1191).

Aan het filosofische essay ontleende de natuurbeschrijving haar reflectieve modus opdat de tekst niet louter een reisverhaal of een opsomming van plaatselijke bijzonderheden zou blijven. Een bepaalde filosofische overtuiging kan het natuuressay een bijzondere retorische vorm verlenen die in combinatie met de verfijningen van de romantische stijl zulke geleerde en intrigerende literaire bouwsels als Thoreaus teksten kunnen opleveren of de thematiek kunnen leveren voor Junghuhns geschriften (in zijn geval de onderlinge verbondenheid van de natuur).[72]

De Romantiek bracht het specifieke en nu overvloedige genre van natuurbeschrijvingen voort. Dit is niet de plaats om een overzicht te geven van de enorme hoeveelheid materiaal over de Romantiek, maar het kan leerzaam zijn enkele van de belangrijkste aspecten en onderwerpen die de Romantiek met natuurbeschrijvingen gemeen heeft, op te sommen. Het meest voor de hand liggende is de persoonlijke ervaring van de natuur en van de wilde, dat wil zeggen ongerepte (Junghuhns 'onbewerktuigde') natuur in het bijzonder. Europeanen troffen deze nog aan op het Amerikaanse continent – Chateaubriand in Noord-Amerika, Humboldt en Darwin in Zuid-Amerika, terwijl Wordsworth en Coleridge er plaatsvervangend rondzwierven in de tekst over Bartrams reizen. De nadruk ligt hierbij op de ongerepte natuur en op puur individualisme, bij elkaar behorende aspecten die ook voor Junghuhn van cruciaal belang waren. Het laatste is bijna een noodzakelijke vereiste van natuurgeschriften en impliceert onmiddellijk eenzaamheid als creatief voordeel, terwijl men daardoor ook misantropie gemakkelijk kan vergeven.

Romantiek en natuurbeschrijving delen een kritische afstand tot de veronderstelde onfeilbaarheid van het rationalisme en geven ruimte aan de openbarende grootsheid van de intuïtie of aan de passendheid van het gevoel, terwijl toch geen van beide het kan doen zonder kenbare feiten. We hebben de grote wetenschappelijke ondernemingen van de negentiende eeuw al genoemd, maar men kan ook wijzen op de romantische overvloed aan faustiaanse kennis of de koel analytische aspecten van Stendhals romantische fictie. De wetenschap maakt een wezenlijk deel uit van het schrijven over de natuur maar de auteur van het essay over de natuur verschilt van de formele wetenschapper omdat hij geen massa verschillende feiten verzamelt, maar wil dat deze als het ware weer opstaan en gaan wandelen.

Beide bezitten ook een fundamenteel optimisme, omdat zij volhouden dat zij in de wereld een samenhangende en betekenisvolle eenheid kunnen onderscheiden. De Romantiek voorzag een chaos en probeerde een heldere orde in stand te houden al was het alleen maar om licht te werpen op een onderzoek van de duisternis. Het doel mag dan negatief zijn geweest, maar met het schrijven over de natuur deelde ze het verlangen en het vermogen een positief patroon te zien dat groter was dan het individu: het holisme van de Romantiek is de ecologie van de natuurbeschrijving. De synthetische impuls die beide gemeen hebben, heeft in het geval van de natuurbeschrijving een vleugje positivisme omdat deze, welke conceptuele categorie ook wordt ontworpen, onveranderlijk gebaseerd moet zijn op feitelijke ervaring en op 'een opvatting over kennis [die] de som [is] van gegevens die door ervaring kunnen worden bevestigd'.[73] Wie de natuur beschrijft let voortdurend op Thoreaus 'Realometer' om te zien of een feit echt klinkt of niet.[74]

Als er zo'n sterk verband tussen Romantiek en natuurbeschrijving bestaat, mag men verwachten dat de laatste in de Amerikaanse literatuur een rijk en productief genre is, omdat het grootste deel van die literatuur ongetwijfeld romantisch kan worden genoemd. De Engelse criticus Tony Tanner heeft in een diepzinnig essay opgemerkt dat er, hoewel dit ontegenzeglijk waar is, enkele opvallende verschillen zijn tussen deze twee negentiende-eeuwse definities van Romantiek. Het wekt dan ook geen verbazing dat zijn opmerkingen eveneens bijzonder relevant zijn voor de natuurbeschrijving en Junghuhn. 'Amerikaanse romantici leggen buitengewoon veel nadruk op een visuele relatie met de natuur. "Ik word een transparante oogbol; ik ben niets; ik zie alles" – Emersons beroemde uitdrukking is relevant voor veel latere Amerikaanse teksten.'[75] We zagen al dat hetzelfde gezegd kan worden over Junghuhns werk, hoewel dat ook de auditieve reactie bevat die Tanner mist in Amerikaanse teksten en die volgens hem op een toestand van vervreemding wijst.[76] Dergelijke verschillen in nadruk gelden ook voor de andere hoofdpunten. Natuur en eenzaamheid waren zowel voor de Europese als de Amerikaanse schrijver van belang, maar dat toch wel het meest voor de laatste omdat de negentiende-eeuwse Amerikaanse romanticus zonder veel moeite 'enorme onbevolkte leegten' kon vinden 'die geen Europese romanticus zich kon voorstellen'.[77] Het logische gevolg van deze waarneming is dat de Amerikaanse schrijver vooral met zichzelf – los van gezelschap – werd geconfronteerd, terwijl Europese romantici in hoge mate sociaal handelende personen waren, met als resultaat dat de Europese schrijver veel meer in geschiedenis en sociale verandering geïnteresseerd was dan de Amerikaanse romanticus, die het geloof miste dat zijn visie 'de levensomstandigheden van [zijn] medemensen sterk [kon] beïnvloeden en verbeteren'.[78] Men moet Junghuhn op één lijn stellen met de Amerikaanse schrijvers, omdat ook hij alleen heil kon vinden in zijn solipsistische relatie met de natuur en geheel vrij kon blijven van vooruitgang of geïnstitutionaliseerde tijd. Het is niet verbazingwekkend dat de Amerikaanse literatuur probeerde te ontsnappen aan de slavernij van de tijd, omdat tijd geschiedenis betekende en geschiedenis betekent mens en maatschappij, of voor Junghuhn gereedschap en vernietiging van de natuur. De Europese Romantiek was daarentegen bewust retrospectief en werd daarom gemakkelijk verleid tot het oprichten van zulke enorme gedenktekens voor de tijd als Wordsworths *Prelude*, Prousts *À la recherche du temps perdu* of Chateaubriands uitdagende *Mémoires d'outre-tombe.*

De Amerikaanse literatuur van de negentiende eeuw kent een andere uitdaging: in plaats van de herinnering is er het tonicum van originaliteit; in plaats van een terugvallen op de samenleving het terugvallen op zichzelf; in plaats van de autonomie van de geschiedenis, het subtiele raadsel van de enkeling. In Europa de terreur van de dwang, in Amerika de terreur van de vrijheid; in Europa de onvermijdelijke mens, in Amerika het benauwde voorgevoel dat de cultuur bevorderlijk zou kunnen zijn voor de natuur. William Cullen Bryant, die niet ver van de plaats waar Melville *Moby Dick* schreef en evenmin erg ver van Concord, het centrum van de Amerikaanse Renaissance, de zomer doorbracht, schreef een gedicht voor een schilder over het op reis gaan naar Europa. Het bevatte deze regels:

> Fair scenes shall greet thee where thou goest – fair,
> But different – everywhere the trace of men,
> Paths, homes, graves, ruins, from the lowest glen
> To where life shrinks from the fierce Alpine air –
> Gaze on them, till the tears shall dim thy sight.
> But keep that earlier, wilder image bright.

Impliciet is hier aanwezig wat Alfred Kazin noemde 'Amerika als volmaakt archaïsme', de suggestie dat Amerika's oerlandschap nog altijd niet verdorven was door mens en cultuur.[79] Bryants 'wilder image' is duidelijk verwant aan Thoreaus 'tonicum van wildheid' en aan de daaropvolgende ontwikkeling van de natuurbeschrijving in Amerika. Maar hier is ook een heimwee aanwezig dat in de loop der tijd alleen maar toenam. Het is wat Kazin noemde 'de trieste Amerikaanse toon van een spoedig verloren paradijs',[80] een toon die in de loop van de negentiende eeuw hoorbaar donkerder werd totdat hij uitdoofde in Faulkners elegische pracht.

Dit 'earlier, wilder image' was in Europa niet langer aanwezig terwijl het in Amerika al wel zwak was maar nog niet verloren. Junghuhns werk laat zien dat het ook te vinden was in de tropische koloniën van Europa, hoewel deze in de negentiende eeuw een veel minder levenskrachtig paradijs bleven dan Noord-Amerika. Misschien kweekte de vertrouwdheid van een verondersteld eigendomsrecht minachting, en de economische nabijheid kan de vergezichten van de verbeelding hebben geblokkeerd. Maar toch had het leven in de koloniën voor hen die er waren geboren en opgegroeid en die er hun leven lang ver van West-Europa leefden, voor hen, en niet voor de voortdurend wisselende groep van roterende ambtenaren, veel gemeen met de vroegere Amerikaanse ervaring.

In 1945 vertelde Albert Camus aan een Amerikaan in Parijs dat hij 'als zelf iemand uit het Zuiden' een intellectuele verwantschap met Faulkner voelde.[81] Met het 'Zuiden' bedoelde Camus Noord-Afrika en in het bijzonder de Franse kolonie Algerije. Veel van de Nederlandse koloniale literatuur, inclusief het werk van Junghuhn, zou kunnen profiteren van deze zelfde correlatieve vergelijking met de Amerikaanse literatuur. Junghuhns teksten staan inhoudelijk en qua uitdrukkingswijze veel dichter bij de geschriften van zijn Amerikaanse tijdgenoot Thoreau (1817-1862) en de latere John Muir (1838-1914) dan bij Charles Darwin (1809-1882) of Alfred Russel Wallace (1823-1913).

De volgende opmerkingen over overeenkomsten tussen Junghuhn, Thoreau en Muir zijn niet uitputtend bedoeld. In het licht van de enorme hoeveelheid secundaire literatuur en de omvang van dit hoofdstuk zou zo'n onderneming absurd zijn. Maar de diëgetische informatie die we hebben afgeleid uit Junghuhns tekst over Java toont enkele interessante correlaties met deze twee grote Amerikaanse schrijvers over de natuur. Het is deze als het ware covariante relatie die ik op het spoor tracht te komen.

De opvallendste en belangrijkste correlatie tussen Junghuhn en Thoreau is hun beleving van de natuur. De natuur is het hoogste en ze is voldoende terwijl de mens er op zijn best een bijkomstig onderdeel van is. Evenals Junghuhn zou Thoreau 'de aanwezigheid van iets verwants' eerder vinden in de niet-menselijke wereld dan in de maatschappij van zijn dagen.[82] Vandaar dat Thoreaus uitdagende inzet van het essay 'Walking', dat door vele commentatoren als zijn belangrijkste tekst wordt beschouwd, veel beter als motto voor Junghuhns werk had kunnen dienen dan het vers dat hij van Schiller en Goethe citeerde. 'Ik wil een goed woordje doen voor de Natuur, voor absolute vrijheid en wildheid, in tegenstelling met een louter burgerlijke en culturele vrijheid, – de mens zien als een inwoner of een essentieel onderdeel van de Natuur, in plaats van een lid van de samenleving.'[83] 'Walking' werd gepubliceerd in 1862, hoewel de inhoud hem al tien jaar daarvoor bezighield. Zelfs voordien, in 1834, had Junghuhn zichzelf aangespoord de natuur te vereren en een jaar later 'om geen bevrediging bij anderen te zoeken, geen geluk buiten zichzelf, geen genoegen buiten de natuur:

laat je geloof alleen bestaan in de natuurlichamen, in haar stille, eeuwig gelijke krachten.'[84] Beide mannen vonden in de natuur een voedsel dat een geestelijk tonicum was, niet maar een vreemde voorkeur.

In hetzelfde essay vermeldt Thoreau de reden waarom een natuurfilosofie heel goed de ware theologie zou kunnen zijn. De natuur is het eeuwige leven maar wij zijn afvalligen van wat hij 'een schone relatie' daarmee noemt, omdat we haar niet langer zien als de harmonieuze orde die de Grieken kosmos noemden. 'Wat hebben wij weinig waardering voor de schoonheid van het landschap! Wij moeten leren dat de Grieken de wereld *Kosmos*, Schoonheid of Orde noemden, maar we zien niet goed waarom zij dat deden, en wij houden dit hoogstens voor een merkwaardig filologisch feit.'[85] Humboldt wist waarom de Grieken dat hadden gedaan en noemde zijn grote synthetische werk *Kosmos*; hij leerde Junghuhn dezelfde onderlinge verbondenheid te zien. Thoreau verwijst in 'Walking' tweemaal naar Humboldt. Hij had in de lente van 1850 in vertaling Humboldts *Kosmos* en *Ansichten der Natur* gelezen en drukte zijn bewondering uit in zijn dagboek.[86] Junghuhns afhankelijkheid van Humboldt is al vermeld en hij formuleerde zijn versie van Thoreaus seculiere religie als: 'Er is slechts ééne openbaring, en dat is de natuur; slechts ééne waarheid, namelijk die, welke geput wordt uit de grondige studie dezer natuur' (*Licht*, 31). Er is een 'drijfveer' in de natuur, een 'geest' die hij niet kan verklaren maar waarvan hij weet dat hij bestaat. Men zou deze leven kunnen noemen maar ik denk dat ook de vertaling met Thoreaus en Humboldts *Kosmos* mogelijk is. Junghuhn ervaart hem eigenlijk overal: 'in planten, in steenen, in de verschijnselen des dampkrings, daar ginds boven mij in den sterrenhemel, gelijk hier beneden op aarde, in den mensch gelijk in het kleinste insect, overal neem ik waar doelmatigheid, alwijsheid, en bespeur ik, dat het doeleinde, waartoe alle levende wezens zijn geschapen, is: genot en geluk' (*Licht*, 31-2). Daarom noemt hij zijn medemensen liever 'natuurgenooten' (*Licht*, 20) die, zoals Thoreau opmerkte in het hoofdstuk 'Solitude' in *Walden*, zich niet apart en alleen kunnen noemen, omdat zij deel uitmaken van een groter geheel, een schakel in de magische keten van oorzaak en gevolg (*Licht*, 91, 193). Thoreaus kosmische orde is Junghuhns 'innige verband, dat tusschen alle krachten der natuur bestaat, dien onderlingen zamenhang, welken wij tusschen alle verschijnselen waarnemen, die keten, welke alle deelen van het geschapene zaâmverbindt' (i. 106).

In 'Walking' vindt men ook Thoreaus bewering dat de naar het westen gerichte beweging van Amerika symbolisch tot Azië kan worden voortgezet.

> We gaan naar het oosten om ons bewust te worden van onze geschiedenis en de kunstwerken en de literatuur te bestuderen, terug op het spoor van ons geslacht; we gaan naar het westen als naar de toekomst, in een geest van onderneming en avontuur. De Atlantische Oceaan is een soort Lethe, en toen we die passeerden hadden we de gelegenheid de Oude Wereld en zijn instellingen te vergeten. Als we ditmaal niet slagen is er voor dit geslacht misschien nog één kans over voordat het aankomt

> op de oever van de Styx; en die is gelegen in de Lethe van de Stille Oceaan, die driemaal zo breed is.[87]

Hier hebben we Tanners bewering dat de Amerikaanse Romantiek tegen de herinnering en immuun voor de geschiedenis is. De nadruk ligt op opnieuw beginnen maar er is ook Thoreaus zeer Amerikaanse voorgevoel van mislukking. Ook het Europese kolonialisme was een tijdlang toegewijd aan de 'ondernemende en avontuurlijke geest', een stoutmoedigheid die in zijn literatuur wordt weerspiegeld. Maar algauw gingen velen naar de koloniën om te vergeten. Zowel in culturele als sociale termen hadden velen opzettelijk de drank der vergetelheid gedronken en wisten tevreden de Atlantische beschaving uit. Maar in de twintigste eeuw zou de geschiedenis hun niet toelaten nog langer onopgemerkt te blijven, en dat was evenmin mogelijk nadat zij inderdaad op een van de oevers van de Styx waren aangekomen. De Tweede Wereldoorlog verbond de Atlantische Oceaan met de Stille Oceaan en in plaats van vergeten werd daarna de fijnzinnige kunst van de herinnering weer gewenst. Zoals eveneens het geval was in het Amerikaanse leven en de Amerikaanse literatuur. De Atlantische noch de Stille Oceaan was breed genoeg gebleken om als Lethe te fungeren en plotseling miste men van alles. De Amerikaanse literatuur, speciaal die van het Amerikaanse Zuiden, begon tegen het einde van de negentiende eeuw haar herinnering aan het verleden vast te leggen en is daar nog steeds niet helemaal mee klaar. De Nederlandse koloniale literatuur begon omstreeks dezelfde tijd hetzelfde te doen, maar heeft deze taak bijna volbracht.

'Walking' bevat de thans beroemde zin 'dat in Wildheid het behoud van de Wereld is gelegen'.[88] Deze schijnbaar kristalheldere uitspraak kent verscheidene dimensies omdat in de verfijnde en complexe kunst van Thoreau elke formulering het resultaat is van een condensatieproces van tientallen jaren. Tegenwoordig is de uitspraak het embleem van de beweging voor natuurbehoud, zo niet van de ecologie, maar voor Thoreau vertegenwoordigde ze in de eerste plaats vrijheid en creativiteit. Het transatlantische of zelfs transpacifische 'Westen' waarover hij sprak, was 'slechts een andere naam voor het Wilde'.[89] Dat is waarheen Junghuhn in 1835 uitzeilde. Het is zowel een fysieke als een geestelijke vrijheid en deze wordt afgeleid van een transcendente kennis van de natuur. Het is het wilde binnen afstemmen op het wilde buiten, om de natuur te kunnen lezen met behulp van Thoreaus 'geelbruine grammatica', *grammatica parda*, de kennis van de panter.[90] Men moet het met Richardson eens zijn dat dergelijke kennis voor Thoreau inhield: 'herstel van onze wezenlijke vrijheid [sic]… het levende, vitaliserende effect van het herstel van iemands emotionele en cognitieve besef van zijn wezenlijke diepste zelf'.[91] Men moet het ook eens zijn met Sattelmeyer dat wildheid

> een poging is tot herstel van het evenwicht in onze manier van denken over het leven in de natuur. Het wilde is een herinnering aan een oorspronkelijke verbon-

denheid met de bronnen van het leven, en wijst terug naar een tijd en een toestand waarin de natuur en het bewustzijn van de mens geen aparte gegevens waren en waarin de natuur geen te kennen en te overmeesteren object was ten dienste van materiële kennis en macht.[92]

Dit is de woeste schoonheid van Junghuhns 'onbewerktuigde' wouden op de ongerepte berghellingen van Java, en dit is ook de kennis als Junghuhn 's nachts op de oever van een van zijn geliefde bergmeren uitroept: 'Met volle teugen schepte ik genot in het aanschouwen der natuur, en het scheen mij toe, alsof ik de verwantschap, de sympathie, gevoelde, welke alle levende wezens saamverbindt' (*Licht*, 294). Ook Junghuhn was bedreven in Thoreaus *grammatica parda.*

Twee aspecten van wildheid worden minder vaak genoemd. Het ene is 'het primitieve en wilde' deel van de mens dat, zoals Thoreau het op zijn typisch hyperbolische manier zegt, kan maken dat hij een bosmarmot tegenkomt en plotseling de neiging heeft hem op te jagen en rauw te verslinden.[93] Dit houdt verband met het vuursteentje in Thoreaus karakter waarvan Emerson op de hoogte was en wijst meer in het algemeen op een woeste neutraliteit die de wildste tonelen onzegbaar vertrouwd maakt. Het is deze zelfde levenslust, bijgestaan door wetenschappelijke nieuwsgierigheid, waardoor Junghuhn getuige kon zijn van de afschuwelijke slachtpartij van reuzenschildpadden door wilde honden en tijgers en deze betrekkelijk neutraal kon beschrijven (i. 264-6), of waarmee hij een verrassend ruwe alinea in zijn verhaal kan opnemen waarin hij in volslagen kalmte weergeeft hoe dezelfde wilde honden een vastgebonden paard doden.

> Een groot aantal honden valt het dier te gelijk aan; zij bijten het eerst in het achtergedeelte des ligchaams, den anus en de genitaliën, scheuren het vervolgens de oogen uit, rijten het den buik open en brengen het op die wijze weldra ten onder. Naar door mij door de Javanen is verzekerd geworden, gaan er somtijds jaren voorbij, dat in deze zone geen spoor van deze woeste gasten wordt vernomen. (i. 431)

En als hij een *rampok matjan* of rituele moord op tijgers in de koninklijke verblijven in Solo beschrijft, verdedigt hij de veronderstelde bloeddorstigheid van de tijger evenzeer als de veronderstelde Javaanse wreedheid door op te merken dat 'het beginsel van wreedheid, onbarmhartigheid en vernielzucht in de natuur zelve reeds ligt, hetgeen zich buitendien in zoo vele duizende andere verschijnselen van het dierlijke en menschelijke leven openbaart' (*Java* iii. 647).

Thoreau en Junghuhn herkenden beiden wildheid in zichzelf en gingen er eerlijk mee om. Maar de context is steeds menselijk; voor Thoreau kon 'wildheid' zelfs slaan op het beste van de westerse literatuur.[94] Maar hoe is het als men wildheid in de meest ware zin van het woord ontmoet: een natuurverschijnsel dat geheel ontbloot is van al het menselijke? Beide mannen moesten zo'n paradigma onder ogen zien; ironisch genoeg was dit voor beiden op de top van een wilde berg. Thoreau kwam er oog in oog mee te staan op de berg Katahdin (door hem gespeld als 'Ktaadn') in Maine en Junghuhn op de berg Lawoe en de berg Kembang op Java.

Thoreau had zijn metgezellen uit het oog verloren maar was doorgeklommen tot de top van de Katahdin, toen hij zich plotseling in een woestijn van rotsen bevond. 'Het waren ruwe brokstukken van een planeet die uit een onzichtbare groeve waren gevallen, die door de enorme mysterieuze werking van de natuur opnieuw zouden worden verwerkt, of afgebroken, tot de glimlachende en groene vlakten en dalen van aarde.'[95] De mens vindt zichzelf plotseling onbelangrijk of hoogstens nuttig om met zijn nietigheid slechts dit te benadrukken: 'Materie, enorm, geweldig.'[96] 'Een enorme, titanische, onmenselijke Natuur heeft hem in het nadeel gebracht, hem in zijn eentje gevangen, en pakt iets van zijn goddelijkheid van hem af. Ze glimlacht niet naar hem zoals in de vlakten. Ze schijnt streng tegen hem te zeggen: waarom ben je hier gekomen voor je tijd? Deze grond is niet op jou voorbereid.'[97]

Junghuhn reageerde op dezelfde manier toen hij neerkeek in de trechtervormige afgrond bij de berg Kembang. Ook deze plek was stil, eenzaam en 'zonder eenig leven' en van de steenformaties was het als 'verkondigden zij zelven hunne wijze van ontstaan, maar dreigend tevens als laakten zij de vermetele weetgierigheid der menschen, die de geheimen der natuur durfden bespieden' (iii. 854). Junghuhn stak zijn neus steeds weer in de geheimen van Java's vulkanen, een roekeloze onderneming die Thoreau nooit verstandig zou hebben gevonden.[98] Bij zijn onderzoek naar een van de kraters van de Lawoe kwam Junghuhn in nog zo'n landschap van een enorme, chaotische en steenachtige verlatenheid terecht. 'Niets ontwaart de beschouwer dan rotspuinhoopen, zwarte slakken, spleten, steile kloven en bergmassa's, die zich als zuilen verheffen, – alles wild dooreengeworpen en over elkander heen gestort tot beneden aan den voet des bergs' (ii. 498). Alleen op een bergtop kwam zowel Junghuhn als Thoreau in botsing met de grenzen van de eenzaamheid en de uiteindelijke betekenis van wildheid. De laatste vorm van 'wildheid' is een uiterst vreemde kwaliteit, zonder hoop op gelijkenis, nog altijd materie, maar hard en onverzettelijk. Voor beide waarnemers bestaat de vrees uit onmenselijke stilte, afwezigheid van elke vorm van organisch leven (speciaal het gebrek aan groen), steenachtige chaos (waarin zelfs regelmaat een troost zou zijn geweest) en de ontzettende aanwezigheid van iets wat veel groter is dan de mens zich ooit kan voorstellen. Die gedachte vormt ook de grens van de eenzaamheid omdat we, hoewel het nog altijd natuur is, iets wat meer verwant is nodig hebben om onze eindigheid te verzachten. We zijn het beste alleen als we op gehoorsafstand van onze soortgenoten zijn.

Uit het bovenstaande kunnen we ook leren wat de kern van het werk van Thoreau en Junghuhn is. Voor de Amerikaanse natuuronderzoeker bevindt zich een kosmos in bosbessen en wilde appelen, de Europese onderzoeker ziet in een tropisch woud hoog op een berghelling een afschaduwing van het paradijs.

Thoreau en Junghuhn keken op een vergelijkbare manier naar de natuur. Thoreau bracht hun bijzondere manier van kijken onder woorden in het essay

'Autumnal Tints' terwijl deze in Junghuhns werk impliciet is, maar voor beiden was opmerkzaam kijken duidelijke kennis. Iedereen ziet anders maar iedereen kan beter leren zien. Wat Thoreau zo terecht ontdekte was bewust zien. 'Wat kijken de dichter en de natuuronderzoeker verschillend naar de dingen! Ik heb ontdekt dat er, op dezelfde plaats, een andere instelling van het oog voor nodig was om verschillende planten te zien... Een mens ziet alleen wat hem interesseert.'[99] Een boer in New England die in augustus gras maait, ziet alleen timothee; het prachtige purperen gras dat ertussen groeit ziet hij niet omdat hij er niets aan heeft.[100] Hetzelfde geldt voor Junghuhn: hij stelde, misschien onbewust, hiërarchieën van uitnemendheid op en interpreteerde de wereld in overeenstemming daarmee. Een koffiestruik wordt als hoger beschouwd omdat deze een berg nodig heeft om goed te kunnen groeien, de *djati* is 'lelijk' omdat hij in de lage, hete vlakte groeit (iii. 669); Javaanse dorpen ziet hij niet als economische eenheden maar als gemeenschappen van getemde bomen en hij geeft de voorkeur aan bergmeertjes boven een terrasje in de stad.

Muir en Thoreau zouden dezelfde voorkeur hebben geuit. Beiden vergelijken het meer meestal met het 'oog' van de natuur en beschouwden het als een manifestatie van licht.[101] In *Walden* vergelijkt Thoreau het meer met een 'spiegel', een spiegel van zuiverheid en van het woud, en dit was ook Junghuhns meest gangbare vergelijking.[102] Alle drie waren deze natuuronderzoekers, hoewel zij uitvoeriger over andere aspecten van de natuur schreven, bijzonder gecharmeerd van meren. Wat zij erover zeggen is eerder waarderend dan verklarend, alsof meren iets hebben wat boven het begrip uitgaat.

De bergmeertjes van de Sierra waren voor Muir een prachtige erfenis van de glaciale geschiedenis,[103] maar zowel voor Thoreau als Junghuhn schijnen meren meer betekenis te hebben. In het hoofdstuk 'The Ponds' van *Walden* schrijft Thoreau dat een meer voor hem rust vertegenwoordigt ('hoe vredig de verschijnselen van het meer'), staat voor zuiverheid en beslotenheid, en de aarde met de hemel verbindt ('een veld van water verraadt de geest die in de lucht is'). Hij noemt het 'hemelwater'.[104] De telega op de berg Soembing is voor Junghuhn 'een beeld des vredes [dat hem] tegenlacht' (ii. 354); de meren bij de berg Garoed zijn oerjuwelen van een 'Javasche paradijs' (iii. 592); hij ontdekt dat de top van de berg Lamongan omringd is door meertjes; deze 'liggen in de diepste eenzaamheid der wouden verscholen' (iii. 1116); en op de berg Patoeha zijn aarde en hemel overduidelijk één, want 'de volle maan, van licht omstraald en op een grooteren afstand door duizende flikkerende sterren omringd, zag uit de hoogte op mij neder en, bijna even helder, van beneden uit den diepen boezem der wateren naar mij opwaarts' (*Licht*, 290). De reacties komen overeen. Het enige verschil kan zijn dat Junghuhn romantischer is doordat zijn passages over meren gewoonlijk nachtelijke scènes zijn. Dit heeft natuurlijk een heel praktische reden – de oevers van bergmeren zijn uitstekende kampeerplaatsen – maar de romantische geest had ook een voorkeur voor maanverlichte nachten als toneel voor heftige gevoelens. In Junghuhns werk worden de meest lyrische passages evenals uitlatingen van de diepste overeenstemming met de natuur geïnspireerd door de nacht. De lezer voelt op deze bladzijden de geest van de Duitse lyrische poëzie.[105]

Het is alsof we Junghuhn horen als Thoreau zegt dat een meer het oog van de 'aarde is; wie erin kijkt ervaart de diepte van zijn eigen natuur'.[106] Junghuhn deed dat aan de oever van het Patenganmeer, en schrijft dat dit 'een beeld in het klein van de oneindigheid' is (*Licht*, 215) en de plaats waar hij het meest alleen was met zichzelf. Daar werd hij zich bewust van 'de verwantschap, de sympathie, (...) welke alle levende wezens saamverbindt' (*Licht*, 294).[107] Een bergmeer weerspiegelt harmonie als het innerlijke en het uiterlijke landschap met elkaar in overeenstemming zijn. De wetenschapper en de kunstenaar zijn eindelijk met elkaar verzoend.

John Muir deelde Junghuhns hartstocht voor de wetenschap en Thoreaus nauwgezette constructie van proza, maar hij miste de Europese brede kennis van de Europeaan en de literaire begaafdheid van de bewoner van New England. Niettemin hebben deze drie schrijvers en natuurliefhebbers veel gemeen en zijn de verschillen slechts gradueel. Muir bijvoorbeeld deelt volledig in Junghuhns en Thoreaus doelbewuste toewijding aan de natuur en hun geloof in haar onuitsprekelijke decorum. Wat Thoreau een prachtige en Junghuhn een vurige relatie noemde, was voor Muir 'het liefde-werk van de Natuur'.[108] Wat er ook in de natuur voorviel was gepast, zelfs 'antagonistische en vernietigende krachten' voerden slechts 'haar weldadige plannen' uit.[109] Daarom bleek Muir, net als de meeste negentiende-eeuwse Amerikaanse schrijvers over de natuur, weinig geschokt toen in 1859 de theorie van Darwin werd gepubliceerd.[110] Het enige wat vaak niet past, was de mens, en Muirs afwijzing van schaapherders is niet minder heftig dan Junghuhns afwijzing van boeren. Deze gulzige barbaren met hun 'horden gehoefde sprinkhanen' maken de oorspronkelijke natuur tot grasland en teisteren de berghellingen 'alsof er een brand overheen is gegaan'. Muirs afwijzing is bijbels: 'De geldwisselaars waren in de tempel.'[111]

De geëmigreerde Schot en de koloniale natuuronderzoeker komen overeen in hun felle liefde voor bergen en de bomen die erop groeien. Het is een compromisloze hartstocht. Junghuhn erkent geen mensen, insecten of reptielen die zijn paradijs zouden kunnen schaden, terwijl Muir gevaar en letsel negeert. Als je bent opgestegen uit de 'sedimentaire niveaus van het laagland' – de sneer in Muirs proza is net zo boosaardig als die van Junghuhn – tot de grootsheid van de bergen van Californië, ben je gezegend. Zelfs sterven zou daar een weldaad zijn. 'Ongelukken in de bergen zijn minder gewoon dan in het laagland, en deze woningen in de bergen zijn nette, heerlijke, ja goddelijke plaatsen om in te sterven, in vergelijking met de naargeestige kameren der beschaving.'[112] Wanneer hij zijn bed voor de nacht heeft opgeslagen op de top van de berg Kawi, klinkt Junghuhn veel minder opgewekt:

> Wanneer een gestadige lichaamsbeweging den honger heeft opgewekt, hoe uitmuntend smaakt dan, op dergelijke koele bergtoppen, het eenvoudige maal! Hoe

tevreden, met welk een opgeruimd gemoed rust men op deze hoogten, terwijl de wind zachtkens door de Casuarina's ruischt en de sterren door het ligte, groene dak der hut heenschemeren! Geen zwaar gewelf van steen verbergt voor ons gezigt den vriendelijken aanblik des hemels, geen zwaar dak drukt op ons, geenen sombere muren omsluiten ons van nabij, men ademt vrij en ligt boven den drukkenden dampkring der dieplanden, alwaar, – in duistere holen, welke zij huizen noemen, – wantrouwige, naar hart en zin bekrompene menschen wonen.[113]

Uit Muirs hoofdwerk, *The Mountains of California* (1894), blijkt dat hij in tegenstelling tot Junghuhn vaak echt alleen was in de Sierra, zonder ander gezelschap dan eekhoorns en waterspreeuwen. Zo'n ervaring van diepe eenzaamheid maakte hem niet somber maar hief hem op, 'veilig tegen alle indringing, veilig voor [zichzelf], vrij in de universele schoonheid'.[114] Als Muir 'een en al oog is, helemaal doorzeefd van licht en schoonheid',[115] kent hij diezelfde pantheïstische en positieve harmonie die Junghuhn voelde als alles om hem heen 'klopt met warme, aardse, menselijke liefde en leven, heerlijk substantieel en vertrouwd'.[116] Het woord 'menselijk' moet hier vertrouwdheid oproepen maar vraagt niet om gezelschap.

Muir heeft dezelfde opleiding in de natuur, zijn denken is even organisch als dat van Junghuhn en zijn stijl is even lijfelijk. Gletsjers zijn 'boodschappers die naar beneden gestuurd zijn om in de mijnen in de bergen boodschappen van goddelijke liefde te brengen', de wind komt van zee, 'wrijft tegen de frisse, zilte golven (...) en spreidt zich in brede golvende stromen uit over menige met bloemen getooide rand van de kustbergen', de zilverspar is 'zo liefdevol gekleed dat er geen blaadje aan schijnt te ontbreken', en het gebladerte van de kleine pijnboom Pinus tuberculata 'wordt zo losjes gedragen (...) dat het lichaam van de boom er nauwelijks achter schuilgaat'.[117] Dit weloverwogen proza is zelfs nog fysieker dan dat van Junghuhn omdat Muir letterlijk in de natuur wilde worden opgenomen. Junghuhn zwaaide op een platform in de 'Leptospermum' op Sumatra om het landschap te meten, maar Muir klom alleen maar naar de top van een dertig meter hoge douglasspar om een storm te ondergaan.[118] Verstijfd van angst boven een afgrond op vierduizend meter hoogte op de berg Ritter verloor Muir bijna het houvast en hij zou ongetwijfeld doodgevallen zijn. Maar door een 'vreemde instroming van kracht' presteerde hij het onmogelijke en hij bereikte zijn doel: gewoon het uitzicht vanaf de top ondergaan.[119] Junghuhn sliep in een rustplaats die Javaanse bedienden voor hem klaarmaakten, maar Muir spreidde zijn bed 'in een hoek van een pijnbosje' en je krijgt duidelijk het gevoel dat hij er net zo zijn best voor deed om het aan zijn lichaamsvorm aan te passen als een dier zijn tijdelijke leger.[120]

Muir deelde nog één onderscheidend kenmerk met Thoreau en Junghuhn, en dat is het onverschrokken gevoel van bevestiging dat de natuur hun verleende. Muir is bijna meedogenloos als hij ons vertelt van de verrukking, de schoonheid en de vreugde van de natuur. Misschien weerspiegelt dit het optimisme van de negentiende eeuw of de zekerheid van het positivisme, maar de beide Amerikanen en de Europese koloniaal baseerden hun onuitsprekelijke verrukking op gezond en grondig wetenschappelijk onderzoek. Ik heb erop gewezen dat Thoreau en Junghuhn zich heel goed bewust waren van het woeste en onmenselijke karakter van de natuur, en dat Muir, die er ook zo over dacht, precies zo klonk als zijn voorgangers, zelfs nádat *The Origin of Species* was gepubliceerd. Maar de slotconclusie was dat het natuurleven niet zo vijandig is als men in de tweede helft van de negentiende eeuw zal vinden, noch zo wreed en fragmentarisch als in de eerste helft van de twintigste eeuw werd verkondigd.

Op grond van de voorgaande beschouwing kan men zeggen dat deze drie natuuronderzoekers de natuur ervoeren als harmonieus, efficiënt, met een inherente schoonheid, als schepper van een verbazingwekkende variatie met in de grond der zaak eenvoudige middelen, en als een schepper die de mens voorziet van een ethiek die veel overtuigender en wijzer is dan wat godsdienst of filosofie kunnen bieden. Vandaar de merkwaardige paradox dat Junghuhn ondanks het vreemde perspectief, het zonderlinge individualisme, de suggestie van misantropie en zijn arrogante toon, zijn lezer over het geheel genomen de indruk geeft van een emotionele en intellectuele harmonie met het leven: een aanstekelijke blijdschap. Hij verwondert zich over de passendheid der dingen en geniet van de sympathie die hij voelt voor andere levensvormen. Deze passendheid heeft niets krampachtigs en de sympathie is verre van sentimenteel. Muir zag haar aan het licht komen in de bossen op de Californische bergen. Met een heel Junghuhniaanse uitdrukking zegt hij dat 'elke [boom] zich op zijn eigen manier uitdrukte... zijn eigen lied zong en zijn eigen bijzondere gebaren maakte'.[121] Thoreau drukt dit uit in zijn buitengewone beeld van het blad: 'De hele boom zelf is maar één blad, en rivieren zijn nog veel grotere bladen waarvan het merg de binnendringende aarde is en dorpen en steden zijn de eieren van insecten in hun oksels.'[122] Junghuhn hoorde het in de schreeuw van de vliegende *lemur* of *Galeopithecus*. In *Java* had hij de meelijwekkende kreet van het dier al genoemd, die 's nachts je bloed doet stollen (iii. 1085). In zijn laatste werk, *Licht- en schaduwbeelden*, maakt Junghuhn juist van het schrikwekkende karakter van deze kreet bekwaam gebruik om de gelukzaligheid van de natuur tot uitdrukking te brengen.

> Even akelig als zijn geschrei in een menschelijk oor klinkt, omdat het herinneringen aan menschelijke ellende en ongeluk in den mensch wekt, even liefelijk en troostrijk zal zijn geroep voor de andere *galeopitheken* zijn, omdat de welbekende stem hun te kennen geeft, dat zij niet alleen, maar dat ook nog andere huns gelijken aanwezig zijn, die zij vinden zullen, indien zij de lokkende stem slechts volgen.
> Dit was weldra het eenige geluid, dat ik van tijd tot tijd nog in het steeds stiller wordende woud vernam. Voor mij had het niets onheilspellends meer. Met volle teugen schepte ik genot in het aanschouwen der natuur, en het scheen mij toe, alsof ik de verwantschap, de sympathie, gevoelde, welke alle levende wezens saamverbindt. (*Licht*, 294)[123]

Coleridge kwam tot een soortgelijke conclusie in 'This Lime-Tree Bower My Prison': zijn melancholie wordt verdreven door vleermuis en bij omdat 'geen klank die spreekt van leven een wanklank is'.

Meer dan een eeuw later maakt een gebod tot samenwerking opnieuw deel uit van een wijze van natuurbeschouwing. Het ecologisch denken herneemt Junghuhn evenals Thoreau en Muir. Dit gaat zelfs zo ver dat er geroepen wordt om een zogenaamde 'nieuwe biologie', een biologie die evolutie aanvaardt maar niet de verplichting tot wedijver. Het is ironisch dat de positieve visie van een hoogst onsentimentele man opnieuw deel uitmaakt van een academische discussie. De argumenten die de non-conformisten gebruiken tegen het wetenschappelijke establishment zijn precies dezelfde die we in onze bespreking van Junghuhns werk hebben aangewezen. 'De nieuwe biologie komt voort uit een nieuw gevoel voor de natuur (...) de natuur die wij hebben ontdekt (...) is een model zowel voor de technicus als de kunstenaar. Haar eigenschappen van eenvoud, economie, schoonheid, doelgerichtheid en harmonie maken haar tot model voor ethiek en politiek.'[124] De bewering dat men iets nieuws heeft ontdekt, is enigszins misplaatst in de huidige context, maar de conclusies komen opvallend sterk overeen. Door de afzonderlijke punten te bespreken zouden we ook de overeenkomsten kunnen bevestigen tussen Junghuhns geschriften halverwege de negentiende eeuw en de laat-twintigste-eeuwse herontdekking van de onderlinge afhankelijkheid in de natuur. Eén voorbeeld moge echter voldoende zijn. Een bespreking van het principe van samenwerking in de natuur eindigt met de uitspraak: 'De natuur is niet in oorlog, het ene organisme tegen het andere. De natuur is een verbond dat gebaseerd is op samenwerking.'[125] Misschien heeft er nog iemand anders naar de kreet van de Galeopithecus geluisterd.

'Wildheid' is vele malen in de Amerikaanse literatuur uitgedrukt, maar Faulkners Old Ben de beer en zijn tegenstander, Lion de gele jachthond, in het meesterlijke verhaal 'The Bear', zijn de overtuigendste vertegenwoordigers van Thoreaus 'wilde en duistere kennis'. Zij discussiëren er niet over, zij zíjn wildheid. Iets wat zo vrij is waart ook rond door de nuchtere pagina's van Junghuhns verhandeling over Java. We moeten bedenken dat hij niet door een theoretisch landschap reed. Terwijl hij zich een weg baande door de wildernis, ontmoette Junghuhn zijn eigen symbool van wildheid. In zijn verwijzingen (zestienmaal in *Java* en tweemaal in *Licht- en schaduwbeelden*) wordt de badak beschreven, een dier dat een geheim eigen leven leidt, onverschrokken, zonder vrees, niet gewend aan de beschaving.

Nog meer dan Faulkners scheefvoetige beer was de badak of Javaanse neushoorn 'een anachronisme, ontembaar en onoverwinlijk, uit oeroude tijden'[126] en reeds in Junghuhns dagen begon het te bezwijken onder de meedogenloosheid van de mens omdat het de Aziaten voorzag van surrogaten voor onsterfelijkheid. De hoorn gaat nog altijd door voor een krachtig afrodisiacum dat op hoge leeftijd seksuele potentie kan opwekken, terwijl huid, bloed, urine en uitwerpselen een bonte hoeveelheid ziekten zouden genezen.[127] De neushoorn is magisch en daarom zijn er maar heel weinig meer over. In 1847 leefden er geen badaks meer ten oosten van de berg Slamat (ii. 234); voor zover men wist zwierven ze alleen nog rond op West- en Centraal-Java (iii. 577). Tegenwoordig mogen er nog geen zeventig leven in het reservaat Ujong Kulon in een afgelegen gebied op West-Java.[128]

De schuwe en ongrijpbare badak roept de wildheid meer rechtstreeks op dan het oerwoud of de vreemde rots. Hoewel ze zwaar zijn lijken ze op dieren uit een droom. Het was niet moeilijk voor Junghuhn om bewijzen te vinden dat deze lichtvoetige kolossen bestonden, maar hij kreeg ze maar heel zelden te zien (i. 610). Schaarse kennis was genoeg; in het licht van de specifieke connotaties van Junghuhns tekst is duidelijk dat de Javaanse neushoorn het volmaakte symbool was van wat hij hoopte dat de aanval van de beschaving zou overleven.

Maar het belangrijkste is dat de badak letterlijk verheven is. Junghuhn kwam hun sporen tegen op 2500 (iii. 576) en zelfs op 3000 meter hoogte (i. 609) en merkt op: 'Het geliefkoosde vaderland dezer groote pachydermen is het westelijke Hoog-Java, de eigenlijke Soenda-landen' (iii. 1006) en beweert categorisch: 'Onder alle groote Javasche dieren is de Rhinoceros sundaicus [sic] de eenige, die de hooge bergtoppen niet slechts nu en dan gedurende een korte poos bezoekt, maar zich voortdurend op vele dezer bergkruinen ophoudt' (i. 609). Zelfs de wegen die zij banen doen denken aan toverij en Junghuhn is verbaasd dat een dier van enkele tonnen zo stabiel en beweeglijk kan zijn dat het paden kan maken op de smalste bergkammen op de top van actieve vulkanen (i. 609).

> Dergelijke wegen hebben den vorm van *kanalen* en hebben allerwege eenen gelijke breedte en diepte, welke overeenkomt met de grootte van het dier. Zij hebben scherpe randen, waarvan de buitenste rand, in die streken waar de weg kringvormig om den top van een berg loopt en derhalve de steile helling in eene dwarse rigting doorsnijdt, veel lager ligt dan de binnenwaarts gekeerde rand. De zijwanden dezer kanalen zijn glad en hol uitgeschuurd door den buik der dieren, die zich met geweld er door geworsteld hebben. Dit is niet slechts het geval ter plaatse waar de bodem uit gruis, of hard geworden vulkanisch zand bestaat; maar zelfs waar de paden over vaste rotsmassa's loopen, zijn deze rotsen op dezelfde wijze glad geschuurd en uitgehold geworden, hetgeen als een doorslaand bewijs mag worden beschouwd van den langdurigen tijd, gedurende welken dergelijke wegen zijn gebezigd. (i. 609-10)

De badak gaat haast op een totem lijken omdat Junghuhn dikwijls zijn klim pas kan voltooien als het dier de weg voor hem heeft vrijgemaakt. Zijn beklimming van de berg Slamat (ii. 234) werd aanzienlijk vergemakkelijkt door de paden die deze ontembare bergbeklimmers voor hem hadden gebaand. Hij zegt dat hij de eerste mens was die de top van de berg Mandala-Wangi bereikte, maar hij kon dit alleen presteren omdat de neushoorns de weg hadden vrijgemaakt. Toen hij de top bereikte genoot hij het zeldzame voorrecht de dieren echt te zien: één rustte er bij een beek terwijl een ander liep te grazen aan de rand van een bos. 'Snuivend sprongen zij op en snelden voort!' (ii. 21). Op de verspreide plaatsen in Junghuhns werk waar deze grijze dikhuiden voorkomen, nemen zij een gestalte aan die tegenovergesteld lijkt aan de stereotiepe norm. In plaats van toonbeelden van woedende zwaargewichten zijn deze neushoorns bijna spookachtige, vluchtige dromen van Java. Gedurende een moment kan men begrijpen waarom Marco Polo dacht dat het de eenhoorns uit de legende waren en ik denk dat Junghuhn het gevoel had dat het dier heilig was, verwant aan Faulkners beer: 'een fantoom, belichaming en apotheose van het oude wilde leven'.[129] Op het Java van Junghuhn krijgt de neushoorn mythologische proporties.

Het zijn echter paradoxale dieren. Hoewel ze bijna net zo lenig zijn als berggeiten, produceren zij met hun enorme massa hopen mest van zestig centimeter hoog die Junghuhns pas versperren (i. 531, 610). Ondanks hun strijdlustige reputatie trekken de badaks zich terug van de menselijke beschaving, en toch vind je ze in elk soort terrein, van de gehate alang-alang-savannen tot hoog in de bergen. Hiermee in verband staat het verbazende feit – althans voor Junghuhn, voor wie klimaat een belangrijke factor van het leven was – dat variaties in klimaat van geen belang waren voor hun gedrag (iii. 898), zodat zij een levensvorm vertegenwoordigen die aan classificatie ontsnapt. Dit grote dier voedde zich met een geurig gras dat Junghuhn 'Ataxia' noemt. Het is een magisch gras omdat het Europa oproept, en op grotere hoogte wordt de geur sterker (ii. 236-7). Toch is deze zelfde herbivoor het enige dier dat vaak een bezoek brengt aan een bijzonder ongastvrije steenwoestijn (iii. 567). Zo'n bovennatuurlijk verschijnsel moet wel onkwetsbaar zijn, maar de paradox blijft bestaan. De vorm van het pad dat zij banen is een voordeel voor de Javanen die op ze jagen. Op de steilste helling begraven de jagers sikkelvormige messen in de grond en verstoppen ze onder een laag mos. Waar het klimmen of dalen vanwege de helling het moeilijkst is, schuurt de buik van het dier over de grond en 'dan rijt hij zich den buik aan den sikkel open en wordt een buit der Javanen, die zijn hoorn aan de Chinezen verkoopen' (i. 610; ii. 195). Het is hun eigen kracht die hen doodt.

Het is geen wonder dat badaks bij de mensheid uit de buurt blijven. Als zij toevallig in de buurt van een bewoond gebied zijn, eten zij alleen 's nachts (i. 3100) en Junghuhn zegt duidelijk dat alleen de toppen van de hoogste vulkanen veilig voor ze zijn omdat daar 'slechts zelden het geluid eener menschelijke stem wordt vernomen' (iii. 543); tegenwoordig worden zij gedwongen steeds hoger te gaan om aan de vervolging te ontkomen.

Neushoorns zijn de wijsgeren van Thoreaus wilde kennis, Bryants 'wilder image', bewoners van een tropisch paradijs. Junghuhn hoorde voor het eerst een badak in 1847, 's nachts. Het geluid leek op dat van de wilde buffel, 'maar fijner, wilder' (i. 309). Hij gebruikte dezelfde woorden in zijn openingsscène van *Licht- en schaduwbeelden*, het boek dat zijn laatste uitspraak over de natuur was. Af en toe, terwijl zij 's nachts rond het vuur zaten, 'vernamen wij uit het woud beneden ons een geluid als van loeiende buffels, maar fijner, schorder en wilder van toon; het waren rhinocerossen, die zich slechts in den speeltijd laten hooren' (*Licht*, 8). De nacht vormt de achtergrond van het boek, zoals gezegd de tijd van de diepste reflectie. De badak wordt opnieuw genoemd in de nachtelijke coda, om aan te geven dat alles in orde is – 'De rhinocerossen liggen stil in hun moerassige schuilhoeken' (*Licht*, 291) –, een vrede die alleen wordt verstoord door de kreet van de Galeopithecus.

8

DEKKER/MULTATULI (1820-1887): DE DIALOGISCHE WAARHEID UIT DE TROPEN

Toen Eduard Douwes Dekker in januari 1839 in de koloniale hoofdstad op Java aankwam, was Junghuhn al meer dan drie jaar in de tropen. Toen Junghuhn van zijn twee eenzame en gevaarlijke jaren in Noord-Sumatra naar Java terugkeerde, stond Dekker op het punt scheep te gaan voor zijn eigen avontuur op Sumatra, twee romantische jaren waaraan hij later vol trots terugdacht. Verscheidene maanden nadat Junghuhn was vertrokken voor zijn lange en productieve verlof in Nederland werd Dekker op Celebes gestationeerd, en vervolgens op Ambon. Junghuhn was nog in Europa toen Dekker in Nederland aankwam voor zijn eigen dramatische verlof tussen 1852 en 1855. Beiden keerden in hetzelfde jaar naar de tropen terug. Junghuhn ging terug als een bekende geleerde, met de opdracht van de koloniale overheid om de kininewinning op poten te zetten, terwijl Dekker binnen enkele maanden werd benoemd op de hoge bestuurspost van assistent-resident, om nog in hetzelfde jaar op eigen verzoek uit de koloniale dienst te worden ontslagen. Toen Dekker in april 1857 voorgoed vertrok, had Junghuhn nog zeven jaar te leven. Vier jaar voor de dood van de natuuronderzoeker in 1864 publiceerde Dekker zijn invloedrijke roman *Max Havelaar* en nam hij openlijk de rol aan van de schrijver die hij Multatuli noemde.

Junghuhn was 26 toen hij Java voor het eerst zag, Dekker 18. Voor Junghuhn vulden de tropen zijn leven; voor Dekker bleek deze ervaring de belangrijkste vormende gebeurtenis van zijn loopbaan. Er is nog één ander verband tussen deze twee zo verschillende mannen. In 1855 richtte Junghuhn zijn liberale tijdschrift *De Dageraad* op. Een jaar later werd er een organisatie opgericht met dezelfde naam. Twee van de bestuursleden waren D'Ablaing van Giessenburg en F.C. Günst; beiden bleken toekomstige uitgevers te zijn van Dekkers werk. In het tijdschrift werd ook Dekkers eerste publicatie onder de naam 'Multatuli' afgedrukt: 'Geloofsbelijdenis', die verscheen in 1859. Dekker werd in 1882 benoemd tot erelid.[1]

Afgezien van hun tegendraadse denkwijze en tropische ervaring waren Junghuhn en Dekker geheel verschillend. Junghuhn was bijna een misantroop die alleen geloofde in de ecologische natuur buiten de mens, terwijl Dekker een sociaal wezen was voor wie 'natuur' een abstract begrip was dat stevig verankerd was in de menselijke intelligentie. Als men hun respectieve carrières in de tropen vergelijkt, ziet men dat Junghuhn veel minder bureaucratisch was dan Dekker.

Hij was in zekere zin in zijn eentje belast met zuiver wetenschappelijke projecten, terwijl Dekker deel uitmaakte van de regerende hiërarchie die in opdracht van de uitvoerende macht maatregelen tot stand bracht. *Max Havelaar* is de eerste grote koloniale tekst met de rijksbureaucratie als erkende of impliciete achtergrond.[2] Evenmin kon Junghuhns zaak ooit de publieke aandacht trekken die Dekkers latere politieke discussie trok. In de negentiende eeuw bleef de onderdrukking van de natuur grotendeels onopgemerkt, terwijl de verlichting van menselijk lijden een belangrijke zaak aan het worden was.

De vooruitgang was voor Junghuhn een beproeving maar werd door Dekker toegejuicht. Dekker verbleef ruim veertien jaar in Indië en in die periode stond hij in dienst van een systeem dat de opkomende sociale en wetenschappelijke ontwikkeling die bekend werd als 'de moderne tijd' liever zou negeren. In deze tijd werd het woord 'modern' meestal in afkeurende zin gebruikt, maar dit was tevens de tijd waarin verandering en vooruitgang synoniemen werden. En ondanks het eentonige begin van de eeuw bleven de dingen veranderen. Toen Dekker in januari 1839 voet op Javaanse bodem zette, bestond de oude handelsmaatschappij alleen nog maar in de herinnering. De kolonie was verloren aan de Britten (1803) en tien jaar later herwonnen (1814). De autocratische maar doelbewuste Daendels was gekomen en gegaan (1808-1811) en zou in 1875 door Dekker worden geprezen in een aan *Max Havelaar* toegevoegde aantekening.[3] Raffles, de Engelse interim-bestuurder, had ook zijn stempel op de koloniale politiek achtergelaten (1811-1815) maar zijn uitgesproken afkeer van de Nederlanders, gepaard aan zijn chauvinisme, dwong hem een belangrijke stad in Zuidoost-Azië te zoeken als concurrent van het Nederlandse Batavia. Dit werd in 1819 werkelijkheid toen hij de sultan van Johore overhaalde het eilandje Singapore aan hem af te staan. In enkele jaren werd dit anti-Batavia een bloeiend handelscentrum en tegen het einde van de eeuw zou het de Nederlandse koloniale hoofdstad overschaduwen. In de Nederlandse koloniale geschiedenis is 1819 net zo'n belangrijke datum als 1815 in de Europese geschiedenis. De laatste markeert Wellingtons overwinning over Napoleon bij Waterloo en bevestigde het belang van Engeland in de Europese politiek, terwijl de datum van Raffles' slimme verwerving van het ogenschijnlijk onbetekenende eiland het begin markeert van het einde van de Nederlandse rol in Zuidoost-Azië.

Economische zorgen beheersten de eerste helft van de negentiende eeuw. De Franse bezetting had Nederland bankroet achtergelaten. Het laatste wat het land nodig had was een armlastige kolonie, maar de zaken waren zeker niet hoopgevend. Er was de toegenomen en onophoudelijke Britse rivaliteit in de archipel, terwijl in de jaren 1820 de koffiemarkt instortte. De exportoogsten namen af. En wat erger was, tussen 1825 en 1830 was de koloniale regering gedwongen een langdurige guerrillaoorlog te voeren tegen de Javaanse edelman Dipo Negara en zijn neef Sentot. Een van de voornaamste oorzaken van het verbitterde en kostbare conflict was de wrok van de Javanen tegen de onverbiddelijke expansie van het Nederlandse koloniale bestuur. Door ziekte, hongersnood en strijd werden grote gebieden verwoest en vele mensen gedood. Oproepen om financiële steun van het thuisland werden genegeerd omdat er in hetzelfde jaar waarin de Javaanse oorlog eindigde, vijandelijkheden uitbraken met separatistische Belgen. Het conflict in Europa zou negen jaar duren en de Nederlandse staat op de rand van het bankroet brengen. Alleen de koloniën leken in staat de grote financiële problemen te verlichten. Om grote opbrengsten af te dwingen, voerde Johannes van de Bosch, gouverneur-generaal van 1830 tot 1834, het zogenaamde 'cultuurstelsel' in. Dit bestond feitelijk tot 1870 toen de minister van Koloniën De Waal de gedwongen productie van suikerriet afschafte; andere gewassen volgden spoedig.

Het 'cultuurstelsel' was simpel gezegd een door de overheid gecontroleerd landbouwsysteem waarbij gebruik werd gemaakt van dwangarbeid door Javaanse boeren. Een vijfde van het land werd gebruikt voor de teelt van verplichte gewassen zoals suiker, koffie en indigo, omdat die voor de Europese handel het meest winstgevend waren. De producten werden geleverd aan de Nederlandse Handelmaatschappij, een in 1825 door koning Willem I gestichte handelsorganisatie die ze naar Holland bracht en op de Europese markten verkocht. Deze politiek werkte. Er werden grote overschotten geproduceerd en naar Europa gestuurd terwijl de uitgaven voor de kolonie tot het uiterste minimum beperkt bleven.

Zoals een commentator opmerkte: 'De overheid werd planter op een bovenmenselijke schaal met de Nederlandse Handelmaatschappij als enige agent.'[4] Deze handelsonderneming neemt een prominente plaats in in de ondertitel van Multatuli's beroemde roman. Een dergelijke schaamteloze uitbuiting kon geen stand houden, en omstreeks het midden van de eeuw begon zich dan ook een meer liberale oppositie te organiseren. In 1870 werd het cultuurstelsel door vrije arbeidskrachten, het inkomen uit staatslandbouw door belastingen vervangen, namen de overheidsbestedingen in de koloniën toe en werden er privé-ondernemingen aangemoedigd, hoewel de autocratische planter oude stijl na 1885 was vervangen door een directeur die werkte voor landbouwmaatschappijen van beperkte omvang.

Dekkers loopbaan in de tropen viel tijdens de hoogtijdagen van het cultuurstelsel toen er weinig aandacht werd besteed aan de andere delen van de archipel (de zogenaamde buitengewesten), toen militaire interventie voornamelijk om financiële redenen werd vermeden en toen de autoriteiten hoopten dat de status-quo zou standhouden omdat vrede en rust goed waren voor de economie. Maar verandering liet zich niet tegenhouden. In 1859, twee jaar nadat Dekker de kolonie definitief had verlaten, werd slavernij in Indië afgeschaft, vier jaar eerder dan in de Verenigde Staten. In 1869 werd het Suezkanaal geopend en de verkorting van de reis zorgde voor een opleving die duurde tot het begin van de twintigste eeuw. In deze zelfde periode viel echter de lange, wrede oorlog met Atjeh (1873-1904), hetzelfde islamitische sultanaat in Noord-Sumatra waar Frederick de Houtman bijna drie eeuwen eerder gevangen had gezeten.[5] Tegen het einde van de eeuw was een begin gemaakt met de exploitatie van olie en dit werd in 1890 officieel bekrachtigd door de oprichting van de Koninklijke Nederlandse Shell-maatschappij. Negen jaar later publiceerde Van Deventer in Nederland een artikel met als titel 'Een eereschuld', het begin van wat bekend werd als de 'ethische politiek', een handelwijze gericht op de bevordering van het welzijn van de koloniën in plaats van op de verrijking van het thuisland. Het was tijdens deze tweeslachtige periode van de koloniale geschiedenis dat Eduard Douwes Dekker het materiaal verzamelde en de inspiratie opdeed die hem tot Multatuli zouden maken, de beroemdste Nederlandse koloniale schrijver.

Hij was op 2 maart 1820 in Amsterdam geboren als het vierde van vijf kinderen. Zijn ouders waren respectabele leden van de middenklasse, nette mensen, meelevende protestanten die net genoeg geld hadden om hun kinderen een goede opvoeding te geven. De vader was kapitein bij de koopvaardij en was gewend bevelen te geven; net als zijn zoon was hij gevoelig voor vleierij. Door zijn vele jaren op zee was hij niet geschikt voor een normaal, gepensioneerd bestaan in de provincie. Zijn zoon merkte ook met enige trots op dat zijn vader graag met de dames sprak, een eigenschap die hijzelf tot een kunst zou verheffen.[6]

In zijn jaren op zee was de vader zelden lang thuis en de opvoeding van de kinderen werd grotendeels aan de moeder overgelaten. Het lijkt dan ook niet meer dan natuurlijk dat zij tijdens Dekkers jeugd de grootste invloed uitoefende en het weinige wat hij over haar zegt werpt wat licht op bepaalde aspecten van zijn volwassen persoonlijkheid.

Ze was afkomstig uit een verarmde familie van enig aanzien en haar huwelijk redde haar van een leven in stille wanhoop. Dekkers eigen huwelijk met Everdine van Wijnbergen, een arme vrouw van adel, vertoont hiermee enige overeenkomst. Niet alleen had Everdine, overigens een hoogstaande en verfijnde vrouw, ook de vernedering van de armoede meegemaakt, maar Dekker scheen later een soort begrip van haar te verwachten dat eerder leek op dat van een moeder die haar kind adoreert dan van een vrouw tegenover haar echtgenoot. Nadat zij definitief naar Nederland waren teruggekeerd, verweet Dekker zijn vrouw voortdurend dat zij jaloers was vanwege zijn talloze affaires; hij schrijft haar alsof ze deze 'amourettes' moet opvatten zoals een moeder zou doen, schattige escapades van een ondeugende maar in wezen toegewijde zoon.[7] Het schijnt ook dat Dekker, nadat 'Tine' (onder welke naam zijn vrouw het grootste deel van haar leven bekend was, naar de op onderdanige wijze toegewijde vrouw in *Max Havelaar*) hun twee kinderen had gekregen, veel minder aanleiding zag om bij haar te zijn, alsof hij verwachtte dat zij, net als zijn moeder, genoeg had aan de zorg voor haar kroost. Het lijdt weinig twijfel dat zijn moeder geheel voor en door haar kinderen leefde, veel beslag op hen legde en het nauwelijks kon accepteren dat andere mensen hun gevoelens konden beïnvloeden.[8]

Dekker noemt de 'zenuwachtigheid' van zijn moeder, een probleem waarmee ook hij het grootste deel van zijn leven te maken had. In januari 1851 geeft hij dit met zo veel woorden toe aan zijn broer.[9] We weten dat hij 's morgens niet veel waard was, bijna alsof hij last had van een ochtendhumeur. Hij gaf over als hij op de foto moest en schreef zijn hoofdpijn (waaraan ook zijn moeder leed), rugpijn en astma terecht toe aan psychosomatische oorzaken, die hij moreel noemde, en aan irritatie weet.[10] Het is mogelijk dat zij ook uiterlijk op elkaar leken. Aan Tine laat hij weten dat men zijn moeder acht jaar voor haar dood in 1864, toen zij achter in de vijftig moet zijn geweest, 'voor een meisje kon houden'. Dekker schijnt haar ranke bouw en de jeugdige indruk die zij maakte te hebben geërfd; toen hij 42 was schreef hij aan de vrouw die zijn maîtresse en tweede vrouw zou worden hoe hij eruitzag: 'mager (...) Maar toch zie ik er jonger uit dan ik ben. Ik ben vlug gefatigeerd, bleek, met omkringde oogen, maar daar ik vlug ben in bewegingen geloof ik nog altijd dat ik meer lijk op een jong mensch, die 'r oud uitziet, dan op iemand van 42 jaar! Ook is mijn hart nog altijd jong en *kinderlijk*' (Dekkers cursivering). Hij had kleine voeten en handen, was heel blond en had fletse blauwe ogen.[11] Over zijn jeugdige uiterlijk werden vaak opmerkingen gemaakt, vooral door vrouwen, zelfs toen Dekker de veertig al gepasseerd was.[12]

In zijn beschrijving van zijn moeder noemt hij ook een karaktertrek die mogelijk zijn eigen onrealistische verwachtingen van zijn meerderen, van de koning en misschien van het hele Nederlandse volk kan verklaren. Hij schrijft dat ze een warme persoonlijkheid bezat, maar: 'niets krenkt haar meer dan koelheid. Er is niemand in staat haar zóo te beminnen, als zij wel verlangen zoude en dat veroorzaakt weleens, dat zij meent gemankeerd te zijn, al is dat werkelijk het geval niet, en dit heeft vader ook.'[13] Dekker was herhaaldelijk het slachtoffer van dezelfde emotionele zwakte. Hij voelde zich vaak gekleineerd als dat niet het geval was, of vatte een gebrek aan aandacht op als een belediging. Omdat hij onmogelijk hoge eisen stelde, was hij natuurlijk snel teleurgesteld. Dit gebrek aan relativeringsvermogen maakte hem tot de grote schrijver die hij was, maar maakte ook dat hij heel serieus verwachtte dat de Nederlandse koning in het openbaar de zonden zou belijden waarvan Dekker hem beschuldigde, dat een gouverneur-generaal van Indië de voorzichtigheid uit het oog zou verliezen en politieke zelfmoord zou begaan of dat zijn kinderen hem zouden vereren hoewel ze het grootste deel van hun jeugd zonder hem doorbrachten en zagen dat hun moeder arm en eenzaam was en zich slaafs probeerde te vinden in de rol die Dekker voor haar had geschapen. Maar koningen, onderkoningen of kinderen hebben nooit zo veel consideratie met schrijvers gehad.

Na drie jaar op een Latijnse school en vier jaar werk bij een textielfirma verliet Dekker op 23 september 1838 Nederland. Hij was achttien jaar oud. Hij maakte de lange reis op de Dorothea, een schip dat onder bevel stond van zijn vader, met zijn broer Jan als tweede stuurman. In januari 1839 kwam hij in Batavia aan.

Hij werd eerst aangesteld bij de Rekenkamer in Batavia. Ondanks zijn jeugdige leeftijd werd hij als een bekwaam en veelbelovend kandidaat voor de koloniale bureaucratie beschouwd. In februari 1840 maakte hij promotie. In 1841 werd hij verliefd op Caroline Versteegh, de knappe dochter van een rijk en vooraanstaand man. In augustus 1841 liet hij zich dopen als katholiek voor haar die hij had 'verheven' tot zijn 'ideaal',[14] maar de bekering hielp niet, want Carolines vader weigerde hem als schoonzoon. Dientengevolge vroeg Dekker overplaatsing aan van Java, en in juli 1842 werd hij tot controleur tweede klasse op Sumatra benoemd. Dit was een verantwoordelijke positie, die Furnivall beschrijft als die van 'de voornaamste Europese overheidsagent' die hem in 'nauw contact met de mensen' bracht.[15]

Hij werd gestationeerd in Natal, een streek aan de uiterste noordwestkust van het eiland, in een district dat niet langer welvarend was. Het klimaat was ongezond, schepen voeren Natal liever voorbij vanwege de verraderlijke ankerplaats en het Nederlandse gezag was er niet stevig gevestigd.

Sumatra was verboden terrein voor ambitieuze jonge ambtenaren. De westkust werd bestuurd door gouverneur Michiels, die zowel met militair als met burgerlijk gezag was bekleed, wat in de praktijk inhield dat hij vrijwel dictatoriale macht bezat. Hij werd berucht omdat hij ieder 'schorste' die hij niet mocht of met wie hij het niet eens was. Toch genoot Dekker, pas 22 jaar oud, in Natal behoorlijk veel vrijheid als hoogste burgerlijk ambtenaar; er waren geen directe officiële beperkingen en hij was belast met opvallend uiteenlopende functies – onder andere was hij hoofd van politie, rechter, president van het inheemse gerechtshof, postdirecteur en belastinginspecteur.

In de meer dan negen maanden dat hij in Natal was, maakte Dekker verscheidene gebeurtenissen mee die voor hem persoonlijk van belang waren en een voorbode waren van de beroemde gebeurtenissen in Lebak, zo'n veertien jaar later. Zijn trouw aan de verantwoordelijkheid van de Nederlandse koloniale beambte voor het welzijn van de inheemse bevolking (de grondgedachte van *Max Havelaar*) werd in Natal getest. Dekker schreef een rapport over een inspectie van peperplantages om vast te stellen waarom deze niet veel opleverden. Hij gaf duidelijk de schuld aan de afschuwelijke leefomstandigheden van de inheemse werknemers en verzocht de overheid rijst aan hen uit te delen zodat zij meer geneigd waren de specerijen te produceren die de overheid eiste. 'Men moet voor den arbeider eene meer lagchende toekomst, een vrolijker vooruitzigt daarstellen, en in dit geval een aanvang maken met hem te voeden.'[16] Het verzoek werd afgewezen. Eerder koos hij al de zijde van een plaatselijke bewoner van wie men enkele gouden knopen afhandig had gemaakt en beboette hij een Nederlandse soldaat omdat hij als heler van de gestolen goederen was opgetreden. En zijn gunstige mening over Soetan Salim, een inheems hoofd, die rechtstreeks tegen die van Michiels inging, is te vinden in hoofdstuk 14 van *Max Havelaar*. In grote lijnen gedroeg Dekker zich al zoals hij later in Lebak zou doen. Hij zette zich herhaaldelijk in voor de zaak van de inheemse bevolking, tegen de wensen van de koloniale overheid in, was het oneens met zijn meerderen en negeerde herhaaldelijk het bureaucratische decorum. Het was eveneens in Natal dat Dekker in een krant las dat Caroline Versteegh in 1843 op Java met een officier was getrouwd, een gebeurtenis waardoor hij '40 dagen krankzinnig' is geweest.[17] In dezelfde veelbewogen tijd woonde Dekker samen met Si Oepi Keteh, de dochter van een *datoe* (een lagere inheemse aristocraat) uit Atjeh. Zij stond model voor de vrouw aan wie Havelaar het verhaal van de Japanse steenhouwer in hoofdstuk 11 van *Max Havelaar* vertelde.

Na ongeveer negen maanden werd Dekker naar Padang teruggeroepen, waar hij in september 1843 aankwam. Maar in plaats van te worden overgeplaatst, werd Dekker door zijn voormalige chef in Natal evenals door Michiels beschuldigd van administratieve tekortkomingen en financieel wanbeheer. Het financiele probleem is gecompliceerd, maar er schijnt geen twijfel over te bestaan dat er een tekort op zijn rekeningen was en dat hij later gedwongen werd tot schadeloosstelling aan de koloniale overheid.[18] Zijn leven lang was Dekker berucht om zijn onverschilligheid in geldzaken, en ging hij er onverantwoordelijk en nooit voorzichtig mee om, al naargelang de behoeften van het moment. Hij was een slordige boekhouder die altijd bereid was mensen te helpen, ook wanneer de regels of de realiteit voorzichtigheid eisten, en beschouwde de verantwoording van zijn uitgaven als een ergerlijke routineaangelegenheid. Hij ging liever met geld om op de royale manier van een aristocraat die boven zulke vulgaire dingen verheven is. In elk geval ontdekte hij toen hij in Padang aankwam dat Michiels hem wilde straffen op een wijze die niet in overeenstemming was met de veronderstelde misdaad. Spoedig na aankomst verbood Michiels hem het gebied te verlaten, hij hield zijn salaris in en in de eerste dagen van 1844 ontnam hij hem zijn positie en zijn vergoeding.

Bijna een jaar was Dekker gedwongen te leven zonder een cent, onteerd, verstoten door de Nederlandse gemeenschap, verdacht van fraude, maar zonder toestemming om te vertrekken. Al spoedig was het enige wat hij nog kon verkopen zijn kleding, die hij stuk voor stuk verkocht. Vaak zat hij zonder voedsel en eenmaal redde een Chinees hem van de hongerdood. Maar Dekker weigerde te buigen: 'Men dreigde met criminele vervolging. Ik antwoordde: ga je gang, – en schreef op den grond op een omgekeerde kist, den eerlooze [zijn eerste toneelstuk].' In het begin van dit dramatische jaar woonde Si Oepi Keteh nog bij hem. Zij verkocht zelfs een *poesaka* voor hem – een ontroerend gebaar van toewijding, want een poesaka is een heilig erfstuk dat men nooit mag wegdoen.[19] Hij stal aardappels van de akkers, stal een kalkoen (die hij naar de eigenaar terugbracht toen hij ontdekte dat hij niet van Michiels was), schreef epigrammen over zijn kwelgeest, schreef het genoemde toneelstuk in vijf bedrijven *De eerloze*, waarin hij zichzelf in gedachten schadeloos stelt door de in ongenade gevallen Holm gelijk te laten krijgen en in ere te laten herstellen, schreef meer gedichten, en voltooide de opmerkelijke prozatekst 'Losse bladen uit het dagboek van een oud man'.[20] Het schijnt dat Dekker zeker niet onder de druk bezweek maar met zijn wanhopige situatie pronkte en 'de gek' en 'de excentrieke lord' werd genoemd, etiketten waarin hij plezier moet hebben gehad.[21] Op een griezelig symmetrische wijze bleek de episode op Sumatra een generale repetitie te zijn voor de zaak Lebak en Dekkers latere leven, en hoewel hij nog maar een jonge twintiger was, bleek hij tegen deze taak opgewassen te zijn. De regering beval Michiels ten slotte Dekker naar Batavia te sturen en op 25 september 1844 verliet hij Sumatra op het schip met de toepasselijke naam Orestes.

Meer dan een jaar had hij geen baan, maar in september 1845 werd hij weer als tijdelijk ambtenaar tot de rangen van de koloniale bureaucratie toegelaten. In hetzelfde jaar ontmoette hij Everdine Huberta van Wijnbergen, een wees en een verarmde barones. Ze was naar Java gekomen met een grote groep familieleden en was afhankelijk van hun liefdadigheid en goede bedoelingen. Op 10 april 1846 trouwde hij met haar en in de maand daarna werd hij tot commies benoemd, een rang boven die van klerk maar lager dan die welke hij op Sumatra had bekleed. Als pasgetrouwd man bleef hij tot september 1848 op zijn nieuwe post, Poerworedjo in de residentie Bagelen in Zuidwest-Java.

In oktober 1848 werd hij opnieuw benoemd op een positie die beantwoordde aan zijn ervaring en dienstjaren: secretaris van de residentie Menado in Noord-Celebes. Hij arriveerde in april 1849 en bleef daar tot begin 1852. Zijn positie in wat een deel van de 'buitenbezittingen' was, was veel belangrijker dan de titel aangeeft. Zijn enige superieur was de resident en omdat de man niet getrouwd was, werden Dekker en zijn vrouw het voornaamste paar van de Europese gemeenschap. Evenals vroeger het geval was, bezat Dekker een hele reeks verantwoordelijkheden en had hij heel wat speelruimte bij de uitoefening van zijn gezag.[22]

In 1850 liet hij een huis bouwen op een verwaarloosde cacaoplantage en hij speelde zelfs met de gedachte het landgoed te herstellen en wat geld te verdienen als planter. In hetzelfde jaar schijnt hij zijn positie te hebben gebruikt om enkele slaven te kopen van het landgoed van een overleden eigenaar om hen vrij te laten. Ondanks ziekte en een drukbezet leven moet Dekker van deze jaren genoten hebben. Zijn meerdere, de resident Scherius, had een hoge dunk van Dekkers prestaties en bekwaamheden en beval hem aan voor zijn eigen positie toen hij op het punt stond naar Holland te vertrekken.

> De Heer Douwes Dekker heeft juist die periode van het leven bereikt, waarin men met den edelsten ijver is bezield, de energie het hoogste is, het denkbeeld van rust nog ver in het verschiet en het intellectueel geenen anderen prikkel noodig heeft, dan zich in eenen ruimen en nuttigen werkkring verdienstelijk te kunnen maken, deze persoonlijke hoedanigheden gaan gepaard met vele en grondige kundigheden, een karakter wel wat excentriek, maar van innerlijke hooge waarde voor hen die het wel weten te begrijpen.[23]

Maar deze promotie zou niet plaatsvinden. In oktober 1851 benoemde de gouverneur-generaal Dekker tot assistent-resident op Ambon, en met een andere ironische wending van het lot werd Brest van Kempen benoemd tot resident van

Menado. Dit was dezelfde die vijf jaar later zijn meerdere in Lebak zou zijn en de man die hij in *Max Havelaar* portretteerde onder de geringschattende naam Slijmering.

In februari 1852 kwam Dekker op Ambon aan. Misschien heeft hij wel in Valentijns huis gewoond. Opnieuw bekleedde Dekker een positie met aanzienlijk gezag. Zijn enige chef was de gouverneur van de Molukken, maar in zijn dagelijkse activiteiten was hij in alle opzichten eigen baas. Hij had te maken met een rusteloze bevolking, politieke ballingen en gevangenen, een epidemie en brandstichting. Hij was commandant van de militie van 1600 man en dertig officieren.[24] Hij bleef echter maar vijf maanden, waarna hij vooral wegens ziekte vertrok. Op 24 juli 1852 verliet hij Ambon per schip en na een kort verblijf op Java voer hij met zijn vrouw naar Nederland voor een verlof van twee jaar.

Hij was bijna dertien jaar in de tropen geweest, waar hij als jongen aankwam en als man van 32 wegging. In die tijd had hij als een vorst met bijna dictatoriale bevoegdheid een jaar op Sumatra, drie jaar op Celebes en minder dan een half jaar op Ambon geleefd. Deze machtsposities, met hun bijkomende glans en romantiek, bevredigden bepaalde aspecten van Dekkers persoonlijkheid omdat zij een psychologisch en symbolisch gebied vertegenwoordigden dat weinig gemeen had met de wereld waarin hij geboren was en waarheen hij op het punt stond terug te keren.

In *Dreams of Adventure, Deeds of Empire* bespreekt Martin Green de tegenstrijdige factoren waardoor het imperialisme in stand werd gehouden: het kapitalisme van de handelsklasse en de trots van wat hij de 'aristomilitaire kaste' noemde. Beide waren nodig om een koloniaal rijk te stichten. Het eerste stond voor overleg, voorzichtigheid, zuinigheid en het vasthouden aan regels, bepalingen en de bureaucratische hiërarchie. Men was niet geïnteresseerd in het individu maar steunde op aantallen en werd beloond door promotie. Maar de handelsklasse kon zich pas in de koloniën vestigen nadat de 'aristomilitaire kaste' dit rijk met daden van individueel heldendom, romantische moed en strijdlustig individualisme had veroverd. Men kan het verschil samenvatten als de spanning tussen het individu en de gemeenschap, tussen romantiek en realisme, tussen het werkelijkheidsprincipe van het ego en de instinctieve drijfveren van het id. In een opmerking over de militaire macht die het Britse imperium schiep, vermeldt Green nog een tegenstelling. De voornaamste deugd van het imperium was de discipline, die een fel contrast vormde met de chaos van inheemse legers. Discipline was echter niet voldoende om succes te garanderen; bij 'grote soldaten moest deze gepaard gaan met een stoutmoedige vindingrijkheid [en] onafhankelijkheid... eigenschappen die vaak samengaan met het aristocratische temperament'.[25] Door dergelijke tegenstrijdige krachten worden de kapiteins hoger geplaatst dan de klerken. In de tweede helft van de negentiende eeuw werd dit proces omgekeerd.

Overzeese bezittingen in de tropen werden bijna altijd beschouwd als gebieden die rijk waren aan kansen, overdaad, weelde, vrijheid, mogelijkheden en avonturen. Negatieve sociale factoren die in de goed geordende restrictieve thuismaatschappij verboden waren, konden in de tropen nuttige eigenschappen blijken te zijn. De onhandelbaarheid van het id, van de jeugd, zou niet gemakkelijk worden afgestraft door de door het ego vereiste controle, door de realistische eisen van het oudervolk thuis op het Europese continent. De suggestie van een generatieconflict is niet toevallig. Een man die het als jongeling waagde carrière of fortuin te gaan maken in Indië, placht naar zijn geboorteland terug te keren om op zijn lauweren te rusten met een gevestigd belang in de status-quo. Eenmaal gepensioneerd, tolereerde hij jeugdige excessen en overmoed even weinig als hij voorzichtigheid of overleg had betracht toen hij voor het eerst voet aan de tropische wal zette. Dit conflict wordt volmaakt geïllustreerd als Dekker, die zichzelf altijd als jeugdig beschouwde, zijn levenslange haat tegen gepensioneerde gouverneurs-generaal tot uitdrukking bracht en spotte met hun onverstoorbare ongevoeligheid voor pleidooien om verandering. Dit is vooral zo duidelijk omdat hij de uitdrukking 'gouverneur-generaal in ruste' gebruikt.[26]

Het meest voor de hand liggende symbool van deze tegenstelling is wellicht de eerste confrontatie met de tropische natuur. Men kan Charles Darwin nauwelijks een romanticus noemen, maar een reis die hij als jonge man naar Zuid-Amerika maakte bleef hem zijn leven lang inspireren. Hij begreep de betovering van de tropen even goed als de gevaren. Hij schrijft dat hij zocht naar een goede stijl om zijn ervaring van de tropische natuur onder woorden te brengen.

> Het ene woord na het andere bleek te zwak te zijn (...) om het gevoel van vreugde dat de geest ervaart over te brengen... Het land is één grote, wilde, slordige, weelderige broeikas, gemaakt door de Natuur zelf, maar in bezit genomen door de mens... De vorm van de sinaasappelboom, de kokospalm, de mango, de boomvaren, de banaan blijft helder en apart; maar de duizend schoonheden waardoor zij tot één volmaakt schouwspel worden verenigd, moeten wegebben; toch laten zij, zoals een sprookje dat je in je jeugd hebt gehoord, een beeld bestaan dat vol is van vage, maar zeer schone figuren.[27]

Een dergelijke weelde werd ook toegeschreven aan seksualiteit. In de negentiende-eeuwse Nederlandse samenleving waren seksuele zaken onzichtbaar aanwezig, en de kennis ervan kwam overwegend langs negatieve, indirecte weg tot stand. De exotische tropen voedden voor de romanticus de droom van ongeremde hartstocht met de onbeperkte genoegens van een sensuele 'broeikas'. De mannen gaven zich over aan seksuele hartstocht met inheemse maîtresses, maar dachten meestal alleen aan een huwelijk met Europese vrouwen. Dekker is hiervan een voorbeeld. Zijn tweede vrouw merkte fijnzinnig op dat Si Oepi Keteh – den naam van de dochter van de *dakoe* op Sumatra die 'Juffertje' betekent – Dekkers 'eerste vrouw' was die hem op zijn tweeëntwintigste met seks vertrouwd maakte. Zijn bijnaam voor haar was Clio, de naam van een van de negen muzen. Opgemerkt moet worden dat haar vader 'er een eer in stelde zijn dochter (...) te geven' aan zijn Nederlandse chef, ook al beschouwde de Europeaan haar als 'naïef'.[28] Als de libido volgens de definitie van Jung 'eetlust in natuurlijke staat' is,[29] kan men geen toepasselijker symbool vinden voor de ongeremde energie van de tropen. Volgens Dekker was Si Oepi Keteh niet meer dan een van zijn 'menigvuldige eerste liefden', maar het einde van zijn kuise hofmakerij aan Caroline Versteegh maakte hem '40 dagen krankzinnig'. De ontkoppeling van seksualiteit en huwelijk is duidelijk. In Dekkers geval is deze nog toepasselijker omdat zijn eerste vrouw, Everdine, verre van hartstochtelijk was, hoewel heel respectabel.[30] Deze dubbele moraal vindt men in veel van de koloniale literatuur terug: de inheemse vrouw is meestal erotisch en aantrekkelijk maar niet achtenswaardig, en de Europese vrouw is zelden uitdagend maar men maakt haar het hof om haar eerzaamheid en positie.

Martin Green merkt op dat 'seksuele aantrekkelijkheid meer hoort bij de aristomilitaire kaste dan bij de koopman'.[31] Psychologisch verwant met seksuele aantrekkelijkheid is de glans van de macht. Heer en meester zijn in exotisch gebied, regeren over een bevolking die in omvang vergelijkbaar is met een provincie, is een romantische voorstelling van macht die in Europa zelden kon worden beleefd. Figuren als Napoleon, die ook Dekker inspireerde, werden een mythe voor zowel Romantiek als imperialisme. De overdaad aan macht is net zo betoverend als de overdaad van de natuur of de sensualiteit. Het kolonialisme, dat heel vaak lijkt op een politieke uitloper van de Romantiek, was aanvankelijk een soort avontuur voor jonge mannen; voor opstandige, briljante, ruwe en melancholieke mannen, zoals bijvoorbeeld Clive die op vijfentwintigjarige leeftijd een groot Indiaas leger versloeg. De verantwoordelijkheden van een dergelijke ongewone macht werden later tot een kruistocht op zichzelf, maar wat de nieuwkomers het meest trof was het uiterlijk vertoon ervan. Dekker was zich hiervan goed bewust. Toen hij in de vijftig was schreef hij de volgende passage over de gevolgen van zulke ongewone voorrechten.

> Ik was nog geen volle drie-en-twintig jaren oud, en 'kommandeur' van de provincie Natal. De officiële nederlandse benaming van die betrekking is civiel-gezaghebber, maar in de wandeling, en vooral tegenover inlanders, blyft die beambte sedert den 'engelsen tyd' den naam dragen van *commodore*.
> De funktiën van zo'n gezaghebber zyn alleraangenaamst, en meermalen heb ik in later tyd me teruggewenst op 't standpunt dat ik uit onervarenheid niet genoeg waardeerde toen ik 't innam. Wie niet geleden heeft, of niet genoeg geleden, is altyd dom. 't Spreekt vanzelf, dat ik hierby niet denk aan Feithse Weltschmerz-tranen, die de romanhelden voor hun plezier storten, en die 'n mens geen zier wyzer maken. Ik bedoel de pynlyke wryving met de wereld.
> Doch ook zonder die wryving, de toestand van zo'n *fêtor* – zoals de by Maleiers der Sumatrase kustlanden gebruikelyke arabische benaming is – kan inderdaad enig genoemd worden. Men is op zo'n plaatsje iets meer nog dan de eerste. Men is *alles*

[sic], en menige Caesar zou daarmee tevreden kunnen zyn. 't Is waar dat de hoogte waarop zo'n gezaghebber geplaatst is, eigenlyk wordt teweeggebracht door zekere leegte om hem heen, daar hy veelal, op den militairen commandant na, de enige Europeër op de plaats is, en zelfs in de gehele provincie. Maar wie jong in Indië kwam, zodat-i nog tyd had zich goed in te burgeren, voelt zich in de aanraking met inlanders weldra geheel op z'n plaats. De leegte van 't kluizenaarschap als blanke wordt aangevuld door 'n soort van koninklyke waardigheid tegenover de bevolking, die van haar kant de hoogheid van den gezaghebber zeer ernstig opneemt. Ernstiger gewoonlyk dan hyzelf. De oudste inlandse hoofden behandelen hem met kinderlyken eerbied, en door grysaards wordt hy 'vader' genoemd. Men mene vooral niet – een europees dwaalbegrip! – dat zulke verhoudingen geregeld worden naar de omschryving der Wet. De inlander kent noch begrypt onze finesses van gezagsverdeling... Een inlands hoofd zal even deemoedig de goedkeuring van den heer fêtor komen inroepen op 't voorgenomen huwelyk zyner dochter, als op den aanleg van nieuwe pepertuinen. Zodanige hartelyke aartsvaderlyke verhouding bestaat op Sumatra en sommige andere buitenposten, in veel hogere maat dan op Java. De Javaan is onderdaniger, maar kan in de omgang niet zulke aangename gegevens leveren als byv. de maleier, wiens aanhankelykheid, juist omdat-i meer karakter heeft, van groter waarde is. En... op Java zyn sedert 'n paar eeuwen te veel Europeanen geweest – waaronder de rykworders! – dan dat de inlander niet schuw zou geworden zyn. Dat men alzo, in de meer onbedorven binnenlanden van Sumatra met gezag bekleed, veel goeds kan doen, ligt in de rede. Nog thans betreur ik het, daarvan geen ruimer gebruik te hebben gemaakt, Maar ik was jong, ál te jong![32]

Bijna een eeuw na Dekkers ervaring zouden de resten van dit verleidelijke lokaas ook J.C. van Leur, een begaafd onderzoeker van Indië die op drieëndertigjarige leeftijd overleed, doen watertanden. Op een tocht over Java in 1935 merkte hij op dat het uniform van een Nederlandse ambtenaar nog altijd ontzag wekte bij de Javanen.

Ik ben in streken geweest waar ik als een ridder te paard langs de weg reed, gevolgd door de Javaansche ambtenaren te voet en te paard; dan hield alle tegemoetkomend verkeer stil; ieder ontdekte zich 't hoofd, velen hurkten langs de weg. (...) Of: je bent uitgezonden voor een onderzoek naar een stuk grond, (...) bij je aankomst het heele dorpsbestuur plus de opgeroepen dorpsleden (stemmende dorpelingen), je gaat op weg: tachtig menschen in ganzemarsch achter je; ter plaatse ben je de eenige die staat: de rest hurkt op de grond.[33]

G.J. Resink heeft erop gewezen dat een Europeaan bijna onvermijdelijk grootheidswaanzin ging koesteren alleen al omdat het feit dat hij daar als Europeaan was, op een hogere kaste duidde: 'Men werd er dadelijk *Toean besar* – en waande zich de grote mijnheer – of *njonjah besar* – en voelde zich *grande dame.*'[34] Men bedenke ook dat Conrads Jim in havensteden gewoon een manusje-van-alles was, maar in Patoesan was hij toean (meneer) Jim.

Deze buitensporige macht jaagt zelfvertrouwen op tot eigenwaan en maakt de drager ervan totaal ongeschikt voor de alledaagse Europese werkelijkheid. Zulk feodalisme bestond in Europa niet meer en op allerlei manieren was de blanke heer in een eeuw van toenemende democratisering een excentrieke figuur met een aangenomen aristocratie, levend in 'splendid isolation'. Dit geeft ook voedsel aan de gedachte dat aristocratie, of althans de accessoires ervan, niet beperkt hoeft te zijn tot de lijn van het bloed. Men kon streven naar een idealistische adel, wat vaak betekende dat men minachting koesterde voor de plebejische hiërarchie van de klerken. Of deze kon de vorm aannemen van een bewust isolement met een bepaalde levensstijl, een minachting voor conventies die aan excentriciteit een distinctie verleende die vroeger voor de hogere standen was gereserveerd. Dit past opnieuw ook bij de romantische held.

Dekker leefde in zo'n traditie. Vanwege zijn onorthodoxe gedrag werd hij door de Europese gemeenschap van Padang op Sumatra als een 'excentrieke lord' beschouwd. Zijn chef op Celebes zag dat het een integraal deel van zijn persoonlijkheid was en tijdens zijn verlof in Nederland beschreef iemand die hem ontmoette hem als 'in vele opzigten, in zijne wijze van handelen excentriek'.[35] Dekker was een lid van deze om zo te zeggen omgekeerde aristocratie, in de adelstand verheven door af te wijken. Hoewel zeker niet zo succesvol als Raffles, Rajah Brooke of Daendels, leidde hij op kleiner schaal een soortgelijk leven, maar hij droomde volop van een nog grandiozere toekomst. Men moet niet vergeten dat 'excentriciteit' van alles kon betekenen, hoewel het meestal sloeg op elke daad die de Europese maatschappij niet zou hebben goedgekeurd. Nogmaals, de werkelijkheid van Indië tolereerde zulk gedrag, als ze het al niet uitlokte. De briljante linguïst Van der Tuuk leefde in zijn eentje op Bali, halfnaakt, en behandelde koloniale ambtenaren met minachting, alsof hij hun meerdere was. Andere vertegenwoordigers van deze mode waren Courier dit Dubekart, Sicco Roorda van Eysinga, of Junghuhn in de Nederlandse koloniën, Blunt of Clive in India en Richard Burton in Afrika.[36]

Dekker vertoonde ook meer tastbare kenmerken van de aristocratie. Hij verdedigde bijvoorbeeld het duel, zeer zeker een methode met ridderlijke trekken om ruzies te beslissen. Men zegt dat hij op tweeëntwintigjarige leeftijd op Sumatra op de sabel heeft gevochten terwijl hij, zoals hij met ironische grootspraak zegt, daarbij 'nooit mijn sigaar liet uitgaan', terwijl hij in 1881, toen hij 61 was, nog altijd dacht: 'het duel (als principe) is nuttig in 'n maatschappy waar eergevoel niet bestaat'.[37] Hij trouwde met een vrouw van adel, alsof hij via haar de status wilde verwerven die hij al bij zijn geboorte had willen hebben. Hij maakte zijn verloofde duidelijk dat hij zich goed bewust was van hun verschil in sociale status maar vertelde haar met ongeveinsde zelfverzekerdheid dat hij daar niet van in de war raakte. Hij wenste in feite dat ze gravin in plaats van barones was, want ik 'hou veel van adel' en heb 'er een soort van eerbied voor'. De redenen hiervoor zijn vergelijkbaar met de hierboven gesuggereerde. 'Begrijp mij wel, lieve, tot waarlijken adel zoude ik mij kunnen opheffen, – tot koopmansadel (die toch wel beschouwd, nonsens is) nooit.' En hoewel hij toegeeft dat hij zich nog steeds schaamt voor zijn afkomst uit de middenklasse, kan hij haar ook de geldigheid van zijn streven bewijzen door op te merken dat hij in Indië 'zoo menigmalen den baas gespeeld [heeft...] over adel van allerlei soort'.[38] Maar in overeenstemming met Greens bewering dat de koloniale adel zijn handelsverleden niet kon loochenen, verdedigde Dekker de superieure achtergrond van zijn eigen familie door een beroep te doen op deugden die niet noodzakelijk via de lijn van het bloed worden doorgegeven. Hij gebruikt de uitdrukking 'deftigheid', die kan duiden op statigheid, waardigheid, modieusheid, kwaliteit en rang, exclusiviteit of aanzienlijkheid. In 1875 schreef hij dat zijn familie in sociale status net beneden het gemiddelde was, maar toch zegt hij dat hij nergens ter wereld ooit is tegengekomen

> een deftiger toon, zelfs niet by adel, hoogen adel en prinsen, ja zelfs by orthodoxe professoren in theologie of parvenus van drie geslachten hèr (m'n jazelfs hier, is geen lapsus). In myn jeugd... och, de beschryving der deftigheid waarin ik werd opgebracht, zou me te ver leiden. Ik weet dat gy van fatsoenlyke familie zyt, maar gis dat er ten uwent woorden zullen gebruikt zyn, die in myn kringetje 'n algemeene siddering van ontsteltenis te voorschyn riepen. Wy kinderen hadden een lange lyst van (heel onschuldige) woorden die verpönt waren.[39]

Indië verleende het streven naar grootsheid een tastbare realiteit.

Dekker ging in zijn gedrag levenslang opzettelijk in tegen de burgerlijke normen. Veel van zijn liefdadigheidsacties gaven voedsel aan de legende van een heilige Multatuli wie het leven zuur werd gemaakt door een harde, ongevoelige wereld van geldwolven. Ik ontken de waarde van deze acties niet, maar beweer wel dat zij vaak schijnen voort te komen uit een opschepperige ridderlijkheid, een morele zelfverheffing als het ware. Dit doet ook denken aan de romantische held die zich bewust is van zijn eigen gedrag alsof zijn acties vragen om een esthetische formulering, hoewel het in de imperialistische tropen niet zo ongewoon was zijn gedrag af te stemmen op het effect. Dit werd ongetwijfeld aannemelijk gemaakt door de manier waarop de Europese meesters omgingen met de pracht en praal van het Aziatische feodalisme. En opnieuw gaf Dekker, evenals de romantische held, de beste analyse van zichzelf en ontleedde hij zijn ziel en zijn motieven als Byrons Childe Harold of Baudelaires dandy. Voor zijn verloofde beschreef hij een voorval uit zijn jeugd in Amsterdam toen hij in een sluis naar beneden klom om de muts van een joods jongetje te redden. Toen hij weer omhoogklom, herinnert Dekker zich,

> scheurde [ik] mijne kleederen en schaafde mij de handen, maar niet genoeg naar mijn zin. Ik heb in mijn leven weinig genot gehad, dat boven de aandoening ging die ik gevoelde toen ik weder boven stond. Ik wilde mijn portret wel hebben van

dat oogenblik. Twintig of dertig menschen, allen lieden van geringeren stand en meest joden, juichten mij toe... O, die vervloekte ijdelheid! ik gloeide van genot... Alles zag op mij, alles noemde mij, alles prees mij! Die menschen zouden mij op dat oogenblik gehoorzaamd hebben als ik – kleine jongen – hen iets gelast had... ik liep dien dag op stelten des hoogmoeds voort... Heb mij lief, Everdine, als gij kunt... maar acht mij niet teveel. Stel het vuurwerk, dat schittert, niet boven het lampje, dat licht geeft.[40]

In het licht van Dekkers persoonlijkheid, die zo nauw verwant was aan de romantische held en was gestimuleerd door de koloniale ervaring, is het niet verbazingwekkend dat hij onder invloed van de koloniale aristocratie imperialistische dromen ging dromen. Sietske Abrahamsz, een van een aantal jonge minnaressen die hij erop na hield nadat hij met zijn gezin naar Holland was teruggekeerd, zegt in haar memoires dat Dekker haar ooit verteld heeft 'in een soort extase, Keizer te willen worden' en dat zij de troon zou erven als 'Kroonprinses van Insulinde'. Insulinde was de aantrekkelijke naam die Dekker Indië had gegeven. 'Op de munt van 't nieuwe Keizerrijk zou de beeldenaar mijn kop vertoonen. Voorloopig zou mijn titel worden: Hertogin van Sumatra.'[41] Bewonderaars van Dekker hebben dit opgevat als speelse dromerij, maar het komt overeen met het karakter van de romantische buitenstaander en koloniale aristocraat die er met een briljante en gedurfde actie heel gemakkelijk toe over zou gaan geweld te gebruiken om een einde te maken aan de laffe voorzichtigheid van de klerken en het gebied veilig te stellen voor een revolutionaire filantropie. Want er is ook een romantiek van oorzaken, speciaal als de werkelijkheid een dynamische handelwijze in de weg staat.

Het was in 1861 toen Dekker zijn dynastieke dromen aan Sietske toevertrouwde. Voordien had hij al gedachten gekoesterd van een verheven positie die hem zou worden verleend, waaronder het ambt van gouverneur-generaal, op eigen aanbeveling. Dekkers naïviteit schijnt onuitputtelijk te zijn geweest, maar de realiteitszin van de romantische psyche heeft nooit bekendgestaan om zijn bijzondere stevigheid. Deze machtsdromen bleven, in het bijzonder nadat de literaire uitdaging met zijn roman *Max Havelaar* was genegeerd door een verre van ridderlijke natie van winkeliers. In 1876, op 56-jarige leeftijd, gaf hij toe:

Ik ben despoot uit overleg, uit berekening, met studie. Ik heb myzelf dezen karaktertrek opgedrongen, omdat ik na ingespannen opmerken en diep denken tot de conclusie was gekomen dat deze richting de eenige is waarmee iets te bereiken valt. Bovendien, ik ben bereid m'n eventueel aantewenden despotisme met den kop te boeten, wat dan ook wel 't slot wezen zal, want de indische maatschappy zal 't me niet vergeven dat ik haar gered heb. Dit ligt in de natuur der dingen en ik heb er vrede meê. Wanneer 't me gelukt, Holland uit Insulinde te jagen, mag men my doen wat men verkiest. En ook zonder de traditioneele ondankbaarheid van naties en publieken, ikzelf verlang niet naar hoogheid of schyn daarvan. Ik ben er te hoogmoedig toe. Met pleizier wil ik hertogen maken, maar ikzelf verlang geen andere hoogheid dan anderen verheven te hebben. En dit nog slechts voor zoover 't noodig is tot algemeen welzyn. Indië heeft nog 2, 300 jaar lang 'n regeerstelsel noodig dat eenigszins met het leenstelsel overeenkomt. Maar vóór alles, gedurende de organisatie, *onbeperkt* despotisme, *onbeperkt* [sic]. Alleen daarmee kan Insulinde beschermd worden tegen anarchie, polyarchie, oneindige burgeroorlog en invallen van industrieele barbaren uit alle hoeken van de wereld![42]

Acht jaar later laat hij zich nog bondiger uit dat hij er absoluut van overtuigd is dat er maar één praktisch wapen is, en dat is geweld.[43] Dekkers idealistische tirannie zou naar men hopen mag een verlicht despotisme zijn geweest, maar er bestond in zijn geest twijfel dat het een absoluut karakter zou hebben gehad: 'Ik kan geen andere betrekking aannemen dan van dictator.'[44] En als keizer zou zijn principe zijn: 'Weet te weigeren! Dat toegeven in 't laf genoegen iemand een plezier te doen, is 'n ware uitspatting.'[45] Een merkwaardig standpunt voor iemand die in 1856, het jaar van zijn koloniaal Waterloo, zijn meerderen om dezelfde 'lafhartige' toegeeflijkheid had gevraagd.

Ooit had Dekker gedacht dat het voor grootheid voldoende was heroïsche daden alleen maar te overwegen,[46] maar het fiasco van zijn eigen pogingen en de ijdelheid van zijn literaire kruistocht maakten dat hij snakte naar actie. Het schijnt dat Dekker, net als Rimbaud, de literatuur wilde verruilen voor actie. De man die is gezien als een tegenstander van het kolonialisme, een voorvechter van de massa en een martelaar voor menselijkheid, smachtte privé naar iets veel zwaarders dan cultureel of moreel martelaarschap. In overeenstemming met zijn napoleontische mythe is zijn gedachte: 'Macht, gezag, geweld is 't eenig middel waarvan goed gevolg te wachten is, geloof me.'[47] 'Ja, als ik de macht had gekregen waarnaar ik uit bestwil gestreefd heb, zou ik honderden koppen hebben laten vallen. Misschien duizenden.' Hij bekent dapper de zonde van de hoogmoed, maar voegt er onmiddellijk aan toe dat er ernstiger fouten zijn.[48]

Het is daarom bijzonder ironisch dat Dekker in de Sovjet-Unie werd vereerd als een voorbeeldig kampioen van anti-kolonialisme en socialisme. Lenin noemt Multatuli driemaal in zijn aantekeningen over het imperialisme; een Russische vertaling van *Max Havelaar* is sinds 1916 verscheidene malen herdrukt en selecties uit zijn andere werk zijn eveneens met enige regelmaat herdrukt. Dekker werd vereerd als de schrijver van het Nederlandse proletariaat en als een 'revolutionaire democraat', maar niets kon minder waar zijn.[49]

Dekker was niet tegen kolonialisme; maar dat was Marx ook niet. Marx beschouwde het Europese kolonialisme als een wrede maar noodzakelijke stap in de ontwikkeling van Aziatische samenlevingen of, zoals Engels schreef over de Franse bezetting van Algerije, 'een belangrijk en gelukkig feit voor de voortgang van de beschaving'. Marx heeft de Aziatische samenleving nooit geromantiseerd. Hij beschouwde haar als barbaars, vond er weinig in dat bewaard moest blijven en meende dat sociale verandering het gevolg zou zijn van Europese inspanningen en niet van Aziatische initiatieven.[50]

Dekker probeerde Marx te lezen maar vond hem onverteerbaar.

> Karel Marx! Herhaaldelyk ben ik begonnen z'n werk te lezen. De man schryft slecht, doch juist slecht op 'n manier die sommigen doet denken dat-i flink op de hoogte is. Hy doet – even als de mannen en place – in fraze. En terdeeg! Het kapitaal, myne heeren... Ei! Ik begryp zelfs dat 'het' niet. En om dat kapitaal te bestryden, 'het' kapitaal, moeten de werklui zich vereenigen, geld by eenbrengen en dus... kapitaal vormen![51]

Deze veronderstelde kampioen van het proletariaat kon evenmin veel met het socialisme aanvangen. 'Regeering moet beperkt worden tot het onmisbaar noodige, evenals elk noodzakelyk kwaad. En die malle socialisten willen alles aan dien staat opdragen, tot de verdeeling van de arbeids vruchten toe! 't Komt me voor dat ik in een gekkenhuis leef.'[52] Toch gaf Dekker ook niet om de conservatieven van zijn dagen, en de enige revolutie waarvan hij ooit droomde, was die van eigen makelij en met als doel de kroning van zichzelf tot keizer van Indië.

Per slot van rekening moest Dekker het afleggen tegen de harde realiteit. Een van de kwaadaardigste gestaltes daarvan was gedurende het grootste deel van zijn leven het geld. Hij verachtte deze macht en probeerde hem te overwinnen met een onverstandige verkwistendheid. Maar in 1885 schreef hij: 'Met macht – d.i. in onze dagen: geld – kan men elke opinie doen zegevieren.' En elders schreef hij dat hij de rijkste levende man wilde zijn. Dan zou men hem geloven, ook al zei hij de waarheid.[53] Hij probeerde zijn geldgebrek te compenseren door te gokken in de casino's in Duitsland; weer een romantisch gebaar dat mislukte. Geld was macht, geld was realiteit, met name in het pragmatische, zakelijke Holland.

En welke gestalte de realiteit ook aannam, ze was levenslang zijn wraakgodin – een tegenstander waarmee alle romantici te maken hadden.

In 1845, toen hij 25 jaar oud was, schreef hij aan Everdine over zijn bewondering voor Rousseau en merkte op dat de romantische denker 'in de wereld niet paste... Ik denk niet zoo stout, zoo verheven als J.J.R. maar zijne onbekwaamheid voor het dagelijksch leven heb ik, helaas geheel en al.'[54] De realiteit, en speciaal de dagelijkse lasten, waren voor Dekker wat zij ook waren voor Shelley: 'de dorens van het leven'. In 1861 schreef hij in *Minnebrieven* over Christus, met wiens lijden hij zich verwant voelde, al vereerde hij hem niet als een godheid: ''t Is een raar idee, maar ik vraag altyd hoe Christus zich zou gedragen hebben by zinkings of kramp? Hoe, als hy wissels te betalen had gehad, zonder 't nodige daartoe? En, als hy gelukkig getrouwd was? – een doodsteek voor 't genie... ik leef nog, helaas! – En, als hy zich verstuikt had? En, als 't was begonnen te regenen, in 't midden van de bergrede?'[55] Meer dan twintig jaar later (1885) staan de zaken in wezen nog net zo.

> 't Is nu eenmaal zoo dat we ons buigen moeten onder de meest triviale eischen van 't leven. Geen geestkracht is bestand tegen uitputting, tegen honger, tegen 'n speldeprik. Wat zyn de evangelien onvolledig! Daarin wordt Jezus nooit voorgesteld als in stryd met het banale. Hy had het geluk heel onnoozele vyanden aantetreffen, die hem toelieten z'n stryd te voeren op 't gebied van schitterende tragiek. In onze dagen, in onze maatschappy, zou men hem anders geplaagd hebben.[56]

En in 1876: 'De materieele en finantieele macht die er vereischt wordt om Insulinde vry te maken is zeer gering in vergelyking van den vermoedelyken uitslag, maar ze gaat altyd het vermogen te boven van iemand die proeven korrigeert om den kost te verdienen. Die vervloekte dagelyksheid!'[57] De voorbeelden zijn legio. Het is niet alleen de begrijpelijke klacht van een man die werd gefrustreerd in zijn verwachtingen en dromen, maar het is ook de aangeboren situatie van de romantische kunstenaar of van ieder die niet de mammon maar de herinnering dient.

In 1852, toen Dekker en zijn vrouw Indië verlieten voor hun verlof in Nederland, wist hij natuurlijk niet wat er vier jaar later in Lebak zou gebeuren. Men kan hem met enig recht karakteriseren met de uitdrukking van Burke: 'hij die als een onbetekenende jongen uitreist, komt enkele jaren later terug als een grote nabob'.[58] Want het moet nog eens benadrukt worden dat Dekker in de kolonie een hoge post had gekregen, dingen had gedaan en meegemaakt die niet te vergelijken waren met wat Nederland hem had geboden of ooit zou kunnen bieden, en dat hij terugkwam in stijl. De lijst van dure cadeaus waarmee hij familie en vrienden wilde overladen heeft iets van de nabob, evenals de dure kleren die hij zou kopen en het amusement dat hij voor zichzelf uitkoos.[59]

Het schijnt dat het hem in minder dan een jaar aan voldoende middelen ontbrak. Dekker bezocht casino's in België en Duitsland om er te gokken en met zijn 'onfeilbare' systeem een fortuin te verdienen. Hij verloor, zoals hij in de toekomst zou blijven doen. Het idee dat zijn vrouw een aanzienlijk bedrag van haar familie te goed had, bleek een vergissing en Dekker had geen andere uitweg dan de autoriteiten om voorschotten te vragen. Hij schijnt er serieus over nagedacht te hebben niet naar Indië terug te keren, ervan overtuigd dat hij spoedig een rijk man zou zijn, maar alles mislukte en nadat zijn verlof verscheidene malen was verlengd, keerde hij in 1855 met zijn vrouw en pasgeboren zoon naar Java terug.

In Indië werd hij met nog meer financiële problemen geconfronteerd: – tekorten van zijn ambtstermijn op Celebes en Ambon. In januari 1856 benoemde gouverneur-generaal Duymaer van Twist hem tot assistent-resident in Lebak, in de residentie van Bantam op West-Java. Hij aanvaardde zijn ambt op 22 januari 1856 en hij vertrok op 20 april, nauwelijks drie maanden later, nadat de koloniale overheid hem eervol ontslag had verleend. Hij bleef nog ongeveer een jaar op Java en verliet Indië in april 1857, alleen, met achterlating van zijn vrouw die in verwachting was, en zijn zoontje. Hij zag de tropen nooit terug.

De gebeurtenissen zoals deze worden verteld in *Max Havelaar* zijn van Dekkers gezichtspunt uit in wezen juist. Aanvullende ondersteuning van Dekkers standpunt werd in 1937 in eerste instantie verschaft door zijn geestelijke helper, Du Perron, en later door Stuiveling, de eerste redacteur van de verzamelde werken.[60] De zaak-Lebak is duidelijk van cruciaal belang voor Dekkers loopbaan als koloniaal bestuurder en als schrijver. Nadat in 1860 *Max Havelaar* was gepubliceerd, werden deze gebeurtenissen in wat in zekere zin een onbetekenende plaats was, het centrale probleem zowel voor zijn critici als zijn bewonderaars.

Omdat Dekker qua temperament en in artistiek opzicht een hele vreemde Nederlander was en omdat zijn levenswijze in strijd was met de overheersende sociale norm, is het niet verbazingwekkend dat hij tijdens zijn leven, en nog jaren daarna, te maken had met een menigte boosaardige vijanden. De meesten waren onbenullig maar boosaardig, en Du Perron bestreed deze 'luizen', zoals hij ze noemde, alsof hij een nest ongedierte vertrapte. Du Perrons voornaamste publicaties ter verdediging van Multatuli stammen uit de jaren 1930 en 1940. Na de Tweede Wereldoorlog keerde het tij ten gunste van zowel de mens Dekker als de schrijver Multatuli, en ontstond iets wat op vleierij lijkt, een vlekkeloze legende van een onberispelijke morele verhevenheid. Toen R. Nieuwenhuys in 1957 een afwijkende mening publiceerde, raakte hij in een polemiek verwikkeld die vaak zo hevig was dat het leek alsof hij een nationaal symbool had aangetast. Hij had alleen maar de andere kant laten zien – de kant van de regent, de resident, en de gouverneur-generaal – en beweerd dat Dekkers standpunt uitsluitend koloniaal was en dat hij op een onbezonnen manier optrad.[61] Nieuwenhuys' stellingname is zowel respectvol als overtuigend en levert een hoogst noodzakelijk contrapunt.

Zonder in te gaan op de enorme hoeveelheid secundaire literatuur over Dekker wil ik het volgende toevoegen. Ten eerste dat Dekkers gedrag zoals dit tot nu toe is geschetst, noodzakelijkerwijs romantisch was en daarom onvermijdelijk nadelig voor de regent. Ten tweede dat hij, hoewel hij bereid was de rechten van de Javanen te verdedigen, dit deed op een Europese manier; hij was niet tegen kolonialisme zoals zijn voormalige sovjet-bewonderaars wilden doen geloven, en hij maakte de zaak van de Javanen tot een persoonlijke kruistocht die ten slotte weinig meer met de werkelijkheid van doen had.

Waar het hier om gaat, is de aard van de tegenstrijdigheid tussen Nederlands bestuur en Javaanse traditie. Dekker was heel sterk de koloniaal die westerse hervormingsideeën wilde toepassen op een oud systeem dat in elk opzicht verschilde van het Europese denken. Ik zal hoofdzakelijk verwijzen naar moderne studies in het Engels waarin de naoorlogse Javaanse maatschappij wordt beschreven, om te benadrukken dat dat wat archaïsch kan lijken nog sterk aanwezig is in de hedendaagse, ogenschijnlijk progressieve en gemoderniseerde Javaanse maatschappij. In zijn sociologische studie over de religie op het moderne Java, gepubliceerd in 1960 en gebaseerd op veldwerk in de jaren vijftig, merkt Clifford Geertz op dat de adel (de prijaji-klasse) en de boeren (abangan) 'op symbiotische wijze van elkaar afhankelijk' zijn.[62] Zelfs vandaag, nu de meeste prijaji's witteboorden-aristocraten zijn, is adellijke afkomst nog belangrijk en kan zij nog opvallen door rijkdom, levensstijl en gedrag. Hun ethiek is omringd door een 'intens gevoel van statusverschillen, een kalme vaststelling van geestelijke superioriteit en een dubbele nadruk op het innerlijke leven van verfijnde gevoelens en het uiterlijke leven van beleefde vormen'. Boeren zochten bij een prijaji geestelijke leiding omdat deze bezat wat Max Weber charisma noemde, de leiderschapskwaliteiten die een beroep doen op niet-rationele motieven.[63] In de secundaire literatuur wordt herhaaldelijk gezegd dat Dekkers tegenstander, raden Adipati Karta Natanegara, door de abangan van zijn district juist op die manier werd vereerd. Toen de jonge geleerde J.C. van Leur in 1938 Lebak aandeed, bezocht hij op de begraafplaats van de plaatselijke moskee het graf van Karta Natanegara dat als *santri* of heilig werd beschouwd.[64]

Geertz vermeldt eenzelfde tegenstelling als hierboven is genoemd toen wij Junghuhns gedrag bespraken: aloes en kasar. 'Aloes betekent zuiver, verfijnd, gepolijst, beleefd, voortreffelijk, etherisch, subtiel, geschaafd, glad... Kasar is louter het tegenovergestelde: onbeleefd, ruw, onbeschaafd... Tussen deze beide polen rangschikt de prijaji iedereen, van boer tot koning.'[65] Na de waarschuwing dat dit alleen geldt voor Java, kan men de algemene uitspraak doen dat de hogere Javaanse regerende stand aloes was en de Nederlander, de westerling, onvermijdelijk kasar. Het was de zaak van de Europeaan te streven naar de superieure verfijning van het aloes-zijn, en niet die van de Javaan om zich te verlagen tot kasar, een status die hij fysiek verafschuwde. Geertz wijst erop – wat in het bijzonder relevant is voor Dekker – dat de prijaji's, hoewel zij door de Nederlanders van hun militaire macht en onafhankelijke gezag waren beroofd,

> zowel de culturele als, voor zover het de inheemse maatschappij betrof, de politieke leiders bleven ook al was iedereen zich ervan bewust dat het uiteindelijke machtscentrum binnen de maatschappij in vreemde handen was overgegaan. De grote aandacht voor etiquette, kunst en mystiek bleef bestaan, evenals de imitatie door de boeren van de vormen die daaruit waren ontstaan.

Keert men zich vervolgens tot Geertz' bespreking van de prijaji-etiquette, dan voelt men onmiddellijk dat Dekkers gedrag ernaast zat, en dat de gematigde benadering die Brest van Kempen voorstond, veel gevoeliger was voor de manier waarop de regent, gebonden aan een eeuwenlange traditie, moest reageren. De ethische en gedragscode van de prijaji was voor de krachtige westerse doelgerichtheid afstotelijk, zo niet onbegrijpelijk. De Javaanse aristocraat koestert aspecten van het gedrag die niet alleen in de westerse maatschappij sterk worden afgekeurd, maar zelfs als immoreel worden beschouwd. Gebrek aan directheid en veinzerij zijn voor de prijaji deugden. Hij probeert zijn ware gedachten en gevoelens te verbergen, vooral als deze gevoelens negatief zijn. Het doel van het sociale gedrag van de prijaji is orde en zelfcontrole uit te drukken, en de kern is terughoudendheid: in spreken, in lichaamsbewegingen en in emoties. Zoals Geertz het zegt: 'botheid is gewoonweg geen deugd', en 'spontaniteit of natuurlijkheid in gebaren of taal is alleen passend voor hen die "nog niet Javaans" zijn – dat wil zeggen, voor gekken, kortzichtigen en kinderen'.[66]

Afgezien van waardeoordelen zijn de principes van prijaji-gedrag – die gebaseerd zijn op religieuze en mystieke uitgangspunten – geheel het tegenovergestelde van de romantische persoonlijkheid en de westerse psychologie zou van twijfelachtige eigenschappen spreken. Dekkers persoonlijkheid en dientengevolge zijn gedrag stonden diametraal tegenover deze idealen. Zijn literaire werk evenals zijn leven leggen getuigenis af van een wispelturige aard, mentale beweeglijkheid, bruuskheid, hartstochtelijk vasthouden aan een voorgestane zaak en een levenslange afkeer van compromissen en decorum. Hij droeg het hart op de tong en vertaalde zijn gevoelens snel in woorden en daden. Men hoeft alleen maar opnieuw de pagina's te lezen waarin het gedrag van Max Havelaar wordt beschreven (hoofdstuk 11-14), of te letten op de felheid en impulsiviteit die de roman evenals zijn andere geschriften bezielen, om zich te realiseren dat Dekker deze houding tegenover het leven, die zo vreemd aan de zijne was, nooit zou begrijpen. Hierbij sluit dan ook naadloos aan dat Dekker zich van deze tegenstelling alleen bewust is geweest in taalkundige termen. In hoofdstuk zes van *Max Havelaar* tekent hij zorgvuldig het veronderstelde karakter van de Javaanse taal, een taal die nooit 'bruske' of beweeglijk zou kunnen zijn. Maar het is typerend dat hij uit deze overigens correcte interpretatie niet de relevante conclusies trekt. Het advies dat hij geeft, is 'diplomatische voorzichtigheid' en 'eenvoudige oprechtheid' te gebruiken, een taalgebruik dat geen aanbeveling inhield voor de Javaanse prijaji.[67]

Dienst in de buitenbezittingen zou hem niet hebben voorbereid op Java. Het leven in de afgelegen gebieden was (en is) heel verschillend van dat op Java en het was dit eiland en zijn beschaving die altijd een overheersende rol speelden in de lotgevallen van Indonesië. Met andere woorden, Dekker kon zijn romantische heerszucht botvieren op Sumatra of Celebes, maar op Java ontmoette hij een diepgewortelde realiteit die net zo weinig open stond voor verandering als Nederland in de negentiende eeuw. In het negentiende-eeuwse Amerika vindt men een soortgelijke tegenstelling. In *Huckleberry Finn* (1884) voelt Huck een zeer krachtige behoefte 'om ervandoor te gaan naar het Territorium' omdat zijn tante Sally 'mij wil adopteren en civiliseren en ik kan er niet tegen'. 'Het Territorium' correspondeert met een willekeurige plaats in de archipel met uitzondering van Java, terwijl Java overeenkomt met het Missouri van tante Sally, waar het 'afschuwelijk regelmatig en netjes' is, of, in koloniale termen, tante Sally woont in Nederland en de gezegende vrijheid van 'het Territorium' werd geacht in Oost-Indië te liggen.

In Niels Mulders sociologische studie, gebaseerd op veldwerk dat hij meer dan tien jaar na Geertz heeft uitgevoerd, worden de wezenlijke punten van de andere geleerde bevestigd. In *Mysticism and Everyday Life in Contemporary Java* laat Mulder zien dat individualisme in de Javaanse samenleving verboden is en dat onderwerping aan een sociale hiërarchie als een positief doel wordt beschouwd.[68] Mulders analyse van het hedendaagse Java bevat toevalligerwijs een bespreking van status en hiërarchie die van toepassing is op de zaak Lebak. Hij maakt duidelijk dat wat wij knoeierij noemen en als een negatieve inbreuk op de maatschappij beschouwen, in de Javaanse samenleving een normale en verwachte praktijk is, enigszins vergelijkbaar met *mordida* in Mexico.

> Met status en hiërarchie moet men voor de dag komen en van leiders, mogelijk met uitzondering van religieus en spiritueel leiderschap, wordt verwacht dat zij de symbolen van hun macht vertonen om geloofwaardig te zijn. Volgelingen streven ernaar een machtige *bapak* [hier leider, letterlijk vader] te hebben – terwijl de macht van de bapak tot uitdrukking komt in zijn vertoon van de gepaste symbolen.

In het geval Lebak, dat een arme streek was, zouden deze symbolen moeten bestaan in *pantjen*-diensten, het ongeregelde werk dat een dorpeling aan zijn heer verschuldigd was. En hoewel er vanuit westers gezichtspunt misbruik van macht en corruptie waren (en zijn), had de inheemse bevolking dit door de vingers moeten zien. Mulder toont aan dat voor de Javanen 'corruptie niet inherent slecht is – maar wel het aan het licht brengen daarvan', iets wat voor een westerse progressieve mentaliteit aanstootgevend is.

> Status brengt kostbare verplichtingen met zich mee en het inkomen dat nodig is om zowel aan status als verplichtingen te voldoen, moet worden gezocht in het grijze gebied van bureaucratische en politieke macht, van verleende gunsten en ontvangen gunsten; kortom, het moet komen uit de prebenden die horen bij een overgeërfd ambt. Sommigen noemen misschien de begeleidende praktijken corruptie of exploitatie, maar zij zijn ook noodzakelijk om een leiderschapspositie te handhaven en bescherming te bieden. Ten diepste zijn de normen rond instellingen van leiderschap en patronage veel sterker dan de controle op bronnen van inkomsten.

En voor hen die tegenwerpen dat het hedendaagse Java heel anders is dan dat van Dekkers tijd, stelt Mulder (evenals Geertz eerder had gedaan) dat 'de Javaanse cultuur en identiteit aan de basis in de loop der tijden niet veel is veranderd, en de Javanen zijn zich sterk bewust van en trots op hun culturele continuiteit'.[69] Ironisch genoeg maakt ditzelfde zelfvertrouwen de Javanen heel tolerant, veel toleranter dan Dekker ooit is geweest.

Het lijkt dan ook aannemelijk dat Dekkers beperkte begrip voor de Javaanse sociale regels die bekendstaan als 'adat' (een woord dat in *Max Havelaar* niet voorkomt) en de neiging tot een kortaangebonden romantisch idealisme leidden tot een crisis die, als hij met geduld en tact was behandeld, een veel betere afloop had gehad. Dat geduld zou vertegenwoordigd zijn geweest in de Javaanse drieeenheid die wordt gebruikt om iemands emoties in bedwang te houden, *iklas*, *sabar* en *trima*: dat wil zeggen, onthechting van de omringende wereld, 'een afwezigheid van haast, van ongeduld, van koppige hartstocht', en 'het gracieus accepteren van het onvermijdelijke'.[70] Dit zijn zeker geen deugden die men gewoonlijk in verband brengt met westers radicalisme of het revolutionaire idealisme van de romantici.

Dit zou ook de veronderstelling dat Dekker het slachtoffer was van een slimme en subtiele politieke intrige tussen de Soendanese partij van de regent en de Javaanse inheemse bureaucratie geïllustreerd door de *djaksa*, aannemelijker maken. Dit is althans de mening van J.C. van Leur, de Indonesische geleerde die hiervoor is genoemd. Nadat hij in de archieven op Java documenten had geraadpleegd (die later door Du Perron zijn gepubliceerd) schreef Van Leur in 1938 dat de intrige van de djaksa werkte, omdat hij erin was geslaagd het zaad te planten in 'de fantast D.D. [Douwes Dekker] in [zijn] onrijp, onevenwichtig koloniaal machts- en humaniteitsideaal' en dat hij er het slachtoffer van werd vanwege zijn 'Don Quichotische molenstrijd tegen de Regeering en het beproefde beleid'.[71] Dekker was inderdaad een van Hannah Arendts 'tragische en wereldvreemde dwazen van het imperialisme'.

In zijn studie *The Peasants' Revolt of Banten in 1888* noteert de Javaanse geleerde Sartono Kartodirdjo Dekkers 'gebrek aan begrip voor de achtergrond van de Javaanse erfelijk-bureaucratische structuur' en dat de 'knevelarijen' – het woord dat Dekker gebruikte – te wijten waren aan een 'institutioneel conflict' waardoor de traditionele vereisten van de positie van de regent, zoals boven geschetst, 'onverenigbaar waren met de normen die het koloniale bestuur oplegde'.[72] En in een geschiedenis van Indonesië geschreven vanuit Indonesisch standpunt wordt Dekker door de Javaanse schrijver Mochtar Lubis kort vermeld in de opmerking dat *Max Havelaar* invloed had op progressieve Nederlanders en Indonesische nationalisten omdat de Nederlandse koloniale praktijken erin werden veroordeeld.[73] De nadruk op een Nederlandse progressieve politiek is juist, want uit die hoek kwamen de hervormingen, zoals Marx had voorspeld. Maar de discussie over de waarheid is niet afgenomen. Meer dan een eeuw later kunnen zelfs Javaanse intellectuelen het niet eens worden over een uitspraak waarmee iedereen tevreden kan zijn.[74] Als men afziet van haar transcendentie en zich alleen maar op haar algemeen aanvaarde politieke waarheden concentreert, lijkt het erop dat de waarheid, als altijd, strikt partijdig blijkt te zijn.

Maar het droeve lot van de Javaanse boeren laat zien dat Dekker gelijk heeft. Het cruciale punt, dat ook spoort met zijn romanticisme, is denk ik dat hij de geringe overtreding van de regent dat deze te veel grassnijders gebruikte (20 februari 1856), samenvatte in de apodictische waarheid dat de Javanen werden uitgebuit en mishandeld. Het is deze sprong van het bijzondere naar het algemene die ons herinnert aan de revolutionaire filantropie van de Engelse romantische beweging. Om het zo simpel mogelijk te stellen: met een algemene waarheid valt niet te discussiëren. Het verschil tussen de bijzondere werkelijkheid van de Javaanse en koloniale maatschappij halverwege de negentiende eeuw en de onweerlegbare waarheid dat de gewone man op het eiland Java niet leefde volgens Rousseaus *contrat social*, is het verschil tussen theologie en geloof. De eerste staat open voor discussie, het laatste kan men alleen maar aanvaarden.

Waarom Lebak? Daarop zal waarschijnlijk nooit een definitief antwoord gevonden worden. Men kan er slechts over speculeren. Waren de omstandigheden in Menado of Natal aantoonbaar beter dan in Lebak? Was Dekker in die tijd te jong voor een drastisch optreden – een vraag die, in het licht van het romantische ethos van de jeugd, negatief beantwoord moet worden. Of is het misschien een meer persoonlijke en psychologische zaak? Waren bepaalde gebeurtenissen in Dekkers eigen leven de oorzaak van zijn handelwijze? Dekker kwam platzak en gedesillusioneerd terug naar Indië. Zijn dromen over de erfenis van zijn vrouw waren verstoord; nog meer illusionaire pogingen aan de speeltafels in Duitsland waren op een volledig fiasco uitgelopen; en toen hij op Java aankwam werd hij opnieuw beschuldigd van wanbeheer van overheidsgelden. Hij had geen indruk gemaakt, had ontdekt dat Nederland zich er hardnekkig tegen verzette een bron van roem voor hem te zijn en liep al tegen de veertig. Met de naïeve illusie dat de gouverneur-generaal een verwante geest was – gewoon omdat Dekker verscheidene malen op party's met hem had gepraat – en oog in oog met een opvallend duidelijk geval van onderdrukking dat schreeuwde om heldhaftige maatregelen, leek het een ideaal moment om de progressieve mensliefendheid aan een overwinning te helpen en beloond te worden met de bijval van het publiek en het hoogste ambt in de koloniën. Dekkers acties in Lebak kunnen getypeerd worden als een bureaucratische staatsgreep die mislukte.

Dat Dekker het gevoel had dat hij in overdrachtelijke en psychologische zin op de barricaden stond, heeft enige grond. Tussen Dekkers aantekeningen in zijn 'memoriaal' – naar het Franse woord, in gewoon Nederlands een opschrijfboekje – ontdek je dat onder de summiere en vaak cryptische verwijzingen naar de zaak-Lebak de langste notities Franse citaten van Napoleon III zijn. In al deze citaten krijgt een leider op de een of andere manier het advies stoutmoedige acties te ondernemen als hij tot de voorhoede van zijn tijd wil behoren, wat misschien het best wordt samengevat in de door Dekker overgeschreven uitspraak van Napoleon III: 'Marcheer aan het hoofd van de ideeën van je eeuw en deze ideeën zullen je volgen en steunen.' Het lijkt erop dat Dekker zichzelf hier aanspoort tot drastisch optreden of, zo hij al niet met klem beweerde dat de handelwijze die hij op het punt stond te gaan volgen gerechtvaardigd en legitiem was, ook al was ze niet in overeenstemming met de alledaagse werkelijkheid, dan toch ongetwijfeld zichzelf hiervan probeerde te overtuigen. Het laatste citaat is ontleend aan Napoleon I: 'In alles wat men onderneemt, dankt men twee derden aan de rede en een derde aan geluk. Vergroot het eerste en je zult lafhartig zijn, vergroot het tweede en je zult bang zijn.' Om aan de horens van dit dilemma te ontkomen, moet je natuurlijk het ogenblik aangrijpen zonder te veel over het waarom en waartoe na te denken. Deze passages passen uitstekend bij Dekkers persoonlijkheid en zijn hierboven aangegeven machtsdromen. Het laatste wat een romantische held wil, is beschuldigd worden van angst of lafheid. Dekker schreef in het voetspoor van Napoleon III: 'la lâcheté ne profite jamais', ofwel: 'lafheid levert nooit voordeel op'.[75]

In februari 1856 stak hij zijn Rubicon over, maar hij behaalde geen overwinning. Hij werd door de werkelijkheid verslagen – de werkelijkheid in twee gestalten, de hiërarchie van de oude prijaji-klasse en de hiërarchie van de koloniale overheid. Beide waren van nature immuun voor plotselinge veranderingen. C. Fasseur maakt in een artikel over de officiële relatie tussen de koloniale regering en de regenten duidelijk dat er een officieel beleid bestond waardoor een regent soms kon worden ontslagen als er genoeg bewijzen van voldoende belang waren geleverd. 'Maar,' merkt hij op, 'Douwes Dekker miste de tact en omzichtigheid die nodig waren om in dit geval zijn doel, de verwijdering en het ontslag van de regent, te bereiken.'[76] Dekker verloor, keerde naar Europa terug en maakte in september 1859 onder een andere naam aanspraak op zijn eigen rijk: Multatuli had Insulinde gesticht.

Was Dekker blind voor de realiteit van de situatie toen hij zijn directe chef, de resident, buitenspel probeerde te zetten door een rechtstreeks beroep te doen op de gouverneur-generaal? Ik bedoel niet blind voor het lot van de Soendanezen in Lebak, maar blind voor de politieke realiteit – en voor de realiteit van de triviale banaliteiten van het gewone leven waar hij zo'n hekel aan had. Evenals de meeste romantici kende Dekker deze vijand heel goed. Zijn literaire verpersoonlijkingen ervan, Droogstoppel en Kappelman, wijzen daarop.

In *Max Havelaar* is Droogstoppel ironisch genoeg een veel opmerkelijker karakter dan de titelheld. Dekker schonk hem een van de fraaiste openingszinnen in de Nederlandse literatuur: 'Ik ben makelaar in koffie, en woon op de Lauriergracht, No. 37.' Dit adres is in het Nederlands net zo beroemd geworden als '7 Eccles Street' in de Engelse literatuur. Droogstoppel is alles bij elkaar genomen fysiek sterker aanwezig en is een veel meer 'afgerond' karakter (om Fosters term te gebruiken) dan de vage Havelaar, die verstrooid, ongrijpbaar en praatziek is.[77]

Dit is misschien weer een voorbeeld van de dwingende invloed van grote literatuur: ze heeft haar eigen despotisme. De verbijsterende briljantheid van de kwikzilverige Havelaar verdwijnt op de manier waarop door een gewaad van lovertjes dat de heldere zonnestralen weerkaatst, de duidelijke contouren van de drager onzichtbaar worden, wat maakt dat de toeschouwers hun ogen afwenden. Havelaar is steeds de romanticus, maar hij is geen inspirerende romanticus. Tenslotte bestaat de heldendaad die bedoeld is om ons te verbijsteren uit een serie memo's tussen verschillende afdelingen. De passieve lijst van onderwerpen in hoofdstuk 4 legt veel boeiender getuigenis af van zijn veelzijdigheid. En toch is Droogstoppel, die in zijn eenvoud vermoeiend zou moeten zijn, een echt karakter en als zodanig onuitwisbaar en levend. Havelaar is een merkwaardig bleke afschaduwing – Dekkers brieven laten zien hoeveel interessanter hijzelf was, hoewel even kwikzilverig en ijdel als zijn alter ego – terwijl Droogstoppel een echte creatie, een groot karakter is.[78] 'Droogstoppel' is in zekere zin onsterfelijk geworden door in het Nederlands een zelfstandig naamwoord te worden (een 'prozaïsch persoon') terwijl hij, als formidabele tegenstander van Havelaar en als literaire creatie, nauwelijks zijn gelijke heeft. Evenals Dekker is Havelaar excentriek, dat wil zeggen, niet gereguleerd door een centrale controle, maar Droogstoppel is veel meer gecentraliseerd en heeft daarom veel meer gewicht als fictieve figuur. Dekker schreef aan zijn vrouw dat Droogstoppel was bedoeld als 'repoussoir',[79] en als men een 'dictionaire des arts' raadpleegt, zoals hij haar aanraadde, zal men ironisch genoeg ontdekken dat dit wordt omschreven als het deel van een schilderij dat 'een krachtiger toon bezit om meer perspectief te verlenen aan de andere delen' (*partie d'un tableau plus vigoureuse de ton pour donner l'éloignement aux autres parties*). En omdat het zo bedoeld was of door de ontrouw van het literaire scheppingsproces overschaduwt deze 'repoussoir' met zijn krachtige toon datgene wat hij in een gunstiger licht had moeten stellen.

Koos Dekker de kant van de duivel? In 1884 schreef hij aan Walter Paap: 'In veel opzichten gelyk ik vry precies op m'n vyand Droogstoppel, al zy 't dan uit geheel andere beweegredenen' (*Brieven*, x. 235). Zeker; maar uit deze (beperkte) erkenning kunnen we iets afleiden. Dekker moest zijn eeuwige vijand overwinnen door te ver te gaan, door middel van romantische overdrijving. Men kan het beschrijven als een mikken op het onmogelijke om de werkelijkheid te ontkennen of te vermijden. In 1886 geeft hij een onthullend advies aan een meisje over de voordelen van werk om verdriet te verlichten.

> 't Gebeurt wel dat wy ons vergissen in de soort van arbeid die hier dienen kan. (Ik ken deze fout by ondervinding.) De praktische mogelykheid van uitvoering is er by noodig. Het tellen en weer tellen van 'n klein getal steentjes is degelyker dan de poging om te weten hoeveel sterren er aan 't firmament staan. Dikwyls kiezen wy uit traagheid 'n onmogelyk te bereiken doel, ons opdringende dat het verhevener is, ten einde ons voorwendsel ter vergoelyking van 't mislukken te menageeren. Zoo zal 'n leerling die te lui is om z'n 'sommen' te maken zich verdiepen in 't zoeken van de cirkelkwadratuur. Nog eens, ik ken die kwaal.[80]

En het was nu juist het gebrek aan 'praktische mogelijkheden' waardoor zijn ethos werd bepaald. Dekker ging van het specifieke gegeven van de Soendanezen in Lebak over op het algemenere 'Javanen', die al spoedig de hele mensheid gingen vertegenwoordigen die langs de evenaar leefde. De mishandeling van de Javanen was '*myn* zaak' (de cursivering is van Dekker).[81] Algauw was hij de voorvechter van de hele mensheid, met het veelomvattende idealisme van de beweging van de Romantiek. Zijn idealisme leek op dat van Napoleon die op Sint-Helena meende dat zijn leven een roman was geweest en hijzelf een martelaar voor universele vrijheid die de volkeren van Europa vrijheid, broederschap en gelijkheid had proberen te brengen. Napoleon voelde dat hij zijns ondanks een despoot was geweest, een idealistisch strijder voor mensenrechten die, als een 'gekroonde Washington', oorlog had gevoerd voor het welzijn van de wereld – een mening waarvoor zeker argumenten aan te voeren zijn. Dit is waarmee Dekker zich identificeerde. Het lot van de Javanen was zíjn zaak: als men tegen de Javanen was, was men tegen hem, en als men tegen hem was, was men tegen de Javanen.

Dekker was zijn hele leven een imperialist, ondanks zijn zeer reële zorg voor de verdrukte Aziaten. Als keizer Multatuli zou hij de Javanen hebben gered, gered omdat zij kennelijk zichzelf niet konden redden. Als de koloniale overheid haar ambtseed letterlijk had opgevolgd, zou alles goed zijn geweest, hoewel Multatuli niet bestaan zou hebben. Nergens is er, voor zover ik weet, een aanwijzing in zijn geschriften dat hij de gedachte van de Indonesische soevereiniteit koesterde. Zeker, hij voelde dat een revolutie onvermijdelijk was, maar men krijgt duidelijk het gevoel dat hij aan een paleisrevolutie denkt. Hij was bang dat de Verenigde Staten zich van Indië meester zouden maken en hij voer tegen Amerika uit alsof het een republiek van Droogstoppels was. 'Ik moet geld hebben, veel en spoedig,' schreef hij in 1873, 'anders wordt America en verder gespuis uit de heele wereld baas op Java! Dát zou vreeselyk zyn! Ik moet gauw iets doen, of nooit. Maar geld is n° een. De rest is kinderspel.' Indië moet worden gered van 'Amerikaansche flibustiers en dergelyken. Liever nog Holland, sukkelend zooals 't geval is, met z'n geknakt gezag, dan 'n Z.-Amerikaansche warboel, met twee-maandelyksche pronunciamento's, presidents-veranderingen, bloed- (en inkt!) baden, enz. enz.'[82]

Zoals eerder opgemerkt, meed Dekker zowel marxisme als socialisme, zowel liberalen als conservatieven. Hij vond soelaas bij Marx noch Monroe, Lenin noch Lincoln, kapitalisme noch communisme. Hij kende slechts één heiland. Hij had geen plan, geen samenhangend programma of politiek. Dat zou tegen de opvattingen van de Romantiek zijn geweest. Evenals Byron was Dekker een aartsrebel, hij was tegen elk systeem, of het nu de overheid, de kerk of sociale conventies waren. Hij bewonderde Voltaire nu juist omdat hij geen systeem had.

> Voltaire is een prul in de ogen van Kantianen, Hegelianen, Spinozisten, Cartesianen en Leibnitzers... Waarom? Omdat hy niets heeft gezegd wat niet ieder kan begrypen, en omdat hy geen *stelsel* heeft saamgeknoeid... wat hy toch met zyn vernuft heel goed had *kunnen* doen. Hy toont aan *wat niet waar is,* en dat willen de mensen niet, tenzy men hun iets anders in de plaats vertelle, wat evenmin waar hoeft te wezen. Men hongert naar leugen [cursivering van Dekker].[83]

Wat had hij dan? Hij wilde het niet toegeven, vervloekte zijn talent, zweeg de laatste tien jaar van zijn leven, maar Dekker was een geniaal schrijver, met een enorme fantasie. Toen de werkelijkheid hem niet toestond Indië te veroveren, annexeerde hij het in zijn verbeelding onder de prachtige naam Insulinde en schonk hij zichzelf de welluidende naam Multatuli met zijn echo van Romeinse keizers.[84] In het begin van zijn gedroomde regering verbeeldde hij zich (en 'Verbeelding' was zijn religie, zoals het geval was bij de Britse Romantiek) dat hij een leger supporters bezat: ''t legioen der kinderen van Insulinde, die mij moet helpen in den strijd tegen al wat laag en slecht is'.[85] Deze legioensoldaten waren vrouwen, de 'dochters van Insulinde', blijkbaar een privé-versie van zoiets als de 'dochters van de Amerikaanse revolutie'. Helaas groeiden zij op en trouwden.

Toen de hoge verwachtingen van *Max Havelaar* niet uitkwamen, toen Dekker niet werd gerehabiliteerd en de koning zich niet bij hem verontschuldigde, was er voor hem, op zijn veertigste, niets anders over dan zijn talent als schrijver. Hij had zijn schepen achter zich verbrand. Hij kon alleen naar Indië terugkeren op zijn eigen voorwaarden en die waren veel te hoog. *Max Havelaar* had, volgens de liberaal Van Hoëvell in 1860, een 'zekere beroering' in Holland teweeggebracht, maar die haalde het maar nauwelijks bij Lincolns opmerking toen hij mevrouw Stowe, de schrijver van *De negerhut van Oom Tom* (een boek dat Dekker had gehoopt te evenaren), ontmoette:[86] 'Dit is dus de kleine dame die deze grote oorlog heeft ontketend.'[87] Multatuli was een *succes d'estime*, een verafgood auteur, maar slechts voor een nogal klein deel van de Nederlandse samenleving. Toch had hij niets over dan wat Irih, de Soendanese vrouw van Willem Walraven, eens *oeang kepala* of 'hoofdgeld' noemde. Dekker maakte in 1845 bijna dezelfde opmerking tegen zijn toekomstige vrouw: 'Ik bezit niets als mijn hoofd, – dat is het kapitaal, waarvan wij leven moeten.'[88]

Dekker had al literaire ambities voordat hij *Max Havelaar* schreef, en die waren serieus. In 1845 schreef hij aan Tine dat geen enkel beroep beter bij hem paste dan dat van schrijver. Er is het toneelstuk dat hij in Padang schreef, de gedichten die hij in Holland evenals in Indië schreef, de opmerkelijke tekst 'Losse bladen uit het dagboek van een oud man', de verbluffende brief aan Kruseman, enzovoort. De prototypen van Frits en Marie in *Max Havelaar* zijn te vinden in Frits en Mathilde in 'Losse bladen uit het dagboek van een oud man'; een couplet uit een gedicht dat Dekker opnam in zijn brief aan Kruseman wordt gebruikt in hoofdstuk 8 van *Max Havelaar*, een ander gedicht uit die brief bevindt zich in hoofdstuk 11 en nog een in hoofdstuk 12. Er zijn nog veel meer ontleningen als deze – waaronder zinnen, alinea's en uitspraken – die in zijn latere werk terugkeren. In Lebak schreef Dekker een ontwerp van een lange brief aan de gouverneur-generaal die hij nooit heeft verstuurd. In plaats van een protestbrief is het een schitterend stuk retoriek dat diende als basis voor de beroemde laatste pagina's van *Max Havelaar*.[89] En in hetzelfde 'memoriaal' uit Lebak waarnaar hierboven is verwezen, staat een kort item dat suggereert dat er toen al sprake was van een vooropgezet plan: 'Ik sta alleen tegen velen, mijn stem zou verdoofd worden als ik niet harder riep (i.e. heviger schreef) dan anderen.'[90]

Dekker was net zomin naïef over zijn creatieve plannen als over de alledaagse werkelijkheid of de goedwillendheid van de koloniale regering. In 1853, tijdens zijn verlof in Nederland, legde hij het toneelstuk dat hij op Sumatra had geschreven, aan Kruseman voor om

> van hem te weten te komen of ik *talent had uit het oogpunt van een boekhandelaar*. Gij begrijpt dat ik dit weten moest. De toejuiching van een tafelvriend &c beduidt niets, maar een boekhandelaar moet de waarde van het talent als koopman kunnen schatten. Hij moet kunnen weten of er door de natie geld voor zal gegeven worden want zonder *dat* loopt alles spaak. [cursivering door Dekker]

Droogstoppel zou zo'n gezond zakelijk gevoel hebben goedgekeurd. Nadat hij zijn roman *Max Havelaar* had geschreven bekende hij aan een andere instantie met artistiek gezag:

> Nu ik er over nadenk vind ikzelf het boek aardig, om de manier waarop ik iets droogs en onbelangrijks (mijn strijd tegen het gouvernement) tot iets gemaakt heb dat ook voor uitspanningslektuur dienen kan. 't Is een drankje dat het publiek inkrijgt zonder het te weten. Als ik had geschreven eene aanklagt of eene verdediging, of eene memorie, had de minister het in een hoek kunnen gooijen. Nu zal het volk hem rekenschap vragen, en hij moet er wel notitie van nemen.[91]

De romantici stelden menselijke emoties graag gelijk aan 'stemmingen' van de natuur. Het seizoen van hun voorkeur was de herfst, die overeenkwam met de beroemde romantische Melancholia. Men zal ontdekken dat men Dekkers persoonlijke gewoonten evenals het verloop van zijn carrière symbolisch kan vergelijken met de voorliefde van de romantici voor de melancholie van de herfst. Zijn meest productieve jaren lagen tussen 1859 en 1874, toen hij in zijn veertiger en vroege vijftiger jaren was, en hij schreef niets voor publicatie in de laatste twaalf jaar van zijn leven. We hebben reeds vermeld dat Dekker 's morgens niets waard, vaak nagenoeg onpasselijk was en Spigt zegt dat Dekker in de schemering of vroeg in de avond op z'n best was. Hij was daar in hoofdstuk 11 van *Max Havelaar* ook al met zo veel woorden voor uitgekomen: ''s morgens bij het ontwaken valt je de wereld op het hart, en dat is zwaar voor een hart, al is het sterk. Maar 's avonds heb je een pauze. Er liggen tien volle uren tussen nu en het ogenblik dat men zyn rok weerziet. Tien uren: zes-en-dertig duizend sekonden om mens te zyn!'[92] Spigt heeft zelfs aangetoond dat Dekker het liefst in de herfst schreef. In een brief uit 1876 wijst Dekker duidelijk op de bovengenoemde overeenkomst tussen menselijke stemmingen en de stemmingen van de natuur in verband met zijn geliefde jaargetijde:

> Laat me nu beginnen met de betuiging van m'n spyt dat ge verhinderd zyt dezen zomer hier te komen. Maar, is dat zoo zeker? De beste maanden moeten nog komen en by de late hedendaagsche lenten hebben we aanspraak (of kans tenminste) op schoone herfstdagen. Wat my betreft ik vind 'n herfst heerlyk. Niet alleen de buitennatuur maar ook de natuur ín ons, is in 't derde jaarkwartaal rustiger. Ik vind de lente, en ook in zekeren zin den zomer, agitant. Van de lente is 't bekend en erkend, maar ik geloof dat deze opmerking omtrent den zomer nog niet zoo algemeen is doorgedrongen. Hoe dit zy, ik houd van avend en najaar. Daarin ligt iets kalmeerends, iets dat denken doet aan zich ter rust te begeven, en m'n voorkeur voor dien indruk klopt heelemaal met m'n verlangen naar den dood.[93]

Dekker was de eerste Nederlander die werd gecremeerd.

Dekker was een hoogst ongewone Nederlander. Zijn leven in Indië was onconventioneel geweest – hoewel non-conformisme daar niet zo zeldzaam was als in West-Europa – terwijl zijn gedrag in het vaderland zeker provocerend was. Zo verborg hij het feit dat hij een gokker was niet. Hij schreef een vreemdsoortig boek over de casino's in Duitsland (*Millioenenstudiën*, geschreven en gepubliceerd tussen 1870 en 1873), een afwijkende gebeurtenis in de Nederlandse letteren. Dostojevski's *De speler* was een paar jaar eerder verschenen, in 1867. Dekker was een rokkenjager die in het openbaar steun betuigde aan de vrouwenemancipatie. Hij omhelsde luidruchtig liberale dogma's, was voortdurend platzak, leefde geen normaal, burgerlijk bestaan ook al had hij vrouw en kinderen: kortom, Dekker voldeed niet aan en leefde niet volgens de norm. Hij was wat men in die tijd een 'avonturier' noemde, een bijnaam die in de tweede helft van de negentiende eeuw gelijkstond met 'outcast'.

In 1891, vier jaar na Dekkers dood, publiceerde een zekere 'A.J.' een positief commentaar op Dekkers afwijkende leven en ongebruikelijke fictie. De auteur (het bleek Lodewijk van Deyssel te zijn) stelde dat Dekker waarschijnlijk het grootste deel van zijn leven een 'avonturier' was, maar suggereerde ook dat bepaalde aspecten van zo'n leven een bepaalde verdienste konden hebben. Van Deyssel ontkent niet dat de laat-negentiende-eeuwse avonturier gerekend wordt tot de 'drinkers, spelers, hoereerders';[94] anderzijds pleit hij sluw voor hetzelfde bewegingsvermogen dat Zimmer en Whitehead beter vonden dan conventionele onbeweeglijkheid, een gedachte die Multatuli tot een principe had verheven.[95] Ik geef toe dat Van Deyssel de discussie over het avontuur op een laag niveau houdt, maar hij slaagt erin onvergelijkbaarheid en bewegingsvermogen als deugdzame eigenschappen voor te stellen. Hoe afkeurenswaardig sommige van hun activiteiten ook waren, men kon niet ontkennen dat avonturiers op diverse locaties waren geweest, dat zij herhaaldelijk interessante plaatsen zoals cafés, casino's en bordelen hadden bezocht, en dat zij daarom interessante verhalen te vertellen hadden. Het 'avontuurlijke leven' is het 'leven van reizen en trekken' en dat betekent een voortdurend veranderende show van indrukken.[96]

Ook Multatuli beweerde dat een uitgebreide ervaring wezenlijk was voor de romantische held.[97] Van Deyssel breidt deze fysieke activiteit uit tot geestelijke beweeglijkheid en merkt op dat zo'n leven een avonturier verrijkt met een 'vernuftig gemak van beweging en konversatie'.[98] Plotseling begint de twijfelachtige mislukkeling verdacht veel te lijken op een begaafde verteller en kunstenaar.

De combinatie van illegaliteit en intelligentie biedt de avonturier volgens Bakhtin een unieke mogelijkheid het normale, alledaagse leven te bespioneren. Avonturiers, bandieten, bedienden en hoeren hebben het voordeel van de zelfkant: ze kunnen onder contract staan maar ze maken geen deel uit van het normale leven en zijn daarom ideale rechters en getuigen.[99] De meest subversieve en de gevaarlijkste hiervan is de avonturier omdat hij, zoals Van Deyssel laat zien, ook meester in het overtuigen, een bekwaam redenaar en een begaafd verhalenverteller is.[100] De schrijver is zoals men van hem verwachten mag: hij is niet onbesproken en beschouwt dit als een teken van achting. Daarom kan Van Deyssel een verband leggen tussen rechtsgeleerdheid en linguïstiek en beweren dat Dekker 'de wetten en konventiën van de maatschappij zoo wel als van de orthographie, de grammatica en de syntaxis' doorbrak.[101] Dekker schiep in werkelijkheid een nieuwe stijl en een nieuw soort roman, die het moderne Nederlandse verhalend proza veranderde.

Evenals Dekkers leven tegendraads was, was zijn stijl het tegenovergestelde van het bureaucratische proza en *Max Havelaar* een omkering van wat in de negentiende-eeuwse Nederlandse literatuur doorging voor een roman. D.H. Lawrence had in zijn eigenaardige maar diepzinnige inleiding tot de Amerikaanse uitgaven van *Max Havelaar* van 1927 gedeeltelijk gelijk toen hij schreef dat het boek geen 'verhandeling [maar] een satire' was, geheel gelijk toen hij Dostojevski erbij haalde (hoewel om de verkeerde redenen) en absoluut ongelijk toen hij het boek 'de grootst mogelijke warboel' noemde. Want dat is het niet. *Max Havelaar* is de eerste moderne roman uit de Nederlandse literatuur en een volmaakte illustratie van Bakhtins bewering dat de roman een dialogisch of polyfoon proza-discours is – het discours dat de literatuur van de twintigste eeuw is gaan beheersen.

Dekker wilde een dialoog op gang brengen over het lot van de Javanen, een dialoog op gang brengen met de individuele lezer, met de Nederlandse koning, en met de Nederlandse samenleving in het algemeen. Maar een dialoog houdt, zoals Bakhtin wist, een context in en een 'context is altijd persoonlijk'.[102] Dekker wilde zijn lezers *overtuigen* van de waarheid dat de Javanen mishandeld werden. Hij twijfelde niet aan deze waarheid maar hij werd tot razernij gebracht door de aanhoudende eisen van objectieve nauwkeurigheid van een bureaucratie die beweerde wetenschappelijke bewijzen voor het tegendeel te bezitten. Maar betekenis is niet wetenschappelijk, betekenis is cognitief. 'De grens,' zoals Bakhtin schreef, 'van nauwkeurigheid in de natuurwetenschappen is identificatie (a = a) (...) Het criterium is [echter] niet hoe nauwkeurig de kennis is maar hoe diep het inzicht.'[103] Dit geeft, in een notendop, Dekkers dilemma aan en suggereert wat hem tot schrijver maakte. Het geeft ook aan waarom zijn werk zo lang omstreden bleef. Alles aan *Max Havelaar* duidt erop dat dit de eerste moderne prozatekst in het Nederlands was waarin de mogelijkheden van heteroglossie schitterend werden toegepast; het was daarom niet alleen een kritiek op de politieke maar ook op de literaire orthodoxie. Dit werd genegeerd ten gunste van felle debatten over het waarheidsgehalte van het boek. Zelfs Du Perrons voornaamste taak bestond erin te bewijzen dat Dekker nauwkeurig was geweest, de gegevens van zijn tekst te controleren en deze te herhalen, terwijl het er eigenlijk om had moeten gaan te laten zien wat er was gecreëerd, Dekkers opvattingen opnieuw te interpreteren in een nieuwe context, vast te stellen wat onherhaalbaar was. Na de Tweede Wereldoorlog groeide Dekkers literaire faam aanzienlijk door studies waarin men probeerde te bewijzen dat *Max Havelaar* niet de 'warboel' van Lawrence was maar een bekwaam netwerk van correspondenties.[104] Maar Dekkers werk verzet zich tegen formalisering omdat het zijn uitgesproken plezier in de polyfonie van het leven en de manieren waarop deze in proza kan worden uitgedrukt, niet wil opgeven.

Meervoudigheid was datgene waar levenslang de aandacht naar uitging van Michail Bakhtin (1895-1975), de Russische denker die men 'de grootste literatuurtheoreticus van de twintigste eeuw' heeft genoemd.[105] Met behulp van zijn onderzoek naar wat hij de 'dialogische' of 'polyfone' roman noemde, kunnen we het belang van Dekkers *Max Havelaar* beter begrijpen. Dit boek verhief niet alleen de koloniale literatuur in één beweging van de monologische, aan de roman voorafgaande teksten tot het complexe verschijnsel van de moderne roman (hoewel zij bepaalde elementen gemeen hebben), maar verhief ook de Nederlandse literatuur van de dodelijke orthodoxie van de negentiende eeuw tot de 'expressieve mogelijkheden' van de moderne prozatekst. De meeste aspecten van Bakhtins denken zouden toegepast kunnen worden op Dekkers werk, maar omdat dit niet de plaats is voor uitvoerig onderzoek, beperk ik mij er in de volgende bespreking toe aan te geven hoe *Max Havelaar* vele algemene en tevens sommige specifieke factoren van Bakhtins interpretatie van de roman illustreert – een interpretatie die hij beschrijft als de 'mogelijkheid om op het niveau van een enkel werk gebruik te maken van diverse typen discoursen waarvan alle expressiemogelijkheden intact zijn, zonder tot een grootste gemene deler te worden gereduceerd'.[106]

Bakhtins literaire theorie is beter dan andere twintigste-eeuwse onderzoekingen, omdat zij gebaseerd is op een alomvattende interpretatie van het menselijk bestaan die breed genoeg is om plaats te bieden aan een literatuurtheorie naast een 'filosofische antropologie'.[107] Omdat Bakhtin in het bijzonder gevoelig was voor het pluralisme van de ervaring, kon hij, evenmin als Dekker,[108] pleiten voor een abstract formalisme (Bakhtin wilde een 'open eenheid' (*SG* 6)), hoewel hij levenslang trouw vasthield aan bepaalde fundamentele uitgangspunten. Het eerste is dat de mens een *homo loquens* is, dat taal ons belangrijkste kenmerk is.

Maar taal is, 'evenals de levende, concrete omgeving waarin het bewustzijn van de woordkunstenaar leeft, nooit eenvormig' (*DI* 288). Op soortgelijke wijze is de roman 'de uitdrukking van een Galileïsche opvatting over taal, een opvatting die het absolutisme van een enkele en eenvormige taal afwijst' (*DI* 366). De reden voor de afwijzing is dat de meest fundamentele 'eenheid van gesproken communicatie' voor Bakhtin niet de zin is, maar een 'uiting' (*SG* 73). Communicatie impliceert een antwoord, een antwoord impliceert een ander, impliceert een context. Bakhtins nadruk is sociaal ('Ik leef in een wereld van woorden van anderen' (*SG* 143; *DI* 294 en verwijzend ('De wereld heeft contextuele betekenis'(*SG* 159)). Van deze essentiële basis van verbondenheid leidt Bakhtin zijn karakteristieke afwijzing van alles wat op monolithische eenvormigheid lijkt, af. Zijn geliefdste begrippen hebben allemaal een element van diversiteit gemeenschappelijk: dialogisme, heteroglossie, hybridisatie, polyglossie, polyfonisch en orkestratie. (Bakhtins voorkeur voor de prefixen hetero- en poly- (in tegenstelling tot homo- dat op gelijkheid en enkelvoudigheid duidt) wordt na uitvoerig lezen duidelijk.)

Bij Bakhtin is niets enkelvoudig. Zelfs het woord niet. Het woord is allesbehalve een beperkte eenheid, het is 'een drama waaraan drie personen deelnemen'. Om Bakhtins geliefde muzikale beeldspraak te gebruiken: het woord is geen duet – zoals verwacht mocht worden van een dialogische theorie die stelt dat 'elk verstaan doordrenkt is van antwoord' (*SG* 68) – maar een trio. De derde partij is 'een of andere hogere manifestatie van antwoordend verstaan' (*SG* 126). Deze hoop op een uiteindelijk verstaan, te eniger tijd, op een of andere plaats, is de fundamentele reden voor het schrijven zelf. Het is de uitroep aan het slot van *Max Havelaar*: 'Ik wil gelezen worden (...) Ja, ik zal gelezen worden' (*VW*, i. 292).

In Bakhtins theorie is niets enkel of eenzaam. Het is zowel passend als ironisch dat deze man die leefde in het tijdperk van Stalin de taal weer bekleedde met troost: want als we alleen zijn met het woord, zijn we niet eenzaam maar samen. Stilte is de slechtst denkbare zin. Maar er is weinig stilte bij Bakhtin. Om zijn typering van Goethe te gebruiken: alles in zijn wereld is 'intensief' (*SG* 42). De wereld die hij ziet en hoort is dynamisch, actief, bewegend, gevuld met een volheid van stemmen, en dientengevolge beladen met een volheid aan ideeën. Kenmerkend voor deze nadruk op variatie en verschil is Bakhtins neologisme 'heteroglossie' dat hij omschrijft als 'de sociale diversiteit van spraaktypen' (*DI* 263). Heterologie doordringt de taal.

> Voor ieder individueel bewustzijn dat erin leeft, is taal geen abstract systeem van normatieve vormen maar eerder een concrete heteroglotte opvatting van de wereld. Alle woorden hebben de 'smaak' van een beroep, een genre, een tendens, een partij, een speciaal werk, een speciale persoon, een generatie, een leeftijdsgroep, de dag en het uur. Elk woord smaakt naar de context en contexten waarin het zijn sociaal belaste leven heeft geleid; alle woorden en vormen worden bevolkt door bedoelin-

gen. Contextuele ondertonen (algemeen, tendentieus, individualistisch) zijn in het woord onvermijdelijk. (*DL* 293)

Bakhtin is vrolijk anti-provinciaal. Hij treft overal heterogeniteit aan, in de wereld van de taal even goed als in de sociale wereld; ongerijmdheid wordt in feite verwelkomd en als beter beschouwd. Polyglossie bijvoorbeeld, de 'gelijktijdige aanwezigheid van twee of meer nationale talen in een enkel cultureel systeem' (*DI* 431), is een voordeel dat in de literatuur moet worden onderzocht. Ons huidige onderwerp zou een mooi voorbeeld van deze 'wederkerige bezieling van taal' vormen: in de Nederlandse koloniale literatuur is de traditionele linguïstische eenheid van het Nederlands doorspekt met Maleis. Het Nederlandse kolonialisme schiep zijn eigen 'polyglossic' variant in het *petjo*, een mengsel van Javaans, Nederlands en Maleis, dat zijn eigen specifieke literaire uitdrukking heeft in het werk van Jan Boon (zie hoofdstuk 17). Dit betekent echter niet dat Bakhtin iedere beperking verwerpt. Hoewel hij consequent pleit voor het doorbreken van grenzen, was hij zich ook sterk bewust van wat Michael Holquist noemt 'de macht van kaders' (*SG*, p. xx) en de 'duidelijke grenzen' van taalgemeenschappen. Feitelijk klinkt Bakhtin soms bijna als Whorf (bijvoorbeeld *SG* 93, of *DI* 62).

We kunnen hier niet op alle onderdelen van Bakhtins theorie ingaan. De belangrijke termen (zoals heteroglossie, polyglossie en polyfonie) overlappen elkaar echter, zodat wij ze in de huidige context in een meer omvattende zin kunnen gebruiken. Men hoeft zich er echter niet over te verbazen dat voor iemand met een dialogische opvatting van taal de roman het invloedrijkste model van het artistieke denken is (*PDP* 270). De roman die Bakhtin leest is de polyfone roman, de roman met vele stemmen, talen en discoursen: 'een ware polyfonie van volkomen geldige stemmen' (*PDP* 6). Deze definitie doet denken aan de Whorfiaanse opvatting van grotere linguïstische structuren, doordat de uiteenlopende stemmen van een polyfone roman onafhankelijk blijven (*PDP* 21). Zij bestaan naast elkaar en beïnvloeden elkaar, maar zij staan hun specifieke toon niet af. In een monologische roman daarentegen ontkent de enkele stem die voortkomt uit één bewustzijn 'het bestaan buiten zichzelf van een ander bewustzijn met gelijke rechten en gelijke verantwoordelijkheden' (*PDP* 292-3). Daarom is de registratie van anders-zijn en onvergelijkbaarheid een zaak van de moderne roman. Dit is een moeilijker kunstvorm, maar wel een die past bij een ingewikkelde tijd. 'De opgaven waar de auteur en zijn bewustzijn voor staan in een polyfone roman zijn heel wat ingewikkelder en diepzinniger dan in een homofone (monologische) roman. De eenheid van de wereld van Einstein is ingewikkelder en diepzinniger dan die van de wereld van Newton, het is een eenheid van een hogere orde (een kwalitatief andere eenheid)' (*PDP* 298).

Al Bakhtins uitspraken over de roman hebben het wezenlijk polynome (om deze term van de wiskunde te lenen) karakter van de volgende definitie gemeen: de roman is 'een verschijnsel dat multiform is in stijl en variform in spraak en stem' (*DI* 261; zie ook pp. 262, 263, 264, 274, 299, 335). Dostojevski's werk is Bakhtins model voor deze polyfone roman: voor de Nederlandse koloniale literatuur is het Dekkers werk onder de naam Multatuli; en in de Verenigde Staten zou Faulkner (*The Sound and the Fury* of *As I Lay Dying* bijvoorbeeld) het volmaakte voorbeeld zijn. Om Bakhtins verbijsterend ingewikkelde opsomming wat hanteerbaarder te maken kan men – zonder alle mogelijke variaties uit het oog te verliezen – drie hoofdcategorieën onderscheiden, te weten de directe spraak van de auteur, het gerepresenteerde woord (*represented speech*) en dubbel georiënteerde of dubbelstemmige spraak.[109] Voor de polyfone roman is de laatste van deze stilistische eenheden de belangrijkste en Bakhtin droeg aan de uitwerking hiervan bij met enkele van zijn meest originele ideeën. De belangrijkste 'verschijnselen van artistieke taal' in deze categorie zijn stilering, parodie, *skaz* en dialoog (*PDP* 185). Het wezenlijke aspect voor Bakhtin is dat deze vier nooit op zich worden gebruikt voor een referentieel doel, maar dat zij zich altijd bewust verhouden tot het discours van een ander, tot de spraak van iemand anders (*PDP* 185). Stilering is bijvoorbeeld het gebruik van het discours of de stijl van iemand anders voor eigen doeleinden, hoewel de bedoelingen van de teksten zullen convergeren en de beide stemmen heel goed zouden kunnen versmelten (*PDP* 189-94). Parodie maakt ook gebruik van een ander discours, maar doet dat om uiteenlopende redenen die in strijd zijn met de oorspronkelijke bedoeling. Een voorbeeld van stilering zou *Don Quichotte* zijn, terwijl *Bouvard et Pécuchet* een voorbeeld is van parodie. Skaz is volgens de definitie van David Lodge 'een informele vertelling in streektaal',[110] hoewel het niet slechts een imitatie van gesproken taal is (ook al is deze niet-literaire injectie in de roman heel belangrijk). Als uitdrukking van dubbelstemmig discours kan de specifiek orale stem en stijl van skaz worden gebruikt met een nieuwe semantische bedoeling. In zo'n geval is er sprake van 'gestileerde skaz' (*PDP* 189), waarvan *Huckleberry Finn* een goed voorbeeld zou zijn.

Zodoende wordt in de huidige tekst altijd hetzij 'lexicaal hetzij grammaticaal' de spraak van een ander of van een vorig discours opgeroepen.[111] Maar deze aanwezigheid kan ook verborgen blijven (*DI* 303) en ten grondslag liggen aan wat Bakhtin een 'verborgen polemiek', een 'intern-polemisch discours' of 'het woord met een zijdelingse blik op het vijandige woord van iemand anders' noemde. 'Elk literair discours voelt min of meer duidelijk zijn eigen luisteraar, lezer, criticus aan en weerspiegelt in zichzelf hun verwachte kritiek, oordelen, visies. Bovendien voelt het literaire discours naast zich een ander literair discours, een andere stijl. Een element van zogenaamde reactie op de voorgaande literaire stijl, dat in elke nieuwe stijl aanwezig is, is een voorbeeld van diezelfde interne polemiek; het is om zo te zeggen een heimelijke anti-stilering van de stijl van iemand anders, die vaak samengaat met een duidelijke parodie op die stijl' (*PDP* 196). Elke gedachte van een figuur kan een 'repliek in een niet afgesloten dialoog' zijn (*PDP* 32). Een lezer moet hiervan op de een of andere manier bewust worden gemaakt, en een subtiele lezing (zoals Bakhtin geeft van bijvoorbeeld Dickens' *Little Dorrit*

(*DL* 301-7)) kan worden ondersteund door 'intonatie-aanhalingstekens' die of aanwezig (*DI* 440) of impliciet (*DI* 307) kunnen zijn.

De dingen zijn altijd vloeiend in Bakhtins intensieve wereld; grenzen blijven 'opzettelijk flexibel en dubbelzinnig' en het is nu juist dit 'gevarieerde spel met de grenzen van spraaktypen, talen en ideeënwerelden [dat] een van de fundamenteelste aspecten van de komische stijl' vormt (*DI* 308). De komische stijl is Bakhtins beste voorbeeld omdat deze spoort met zijn nadruk op de schakering van stijlen, 'talen' en discoursen zowel in levende taal als in artistiek proza. Tenslotte was de drijvende kracht achter zijn denken de afwijzing van elke vorm van monolithische autoriteit als beoordelingsgrondslag. 'Alleen dogmatische en autoritaire culturen zijn eenzijdig serieus. Geweld kent geen lachen.' Dat is waarom Bakhtin 'monotonie' 'ontoelaatbaar' achtte en, in overeenstemming met zijn dialogische theorie, vroeg om 'een multinationale cultuur' waarin diversiteit door te lachen verenigd zou worden (*SG* 134-5). Lachen was voor Bakhtin geen tot biologie gereduceerde reactie op een bepaalde prikkel, maar veel meer een identificatie met het woord zelf. 'In het woord manifesteert het lachen zich op de meest gevarieerde manier', en dat is het geval omdat het woord 'een veelvoud aan vormen voor de diverse indirecte taalkundige uitdrukkingen van lachen' bevat: 'ironie, parodie, humor, de grap, diverse vormen van het komische' (*DL* 237). Dit was de vorm van proza waaraan Dekker de voorkeur gaf. Het is dan ook uiterst consistent dat Bakhtins grote traditie in de literatuur die van de Menippische satire is (*PDP* 109-22), die men gemakkelijk in verband kan brengen met de moderne literatuur omdat twee van de voornaamste elementen daarvan, ironie en parodie, fundamenteel zijn voor de moderne tijd (*SG* 132). De seriokomische (*seriocomic*) roman is een modern verschijnsel (*PDP* 107-8) omdat hij het beste voorbeeld is van de aanwezigheid van heteroglossie (*DI* 301-12). Niet verrassend en in overeenstemming met Bakhtins nadruk op de vrijheid van nonconformisme (zowel in esthetische als sociale zin) is dat de komische roman een 'parodische houding tegenover bijna alle vormen van ideologisch discours' bezit (*DL* 309). De hele *Max Havelaar* ondergraaft het ideologische discours, maar een specifiek voorbeeld is de preek van dominee Wawelaar, die een parodie vormt op het protestantse dogmatisme (*VW*, i. 126-9).

We zien nu de voornaamste reden waarom Dekker een seriokomische roman schreef en geen officieel document om zijn protest tegen de koloniale toestanden kenbaar te maken. Een roman heeft te maken met 'het altijd levende element van onofficiële taal en onofficiële gedachten' (*DI* 20) terwijl het officiële gezag het artistieke denken nooit zal begrijpen omdat begrip twee bewustzijnen vereist. Een monolithisch gezag zoals een overheidsbureaucratie heeft liever te maken met een enkel voorwerp, en met een voorwerp kan geen dialogische relatie bestaan (*SG* 111).

> Autoritair discours kan niet worden gerepresenteerd – het wordt slechts doorgegeven. De inertie, semantische beperktheid en verkalking ervan, de mate waarin het

> omlijnd is, een ding op zich, de ontoelaatbaarheid van enige stilistische vrijheid in verband ermee – dit alles maakt de artistieke representatie van autoritair discours onmogelijk. De rol ervan in de roman is onbelangrijk. Het is van nature niet in staat dubbelstemmig te zijn; het kan geen hybride verbindingen aangaan. (...) Het komt de artistieke context binnen als een vreemd lichaam, er zit geen speelruimte omheen, geen tegenstrijdige emoties – het wordt niet omringd door de opwinding en de kakofonie van het dialogische leven, en de context eromheen sterft af, woorden drogen op. (*DI* 344)

Dit vormt een andere verklaring voor het feit dat de zeventiende-eeuwse kapiteins en avonturiers verdwenen en pas weer opnieuw konden opstaan als literaire kunstenaars in de negentiende en twintigste eeuw. 'Opwinding en kakofonie' zijn ondenkbaar voor een overheidsbureaucratie; deze zou zich naar alle waarschijnlijkheid krachtig verzetten tegen zo'n avontuurlijke heterologie. We kunnen denken aan Zimmers commentaar dat 'als er geen avonturen meer in het vooruitzicht zijn, de burgerlijke wereld niets te bieden heeft (...) dan de rang van hoogwaardigheidsbekleder'. De Australische dichter James McAuley heeft hetzelfde in sociale termen uitgedrukt. De vestiging in het tweede kwart van de negentiende eeuw van een monolithische regulerende macht, dat wil zeggen het koloniale rijk, verhinderde de heterogene, wat Bakhtin noemt de carnavaleske 'vrije omgang van mens en wereld' (*PDP* 124). Sprekend over de jaren veertig van deze eeuw merkt McAuley bedroefd op: 'Als Nieuw-Guinea een kleurlingenmaatschappij was geworden, zou het een slonzige, maar kleuriger en gemakkelijker maatschappij zijn, met kleine ondeugden van concubinaat en luiheid, in plaats van de grote respectabele ondeugden van hooghartigheid en hypocrisie.'[112]

Dekker diende geen officieel protest in, omdat hij begrepen wilde worden. Daarvoor is de dialogische relatie van taal, van de literaire kunstvorm nodig. Deze vertegenwoordigt een ander soort denken. Zoals Bakhtin opmerkte over Dostojevski is zulk denken aanwezig in het 'integrale gezichtspunt, de integrale plaats van een persoonlijkheid. (...) In elke gedachte is de persoonlijkheid als het ware in haar totaliteit gegeven' (*PDP* 93). Deze uitspraak geldt zowel voor Dekker als voor Heine. Beiden 'dachten niet in gedachten maar gezichtspunten, bewustzijnen, stemmen' (*PDP* 93). Dat is de reden waarom Dekker van Voltaire hield: 'Omdat hy niets heeft gezegd wat niet ieder kan begrypen, en omdat hy geen *stelsel* heeft saamgeknoeid' (*VW*, ii. 89; cursivering van Dekker). Hij schreef aan een vriend dat zijn werk niet op een 'monolith' maar eerder op een 'mozaïk' leek,[113] en al voor het begin van zijn loopbaan als schrijver verontschuldigde hij zich bij iemand voor de talloze onderbrekingen in zijn brief in de vorm van haakjes en bijzinnen: 'Het leven bestaat in tusschenzinnen, – het mijne althans' (*VW*, ix. 115). Hij voerde voortdurend dialogen en de mooiste vertegenwoordiger van dialogische taal is de polyfone roman. In de rol van Multatuli voerde Dekker zelfs een dialoog met zijn eigen roman. De aantekeningen die hij na 1875 aan de opeenvolgende uitgaven van *Max Havelaar* toevoegde, voeren een gesprek met de tekst alsof deze een afzonderlijk geheel vormt, een onafhankelijk bewustzijn. Evenals Rousseaus aantekeningen bij zijn *Discours sur l'origine et les fondements de l'inégalité parmi les hommes* (1745) zijn deze toevoegingen afgeleid uit de tekst, of worden erdoor gesuggereerd, maar ze nemen vaak de vorm aan van uitweidingen of solo's in proza over een impliciet thema.[114]

De schepper van een polyfone roman maakt niet noodzakelijk deel uit van die roman. Zelfs een autobiografie is een geschapen wereld en als zodanig blijft de auteur buiten die wereld. 'Als ik een gebeurtenis die mij zojuist is overkomen, vertel [of erover schrijf], dan ben ik als de verteller [of schrijver] van deze gebeurtenis al buiten de tijd en de ruimte waarin de gebeurtenis voorviel' (*DI* 256). De waarheid van *Max Havelaar* is daarom geen exact en monologisch ding, onderworpen aan wetenschappelijke verificatie; die waarheid is een levend ding, een stem die om begrip vraagt, een geschapen dialogische werkelijkheid. De vaststelling van het waarheidsgehalte van Dekkers roman is niet langer de moeite waard, omdat dat onherroepelijk gebonden is aan zijn tijd en die tijd is geschiedenis. De vaststelling van de grootheid van een werk in de loop der tijden en los van referentiële beperkingen, dat is de bevrijdende taak van de literatuurwetenschap.

Het beeld van de schrijver in het werk is nu net dat: een beeld. En een beeld is een geschapen ding (*DI* 256). De schrijver 'staat buiten de taal als materiaal voor het kunstwerk' (*SG* 110), hij bestuurt de stem van het beeld van de auteur in het werk. 'De schrijver is een persoon die in een taal kan werken terwijl hij buiten de taal staat, die de gave van indirect spreken bezit' (*SG* 110). Tussen haakjes schiep Dekker Multatuli, een auteursmasker, het in taal gegoten beeld van de auteur. Multatuli is Dekker niet en Dekker is Multatuli niet (zie bijvoorbeeld *VW*, ii. 90). Als we de verwoorde Multatuli duidelijk gescheiden houden van zijn schepper, Dekker, hoeven we ons geen zorgen te maken over monologische verificatie en kunnen we ons concentreren op de literaire schoonheid van Dekkers werk, de volheid ervan in wat Bakhtin de 'grote tijd' noemt (*SG* 5), boven de opsluiting in een tijdperk (bijvoorbeeld de sovjet-ideologie).

Niets in wat er is gezegd over de schrijver en zijn werk duidt op argeloosheid. Men 'bewerkt' taal en het talent voor indirecte taal impliceert controle over de tekst. De mythe van de spontane schepping van *Max Havelaar* in september en oktober 1859 is fictief. Dekker gebruikte veel materiaal dat hij eerder had geschreven, tijdens zijn loopbaan als koloniaal ambtenaar in Indië.[115] Zijn roman werd evenmin zonder context uitgegeven. Woorden en literaire vormen worden 'bewoond door bedoelingen' (*DI* 293) en, zoals Todorov het stelt, is het wezen van dialogisme dat elke uiting verbonden is met andere uitingen,[116] wat hij 'intertextualiteit' noemt. Bakhtin beweert categorisch dat er altijd een 'impliciete tekst' bestaat (*SG* 103, 162). De beste kandidaat voor Dekkers roman *Max Havelaar* lijkt mij Heines *Ideen. Das Buch Le Grand* (1827), het tweede deel van zijn *Reisebilder* (1826-1831). Dit en ander proza van Heine is ook de impliciete tekst van de *Minnebrieven* (1861) en van de zeven delen van *Ideen*, gepubliceerd tussen 1862 en 1877. Al deze teksten gebruiken het ritme van Heines *Ideenassoziationen*, een bewuste en speelse poging een gesloten systeem, een opeenvolging zonder versmelting, te vermijden.[117] Heines prozawerken werden vaak bekritiseerd als een verwarde bende, net als die van Dekker. *Ideen. Das Buch Le Grand* bijvoorbeeld werd door Heines negentiende-eeuwse uitgever een 'Tohuwabohu von bunten Einfällen' ('een woest-en-ledig van bonte invallen') genoemd, en de polyfonie van zijn taalgenres bleef lange tijd ondergewaardeerd.[118] Maar de schijnbare chaos van Heine en Dekker is zeker niet de 'warboel' van D.H. Lawrence, het is werkelijk een 'ware polyfonie van volkomen geldige stemmen'.

In de titel zelf (*Max Havelaar of de koffieveilingen der Nederlandsche Handelmaatschappij*) wordt een dialogische stem, een persoon geplaatst tegenover een stemloze instelling, een monologisch ding. Omdat Dekkers dialogische kunst niet uit de voeten kan met een monologisch object, geeft hij het handelsmonopolie een persoonlijkheid, Droogstoppel genaamd, een koffiemakelaar. Maar conform de regels van de dialogische kunst is Droogstoppel een subject dat leeft volgens het idee van de imperialistische exploitatie, en daarom blijft zijn stem onafhankelijk.[119] De paradox van zijn schepping is dat Droogstoppel, zelfs al is hij in hoge mate een subject, een monologisch wereldbeeld heeft. Hij begrijpt nagenoeg niets. Lyrische poëzie is bijvoorbeeld geen kunst maar een 'ambacht, zeker minder moeilyk dan ivoordraaien' (i. 17). Hij beleeft de wereld als een verzameling objecten. De roman is een ding, een gebruiksgoed, terwijl de moraal een 'stuk koopwaar' is (i. 19). Als iets voor hem niet nuttig is als object, dat wil zeggen niet verhandelbaar is, neemt hij het niet waar. Alleen de verborgen polemiek van de auteur ondermijnt deze monolithische opvatting van de wereld als potentiële business. Wanneer Droogstoppel Sjaalman voor het eerst ontmoet overhandigt hij onmiddellijk zijn visitekaartje. Hiermee bezit Sjaalman Droogstoppels adres, wat hij later betreurt (i. 28). Zo antwoordt Droogstoppel als Sjaalman vraagt hoe het met hem is, met een overzicht van zakelijke aangelegenheden (i. 24). Er zijn nog veel meer voorbeelden, maar zij geven allemaal aan hoe 'rolvast' Droogstoppel is en hoe slim de auteur naar zijn schepping gluurt, hoe bekwaam hij zijn polemiek verbergt (bijvoorbeeld i. 47).

Andere stemmen die hun 'expressieve capaciteiten in stand houden', zijn Ernest Stern jr, die de taal van de Duitse Romantiek spreekt; Frits Droogstoppel, die de taal van de opstandige jeugd en de Nederlandse Romantiek spreekt; de geheimzinnige Sjaalman, die de indirecte stem van de dialogische vrijheid en de kampioen van de polyfonie is, zowel in zijn taal als in zijn ideeën (zie zijn buitengewone inhoudsopgave in hoofdstuk 4); terwijl de andere belangrijke stem die van Multatuli is, de stem van de hoogste artistieke schepper. Het is interessant te zien dat de meest welbespraakte figuur, Max Havelaar, de meest indirecte schepping is. Hij is afgeleid van het pak van Sjaalman en wordt een onderdeel van Droogstoppels roman als een literair portret dat ontworpen is door zijn twee biografen, Ernest en zijn assistent Frits. En omdat de roman duidelijk zegt dat

Multatuli de schepper is van zijn fictieve voorloper (Sjaalman), zijn biografen (Ernest en Frits), evenals van zijn uitgever (Droogstoppel), is Havelaar viervoudig verwijderd van de enige bron waarnaar verwezen kan worden. Havelaar is in feite een schepping van het discours van de roman, en leidt een geloofwaardig bestaan in de rol van het woord als levende context. 'Want het woord is geen stoffelijk iets, maar veel meer het eeuwig bewegende, uiterlijk grillige medium van de dialogische interactie' (*PDP* 202). Havelaar is een schepping van contexten: een schepping van de bekwaamheid van de auteur om 'het effect van de context te manipuleren' (*DI* 340). De titelheld wordt in feite gemaakt door de tekst.

Het is misschien niet toevallig dat we de uitleg van David Lodge van een verhaal van Kipling kunnen toepassen op *Max Havelaar*. Tenslotte is ook Kipling, de beste koloniale auteur van Groot-Brittannië, een meester van het polyfone proza (bijvoorbeeld in *Kim*). In zijn interpretatie van Kiplings verhaal 'Mrs Bathurst' (1904) spreekt Lodge over de 'neststructuur' van dit speciale verhaal. Dit geldt ook voor *Max Havelaar*, omdat ook dit een reeks als dozen in elkaar passende verhalen is die 'kaders voor het werkelijke verhaal blijken te zijn'.[120] Het werkelijke verhaal bevindt zich midden in de laatste 'doos', die staat voor het pak van Sjaalman en een heteroglot raadsel blijft.

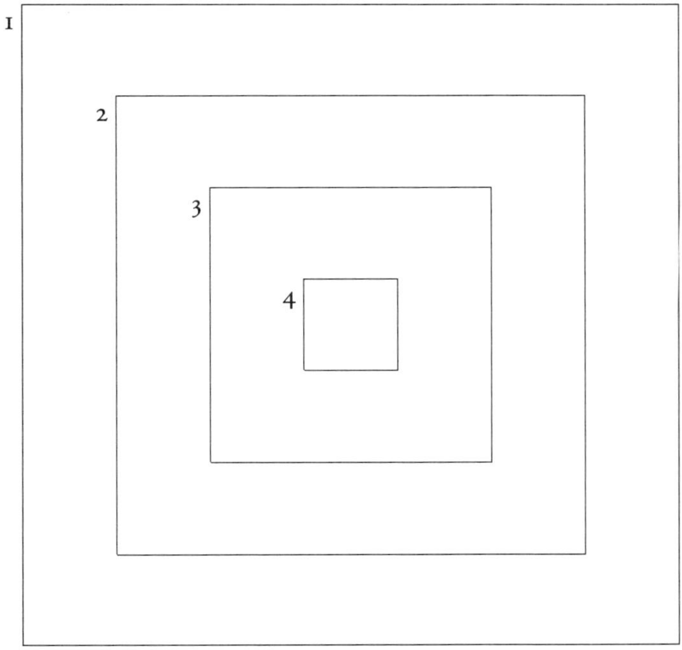

Doos 4 staat voor het pak van Sjaalman, dat het materiaal bevat dat in de hoofdstukken 5-9 en 11-20 wordt aangeboden als Havelaars leven. Sjaalman blijft een mysterie, waardoor de roman de allure van een avonturenverhaal krijgt, en 'heel vaak' is de avonturenplot georganiseerd rond het idee van 'een held die wordt getest' (*DI* 390). *Max Havelaar* is zeer zeker een roman over beproeving. Men dient ook te bedenken dat Sjaalman een koloniaal is, zodat Indië de bron is van de dialogische waarheid van de roman evenals van de polyfone structuur ervan.

Doos 3 staat voor de biografie die de jonge Stern en Frits Droogstoppel hebben geschreven op basis van Sjaalmans gegevens. Het is de biografie van iemand die Max Havelaar heet, en als het zogenaamd Sjaalmans autobiografie is, is het zeer zeker een fictief werk. Zodra Stern en Frits Havelaars (of Sjaalmans) verhaal opnieuw vertellen, hebben we een dubbelstemmig verhaal van de woorden van een ander. De objectiviteit van de woorden die zijn afgeleid van het pak van Sjaalman (de 'waarheid' van doos 4) is gecompromitteerd omdat ze gecontextualiseerd is. De grenzen tussen 3 en 4 worden vloeiend, er is een spelelement geïntroduceerd, er is stilering opgetreden. Men moet bedenken dat Stern een jonge Duitser met een talenknobbel is, die in een vreemde taal schrijft. Zijn verhaal bevat inderdaad een flink aantal germanismen. Het is een duidelijk voorbeeld van polyglossie die door de plot wordt geïntroduceerd: Droogstoppel vleit Stern omdat hij zaken hoopt te kunnen doen met de vader van Ernest. Sterns assistent is een adolescent. Binnen het kader van deze fictie leeft Frits, hoogst toepasselijk, dankzij zijn vader. Als een authentiek, levend wezen bezit Droogstoppel zijn eigen autonome taal, een met een eigen verborgen polemiek: in dit geval een polemiek met de ouders en tussen generaties. Narratieve complicaties bezielen polyfone discoursen totdat men zich gaat afvragen of Havelaars verhaal als biografie of autobiografie wel waar is. Toch moet men instemmen met het oordeel dat het een polyfoon discours van grote verfijning en complexiteit is, in sommige opzichten een meditatie over de manier waarop de woorden van iemand anders worden doorgegeven en aangepast.

Doos, kader of context nummer 3 kan alleen maar bestaan dankzij nummer 4, maar is tegelijkertijd alleen maar levensvatbaar dankzij de omvattende kunstgreep van verhaal of context nummer 2, Droogstoppels roman. Droogstoppel is het volmaakte voorbeeld van Bakhtins stelling dat een echt dialogisch karakter zijn eigen authentieke leven leidt en een taal spreekt die 'verbaal en semantisch autonoom' is en zijn eigen 'ideeënwereld' heeft (*DI* 315). Natuurlijk, de taal van een personage 'kan ook auteursbedoelingen doorkruisen' (*DI* 315), wat ongetwijfeld het geval is in dit meesterwerk uit de koloniale literatuur: het blijft altijd een polemiek tegen koloniale misstanden. Elk idee moet echter een onderdeel zijn van een existentieel karakter om begrepen te worden, en Dekker heeft deze Filistijn (die doet denken aan Heines Philister in *Ideen. Das Buch Le Grand* en *Die Harzreise*) die één god van zijn keuze vereert, op zo'n manier bewustzijn verleend dat er een persoon uit één stuk is ontstaan. Het is dan ook volkomen terecht dat deze taalkundige schepping deel is gaan uitmaken van de Nederlandse taal.

Het succes van Droogstoppel is te danken aan de kracht van skaz. Men moet bedenken dat skaz niet alleen een mondelinge verhaalvorm is waarin de omgangstaal wordt gebruikt maar dat skaz in de meeste gevallen juist wordt geïntroduceerd ter wille van *de stem van iemand anders* (sic), een in sociaal opzicht andere stem, die juist die gezichtspunten en opvattingen tot uitdrukking brengt die de auteur nodig heeft (*PDP* 193). Droogstoppel opent de roman, en zijn onmiskenbaar orale 'stem' en spreektaal introduceren een opvallende verhalenverteller. Mondelinge verhalen waren geen gebruikelijke inspiratiebron voor de hoofdstroom van de negentiende-eeuwse literatuur, en de betrekkelijke zeldzaamheid ervan maakte Bakhtin bewust van het prominente gebruik ervan door Dostojevski. Droogstoppel begint als een volmaakt voorbeeld van skaz in de Nederlandse literatuur, maar zijn stem gaat geleidelijk over tot stilering ten gevolge van het dubbelstemmige discours en de verborgen polemiek van de auteur. Het opvallend orale karakter van de eerste zin van de roman, die de gebruikelijke manier is waarop de makelaar zichzelf introduceert, was in die tijd gedurfd nietliterair.

Dekker dankte zijn originaliteit aan zijn koloniale ervaring. Hij ging naar Indië toen hij achttien was, en dat betekent dat zijn literaire ontwikkeling niet werd geremd door de 'literaire' eisen van Europese esthetische wetten. In de tweede plaats ontmoette hij in de tropen een mondelinge maatschappij waarin bekwaamheid in de conversatie werd toegejuicht, Van Deyssels 'avonturier' met zijn gemakkelijke omgangsvormen en zijn vlotte babbel werd gewaardeerd en het fraaie gesprek waarin spontane improvisatie een extra voordeel was, werd bewonderd. Dekkers felste verdediger, de koloniale auteur Du Perron, maakte ook een opmerking over de openheid van zijn idool voor wat men vrije spraak kan noemen. Hij voelde wat Dekker in zijn werk was: 'spreker tot afwezigen zooals hij het was tot aanwezigen; de praatbrief is de elementaire vorm van het multatuliaansche proza'.[121] 'Praatbrief' staat voor een brief die zo geschreven is dat het lijkt alsof de schrijver met de geadresseerde praat, informeel, op een manier die even natuurlijk is als ademhalen. Van Deyssel typeerde Dekkers gepubliceerde werk als 'intieme brieven'.[122]

De roman *Max Havelaar* bevat in de hoofdstukken 11-14 verscheidene 'praatbrieven', die bedoeld zijn om Havelaar tentoon te stellen, maar die in werkelijkheid Dekkers virtuoze stijl showen, waarin de *Ideenassoziationen* die net zo verbijsterend en grillig zijn als die van Heine over elkaar buitelen. In deze hoofdstukken komt Havelaar naar voren als een briljant causeur die verhalen vertelt op de veranda van zijn huis in tropisch Java. Behalve intelligente conversatie bevat het optreden een verhaal (over zijn omgang met het Sumatraanse meisje Si Oepi Keteh), een gedicht in het Nederlands, de parabel van de Japanse steenhouwer (Dekker schreef nog verscheidene andere in zijn latere werk), nog een verhaal over Havelaars botsing met generaal Van Damme, een gedicht in het Frans, en een politiek verhaal over ambtelijke intriges in Natal op Sumatra – werkelijk een polyfoon optreden dat, als men deze hoofdstukken aan een minutieus onderzoek zou onderwerpen, al Bakhtins subtiele variaties aan het licht zou brengen, zoals diverse spraakgenres, polyglossie, hybridisatie, stilering en dit alles overgedragen in gestileerde skaz. Het is een onvervalst optreden van de avonturier van Van Deyssel. De typische beweeglijkheid van de avonturier wordt er zelfs in verheven tot een centrale overtuiging – 'Natuur is beweging (...) stilstand is de dood!' (*VW*, i. 138) – die Havelaar vervolgens op een literaire wijze demonstreert in zijn bezielde, dynamische solo.

Spreken, zelfs indien weergegeven in geschreven vorm, staat gelijk met communicatie, vraagt om een antwoord om te worden verstaan. Dekkers stijl is dialogisch. Caryl Emerson merkte op dat Bakhtin echt geen onderscheid maakte tussen spreken en schrijven (*PDP* p. xxxiv); zijn hele theorie is gebaseerd op 'levende taal' (zie *SG* 88 bijvoorbeeld). Dekker deed het goed in het lezingencircuit, terwijl zijn brieven vaak net zo beeldend zijn als zijn gedrukte proza. Zijn stijl – of het nu op een podium, in een boek of in privé-correspondentie was – was wat Du Perron in de jaren dertig een parlando-stijl noemde. Deze term is afkomstig uit de muziek – voor Bakhtin een geliefde bron voor treffende termen, bijvoorbeeld 'polyfonie' of 'orkestratie' – en duidt een muziekstuk aan dat wordt gezongen of gespeeld alsof het wordt uitgesproken of voorgedragen. Parlando is skaz, een van de vele stemmen in de polyfonie van de dialogische roman.[123]

De dirigent en schepper van al deze gevarieerde en 'geldige' stemmen bevindt zich in de buitenste doos, nummer 1. Dit is Multatuli, de fictieve persona van de auteur als hoogste schepper. Hij kan zijn scheppingen met strenge, luide stem wegsturen omdat het boek dat tot deze laatste paar bladzijden heeft geleid rechter en getuige is van het feit dat er een formidabele literaire persoonlijkheid is geschapen. Deze persoonlijkheid, Multatuli genaamd, heeft genoeg vertrouwen geput uit de kracht van zijn kunst toe te kunnen geven aan 'het verraden van het procédé', zoals de Russische formalisten het noemden, of, toepasselijker in de huidige context, 'het doorbreken van het kader'.[124] Het is een procédé om het fictieve karakter van het verhaal in het licht te stellen waar romantische schrijvers bijzonder op gesteld waren (Jean-Paul, Heine, Fielding (*Tom Jones* en *Joseph Andrews*) of Byron (*Don Juan*)) en dat juist door het onthullen de kwaliteit van de voorstelling benadrukt en aandacht vraagt voor de auteur. Het werd op diverse plaatsen in *Max Havelaar* toegepast (*VW*, i. 55; i. 77 (met een polemiek tegen 'verdichte' dat wil zeggen 'verzonnen' verhalen); i. 121; i. 169 (met de uitweiding over uitweidingen); i. 255) maar natuurlijk nooit met de retorische kracht van de laatste pagina's. Dekker leverde zelfs zijn eigen uitdrukking voor deze opzettelijke accentverschuiving: 'oplossing der continuïteit' (*VW*, i. 76; van het Franse *solution de continuité*).

Het belang van deze laatste pagina's is niet de politieke uitdaging aan de regerende Nederlandse vorst. Wil *Max Havelaar* Bakhtins 'grote tijd' (*SG* 4) binnentreden en ontsnappen aan de opsluiting binnen een tijdperk van zo veel andere teksten, dan moet men de finale van de roman beschouwen als een literaire onafhankelijkheidsverklaring. Toen Multatuli verkondigde dat zijn boek een inleiding was (*VW*, i. 294), had hij gelijk: hij verkondigde niet alleen een belangrijk oeuvre maar ook een nieuwe stem, opgeleid in de koloniën, die de Nederlandse literatuur vele jaren zou beheersen.

De bespreking van de kaders heeft diverse voorbeelden van heteroglossie opgeleverd en aangegeven hoe elk hoofdstuk in meerdere of mindere mate een eigen 'zone' bezit met een eigen 'invloedssfeer' die zich uitstrekt 'buiten de grenzen van het directe discours dat eraan is toegewezen' (*DI* 320). Een voorbeeld is Droogstoppels lachwekkende interpretatie van Heines gedicht 'Auf Flügeln des Gesanges' (*VW*, i. 132-5), een uitstapje naar de literaire kritiek dat grappig is omdat de makelaar in handelsproducten poëzie behandelt als een object, als een ding, op een letterlijke en monologische manier. De verschillende stemmen gebruiken ook verschillende genres, die voor Bakhtin zowel artistiek (zoals 'ingevoegde korte verhalen, lyrische liederen, gedichten, dramatische scènes') als 'extra-artistiek (alledaagse, retorische, geleerde, godsdienstige genres en andere)' zijn (*DI* 320). 'Al deze genres brengen, wanneer zij de roman binnenkomen, hun eigen taal met zich mee, en vormen dus lagen binnen de taalkundige eenheid van de roman en intensiveren de taaldiversiteit ervan op nieuwe manieren' (*DI* 321). Het heterogene karakter van deze 'taalgenres' (*SG* 60) wordt ruimschoots geïllustreerd door *Max Havelaar.* Opnieuw is een uitvoerig onderzoek van dit verschijnsel hier niet op zijn plaats, maar enkele voorbeelden zijn nodig om het duidelijk te maken.

Max Havelaar bevat een grotere variatie aan taalgenres dan welk ander fictief werk in het Nederlands voor 1860 ook. Vergeet niet dat elk van deze genres zijn eigen stijl, zijn eigen aparte stem (met de mogelijkheid van vele variaties) heeft, die allemaal bijdragen aan de algemene complexiteit van hetero- of polyglossie. Natuurlijk overheersen de artistieke genres; bijvoorbeeld lyrische poëzie in het Nederlands (hoofdstuk 3 en 11), in het Frans (hoofdstuk 12), in het Duits (hoofdstuk 14) en een imitatie van de Indonesische versvorm (hoofdstuk 17). Er is zelfs Heines gedicht (als subject van Droogstoppels discours) voorgesteld als een object, als een 'beeld' van een bijzondere stijl. Dit bijzondere voorbeeld vormt een parodie op een specifiek genre (literaire kritiek) en is een boosaardig voorbeeld van de verborgen polemiek van een auteur. Er is gewoon narratief proza, hoewel dit zelden lang door mag gaan; dialoog (hoofdstuk 11) die verloopt via associatie en opeenvolging; de parabel (hoofdstuk 11); overal spreekwoorden en aforismen, van de zuiver objectieve ('het woord te kijk') tot de direct bedoelde ('de volledig uitgewerkte uitspraken van de auteur zelf' (*DI* 322)), die een bijzonder opvallend kenmerk werden van Dekkers *Ideën*; zelfs in hoofdstuk 4 een Menippische catalogus, waar Rabelais van hield. En ten slotte is er het taalgenre van het sentimentele romantische verhaal (met impliciete teksten als *Paul et Virginie* van Bernardin de Saint-Pierre (1788) en *Atala* van Chateaubriand (1801), dat in de roman is opgenomen in de vorm van het verhaal van Saidjah en Adinda (hoofdstuk 16 en 17)). Het verhaal van minnaars die worden gescheiden en vernietigd door een bezettingsleger, is bijna een cliché en kan gesitueerd worden op elke plaats ter wereld, of het nu tijdens de Tweede Wereldoorlog in Nederland of de Sovjet-Unie is, of tijdens de Indo-Chinese oorlogen in Vietnam, Laos of Cambodja. Het is een bekwaam uitgevoerd geschrift, voor sentimentaliteit behoed door de bewuste imitatie van een eenvoudig volksverhaal. Het is niet geschreven als skaz, omdat Dekker niet genoeg van inheemse verhalen af wist, maar het is een voorbeeld van sterk gestileerde skaz-vertelling in de taal van het naïef realisme. Het verhaal is geslaagd omdat stilering hier verwijst naar het droeve lot van het paar (het verwijzingsobject van de morele en politieke implicaties ervan) maar het is ook georiënteerd op het dialogische discours van de roman in zijn geheel, waardoor elk woord van het verhaal wordt geladen met een polemische context. Het is een voorbeeld van de manier waarop politieke 'wetenschap' 'gestemd' kan worden. De grootste innovatie in die tijd was Dekkers opname van extra-literaire genres.

Brieven (hoofdstuk 3) kwamen vaker voor maar officiële documenten (hoofdstuk 15, 18 en 19) niet. De laatste zijn items uit de officiële schrijftaal die representatief zijn voor de monologische opvatting van het bestaan; het zijn voorbeelden van officieel of ideologisch discours, dat staat tegenover het 'intern overtuigende discours' (*DL* 342) van de omringende roman. Dit is misschien het eenvoudigste voorbeeld van het feit dat men, als deze twee discoursen botsen, een dialogische relatie met enige intensiteit krijgt. De opname van officiële koloniale memoranda in hoofdstuk 18 en 19 toont de waarheid van Bakhtins observatie dat juist de inertie en 'semantische beperktheid en verkalking' van hun discours hun geen 'vertrouwd contact' toestaat met de 'opwinding en de kakofonie van het dialogische leven'(*DI* 344) eromheen. Het is ook de reden waarom Dekker polyfoon proza verkoos boven het officiële woord. Een variatie is het gezag van het religieuze dogma zoals het wordt voorgesteld in Wawelaars preek (hoofdstuk 9), waarin dezelfde ad hominem-argumenten op de bijbel worden toegepast als Droogstoppel toepaste op romantische poëzie. Ten slotte is er een voorbeeld van maatschappelijke retoriek, doordrenkt met het morele en politieke gezag van het algemeen belang. Dit is Havelaars beroemde toespraak tot de aristocratie en ambtenaren van Lebak (hoofdstuk 8). Hierin wordt de verfijnde stijl van de Indonesische openbare toespraak gecombineerd met Europese openbare retoriek, bijbelse accenten en officieel discours. Het is een voorbeeld van taalvorming die weinig dialogische soepelheid of behendigheid kent, omdat ze deel heeft aan dezelfde inertie als het officiële discours van hoofdstuk 18 en 19.[125]

Er is nog heel wat meer dat besproken zou kunnen worden. Alleen al het onderwerp van de eigen verborgen tekst van de roman (de morele uitspraak dat Havelaar plechtig heeft beloofd de inheemse bevolking te beschermen tegen onderdrukking, mishandeling en uitbuiting (*VW*, i. 94)) die de verborgen polemiek van het discours van de roman kracht bijzet, zou veel meer tijd eisen. Verder hangt het probleem van de verborgen vorm, zoals uitgedrukt door verborgen polemiek, 'intonatie-aanhalingstekens' en replieken, zozeer af van de verwoording in de oorspronkelijke taal dat het bijna onmogelijk is iets duidelijk te maken als men van de vertaling moet uitgaan.

Maar waar het om gaat is dat Dekker voor de Nederlandse literatuur heeft gedaan wat Dostojevski (volgens Bakhtin) deed voor de Russische letteren: hij bouwde een polyfone wereld op en vernietigde de gangbare vorm van de in wezen monologische roman (*PDP* 8). Niet alleen *Max Havelaar* maar heel Dekkers werk getuigt van het feit dat

> de stilistische uniciteit van de roman als genre nu juist bestaat in de combinatie van ondergeschikte, maar nog betrekkelijk autonome eenheden (die af en toe zelfs bestaan uit verschillende talen) tot de hogere eenheid van het werk in zijn geheel: de stijl van een roman is te vinden in de combinatie van de stijlen ervan: de taal van een roman is het systeem van zijn 'talen'. (*DI* 2620)

Het is geen wonder dat als men een roman beschouwt als een veelheid van individuele en onafhankelijk van elkaar geldige stemmen die samen een indruk geven van coherente kunst die om gehoor vraagt, dat men in dat geval aan muziekuitvoeringen denkt. 'Binnen een roman die wordt opgevat als een partituur, kan een enkele "horizontale" boodschap (melodie) verticaal op een aantal manieren worden geharmoniseerd, en elk van deze partituren met hun vaste tonen kan verder gewijzigd worden door de noten aan verschillende instrumenten te geven. De orkestratiemogelijkheden maken elk onderdeel van een tekst bijna eindeloos variabel'(*DI* 431). Er is orde in wat voor sommigen een warboel lijkt; geen monologische regelmaat, maar de orde van Victor Hugo. Dat is de reden waarom Bakhtins gebruik van de muzikale terminologie zo goed is – aan gregoriaans eenstemmig kerkgezang werd polyfone muziek toegevoegd om een feestelijke atmosfeer veelzeggender te maken. Een Bakhtiniaanse reden. De gregoriaanse *cantus firmus* leverde het melodische thema, 'de basis van alle harmonie' (zoals Hortensio's 'gamus' ons leert in *The Taming of the Shrew*) van waaruit men zich kon wagen aan de vrijere polyfone fantasieën.

Gegeven de ontwikkeling van de moderne polyfone roman, is een relevantere muzikale vergelijking die met het jazzorkest.[126] Waar ik op doel zijn geïmproviseerde solo's tegen de achtergrond van de collectieve harmonie van de (over het algemeen) drie verschillende groepen van koperen, houten en ritme-instrumenten. Een heel gamma aan variaties is mogelijk: groep tegen groep, verschillende solo-instrumenten tegen verschillende achtergronden die worden overheerst of ondersteund door een speciaal deel van de band, ensembles van afzonderlijke of gecombineerde groepen van de band, enzovoort. Een groot componist, arrangeur of bandleider, zoals Duke Ellington, heeft een groot repertoire van tonen, stemmen, muzikale talen en expressieve zones van afzonderlijke instrumenten waarmee hij werkt. Maar in het onderhavige geval denk ik vooral aan geïmproviseerde solo's tegen de harmonie van het spelen van uitdagende riffs door een volledig orkest. In het geval van *Max Havelaar* is de herhaalde riff, uitgesproken of gesuggereerd, de mishandeling van de Javaanse bevolking. Tegen deze semantische riff plaatst Dekker de solo's van Multatuli, hoewel de identiteit van de vertellers problematisch blijft.

De variaties op een thema, die zo sterk doen denken aan Heines capriolen, vloeien soepel voort uit een context, op de manier waarop een antwoord voortvloeit uit een gesproken context of een jazzsolo uit de tonale context van het spel van de band. Een van de eerste solo's in de roman gaat over het thema van gebouwen dat langs associatieve logische weg voortvloeit uit de uitspraak van de verteller dat hij geen tijd wil verliezen aan de beschrijving van landschappen of bouwwerken (*VW*, i. 55-7). Een ander mooi voorbeeld is de solo over het reizen in koetsen over slechte wegen (*VW*, i. 75-6), die zich, via metonymische verschuivingen, ontwikkelt uit de concrete situatie dat Havelaar in Lebak aankomt met koets en bespanning. In één hoofdstuk (5) kan men zelfs een solo geven, doorgaan met een tussenliggende orkestrale ontwikkeling in polyfonie, en vervolgens (in hoofdstuk 10) terugkeren naar de voorgaande solo door deze te citeren, op de manier waarop een jazzmuzikant 'citeert' uit zijn eigen solo's of die van anderen, of uit een willekeurig aantal riffs of jazzstandaards. Zulke solo's kunnen ook worden gebruikt om een kader te doorbreken. Dit is het geval in hoofdstuk 10, waar het citaat uit het thema van het in de steek laten van heldinnen om het landschap of gebouw te beschrijven (hoofdstuk 5) de vertelling stopzet; de tekst vervolgt met een beschouwing over stilistische variatie (dat wil zeggen polyfonie) en gaat vervolgens verder door associatie met de schrijver en zijn publiek, om af te sluiten met de dialogische waarheid van de noodzaak om gehoord te worden. Een andere solo die door Droogstoppel wordt afgekapt bevat een 'citaat' (Bakhtins 'context' of 'impliciete tekst') uit het laatste couplet van Baudelaires voorwoord voor *Les Fleurs du Mal*.[127] Er is zelfs een uitweiding over het karakter van uitweidingen, dat wil zeggen een improvisatie over improvisaties (*VW*, i. 169-70).[128]

Improvisaties vereisen grote vaardigheid, controle, techniek en een repertoire van stemmen in het geheugen. Dekker was zich, evenals Heine, sterk bewust van wat hij deed. Aan het slot van het vijftiende hoofdstuk van *Max Havelaar* staat een solo over stijl die aangeeft dat Dekker weet heeft van de dialogische aard van zijn polyfone proza. Wat wil hij? 'Trompetten hier, en scherp gekletter van bekkenslag, en gesis van vuurpylen, en gekras van valse snaren, en hier-en-daar een waar woord, dat het mee insluipe als verboden waar, onder bedekking van zo veel getrommel en zo veel gefluit!' (*VW*, i. 216). Dekker wist wat zijn roman moest zijn: een dissonante, polyfone orkestratie, compleet met een verborgen polemiek! Multatuli vervolgt met de bewering dat toen Havelaar schreef hij begrip opriep ('vuur sloeg', i. 216) bij zijn lezers, wat het uiteindelijke doel is van dialogisch discours. Maar zijn ideeën wilden evenzeer gehoord worden als zijn woorden. Schrijver en lezer maken beiden deel uit van een dialogische interactie. Op het snijpunt van twee (of meer) bewustzijnen '[wordt] het idee een *levend gebeuren* [sic](...) In deze zin komt het idee overeen met het *woord* waarmee het dialogisch verenigd is. Evenals het woord, wil het idee worden gehoord, begrepen en "beantwoord" door andere stemmen vanaf andere posities' (*PDP* 88; *SG* 127). Zelfs Droogstoppel kende deze cruciale waarheid (*VW*, i. 48). Het was de obsessie van Dekker voor de rest van zijn leven; het is de obsessie en nachtmerrie van iedere schrijver. En zo roept Multatuli, als hij het erover heeft dat de roman wordt geschreven terwijl we lezen, het uit: 'Als ik dus wil worden gehoord – en vooral verstaan! – moet ik ánders schryven dan hy [Havelaar]. Maar *hoe*?' (*VW*, i. 216). Het antwoord is *Max Havelaar* (de semantische ironie en dialogische gelaagdheid zijn niet toevallig): een boek met een 'bont aanzien', zijn 'staalkaart'. *Max Havelaar* was geen uitzondering, want heel Dekkers omvangrijke oeuvre is geschreven in dezelfde dialogische toonaard en met dezelfde intentie: om gehoord en verstaan te worden als klinkend woord en levend idee.

Bakhtin zou er niet verbaasd over zijn dat de grootste vernieuwer van het Nederlandse proza in de negentiende eeuw was opgeleid in Indië, omdat niet alleen de moderne Europese roman een strijd meemaakte tussen centripetale en centrifugale krachten. 'De roman ervaart zichzelf op de grenslijn tussen de voltooide, heersende literaire taal en de extra-literaire talen die weet hebben van heteroglossie' (*DI* 67). Dit was ook het dilemma van de koloniale literatuur. De overheersende taal was die van het vaderland, Nederland, terwijl de koloniale heteroglossie bestond uit diverse Aziatische en Indonesische talen gezeefd door het koloniale bewustzijn, en een aantal extra-literaire talen (spraakgenres) die veel dramatischer waren, of op z'n minst heel 'anders' dan wat de monolithische cultuur aan de westkust van Europa te bieden had.

Deze grenspositie van de koloniale literatuur is haar kracht geweest. Grensgebieden zijn berucht om hun heteroglossie, hun wetteloosheid, hun 'opwinding en de kakofonie van het dialogische leven'. Ze zijn ook kwetsbaar omdat grenzen altijd aan correctie onderhevig zijn. Maar een grenspositie houdt ook uitwisseling tussen twee of meer culturen in en zo'n 'dialogische ontmoeting van twee culturen leidt niet tot versmelting of vermenging. Elk behoudt haar eigen eenheid en open totaliteit, maar zij worden wederzijds verrijkt' (*SG* 7). Er is geen versmelting, omdat dat de ontkenning van het bestaan van het andere bewustzijn zou betekenen, terwijl het in een dialogische ontmoeting gaat om 'creatief verstaan' en dat wordt het best gediend door de ander in zijn waarde te laten. De beste Nederlandse koloniale literatuur deed precies dat en bleef búiten het object van verstaan: de kolonie. Dit is ook de natuurlijke plaats van iedere kunstenaar. Bakhtins dialogische premisse is de basis van de koloniale ervaring; daarom lijkt het feit dat hieruit een voortreffelijke dialogische literatuur voortkwam waarin de polyfone roman de voornaamste artistieke ontwikkeling vormde, een uitgemaakte zaak.

Er zaten dialogische elementen in de koloniale literatuur voor het tijdperk van de roman. De zeevaarders kunnen een bescheiden spectrum van diverse spraakgenres vertonen maar hun verhalen zijn meestal monologisch. Bij Valentijn merken we echter een veel groter bereik van stemmen en 'talen' op. Dit kan heel goed toevallig zijn en het indirecte gevolg van zijn onkritische plagiaat, maar zijn verhalende proza onderscheidt zich ontegenzeglijk door een soort gestileerde skaz. Bij Rumphius merkten we een sterke behoefte op aan een wederzijdse dialogische inspiratie van auteur en lezer, en een overeenkomstig groot vermogen tot creatief begrip. De dialogische verbeelding wint in de volgende eeuw aan kracht en is zoals we zagen zelfs aanwezig in Junghuhns werk in de ironische rol van een verborgen polemiek. Vervolgens komt ze tot volle bloei in Dekkers romandiscours. Terwijl de rol van de wetenschappen in de negentiende- en twintigste-eeuwse koloniale literatuur afneemt tot op het punt waarop ze geheel afwezig zijn, wordt de dialogische imperatief de voornaamste energiebron. In Du Perrons roman *Land van herkomst* is de dialogische noodzaak van twee bewustzijnen, vertegenwoordigd door Europa en de kolonie in Azië, zelfs belichaamd in één psyche, maar zelfs dan vervalt de dialoog nooit tot een monoloog.

De monologische en dialogische stijltypen vormden ook een onderdeel van Auerbachs onderzoek, waarnaar ik verwees bij de bespreking van de scheepsjournaals. Deze twee stijlen wijken uiteen na de publicatie van *Max Havelaar* in 1860. De stijl van de zeevaarders was grotendeels monologisch (Auerbachs *Stiltrennung*), terwijl Dekker beslist polyfoon is (Auerbachs *Stilmischung*).[129]

Dekkers werk draait duidelijk om 'het problematische', een kenmerk dat Auerbach ontleent aan de verhalen van het Oude Testament, terwijl de zeevaarders dergelijke ingewikkeldheden niet kenden. Maar er is één verband tussen de zeevaarders en Dekker dat niet ontkend kan worden en dat een constante vormt in de hele Nederlandse koloniale literatuur. Die constante is skaz, de gemeenzame en natuurlijke stijl van de scheepsjournaals. Het is de taal die Montaigne prees als een sappige en gespierde taal. Die taal ging nooit verloren in de koloniën omdat deze zo lang een orale samenleving bleven, waar je elkaar vermaakte met verhalen op de veranda, op de manier waarop Havelaar dat deed. Omgangstaal en natuurlijke stijlvormen gaven de moderne tijd een eigen stem; koloniale skaz werd tot literatuur.

9

LOUIS COUPERUS (1863-1923): DE MAGIE VAN HET ONUITSPREKELIJKE

Dekker was al 37 toen hij bewust een einde maakte aan zijn connecties met de bureaucratie en zich overgaf aan het onzekere bestaan van schrijver. Louis Couperus was achttien toen hij er de brui aan gaf. Hij wilde zich niet onderwerpen aan de vereiste opleiding voor de loopbaan van koloniaal ambtenaar, een loopbaan die zijn vader – de lange lijst van eminente ambtenaren die zijn familie langer dan een eeuw had voortgebracht indachtig – zijn jongste zoon wilde laten volgen. 42 jaar later herinnerde hij zich (op zijn typisch overdreven manier) het gevoel van bevrijding toen hij er ten slotte 'zeker van was geen Oost-Indiesch ambtenaar te behoeven worden en niet op een bureau van welken aard, te zitten, maar mocht gaan arbeiden in die Beloofde Landen der Evocaties van het Woord'.[1] Toen had hij de klassieke roman van de Nederlandse koloniale literatuur gepubliceerd met de titel *De stille kracht*, die in 1900 verscheen. Zowel *Max Havelaar* als *De stille kracht* gaat over de gebreken van de koloniale regering, maar de verschillende interpretaties verraden verschillende geesten. Terwijl in *Max Havelaar* een bestuurlijk geschil bewust wordt verheven tot een moreel conflict, blijft de tragedie in *De stille kracht* psychologisch en persoonlijk. Men kan zich geen twee oplossingen voorstellen die meer van elkaar verschillen. Assistent-resident Havelaar zou geen begrip opbrengen voor Van Oudijcks vrijwillige terugtrekking in de vergetelheid van het kampongbestaan, een gang die omstreeks het begin van de twintigste eeuw werd beschouwd als een overgave aan de inheemse maatschappij en een verraad aan Europa. Toch bevat Couperus' behandeling van dit fundamentele koloniale dilemma – het gedwongen samengaan van twee tegengestelde samenlevingen die niet dezelfde rechtsgrond hebben – veel minder sentimentaliteit, omdat hij weigerde tegenstellingen te verzoenen, de objectieve romanschrijver bleef, terwijl Dekker, de rasindividualist, dacht dat hij het probleem door zijn overtuiging uit de wereld kon helpen. Hoewel zij afkomstig waren uit verschillende sociale klassen hadden zij één ding gemeen: beiden waren hoogst ongewone Nederlanders, grotere afwijkingen van de norm zijn niet te vinden.

De familie Couperus had oude wortels in de koloniale samenleving.[2] De overgrootvader van Louis Couperus, Abraham Couperus (1752-1813), ging in de tweede helft van de achttiende eeuw naar Indië. Toen de Nederlanders Malakka nog beheersten, verdiende hij daar een fortuin en hij werd er in 1788 gouverneur. Hij trouwde met een vrouw uit een aanzienlijke familie ter plaatse – Catharina Johanna Koek, die een Maleise grootmoeder had. Na zijn verhuizing naar Java zette hij zijn indrukwekkende loopbaan in dienst van de kolonie voort en werd president van het gerechtshof in Soerabaja. Hij overleed in 1813.

John Ricus Couperus, de vader van de schrijver en de kleinzoon van Abraham Couperus, werd in 1816 in de hoofdstad van de kolonie, Batavia, geboren en werd, naar gewoonte, naar Nederland gestuurd voor het voortgezet en hoger onderwijs. Hij behaalde een graad in de rechten aan de universiteit van Leiden en keerde kort daarna terug naar Indië, waar hij aan een voortreffelijke loopbaan begon, onder andere in het rechtswezen van de kolonie, en ging in 1859 als lid van het hooggerechtshof met pensioen. Terwijl hij in Batavia woonde trouwde hij in 1847 met een vrouw uit een aristocratische familie, Catharina Geertruida Reynst, wier vader vice-president was geweest van de machtige Raad van Indië, evenals waarnemend gouverneur-generaal. Het paar kreeg in totaal elf kinderen. John Couperus ging in 1862 officieel met pensioen en keerde terug naar Holland om in Den Haag te gaan wonen, een stad waaraan de meeste gepensioneerde kolonialen de voorkeur gaven. In deze jaren schreef de oudere Couperus diverse pamfletten waarin hij de koloniale politiek aanviel. Evenals Multatuli verdedigde hij het cultuurstelsel, maar hij deed dat om nogal inhalige redenen: het verbouwen van bepaalde gewassen die een goede winst garandeerden was gunstig voor zijn positie als grondbezitter terwijl afschaffing van het systeem tot economisch verlies kon leiden.

Drie kinderen werden geboren in Den Haag, waarvan er twee overleden, evenals een oudere dochter. Ook de schrijver werd in Den Haag geboren, in 1863, en hij werd het laatste kind en de vierde zoon. Als daad van twijfelachtige piëteit kreeg hij als doopnamen de namen van zijn drie overleden zusters: Louis (naar Louise), Marie en Anne.

Zijn leven lang bleven de lotgevallen van de familie Couperus nauw verweven met het koloniale Indië. Zij bezaten een plantage op Java (bij Buitenzorg, het huidige Bogor), Tjicoppo genaamd, en de meeste van Couperus' broers en zusters brachten het grootste deel van hun leven in de tropen door. De mannen hielden de familietraditie in stand door te streven naar de 'gouden galonnen' van de koloniale ambtenaar, en de vrouwen trouwden alleen met mannen die op gelijke voet stonden met hun broers. Couperus schreef later dat er 'twee schitteringen op Java, twee verblindingen', waren: 'de zon en het gouden galon' (xii. 229).[3] Maar alleen hij zag een keuzemogelijkheid tussen wat E.M. Forster ooit aangaf als de 'tegenstelling tussen twee kosmogonieën, de spontane en de administratieve, elk met haar eigen opvatting van beschaving'.[4] Couperus' vader was gedwongen te erkennen dat zijn jongste zoon nooit de ouderlijke wereld van de gouden tressen zou betreden (vii. 534). Maar ook als burger van wat als het lagere domein van de letteren werd beschouwd, kon Couperus nooit de krachtige invloed van Indië negeren.

Als de benjamin van het gezin van een gepensioneerde vader op middelbare leeftijd, groeide Louis Couperus op in een wereld van vrouwen. Uit herinneringen die hij later opschreef, krijgt men de indruk dat Couperus het gevoel had dat hij enig kind was (iii. 16). Evenals Forster werd Couperus 'als een koning vereerd'[5] en verafgood door zijn moeder en zusters (ix. 605). Hij was een zwakke, verwende jongen over wie men zich voortdurend zorgen maakte vanwege zijn slechte gezondheid. Hoewel zij onbeperkt aan zijn wensen tegemoet kwamen, mocht hij niet buiten spelen omdat men dacht dat kinderen uit gegoede families nooit aan zulk ruw tijdverdrijf meededen. Om de verveling te doden moest hij genoegen nemen met een fantasiewereld.

Couperus beschreef zichzelf later als een 'week, zacht kind', rustig, en tevreden om alleen te zijn. De mannelijke wereld van zijn vader 'bleef steeds wat ver van mij', terwijl hij zich 'veilig en warm' voelde in de vrouwelijke wereld van zijn moeder, overtuigd 'dat zij mij voor alles beschermen zou'. Deze sterke band met zijn moeder is nooit verzwakt. Na haar dood ervoer hij haar afwezigheid even intens als hij in zijn kindertijd op haar aanwezigheid had vertrouwd (vii. 666-7); één mogelijke reden voor zijn daaropvolgende huwelijk was dat hij zich wilde verzekeren van een vervangster van zijn moeder, evengoed als van een in sociaal opzicht goede partner.

Zijn kindertijd werd alleen ontsierd door een gevoel van eenzaamheid en angst. 'Want (...) ik was een bang kind: ik was bang voor donkere trappen, ik was bang voor baardige mannen, ik was bang voor moordenaars en voor tijgers vooral, en dan was ik héel bang voor spoken' (vii. 667). Het angstige gevoel werd erger in Indië, toen hij als jongen van negen zijn ouders naar Java vergezelde. Couperus maakte een onderscheid tussen bang zijn en wat hij altijd 'angst' noemde.

> Het kind kende later de Angst, in geheimzinnig Indië... Kent gij de tropische ure der schemering, kort maar huiverig angstig, als alle geluiden plotseling zwijgen: de huivervolle, angstige poze, als tussen de lovering van de waringins de bleke spokegezichten uitstaren... In de schaduwen der duisterende tuinen liggen de gekronkelde python-slangen op de loer en in de schaduwen der grote huizen, waar de lampen nog niet alle ontstoken zijn, schuifelen de witte schimmen langs de witte kalkwanden... Het is het ogenblik, dat de geesten mét u mee gaan door de overdekte gangen, die, door de tuinen, naar de grote badkamers geleiden... Neem uw tweede bad toch niet zo laat... Het is het ogenblik, dat de zwarte schimmen dansen langs de gitkleurige teerranden der grote badkamers, en uitgrijzen tussen de grote martevanen [grote potten]... De martevanen zelve zijn grote gnomen geworden... Als het kind school had moeten blijven en heel laat het tweede bad moest nemen, goot hij zich het water over zijn rillende lichaam uit terwijl de zwarte schimmen rondom hem dansten en boven hem drie vleermuizen in dreigende kringen zwapperden. (viii, 376)

Couperus' vader had besloten in 1872 naar Indië terug te keren om zijn volwassen zonen te helpen hun weg naar de officiële hiërarchie te vinden en om zijn landgoed, dat werd bedreigd door een liberalere landbouwwetgeving, te besturen. Zij woonden in een groot huis aan het belangrijkste plein van Batavia (het Koningsplein), veel ruimer en weelderiger dan zij zich in Nederland hadden kunnen veroorloven. Couperus was negen toen zij aankwamen en vijftien toen zij in 1878 naar Nederland terugkeerden, ditmaal voorgoed. Deze puberteitsjaren in de tropen waren een heel belangrijke, gelukkige periode. Hij leefde als een prins in een omgeving die zowel in fysiek als psychologisch opzicht ruimer, aantrekkelijker, weelderiger en behaaglijker was en veel meer vrijheid bood dan Holland ooit had kunnen doen. De nagalm van dit leven werd gesymboliseerd door de zon, die de rest van Couperus' leven nooit zijn luister verloor.

> Ik vond het heerlijk, dat de zon er scheen. De zon, o dat was iets oneigenlijks, iets verborgens in Holland, ook al scheen des zomers de zon! Maar de stage zon, dat was er iets goddelijks! Een kind lijdt niet van de warmte en ik, ik aanbad de zon. De zon was mij als een godheid. De zon in de blauwe lucht scheen mij God zelf toe, zijn óog minstens! De zon was een god, en de maan was zijn vrouw! (vii. 671)

De zon was niet alleen de productieve hitte die het land en zijn verbeelding verwarmde: hij liet Couperus ook zijn seksualiteit ontdekken, hoewel dit voor zijn ouders een geheim moest blijven (vii. 672; iii. 171): 'Toch was er in Indië voor mij iets goeds: ik voelde er mij, als klein groen vruchtje, rijpen' (vii. 671).

Dit mag ons volkomen natuurlijk voorkomen, maar het was niet natuurlijk in het laatste kwart van de negentiende eeuw, speciaal in Noord-Europa. Couperus was in die vijf jaar in de tropen volwassener geworden dan in tweemaal zo veel tijd in Den Haag het geval zou zijn geweest.

> En ik vond het in Holland verschrikkelijk. Ik geloof, dat ieder Indisch kind, komende in Holland, het zo moet vinden. Het kleinere huis, het gat van een tuin, geen rijtuigen en geen paarden; (...); twee meiden en een knecht, in plaats van dertig bedienden: ik vond het vreeslijk, begreep er niets van, dacht, dat mijn ouders geruïneerd waren en wilde niet geloven, dat dit toch niet het geval was. En de school, de Hogere-Burgerschool! De jongens hadden voor mij allen een luchtje: ik vond, dat ze zich niet wasten, en van passionele drama's was geen sprake meer: er werd niet gesproken over vrouwen, ze waren niet verliefd op meisjes, en niemand had een innig vriendje. Ik zag met minachting op ze allen neer, vond ze 'kinderen', en erg saai en vervelend. (vii. 673)

Deze diepe ervaring van vervreemding is fundamenteel voor Couperus als man en als schrijver. Nog in 1915, toen hij de vijftig al was gepasseerd, erkende hij dat hij zich als hij naar zijn geboorteplaats terugkeerde, voelde als een toerist. Als een vreemdeling, die verbazend goed Hollands spreekt. (...) Ik schijn wel een Hollander te zijn, maar het is me soms toch wel vreemd. Ik schijn wel een Hollander geboren te zijn, maar kan er soms niet aan geloven. Zoals alles contradictie en tweeledig in mij is, zo zijn deze gevoelens ook altijd verdeeld en twee. (ix. 606, 611, 605)

De gemiddelde toerist wist meer over Holland dan hij: 'Siena ken ik beter dan Gouda en Doetinchem; Capri ken ik beter dan Marken (waar ik nimmer was); Michelangelo is mij vertrouwder dan Rembrandt' (ix. 604).

Deze vervreemding kennen de meeste koloniale auteurs: Rob Nieuwenhuys bijvoorbeeld, die een belangrijk essay schreef onder de titel *Tussen twee vaderlanden* (1959), of Kipling, die dacht dat Engeland 'het fijnste vreemde land' was waar hij ooit was geweest.[6] En als we ons Indië voorstellen als de vrijheid van de zon en Nederland als winterse beklemming, hebben we de eerste variatie op deze antithetische *cantus firmus*: de tegenstelling tussen zomer en winter. Men vindt een symbolische uitwerking hiervan in de beschrijving van het klimaat van New England door Henry Adams: 'Winter en zomer waren twee vijandige levens die elk een eigen karakter bezaten. 's Winters kostte het altijd moeite om te leven; de zomer stond voor tropische vrijheid (...) zomer en platteland vertegenwoordigden altijd een sensuele manier van leven, terwijl het 's winters altijd verplicht leren geblazen was. De zomer was de veelvormigheid van de natuur; de winter de school.'[7]

Deze tegenstelling kan nog verder worden uitgewerkt door Indië en de zomer te vergelijken met Freuds ongebonden id en Nederland en de winter met het heerszuchtige superego. Het eerste paar valt samen met de vrouwelijke wereld van de moeder, en het tweede weerspiegelt de mannelijke wereld van de vader. Het eerste komt overeen met het Oosten, met Azië, terwijl het tweede samenvalt met de patriarchale arrogantie van de westerse beschaving. Het was de botsing tussen deze onoplosbare tegenstellingen die Couperus' kunst bezielde.

Terug in Den Haag bleek de adolescent Couperus een ongeïnteresseerde student te zijn. Hij zakte steeds opnieuw voor zijn examens en zijn vader wanhoopte aan zijn vooruitzichten op een loopbaan als koloniaal ambtenaar. De zoon kreeg steeds meer artistieke belangstelling en slaagde er in 1886 uiteindelijk in een graad te krijgen op grond waarvan hij literatuur en taal mocht doceren. Hij heeft er nooit gebruik van gemaakt.

In 1883 maakte Couperus zijn literaire debuut met exotisch romantische gedichten, gezwollen en hoogst kunstmatig. In 1884, op de leeftijd van 21 jaar, publiceerde hij zijn eerste boek, een verzameling gedichten. Vier jaar later werd hij beroemd door zijn eerste roman, *Eline Vere.* Dit is het verhaal van de ondergang van een uiterst gevoelige en oververfijnde jonge vrouw in de betere milieus van Den Haag in de negentiende eeuw. Enkele thema's in *Eline Vere* bleven in Couperus' werk aanwezig, zoals de tegenstelling tussen een verfijnde en lyrische gevoeligheid en de realistische alledaagse werkelijkheid, de impasse van de eenzaamheid, het genot van de passiviteit en de onverbiddelijke zwaarte van het lot.

Louis Couperus was natuurlijk ook een product van zijn tijd. Wat de literatuurgeschiedenis aangaat, vertoonde hij overeenkomsten met de fin de siècleliteratuur van de laatste twee decennia van de negentiende eeuw, die afsluitende episode van de literaire Romantiek die ook bekendstaat als 'decadentie'.[8] De laatste uitdrukking levert problemen op vanwege haar negatieve connotaties. Het is een voor de hand liggend wapen voor degenen die een slag willen toebrengen aan non-conformisme. Als een zo groot dichter als Baudelaire wordt wegverklaard door hem simpelweg als 'decadent' te bestempelen, moet men wel concluderen dat hij afweek van de kritische norm. Couperus werd slachtoffer van hetzelfde bekrompen verlangen naar classificatie. Meestal wordt hij 'naturalist' genoemd, omdat hij bepaalde opvattingen had die aan het einde van de negentiende eeuw gangbaar waren en omdat hij erkende dat hij Zola bewonderde. Maar de bewuste virtuositeit van zijn gemaniëreerde stijl – schrijven was 'sierlijke zinnen (te) cizeleeren'[9] – is in strijd met zo'n gemakkelijk stempel, terwijl ze ook verwijst naar zijn andere, meer gelijkgestemde lichtende voorbeeld: de ooit populaire maar thans vergeten Engelse romanschrijfster Ouida. Ondanks haar lachwekkende beelden prees Couperus altijd de verfijning van haar stijl en haar liefde voor de natuur.[10] Zeker, Couperus' sombere fatalisme leek op het credo van de natuurliefhebber, maar het was ook een gezichtspunt dat gangbaar was onder de intelligentsia van het einde van de negentiende eeuw. Zo lijkt eerbied voor Zola voor een jonge schrijver in het laatste kwart van deze eeuw eveneens verplicht. Wat Couperus echt vereerde was het verleden: hij aanbad de klassieke oudheid. Zola was belangrijk omdat hij zich ontdeed van vermoeide romantiek en escapistische sentimentaliteit. Hij liet zien hoe het echte leven werd geleefd en verkondigde het onverbiddelijke karakter van het determinisme, of het nu sociaal of fysisch was. Dit raakte een snaar bij Couperus omdat hij zijn leven lang treurig vasthield aan de onvermijdelijkheid van het lot. Maar toch was de grootste invloed van Zola beperkt tot zijn vroege, korte romans. In 1897, verklaarde hij aan het slot van *Metamorfoze* dat hij zich had geëmancipeerd van de Franse meester (iii. 218), hoewel hij trouw bleef aan wat deze had bereikt op het gebied van de vrijmaking van de negentiende-eeuwse schrijver.[11]

Couperus was geen Zola, geen Hauptmann of Dreiser. Zijn temperament was verre van klinisch, zijn taal verre van volks; ook geloofde hij niet in een socialistisch millennium. Zijn werk bevat weinig sociale of beroepsmatige elementen, hoewel het naturalisme hem de waarde van het detail leerde kennen. De naturalistische beweging kan voor Couperus een aanbeveling zijn geweest om de psychologie toe te passen en hij was een meester in de tekening van het innerlijke leven van zijn figuren, maar zijn invoelingsvermogen strekte zich niet uit tot gewone mensen en die waren tenslotte de geliefde subjecten van het naturalisme. Couperus kon overtuigende dialogen schrijven, maar deze zijn nauwelijks op te vatten als weergave van gewone spreektaal. De opzettelijke kunstmatigheid van zijn stijl, de aan gekunsteldheid grenzende verfijning, de gemaniëreerde geaffecteerdheid zijn allemaal onmiskenbaar Couperus, en hebben weinig meer te maken met het proza van de zeevaarders. Voor Zola was stijl echter van secundair belang, evenals de vorm van de roman. Primair waren karakter en milieu, en deze koos hij vaak alleen om een speciale stelling te illustreren. Couperus' proza was daarentegen nooit een neutraal vervoermiddel van klinische details maar veel meer een gestileerd discours. Het effect is veel minder polyfoon dan bij Multatuli. Het is een stijl die, zoals het proza van Conrad, de aandacht op zichzelf richt, en zo een voorwerp van representatie wordt, een vertoon van virtuositeit. Wat de koloniale literatuur betreft, was de echte leerling van Zola niet Couperus maar de romanschrijver P.A. Daum (zie hierna, hoofdstuk 11).

Het enige verband tussen Couperus' werk en het zeevaardersproza is een soortgelijke gevoeligheid voor het detail; voor het overige blijkt hij de uitzondering te zijn op de regel dat een ingehouden stijl de stem is die in de koloniale literatuur de boventoon voert. Anderzijds was zijn begrip voor het tropenleven afgeleid van wat Couperus nadrukkelijk een psychologische affiniteit noemde, en was het geen ijdele bevlieging geïnspireerd door tweederangs literatuur. Misschien was dit een natuurlijke neiging[12] voor een schrijver die veel meer gemeen had met de in naam 'decadente' beweging in de literatuur dan met het naturalisme. Men kan met enig recht zeggen dat Couperus zich in zijn kunst hield aan conventies die, oppervlakkig gezien, typisch zouden zijn voor 'decadentie': exoticisme, eroticisme, estheticisme, een opzettelijk gekunstelde stijl, de glans van de somberheid, het verlangen naar een ver verleden, een voorliefde voor legenden en mythen en een voorkeur voor alles wat toevallig verboden is. In zijn persoonlijk leven wordt men getroffen door andere vormen van opzettelijk estheticisme – zijn dandyisme, zijn elegante minachting voor het ordinaire, zijn aristocratische mijden van de gewone man, en zijn onbeschaamde elitarisme. Dit alles was niet van tijdelijke aard, Couperus heeft zijn leven lang in geen van deze gewoonten belangrijke veranderingen aangebracht. Maar hij betaalde een prijs. Zijn talloze vijanden schilderden hem af als een verwijfde fat met een neurotische obsessie voor 'ongezonde' aspecten van het leven, van erotische uitspattingen tot slap snobisme. Maar als men over zowel Couperus' leven als zijn werk nadenkt, dringt het vermoeden zich op dat dit alles een opzettelijke pose was om afkeuring van de norm aan te geven. Ik zou willen instemmen met Richard Gilmans kritiek op de term 'decadentie' en ben het met hem eens dat deze primair betekende 'de afwezigheid van bepaalde normen of de afwijking daarvan'. Die normen waren volgens Gilman het utilitaristische karakter van die tijd, een kille toewijding aan materiële vooruitgang, de hegemonie van burgerlijkheid en middelmatigheid, de eenvormigheid van de opkomende massa's en de doordringende vulgariteit van de publieke smaak en mening. Couperus leefde in een tijd die Gilman bekwaam typeert als

> ongetwijfeld energiek, maar de energie werd gestoken in productie, niet in schepping; het was een koele, afgemeten, absoluut onlyrische en monochromatische tijd

die de verbeelding geen houvast bood in het legendarische, het levendige, en geen ruimte om dromen in te bouwen. De gezondheid ervan was daarom voor de creatieve persoon een soort ziekte, een onvruchtbaarheid die naar men meende kon worden genezen door ontaarding en excessen.[13]

In het licht van dit alles openbaren alle reeds genoemde elementen een andere dimensie; zij zijn niet negatief maar daarentegen prijzenswaardige kritieken. Kunst werd een strijdkreet tegen stompzinnigheid door nádruk op haar nutteloosheid en minachting voor vooruitgang. Kunstenaars werden door de democratische meerderheid verafschuwd en verzetten zichzelf tegen een recalcitrante aristocratie. De technologie van een eeuw van materialisme werd bestreden met spiritualiteit en aan de empirische werkelijkheid werd het gezag ontzegd door een beroep op het onwerkelijke of het surreële dat vrij was van zinloze conventies.

Zo'n verandering van perspectief maakt dat we ons realiseren dat alles waar Couperus voor stond een daad van rebellie was, en de laster ten aanzien van zowel zijn karakter als zijn werk wordt het bewijs van wat men milder kan interpreteren als een tamelijk wanhopig heldendom. Ideeën die negatief bedoeld waren – zoals 'apathie', 'zwakheid', 'het zoeken naar plezier van een bizar, minder belangrijk soort', 'extreme verfijning', 'grensoverschrijding', 'slecht humeur', 'verering van het verleden'[14] – worden wapens van een soort dapperheid die uiteindelijk nutteloos was omdat een anti-sociale fijngevoeligheid altijd zal worden verpletterd door een krachtige middelmatigheid. Deze korte uitweiding is zelfs nog meer ter zake als men weet dat een van de verklaringen van het kortstondige tijdschrift van de beweging, *Le Décadent*, luidde dat 'de mens verfijnder, vrouwelijker, goddelijker wordt',[15] alsof men protest wil aantekenen tegen het bravoure van een tijd van onaantastbare mannelijkheid. Dit kan worden uitgebreid tot de vijandschap tussen Oost en West, wanneer kunstenaars als Couperus alle exotische vergrijpen in het Oosten vinden en alle onderdrukkende macht van het paternalisme stevig genesteld in het Westen.[16]

De exoticist, aldus Praz, 'verplaatst zichzelf in gedachten buiten de actualiteiten van tijd en ruimte' om 'een actueel vroeger bestaan in de atmosfeer waarvan hij houdt' op te bouwen. De exoticist zegt ja tegen de zintuiglijke wereld en bekleedt 'lang vervlogen tijden en verre landen met de sfeer van zijn eigen zintuigen en [naturaliseert] deze in zijn verbeelding'. Maar de paradox is dat zo'n auteur, 'verbannen van zijn eigen huidige en actuele zelf',[17] die duidelijk subjectieve wereld maakt door middel van objectiviteit, een afstandelijkheid die het mogelijk maakt zich uit te leven. In zijn vroege roman *Metamorfoze* liet Couperus zijn alter ego, de schrijver Hugo Aylva, zeggen: 'Ik kan veel geven van mijzelf in mijn metamorfose; ik kan mijzelf splitsen in delen, die zich bezielen tot gehelen, maar helemaal geef ik me niet' (iii. 220). Zulke transformaties zijn de geschapen figuren, en Couperus' succes als romanschrijver bestaat erin dat hij deel kan nemen aan een willekeurig aantal figuren, ze kan begrijpen, kan weten hoe hun psyches op de werkelijkheid reageren en tegelijkertijd afstand kan houden. Daarom is het waar dat Couperus' figuren omringd zijn door Bakhtins 'zones', door hun eigen 'invloedssferen', maar het is ook waar dat zijn romans veel minder veelvormig van stijl zijn dan die van Multatuli – er is bijvoorbeeld weinig skaz bij Couperus – omdat zij beheerst worden door de onveranderlijke aanwezigheid van Couperus' bijna eenvormige discours.

Couperus was begiftigd met het inzicht van een psychotherapeut. Zo is hij bijvoorbeeld meesterlijk in zijn sympathieke begrip voor de 'kleine zielen' van de betere standen in de vier delen van *De boeken der kleine zielen*, waarin hij de ondergang van de Indisch-Nederlandse familie Van Lowe beschrijft. Zijn eigen familie stond model voor de familie Van Lowe. Het gaat om mensen die, op de grens tussen Indië en Nederland, ontdekken dat ze vatbaarder zijn voor moreel verval. Maar Couperus' perspectief is altijd tolerant en welwillend en het lijkt dat hij zijn eigen familie niet zozeer als een invloed ervoer maar veeleer als een atmosfeer. Als een goed therapeut oordeelt Couperus niet; daarom zijn zijn figuren geen intellectualistische stropoppen maar afbeeldingen van de werkelijkheid, tot leven gekomen door 'de kracht van zijn fantasierijke visie'. *De boeken der kleine zielen* maakte hem beroemd in Engeland en Amerika. Katherine Mansfield zei ronduit: 'We kennen in de Engelse literatuur niets waarmee we deze kostelijke en diepzinnige studie van een hartstochtelijk verenigde en toch bijna even hartstochtelijk verdeelde familie kunnen vergelijken.' De reden hiervan was, naar zij meende, dat Couperus' figuren 'altijd en overal worden gezien in verband met het leven – niet met een deel van het leven, niet met een onderdeel van de maatschappij, maar met de laatste horizon, het leven'.[18] Maar kon Couperus dit zoeklicht ook op zijn eigen karakter richten? De vele autobiografische uitspraken uit de laatste jaren van zijn leven lijken die objectiviteit te beloven, maar ondanks de vele confessies bleef Couperus enigszins een raadsel omdat zij, ook al lijken zijn verklaringen eerlijk genoeg, tevens verhullen wat de kern van zijn bestaan was.

Als fat, als dandy, als ijdeltuit die zich wentelde in elegantie was Couperus een hoogst ongewone Nederlander. De nadruk ligt hier op het opzéttelijke karakter van zijn geaffecteerdheid. De verwijfde verfijning van zijn 'act' kan heel goed een opzettelijke bespotting van de mannelijke wereld van zijn vader zijn geweest; hij had hier op paradoxale wijze succes mee, omdat Couperus ondanks zijn 'onmannelijke' voorkeuren en gedrag door vrouwen werd verafgood.[19] Het grootste deel van zijn leven bleef hij deze rol spelen – misschien werd het uiteindelijk een tweede natuur voor hem – omdat hij door zichzelf te spelen tegen de vijandige samenleving waaraan hij een hekel had, met een minimum aan inspanning een maximaal effect kon bereiken. Decadent estheticisme werd een levenswijze en de jonge Couperus werd beschreven als iemand die een 'divan-leven' leidde in zijn 'kamer vol bibelots en kokette fijne dingetjes' met de 'Oostersche temperatuur' van een broeikas.[20] En als een tere kasplant die zou verwelken en sterven als hij werd blootgesteld aan de koude realiteit die het kunstmatige systeem om het leven in stand te houden omringde, bleef Couperus de rol spelen van een lusteloze, slappe aristocraat, die te indolent was om iets te ondernemen en agressieve meningen naar voren te brengen en te verdedigen. Hij schreef altijd met de hand met een geërfde pen van goud en agaat en hij gebruikte alleen maar rode inkt.[21] Het papier waarop hij schreef koos hij na ampel overleg en hij verachtte schrijfmachines (viii. 435). Zijn bureau was heel netjes, met een zorgvuldig bewaard rijtje briefopeners, souvenirs, snuisterijen en een portret van zijn moeder als jong meisje dat hij altijd voor zich had. Couperus was zijn leven lang netjes en veeleisend en het schijnt dat hij alleen scheppend bezig kon zijn onder zorgvuldig gecontroleerde omstandigheden. Maar in werkelijkheid was Couperus, evenals Kipling, het grootste deel van zijn volwassen bestaan onderweg; hij bleef nooit erg lang op dezelfde plaats en leefde hele tijden uit koffers. In feite kon hij overal schrijven, een gelukkige aanpassing die ongetwijfeld uit nood geboren was, omdat hij met de pen in zijn levensonderhoud voorzag. Hij schreef met benijdenswaardig gemak. Zijn manuscripten zijn opmerkelijk schoon, ondanks zijn buitengewone snelheid en de ingewikkeldheid van zijn stijl.[22] Naast de artikelen over zichzelf die hij schreef toen hij al wat ouder was, is er ook een flinke hoeveelheid romanmateriaal dat was gebaseerd op zijn eigen leven; toch schreef Couperus weinig brieven (in de overgeleverde brieven worden weinig onthullingen gedaan) en er zijn geen notitieboekjes evenmin als enige andere vorm van aantekeningen.[23]

Couperus ontkende het dubbele van zijn karakter nooit. Hij schreef dat 'alles contradictie en tweeledig in mij is' (ix. 611) en voelde dat hij nergens goed paste. Voordat Jung zijn theorie over het naast elkaar bestaan van de anima en de animus in de menselijke geest formuleerde, wijdde Couperus al heel wat aandacht aan het thema van androgynie en hermafroditisme, een onderwerp dat ook de auteurs van fin de siècle-literatuur na aan het hart lag.[24] In zijn eerste 'mythologische' roman, *Dionyzos* (1903), eert Couperus Dionysus als een androgyne god die Hermaphroditus bevrijdt uit de eenzaamheid van zijn biseksualiteit (iv. 625-8). Het is geen verrassing dat Couperus, net als andere 'estheten' zoals Oscar Wilde (1854-1907) of Jean Lorrain (1855-1906), homoseksuele neigingen had.

In de eerste helft van Couperus' leven werd homoseksualiteit ondubbelzinnig veroordeeld als een degeneratieve perversie. Pas bij het begin van de twintigste eeuw begon de wetenschappelijke en medische wereld de opvatting dat homoseksualiteit een misdadige afwijking was, te bestrijden. Couperus las hoogstwaarschijnlijk dit bevrijdende materiaal en correspondeerde met de schrijver van een onderzoek naar het androgyne element in het leven.[25] Er is ook gezegd dat Couperus' vroege roman *Noodlot* (1891) de eerst zinspeling op een homoseksuele relatie in de Nederlandse literatuur bevat.[26] Het is verleidelijk Couperus' seksuele voorkeuren te zien als een daad van rebellie tegen de patriarchale maatschappij, maar pas in 1902, het jaar waarin zijn vader stierf, kreeg afwijking van de erotische norm een prominente plaats in zijn werk. Een andere schakel met de fin de siècle-literatuur bestond in zijn correspondentie met Oscar Wilde, die zijn bewondering had geuit voor *Noodlot* (dat in 1891 in Engeland was gepubliceerd onder de titel *Footsteps of Fate*). Wilde stuurde hem een kopie van *The Picture of Dorian Gray*, dat Couperus' vrouw later in het Nederlands vertaalde.[27] De briefwisseling had plaats in 1895, het jaar van Wildes bekende proces en veroordeling wegens 'seksuele afwijkingen'. In hetzelfde jaar gaf Couperus voor het eerst aan dat hij erover dacht een roman te schrijven over de beruchte Romeinse keizer Heliogabalus (201?-222), bij historici beter bekend als Elagabalus. Flaubert, Gautier, Gide en anderen bewonderden dit bijna spreekwoordelijke voorbeeld van laat-Romeinse decadentie en losbandigheid. Zij zagen Heliogabalus als een element van de 'periode van de oudheid waarmee deze kunstenaars van het fin de siècle hun eigen tijd het liefst vergeleken'.[28] In zijn roman *De berg van licht* gaf Couperus een eigenzinnige interpretatie van deze lichtzinnige keizer en zonnepriester.

Bijna tien jaar daarvoor, in 1891, had Couperus een vrouw gekregen door te trouwen met zijn nicht Elisabeth Baud. Ze was vijf jaar jonger dan hij en afkomstig uit een vooraanstaande Indische familie. Couperus had als tiener in Batavia met haar gespeeld en hij hernieuwde het contact in Den Haag. Terwijl de kindertijd van Couperus in Indië niet bijzonder dramatisch was geweest, was die van Elisabeth Baud sensationeel geweest, althans volgens haar man in 1910. Haar vader was bestuurder geweest op de eerste tabaksplantage in Deli, een gebied in het Noorden van het eiland Sumatra. Ze was tien toen ze zich daar bij haar ouders voegde en dertien toen ze vertrok. De familie Baud leefde tussen een handvol Europeanen in een wilde streek bevolkt door vijandige Bataks die erom bekendstonden dat ze af en toe in opstand kwamen. Er werden mensen gedood, kinderen gemarteld en woningen platgebrand. Het meisje was bang, zoals men zich heel goed voor kan stellen, maar haar vader meende haar te moeten harden.

> En omdat ik ook heel bang was voor het donker, zei papa dan soms, in de avond: 'Kleine... ik geloof, dat ik mijn sigarenkoker in de badkamer heb laten liggen: ga hem eens halen...'
> Dan ging ik, met een kloppend hart. Door de zwarte tuin, op zij de donkerende velden, naar de somberende rivier, naar de badkamer... Ik dacht de witte pontianaks [vrouwelijke spoken] te zien spoken, met haar bloedende borsten en losse haren, over het water en tussen de zwarte bomen. En rillende bracht ik papa zijn sigarenkoker terug, die hij expres daar had vergeten. (...) Soms hoorde je de tijgers, in de nacht, om het huis, krijsen, tragisch en razend, als immense katten... Eens... ik keek door de jaloezieën... zág ik een tijger... Het beest sloop, weg van het huis, verdween in de nacht... Ik, rillende, ging het dadelijk zeggen, aan papa... De volgende morgen zou papa met de opzichters en oppassers op de tijgerjacht gaan... Zij zochten naar de sporen... Toen bleek het, dat de sporen niet waren van tijgerpoten, maar... van platte mensenhanden! De tijger was een spion geweest, in een tijgerhuid, een spion van de Bataks. We vonden soms, des morgens, aan de palen van het huis gespijkerd, wat haar, met bloed... (vii. 675-6)

En toch bekende ze, alsof ze het onoverkomelijke verschil tussen de tropische ervaring en het normale leven wilde onderstrepen, dat ze de voorkeur gaf aan de verschrikkelijke gebeurtenissen die ze in die drie jaar had meegemaakt. Later, toen ze op het veilige, beschaafde Java kwam te wonen, 'vond ik het leven bleek, en zonder belang, en zonder emotie, zonder spionnen als tijgers verkleed, zonder bloedige waarschuwingen aan onze deuren, zonder moord, zonder brand, en ik verlangde terug naar het huis op de landtong bij de rivier, daar ginds in Deli...' (vii. 677).

Het lijdt weinig twijfel dat Couperus' huwelijk met Elisabeth Baud een bewuste poging was om een compromis te sluiten met het normale leven en zichzelf een partner te verschaffen. Deze onorthodoxe verbintenis is getypeerd als een 'emotioneel arrangement' waarmee Couperus zich verzekerde van onbeperkte moederlijke liefde en aandacht.[29] Er was zeker geen sprake van een verlangen zich voort te planten (Couperus weigerde ooit een hotelkamer in Genua omdat deze naar kinderen rook).[30] Couperus was emotioneel niet in staat een vrouw seksueel lief te hebben en meende dat seks de liefde degradeerde.[31] Hij drukt deze mening bijvoorbeeld duidelijk uit in het mythische sprookje *Psyche* (1898) of in een van zijn meesterwerken, de roman *Van oude mensen, de dingen die voorbijgaan* (1906), om twee totaal verschillende werken te noemen. In zijn vroegere werk meende Couperus dat een man een diepe en blijvende vriendschap met een vrouw kon hebben, een relatie die door haar intensiteit en via de ontdekking van gemeenschappelijke overtuigingen in staat zou moeten zijn het materialisme van fysieke liefde te overstijgen.[32] Hoe dat ook zij, Elisabeth Baud wijdde haar leven als volwassen vrouw aan haar neef, door te zorgen voor een vaak moeilijk persoon met een verre van robuust gestel en een tegenstrijdige persoonlijkheid. Nog geen jaar na hun huwelijk begonnen zij het zwervende bestaan dat het grootste deel van Couperus' leven duurde. Als zij zo nu en dan in Den Haag terugkwamen, logeerden zij bij familie of in huurwoningen.

Een zwervend bestaan was voor Couperus van essentieel belang omdat hij niet op één plaats kon aarden[33] en omdat hij hiermee zijn creatieve blik kon verruimen. Maar dit kosmopolitisme weerspiegelde ook een bewuste beslissing het benauwde provincialisme van het Nederlandse literaire leven en de drukkende atmosfeer van de Nederlandse samenleving in het algemeen, die tijdens Couperus' leven inderdaad dodelijk was, af te wijzen.[34] Gedurende de eerste twee decennia van de twintigste eeuw waren reizen over lange afstanden een zware en ongewone bezigheid. Zoals de Surinaamse schrijver Albert Helman heeft aangetoond, hield men degene die zich wel buiten het bekende terrein van West-Europa waagde voor 'een avonturier, [... die] nauwelijks meer in aanmerking [kon] komen te behoren tot het gilde der eerzame kunstenaars'. Helman merkt op dat Couperus een van hen was.[35]

Zo'n reizend leven was duur voor een man die zekere eisen stelde. Couperus was zich daar goed van bewust en gaf toe dat reizen verkwistend was.[36] Hij kon eraan toegeven omdat hij voor zijn geschriften, voor zijn tijd, goed werd betaald.

Het was toen gewoonte een auteur een vast bedrag voor de uitgave van een boek te betalen, ongeacht de verkoop.[37] Dit werkte in het voordeel van Couperus omdat hij, hoewel zijn boeken nooit bestsellers waren, zeer productief was. Deze productiviteit is misschien enigszins verrassend voor een man die de legende in stand wenste te houden dat hij een indolente estheticus was. Couperus vatte zijn ijver ooit samen in de zinsnede van Plinius *nulla dies sine linea*, 'geen dag zonder regel', omdat 'het prettig is te werken, als men het geregeld doet'.[38]

Met uitzondering van de roman *Eline Vere* haalt Couperus' werk van voor 1900, hoewel interessant, het niet bij wat hij de volgende twintig jaar produceerde. Maar dit oudere werk verkocht goed, terwijl de tussen 1900 en zijn dood in 1923 geschapen meesterwerken leden onder steeds geringere verkoopcijfers.[39] Couperus werd gedwongen een alternatieve methode te vinden om in zijn levensonderhoud te voorzien en wendde zich tot de journalistiek. De hoogtepunten van zijn loopbaan en van de moderne Nederlandse literatuur zijn *De stille kracht* (1900), de vier delen van *De boeken der kleine zielen* (1901-1903), *De berg van licht* (1905-1906), *Van oude mensen, de dingen die voorbijgaan* (1906) en *Iskander* (een roman over Alexander de Grote, gepubliceerd in 1920). Maar vanaf de publicatie van de romans *De stille kracht* en *Langs lijnen van geleidelijkheid* (1900) werd Couperus zwart gemaakt als een 'onzedelijk', 'pervers' en 'verwijfd' auteur wiens werk niet geschikt was voor publicatie in tijdschriften omdat de geest en de zeden van 'de vrouwen, zusters en dochters van nette Hollanders' erdoor werden bedorven. Veel critici beschuldigden hem van het schrijven van 'pornografie' en 'liederlijkheden'.[40] Wat vanuit hedendaags standpunt verwonderlijk is, is dat deze schunnige reputatie de verkoop niet stimuleerde maar eerder maakte dat Couperus door de Nederlandse literaire elite in diskrediet werd gebracht en door het lezende publiek genegeerd. Het gevolg was dat Couperus tussen 1906 en 1907 in privé-kring aankondigde dat hij niet langer grote prozawerken zou schrijven en dat hij misschien wel helemaal met schrijven zou stoppen.[41] In het openbaar schreef hij echter het gebrek aan productiviteit op zijn kenmerkende wijze toe aan zijn anti-sociale karakter.

> Ik schrijf geen romans meer – voor eerst! – uit luiheid! (...) en toen ik romans schreef, kón ik niet lui zijn. Konden noch mijn geest noch mijn hand zich enige luiheid veroorloven. Want een roman... dat is verschrikkelijk! Dat is een wérk... voor een Herkules! [Hij zou in 1913 een roman over Hercules publiceren.] Dat is een arbeid... om dól te worden. Dat is het bouwen van Babel [in 1901 had hij een roman over Babel gepubliceerd]... met torens en trappen omhoog! Dat is het scheppen van werelden en het stichten van steden! Dat is het telen van hele families, met grootmama's en overgrootpapa's – en kinderen en klein- en achterkleinkinderen, tot ik weet niet in het hoeveelste geslacht [zoals hij had gedaan in *Van oude mensen, de dingen die voorbijgaan* en *De boeken der kleine zielen*]! Een roman schrijven... dat is álles zijn: Onze-Lieve-Heer en mens tezamen! Dat is zijn: architekt, schilder, dokter, behanger, kleermaker, psycholoog, taalkundige, stilist, en nog véel meer: een

> auteur is alles en iedereen, de auteur van een roman moet álles weten en hebben gezien, al is het maar in zijn verbeelding: hij moet weten hoe een stad gebouwd wordt of een dorp, hoe de winter wijkt voor de lente, en de eerste liefde in het hart zijner heldin voor de tweede en derde liefde; hij moet weten hoe een omelet wordt gebakken en hoe een kind wordt geboren... wánt als hij dat álles en nog veel meer *niet* weet, is hij in staat de dolste fouten te maken, op iedere bladzij, op iedere regel. (...) Ik herhaal dus: kan je nu niet begrijpen, dat ik mijn luiheid bewust mij wordende... het zalig aandoend besluit genomen heb... vooreerst geen roman meer te schrijven...? (...) Toen... toen kwam de reactie. (...) Ik verzeker je, dat *ik* het métier niet heb uitgekozen, maar iets, sterker dan ik, deed het voor mij. Daarbij, wat kán ik anders dan schrijven? Ik kan niets. Ik ben tot niets in staat dan... tot schrijven. (...) Ik ben dus weer gaan schrijven. Er lagen op mijn schrijftafel verschillende pennen: er lag een lyrische, een epische, en een historische pen: er lag een allegorische, een symbolische, een idealistische en een naturalistische pen, een realistische en een impressionistische: ik geloof, dat er nog vier, vijf andere pennen lagen. (vii. 524-6)

Bij zijn vier of vijf reservepennen had Couperus een meer winstgevende ontdekt – een 'dartele, wufte, luchtige' pen – waarmee hij van 1909 tot zijn dood in 1923 feuilletons voor kranten kon schrijven. Zoals past bij zijn paradoxale leven maakte deze journalistiek hem opnieuw beroemd. Dit gelegenheidsproza beslaat een indrukwekkend breed terrein: reisschetsen, herinneringen, ironische bekentenissen over zijn geest en ziel, korte verhalen, beschrijvingen van stemmingen, anekdotes uit het alledaagse leven, alles en iedereen was koren op de molen van deze heerlijke manie (viii. 429). Het resultaat is natuurlijk niet altijd even goed; het produceren van wat wij 'columns' noemen, is geen voortdurende inspiratiebron, en Couperus viel terug op zijn onnavolgbare stijl om door tijden van verflauwende energie en motivatie heen te komen. Soms was het resultaat bijna een parodie op hemzelf, maar wat verwonderlijk is, is niet dat dit gebeurde, maar dat het in verhouding zo weinig gebeurde. En Couperus bleef niet bij zijn besluit om ambitieuzere projecten uit de weg te gaan. Hij schreef verscheidene lange fictieve werken, waaronder zijn laatste meesterwerk, de roman *Iskander*. Maar zijn slechte voorgevoel klopte, want deze boeken verkochten geen haar beter dan de meesterwerken die hij tussen 1900 en 1906 had geschreven.

Hoewel zijn latere werk in Nederland altijd een *succès d'estime* bleef, was Couperus in het buitenland goed bekend en werd hij daar veel gelezen. Zijn werk was vooral een succes in Engeland, de Verenigde Staten en Duitsland. In Engelssprekende landen had men een voorkeur voor Couperus' realistische en psychologische fictie, terwijl men in Duitsland meer geïnteresseerd was in zijn historische of mythologische teksten. Hij werd in het bijzonder gewaardeerd in Engeland en Amerika, waar zijn vroege roman, *Eline Vere*, in 1892 zowel in Londen als New York werd gepubliceerd. *Majesteit*, een van Couperus' slechtste romans, verscheen in 1894-1895 en maakte hem aan beide zijden van de Atlantische Oceaan beroemd. In 1927 waren vijftien van zijn boeken in het Engels verschenen en zijn werk werd geprezen door Katherine Mansfield, Edmund Gosse, John Cowper Powys, William Plomer en anderen. Maar ook in Engeland werd Couperus als immoreel beschouwd, en bij een nauwkeurig onderzoek van de vertalingen blijkt dat deze in die tijd op slimme wijze een beetje werden gekuist.[42] Desondanks groeide zijn faam en werd Couperus de meest vertaalde auteur van de moderne Nederlandse literatuur.

Toen Couperus in 1898 en 1921 Engeland bezocht, werd hij gefêteerd en bewonderd. In een weekblad waarin hij over de laatste reis schreef, erkende Couperus dat hij ontroerd was toen zijn romans, die in Nederland nauwelijks gelezen werden, in Londen enthousiast werden ontvangen (xii. 189). In diezelfde zomermaanden van 1921 ontmoette Couperus de invloedrijke Britse criticus Edmund Gosse (1849-1928), die in een afscheidsartikel na Couperus' dood in 1923 schreef dat hij de Nederlandse auteur 'hartelijk en eenvoudig en tegelijkertijd opvallend diepgravend [vond]. Hij had het air en een aantal stigmata van het genie. Ik verneem, met oprechte droefheid, dat hij overleden is... De literatuur van Europa is er armer door geworden.'[43]

Gosse merkte op dat 'niets aan [Couperus] deed denken aan de gangbare ideeën over een Nederlander',[44] wat ongetwijfeld waar was en tevens geldt voor velen van de beste koloniale schrijvers (bijvoorbeeld Multatuli, Du Perron, Walraven, Vuyk, Dermoût, of Nieuwenhuys). In de lyrische levendigheid van zijn stijl, in de vreemde vlucht van zijn verbeelding, of in zijn dagelijkse levenswijze was Couperus eerder een kosmopoliet dan een Nederlander.

> Kind van de Noorderstranden, is mijn ziel, ik geloof, van meet af aan, steeds zeer zuidelijk, zeer Latijns geweest en waren mijn sympathieën steeds Latijns. Italië werd voor mij een tweede vaderland, vaak zonniger in álle opzichten dan mijn eigen land, en gaf een zo grote liefde mij in als voor een tweede objekt niet meer te voelen is. Ik bleef dus veel in Italië, ik verbleef er zelfs des zomers. Trots het weinige lommer van het Italiaanse landschap, zocht ik – hoe ook lommer mij lief is – berg, bos en strand van soms té zonnig, zomers Italië. (ix. 327)

Couperus schreef veel over het Middellandse-Zeegebied en enkele van zijn mooiste romans spelen daar. Hij liet zich duidelijk door zijn verbeelding naar de oudheid leiden en noemde zichzelf een 'passatist' (xii. 193), een zelfstandig naamwoord dat hij afleidde van het Italiaanse *passato* ('het verleden'), en publiceerde romans over Heliogabalus, Hercules, Alexander de Grote, Xerxes, de god Dionysus, Romeinse toeristen in het oude Egypte, rondreizende toneelspelers in Rome in de eerste eeuw, en schreef ook veel verhalen over Griekse en Romeinse onderwerpen. Van Italië leerde Couperus, zoals ook met E.M. Forster het geval was geweest, dat hij zich helemaal op zijn verbeelding en het verleden kon verlaten en dat het niet nodig was koortsachtig naar voor het heden relevante ervaringen te zoeken.

En toch ontdekte Couperus, toen hij in 1911 in Rome een tentoonstelling van Nederlandse kunst bezocht, dat hij ontroerd was. Terwijl hij op de tentoonstelling rondwandelde, voelde hij

> de atmosfeer van mijn land, dat ik, zo vreemd, lief heb, al woon ik er niet, al ben ik er weinig: ik voelde om mij de atmosfeer, die gezweefd had rondom mijn jeugd en jongelingsjaren; ik voelde om mij de atmosfeer van vele mijner eigene boeken: de atmosfeer van de *Boeken der Kleine Zielen*... En het is vreemd hoe die atmosfeer, die ik ben ontvlucht, toch mij lief is als een atmosfeer vol herdenking en weemoed, vól van de dingen van het verleden, het leed van vroeger, en ook de enkele, bleke zonnestraal, van vroeger ook... (viii. 307)

Dit gevoel werd sterker, totdat Couperus tijdens de Eerste Wereldoorlog moest toegeven dat hij het slachtoffer was geworden van een ziekte die vreemd voor hem was.

> Dit jaar, misschien voor het eerst, heb ik mij vreemdeling en verlaten gevoeld in Italië. Het was of Italië, dat ik lief had, mij niet lief had. Het was of Florence, dat ik in woorden steeds zó schoon gezegd had als een verliefde jongeling zijn eerste liefde zegt, mij niet terug gaf wat ik haar steeds had gegeven... (...) [En ik voelde] Vaderlandsliefde. Ik vind het geen mooi woord. Ik vind het een woord voor een held die poseert. Ik ben geen held en ik poseer niet, maar ik vind toch niet, waarom weet ik niet, een ánder woord voor mijn gevoel. Ik zoek er ook niet naar. Het kan mij niet schelen een ander woord, fijner van klank, voor mijn gevoel te vinden. Ik zal het maar doen met het een beetje zware, plompe woord. (...) Het is heel vreemd, maar deze zijn de vreemdste, ongekende tijden, die wij beleven: wij ontdekken ons aan onszelve. Ik ben een beetje verward, een beetje verbaasd mijzelve zó te ontdekken. (ix. 602-3)

Maar Couperus was nog niet op de thuisreis. Hij keerde slechts naar Nederland terug om weer weg te gaan. Het dagelijks leven daar kon hem niet bekoren. Misschien kan men dit toeschrijven aan het psychologische feit dat patriottisme de erkenning betekende van een liefde voor een soort patrimonium waar Couperus het liever zonder deed. Vijf jaar na zijn terugkeer naar Den Haag, op 57-jarige leeftijd, vertrok Couperus in gezelschap van zijn vrouw naar Afrika, en riep met overdreven voldoening uit: 'O zaligheid! Ik "woon" niet meer!' (xii. 52). Hij was een goed burger geweest, had hard gewerkt en had Hollands 'wisselvallige klimaat (...), waar men stookt in augustus om in oktober weer eens een witte pantalon te dragen te midden van dwarrelende en gelende bladeren' (xii. 52) mannelijk doorstaan. Hij was weer op een continent waar het mogelijk was de 'lente in December' te ervaren (xii. 70).

Toen Couperus eenmaal ontsnapt was, stopte hij niet. Afrika werd gevolgd door Frankrijk, Engeland, zijn laatste reis naar Indië, en verder naar China en

Japan. In Japan werd hij ernstig ziek en hij was gedwongen naar Nederland terug te keren. Maar zijn vaderland wilde hem zijn prestaties nooit genadig toegeven. Bewonderaars en vrienden probeerden geld in te zamelen om Couperus ter gelegenheid van zijn zestigste verjaardag een bescheiden huis te geven. Deze poging bleek in financieel opzicht niet zonder problemen te zijn, maar het huis werd hem toch aangeboden en Couperus bracht de laatste paar maanden van zijn leven door in een landelijke omgeving waar hij even gestaag als altijd doorwerkte. Minder dan een maand nadat hij zestig was geworden, stierf Couperus aan wat bloedvergiftiging lijkt te zijn geweest.[45] De rancune die veel van zijn landgenoten altijd voor deze ongewone Nederlander hadden gevoeld, barstte opnieuw los in talrijke in memoriams. Er werd een beroep op God gedaan om deze zedenbederver, zinnelijke wellusteling en decadente heiden zijn gerechte straf toe te dienen. 'Zijn "paganistische ziel" heeft Rome gezocht, Athene voorbijgezien en Jeruzalem gehaat. (...) Hij heeft geen lepra gekust, doch aan bouquetten geroken.'[46]

Deze 'orchidee onder uien', zoals een schrijver van een necrologie Couperus typeerde, was een man van tegenstrijdige impulsen. Zijn opstandige leven en karakter leidden tot een non-conformistisch bestaan, en achteraf lijken dergelijke eigenschappen bijna essentieel voor de schrijvers die de beste koloniale literatuur hebben geschreven. De meesten van hen waren individualisten die voortdurend op de grens leefden die de aparte werelden van Indië en Nederland scheidde. Couperus' rusteloosheid, zijn leven in ballingschap, zijn hunkering naar de zon, zowel in reële als in symbolische zin, zijn sensualiteit, zijn nostalgie, zijn treurige erkenning dat Azië het Westen altijd zou verslaan door mee te geven, zijn innerlijke tegenstrijdigheid, zelfs het uitgesproken genoegen dat hij een 'passatist' was – dit alles maakt hem verwant aan dat soort originele kolonialen dat een zekere buitensporigheid in het bloed had, iets wat Du Perron zijn 'espagnolisme' noemde (zie hoofdstuk 13).

Ook Couperus' stijl was buitensporig en precies het tegenovergestelde van het *genus humile* waaraan, zoals hiervoor is opgemerkt, de zeevaarders de voorkeur gaven. Ernst Robert Curtius begreep dat deze antithetische stijlen twee belangrijke polen aanduidden van de Europese literaire uitdrukkingswijze: 'Aziatisme is de eerste vorm van het Europese maniërisme, atticisme die van het Europese classicisme.' G.R. Hocke ging in zijn studie over het literaire maniërisme verder dan Curtius en beweerde dat de Attische stijl – bondig , realistisch, exact – conservatief is en dat de Aziatische stijl – dubbelzinnig, kunstmatig, excessief – modern is. Men zou zelfs buiten het kader van de literatuurgeschiedenis kunnen treden en beweren dat de 'natuurlijke' Attische stijl mannelijk en de 'sierlijke' Aziatische stijl vrouwelijk is, waarmee men ze koppelt aan een van onze voornaamste tegenstellingen.[47]

Deze tegenstelling blijkt ook van toepassing te zijn op de stijl van koloniale auteurs. Het schijnt dat voor de besten onder hen het tropische materiaal op zich intensief en kleurrijk genoeg was, en dat soberheid dit het voordeligst liet uitkomen, hoewel een dergelijke bewuste soberheid natuurlijk evenzeer onderworpen is aan vakbekwaamheid en kunstzinnigheid als elke andere superieure prozastijl. Het andere uiterste werd gevormd door schrijvers die zich gedrongen voelden de weelde en overvloed van de tropen in een daarbij passend dramatisch en bewust gecreëerd proza tot uitdrukking te brengen. Deze keuze is gevaarlijker, want purper kan snel verflauwen tot paarsbruin en rijpheid kan ontaarden in walgelijke emotionaliteit. Couperus nam de risico's die inherent zijn aan een Aziatische stijl, en het geeft aan hoe groot hij was, dat hij zo'n gemaniëreerde stijl natuurlijk kon doen lijken dankzij een bijna hypnotische auteurs-'stem' die benadrukte dat zo'n stijl inderdaad het enige juiste uitdrukkingsmiddel was.

Vanuit het gezichtspunt van de literatuurgeschiedenis kan men het ontstaan van zijn stijl terugvinden in de fin de siècle-literatuur met haar voorkeur voor suggestie, toespeling, het oproepen van een soort magie van het onuitsprekelijke. De heersende stemming was weemoedig, het perspectief waarvoor men een voorkeur had, zowel geografisch als emotioneel, was dat van afstand. Deze blik, die afstand wenste te houden, geeft aan omtrekken en vormen een onduidelijk karakter omdat 'afstand het uitzicht betovering verleent'.[48] Ook Couperus streefde naar dat effect. Zijn proza kent een 'veranderlijk ritme', een 'voortdurende fijnzinnige beweging van woorden [die] een essentieel onderdeel uitmaakt van de betekenis van woorden en de emoties die zij overbrengen'.[49] De modulatie van dit proza lijkt op een bezwering, wat misschien te danken is aan Couperus' voorliefde voor herhaling. Zoals een criticus opmerkte, is herhaling iets anders dan ontwikkeling; herhaling plaatst de lezer voor iets 'waaraan we niet kunnen ontsnappen, herhaling brengt ons in een irrationele wereld'.[50] En als men zijn koloniale meesterwerk, *De stille kracht*, nauwkeurig onderzoekt, zal men ontdekken dat zulke herhalingen, die door overheersende thema's worden opgeëist om leidmotieven te vormen, een geheimzinnige atmosfeer scheppen die suggereert dat er iets op de loer ligt dat groter is dan een mens, een suggestie van gevaar. En men ziet hoe vorm en inhoud in deze speciale roman samengaan: de opzettelijke weigering om precies te zijn, de voorkeur voor wat vloeit boven wat statisch is en voor het oproepen van dingen boven de uiteenzetting ervan, zijn bedoeld om de lezer in verwarring te brengen, omdat de 'stille kracht' niet in rationele componenten kan worden ontleed.

Couperus' onorthodoxe syntaxis zit vol met neologismen. Hij doet de normale syntaxis en het normale idioom geweld aan en lijkt dat altijd met een bijna irritante nonchalance te doen. Couperus bespeelde zijn taalkundige instrument met een zwier en een aantrekkelijkheid die in de Nederlandse literatuur zeldzaam zijn, maar paradoxaal genoeg minder zeldzaam in de koloniale literatuur. Door zijn gave voor vertelling en typering werd Couperus voor louter breedsprakigheid bewaard. Hij bezat een empathische verbeelding waarachter de behoorlijke ijdelheid van de auteur zich kon verbergen zodat de figuren op zich ongestraft konden leven en ademen. Zo'n negatieve mogelijkheid is essentieel voor een eersteklas romanschrijver, maar men verbaast zich erover bij een schrijver die kennelijk zo veel plezier had in zijn eigen virtuositeit, elegantie en intelligentie.

Couperus' gebruik van de Nederlandse taal is beschreven als 'Gallisch', 'Europees' of 'Mediterraan', en zelfs zijn luidruchtigste bestrijders hebben hem er nooit van beschuldigd dat hij op een typisch Nederlandse manier schreef.[51] En toch overwoog Couperus, hoewel hij het grootste deel van zijn leven een kosmopolitisch zwerver was, nooit serieus in iets anders te schrijven dan in het Nederlands. Andere talen lieten hun stempel achter: zijn zinsbouw is meer Romaans dan Germaans, zijn Nederlands wordt ontsierd door een aanzienlijk aantal germanismen en hij nam nogal wat Engelse woorden en uitdrukkingen over. Maar Couperus bleef trouw aan zijn geboortetaal.

> Somtijds heb ik wel eens een wrevelig gevoel in mij ontdekt... omdat ik Hollander was en Hollands schreef... Ik heb er echter nóoit aan gedacht mij te laten naturaliseren en... Frans te schrijven, al rieden velen het mij aan. Neen, ik ben trouw aan mijn Hollandse viool gebleven. Ik hád ook niet de Franse piano kunnen bespelen, zo als ik mijn viool bespeel. Men is nooit meester op twee instrumenten... (VIII. 384-5)

Couperus was niet ongevoelig voor deze specifieke dubbelheid waarmee hij, hoewel hij er nooit aan kon ontkomen, zijn voordeel deed als een onderdeel van zijn algemene structuur van tegenstellingen.

> Het is mij vreemd de taal, die ik in het buitenland alléen met mijn vrouw spreek, [hier in Holland] om mij te horen bezigen als een taal, die iedereen om mij spreekt en soms herken ik haar niet altijd. De taal, die mijn instrument, mijn 'viool' is, klinkt overal om mij op en soms komt de vrees in mij, (...) dat ik te lang heb getoefd buiten de cirkel der nationale taalmuziek... Muziek is zij wel niet altijd te roemen, maar de gehele symfonie is mij toch iets wondervols omdat uit álle monden weerklinken die zelfde klanken, die ik alleen in intimiteit of in proza-muziek hield besloten. Nu ben ik waar ik behoor en toch ben ik ontwend. Het woord uit de volksmond heeft voor mij zó iets eigenaardigs, dat ik het niet altijd dadelijk versta en het mij dus dubbel belang in boezemt. Ik hoor nu mijn eigen taal om mij spreken als een kluizenaar, die terug zou zijn gekomen op de drukke markt der stad, die hij eenmaal verlaten had. Daar ginds was die taal *mijn* eigendom, hier is zij een openbaar bezit. (IX. 611)

Naast deze vervreemding van de taal – een gevoel dat alle auteurs gemeenschappelijk hebben die in Indië waren geboren of opgegroeid en vervolgens naar Nederland werden gestuurd om geestelijk volwassen te worden – is er één laatste aspect van Couperus' werk dat eveneens typisch koloniaal is. Ik heb al opgemerkt dat de prozastijl van de meeste koloniale schrijvers sterk beïnvloed was door en gevormd naar het gesproken woord. Verhalen vertellen was een integraal onderdeel van het dagelijks leven in Indië, waaraan zowel bedienden als heren deelnamen. Het ritme van het proza van schrijvers als Dermoût, Du Perron of Nieuwenhuys verraadt de orale oorsprong ervan. Zelfs zulke volbloed Nederlanders (*totoks*) als Friedericy en Alberts genoten van inheemse verhalenvertellers en leerden veel van hen. Couperus' manier van schrijven lijkt vanwege zijn kunstmatigheid en excentriciteit niet geschikt voor orale presentatie, en toch is, paradoxaal genoeg, het tegenovergestelde waar. Een criticus merkte op dat Couperus 'schrijft in spreektempo' en dat zelfs de beruchte punten waarmee hij onderbrekingen in zijn zinnen aangaf 'hun functie als die van fermates in de muziek' hebben.[52] Zijn werk bleek opvallend goed geschikt te zijn om in het openbaar te worden voorgedragen en Couperus, die altijd volledig acteur was, buitte dit volledig uit. De Vlaamse schrijver Cyriel Buysse maakte in 1905 een privé-voorlezing mee. Hij uitte zijn verwondering over het energieke optreden en merkte op hoe Couperus' theatrale effecten de gedrukte tekst een totaal nieuwe kracht verleenden.

> Het [de tekst] leefde, het trilde; hij deed er de mimiek bij en de diverse stembuigingen: men zag en hoorde en voelde het gebeuren. Het was niet enkel lezen; hij kwam er door in actie dat hij er van transpireerde; men zag de aderen op zijn voorhoofd zwellen. De das moest los, het boord moest af en daar stond een Couperus dien men niet vermoed zou hebben: een litterair athleet, die niets meer zag van zijn omgeving, die 'weg' was in zijn inspiratie, magnifiek om te aanschouwen. Tot het eensklaps uit was en hij in elkaar zakte met een glimlach van vermoeidheid, zuchtend met een matte stem: – nu kán ik niet meer.[53]

De voorlezingen die hij tijdens de laatste tien jaar van zijn leven gaf, werden zorgvuldig voorbereide 'happenings' waarbij hij ten volle gebruikmaakte van zijn beroemde dandyisme en esthetische decadentie. Hij trad op in gedempt licht tegen een achtergrond van fluweel en zijde, met altijd verse bloemen in de buurt. Gekleed in formele avondkleding placht hij tegen een marmeren pilaar te leunen. De voorlezing was opzettelijk theatraal en zijn enigszins bizarre optredens waren bedoeld de burgermensen verstomd te doen staan. Couperus schijnt een hoge stem gehad te hebben, waarvan hij op dramatische wijze gebruikmaakte, en hij liet zijn woorden vergezeld gaan van expressieve gebaren van zijn beringde vingers en zijn elegant geklede lichaam. Dit gebruik van lichaamstaal om zijn teksten te dramatiseren, deed een schrijver denken aan Chinese verhalenvertellers die de kunst verstonden van 'het aangeven van geheele situaties met één geste, het beschrijven zelfs van geheele landschappen daarmede, en ook het aanduiden van een ontroering, een sensatie, een evenement. Ik dacht toen: zoo iets zou in Europa nooit kunnen, want men weet daar eigenlijk niet wat het gebaar is. Maar Couperus weet het wél.'[54]

Vanuit het gezichtspunt van de gemiddelde Nederlandse burger zal zowel Couperus als zijn werk altijd iets 'oosters' gehad hebben. En zelfs al was oriëntalisme een geliefd onderwerp van fin de siècle-literatuur, Couperus hield vol dat het een integraal deel van zijn persoonlijkheid was, niet aangetrokken als een of ander literair gewaad.[55] Hij had iets extravagants, iets luisterrijks, een weelderigheid die niet paste bij een maatschappij die onmatigheid altijd met achterdocht had bejegend. En toch bleef er de onmiskenbare aanwezigheid van Indië, dat voor de gemiddelde burger een ver mysterie bleef dat onwelvoeglijk zo niet heilloos was. Het is dan ook begrijpelijk dat Couperus' enige roman over Indië die een meesterwerk was, tegelijk werd beschouwd als de eerste manifestatie van zijn 'obscene decadentie'.

De stille kracht is gebaseerd op materiaal dat Couperus tijdens zijn tweede verblijf in Indië verzamelde. De tweede maal dat hij naar dat 'lokkende land onzer koloniën' (xii. 230) ging, was hij getrouwd en een bekend auteur (hij werd 36 op Java). Hij bleef een jaar, van maart 1899 tot maart 1900. De derde en laatste keer keerde Couperus opnieuw terug met zijn vrouw, ditmaal als goedbetaald reizend correspondent van een Nederlands weekblad, populair schrijver en gevierd romanschrijver van 58 jaar. Opnieuw was hij bijna een jaar uit Nederland weg – van oktober 1921 tot oktober 1922 – maar ditmaal bleef hij maar vier maanden in Indië omdat de reis ook een bezoek aan China en een langer verblijf in Japan omvatte.

Het contrast tussen de twee laatste ontmoetingen met Indië is opvallend. De eerste was een aangenaam verblijf bij familie op Java, en Couperus was op zijn best als innemende suikeroom. Hij verzamelde ijverig informatie van koloniale ambtenaren en schreef het grootste deel van *De stille kracht* op Java ook al was hij pessimistisch over de toekomst van het Nederlandse koloniale rijk. De laatste tocht in 1921 was veel toeristischer en schrijnender. Zijn wekelijkse berichten, die in 1923 in boekvorm werden gepubliceerd als *Oostwaarts* (en in 1924 in Londen als *Eastward*), bevatten aanwijzingen van zijn droefheid over en zijn afkeer van de verandering die door progressieve ideeën in Indië was veroorzaakt, over het verdwenen vertoon van vroegere koloniale glorie en over de 'Europeanisering' van het land (xii. 341). Couperus was duidelijk overweldigd door het noodlot onder het mom van verandering en veranderde zelf, als het ware bij wijze van zelfverdediging, in een verdediger van kolonialisme. Hij ging zelfs zover dat hij beweerde: 'Had ik een zoon, die gezond was en jonge spieren had en wilde hij romancier worden in de Nederlandse lettergaarde, ik zou hem raden: beste kerel, probeer liever assistent te worden ergens op een onderneming in Deli en laat je romans ongeschreven. (...) En palmolie heeft ook een prachtige toekomst' (xii. 291), een erkenning die totaal in strijd is met zijn herhaalde afkeer van de 'gouden galonnen' van de ambtenarij. Het lijdt weinig twijfel dat Couperus in 1921, twee jaar voor zijn dood, het leven en de maatschappij moe was en dat hij op zijn laatste reis naar Indië zijn grootste liefde reserveerde voor ossen en runderen (xii. 290, 451).

Maar in 1899 was zijn stemming heel anders geweest. Couperus en zijn vrouw brachten het grootste deel van hun verblijf op Java door bij zijn jongere zuster

Trude Valette, die getrouwd was met de resident van Tegal. Toen de laatste plotseling werd overgeplaatst naar de belangrijkere post in Pasoeroean in Oost-Java, volgden de Couperussen hem. De stad Laboewangi in *De stille kracht* is een tamelijk nauwkeurige herschepping van Pasoeroean. De meer bewonderenswaardige karaktertrekken van resident Van Oudijck vonden hun voorbeeld in Valette, die een gewaardeerd ambtenaar was; Trude inspireerde grotendeels tot Eva Eldersma; Léonie was gebaseerd op de grootmoeder van zijn vrouw; en zelfs de driehoek Lénie-Addy-Doddy schijnt geïnspireerd te zijn door een gebeurtenis uit het verleden in de familie Couperus van vaderskant.

Valette bracht zijn zwager veel bij over het leven en de verantwoordelijkheden van een hoge ambtenaar in de koloniën (xii. 230) maar, zoals Couperus herhaaldelijk benadrukte, het bovennatuurlijke element van het boek had niets te maken met Valette. Er is gesuggereerd dat de toenmalige gouverneur-generaal – Van der Wijck, die familie was van Couperus' vrouw – hem toegang verschafte tot een officieel document dat ging over hetzelfde soort gebeurtenissen als in de roman wordt beschreven, die in 1831 zouden hebben plaatsgevonden in het huis van assistent-resident Van Kessinger in een stad die Soemedang wordt genoemd. In het verslag wordt een stenenregen bínnen het huis beschreven die zestien dagen duurde en waarvan een bekende generaal van het koloniale leger, A.V. Michiels, die niet als lichtgelovig bekendstond, getuige was geweest. Een verslag van wat er gebeurd was, werd uitgebracht aan een tijdelijke gouverneur-generaal, J.C. Baud. In een boek dat in 1926 op Java verscheen, besprak een zekere dr Baudisch een aantal soortgelijke gebeurtenissen die in Europa hadden plaatsgevonden en hij kwam tot de conclusie dat wat in Laboewangi gebeurd was, klopgeestverschijnselen waren.[56] Dit slaat op het stenenwerpen, het *sirih*-spuwen, het timmeren op zolder, het vuil worden van Van Oudijcks bed, het glas dat in zijn hand stukbrak en zijn whisky die geel werd. De snikkende zielen van kleine kinderen in de waringin-boom en de verschijningen van de witte *hadji* hebben een ander karakter.

Men heeft Couperus bekritiseerd dat hij niet geheel nauwkeurig was geweest ten aanzien van de bovennatuurlijke gebeurtenissen in zijn roman, en gezegd dat hij, evenals veel andere Nederlandse kolonialen, niet sympathiek stond tegenover de wereld van de Javanen. Het schijnt echter dat Couperus in een positie was om er meer van te begrijpen dan de meeste kolonialen. In de eerste plaats hadden dergelijke klopgeestverschijnselen als in de roman werden beschreven van tijd tot tijd plaats en waren sommige waargenomen door nuchtere en niet lichtgelovige Europeanen. In de tweede plaats waren magie en mystiek een integraal onderdeel van het alledaagse leven op Java. Dit is nog heden het geval.[57] Dat zwarte magie (*klenik*) en mystiek (*kebatinan*) in Indonesië niet helemaal los van elkaar staan, kan men afleiden uit Sukarno's bevel in 1958 dat beoefenaars van kebatinan ervoor moesten zorgen dat deze niet in zwarte magie overging.[58] Zo kan ook de praktijk van *tapa* of ascese de beoefenaar toerusten met de krachten van zwarte magie, maar ook leiden tot de 'openbaring van het geheim van het bestaan'. Wie of wat men ook raadpleegt, men is het er algemeen over eens dat op Java, in het verleden en in het heden,

> de relatie tussen natuur en bovennatuur zo nauw is dat het onmogelijk is een scheidslijn te trekken; beide hebben deel aan de eenheid van het bestaan, en gewone voorwerpen kunnen de tekenen en krachten van het alomvattende kosmische proces bevatten (...) Natuur en bovennatuur beïnvloeden elkaar wederzijds en bij hun coördinatie is sprake van causaliteit. Als er coördinatie plaatsvindt of tot stand wordt gebracht, moeten gebeurtenissen en omstandigheden het gevolg zijn. Deze denkwijze is geldig zowel voor zuivere mystiek als voor magie; bovendien is ze geldig voor iemands persoonlijke leven, voor de toestand van de maatschappij en de opvatting over de geschiedenis.[59]

In het westerse denken worden geest en materie veel eerder als tegenstanders beschouwd en als men zich in het westerse denken met irrationele krachten bezighoudt, is dat meestal om zich tijdelijk wat afleiding te bezorgen met koddig speelgoed. Dit is nauwelijks het geval voor de Javanen, voor wie de uiterlijke werkelijkheid en de innerlijke geestelijke wereld doordrongen zijn van de macht van wat Yeats 'de grote tovenaar' noemt.[60] Couperus suggereert deze tegenstelling als hij de Europese dilettanten beschrijft die niet veel meer doen dan tafeldansen om de verveling te verdrijven, terwijl de 'stille kracht' van Java de rationaliteit en de uiterlijke wereld overweldigt.

Couperus was altijd gevoelig voor de invloed van irrationele krachten. Twintig jaar na het schrijven van *De stille kracht* gaf hij het volgende toe:

> Ja, ik geloof. Ik geloof aan de boze macht van daturabloemen; ik geloof, dat er 'elmoe's'[61] zijn; ik geloof, dat weldadige en vijandige machten ons omzweven, dwars door ons gewone, iederendaagse leven heen; ik geloof, dat de oosterling, welke hij ook zij, meerdere macht over deze machten kan doen gelden, dan de meer in nuchterheid, 'zaken' en geldmakerij verzonken westerling. En soms, als ik zie in de ogen van de Maleier of Javaan, één ogenblik langer dan anders, dan geloof ik niet alleen, dan wéet ik ook, dat hij mij, zo hij mij vriendschappelijk te moede is, trots rasverschil, iets gunstigs, zo hij mij haat, iets óngunstigs zou kunnen bezorgen. En is dit gevoel zo sterk in mij, dat ik mij verbazen moet over de joviaal negerende bulderlach van wie meent, dat hij de wijsheid in pacht heeft, en, naieve westerling, geheel de antieke ziel van het in mysterie gedrenkte Oosten zou willen verklaren met zijn positivistische machtsspreuk. (xii. 470-1)

Dat het bovennatuurlijke een normaal verschijnsel was in het leven in Indië was in Couperus' tijd al aangetoond door H.A. van Hien in zijn studie over *De Javaanse geestenwereld en de betrekking die tusschen de geesten en de zinnelijke wereld bestaat.*[62] Deze studie werd in vier delen gepubliceerd tussen 1896 en 1913 en is voor zover ik weet de enige van haar soort in het Nederlands. Het is waarschijnlijk dat Couperus dit unieke onderzoek naar het Javaanse spiritisme, dat door Van Hien met sympathie en begrip werd verklaard, kende. In het eerste deel, gepubliceerd in 1896, beschrijft Van Hien drie (van 85) negatieve geesten waarvan het optreden enige overeenkomst vertoont met wat in de roman gebeurt. De *gendroewa* of *gandarwa* bijvoorbeeld wordt beschreven als een tuin- of bosgeest die zich manifesteert door 'steenen en andere voorwerpen op de daken der huizen te werpen, – mensch en dier, ook andere voorwerpen met rood *sirih*-kauwsel te bespuwen of te besmeren, – aan deuren en vensters te kloppen of te schudden'.[63] Dit komt overeen met de hierboven genoemde klopgeestverschijnselen. In het vierde deel van de in 1913 gepubliceerde editie bespreekt Van Hien een kwaadaardige kracht, *djihin* genaamd, wat hij vertaalt als 'duivelsche kracht, stille of geheime kracht'. Hier gebruikt hij Couperus' uitdrukking 'stille kracht' uit de titel van diens boek, die voor zover ik weet door Couperus was bedacht. Van Hien verklaart dat er 'formulieren' bestaan die een Javaan kan gebruiken om deze djihin aan te sporen, die

> de kracht hebben in het aangewezen huis de bewoners te plagen met het aanhoudend werpen van steenen, het spuwen van *soeroe*, het werpen met vuil, het kloppen op deuren en vensters (...). Wie hoorde niet van het geheimzinnige steenen werpen en *soeroe*-spuwen, waarvan dikwijls in dagbladen gewag werd gemaakt, dat aan de politie zooveel hoofdbrekens kostte, aanvankelijk aan kwaadwilligheid werd geweten, doch ten slotte aan een geheimzinnige kracht moest worden toegeschreven. Geen Javaan, die niet weet op welke wijze die geheimzinnige plagerijen worden opgewekt, doch zelden zal hij er over spreken, bang zijnde het ongenoegen van de geesten op te wekken en hij vindt het beter tegenover den Europeaan zich voor den domme te houden.[64]

Di djihin (de aanroeping van djihin) was mogelijk de oorsprong van de bovennatuurlijke gebeurtenissen in de residentie. Dit dient niet verward te worden met de Javaanse versie van toverij (*goena-goena*), waar Couperus nooit over schrijft.[65] Gegeven Couperus' voorliefde voor zulke irrationele krachten, lijkt het waarschijnlijk dat hij de aard van de stille kracht liever onbepaald, onnauwkeurig en suggestief liet blijven. Maar de romanschrijver zag dat hij concrete voorbeelden nodig had voor zijn verhaal, en dus nam hij ze op om verhaaltechnische en dramatische redenen, maar paste hij er voortdurend goed voor op niet te onthullen waar zij vandaan kwamen. Met andere woorden, Couperus gebruikte paranormale gebeurtenissen die aannemelijk waren in de context van zijn verhaal en vanuit het gezichtspunt van een Nederlander. Dit lijkt misschien vanzelfsprekend, maar het vormt de basis van veel van de kritiek.[66] Couperus geeft dit spiritisme niet weer vanuit het gezichtspunt van de Javanen – een onmogelijke opgave die vatbaar zou zijn geweest voor verdraaiing en wanbegrip. Hij zag hier wijselijk van af en beschreef gevallen van occultisme in de roman als bijzondere voorvallen die door Europeanen werden ervaren, of als onderwerpen van roddel en geruchten. Zeker, er zijn suggesties dat de regent erbij betrokken is, maar dat wordt nergens stevig onderbouwd. Als dat was gebeurd, zou het de unieke atmosfeer en kracht van de roman hebben stukgemaakt, het zou deze hebben gereduceerd tot een confrontatie tussen een scepticus en een magiër, het zou afbreuk hebben gedaan aan de ontzetting die de 'stille kracht' teweeg moest brengen, en de tragedie van Van Oudijck hebben gebagatelliseerd. En tragedie heeft te maken met een gevoel van onvermijdelijkheid dat de onzekerheid van ons leven en van onze wereld laat zien. In *De stille kracht* is dit in psychologische termen aanwezig door de onvermijdelijke straf voor de ontkenning van de kracht van het libido, in symbolische termen door de voorbeschikte overwinning van Azië over Europa en in metafysische termen door de onontkoombare moloch van het noodlot.

Het noodlot is de centrale kracht in Couperus' werk. Ongeacht hoe rijk zijn verbeelding is, ongeacht zijn verspreide uitstapjes naar een warme fantasie, zijn ironie of vlagen van extase, bleef Couperus overtuigd van de onveranderlijkheid van de wet van de menselijke onmacht in een onverschillig heelal. Hoewel hij deze wet op veel verschillende manieren presenteerde, gaf hij er zelden een exacte naam aan (behalve in een vroege en onbelangrijke roman met de titel *Noodlot*). In een mythische allegorie getiteld *De Zonen der Zon*, die voor Couperus persoonlijk een lievelingswerk bleef, wordt het voorgesteld door een draaiend rad; in een soortgelijke tekst genaamd *Jahve* (1903) is het 'Geheim'; in een van zijn meesterwerken, *Van oude mensen, de dingen die voorbijgaan,* is het eenvoudigweg 'het Ding'; in *De stille kracht* is het een 'verborgen kracht'; in *Iskander* is het 'Azië'; in *De boeken der kleine zielen* is een van de manifestaties ervan dezelfde duistere kracht van de erfelijkheid die ook het naturalisme beheerste. Het kan zelfs worden samengevat als 'Eentonigheid' (ix. 648-52).

Het is niet verrassend dat Couperus het noodlot vaak in verband bracht met vrees en met de nacht. Hij maakte onderscheid tussen 'bang zijn' en 'angst': 'Want wie bang is, is bang voor iets of voor iemand... Maar wie de Angst kent, voelt die Angst als een geheimzinnigheid, in hem, om hem: als een geheimzinnige dreiging van wat gebeuren of komen gaat...' (viii. 377). De nacht, die hem altijd een soort vage vrees heeft bezorgd, is de lievelingstijd van de vrees, hoewel Couperus ook een zekere eerbied voor de nacht ervoer omdat die tijd 'iets heiligs' had. Ondanks zijn demonische mogelijkheden kan de nacht ook troost brengen, die wordt aangereikt door 'zorgzame moederhanden'. Met andere woorden, de nacht is een vrouw (vii. 696-7). In *De stille kracht* wordt de nacht beschreven als zacht, buigzaam, slap en fluweelachtig, 'versmeltende alle denken en ziel en warm vizioenende voor de zinnen', en hij wekt een 'onontkoombare verlokking tot liefde'.

De stille kracht is een nachtelijk boek; de meeste belangrijke scènes spelen 's nachts. De titelgodin van de roman, die in de eerste zin wordt aangekondigd, is de maan, het symbool van de vrouwelijke kracht van het leven. De maan is rood, wat een ramp en het gebruik van bovennatuurlijke macht voorspelt. Couperus merkte later in *Oostwaarts* op dat de tropische maan van Indië altijd een soort magische spiegel voor hem was (xii. 349). Op symbolisch niveau schildert de roman de strijd tussen de maannacht en de zonnedag. Eén vertegenwoordiger van de maannacht is de alomtegenwoordige hadji of islamitische pelgrim. Behalve in de slotscène wordt de hadji alleen 's nachts gezien, vaak bij maanlicht en alleen door vrouwen. Hij wordt door Oerip, de Javaanse dienstbode, uitdrukkelijk een geest genoemd. Van Hien beschrijft een geest genaamd *antoe-darat*, die meestal aan de voet van een oude boom leeft en die er 's nachts op uit gaat 'in de gedaante en de kleeding van een *hadji*'.[67] De zonnedag is het terrein van het westerse gezag en wordt vertegenwoordigd door de ceremoniële *pajong* (of parasol) van de resident, die wordt beschreven als een 'dichtgestraalde zon'. Maar in deze roman triomfeert de vrouwelijke maanwereld van intuïtie, fantasie en magie over de mannelijke zonnewereld van rede, reflectie en objectiviteit.

Van Oudijck is omringd door de vrouwelijke kracht als de symbolische macht van Azië en door de instinctieve drang naar onmiddellijke bevrediging. Deze wordt het duidelijkst vertegenwoordigd door zijn tweede vrouw, Léonie, zijn dochter Doddy en zijn zoon Theo, en door Addy de Luce. Men moet niet vergeten dat de egoïstische seksualiteit van dit kwartet in 1900, toen de roman werd gepubliceerd, shockerend was, terwijl een karakter als Léonie in die tijd in de Nederlandse literatuur ongebruikelijk was.[68] Couperus tekende zo'n overtuigend portret omdat zij bepaalde aspecten van zijn eigen persoonlijkheid weerspiegelt. Hoewel deze 'blanke sultane' (p. 18) met haar 'melkblanke kreoleloomheid' (p. 186) op Java uit Europese ouders werd geboren, is ze meer Indisch dan Nederlands.[69] Haar zelfgenoegzame seksualiteit is een vorm van narcistisch vermaak, gevoed door haar ijdelheid en beschermd door haar onverschilligheid. Als een tropische Venus gaat Léonie het morele bevattingsvermogen van de samenleving te boven; haar onverschilligheid is bijna bovenmenselijk en ze wordt onkwetsbaar genoemd want een 'noodlot scheen op deze vrouw niet te drukken' (p. 20).

Zo'n belichaming van pure zinnelijkheid zou niet vruchtbaar moeten zijn en er wordt opgemerkt dat Léonie geen kinderen heeft. Toch kan men haar niet als echt slecht beschouwen, omdat ze, als een dier of een bloem, genoeg heeft aan zichzelf en nooit serieus wordt geplaagd door een superego dat normen en idealen opdringt. Het is dan ook, psychologisch of symbolisch, niet verrassend dat het Léonie aan verstand ontbreekt. Haar optreden in de samenleving is een tijdelijke epifanie die snel voorbij is. Haar smaak is onvolwassen, het privé-leven van haar geest is gewijd aan 'geparfumeerde verbeelding' (p. 22) en haar meest representatieve minnaars zijn dan ook jonge mannen die een verlengde adolescentie doormaken. Typerend is dat Léonie, als ze voor de keus tussen Theo en Addy komt te staan, het probleem vereenvoudigt door hen te reduceren tot lichamelijke týpen (p. 80), waarmee ze het begrip individualiteit negeert. Het gebruik van rationelere methoden zou ondenkbaar zijn voor deze belichaming van sensualiteit. Dat ze onkwetsbaar is, blijkt uit het feit dat Léonies straf, als de 'stille kracht' vergelding komt oefenen, bestaat in een oppervlakkige vorm van vervuiling, die letterlijk en figuurlijk kan worden afgewassen.

Ironisch genoeg is de indrukwekkende scène in de *mandi*-ruimte veel sterker met seks beladen dan alle andere, omdat Léonies bijna inerte sensualiteit tot leven wordt gewekt door de kinetische energie van de angst. Sensualiteit heeft iets specifieks nodig om seksueel te worden, en Léonies lusteloze sensualiteit die, hoewel toegeeflijk, nooit toegeeft, wordt gedurende een moment met een schok tot een ongewone realiteit gemaakt, en ze vindt zichzelf obsceen. Als een verschrikte adolescent rent ze om bescherming naar haar tweede moeder, haar bediende Oerip. Maar haar straf voor wat tenslotte tastbare overtredingen zijn, bestaat uiteindelijk in weinig meer dan een infectie met het virus van de jaloezie, dat uiteindelijk het hele huishouden van de residentie besmet. Het gevolg is dat het genot van een liefdesgodin smakeloos menselijk wordt, als ware het een reflectie van haar wrede fantasieën. Haar verboden afspraakjes worden bijvoorbeeld niet langer met koninklijke nonchalance genoten in haar boudoir, maar in het huis van mevrouw Van der Does, die als koppelaarster optreedt. En Léonie geeft nu ook toe aan de angst voor de ouderdom; ouder worden, met de bijbehorende fysieke achteruitgang, bezoedelt haar tijdloosheid.

Addy de Luce zou Léonies tweelingbroer zijn als hij daarvoor niet werd bewaard door zijn Javaanse bloed. Hij is nog minder intelligent dan de vrouw van de resident, hoewel ook hij alleen maar fysiek aanwezig hoeft te zijn om bemind te worden. Hij heeft de dierlijke kracht en gratie van een tijger (zoals Eva Eldersma over Léonie opmerkte), maar Addy lijkt nog meer op een god dan zijn oudere, vrouwelijke complement. Zijn prototype was Dionysus, de god die Couperus in zijn eerste mythologische verhaal, gepubliceerd in 1904, vereerde. Addy de Luce wordt een 'mooie, zuidelijke god' (p. 76) genoemd, 'een verzengende jonge god' (p. 77), een 'god zonder gedachte' (p. 77). Deze 'Verleider' (met een hoofdletter, p. 77) heeft 'iets van een Moor' (p. 79) en er is 'iets verleidelijk zuidelijks', 'iets Spaansch' (p. 76) aan hem. Addy straalt met een fysieke volmaaktheid die te danken is aan de 'harmonieuze' vermenging van een Franse avonturier en een Javaanse prinses. Dom, en dus niet geremd door rationele controle, is Addy zowel onverzadigbaar als ongeremd – misschien nog wel meer dan Léonie.

De familie De Luce wordt beschreven als echt Indisch, wat een van de redenen is waarom Doddy Addy aanbidt. Maar zelfs hier bestaat een overeenkomst met Léonie omdat de manier waarop de De Luces worden beschreven ook bij haar zou passen, alsof ze een van hun kinderen was. Het is een familie die blijk geeft van 'Een groote eenvoud van ziel, een alomvattende hartelijkheid, gedachteloos en ingeboren, heerschte hier met een grenzelooze verveling en matheid, de ideeën geene, de woorden weinige, de zachte glimlach vergoedende idee en woord' (p. 73-4).

Ook Theo van Oudijck heeft Europees en Javaans bloed, maar lang niet zo harmonieus als Addy. Theo is groot en blond en lijkt op zijn vader, maar ook in hem zal het bloed van Indië Van Oudijck overvallen. Even lui en onverschillig als zijn stiefmoeder, zijn zuster en Addy, gaat Theo van Oudijck werk en verplichtingen met opzet uit de weg alsof hij de protestantse ethiek van zijn vader wil beledigen. Hij valt vlug voor de betovering van zijn rivaal Addy en geeft zich even snel over aan Si-Oudijck, de vermeende onwettige zoon van zijn vader. Dit is geen ongewoon gedrag voor iemand die wordt beschreven als 'blonde kleurling' of, wat op hetzelfde neerkomt, een 'dikken, blonden sinjo' (p. 106) wiens Indische bloed duidelijk spreekt uit zijn sensuele mond (p. 80), en die zichzelf beschouwt als de zoon van zijn Indische moeder en in het geheel niet als het kind van zijn vader (p. 185). Zijn zuster Doddy lijkt ook op haar moeder en is op haar zeventiende seksueel volwassen. Van Oudijck is dus letterlijk en figuurlijk omgeven door een vreemd klimaat. Zowel in zijn thuiswereld als in de grotere arena van de maatschappij en de geschiedenis is hij even onontkoombaar verward in een netwerk van verval als Agamemnon. En ook op Java was het net gespannen door het vrouwelijke element. Zijn kinderen blijven bijvoorbeeld 'onuitgesproken' (p. 101) trouw aan hun moeder, de eerste vrouw van Van Oudijck. Ze voorziet met gokken in haar levensonderhoud, en gokken is een hartstocht, en dus iets dat Van Oudijck verafschuwt. En natuurlijk is gokken de ondeugd waardoor de regent van Ngadjiwa wordt vernietigd, die indirect Van Oudijcks ondergang blijkt te zijn. Op deze manier blijft Couperus onopvallende verbanden suggereren tussen de wereld van de vrouw, de hartstocht en Java.

Het verschillende karakter van de mannelijke en vrouwelijke invloedssferen wordt heel duidelijk vastgehouden. Van Oudijck wordt herhaaldelijk voorgesteld als een toonbeeld van mannelijkheid, met zijn eigenschappen als rede, logica, werk, plicht en pragmatisme. Hij wordt beschreven als een robuuste, sterke man, gezegend met goede menselijke eigenschappen, een 'simpelen man van praktijk', 'maathoudend', een bij uitstek indrukwekkend persoon vanwege zijn 'simpele mannelijke natuur'. Maar ten gevolge van dezelfde deugden weet Van Oudijck zich geen raad met complexiteit, nuances, ingewikkeldheid of paradox. Van Oudijcks koppige ontkenning van 's levens complexiteit, gekoppeld aan zijn oprechte verlangen om van dienst te zijn, maakt hem tot een aantrekkelijke belichaming van paternalisme. Wanneer we spreken over zijn huiselijke tragedie is zijn vaderlijke arrogantie en onbuigzaamheid een tragisch gebrek dat doet denken aan King Lear. Maar in de roman wordt het conflict verbreed tot de maatschappij en de geschiedenis, en als resident van Laboewangi vertegenwoordigt Van Oudijck ook het koloniale paternalisme. Maar Couperus weigert toe te geven aan simplificatie en suggereert dat Van Oudijcks principes nog een andere dimensie hebben. Het verlangen van de resident naar de helderheid van een geordend bestaan is versleten en niet langer haalbaar, zelfs niet in de strenge wereld van de Javaanse aristocratie. In zijn smartelijke liefde voor de dode *pangéran* verraadt Van Oudijck, evenals zijn schepper, dat hij een 'passatist' is die tot zijn walging ontdekt dat zijn huidige werkelijkheid steeds verwarrender en tegenstrijdiger wordt. Die werkelijkheid botst met zijn geloof in de zekerheid van het leven. De kracht van wat Van Oudijck altijd als zwakte beschouwde – met de bijbehorende connotaties van bijvoorbeeld onvoorspelbaarheid, twijfel, verwarring, onzekerheid, onbepaaldheid – doet hem met een woeste vasthoudendheid, die hem verbijstert, de das om. Gebruikt als een homerisch epitheton wint vormeloosheid in toenemende mate aan vorm en kracht, als een repeterende breuk, totdat de hoofdfiguur erdoor is overweldigd.

Een van de symbolische correlaten van wat rationeel zo moeilijk onder woorden is te brengen, is de anonieme post die Van Oudijck begint te ontvangen. Een van de redenen waarom hij daar zo'n hekel aan heeft, is de vaagheid ervan (p. 102), een eigenschap die ook een belangrijk element is van de 'stille kracht'. De anonieme post zou afkomstig zijn van Van Oudijcks onwettige zoon Si-Oudijck (p. 191). Omdat hij van Si-Oudijcks bestaan op de hoogte is, arrangeert Addy de Luce een ontmoeting tussen Theo en zijn veronderstelde halfbroer. De scène waarin zij elkaar ontmoeten vormt een combinatie van het huiselijke en officiële paternalisme van de roman: de beide jonge mannen verheugen zich in het vooruitzicht Van Oudijck te vernietigen, zowel als vader als als hoge koloniale ambtenaar.

Si-Oudijck vertegenwoordigt de donkere of nachtzijde van Van Oudijcks persoonlijkheid, zijn onderbewuste. Hij heeft deze ontaarde nazaat waarschijnlijk verwekt in Ngadjiwa toen hij nog een lagere ambtenaar was, dezelfde plaats die de oorsprong van zijn ondergang blijkt te zijn. Want dit gebied wordt bestuurd door Soenario's jongere broer, degene die verantwoordelijk is voor de fatale confrontatie van het Europese kolonialisme met 'dat eiland van geheimzinnigheid, dat Java is...' (p. 105). Si-Oudijck woont in een kampong, een inheems dorp. Maar voor de Nederlandse kolonialisten betekende 'in de kampong wonen' ook 'zich aanpassen aan de plaatselijke bevolking', in de zin van aan lager wal raken, van zich overgeven aan een losbandig element dat verondersteld werd synoniem te zijn met het inheemse leven. Als zijn toekomst er somber uitziet, geeft Van Oudijck toe en stuurt geld naar zijn veronderstelde bastaard, die 'ellendeling in de kampong' (p. 221), en het loopt erop uit dat hij zelf in zo'n dorp woont met zijn 'kring... Het is me wel een Indische boel zal [ik] u zeggen' (p. 222).

De kampong vertegenwoordigde ook seksualiteit en we merken op dat dat de plaats is waar Si-Oudijck werd verwekt, waar Tidjem (Addy's baboe) woont, die Addy haar hut laat gebruiken voor zijn nachtelijke afspraken, en waar Addy zijn rendez-vous met Léonie heeft. En uit de nacht van de kampong komt de 'venijnige laster', evenals Léonies 'vermillioene bezoedeling' (p. 183) 'uit stille hoekjes uitgespogen', de koloniale hiërarchie 'bekladderend' en 'besmeurend' (p. 100). De beschuldigingen dragen meestal een seksueel karakter en worden in verband gebracht met nachtelijke krachten: zij vertegenwoordigen een verborgen spiegelgevecht in de schaduw (p. 102). De laster, de kampong en de tropische nacht samen suggereren het id, waaruit de onbewuste energie stroomt die wordt gerepresenteerd door de seksuele begeerte.

Van Oudijcks ondergang moet voortkomen uit deze nachtelijke wereld van hartstocht en seksualiteit. Maar dat is alleen maar mogelijk omdat hij er vatbaar voor is. In de kleine kampong bij Garoet op West-Java bekent hij Eva dat hij niet zonder vrouw kan leven. De wraak van de archetypische wereld van de vrouw manifesteert zich in Van Oudijcks weinig karakteristieke overgave aan irrationele, blinde jaloezie. Hij wordt verteerd door deze elementaire, instinctieve kracht die de dynamiek van zijn mannelijke paternalisme opslokt en het hem onmogelijk maakt zijn werk te doen. Deze irrationele emotie is de vertaling van de bovennatuurlijke gebeurtenissen in gevoelsmatige energie die vormloos, onbeteugeld en gevaarlijk is. De hele residentie wordt door deze virulente ziekte van jaloersheid en haat aangetast. Deze is primair gericht tegen Léonie, wier 'azuren bloemetjes' zich tot een 'duivelsche bloem' hebben ontwikkeld. De bloei van deze nachtbloem is schadelijk voor Van Oudijck omdat hij na onevenwichtig te hebben geleefd, nu een onvermijdelijke straf moet ondergaan, de ontketening van 'ongetemde en ontembare psychische kracht'.[70] De morele chantage die in de nacht van de kampong op de post werd gedaan, richt haar aandacht op de geperverteerde seksualiteit van zijn vrouw, vernietigt zijn rationele controle, zodat hij gaat geloven in geesten en bovennatuurlijke gebeurtenissen, en vervreemdt deze kalme man ten slotte van zijn eigen identiteit. Hij krijgt last van het klimaat, zijn gezondheid wordt ondermijnd en zijn huid wordt net zo geel als zijn 'whiskey-soda okerde in zijn glas' (p. 189). Nadat hij is bezweken voor de stille kracht, wordt Van Oudijck ook het slachtoffer van de onduidelijke, onnauwkeurige en duistere *modus vivendi* daarvan. De door de duisternis achterhaalde resident begint te weifelen, te aarzelen, halve maatregelen te nemen (p. 191). Nu zowel lichaam als geest slap is geworden, begint Van Oudijck op Léonie te lijken als hij toegeeft aan 'de zachte verslapping zijner spieren, (van) de doellooze doezeling zijner gedachten' (p. 194). Hij heeft geen ambities meer, de verticale 'hiërarchische lijn van het Binnenlandsch Bestuur' komt tot rust in horizontale ontspanning; de resident is ondergedoken in de 'stilstaande lauwte van die onverschilligheid' die vroeger met Léonie werd geassocieerd. Net als zijn tweede vrouw, die altijd voor moeilijkheden wegloopt, maakt Van Oudijck zich stilletjes uit de voeten voor Laboewangi, hij ontloopt zijn verantwoordelijkheden en verstopt zich in het hart van Java, een hart waarvan men ooit zei dat het onoverwinlijk was. Daar wordt de omkering van zijn 'opwaartsche lijn' voltooid wanneer hij Eva Eldersma zijn afkeer van het kolonialisme bekent.

De Eldersma's weerspiegelen Van Oudijcks dubbelheid. Onno, de man, is de gehypertrofieerde vorm van de mannelijke toewijding aan het werk. En de hoeveelheid administratief werk was enorm omdat de koloniale macht, naast de groeiende economie, in toenemende mate werd gecentraliseerd in Buitenzorg en de bureaucratie op overeenkomstige wijze uitdijde. Als de resident een emotionele vagebond is geworden, voegt Onno het werk van zijn chef bij zijn eigen, al onmenselijke takenpakket. Maar het wordt niet beloond. Zijn verslaving aan de administratieve molen ontmenselijkt hem en hij keert als een gebroken man naar Holland terug. Eva vertegenwoordigt de ethische kant van Van Oudijck. Zij blijkt de enige te zijn die begrijpt dat Van Oudijcks karakter meer diepgang bezit dan de meeste mensen vinden. Men dient ook op te merken dat Eva, een Nederlandse vrouw, de volmaakte aanvulling van Van Oudijck zou zijn geweest, omdat ze in haar persoon het praktische en het esthetische combineert. Eva is niet oppervlakkig of onverschillig zoals Léonie. Ze steunt haar man en is hem trouw, en ze geeft om de wereld en raakt niet opgesloten in de gevangenis van het egoïsme zoals Léonie. In maatschappelijke termen is haar huis de 'eigenlijke' residentie (p. 45, 59) en ze brengt leven in Van Oudijcks bestaan en het provinciale Laboewangi.

Omdat Eva vrijwel het alter ego van Van Oudijck is, is ze een voorafschaduwing van zijn noodlot. Hoewel ze laat zien dat de Nederlanders veel goeds konden doen, zien we hoe het liefdadigheidsinstinct ontspoort als ze haar bediende Saina dwingt haar neerbuigende goedheid te accepteren. Het wordt haar kwalijk genomen want de Nederlandse vrouw slaagt er niet in ook maar het eenvoudigste Javaans te begrijpen en een ogenblik lijkt ze op de kortzichtige weldoener die Dickens zo graag bespotte.

Het is ook niet verbazend dat de eerste aanval van de stille kracht op Eva's westerse enthousiasme wordt uitgevoerd door de natuur. Zij is de enige die kan reageren op de majesteitelijke natuur van Java en ze is kwetsbaar voor de aanval vanwege haar esthetische gevoeligheid. De moessonregens verwoesten niet alleen de schoonheid en charme van de 'artistieke vertroosting' van haar met zorg ontworpen omgeving, maar brengen ook rot en schimmel op haar ziel. Couperus verenigt Eva's lichamelijke en geestelijke ondergang in het fraaie beeld van de kromgetrokken piano die ontstemd is door het vocht en de insecten.

Ook via Eva suggereert Couperus dat de stille kracht niet alleen Java of het triomferende Azië is, maar ook de macht van 'de ander'. In een opzettelijke parallel aan de openingsscène van de roman staat Eva, evenals Van Oudijck, aan de voet van de vuurtoren van Laboewangi. Terwijl ze de nacht in staart, wordt ze zich bewust van haar vernederende kleinheid, als van atomen, 'van kleine menschen onder aan den kleinen glimptoren, dreef een grondelooze immensiteit: luchten en eeuwige lichten. En uit de immensiteit dreef het onzegbare aan, als het bovenmenschelijk goddelijke, waarin al het klein menschelijke verzonk, versmolt' (p. 145). In vergelijking met de macht van deze onuitsprekelijke meedogenloosheid zijn Eva's 'lijn van gratie en schoonheid' en Van Oudijcks 'opwaartsche lijn' een tamelijk pathetisch streven.

Eén personage in *De stille kracht* vertoont wat we mogen beschouwen als de juiste reactie op een dergelijk fatalisme. Dat is Oerip, Léonies persoonlijke bediende, wier naam in het Javaans 'leven' betekent. Theo en Léonie beven van angst als ze de zielen van kleine kinderen in de waringin horen snikken, maar Oerip 'hurkte diep, nederig, ineen, als duldende alle noodlot van onverklaarbare geheimzinnigheid' (p. 162). Geen van de andere figuren vertoont echter een soortgelijke aanvaarding. Zelfs Van Oudijcks tegenstander, de regent Soenario, is eigenlijk een instrument van dezelfde onvermijdelijkheid. Soenario wordt slechts van buitenaf beschreven, vormgegeven door de gezamenlijke reacties van de resident en andere mensen. Alles wat Van Oudijck over de regent weet, is bijkomstige informatie op grond van geruchten. De regent is een soort afgodsbeeld waarin de kracht van zijn volk huist, of als het beeld van een godheid die dankzij zijn raadselachtige macht onaangetast blijft door het bederf van een vreemde en vulgaire aanwezigheid. Couperus' weergave van de paradoxale aard van Indië is ook aanwezig in de regent. Hij wordt 'heilige en tovenaar' genoemd in wie ondanks zijn lichamelijke broosheid een omineuze kracht huist die verwant is aan de sluimerende energie van zijn vulkanische vaderland. Zelfs in deze onvermurwbare Javaanse aristocraat die Van Oudijck geen enkele inbreuk op zijn karakter of ziel toelaat, heeft Couperus vastgehouden aan de vele betekenisniveaus waar we naar op zoek zijn. Deze – 'raadselachtig, dien wajangpop' (p. 34-5) – heeft een bijna 'vrouwelijk' gezicht (p. 44) en zijn woede wordt beschreven als identiek aan de beheerste razernij van zijn moeder, de *raden ajoe*. Het enige bezielde kenmerk van dit instrument van het noodlot zijn zijn ogen. Wat zij overbrengen is een macht die Couperus graag associeerde met Azië: een paradoxale kracht van een agressieve passiviteit die zijn slachtoffer kan vernietigen zonder enige openlijke of kenbare middelen. Van Oudijcks praktische nuchterheid heeft geen verweer tegen zo'n ontwijkende en irrationele macht. Zijn lot lijkt op dat van de kat, die in de ontmoeting met de hagedis die Van Oudijcks jongste zonen in de tuin van de residentie organiseren, de sterkste zou moeten zijn. Maar ondanks de schijn van het tegendeel zal ook Van Oudijck zijn als 'de kat, die afdroop, zich wegtrok uit den zwarten kraalblik' (p. 31).

Men heeft de botsing tussen de regent en de resident geïnterpreteerd als het keerpunt in Van Oudijcks tragedie. Deze interpretatie volstond om de roman te redden van de critici die hem wilden afdoen als een exotisch hocus-pocusverhaaltje. Maar men blijft zich er ongemakkelijk bij voelen. Vanuit psychologisch gezichtspunt kan men Van Oudijcks nederlaag tragisch noemen, maar alleen in de algemene zin van verdriet of droefheid veroorzakend. De ontkenning door de resident van de anima van zijn ziel zal ernstige gevolgen hebben. Op symbolisch niveau schijnt Couperus te suggereren dat het mannelijke Westen ten slotte niet zal slagen als het probeert de vrouwelijke wereld van het Oosten te veroveren, maar ik denk dat Couperus iets meer wilde overbrengen.

Walter Kaufmann heeft heel scherp opgemerkt dat Hegel een afwijkende mening had over wat het Griekse drama tragisch maakte. Hegel realiseerde zich, in Kaufmanns woorden, 'dat we in het middelpunt van de grootste tragedies van Aeschylus en Sophocles geen tragische held maar een tragisch conflict aantreffen en dat dit conflict er niet een is tussen goed en kwaad maar tussen eenzijdige standpunten die elk iets goeds bevatten'.[71] Dit is denk ik de kern van *De stille kracht*. Men moet niet vergeten dat Van Oudijck een fatsoenlijk mens is en dat hij door een beoordelingsfout en niet door ondeugd of corruptie aan lager wal raakt, en dat zijn voornaamste doel is te werken aan de verbetering van Indië.

Zowel Van Oudijck als Soenario draagt verantwoordelijkheid die evenredig is aan hun respectieve posities. Geen van beiden is geheel fout en beiden belichamen iets goeds. En evenmin wordt een van beiden kleiner door schuld. De ironie van hun respectievelijke posities is dat beiden alleen willen wat zij het beste achten voor de bevolking. De raden heeft het vooruitzicht van een Java dat wordt bestuurd door de bloem van zijn eigen natie, terwijl de resident zich een Java voorstelt dat wordt geregeerd door een selecte groep van het westerse volk dat de macht heeft overgenomen. Van Oudijck denkt dat het om zijn visie te verwerkelijken nodig is progressieve maatregelen te nemen en het welzijn van het overzeese gebied te vergroten. De Javaanse edelman denkt dat het nodig is de heilige opdracht te verdedigen die aan zijn geslacht is toebedeeld om zijn eilandenrijk te besturen, een opdracht die een goddelijk recht is waarvoor geen vreemde sanctie nodig is. Beide mannen hebben geprofiteerd van een wederzijds begrip voor wat gunstig zou zijn voor een gezamenlijk goed, maar beiden blijven blind voor de beste pogingen van hun tegenstander omdat zij niet van hetzelfde bloed zijn, en niet gezegend zijn met de gemoedsrust van goden.

Het 'tragische conflict' van de resident en de regent kan nu ook worden gezien vanuit het bredere perspectief van de tegenstelling tussen Oost en West, tussen Azië en Europa. Als men bedenkt dat de creatieve bodem die Couperus' verbeelding voedde, vruchtbaar was gemaakt door de late negentiende eeuw, zal men ontdekken dat aan de basis van de bredere tegenstelling de eeuwenlange fascinatie van de Noord-Europeaan voor de zuidelijke wereld van het Middellandse-Zeegebied gelegen is. Evenals E.M. Forster vond Couperus persoonlijk en op artistiek gebied zijn heil in Italië, het land waar, om Forster aan te halen, 'men "ja" zegt (...) en waar dingen gebeuren'.[72] Als men van dit beroemde en volgens Thomas Mann fatale dualisme uitgaat, is het niet moeilijk parallellen te ontdekken in zulke archetypische paren als werkelijkheid en kunst, ratio en intuïtie, het mannelijke Noorden en het vrouwelijke Zuiden, of, inderdaad, het Westen en het Oosten. Wil men nog verder gaan, dan kan men het eerste zien als het rijk van de vader en het laatste als het rijk van de moeder. Het vaderlijke rijk – in Couperus' geval geïllustreerd door zijn wettige vader – wordt gekenmerkt door orde, plicht, verstand, bewustzijn en de scheiding tussen subject en object (Van Oudijck), terwijl het moederlijke rijk – Couperus' toegeeflijke, liefhebbende moeder – wordt geïllustreerd door toegeeflijkheid, sensuele bevrediging, intuïtie, het onbewuste, seksualiteit en eenheid (Léonie). Geheel afgezien van de relatieve voordelen van elke invloedssfeer vormt dit, lijkt mij, de symbolische kern van de koloniale literatuur.

Azië vertegenwoordigt het rijk van de moeder en, alsof hij Bachofens theorie van het moederrecht onderschreef, suggereert Couperus in diverse fictieve werken haar suprematie. In *De berg van licht* is het de grootmoeder Julia Moeza die, als de Magna Mater uit het Aziatische Oosten (in dit geval Syrië), als de hoogste macht waakt over het leven van haar kleinzoon, keizer Heliogabalus. In *Van oude mensen, de dingen die voorbijgaan* zijn drie generaties aangetast door een misdaad die de grootmoeder heeft begaan. Als jonge vrouw heeft grootmoeder Ottilie in een stormachtige nacht op Java met de hulp van haar minnaar haar man vermoord. Als een straling die generaties lang werkzaam is, beheerst die dodelijke hartstocht en zijn ontembare vertegenwoordigster de uitgebreide familie, en speciaal de mannen. In *De stille kracht* wordt de familie De Luce geregeerd door de grootmoeder, terwijl Van Oudijcks noodlottige confrontatie met de 'stille kracht' in werkelijkheid plaatsvindt tussen hem en Soenario's moeder, wanneer de resident zich tegenover haar bijna als een smekende zoon gedraagt.

Dit is ook van toepassing op Couperus' laatste meesterwerk, de roman *Iskander.* De titel is de Aziatische naam voor Alexander de Grote en de benaming van een aantal islamitische dynastieën. Een van de overeenkomsten met Couperus' koloniale roman is dat ook dit werk wordt beheerst door de lunaire en nachtelijke wereld van de grote godin en dat haar macht net zo onduidelijk is als de Javaanse. Couperus voegt aan de symboliek van het vrouwelijke principe een derde dimensie toe: de oceaan. Alexander wil zowel 'Indië en de Oceaan, dat toverland en dat toverwater' (x. 631) verslaan. Dit is de oceaan van het collectieve onbewuste, het derde rijk van de grote godin, zoals de lunaire Isis, Isjtar of Aphrodite Anadyomene, en ook de oceaan van de tijd.

Alexander bereikte India nooit. Hij werd overweldigd door dezelfde krachten die hij had overwonnen. Hij wordt verslagen door Azië, het vrouwelijke principe, en een van haar instrumenten is de eunuch Bagoas – een androgyn als Couperus' geliefde god Dionysus – die, evenals Soenario, Azië niet wil wreken door Alexander te doden maar door hem moreel te zien wegkwijnen. Net als Van Oudijck leert ook Alexander zijn nederlaag kennen. Terwijl hij naast de geplunderde graftombe van Cyrus staat, weet Alexander waarom hij, zonder noodzaak, naar Azië terugkeerde.

> Nooit zou zijn mond het bekennen, dat al hád hij Azië overwonnen, Azië hem overwonnen had en hem (...) het geheime gif harer stil en langdurig werkende Wraak drop na drop in ziel en lichaam had weten te droppen. Maar hij wist het en dat hij uitgeput was om deze onmetelijke grootheid en bovenmenselijke overwinning als de minste zijner soldaten zelve... (xi. 653)

De aanvankelijke reden die Couperus aanvoert voor Alexanders wens om Azië te veroveren, is gelijk aan die welke Hegel aangaf in zijn colleges (vanaf de jaren 1830) over *Geschichtsphilosophie.* 'Het was Alexanders bedoeling Griekenland te wreken voor alles wat Azië het zo veel jaren had aangedaan, en voor eens en voor al de oude vete en strijd tussen Oost en West uit te vechten.' Couperus zou het ook met Hegel eens zijn dat 'Alexanders expeditie naar Azië tegelijkertijd een ontdekkingsreis was'.[73] Voor Hegel betekende dit niet meer dan de ontsluiting van de oosterse wereld voor Europa, terwijl het voor Couperus een confrontatie betekende van het zelf met 'de ander', van de enkeling met de tijd, van het mannelijke met het vrouwelijke archetype van het bestaan. Toch stelde Hegel zich

India ook voor als het 'land van fantasievol streven, een sprookjesrijk, een betoverde wereld' die bezeten was van 'een idealisme van de verbeelding'. In een passage die bijzonder verleidelijk is, vergelijkt hij het Aziatische subcontinent met een mooie vrouw. India wordt, als het 'Land van verlangen', gelijkgesteld aan de natuur. Voor Hegel is de kern van Azië duidelijk vrouwelijk en hij kent er grote macht aan toe, maar hij weet deze kenmerken om te buigen tot een negatief oordeel.[74]

Al vóór Hegel was de verleidelijke aanlokkelijkheid van Azië een fundamenteel motief in de westerse oudheid, iets waarvan Couperus zich goed bewust was. In Aeschylus' *Agamemnon* wordt bijvoorbeeld de verwijfde luxe van Aziatische artikelen afgekeurd, terwijl in het laatste stuk van Euripides, *De bacchanten*, van de god Dionysus wordt gezegd dat hij zich onderscheidt door vrouwelijke schoonheid, dat hij uit Azië afkomstig is en de grote moedergodin (Rhea of Cybele) als bondgenoot heeft. Voor Couperus symboliseerde Dionysus de bevrijding van de vaderlijke noordelijke wereld door nadruk te leggen op de hegemonie van het zuidelijke rijk van de moeder. Dionysus als Lusios, of 'Bevrijder', was een voorafschaduwing van Couperus' bevrijdende overgave aan meer 'irrationele impulsen', zoals zijn verbeelding, zijn emotionele ambivalentie, de vrouwelijkheid van zijn karakter of zijn 'oriëntalisme', waarvan Couperus vanaf het eerste begin van zijn carrière beweerde dat het uitsluitend van hemzelf was en niet op literair gezag aangenomen. Dionysus belichaamt al deze aspecten; hij is een hybride god, zowel Aziatisch als Helleens, met hermafrodiete trekken. Deze 'Zeus der vrouwen'[75] zou het Nabije Oosten hebben veroverd en Azië tot en met India hebben overweldigd – een prestatie die Alexander volgens Couperus wilde evenaren. Dionysus' moeder was de maangodin Semele en zijn grootmoeder was de grote godin, de Magna Mater Rhea.

Dionysus' dubbele natuur was essentieel voor Couperus' interpretatie van de god. In het dozijn sonnetten dat hij aan zijn mythische verhaal over Dionysus liet voorafgaan, kwam Couperus voor het eerst uit voor zijn tweezijdige ziel die zowel 'een kind van noordewee' is als een ziel die 'slaakt (...) naar bláuwe lucht haar jubelkreet' (iv. 541). Maar hij verleende Dionysus ook het vermogen onenigheid te overwinnen door tegenstellingen in zich op te nemen, en Couperus laat de god zeer teder zorg dragen voor de melancholieke eenzaamheid van 'Hermafroditos', de antieke mislukkeling die zowel de mannelijke nakomeling van 'Hermes, van verstand stralende', als de vrouwelijke nakomeling van 'Afrodite, stralend van schoonheid' was (iv. 625).

Deze elkaar voortdurende overlappend tegenstellingen, die zo belangrijk waren voor Couperus' persoonlijkheid en kunst, zijn ook fundamenteel voor de koloniale literatuur, en het is daarom begrijpelijk dat een schrijver die dualiteit zo scherp ervoer als Couperus, een klassieke roman over het culturele schisma tussen Oost en West moest scheppen. Maar was er ook een manier om dit dilemma te boven te komen? In Couperus' levenslange toewijding aan zijn kunst, is die troost te vinden in de creatieve daad zelf, waarin hij verhalend inzicht verenigde met lyriek. Maar opnieuw kan ook dit worden uitgebreid zodat het ook de andere tegenstellingen die hiervoor genoemd zijn omvat.

Het samengaan van de beide tegengestelde principes in de literaire scheppingsdaad was door Baudelaire – op misleidende wijze aangeduid als de grondlegger van de 'decadente' beweging in de literatuur – gesymboliseerd door de thyrsus: de staf die eindigde in een dennenappel en met wingerd omwonden was, die representatief is voor de cultus van Dionysus. In een van zijn onnavolgbare prozagedichten ('Le Thyrse') vergelijkt Baudelaire de staf met de mannelijke wil en de omringende wingerd met de vrouwelijke verbeelding. 'De bloemen zijn de wandeling van je fantasie rondom je wil; het is het vrouwelijke element dat zijn betoverende pirouettes uitvoert rond het mannelijke. Rechte lijn en kronkellijn, betekenis en uitdrukkingswijze, de starheid van de wil en verbale buigzaamheid, eenheid van doel, variatie in middelen.'[76]

Dit zou parallel lopen met de tweedeling in de kern van het kolonialisme en de koloniale literatuur. In *De stille kracht* corresponderen Hegels prozawereld en Baudelaires mannelijke 'rechte lijn' met de 'opwaartsche lijn' of de 'hiërarchieke lijn van de [koloniale] ambtenarij' van de vaderlijke Europese wereld van de bestuurders. Baudelaires vrouwelijke 'kronkellijn' en Hegels poëtische India corresponderen met Eva Eldersma's 'gratie-lijn' en 'schoonheidslijn'. In het licht van de koloniale maatschappij is Eva's man, Onno, het type van de prozawereld van de saaie administratieve werkezel, terwijl Van Helderen, de man tot wie ze zich aangetrokken voelt, meer op één lijn zit met Eva, omdat hij kan 'werken voor een doel, dat ik mooi voor mij zie, maar ik kan niet werken... om te werken en de leêgte van mijn leven te vullen' (p. 69). 'Mooie doelen' zijn natuurlijk taboe voor de koloniale hiërarchie en Van Helderens chef, resident Van Oudijck, waarschuwt Eva voorzichtig te zijn met zijn soortgenoten omdat hij 'te litterair [is] in zijn maandelijksche controle-rapporten' (p. 150).

Maar wat voor Van Oudijck een tekortkoming is, is vanuit Couperus' gezichtspunt een deugd. Daarom is het Van Helderen die Eva uitlegt dat Indië een prozaïsche en een lyrische kant heeft. De laatste komt hij tegen in hun volk, hun verleden en in hun aard, terwijl het proza wordt vertegenwoordigd door 'een reusachtige maar uitgeputte kolonie' (p. 70). Het is ironisch dat Couperus Eva voorzag van het bewuste besef dat beide 'lijnen' naast elkaar moesten bestaan, ironisch omdat zij een buitenstaander is die als een gedesillusioneerde vrouw naar Europa zal terugkeren. Toch is zij het die beseft dat ze een praktische zijde heeft waarmee zij de prozaïsche dwaasheden van de Europese gemeenschap kan doorzien, en een 'exotische zijde' waarmee zij kan waarnemen 'het waarlijk poetische, echt Indische, zuiver Oostersche, louter Javaansche' (p. 42). Die essentie wordt gerepresenteerd door zowel de 'grootschen adeldom van die natuur' (p. 43) als door de elegantie, gratie en 'voorname aristocratie' (p. 44) van de Javanen.

Addy de Luce is het model van een dergelijke fysieke gratie, maar het is een geheimzinnige schoonheid die de volmaaktheid van beide seksen combineert.

Hij straalt in het vlees uit wat zijn naam suggereert,[77] terwijl men zich zelfs af kan vragen of zijn naam ook een lexicale echo van 'lusios', het epitheton van Dionysus, bevat. Dat Couperus een verband wilde leggen tussen Addy en Dionysus is duidelijk uit het aantal positieve overeenkomsten tussen hem en een mediterrane godheid. Wat dat betreft wordt zijn hele familie over het algemeen op een positieve manier vermeld. Addy erfde zijn gratie en elegantie van zijn Javaanse moeder, die door Soenario's broer, de regent van Ngadjiwa, wordt behandeld met het respect dat gewoonlijk alleen aan Javaanse koningshuizen wordt betoond. Couperus geeft aan dat de familie De Luce erin is geslaagd het beste van de Indische maatschappij te behouden, zoals de verfijnde gewoonten, de royale gastvrijheid en de emotionele veiligheid van een uitgebreide familie. Zij zijn niet aangetast door de malaise van de Europese introspectie, omdat zij (vanuit een Europees gezichtspunt gezien) een stimulerend intellect missen. Maar Couperus merkt ook het gebrek aan hebzucht en de eenvoudige *bonhomie* op die hen maakt tot de enige sociale eenheid in de roman die in vrede en harmonie leeft (p. 73-4).

De beschrijving van het leven in Patjaram, de omheinde groep gebouwen van de familie De Luce, benadert de voorstelling van een tropisch Utopia. Voor Doddy is Patjaram bijvoorbeeld een ideale wereld waarin bruin de geliefde kleur van distinctie en blank die van spot is. Patjaram vertegenwoordigt ook de overvloed van het leven en de vruchtbaarheid ervan moet contrasteren met de steriele schoonheid van Doddy's stiefmoeder Léonie. 'Want Patjaram was voor haar het ideaal van huiselijkheid: het groote huis, gebouwd aan de suikerfabriek, vol zonen en dochteren en kinderen en beesten, op wie de zelfde goedigheid en hartelijkheid en verveling was neêrgezeefd, met achter die zonen en dochteren de aureool van Solosche afkomst' (p. 203). En alsof ze Patjarams distinctie wil benadrukken, noemt Doddy het 'ideaal' (p. 203), iets wat Van Oudijcks koloniale machtscentrum duidelijk niet was.

Patjarams lome elan onder leiding van een vriendelijke *mater familias* moet contrasteren met de koloniale hoofdstad Batavia, die wordt beschreven als een dodenstad met een 'frons van sombere peinzing' (p. 212). De Europese bewoners zijn zich niet bewust van de omringende schoonheid van de tropische natuur en de menselijke contacten zijn teruggebracht tot de niet-lichamelijke omgang in telefoongesprekken. In Batavia is blank de kleur van de dood; in Patjaram is bruin de kleur van leven en gezondheid.

De wereld van Patjaram is de wereld van de 'Indo', de Euraziaat. Voor Couperus leek deze een succesvolle combinatie van de oosterse en de westerse stroming te vormen omdat hij deze zag als een raciale consolidatie. Men dient te bedenken dat de adellijke familie van de Adiningrats, evenals de Nederlandse kolonialen, eveneens achteruitgaat, een verslechtering die wordt gepersonifieerd door de regent van Ngadjiwa, die zowel zichzelf als zijn oude klasse degradeert. De grootsheid van hun afstamming schijnt teruggebracht te zijn tot een alles verterende haat tegen de Europese overweldiger, een vijandschap die noch voor kracht noch voor verzoening ruimte laat. Deze emotionele verlamming wordt niet gedeeld door de familie De Luce, hoewel deze verbonden is met de roem van het verleden van de Adiningrats door 'de aureool van Solosche afkomst' (p. 76). De link met Europa is hun stichter van vaderszijde, een Franse aristocraat met pech die zijn culinaire vaardigheden uitbuitte om zich bij de hoge Javaanse kringen geliefd te maken. Men moet wel het gevoel krijgen dat Couperus de spot dreef met het Europese imperialisme door de pretenties ervan te reduceren tot het niveau van een keuken. Maar het is duidelijk de bedoeling geweest om te laten zien dat de familie De Luce heeft geprofiteerd van de beide raciale tegenpolen door deze te laten versmelten tot een milde tussenvorm waarin de dwang van beide systemen werd verzacht.

Dat de harmonieuze vermenging van 'het bloed van de Solosche prinses en de Franse avonturier' (p. 76) moet worden verkondigd met figuurlijke toespelingen op de mediterrane cultuur past bij onze voorgaande bespreking van Couperus' symboliek. Zoals hiervoor is vermeld, kon Couperus als hij op zijn kindertijd in Indië terugkeek, zien dat hij had geprofiteerd van Indiës zonnige vurigheid en zowel fysiek als psychisch was gerijpt. Maar hij realiseerde zich ook dat hij op Java een vreemde zon had gevonden, een zon die totaal anders was dan de gedenkwaardige zon van de oudheid, die hart en geest van een toegewijde passatist kon verwarmen.

> Maar nu, dat ik Italië lief heb, weet ik, dat, hoewel Indië mij om de zon verrukte, hoewel Indië mij het Zuiden teruggaf, waaruit ik geheimzinnig verbannen was, ik in Indië miste het Latijnse Zuiden, en nu weet ik waarom tóen, in Indië, een oleander mij liever was dan een tropische flamboyant (...). Er was de zon, en het was wel het Zuiden, maar het Zuiden zonder emotie en zonder herinnering, en toch was ik het kind van ouders in Indië. (vii. 671)

Deze modulering van de symbolische zonnekracht, deze voorkeur voor een cultureel gematigde zone, is in *De stille kracht* aanwezig in Couperus' bedekte voorliefde voor de Indo-europese wereld van Patjaram. Van Oudijck daarentegen verklaart dat hij 'Indo's' haat en in het algemeen gesproken om dezelfde redenen als Walraven (zie hoofdstuk 19). Dit is een tragische ironie omdat al zijn kinderen tot die groep behoren. Hun vaders afkeer stoelt erop dat hij mensen van gemengd bloed raciaal onsamenhangend vindt, net zo onduidelijk als de 'stille kracht' zelf. Hij voelt zich op zijn gemak bij duidelijke grootheden zoals Europeanen of Javanen en wil oprecht het beste voor beiden in een wereld waarvan de passatist weet dat hij betrouwbaar en ondubbelzinnig is. Maar in de werkelijkheid van het heden stuit hij op een verbijsterende onzekerheid, waarbij de 'Indo's' staan voor de ruimdenkendheid van de verandering. En het is niet verrassend dat Léonie, binnen de huiselijke parallel, de liefde wil bedrijven met zowel blank als bruin, terwijl Doddy met Addy alléén bruine kinderen wil hebben.

Hoewel Patjaram als gezegd niet naar intellectuele suprematie kan streven, is het een wereld van fysieke schoonheid en gratie. Voor Couperus en zijn tijd was zo'n wereld iets als een paradijs dat sterk de voorkeur verdiende boven een bloedeloze beschaving die stikte van intellect. Die gracieuze lichamelijkheid wordt gesymboliseerd door Addy's dansen, dat vergeleken wordt met 'droomend meêgaan op water... Dat was uit het bloed van zijn moeder, dat was nog iets van de gratie van srimpi's tusschen wie zijn moeder hare kinderjaren geleefd had, en de mengeling van het Westersch moderne en Oostersch antieke gaf hem bekoring, onweêrstaanbaar...'[78]

Couperus' voorkeur wordt niet openlijk uitgesproken. Zijn kunst is subtiel, en wijst de ruwheid van dingen die elkaar wederzijds uitsluiten af. Zijn goedkeuring voor Patjaram, zoals belichaamd door Addy (een figuur die even verleidelijk wordt beschreven als Léonie), weerspiegelt zich in stijl, intonatie en zinsbouw. Doddy's loftuiting op Patjaram (p. 186-7) en haar toekomstige bruine kroost wordt net voor Van Oudijcks plotselinge ontslagname en Eva's afschuwelijke verblijf in het gewitte graf van de koloniale hoofdstad geplaatst (p. 190-7). De beschrijving van de 'witte doodschheid' (p. 210) van Batavia en zijn bewoners wijst in twee richtingen; het directe voorwerp waarnaar in het betoog wordt verwezen, is een kritiek op het koloniaal gezag, maar tegelijkertijd herinnert het aan voorgaande passages waarin de geestloze en gehavende glorie van Patjaram wordt verheerlijkt, die althans vitaliteit bezit. De passage over Batavia is scheel, er wordt met een schuinse blik gekeken naar de positieve modulering van het woord 'bruin' dat, als een muzikaal motief, voornamelijk is gebruikt in een heldere toonsoort, terwijl blank wordt aangeduid als bedreigend en saai. Met andere woorden, Bakhtins 'verborgen polemiek' (*PDP* 195-8)[79] kan ook positief worden gebruikt. De passages over Patjaram door de roman heen zijn over het algemeen positief en intern gedialogiseerd om te duiden op een breder 'metalinguïstisch perspectief',[80] een perspectief dat een voorkeur suggereert voor de halfbloedcultuur van Patjaram. De toonzetting van Couperus' discours is onmiskenbaar ten gunste van Patjaram, maar zij is subtiel, zijn gebruik van woorden is dubbelstemmig en hun bedoeling is verborgen.

Een kritisch bewustzijn dat slechts getraind is in het ontdekken van de voor de hand liggende waarheden van een monologisch discours, kan gemakkelijk de complexiteit van Couperus' subtiele lof missen, maar in dit afzonderlijke werk, of eigenlijk in zijn hele oeuvre, is Couperus' heimelijke partijdigheid voor de Indo-europese maatschappij[81] een mooi voorbeeld van de superioriteit van creatief begrip boven dogmatische identificatie. Want de laatste ironie van *De stille kracht* is dat Van Oudijck, terwijl hij in mindere omstandigheden op West-Java leeft, ten slotte een zekere mate van vrede heeft verkregen in een omgeving die hij vroeger zou hebben veroordeeld en veracht. Zijn genoegen is niet volmaakt (volmaaktheid hoort in fictie niet thuis) en zijn begrip is evenmin absoluut. Het is een gekweld genoegen, maar het is gebaseerd op begrip, iets wat zijn vroegere gekwelde bestaan nooit had gekend.

10

ALEXANDER COHEN (1864-1961): LEVEN IN HET KOLONIALE LEGER

Het gezag van resident Van Oudijck en assistent-resident Havelaar was niet gebaseerd op het recht maar veel meer op geweld. De macht van de rijksbureaucratie berustte op de altijd aanwezige dreiging van gewapende interventie, en toch vindt men in de koloniale literatuur heel weinig over de strijdkrachten vermeld. Ondanks het duidelijke belang van de koloniale militair (een kolonie zou zonder hem niet lang bestaan), was hij nog minder zichtbaar dan de Indo's, die ironisch genoeg een tamelijk groot deel uitmaakten van de rangen en standen van het koloniale leger. Hij kan vermeld worden in gevechtsrapporten, hoewel gewoonlijk alleen in algemene zin, historische documenten verwijzen naar hem, hoewel gewoonlijk in termen van administratieve eenheden, en ideologische tegenstanders van het kolonialisme duiden hem aan als de uitvoerder van de onderdrukking, maar in de geest van de negentiende eeuw bestond de gewone koloniale soldaat nauwelijks.

De soldaat is altijd een verschoppeling geweest, niet alleen een banneling in het gebied dat hij moest bezetten maar ook in zijn eigen land. Hij is, zoals Alfred de Vigny opmerkte, zowel 'slachtoffer als uitvoerder, de zondebok die dagelijks aan zijn volk en voor zijn volk wordt geofferd'.[1] Als een onzichtbare man krijgt hij geen goedkeuring of eer in de maatschappij in haar geheel en is hij gedwongen met zijn eigen soort mensen om te gaan. In Engeland 'beschouwden de Victoriaanse hogere- en middenstanden legerofficieren als een noodzakelijk kwaad en andere rangen als het schuim der natie'.[2] Toch is vanaf de oudste sagen tot de hedendaagse fictie de oorlog geroemd. Ook al waren de helden meestal leden van de hogere standen, toch kreeg de gewone soldaat zo nu en dan een stem in de literatuur, terwijl hij in de beeldende kunst van de renaissance definitief werd erkend toen speciaal in Noord-Europa het beeld van de gewone militair zo sterk op de voorgrond trad dat er een soort 'roman'-genre aan werd gewijd.[3] Dit was zelden het geval in de literatuur. We hebben *Simplicissimus Teutsch* van Grimmelshausen (1669) of het onvergelijkelijke *De brave soldaat Schweik* van Jaroslav Hašek (1921-1923), maar de beproevingen van de soldaat werden pas een erkend literair onderwerp na de Eerste Wereldoorlog.

Het dagelijkse leven van een infanterist in vredestijd had hoegenaamd geen belang. De grote uitzondering, althans in de Amerikaanse literatuur, blijft *From Here to Eternity* van James Jones (1951), dat in duidelijke bewoordingen laat zien dat het lot van de soldaat in de loop der tijd niet is verbeterd. In de Nederlandse literatuur schijnt er geen enkele tekst te bestaan, en men zou ook geen beter lot verwachten voor het leven van een soldaat in de koloniën, omdat zijn bestaan nog onbelangrijker was dan dat van zijn Europese tegenhanger. Alexander Cohens verhaal van zijn taak in het negentiende-eeuwse Nederlandse koloniale leger is alleen al vanwege zijn exclusiviteit van meer dan voorbijgaand belang, maar als men weet dat het tevens in voortreffelijk proza is geschreven, zal men begrijpen dat het meer dan oppervlakkige aandacht verdient.

Ook Kiplings verhalen over de Britse koloniale soldaat waren ooit uniek. Hij beschreef de Britse koloniaal Tommy met sympathie en gevoel in de verzameling verhalen *Soldiers Three* (1890) en in de verhalende versvorm van de *Barrack Room Ballads* (1892). Hij had dit taboe-onderwerp aangekondigd in de negen verhalen over soldaten in zijn eerste prozaboek, het in die tijd omstreden *Plain Tales from the Hills* (1888). Dit bezorgde Kipling het stempel van een non-conformistisch schrijver, een voorvechter van ongure elementen van de maatschappij. In zijn jaren als verslaggever in Lahore en Allahabad leerde hij 'de verschrikkingen van het leven van de soldaat en de onnodige kwellingen die deze doorstond' kennen;[4] in plaats van deze koloniale klachten te negeren, maakte hij ze beroemd in de personen van de Ier Mulvaney, de cockney Ortheris en Learoyd uit Yorkshire. Met deze drie 'musketiers' uit het volk vestigde hij zijn roem, maar Kipling ontmoette ook heel wat afkeer van de kant van de academische en hogere standen.[5] Zijn nuchtere en realistische verhalen van zowel de strijd als het leven in de barakken zijn saai in vergelijking met de kronieken die na de Tweede Wereldoorlog zijn gepubliceerd, maar het blijft waar dat Kiplings fictie tot de Eerste Wereldoorlog de enige bron van informatie aangaande de verachte underdogs van de imperialistische maatschappij was.

Kiplings succes was ten dele te danken aan het feit dat zijn drie figuren bekende typen uit de gewone Britse samenleving waren. Dit zou niet het geval zijn geweest in Frankrijk, noch in Nederland. Noch de Fransen noch de Nederlanders waren enthousiast over de dienst in de koloniën, zodat beide naties zich wendden tot het uitschot van hun eigen maatschappij en tot minder bevoorrechte buitenlanders die aan lager wal waren geraakt. Het is nauwelijks toevallig dat Louis Philippe, de schoonvader van Leopold I van België, in 1831 het Franse vreemdelingenlegioen oprichtte, en dat een jaar later het leger in Oost-Indië van het gewone opperbevel en bestuur in Nederland werd losgemaakt en omgesmeed tot een onafhankelijke strijdmacht onder de jurisdictie van het ministerie van Koloniën in plaats van dat van Oorlog.[6] Want ook dit was een vreemd legioen. Ondanks de Nederlandse vernieuwingen van het systematisch drillen, de loopgraven en standaardwapens,[7] zijn Nederlandse burgers over het algemeen afkerig geweest van het soldatenleven als beroep en hun afkeer van reglementering maakt hen tot bijzonder slechte kandidaten voor de krijgsmacht. Dat wil niet zeggen dat de zeventiende-eeuwse innovaties van prins Maurits overzee werden genegeerd. In feite werd de nieuwe stijl van training van soldaten belangrijk toen Europese oefenmeesters miniatuur legers begonnen te vormen door plaatselijke manschappen te werven voor de bescherming van Franse, Nederlandse en Engelse handelsposten op de kusten van de Indische Oceaan. In de achttiende eeuw waren dergelijke strijdkrachten, hoe klein ook, duidelijk superieur aan de onhanteerbare legers die plaatselijke vorsten gewoon waren in het veld te brengen. Dientengevolge werden de grote Europese handelmaatschappijen territoriale besturen van steeds grotere gebieden in India en Indonesië.[8]

Maar hoe krijgshaftig inheemse troepen ook bleken te zijn, het werd niet verstandig geacht een geheel inheems leger te hebben – hoewel het koloniale leger altijd voor bijna tweederde deel uit inheemse troepen bestond. Het noodzakelijke percentage Europese manschappen moest dan ook elders gevonden worden.

De meest voor de hand liggende en directe bron was het onaanzienlijke element van het eigen nationale leger van Nederland. In 1814 werd een doorlopende order uitgevaardigd om veroordeelde militaire misdadigers op te leiden voor dienst in de tropen, een plan dat spoedig nog werd verruimd, zodat er ook harde criminelen uit burgergevangenissen onder vielen. Deze gevaarlijke praktijk werd in naam in 1841 afgeschaft, maar tussen 1846 en 1847 vormden veroordeelde misdadigers nog altijd zeven procent van de koloniale vervangingstroepen. Toen deze bron niet genoeg opleverde, wendden de ronselaars zich naar wat een gouverneur-generaal in 1819 'het schuim der buitenlandse legers' noemde.[9]

Na de napoleontische oorlogen was er in Europa een behoorlijk aantal werkloze veteranen beschikbaar en zij werden ijverig door de Nederlanders opgespoord. Men moet niet vergeten dat strijdkrachten alleen bestonden uit vrijwilligers; de dienstplicht werd in Nederland pas in 1918 ingevoerd en in Engeland pas twee jaar eerder. In de eerste helft van de negentiende eeuw voegde zich een groot aantal Franstalige soldaten bij het Nederlandse koloniale leger: Fransen, Belgen en Zwitsers. De officiële militaire taal telde een onevenredig groot aantal Franse woorden en deze waren nog in gebruik in Cohens tijd. Franstalige soldaten waren zo talrijk dat zij speciale namen hadden. Een Fransman was een *didong*, van de uitdrukking *dites donc* ('kijk eens') en een Belg was een *stengan didong*, waarbij stengan Maleis is voor 'half'.

Na 1877 kwamen er grote aantallen Duitsers bij, zoals Cohen tot zijn verdriet ontdekte. Hij merkt op dat tijdens zijn dienstperiode in de jaren 1880 een aanzienlijk percentage van het kader Duits was. Tussen 1855 en 1894 vertrokken 73.000 manschappen naar Indië; 45.000 waren Nederlanders en de andere 28.000 waren mannen uit alle Europese landen behalve Ierland, IJsland en Turkije.[10] Hoewel Ierland een hele arme bevolking had – en armoede was een betere ronselaar dan patriottisme – waren er geen Ieren in Indië, omdat zij het leeuwendeel uitmaakten van de Britse manschappen.[11] De vreemdste koloniale troepen waren Afrikanen. In 1837 stuurde de Nederlandse regering een majoor naar de Goudkust in West-Afrika om zwarte slaven vrij te kopen en hen naar Java te brengen voor militaire dienst. In 1841 waren er 1500 negersoldaten, verdeeld over verscheidene geheel zwarte compagnieën. Nadat zij op Sumatra in opstand waren gekomen, werden de *belanda itam* zoals de Indonesische soldaten hen noemden ('zwarte Europeanen' – belanda was de algemene term voor een Nederlander en bij uitbreiding voor elke Europeaan, en *[h]itam* betekende 'zwart') verspreid over het leger. Zwarte troepen stonden bekend om hun netheid, lengte en dapperheid. In de loop der jaren nam hun aantal echter af, hoewel er in de jaren 1860 een poging werd gedaan bevrijde slaven te rekruteren. In 1899 waren er nog maar dertig over en in 1915 was er niet een meer in actieve dienst. De meesten waren op Java gebleven; lange tijd was er in de Javaanse stad Semarang een zwart district.[12]

De voornaamste redenen om dienst te nemen in het Nederlandse koloniale leger waren economisch van aard, of men deed het om aan aanklachten te ontkomen. Defoe drukte dit kort uit: 'de armen sterven, stelen of worden soldaat'.[13] Er was ook een element van avontuur en romantiek dat maakte dat sommigen besloten een dienstperiode in de tropen door te brengen. Evenals bij het Franse vreemdelingenlegioen het geval was, kon het Nederlandse koloniale leger zich beroemen op een klein aantal buitenlandse aristocraten die hun geboorteland moesten verlaten en buitenlandse officieren die om allerlei redenen uit hun eigen leger waren ontslagen. Zij kwamen overeen met de 'gentlemen rankers' van het Britse leger – van wie T.E. Lawrence misschien wel de beroemdste was – die, naar de woorden van Kipling, 'het legioen van de verlorenen [en] de bende van de veroordeelden' vormden. Zodra een rekruut het hoofddepot in de toenmalige havenstad Harderwijk bereikte, merkte hij spoedig dat hij deel uitmaakte van dat legioen.

Harderwijk stond onder het volk bekend als 'het riool van Europa'. Het duurde niet lang of een rekruut realiseerde zich dat hij nu behoorde tot een broederschap van verworpenen. De jonge vrouwen in Harderwijk hielden met opzet een zakdoek voor de neus als ze een soldaat passeerden, die onveranderlijk gekleed was in zijn 'ijzeren pak', zoals hij zijn grijze uniform noemde.[14] Een eeuw later was er nog niets veranderd. Violet, de dochter van arme Japanse arbeiders in Hawaï, weigert met Prewitt samen te leven omdat hij een 'soljer' is, zoals James Jones het spottend spelt. 'Hij wist dat het hier op uit zou lopen. Zij [Violets ouders] zouden leven als vee, slechter dan de mijnwerkers uit Harlan County, maar ze werden te schande gemaakt als hun dochter hokte met een soldaat. Zij zouden zich door de Grote Vijf [Amerikaanse ondernemingen op Hawaï] laten naaien, maar dat was geen schande. Dat waren geen soldaten.'[15] Het is duidelijk dat deze negentiende-eeuwse rekruten niet van de beste kwaliteit waren. De normen voor rekrutering werden voortdurend lager omdat er zo moeilijk aan manschappen te komen was. Hun lichamelijke toestand mocht slecht zijn, ze hoefden niet groter te zijn dan anderhalve meter en ze konden bijtekenen tot ze 44 waren. De eerste paar weken konden ze nog denken dat ze gelijk hadden gehad, nadat ze het 'handgeld' hadden ontvangen dat het belangrijkste lokaas van de ronselaar was geweest. In 1848 was dit een bedrag van 24 gulden voor een Nederlander en negen voor een buitenlander. Maar vanwege de toenemende militaire activiteit in de koloniën bleef dit bedrag oplopen totdat het handgeld voor een diensttijd van zes jaar in de jaren 1870 300 gulden bedroeg, in die tijd een groot bedrag toen vijf gulden per week als een aardig loon werd beschouwd.[16] Er school echter een addertje onder het gras waarvan de meeste rekruten niet op de hoogte waren: nadat een soldaat het handgeld had aangenomen kon hij later geen officier meer worden.

De werkelijkheid verdreef spoedig alle romantische dromen die de rekruut mocht hebben gekoesterd. De vernederende houding van de burgers van Harderwijk droeg aan deze ontnuchtering bij, maar nog zwaarder woog de informatie van terugkerende veteranen die zich opnieuw hadden aangemeld. Hun aanwezigheid werd beschouwd als een ernstige demoraliserende factor. In 1857 werd een poging gedaan zulke 'old sweats', zoals Kipling hen noemde, ervan te weerhouden naar Harderwijk te gaan, want 'hun voorkomen is meestal zoo akelig en ellendig, dat zij schrik en berouw doen ontstaan bij degenen, die voor Indië geëngageerd zijn en hen in die beklagenswaardige positie uit het land zien terugkeren, werwaarts hun bestemming is. De gerepatrieerden hangen in de kazerne een zwart tafereel op van Oost-Indië.'[17] Desertie werd plotseling een zeer aantrekkelijk alternatief, waarvan de militaire gezagsdragers zich heel goed bewust waren. De nieuwe manschappen werden in marstempo onder bewaking naar de transportschepen gedirigeerd, meestal door mariniers met de bajonet op het geweer. Niemand mocht na inscheping het schip nog verlaten, ook onderofficieren niet. Vanwege een soortgelijke angst voor desertie in het Britse koloniale leger mochten in Kaapstad alleen officieren het schip verlaten als het daar aanlegde op weg naar India.[18] Het spreekt dan ook vanzelf dat men liever probeerde te deserteren voordat men het vasteland verliet dan te wachten totdat men in de vreemde, onbekende tropen was aangekomen. Geliefde ontsnappingsplaatsen waren het Kanaal en, nadat het Suezkanaal was geopend, Suez. Muiterij was ook niet ongewoon aan boord van troepenschepen, hoewel deze zelden slaagde en altijd hard werd onderdrukt.

De reis naar de hoofdstad van de kolonie, Batavia op Java, duurde drie maanden; nadat het Suezkanaal was geopend, in november 1869, was dit verminderd tot vijf of zes weken. Als de rekruten op Java aankwamen, werden ze naar het depot in Meester Cornelis gebracht, een voorstad ten zuiden van Batavia, thans bekend als Jatinegara. Hier werden de vaklieden gescheiden van de grote massa en aan speciale detachementen toegewezen; de rest werd getraind als infanterist.

De gewone soldaat noemde zichzelf 'Jan', 'Fuselier' (vaak gecombineerd tot 'Jan Fuselier', of 'Jantje Kaas', het equivalent van het Engelse 'Tommy' of 'Thomas Atkins'). De inheemse soldaat noemde de Europeaan 'oom'. Een andere gewone naam was 'koloniaal', en het hele leger werd ook 'Jantje Kaas' genoemd (later omvatte dit tevens de hele koloniale overheid) of 'Jan Compagnie'(een overblijfsel uit de dagen van de VOC). De gage van 'Jan Fuselier' was schandalig laag. Cohen vermeldt dat hij bij aankomst op Java het equivalent van 25 cent per dag ontving, maar dat hij er best gelukkig mee was. In 1909, meer dan dertig jaar later, was het verhoogd tot 75 cent. In 1909 kreeg een Europese sergeant die getrouwd was en drie kinderen had, 1,25 gulden per dag en 25 cent 'schadeloosstelling'.[19] Anderzijds was er de belofte van een pensioen, een zeldzaamheid in de negentiende eeuw. Dit is de enige indicatie dat er een kern van waarheid stak in het gezegde dat het leger het 'enige welzijnsstelsel'[20] van de staat was, ook al was het naar hedendaagse normen volkomen ontoereikend. Na twaalf jaar continue dienst bedroeg een pensioen in Cohens tijd twintig gulden per jaar.[21] In 1909 bedroeg het voor een korporaal met dertig dienstjaren 330 gulden en voor een soldaat 275.[22] Zo'n bedrag was niet voldoende om in Nederland van te leven en een aanzienlijk aantal gepensioneerde personeelsleden verkoos in Indië te blijven, waar hun pensioen meer koopkracht bezat. Maar hoe weinig dit ons ook lijkt, de Nederlandse veteraan was beter af dan zijn Britse collega. In Engeland 'was het aan het begin van de negentiende eeuw een normaal gezicht een vroegere soldaat te zien die bedelaar was geworden, gekleed in goedkope oude kleren met medailles op de linker borst, de lintjes gerafeld en verkleurd. Bedelarij werd als het normale, vrijwel het enige beroep van de veteraan beschouwd.'[23]

Inheemse soldaten kregen minder betaald dan hun Europese collega's. In de jaren 1870 ontving een inheemse fuselier 6,30 gulden per maand terwijl een Europeaan 9,90 gulden kreeg. Aan het begin van de twintigste eeuw verdiende een getrouwde inheemse soldaat 25 cent per dag (elke vijf dagen uitbetaald) plus voedsel.[24] Behalve aan de Ambonese en Menadonese troepen werd aan de inheemse infanterie voor 1908 geen schoeisel uitgereikt.[25] Hoewel er op elke Europese soldaat drie inheemse soldaten waren, waren er praktisch geen inheemse officieren.

De gewone man ontdekte spoedig dat de militairen in Indië nog minder welkom waren in de burgermaatschappij dan ze in Nederland waren geweest. Zelfs tijdens de Eerste Wereldoorlog weigerden hotels en restaurants op Java de toegang aan alle militairen behalve officieren. Pas in 1934 werden openbare mededelingen verwijderd waarin stond dat 'militair personeel onder de rang van onderofficier in dit etablissement niet wordt toegelaten'. Hetzelfde gold in het Victoriaanse Engeland en iedere Amerikaan die in actieve dienst is geweest is in aanraking gekomen met een soortgelijke vijandige minachting van de kant van burgers. In de koloniale maatschappij was de soldaat heel sterk een paria. Officieren werden getolereerd, maar Jan Fuselier niet. Er is wel gezegd dat hij het gevecht met de vijand prefereerde boven de vijandige gevoelens van de Europese bevolking.[26] De bijnamen die de soldaat aan burgerlijke kolonialen gaf, geven aan hoe de underdog de sociale rangorde zag; een populair Engels rijmpje zegt:

God and the soldier we both adore
When at the brink of ruin, not before.
The danger over, both are alike requited,
God is forgiven, and the soldier slighted.[27]

De koloniaal noemde een burger 'buikje' vanwege zijn welvarende omvang en 'politicus', en men kan er zeker van zijn dat beiden elkaar zelden ontmoetten. En alsof de afkeer van de burgers nog niet genoeg was, deed ook de overheid nog eens haar best de rekruten als dieren te behandelen. Prijsbewust als altijd, stelde het ministerie van Koloniën, evenals de Britse regering, zuinigheid boven efficiëntie. Het gevolg was een onderbezette, slecht uitgeruste, ontevreden krijgsmacht. Veel militaire expedities mislukten door onvoldoende mankracht en een gebrek aan uitrusting. Op zeker moment gingen de autoriteiten zo ver dat zij ondergoed tot luxe verklaarden. Pas in 1849 werden onderbroeken regelmatig vervangen.[28] In een enorme archipel als Indonesië moesten troepen doorgaans per schip worden vervoerd. Zij waren altijd dekpassagiers en als er vee aan boord werd genomen, moesten de soldaten het dek delen met de dieren.

De kansen op overleving in de koloniale militaire dienst waren zeer klein, maar ziekte, niet het gevecht, was de voornaamste doodsoorzaak. In een van de wreedste en zeker langste militaire campagnes – de oorlog met Atjeh die duurde van 1873 tot 1913 – werden maar tweeduizend soldaten gedood, maar overleden er meer dan tienduizend aan besmettelijke ziekten, speciaal cholera en beriberi. In 1876 waren er 17.000 mannen nodig om een strijdmacht van achtduizend man in stand te houden.[29] Deze aantallen golden voor alle westerse legers. Tijdens de Boerenoorlog in Zuid-Afrika verloor het Britse leger in een periode van vier maanden meer manschappen aan tyfus dan er tijdens de hele oorlog in het gevecht werden gedood en gewond.[30] Uit een rapport over het sterftecijfer van Nederlandse koloniale troepen uit 1814 bleek dat er van honderd manschappen dertien jaar later niet meer dan zeven nog in leven waren, en na twintig jaar niet één meer. In 1826 was het sterftecijfer 21 procent, in 1827 26 procent en in 1828 dertien procent.[31] Als een man niet door de vijand of een tropische ziekte werd gedood, deed de medische staf het wel. In een officieel rapport uit 1881 werd toegegeven dat de meerderheid van de medische officieren in het koloniale leger afgekeurde buitenlandse militairen waren die weinig of geen Nederlands spraken. Meer dan een halve eeuw lang waren er in de hele archipel nooit meer dan tweehonderd artsen in actieve dienst, en de meesten waren misdadig onbekwaam.[32]

Een arts verwijderde in dronken toestand de uterus van een vrouw omdat hij dacht dat het een poliep was; de patiënt stierf. Na zijn veroordeling wierf de regering hem aan voor dienst in Indië tegen een stevig salaris. In zijn nieuwe functie gebruikte hij zuiver carbolzuur voor een brandwond en schreef hij twintig korrels 'tart. emetic' voor aan een inheemse soldaat die aan astma leed.[33] Een andere dokter overleed aan delirium tremens en weer een ander aan verslaving aan chloralhydraat.[34] Twee artsen pleegden zelfmoord, verscheidene werden ontslagen vanwege alcoholisme, één vanwege vastgestelde krankzinnigheid en zeven moesten om medische redenen met verlof omdat zij na korte tijd in het veld niet meer in staat waren dienst te doen. Medische officieren werden zelden in uniform gezien. Zij deden de ronde in slipjassen, met een wit vest en witte broek, en een hoed.[35] In *Tempo Doeloe* van Nieuwenhuys (E. Breton de Nijs) vindt men een eigenaardige foto van een chirurg die klaar staat een patiënt te opereren búiten een gebouw, gekleed op genoemde wijze, terwijl een tuinman toekijkt.[36] Lager ziekenhuispersoneel bestond uit rekruten die ongeschikt geacht werden voor actieve dienst. Het is niet verbazend dat de troepen banger waren om naar het ziekenhuis gestuurd te worden dan om de vijand te bestrijden.

En de vijand was sterk. Meer dan een eeuw lang, van ongeveer 1816 tot 1926, werd er constant gevochten in de kolonie Oost-Indië. De meeste strijd bestond uit guerrillaoorlogvoering. Gedreven door een fanatieke dapperheid en wat in sommige gevallen neerkwam op ware doodsverachting streden de Indonesische volkeren met een felheid waarbij voor gevoel of genade geen plaats was. De meest verbitterde gevechten vonden plaats in Atjeh en tegen de Balinezen. Er zijn verscheidene gevallen bekend waarbij de Balinese aristocratie, zowel mannen als vrouwen, hun beste kleren en sieraden aantrokken en massaal de koloniale vijand aanvielen totdat alle Balinezen gedood waren.[37] Het koloniale leger streed al even fel, want zij wisten dat de tegenstanders geen genade kenden. Om dit soort continue gevechten zo lang vol te kunnen houden, moest een groot aantal inheemse manschappen worden gerekruteerd. Deze waren afkomstig uit de hele archipel, hoewel de grootste contingenten bestonden uit Javanen, Menadonezen (uit Noord-Celebes) en Ambonezen. De laatste twee groepen werden als uitstekende vechters beschouwd en stonden net zo in aanzien als de Gurkha-bataljons in Brits-Indië.

Behalve dat het een groot aandeel had in de strijd was het inheemse personeel ook van onschatbare waarde vanwege zijn adviezen aan de Europese legerleiding. Ook al werden deze niet onmiddellijk opgevolgd, er werd altijd rekening mee gehouden. In dit opzicht waren de Nederlanders veel vooruitstrevender dan het Britse opperbevel.[38]

In de verbitterde en wrede Atjehoorlog behaalde het koloniale leger pas reële successen toen het inheemse tactieken voor de bestrijding van opstanden had overgenomen. Buiten Java kregen patrouilles ('brigades') een vaste sterkte van achttien man en een sergeant. Lastige en nutteloze bajonetten werden afgeschaft en de inheemse troepen werden bewapend met karabijnen en klewangs, een soort sabels die ook de Atjehstrijders gebruikten.[39] Omdat er meestal man-tegen-man werd gevochten, werden de zo bewapende patrouilles heel effectief en het lijdt geen twijfel dat de Nederlanders uiteindelijk de overhand kregen, omdat hun 'kleine eenheden, zwakker dan de vijand' handig waren geworden in het gebruik van de wapens van hun tegenstanders en op voet van gelijkheid streden met moed en wilskracht.[40] De *benteng* was een ander hulpmiddel dat aan de inheemse strategie was ontleend. Praktisch gesproken bestond een benteng uit enkele op inheemse wijze gebouwde hutten omgeven door een palissade van bamboe. Dergelijke voorposten waren niet moeilijk te bouwen en waren niet onmisbaar als ze werden veroverd. Op deze wijze kon de Nederlandse militaire aanwezigheid prominent worden gevestigd buiten de grote bevolkingscentra.

Het karakter van deze tropische oorlogvoering vereiste een duurzaam psychologisch verband onder het militaire personeel, een band die sterk moest zijn om te kunnen overleven. Een dergelijke band werd alleen maar versterkt door de afkeuring van de Europese burgerbevolking die, naar steeds opnieuw wordt verklaard, de militairen ongeveer als melaats beschouwde. Het koloniale leger werd noodzakelijkerwijs een afzonderlijke (maar nooit gelijkwaardige) sociale structuur. Hun motto had heel goed kunnen lijken op dat van het Franse vreemdelingenlegioen: *legio patria nostra* of 'het legioen is ons vaderland'. Alfred de Vigny (1797-1863), de Franse dichter die dertien geestdodende jaren als officier in het Franse leger doorbracht, wist het al: 'Het leger is een natie binnen een Natie.' Afgesneden van de normale Europese sociale betrekkingen en op een enorme afstand van hun thuisland, moesten de Europese manschappen het van elkaar hebben als het ging om kameraadschap en de menselijke relaties waaraan zelfs soldaten behoefte hebben. Ironisch genoeg bestaat er een zekere overeenkomst tussen de soldaat en de Europese koloniaal. Vanuit het gezichtspunt van Europa werd de koloniaal als een inferieure vreemdeling beschouwd. Zijn werk maakte regeringen rijk, maar als het erop aankwam, ontdekte hij dat hij helemaal niet onmisbaar was. Ook van hem werd gevraagd te gehoorzamen en te dienen en nooit vragen te stellen over zijn missie. Alfred de Vigny maakte een opmerking over het militaire leven die zowel van toepassing is op de soldaat als de koloniaal: 'We moeten de slavernij betreuren, maar we behoren de slaven te bewonderen.'

De samenleving van de inheemse troepen was nauwer en steviger dan die van hun Europese collega's. De etnische verschillen leidden tot een aantal vreemde omgekeerde vooroordelen. Hoewel alle troepen dezelfde gepolijste rijst aten, liepen inheemse soldaten verhoudingsgewijs minder kans beriberi te krijgen omdat zij hun rijst mochten eten met de gebruikelijke sambal, een inheemse specerij die was gemaakt van rode pepers met een hoog vitaminegehalte. Hoewel Europeanen nog laat in de negentiende eeuw werden gegeseld of afgeranseld, wordt niet vermeld dat deze straf bij inheemse troepen werd toegediend. Het is waarschijnlijk dat hij niet werd gebruikt, omdat publieke lijfstraffen voor de inheemse soldaat zo'n grote schande waren dat iemand die hem had ondergaan volkomen onbetrouwbaar werd en ontslagen moest worden. Ten slotte marcheerden de zwarte Afrikaanse troepen altijd achter aan de formatie – niet omdat zij als slechter werden beschouwd maar omdat zij anders door hun grotere lichaamslengte de kleinere inheemse en Europese soldaten achter hen het uitzicht zouden benemen.

De koloniale militaire 'natie' was een geheel eigen wereld, met een eigen gedragscode, eigen taboes, een eigen bijzonder (en opmerkelijk vindingrijk) jargon en eigen ondeugden. De ondeugden waren vergelijkbaar met die van elke andere krijgsmacht, of hij nu Amerikaans, Engels of Frans was. Het gaat om een drietal dat ieder kent die ooit in dienst is geweest: alcohol, vrouwen en gokken. Van deze drie was de drank verreweg de gemakkelijkste uitweg uit de harde werkelijkheid van het militaire leven. Drinken was officieel toegestaan door de Nederlandse militaire autoriteiten, zoals ook het geval was bij de Britten, hoewel de Nederlanders royaler waren. Rekruten ontvingen een rantsoen jenever zodra zij in het depot in Harderwijk waren ingekwartierd. Toen deze zelfde nieuwkomers in 1850 in Batavia werden ontscheept, werden zij verwelkomd met een glas arak en een droog broodje.[41] Arak wordt gedestilleerd uit melasse, rijst of het sap van de betelpalm.

Drank was ook verkrijgbaar terwijl de troepen op zee waren. In een order uit 1864 werd aangegeven dat jenever aan boord van charterschepen als volgt moest worden verdeeld: 'Voor Europeesche, Afrikaansche en Amboineesche onderofficieren en manschappen en Europeesche vrouwen: 's Morgens 0,075 Ned. kan genever; 's Middags 0,075 Ned. kan genever; 's Avonds 0,075 Ned. kan genever.' Een 'kan' was ongeveer een liter, dus kwam dit overeen met een rantsoen van driemaal daags een borrelglaasje. In Atjeh liep in de jaren 1880 een sergeant of een andere onderofficier langs de in het gelid staande manschappen en goot een glas vol jenever uit een vierkante, groene fles (die bekendstond als 'lummel'). De soldaat aan wie het glas werd overhandigd, moest dit in één teug leegdrinken en het doorgeven aan de volgende. De jeneverrantsoenen werden in de loop der jaren kleiner; in 1899 was het een deciliter of ongeveer een half kopje per dag. Een van de redenen dat alcoholrantsoenen in de mode bleven, is dat jenever als een goed medicijn werd beschouwd. In een medische richtlijn uit 1863 werd jenever ten sterkste aanbevolen 'hebbende de nieuwste ondervinding geleerd, dat de toediening eener zekere hoeveelheid sterken drank den doorgang der spijzen in het darmkanaal vertraagt en dus de man langer verzadigd blijft, hetwelk van belang is op lange marschen, waar de man lang zonder voedsel moet blijven'.[42]

Er waren vanzelfsprekend nogal wat kleurrijke uitdrukkingen voor een glas jenever. De oudste was misschien 'soopje' of 'sopie', een term voor een slok jenever die al gangbaar was in 1737. Een andere oude uitdrukking, die deel ging uitmaken van het Nederlandse standaardvocabulaire, was 'oorlam', van de Maleise uitdrukking *orang lama datan*, of 'iemand die lang geleden is aangekomen', een 'oudgediende'. Van de vijfentwintig die ik er telde die met jenever te maken hebben, noem ik 'papegaaiensoep', een 'dikkop', 'huppelwater', 'zeewater', 'recht op en neer', en vanwege de verwarmde maag 'hap snert'. Het eerste glas was het 'inkomertje' en het laatste het 'uitsmijtertje'. Veel drinken voor het naar bed gaan was bekend als 'een muskietenvest aantrekken' omdat men dan meende de muskieten niet meer te voelen. 'Zilvernekkie' was een uitdrukking voor een goed merk bier en 'een kapitein veroveren' stond voor het wegwerken van een fles cognac van het merk Chabanneau, een merk met drie sterren op het etiket in dezelfde vorm als de drie sterren op de boord van de infanteriekapitein. Een krat jenever gefabriceerd door de firma A. van Hoboken & Zonen werd eenvoudigweg 'een kist A.V.H.' genoemd en zo'n lege krat werd bekend als een 'leeg orgel met 15 pijpen'. Maar de meest eigenaardige uitdrukking was 'de aap zuigen', die oorspronkelijk op de vloot was uitgevonden. Dit verwees naar jonge kokosnoten waarvan de melk was verwijderd door een klein gat en die vervolgens werden gevuld met een soort wijn die *sagoear* werd genoemd. Vanbuiten zag de kokosnoot er onbeschadigd uit en kon hij gemakkelijk aan boord van een troepenschip worden gesmokkeld. Eenmaal op zee zoog men de alcoholische inhoud eruit met een rietje.

Het officiële rantsoen was zelden genoeg. Omdat een gewoon soldaat van 35 cent per dag niet veel jenever kon kopen, zelfs als die goedkoop was, nam hij zijn toevlucht tot inheemse brouwsels zoals de reeds genoemde arak, *toewak* en sagoear, dat de Engelsen spelden als 'sagwire', een soort sterke wijn gemaakt van het sap van de Arengapalm, een drank die leek op wat de Engelsen 'toddy' noemden. Een Europese man die niet dronk – en Cohen dronk niet – was een zeldzaam verschijnsel.[43] Voor de Indonesische bevolking werd dronkenschap (*mabok*) synoniem met Nederlanderschap. Een inheemse vrouw beschouwde zich al gelukkig als ze een Europese man vond die buiten diensttijd niet de hele tijd mabok was en die de 'vierkante lummel' niet liefhad boven alles.

Relaties tussen Europeanen en inheemse vrouwen waren zowel normaal als officieel goedgekeurd. Een reden voor wat 'concubinaat' is genoemd, was het hopeloze salaris dat het voor de gewone soldaat absoluut onmogelijk maakte een gezin te onderhouden. Officieren waren in de negentiende eeuw niet veel beter af. In een koninklijke proclamatie uit 1824 werd gezegd dat officieren vanaf de rang van kapitein en daaronder geen toestemming zouden krijgen om te trouwen tenzij zij konden bewijzen 'dat een van de aanstaande echtgenooten of beide gezamenlijk, den onbelasten eigendom bezitten van eene eerste hypotheek groot tienduizend gulden zilvergeld, op een vast goed in Nederlandsch-Indië gelegen en voor de verponding aangeslagen tot minstens twintigduizend gulden'.[44] Dit was, zacht gezegd, een absurde beperking. Zelfs toen men in 1869 het bedrag verlaagde tot zevenduizend gulden, bleef het een onoverkomelijke hindernis. Als iemand zo veel geld had, was hij een invloedrijk persoon en zou hij hoogstwaarschijnlijk niet in militaire dienst zijn of nog in Nederland wonen. De situatie werd voor officieren geleidelijk iets beter maar bleef hopeloos voor de andere rangen. Behalve het slechte salaris woonde een getrouwde soldaat in de barakken (algemeen bekend als *tangsi*) in een kleine ruimte die alleen met zeildoek van andere bewoners was afgescheiden. Keuken, toilet en badfaciliteiten werden gedeeld met alle andere getrouwde paren. Ondanks het hoge sterftecijfer was er geen verzekering voor de bloedverwanten. Pas in 1908 werd er een bescheiden pensioen ingevoerd voor de weduwen en wezen van de lagere rangen. Omdat al dergelijke 'verbeteringen' te duur werden geacht, werden er nog in

1900 per bataljon slechts drie getrouwde mannen van de lagere rangen toegestaan. De koloniale soldaat had geen ander alternatief dan regelmatig bordeelbezoek of, als hij het zich kon veroorloven, er een inheemse vrouw als maîtresse op na houden.

In zijn memoires vertelde Cohen hoe gemakkelijk het was om aan zo'n vrouw te komen. In zijn geval had het een paar kledingstukken, wat keukengerei en wat geld gekost, alles bij elkaar niet meer dan honderd gulden. Hoewel de gebruikelijke koloniale term voor zo'n maîtresse *njai* was – een Balinees woord dat oorspronkelijk 'huishoudster' betekende – was de gewone uitdrukking onder de militairen, speciaal op Java, *moentji*, het Javaanse woord dat eveneens 'huishoudster' betekende. Cohen merkt in een krantenartikel op dat soldaten met hun moentji in de barakken sliepen in kooien die niet meer dan een armlengte van de volgende man verwijderd waren en zonder enige afscheiding die ook maar de schijn wekte van privacy.[45]

Met een hypocrisie die typerend was voor de betrekkingen tussen de militaire en burgerlijke samenlevingen, werden dergelijke praktijken in Nederland als schandalig betiteld. Het koloniale leger werd dan ook beschouwd als 'een opleidingsschool tot onzedelijkheid'. Uit wat al is opgemerkt over het leven van een soldaat in de koloniën kan men opmaken dat een ongetrouwde Nederlandse vrouw er niet over zou peinzen naar Java te gaan om met een gewone infanterist te trouwen. Dit had eenvoudig verholpen kunnen worden met meer geld, maar de Nederlandse regering was veel te vrekkig om fondsen toe te wijzen voor het bijeenbrengen van militaire salarissen. In 1913 stelde de minister van Koloniën dat zijn departement 'zij het langs zeer geleidelijken weg in de toekomst een einde zal maken aan het gelicentieerde kazerne-concubinaat van Europeesche en Christen-inlandsche militairen!'[46]

Wat erger was, het militaire opperbevel was van mening dat Europese vrouwen in de barakken een veel groter bezwaar zouden vormen dan inheemse vrouwen.

> De aanwezigheid van een groot aantal volbloed Europese vrouwen zou het heel moeilijk maken rust en orde in de kampen te handhaven. Wat ook de erkende gebreken van Indo-europese en inheemse vrouwen mogen zijn, zij bezitten desondanks zonder uitzondering de eigenschap dat zij in staat zijn de uiterlijke schijn van bescheidenheid te bewaren. (...) Deze bescheidenheid kennen volbloed Europese vrouwen uit het milieu waaruit de meeste van de langere rangen komen, over het algemeen niet. Om deze reden zou elke substantiële invoer van zulke vrouwen onvermijdelijk aanleiding geven tot situaties die in plaats van de goede zeden te bevorderen, deze ernstig zouden ondermijnen en dientengevolge eveneens de discipline van de manschappen.[47]

Ook al was deze mening van de Nederlandse generaal niet juist, de gewone infanterist had niet veel uitzicht op een huwelijk. In de meeste Europese landen vonden gezinnen het verschrikkelijk als een dochter erover dacht met een militair te trouwen, speciaal als hij deel uitmaakte van de lagere rangen, en het schijnt dat ook de Indonesische bevolking niet erg enthousiast was over dergelijke ideeën. Dit is ongetwijfeld de voornaamste reden dat soldaten hun partners liever uit maatschappelijk minder geaccepteerde kringen kozen.

Maar hoe men het ook bekijkt, het blijft een feit dat 'voor de man onder de wapenen seks en drank de twee belangrijkste zaken waren'.[48] In het Nederlandse koloniale leger werd dit feit openlijk erkend en werd ernaar gehandeld; echter, het lot van de inheemse vrouwen en hun Indo-europese kinderen was beklagenswaardig. Haar man kon haar om elke willekeurige reden in de steek laten en als hij na zijn diensttijd naar Europa terugkeerde, nam hij zelden zijn moentji en haar liplapkinderen mee; zij zouden slechts een probleem vormen in de moreel 'superieure' maatschappij van het negentiende-eeuwse Nederland. Zulke onwettige kinderen stonden in Indië bekend onder de fijngevoelige uitdrukking *kepaten obor*, of 'gedoofde toorts': 'Zulk een kind immers, viel buiten de lichtkring der brandende toorts van de wettige en vaderlijke erkenning van de verwekker.'[49] Zij werden vaak door beide ouders in de steek gelaten en hun toekomst zag er somber uit. In het laatste decennium van de negentiende eeuw kwam er echter een Nederlander uit Haarlem naar Indië met de hoop hun ellende te kunnen verlichten. In 1893 opende Johannes van der Steur (1865-1945) een tehuis voor zulke kinderen in Magelang, een garnizoensstad en militair depot op Midden-Java. De Nederlandse regering steunde zijn bewonderenswaardige werk met sporadische, kleine subsidies, maar toch bestond het 'Oranje-Nassau-Instituut' nog na de Tweede Wereldoorlog. Een andere filantropische poging – hoewel misschien minder altruïstisch – was een nogal ongewone militaire academie, in 1847 opgericht door luitenant-kolonel Von Lutzow bij Poerworedjo op Midden-Java (later verplaatst naar Gombong). Deze werd bekend als de 'Pupillenschool' en bleef open tot 1912. Er werden in de steek gelaten jongens opgenomen die op een militaire wijze werden opgevoed. De meeste jongens gingen in hetzelfde leger waarin hun onbekende vaders hadden gediend en een groot aantal van hen werd onderofficier.

Het leven van een inheemse vrouw met een inheemse echtgenoot die militair was, was niet per se beter, zoals men kan opmaken uit *Anak Kompenie*, het nuchtere, goed geïnformeerde verhaal van Lin Scholte over het leven in de koloniale barakken. De meeste inheemse soldaten waren getrouwd en zij vormden twee derde van de beroepsmatige strijdkrachten. Omdat het leven van een getrouwde inheemse soldaat veel gemeen had met dat van zijn (veel zeldzamere) Europese collega, kan het nuttig zijn enkele bijzonderheden te noemen. Alle ongetrouwde soldaten, de *boedjangs*, en alle getrouwde inheemse manschappen onder de rang van onderofficier woonden in grote kampen die tangsis heetten. Getrouwde inheemse gewone soldaten woonden in kleine huizen buiten de tangsi, en de 'hemellichamen', dat wil zeggen, ieder die sterren droeg, zoals de officieren, woonden nog verder weg. In de barakken, door de Nederlanders 'chambrees' genoemd, werden aparte woonvertrekken aangegeven met stukken zeildoek als gordijnen, opgehangen aan draden. In de twintigste eeuw werden de chambrees gescheiden door een laag muurtje met openingen die uitkwamen op de gemeenschappelijke ruimte en afgesloten waren met een olijfgroen gordijn voor de 'goede zeden'. Het voornaamste meubelstuk was het bed, in de negentiende eeuw bekend als 'slaaptafel'. Het bestond uit een metalen frame met twee planken met *tikar*s, matten, erop, zoals in het normale dorpsleven. Een gezin had vaak meer dan één kind en de kinderen sliepen op tikars op de grond en onder het bed. De ruimte onder het bed stond bekend als *kalong*, zodat de gewone naam voor tangsi-kinderen *anak* (kind) kalong was, de koloniale versie van het Amerikaanse 'army brat'. Deze speciale taal was een onderdeel van wat een zelfstandige en aparte wereld vormde, die zichzelf in stand hield. Dochters trouwden met soldaten en zoons werden zelf weer soldaten. Het tangsi-leven werd gereguleerd door militaire regels en bepalingen. 's Morgens deden de vrouwen al hun kook- en waswerkzaamheden in een apart gebouw dat met een populaire uitdrukking de 'vrouwenloods' werd genoemd. Omstreeks de middag waren de gezinnen bijeen in de chambrees om te eten en de noodzakelijke tropische siësta te houden. Om drie uur 's middags moesten de vrouwen en kinderen weer vertrekken terwijl de mannen hun taken uitvoerden. Na vijf uur waren de gezinnen weer bij elkaar in de chambrees tot de reveille de volgende morgen om zes uur.

Het Nederlandse koloniale leger was niet het enige dat te maken had met het voortdurende probleem van desertie. Zowel inheemse als Europese soldaten gingen ervandoor. In het bijzonder de Nederlandse fuselier was geneigd zich tegen het systeem te verzetten en de discipline te negeren, zodat Cohens opstandigheid in dit opzicht niet vreemd was, afgezien van zijn vasthoudendheid die lijkt op die van Prewitt in *From here to Eternity* van James Jones.

De militaire wetten op compagnieniveau waren nogal willekeurig. Iedere gebiedscommandant had opdracht een ruimte rond het kamp bekend te maken waar een soldaat niet buiten mocht komen. Als hij buiten deze strook kwam, kon hij disciplinair worden gestraft naar de willekeur van de officier onder wiens bevel hij stond. Vaak werd de schuldige gedegradeerd, niet uitbetaald en met maximaal vijftig slagen afgeranseld. Een soldaat kon in beroep gaan, maar uit Cohens ervaring blijkt hoe weinig dat hielp. Als om hem te herinneren aan wat hem te wachten stond zag een soldaat elke dag de fysieke uitvoerders van het wetboek van strafrecht. Dat waren de 'beren', veroordeelde inheemse zware misdadigers die deze naam hadden gekregen omdat zij boeien droegen en deden denken aan geketende beren op de kermis. Hun roodbruine uniformen versterkten waarschijnlijk deze indruk (vanwege deze uniformen stonden zij collectief ook bekend als 'het rode bataljon'). 'Beren' vond je overal in de archipel waar de vervelendste of gevaarlijkste taken werden uitgevoerd. Hun voornaamste opdracht was als dragers te fungeren voor militaire patrouilles. Ze maakten ook wegen, droegen de brancards (*tandoe's*) die bestonden uit een stuk linnen opgehangen tussen twee bamboepalen en werden gebruikt om cholera- of beriberi-patiënten op te vervoeren, of begroeven de doden, in het bijzonder als ze waren overleden aan besmettelijke ziekten. Als zij bijzonder gevaarlijke opdrachten uitvoerden, werd als beloning hun straf verminderd. Een voorbeeld van zo'n opdracht had te maken met de 'wandelende hinderlaag' in Atjeh. Dit sloeg op gewapende vrachtwagens met gaten opzij waardoor de twintig soldaten die erin zaten konden schieten. Zo'n wagen werd door vier 'beren' voortbewogen die met het bovenlichaam in de wagen waren vastgeketend terwijl hun benen er vanonder uitstaken. Het was hun taak het geval over een smalspoorbaan te duwen.[50] Er waren ook minder onprettige taken: 'lampenberen' zorgden voor de lampen als een eenheid op bivak was, 'theeberen' maakten thee voor de luitenant en de 'keukenbeer' had vaste dienst in de keuken.

Een inheemse misdadiger was niet de enige die een keten kon dragen. Nog in het laatste decennium van de negentiende eeuw kon in het koloniale leger iedere man worden veroordeeld tot 'aan de kogel gesloten', een straf waarvan je zou denken dat hij na de middeleeuwen verdwenen was. In Cohens verhaal over de militaire gevangenis op Java vindt men een beschrijving van die straf, evenals het kille feit dat een gevangeniscommandant deze willekeurig en zolang hij hem noodzakelijk achtte, kon toepassen. De lijst van straffen die een soldaat kon oplopen, was behoorlijk lang en het schijnt dat Cohen met bijna alle straffen kennis heeft gemaakt.

Met alle genoemde wantoestanden in gedachten, om niet te spreken van het vreselijke sterftecijfer, is het begrijpelijk dat veel soldaten graag een 'rood paspoort' kregen, een document waarin stond dat zij oneervol waren ontslagen. Cohen kreeg er een. Men deed zijn uiterste best aan 'de laatste vernieuwing' (dat wil zeggen de doodkist) te ontkomen, waarmee men op de militaire begraafplaats terechtkwam die in de vorige eeuw bekendstond onder de schilderachtige uitdrukking *kampong diam*, de Maleise woorden voor 'het stille dorp'. Eén truc in Atjeh was gezwollen benen te krijgen, die zo typisch waren voor beriberi-patiënten. Als iemand erin slaagde deze lang genoeg te simuleren, werd hij op medische gronden afgekeurd, hoewel op een van de billen een teken werd getatoeëerd om ervoor te zorgen dat hij niet opnieuw dienst kon nemen.[51] Een andere, hardere uitweg was opzettelijk disciplinaire maatregelen uit te lokken die leidden tot opsluiting in de met palissaden omgeven gevangenis in Ngawi op Java. Nadat iemand daar 365 dagen was geweest, werd hij uit de dienst ontslagen.[52]

Toch was het leven van een soldaat, ondanks alle speciale beproevingen die hier zijn genoemd, in andere strijdmachten geen haar beter. Elk leger had zijn eigen versie van de disciplinaire hel. Het Britse leger in het Victoriaanse tijdperk was ongenegen de geseling af te schaffen; deze stond nog in 1914 op de lijst van straffen.[53] Een andere straf, de draaimolen, was een draaiende, houten kooi die met grote snelheid ronddraaide. Wie erin zat werd altijd zwaar ziek. Naast geseling en het blok was ook de draaimolen een straf voor vrouwen.[54] In het Franse vreemdelingenlegioen waren lijfstraffen een schande. De volgende passage uit de herinneringen van William Jay Smith, *Army Brat*, bevat een samenvatting van het leven van de Amerikaanse soldaat in ongeveer dezelfde tijd als van Cohen, en een opsomming van bijna alles wat we hebben opgemerkt over de Nederlandse koloniale soldaat.

> Rond de eeuwwisseling werd de soldaat in de Verenigde Staten als een verschoppeling, een waardeloos individu behandeld. Soldaten hadden geen toestemming respectabele oorden van vermaak te betreden en respectabele jonge vrouwen zouden nooit met hen in het publiek verschijnen. Het aantal deserteurs in het belastingjaar dat eindigde in juni 1889 was met zo'n alarmerende snelheid toegenomen, dat er duidelijk iets aan moest worden gedaan. Om de situatie te onderzoeken nam Frank L. Woodward van de *Post-Dispatch* uit St. Louis dienst in Jefferson Barracks. In een reeks artikelen, verzameld in *The Dogs of War* (1890), uitte hij een aantal sensationele beschuldigingen. De officieren waren naar zijn zeggen onnodig wreed en veeleisend; het voedsel was niet eetbaar; ongedierte tierde welig; en men werd op de onzinnigste aanklachten onder arrest geplaatst en opgesloten in het arrestantenhok, dat onbeschrijflijk smerig was.[55]

In het licht van al deze omstandigheden is het verbazingwekkend maar niettemin waar, dat sommige opmerkelijke mannen vrijwillig in het koloniale leger dienst namen. Er moet opnieuw op worden gewezen dat zij niet werden opgeroepen en dat er geen dienstplicht bestond. De beroemdste vrijwilliger was geen Nederlander. Arthur Rimbaud (1854-1891) nam in 1876 op 21-jarige leeftijd dienst als fuselier. Hij verliet Harderwijk in juni en kwam in juli op Java aan. Hij werd ingeschreven bij het Eerste Infanteriebataljon gelegerd bij Salatiga. In augustus van hetzelfde jaar deserteerde hij, na nog geen drie maanden koloniale dienst.

De twee grootste natuuronderzoekers uit het koloniale tijdperk, Rumphius en Junghuhn, traden vrijwillig in dienst van het koloniale leger. Rumphius was 'vaandrig' in wat toen nog het privé-leger van de VOC was en Junghuhn ging als geneeskundig officier en was in dienst van 1835 tot 1845. Een iconoclast enigszins in de geest van Cohen was Sicco Roorda van Eysinga (1825-1877), die van 1844 tot 1855 als officier bij de genie dienst deed. Hij werd door Multatuli geprezen om zijn luide kritiek op de koloniale politiek en was de auteur van het politieke schotschrift over koning Willem III dat indirect de oorzaak was van Cohens verhoor en veroordeling voor majesteitsschennis. Een andere man die, net als Van Eysinga en Cohen, na zijn militaire dienst journalist werd, was Willem Walraven (1887-1943; zie hoofdstuk 19). Twee andere opmerkelijke figuren in verband met het koloniale leger waren Pieter Bleeker (1819-1878), die een beroemd ichtyoloog werd en een standaardwerk over Indonesische vissen uitgaf, en Eugène Dubois (1858-1940), die evenals Bleeker legerarts was, en tussen 1891 en 1892 de beroemde Javamens, de fossiele overblijfselen van *Pithecanthropus erectus*, ontdekte, die ooit werd beschouwd als de missing link in de evolutie van de mens.[56]

Ten slotte was er C. Eykman (1858-1930), die korte tijd als medisch officier op Java diende maar vanwege zijn slechte gezondheid naar huis terugkeerde. Hij ging terug naar Indië met een team dat van de regering opdracht had gekregen de oorzaak van beriberi uit te zoeken. Terwijl zijn collega's het verkeerde spoor volgden, ontdekte Eykman dat er in het vliesje van ongepelde rijst een stof moest zitten die voorkwam dat men de ziekte kreeg. Hij publiceerde zijn onderzoek in 1896 en zijn theorie, die gebaseerd was op werk met kippen, werd in diverse gevangenissen op Java en Madoera op mensen toegepast en bleek juist te zijn. Toch kreeg Eykman heel wat tegenstand van zijn collega's en hij keerde in 1896 voorgoed naar Nederland terug. Zijn werk werd geleidelijk aanvaard, speciaal in de Verenigde Staten. In 1921 werd hij 'Foreign Associate' van de Nationale Academie van Wetenschappen in Washington. In 1929 ontving Eykman de Nobelprijs voor zijn werk aan wat in 1911 'vitamine' was genoemd.[57]

Men moet echter toegeven dat er na alles wat is gezegd en gedaan, bijzonder weinig is geschreven over het dagelijks leven van de koloniale soldaat die niet bij gevechten betrokken was. In een aantal romans vindt men enkele officieren, speciaal in die van Daum, maar zij zijn niet meer dan nette figuranten op de theatrale feesten van de betere standen in de kolonie. Een uitzondering is Du Perrons portret van Arhur Hille, in hoofdstuk 25 van *Het land van herkomst* (1935), een harde, maar bewonderenswaardige officier die diende in Atjeh. Er zijn enkele romans waarin de strijd wordt beschreven, zoals *De hongertocht* van Székely-Lulofs (1936), maar zij zeggen weinig over het dagelijks leven. *Halfbloed* van J. Fabricius (1946) was een van de pogingen om het leven van de gewone infanterist die niet op campagne was, te beschrijven, maar het is een onbelangrijke roman. Het enige verhaal van het tangsi-leven uit de eerste hand is Lin Scholtes *Anak kompenie* (1965); het is goed geschreven (hoewel niet erg toegankelijk voor buitenlandse lezers vanwege het grote aantal Maleise uitdrukkingen), nuchter en geslaagd in zijn pogingen objectief te zijn. Dat het is geschreven vanuit het gezichtspunt van een moentji maakt het des te interessanter.

M.T.H. Perelaer (1831-1901) schreef een lange autobiografische roman over zijn leven als beroepsofficier. De tetralogie, die voornamelijk handelt over zijn vele jaren dienst op Borneo, werd gepubliceerd tussen 1884 en 1885 onder de titel *Een kwart eeuw tussen de keerkringen.* In 1881 publiceerde Perelaer een eigenaardige roman getiteld *Borneo van Zuid naar Noord.* Hierin werden zogenaamd de avonturen beschreven van vier deserteurs uit het koloniale leger – twee Zwitsers, een Belg en een inheemse soldaat – op hun aangrijpende tocht door de oerwouden van Borneo. De roman bevat heel wat informatie over de Dajaks, geput uit Perelaers wetenschappelijke studie *Ethnographische beschrijving der Dajaks*, gepubliceerd in 1870. Perelaers roman werd in een vertaling door Maurice Blok in de Verenigde Staten gepubliceerd onder de domme titel *Run Away from the Dutch or Borneo from South to North* (New York, 1887).[58] Een andere officier die zijn ervaringen voor literaire doeleinden gebruikte, was W.A. van Rees (1820-1898). In aanmerking genomen dat hij pas na zijn pensionering begon te schrijven, schreef hij veel, maar vanuit literair gezichtspunt is zijn werk niet belangrijk. Als bron van informatie over het koloniale leger heeft het echter nog altijd enige waarde, speciaal *Herinneringen uit de loopbaan van een Indisch officier* (1862). Er zijn nog heel wat meer teksten als deze, voornamelijk herinneringen van gepensioneerde officieren onder titels als *Atchin, driemaal begraven. Verhaal uit de tweede expeditie tegen de Atchineezen* (1875), *Verhalen uit de oorlogen in Ned. Oost-Indië* (1900), enzovoort. Maar heel weinig van deze of andere geromantiseerde verhalen die op dat van Perelaer lijken (bijvoorbeeld *Rabia de Sassaksche. Een verhaal uit den Lombok-oorlog, door een Indisch officier* (1895), *De doodenakkers van Indië. Geschiedkundig verhaal uit den Atjeh-oorlog* (1892) of *Luitenants-mijmeringen op een buitenpost in Neerlands Oost-Indië* (1863)) hebben enige literaire waarde.[59]

Als men romans over soldaten in oorlog uitsluit, heeft ook de Amerikaanse literatuur niet veel goede fictieve of niet-fictieve teksten. Voortreffelijke uitzonderingen vormen *From Here to Eternity* van James Jones (1951), een fictief verhaal over het barakkenleven op Hawaï kort voor de aanval op Pearl Harbor – de titel is ontleend aan het gedicht 'The Gentleman-Rankers' (*Barrack Room Ballads*) van Kipling –, de herinneringen van William Jay Smith, *Army Brat* (1980), het verhaal over het legerleven in Californië en op de Filippijnen voor de Tweede Wereldoorlog door Charles Willeford getiteld *Something about a Soldier* (1986) en *The Long March* van William Styron (1952). Een dergelijke schaarste aan kronieken over het barakkenleven in het algemeen en het koloniale leger in de negentiende eeuw in het bijzonder maakt Cohens beschrijving des te waardevoller, met name omdat het grootste deel van zijn verhaal ons een zeldzame blik gunt op het leven in de bajes van een koloniaal leger.

Alexander Cohen was van oktober 1882 tot januari 1887 als soldaat in Indië. Van de ruim vijf jaar op Sumatra en Java bracht hij drieënhalf jaar door in de gevangenis Fort Prins van Oranje in Semarang, en bijna twee jaar voor de contractuele beëindiging van zijn diensttijd werd hij oneervol ontslagen. De reden van zijn langdurige botsing met het militaire gezag was ten dele zijn achtergrond en ten dele een soortgelijke recalcitrante eerlijkheid als die waardoor Robert E. Lee Prewitt van James Jones zo'n overtuigende figuur was. Ook Cohen stond op zijn rechten en wenste evenals Prewitt niet 'door een stelletje malloten van hot naar her te worden gestuurd (...) Dat is mijn recht als man. Niet als loopjongen te worden gebruikt.'[60] Met dezelfde wereldvreemde moraal bracht Cohen zijn leven vanaf het allereerste begin in de problemen.

Hij was de zoon van een orthodoxe jood uit Leeuwarden. Hoewel zijn geboorteplaats hoogst onwaarschijnlijk lijkt voor een zoon van Sion, had Cohen met de Friezen hun spreekwoordelijke koppigheid en onhandelbaarheid gemeen, en hij schijnt zich al vroeg aan een onconventioneel leven te hebben toegewijd.[61]

Hij werd op 27 september 1864 geboren als tweede zoon van Aron Heiman Cohen Jzoon; zijn oudere halfbroer was afkomstig uit het eerste huwelijk van zijn vader. Alexanders moeder, de tweede vrouw van Aron, schonk het leven aan nog twee zoons en drie dochters. In 1873, toen Alexander negen jaar oud was, stierf zij aan tuberculose. Cohen herinnerde zich haar vol liefde als een 'schone, zachte, stille, vriendelijke vrouw' die zijn opvoeding niet in goede banen kon leiden, omdat ze 'uitgeput' was daar ze voortdurend kinderen kreeg (p. 9). Voor zover ik weet is de enige keer dat Cohen met evenveel tederheid over iemand schreef, na de dood van zijn vrouw in 1959.[62] Ik neem aan dat hij beide vrouwen als verwante zielen beschouwde en hij was zich goed bewust van hun onzelfzuchtige toewijding aan mannen met wie vaak moeilijk te leven viel.

Cohens vader trouwde voor de derde keer in september 1875. De stiefmoeder behandelde Alexander goed en probeerde vaak voor hem tussenbeide te komen bij de onophoudelijke uitputtingsslag tussen vader en zoon. Zonder succes. De vader was een harde leermeester die vast geloofde in lichamelijke straf, onthouding van voedsel en schelden. Spelen was niet toegestaan, speelgoed was verboden en zakgeld onbespreekbaar. Vechten was toegestaan, mits de kleren heel bleven, maar alles bij elkaar schonk hij weinig liefde. Toen de jonge Cohen eens door het ijs zakte, haalde een arme visboer hem uit het water en bracht hem thuis. 'Mijn vader geeft de man een kwartje, wat mij érg meevalt. "Maar – zegt hij tot de edele redder – als je hem, bij een vólgende gelegenheid, er in laat liggen, dan krijg je een gulden van mij!"' (p. 26)

Hoe 'redeloos' het 'autoritarisme' (p. 23) van de vader ook was, de zoon gaf niet toe. Hij stal geld om speelgoed te kopen, loog om zijn spijbelen te verbergen en werd vanwege slecht gedrag van drie scholen verwijderd. Hij ontkende het gezag van zijn orthodoxe geloof en verklaarde dat zijn geliefde bijbelse figuren degenen waren die van hun rechten waren beroofd, zoals Kaïn. Cohen vroeg zich af waarom God meer van 'geroosterd lamsvlees dan van radijsjes' hield (p. 14) en sprak zijn voorkeur voor Ezau uit, 'de achteruitgezette, bedrogen Esau, die het thuis óók al niet prettig had'. En Mozes sprak hem aan omdat hij door God was bedrogen toen hij wel naar het Beloofde Land mocht kijken maar er niet mocht binnengaan, ook al had hij veertig jaar met die 'rumoerige, ongezeggelijke kinderen Israëls' (p. 15) rondgezworven. Uiteindelijk zwoer Cohen zijn godsdienst helemaal af, hoewel hij verbijsterd was toen een van zijn meer handelbare broers dat ook deed, om in plaats daarvan luthers te worden. 'Maar welke aantrékkelijkheid kan er, in 's Hemels naam! uitgaan van het protestantisme, deze van alle poëzie – primitieve, verfijnde, of barbaarse – rigoureuselijk gezuiverde, ik zou willen zeggen gevlooide godsdienst?' (p. 19). Zelfs het katholieke geloof was beter, omdat het niet alle hartstocht en emotie had verboden. Cohen koos, evenals Couperus en Du Perron, voor wat Octavio Paz een 'warme beschaving' heeft genoemd.[63] Vandaar zijn blijvende liefde voor Frankrijk. 'In het Bois de Boulogne, waar ik iets van het volk zie, en mij daaronder beweeg, treft mij opnieuw, maar in veel sterker mate nog, wat mij in Gent al was opgevallen: het ongedwongene, het losse, het luchtige, het prettige, dat zuidelijker wonende – en katholieke – volken van mijn ingepénde, stijve, zwaar op de handse, vreugdeloze landgenoten onderscheidt.' Dit verschil is zelfs zichtbaar in militaire dienst. Terwijl Nederlanders 'plompe, harkerige' soldaten zijn, zijn de Fransen 'levendige, lenige, rappe' soldaten – een indruk die wordt versterkt door de kleurige uniformen met hun 'rode broek, donkerblauwe tuniek, witte slobkousen, en hun shako met kleurige pompon' van de laatsten (p. 145). Cohen voelde zich op soortgelijke wijze bevrijd toen hij in Indië was want, ook al was er niets te zeggen voor het koloniale leger, hij had geen problemen met de tropen (p. 124).

Toen hij nog op school was, waren geschiedenis, aardrijkskunde en talen zijn lievelingsvakken. Maar in de rest was hij een grote mislukking. Van zijn gevoel voor talen had hij veel profijt; nadat hij naar Parijs was verhuisd, schreef hij in het Nederlands voor Nederlandse kranten, in het Frans voor Parijse gazetten, vertaalde hij Multatuli in het Frans, een van Zola's romans in het Nederlands, maakte hij Franse vertalingen van Nietzsche en van Gerhart Hauptmanns toneelstuk *Einsame Menschen*, en zijn Maleis was in 1889 nog goed genoeg om op de wereldtentoonstelling in Parijs met Javaanse dansers te praten. Jaren later kon hij ook nog hele gedichten in het Fries voordragen, want Cohen schijnt gezegend te zijn geweest met een fantastisch geheugen. Maar zijn schoolloopbaan was kort; toen hij ongeveer veertien was, werd hij vanwege zijn opstandige gedrag blijvend van elk verder onderwijs uitgesloten.

De daaropvolgende dagen als nietsnut maakten van het ouderlijk huis een legerkamp. Het enige 'asiel' voor de zoon was de zolder waar hij een boekenkast vol boeken had ontdekt. Omdat zijn schuilplaats moeilijk bereikbaar was en Cohen erg voorzichtig was, werd hij daar nooit door zijn vader ontdekt. Onder de vergeten boeken in deze opmerkelijk goed voorziene kast, las hij behalve negentiende-eeuwse Nederlandse literatuur Shakespeare, Scott, Heine, Thiers, Alexandre Dumas en romans van Victor Hugo. Hoewel deze werken beslist aantrekkelijker werden omdat hij ze in het geheim moest lezen, vormden ze geen ongebruikelijke kost voor opstandige jongelui als Cohen. Maar in Cohens geval schijnen ze wel uiterst passend te zijn, want hij bleef zijn leven lang in veel opzichten een strijdlustige romantische rebel, die praktisch van tegendraadsheid zijn beroep maakte, wiens politieke held Napoleon en wiens literaire meester Multatuli was.

De betrekkelijke vrijheid die hij in deze tijd ervoer was van korte duur. Na verscheidene mislukte pogingen om in Nederland een of andere baan voor zijn zoon te vinden, besloot Cohens vader in 1880 hem als leerling in dienst te doen bij een Duitse leerlooier. Het experiment was een grote mislukking, maar de korte kennismaking met Duitsland (niet meer dan drie maanden) liet een blijvende indruk na. Cohens werkgever woonde in Sonsbeck, een stadje in Rijnland ten westen van Wezel, tussen de Nederlandse grens van Limburg en de westoever van de Rijn. Met zijn gebruikelijke geestigheid schreef Cohen later dat hij het land had aan mensen met 'puntige ellebogen' en 'haakneuzen' (p. 51), maar de voornaamste redenen voor het debacle waren dat zijn werkgever even autoritair was als zijn vader, dat hij zijn leerling sloeg (en Cohen gaf onmiddellijk lik op stuk) en dat hij niet hield van de laster die de Nederlandse jongen tegen het Duitse volk uitte, dat zich nog koesterde in het succes van de Frans-Duitse oorlog. De rest van zijn leven, en hij werd bijna honderd, raakte Cohen zijn felle afkeer van Duitsers niet meer kwijt. Toen hij eens een sympathieke Duitser ontmoette merkte Cohen op dat dit 'een van de zes of zeven voortreffelijke Duitsers was, door Onze Lieve Heer ééns in de drie-en-dertig jaar, voor de duur van een geslacht, in de omloop gebracht om te bewijzen dat er "ook goeie mensen onder" zijn' (p. 51). In de Eerste Wereldoorlog woonde Cohen in Parijs. Omdat hij pacifisme verafschuwde en Duitsland haatte, schreef hij een sarcastisch artikel over 'bochophile' pacifisme.[64] Ook Mata Hari viel onder zijn kritiek. De Nederlandse 'choreographische artieste', zoals de Franse pers haar hoffelijk benoemde, was ook in Leeuwarden geboren (onder de naam Margaretha Geertruida Zelle), in 1876. Ze ontsnapte toen zij negentien jaar oud was aan dezelfde verlammende omgeving als Cohen door te trouwen met een veel oudere kapitein in het koloniale leger en gaf er later, net als Cohen, de voorkeur aan in Parijs te wonen in plaats van in Holland weg te kwijnen. Maar spionage voor Duitsland – 'als onderdane van een níet belligerente staat en dus zónder het excuus van patriottischen hartstocht' – rechtvaardigde volgens hem dat zij op 15 oktober 1917 de dood vond door het vuurpeloton. Verder vond Cohen haar 'exotische dansen' vulgair en een bespotting van de verfijnde en ingetogen schoonheid van de Javaanse dans. Hij besloot zijn artikel als volgt: 'In waarheid, ik zegge u: de *kunst* heeft niets verloren in de gefusilleerde van gisteren. Daar is alleen een spion in Duitse soldij (...) minder op de wereld.'[65] Zijn felheid noch zijn vooroordeel werd ooit minder.

Na tot ongewenst persoon te zijn verklaard door de leerlooierij – Cohen beweert dat hij altijd kathedralen boven fabrieken verkoos (p. 59) – en door het Duitse volk, werd Cohen naar Nederland teruggestuurd, in de armen van een woedende vader. Er werd snel besloten nu een zeeman van hem te maken. Cohens vader meende dat een stoomschip niet zou voldoen, omdat deze zo vlug terug zijn (p. 53), en keek dus in de haven van Rotterdam uit naar een zeilschip en vond er een dat bestemd was naar Nova Scotia te varen. Alexander deserteerde voordat het schip de zeilen hees. Terug in Leeuwarden ontaardde het generatieconflict in een regelrechte oorlog. De zoon liep weg naar België, werd gearresteerd, gevangengezet en naar Nederland teruggestuurd. Omdat alle andere mogelijkheden mislukt waren, werd er als laatste toevlucht over gesproken naar Indië te gaan. Het ministerie van Koloniën had juist de nieuwe functie van militair soldaat-schrijver gecreëerd en Cohens vader stemde met het verzoek van zijn zoon in vanwege deze meer 'respectabele' baan. In die tijd was zijn toestemming wettelijk vereist omdat een kind achttien jaar oud moest zijn om in het koloniale leger te mogen gaan (men werd pas op 23-jarige leeftijd als volwassen beschouwd). Cohen werd aangenomen, hij tekende voor de verplichte zes jaar en verliet Nederland drie weken voor zijn achttiende verjaardag in september 1882.

Toen hij het ouderlijk gezag verruilde voor de nog minder flexibele heerschappij van het leger, beging hij een ernstige, hoewel begrijpelijke vergissing. In die tijd was de militaire dienst een uitweg voor hem; deze gaf zin en vorm aan wat een chaotische toekomst leek en had nog altijd een glans van durf en bravoure. Cohen flirtte zijn leven lang met het avontuur – avontuur in de romantische betekenis van zijn geluk beproeven, risico's aangaan op een nieuwe en opwindende manier of zich overgeven aan een onstuimige actie die met alle voorzichtigheid spot. Cohen zou verscheidene jaren later uitvinden dat avontuur ook intellectueel kan zijn, maar of het nu lichamelijk of geestelijk is, avontuur staat voor veranderlijkheid. In elk geval nam Cohens avontuur de gestalte aan van originaliteit en een doorleefd individualisme.[66] De maatschappelijke regels laten geen ruimte voor zulke weinig gematigde geesten als de zijne, en met reden: men kan een troep kalveren niet bevelen een kudde te vormen. Alexander Cohen kreeg nooit een oormerk. Hij typeerde zijn leven als 'ontdekkingstocht naar het Avontuur' (p. 6) en prees Napoleon als 'een onmetelijk avonturier, een halfgoddelijk avonturier, máár een avonturier – die buiten het franse volk stond, voor wie dit volk, in de eerste plaats, het werktuig van zijn glorie was geweest, Napoleon, die zich, in zijn innigste binnenste, nooit met dit volk vereenzélvigd had' (p. 143). Zo'n gebrek aan identiteit gold ook voor deze hoogst onwaarschijnlijke Nederlander, zij het zonder de overdrijvingen, en hij leefde het grootste deel van zijn leven als een vreemdeling onder de Fransen. Maar in zijn jeugd in de jaren 1880 ontdekte hij dat hij zich moest verzetten tegen de militaire regels. We kunnen volstaan met te zeggen dat het koloniale leger het niet beter deed dan zijn vader.

In februari 1887 woonde hij weer in Leeuwarden, maar aan het einde van de zomer, toen hij eindelijk meerderjarig werd, verliet Cohen het huis van zijn vader voor het laatst. In de herfst van dat jaar vond hij werk bij een socialistische krant in Den Haag, *Recht voor allen*. De volgende veertig jaar werkte hij als freelancer aan allerlei publicaties zowel in Nederland als Frankrijk. Zijn debuut als journalist viel in juni 1887; hij publiceerde, heel gepast, een reeks artikelen in een radicale krant in Groningen die een polemiek inhield tegen een rekruteringsfolder die door het ministerie van Koloniën werd verspreid om vrijwilligers voor het leger aan te trekken. Hij bleef zijn hele leven een polemist, kende geen pardon en vroeg er ook nooit om.

Cohen behoort tot de Nederlandse traditie van de 'kankeraars', een traditie die het in het koloniale Indië zo goed schijnt te hebben gedaan. Maar, net als overal, niet iedereen kan daarin uitblinken. Menno ter Braak, een Nederlandse criticus uit de jaren 1930, heeft gezegd:

> Om goed te 'schelden' moet men n.l. talent hebben; om zijn tegenstanders te kunnen beledigen, moet men voorts over zo veel mensenkennis beschikken dat men ook werkelijk in staat is, het beledigende doel te laten treffen; men moet, met andere woorden, een persoonlijkheid zijn, die voor eigen waarden kan instaan (al zijn het

dan ook 'maar' de waarden van de dolende ridder), en de persoonlijkheid van de polemist ontdekt men alleen door zijn stijl. Zulk een polemische persoonlijkheid, die een uitstekende polemische stijl schrijft, is voorzeker Alexander Cohen.

Cohens stijl was lichtvoetig en verrassend informeel, zelfs toen hij meer dan een halve eeuw in Frankrijk had gewoond. Hij is gewoon, levendig, soepel en heel karakteristiek. Speciaal in zijn autobiografische werk legt Cohen een fijn gevoel voor humor aan de dag, en evenals Valentijn had hij een voorliefde voor het grappige en anekdotische. Het is opvallend hoe hij er zelfs in zijn beschrijvingen van de meest afschuwelijke ervaringen in slaagt een zekere opgewektheid, een gevoel van een onaantastbaar goed humeur te bewaren. Zoals Ter Braak schreef: Cohen 'heeft veel te veel humor, om de profeet van de rancune te kunnen zijn'.[67] Afgezien van zijn afkeer van Duitsland was er in Cohen als mens noch als schrijver enige boosaardigheid. Men kan zelfs een soort naïviteit in hem ontdekken, zoals Ter Braak deed, maar dat is waarschijnlijk te danken aan zijn oprechtheid en zijn weigering aan verbittering toe te geven – waardoor hij alleen maar kleiner zou zijn geworden en de vijand had laten zien dat zijn methoden succes hadden gehad. Veerkracht in het gelaat van onderdrukking duidt op een integere kern en op een zelfvertrouwen dat voor de tegenstander hoogst ontmoedigend is; niets maakt onzekerder dan een opgewekte opstandeling.

Ondanks zijn tegenslagen in het koloniale leger was Cohen niet absoluut afkerig van het militaire bestaan. Een aantal van de beste momenten in zijn jeugd beleefde hij in gezelschap van soldaten. Toen hij bijna vijftig was sloot hij zich tijdens de Eerste Wereldoorlog met een zekere opwinding aan bij het Franse leger. Dat klaarstaan voor het gevecht blijkt ook uit zijn geschriften. Cohen was wat de Fransen zo veelzeggend noemen *un écrivain de combat*, een uitdrukking die iets van de geest van gevaar en opwinding behoudt die men meestal met het militaire leven associeert. Cohen zag zijn gevechtsopdracht in het verzet tegen alles wat riekte naar conformisme, autoriteit, status-quo, of misschien beter gezegd, alles wat actie belemmerde. Men kan zich voorstellen dat zo'n standpunt hem niet erg geliefd maakte, in het bijzonder bij ideologen wier houding Cohens verbazingwekkend vitale drang tot onenigheid prikkelde. De titels van zijn vier voornaamste werken spreken voor zich: *Uitingen van een reactionnair* (1929); *In opstand* (1931); *Van anarchist tot monarchist* (1936) en de bloemlezing van zijn artikelen en opstellen getiteld *Een andersdenkende* (1959).

Cohen was de strijd met de maatschappij al op jonge leeftijd aangegaan. Het enige verschil was dat hij na 1887 zijn afwijkende mening even goed in woorden wist weer te geven als in daden. Hij sloot zich in die tijd alleen bij de Nederlandse socialisten aan omdat zij een opstandige oppositie vormden (p. 126). Op 6 september 1887 schreeuwde hij tegen de passerende koning Willem III in Den Haag: 'Weg met Gorilla, leve het socialisme.' De bijnaam van de primaat ontleende hij aan een schotschrift over de koning geschreven door Sicco Roorda van Eysinga (1825-1887), een vriend van Multatuli en officier bij de koloniale genietroepen, die uit Indië verbannen was en vrijwillig in ballingschap in Zwitserland woonde.[68] Cohen werd gearresteerd en verhoord. Hij was zijn eigen advocaat en zijn sarcastische pleidooi verscheen in een aantal radicale publicaties. Hij kreeg zes maanden gevangenisstraf voor majesteitsschennis, en omdat hij weinig enthousiast was over een nieuwe langdurige insluiting, vluchtte hij in maart 1888 naar België. De Belgische autoriteiten reageerden niet op de Nederlandse eis tot uitlevering en op eigen verzoek kreeg Cohen toestemming de trein naar Parijs te nemen. Op 12 mei 1888 arriveerde hij in de Franse hoofdstad en hij verliet Frankrijk nooit meer behalve noodgedwongen of om beroepsmatige redenen. In datzelfde jaar begon zijn lange loopbaan als journalist voor zowel Parijse als Nederlandse kranten.

Ook de Franse autoriteiten weigerden Cohen uit te leveren, hoewel hij onder toezicht werd geplaatst. Hij verdiende een karige boterham met zijn baan als betaald correspondent voor *Recht voor allen*, waarin hij zijn artikelen ondertekende met het pseudoniem 'Souvarine', de naam van de nihilist in Zola's roman *Germinal.* Omdat hij wanhopig graag meer geld wilde verdienen, vertaalde hij pamfletten van de Nederlandse socialistenleider Domela Nieuwenhuis voor de Vlaamse krant *Vooruit.* Intussen kreeg hij steeds meer sympathie voor de anarchistische beweging, een stroming waarmee in het laatste decennium van de negentiende eeuw terdege rekening moest worden gehouden. Opnieuw als een reactie op zijn onbuigzame non-conformisme en individualisme had Cohen een afkeer van de socialisten gekregen vanwege 'hun heerszucht, hun korporalisme[69], hun sektarisme, hun negatie van alle persoonlijkheid, hun conceptie van de mens als een uit de gemeenschappelijke voederbak zich volvretend kuddedier, hun grof materialisme, hun ondoordringbaarheid voor alle abstracte schoonheid en voor alle aesthetiek' (p. 159). Anarchisme, dat tenslotte overal tegen was, stond dichter bij zijn eigen ongebonden persoonlijkheid. Hoewel hij zich nooit officieel bij de anarchisten aansloot (evenmin als hij zich ooit bij de socialisten had aangesloten en nooit officieel ergens lid van zou zijn), maakten zijn artikelen voor diverse Franse anarchistische publicaties hem in de ogen van de autoriteiten medeschuldig. In december 1893 werd hij gearresteerd nadat Vaillant een bom had geworpen in de Assemblée in het paleis Bourbon. Ondanks pogingen van de schrijver Octave Mirbeau, de acteur en theaterleider Lugné-Poe en Zola, werd Cohen verbannen en gedwongen naar Engeland te gaan.[70]

In hetzelfde veelbewogen jaar ontmoette Cohen Elisa Germaine (Kaya) Batut (1871-1959). Met deze naaister deelde Cohen zijn leven van augustus 1893 tot haar dood meer dan zestig jaar later. Ze trouwden pas in 1918 voor de wet, vijfentwintig jaar nadat zij elkaar hadden ontmoet. Ze leefden samen in armoede in Londen, waar Cohen slechts sporadisch journalistiek werk kon vinden, waaronder enkele artikelen voor *The Torch of Anarchy.* Maar zijn verlangen om naar Parijs terug te keren was groot en in augustus 1895 kon hij Frankrijk illegaal binnenglippen. Hij slaagde erin van de aanklachten tegen hem te worden vrijgesproken en het vonnis van twintig jaar dwangarbeid werd eveneens ingetrokken.

Hij kon echter nog steeds niet in Frankrijk blijven en werd opnieuw gedwongen te vertrekken. Uit pure wanhoop ging hij met Kaya naar Nederland. Najaar 1896 werd hij door de Nederlandse autoriteiten gearresteerd en gedwongen zijn straf van zes maanden voor majesteitsschennis uit te zitten. In de gevangenis vertaalde hij Multatuli in het Frans en bereidde hij de uitgave voor van zijn anarchistische tijdschrift *De Paradox.* In de zomer van 1899 was hij weer in Parijs en in het eerste decennium van de nieuwe eeuw slaagde hij er uiteindelijk in tot Frans burger te worden genaturaliseerd.

Cohen bleef als freelance journalist werken. In Frankrijk leverde hij regelmatig bijdragen aan uitgaven als de *Mercure de France* en de *Figaro,* en in Nederland aan het grote dagblad *De Telegraaf.* Het feit dat Cohen er als jood in slaagde de Tweede Wereldoorlog in het bezette Frankrijk te overleven is een bewijs van zijn door het straatleven geharde vermogens om te overleven. Hun laatste jaren woonden hij en Kaya bij Toulon. Cohen overleed daar in 1961, bijna twee jaar na Kaya's dood, op de leeftijd van 97 jaar.[71]

Menno ter Braak heeft opgemerkt dat 'de avonturier in de journalistiek (...) even mogelijk [is] als de avonturier in de jungle'.[72] Cohens intellectuele avontuur eindigde nooit. Hij verwierp het anarchisme toen het tiranniek werd en koos het laatste deel van zijn leven voor de monarchie – de Franse natuurlijk –, een hoogst impopulaire keuze, dat wel. Maar hij wist dat revolutionaire bewegingen altijd verstarren, dat de oorspronkelijke belofte van individuele vrijheid spoedig wordt verlamd door het zware uitwendige skelet van de leer. Net als de heremietkreeft wilde Cohen vrij blijven nieuwe woonplaatsen te kiezen als hij die waarin hij op dat moment woonde had overleefd. En wat, op paradoxale wijze, gold voor het beste van de koloniale geest, gold ook voor Cohen: hij toonde zijn onafhankelijkheid steeds weer om ervoor te zorgen dat zowel hijzelf als de wereld (ook al gaf die er niet om) wist dat hij nog niet was geïnstitutionaliseerd.

Op het laatst noemde hij zichzelf een 'reactionair', niet in de simplistische, denigrerende betekenis, maar in de oorspronkelijke betekenis van iemand die 'reageert'– iemand die een stimulans veroorzaakt en ervaart. Hij maakte zijn standpunt duidelijk toen hij onderscheidde tussen 'revolutie' en 'opstand'.[73]

> De revolutie, de omwenteling, voltrekt zich binnen beperkte grenzen van tijd en ruimte, en haar werking verloopt, en smoort, zoals uitgewoede, uitgeputte golven op een drassig strand. De Opstand is eeuwig en oneindig. De revolutie zóekt en vindt haar temmer. De Opstand is onbedwingbaar. De revolutie brengt ándere, sómtijds nieuwe, gewóónlijk meedogenlozer, want nog niet verzadigde, meesters aan het bewind. De Opstand koestert en aanvaardt geen heer. De revolutie is een maakwerk, de Opstand een element. De revolutie is kollektief, én, ook om haar éinddoel: heersen en verdrukken, van laag allooi. De Opstand is individueel, onbaatzuchtig en verheven. (p. 161-2)

Cohen heeft zijn tropische ervaringen tweemaal verwoord. De eerste keer in 1887 met zijn journalistieke debuut van zeven artikelen waarin hij de realiteit van het leven in het koloniale leger aan de kaak stelde. Hij schreef de artikelen als reactie op de rekruteringsfolders van de Nederlandse regering. Deze werden tussen juni en augustus gepubliceerd in het *Groninger Weekblad*, een socialistisch blad dat zich de 'radicale courant voor Nederland' noemde.[74] De artikelen waren duidelijk gebaseerd op zijn eigen, eerstehands ervaring op Java en Sumatra, maar in toon, stijl en doelstelling waren zij volledig afhankelijk van zijn 'meester Multatuli',[75] die drie maanden tevoren was overleden. Cohen was misschien de eerste belangrijke schrijver in verband met de koloniën voor wie Multatuli's oeuvre altijd de impliciete tekst zou blijven, maar deze vroege herdenkingssluier moest eerst worden afgelegd voordat Cohen zijn eigen authentieke stem kon vinden.

Het verschil komt aan het licht als men deze vroege pogingen vergelijkt met de bladzijden die Cohen in zijn autobiografie *In Opstand* (1931) aan hetzelfde onderwerp wijdde. Hoewel Multatuli's proza altijd op de achtergrond zal blijven staan, is deze begeleidende muziek nu gedempt, zwak en ondergeschikt aan de voornaamste stem, die van Cohen. Terwijl de artikelen van 1887 stug en onverstoorbaar klinken, beladen met een monologische indruk die te wijten is aan de argeloze imitatie van Multatuli, is de stijl van de autobiografie ironisch, soepel en levendig, wat te danken is aan wat Montaigne de *mondanité* van goede conversatie noemde. De eerste publicaties zijn laat-negentiende-eeuwse predikaties, terwijl de autobiografische tekst ondubbelzinnig modern is, zowel technisch als formeel gecompliceerd, maar in wezen een bedreven, gevat verhaal dat om begrip, niet om volgzaamheid vraagt.

Daartussen liggen veertig jaar van werkzaamheid als journalist. De dynamiek van Cohens volwassen stijl is te danken aan de ervaring van het op geregelde basis schrijven voor een krant. Daarvan leert men zich door verleden noch toekomst te laten bezwaren en het heden te accepteren hoe het zich ook aan ons openbaart. Bakhtin noemt deze afwijzing van causaliteit 'gelijktijdigheid', en schrijft dit wezenlijke kenmerk van het polyfone proza van Dostojevski toe aan de ervaring van de Russische schrijver met de 'krantenpagina als levende weerspiegeling van de tegenstrijdigheden van de contemporaine samenleving in de dwarsdoorsnede van een enkele dag, waarbij het meest uiteenlopende en tegenstrijdige materiaal uitgebreid, naast elkaar en tegenover elkaar wordt ontvouwd' (*PDP* 30).[76] Praktisch gesproken leert de journalistiek, zoals Kipling wist, iemand hoe 'hij snel in de wanorde bij de eventuele kern van de zaak komt', een les die, zoals bij hem na zijn opgaven bij de *Civil and Military Gazette* in Lahore en de *Pioneer* in Allahabad, moet uitlopen op een 'economy of implication'.[77]

Alles goed en wel, maar als men iets meer wil produceren dan een samenvatting van wat er allemaal op een dag is gebeurd, moet men het object veranderen in een subject dat een meer omvattende visie bezit. Men heeft een idee nodig 'als het object van representatie' (*PDP* 24) maar dit moet noodzakelijkerwijs deel uitmaken van een existentieel karakter, van een persoonlijkheid, anders zal het door gebrek aan context verwelken. De artikelen van 1887 hadden geen persoonlijkheid, maar bootsten er een na; de autobiografie biedt een authentiek bewustzijn (genaamd Alexander Cohen) aan als een literair beeld, een verbale projectie waarvoor elke gedachte 'een repliek is in een niet afgesloten dialoog' (*PDP* 32). De bredere context voor deze dialoog, het idee dat tot een object van representatie wordt, is Cohens opvatting over het begrip 'opstand'. Zoals hiervoor is opgemerkt, legt Cohen in zijn definitie de nadruk op een essentieel individualisme dat geen meester boven zich duldt en van geen capituleren weet (p. 161-2). Dit is belichaamd in de auteur zelf en hiermee kan Cohen 'opstand' presenteren als een persoonlijkheid die 'relaties aangaat met andere persoonlijkheden'(*PDP* 32). Nu hebben we een verhaal, de artistieke uitdrukking van een idee, en een persoon die dat idee kan 'dragen' (*PDP* 85). Met Cohens autobiografie verandert zijn eigen leven in 'een semantische context' (*SG* 164),[78] en binnen die context is de militaire ervaring van een voorwaarde voor een polemiek verheven tot een onbekommerde verheerlijking van onverzettelijke opstandigheid.

In Opstand gaat over de eerste dertig jaar van Cohens leven. De vijf jaar die hij als 'koloniaal' in Indië doorbracht (dat wil zeggen een zesde) neemt bijna een kwart van het boek in beslag. De redenen voor deze uitvoerige aandacht zijn vrij duidelijk: een verhaal over de ontberingen van het soldatenleven is interessant om te lezen terwijl de militaire dienst op psychologisch en symbolisch vlak Cohens eerste belángrijke test van zijn opstand tegen autoriteit en gangbare mening vertegenwoordigde. In de vijf hoofdstukken worden de vrijwillige dienstneming om bij zijn vader weg te komen, de verplichte Harderwijkse trucjes en zijn vertrek uit Nederland beschreven (p. 61-8). Tijdens de reis van veertig dagen beleeft hij zijn eerste confrontatie met de aanvaarde ideeën over rang, bevelstructuur en de willekeurige tenuitvoerlegging van het militaire recht. De gang van zaken komt overeen met wat er eerder gebeurde: Cohen komt in oktober 1882 op Java aan, heeft heimwee, wordt naar Meester Cornelis gebracht, wordt ziek, krijgt een taak als soldaat-schrijver in het garnizoen te Lahat, de districtshoofdstad van de hooglanden van Palembang op Oost-Sumatra. De saaie routine van het leven op een legerpost wordt voor Cohen verlicht door de tropische natuur (p. 77-8), doordat hij zichzelf goed Maleis leert (p. 78), door de samenleving van de inheemse soldaten (p. 78) en zijn eerste seksuele ervaringen. Dan vindt de onbeduidende gebeurtenis plaats waarmee de reeks opsluitingen op gang komt die het grootste deel van zijn diensttijd en van dit deel van de autobiografie uitmaakt. Hierdoor raakt Cohen persoonlijk bekend met elke vorm van militaire bestraffing, van opsluiting in de barakken tot gevangenschap in de militaire gevangenis Prins van Oranje bij Semarang op Java, in de volksmond bekend als Pontjol.

Zoals reeds gezegd, waren legerartsen niet verplicht uniformen te dragen. Cohen wist dit schijnbaar niet, maar hoe dan ook, hij vatte het als een belediging op toen de Poolse arts Prochnicz zijn militaire groet niet beantwoordde en besloot niet meer voor de man te salueren zolang deze geen uniform droeg. De officier bracht rapport uit en de strijd was begonnen (p. 79-82). De rest beschrijft de boosaardigheid van het leger, wat, zoals James Jones' Prewitt wist, vaak ernstige consequenties had.

> Wat een toestand. Je gaat je gang, probeert je met niemand te bemoeien en jezelf te zijn en niemand lastig te vallen en kijk eens wat er met je gebeurt. Ja, kijk eens wat er gebeurt. Je raakt tot je nek in de problemen. Volwassen mannen, die elkaar serieus het leven zuur maken over de brandende vraag of een bepaalde man wel of niet moet gaan boxen. Het leek plotseling zo dom, dat je nauwelijks kon geloven dat het voor jou ooit absoluut ernstige gevolgen kon hebben.[79]

Evenmin als Prewitt geeft Cohen toe, en ook hij moet de ultieme test van de met palissaden omgeven gevangenis doorstaan, in zijn geval de mildere versie van Pontjol.

Deze episode is erg interessant vanwege de zeldzame blik uit de eerste hand op het bestraffingsstelsel van het koloniale leger, maar wat haar van meer dan historisch belang maakt is de manier waarop ze wordt verteld, haar 'semantische context'. Cohens autobiografie vertoont alle variaties in stijl en discours van Bakhtin die we eerder al zagen in *Max Havelaar* van Multatuli. Ook al is het niet nodig al die wisselingen in spraakgenres formeel vast te stellen, toch moet men wijzen op de belangrijke aanwezigheid van humor en het verband daarvan met zowel Cohens polemiek als zijn opvatting over 'opstand'.

De serieuze polemiek van Cohens vroege artikelen over zijn tropische opsluiting wordt in het latere werk onderbroken door lachen, lachen in een veelheid van verbale uitdrukkingswijzen, aangezien 'in het woord het lachen zich op de meest gevarieerde manier manifesteert'.[80] Lachen botst met en beledigt het officiële gezag omdat, zoals Bakhtin het kortweg zegt, 'geweld geen lachen kent'. 'Lachen belast een mens niet, het bevrijdt hem' (*SG* 134). En zo maakt Cohen gebruik van de hogere taalkundige uitdrukkingsvormen van gelach zoals ironie en parodie, maar ook van de lagere vormen zoals ruwe grappen, spot en sarcasme. De felheid van het verzet is in de autobiografie net zo sterk als in de polemiek van 1887 maar nu is er een verbale beweeglijkheid, een elan en een opgewektheid (die zich formeel weerspiegelt in de variatie aan stijlen) die de ervaring boven de rancune uittilt. De eenvoudigste manier om het verschil te laten zien is door twee passages over de barbaarse straf van de keten met bal die Cohen moest doorstaan, met elkaar te vergelijken. In 1887 is de beschrijving direct, de polemiek is eenzijdig, de boosheid wordt uitgedrukt in sarcasme.

> De ongelukkige, die hiermede gestraft wordt, loopt gedurende zijn straftijd den geheelen dag met een ronde ijzeren bol van 18 kilogrammen zwaar, rond, welke kogel aan een groote ketting van ongeveer dertig groote ijzeren schakels is vastge-

smeed en door middel van een zware voetboei met kolossaal slot aan het been van den gestrafte is bevestigd. De met bijna autocratische macht bekleede commandant of cipier van het H.v.A. heeft het recht, iemand voor onbepaalden tijd aan dien kogel te doen sluiten, suivant le bon plaisir de sa majesté, en maakt hiervan dan ook ruim gebruik, zoodat het volstrekt niet tot de zeldzaamheden behoort, dat iemand 3, 6, 8 maanden, soms een jaar of langer met dien vervloekten kogel rondloopt.[81]

Enkele tientallen jaren later is dezelfde straf veranderd in een onbezwaarde tekst met een gratie en lichtvoetigheid die boven de gemeenheid van de ervaring uitstijgt.

De straf van 'aan de kogel gesloten' bestond hierin, dat de penitent, voor de tijd van item zo veel dagen, een máánd, twéé maanden, of voor 'onbepaalde tijd', een naar schatting veertien pond[82] wegende ijzeren kogel, met bijbehorende, anderhalve meter lange ketting, in opgedrongen bruikleen werd gegeven, met dien verstande, dat de ketting, door middel van een zeven centimeter brede, ijzeren manchet, en een zwaar hangslot, aan de enkel werd bevestigd, de linker- of rechter enkel, naar de voorkeur van de belanghebbende.
Eerlijk gezegd vond ik deze breloque, die men ook 's náchts aanhield, in het begin wel een beetje lastig. Maar een mens went aan álles, ook aan de onaangenaamste dingen, wanneer hij zich heeft voorgenomen géén kamp te geven. Van ándere kogelgangers had ik, met verklaarbare belangstelling, al afgezien hoe zij het aanlegden om zich de penitentie zo dragelijk mogelijk te maken: de manchet of voetboei met een strook zelfkant omwikkeld, om het stukschaven van de enkel te voorkomen; het zware hangslot door een vernuftige combinatie van pikdraad en een riempje aan de kuit bevestigd; de lange ketting, door een strook zelfkant alweer, aan de heup opgehouden... en de kogel was, in de letterlijke zin van het woord, dragelijk geworden. Ik zal niet zóver gaan van te zeggen, dat deze straf een pretje was, en dat ik mij niet lichter voelde gedurende de twintig minuten in de 24 uur, dat ik, om te kunnen baden, d.w.z. mij, in het 'mandi'-hok, alias badinrichting, overvloediglijk met koud water begieten, de ijzeren bol, met ketting, voetboei en hangslot kwijt was. Maar ik ben altijd vlug van aannemen geweest, en een maand, twee maanden, drieënhalve maand aan één stuk practische oefening in het hanteren van de kogel, maakte dit tot een gewoonte, ofte wel een tweede natuur. Mijn virtuositeit in het jongleren met mijn veertienponder was dan ook, weldra, ongeëvenaard. Bij het werk lag het ding natuurlijk op de grond. Maar bij het marcheren, het gaan en komen náár en van het atelier, het etenhalen e.d., droeg men het gemeenlijk op de schouder. Het duurde niet lang of ik hoefde, bij het lopen, de op mijn linkerschouder in evenwicht liggende kogel niet eens vást te houden. En, triomf van de geest – de geest van verzet – over het ruw geweld, ik was de énige kogelganger, die, rapportmakers en strafopleggers trotserend, 's avonds, na afloop van het werk, met mijn ijzeren blok aan het been het stenen trapje opklom, dat toegang verleende tot het bomvrije dak van het fort, en, daarboven, met de kogel op de schouder en de handen in de zakken, de

rondeweg een keer of wat omliep. Van het dak af kon men de zee zien, de zee, waarin, volgens Baudelaire, de 'vrije mens' de afspiegeling ziet van zijn gemoed. (p. 100-1)

In historische zin is de 'waarheid' van deze passage onmogelijk vast te stellen. Dat is ook onbelangrijk. Artistieke gedachten die in woorden worden overgebracht doen meer dan verifiëren; ze transformeren omdat ze begrijpen. En zo laat Cohen in een korte coda zien dat de lichtheid van taal en gelach hem van de last van zijn straf hebben bevrijd. 'En om te bewijzen dat ik er geen last van heb, pak ik de 14-ponder, die, gedurende ons dialoog [van Cohen en een adjudant], op de grond heeft gelegen, bij de ketting óp, slinger hem, met een door langdurige oefening verkregen gratie, op mijn linkerschouder (...) en loop een pas of wat verder' (p. 110). Alles is in die stijl; de overwinning van de menselijke geest over bruut geweld, de vasthoudendheid van Cohens soort opstand en de bevrijdende lichtvoetigheid van taal die van een korte daad van verzet een geheugensteuntje voor de vrijheid kan maken. De manier van vertellen, de semantische context heeft van de zware ijzeren bal een last gemaakt die even licht is om te dragen als een idee. Het is niet langer het gewicht van het gezag, maar na veel ervaring de lichte last van de opstand. Let erop dat het een kunst geworden is, dat het lopen zwierig is als van een volleerde kunstenaar die zojuist iets heel moeilijks ontzettend gemakkelijk heeft doen lijken.

Er staan meer voorbeelden van deze kunst van de verandering in *In Opstand*. Vanuit een bepaald perspectief is het boek vol transformaties waarin het gewicht van het gezag in een veranderlijke vrijheid wordt veranderd, en geweld in kunst.[83] Maar Cohen deelt Multatuli's romanticisme niet, en hij is evenmin sentimenteel. Aan bovenstaande passage voegt hij bijvoorbeeld toe: '[mijn linkerschouder] – die tussenhaakjes, jáćren nog na mijn definitief "ontslag van de kogel", uit pontjol, en uit het Oost-Indische leger, een eeltkussentje vertoonde' (p. 110). Dit is het geval met de hele tekst, waarin werkelijkheid en verbaal lachen elkaar voortdurend afwisselen. Ook argumenten worden niet geschuwd, maar de tekst wordt nu opgesierd met polemiek en er niet door verpletterd; hij is doorspekt met ironie, met replieken in een niet afgesloten dialoog met het bestaan. Het is een gedisciplineerde manier om de wereld te zien die sterk verschilt van de vroegere woordenstrijd.

Lachen en taal ontwapenen Cohens tegenstanders. Met opzet stuurt hij aan een oud slapie op Sumatra een brief met een limerick, waarop de domme, fantasieloze gevangeniscommandant hem direct uitkaffert dat hij weer iets doet dat niet volgens de regels is. Ten slotte slaagt hij erin zijn grieven aan deze zelfde Hamel over te brengen door middel van een brief, aan de kapitein gericht, die uit de gevangenis is gesmokkeld en in Semarang gepost. Hierin dreigt hij het leven in Pontjol in een serie krantenartikelen aan de kaak te zullen stellen, en deze uitdaging leidt ertoe dat hij wordt bevorderd tot assistent-bibliothecaris (p. 120-3).

Fantasie en grappen zijn goede wapens tegen de bureaucratie. De gevangene die beweerde dat hij in het gewone leven degenslikker was, bracht de stomme Hamel in verwarring, die 'het mensdom in twee categorieën: schoenmakers en kleermakers indeelde' (p. 116). Hamels enige antwoord op bevrijdende humor is lichamelijke straf, een automatisme dat ten slotte zinloos wordt. Even zinloos als gestraft worden voor 'zich in onbehoorlijke tenu bevinden' wanneer Cohens mede-rebel, Vetter, spiernaakt wordt betrapt, 'van kruin tot voetzool met schoensmeer ingewreven en door een kameraad glanzend gepoetst' en met een bosje veren in zijn anus (p. 117).

Cohen schildert een serie aandoenlijke portretten van medegevangenen; biedt wrange schetsen van gevangenispersoneel als van ongevoelige automaten door gebruik te maken van het traditionele middel van lachwekkende humor waarmee zij tot mechanische spierbundels worden gereduceerd; merkt een fel rechtvaardigheidsgevoel op bij een Belgische pooier en is dankbaar voor diens stal met plaatselijke hoeren omdat zij 'een beetje poëzie brengen in ons prozaïsch bestaan' (p. 118). Cohen was geen huichelaar, evenmin als Kipling.

De variatie aan gebeurtenissen doet niet onder voor de polyfonie van stijlen. Het is een stijl die is afgeleid uit het ritme van de conversatie – er is bijvoorbeeld heel wat skaz maar dit betekent niet dat er sprake is van argeloosheid. De zinsbouw en woordenschat zijn veel gecompliceerder dan welke mondelinge gedachtewisseling ook en de humor, van subtiele geestigheid en ironie tot scatologische grappen, wordt om esthetische redenen ingeschakeld. De fundamentele impuls van Cohens proza lijkt op de 'natuurlijke en algemene beweging' van de zeelieden, of de ritmiek van de gesproken taal, maar is ook doordrongen van een verfijning waardoor het gepraat is veranderd in de 'ware polyfonie van volkomen geldige stemmen' die alleen te vinden is in een geschreven tekst.

De schrijver Cohen triomfeerde over de dissident Cohen. Anders gezegd: dissidentie ontmoette in lachen haar grootste bondgenoot en aangezien 'in het woord het lachen zich op de meest gevarieerde manier manifesteert', was de taal het beste middel om haar tot uitdrukking te brengen. Cohens uiteindelijke overwinning over kapitein Hamel en zijn soortgenoten was literair. Hij onderzocht het avontuur niet alleen geestelijk en lichamelijk maar in het vertellen erover gaf hij een stem aan de anonieme soldaten die nog eens driekwart eeuw lang voor de veiligheid in de Nederlandse koloniën zorg droegen.

II

P.A. DAUM (1850-1898): DE NEDERLANDSE KOLONIALE MAATSCHAPPIJ EN HET AMERIKAANSE ZUIDEN

Cohen zat in de gevangenis in een periode die latere generaties zouden gaan verheerlijken als 'tempo doeloe' ('tempo' van het Portugees voor 'tijd' en 'doeloe', een spreektaalvariant van het Maleise woord *dahoeloe*, dat 'voor', 'vroeger', 'weleer' betekent). Voor de Nederlandse kolonialen had de uitdrukking tempo doeloe dezelfde klank als de metafoor 'Old South' voor de zogenaamde 'kolonialen' van de elf staten van de confederatie, meer in het bijzonder het zuidoosten van de Verenigde Staten. In beide gevallen vertegenwoordigde de uitdrukking een dierbare legende die was gebaseerd op een mengsel van gedachtespinsels en waarheid, een creatieve mengeling die twee literaturen en twee samenlevingen voortbracht die een aantal dingen gemeen hebben.

Hoewel dit hoofdstuk voornamelijk gaat over de vergelijkende culturele en literaire psychologie van de beide gemeenschappen, zijn er ook enkele interessante materiële overeenkomsten. Bijvoorbeeld zulke geringe overeenkomsten als de (zeer praktische) gewoonte om bijgebouwen zoals keukens op enige afstand van het huis te bouwen, muskieten te bestrijden met rook of *obat njamoek* in Indië en smeulend vuur in het Zuiden van de Verenigde Staten (en met de flitspuit in beide gebieden), of de merkwaardige waarneming van W.A. Percy dat er in de Mississippidelta een groot aantal Chinese toko's was![1] Belangrijker is dat beide gebieden een klimaatvooroordeel gemeen hebben, wat Camus het 'nationalisme van de zon'[2] noemt. Iedereen die zowel de Aziatische archipel als het Amerikaanse Zuiden kent, weet dat de kusten van Virginia, de Mississippidelta en de kuststrook van North en South Carolina 's zomers qua beleving weinig verschillen van de Indonesische kusten. Heet en vochtig tropisch weer past bij een landschap dat V.S. Naipaul opmerkelijk vond lijken op 'de koloniën uit de imperialistische tijd' vanwege 'de vegetatie die bij elkaar was gebracht uit verschillende delen van de wereld'. In South Carolina zag hij zelfs rijstvelden 'zoals in Oost-Indië'.[3]

De fysieke landschappelijke en klimatologische verschillen die het Zuiden onderscheiden van andere streken in de Verenigde Staten, zijn net zo groot en hebben even grote gevolgen als die tussen de Aziatische archipel en West-Europa. In beide gebieden dwong het klimaat tot een minder hectische vorm van bestaan die, hoewel in strijd met de protestantse ethiek, werd gesanctioneerd door de natuur, die royaal was voor zwakheden en toegeeflijk ten aanzien van de behoeften van een primitief bestaan.[4] Cash merkt terecht op – en Junghuhn zou het onderschrijven – dat de fysieke omgeving van deze klimaatzones gepaard schijnt te gaan met een weerstand tegen het onder ogen zien van de realiteit.

> Bovendien was er de invloed van de fysieke wereld van het Zuiden – zelf een soort kosmische samenzwering tegen de werkelijkheid en vóór de romance. Het is een land van uitbundige kleuren, van weelderige bladeren en bloemen, van overvloedig geel zonlicht en misschien vooral van nevel. 's Morgens hangt een bleekblauwe mist over de dalen, rond de middag dampt de atmosfeer enigszins, en gedurende de lange, trage namiddag torenen er aan de horizon stapelwolken en stijgt de warmte van de aarde trillend omhoog door de iriserende lucht en vervagen alle omtrekken waardoor alle dingen onduidelijk en problematisch worden.[5]

De natuurlijke fysiognomie van de Indonesische archipel stond bekend om een soortgelijk effect.

Voor wie geen lichamelijk werk te doen had, waren zulke streken bijna paradijselijk. Raffles vond de bodem van Java

> uiterst vruchtbaar. Hij kan met weinig werk zijn vruchten opleveren... Op veel plaatsen hoeft het land niet ontdaan te worden van de vegetatie van het oerwoud, maar biedt zijn diensten bijna zonder enige tegenstand aan aan de boer, die onmiddellijk aan de slag kan. Het leven in de landbouw waaraan de meeste mensen deelnemen, is op Java, evenals in elk ander land, het beste voor de gezondheid.[6]

Een halve eeuw later spreekt de zuidelijke dichter Sidney Lanier in dezelfde arcadische toonaard over zijn landstreek in Amerika.

> Hoeveel daarvan smeekt om de mannelijke spierkracht, en wat is dit nieuwe dubbel triest gezien de goede, vruchtbare omstandigheden die hier permanent verblijf houden, waarvan een voortdurende uitnodiging uitgaat naar alle mensen om te komen en overvloed te hebben! Ongetwijfeld kan een mens langs die brede strook vruchtbare grond waar de ruige Appalachen tot rust komen in aangename heuvels voordat zij wegsterven in het zeeniveau zoveel kalmte van hemel en aarde vinden... dat betere, meer gezegende omstandigheden voor het leven van een man ondenkbaar zijn.[7]

De wensen van beide mannen gingen in vervulling, want zowel Java als het Zuiden bleef tot ver in de twintigste eeuw een agrarische samenleving. Java weerstond de urbanisatie zelfs nog langer dan het Zuiden. In een artikel uit 1991 schreef de demograaf Christie dat 'Java ondanks zijn dichte bevolking pas onlangs in belangrijke mate is geurbaniseerd'.[8] De Javaanse levenswijze, met haar voorkeur voor 'kleinschalige clusters van woonhuizen in een dichtbevolkt landelijk landschap',[9] schijnt, zeker in de negentiende eeuw, te illustreren wat de 'Agrarians' van Nashville in 1930 propageerden. De koloniale planters van tempo doeloe zouden het met deze zuidelijke intellectuelen eens zijn geweest. Tenslotte waren hun vijanden ook een verre regering – Den Haag of Washington maakt weinig verschil – en industriële vooruitgang, of deze nu wordt bevorderd door de 'yankee' of door het 'BB' (het acroniem voor de koloniale ambtenarij). Men voelt in de volgende passage uit een van Daums romans[10] een 'pastorale terechtwijzing' die beide agrarische gemeenschappen begrepen zouden hebben, compleet met politieke avonturiers in Aziatische vermomming.

> Waar vroeger slechts rijstvelden waren, wuifden nu de sierlijke pluimen van 't bloeiend suikerriet; waar vroeger lang uitgeschoten klapperboomen het 'hoogste goed' vormden, daar waren die nu vernederd door de hoogere witte fabrieksschoorsteenen, die in den maaltijd nacht en dag altijd door rookwolken opzonden uit hun zwarte openingen. En dwars door de vroeger ongerepte velden lagen thans onafzienbare rails, hier roestig, ginds door de wrijving als gepolijst, en in eindelooze uitgestrektheid dof glimmerend in 't felle zonlicht. Er was geld gekomen onder de bevolking, en met 't blanke 'slijk der aarde' kwam nog ander 'slijk', dat zich aangetrokken voelde. Nabij het spoorwegstation woonden nu Chineezen en Arabieren, die handel dreven, warongs [winkeltjes] hielden, opium smokkelden, dobbelhuizen hielden; 't was de legertros der westersche beschaving in het Oosten. (6: 10)[11]

Zowel de landbouw in de koloniën als die in het Zuiden van de Verenigde Staten was arbeidsintensief en vereiste heel wat 'levende energie' of 'menselijke brandstof' zoals Spengler het noemde.[12] Slavernij bestond in de Aziatische kolonie vanaf het begin, maar slaven werden niet als landbouwbrandstof gebruikt zoals in het oude Zuiden. De bewerking van de grond werd uitgevoerd op basis van ingewikkelde arbeidsverhoudingen tussen de inheemse heer en zijn onderdanen, terwijl de koloniale regering op een later tijdstip het Europese begrip introduceerde dat mensen een integraal deel van het land vormden, zodat landtransacties automatisch de bewerkers ervan insloten.[13] Grootschalig gebruik van slaven voor grondbewerking deed het nooit goed in de archipel, vooral niet op Java. 'De inheemse Javanen,' aldus Raffles, 'worden nooit tot deze toestand gereduceerd', en hij merkt op dat de meeste slaven van Bali en Celebes kwamen.[14] Elders in zijn *History of Java* zegt Raffles dat de slavenhandel de meest succesvolle onderneming van Bali was.[15] Dit was het geval voordat de Nederlanders arriveerden. De grote linguïst Van der Tuuk merkte op dat het Maleis van Batavia een buitengewoon groot aantal Balinese woorden bevatte, omdat in Batavia zo lang zo veel Balinese slaven hadden gewoond. De huishoudsters van het VOC-personeel waren meestal Balinese vrouwen, die *njai* werden genoemd. Dat woord ging 'concubine' betekenen, maar oorspronkelijk was het volgens Van der Tuuk 'de gewone term, waarmede men een jonge vrouw van de laagste klasse vriendelijk toespreekt; het betekent "jongere zuster"'.[16]

Koloniale slavernij in de zeventiende en achttiende eeuw was grotendeels een zaak van huishoudelijke dienstverlening. Zelfs Raffles gaf toe dat 'de omstandigheden van slaven op Java, waar zij hoofdzakelijk in huis werden gebruikt, een sterk contrast vormden met de toestand van hen die werden gebruikt op de plantages in West-Indië. Montesquieu merkt op dat "het lot van een slaaf in despotische landen nauwelijks zwaarder is dan dat van een onderdaan", en dat was het geval op Java.'[17] De koloniale bovenlaag nam de gewoonte van het houden van slaven over van de inheemse gebruiken en het Portugese voorbeeld.[18]

Marx zou niet verbaasd zijn geweest dat de slaven het slechtst werden behandeld en dat hun aantal het grootst was toen de kolonie het meest 'Aziatisch' was.[19] De Chinezen waren in feite heel tuk op het kopen van slaven en werden als strengere meesters beschouwd dan de kolonialen.[20] Toen in de negentiende eeuw Europese ideeën en beleidslijnen de overhand kregen, werd slavernij veroordeeld, hoewel veel Indonesische vorsten zich hardnekkig verzetten tegen vrijlating. Nederland had geen opvattingen over slavernij en toen de Nederlanders het probleem op een legale manier wilden aanpakken, moesten zij afgaan op de Romeinse wetgeving. Zo kopieerden zij bijvoorbeeld het Romeinse edict dat kinderen die uit geslachtsgemeenschap met een slaaf (*contubernium*) geboren werden, de status van de moeder kregen.[21] Dus als de moeder een slavin was, was het kind een slaaf en kon het nooit wettig zijn tenzij de vader bereid en in staat was het te legaliseren. Ook in het Zuiden hadden kinderen van een blanke man en een zwarte vrouw geen sociale legitimatie, omdat zij beschouwd werden als 'van de moeder'.[22] De afschuwelijke problemen die hieruit voor halfbroers konden ontstaan, worden onderzocht in *The Grandissimes* van Cable, *Absalom, Absalom!* van Faulkner en *The Fathers* van Tate. Deze regel bleef in de kolonie bestaan tot in de negentiende eeuw toen de gevoelige politieke beslissing genomen moest worden over de vraag of iemand officieel 'Europees' of 'inheems' was. De negentiende-eeuwse koloniale literatuur kent vele tragische voorbeelden van de negatieve gevolgen. In Daums laatste roman, *Aboe Bakar* (1893), is John Silvers wraak op zijn njai Peraq gebaseerd op deze wet, terwijl moet worden opgemerkt dat geen van de bazen in het boek Europees is.

Evenals de Romeinen gebruikte de vroege koloniale samenleving slaven als indicatie van status en rijkdom.[23] In 1775 had gouverneur-generaal Van Riemsdijk in zijn stadsresidentie tweehonderd slaven en al liet men dit personeel ook de meest futiele klusjes opknappen, dan nog is hierdoor zo'n buitensporig hoog aantal niet gerechtvaardigd.[24] Men had een slaaf nodig om een parasol boven z'n hoofd te houden, niet zozeer tegen een zonnesteek als wel om een hogere sociale rang aan te geven. Er waren een of meer slaven nodig om het haar van de meesteres tot de onvermijdelijke knoet, *kondé* genaamd, te draaien, terwijl een ander haar moest volgen met het sirihdoosje (dat alles bevatte wat nodig was om een sirihpruim te maken), een luxe die zij van de Javaanse aristocratie had overgenomen. De variatie aan slaventaken was inderdaad verbazingwekkend en ontaardde al snel in een absurde specialisatie, compleet met de bijbehorende weigering ook maar iets te doen wat niet nauwkeurig was voorgeschreven. Een aangepaste versie van zo'n hiërarchische arbeidsdeling bestond tot halverwege de twintigste eeuw in de vorm van het aantal bedienden dat een koloniaal zich verplicht voelde in dienst te nemen om een huishouden in de tropen gaande te houden en zijn sociale positie aan te geven.[25]

Nog tot ver in de negentiende eeuw moesten slaven ervoor zorgen dat de meester of meesteres zich zo min mogelijk hoefde te bewegen.[26] Verhalen uit die tijd spreken van een uitzinnige indolentie die in Europa ondenkbaar was en synoniem werd met koloniën in Azië. In de beroemde tirade van Nicolaus de Graaff uit 1703 krijgen vooral koloniale vrouwen ervan langs. Hij hekelt Nederlandse vrouwen, creoolse vrouwen (dat wil zeggen, vrouwen die in Indië zijn geboren uit Europese ouders) en 'Mistise' (vrouwen uit een Nederlandse vader en een inheemse moeder), die allemaal even rijk, verveeld, indolent en wreed schijnen te zijn.[27] Zijn indrukwekkende scheldrede, vol met krachtige uitspraken en treffende beelden, is vooral van belang omdat hij impliceert dat al deze 'prinsessen' in even goede doen waren, ongeacht hun etnische oorsprong, dat zij zo intiem met hun 'zwarte' slaven omgingen dat alleen hun sociale status hen onderscheidde en dat zij allemaal uitzonderlijk geslepen waren, hoewel hij vooral de creoolse vrouwen en de Mistise als 'ritse teeven' beschouwde.[28] Hiermee komen wij bij een belangrijk onderwerp dat, afkomstig uit het tijdperk van slavernij, van invloed was op de ontwikkeling van de koloniale geschiedenis, koloniale literatuur en de mythe van tempo doeloe.

Deze koloniale maatschappij werd geïntegreerd door seksualiteit. In haar belangrijke studie *The Social World of Batavia* (1983) heeft Jean Gelman Taylor duidelijk aangetoond dat de Nederlandse kolonie in Azië snel Aziatisch werd. In plaats van of zo Europees mogelijk te blijven (zoals de Britten in India) of zuiver Aziatisch, ontwikkelde zij zich tot een specifieke Indische samenleving die raciaal gemengd was. De reden was dat de VOC vanaf het begin de lagere rangen had aangemoedigd met Aziatische vrouwen te trouwen, omdat men hoopte een groep mensen te krijgen die niet wilden repatriëren. Aziatische vrouwen en hun gekleurde nakomelingen kregen gemakkelijk een legale status als Europeanen en al kort nadat de Compagnie officieel was opgericht, stopte zij de subsidie aan Nederlandse vrouwen voor de reis naar Indië. Omgekeerd kon een Nederlandse man die getrouwd was met een Aziatische of Indo-vrouw niet naar Nederland terugkeren zolang zijn vrouw en kinderen in leven waren.[29] Indo-europese dochters trouwden vaak met pas gearriveerde Nederlanders, die spoedig een belangrijke positie bekleedden, en omdat weinig zonen de volwassen leeftijd bereikten of anderszins promotie konden maken als hun moeders Aziatisch of Indo-europees waren, werden rijkdom en invloed via de vrouwen doorgegeven aan door huwelijk verkregen verwanten. Vandaar dat de Nederlandse koloniale maatschappij bijna tweederde deel van haar geschiedenis niet patriarchaal maar matrilineaal was. In de zeventiende en achttiende eeuw 'was het ras onbelangrijk voor de bepaling van de stijl van de vrouwelijke elite',[30] en 'waren het in het centrum van de Indische clan vrouwen, ter plaatse geboren en opgegroeid, die de relaties tussen mannen bepaalden'.[31]

In vergelijking met andere Europese koloniën evenals met het Zuiden van Amerika was dit een bijzondere situatie. De Graaff schijnt onbewust begrepen te hebben dat de halfbloedvrouwen van Batavia inderdaad de koloniale elite en machtscentra vormden ondanks hun duidelijk niet-Europese gedrag. En omdat zij Nederlandse zeden schuwden, werd de samenleving die zij beheersten meer en meer Aziatisch in gebruiken en in uiterlijk. Zij namen slavernij over van de Aziatische maatschappij, kopieerden de grootse stijl en weelderigheid van de Javaanse adel, inclusief de eindeloze wisselingen in rang en sociale positie die Europese waarnemers zo onzeker maakten, voelden zich alleen op hun gemak in inheemse kleding, sarong en kabaja, baadden een aantal malen per dag (een gebruik dat de Nederlanders verafschuwden)[32] en gaven voortdurend toe aan het gemak dat een gemeenplaats werd in de koloniale literatuur en de Europese kritiek, maar dat door de zuidelijke criticus en dichter John Crowe Ransom de 'aanvaardbare en alomvattende kunst' om het leven gemakkelijk op te vatten is genoemd; 'de sociale vaardigheden van kleding, conversatie, manieren, de tafel, de jacht, toespraken, de preekstoel'.[33] Afgezien van het laatste – want godsdienst was, in tegenstelling tot het Zuiden, in Indië niet belangrijk – kenmerken deze 'levenskunsten' ook de Indische maatschappij in het bijzonder en de koloniale maatschappij van het tempo doeloe in het algemeen.

Men moet niet vergeten dat deze tropische maatschappij alleen uiterlijk Europees was, want in wezen was ze door en door Indisch en allesbehalve Nederlands; toch bezat deze maatschappij de macht. Taylor maakt de belangrijke opmerking dat vanaf 1645 (slechts 35 jaar nadat de eerste gouverneur-generaal uit Nederland werd benoemd) tot 1808 (toen Daendels zijn ambt aanvaardde) geen enkele gouverneur-generaal werd benoemd die geen lange, aaneengesloten ervaring in Indië had. Geen van deze zesentwintig bestuurders had een verlof in Nederland doorgebracht; ze trouwden allemaal in Azië en met vrouwen die merendeels in Azië waren geboren; twee waren creools, een was geboren op Ceylon, terwijl Dirk van Cloon een Indo-europeaan was. Anderhalve eeuw 'waren de regeringskringen van Batavia praktisch onafhankelijk van directieven uit Nederland',[34] en vormden zij wat men een 'intermediaire samenleving' kan noemen.[35]

Dit zou niet blijvend zijn. Het is begrijpelijk dat het Britse interregnum van Raffles de eerste regering was die probeerde deze onorthodoxe samenleving te verwestersen. Tenslotte was Engeland een expert in de export van 'zijn officiële preutsheid'.[36] Met een fraai vertoon van domme hypocrisie uitten de Britten in het openbaar hun afkeuring van gemengde huwelijken, van 'de gemengde raciale erfenis van de vrouwen van hun Nederlandse collega's',[37] Batavia's huisslavernij, het sirih-pruimen, de gewoonte van Indische vrouwen om de uiterst praktische en aantrekkelijke Indonesische kleding te dragen, om niet te spreken over de gewoonte om de seksen in officiële functies van elkaar te scheiden. Het laatste was natuurlijk een duidelijk Aziatische vorm van sociaal gedrag, omdat gemengd gezelschap in die maatschappij ongepast werd gevonden. Toen de Britse elite de Indische maatschappij liet voelen dat ze niet beschaafd was, realiseerde zij zich niet dat dit alleen waar was als men haar beoordeelde naar Britse en in het verlengde daarvan naar Europese normen. In termen van de Aziatische beschaving waren Indische mensen echter beslist correct, hoffelijk en beschaafd. Gelukkig was de Britse invloed niet zo doorslaggevend als Raffles hoopte, waardoor de Nederlandse kolonie qua moraal minder dubbelhartig kon blijven dan de meeste andere. Toch was er wantrouwen gezaaid in de Indische maatschappij. In het tweede decennium van de negentiende eeuw ontstond de gewoonte om thuis de Indische manieren te bewaren en in het openbaar Europese manieren aan de dag te leggen.

De afname van de Indo-europese invloed stamt uit diezelfde tijd. Hoewel het een geleidelijk proces was, veranderde de prominente positie van de Indo-europese elite van officieel in privé. Terwijl de Indische top verhuisde naar landgoederen in het binnenland van Java, werd het officiële gezag weer sterk Nederlands en werd het gecontroleerd vanuit het verre Europa. Plaatselijke ervaring was niet langer noodzakelijk voor het hoogste ambt in de kolonie, terwijl vanaf 1825 voor elke belangrijke positie in overheidsdienst geboorte en opvoeding in Nederland vereist waren. Alles wat men met deze imperialistische, meer 'Europese' houding bereikte, was dat de Indische gemeenschap meer Indonesisch werd. Het betekende ook niet het einde van een zo invloedrijke en talrijke bevolkingsgroep.[38] Hoewel deze zijn politieke invloed verloor toen de Europese hervormingen de overhand kregen, was de koloniale maatschappij ervan doortrokken. De Indo-europese cultuur kon niet worden genegeerd, omdat het deze cultuur was die synoniem werd met 'koloniaal' wanneer men terugkeek naar het tempo doeloe.

De terugtocht van rijke Indische mensen naar het binnenland van Java begon tijdens het Britse interregnum, terwijl de verkoop van land was begonnen onder het regime van Daendels. In 1854 was acht procent van Java in privé-handen en dat percentage nam na 1870 belangrijk toe toen de kolonie officieel goedgekeurde privé-ondernemingen toestond. Tegen die tijd was er een stevig gevestigde landelijke adel van zeer rijke Indische mensen ontstaan.[39] De meerderheid van de Indische mensen behoorde evenwel niet tot de welgestelde elite, en eurocentrische veranderingen zorgden ervoor dat de minder gelukkigen niet hoger kwamen dan de laagstbetaalde posities. Indische mensen wilden niet op het land werken en omdat er in het koloniale Indië geen industrie was, konden zij alleen uitwijken naar de koloniale bureaucratie in de steden.

Deze achtergrondinformatie is op zich al belangrijk, maar ze is cruciaal als men een vergelijking probeert te maken met het oude Zuiden van de Verenigde Staten. In de tijd van tempo doeloe – dat, hoewel zowel Brom als Nieuwenhuys hierbij denken aan de laatste twee decennia van de negentiende eeuw, chronologisch een rekbaar begrip is – was slavernij in Indië niet meer relevant. Hoe weerzinwekkend de praktijk ervan ook was, slavernij was in Indië een overgenomen sociale conventie, niet het grootschalige arbeidssysteem dat in het laatste deel van de zeventiende eeuw bewust was geïntroduceerd door de betere standen van Virginia.[40] Ten tweede was rassenvermenging in Indië een normale werkelijkheid en niet een obsceen taboe, zoals in het Zuiden van Amerika, of het voorwerp van officiële verboden, om het aanzien in stand te houden, zoals voor de Engelsen in India.[41] In haar volgens de *oral history*-methode geschreven geschiedenis van 'huispersoneel en hun werkgevers in het gesegregeerde Zuiden' concludeert Susan Tucker dat blanke vrouwen interraciale seksuele relaties van hun mannen of mannelijke verwanten 'totaal ontkenden'.[42] Mary Chesnut had gelijk met haar opmerking:

> Evenals de oude patriarchen leven onze mannen in één huis met hun vrouwen en bijvrouwen, en de mulatten die men in elk gezin aantreft, lijken precies op de blanke kinderen – en iedere dame kan je vertellen wie de vader is van alle halfbloed kinderen in ieders huishouden, maar van die in haar eigen huis schijnt ze te denken dat ze uit de lucht zijn komen vallen... Ziet u, mevrouw Stowe raakte de pijnlijkste plek niet. Ze maakt van Legree een vrijgezel.[43]

Het is niet verbazingwekkend dat, terwijl rassenvermenging in de Nederlandse koloniale literatuur bijna alomtegenwoordig is, deze in de negentiende-eeuwse literatuur uit het Zuiden van de Verenigde Staten een zeldzaam en omstreden onderwerp was. Een uitzondering is de eerste en beste roman van George Washington Cable, *The Grandissimes*, gepubliceerd in 1880. Deze werd pas in 1907 vanwege de inhoud bekritiseerd. Edmund Wilson benadrukt de unieke status van de roman als hij zegt dat 'pas vijftig jaar later, toen William Faulkner *Go Down, Moses*, *Absalom, Absalom!* en *Intruder in the Dust* schreef, iemand uit het Zuiden die in deze omstandigheden had geleefd, opnieuw de moed had ze in romanvorm te behandelen'.[44] Waar het ethiek en politiek betreft is *The Grandissimes* een moedig boek, maar het is geen grootse roman. De stijl is langdradig en steeds als Cable afdwaalt van de eenvoudige vertelling en van scènes met een couleur locale, wordt hij het slachtoffer van een valse retoriek die met zijn gebrekkige techniek bijna absurd is.[45] De plot rammelt, de figuren zijn typen en missen ieder soort betovering, terwijl de atmosfeer vaak overdreven met mysterie wordt beladen om een zeker romanticisme in de landschapsbeschrijvingen te versterken. Een laatste bezwaar is dat de behandeling van de liefde lijdt aan een hygiënische ingetogenheid waardoor de passie verbleekt. Dit is des te ongelukkiger omdat het plaatsvindt in het creoolse New Orleans na de omstreden 'Louisiana purchase' van 1803.

Daums romans lijden aan geen van deze gebreken. Hij was fel tegen 'woordenpraal' in zowel fictie als journalistiek en betreurde melodrama en emotionaliteit. In zijn eigen werk streefde hij ernaar de manier waarop de zaken in de maatschappij lagen, realistisch weer te geven en dat te doen in een proza dat natuurlijk en vrij van maniërisme was. Over het algemeen slaagde hij daarin, hoewel er zwakke plekken zijn, meestal structurele fouten die met de plot te maken hebben. Maar Daum werd in zijn eigen tijd geprezen om zijn geniale typeringen, de helderheid van zijn proza en de authenticiteit van zijn koloniale locaties. Om dezelfde redenen heeft zijn werk de tand des tijds ruimschoots doorstaan: zijn tien romans, tussen 1883 en 1893 zowel in feuilleton- als in boekvorm gepubliceerd, spreken ons zonder apologie nog steeds aan en, vanuit een beperkter gezichtspunt, kan men spreken van klassieke werken uit de koloniale romanliteratuur.

We weten heel weinig over het korte leven van Paulus Adrianus Daum (1850-1898). We kennen de algemene lijnen, incidentele details en bijkomende gegevens, maar we weten heel weinig over Daums innerlijk leven omdat hij vermeed over zichzelf te schrijven.[46] Over de eerste negentien jaar van zijn leven in Nederland weten we het minst. Hij werd geboren in Den Haag, als onwettig kind van een moeder uit de lagere stand. Zij was 25 jaar oud toen ze hem ter wereld bracht, trouwde nooit, onthulde nooit wie de vader was en leefde de rest van haar leven van de goedgeefsheid van familieleden van haar moeders zijde. Het sociale stigma en het gebrek aan geld maakten het Daum moeilijk vooruit te komen. In die tijd kende Nederland geen leerplicht en Daums familie had geen geld voor privé-onderwijs. Daum moet een onvermoeibare autodidact zijn geweest want zijn latere journalistiek bewijst dat hij veel kennis bezat.

In 1870 trouwde Daum, volgens de typische ironie van het leven, halsoverkop met Henrika Vink, een dochter uit een kleinburgerlijk gezin, omdat ze op het punt stond zijn eerste kind te baren. Hij bleef zijn leven lang met haar getrouwd en werd vader van acht kinderen. Om zijn groeiende gezin te ondersteunen, werkte Daum een aantal jaren als kantoorbediende bij de spoorwegen totdat hij in 1876 op 25-jarige leeftijd zijn carrière als journalist begon bij *Het Vaderland*. Hoewel dit een serieuze krant was, werd de journalistiek zelf niet als een respectabel beroep beschouwd. Maar in overeenstemming met het beeld van de selfmade man was Daum te ondernemend, energiek en onafhankelijk om zich door de voorzichtige Nederlandse samenleving van zijn dagen te laten inperken. Toen hij de gelegenheid kreeg naar Java te gaan en hem de baan werd aangeboden van tweede man bij een krant genaamd *De Locomotief* in Semarang, een haven aan de noordkust, aarzelde hij niet. In januari 1879 kwam hij in Indië aan, op de leeftijd van 29 jaar, en hij bracht er de rest van zijn leven door, met uitzondering van twee korte perioden in Holland. Een jaar later, op de leeftijd van dertig jaar, was hij directeur van de krant. De toon en het karakter van de koloniale pers verschilden sterk van die in Nederland. Hier was sprake van een oppositionele pers, die scherpe kritiek had op de koloniale politiek en openlijk de kant koos van de privé-onderneming. De stijl was fel en boosaardig, veeleer bepaald door persoonlijk temperament dan door redactionele richtlijnen, en was opvallend genoeg om bekend te worden als de 'tropische stijl'.[47]

Daum was in zijn element. Zijn geruchtmakende artikelen brachten hem spoedig in botsing met de autoriteiten. Sinds 1856 was de regering in staat geweest journalisten en kranten waarmee ze het niet eens was, te vervolgen. In 1882 werd Daum voor het eerst tot gevangenisstraf veroordeeld en kreeg hij tevens onenigheid met zijn werkgevers. Om zijn onafhankelijkheid te bewaren zegde hij zijn baan op en kocht een failliete krant, *Het Indisch Vaderland*, die ook in Semarang verscheen. Omdat hij niet veel geld had, was hij gedwongen de meeste kopij zelf te leveren, en om meer lezers te trekken begon hij onder het pseudoniem 'Maurits' romans te schrijven die hij als feuilletons in zijn krant publiceerde. Hij begon hiermee in 1883 en het duurde tien jaar voordat men ontdekte wie 'Maurits' was. Daum had een praktische reden voor zijn geheim: hij dacht dat zijn lezers het niet leuk zouden vinden als ze wisten dat alles door één man geschreven werd.

Op deze manier schreef Daum in tien jaar tijd tien romans. Zijn energie en ijver zijn bewonderenswaardig als men bedenkt dat hij niet alleen de krant leidde maar ook de hoofdartikelen schreef, correctiewerk en ander journalistiek routinewerk deed, en de regelmatige afleveringen van zijn feuilletons verzorgde. In 1883, aan het begin van zijn onafhankelijke carrière, drukte hij een artikel af dat zoiets als een beginselverklaring bevatte. Het ging om een:

> 'realistische politiek', waarvan wij voorstanders zijn en die sociale toestanden zo min mogelijk wil geregeld zien naar sympathieën en antipathieën of in het algemeen naar sentiment, maar naar de eischen der werkelijkheid: die geen denkbeelden of algemeene toestanden wil fantaseeren, maar ze in de eerste plaats wil nemen zooals ze zijn.[48]

Daum hield de rest van zijn leven vast aan deze realistische opvatting over de maatschappij, zowel in zijn journalistieke werk als in zijn romans.

Ondanks het gebrek aan wat wij grondwettelijke rechten zouden noemen, bleef Daum het 'autocratische' koloniale bewind afkraken. In oktober 1885 werd zijn krant verboden en werd hijzelf veroordeeld tot anderhalf jaar gevangenisstraf. Deze straf werd vervolgens in het Hooggerechtshof teruggebracht tot één maand, een termijn die hij pas in 1887 in de hoofdstad Batavia uitzat. Na de ondergang van zijn krant in Semarang was hij daarheen verhuisd en binnen twee maanden had hij een nieuwe krant gelanceerd, het *Bataviaasch Nieuwsblad*, dat al spoedig een van de meest gelezen kranten op Java werd. Daum was altijd al een praktisch zakenman geweest en drukte de krant in klein formaat om gemakkelijker hanteerbaar te zijn en verkocht hem voor de helft van de abonnementsprijs van zijn concurrenten. In het eerste nummer van het *Bataviaasch Nieuwsblad*, gedateerd 1 december 1885, stond de eerste aflevering van zijn vierde roman, *L. van Velton-Van der Linden*, en daarna volgden de overige zes.

Na bijna zestien jaar voortdurend hard werken, had Daum voldoende succes geboekt om enige tijd vrijaf te kunnen nemen, en hij keerde in 1894 naar Nederland terug voor een vakantie van drie maanden. Enkele jaren later begon hij, weer op Java, last te krijgen van herhaalde malaria-aanvallen. In die tijd was deze ziekte praktisch ongeneeslijk en toen zijn gezondheidstoestand niet verbeterde, keerde Daum in 1898 overhaast naar Nederland terug om een betere medische behandeling te ondergaan. Het mocht niet baten. Op 14 september 1898 overleed hij in zijn geboorteland.

Daums fictie onder pseudoniem was heel populair in die tijd. Zijn lezers beschouwden alle tien romans als sleutelromans en het is bewezen dat de meeste plots en figuren afspiegelingen van de werkelijkheid waren.[49] Daum verzon heel weinig. Volgens zijn dochter combineerde haar vader aspecten van de koloniale actualiteit met zijn eigen ervaring, om een fictief alternatief tot stand te brengen dat slechts in rangschikking en weergave origineel was.[50] Nederlandse critici in Europa geloofden niet altijd dat alle bizarre gebeurtenissen waar gebeurd waren, maar de reactie van de kolonie getuigt van hun betrouwbaarheid.

Daums fictie is geprezen als 'een spiegel van het koloniale leven'[51] en geeft een beeld dat zowel in grote lijnen als in bijzonderheden is bevestigd. Het is juist deze authenticiteit waardoor de romans, geheel los van hun literaire verdienste, bewaard blijven als een waardevolle bron voor de koloniale geschiedenis van de laatste drie decennia van de negentiende eeuw.[52] Wanneer men er in die zin gebruik van maakt, als een leerzaam geheel, kan men de alledaagse werkelijkheid van die verdwenen gemeenschap reconstrueren.

Dit is echter geen wetenschappelijk onderzoek. De koloniale maatschappij verschilde voldoende van de conformistische natie – die, zoals Busken Huet het eens formuleerde, gelegen was 'aan de kust der Doode Zee, waar de vogels niet overheen kunnen vliegen zonder te sterven' – om een weergave door de literatuur te rechtvaardigen. Men leert begrijpen dat het leven van de kolonie geen leven van logica maar van ervaring was, omdat, zoals Ling in de roman *La Temptation de l'Occident* van Malraux zegt, 'la civilisation n'est point chose sociale, mais psychologique; et il n'en est qu'une qui soit vraie: celle des sentiments' ('de beschaving is geen sociaal maar een psychologisch gegeven; en daarvan is maar één ding waar: dat van de gevoelens').[53] Daarom heb ik ervoor gekozen mijn bronnenmateriaal voor het oude Zuiden van de Verenigde Staten te beperken tot literaire hoogtepunten zoals *The Mind of the South* van W.J. Cash, *I'll Take My Stand* van de 'Agrarians' en de zuidelijke literatuur in het algemeen. De ontleding van de zuidelijke 'geest' door Cash is bijzonder geschikt omdat dit boek geschreven werd voor de Tweede Wereldoorlog, omdat hij continuïteit zag tussen de negentiende en de twintigste eeuw en omdat zijn werk 'interpreterend en niet verklarend' was.[54] Het laatste is daarom belangrijk omdat het 'idee' van het Zuiden geen 'abstract idee [was maar] een zinnelijk beeld, een fantasieproduct, begrepen door het gevoel en niet door het verstand'.[55] Ook als het louter een 'verhaal' is,[56] menen veel deskundigen nog altijd dat in het werk van Cash 'alles is gezegd wat er te zeggen was over het collectieve onbewuste van de blanke zuiderling'.[57] Zo is ook *I'll Take My Stand* niet zozeer een politiek manifest als de dichterlijke uitwerking van een metafoor.[58] Het had geschreven kunnen zijn door de koloniale planters van tempo doeloe en krijgt een krachtige echo in Beb Vuyks fictie van voor de Tweede Wereldoorlog.

Tempo doeloe is eveneens een metafoor. Deze roept vreemde gevoelens op die per waarnemer verschillen. Toen de uitdrukking aan het begin van de twintigste eeuw werd gebruikt, verwees ze naar Daums laatste drie decennia van de negentiende eeuw, terwijl Daum zelf naar de achttiende eeuw verwees (9: 16, 86) toen er, zoals we gezien hebben, een echt Indische maatschappij aan de macht was. Elke volgende generatie heeft er haar eigen optiek en eigen vergroting aan toegevoegd, zodat tempo doeloe ten slotte ver uitging boven een persoonlijk tijdsbestek en een heel scala van emoties, beelden en associaties ging omvatten die in twee eeuwen bijeen waren gebracht. Daarom zal ik moeten verwijzen naar enkele twintigste-eeuwse teksten en melding maken van een thema dat strikt gesproken geen deel uitmaakt van Daums fictie: het verleden en het begrip verlies of nederlaag. Hoewel deze twee invloedrijke thema's, die zo veel andere omvatten, in de eerste decennia van de twintigste eeuw aanwezig waren, werden ze pas echt allesoverheersend na de doodsstrijd en ondergang van de kolonie in de Tweede Wereldoorlog. Deze heeft figuurlijk en emotioneel dezelfde functie als de ervaring van de Burgeroorlog in het Amerikaanse Zuiden.

Het Zuiden is vaak getypeerd als vergelijkbaar met 'een Europese kolonie, geplaatst binnen een natie'.[59] Als een echo op Cash onderstreept Allen Tate dat het Zuiden na de Burgeroorlog bestond uit 'een koloniale provincie die tot 1877 door de veroveraars werd bestuurd en tot gisteren door hun erfgenamen is uitgebuit: het Zuiden was de vergeten provincie van Uncle Sam'.[60] C. Vann Woodward, de beroemde zuidelijke historicus, wijdt een heel hoofdstuk aan de 'koloniale economie' van dit gebied in de periode 1877-1913 en citeert een deskundige die het optreden van het noordoosten van de Verenigde Staten typeert als 'het moederland in een wereldrijk' dat het Zuiden behandelt als een wingewest.[61] In 1977 hekelde Robert Penn Warren 'honderd jaar binnenlands imperialisme', terwijl tien jaar later de zuidelijke schrijver Anne Siddons stelde dat zuiderlingen 'een koloniaal volk' waren en ten gevolge daarvan 'onzeker van zichzelf'.[62] De frustratie werd gespuid tegen de typische vijand van het Zuiden, de yankee, een personificatie die vaak verwisselbaar was met de federale regering in Washington. In een later stadium diende New York hetzelfde doel, meestal teruggebracht tot 'Wall Street'.[63]

De koloniale planters en andere burgerlijke ondernemers gebruikten soortgelijke synecdoche's om een vijand aan te wijzen, in hun geval Nederland en het ministerie van Koloniën in Den Haag. De vertegenwoordiger daarvan was het BB (een afkorting van 'Binnenlands Bestuur') of de koloniale bureaucratie, en de kolonialen waren net zo fel tegen het 'ethische' BB als de zuiderlingen waren tegen de 'liberale' yankees. De regering in Nederland, die vaak simpelweg werd aangeduid als 'Het Plein' – naar het Plein in Den Haag, bij het Mauritshuis, waar in de negentiende eeuw de ministeries gevestigd waren – stond geen burgerrechten in Indië toe. Kolonialen hadden geen stemrecht, werden niet gesteund door een grondwet, genoten geen persvrijheid en hadden geen invloed op het economisch beleid. Nederland regeerde van verre en trad op als een roofzuchtige dictator die, in Daums beeldende taal, veel sympathie en begrip heeft voor de Indonesische adat maar 'om de adat der Nederlanders heeft Zij zich nooit bekommerd'.[64] De volgende passage uit een krantenartikel uit 1878 brengt de frustratie en woede van de kolonialen duidelijk onder woorden. Het had geschreven kunnen zijn door een journalist uit het Zuiden in de tijd van de 'Reconstruction'.

> Het geheele koloniale stelsel berust op dwang. Wij bezitten niet de minste invloed op ons eigen lot. Ons geheele bestaan is hier in handen eener Regeering, die niet alleen geheel buiten onzen invloed staat, maar er zelfs een eer in stelt ons volkomen te ignoreeren. Er wordt zelfs geen moeite gedaan om ons oordeel te vernemen over maatregelen, waarbij onze dierbaarste rechten betrokken zijn. Wij moeten alles goedvinden wat over ons besloten is, zonder dat het ons geoorloofd is er onze bezwaren tegen uit te brengen. Het regent dagelijks gouvernementsbesluiten, die ons plotseling kant en klaar, onmiddellijk uitvoerbaar, komen verrassen. Van protesteeren geen sprake. Hier kennen wij alleen 't woord: gehoorzamen. Een belasting wordt opgelegd; de geheele bevolking protesteert. Dat heet rebellie. Die snoode tegenstand moet gefnuikt, in ieder geval gefnuikt. Des noods door verbanning, des noods in bloed. (...) Men besteelt en berooft ons – want zóó noemen wij 't, wanneer men iemand iets tegen zijn zin afneemt –, tot toegift worden wij zelfs nog bedreigd, omdat wij tegen een dergelijke behandeling met nadruk protesteeren... Nu zouden wij de hand, die ons slaat, nog moeten likken ook! Merci, wij zijn geen honden.[65]

Zich niet bewust dat zij hiermee ook perfect de Indonesische grieven verwoordden, bepleitten de kolonialen hun zaak zeer krachtig in de koloniale pers. Van planters was bekend dat zij hun eigen artikelen leverden. De theeplanter A.W. Holle was bijvoorbeeld de eerste die zijn zaak in de pers aankaartte, waar hij schreef onder het pseudoniem 'Democritus'.[66] Wat de analogie met het Zuiden van Amerika nog overtuigender maakt, is het feit dat er omstreeks 1879 onder koloniale dissidenten een consensus bestond dat de enige manier waarop deze problemen konden worden opgelost voor Indië bestond in afscheiding van Nederland, althans in economische en financiële zin![67]

Men kan een aantal fundamentele overeenkomsten aanwijzen: een agrarische economie, verzet tegen of gebrek aan industrialisatie en de concentratie van macht en belangen ver van de regionale centra, waarbij het imperialistische vaderland optrad als een afwezige landheer. Evenals het Zuiden was het koloniale Indië een gelaagde maatschappij waarin diverse 'klassen' in kasten ontaardden. Naast de inheemse Indonesische bevolking was de koloniale samenleving verdeeld over de bureaucratische elite, het leger en privé-personen. De laatsten, door de bureaucraten met minachting aangeduid als *tjoema partiklir sadja* ('slechts privé-personen'), omvatten mensen met een bepaald beroep en met privé-ondernemingen: planters, handelaars, kwekers, kolonisten en ieder die op contractbasis werkte bij een privé-bedrijf (bijvoorbeeld mijningenieurs). Kortom, degenen die de Fransen 'colons' plachten te noemen.

De colons hadden altijd problemen met dat enorme netwerk ambtenaren van de koloniale bureaucratie. Dit corps stond bekend als 'de bijna almachtige "halfgoden" van het koloniale rijk' en alles wat de privé-sector (altijd een betrekkelijk kleine groep) wilde bereiken, hing daarvan af. Deze halfgoden onder leiding van de gouverneur-generaal op 'de troon in Buitenzorg' (de Javaanse stad waar zijn residentie gevestigd was), waren in Daums tijd volledig autonoom en voortdurend in conflict met de partiklir sadja (zie 5: 26-7 of 2: 159). Het BB wilde zichzelf stellen 'boven de aanhoudende economische en politieke eisen van de woordvoerders van mammon in de kolonie', hoewel dit zelden het geval was.[68] Daum beschreef deze tegenstelling in de dynamische laatste twee decennia van de negentiende eeuw als volgt:

> Er was drang tot uitbreiding. In de beide kraters van den handel zaten twee reusachtige proppen; de een zou vanzelf uitbarsten en de concurrentie in den goederenhandel verspreiden over Indië; de tweede werd toen nog gesloten gehouden door de Regeering, maar machtig was de drang van binnen, en men verwachtte binnen korten tijd een uitbarsting, die in den vorm van agrarische wetten het verkrijgen van gronden en het uitoefenen van den landbouw in de hand zou werken. (2: 77)

Het laatste gebeurde inderdaad in 1870, toen de zogenaamde 'Agrarische wet De Waal' een grotere stroom privé-kapitaal naar Indië toeliet om de stagnerende koloniale economie te stimuleren.

Zo'n bureaucratisch lichaam bevordert nauwelijks de onafhankelijkheid, maar de bureaucratie voelde zich verre de meerdere van elke individuele onderneming. Desondanks trok Indië, net als andere koloniale rijken, de meer zelfstandige geesten uit het moederland aan, mannen als Daum die elk keurslijf afwezen behalve de eisen van de praktijk. Daums verhalen ontlenen hun kracht ten dele aan deze onophoudelijke botsing tussen wetsbepaling en werkelijkheid, en verdedigen in de eerste plaats de zaak van de colons. Als realist was Daum zich er echter goed van bewust dat de opkomende minderheid in stilte de wens koesterde haar meesters te overtroeven (4: 5).

De rijkste en kleurigste colons waren de planters. Evenals in het Amerikaanse Zuiden het geval was, belichaamden zij de romantiek van de agrarische samenleving, maar anders dan daar konden de koloniale planters nooit ontkomen aan het toezicht van de overheid.[69] De overheid had tegen aanzienlijke kosten uitgezocht welke planten in Indië goed konden groeien en handhaafde de controle als er voor perioden van twintig jaar land aan personen werd verhuurd of, als de onderneming goed draaide, als de overheid toestemming gaf voor verlenging met erfpacht, gewoonlijk voor 75 jaar.[70] Maar de beide groepen waren te verschillend om harmonieus samen te werken. Het BB was in wezen paternalistisch en Europees. De leden hadden roterende diensttijden, waren in Nederland opgeleid en waren doordrongen van vooruitstrevende ideeën op zowel technisch als politiek terrein. Het waren technocraten met weinig ervaring maar met grote macht. De planters anderzijds hadden nauwe banden met het Indische element van de kolonie, zij waren conservatief en ook paternalistisch maar beïnvloed door een subtiel matriarchaal gezag. Daum, die openlijk de 'planters-partij' voorstond,[71] verwees in bijna al zijn romans naar die koloniale kaste en gaf deze een opvallende plaats in de eerste, *Uit de suiker in de tabak* (1883-1884), en de negende, *Ups en downs in het Indische leven* (1890). Men zal ontdekken dat zowel de werkelijkheid als de fictie veel gemeen had met het Amerikaanse Zuiden.

Planters werden geïdentificeerd met een koloniale aristocratie vanwege hun rijkdom, hun manier van leven en de romantiek van wat in Daums tijd een ruw bestaan was. Hun status wordt aangeduid met bijnamen als 'suikerlords' en 'theejonkers'. Koffie werd echter gewoon verbouwd door 'boeren' en tabak door 'tabakkers'. Een lucratief product uit de bergen was kinine, dat gewonnen werd op kinaplantages. In de pioniersfase, die de periode van de jaren 1880 en 1890 omvat, was het plantersleven ruw, eenzaam, eenvoudig maar ook verleidelijk. Op Zuid-Java stonden deze geharde, koppige individualisten bekend als *tjilengs*, een plaatselijke term die 'wilde beer' betekende. Hun eerste huizen waren niet meer dan een *pondok*, een inheemse hut, en zij leefden op de manier van de inheemse bevolking. Hoewel Daum aangeeft dat er op sommige plantages nogal wat lichamelijk geweld werd gepleegd, maakten deze landbouwpioniers zulke fouten niet. Zij waren volkomen afhankelijk van de plaatselijke bevolking en hun belangrijkste zorg was samenwerking. Eén tabakskweker schoor zijn baard af omdat de vrouwen er bang voor waren en niet in zijn tabaksschuur wilden werken, terwijl een ander leefde als een Soendanese aristocraat, zich zo kleedde, sprak en optrad. Maar zij zorgden er wel voor dat niemand ooit hun sociale positie vergat. Zij waren en bleven de toean besar.

Hoewel de omgeving veel indrukwekkender was, verschilde de eenzaamheid, afgemeten in reistijden, weinig van die van het Amerikaanse Zuiden. In de studie van Theodore Rosengarten over de katoenplanter Thomas B. Chaplin (1822-1890), getiteld *Tombee* (1986), wordt gezegd dat reizen zo veel tijd en moeite kostte dat men er niet gemakkelijk toe overging, omdat 'zelfs plaatselijke uitstapjes slopend konden zijn'.[72] Wagens zakten weg in zand of modder, paarden konden struikelen en zich verwonden, bruggen ontbraken of waren onbetrouwbaar en elk natuurlijk obstakel kon vele uren en veel inspanning kosten. Tegenwoordig is de afstand van Beaufort naar Charleston in anderhalf uur te rijden, in de dagen van Chaplin kostte het soms drie dagen. In meer dan tien jaar ging Chaplin slechts eenmaal naar Charleston.[73] Op soortgelijke wijze kostte het een koloniale planter die op weg was naar Bagelen in Midden-Java om op een theeplantage te gaan werken twee dagen om er te komen, waarbij hij reisde te paard, in een wagen, een ossenkar, per boot en te voet. Vijftig jaar later kostte het per auto maar zeven uur.[74] Er waren weinig goede wegen op Java en bruggen werden als een luxe beschouwd,[75] met het gevolg dat men, als de rivieren in de regentijd overstroomden (in het Maleis is sprake van een *bandjir*), bleef steken waar men toevallig was. Zelfs in de jaren 1890 kon men dagenlang van de wereld afgesneden zijn en zonder eten komen te zitten. Kina- en theeplantages lagen in het oerwoud en waren met elkaar verbonden door enkele smalle voetpaden. Het was een grote verbetering als een pad breed genoeg werd gemaakt om een weg genoemd te worden en een *grobak* of tweewielige ossenkar doorliet. Nog in 1908 kon een planter niet met de auto naar de dichtstbijzijnde stad gaan; in plaats daarvan moest hij twee uur langs bospaden lopen om in Malabar te komen.[76]

In het licht van dergelijke problemen is het niet verrassend dat gastvrijheid zowel op Java als in het Zuiden als een vrijwel onontkoombare plicht werd beschouwd. Gastvrijheid was veel meer dan een sociale tegemoetkomendheid, het was een ritueel dat overleven mogelijk maakte. In de binnenlanden van Java waren geen hotels, zodat tropische planters noodzakelijkerwijs even saamhorig waren als hun tegenhangers uit het Zuiden (1: 84-5; 157; 160). Sommigen werden legendarisch om hun gastvrijheid, zoals de koffieplanter Wely, wiens landerijen, 'Glen Nevis' geheten, in het gebied van Banjoewangi (in het uiterste Oosten van Java), bekendstond als een 'hotel, maar zonder betaling'.[77] Rosengarten schrijft dat iemand in het Zuiden die in staat was onderdak te verlenen en cadeaus te geven een 'basis voor prestige' legde: 'z'n huis openen voor gasten en vreemdelingen was ook een soort geven van geschenken'.[78] Hetzelfde gold in Indië, hoewel het toenemende formalisme van de etiquette in het Zuiden in de archipel niet tot een groot probleem uitgroeide. Het vriendelijke hedonisme en de buitensporigheid die Cash zo typerend vond voor zijn collega's, waren even spreekwoordelijk voor de kolonialen, of ze nu nog in Indië of met verlof in Nederland waren. In het laatste geval werden de gevoelens van de meer strikte Nederlanders in Europa evenzeer gekwetst als die van de 'yankees'.

De plantages voorzagen noodzakelijkerwijs zoveel mogelijk in de eigen levensbehoeften, inclusief medische verzorging (1: 149). Omdat het voedsel op Java anders was, kon men volstaan met het kweken van rijst en groenten en het houden van een kleine veestapel, hoewel dit niet gemakkelijk was in streken waar nog wilde dieren zoals tijgers rondzwierven. Eén plantage in het Zuiden voerde de autonomie tot een bizar uiterste door: men bewaarde zelfs een grote voorraad doodkisten. Als men ertegen kon dat men alleen (*sepi*) en afgesneden van andere Europeanen was, vergoedden de natuur – die, zoals Junghuhn liet zien, grandioos was, speciaal op grotere hoogte waar de meeste plantages lagen – en de tropische dieren van Java veel. 's Nachts zwierven er tijgers door het onontgonnen land, op afgelegen plaatsen konden nog enkele neushoorns grazen en men moest oppassen voor de gevaarlijke *banteng* of wilde buffel. Er waren volop herten voor de jacht. Bijna op elk groot landgoed hield men ter afleiding een aantal gevangen dieren, maar op sommige hield men er een hele menagerie op na. Een koffieplanter met de naam Staaf, die op een landgoed in de bergen in Kediri (ten Oosten van Solo) woonde, hield een tijger en een panter in kooien, terwijl op het erf kroonduiven uit Nieuw-Guinea en een flink aantal pauwen rondliepen.[79] De theeplanter Eduard Julius Kerkhoven woonde met een Chinese njai op het landgoed Sinagar (dat zijn oom voor hem had gekocht) en beroemde zich op een hele grote binnenplaats. Daar was een groot aantal dieren in hokken ondergebracht (of zij liepen de woonkamer van het huis binnen), waaronder twee olifanten, een banteng die met een geit in een kooi leefde, en allerlei vogels waaronder pauwen, neushoornvogels en een grote zwerm blauwe duiven die elke middag kwamen om gevoerd te worden. Witte duiven waren niet toegestaan. Aan de muur in de eetkamer hing de huid van een python van zeven meter lang. Deze was gedood in het ravijn bij het huis. Een van de olifanten van Kerkhoven kwam 's middags altijd naar de voorpoort om zijn normale portie bananen te krijgen of ging naar de put, zoog de slurf vol water en besproeide iedereen die toevallig voorbijkwam.[80]

Met geluk, hard werken, goed weer en een gezonde Europese economie kon de pandok plaatsmaken voor een groot huis (*besaran*), er werden grote sommen geld geleend, tuinen en volières aangelegd en de plantage werd uitgebreid. Hoewel niet iedereen leefde zoals Kerkhoven, waren er voldoende tastbare bewijzen van rijkdom – van grondbezit en macht. Uit een statistiek blijkt aan het begin van de twintigste eeuw een gemiddelde winst van meer dan een half miljoen gulden,[81] en in de romans van Daum ontmoet men herhaaldelijk negentiende-eeuwse planters die voor grote sommen geld landerijen kopen. Oom Willem koopt voor zijn neef voor 130.000 gulden een suikerplantage (1: 199) terwijl Geber terloops zijn plantage aan Uhlstra aanbiedt voor een half miljoen (9: 10). Het geld en de manieren werden stof voor legenden in Europa, net zoals het leven van de zuidelijke planter in het Noorden. Echter, zoals Daums titel *Ups en downs in het Indische leven* al aangaf: als het noodlot toesloeg, natuurlijk of economisch, waren de gevolgen minstens zo dramatisch. Na de koffiecrisis van 1897-1898 werden landerijen voor een appel en een ei verkocht; een voor 101 gulden, een ander voor 3500.[82] Tegelijkertijd daalde de prijs van katoen onder de vijf cent en werden veel zuidelijke ondernemers geruïneerd.[83] Wat Cash 'wildcat'-financiering noemt, bereikte ook Indië. In de jaren 1870 en 1880 bleef de prijs van suiker voortdurend dalen doordat het riet door een plantenziekte was aangetast. Het resultaat was een ramp voor de zogenaamde cultuurbanken die de plantages onbeperkt krediet hadden verleend. Het financiële debacle dwong tot een aantal radicale hervormingen, zowel in Indië als in het Zuiden. Na de jaren 1890 was de oude wereld en zijn samenleving verdwenen en had de nieuwe tijd stevig postgevat. De wereld van de planters bestond niet meer.

Vóór de crisis was de planter een rijke aristocraat, de eigenaar van zijn landgoed, en was elke cultuurbank een zelfstandige instelling. Na de crisis werden de onderne-

> mingen opnieuw opgezet als vennootschappen, en de individuele privé-eigenaar, die alleen aan zichzelf verantwoording schuldig was, maakte plaats voor een bedrijfsleider met een salaris, die zich moest verantwoorden tegenover de directie van de onderneming (...). Zo maakten privé-onderneming en vrije concurrentie (...) plaats voor combinatie en gemeenschappelijk bestuur; de economische structuur van de maatschappij was niet langer individualistisch maar duidelijk kapitalistisch, en het zwaartepunt lag niet langer op Java maar in Nederland.[84]

Eén planter laat de hoogtijdagen veel langer duren als hij met spijt opmerkt dat aan het eind van de jaren twintig van deze eeuw 'den patriarchalen tijd', toen de planter 'heer was op zijn onderneming, en veelal ook de eigenaar daarvan', voorbij was.[85] In die tijd 'werden alle plantages onder een coördinerende bovenbouw van grote syndicaten en kartels gebracht die nauw samenwerkten met de autoriteiten'.[86] Het BB en de Nederlandse regering, de yankee en Washington, die er allemaal op uit waren de planter van zijn rechten te beroven en zijn individuele onderneming de nek om te draaien, hadden gewonnen. De kapiteins waren vervangen door gesalarieerde werknemers.

Een specifieke samenleving was van werkelijkheid fictie en in de loop van dat proces van tegenwoordige tijd verleden tijd geworden. Zodra zij niet langer voorhanden waren, werd aan het oude Zuiden en tempo doeloe nieuw leven ingeblazen, werden zij herschapen als mythen met een basis in de feiten. Sommige aspecten van die premoderne en preburgerlijke wereld verdwenen natuurlijk niet ineens, maar zij stonden nu tegenover de heersende cultuur en het heersende gezag en waren verwezen naar de literaire schatkamer. Deze zelfde factoren stonden bijvoorbeeld in 1930 aan de basis van het manifest van de zuidelijke 'Agrarians' en aan de krachtige maar weemoedige fictie van Beb Vuyk die voor de Tweede Wereldoorlog werd gepubliceerd. In haar roman *Duizend eilanden* (1937) verlaten twee mannen het gereguleerde bestaan op een theeplantage op Java voor een onzekere agrarische onderneming op de Molukken, een soort leven dat hen herinnert aan de eerste planters. Zij verzetten zich tegen het lot van deze pioniers die, nadat zij de wildernis hadden getemd, opzij werden gezet voor technologie en bureaucraten: 'een mechanisering van het bedrijf en het uitschakelen van de persoonlijkheid. Java wordt modern. Java wordt zo bewoonbaar, dat het bijna onbewoonbaar wordt.'[87] Evenals het manifest van de Agrarians is Beb Vuyks vroege fictieve werk een 'pastorale terechtwijzing'. In *Duizend eilanden* geeft zij de voorkeur aan aan de natuur ontleende vergelijkingen om haar figuren te beschrijven, in een later werk wordt van het soort leven dat haar hoofdfiguren op afgelegen plaatsen leiden, gezegd dat dit de weldaad kende van 'de wilde *groene* geur van het avontuur', terwijl al Vuyks vooroorlogse teksten van de natuur doordrenkt zijn.[88]

I'll Take My Stand van de Agrarians kan gelezen worden als een toelichting op Vuyks fictie. Rubin stelde bijvoorbeeld dat het manifest van de Agrarians geen racistische verdediging van slavernij was, maar een pleidooi voor een meer diepzinnige afwijzing van de industrialisatie, een terechtwijzing van het materialisme, een strijdkreet tegen de onophoudelijke 'bewerktuiging van de natuur', zoals Junghuhn het noemde.

> De traditie waaruit [de Agrarians] schreven was die van de pastorale; zij riepen op tot de menselijke deugden van een eenvoudiger, meer elementair, niet-materialistisch bestaan, als noodzakelijke terechtwijzing van de hebzuchtige, in wezen materialistische drang van een maatschappij die vanaf het begin sterk geïnteresseerd was in het zoeken naar rijkdom, macht en overvloed op een continent waar de rijke natuurlijke voorraden en enorme gebieden bruikbaar land, bossen en rivieren voor het grijpen lagen.

Dit verschilt niet veel van de volgende klacht uit *Duizend eilanden*:

> O nee, het probleem is van veel algemener belang en reikt ver uit boven de rassenkwestie. De mens als machine-onderdeel, afgericht op een bepaalde beweging, beheerst vanuit een centraal punt. Je moet de zaak in dit grote verband zien. Kijk bij ons, wat is er overgebleven van het plantersleven? Een beetje op de koelies letten en op de struiken, een heleboel administratie en paperassenrompslomp, verder geen eigen mening en vooral geen eigen initiatief. Over tien jaar ben jij administrateur-hoofdmandoer, een nogal belangrijk machineonderdeel, en ik de baas, arm misschien, maar volkomen onafhankelijk op mijn eigen grond.[89]

Vuyk gaf zich nooit over aan een homogene maatschappij en haar onvoorzichtige meningen maakten haar niet geliefd bij de koloniale bureaucratie. Haar fictie heeft veel gemeen met de zuidelijke ethiek, terwijl haar hartstochtelijke toewijding aan de natuur haar meer verwant maakt met Junghuhn dan met Multatuli. Zowel Vuyk als het Zuiden stelde het probleem van een organisatorische macht die een opstandig individu probeerde te sturen, een conflict dat boven regionale ideologieën uitgaat. Zoals Edmund Wilson opmerkte:

> In de meesten van ons leeft een zuiderling van voor de *Reconstruction* die overheersing evenmin accepteert als een welwillende despoot die anderen voor hun eigen bestwil wil vormen, hen zo wil reconstrueren dat zij een omvattende eenheid vormen die aan onze eigen ambitie zal voldoen door de een of andere visie van onszelf te realiseren; en het conflict tussen deze twee tendensen – die op een grotere schaal aanleiding gaven tot de Burgeroorlog – kan ook de harmonie in het gezin verbreken en een splitsing in de enkeling teweegbrengen.[90]

Na Daum verzette de Nederlandse koloniale literatuur zich tegen dezelfde bedoelingen en ondervond een soortgelijke disharmonie. De oorzaak is nu verdwenen, maar het onderzoek ernaar is nog altijd een soort les.

In *Cannibals All* (1857) stelde de zuidelijke apologeet George Fitzhugh het koloniale leven gelijk aan het leven op een grote plantage. Aangezien het zo is dat een agrarische samenleving zich in veel opzichten gedraagt als een gezin, kan zo'n notie met evenveel recht worden toegepast op zowel de tropische kolonie als de zuidelijke landerij. Tenslotte 'was in het isolement van de plantagewereld het huis noodzakelijkerwijze het centrum van alles [en] kregen familiebanden een kracht en een waarde die in dichter bevolkte nederzettingen onbekend waren'.[91] Het wezenlijke kenmerk van zowel het negentiende-eeuwse Indië als het oude Zuiden was wat Edmund Wilson de 'family group' en Richard H. King de 'family romance' noemt.[92]

De Indische samenleving was even geobsedeerd door 'verwantschapsgraden'[93] als die van het Zuiden. Tijdens de regering van de hogere stand van gemengd ras in de achttiende eeuw was het bijna een sociale kwaal. In Batavia werd die Indische samenleving gedomineerd door een handvol families zoals de Van der Parra's, de Van Riemsdijks, de De Klerks en de Altings, die met elkaar trouwden en voor elkaars financiële welzijn zorgden omdat de hele 'familie als collectieve eigendomsgroep'[94] daar voordeel bij had. Hetzelfde gebeurde in de tijd van de planters. Zo waren de meest legendarische negentiende-eeuwse theeplanters nauw met elkaar verwant en hun nakomelingen kunnen worden herleid tot een 'familiekolonie' die de selfmade kapitein G.L.J. van der Hucht in de jaren 1840 in drie scheepsladingen naar Java bracht.[95] Tot deze migranten behoorde de toekomstige vrouw van Multatuli, Everdine Huberta van Wijnbergen – Van der Huchts zuster, die met Pieter Holle getrouwd was – en haar zeven kinderen. Van der Hucht verwierf de later beroemd geworden theeplantage Parakan Salak (buiten Buitenzorg-Bogor) van de koloniale overheid door de pachtverplichtingen over te nemen van de arts Steenstra Toussaint, die de grootvader van Couperus' vrouw Elisabeth Baud was.

Hoewel hun vader niet lang leefde, werden de kinderen Holle tot een opmerkelijke clan. Het misschien meest legendarische lid daarvan was Karel Frederik Holle, die er na veel onderhandelingen met het BB in slaagde een landgoed te huren in de Soendalanden, dat later bekend werd als de model-theeplantage Waspada (Soendanees voor 'Bellevue'). K.F. Holle kleedde zich als een Soendanees, sprak vloeiend Soendanees en leefde als een Soendanese aristocraat. Daardoor werd hij de personificatie van de welwillende patriarch. Hij deed zoveel voor de plaatselijke Soendanese bevolking dat zij hem de eretitel *mitra noe tani* of 'de vriend van de boer' gaven. Zijn broer, een wildere uitgave van hemzelf, woonde op soortgelijke wijze op Parakan Salak (het landgoed van zijn oom) en bracht als een echte Soendanese heer veel tijd door met jagen en het fokken van raspaarden. Deze A.W. Holle leefde samen met Soendanese vrouwen en trouwde pas toen hij bijna veertig jaar was. Zijn wettige vrouw was de dochter uit een ongelooflijk rijk en zeer Indisch gezin van grondbezitters, de Van Motmans. Van der Huchts andere neven Holle deden het heel goed in zaken, terwijl een nicht, Caroline Frederike, met de president van de Javasche Bank trouwde.

De andere zuster van Van der Hucht was getrouwd met Johannes Kerkhoven. Diens jongste zoon, Eduard Julius Kerkhoven, ging naar Indië, waar hij in 1861 aankwam. Als neef van zowel Van der Hucht als de gebroeders Holle kreeg hij onmiddellijk werk op Parakan Salak. Nadat hij zichzelf had bewezen, kocht Van der Hucht (zoals oom Willem deed voor James van Tuyll in *Uit de suiker in de tabak*) voor 200.000 gulden het landgoed Sinagar en benoemde de oudere neef Albert Holle tot directeur (ook hij trouwde met een meisje Van Motman) en Eduard Kerkhoven tot administrateur (deze werd directeur na Alberts dood). Eduards oudere broer, Rudolf Albert Kerkhoven, kwam in 1865 over en nadat hij voor de Nederlandsch-Indische Gasmaatschappij had gewerkt, begon ook hij een theeplantage, Ardjasari. Hij werd beroemd om de rechte wegen die hij aanlegde en omdat hij de landerijen in rechthoeken verdeelde zoals een stad. Samen met zijn tweede zoon, R.E. Kerkhoven, die zijn leertijd op Sinagar en Ardjasari doorbracht, begon Rudolf Albert een nieuwe plantage voor koffie en thee en daar begon hij ook te experimenteren met de teelt van kina of kinine. Toen hij op zijn beurt directeur van Ardjasari werd, ontwikkelde de jongste zoon van Rudolf Albert de kinacultuur tot een van de meest winstgevende plantagegewassen. Zijn vader bracht nog een theeplantage tot ontwikkeling, Malabar bij Bandoeng. Hij benoemde zijn neef K.A.R. Bosscha tot zijn onderdirecteur, terwijl J. Bosscha enige tijd later tot directeur van nog een ander landgoed werd benoemd, Taloen. Bosscha's dochter Constance zou later trouwen met de zoon van E.J. Kerkhoven, Adriaan. En zo ging het maar door.

Het werd een legende, dit doolhof van verwantschapsbetrekkingen. De Van der Huchts, de Kerkhovens, de Holles, de Van Motmans en de Bosscha's werden synoniem met de dynastie van de theejonkers in de Soendalanden en bezielen zowel de legende van tempo doeloe als de romans van Daum. Zij staan model voor de macht en invloed van negentiende-eeuwse koloniale verwantschapsrelaties.

King heeft aangetoond dat de maatschappij in het oude Zuiden patriarchaal was.[96] Dit gold voor het kolonialisme in het algemeen, hoewel er wat het koloniale Nederlands Oost-Indië betreft zoals we zagen sprake is van een of andere ironische aanpassing van dit systeem. In *Ups en downs* zegt Daum duidelijk dat men er in de koloniale maatschappij volgens de gangbare begrippen van uitging dat de man de *toekang*, de baas, was. Hij stond als absolute vorst aan het hoofd van de zaak en wat hij wilde of zei, gebeurde. Zeker, deze macht werd vaak genegeerd en ondermijnd, maar Daums romans tonen aan dat de koloniale maatschappij in zijn dagen werd beheerst door een sterk patriarchaat, en dat het gezag ervan werd bepaald door geld en sociale positie.

King spreekt over de vader als centrum van de 'family romance, Southern style', en beweert dat een van de voornaamste thema's van de zuidelijke literatuur het conflict tussen vader en zoon betreft.[97] Men kan de Burgeroorlog niet alleen beschouwen als een ruzie tussen broers, maar ook als de uitdagende aanspraak van het Zuiden op de rechten van kinderen tegenover een verre en dominerende noordelijke of yankee-vader. De parallel van de ondergeschikte zoon als privé-onderneming en de overheid als een patriarchaal gezag dat streng en straffeloos bepalingen afkondigt en op de naleving ervan toeziet, kan men ook aantreffen op het negentiende-eeuwse Java. In één roman is de identificatie van de koloniale overheid met een onverzettelijke vader duidelijk zo bedoeld (5: 184) en in heel Daums werk kan men vele voorbeelden van dit 'generatie'-conflict vinden.

In zijn eerste roman tekent Daum een resident, die praktisch gesproken waarschijnlijk de invloedrijkste koloniale ambtenaar was met uitzondering van de gouverneur-generaal, als een patriarchale godheid (1: 8, 198-9). In Daums tweede roman wordt ijverig naar zijn goedkeuring gedongen door een jonge ambtenaar wiens vrouw haar vaardigheden op het gebied van de kookkunst en het flirten aanwendt alsof ze een schoondochter was die de vader van haar man probeert te behagen (2: 33-42). Men vindt deze relatie overal in de Nederlandse koloniale literatuur, van de *Max Havelaar* van Multatuli, wiens centrale figuur rebelleert tegen de vaste overtuigingen van zijn voorzichtige en oudere chef, tot Couperus' resident in *De stille kracht* en Beb Vuyks frustratie en machteloze woede als ze wordt geconfronteerd met een onverstoorbare bureaucratie die de vrije uitdrukking van de pioniersbekwaamheden van haar echtgenoot onderdrukt alsof hij een baldadig kind was. Daum laat in *H. van Brakel, Ing. B.O.W.* zien dat overheidsdienst voor de bezadigde dienaren een vast inkomen betekende, in tegenstelling tot de risico's van het vrije ondernemerschap, waarbij men veiligheid op het spel zette alsof men een door God gegeven erfdeel vergokte.

Alle aspecten van het leven in de koloniale maatschappij waren gerelateerd aan de familie, zoals ook gold in het Zuiden van Amerika. 'Familie was,' zoals een burger van Charleston V.S. Naipaul vertelde, 'altijd belangrijker dan geld,'[98] terwijl de naoorlogse Indische schrijver Marion Bloem ondubbelzinnig zegt dat een Indischgast zonder familie 'volgens Indische begrippen onmogelijk is. Een Indischman die in afzondering van familie leeft, sterft zelfs als hij de kracht heeft verkregen de dood te overwinnen.'[99] Als men bekend is met het literaire leven van koloniale schrijvers, krijgt men soms het gevoel dat verschillen meer in termen van een familieprobleem dan van een literaire discussie of een kritische polemiek worden behandeld. Sociaal gezien was verdienste minder belangrijk dan wie men kende of met wie men verwant was, een situatie die vergelijkbaar is met die van zuiderlingen die hun vertrouwen stellen op 'verwantschap'. De koffieplanter Charles Prédier in *Goena-Goena* kan alleen een winstgevende overeenkomst afsluiten dankzij de invloed van zijn zwager in de hoofdstad en omdat zijn tante de resident heel goed kent (6: 9). In *Ups en downs* weet Clara: 'de familie ging toch voor' (9: 63) ongeacht huiselijke ruzies of onenigheden, en in *Nummer elf* (een Indisch eufemisme voor iemand vergiftigen) krijgt een van de personen het advies: 'dat men om hier particuliere industrie te kunnen drijven, steun moet hebben door bloedverwantschap. Dan krijgt men alles gedaan, ook het onzinnigste; heeft men die niet, dan wordt men stelselmatig tegengewerkt en krijgt niets gedaan, ook niet het billijkste' (8: 76).

De familie was een bolwerk tegen de rest van de wereld, een veilige haven om te ontkomen aan de werkelijkheid, maar ze had meer om het lijf. De Indische maatschappij was in haar geheel een uitgebreide familie die haar leden zou helpen en verdedigen alsof het bloedverwanten waren. Men krijgt de indruk van een belegeringsmentaliteit, wat begrijpelijk is omdat Europese bezittingen, speciaal in het binnenland, leken op voorposten aan een vijandige grens. Dit wordt in hoofdstuk twee van *Ups en downs* gesuggereerd door de reactie op de *ketjoe*, of moord, op de opzichter van de plantage van Geber te Koeningan. In *Uit de suiker in de tabak* realiseert de verteller zich op een bepaald punt dat hij alles wat hij bereikt heeft te danken heeft aan zijn oom en tante (I: 78), maar zij beperken hun hulp niet tot de directe familie. Zijn oom schrijft over zijn pogingen een blanke vrouw, mevrouw Van Heert, te helpen, ondanks het feit dat ze door ongeveer iedereen wordt gehaat. 'Waard is ze het niet; ze is een gemeen wijf; ik heb altijd gruwelijk het land aan haar gehad, maar men kan toch geen europeesche vrouw, die vroeger met een confrater getrouwd is geweest en een eigen fabriek had, in de desa laten zitten'(I: 78).

Dit soort loyaliteit binnen de gemeenschap, die zich uitstrekte tot over de grenzen van het huishouden of de familie en ook het ras omvatte, duikt in Daums tekening van de koloniale maatschappij net zoveel op als het geval was in het Zuiden van Amerika.[100] Bijna al Daums romans zijn huiselijke drama's opgevoerd tegen een politieke achtergrond die alleen zijn intrede doet in het verhaal als hij de directere belangen van verwantschap en familie raakt. Deze situatie geldt voor de meeste literaire werken die zijn geschreven door mensen die in de tropen zijn geboren of opgegroeid en die weten dat zij koloniale wortels hebben. Auteurs die, ondanks vele jaren koloniale dienst, indringers bleven, geboren en getogen in Nederland, een land dat voor de echte kolonialen een even vreemde plaats was als New England voor een zuiderling, konden de situatie anders beschrijven. Het hoeft ons niet te verbazen dat de koloniaal, net als de Amerikaanse zuiderling, 'de maatschappij zag als de uitgebreide familie',[101] of dat hij zijn relatie met de inheemse bevolking bekeek zoals de zuiderling zijn relatie met de zwarten: als ouders belast met kinderen. William Percy sprak bijvoorbeeld over de zwarte man als 'een jongere broer' die nog niet helemaal volwassen was en daarom 'ouderlijke' leiding nodig had.[102] Hetzelfde overmoedige superioriteitsgevoel maakte dat de Nederlanders in een overheidsrichtlijn uit 1820 aangaven dat de inheemse regent zich in de positie van een 'jongere broer' bevond terwijl de Nederlandse resident zijn 'oudere broer' was, ongeacht het leeftijdsverschil, en ongeacht het feit dat leeftijd in de Aziatische maatschappij een belangrijke aangelegenheid was. Deze 'ouderlijke' rol, die dikwijls welwillend maar altijd neerbuigend was, kon tot tirannie worden, als hij werd vervuld door een figuur als Kees van den Broek in de roman *Hoe hij Raad van Indië werd.*

Van den Broek is een waardeloze, zwakke figuur die door zijn vrouw wordt overheerst. Zijn zwakheid kan verklaren waarom hij heel gemeen is als hij zijn valse superioriteit als koloniaal ambtenaar kan botvieren op de Javaanse bevolking. Zowel Cash als Percy moet toegeven dat de situatie in het Zuiden niet anders was. 'Praktisch onbeperkte macht riep in het ruwere soort meester onvermijdelijk dat sadisme op dat in de diepten van de menselijke natuur verborgen ligt – macht kweekte boosheid en ongeduld, en een neiging tot wreedheid als doel in zichzelf.'[103] Van den Broeks vrouw, Corrie, is een echte creoolse, geboren op Java; ze raadt hem aan de inlanders te slaan als ze lastig zijn. 'Het zijn net kinderen; ze willen niet luisteren, maar moeten voelen' (2: 6). Zelf haat ze kinderen, verfoeit ze zwangerschap en is ze doodsbang voor bevalling en seksuele intimiteit. Corrie is veel sterker dan haar man, en hij is dan ook degene die verlangt naar een mannelijke erfgenaam om 'een ouden patriarchischen naam (...) in stand (te) houden' (2: 5). Hij kan de opmerking van zijn vrouw over het slaan van de Javanen 'glimlachend' beantwoorden en zeggen 'ik ben een goed vader en spaar de roede niet' (2: 6), terwijl hij kwaadspreekt van de 'philanthropische buien' waarin Batavia en Den Haag verkeren. Voor zulke zwakke persoonlijkheden was het een buitenkansje om de baas te kunnen spelen over de inheemse bevolking, en zelfs de normale, fatsoenlijke leden van de koloniale maatschappij behielden een neerbuigende houding. Maar hoe men ook verkoos op te treden, enig contact met de inheemse bevolking was onvermijdelijk. Daarom slaagde Indië erin wraak te nemen op een eigenaardig zachtzinnige manier, hoewel het een manier was die men niet kon negeren en die onherstelbaar was.

In zijn klassieke studie over het oude Zuiden heeft Cash opgemerkt dat de relatie tussen de blanken en de zwarten 'niet minder dan organisch' was. 'De neger drong even diep in de blanke door als de blanke in de neger – zij beïnvloedden op subtiele wijze elk gebaar, elk woord, elk gevoel en elk idee, elke opvatting.'[104] De hoofdoorzaken van deze interactie waren de zwarte verzorgster in de kleuterjaren en de zwarte speelkameraden in de kindertijd. Percy zegt bijvoorbeeld over zijn ouders: 'Ik heb geen enkele herinnering aan hen uit de eerste vier jaar van mijn leven. De enigen wier activiteiten belangrijk genoeg waren om indruk te maken op de tamelijk harde schrijftabletten van mijn geheugen waren Nain, mijn zwarte verzorgster, en Mur, mijn grootmoeder.'[105] In een nogal charmant geval van sublimering beweert Percy dat Nain niet meer was dan 'een emanatie of een sfeer', maar uit de bladzijden waarop hij haar beschrijft blijkt dat hij hiermee een draai geeft aan een basale seksualiteit en een fundamenteel verlies. 'Ik herinner mij vooral haar borst: die was zacht en warm, een ideale plaats om je hoofd tegenaan te vleien.' Maar terwijl hij geboeid is door deze borsten herinnert hij zich hoe Nains liederen – waarschijnlijk spirituals of blues – hem vertrouwd maakten met eenzaamheid en de pijn van het verlies: 'een gevoel van de tranen van de dingen'.[106] Dit is veel meer dan een sfeer: alleen een persoon kan de indruk van een troostende seksualiteit en de behoefte aan medelijden achterlaten. Zo iemand vergeet je nooit.

Evenals de meeste zuiderlingen uit de betere kringen werd Percy opgevoed met zwarte kinderen, iets wat niet altijd werd goedgekeurd. Mary Chaplin waarschuwt haar man dat 'de kleine negers [op de katoenplantage in Tombee] de kinderen slecht maken (...). Ik kan op geen stukken na vertellen welke slechte dingen zij ze leren.'[107] Deze 'slechtheid' is natuurlijk het leven, en niet de 'sivilization' waaraan Huck Finn zo wanhopig probeerde te ontsnappen. Overal in de zuidelijke literatuur vindt men nauwe betrekkingen tussen zwart en blank: Huck en Jim, Bayard Sartoris en Ringo in *The Unvanquished* van Faulkner, of de blanke Miss Worsham en de gekleurde Millie Beauchamp in Faulkners verhaal 'Go Down, Moses', die 'opgroeiden als zusters'. Deze banden uit de vroegste jeugd en de kindertijd zorgden voor een paradoxale nabijheid.

> En in deze samenleving waarin het zoontje van de planter als baby meestal werd gezoogd door een zwarte 'mammy', waarin oude grijze zwarte mannen zijn meest geliefde verhalenvertellers waren, waarin zwarte getrouwen tot de voornaamste helden en raadgevers van zijn jongensjaren behoorden, en waarin zijn gewone en vaak enige kameraden tot na de puberteit de zwarte jongens (en meisjes) van de plantage waren – in deze samenleving waarin verreweg het grootste aantal blanke jongens uit alle lagen van de bevolking min of meer werden gevormd door zulk gezelschap, en waarin bijna de hele groep van de blanken, jong en oud, voortdurend het voorbeeld van de negers voor ogen had, en hun accent in hun oren, was de relatie tussen beide groepen, zeker in de tweede generatie, niets minder dan organisch.[108]

De enige gelukkige herinneringen in *The Sound and the Fury* zijn herinneringen van blanke en zwarte kinderen die samen spelen.

Deze bloedverwantschap was in Indië even organisch. In het meesterwerk *De tienduizend dingen* van Maria Dermoût vindt men een soortgelijk verbond tussen het Nederlandse jongetje Himpies en zijn boezemvriend Domingoes, het zoontje van de inheemse goudsmid. Zij zijn onafscheidelijk totdat de wetten van leeftijd en conventie zeggen dat zij niet langer 'broers' zijn.[109] Een dergelijke nabijheid was in Indië bijna vanaf het begin van de koloniale maatschappij een feit. Europese kinderen verloren bij hun geboorte de identiteit van hun ouders en werden Aziaten. Volgens Nicolaus de Graaff was dit al volkomen normaal aan het einde van de zeventiende eeuw.

> Insonderheid [die vrouwen] die in *Indië* geboren sijn, ja sijn niet bequaam, of om beter te seggen, te luy om haar eygen kindere op te voeden: maar bevelen deselve so haast alsse ter wereld komen aan een Swarte min, een slaven hoer, of aan ymant van haar onder slavinnen, diese sogen en op queeken, also dat sy haar met haar eygen kinderen weynig komen te bemoyen; 't welk ook de oorsaak is, dat de kindere liever by haar Swarte min, en by de slaven en slavinne willen sijn, als by haar eygen ouders, vermits sy haar hebben opgevoet, en [de kinderen] ook al haar maniere, en haar [namelijk van de slaven en slavinnen] ganse aart en natuur hebben ingesogen en aangenomen, daarom datse ook so goet, *Mallebaars*, *Singilees*, *Bengaels*, en *Tyolijs Bastert Portugees* spreeken als de slaven en slavinne selfs, ende als sy dan tot haar

> jaren komen, qualijk een opregt duyts woort konnen spreken, nog veel min een fatsoenelijke reden konnen voortbrengen, of het is met een lispse *Tiolyse* of *bastert Portugese* taal vermengt.[110]

Evenals de vroegere zwarte 'mammy' zorgde de baboe van het koloniale Indië voor de kinderen van haar meesters. Het was de baboe die voor de verzorging verantwoordelijk was, die moederde, zodat de wettige ouders bijna werden uitgesloten. Zij zorgde vanaf de geboorte tot het begin van de adolescentie en zelfs het begin van de volwassenheid voor het kind, indien dit niet voor zijn opvoeding naar Nederland werd gestuurd. Ze liet het nooit alleen, wiegde het, troostte het, droeg het overal op de heup mee in de doek die *slendang* werd genoemd; ze gaf het inheems voedsel, zong het toe in haar eigen taal, vertelde het inheemse verhaaltjes en voedde het op de inheemse manier op, die veel toegeeflijker en vrijer was dan in Europa mogelijk was.[111]

Het kind betrad een wereld die in het geval van Daums romans Javaans was. Pas veel later werd het binnengeleid in de Europese maatschappij. Daarom werd het Europese patriarchaat in de meest vitale zin op liefdevolle wijze ondermijnd door een Aziatisch matriarchaat, iets wat al in de achttiende eeuw een historische werkelijkheid was en door Couperus in *De stille kracht* werd aangevoeld. Het lijkt erop dat de hartslag die het kind als de zijne kende, Javaans was, dat zijn emotionele voedingsbodem Indonesisch was, dat het opgroeide met de wortels in een inheemse ondergrond, hoe de plant later ook zou worden voortgekweekt door zijn Europese, ouderlijke opzichter als hij eraan toe was om tot intellectuele wasdom te worden gebracht.[112] Beklemtoond moet worden dat de baboe áltijd bij haar beschermeling was, zelfs als het gezin op verlof naar Nederland ging (4: 187), want als het kind uit een rijke familie afkomstig was, had de vrouw geen andere verplichtingen en was in feite de privé-bediende van het kind (zijn 'lijfbaboe'). Hoewel de baboe als tweede moeder werd beschouwd, was ze in feite de eerste, omdat de relatie van het kind met de baboe veel intiemer was dan met zijn eigen moeder. Het kind zou nooit vergeten hoe zijn Javaanse moeder rook of hoe ze aanvoelde; met andere woorden, het emotionele verlangen van het koloniale kind werd bevredigd door het moederlijke Indië.

Men vindt ontroerende getuigenissen van de onvergetelijke aanwezigheid van de baboe in het leven van vele koloniale auteurs. Du Perron herinnerde zich zo'n vrouw in de figuur van Alima in *Het land van herkomst*, evenals G.J. Resink in een mooi gedicht dat begint met de regel 'Zij is mijn allereerste lief geweest'.[113] Hoewel deze sterke gehechtheid later soms onderdrukt werd, ontkende men haar nooit. Iedere Indischgast zou Kipling begrijpen die in december 1891, ook al moest hij India vanwege een onverwachte gebeurtenis overhaast verlaten, toch een korte pauze maakte in Bombay om zijn *ayah* ('baboe' in het Maleis) gedag te zeggen die 'mij, zo oud maar nog zo weinig veranderd met zegeningen en tranen tegemoetkwam'.[114] De Nederlandse koloniale auteur Rob Nieuwenhuys (zie hoofdstuk 18) is nog openhartiger geweest dan Kipling. Hij heeft zijn baboe,

Nènèk Tidjah, zowel privé als in druk geprezen. Het gedenkschrift met de betekenisvolle titel 'Het Indische kind dat ik was en ben' bevat een foto van hemzelf, vastgehouden door zijn vader, toen hij zes maanden oud was. De familiegelijkenis is onmiskenbaar en de man, in het wit gekleed, beheerst het beeld. Maar achter zijn rug staat een klein figuurtje, donker en onduidelijk, bijna verdwenen achter haar prominente werkgever, maar Nieuwenhuys vergiste zich er niet in wie het werkelijk voor het zeggen had.

> Zij [Nènèk Tidjah] is zeker tot mijn vijfde jaar mijn 'lijfbaboe' geweest en daarmee mijn eerste moeder. De eerste woorden die ik sprak, heeft men mij verteld, waren Javaanse woorden. Later onderhield ik me met haar in een raar mengtaaltje: Javaans, Maleis, doorspekt met Nederlandse woorden. Ze noemde me altijd Lih, langgerekt uitgesproken, een afkorting van lilih, hetgeen in het Javaans lieveling betekent.
> Als mijn ouders op visite moesten of naar de opera gingen (...), moest Nènèk Tidjah op ons passen. Dat was altijd een feest. Ze installeerde zich voor onze bedden met haar sirihstel naast zich (o, de scherpe geur van gekneusde sirihbladen, pruimtabak, gambir en pinang, ik kan die in mijn herinnering ruiken!) en dan begon ze met haar adembenemende verhalen over goden en godinnen, over versteningen en metamorfosen. Ze voerde soms met twee stemmen hele stukken uit de *Ramayana* op en als het begon te regenen in de westmoesson, met donder en bliksem, dan wist ik dat 'daarboven' de goede en kwade machten met elkaar in een luidruchtige strijd gewikkeld waren. Ik mocht dan bij Nènèk Tidjah op schoot zitten. De geuren van haar lichaam en haar kleren, van haar saroeng vooral, moet ik intens opgesnoven hebben, een soort pre-erotiek. Ze liefkoosde me door mij tegen zich aan te drukken en door me te strelen. Ik herinner me nú nog die geuren, want geuren kun je je herinneren! Ik voel ook de hele atmosfeer van de kamer, met door het raam die heldere sterrenhemel en soms de maan.
> Toen ik zeven jaar geleden [ergens in de jaren zeventig] in Solo was, de geboortestad van mijn moeder en mijn Javaanse overgrootmoeder, heb ik me laten pidjit (masseren) door een oude, blinde Javaanse vrouw, waarschijnlijk om weer dat huidcontact te herstellen. Ze leek zelfs op Nènèk Tidjah, die blinde vrouw, godbetert!
> Dankzij de verhalen van Nènèk Tidjah is de Indische natuur voor mij angker, dat wil zeggen heilig, bezield, bevolkt met levende wezens die je moest zien te manipuleren door heilige formules te prevelen of door een selamatan te geven. Ik ben als kind in een magische wereld grootgebracht – en zo iets maakt heel wat uit, ook als je al volwassen bent en al jaren in Holland woont.[115]

En toch bleef de baboe ondanks haar moederlijke en niet-slaafse loyaliteit en toewijding in sociaal opzicht een ondergeschikte figuur. Als bediende van het kind kende men haar vaak alleen onder de naam van het kind, bijvoorbeeld 'baboe Non', of 'baboe Han'.[116] Dit eigenaardige mengsel van intimiteit en onderdanigheid dat de relatie tussen de baboe en haar beschermeling kenmerkte, was uniek voor het koloniale Indië, en de weergave ervan in een verhaal deed dienst als waarmerk (*tjap*) om de authenticiteit van een verhaal te controleren. Du Perron beschouwde Daums beschrijving in *Goena-Goena* van de band tussen Betsy en haar bejaarde baboe Sarinah als meesterlijk en in overeenstemming met de werkelijkheid.[117] Daum merkt op dat Betsy, als een echt koloniaal kind, de oude bediende behandelt met 'afwisselende wreedheid en aanhaligheid' (6: 34). De oude vrouw slaapt in dezelfde kamer als Betsy op een tikar, een geweven mat, voor het bed van Betsy.[118] Ze kleedt Betsy aan en uit alsof ze een kind was, terwijl ze in werkelijkheid een getrouwde vrouw is die te onnadenkend en lui is om haar been op te tillen als de oude vrouw haar haar kousen uittrekt (6: 34). Er bestond een symbiotische relatie tussen de baboe en haar blijvende pupil waar echtgenoot noch samenleving tussen kon komen, en als Betsy overweegt haar futloze echtgenoot om het leven te brengen, is het Sarinah die op Betsy's bedekte toespelingen reageert en bereid is inheemse vaardigheden aan te wenden om ze waar te maken. En hoewel Betsy zonder Sarinah niet kan functioneren, behandelt ze de oude getrouwe enerzijds met onbekommerde harteloosheid en anderzijds als een lievelingszuster.

De tweede 'moeder' liet het blanke kind ook kennismaken met inheemse gebruiken. Wat voor Europeanen en yankees bijgeloof was, maar voor zwarten en Indonesiërs een extra dimensie van de werkelijkheid, vormt een ongewoon onderwerp dat zowel in de koloniale als de zuidelijke literatuur optreedt. Du Bose Heyward beschreef dit nevelige gebied van de menselijke ervaring in *Porgy* correct als 'de voorkennis die als de dageraad in het achterhoofd trilde en iemand zei wat hij moest doen zonder erover te hoeven nadenken'.[119] Wat men in zuidelijke literatuur tegenkomt, is overwegend voodoo of een eenvoudige vorm van zwarte magie, bijvoorbeeld het 'kattenkwaad' tegen Agricola in *The Grandissimes* (hoofdstuk 54 en 55), of de 'ritmische [sic] olie' die ooit in de Mississippidelta was gebrouwen en iemands optreden als danser of goochelaar moest verbeteren. Dit lag op hetzelfde vlak als natuurlijk magnetisme, 'tabak van de duivel', 'mojo-handen' en 'vijfvingergras'.[120] In Indië heette dit 'goena-goena', wat bijvoorbeeld – met betovering als doel – werd toegepast in Daums roman *Goena-Goena*, en vergelijkbaar is met wat er gebeurt in het Louisiana van Cable. Op Java had dit thema echter ook een serieuzere kant, iets wat hiervoor in hoofdstuk 9 is aangestipt en sindsdien in de koloniale literatuur niet vaak is genoemd omdat het voor niet-ingewijden heel moeilijk is betrouwbare uitlatingen te doen over iets wat in feite mystiek is.

De andere wijze waarop Indië doordrong in de blanke Europese samenleving heeft geen parallel in het Zuiden. In Daums dagen was een nieuwkomer in Indië meestal een jonge onervaren man, die totaal in de war was van de vreemde omgeving. Hij stond bekend als een 'baar' of groentje, naar het Maleise woord *baroe*, 'nieuw'. De gebruikelijke manier waarop deze totok (of volbloed Nederlander) zich met Indië vertrouwd maakte was door een njai (huishoudster) in dienst te nemen. Deze zorgde voor hem en zijn huis, hield toezicht op de onvermijdelijke entourage van bedienden, ging over de huishoudportemonnee en lichtte hem in over haar volk. Het werd geaccepteerd dat de boedjang of vrijgezel ook bij haar vervulling van zijn seksuele behoeften zocht en haar aanwezigheid verlangde om verveling en eenzaamheid te verdrijven. 'Een njai houden' was een algemeen en geaccepteerd gebruik; nog in 1880 (in de tijd van Daum) adviseerde een resident iedere jonge ambtenaar met een njai samen te leven voordat hij met een Europese vrouw trouwde 'om de taal, de zeden en gewoonten van het volk te leren kennen'.[121]

Het gebruik werd bevorderd vanwege het realistische feit dat er weinig Europese vrouwen waren die een man met het oog op een huwelijk het hof kon maken. In een koloniaal rapport uit 1860 wordt geschat dat de totale Europese bevolking, inclusief het leger, ongeveer 43.000 personen telde. Ongeveer 22.700 daarvan (exclusief soldaten) leefden op Java. Van dat aantal waren er 7602 mannen, 5265 vrouwen en 9796 kinderen. Het rapport verdeelt de volwassen burgerbevolking over hen die in de tropen en hen die in Europa geboren waren en het is interessant te zien dat de eerste groep, de 'Indische' bevolking, veel groter is dan de laatste. Zelfs van de vrouwen uit de betere kringen was de meerderheid van gemengd bloed, wat een maatschappij met 'een sterk overwegend Indo-europees element'[122] oplevert. Men vindt hiervan een bevestiging in de koloniale literatuur. En als men ten slotte bedenkt dat die bijna 23.000 Europeanen leefden te midden van een inheemse bevolking van ongeveer 13 miljoen, is het niet verwonderlijk dat de njai een even gewone figuur was als de baboe.

In feite bestaat er een psychologische overeenkomst tussen beiden. Zowel de njai als de baboe was ondergeschikt ondanks de grootste mate van persoonlijke intimiteit; de baboe voorzag in de emotionele behoeften van het mannelijke kind zonder dat zij zijn moeder was, terwijl de njai dezelfde functie uitoefende voor de volwassen man zonder dat zij zijn vrouw was. Beiden maakten het voor de Europese man mogelijk toegang te krijgen tot een samenleving die door Europeanen was onderworpen maar die zij niet kenden, beiden verleidden de Europeaan er onbewust toe zijn westerse waakzaamheid te laten verslappen en beiden verlokten hem ertoe meer in Indië op te gaan dan hij zich ooit realiseerde. Zowel aan het begin van zijn leven als op de drempel van de volwassenheid werd het karakter van de Europese man sterker door Indië beïnvloed dan Europa ooit had gedaan. Dit is niet bedoeld om een idyllisch bestaan te suggereren, maar louter om het belang van de baboe en de njai in de koloniale maatschappij van Daums dagen te benadrukken, omdat zij samen de wederzijdse vijandschap verminderden en een alternatieve samenleving creëerden die veel meer op die van henzelf dan op die van hun meesters leek.

Natuurlijk stond het koloniale patriarchaat altijd op zijn rechten, hoewel het daarmee niet afweek van de rest van de westerse wereld, de Britse maatschappij in de tijd van Victoria bijvoorbeeld.[123] Zoals reeds is opgemerkt, konden de kinderen van gemengde paren alleen door de vader worden gelegitimeerd. Hij kon dat doen door met de moeder te trouwen of door hun namen in het geboorteregister in te laten schrijven. Nog in 1920 betreurt een inheemse vrouw het feit dat haar kinderen niet aan haar maar aan de vader toebehoorden. De auteur voegt eraan toe: 'In dit geval moet de vader het kind "erkend" hebben. Dit gebeurde weliswaar met een getekende toestemming van de moeder, maar was in werkelijkheid niet meer dan een formaliteit. Bij de erkenning verloor de moeder haar rechten op het kind. Een juridische figuur die aanleiding heeft gegeven tot veel, al dan niet verborgen, menselijk leed.'[124] Als de Europese vader stierf, had de inheemse moeder geen voogdijrechten,[125] en als de vader onbekend was, was het de koloniale overheid die besliste of een kind 'Europees' of 'inheems' was. Daum geeft hiervan een voorbeeld in *Aboe Bakar.* Bakars vader was niet Nederlands maar Indo-europees. Hij leefde samen met een njai, maar trouwde niet met haar. Als Aboe Bakar naar Indië terugkeert uit Nederland, waar hij heen was gestuurd voor zijn opvoeding, ontdekt hij dat zijn vader zijn geboorte met opzet nooit bij de koloniale autoriteiten heeft aangegeven, zoals hij wel had gedaan bij zijn drie andere zonen. Dit betekent dat Bakar slechts de zoon van een inheemse vrouw en dus een 'inlander' is, terwijl zijn drie broers 'Europeanen' zijn, hoewel ze alle vier dezelfde moeder hadden (10: i. 120-1; ii. 2).

Het andere voor de hand liggende risico voor de njai was dat de Europese man naar Nederland terugkeerde of besloot met een blanke vrouw te trouwen. In beide gevallen was de njai de verliezende partij. Daum heeft dit algemene dilemma in *Nummer elf* uitgebeeld, waar Yps, de njai van George Vermey, moet wijken voor een Europese vrouw, Lena Bruce, en wordt 'weggezonden, als een bediende, als 'n voetveeg, als 'n stuk gereedschap "na gemaakt gebruik"' (8: 18). George besloot niet uit liefde met de Europese vrouw te trouwen. Hij was 32 jaar oud, had altijd met een njai geleefd, voortdurend schulden gehad, en het onverantwoordelijke leven van een boedjang geleid. Lena is twaalf jaar jonger, ze is vriendelijk en goedhartig, fysiek niet aantrekkelijk, maar wel praktisch. Yps daarentegen is lui, zelfgenoegzaam, opvliegend, maar ook knap en veel sensueler dan Lena ooit kan zijn (8: 8, 44). Feitelijk is George bang voor het huwelijk en beschouwt hij het als een 'halve zelfmoord' (8: 20). Een ander mannelijk personage ziet in dat de man, zodra een koloniale vrouw een gezin en kinderen kreeg, een 'servituut' werd aan wie zij weinig aandacht besteedde. Als ze dat al deed, was het alleen omdat hij haar een 'financieele en maatschappelijke positie' (1: 196) bood. Eén echtgenoot beschouwt zijn huwelijk als 'een kluister' en merkt op dat het zijn vrouw niet langer kan schelen of hij haar aantrekkelijk vindt of niet (6: 147). Een oudere man trouwt 'bijwijze van hygiënischen maatregel' (3: 157), terwijl Betsy's huwelijk met Den Ekster in *Goena-Goena* voor beiden een kwelling is maar in stand wordt gehouden om de schijn op te houden (6: 19-20, 24, 33). Een huwelijk tussen Europeanen was kennelijk een sociaal contract: om te zorgen voor goede nakomelingen, om economische redenen, of om zich opnieuw te identificeren met het eigen soort mensen (1: 135-6). Het recht om een huwelijk te sluiten behoorde aan de man toe. In Daums koloniale wereld was het de man die onderhandelde met de vader van de vrouw. Een huwbare vrouw bleef thuis in afwachting van een geschikte partij, en haar reputatie moest vlekkeloos zijn, terwijl het meer dan waarschijnlijk was dat de aanstaande echtgenoot al jaren met een njai had samengeleefd.

Lena Bruce in *Nummer elf* komt in opstand tegen deze dubbele moraal en tegen de voorgeschreven rol van een koloniale vrouw. Terwijl zij nadenkt over de man die om haar hand heeft gevraagd, realiseert ze zich dat

> haar vader, haar broers, haar neef, allen leefden alsof wat men verstond onder zedelijkheid en kuischheid niet geschreven stond voor hen. Zij alleen was fatsoenlijk; haar geheele omgeving tot den minsten bediende, was ontuchtig en bedorven. Ze dacht weer aan Vermey, dien ze had afgewezen omdat hij zich onfatsoenlijk gedragen had, naar haar opinie [hij had met een njai geleefd]. En terwijl zij zoo kieschkeurig was, leefde de rest als 'n troep wilde beesten; terwijl men haar van kind af had geleerd hoogst fatsoenlijk en rein te zijn, deed haar heele omgeving met de grootste gemoedelijkheid en alsof dat zoo behoorde juist het tegenovergestelde! (8: 120)

Verder wil ze meer zijn dan 'een levend werktuig met wettig patent' voor de voortplanting (8: 53). Toch trouwt ze op de een of andere manier met Vermey en wordt dientengevolge vergiftigd door zijn jaloerse njai Yps. Het is niet verbazend dat in Daums koloniale wereld buitenechtelijke affaires tamelijk gewoon waren (1: 216, 243; 9: 46, 212) en dat echtscheidingen betrekkelijk veel voorkwamen en de scheidende partners niet stigmatiseerde (7: 82), zoals in Holland het geval was. Men zou, met Michael Ondaatje in zijn typering van de koloniale samenleving op Ceylon, kunnen zeggen dat 'een huwelijk de grootste ontrouw van beide was'.[126]

Het lot van de Europese vrouw in de koloniën vertoont enige gelijkenis met dat van de blanke vrouw in het Zuiden. King erkent dat 'de zuidelijke vrouw in sociaal opzicht twee verplichtingen had: tegenover mannen moest ze onderdanig, zachtaardig en vriendelijk zijn; in de omgang met de kinderen en slaven en in het huishouden werd ze verondersteld kennis van zaken, initiatief en werklust aan de dag te leggen'. Ook seksualiteit of erotiek waren voor haar verboden en deze warmte werd verwacht van de zwarte vrouw. 'De idealisering en vergeestelijking van de blanke vrouwen betekende dat echtgenoten en kinderen, in het bijzonder zonen, naar zwarte vrouwen keken als bron van warmte en veiligheid, van sensualiteit en de geneugten van het lichaam.' Zoals de baboe leek op de 'voedende mammie', leek de njai op de 'zwarte verleidster'.[127]

In het koloniale Indië droeg de getrouwde Europese vrouw eveneens veel verantwoordelijkheid. Ze moest een groot huishouden bekwaam leren besturen, energiek leiding geven aan een aanzienlijk aantal bedienden en was verantwoordelijk voor 'het wettig gepatenteerde' nakroost. Ze stoorde zich aan de voordelen die het 'inlandsche vee' bezat (5: 148), van wie de gemakkelijke seksualiteit veel aantrekkelijker was dan de lasten die een 'goede' vrouw voor haar echtgenoot vertegenwoordigde. Daum maakt dit bijzonder duidelijk in *H. van Brakel*, waarin Ceciel, die aan de rand van de Europese samenleving woont, bang is dat de aanwezigheid van een njai haar pogingen om met een Nederlander te trouwen die haar 'respectabiliteit' zou waarborgen, in de war kan sturen.

> Er blonk iets in haar mooie oogen, toen zij dacht aan die helsche bruine vrouwen, wier gemakkelijke levensopvatting zooveel Europeesche meisjes in Indie doemt tot de zuurbier-toekomst.[128] Ze had ze kunnen vermoorden, als ze dat ongestraft had mogen doen; ze haatte die schepsels met een onverzoenlijken haat; zíj waren het die de Indische meisjes beroofden van haar toekomstige echtgenooten; die den gloed der jongelingen verteerden tot de asch van cynisme en geblaseerdheid; zíj waren de kanker der Europeesche samenleving met haar huwelijks-surrogaat 'buiten bezwaar'.[129] (5: 145)

De implicatie van deze passage is natuurlijk dat dit een reële bedreiging was, en in dit opzicht verschilde het seksuele leven in de koloniën van dat in het Zuiden van Amerika. Koloniale blanke mannen hadden gewoonlijk relaties met 'gekleurde' vrouwen; gemengde huwelijken waren niet ongebruikelijk en onwettige kinderen van gemengd bloed werden wettig geadopteerd. Dit was in het oude Zuiden niet het geval.

Percy stelde beslist dat 'de kruising geen gewenst product is, dat vermenging niet het antwoord is',[130] maar Cash beweert dat in 1860 de meeste zwarten in het Zuiden van gemengd bloed waren.[131] In hetzelfde jaar zei een minimumschatting van de volkstelling dat er 588.000 mulatten in de Verenigde Staten waren,[132] terwijl men het fysieke bewijs van 'cross-breeding', 'mingling up', of 'crossing over' (zoals zwarte bedienden rassenvermenging noemden)[133] dagelijks op de meeste plantages kon waarnemen. Blanke vrouwen negeerden de seksuele hypocrisie van hun echtgenoten,[134] en de mannen sublimeerden hun fantastische ontrouw door de blanke zuidelijke vrouw te romantiseren en hun schuld te verbergen achter een ware vrouwencultus. De pijnlijke waarheid werd opzettelijk veronachtzaamd en deze ontkenning bracht veel tragiek met zich mee en leidde tot heel wat stille rancune. Een ontroerend fictief voorbeeld is de mesties Honoré in *The Grandissimes*, die Cable herhaaldelijk aanduidt met de afkorting 'FMC', die staat voor 'free man of color'. Hoewel zijn vader echt van zijn zwarte concubine hield, 'offerde hij een gering sentimenteel gevoel' op voor het welzijn van de familie en trouwde met een blanke vrouw.[135] De blanke halfbroer groeide op en werd het hoofd van de clan van de Grandissimes, terwijl de zoon met een kwart negerbloed en drie kwart blank bloed, hoewel hij het grootste deel van het fortuin van zijn vader erfde, een figuur in de schaduw blijft: zwijgzaam, gewond, gemeden, een vroege verpersoonlijking van Ralph Ellisons *Invisible Man*. 'Honoré FMC' bleef een serieus obstakel voor de waardering van Cables talenten in het Zuiden. In een officieel overzicht van de Zuidelijke literatuur dat in 1907 werd gepubliceerd, werd Cable een 'verrader' genoemd vanwege zijn sympathieke behandeling van deze stille tragedie.[136] En men moet zich afvragen of de stilte rond de meesterlijke roman *The Fathers* van Allen Tate (gepubliceerd in 1938) niet iets te maken had met de plot, de langzame onthulling van de 'onnatuurlijke neigingen' van de hoofdpersoon, George Posey, zijn gekleurde halfbroer en slaaf Yellow Jim, Georges vrouw Susan Buchan en haar stompzinnige broer Semmes. Pas Faulkner en Lillian Smith (*Strange Fruit* (1944); *Killers of the Dream* (1963)) brachten het onderwerp interraciale seksualiteit opnieuw ter sprake.

Ondanks onvermijdelijke vooroordelen en onrechtvaardigheden heeft de koloniale maatschappij nooit geprobeerd rassenvermenging te ontkennen. Koloniale auteurs als Nieuwenhuys waren trots op hun Aziatische erfgoed en schreven er openlijk over, terwijl zelfs een eerlijke zuidelijke auteur als Allen Tate zijn lezer slechts via een eigenaardig ingehouden passage in een autobiografisch fragment kan laten vermoeden dat hij zwart bloed in de familie had.[137] Een figuur als Mama Tjang in Daums *Ups en downs*, voor het eerst gepubliceerd in 1890, is vóór de Eerste Wereldoorlog in een zuidelijke roman vrijwel onmogelijk. Mama Tjang (*tjang* betekent 'grootmoeder') is de Javaanse moeder van Lena Lugtens en Clara Uhlstra. Deze twee zusters zijn getrouwd met rijke en machtige mannen, maar zij weigeren de oude vrouw naar de kampong te laten verhuizen, ook al zou zij dat, net als de njonja in het verhaal 'Op de grens' van Willem Walraven, liever doen dan bij haar dochter Clara te wonen. De mannen hebben niet veel op met hun schoonmoeder, maar de vrouwen willen niet toegeven en zorgen vrolijk voor haar en zonder zich te verontschuldigen (9: 33-43). In dezelfde roman woont een andere vooraanstaande zakenman, Twissels, openlijk samen met een Indo-europese njai en hij behandelt haar alsof ze zijn vrouw is en in sociaal opzicht zijn gelijke (9: 81).[138] De planter Drossaerts in Daums eerste roman verklaart, alsof hij de preburgerlijke gevoelens van deze premoderne maatschappij verwoordt, dat het te veel moeite is om met een echte blanke te trouwen en zegt bijna terloops: 'Ik geef niets om de kleur van de huid [van een vrouw]' (1: 130). Hoewel inheemse vrouwen naar Europese en zeker naar Nederlandse maatstaven slechte huishoudsters waren (zoals Willem Walraven tot zijn ongenoegen ontdekte), draait Drossaerts er niet omheen dat hij liever een bescheiden, slordige inheemse vrouw heeft dan willekeurig welke blanke vrouw met haar sociale plichtplegingen en financiële eisen (1: 134). Net als veel andere mannen in Daums verhalen geeft Drossaerts de voorkeur aan een permanente liaison met een kleurlinge, omdat dit – volledig in tegenstelling met de zuidelijke gevoelens – een minder hypocriete relatie zou zijn!

Rassenvermenging is een duidelijk kenmerk van wat bekendstond als de Indische maatschappij. Deze Indische maatschappij, die verschilt van zowel inheemse als Europese bestaanswijzen, is wat Daum vooral in zijn romans weergeeft. In toon en temperament leken zulke koloniale maatschappijen allemaal op elkaar, ongeacht waar zij zich bevonden. Maar ze beschouwden zich allemaal als een soort regionale aristocratie boven en buiten zowel de Europeanen als de inheemse bevolking. Indië verschilde niet van het koloniale Ceylon in de jaren twintig en dertig, althans zoals Michael Ondaatje het beschrijft in zijn fraaie autobiografie:

> Iedereen was vaag verwant en had van vele generaties terug Singalees, Tamil, Nederlands, Brits en Burgherbloed in de aderen. Er bestond een brede maatschappelijke kloof tussen deze kring en de Europeanen en Engelsen die nooit deel uitmaakten van de Ceylonese gemeenschap. Men zag de Engelsen als voorbijgangers, snobs en racisten en zij stonden al helemaal los van degenen die gemengd getrouwd waren en hier permanent woonden.[139]

In veel opzichten was het een paradoxale maatschappij. Terwijl de Indischmensen konden denken dat een minder beperkt libido, een genotzuchtige houding tegenover het bestaan en een vurig seksleven typerend waren voor de inheemse bevolking, waren het vanuit het gezichtspunt van de zuiver Nederlandse maatschappij (de totoks) de Indische mensen zelf die werden beschouwd als de hartstochtelijke wellustelingen. Deze ironie is een integraal onderdeel van Daums tekening van de koloniale maatschappij. Zo wordt van echte Indische kolonialen gezegd dat zij in seksueel opzicht vroegrijp zijn (10: i. 72-3; 7: 8), ruimdenkender zijn (9: 200; 7: 71, 82) en flexibeler denken over echtscheiding (7: 82). In één roman wordt een Indische jongen niet tot een Nederlands huishouden toegelaten omdat hij louter door zijn aanwezigheid de Nederlandse kinderen zou blootstellen aan 'zedenbederf' (10: ii. 89).

Vooroordelen tierden kennelijk welig. In diverse contexten wordt gezinspeeld op sociale vooroordelen, maar raciale vooroordelen waren veel schadelijker. Zo was er sprake van gevoelens van lichamelijke en morele superioriteit van de blanke gemeenschap tegenover de inheemse volkeren van de archipel (10: i. 6-7; 4:2; 8: 103; 6: 76; 1: 18-9, 61, 122; 10: i. 134 en ii. 67). Daum maakt geen geheim van het trieste lot van de inheemse volken. In *Aboe Bakar* leest men bijvoorbeeld:

> Zij moeten altijd werken voor anderen; en iedereen spreekt altijd kwaad van hen. Zij worden altijd behandeld als honden, en niemand vraagt ernaar, wat hem het recht geeft hen zoo te behandelen; zij moeten altijd beleefd en onderdanig zijn, en iedereen is onbeschoft tegen hen; zij moeten altijd tevreden zijn met heel weinig en nog veel daarvan afgeven; de minste Europeaan neemt tegenover hen de houding aan van een meester; zij moeten onderdanig zijn en zijn ze dat niet genoeg, dan heet het meer als schande, zoo onbeschoft ze zijn. (10: ii. 12)

In dezelfde roman ventileert de njai Peraq een vernietigend aantal beledigingen aan het adres van de *blanda's*, de Europeanen (10: ii. 138-9).

In psychologische termen was het lot van de Indo-europeaan (de 'Indo') aan het einde van de negentiende eeuw nog slechter, omdat hij geen duidelijke identiteit bezat. De Indo die er niet in was geslaagd op te klimmen op de maatschappelijke ladder, werd uit de koloniale maatschappij uitgesloten, iets dat herinnert aan de 'tragedie van de mulat' in het Zuiden.[140] De Indo's leefden in een heel andere wereld, die misschien het best is beschreven in de roman *De paupers* van Victor Ido (1915) en in de fictie van Jan Boon. Daum werd in veel opzichten hun voorvechter. Hij schreef openlijk dat de Europeanen de Indo's discrimineerden en stelde hervormingen voor om hun leven gemakkelijker te maken, hoewel sommige suggesties, zoals hun werk op het land of handwerk aanbieden, erop duiden dat hij niet geheel op de hoogte was van die zeer statusbewuste Indische maatschappij. Desondanks is het duidelijk dat een van de redenen van Daum om een abonnement op zijn krant *Bataviaasch Nieuwsblad* zo goedkoop te maken, was dat zo ook arme Indo-europeanen het zich konden veroorloven hem te lezen. Een andere aanwijzing dat Daum wat hij predikte in de praktijk bracht, was zijn opleiding van Karel Zaalberg, een Indo die een eersteklas redacteur en een nauwe compagnon van Daum werd. Tien jaar na Daums dood werd Zaalberg hoofdredacteur van Daums krant. In dezelfde geest steunde hij de Indo-europese schrijver Hans van de Wall (die onder het pseudoniem Victor Ido schreef), zorgde hij ervoor dat deze culturele functies kon vervullen en benoemde hij hem tot cultureel criticus van zijn krant, een relatie die zevenendertig jaar duurde.[141]

Daum schreef ook romans over het lot van de Indo's. In *Aboe Bakar* bekent een Indo dat hij, hoewel zijn moeder een inheemse vrouw was en hij er meer Maleis dan westers uitzag, liever dood zou zijn dan op het niveau van een inheems persoon te worden geplaatst (10: i. 123). *Nummer elf* is Daums roman waarin de wereld van de Indo het uitvoerigst in kaart wordt gebracht. Hij noteert het algemene gebruik van de blanke man om, áls hij zijn kroost van gemengd bloed legitimeerde, namen te kiezen die niet meer dan dwaze verdraaiingen van zijn eigen naam waren, gekoppeld aan absurde voornamen. Yps bijvoorbeeld, is een afkorting van Ypsilanti, en haar achternaam is Nesnaj, het omgekeerde van de Nederlandse naam Jansen (8: 8-9). Op Vermeys kantoor werkt een kopiist, 'een broodmagere, grauwbruine jonge man; een dier Indo-Europeanen die nooit transpireren en altijd koude handen hebben, maar meestal slim genoeg zijn'. Zijn naam is Esreteip, een omkering van de gewone Nederlandse naam Pieterse; hij wordt dan ook altijd de 'omgekeerde Pieterse' genoemd (8: 10-11).

De Indische samenleving onderging een soortgelijke behandeling bij de confrontatie met de totoks op eigen grond, in *Negeri Blanda* ofwel Nederland.[142] Daar zijn Indische mensen gewoon minder waard (10: i. 82) en in een van Daums romans die speelt in Den Haag, doet een aristocratische dame hen af als: 'die zwarten'. Een zeer respectabele, rijke en knappe Indische vrouw is, ondanks haar geld, 'dat zwarte mens' (7: 62-3) en als in dezelfde roman de vrouw van een berooide koloniale ambtenaar overlijdt – voornamelijk van ellende en verlangen naar Indië – vinden de Nederlandse vrouwen die het lijk afleggen hun taak 'griezelig' vanwege het 'donker vel' van de dode vrouw, die hen doet denken aan de duivel, 'die ook zo zwart is' (7: 102). Het gebruikelijke vertoon van emoties in het openbaar door de kolonialen – omhelzingen en zoenen – werd als immoreel beschouwd door de Nederlanders (7: 9), die zich bedreigd voelden door wat zij als een soort hedonisme beschouwden, een eigenschap die ook Cash karakteristiek vond voor het oude Zuiden van Amerika. Daums eerste roman bevat een mooie satirische scène waarin de lezer op veelzeggende wijze leert hoe kleinzielig maar ook hoe onoverkomelijk de kloof was tussen de Nederlanders in Europa en de koloniale Indischgasten in het laatste kwart van de negentiende eeuw. Een koloniaal stel met verlof in Nederland shockeerde zijn gastgezin door om acht uur 's avonds te willen eten, en door om twaalf uur iets te drinken, hardop te lachen, heftig te praten, op zondag niet naar de kerk te gaan, op blote voeten te lopen ('alle dames [ook] waar mannen bij zijn') en elke dag een bad te nemen (1: 251-5). Zij zien zichzelf als vreemdelingen in een vreemd land en voelen zich verstikt door een morele en fysieke claustrofobie. Nederland had deze mensen weinig te bieden en Daum vat het samen in de fraaie zin: 'Maar men is gauw klaar in een hollandsche stad, zelfs al heet die Amsterdam' (1: 254). De koloniale elite vond de Nederlandse aristocratie ongenaakbaar. Louise van Velton-Van der Linden kan bijvoorbeeld ondanks haar fabelachtige rijkdom en schoonheid geen toegang krijgen tot de betere kringen in Den Haag omdat ze de dochter van een Indische dokter is. Maar dit lukt haar vroegere vrijer Fournier, een man die in elk opzicht haar mindere is, heel gemakkelijk, gewoon omdat hij een telg is uit een vooraanstaande Nederlandse familie met goede connecties in de hoogste regeringskringen (7: 58). Weer een ander soort vooroordeel.

Daum, die altijd wist welke kant hij moest kiezen, suggereert dat het snobisme van de Nederlanders in Nederland nogal hypocriet was. 'Indisch geld' was verdacht, er zat 'een luchtje' aan (10: i. 75), maar iedereen was bereid van rijke relaties te profiteren, ook al deden zij dat, volmaakt schijnheilig, op neerbuigende wijze. Als de Van der Lindens met verlof in Nederland zijn, zijn hun verwanten

> stijve, saaie lieden in hun oogen, en daarbij bekrompen en krenterig. Maar zij kwamen heel dikwijls te visite en dronken gaarne des dokters lekkere sherry, rookten met genoegen zijn havana's, accepteerden zeer gaarne de cadeautjes van Louise, ook voor hun vrouwen en kinderen; maar nooit dacht een hunner er aan de familie uit Indië eenige andere attentie te bewijzen dan door van haar voor onbepaalden tijd geld te leenen.
>
> Dit harteloos egoïsme stuitte vooral Louise tegen de borst. Zij had wel een geschenk van duizend gulden willen geven aan hem of haar, die uit vrije beweging haar kind een pop van een rijksdaalder had geschonken.
>
> Maar dat gebeurde niet; de 'goede' lieden dachten er niet aan. Indië mocht niets kosten. Integendeel. Zóó luidt de Nederlandsche traditie, en dat besef is volkomen ingevleescht. (4: 189-90)

Daums koloniale wereld is, net als het Zuiden van Cash, extravagant, warm en hedonistisch – een extroverte wereld die volledig tegengesteld was aan de ingetogen Nederlandse maatschappij. En hoewel Daum nooit zijn ogen sloot voor de dwaasheid of de excessen ervan, is zijn loyaliteit aan het koloniale Java direct en hartelijk.[143] Hij was zeker niet afkerig van het oppervlakkige hedonisme en kon het meesterlijk beschrijven, bijvoorbeeld met veelzeggende details als van de Indische vrouwen in Den Haag die met dobbelstenen op de vloer spelen omdat dat makkelijker was (7: 49); van de plompe vingers van njai Yps met 'kuiltjes op de fijne onzichtbare knokken' als een 'cachet der luiheid' (8: 20); van Betsy's indolentie die door haar baboe Sarinah werd bevorderd en aangemoedigd (6: 34); de eigenaardige en agressieve netheid van een volbloed Nederlandse die haar huis kraakhelder houdt maar in het geheim wordt beklaagd om haar 'koeliewerk' (6: 16-17); of van de baboe van een kind in Europa die 'zat te transpireeren van de pijn' omdat ze voor het eerst van haar leven schoenen draagt (4: 187). In feite is een van Daums ontroerendste romans die over de schaamteloze hedonist *H. van Brakel*. Hoewel de bedoeling ervan is het altijd bestaande gevaar van verslechtering en achteruitgang te illustreren – een belangrijk thema in zowel de zuidelijke als de koloniale fictie – is Van Brakel de aantrekkelijkste creatie en zijn verhaal het sympathiekste van Daum. Als hij wordt geïntroduceerd in de eerste roman van een tetralogie waarin de lotgevallen van een groep Indische mensen uit diverse lagen van de koloniale samenleving worden beschreven, hoeft er geen twijfel te bestaan aan Van Brakels voorkeuren die zo weinig typerend zijn voor Nederlandse idealen. 'Het leven zoo pleizierig en gemakkelijk mogelijk te maken, dát is het eenige ideaal. Er bestaat niets anders. De oosterlingen hebben het bij het rechte eind. Luieren in een weelderige omgeving, mooie vrouwen, fijne gerechten, heerlijke dranken en niet meer beweging dan aangenaam is voor het lichaam en bevorderlijk voor de digestie' (3: 7-8). Drossaerts in *Uit de suiker in de tabak* heeft een soortgelijke voorkeur, die hij uit in de stelling dat als je de kans hebt een paar slippers te dragen, het zinloos is je laarzen aan te trekken (1: 171). Dit is opnieuw een voorbeeld van Ransoms losse 'levenskunst' die hij zo typerend vond voor het oude Zuiden van Amerika.[144]

Van Brakel jaagt zijn ideaal met geniale toewijding na. Hij heeft een goede baan als ingenieur voor de koloniale overheid, een betrekking die een vast inkomen garandeert, en hij doet zijn werk goed. Hij trouwt met Lucie Drütlich, de blonde dochter van een Duitse administrateur van een koffieplantage. Ze houdt van hem, is een aardige vrouw en moeder, en weet hoe je een koloniaal huishouden bestuurt. Ondanks de beproevingen die volgen, is hun huwelijk een van de zeldzame geslaagde huwelijken in de romans van Daum. De ingenieur heeft twee grote gebreken: drank en spelen. Hij brengt het grootste deel van zijn vrije tijd door in de overal aanwezige plaatselijke clubs en verliest grote sommen geld. Ten slotte dwingen zijn schulden hem tot ontrouw omdat hij geld leent van een Indische weduwe, Du Roy, die hem tot een affaire dwingt. Opnieuw is hier geen sprake van kwade trouw: Van Brakel raakt verstrikt in een relatie die hij niet koestert en waarvan hij niet geniet, maar waartoe hij zich verplicht voelt, totdat de manzieke weduwe hem laat vallen. Uiteindelijk begaat Van Brakel de grootste zonde voor een koloniale beambte: hij accepteert steekpenningen van een Chinees. Roddel verraadt hem, hij wordt ontslagen, werkt enige tijd voor zichzelf, en is uiteindelijk veroordeeld tot het werk van opzichter in de bouw, mandoer. Dit was een ondergeschikte positie die meestal werd bekleed door een inheemse werknemer, een voor een man van Van Brakels voormalige status oneervolle positie.

De roman is een verhaal dat bedoeld is als waarschuwing, maar het is een verhaal dat meer is gekleurd met droefheid dan met Daums gebruikelijke bitterheid. Van Brakel is een dwaas, maar hij is niet slecht; hij is gewoon niet genoeg man om de ondeugden die hij met bijna alle mannen in de koloniale maatschappij deelde, te beheersen. Lucie en Van Brakel zijn echt dol op elkaar en hun huwelijk is sterk genoeg om aanslagen te doorstaan waaraan elk ander huwelijk in de tropen zou zijn bezweken. Het is natuurlijk ook een bewijs van Daums voortreffelijkheid als romanschrijver dat hij zijn zelfgenoegzame slachtoffer tekent als een goedhartige stomkop, maar Van Brakels ondergang is desalniettemin ontroerend.

Van Brakel is in dit opzicht ongewoon omdat Daum een strijdlustige realist was, die sentimentaliteit verafschuwde, hoewel hij deze beschreef als een wezenlijk element van de maatschappij waarin hij leefde. Hij zag die maatschappij als een samenleving beheerst door geld, sociale rang en sensualiteit. Evenals het Zuiden van Cash was ze door en door paternalistisch en men had er geen moeite mee met een dubbele moraal te leven en die te benutten. Het interessantste aspect van Daums werk is dat hij deze onverzettelijkheid genadeloos aan de kaak stelde, maar wat misschien nog verbazingwekkender is, is zijn sympathie voor koloniale vrouwen. Net als Van Brakel zijn de meeste mannelijke personages van Daum zwakke, incapabele mannen of saaie workaholics. En zij werkten inderdaad heel hard, vaak met uitsluiting van al het andere in hun leven. Dit is een vast thema in koloniale fictie. Maar uit Daums werk blijkt ook duidelijk dat man-zijn geen eenvoudige opgave was. Men moest veel kunnen drinken, veel gokken met een hoge inzet en vechten als zijn eer op het spel stond. Voorbeelden van mannen die door drank en spelen te gronde werden gericht, zijn te talrijk om op te noemen – ze komen in nagenoeg al Daums romans voor. Het motto van de koloniale man verschilde niet veel van dat wat Cash voor het Zuiden onder woorden bracht. 'Grote persoonlijke moed, ongewone fysieke kracht, het vermogen een kwart liter whisky te drinken of z'n hele kapitaal in één klap te verliezen zonder een spier te vertrekken – dat was minstens zo belangrijk als bezit, en oneindig belangrijker dan heraldieke helmtekens.'[145]

Daums vrouwelijke personages zijn veel interessanter dan zijn mannen. In verscheidene van de tien romans is de hoofdpersoon een vrouw die, zonder haar vrouwelijkheid te negeren, alle deugden vertoont die de koloniale maatschappij normaliter aan mannen toekende. Het is dan ook niet verrassend dat in acht van de romans de huwelijksbanden slecht of bedrieglijk zijn. In zijn tweede roman, *Hoe hij Raad van Indië werd*, vertelt Daum over de carrière van Kees van den Broek, wiens opklimming tot een uitstekende positie in de koloniale hiërarchie geheel te danken is aan zijn twee vrouwen. Als voorbeeldig ambtenaar (2: 8, 225) is hij een man zonder ruggengraat. Zijn eerste vrouw, Corrie, trouwde met hem omdat ze bang was dat ze over zou blijven (2: 22-3) en zijn tweede vrouw, Louise, trouwt met hem om zuiver lichamelijke redenen. Geen van beide vrouwen houdt erg veel van hem maar beiden willen dat hij slaagt om hun eigen status te vergroten. Ze zijn besluitvaardig, zelfs meedogenloos, eerzuchtig en opvliegend, en koesteren geen illusies over de wereld of de liefde. Corrie Rivière – een ongewone creatie voor het laatste kwart van de negentiende eeuw – heeft een hekel aan seks, fysieke intimiteit, zwangerschap en kinderen.[146]

> Was het niet kind genoeg, dat ze had aan dien man? Stamhouders? Zij wenschte ze allen naar de maan. 't Was wezenlijk de moeite niet waard dáárvoor zooveel pijn te lijden en zooveel verdriet te hebben! (...) Zij wilde voor Kees zorgen, maar zij bedankte er voor zijn stamhouder in de wereld te helpen. Als hij dáár zoo op gesteld was, dan mocht hij het harentwege zelf maar eens probeeren. (2: 63; ook 4, 101).

Als Corrie haar eerste kind krijgt, de onmisbare zoon, bijt en krabt ze haar man (p. 31) en ze is opgelucht als de baby niet veel later sterft (p. 63). Vol bittere ironie sterft Corrie zelf een paar jaar later terwijl ze het leven schenkt aan een andere erfgenaam, die in leven blijft (p. 119).

Alsof hij de negatieve kant van de beroemde tropische sensualiteit wil onderstrepen, introduceert Daum de heer en mevrouw Herwijnen. Herwijnen is een onpraktische opschepper vol onrealistische ideeën, die altijd 'een toekomst zonder verleden' had (p. 80). Hij leidt een lichtzinnig leven (p. 17) ofschoon hij getrouwd is met een vriendelijke, liefhebbende en loyale vrouw (p. 81-3) en slaagt erin van haar en zijn kinderen af te komen door hen met een voorwendsel naar Nederland te sturen. Daardoor heeft hij de handen vrij om een njai in dienst te nemen (p. 155). Daum typeert Herwijnen met wat in die tijd een gedurfd detail was: de man drukt zich tegen de aantrekkelijke en zeer Indische Mina Jansen aan, die, hoewel ze vanwege haar vriendschappelijke gevoelens voor mevrouw Herwijnen geen scène maakt, een afschuw heeft van deze *kakeh* ('oude man') zoals ze hem noemt (p. 13-4).

De oppervlakkige, ijdele en schoonschijnende mannenwereld wordt handig gemanipuleerd door de twee vrouwelijke hoofdpersonen. Corrie zorgt voor Kees' promotie door drie 'Lucullische' maaltijden te koken voor een hoge Nederlandse ambtenaar op rondreis (p. 38-40, 10-9) terwijl ze haar man van achter een gordijn aanwijzingen geeft voor de conversatie, als souffleur in een schouwburg (p. 40). Ze is er terecht van overtuigd dat zij degene is die de touwtjes in handen heeft, niet alleen voor haar man maar ook voor haar eigen gezin (p. 103). Het lijdt weinig twijfel dat in de familie Rivière de vrouwen de sterken zijn (p. 46,

52, 72, 100), omringd door mannelijke middelmatigheid die door moeder Rivière wordt getypeerd wanneer zij denkt: 'Er waren al veel te veel gewone mensen in de wereld' (p. 175).

Daum suggereert de omkering van de gebruikelijke geslachtskenmerken met het woord 'kranig' (*brani* in het Maleis). In zijn tijd werd dit bijvoeglijke naamwoord voornamelijk in verband gebracht met mannen en het sloeg op zaken als besluitvaardigheid, moed, wakkerheid en flinkheid. Kranig is Corries lievelingswoord om goed gedrag aan te duiden. Ze herkent het als een van haar eigen deugden, terwijl het woord ook haar identificatie met mannelijkheid suggereert. Zwangerschap en geboorte zijn niet kranig (p. 4), maar de patricische naam van de familie instandhouden wel (p. 5). 's Morgens champagne drinken is kranig (p. 5), maar aan zeeziekte lijden niet (p. 69). Kranig is het ook als je op een sterk, vurig paard kunt rijden. Corries vader gaf haar man een grote, zwarte hengst, Bop, cadeau. Het paard kan Kees niet uitstaan en hij kan het niet aan, maar Corrie houdt van het dier (p. 1-3). Zoals vaak het geval is met zwakke mensen, is Kees een plaaggeest die zijn frustraties afreageert op diegenen die niet terug kunnen vechten. Als hij in zo'n stemming is, wreekt hij zichzelf op onschuldige inheemse mensen (p. 7, 62) en op het paard. Nadat Bop hem heeft afgeworpen, slaat Kees zowel het paard als een Javaanse stalknecht zo woedend met de zweep dat er bloed vloeit. Corrie trekt zich niets aan van de fysieke toestand van haar man en de bediende, maar vol tere liefde troost ze het paard met echte genegenheid (p. 42-3).

Louise, Kees' tweede vrouw, lijkt in wezen op Corrie wat haar vastberaden karakter en besluitvaardigheid betreft, maar seks versmaadt ze niet. In feite gebruikt ze haar bekoorlijkheid en seksuele aantrekkelijkheid om hoge ambtenaren te verleiden en hen te verplichten promotie te geven aan haar passieve echtgenoot die, in haar woorden, leeft in een wereld die 'riekt naar tabak en pessimisme' (p. 252). Door verstandig met haar lichaam om te gaan en door de 'seksuele lichtzinnigheid' van de koloniale mannen te manipuleren (6: 134) slaagt Louise erin een atmosfeer van verplichting te creëren van de kant van haar minnaars. Als Kees uiteindelijk de hoogste positie inneemt die hij ooit mag verwachten te bereiken, laat ze deze methoden varen, wordt een regelmatige kerkganger en werkt vervolgens aan een verandering van het imago van de familie Van den Broek totdat deze bekendstaat als een van de aardigste en netste huishoudens van Batavia. De overspelige maar sympathieke Clara Lugtens legt in *Ups en downs* een soortgelijke weg af.

Een andere vrouwenfiguur, die een vooraanstaande plaats inneemt in drie van Daums romans, lijkt op een mengsel van Corrie en Louise. Ook Louise van der Linden, in Daums vierde roman die haar naam draagt, is gezegend met lef: net als Corrie is ze bekwaam, praktisch en vasthoudend, maar ze is ook even aantrekkelijk en verleidelijk als Louise van den Broek. Met uitzondering van haar vader, een arts, leeft ook Louise in een wereld van zwakke mannen, ook al zijn het sympathieke karakters als Fournier, een advocaat van wie Louise ooit heeft gehouden, maar die niet mannelijk genoeg was om haar agressieve persoonlijkheid de baas te kunnen. Fournier is zo geheel en al aan haar genade overgeleverd, dat Louise hem letterlijk opdracht geeft met haar stiefdochter Hortense te trouwen (4: 131, 139, 183, 222). Men kan zeggen dat Louise Daums wereldbeschouwing uitdrukt als zij – de vrouw – het is die de man om zijn sentimentele illusies over geluk op zijn nummer zet: 'Je denkt ook dat het geluk een olifant is, die honderd jaren oud wordt. (...) het is een vlindertje, dat men grijpen moet als men kan... maar niet te lang vasthouden, anders gaat het beestje dood' (4: 230). Zij verwoordt ook een ontdekking over de man die geldig was op Daums koloniale Java en ook een belangrijk thema vormde in de negentiende-eeuwse Europese literatuur: 'Ik hield je voor een zwaluw en ik vind een huischmus' (4: 231).[147]

Ondanks al hun opschepperij maken de mannen in de fictie over het Zuiden evenmin de indruk dat ze ook maar een onsje flinker zijn dan hun Nederlandse koloniale tegenhangers. Afgezien van een paar viriele uitzonderingen zoals de bekwame Big Daddy (die doet denken aan Uhlstra in *Ups en downs*) in *Cat on a Hot Tin Roof* van Tennessee Williams, of Stanley Kowalski, die belichaming van het 'wildheidsideaal' van Cash in *A Streetcar Named Desire*, lijken de meeste mannen in zuidelijke romans op de grootvader van vaderskant van Will Percy, die 'zijn mogelijkheden nooit in stelling wist te brengen'.[148] De meesten zijn futloze maar sympathieke individuen, toegewijd aan het onhaalbare, of verwarde en gekwelde introverten als Faulkners Quentin Compson, bezeten van seks en tijd (in *The Sound and the Fury*) en Brick, de man van Maggie, die zich niet wil voortplanten (in *Cat on a Hot Tin Roof*). Maggie voert het woord voor alle sterke vrouwen, zuidelijk of koloniaal, als ze Brick meedeelt: 'O, jullie zwakkelingen, jullie zwakke, mooie mensen, die het met zo veel gratie opgeven. Wat jullie willen is iemand die jullie vasthoudt.'[149] Wat precies datgene schijnt wat de vrouwen in het Zuiden en die van Daum deden.

Thomas Chaplin, de heer van de Tombee-plantage, schijnt zo'n middelmatige knaap te zijn geweest, niet bijzonder verstandig maar ook niet bijzonder slecht. In zijn trots dat hij een 'stijlvol heer' was, was hij in feite de schepping van zijn moeder. Hij was levenslang financieel van haar afhankelijk en moest concurreren met haar vierde en laatste echtgenoot – ze had aanzienlijke rijkdom vergaard door met drie rijke planters te trouwen en hen te overleven – zowel om het geld als uit liefde. Toen hij nog net geen zeventien jaar oud was, haalde Chaplins moeder hem over om met een rijke erfgename te trouwen die jonger was dan hij, waarna hij zijn leven als planter doorbracht, wanhopig op zoek naar goedkeuring en genegenheid van familie, mannelijke collega's en zijn kinderen, en toen dat niet lukte zocht hij troost in de whisky.[150]

Een familie die Chaplin en ook de Nederlandse kolonialen herkend zouden hebben is de familie Fairchilds in Eudora Welty's roman *Delta Wedding* (1945); deze speelt op de Shellmound-plantage in de Mississippidelta in het jaar 1923. Hoewel de mannelijke figuren charmant en vertederend zijn, zegt men dat zij op het Fairchild-landgoed leven 'op een soort gedoogbasis'. De reden is dat de vrouwen de gang van zaken bepalen op de manier waarop Corrie de baas speelde over Kees van den Broek.

> Het waren naar bekend de vrouwen van de Fairchilds die sinds de Burgeroorlog, of – wie weet? – sinds de Indianen, het huishouden bestuurden en alles in de hand hielden – niet de mannen. De vrouwen waren het die het goed erfden – of aan wie hun broers het, schuldbewust, overhandigden. In de Delta behoorde het land aan de vrouwen – alleen zij lieten de mannen het bezitten, en soms probeerden ze het terug te krijgen en aan iemand anders te geven.[151]

De Fairchilds van Welty lijken op de De Pauly's in Rob Nieuwenhuys' *Vergeelde portretten*, hoewel de Amerikaanse tekst de tragische achtergrond van de koloniale roman mist. De De Pauly's hebben dezelfde wanhopige wens de familie bijeen te houden, de voortgang van de tijd tegen te houden en het verleden te bewaren. De familie kent ook van die vrouwen die 'iemand moeten sturen' om zich nuttig te voelen, en net zulke vriendelijke maar onzekere mannen. Dit zijn portretten van twee op vergelijkbare wijze gestemde, deftige en indolente families, tegen een achtergrond van een schitterende tekening van tijd en plaats. Een ander stel families dat om een vergelijking vraagt zijn de zeer Indische familie De Luce in Couperus' *De stille kracht* en de toegeeflijke clan St Clare in *De negerhut van oom Tom* van Harriet Beecher Stowe.[152]

Een neiging tot irrealisme en hedonisme sluit een hang naar geweld niet uit. Cash herleidt deze in het Zuiden tot de 'zuiver persoonlijke en pueriele houding' van de grensbewoner.[153] Het simplistische individualisme van de zuiderling eiste onmiddellijke bevrediging, wat Cash 'catharsis voor persoonlijke passie' noemt.[154] Geweld is een integraal onderdeel van zuidelijke literatuur. Men kan Faulkner, Williams en Erskine Caldwell noemen, maar het is niet minder wezenlijk in het werk van Flannery O'Connor of Carson McCullers omdat er, ook al is er niet voortdurend sprake van actief geweld, altijd karaktergeweld is. In de Nederlandse literatuur was geweld daarentegen tot na de Tweede Wereldoorlog een ongewoon onderwerp. Toch zit de Nederlandse koloniale literatuur even vol met boosaardig gedrag en hartstochtelijke impulsen als de zuidelijke literatuur. Het is het geweld, zowel in daden als in karakter, dat Daums romans een aparte plaats geeft te midden van de gebruikelijke negentiende-eeuwse Nederlandse fictie. In Daums debuut ontmoet de lezer bijvoorbeeld brandstichting, poging tot moord, pogingen tot vergiftiging, lijfstraffen en twee duels. Zo wordt in de eerste roman van Carry van Bruggen, *Goenong-djati* (1909), de plot ondersteund door twee zelfmoorden, een vergiftiging en een Europese bestuurder die lepra krijgt.

Zulke vormen van onmatigheid vond je nauwelijks in de Nederlandse literatuur. Elke afwijking van een pragmatische norm werd maar matig gewaardeerd.[155] Juist de felheid van zijn stijl en gedrag maakte Dekker tot de Multatuli die zowel gehaat als bemind werd om dezelfde onmatigheid, terwijl de extravagante Couperus in Indië rijpte en op Java de herkomst lokaliseerde van de schuldige passie die de kern vormt van zijn meesterwerk *Van oude menschen, de dingen die voorbijgaan*. Die bijzondere nacht van intense liefde en haat lijkt thuis in Nederland slechts fantastisch en onwerkelijk.[156] Je zou kunnen zeggen dat vanuit het gezichtspunt van de Nederlandse samenleving en cultuur het koloniale leven en de koloniale fictie op kolossale sprookjes leken. De vakanties van planters in Europa vormden het levende bewijs van die stelling. Henri Uhlstra reist, in *Ups en downs*, door Europa terwijl hij zich voordoet als een Javaanse prins en geld verkwist alsof het net zo gemakkelijk kan worden aangevuld als rijst (9: 187-92). Van Tuyll, in *Uit de suiker*, verspilt vergelijkbare uitzinnige bedragen in Parijs (1: 27). Waar het om gaat is dat fysieke of economische extravagantie voor de logisch denkende en praktische Nederlanders verboden terrein was, terwijl het zowel in het Zuiden van Amerika als in de kolonie in de tropen volkomen acceptabel was. Het duel vormt een goed voorbeeld.

W.A. Percy maakt 'de-reïsme' tot het wezen van de 'zuidelijke aristocraat' omdat hij niet leeft voor 'de deugden die overleving mogelijk maken' maar voor die 'welke het [leven] de moeite waard maken'.[157] Om dezelfde reden is gezegd dat juist het onpraktische karakter van het manifest van de Agrarians in 1930 'er de kracht van uitmaakte'.[158] Duelleren is een krijgshaftige uitdrukking van diezelfde wereldvreemde redeloosheid. Terwijl het in het Noorden van Amerika en in Nederland als een belachelijk anachronisme aan de kant was gezet, bleef het in het Zuiden en in Indië een speciale hartstocht. Het duel maakt deel uit van een gewelddadige maatschappij, zeker, maar staat er in principe even ver vanaf als een porseleinen kopje van een klomp klei. Op zijn hoogtepunt – in Frankrijk in de achttiende en in Duitsland in de negentiende eeuw – vertegenwoordigde de praktijk van het duelleren een veredeling van het geweld en een verachting van brute kracht. Moorddadig geweld en een correct duel waren onverenigbaar; een volleerd duellist minachtte een tegenstander die liever op de vuist ging dan bekwaam en dapper een duel aan te gaan. In het Zuiden van Amerika bijvoorbeeld werd duelleren aan het begin van de jaren 1890 een wetsovertreding, in een periode toen reactionair conformisme en intolerantie hadden getriomfeerd en dom geweld werd gebruikt om wat Cash het 'wildheidsideaal' van het Zuiden noemde, in stand te houden.[159] Gedurende het grootste deel van de negentiende eeuw werd echter de legendarische hardheid van de grensbewoner aan banden gelegd door het eergevoel – dat Bertram Wyatt-Brown als het middelpunt van het gedrag in het oude Zuiden beschouwde[160] – en het gevoel voor decorum, waardoor de spreekwoordelijke zuidelijke cavalier ontstond.

De zuidelijke cavalier geloofde in de onpraktische, onlogische en premoderne paradoxen van het duel. Men zette zijn leven op het spel voor een hoger ideaal. De esthetiek van het duelleren, de elegantie van de uitvoering, was van groot belang; ze duidde op het intellectuele aspect van wat anders een potentieel dodelijke fysieke handeling zou zijn. Het duel was antisociaal. Men verschool zich niet achter de bescherming van de staat of de wet. In die zin was het duel antimodern omdat men zowel zijn persoon als zijn positie onderscheidde van de diffuse massa van de bevolking. Als onderdaan van de staat zou een burger niet 'zijn hele bestaan voor het behoud van een geestelijke integriteit' opofferen, maar als man van eer wel, omdat alleen een autonome persoonlijkheid zo'n idee kan begrijpen en zijn leven op het spel zou zetten om het in stand te houden.[161] Daarom was het duel strijdig met het absolutisme van de staat en moest het in de moderne tijd worden afgeschaft omdat het, ironisch genoeg, een daad van persoonlijke vrijheid vertegenwoordigde.

Het duel vertegenwoordigde de soevereiniteit van het individu in een tijd toen materialisme, industrialisering en staatsbureaucratieën bezig waren er een eind aan te maken. Vóór de negentiende eeuw was het voornamelijk de aristocratie die het recht had om te duelleren. Na 1800 werden officieren de tweede belangrijke groep – de meesten waren afkomstig uit de aristocratie – en later vormden, vooral in Duitsland, studenten de derde grote categorie duellerenden. Toch kende het duel in diezelfde eeuw, toen handel en burgerlijkheid in de westerse wereld de hegemonie hadden verworven, zijn laatste bloei, ook al was er, volgens Max Weber, in 'progressieve' moderne samenlevingen geen plaats voor een ethos dat antimaterialistisch, tegen rede en gezond verstand was, en dat inging tegen de normatieve burgerlijke maatschappij, de gevestigde religie en het gezin.

Otto von Bismarck en Wilhelm von Humboldt duelleerden toen ze niet jong meer waren en toen beiden al getrouwd waren.[162] Vrouw en kinderen speelden geen rol. Het duel belichaamde mannelijke deugden en werd als een protest tegen de vervrouwelijking van de maatschappij beschouwd.[163] In *The Grandissimes* van Cable duelleerden Agricole Fusilier en George de Grapion om een subtiele erezaak. De uitslag maakt dat de weduwe van Grapion in armoede achterblijft.[164] In *Delta Wedding* maakt Eudora Welty de kritische opmerking dat door de dood van grootvader James Fairchild in een duel met een collega-planter acht kinderen als wezen zijn achtergebleven. Ironisch genoeg is er niemand over om hen op te voeden behalve twee zusters die beiden weduwe zijn ten gevolge van de Burgeroorlog.[165] In feite lijkt de aanzet tot die oorlog op een duel, waarbij het beledigde Zuiden Fort Sumter uitdaagt en het Noorden de handschoen opneemt.[166]

In het Zuiden werd de hele negentiende eeuw geduelleerd – voor, tijdens en na de Burgeroorlog. Meestal waren de aangevoerde redenen de gebruikelijke: dat men de eigen eer of die van een vrouw wilde verdedigen. Kolonel John S. Mosby, een van de beste cavalerieofficieren van de Confederatie, vocht een duel uit met pistolen toen hij nog een jonge student was aan de universiteit van Virginia. Hij deed dat om 'de goede naam van een jonge dame' te verdedigen en doodde bijna zijn tegenstander. Hij werd gevangengezet en beboet maar hij had, als om de bijzondere code van dit gedrag te onderstrepen, een prettig gesprek met zijn rechter toen deze hem in de gevangenis bezocht. Op Mosby's verzoek leende de magistraat hem een wetenschappelijk juridisch werk en de twee bleven hun leven lang vrienden.[167] De dichter John Daly Burk was nauwelijks dertig toen hij in 1808 tijdens een duel bij Petersburg in Virginia werd gedood, terwijl een andere dichter, Joseph Brown Ladd, in 1786 op de leeftijd van 22 jaar stierf in een duel in Charleston. Duelleren werd het trotse waarmerk van het oude Zuiden. Faulkner bijvoorbeeld wenste te geloven (zoals hij aan Malcolm Cowley schreef) dat zijn overgrootvader (die model stond voor John Sartoris) in een duel was gevallen,[168] maar in werkelijkheid werd hij gedood, misschien minder eervol maar even dramatisch, door een politieke tegenstander die hem op straat doodschoot.[169]

De gedachte dat een duel de macht van de geest over het lichaam illustreerde, werd in de negentiende eeuw steeds sterker. De situatie vereiste discipline, beheersing van heftige gevoelens en de beteugeling van primitieve hartstochten. Een man beroemde zich erop dat hij de zwakke punten van een tegenstander niet uitbuitte. Als een duel met pistolen werd uitgevochten – duelleerpistolen waren ontzettend onnauwkeurige vuurwapens omdat deze wapens, waarmee slechts één schot kon worden gelost, een gladloop hadden en er vaak een klein kaliber kogel werd gebruikt – was dit eerlijker omdat er een groter element van toeval werd geïntroduceerd.[170] Warner in Daums *Hoe hij Raad van Indië werd* voelt dat hij duidelijk in het nadeel is, omdat zijn lichaamsomvang een groter doelwit voor een pistool vormt dan het slanke lijf van zijn mede-officier Louis Rivière (2: 59). Als er met zwaarden werd gevochten, of het nu rapieren of sabels waren, maakte men geen gebruik van het gebrek aan vaardigheid van de tegenstander. Men kon minachting hebben voor het onhandige hakken van iemand, maar, paradoxaal genoeg, slaagde degene met de grotere vaardigheid er vaak niet in meer dan wat lichte verwondingen toe te brengen. Drossaerts in *Uit de suiker* doet dit. Merk op dat hij de enige 'intellectueel' in de roman is. Intellectuele geschillen werden acceptabele oorzaken voor duels toen ook de bourgeoisie na het midden van de negentiende eeuw *satisfaktionsfähig* werd.[171] Dit was de term die Max Weber gebruikte om een persoon of samenleving aan te duiden die in staat was op verzoek genoegdoening te verschaffen. Opnieuw moet benadrukt worden dat deze verdere verfijning van geestelijke integriteit zich ontwikkelde tijdens de grote overwinning van het rationele materialisme.[172] Onhandigheid werd een doel op zich. De schoonvader van Thomas Mann, een hoogleraar wiskunde, duelleerde omdat iemand zijn idool Richard Wagner had bekritiseerd. Een intellectuele belediging leidt tot het pistoolduel tussen de liberale rationalist Settembrini en de totalitaire pessimist Naphta tegen het slot van Manns *Der Zauberberg* (1924). Als Hans Castorp stelt dat het gevecht niet hoeft plaats te vinden omdat een belediging alleen maar persoonlijk kan zijn en intellectuele zaken dat nooit kunnen zijn, wordt hij door Settembrini terechtgewezen. Het is juist de 'abstractie, de verfijning, het ideaal' dat een extreme verdediging rechtvaardigt. Het duel is volgens deze intellectueel het hoogste voorbeeld van de beschaving van een man: 'Wie niet in staat is voor het ideële op te komen met zijn persoon, zijn arm, zijn bloed, die heeft er geen recht op, en het komt eropaan ondanks alle vergeestelijking een man te blijven.'[173] Ook Tolstoj meende dat het zijn mede-intellectuelen ontbrak aan 'aristocratische eer, zelfs in hun intellectuele leven (...) Hij twijfelde aan de kwaliteit van hun overtuigingen, vond hen moreel zwak en hield vast aan het criterium van het gevecht van man tegen man als bewijs van intellectuele ernst.'[174] Het was een ethos dat hij onder invloed van zijn latere morele ideologie slechts oppervlakkig wijzigde.

Bij Daum vindt men het strijdlustige individualisme van het duel terwijl voor Du Perron de verfijning ervan aantrekkelijker was. Hoewel Daum een aantal sardonische opmerkingen maakt (1: 139-40), vindt men in zijn tien romans nogal wat beschrijvingen en aanduidingen van duels. Hoe hij er ook over heeft gedacht, het feit dat het duel zo vaak in zijn werk voorkomt, wijst erop dat het in de tweede helft van de negentiende eeuw een vrij algemeen gebruik in Indië was. Evenals in het Zuiden was er geen effectieve politie en het isolement van planters en militairen die buiten de weinige steden woonden, maakte het onvermijdelijk dat men zijn eigen zaken behartigde.[175] Dat geweld een integraal onderdeel van de koloniale literatuur was, valt gedeeltelijk te verklaren uit het feit dat zowel de Aziatische als de Indische maatschappij er volkomen aan gewend was. Het werd vaak gebruikt, was zeker een onderdeel van de Javaanse mannenmystiek en beledigingen vroegen altijd om een krachtige vergelding. Een bepaalde criticus heeft de interessante opmerking gemaakt dat men Dumas' d'Artagnan in termen van het koloniale Indië kan vergelijken met de Javaanse interpretatie van Arjoena uit het *Mahabharata*.[176] In de zuiver Indische maatschappij die Jan Boon zo prachtig beschreven heeft, waren krachtdadige reacties bijna vanzelfsprekend. Als iemand een *djago* (letterlijk een 'haan' in het Javaans) of een harde knaap was, werd hij bewonderd en niet gedenigreerd. Zoals Boon het kortweg zegt in het verhaal 'Didi': 'Voor haar was subliem leven vechtend leven.'[177] In 'Arcola' geeft een geharde veteraan uit de Atjeh-oorlogen zijn vier zoons de namen van d'Artagnan en de drie musketiers. Zowel de vader als de zoons zijn beroemde vechtersbazen in de Indische maatschappij van de hoofdstad vanwege een heroïsch gevecht op de houten brug over de rivier de Tjipinang.[178] 'Amok', tenslotte, is een Maleis woord en duidt op die staat van suïcidaal geweld waarin een wanhopig man de grenzen van zijn zelfbeheersing overschrijdt en doodt en wordt gedood zonder dat hij op genade rekent of om genade vraagt.

In meer dan de helft van Daums romans wordt er met duels gedreigd of worden ze feitelijk uitgevochten (1: 139-49; 2: 60-2, 87; 3: 63; 6: 175, 202-4; 7: 192-5; 9: 261). Bijna steeds is er sprake van een man die de 'eer' van een vrouw verdedigt, terwijl er slechts in één geval (*Goena-Goena*) met een duel wordt gedreigd omdat een man meent dat hij de beledigde partij is. Alle duels worden geleverd door officieren of planters en de wapens zijn zwaarden, behalve in Daums tweede roman, waarin luitenant Warner per ongeluk het pistool moet accepteren. Interessant is dat de beste zwaardvechter in Daums fictie de planter Drossaerts is, de cynische intellectueel die Kant leest en met een njai samenwoont. Dit klopt goed met wat eerder is opgemerkt: intellectuelen konden hartstochtelijke duelleerders zijn. Tijdens Van Tuylls duel met Drossaerts geeft Daum ook de enige verwijzing naar een literaire bron (1: 148). Ironisch genoeg niet naar een scène in Scott of Dumas, maar naar Valentins duel met Mephistopheles in de *Faust* van Goethe.[179] Deze keuze is niet zo esoterisch als men zou denken, omdat Goethe het duelleren aanprees als een welkome verfijning van de ruwe en alledaagse handelingen van ons leven en in zijn werk een aantal duels heeft beschreven.[180] Desondanks is Daums gebruik van het duel tamelijk conventioneel en is hij niet geïnteresseerd in het aantal mogelijkheden waar hiervoor op werd gezinspeeld; hij verleent er niet het elan en de opwinding aan van bijvoorbeeld Conrad in zijn lange verhaal 'The Duel'. Multatuli en Du Perron zouden de stelling van Conrad hebben begrepen dat een duel dat zestien jaar duurde de kwaliteit van het leven van de twee Franse officieren die ervan bezeten waren, vergrootte en hun een 'speciale opwinding' en kracht schonk. Als D'Hubert na zijn uiteindelijke overwinning op Feraud naar huis wandelt en denkt aan het conventionele bestaan dat voor hem ligt, realiseert hij zich dat 'zijn leven, nu het veilig was, plotseling zijn speciale grootsheid had verloren. (...) Zodat het leven voor deze man, ontnuchterd door de overwinning in een duel, beroofd leek te zijn van charme, eenvoudig omdat het niet langer werd bedreigd.'[181]

Noch Multatuli noch zijn twintigste-eeuwse reïncarnatie Du Perron kon erbuiten. Multatuli was trots op het feit dat hij als jonge man op Sumatra met sabels had gevochten en dat hij er zo goed in was dat hij daarbij zelfs 'nooit mijn sigaar liet uitgaan'. Bijna veertig jaar later, op 61-jarige leeftijd (1881), beweerde hij dat 'het duel (als principe)' toen nóg noodzakelijker was omdat de maatschappij waarin hij leefde geen 'eergevoel' meer had. Hij sprak over Nederland, niet over Indië.[182] Bijna een halve eeuw later was Du Perron al even eerlijk over zijn niet-aflatende enthousiasme voor deze onconventionele manier om een probleem op te lossen. Hij had in Indië geschermd, had Scott en Dumas verslonden en had in de jaren twintig deelgenomen aan wat Nieuwenhuys 'een ware D'Artagnan-cultus' heeft genoemd.[183] Hij zei dat hij niet ouder dan zeventien was geweest toen hij een weinig bekende roman van Dumas met de titel *Gabriel Lambert*, die in 1844 verscheen, had vertaald, in hetzelfde jaar waarin *De drie musketiers* triomfen vierde. Het werd in 1918 als feuilleton gepubliceerd in de *Preangerbode*, een dagblad in Bandoeng dat door Daums zoon Bart (1875-1936) werd geleid. Een deel van de reden voor dit liefdewerk schijnt geweest te zijn dat de roman 'één van de mooiste duels van Dumas père' bevatte.[184] Du Perron beweerde dat hij zich in 1933 zelf heeft voorbereid op een duel met een man die een Italiaans meisje beledigd zou hebben op wie hij verliefd was. Het duel vond nooit plaats, maar Du Perron maakte van de gelegenheid gebruik om ondubbelzinnig te verklaren: 'de duels uit de tijd van Dumas père, om de Dreyfus-zaak heen ook, heb ik nooit helemaal belachelijk kunnen vinden'.[185]

Duelleren was niet het enige dat het Zuiden en Indië leerden uit de historische romans van Sir Walter Scott. Cash beweerde dat 'Walter Scott lijfelijk door het Zuiden werd overgenomen en een onderdeel was geworden van het zelfbeeld van de zuiderlingen',[186] een oordeel dat door Mark Twain werd gedeeld. De overgave van het Zuiden aan Scott is niet vreemd, gegeven het feit dat de oorspronkelijke kolonisten van Virginia nooit hun wortels in het zuidwesten van Engeland vergaten en dat de mensen uit de binnenlanden nooit hun band met de Engels-Schotse grensgebieden loslieten,[187] maar toch zegt men dat deze betovering voor de duur van de negentiende eeuw elk soort vooruitgang heeft vertraagd. Mark Twain is zo ver gegaan dat hij Scott ervan heeft beschuldigd 'in veel opzichten verantwoordelijk [te zijn] voor de [Burger]oorlog', omdat hij zijn stempel zette op de voornaamste aspecten van het zuidelijke karakter. Noch de zuidelijke literatuur, noch de samenleving zou volgens Twain ooit uit haar lethargie worden wakker geschud voordat Scotts betovering was verbroken, een uitspraak waarmee maar weinig mensen het oneens zouden zijn wat de negentiende-eeuwse zuidelijke literatuur betreft.[188] De zuidelijke kopieën door vergeten auteurs als Caruthers, John Esten Cooke en Simms kunnen beter begraven blijven in de conventie die zij omstreeks het midden van de negentiende eeuw vastlegden, en kunnen ons nauwelijks een glimlach ontlokken, zelfs wanneer zij al in 1832 effectief worden geparodieerd in *Swallow Barn; or a Sojourn in the Old Dominion* van John Pendelton Kennedy. Toch was Scotts greep onmiskenbaar. Sidney Laniers grootvader van moederszijde noemde vier van haar zoons naar personages in Scotts romans, Will Percy's 'indrukwekkende' vader las *Ivanhoe* elk jaar van zijn leven een keer,[189] terwijl deze geïmporteerde fictie de heersende stand het excuus gaf zichzelf te verheerlijken als 'de ridderschap'.[190] Dit laatste element van sociale verdeeldheid is een belangrijke factor in de zuidelijke fascinatie voor Scott.

Mark Twain benadrukte dat Scotts 'onbenullige romanticisme' leidde tot 'rangen en kasten daarginds [in het Zuiden], en ook tot eerbied voor rangen en kasten, en trots en genoegen daarin'.[191] In de vooroorlogse, voorburgerlijke zuidelijke samenleving werd Scotts ideologie van wat Martin Green de 'aristomilitaire kaste' heeft genoemd, net zo gretig omhelsd als in de Britse koloniën. De boerenadel die zichzelf als heren beschouwde, reageerde enthousiast op Scotts aristocratische ideaal, op de gekunstelde antieke gewoonten, op de geboden van sociale rangen (ook al waren ze vals), en op de conservatieve voordelen van het de baas spelen over anderen. Zoals al eerder is gesuggereerd, gold dit niet in Nederland, noch in de koloniën, hoewel de aard van het leven in de koloniën er wel toe zou kunnen verleiden. Noch de Nederlanders, noch de Indische kolonialen voelden voor ondergeschiktheid, terwijl in de kolonie elk streven naar macht gewoonlijk met overheidsinterventie werd onderdrukt. Als er al sprake moet zijn van kasten kan men alleen, in afgeleide zin, wijzen op de hiërarchie van het rijk die haar Europese bureaucratie installeerde om de baas te spelen over privé-personen in de kolonie; elke andere sociale ongelijkheid was het gevolg van normale discriminatie.

De zuidelijke eerbied voor Scotts fictie schijnt gebaseerd te zijn op verkeerde motieven. Sommigen hebben beweerd dat Scott een 'erkende geschiedenis van bepaalde instellingen' heeft geproduceerd en dat de veelgeprezen romantiek van het ridderlijke heldendom geen idealisering was, maar een sociologische kritiek op het tragische conflict tussen vooruitgang en traditie.[192] David Daiches beweerde zelfs dat Scotts fictie liet zien dat de 'Good Old Cause' voor altijd verloren is en dat het roemruchte verleden voor het heden irrelevant is.[193] Het Amerikaanse Zuiden las Scott niet als een 'sociaal-historicus'[194] en -criticus, en sloeg ook geen acht op zijn veronderstelde waarschuwing. In het Zuiden werd zijn werk gelezen als een grandioos schouwspel van hygiënische zeden, verstandige deugden, allemaal neergezet in een wereld die niets met de werkelijkheid gemeen had. Dit voldeed dan misschien niet aan intellectuele maatstaven, maar het verkocht goed, en Scott, de uitvinder van de historische roman, werd door velen nagevolgd. Historische fictie werd een vaststaand genre, maar als iemand, in het algemeen gesproken, ervoor koos alleen Scotts 'antiquarisme' te evenaren, waren de resultaten gewoonlijk niet bijzonder gedenkwaardig. Nederland is een goed voorbeeld. Men zegt dat Scotts invloed meer dan een halve eeuw sterk is geweest, van 1828 tot 1888, maar auteurs als Jacob van Lennep, Aernout Drost en Bosboom-Toussaint kunnen beter in hetzelfde negentiende-eeuwse graf naast hun confraters uit het Amerikaanse Zuiden begraven blijven. Toch werd Van Lennep, hoewel zijn werk op soortgelijke wijze voorthobbelde als de werken van de zuidelijke romanschrijvers dat volgens Twain deden, vereerd als de 'Nederlandse Scott' en was hij in het tweede en derde kwart van de negentiende eeuw de populairste schrijver van Nederland.[195] Van Lennep gaf zelf toe dat zijn navolging van Scott op regelrecht plagiaat neerkwam, maar het mocht niet baten.[196] Eén sympathieke criticus oordeelde dat Van Lenneps 'middelmatigheid' zijn 'voornaamste verdienste' was,[197] maar toch was hij invloedrijk en hij aanbad Scott; daarom wendde Dekker zich tot Van Lennep om hulp toen hij de *Max Havelaar* uitgegeven probeerde te krijgen. Het is waar dat Van Lennep en Dekker collega-vrijmetselaars waren, maar ik denk dat een belangrijker factor was dat Van Lennep, toen Dekker hem in 1859 ontmoette, in navolging van Scotts verhalende gedichten, een aantal poëtische liefdesverhalen en romans had gepubliceerd, en de Waverley-romans hadden Dekker aardig beïnvloed. Dekker was tenslotte een groot bewonderaar van Scott. In hoofdstuk 13 van *Max Havelaar* wijdt hij verscheidene pagina's aan Scotts stijl, noemt hij hem een 'groten meester' en een 'grote romanschryver'. In aantekeningen die hij in 1852 schreef, op zijn terugreis naar Nederland, blijkt duidelijk dat hij hoopte dat Scott een inspiratie zou zijn voor de roman die hij wilde schrijven (ik handhaaf hun abrupte vorm): 'voor een roman'; 'De patois dialecten [Dekker doelt op Scotts gebruik van het dialect uit de Schotse Hooglanden] in Walter Scott zijn pittoresque & natuurlijk, in 't Holl: *gemeen. waarom* toch?'; 'Voor het schrijven van romans een paar W. Scotts in het oorspronkelijk lezen. Vooral de *noten*'; 'Holl: vertaling van Walter Scott.?' (cursivering van Dekker)[198]

Dekker had Scott kennelijk in Indië gelezen. De romans moeten het land hebben bereikt in de vorm van vertalingen of van oprispingen van navolgers van

Scott. Van Lennep was bijvoorbeeld in de jaren 1870 in Semarang en Batavia verkrijgbaar.[199] De beste door Scott geïnspireerde romanschrijver in die tijd was Jan Frederik Oltmans (1806-1854); *Het slot Loevestein* (1834) en *De schaapsherder* (1838) zijn de beste historische romans uit de eerste helft van de negentiende eeuw. Deze twee boeken overleefden Oltmans en zijn tijd, reisden naar Indië en werden gretig gelezen. Opmerkelijk is dat *De schaapsherder* van Oltmans, dat keer op keer werd herdrukt, geldt als het populairste westerse boek in Maleise vertaling in de jaren dertig van deze eeuw![200]

Niet alleen Dekker, Cohen en Daum hadden Scott in een of andere vorm gelezen, maar hij bleef, zoals Du Perron duidelijk maakt in *Het land van herkomst* (1935), als ontspanningskost tot ver in de twintigste eeuw populair. Hij geeft ook aan waarom: adolescente romantiek van ridders en edelvrouwen, zwaardvechten en een simplistische moraal die de wereld verdeelde in helden, vrienden en vijanden.[201] In 1936 bood Du Perron zijn lezers een 'chronologie van mijn verkering met helden'; Scott werd verwezen naar de leeftijd van negen tot elf en werd wat dat aangaat snel vervangen door *De schaapsherder* van Oltmans. Maar tussen twaalf en vijftien kwam *De drie musketiers* van Dumas en zij 'overschitterden' alles. Dumas was van blijvende betekenis, terwijl Scott in de speelgoedkist bleef.[202]

Het is een van Du Perrons aantrekkelijkste kanten dat hij trouw bleef aan de grootste helden uit zijn jeugd. Zonder een spoor van valse bescheidenheid of wetenschappelijke terughoudendheid beweerde hij in 1936 dat *De drie musketiers* van Alexandre Dumas alles 'overschitterde; de degen van d'Artagnan ruimde al het vorige op (...). D'Artagnan, Athos, Porthos en Aramis waren eindelijk voor mij wat de helden van de *Ilias* voor de Grieken moeten zijn geweest, tegelijk voorbeeld en poëzie, mythe in één woord.'[203] Twee jaar daarvoor had hij opgemerkt dat deze fictieve figuren een dissidente dimensie hadden waardoor zij hun historische modellen konden overtreffen:

> de musketiers van Dumas zijn zulke meeslepende vechtersbazen omdat zij eigenlijk slechte soldaten zijn, zij hebben te veel fantasie voor een correcte carrière en gaan dan ook allen uit de dienst (...) Zij zijn niet alleen avonturiers en types van de 'soldat de fortune', maar bohèmes; in het beroemdste deel vertegenwoordigen zij de vindingrijkheid in de armoede, de vriendschap, het goed humeur ook.[204]

Alsof hij Settembrini's overtuiging wil onderstrepen dat het vermogen tot het vormen van idealen verwant is aan bepaalde verfijnde fysieke moed, voegt Du Perron eraan toe dat intellectueel goedgekeurde auteurs als Stendhal, Conrad, Stevenson en Malraux voor hem slechts 'de psychologisch verantwoorde, de subtieler-menselijke opvolging' zijn van schrijvers van avonturenverhalen als Dumas.[205] Daarom deed de Franse auteur duidelijk meer dan vermaken. Er was iets anders waardoor de koloniale maatschappij evenals de koloniale literatuur Dumas verkoos boven Scott.

Eén duidelijk verschil tussen de twee samenlevingen is dat het Zuiden vasthield aan zijn Angelsaksische erfenis terwijl Indië vanaf het eerste begin een pluralistische gemeenschap vormde. Het negentiende-eeuwse Engeland isoleerde zich met aanzienlijk succes van de continentale literatuur en omdat het het voornaamste culturele kanaal van het Zuiden was, volgde het Zuiden en verkoos Scott boven Dumas. Het absurde kan geen factor geweest zijn, omdat namaaktoernooien in Virginia[206] even grotesk zijn als ze op Java geweest zouden zijn. De reden moet elders liggen, misschien in minder objectieve aspecten van beide auteurs.

De Angelsaksische opvattingen waren niet zo gecompliceerd als de continentale. Scotts moraal is eenvoudig en conservatief en zijn fictie is bijna ongevoelig voor diepe emoties. Stendhal zat daarmee. Hij zag dat Scotts 'figuren, als ze door hartstocht bewogen worden, zich voor zichzelf lijken te schamen',[207] en oordeelde dat 'Walter Scott geen recht doet aan liefde'.[208] De schrijver uit Edinburgh maakte romances die 'oude gewoonten schilderen in plaats van hartstochten';[209] daarom vereisten zij een stijl die ver van een natuurlijke uitdrukkingswijze af stond en hoofdzakelijk bestond uit 'gekunstelde benaderingen'.[210] Stendhal en Mark Twain raakten de kern van de zaak. Scotts emotionele wereld is pueriel, oppervlakkig en beperkt. Ondanks de befaamde praal en ondanks actieve incidenten, is Scotts fictieve wereld opmerkelijk passief en zijn tempo verrassend laag. Dit is te wijten aan de opgeblazen stijl die retorisch, diffuus, gekunsteld en weinig subtiel is. Omdat dit nu net de eigenschappen waren die de negentiende-eeuwse zuidelijke samenleving aanspraken, was Scott conservatief, conventioneel, maar onderhoudend; je hoefde er niet bij na te denken, zijn opschepperij was aangenaam maar niet overdreven en zijn motieven waren edel maar niet dubbelzinnig.

Hoe anders is Dumas. Na lezing van Scott is het eerste wat opvalt het tempo van het verhaal, de vitaliteit van de uitdrukkingswijze en de realistische dialoog. Dumas had een instinct voor actie dat hij in het theater had vervolmaakt; hij was een succesvol toneelschrijver, die in de jaren 1840 een reeks beroemde stukken produceerde. Doordat hij net als Daum zijn meest succesvolle roman eerst in de vorm van een feuilleton publiceerde, leerde hij hoe hij spanning moest oproepen en instandhouden. Hij was een meester in gedetailleerde beschrijvingen, niet, zoals bij Scott, om zijn lezer te overtuigen van de waarschijnlijkheid van de achtergrond, maar in de eerste plaats om existentiële authenticiteit op te roepen bínnen een bestaande context. Zijn verfraaiingen passen bij de karaktertekening, en karaktertekening staat bij Dumas voorop. Hij staat niet neutraal tegenover zijn creaties maar is er hartstochtelijk bij betrokken. Zijn morele code is, hoewel niet subtiel, volwassener dan die van Scott. Er is sprake van een schaamteloos genieten van het leven getemperd door een op ervaring gebaseerd cynisme. Dumas' vrouwen zijn geloofwaardig. Milady is bijvoorbeeld een intrigerende creatie die voldoet aan haar gevaarlijke reputatie. Dumas' figuren hebben niets conventioneels, men zou ze feitelijk immoreel kunnen noemen: de presbyteriaan had de affaire van d'Artagnan met Milady niet kunnen bedenken, en evenmin had de gedachte dat mannen leven op kosten van hun maîtresses, zoals de drie musketiers zonder moeite doen, bij Scott kunnen opkomen. Dumas' fictie is geestig en bevat komedie, een zwierigheid die in Schotland ongetwijfeld een provocatie zou zijn geweest. Voorzichtigheid is bij Dumas geen deugd en fatsoen geen bron van inspiratie. Al deze elementen koesterde de Indische samenleving op Java eveneens.

De roman *De drie musketiers* is doorspekt met openlijk verzet. De vier vrienden zijn opstandige rebellen die graag het gezag ondermijnen. Dit sprak ook de kolonie in Azië aan, omdat de cultuur en de maatschappij grotendeels non-conformistisch waren, hoewel de politiek ervan conservatief was. Om één voorbeeld te geven: in de roman *The Awakening* van Kate Chopin kan Edna Pontellier haar onafhankelijkheidsverklaring slechts afgeven ten koste van haar leven. Terwijl Edna's enige keuze bestaat in een dramatische dood, komt Hélène van Tuyll er in *Uit de suiker in de tabak* uit afkeer van haar echtgenoot en vanwege haar weigering om met de sociale regels in te stemmen, toe hem eenvoudig te verlaten, naar Soerabaja te verhuizen en elk kwartaal geld van haar man te eisen. Ondanks deze tamelijk moderne oplossing werd Daums roman meer dan tien jaar voor Chopins zuidelijke meesterwerk gepubliceerd.

Dumas' onbeschaamde, gewaagde en strijdlustige verzet is zowel afhankelijk van zijn verhaal als van zijn stijl. Een Franse criticus sprak van Dumas' 'diabolische flair', waardoor een 'briljant verhaal, vol beweging, kleur en esprit' kon ontstaan, gedreven door een 'dramatische kracht die niet te ontkennen viel'.[211] De meeste commentatoren prijzen Dumas' beweeglijkheid en vitaliteit, eigenschappen die bij Scott vrijwel ontbreken, maar bij Daum overvloedig aanwezig zijn. Dumas leerde ook dat een verhaal dat het wonderbaarlijke oproept en dat zich verzet tegen de alledaagse realiteit van voorzichtig conformisme, verteld kan worden in een stijl die even natuurlijk is als die van de zeevaarders. Dit is één ding dat Du Perron van Dumas leerde;[212] een ander ding was het schrijven van dialogen; de Fransman vormt op dat gebied een uitmuntend voorbeeld. Wat Jan Boon, Du Perron en de Indische samenleving in het algemeen zich altijd herinnerden was Dumas' levenslust, een uitbundig en jeugdig esprit dat berust op de verbeelding en niet op chronologie. Hiermee is ook een verschil aangegeven tussen de beide regio's aan weerszijden van de Grote Oceaan. Hoewel zij veel overeenkomsten bezaten, onderscheidde de Aziatische kolonie zich door een levendigheid, een ongeduld, een mentale scherpte die het Indische leven en de Indische literatuur een vurige geest verleenden die het Zuiden te Appomattox scheen te hebben ingeleverd en die pas tot nieuw leven werd gewekt toen hij werd geprikkeld door een ander gewapend conflict, de Eerste Wereldoorlog.

De voorgaande uiteenzetting houdt niet in dat het Zuiden en Indië negentiende-eeuwse toonbeelden van cultuur waren. Daums tijd, de laatste twee decennia van die eeuw, die door volgende generaties tempo doeloe of de goede oude tijd werd genoemd, werd beschouwd als een cultureel onontgonnen land, net zo kaal als het Zuiden, dat in 1917 door H.L. Mencken werd afgedaan als 'de Sahara van de Bozart'. In 1931 onderzocht Gerard Brom de negentiende-eeuwse koloniale maatschappij en stelde vast dat de *beaux arts* er op dezelfde manier verkwijnden. De mensen wilden vermaak in plaats van cultuur. Het theater had hoofdzakelijk een sociale functie,[213] muziek mocht nooit meer zijn dan een aangenaam achtergrondgeluid[214] en serieuze literatuur was volgens een doctor uit Djokja 'allemaal onzin. Er moesten alleen prijscouranten en banknoten gedrukt worden. Al 't andere is goed voor scheurpapier.'[215]

Architectuur hield niet meer in dan de bouw van een woonplaats,[216] en de beeldende kunst had, wat verrassend is voor een maatschappij die met Nederland verbonden was, geen enkele waarde.[217] Uit het gezichtspunt van cultuur bestond de koloniale maatschappij van de negentiende eeuw voornamelijk uit barbaren.

In een omgeving die gesteld was op indolentie, hedonisme, maatschappelijke positie en geld, kon het geestesleven niet veel sympathieke aandacht ondervinden. In *L. van Velton-Van der Linden* zegt Daum dat leesmateriaal vrijwel beperkt was tot 'dagbladen, brochures, Fransche romans en marktberichten' en dat het woord 'studie' uit het koloniale woordenboek was geschrapt (4: 137). Opgemerkt moet worden dat de Franse romans die hij noemt geen Franse literatuur zijn, maar sentimentele kitsch of zachte pornografie van schrijvers als Gatulle-Mendès, die door Van Oudijcks vrouw in *De stille kracht* gretig wordt gelezen. De literatuur was standaard te vinden in de 'leestrommel', een tinnen houder die op een kleine koffer leek en gevuld was met populaire magazines. Deze circuleerde binnen de Europese gemeenschap en was een bijzonder geschenk voor diegenen die ver in het binnenland woonden en verstoken waren van alle Europese contacten.[218] Voor hen die in betrekkelijk grote steden woonden was het geliefde culturele genot het maken van tableaux vivants, zoals gedetailleerd beschreven in *De stille kracht* van Couperus. Er waren ook muziekavonden en opera's uitgevoerd door plaatselijk amateurtalent, maar over het algemeen kan men het oordeel van Cash over het intellectuele leven in het oude Zuiden op Indië toepassen: het was 'een oppervlakkige en onbenullige zaak'.[219]

Brom deelt mee dat Daums werk omstreeks 1900 onvindbaar was; de bibliotheek van het Koninklijk Bataviaasch Genootschap van Kunsten en Wetenschappen in Batavia bezat een volledig stel van zijn romans maar alleen omdat het departement van Justitie ze daar had ondergebracht in overeenstemming met een bestuursmaatregel. Losse exemplaren waren hun gewicht in goud waard. Brom klaagt duidelijk de handelsgeest aan om zijn anti-intellectuele neiging: 'dat Holland van Indië alleen renten en geen boeken verwachtte'. Hij beweert dat hij in Batavia, dat als de meest 'culturele' van alle koloniale steden werd beschouwd, een 'bepaalde haat tegen al wat naar beschaving zweemde' aantrof en dat de intellectueel nooit kon wedijveren met de ambtenaren van de bureaucratie of de privé-ondernemers. Pas in 1834 werd de eerste boekwinkel in de hoofdstad geopend, terwijl boeken op de gebruikelijke veilingen voor overgeplaatst personeel minder waard waren dan lege flessen.[220]

De zaken in het Zuiden stonden er niet beter voor. Het had het hoogste percentage analfabetisme van de Verenigde Staten,[221] slechte onderwijsvoorzieningen,[222] en stond 'agressief tegenover elk nieuw idee'.[223] Volgens Cash, die in 1941 stierf, was er in 1940 nog niets veranderd!

> Een privé-bibliotheek van enige omvang was in de grote, schitterende huizen in de modieuze voorsteden eerder uitzondering dan regel en vaak waren het dan nog eenvoudige collecties die door een of andere secretaris waren samengesteld en louter voor de show waren bedoeld. De zakenlieden, ook die met een hoge positie, lazen geen boek dat zwaarder was dan de handleidingen van Dale Carnegie die vertelden hoe je met valse vriendelijkheid meer kunt verdienen; en misschien las de meerderheid helemaal geen boeken.[224]

Men kan begrijpen dat Sidney Laniers afkeer van commerciële hebzucht die van Multatuli gemakkelijk kon evenaren:

> Handel, Handel, Handel... Bah, zijn we niet allemaal ziek? Je kunt dezer dagen [in de jaren 1870] geen groene laan in het bos doorlopen zonder dat je mond, je neus en je ogen onverwachts worden bedekt met een of ander web dat Handel [of Droogstoppel in de *Max Havelaar*] heeft gespannen om een of ander voordeeltje te behalen... Je weet wat de handelsgeest is. Vergeet niet dat Handel Ridderlijkheid heeft gedood en nu op de troon zit.[225]

Een bijkomend gevolg van deze houding was, dat als een schrijver uit het Zuiden goed uitgegeven wilde worden en enige publieke waardering voor zijn talenten wenste, hij naar het Noorden moest gaan. Als hij dat deed, raakte hij klem, want als hij schreef over wat hij kende, het Zuiden, negeerde het Zuiden hem, en als hij het ter plaatse publiceerde, werd hij niet verkocht.[226] Op soortgelijke wijze hoopte een koloniaal schrijver in Daums tijd en nog vele jaren daarna vurig dat hij in Nederland werd uitgegeven. Maar als dit gebeurde viel men ook onmiddellijk onder het oordeel van de Nederlandse negentiende-eeuwse moraal, zoals Daum ervoer. En men ontdekte dat wat in Indië gewoon de waarheid was, in Europa werd beschimpt als smakeloze vulgariteit.[227]

Een westerse lezer zou kunnen aannemen dat de hogere standen in de tropen zich vanwege de culturele armoede zouden wenden tot de verering van de onuitsprekelijke pracht van de tropische natuur, of zouden profiteren van de verfijnde en oude Javaanse beschaving, die eigen muziek, schimmenspel, wajang en dans kende. Maar dit was nauwelijks het geval. In Daums romans speelt de natuur alleen een plichtmatige rol om plaats en tijd aan te geven of om haar onverbiddelijke minachting voor menselijke dwaasheid te tonen. Neem bijvoorbeeld de prachtige slotzin van *Nummer elf*: 'De boomen in Indië zijn altijd groen!' Waardering voor de verfijnde Javaanse of Balinese beschaving vond men alleen in het werk van een zeldzame geleerde, zoals Van der Tuuk, of een ambtenaar zoals Raffles.[228] Het moet een wreed lot zijn geweest om een gevoelig persoon te zijn op het negentiende-eeuwse Java, speciaal een gevoelige man, in wat een Franse waarnemer typeerde als 'une société sans art, sans haute culture, sans religion, sans idéal'.[229]

Hoewel er maar weinig waren die zo'n extreem geestelijk isolement kenden, was de eenzaamheid van alledag in Indië even slopend als in het oude Zuiden. De meeste mensen, met name planters, moesten een manier vinden om met de eenzaamheid in een ongevoelige zo niet vijandige omgeving om te gaan. In *Ups en downs* herinnert Geber zich bedroefd zijn bestaan als een 'eentonig en afgezonderd leven als verbannen uit de wereld, verstoken van zooveel als de groote, beschaafde europeesche maatschappij opleverde' (9: 27). Het lijdt geen twijfel dat dit gevoel van psychologische en geestelijke malaise bijdraagt tot zijn besluit zelfmoord te plegen. Daum heeft medelijden met het lot van de koloniaal, dat het vaderland niet kon begrijpen: 'men moest hen [de Nederlanders in Nederland] er niet op wijzen, dat vele van die mensen in afgelegen oorden jaren achtereen een droefgeestig, eenzelvig bestaan hadden moeten leiden, haast afgesloten van alle Europese omgang, – want zij geloofden het toch niet' (7: 15). De drukkende verveling kon vernietigend werken, zoals James van Tuyll zich in *Uit de suiker in de tabak* gaat realiseren:

> Gelijk een plant vegeteerde ik op die eentonige fabriek, zonder andere variatie dan een enkel maal het vluchtig bezoek van een europeaan. Dames? Tien gulden had ik gegeven om er een te zien. Bij Drossaarts kwam natuurlijk geen europeesch vrouwelijk wezen over den vloer. Was dat een existentie? In Holland als gewoon kantoorklerk had ik nog meer levensgenot kunnen smaken, dan hier in deze miserabele negorij. (1: 83)

Maar wie het meeste leden, waren de vrouwen.

> Het leven ging zijn gewonen gang: eentonig, met weinig genietingen, afgepast in een kringetje. Nu en dan een reizende troep, die tegen hoog entrée zijn afgematte sujetten in den schouwburg de caricatuur van een opera liet opvoeren, of een dilettanten-clubje, dat weinig meer dan liefhebberij en goeden wil ten beste gaf. De diapason van het leven zakte tot de laagte, waarop men onverschillig werd of klaagde. Corrie van den Broek verveelde zich gruwelijk. Er moest iets gebeuren om de doodelijke gedruktheid te doen ophouden. (2: 101)

Eén remedie voor dit intellectuele en emotionele isolement vormde de bijna pathologische belangstelling voor het leven van andere mensen. De fysieke uitdrukking daarvan was roddel, de schandalige *kabar angin* of het 'wind-nieuws'. Bijna overal in Daums fictie vindt men voorbeelden van deze woekerplant, omdat dit soms dodelijke gewas even weelderig en vasthoudend tierde als de tropische natuur. In *Uit de suiker in de tabak* schrijft Daum dat roddel veel sneller reisde dan alle andere vormen van communicatie die in die tijd bestonden (1: 130), en in dezelfde roman geeft hij een voorbeeld van koloniale schandaalverspreiding (1: 8-10) die net zo boosaardig is als men in andere koloniale literatuur aantreft. In *Goena-Goena* bekent Betsy dat roddel haar geliefde vrijetijdsbesteding is, vooral als het over seks gaat. Vrouwen bezochten elkaar 's morgens om het nieuws van de dag te behandelen. Soms was het serieus maar vaker was het grappig. Ze lichtten elkaar in 'als er hier of daar 'n nieuw schandaaltje was voorgevallen, of 'n oud schandaaltje weer eens met een: "weet je nog wel!" opnieuw kon worden verteld, bijwijze van een zoveelste door de auteur opnieuw verbeterde en van fraaie illustraties voorziene herdruk' (6: 136-7). Dit citaat onderstreept mijn bewering dat er een nauwe band bestaat tussen het vertellen van verhalen en gedrukte literatuur.

Ironisch genoeg werd de cultuur aan de vrouwen overgelaten, speciaal aan blanke, Europese vrouwen. Een volmaakt voorbeeld is Eva Eldersma in *De stille kracht.* Het beheer van de cultuur door vrouwen betekende echter ook – en dit gold ook in het Zuiden en de Britse koloniën – dat 'cultuur, omdat hij met vrouwen werd geïdentificeerd, geen prestige of openbaar belang had en vaag, geaffecteerd en sentimenteel werd'.[230] In het Zuiden was het directe gevolg wat is genoemd de literaire 'pepermuntthee-en-magnolia-school', terwijl men een overeenkomstig genre in Indië fictie van het type melati-en-terang (jasmijn en maanlicht) kan noemen. In beide gevallen waren het belangrijke bekkens voor de sentimentele clichés die hun scheppers overleefden en die het betere schrijvers zo moeilijk maakte om aan besmetting te ontkomen. Tenslotte reageren de meeste schrijvers heel gemakkelijk op hun geboortegrond en in die zin zijn zuidelijke zowel als koloniale auteurs op z'n minst vertegenwoordigers van de couleur locale. Maar als deze een doel op zichzelf wordt en het schilderachtige en het valse pathos tot stereotypen worden, produceert men een vorm van schrijven die het platvloerse niet meer kan overstijgen.

Dat zulke sentimentele fictie in het Zuiden bloeide is te verklaren uit de liefde van de zuiderling voor retoriek, sentimentaliteit, het romanticisme van gedane zaken en de behoefte het vooroorlogse Zuiden als een volmaakt Arcadia te beschouwen. Deze geaffecteerde fictie werd veelal geschreven door thans vergeten schrijvers, meest vrouwen, die schreven over gelukkige plantages met tevreden slaven en charmante blanke vrouwen en heren in een weelderige omgeving.[231] Hetzelfde vindt men, hoewel misschien niet zo kolossaal, in de Nederlandse koloniale literatuur van de laatste twee decennia van de negentiende eeuw. Indië als exotische plaats was in de mode, een liefdesaffaire verplicht, een vleugje 'mysterie' een vast rekwisiet.[232] Dit verkocht goed. Mensen lazen graag de weinig eisende fictie van schrijvers die schuilgingen achter welluidende pseudoniemen als Melati van Java (ware naam Nicolina Marie Sloot, 1853-1927) of Annie Foore (Françoise IJzerman-Junius, 1847-1890) en M.C. Frank (Marie C. Vanger-Frank,

1838-1891), of onder hun eigen naam schreven, zoals Augusta de Wit (1864-1939) en Thérèse Hoven (1860-1941). De meeste van deze aanbiedingen bevatten enkele folkloristisch belangwekkende gegevens en feitelijke informatie, maar deze verplichte kenmerken waren beslist secundair. Wat vooropstond, zoals een tijdgenoot spottend toegaf, was 'een beetje schandaal en veel rijsttafel, een snuifje vergif, twee eierlepels verstand en een halve soepterrine nonsens en vooral veel liefde'.[233] Daum verklaarde dat deze teksten alles misten wat op een menselijk wezen leek – 'Hun Indische mensen zijn geen Indische mensen' – en gegeven hun recept voor tropische personages en gebeurtenissen produceerden deze schrijvers een soort kitsch dat net zo ongeloofwaardig was als de fictie van het Amerikaanse Zuiden.[234]

Aan de creditzijde staat dat deze romans ook een verslag uit de eerste hand bevatten over het dagelijks leven in de kolonie.

> De constante thema's van deze romans zijn de problemen van het concubinaat, de relaties tussen de geïmmigreerde bruid en de kinderen uit voorgaande verhoudingen van haar man met Indonesische vrouwen, spanningen tussen wettige en onwettige kinderen van een blanke vader, gelegenheidshuwelijken, eenzaamheid en isolement, de rol van de huisvrouw in Indonesië, de obsessie van veel Europeanen met promotie en geld, en de persoonlijke gevoelens van Europeanen tegenover Indonesiërs.[235]

Merk op dat rassenvermenging een belangrijk thema is en dat de diverse mutaties openlijk worden behandeld. Dit is in de negentiende-eeuwse zuidelijke fictie ondenkbaar. Al deze alledaagse details vormden samen een beeld van de koloniale samenleving die vroeg om ethische en politieke verandering. Dit was meer dan tien jaar voor de officiële verklaring van 1901, waarin stond dat Nederland de morele plicht had gelijke kansen in Indië te scheppen.[236] Terwijl de retoriek van de zuidelijke fictie op haar dieptepunt een onecht taalgebruik bleef, bedoeld om gevoelens te kalmeren, slaagde de koloniale fraseologie, die formeel gezien even onbevredigend was, erin te informeren en te overtuigen. Toch werden de expressievere bedoelingen van de discoursen in het koloniale Indië niet verwaarloosd.

Verhalen uitwisselen op een onderhoudende manier was een vermogen dat hogelijk op prijs werd gesteld en men heeft herhaaldelijk beweerd dat de koloniale literatuur voortkwam uit het Indische talent voor conversatie.[237] Het koloniale Indië was een orale samenleving, wat gedeeltelijk te danken was, zoals Allen Tate over het Zuiden opmerkte, aan het feit dat het ging om 'een extraverte geest die niet geneigd was tot veel introspectie'; 'als voortreffelijke verhalenvertellers en sprekers, waren de vooroorlogse zuiderlingen niet in staat geweest tot "kritische onthechting"'.[238] Cash noemde retoriek een van de belangrijkste patronen van het zuidelijke leven: 'een passie en een primaire beoordelingsnorm'. Hij omschreef retoriek als 'een grandioze, primitieve kunst, gericht op het autonome zenuwstelsel en niet op de hersenen (...) overal geliefd bij de gewone man'.[239] Cash wist kennelijk dat praten goedkoop is, dat er een gebrek aan wilskracht en energie achter schuil kan gaan en dat het activiteit kan doden. Het is de volmaakte sluier voor zwakheid. Het wekt dan ook geen verbazing dat de over het algemeen zwakke mannen in Daums wereld goede praters zijn. *H. van Brakel* introduceert Geerling, een jongeman met weinig karakter, een preutse dandy die zich idioot kleedt, een pedante vent met 'veel radicalisme in zijn denkbeelden, maar in elk geval zijn conversatie waard' (5: 31). Geerlings prototype, in *Uit de suiker in de tabak*, is Charltje, een uiterst nutteloze parasiet maar een groot drinker en een nog betere prater, eveneens vol 'progressieve' ideeën: 'de woorden vloeiden hem over de lippen als het water door een leiding' (1: 225). In *Nummer elf* wordt George Vermey, die zijn njai Yps in de steek laat om een echte vrouw te krijgen, door zijn drinkende vrienden bewonderd om zijn vermogen een smakelijk verhaal te vertellen.

> Maar toen hun vriend begon over wat hij 'de scènes met Yps' noemde, werd de belangstelling zeer levendig. Hij was aanvankelijk niet van plan te fantaseren of te liegen; daarom begon hij eenvoudig met het verhaal van den brief, en hij beschreef hoe ze hem aankeek met 'oogen als kolen vuur' en toen 'hard wegliep'. Doch dit had reeds zulk een enorm succes, dat hij 't voor zijn fatsoen, als held van 't avontuur, daarbij niet laten kon. Nu, het onderwerp had hem vóór 't zoover kwam, lang genoeg beziggehouden, en bovendien stond hem zijn rijke ervaring ten dienste. Zoo werd het een piquant verhaal, gekruid en gesaust, naar indischen trant. Wat er wezenlijk tusschen hem en Yps was voorgevallen, kon men er evenmin uit proeven, als de wezenlijke smaak van rijst uit 'n goede rijsttafel. Bewonderend keken zijn vrienden hem aan. (8: 23)

En, als laatste, de onzalige Charles Herwijnen, die hiervoor is genoemd, is een ouwehoer van de ergste soort. Hij verbergt zijn gemene karakter, lage motieven en genotzuchtige zwakte achter een rookgordijn van woorden: 'Hij werd boos; hij klaagde over gebrek aan medewerking en steun; hij begon te oreeren en werd zelfs tragisch' (2: 25).

Daum zelf stond bekend als een groot prater en verhalenverteller. Zijn dochter herinnerde zich hoe hij omstreeks vijf uur van de krant thuis plachte te komen, een bad nam, op de veranda uitrustte en zijn gezin verhalen vertelde over zijn werkdag. Ze voegt eraan toe: 'Al pratend en vertellend kwamen er verschillende mogelijkheden voor zijn boeken op; menige inval en menig detail hebben wij aan deze huiselijke babbeltjes te danken.'[240] Bovendien is journalistiek gedrukte conversatie en, net als iemands verbale gezelschap, kan ook deze variëren van gebabbel tot welsprekendheid. De journalistiek in de koloniën was veel levendiger en minder formeel dan in Nederland en stond het individu toe een persoonlijke stijl te ontwikkelen.

Omdat Daum vertrouwd was met de koloniale maatschappij, zijn Daums romans grotendeels gevuld met dialoog. Zijn fictieve gesprekken zijn opvallend fris en ingenieus gebleven, mogelijk dankzij zijn onopgesmukte stijl en natuurlijkheid. Zijn stijl was een aanvulling op zijn eis tot realisme, waarmee hij over het algemeen een gebrek aan kunstmatigheid, weergave van de waarheid over sociale contacten en vastlegging van de werkelijkheid van het leven zonder de ware motieven ervan te verhullen, bedoelde. Daum werd door een tijdgenoot geprezen als een 'Nederlandse Daudet' (I: 1) maar het lijkt mij beter hem de Thackeray van de Nederlandse koloniale literatuur te noemen. Hiermee bedoel ik dat hij in de eerste plaats (net als de journalist) geïnteresseerd was in mensen en in de verhalen die zij te vertellen hadden, en weinig geduld had met intellectuele dagdromen, decoratieve romantiek of een kille moraal. Dientengevolge maakt de integriteit van zijn kunst hem nog altijd uitstekend leesbaar en het beeld dat hij tekende van de laat-negentiende-eeuwse koloniale maatschappij is steeds weer geprezen om de eerlijkheid en nauwkeurigheid ervan.

Centraal in de koloniale wereld van Indië staat een paradox, waarvan een vage voorstelling is gegeven aan de hand van Daums romans en die ook betrekking heeft op het oude Amerikaanse Zuiden: weelde en onmatigheid worden slechts verkregen ten koste van eenzaamheid, verbanning en emotionele zowel als intellectuele ontberingen. In economisch opzicht was het leven van een planter onderworpen aan de onzekerheid van overzeese markten, terwijl het leven van een koloniaal ambtenaar nooit vrij was van een voorgevoel van opstand en de vrees dat zijn usurpatie onwettig zou worden verklaard. De koloniaal snakte naar de verfijning van Europa om vervolgens te ontdekken dat het continent verachtelijk was vanwege zijn provincialisme, hypocriet omdat het zijn rijkdom stal en claustrofobisch in fysieke en psychologische zin. Daums koloniaal had niet gehoord van historische noodzaak of van de leerzame parallel van de ondergang van de rijksondernemer in andere gebieden van de wereld. Niettemin wist hij persoonlijk dat koloniaal succes omringd was met mislukking en potentieel altijd onderworpen was aan desintegratie.

Daum was historicus noch filosoof, maar hij was een goede waarnemer en een scherpzinnig psycholoog. Men heeft gezegd dat hij 'bezeten' was van de ondergang en ontbinding van de Indische samenleving.[241] Brom heeft Daum aangevallen vanwege zijn niet-aflatende pessimisme.[242] Dit is onjuist vanwege de overdaad ervan – wat een typisch Indische kwaal was – en laat zien dat Brom geen gevoel voor humor had, geen ironie kon waarderen en Daums sympathieke, zij het kritische begrip voor zijn personages niet herkende. Hij had Daums intuïtieve wetenschap dat maatschappijen als de koloniale en die van het oude Zuiden aan verval onderhevig waren, niet aangevoeld.[243] 'Achteruitgang was een integraal onderdeel van de zuidelijke familieroman,' schrijft King zonder meer, en hij voegt er het onomstotelijke feit aan toe dat veel van de zuidelijke fictie – bijvoorbeeld die van Faulkner – zich bezighoudt met 'de geleidelijke achteruitgang in energie en wilskracht'.[244]

Dit opgeven van de wil en de afstomping van de energie was een nachtmerrie waarvan de kolonialen vreesden dat ze op een dag werkelijkheid zou worden. Het zou betekenen dat zij de westerse overheersing moesten opgeven, zich moesten onderwerpen aan vermoeidheid en natuurlijke zaken, zich overgeven, zoals reeds eerder is opgemerkt, aan het irrationele element dat vaak in verband wordt gebracht met het inheemse leven en het vrouwelijke archetype. Het is ook een thema dat centraal staat in veel hedendaagse fictie en een conditie die van enig belang is voor de moderne filosofie. Verveling, walging en wanhoop zijn de schibbolets van de moderne literatuur geworden, maar men zal ontdekken dat zij niet minder van belang zijn in de koloniale literatuur. De desintegratie van Geber vertoont in *Ups en downs* bijvoorbeeld enige overeenkomst met de existentiële angst die Roquentin ervaart in Sartres *La nausée.*

Voor deze voorlaatste roman had Daum zijn lezers andere versies van deze achteruitgang gepresenteerd. Eerder schreef hij over de boeiende erosie van *H. van Brakel*, het debacle van de decadente aristocraat Van Leeuwendaal in *De Van der Lindens* en *Indische mensen in Holland*, het morele bankroet van Kees van den Broek in *Hoe hij Raad van Indië werd*, de indolentie (althans vanuit Europees gezichtspunt) van Drossaerts in *Uit de suiker*, de suikerplanter die de enige 'intellectueel' in Daums romans is, en de verloedering, in dezelfde roman, van mevrouw Van Heert. Maar men mag nooit vergeten dat Daum in de eerste plaats verhalenverteller was en dat hij ervan afzag zijn fictie te beladen met vreemde intellectuele ballast. De volgende scène uit *H. van Brakel*, waarin het einde van een braspartij waaraan de ingenieur en zijn schoonvader hebben deelgenomen, wordt beschreven, is niet alleen een volmaakte compositie, maar voorspelt ook het laatste stadium van Van Brakels achteruitgang van succesvol ambtenaar tot de aan alcohol verslaafde vleier van een beunhaas en opiumsmokkelaar.

> In de luierdstoelen sliepen de twee mannen; de oude, stil en rustig; wel duizendmaal had hij op 't land in zoo'n stoel geslapen; de jongere luid snorkend. Beider gezichten waren opgezwollen en rood van het drinken en glommen in het zonlicht alsof ze met vet waren besmeerd. En in het centrum van de karaf met brendy schiep een straaltje van den lichtbundel een prachtige helder gouden ster, tintelend en schitterend met vroolijke levendige kleurwisseling bij de geringste beweging.
> Een inlandsche bediende sloop zacht naderbij op zijn bloote voeten; hij ging 't galerijtje op, nam de flesch weg en de glazen, bracht die even achter 't muurtje, dat het voorerf van het achtererf scheidde, en zette daar de karaf aan zijn ongewassen mond.
> 't Was Van Brakel of hij blind werd, toen hij, de oogen openend, in de zon keek. (5: 203)

Of Daum kan het aangeven in zuiver fysieke termen als een ironisch commentaar op Herwijnens grandioze illusies:

> Terwijl hij zich, met het geledigde champagneglas in de hand achterover had laten glijden in den wijden luien stoel, en voor zijn verbeelding reusachtige, millioenen winst afwerpende landelijke ondernemingen opdoemden, op wetenschappelijke wijze aangelegd, ingericht en gedreven, – beschouwde zij [Herwijnens vrouw] hem met medelijden. Hij was toch zo verouderd! Had zij ooit kunnen denken, dat de jonge, knappe, levenslustige man, die haar hand vroeg en kreeg, in betrekkelijk weinig tijd zóó zou veranderen? Was het dezelfde persoon geweest als die ingezonken figuur daar in den stoel, met zijn diepe groeve over het vermagerd gezicht, met zijn weinige grijze haren, met zijn rimpelige als verdorde handen? (2: 82)

Maar Geber in *Ups en downs* is de meest gedenkwaardige belichaming van de koloniale achteruitgang.

Gebers lot is belangrijker dan dat van Van Brakel omdat Daum een dimensie suggereert die veel meer omvat dan zuiver koloniale zaken. Men moet er bijvoorbeeld op letten dat de redenen voor Gebers depressie tegenstrijdig, zo niet absurd zijn. Hij is een rijke, aanzienlijke planter, knap, aardig en niet zonder intelligentie. 'Begrijp wel,' zei hij, 'dat geen gewone redenen voor me bestaan. Ik word niet getroffen door rampen, zit niet in zorgen, heb geen schulden of verdriet' (9: 149-50). Toch is hij een levensmoede man. Als hij oververmoeid raakt, slaan zijn zenuwen op hol, maar wordt zijn geest scherper. De gedachte aan zelfmoord dringt zich op in een betoverende tropische nacht op zee. Zijn vrouw, Rose, staat hem tegen, en hij blaast een oude affaire nieuw leven in door in zijn eigen huis te vrijen met de tante van zijn vrouw tijdens een tweedaags feest waarvoor de hele familie van zijn vrouw op zijn plantage bij elkaar is gekomen. Hij zit vol twijfel midden in de overvloed van zijn leven; hij heeft het gevoel dat zijn bestaan volgepropt zit, Sartres *de trop*, 'een gruwel van vervelende overbodigheid' (9: 137), 'gekluisterd in en aan het leven en zijn omstandigheden' (9: 108). Het leven heeft alle betekenis voor hem verloren en hij voelt zich niet langer belangrijk voor zichzelf of voor anderen, onder wie Clara, zijn heroverde liefde. In zijn wanhoop komt hij zichzelf tegen, eenzaam en kwetsbaar, voelt hij 'dat hij in de wereld stond als een ongewapende in den strijd' (9: 109). Zijn nihilisme komt het best tot uitdrukking in zijn observatie dat het leven is als een huis waarin men woont, maar waar men niet blijft als het niet meer leuk is. Hoewel Geber in sommige opzichten verwant is aan Daums typische zwakke mannen, is hij anders dan zij als hij moedig en consequent met dit inzicht omgaat. In feite brengt hij de gedachte van de laatste en ultieme adel van de moderne mens in praktijk: de existentiële vrijheid om nee te zeggen.

Wat Geber afwijst, is de zinloosheid van het zwoegen van de mensheid dat lijkt op dat van de mieren, een saaie inspanning zonder betekenis. Wat hij ervaart staat opvallend dicht bij Sartres walging. 'En waartoe dat geld? Wat had hij er aan? Thuis een machinaal onverschillig leven; een vrouw, die hem altijd vreemd zou blijven als mensch, al kreeg ze ook nog twintig kinderen bij hem. Hij kon zoo'n leven doorsjokken als een ander soort van koelie, beschaafd en welgesteld!' (9: 137) Hij weet ook hoe futiel alternatieven zijn, en realiseert zich bijvoorbeeld dat het geen enkel fundamenteel verschil zou maken als hij Clara voor Rosa verruilde. Daums suggestie van een erfelijke pathologische toestand lijkt op een afleidingsmanoeuvre, alsof hij terugschrok van zijn eigen creatie, die meer inhield dan zijn negentiende-eeuwse publiek aanvaardbaar zou vinden.

Gebers ondergang heeft grotere implicaties dan die van Van Brakel. De laatste is helemaal te wijten aan zijn zwakke persoonlijkheid en de twee wraakgodinnen van het koloniale leven: alcohol en gokken. Maar Gebers tragedie is alleen absurder vanwege haar koloniale setting. De pikante tropen zijn muf geworden; het extravagante hedonisme bleek alledaagse materie te zijn; de retoriek is tot zwijgen gebracht door het 'koude o'tje' (9: 176) van de loop van een geweer; en de gezonde lichamelijkheid van de tropen is de oorzaak geworden van een existentiele afkeer die niet veel verschilt van wat Quentin voelt in Faulkners *The Sound and the Fury* of Brick in Williams *Cat on a Hot Tin Roof*. De smart die Geber ervaart is specifiek voor de koloniale tropen, maar hij is diep verontrustend omdat voor deze man, wanneer hij ten slotte tot zichzelf komt, de enige betekenis die hij aan deze ontmoeting kan ontlenen de troost is van de dood. Dat is misschien ook de reden waarom de tweede helft van de roman minder is dan de eerste. Het bittere lot van dit eenzame individu is zo compromisloos in zijn eerlijkheid dat de bijna plichtmatige ups en downs van het tweede deel in vergelijking hiermee vrijwel verbleken. Gebers dood is een te onherroepelijk einde, alles wat erop volgt kan alleen maar een anticlimax zijn.

De reputatie van Daums werk in de literaire kritiek heeft haar eigen ironie gekend. Terwijl Daum de laatste tien jaar van zijn leven op Java populair was, is hij na 1900 snel vergeten. Toen hij zijn eerste romans publiceerde werden zij in Nederland gunstig besproken door de invloedrijke criticus Lodewijk van Deyssel, die zich later tegen hem keerde omdat hij meende dat Daum te realistisch was. Na de eeuwwisseling werden er enkele pogingen gedaan de belangstelling voor Daums werk nieuw leven in te blazen, bijvoorbeeld door Henri Borel, Jan Prins en Gerard Brom (met zijn dubieuze complimenten) en vooral door de twee invloedrijkste critici van de jaren twintig en dertig, Du Perron en Ter Braak. Zij achtten Daums werk hoog en prezen het niet alleen om zijn voortreffelijke vertelkunst maar ook, en misschien nog wel meer, vanwege zijn authenticiteit en realisme. In de jaren zestig schreef Rob Nieuwenhuys een lang opstel over Daum, waarin hij hem een van de beste romanschrijvers van tempo doeloe noemde, en in 1988 publiceerde Gerard Termorshuizen een uitvoerige biografie. Daums werk had het hele gamma doorlopen van een auteur die als te realistisch beschouwd wordt tot een die wordt gezien als een bron van nostalgische herinneringen.[245]

Wat tijdelijk vergeten was, was Daums originaliteit. Omdat hij zich niet door de mode liet meeslepen, konden Daums vernieuwende stijl en fictie zich ontwikkelen volgens hun eigen wetten en voorkeuren. Indië bevrijdde hem.[246] Vier jaar voor het erkende debuut van de naturalistische roman in Nederland publiceerde Daum, in 1883-1884, als feuilleton *Uit de suiker in de tabak*. Hiervoor verdient hij dank als de pionier van het 'naturalisme' in de Nederlandse letteren.[247] Verder onderscheidt het boek zich wellicht ook als de eerste roman in de moderne Nederlandse literatuur waarin een negatieve held als verteller in de eerste persoon optreedt.[248] Omdat Daum niet door de literaire politiek gebonden was, viel het hem niet moeilijk voor zijn karakter een onafhankelijke 'zone', zijn eigen 'invloedssfeer', te creëren waarin hij kan spreken met zijn eigen, autonome stem.[249] Dat Van Tuyll geen bewonderenswaardige figuur is, is niet waar het om gaat. Van Tuyll bestaat autonoom als een echt individu in een tijd binnen de Nederlandse literatuur waarin de authenticiteit van een fictieve stem veel minder belangrijk was dan het leveren van stof voor esthetische theorieën. Eerlijk gezegd bleef het nieuwe van Daums eerste roman in Nederland niet onopgemerkt. Literaire critici juichten de afwijkingen van fictie met een couleur locale toe, prezen zijn talenten als verhalenverteller en voorvechter van het naturalisme en bevalen zijn stijl – 'even natuurlijk en onvervaard als de taal van Multatuli'[250] – aan als een welkom tegengif tegen de gezwollen breedsprakigheid van schrijvers als Henri Borel, Augusta de Wit of de vroege Carry van Bruggen.

Daums stijl, die zo sterk leek op het proza van de zeevaarders, was geslepen op de slijpsteen van de journalistiek. Evenals Kipling en Cohen was Daum het met Zola eens dat 'dit momenteel de enige viriele school is [om schrijven te leren]; daar komt men met mensen in botsing en wordt men bruin; eveneens daar (...) kan men zijn stijl smeden op het vreselijke aambeeld van elke dag een artikel'. Daum was het, net als anderen na hem zoals Du Perron, Walraven en Jan Boon, met Zola eens dat 'we allemaal kinderen van de pers zijn, [dat] we daar allemaal onze eerste graden hebben behaald. De pers heeft onze stijl afgericht en ons het grootste deel van ons materiaal geleverd.'[251] Toch werd deze heldere en ondubbelzinnige stijl, die Edmund Wilson zo toepasselijk 'de taal van de verantwoordelijkheid'[252] noemde, algauw afgedaan als kleurloos en vormloos.[253] Daums proza was te snel en te beknopt. Terwijl een koloniale commentator schreef dat Daums fictie tamelijk 'gemoedelijk' was,[254] konden Nederlandse critici hun culturele vooroordelen niet afleggen en veroordeelden zij Daums onpartijdige weergave van menselijke zwakheden als te realistisch, en daarmee ging zijn reputatie achteruit.[255] Zijn werk werd gecensureerd. Wat bijvoorbeeld in Indië als normale conversatie werd beschouwd, werd in Nederland als krasse taal beschouwd en uit de Nederlandse uitgaven geschrapt. In Brits-Indië en Engeland neemt men dezelfde dubbele moraal waar. Terwijl 'krasse thema's' in Kiplings *Plain Tales from the Hills* (1888), dat in India werd gepubliceerd, 'gewoon geaccepteerd werden', werd *Jude the Obscure* van Thomas Hardy (1895) 'door de bisschop van Wakefield verbrand en door die van W.H. Smith verboden'.[256] Daum was een van de eersten die werk van Kipling vertaalde en uitgaf in de koloniën.[257]

Daum is nooit een schrijver van culturele melancholie of een 'passatist' als

Couperus geweest. Toch troffen we ook in zijn werk enkele opvattingen aan die, hoewel zij voor Daum een bestaand gevaar waren, konden worden gebruikt tegen de krachten van de vooruitgang en de historische noodzaak, die uiteindelijk de ondergang van het koloniale Indië waren. Dit werd in de twintigste eeuw verder ontwikkeld. De opvatting over het koloniale Indië in dit soort teksten was, zoals ook over het Zuiden is opgemerkt, 'een zinnelijk beeld, een fantasieproduct, begrepen door het gevoel, niet door het verstand'.[258] Het levensgevoel dat men ontmoet is eerder naïef dan hypocriet: eerder gevoel dan denken. Verwant aan de zuidelijke geest van Cash is het een 'impulsieve kracht' met een voorliefde voor sensualiteit, concreetheid, hedonisme en geweld. Gebiologeerd door herinneringen wil het de tijd overwinnen door hem stil te zetten, alsof de herhaalde wens aan de ontbering haar realiteit kan ontnemen.

12

KARTINI (1879-1904): DE PARADOX VAN HET KOLONIALISME

Toen de heersende klasse tegen het einde van de negentiende eeuw opnieuw grotendeels Europees was, nam de vraag naar 'liberale' interventie in de inheemse maatschappij toe. De Nederlandse bureaucratie bleef afwijzend, maar Raffles had zulke bedenkingen niet gehad. Er bestaat een verhaal over zijn bezoek in 1813 aan de soesoehoenan in Solo, waar hij erop aandrong dat Lady Raffles en de vrouw van de soesoehoenan aan officiële ceremoniën mochten deelnemen. Dit ongekende gemengde gezelschap bracht toasts op elkaar uit en de leiders dansten zelfs met elkaar![1]

Het optreden van vrouwen in officiële functies was tegen de Javaanse adat. Ironisch genoeg werden aristocratische Indonesische vrouwen waarschijnlijk meer onderdrukt dan welk ander segment van de inheemse bevolking ook. Wat Europeanen het meest shockeerde was de islamitische gewoonte van de polygamie. Daum schreef bijvoorbeeld dat deze gewoonte van de inheemse vrouw 'weinig meer dan een levend voorwerp, in haar jeugd gebezigd voor genot, op lateren leeftijd als lastdier' maakte.[2] Ondanks de kritiek zouden hervormingen voorlopig niet afkomstig zijn van de koloniale overheid. Veranderingen moesten worden ingevoerd vanuit de inheemse samenleving, wilden ze effectief en blijvend zijn. Maar de aanzet voor deze veranderingen kwam onvermijdelijk voort uit westerse bronnen. Dit is de centrale paradox van het kolonialisme in de twintigste eeuw en de meest illustratieve belichaming van die paradox is Kartini.

Kartini was de dochter van een Javaanse aristocraat die regent van Djapara was.[3] Het district Djapara, een van de vier die (in 1901) samen de residentie Semarang vormden, lag aan de noordkust van Midden-Java. Het eiland Java versmalt zich tussen de havensteden Cheribon en Semarang. Ten oosten van Semarang wordt het eiland weer breder en steekt uit in de Javazee. Het regentschap Djapara was het noordwestelijke deel van die uitstulping. De regio was tijdens Kartini's leven niet welvarend meer maar in de zestiende eeuw was de hoofdstad, eveneens Djapara geheten, een belangrijk Javaans handelscentrum dat een verbindingsschakel vormde op de handelsroutes tussen Malakka en de Molukken. Djapara streed met andere Javaanse gebieden tegen de Europese invloed, speciaal die van Portugal, voornamelijk in West-Indonesië. Tegen het einde van de zestiende eeuw werd Djapara opgeslokt door het expansionistische rijk Mataram en werd Djapara het centrum van daaropvolgende onderhandelingen tussen de VOC en Mataram. Gedurende de zeventiende eeuw was Djapara een haven voor Nederlandse schepen, die daar overvloedig en goedkoop werden bevoorraad – hoewel Kartini vermeldt dat er tegen het einde van de negentiende eeuw in het district voortdurend voedseltekorten dreigden.[4] In 1615 vestigden de Nederlanders er een handelspost toen Mataram de zijde van de VOC koos.

Djapara was een geliefde ankerplaats omdat het, gelegen aan de westkust van het uitstekende deel van Java en door bergen beschut tegen oostenwinden, een goede natuurlijke haven vormde voor schepen (die in die tijd altijd de kust in het oog hielden), voordat zij zich in de gevaarlijke wateren rond de meest noordelijke kaap van het district waagden. Twee kleine eilanden, Pandjang en Kelor, beschermden de baai van Djapara eveneens tegen westen- en noordwestenwinden. De politieke en economische betrekkingen tussen de Nederlanders en Mataram waren in de zeventiende eeuw even wisselvallig als het weer en Djapara raakte in verval toen de Nederlanders hun hoofdkantoor in 1708 van Djapara naar Semarang verplaatsten. Geleidelijk slibde de baai dicht totdat het eiland Kelor een deel van het vasteland werd en zelfs kleine schepen niet langer bij het eiland Pandjang voor anker konden gaan. In Kartini's dagen lag de oude stad meer dan een uur van de kust.

Toen Djapara niet langer een havenstad of handelscentrum was, werd het een slaperig stadje in een district dat niet gemakkelijk toegankelijk was per trein, dat tijdens de westmoesson onder ernstige overstromingen leed en de rest van het jaar onder verzengende hitte, en dat een tamelijk ongezond klimaat had. Deze aspecten van het leven in Djapara worden weerspiegeld in Kartini's brieven, waarin zij een oprecht medelijden aan de dag legt voor het lot van de gewone mensen (*wong tjilik* in het Javaans). De voornaamste middelen van bestaan in Djapara waren visserij en de industrie in verband met kokosplantages. Het district stond ook bekend om zijn fraaie houtsnijwerk en meubels, twee bedrijfstakken die Kartini nieuw leven in hoopte te blazen en aan de rest van de wereld bekend wilde maken (p. 180-3).

Raden Adjeng Kartini, of kortweg Kartini zoals zij liever genoemd werd, was de tweede dochter van de regent van Djapara, Raden Mas Adipati Ario Sosriningrat. Titulatuur was een sociale weerspiegeling van wat in Kartini's tijd een strak geregelde wereld van erfelijke gewoonten en wetten was die bekendstond als 'adat'. Raden was een titel die werd gebruikt voor Javaanse aristocraten die niet per se van koninklijken bloede waren. In feite kon hij door de koloniale autoriteiten aan een inheemse regent worden verleend. Het woord 'mas' in 'raden mas' duidt een mannelijke aristocraat aan en is een afkorting van *kamas* of 'oudere broer'. *Adipati* (*hadipati*), van het woord uit het Sanskriet dat een 'hoge bestuurder' aanduidt, verwees naar een Javaanse vorst of bestuurder (regent) uit de hoogste adel. De eretitel *Adjeng* die aan Kartini's naam voorafging, gaf aan dat zij een ongetrouwde vrouwelijke aristocraat was; wanneer een vrouw trouwde werd ze raden *ajoe* genoemd. Kartini's naam geeft aan dat ze van adel was maar geen prinses. De Engelse titel van haar correspondentie (*Letters of a Javanese Princess*) is zowel misleidend als onjuist.[5]

Hoewel polygamie door de islam was goedgekeurd, was ze 'customary among Javanese nobility for centuries before Islam came to Indonesia', en daarom zowel legaal als normaal.[6] Omdat de wereld van de Javaanse aristocratie, bekend als prijaji, zeer gevoelig was voor sociale discriminatie, werd er onderscheid gemaakt tussen een vrouw die uit dezelfde maatschappelijke laag afkomstig was als haar man (zij stond bekend als de *patmi*) en een vrouw voor wie dat niet het geval was (bekend als *selir*). De patmi hoefde niet de eerste vrouw te zijn met wie haar echtgenoot trouwde, en de selir waren géén concubines. Kartini's vader had twee vrouwen, van wie de eerste, die Ngasirah heette, Kartini's moeder was. Haar vader was koprahandelaar en was naar Mekka geweest zodat hij het recht had hadji genoemd te worden. Kartini's vader en deze selir-vrouw hadden acht kinderen waaronder zijn vijf zoons. Nadat de twee oudste kinderen, beiden zoons, van de regent geboren waren, trouwde hij met een vrouw van de vereiste aristocratische standing; deze werd de patmi en was bekend als de raden ajoe.

De raden ajoe had drie dochters. Zoals de adat voorschreef, had iedere wettige vrouw haar eigen rol en taak in het huishouden in overeenstemming met haar sociale positie, maar tussen de kinderen werd geen onderscheid gemaakt.[7] Dit blijkt uit Kartini's beschrijving van de manier waarop kinderen bepaalde gedragsregels moesten gehoorzamen.

> Een jonger zusje of broertje van me mag mij niet voorbijgaan, of moet dit over den grond kruipende doen. Zit een zusje op een stoel, en ik passeer haar, dan moet zij zich onmiddellijk op den grond laten neerglijden en daar met gebogen hoofd blijven zitten, tot ik ver uit haar gezicht ben. Tegen mij mogen mijne jongere broers en zusters geen jij en je zeggen, en alleen in 't Hoog-Javaansch[8] mogen ze mij aanspreken; en na elken volzin die hun van de lippen komt, moeten ze voor mij een 'sembah' maken, dit is beide handen tegen elkaar slaan en even onder den neus brengen.
>
> Spreken mijne zusjes en broertjes met andere menschen over mij, dan moeten zij alles in 't hoogjavaansch zeggen, wat mij toebehoort, zooals bijv. mijne kleeren, mijne zitplaats, mijne handen, voeten, oogen en alles wat van mij is.
>
> Mijn eerwaardig hoofd is hun streng verboden aan te raken, en niet dan met mijne hooge permissie en na eenige malen een 'sembah' gemaakt te hebben, mogen zij 't doen.
>
> Staat er wat lekkers op tafel, de kleintjes mogen er niet aankomen, voordat 't mij behaagt daarvan wat te nemen. (p. 12)

De voorschriften hebben hier te maken met de leertijd, niet met de afkomst. Aan de eerbied die men aan een ouder iemand verschuldigd was, speciaal als het verschillende generaties betrof, werd strak de hand gehouden, wat Kartini heel wat leed bezorgde omdat ze heen en weer werd geslingerd tussen haar verplichtingen aan haar vader – die ze liefhad en bewonderde (zie p. 70-1, 84-8, 133-4, 149-50) – en haar vurige verlangen naar individuele vrijheid. Het gebrek aan onderscheid tussen de kinderen van de patmi en die van de selir blijkt uit de nauwe banden tussen Kartini, haar halfzuster Roekmini en haar volle zuster Kardinah; Kartini gebruikte in haar brieven heel vaak de eerste persoon meervoud en noemde dit zusterlijke drietal het 'klaverblaadje' – onder de naam 'Tiga saoedara' of 'de drie zusters' schreven zij stukjes voor een Nederlands tijdschrift.

Het leven in de *kaboepaten*, de familieverblijven en de officiële residentie, was omringd door de adat, maar voor een jong vrouwelijk kind was het een gelukkig en zorgeloos bestaan, omgeven door bedienden en met weinig beperkingen. Hoewel het verre van gebruikelijk was, kon een meisje zelfs een Nederlandse lagere school bezoeken. Kartini ging naar zo'n ELS-school,[9] waar ze Nederlands leerde lezen en schrijven en westerse ideeën leerde kennen. Dit liberale bestaan eindigde omstreeks het twaalfde jaar. Aangezien zij de huwbare leeftijd had bereikt, werd de vrouwelijke prijaji van haar intellectuele en bewegingsvrijheid beroofd en opgesloten in de gouden kooi van de kaboepaten (p. 18, 57). Vanaf dat moment, tot ze verwacht werd te trouwen, omstreeks haar vijftiende of zestiende jaar, werd het bestaan van een meisje geheel bepaald door de adat, door wat *pantes* (dat wil zeggen goed en gepast) was.

> Een juweel van een Javaansch meisje is: stil, onbewegelijk als een houten pop; spreken alleen, wanneer 't hoognodig is met een fluisterstemmetje, zelfs voor mieren onverstaanbaar; loopen, voetje voor voetje als een slak: lachen, geluidloos zonder de lippen te openen; 't staat zoo leelijk wanneer de tanden zichtbaar zijn; je lijkt dan wel een 'loewah' (vos). (57; ook 13)

Een meisje leerde zichzelf bijna volledig weg te cijferen, zich te onderwerpen aan de wil van haar vader, haar oudere broers, en haar toekomstige echtgenoot. De vader arrangeerde een huwelijk en een dochter had absoluut geen inspraak in de keuze van de man met wie ze haar leven moest delen; van haar werd verwacht 'gewillig te volgen naar hemel of hel'.[10] De reden voor kinderhuwelijken was hoogst pragmatisch: hoe jonger de bruid hoe minder zij geneigd was te staan op een keuze die was gebaseerd op haar gevoelens en genegenheden. Deze gedachte werd beknopt uitgedrukt in het Javaanse gezegde: 'Als het hart is gerijpt, laat het zich niet langer vormen.'[11]

De jonge Kartini rebelleerde heftig.

> Het gevolg daarvan was, dat ik steeds overhoop lag met mijne oudere broers en zuster, omdat ik niet verkoos te gehoorzamen, wat hun goed dunkte, dan alleen wanneer ik de billijkheid ervan inzag. Zoo stond ik daar, een kind van even 12 jaar, alleen tegenover eene vijandelijke macht. Ook toen had God mij niet verlaten. Hij hielp mij dien moeilijken tijd doorkomen. Bittere, bittere tranen werden door ons

kinderen geschreid. (...) Mijn oudste zus trouwde, mijn oudste broer ging hier vandaan, en van dien stond af begonnen wij hier een nieuw leven. De les was: 'vrijheid, gelijkheid en *zusterschap*! Wij willen geliefd zijn, bemind en níet *gevreesd*'. (p. 264)

Het feit dat zij pas trouwde toen ze 24 jaar oud was, zegt veel. Ze moet een sterk karakter en een onverzettelijke wil hebben gehad, want ze was verwikkeld in wat neerkwam op een uitputtingsslag met de ondoordringbare muren van de kaboepaten. Kartini's oudste broer en zuster waren haar ergste vijanden. Kartini en een van haar broers wisselden een jaar lang geen enkel woord (p. 431). Ook Kartini's moeder, de selir Ngasirah, kon de juistheid van de bezwaren van haar dochter niet inzien (p. 59). Er is gesuggereerd dat de raden ajoe, de patmi-vrouw die het leven van een prijaji-meisje had geleid, ironisch genoeg Kartini's lijden eerder kon begrijpen dan haar eigen selir-moeder, die zonder de beperkingen van deze samenleving was opgegroeid.[12] Het moet voor alle betrokkenen een moeilijke situatie zijn geweest. Heel vaak zinspeelt Kartini in haar brieven op de afkeuring van de prijaji-wereld om haar heen. Haar ouders en oudere broers en zusters werden bekritiseerd en uitgelachen dat zij zo'n onfatsoenlijke rebel als Kartini in huis hadden.

Dit wordt meer beweerd: 'Wij willen met een Hollander trouwen!' Die eene keer, werd 't gezegd aan een diner bij familieleden van ons – en door een Europeaan. Men vermaakte zich ten onze koste en een zeide: 'het ons gemakkelijk te willen maken'. Men was zo snoezig alles in geuren en kleuren aan Moeder over te brengen, die het zich erg aantrok. Aan dát diner zat zogenaamd een vriend van ons, die keer op keer beweerde o zoveel van ons te houden, en onze vriend liet kalm ons met modder gooien. Wij hebben dus al aardig wat ervaringen opgedaan, waaruit wij nut kunnen trekken.
Nog lieflijker dingen werden mij persoonlijk toegevoegd, wij vinden ze te laag om er ons tegen te verdedigen. En men is er nog nijdiger om, dat wij er volmaakt kalm onder blijven. (p. 430; zie ook p. 241)

Kartini wilde niet voor de druk bezwijken. Nadat de oudste zuster was getrouwd en het huis had verlaten, kreeg Kartini de vurige steun van twee 'handlangsters', haar zusters Roekmini en Kardinah. Vanaf ongeveer 1895 waren deze drie even onafscheidelijk als de drie musketiers in hun strijd om emancipatie en persoonlijke vrijheid. Kartini ontving ook enige voorwaardelijke steun van haar vader, een liefhebbende maar onvrije bondgenoot. Men dient te bedenken dat slechts 'een heel klein gedeelte van de inheemse elite' in een of andere vorm een westerse opvoeding ontving. 'Veel inheemse mensen waren gewoon niet geïnteresseerd in een dergelijke opvoeding; zij beschouwden die als onnodig en waarschijnlijk gevaarlijk, omdat ze de risico's van culturele vervreemding en mogelijke bekering tot het christendom met zich meebracht.'[13] Maar sommige prijaji-families geloofden in een Europese opleiding en de beroemdste was het geslacht Tjondronegoro, de familie van Kartini's vader. Zijn vader, Pangeran Ario Tjondronegoro, was regent van Demak (een naburig regentschap ten zuiden van Djapara) geweest en had een Nederlandse leraar gehuurd om zijn vier zoons onderwijs te geven. Deze bereikten allen de rang van *boepati* of regent. Een van Kartini's ooms van vaderszijde schreef artikelen en boeken in het Javaans; een ander studeerde in Nederland spoorwegtechniek. Haar eigen vader stond bekend als 'een voorstander van beter onderwijs en betere omstandigheden voor prijaji die in de regering zaten (...) en hij en zijn broers werden klassieke voorbeelden van de verlichte prijaji aan het einde van de negentiende eeuw'.[14] Ondanks aanhoudend verzet van zijn collega's volgde Kartini's vader de familietraditie en liet al zijn kinderen, en vooral zijn zoons, een 'moderne' of 'progressieve' opvoeding ontvangen. Hij kon echter zijn Javaanse erfenis niet helemaal negeren en deed enkele concessies aan de traditie, in het bijzonder waar het zijn dochters betrof. Niettemin voorzag hij Kartini en haar zusters van Nederlandse boeken en tijdschriften, stond zijn lievelingsdochter toe te corresponderen met diverse, zowel mannelijke als vrouwelijke, Europeanen en gaf, toen de zusters ongeveer zestien waren, toestemming voor zo nu en dan een uitstapje in de wereld buiten de kaboepaten.

Het belangrijkste was dat de regent zijn dochters sociale contacten met Europeanen op persoonlijk niveau toestond. Kartini hield deze relaties de rest van haar leven aan, omdat ze met haar vrienden in het Nederlands mocht corresponderen. Ze schreef gedurende een periode van vijf jaar, van 1899 tot 1904, aan tien Nederlandse mensen. Behalve in één geval had ze persoonlijk met al haar correspondenten kennisgemaakt in Djapara. De enige uitzondering was een jonge vrouw van ongeveer haar eigen leeftijd, Stella Zeehandelaar, met wie ze in contact kwam nadat ze in een Nederlands feministisch tijdschrift een oproep voor een penvriendin had geplaatst. Dit was natuurlijk tegen de zin van de traditionele Javaanse samenleving, waarin een prijaji-vrouw de openbaarheid en bekendheid vermeed. De meeste van haar correspondenten stonden in de voorhoede van de sociale verandering, zelfs in Nederland. Van ongeveer 1894 tot 1899 ontmoette Kartini vaak mevrouw Ovink-Soer, een toegewijd socialiste en feministe, die getrouwd was met de assistent-resident in Djapara. Ook haar 'penvriendin' Stella was een vurig feministe. De heer en mevrouw Van Kol hadden soortgelijke voorkeuren; Van Kol was een van de oprichters van de Nederlandse socialistische partij en parlementslid. Maar Kartini's vriendschap met de heer en mevrouw Abendanon was misschien wel de meest beslissende. J.H. Abendanon was directeur van het koloniale departement van Onderwijs, een invloedrijke liberaal die streed voor een meer 'ethische' richting van de Nederlandse koloniale politiek. Hij en zijn vrouw geloofden vurig in onderwijs en rechten voor vrouwen en hij hielp Kartini bij haar droom een school te openen voor prijaji-dochters. Helaas moest dit plan, nadat Abendanon steun in overheidskringen had gezocht, worden opgegeven vanwege sterke oppositie van andere Javaanse regenten (p. 106, 111). Als karig substituut dreven Kartini en haar beide zusters een schooltje voor dorpskinderen in de kaboepaten van haar vader, totdat Kartini's plotselinge huwelijk, in januari 1903, ook aan deze bescheiden onderneming een einde maakte.

In januari 1902 slaagde Kartini erin haar ouders te overreden haar en Roekmini in Nederland te laten studeren. Ze diende een officieel verzoek om steun in bij de Nederlandse autoriteiten en een tijdlang zag het er veelbelovend uit. Maar in januari 1903 bezocht Abendanon haar in Djapara en overtuigde haar ervan dat ze haar plannen moest laten varen omdat haar vader oud en ziek was, omdat ze het moeilijk zou vinden in een vreemde omgeving zoals Holland te leven en omdat ze te Nederlands zou worden en zou ontdekken dat prijaji-ouders hun dochters niet voor onderwijs naar zo iemand zouden sturen.[15] Dit is een merkwaardige ommezwaai van Abendanon en het moet voor Kartini heel moeilijk zijn geweest aan zijn argumenten toe te geven. Ze koos voor studie in Batavia, een besluit dat haar ouders gezien moeten hebben als het minste van twee kwaden. Ze kreeg voor dit doel een overheidssubsidie, maar ook deze wees ze af vanwege haar aanstaande huwelijk.

In de zomer van 1903 had Kartini erin toegestemd te trouwen met de regent van Rembang, die haar vader schriftelijk om toestemming had gevraagd. Men kan zich voorstellen hoeveel strijd dit een vrouw moet hebben gekost die zich zo fel had verzet tegen de prijaji-opvatting van het huwelijk. Hoewel de regent van Rembang een progressief man was die in Nederland had gestudeerd, had hij de polygamie niet afgewezen.[16] Haar ouders redeneerden dat het een goed voorteken was dat een man in zijn positie wilde trouwen met een beruchte onruststookster als Kartini, een vrouw die al 24 jaar oud was. Hij kon ook van onschatbare waarde zijn voor haar plannen omdat ze, als zijn raden ajoe, van zijn invloed en steun gebruik kon maken. Kartini gaf toe op voorwaarde dat dit huwelijksplan haar verdere opleiding niet in de weg zou staan of haar wens om de dochters van inheemse leiders op te voeden onmogelijk zou maken. Raden Adipati Djojoadiningrat stemde in met haar eisen en Kartini trouwde met hem op 8 november 1903. Er bestaat een aanwijzing dat de voornaamste reden voor haar plotselinge overgave bestond in dreigend optreden van een niet nader genoemde Javaanse huwelijkskandidaat. In een brief van 14 juli 1903 suggereert ze dat de man haar schrik aanjoeg met de gemene taal van een brief die hij haar stuurde, dat hij spionnen in de kaboepaten van haar vader had, dat hij van plan was goena-goena te gebruiken om zijn zin te krijgen en zelfs dat ze vreesde voor fysiek geweld. Kartini kwam tot de trieste conclusie dat ze als alleenstaande vrouw te kwetsbaar was. 'En langzamerhand schemerde het voor ons geestesoog, dat op dit ogenblik, het voor een Inl. jong meisje niet mogelijk is, om alleen te staan, in het publiek te werken. Een groot gevaar bedreigt haar van de zijde der mannen. Voor een Javaansche man is geen vrouw te leelijk, dat weten we nu.'[17] Plotseling leek de regent van Rembang een aantrekkelijk alternatief, terwijl een huwelijk ook haar zieke vader genoegen zou doen.

Haar korte huwelijk met een man die ze voor haar huwelijk nog nooit had gezien, bleek beter dan verwacht (p. 368). In maart 1904 ontdekte ze dat ze in verwachting was. Het kind, een jongen, werd geboren in september 1904, maar Kartini stierf vier dagen later.

Op 3 augustus 1964 verklaarde Soekarno, de president van de Republiek Indonesië, Kartini tot 'heldin van de nationale vrijheid'. Haar feestdag, Hari Kartini, is op 21 april. Ze wordt in Indonesië herdacht als een van de eerste voorvechters van de rechten van vrouwen. In Indonesië is de vrouwenemancipatie nauw verbonden met de emancipatie van de hele bevolking, en Iboe Kartini ('Moeder Kartini') is niet alleen heilig verklaard als verdediger van haar 'zusters' maar ook als patroon van alle moderne Indonesiërs.[18]

Gezien vanuit de mannelijke wereld vertegenwoordigen vrouwen 'de ander', een belichaming van anders-zijn dat niet wordt vereerd maar lager en ongelijkwaardig wordt geacht. Europese bezetters stelden een kolonie vaak voor als een vrouw; Las Casas, de voorvechter van de indiaanse bevolking, noemde Mexico een vrouw die moest worden gered van 'onnatuurlijke vaders' (de conquistadores) en 'geschonken aan een man die haar zal behandelen met de redelijkheid die zij verdient'.[19] Onderwerping en kolonisatie waren wederkerige termen. Reacties op kolonisatie namen vaak de vorm aan van de verkondiging van een individuele vrijheid die zich verheugde in haar anders-zijn, een ongelijkheid die creatief en progressief was omdat ze door verandering werd gemotiveerd. Zo'n opvatting van het bestaan kan slechts een bedreiging zijn voor een maatschappij die conformisme heeft geïnstitutionaliseerd door middel van een rituele orde die er voldoende aan heeft dat ze onveranderlijk en onvergankelijk is. De laatste kan vaak worden geassocieerd met een mannelijke, de eerste met een vrouwelijke modaliteit. In Kartini's geval had de eerste impuls tot onenigheid niets te maken met kolonialisme maar was het een persoonlijke strijd voor erkenning als vrouw en als individu.

De prijaji-wereld waarin ze geboren was, was een maatschappij die werd beheerst door mannen en door oude tradities en ritueel dat in zijn geheel bekend was als adat. Vrouw, individualiteit en verandering waren er noodzakelijkerwijs van uitgesloten. Kartini duidt de vrees voor verandering van de prijaji aan met termen die stilstand, gekunsteldheid en een verbod op spontaniteit en natuurlijkheid inhouden. Zodra zij huwbaar werd, dat wil zeggen vrouw werd, werd zij opgesloten: 'mijne gevangenis was een groot huis, met een uitgestrekt erf rondom, doch hieromheen was een hooge muur, en deze hield mij gevangen. Hoe ruim ons huis en erf ook zijn, als je er altijd blijven moet, dan wordt het je toch te benauwd' (p. 18). In een andere brief vergelijkt zij de 'afgesloten vierkante ruimte' van de kaboepaten met een 'kooi', een gouden kooi weliswaar, maar toch een 'vogelkooi' (p. 57). Op twaalfjarige leeftijd wordt de natuurlijke vrijheid die we als het voorrecht van het kind beschouwen, verstikt; springen, in bomen klimmen, huppelen in plaats van wandelen, zelfs lachen is verboden en wordt vervangen door onnatuurlijke zelfbeheersing. Ze krijgt te horen dat ze een 'houten pop' moet worden, zonder stem en zonder gevoelens (p. 57). Tegelijk met haar individualiteit is elke gelijkenis met het leven verdwenen, en ze is nu een ding dat door mannen kan worden gemanipuleerd volgens een gezag dat het verleden hun heeft verleend.

Om zo'n verstoorde verhouding tussen natuur en menselijkheid te realiseren, is degradatie vereist. Een pop is geen persoon en dan is ongelijkheid geen probleem. Het belang van een pop wordt alleen maar uitgedrukt in termen van het nut ervan voor degene die er de baas over speelt. Kartini krijgt te horen: 'De vrouwen zijn niets', zij 'zijn voor de mannen, voor hun pleizier geschapen', die met hen kunnen doen 'wat zij willen' (p. 62); 'wij Javaansche vrouwen hebben in de eerste plaats meegaand en onderworpen van natuur te zijn; wij moeten zijn als leem, waaraan men iederen vorm kan geven, dien men wenscht' (p. 70). Keer op keer getuigt Kartini bitter van de inferieure positie van de vrouw in de Javaanse maatschappij (p. 11, 61, 69, 70, 106, 127, 166, 168). Ze mag geen vrouw zijn en ze mag ook geen individu zijn; in feite wordt ze zelfs niet als mens beschouwd. In Indië is de vrouw 'door eeuwen heen als een wezen van lager orde, ja, waarom zal ik 't niet zeggen, als een "zielloos" voorwerp beschouwd en behandeld', iets dat geen 'recht heeft op een "onafhankelijk geweten", op vrijheid van denken, voelen en handelen' (p. 111). Als de context alles is en de inhoud onbelangrijk is, kan men uitingen van individualiteit zoals emoties en hartstochten niet toestaan. Genegenheid moet uit de omstandigheden worden opgemaakt (p. 60) maar kan niet worden getoond; er bestaat geen intimiteit tussen ouders en kinderen (p. 63); Kartini's diepe en blijvende liefde voor haar vader moet stom blijven want: 'Koud en koel stond de strenge Javaansche etiquette tusschen hen beiden in' (p. 63).

Het is geen wonder dat Kartini 'onverschilligheid en apathie' beschouwde als de ergste toestand waartoe een mens kan worden gereduceerd (p. 68), en onverschilligheid was precies wat een Javaanse vrouw moest cultiveren als ze als huwelijkskandidaat een polygame maatschappij binnentrad. Onverschilligheid werd een uiterlijke weerspiegeling van wat ten slotte een gedwongen proces van ontmenselijking was. Kartini's meest hartstochtelijke verontwaardiging werd opgewekt door het 'gruwelijke onrecht' (p. 52) van de polygamie. Het huwelijk, dat een 'roeping' zou moeten zijn, is in werkelijkheid niets meer dan een 'beroep' (p. 127). Kartini vatte het wanhopige lot van de getrouwde Javaanse samen in een verhaal over Fatima, de dochter van de profeet Mohammed.

> Fatima's echtgenoot huwde opnieuw, en zij werd door den profeet ondervraagd, hoe zij zich daarbij gevoelde. 'Niets Vader, niets,' betuigde zij. Dit zeggende, leunde zij tegen een pisangboom; de bladeren, eerst frisch en fleurig, verwelkten, en de stam, waartegen haar lichaam rustte, verkoolde.
> Opnieuw vroeg de Vader, hoe zij zich gevoelde, en weer betuigde zij: 'Niets Vader, niets!'

> De Vader gaf haar een rauw ei, en verzocht haar dat tegen haar hart te drukken; het terugvragend brak hij het open: het ei was gaar!
> Het Oostersche vrouwenhart is sedert niet veranderd. Dit vertellingkje leert ons meteen de opinie van vele vrouwen over dat wreede mannenrecht. (p. 128)

Kartini's rebellie tegen de omstandigheden van de Javaanse vrouw nam de vorm aan van verzet tegen de eis dat een vrouw, bijna letterlijk, zichzelf moest vergeten. Ze moest haar gevoelens en haar menselijkheid ontkennen en erin berusten dat ze een inferieur en vreemd schepsel was, een belichaming van het Andere dat was gedomesticeerd. Men kan gerust aannemen dat Kartini niet de enige Javaanse vrouw was die er zo over dacht. Wat haar echter onderscheidt, is dat ze haar verzet stem gaf en een oplossing voorstelde.

Een even belangrijke factor is dat we in haar geval een ander zicht op het kolonialisme aantreffen. Terwijl zij thuis onverzettelijkheid ontmoette, ontdekte ze in het Westen tolerantie. Tzvetan Todorov maakt in zijn studie over de symbolische gevolgen van de Spaanse verovering van Midden-Amerika duidelijk waarom dit niet verbazingwekkend is. De paradox van Europa's succes in de kolonisatie was gebaseerd op twee dingen die nagenoeg onmisbaar zijn voor een succesvolle ontwikkeling, maar die in een geritualiseerde, traditiegebonden maatschappij op verzet stuiten. Het ene is 'het vermogen van de Europeaan om de Ander te verstaan', en het tweede is dat Europeanen ook 'opvallend veel flexibiliteit en improvisatietalent vertoonden'. Todorov beschouwt improvisatie als een waarmerk van de Europese beschaving, maar het is een eigenschap die ook met de vrouw wordt geassocieerd.

> Het culturele model dat sinds de Renaissance werkzaam is, zelfs al is het voortgebracht en aanvaard door mannen, verheerlijkt wat we de vrouwelijke kant van de cultuur kunnen noemen: improvisatie in plaats van ritueel, woorden in plaats van wapens. Niet zomaar woorden weliswaar: noch woorden die de wereld benoemen, noch woorden die de tradities overdragen, maar woorden die hun bestaansrecht ontlenen aan invloed op anderen.

Todorovs voorbeeld van een figuur die deze eigenschappen tijdens de Spaanse verovering van Mexico belichaamde, is de veel belasterde Malinche. Geheel terecht, lijkt mij, vertegenwoordigt de vrouwelijke tolk van Cortés voor Todorov 'het eerste voorbeeld, en daarmee het symbool, van de kruisbestuiving van culturen; zij kondigt daardoor de moderne toestand van Mexico aan en bovendien de huidige toestand van ons allen, omdat wij, ook al zijn wij niet zonder uitzondering tweetalig, onvermijdelijk bi- of tricultureel zijn'.[20] Hoewel deze uitspraak commentaar behoeft, is al wel duidelijk dat hij door Kartini's voorbeeld aanzienlijk wordt versterkt.

Zonder taal zou Kartini's oorlog met de Javaanse adat een moedige maar stomme gebeurtenis zijn gebleven die niet verder zou zijn gekomen dan de muren van de kaboepaten van Sosroningrat. Als taal, zoals men heeft beweerd, de 'metgezel van het imperialisme' is,[21] was het in Kartini's geval ook de metgezel van de vrijheid. De verwoording van haar gedachten was het resultaat van een transculturele samenwerking. Kartini schreef in het Nederlands, een taal die ze als meisje op een Nederlandse school had geleerd. Ze vervolmaakte haar kennis ervan door Nederlandse boeken en tijdschriften te lezen en door sporadische gesprekken met Nederlanders. Ze stortte haar hart uit en onderzocht haar overtuigingen in de taal van de kolonist, richtte haar improvisaties in briefvorm aan Europese vrouwen met wie ze zich niet vanwege nationale of politieke drijfveren kon identificeren, maar vanwege geslachtsverwantschap. Brieven zijn geïmproviseerde communicatie met de Ander en Kartini gebruikte ze als wapens in haar strijd voor individuele vrijheid.

> Brieven spelen een groote rol in ons leven, bijna alles hebben wij daaraan te danken; zonder onze correspondentie zouden wij nooit zoo ver gekomen zijn, dat wij breken durven met oeroude tradities en gewoonten. Je weet niet, of eigenlijk je weet wel wat de brieven onzer vrienden, superieuren naar den geest en naar de ziel, voor ons zijn. Er gaat een louterende, verheffende invloed daarvan uit; zij ontwikkelen ons naar den geest en het gemoed. Daar is zooveel moois, liefs en kostbaars door de post tot ons gekomen, paarlen, edelgesteenten voor hoofd en hart.
> Mondelinge gesprekken kunnen in onze ziel gegrifd zijn, maar je zult wel toestemmen, dat de tijd menig woordje verbleken doet, al blijft de hoofdzin onaangetast; brieven nu herhalen ieder woord getrouw te allen tijde, zoo vaak je wilt. (p. 249; zie ook p. 285)

Kartini's Nederlands was niet vlekkeloos, maar ze kende haar tweede taal opvallend goed. Haar stijl was beïnvloed door een vorm van schrijven die vandaag als sentimenteel en overladen wordt beschouwd. Ze gebruikte veel uitroeptekens en cursiveringen evenals een romantische retoriek, maar daarin verschilde haar stijl niet veel van het gemiddelde literaire product van haar tijd. Ze bewonderde Henri Borel en Augusta de Wit (p. 22), die beiden een overdadig proza schreven, maar ze was ook goed op de hoogte van Multatuli's werk (p. 21, 30, 42, 44, 159) en dat van de andere grote Nederlandse romanschrijver van haar dagen, Louis Couperus (p. 44, 292). Ze vertelt dat ze Bas Veth heeft gelezen (p. 22) en Frederik van Eeden (p. 221). Ook moet worden opgemerkt dat de hier en daar voorkomende onbeholpenheid, de abrupte overgangen en onnodige herhalingen ten dele optreden omdat dit privé-brieven zijn, vaak geschreven in een opwelling en nooit gepolijst met het oog op toekomstige publicatie.

Kartini's 'edelstenen', die zo kostbaar waren voor haar eigen ontwikkeling, zouden persoonlijke instrumenten gebleven zijn zonder nut voor de gemeenschap als ze niet publiek gemaakt waren, dat wil zeggen als boek waren gedrukt. Een boek is een subversieve paradox. Enerzijds kan massale vermenigvuldiging een tekst tot gemeenschappelijk bezit maken, maar een boek is ook een individuele kennisdaad die buiten de groepsdwang valt. Een boek is zowel vergankelijk als onvergankelijk. In Kartini's geval werd deze cruciale transformatie van persoon naar collectief tot stand gebracht door een Nederlander in Nederland. Na zijn pensionering als directeur van het koloniale departement van Onderwijs, verzamelde J.H. Abendanon (1852-1925) de brieven die Kartini aan diverse personen had geschreven en publiceerde deze in 1911 onder de titel *Door duisternis tot licht.* Het boek was een succes (een vijfde druk werd gepubliceerd in 1976). Het werd in het Maleis vertaald en in 1922 op Java gepubliceerd en opnieuw, in een andere vertaling, in 1938 (zesde druk in 1968). Een Soendanese vertaling verscheen in 1930, een Javaanse in 1938, een Engelse in 1920 (met een tweede editie in 1964), een Franse in 1960 en een Japanse in 1955. De verbale improvisaties werden een internationaal communicatiemiddel.

Emancipatie vereist communicatie en kennis. In Kartini's geval werden beide geleverd door de Europese beschaving. Het is begrijpelijk dat de Nederlandse taal, Nederland, en, dientengevolge, de Europese beschaving voor Kartini bevrijding betekenden. 'De kennis der Nederlandsche taal is voor ons een onuitputtelijke bron van genot; zij ontsloot voor ons zooveel schoons, van welks bestaan wij te voren geen flauw vermoeden hadden' (p. 208). Nederlands moet het 'heil' (p. 83) van de Javaanse bevolking zijn (zie ook p. 8, 13, 47, 59, 66, 83, 135, 183, 222, 397). Taal is zo belangrijk omdat hij gelijkstaat met communicatie, en communicatie betekent kennis. 'De kennis der Hollandsche taal is dé sleutel, die de schatkamers van Westersche beschaving, wetenschappen, ontsluit' (p. 397; zie ook p. 27, 46, 47, 76, 83, 299, 396). Kennis is macht, en taal is het wapen van de vrouw dat, op de lange duur, effectiever kan zijn dan het gebruik van geweld door de man. De prijaji-wereld schijnt te hebben aangevoeld dat taal gevaarlijk is. 'Ik ken geen der moderne talen, helaas! – de adat gedoogt niet, dat wij meisjes meer talen leeren – het is al erg genoeg, dat wij Hollandsch kennen' (p. 8). Omdat Maleis de lingua franca van de archipel was, zou het zinvol zijn belangrijke teksten in die taal te vertalen, maar, schrijft Kartini: "'t Zou maar nuttelooze moeite zijn (...) Wie leest die taal, behalve de mannen? Er zijn ook nog zoo weinig Maleisch lezende Javaansche vrouwen' (p. 19). De egocentrische mannenwereld erkende stilzwijgend dat taal vrouwelijk en invloedrijk is en in staat is allocentrisch te worden. Als men dat toestond, zou de vrouw ophouden de ceremoniële pop te zijn die zij in eeuwen van geritualiseerde onderdrukking was geworden en zou zij haar individualiteit hernemen, dat wil zeggen haar anderszijn, dat slechts als een bedreiging kon worden geïnterpreteerd. 'En macht bezitten over de taal, zou bovendien op 't oogenblik me toch niet van veel nut zijn, omdat ik "niet luid" denken mág' (p. 136). Zulk verzet duidt alleen maar op de effectiviteit van wat verboden is, en Kartini was zich er goed van bewust dat taal haar sterkste wapen was.

> O! wat wensch ik vurig, vurig, macht te bezitten over één taal slechts, mijn eigen, of wel de Hollandsche, om góed te kunnen uitzeggen, wat ik denk en voel over

zooveel, dat mijn bewondering gaande maakt, of mij met verontwaardiging vervult, zooals dat ellendige, dat mijn landgenooten huldigen en aanhangen, de mannen uit egoïsme en de vrouwen uit machteloosheid, uit onwetendheid ontsproten, rechtvaardigen. Ik heb iets scherps en vinnigs in gedachte over 'Idealen'. Soms jeuken mij de vingers zoo – om al die gedachten niet voor mij alleen, voor mijne vertrouwden neer te schrijven, maar ook om ze anderen in 't gelaat te slingeren. (p. 135)

Kartini's liefde voor talen houdt ook plezier in, hoewel plezier voor een statisch gezag eveneens subversief kan zijn. Een ceremoniële maatschappij gebruikt taal als een middel om dingen te verbergen en te onderdrukken, waardoor taal uiteindelijk in stilte verandert. Maar de hartstochtelijke omarming van de taal door een individu als Kartini is vreugdevol en spontaan, is productief. Kartini hield van talen en had net zo'n talenknobbel als Malinche. Ze sprak vloeiend Javaans, Maleis en Nederlands (p. 21) en ze betreurde zoals we zagen het feit dat ze geen andere talen kende (p. 245). Haar taalkundig gevoel wordt uitgedrukt in de volgende opmerking over de poging die zij en haar zusters deden om Frans te leren. Het is ook een leuk voorbeeld hoe culturele kruisbestuiving de fantasie kan stimuleren met nieuwe inzichten. 'Roekmini beweerde eens in 't Fransch te droomen; ze was met Chateaubriand in Louisiana, 't wonder schoone land, dat hij beschreef. De Fransche taal heeft veel overeenkomst met de onze, wat zinsbouw betreft, en ook de h is geheel als bij ons' (p. 83).

Als we het ermee eens zijn dat taal vrouwelijk is, zullen we des te meer geldigheid ontdekken in de gedachte dat de vrouw degene is die cultuur en beschaving overdraagt. Dit gold beslist voor Kartini, maar omdat taal en beschaving in haar speciale geval grotendeels Europese impulsen waren, zien we de merkwaardige omkering waarbij de kolonist zijn gebruikelijke associatie met mannelijke verovering heeft verloren en leverancier wordt van alternatieve genegenheden, in feite 'vervrouwelijkt' is. Maar ook andere levensbehoeften die we gewoonlijk 'vrouwelijk' noemen, konden alleen worden bevredigd door Europeanen. Kussen, of elk ander blijk van emotie, was de Javaanse maatschappij vreemd en werd uitsluitend met Europeanen geassocieerd (p. 22). Liefde en recht moeten ook van hen worden geleerd (p. 45), waaronder de wezenlijke behoefte het huwelijk te baseren op wederzijds respect en wederzijdse genegenheid tussen echtgenoten. Daarom moesten Kartini's emotionele behoeften worden bevredigd door het Westen, hoewel deze bevrediging gewoonlijk aan het Oosten wordt toegewezen.

Kartini vertegenwoordigt een positieve variatie op wat anders zonder uitzondering een negatieve symbolisering van de overdracht van westerse cultuur en taal is. In plaats van een last te zijn, maakten deze haar vrij. Dat ze uiteindelijk ook haar volk vrij zouden maken, was een ideaal waar ze naar verlangde. Ze zag het leerproces als een positieve ontwikkeling die zorgde voor emancipatie en niet als een gewelddadige katalysator van verandering om de verandering.

Het valt niet te ontkennen dat de westerse cultuur Kartini bepaalde emotionele en intellectuele waarden bood waar zij naar hunkerde. Dit betekent echter niet dat ze haar eigen cultuur zozeer geringschatte dat ze zich met het alternatief identificeerde. Ook viel ze niet voor de verleiding van de gelijkheid, omdat ze daarmee verschil en anders-zijn zou hebben ontkend, twee culturele opdrachten die naar wij zagen speciaal met vrouwen te maken hebben en die beslissend zijn voor de vitaliteit van een beschaving. Dankzij haar superieure verstand en gevoel verloor Kartini het unieke karakter van de Javaanse of de Nederlandse maatschappij nooit uit het oog, en ze was in staat dit te doen omdat ze zich bewust bleef van haar 'anders-zijn' als vrouw, als een Javaanse tegenover de Nederlanders, en als voorvechtster van de Europese beschaving in de conservatieve wereld van de Javaanse prijaji. Een dergelijk inzicht kan iemand alleen maar rijker maken omdat, zoals Todorov aantoont, 'zelfkennis zich ontwikkelt via de kennis van de Ander'.[22]

In 1902 schreef Kartini spottend aan haar Nederlandse penvriendin dat de lof die haar in bepaalde Nederlandse kringen werd toegezwaaid alleen maar te danken was aan het feit dat 'Men (...) eene Hollandsch schrijvende Javaansche vrouw interessant' vindt (p. 186). Ze was zich er goed van bewust dat de reden hiervoor gelegen was in de aantrekkingskracht van het exotische.

> De professor dacht ons nog halve wilden, en vond gewone menschen; 't vreemde was alleen de huidskleur, kleeding en omgeving, en dezen gaven aan het gewone een eigenaardig cachet. Voelen we ons niet aangenaam aangedaan als wij onze eigen gedachten terugvinden in een ander? En als die ander is een vreemde, iemand van ander ras, van een ander werelddeel, ander bloed, kleur, zeden en gewoonten, dan verhoogt dit nog de bekoring van de geestverwantschap. Ik ben er van overtuigd, dat men niet een kwart zooveel notitie van ons zou nemen, als wij in plaats van sarong en kabaja, japonnen droegen; in plaats van Javaansche, Hollandsche namen, en Europeesch bloed in plaats van Javaansch bloed door onze aderen stroomde. (p. 96-7)

Kartini was zich ook bewust van het gevaar van europeanisering (p. 114) en wees deze mogelijkheid voor zichzelf af.

> Men beweert zoo dikwijls dat wij meer Europeesch dan Javaansch zijn in ons hart. Weemoedige gedachte! Wij kunnen dan geheel doortrokken worden en zijn van Europeesche gedachten en gevoelens – maar dat bloed, dat Javaansche bloed, dat leeft en warm stroomt door onze aderen, kan níet doodgezwegen worden. Wij voelen het bij wierook en bloemengeuren, bij gamelantonen, bij 't suizelen van den wind door klapperkruinen, bij 't gekir van berketoetoets, bij 't gefluit op padihalmen, bij 't gestamp op padiblokken. (p. 116)

Niettemin, om aan de beperkingen van de Javaanse maatschappij te ontkomen,

> moeten wij in een geheel andere omgeving komen in een ander land, met heel andere zeden, gebruiken, gewoonten en toestanden. Wij verwachten van Europa, dat het ons beter zal voorbereiden, toerusten voor 't werk, dat wij willen verrichten; dat 't ons stalen, ompantseren zal, voor menige giftige pijl, die zeker vele landgenooten op ons zullen afschieten, omdat wij anders durven zijn dan zij. (p. 225)

Maar voor Kartini was het zoeken naar kennis altijd een emotionele en intellectuele cirkelbeweging, geen rechtlijnig traject, een achterwaartse actie die móest terugkeren bij haar Javaanse erfdeel om van enig nut te zijn.

> Heusch, we verwachten niets, niets van Europa, wat Europeesche meisjes daarvan droomen: 'vreugde'; noch daar veel vriendschap en sympathie te zullen vinden; noch ons *gelukkiger* te zullen gevoelen in eene *Europeesche* omgeving; wij verwachten en hopen slechts dit eene, daar te zullen vinden, wat wij *noodig* hebben voor *ons doel: kennis, ontwikkeling*. En dááraan alléén *denken* wij. Wat komt het er op aan, of wij het niet prettig zullen vinden in Europa, ons nooit thuis zullen kunnen gevoelen in die Hollandsche omgeving, als wij daar maar krijgen wat wij *zoeken* en *noodig* hebben voor ons *doel*? Daarvoor komen wij, en niet om er vreugde te scheppen. (p. 299; zie ook p. 300-5, 313)

Het ervaren van de Ander is daarom een opbouwend proces zowel voor haarzelf als voor de gemeenschappelijke identiteit van haar volk.

> 't Moge dan vreemd klinken, maar 't is niettemin een feit; gij, Europeanen, hebt mij geleerd, mijn eigen land en volk lief te hebben. De Europeesche opvoeding heeft ons instede van ons van onze natie te vervreemden, ons nader er toe gebracht; zij heeft ons de oogen en 't hart geopend voor de schoonheden van ons land en volk, en ook (...) voor hunne nooden (...) hunne wondeplekken. Wij hebben ons land en volk zoo lief! (p. 202)

En een maand later, in een brief van april 1902: 'En dat mooie van andere volken nu, zouden wij o zoo zielsgraag geven aan ons eigen volk, niet om zijn eigen mooi te verdringen, te vervangen door vreemde, maar om het te *vereedelen*!' (p. 208; zie ook p. 219, 223-4, 299).

Wat Kartini voor Java wilde doen, is wat Malinche volgens Todorov voor Mexico deed. 'La Malinche verheerlijkt vermenging ten koste van zuiverheid (...) ze onderwerpt zich niet eenvoudigweg aan de Ander [maar] ze aanvaardt de ideologie van de Ander en dient deze om haar eigen cultuur beter te begrijpen, zoals blijkt uit de effectiviteit van haar gedrag.' Evenals Malinche hoopte Kartini 'een soort culturele bekering' tot stand te brengen.[23] 'Door kruising van planten en dieren van verschillende soorten verkrijgt men veredelde plant- en diersoorten. Zal 't niet even zoo gaan met de zeden der volkeren? Wanneer het goede van het eene gemengd werd met dat van een ander, zou daaruit niet veredelde zede voortspruiten?' (p. 224). Dit is een overweging waaraan Percy en het oude Zuiden van de Verenigde Staten nooit gehoor zouden geven.

Kartini wilde een bemiddelaar tussen de Europese en de Javaanse cultuur zijn, in de hoop hun gebrek aan kennis van elkaar op te heffen. 'Wat kunnen zij oordeelen over ons, ons doen en laten? Kennen zij ons? Neen, evenmin als wij hen!' (p. 36). Maar een dergelijke onwetendheid kan worden uitgeroeid door communicatie, door taal.

> Een Europeaan, hoe lang ook op Java gewoond hebbende, en onbekend met de Inlandsche toestanden zijnde, kan toch nog niet zoo op de hoogte zijn van alles in onze Inlandsche wereld als de geboren Inlander zelf. Veel wat nu nog duister en een raadsel is voor Europeanen, zou ik gemakkelijk met een paar woorden kunnen oplossen, en daar waar geen Europeaan toegang heeft, kan de Inlander komen. Allerlei finesses in de Inlandsche wereld, die zelfs voor den grootsten Indoloog onbekend zijn gebleven, kan de Inlander aan 't licht brengen. (p. 17)

Kennis van de Ander wekt kennis van zichzelf, communicatie is gebiedende wijs voor begrip, en taal is haar vervoermiddel. Nadat Kartini de Nederlandse taal heeft geleerd en zich de belangrijkste aspecten van de Europese cultuur heeft eigen gemaakt, keert zij met meer begrip en waardering terug naar haar eigen cultuur. Terwijl ze haar liefde voor Java hoopt over te dragen aan de jonge Nederlandse vrouw die haar vertrouweling was, hoopt Kartini nu op taalkundige wederkerigheid.

> O, Stella, wat een schat van een moois hoorden wij uit den volksmond; wijsheden, waarheden, zoo klaar, in eenvoudige en toch o, zoo melodieuse woorden! Jou taal goed, goed onder de knie hebben, en dan die mooie, gewijde muziek verstaanbaar voor ulieden maken! (...) Kon ik je maar mijn taal leeren, dat je van ons moois genieten kon in zijn oorspronkelijken staat. (...) Voel je iets voor 't leeren van de Javaansche taal? Moeilijk is zij zeer zeker, maar o, zoo mooi! Het is een gevoelstaal vol poëzie en... snedigheid. (p. 251-2, 258; zie ook p. 251-5, 271)

Kartini belichaamde in woord en daad de behoefte van haar land aan verandering. 'O! heerlijk, dat wij juist leven in dezen tijd! De overgang van het oude in het nieuwe!' (p. 43). Een overgangstijd vraagt om aanpassing en improvisatie, vereist communicatie. Maar een collectief verzet dat het individu, de Ander, niet laat bestaan, kan niet communiceren. Het kan weinig meer doen dan geboden herhalen. Kartini begon met zich tegen die norm te verzetten, en het enige wat zij ontdekte was dat intermenselijke communicatie onmogelijk was. Om het verlangen daarnaar te bevredigen, ging ze naar school met Europeanen die, zoals Todorov opmerkte, meesters waren in dat soort uitwisseling. En tijdens het proces waarin ze zichzelf leerde kennen als een levensvatbaar individu, als een vrouw, ging ze tevens dat andere soort communicatie beheersen: 'de interactie die plaatsvindt tussen de persoon en de religieuze wereld'.[24] Kartini keerde terug naar de kern van haar wezen, een essentie waarvan de kennis haar was verboden.

Terwijl mannen voor vorm kunnen zorgen, zorgen vrouwen voor inhoud. We zullen ontdekken dat Kartini er weinig moeite mee had haar individuele lot te laten samenvallen met de bredere behoeften van haar volk. Zij kon dat doen omdat ze ging begrijpen dat de vrouw niet tot onverschilligheid in staat is, dat er een belangengemeenschap bestaat die dieper gaat dan de adat. Ze beschreef deze simpele gedachte in de vorm van een verhaal over zichzelf en haar zusters dat ze opnam in een lange brief aan mevrouw Abendanon:

> En klein broertje deed de poorten van dat hartje weder openspringen voor Moeder. Klein broertje leerde haar: wát een moeder is, en wat haar kind haar is verschuldigd. Moeder had donkere kringen onder de oogen, zag er zwak en afgetobd uit, en broertje deed dat, broertje, dat haar bijna nooit met rust liet, dat haar 's nachts keer op keer wakker riep. En tóch, hoe lastig broertje ook was, nooit zag ze eenigen wrevel op Moeders gelaat; wanneer broertje moord en brand schreiend haar riep, in een oogwenk was zij bij hem, en teeder nam zij hem op om hem niet uit de armen te leggen, voor hij weer zoet ingesluimerd was. Was zij ook eens niet zoo klein en hulpeloos als broertje geweest? en had haar moedertje zich toen niet afgesloofd om haar? (p. 64)

Deze korte scène, verteld alsof het met iemand anders gebeurde, lijkt mij het moment waarop Kartini tot dieper inzicht kwam. Twee jaar later pleitte ze voor een meer omvattende interpretatie van het moederschap: voeding van de geest zowel als van het lichaam.[25]

> Eigenwijs van ons, om 'moeder' te spelen en dikwijls over 'kinderen', die ouder zijn dan wij. Maar wat doet leeftijd er toe? Ieder mensch heeft liefde noodig, de grijsaard zoowel als het kind.
> Zou de vrouw werkelijk alleen en uitsluitend in het huwelijk tot haar recht, tot de volle ontwikkeling harer gemoedsgaven kunnen komen? – omdat der vrouw hoogste en schoonste glorie is het moederschap? Maar moet een vrouw dan absoluut een eigen kind hebben om 'moeder' te zijn, zooals dat woord behoort te beteekenen: een wezen, één liefde en toewijding? Als dat waar was, hoe bedroevend laag is het standpunt der wereld dan, dat men alleen een stuk van zichzelf kán liefhebben, met algeheele overgave van het eigen ik! Hoeveel moeders zijn er niet, die alleen 'moeder' heeten, omdat zij kinderen ter wereld hebben gebracht, maar die verder den moedernaam niet waard zijn te dragen. Een vrouw, die zich aan anderen geeft, met ál de liefde, die er in haar hart is, met alle toewijding, waartoe zij is in staat, is in geestelijken zin 'moeder'.
> Wij stellen de geestelijke moeder hooger dan de lichamelijke. (p. 274)

Ook al leed Kartini zwaar onder mannen en hun adat, ze was in staat ook hen in te sluiten (p. 47, 289), hoewel ze vast overtuigd bleef van de rol van 'De Vrouw als draagster der Beschaving' (p. 100). De oorsprong van deze grootheid hebben we al geraden: vrouwen zijn beter voorbereid op de overdracht van cultuur omdat 'moeder Natuur zelf haar in handen legt: *moeder – eerste opvoedster* zijn van het menschdom' (p. 289). Ze gebruikt 'opvoedster' hier in de oude, dubbele betekenis van 'voeding' en 'opvoeding'. 'Van de vrouw ontvangt de mensch zijn allereerste opvoeding – aan háár schoot leert het kind *voelen* en *denken*, *spreken*; en meer en meer zie ik in, dat die vroegste opvoeding *niet zonder beteekenis* is voor 't heele leven' (p. 100; zie ook p. 45, 127, 325). De vrouw is duidelijk de voedingsbodem van gevoel en verstand (ooit bekend als *mother wit*, aangeboren begrip), omdat zij de eerste is die deze doorgeeft. Daarom was Kartini er vast van overtuigd dat opvoeding niet beperkt moest worden tot het verzamelen van feiten. Haar mening is weer een voorbeeld van de voorrang van inhoud boven vorm. 'Naast 't hoofd, moet 't hart geleid worden, anders blijft de beschaving slechts aan de oppervlakte' (p. 135; zie ook p. 99, 172).

In enkele jaren ontwikkelde Kartini's behoefte aan intermenselijke communicatie zich tot het inzicht in de behoefte aan wat Todorov beschouwde als de communicatie tussen de enkeling en de wereld. Opnieuw werd de natuur haar steun en toeverlaat: 'Moeder Natuur heeft ons nog nooit ongetroost laten gaan, als wij bij haar om opbeuring komen' (p. 99; zie ook p. 110-3, 118). Ook tuinen inspireren haar (p. 75-6) en ze betrapte zich erop dat ze wenste uit de maatschappij weg te zijn om alleen te zijn in en met de natuur (p. 132). En als kind van de kustplaats Djapara voelde Kartini zich altijd verjongd door de zee (p. 176) die haar 'groote vriendin' (vrouwelijk!; p. 163) was.

Kartini dacht aanvankelijk dat godsdienst een vloek in plaats van een zegen voor de mensheid was (p. 21). Ten slotte accepteerde de islam de adat. Maar ze leerde geleidelijk dat '*niet de godsdienst* liefdeloos is, maar dat het *menschen* zijn, die het oorspronkelijke goddelijk mooie leelijk maken. De mooiste en de hoogste godsdienst vinden wij de *Liefde*. En moet men dan absoluut een Christen zijn om naar dit goddelijk gebod te kunnen leven? Ook de Boeddhist, de Brahmaan, de Jood, de Mohammedaan, zelfs de heiden, kan een zuiver liefdeleven leiden' (p. 311). Op dezelfde manier waarop ze de pretentie van de adat afwees door tegen haar correspondent te zeggen: 'Noem mij maar Kartini' (p. 9), ontdeed ze ook de godsdienst van zijn valsheid door hem terug te brengen tot een fundamentele waarheid: 'Zonde noem ik alle daden, die een medemensch lijden doen'(p. 16).

Kartini werd evenzeer een Javaans ideaal als een symbool voor het moderne Indonesië. Haar voorbeeld past bij de moderne Javaanse maatschappij, een maatschappij die onlangs door een geleerde is geprezen om 'een vermogen tegenstrijdige normen en ideeën in zich op te nemen en te verdragen, het vermogen ideeën en waarden die in veel westerse contexten onverenigbaar zouden zijn naast elkaar te laten bestaan, een buitengewoon vermogen tot sympathieke tolerantie in sociaal gedrag'.[26] Kartini moet beschouwd worden als een symbool van een ruimere waarheid, een waarheid die erop duidt dat een vermenging van diverse culturen culturele starheid kan verzachten en zelfs kan leiden tot een herontdekking van wat misschien het beste is in deze beschavingen. Todorov wees op een soortgelijke situatie bij zijn bespreking van het Spaanse kolonialisme: 'is elke invloed, alleen omdat hij van buitenaf komt, nadelig?... Kan de geschiedenis van enig land iets anders zijn dan de optelsom van de opeenvolgende invloeden die het heeft ondergaan? Als er werkelijk een volk bestond dat elke verandering zou afwijzen, zou dit dan wijzen op iets anders dan op een overdreven doodsinstinct?'[27]

Zoals Kartini's voorbeeld zo duidelijk illustreert, hoeft een vreemde invloed niet a priori schadelijk te worden genoemd. En als men ervoor open staat, hoeft dit niet te betekenen dat men zijn afkomst verloochent. Er moet iets zijn waarop men zich met meer voordeel kan beroemen dan op chauvinisme. Op de drempel van de twintigste eeuw liet Kartini zien dat dit grotere goed, zo niet begrijpelijk voor het verstand, grijpbaar is voor het gevoel.

V

DE TWINTIGSTE EEUW

13

E. DU PERRON (1899-1940): HET HUIS VAN DE HERINNERING

De belangrijkste figuur in de Nederlandse koloniale literatuur van de twintigste eeuw is Charles Edgar du Perron. Als telg van de koloniale aristocratie werd hij op 2 november 1899 geboren op een landgoed bij Batavia. Hij stierf op 14 mei 1940 aan het begin van de Tweede Wereldoorlog. Zowel in zijn korte leven als in zijn uitgebreide oeuvre keren veel van de eerder besproken onderwerpen en motieven terug, al geldt voor een aantal ervan dat Du Perron de grenzen overschreed die hierboven in hoofdstuk 11 over Daum en tempo doeloe werden geschetst. Bovendien voegde hij het thema toe dat de Nederlandse koloniale literatuur van de twintigste eeuw domineert: het thema verlies. Een ander belangrijk onderscheid is dat Du Perron de eerste koloniale schrijver van belang was die in Indië werd geboren en daar opgroeide.[1] Ingewijden hebben het karakteristieke Indische aspect van zijn gedrag, uiterlijk en instelling opgemerkt;[2] hetzelfde kan gezegd worden van zijn aard en van een bepaald ethos dat gedurende zijn veelbewogen leven opvallend consistent bleef. Zijn achtergrond vertoonde ook een frappante overeenkomst met de maatschappij van de Cavaliers van het Amerikaanse Zuiden.

De wereld van Du Perrons jonge jaren was die van het 'koloniale patriciaat', zoals hij het nog in 1939 noemde.[3] Deze hogere kringen beschouwden zichzelf als door en door Indisch. Met hun eigenmachtig optreden waren zij net zulke koppige individualisten en net zo onbesuisd als de vooraanstaande families van het Amerikaanse Zuiden.

Du Perron was een koloniaal pur sang; allebei zijn ouders hadden banden met die groep van invloedrijke families die het in de achttiende en de negentiende eeuw in de koloniale maatschappij voor het zeggen had. In overeenstemming met de eerdergenoemde matrilineaire tendens, was de mannelijke lijn van de Du Perrons tot welstand gekomen door een goed huwelijk te sluiten. Du Perrons grootmoeder van vaderskant was de stiefdochter van Agraphina Augustina Michiels (1792-1875), de enige overgebleven erfgename van de schat- en schatrijke Augustijn Michiels, die in de koloniale geschiedenis beter bekend is als 'Majoor Jantje'.[4] Als weduwe van vijftig (in die dagen een hoge leeftijd) trouwde Agraphina Michiels tegen alle verwachting in met een robuuste militair, kolonel Petrus Henricus Menu (1790-1875). Aangezien zij ermee had ingestemd in gemeenschap van goederen te trouwen, erfde de kolonel na haar dood al haar bezittingen, inclusief het ooit befaamde landgoed met de naam Tjitrap. Aan het landgoed was een lange lijst illustere namen uit de kolonie verbonden, die teruggaat tot in de achttiende eeuw.[5] Petrus Menu overleefde zijn indrukwekkende tweede vrouw met slechts negen maanden en het fortuin van de Michielsen werd verdeeld onder drie van Agraphina's stiefdochters, onder wie Margaretha Catharina Menu, die in 1848 was getrouwd met Henricus Wilhelmus du Perron (1820-1900), jurist en later president van het koloniale hooggerechtshof.

Du Perrons grootvader, Henricus Wilhelmus, was niet welgesteld. Hij was de zoon van Louis du Perron. Deze werd in 1793 op Ceylon geboren en was de aangenomen zoon van Jean-Roch du Perron, een Fransman uit Auvergne die als beroepsmilitair in dienst was bij de VOC.[6] Louis, die aan de kant van het Hollandse leger bij Waterloo vocht, wist het net niet tot generaal te brengen en verliet de dienst als kolonel in het Nederlands-Indische leger. De oudtante van de schrijver, Geertruida Menu, trouwde met een luitenant met een adellijke titel, jonkheer G.M. Verspijck (1822-1909), die in de herinnering zou voortleven als generaal die onderscheiden werd voor succesvolle expedities op Borneo en Sumatra. Een andere zuster van Du Perrons vader was ook weer getrouwd met een adellijke militair, die de commandant van het Nederlands-Indische leger werd, terwijl de broer van deze man, C.H.A. van der Wijck, van 1893 tot 1899 als gouverneur-generaal het bewind voerde. Deze uitgesproken militaire erfenis zou voor de schrijver op rijpere leeftijd een belangrijke emotionele kwestie worden.

Du Perrons vader was Charles Emile du Perron (1861-1926), de jongste van de vijf kinderen van Margaretha Menu en Henricus du Perron. Charles Emile, een rijke landeigenaar, raakte verliefd op de vrouw van een welgestelde planter, Marie Mina Madeline van Polanen Petel, geboren Bédier de Prairie (1865-1933). Toen zij eenmaal gescheiden was, traden ze in 1898 in het huwelijk. Du Perrons moeder kwam uit een Franse familie van kooplieden die lang genoeg op Réunion (het Franse eiland in de Indische Oceaan) had verbleven om voor nakomelingen van gemengd bloed te zorgen. Haar grootvader kwam in 1830 naar Java. Haar vader, die hem enkele jaren later volgde, stierf toen ze twee was. Ze werd opgevoed door een katholieke tante en later onder het toezicht geplaatst van de resident van Solo omdat het haar, een tiener nog, verboden werd te trouwen met de man die later haar eerste man en de vader van haar eerste kind, Oscar, zou worden. Haar zuster, Clementine, trouwde nadien met John Couperus, een hoge ambtenaar bij het BB en een oudere broer van Louis Couperus.

Marie Mina en Charles Emile hadden maar één kind, een zoon, die als E. du Perron naam zou maken als romanschrijver, essayist en dichter. Du Perrons moeder was gevallen voor wat ze 'een echte mán'[7] noemde, zoals ze haar zoon na de dood van haar echtgenoot vertelde, een man die, als een landheer uit het Amerikaanse Zuiden, zijn machogedrag temperde door zijn charmes van gentleman. Bewonderd als ruiter, danser en provoost op de wapens, werd Du Perrons vader berucht om zijn driftbuien en zijn gave om zich, als het om vrouwen ging, in de nesten te werken – in Indië sprak men in zo'n geval van *perkara's*. Du Perrons portret van zijn vader in zijn autobiografische roman *Het land van herkomst* is dat van een ijdele, trotse en gewelddadige man, bekwaam, onbevreesd, moedig in fysiek én moreel opzicht. Als uiterst onafhankelijk man, van een beschaving die weldra achterhaald zou zijn, had hij weinig sympathie voor het dwarse en eenzelvige kind dat bang voor hem was. Ondanks hun moeizame verstandhouding kwam Du Perron toch tot het inzicht waarom zo iemand zelfmoord pleegt. Net als Hemingway in 1961, ontbrak het de koloniale landheer aan de mentale moed om zijn aftakeling te aanvaarden.

> Maar wat weet ik tenslotte van hem af? Voor welk beroep op zijn zenuwen, welke gerekte krachtsinspanning, welke teruggedrongen gevoelens gedurende heel een bestaan boette hij, en wat hebben mijn moeder en ik beseft van de vernederingen die hij in zijn laatste jaar moet hebben gevoeld: tegenover het beeld vooral waarnaar hij altijd geleefd had? Een man van 65 schiet zich op een dag dood met het laatste protest misschien van die hij was toen hij 35 was, uit naam van die ander en omdat hij nooit gedacht had het leven te moeten proeven met een vals gebit, een bedorven maag en impotent (*LvH* 420).[8]

Zowel E. du Perron als de zuidelijke aristocraat W.A. Percy zag de mythe van de mannelijkheid belichaamd in zijn vader. Percy had niet de illusie ooit zijn 'verbluffende vader'[9] te evenaren, een man die uitblonk als schutter, ruiter, spreker en danser, en die bovendien was 'gezegend' met zulke 'innemende' én 'stoere' onhebbelijkheden als drankzucht, goklust en 'bronstigheid'[10]. Op dezelfde manier voelde de jonge Du Perron 'een soort heldenverering' voor zijn vader, een djago (*LvH* 70), die eveneens bedreven was in deze mannelijke vaardigheden. Voor een jonge zoon is een dergelijke vader niet gemakkelijk na te volgen. Zowel Percy als Du Perron verschool zich achter bedeesdheid en angstvalligheid, ervan overtuigd dat zij wel moesten falen. In de tussentijd 'jaagden zij rond op zoek naar een zinvol doel', zoals Percy het formuleert.[11] Percy voldeed aan de mannelijke verplichtingen door tijdens de Eerste Wereldoorlog dienst te nemen, terwijl Du Perron zich bekwaamde in vechtsporten als boksen en schermen en zichzelf dwong de fysieke confrontatie aan te gaan met djago's van zijn eigen leeftijd. Beide zonen moesten ook wedijveren met geïdealiseerde familieleden die door hun vader in het geheim bewonderd werden. Percy kon nooit zijn overleden broer evenaren, die 'een en al jongen, een en al robuuste en luidruchtige charme'[12] was geweest. Du Perron op zijn beurt ondervond de superioriteit van zijn halfbroer Oscar. De beschrijving van zijn oudere halfbroer laat afgunst doorschemeren (*LvH* 190-3). Hij is zo uit het werk van Faulkner weggelopen: prettig in de omgang, levenslustig, onverschillig tegenover cultuur en Europa, en alleen gelukkig als hij met zijn honden op jacht is in de wildernis van Java. Veel te terloops vermeldt Du Perron dat zijn vader op Oscar gesteld was en dat de twee heel goed met elkaar konden opschieten (*LvH* 190). Maar hij ontkende deze schaduw van hemzelf geenszins en, met omvormingen, voegde hij Oscar en zijn vader samen in de figuur van Ducroos vriend Arthur Hille, de geharde luitenant uit *Het land van herkomst.*

Du Perron voelde zowel angst als bewondering voor zijn autocratische en opvliegende vader maar hij verachtte hem niet op dezelfde manier als de door hem bewonderde Stendhal zei neer te zien op zijn ondraaglijk burgerlijke verwekker uit *Vie de Henry Brulard.* Hoezeer zijn gefingeerde alter ego, Arthur Ducroo, zichzelf er ook van langs geeft omdat hij een 'bourgeoiszoontje' is (*LvH* 532), toch is er maar weinig in het leven van zijn ouders dat hiertoe aanleiding geeft, behalve dan op een intellectueel vlak. Zij hadden zich veilig genesteld in die preburgerlijke en premoderne wereld die men wel gelijkstelde aan tempo doeloe, een wereld waar Du Perrons grootmoeder van vaderskant haar zoon een landgoed bij Buitenzorg kon geven enkel omdat hij haar lieveling was, of waar zijn vader uit verveling het besluit kon nemen een rijstpellerij te beginnen op een afgelegen plek aan de zuidkust van Java, op dezelfde nonchalante en zorgeloze wijze waarop in Cables *The Grandissimes* de planter Nancanou uit Louisiana zijn hele landgoed op één enkele kaart zet. Het ging hier om een hedonistische wereld waar Ransoms 'levenskunsten' altijd voorrang kregen, waar de Du Perrons in Europa net zo buitensporig geld verkwistten als Henri Uhlstra in Daums *Ups en downs,* en waar de vader een kasteel in Gistoux in België kon kopen, eenvoudig omdat hij er zich toe 'aangetrokken' voelde (*LvH* 419) en een plaats nodig had voor het teveel aan meubels die hij met de jaren op veilingen had verzameld.

De moeder van Du Perron was al niet anders. Rob Nieuwenhuys vond haar een uitstekend voorbeeld van de vroegere grande dame of njonja besar.[13] Ze was net zo eigenzinnig, verwend en egocentrisch als haar echtgenoot, hoewel ze nooit zou ontkennen dat hij de toekang, de baas was. Ze gaf de voorkeur aan het gezelschap van Javaanse en Chinese dames boven dat van Europese, maar toch aarzelde ze niet om de inlandse bedienden te slaan als ze zich naar haar oordeel weerspannig gedroegen. Overigens mishandelde de hele familie inlanders algauw, omdat ze zich als vanzelfsprekend superieur aan hen voelde. Hoewel zij verwend, in de watten gelegd, bijgelovig en bijzonder sentimenteel was, voelde Du Perrons moeder zich toch ook volkomen op haar gemak toen ze een zwaar bestaan leidden in Balekambang of Zandbaai, waar zijn vader tussen 1906 en 1911 zijn rijstpellerij exploiteerde. Ze leefden er in een mooie maar onherbergzame omgeving die moeilijk te bereiken was en waar het eindproduct alleen per prauw of door een incidenteel passerend vrachtschip naar de markt gebracht kon worden. Ze woonden aanvankelijk in niet veel meer dan een pondok, moesten het doen met wat ter plaatse voorhanden was en moesten volledig op zichzelf kunnen staan omdat ze de eerste blanda's (of Europeanen) waren die zich hier vestigden. De Du Perrons leidden hier het pioniersbestaan dat doet denken aan dat van de De Willigens in Beb Vuyks *Het laatste huis van de wereld* (zie volgende hoofdstuk). Du Perrons moeder was de eerste blanke vrouw met wie de inlanders in aanraking waren gekomen, en terwijl ze de kracht en de driftbuien van haar man vreesden, hielden ze van haar vanwege haar bescheiden medische hulp en haar vriendelijkheid in de omgang, en omdat zij vloeiend Soendanees met hen kon spreken. Het was een vreemde en tot mislukken gedoemde onderneming die in latere jaren voor Du Perron, die zes was toen ze er voor het eerst heen gingen, een idyllische droom zou worden. Aan de andere kant kon zijn moeder niet tegen alleenzijn, had ze een groot gevolg aan bedienden nodig die ze naar willekeur in dienst nam en ontsloeg, hield ze ervan met haar Javaanse en Chinese vriendinnen op de vloer zittend om geld te spelen, wilde ze zo vaak mogelijk op de speciale Javaanse wijze gemasseerd worden, en ontving ze een bont gezelschap eigenaardige maar interessante vriendinnen.

Als bevoorrecht en enig kind te midden van zo'n kleurrijke familie en in zo'n unieke omgeving opgroeien, is iets dat men nooit kan vergeten of negeren. Eddy du Perron was een even moeilijk kind als Stendhals Henry Brulard maar, gegeven de koloniale setting, veel verwender. Toen zijn ouders hem op een keer alleen lieten met de bedienden, overtrad hij de grenzen van wat zelfs een bevoorrecht kind was toegestaan: als een prins in het klein, gaf hij opdracht tot een muziekuitvoering in zijn kamers, liet hij de bedienden voor zich dansen en had hij zelfs de euvele moed de arbeiders van zijn vader het bevel te geven een schildpad de vrijheid terug te geven, ook al lag het in de bedoeling hem in het dorp op te eten. Geen spoor van angst, ook al was hij pas elf en alleen in een afgelegen streek waar geen andere Europeanen woonden (*LvH* 227-8). Zijn eigen bediende, baboe Alima, had geen gezag over hem. Zij was een lieve, bedeesde vrouw en had haar man en familie verlaten (*LvH* 86) om zichzelf enkel en alleen aan de jongen te wijden. Hij was een kind van vier maanden toen ze kwam, en ze bleef bij hem tot aan haar dood toen Du Perron veertien was. Ze gaf hem de naam 'Toet', en zo bleef hij zijn hele jeugd door heten. Alima was volkomen dienstbaar aan hem en hij behandelde haar op de eerdergenoemde gebiedende wijze, wat ook inhield dat hij zich te lui betoonde om ook maar iets zelf te doen. Zelfs toen hij op een keer naakt was en zich in een beschamende situatie bevond, wilde hij zich niet zelf aankleden maar riep hij Alima hiervoor te hulp (*LvH* 169)! Aan de andere kant vestigt hij de aandacht op Alima's ongeëvenaarde vriendelijkheid en geeft hij indirect aan dat zij superieur was aan ieder ander in huis (*LvH* 115).

Alima en andere bedienden vertelden het kind Javaanse spookverhalen, sprookjes en dergelijke. Het ging geloven in de geestenwereld, zag verschijningen, gaf al te veel toe aan zijn verbeelding en aanvaardde het als volkomen normaal dat beide ouders vervuld waren van wat Europeanen afdeden als bijgeloof. Net als kinderen uit het Amerikaanse Zuiden speelde Du Perron niet met blanke leeftijdgenoten. Hij sprak Maleis, Soendanees, zelfs een soort plaatselijk slang, en weigerde aanvankelijk Nederlands te leren. Hij kreeg lukraak onderwijs, onder andere privé-les van zijn vader, totdat hij uiteindelijk gedwongen werd naar een middelbare school te gaan. Het wekt geen verbazing dat formeel onderricht de verwaande jongeling niet aansprak en dat zijn zelfvertrouwen een lelijke deuk opliep, toen hij erachter kwam dat hij niet de baas kon spelen over zijn Europese medeleerlingen zoals hij gewend was dat te doen over Javaanse en Chinese jongens.

Hoewel de culturele en intellectuele aspecten van het alledaagse leven in Indië zeker net zo pover waren als in het oude Zuiden, zwichtte Du Perron toch niet voor de middelmatigheid ervan omdat hij, anders dan de meeste kolonialen, zich aangetrokken voelde tot de inheemse cultuur, bijvoorbeeld de gamelanmuziek en het wajangpoppenspel van Java, om nog maar te zwijgen van krontjong, een muzieksoort die populair was bij de Indobevolking en die hij zelfs in Europa loyaal verdedigde. Zijn andere redding was lezen. Hij kon zo ongeveer alles lezen omdat, ook al werden in die tijd boeken geregeld aan een grondig onderzoek onderworpen, de ouderlijke censuur tamelijk willekeurig was. Du Perrons voorbeeld was zijn vader, een allesverslindend, zij het onkritisch lezer. Zijn moeder daarentegen ging geheel en al op in het Indische tijdverdrijf van roddelen, spelen en kankeren. Hij verslond heel wat boeken die zijn leraren als troep beschouwden, maar net als bij Stendhal waren het deze 'plats romans' ('onbenullige romannetjes')[14] die maakten dat het schrijverschap de roeping van zijn leven werd. Het waren tevens de eerste teksten die hem leerden schrijven. Dumas, Stevenson en (de vroege) Van Schendel lieten hem zien dat de grootste emotie in eenvoudig, direct proza gegoten kon worden en niet de 'taalverrijking' vereiste die op dat moment in Nederland in de mode was[15] en die, net als in het geval van ingeblikte etenswaren, de natuurlijke kwaliteiten wegnam en verving door kunstmatige toevoegingen.

Zijn ongeregelde opvoeding ging door nadat de Du Perrons in 1911 terugkeerden naar de hoofdstad van de kolonie. Het onpraktische zakenavontuur was mislukt en Du Perrons vader had heel wat geld verloren. De eerstvolgende zes jaar bezocht Du Perron met matig succes een aantal scholen en kreeg hij privéles, maar in 1917 moest hij de HBS in Bandoeng verlaten. Hij was tegen die tijd begonnen met schrijven, raakte door zijn eclectische lectuur vervuld van het Parijse bohémienbestaan, werkte even voor een krant, reisde over het eiland waar hij geboren was en waagde zich zelfs op de afgelegen en nagenoeg onbekende Kangean-eilanden ten oosten van Madoera. Deze reis leverde zijn eerste belangrijke artikel op en wekte zijn belangstelling voor Indonesische archeologie; hij werkte zelfs korte tijd in een museum in Batavia.[16]

Du Perron senior probeerde zijn financiële verlies weer goed te maken door zijn aanzienlijke grondbezit te Gedong Menu, het landgoed in Meester Cornelis (het tegenwoordige Jatinegara), te verkavelen en de afzonderlijke kavels met behoorlijke winst te verkopen. Dit symboliseerde het einde van het tijdperk van koloniale grands seigneurs. De kolonie was steeds meer Europees van aard, technocratisch en progressief geworden, maar tegelijkertijd in politiek opzicht regressiever en conservatiever. Als grond bezittende patriciërs hadden de Du Perrons op planters en bestuurlijk personeel neergekeken als parvenu's en nieuwkomers die er geen bezwaar tegen hadden in loondienst te werken. Maar zij waren ten ondergang gedoemd. Zij waren als imposante dinosaurussen die zich er vaag van bewust waren dat zij een onzichtbare strijd om het voortbestaan aan het verliezen waren van kleine, meedogenloos efficiënte knaagdieren die zich weldra meester zouden maken van hun wereld. En toch zouden zij zich nooit verlagen tot een gevecht op het niveau van de ander. Net als Faulkners gefingeerde families Compton en Sartoris weigerden zij de venijnigheid te erkennen van de koloniale familie Snopes, die op het punt stond hun de toekomst uit handen te grissen.

Zij verlieten Java in augustus 1921 en Du Perrons ouders zouden hun land van herkomst nooit meer terugzien. Hun zoon had bijna 21 jaar op Java gewoond en zou er later, van december 1936 tot september 1939, nog eens bijna drie jaar doorbrengen. Bij elkaar is dit meer dan de helft van zijn leven. Hoezeer hij ook zijn best deed om een sophisticated Europees intellectueel te worden, Du Perron slaagde er nooit in enkele wezenlijke karaktertrekken uit te vlakken die voor eens en altijd zuiver Indisch zouden blijven. In 1936 verklaarde hij in een interview dat, als hij dan bij de een of andere groep móest horen, dan bij 'die van de "in Indië geborenen"'.[17]

Met zijn drieën leidden zij in Europa een leven dat veel weg had van dat van argeloze mensen ver van huis. Pascal Pia herinnerde zich dat ze geen enkele notie hadden van de waarde van de dingen in Europa, dat ze niet op de hoogte waren van de dagelijkse realiteit en voortdurend werden bedrogen.[18] De Du Perrons legden die naïviteit en argeloosheid aan de dag die alleen sociaal bevoorrechten zich kunnen permitteren. Pia suggereert dat, toen Du Perron senior een statig landhuis in België, bij Gistoux, kocht, hij er veel te veel voor betaalde omdat de makelaar in onroerend goed, een gravin van twijfelachtig allooi, zijn aristocratische neigingen wist te vleien. Toen het eropaan kwam het te verkopen, bleek het een kostbaar maar lastig bezit.

De jonge man die voor het eerst in Europa kwam in september 1921 was het in de watten gelegde, enige kind van rijke kolonialen. De Nederlandse schrijver Vestdijk merkte op hoezeer Du Perron eraan gewend was dat alles voor hem gedaan werd; hij zag het als iets vanzelfsprekends en had, als een logisch gevolg van deze veronderstelling, 'een enorm vermogen om zich boven de [alledaagse] dingen te plaatsen'.[19] Hij was ongeschikt voor gewoon werk en miste de scholing om in aanmerking te komen voor een baan op een niveau dat doorgaans was voorbehouden aan de hogere kringen. Gezien zijn talent was een artistiek beroep in feite het enige alternatief. Hij had wat praktische ervaring als schrijver. In Indië had hij enkele veelbelovende verhalen, een aantal essays en een mooie vertaling van Dumas' roman *Gabriel Lambert* gepubliceerd. Aan de andere kant besefte Du Perron dat zijn ongeregelde onderricht in Java hem verhinderde te concurreren met de Europese intelligentsia, en dus ging hij er met grote vastberadenheid toe over deze handicap weg te werken.

Een onvermijdelijk gevolg van zijn feodale verleden was zijn elitebewustzijn;

aanvankelijk was het een sociaal gegeven, later werd het een moeizaam verworven soevereiniteit van de geest. Het op de familie gerichte leven in de kolonie, dat voor Du Perron al snel een tragische ondertoon zou krijgen, werd omgezet in een intellectuele 'familieroman' ('family romance') die werd uitgebeeld op het domein van de literatuur. In Europa kon de mythe van de viriliteit uiteengenomen en opnieuw uitgevonden worden als een militante mentaliteit, terwijl de typisch koloniale eis van persoonlijke interactie vertaald werd in een afwijzing van abstract getheoretiseer en in een daarmee samengaande nadruk op idiosyncratisch individualisme. De intrinsieke romantiek van de koloniale samenleving werd niet afgedankt, evenmin als de daarmee gepaard gaande emotionaliteit. Du Perron ging in het cynische interbellum de hartstocht verdedigen, en toch lukte het hem het typisch koloniale sentimentalisme van zijn moeder in te perken. Twee mogelijk schadelijke overblijfsels van Du Perrons autocratische jeugd werden onderzocht op hun meer leerzame mogelijkheden. Du Perron zag in dat de melancholie die zozeer deel uitmaakte van de koloniale ervaring in de twintigste eeuw, nauwelijks afwijkender was dan de culturele wanhoop van het Europese pessimisme tussen de twee wereldoorlogen, terwijl zijn innerlijke eenzaamheid (die van grote betekenis was voor zijn persoonlijkheid en zijn werk) in zijn geschriften uitdrukking vond als 'cette tristesse voisine de la colère' ('een droefheid die bijna woede is'), zoals Stendhal het zo fraai formuleerde.[20] Willem Walraven merkte het onmiddellijk op; volgens hem '[was] deze hoogst merkwaardige man (...) gevoelig tot op het schuwe af en zeker niet opgewassen tegen de wereld, (...)'.[21] Walraven schreef in 1939 in een brief:

> Du Perron, die after all nog nooit de zakenwereld en wat daarbij komt van den binnenkant heeft bekeken, is veel te goed van vertrouwen jegens menschen. Ik beef altijd een beetje voor hem, want het volk is zoo slecht. Hij is veel te openhartig, en het eenige gebied, waarop hij eigenlijk niet openhartig is, zijn de zaken van zijn vrienden. Die bewaart hij secuur in zijn warme vriendenhart, maar zijn eigen zaken, daarvan zou hij inzage geven aan lui, die het heelemaal niet waard zijn.[22]

Er was één terrein waarop men Du Perron niets meer hoefde te vertellen. Seksualiteit was een omstreden kwestie in de Europese samenleving en kon in de literatuur aanleiding tot rechtszaken geven, maar, zoals we gezien hebben, was zij veel minder controversieel in de Oost. De tropische erotiek, die zozeer deel uitmaakte van de koloniale ervaring, was als erkend onderwerp nagenoeg taboe en Du Perron kwam in conflict met de Europese preutsheid. De roman *Het land van herkomst* was eerlijk in de wijze waarop de seksualiteit beschreven werd, hoewel dit naar huidige maatstaven gemeten ingetogen gebeurde; en toch werd het boek er jarenlang van beschuldigd pornografie te zijn. Zijn Nederlandse vriend Vestdijk, zelf een schrijver die vaak verwikkeld was in controverses over zijn veronderstelde 'vuilschrijverij', leverde later, bijna met afgunst, commentaar op Du Perrons 'uitgebreide kennis van het menselijk geslachtsleven [gepaard] aan een oncalvinistische openhartigheid'.[23] Maar in overeenstemming met de natuurlijke hoffelijkheid van zijn vriend merkte Vestdijk ook op dat Du Perron bekendstond om zijn tact en nooit vulgair was. De koloniale gentleman bezat een instinctieve vertrouwdheid met het erotische en kende niet die bijna hysterische obsessie met seks die zich in het midden van de twintigste eeuw in de Nederlandse literatuur en samenleving manifesteerde.

In de jaren twintig wist Du Perron zich een literair alter ego aan te meten. Hij verwerkelijkte zijn droom – een bohémienbestaan – door negen maanden in Montmartre te gaan wonen, wist vrienden te vinden onder schrijvers en kunstenaars, reisde veel en publiceerde gemaniëreerde modernistische teksten onder verschillende pseudoniemen (met 'Duco Perkens' als het meest gebruikte) in kleine uitgaven in eigen beheer. Tijdens zijn armoedige leventje in Montmartre in 1922[24] ontmoette Du Perron de Franse letterkundige Pascal Pia (1903-1979). Pia was dagbladredacteur (hij was, bijvoorbeeld, hoofdredacteur van *Combat*, de krant die meestal met Camus geassocieerd wordt), journalist (een beroep waaraan hij een hekel had maar dat hij toch trouw bleef om zijn brood te verdienen) en een erudiet kenner van de Franse literatuur. Beminnelijk en loyaal als hij was, bracht de onbemiddelde Pia Du Perron in aanraking met de klassieken van de moderne Franse literatuur, onder wie Stendhal; de uit Grenoble uitgeweken schrijver werd Du Perrons inspirator voor het leven.[25]

Vijf jaar later ontmoette hij André Malraux (1901-1976). Hoewel Du Perron de Franse romanschrijver erom waardeerde dat hij in zijn werk de persoonlijke aspecten niet gescheiden hield van de intellectuele, distantieerde hij zich toch geleidelijk aan van de meer politiek geëngageerde Malraux omdat deze in die tijd van mening was dat politieke actie op één lijn gesteld kon worden met het denken. Du Perron maakte de ommekeer van Malraux na de Tweede Wereldoorlog niet meer zelf mee, maar ooit hadden ze veel gemeenschappelijk en waren ze goede vrienden. Malraux droeg *La Condition humaine* (1933) aan Du Perron op, en Du Perron vertaalde de beroemde roman in het Nederlands (uitgegeven in 1934). In zijn *Antimémoires* (1967) stelt Malraux zonder meer dat Du Perron 'mijn beste vriend' was, en het is duidelijk dat zij de overtuiging deelden dat 'het avontuur' iets meer was dan een veranderlijke droom, dat het stond voor een fundamentele houding ten opzichte van het leven, die de vrijheid hoog in het vaandel voerde en die tegen de burgerlijke regelmaat inging.[26] Het avontuur beperkte zich niet langer tot fysieke actie maar kon ook in ruimere zin uitgedrukt worden door middel van intellectuele durf. Vestdijk was van mening dat dit Du Perrons 'wezenlijke domein' was: 'de ernst van het avontuur en de trouw daaraan'.[27] Toen Du Perron in 1927 een nieuw tijdschrift voor kunst en literatuur oprichtte, noemde hij het *Avontuur*.[28]

Du Perron was geheel doordrenkt met Franse literatuur. Stendhal (in het bijzonder *Vie de Henry Brulard*) en Valery Larbaud (boven alles *A.O. Barnabooth. Son journal intime*) bleven de rest van zijn leven persoonlijke idolen en oefenden aanzienlijke invloed uit op zijn werk. Na 1927 begon hij zich ook te verdiepen in de contemporaine Nederlandse literatuur,[29] maar met uitzondering van Multatuli (die hij al in Java had gelezen) zou zij nooit hetzelfde gezag voor hem hebben als de Franse en Engelse literatuur.

Ooit bood Du Perron zijn vriend Malraux schertsend de grond aan die zijn familie in Balekambang bezat,[30] alsof hij inderdaad de Javaanse aristocraat was waarvoor sommige Parijzenaren hem ten onrechte hielden. Maar zijn rol van welvarende dilettant zou weldra in gevaar gebracht worden toen zijn onbewezen volgroeidheid door tegenslag in ernstige mate op de proef gesteld werd. In 1926, het jaar waarin hij Duco Perkens, het alter ego uit zijn begintijd, symbolisch ten grave droeg, schonk Simone Sechez, het dienstmeisje van zijn moeder, hem een zoon. Twee jaar later trouwde hij met haar uit ethische overwegingen. Zijn vader deed in 1925 de desastreuze aankoop van het kasteel in Gistoux; in september 1926 pleegde hij zelfmoord, toen hij zijn depressies niet meer de baas was. De komende zes jaar was Du Perron, net als Thomas Chaplin van de Tombee-plantage, financieel van zijn moeder afhankelijk. Zij had nooit kunnen wennen in Europa en deed haar uiterste best om een Indische omgeving te herscheppen. Zonder succes. In 1933 stierf ze, ongelukkig en geplaagd door angsten, en Du Perron, die er altijd op had gerekend dat 'zijn geld', dat wil zeggen een erfenis (*LvH* 13), zou bestaan uit een aanzienlijk bedrag, ontdekte tot zijn grote schrik dat er maar heel weinig over was. De wereld van Toet was dood en voor E. du Perron begon een strijd om het bestaan.

Gedurende de late jaren twintig verkreeg zijn werk een diepgang en diepzinnigheid die in het daaropvolgende decennium alleen maar zouden toenemen. Zijn poëzie won aan kracht, bijvoorbeeld in het indrukwekkende gedicht 'Gebed bij de harde dood', en zijn proza kreeg een nieuwe, dwingende noodzakelijkheid en een intense naar-binnen-gerichtheid waarvan het verhaal 'Het drama van Huize-aan-Zee' de eerste blijken gaf; compromisloos beschrijft het in detail de zelfmoord van zijn vader. Men zou er zijn verbazing over kunnen uitspreken dat Du Perron, praktisch gesproken, zijn belangrijkste teksten, en daarmee het grootste deel van zijn literaire productie, in iets meer dan tien jaar tot stand bracht. Tegen het einde van de jaren twintig begon hij ook Nederlandse literaire vrienden om zich heen te verzamelen. Hoewel zijn invloed op de moderne Nederlandse literatuur er in dit verband niet toe doet, moet wel de invloed genoemd worden die uitging van het literaire tijdschrift *Forum*, dat Du Perron in 1931 samen met Menno ter Braak (1902-1940)[31] oprichtte en dat tot 1935 bestond. *Forum* benadrukte de persoonlijkheid, de individuele integriteit van een auteur, terwijl het de vormcultus en de transcendentale sfeer waarin de conventionele Nederlandse literatuur helemaal opging, probeerde tegen te gaan.[32]

In 1930 bracht hij zijn beste poëzie samen in een bundel waarvan de titel veelbetekenend *Parlando* luidde, en in datzelfde decennium begon zijn polemische veldtocht tegen het Nederlandse literaire establishment. Het hoffelijk bedoelde maar onhoudbaar geworden huwelijk met Simone Sechez liep in 1932 op een scheiding uit. Twee maanden later trouwde hij met Elisabeth de Roos, een veel passender partner, die hij in 1931 had leren kennen. Zij is de vrouw die onder de naam 'Jane' fungeert als degene tot wie *Het land van herkomst* (verschenen in 1935) gericht is. In 1935 schonk Elisabeth de Roos het leven aan Du Perrons tweede zoon, Alain.

Tegen het midden van de jaren dertig was Du Perron blut, een toestand die geheel nieuw voor hem was. Schrijven was zijn enige bron van inkomsten. Hij beoefende allerlei vormen van journalistiek en schreef in een hoog tempo om maar de, doorgaans karige, voorschotten te kunnen innen. Hij vertaalde, deed redigeerwerk maar moest uiteindelijk toegeven dat het onmogelijk leek om een vast inkomen te vinden. Maar ondanks tegenslag weigerde hij toch zijn eerlijkheid te compromitteren. Du Perron was een harmonieus man: zijn overtuigingen en zijn handelingen waren met elkaar in overeenstemming. Gedurende de jaren dertig merkte hij dat de middelmatigheid boosaardige en militante trekken kreeg. Onder de vlag van het fascisme nam de massa het heft over en Du Perron realiseerde zich dat dit een veel groter gevaar vormde dan het intellectuele filisterdom. Geheel in overeenstemming met zijn karakter handelde Du Perron als een Don Quichot, en wel omdat deze handelwijze eerzaam was, met andere woorden: romantisch. In 1933 had hij een scherpe aanval gepubliceerd op de criticus Dirk Coster. Vijf jaar later vernietigde hij de resterende exemplaren van het boek, niet omdat hij zich wilde distantiëren van zijn vroegere standpunt maar omdat – zoals hij verklaarde in een openbare bekendmaking in een Nederlandse krant – de onenigheid met Dirk Coster slechts van literaire aard was. 'In den strijd, die thans gevoerd wordt tegen de barbarie' was hij Coster gaan zien 'als een zoo fatsoenlijk iemand, dat deze heele aanval op hem "overdone" lijkt. Leve de heer Coster, als men aan den toekomstigen Hollandschen Goebbels denkt.'[33] Voorwaar een ongebruikelijk en ridderlijk gebaar.

Chronische financiële onzekerheid was een van de redenen dat hij, na vijftien jaar Europa, besloot terug te keren naar Java. Een andere reden was ongetwijfeld nieuwsgierigheid en nostalgie, misschien aangewakkerd door de ervaring van het schrijven van *Het land van herkomst.* Ondanks twijfels van zijn vrouw en vrienden en zonder harde toezeggingen voor een baan, verliet Du Perron, samen met Elisabeth en Alain, Europa in oktober 1936 en een maand later was hij weer terug in wat hij nog steeds als de wereld van Toet beschouwde.

Du Perron had nooit de verwachting gehad zijn bevoorrechte positie terug te krijgen maar wel bestond de hoop dat hij zijn vertrouwdheid zou kunnen omzetten in de een of andere vaste baan. Dit bleek niet het geval te zijn en het hernieuwde, bijna drie jaar durende verblijf op Java werd een zware beproeving. De koloniale samenleving die hij in de jaren dertig aantrof, had het conservatisme dat inherent is aan het kolonialisme, tot overheidsbeleid gemaakt.[34] De hele wereld was in opschudding en alle oude waarheden lagen onder vuur. Angst had de westerling in een kuddedier veranderd dat in staat was op hol te slaan bij de minste zweem van gevaar. Batavia's grootste angst was een opkomend Indonesisch nationalisme. Alleen al de term 'Indonesië' was taboe. Deze was gemunt door de Duitse etnograaf A. Bastian en was al sinds 1884 in gebruik. Maar tijdens de repressieve jaren dertig werd het woord 'Indonesië' door de Nederlandse koloniale autoriteiten als iets subversiefs beschouwd. Van de ene op de andere dag was de vertrouwde kolonie vreemd geworden. Het was alsof iemands lichaam plotseling allergisch was geworden voor zichzelf; de kleinste zenuwtrek bracht angst en bezorgdheid teweeg. Daarom werd conformiteit een ideaal en mét de militante conformiteit kwamen sociale paranoia en onverdraagzaamheid. De laatstgenoemde verschijnselen waren hét kenmerk van de ambtsperiode van gouverneur-generaal B.C. de Jonge, die het bewind had gevoerd van 1931 tot 1936 en net vertrokken was toen Du Perron naar Java terugkeerde.

Terwijl de autoriteiten jacht maakten op communisten en opstandelingen en het realistischer gevaar van de kant van Japan en Duitsland met de dag dreigender werd, begon Du Perron zijn zoektocht naar een persoonlijk verbond, een waarborg tegen onbestendigheid. Sinds hij Java vijftien jaar geleden had verlaten, was hij, volgens de observatie van Pascal Pia, 'ontworteld' en ontheemd. Zoals Pia hem meemaakte, kon hij zich niet voorstellen dat Du Perron 'ergens zou kunnen wortelen' ('je ne le vois pas s'enracinant quelque part'[35]), maar toch had hij er als iedereen behoefte aan te weten dat hij een band had met iets blijvends. Emotioneel gezien ligt het geheel in de rede dat hij, zo zonder familie- en gemeenschapsbanden, ernaar verlangde weer daar te zijn waar hij ooit bescherming had gevonden. Het werd een zware teleurstelling voor hem.

Du Perron trok eerst op met planters, in de mening dat enkele van de betere eigenschappen van tempo doeloe in deze onverzettelijke groep bewaard zouden zijn gebleven. Algauw voelde hij een even grote minachting voor hen als zijn vader. Ze hadden geen waardering voor intelligentie, een afwijkende mening werd niet getolereerd, en bovendien hadden ze hun negentiende-eeuwse bekrompenheid gemobiliseerd binnen de NSB. Vroegere onverdraagzaamheid was veranderd in openlijke vijandigheid jegens nieuwe ideeën en Du Perron voelde zich 'eenzamer dan een paradijsvogel in een strontput'.[36] Hij zat klem in een maatschappij die wanhopig de status-quo wilde handhaven. Zij wilde niets liever dan saai, stompzinnig en veilig zijn, terwijl haar enige drijfveer uit hebzucht bestond. Niet veel anders dan in het geval van het Amerikaanse materialisme, beoordeelden de Nederlandse kolonialen uit de jaren dertig alles aan de hand van het prijskaartje. Én aan de hand van status. Du Perron was drie kwart van zijn leven gevrijwaard gebleven van de tirannie van het geld, van de last van een bestaan als loonslaaf, en hij had nooit de noodzaak gekend om voor de geloofsbrieven te zorgen die men benodigde om tot de gevestigde orde te kunnen behoren. Nu voelde hij zich buitengesloten en iedere dag was een strijd om het bestaan.

> Mijn heele 'drama' komt neer op een dom en eng drama-van-geld-moeten-verdienen. Ik ga nu naar bureau, waar ik geestdoodende dingen doe, voor 145 gulden 's maands, na aftrek van alle 'loonbelasting'. Batavia is zoo duur, dat een jonggezel

hier, om eenigszins behoorlijk te leven, 300 gulden hebben moet; allerlei mindere ambtenaren hebben 500 gulden. 'Aangekeken' word je hier pas vanaf duizend gulden. Het is door-en-door een samenleving van parvenu's, of anders van specialisten: leeraren, professoren, enz. En allerlei derde- en vierderangslieden worden hier krachtig opgeblazen tot onvervangbare Grootheden.[37]

De baan waar hij het over heeft, was een tijdelijke aanstelling bij het landsarchief, als een soort archiefambtenaar die zes gulden per dag verdiende! Hij hield 't er zes maanden uit. Het enige alternatief was de journalistiek maar dat betekende dat hij deel uit moest maken van een politieke groepering en, als een verklaard individualist, wilde Du Perron zich nergens bij aansluiten. Om het allemaal nog erger te maken, moest zijn vrouw noch van de tropen noch van de koloniale maatschappij veel hebben en zijn eigen gezondheid vormde gaandeweg een ernstig probleem. Eind 1938 moest hij in een ziekenhuis opgenomen worden wegens verontrustende hartklachten en een longontsteking. De enige oplossing was terug te keren naar Nederland. In vele opzichten verslagen maar ook genezen van zijn 'poëtische' denkbeelden over Java,[38] arriveerde Du Perron in september 1939 weer in Nederland, drie weken nadat Groot-Brittannië en Frankrijk aan Duitsland de oorlog verklaard hadden. Hij had nog maar minder dan acht maanden te leven. Du Perron overleed aan een hartaanval op de dag dat het Nederlandse leger capituleerde voor de Duitse indringer.

De jaren dertig waren, wat de kolonie betreft, enigszins paradoxaal. Ook al was het in intellectueel opzicht een armzalige periode, het vierde decennium van de twintigste eeuw was ook een bloeitijd voor de koloniale literatuur. Allereerst was er Du Perrons eigen werk: *Het land van herkomst* verscheen in 1935, zijn vier boeken over Multatuli werden in de jaren 1937-1940 gepubliceerd en zijn bloemlezing koloniale bellettrie in 1939. In diezelfde periode ploeterde Willem Walraven verbeten voort in Oost-Java, maakte Beb Vuyk haar literaire debuut in 1930 en publiceerde zij haar mooiste roman, *Het laatste huis van de wereld*, in 1939, en was Rob Nieuwenhuys actief als redacteur van *Kritiek en opbouw* en *De fakkel*, terwijl hij ook een eigen literaire carrière begon. Du Perron leerde deze belangrijke koloniale auteurs (ze worden afzonderlijk behandeld in dit boek) persoonlijk kennen, moedigde hen, indien nodig, aan en correspondeerde met hen. Hij werkte mee aan *Kritiek en opbouw*, een in 1938-1940 tweewekelijks verschijnend tijdschrift. Het was progressief en liberaal en bepleitte openlijk de onafhankelijkheid van Indonesië, terwijl het in cultureel opzicht eveneens een vrijmoedig standpunt innam. Het literaire maandblad *De fakkel* (1940-1941) bood zowel kwaliteit als de gebruikelijke kost; Vuyk, Walraven en Nieuwenhuys publiceerden er fictie in. Evenmin mag onvermeld blijven dat gedurende de eerste twee decennia van de twintigste eeuw de historicus F. de Haan (1863-1938) zijn monumentale en – niet minder belangrijk – leesbare studies *Priangan* (verschenen in vier omvangrijke delen in 1910-1912) en *Oud Batavia* (verschenen in drie delen in 1922-1923) had uitgebracht. Een andere, jonge historicus, J.C. van Leur (1908-1942), schreef in de jaren dertig belangrijke artikelen, historische studies waarin hij betoogde dat Europa en Azië tot en met de achttiende eeuw aan elkaar gewaagd waren.[39] Als men dan ook nog bedenkt dat in diezelfde tijd Willem Brandt (1905-1981) en G.J. Resink (geboren in 1911), de enige twee belangrijke 'koloniale' dichters, hun lyriek schreven en publiceerden, dan moet men wel toegeven dat er zoiets als een bescheiden renaissance gaande was net voordat de kolonie getroffen werd door de Tweede Wereldoorlog.

Paradoxaal is ook dat juist toen de koloniale samenleving op haar meest chauvinistisch was, het Indonesische nationalisme erkenning begon af te dwingen. Du Perron probeerde niet alleen contact met politieke revolutionairen tot stand te brengen omdat hij sympathie had voor hun zaak, maar ook omdat zij er een mening op na hielden die afweek van de norm. Net als Cohen geloofde Du Perron in oppositie als een voortdurende noodzakelijkheid en een vorm van waakzaamheid. We kunnen hier onmogelijk alle politieke verwikkelingen ontrafelen,[40] maar het lijkt erop dat Du Perrons invloed minimaal was, tenzij deze literair van aard was, en zelfs dan ging het om niet meer dan een paar geïsoleerde gevallen. Hij ontmoette verschillende politieke persoonlijkheden en correspondeerde met Soetan Sjahrir (1909-1966), de politieke activist die op dat moment gevangen zat op het eiland Banda en later premier van Indonesië zou worden,[41] maar binnen deze groep Indonesische nationalisten betekende hij waarschijnlijk het meeste voor Soewarsih Djojopoespito (1912-1977). Soewarsih en haar oudere zuster Soewarni waren volgelingen van Kartini. Ze kozen zelf hun echtgenoot, studeerden wat ze wilden, schreven en gaven les op 'wilde scholen': particuliere scholen die het Indonesische nationalisme benadrukten en onder toezicht van de koloniale autoriteiten stonden. Deze scholen, die aan chronisch geldgebrek leden, bleven open dankzij de idealistische toewijding van vrouwen als Soewarsih. Ze beschreef haar ervaringen in de roman *Buiten het gareel*, die aanvankelijk in het Soendanees was geschreven. Toen het haar niet lukte de roman uitgegeven te krijgen, kreeg ze van Du Perron het advies hem in het Nederlands te herschrijven omdat dit voor haar, net als voor Kartini, de taal van haar intellect was. Soewarsih deed dit en met de hulp van Du Perron – hij schreef ook een inleiding – kreeg ze het boek in 1940 uitgegeven; niet in Java maar in Nederland.

Vermeld moet worden dat Du Perron zich heel wat makkelijker heen en weer bewoog tussen de koloniale en de Indonesische wereld dan de meesten van zijn tijdgenoten. Hij sprak nog steeds vloeiend Soendanees, wist zich te redden in het Maleis en voelde zich nog steeds aangetrokken tot de Javaanse kunst en cultuur, en bovendien maakte hij zich tijdens zijn laatste verblijf vertrouwd met de Oudjavaanse literatuur en de Hindoe-Javaanse kunst. Soewarsih vertelt een treffende anekdote. Toen Du Perron haar een bezoek bracht bij haar tantes thuis, voelde hij zich daar *senang*, op zijn gemak. Hij vermaakte de oude dames met Soendanese volksliedjes; zij waren verbaasd en hadden het nog dagenlang over het voorval. Soewarsih voegt hieraan toe: 'Zou een ander Europees schrijver het hem na kunnen doen, vraag ik me vaak met een glimlach af. Neen, dat kon hij alleen, omdat hij in de grond van zijn hart eenvoudig was gebleven als het jongetje van toen, die zo kon genieten van de wajangvoorstellingen aan de Zandbaai.'[42] Walravens Soendanese vrouw Itih raakte ook in de ban van Du Perron. Zoals Walraven in 1941 aan Nieuwenhuys schreef:

> Het is ongelooflijk te merken, hoe Du P. in haar hart leeft en hoe zij alles, wat met hem in verband staat of van hem geweest is, tot 'poesaka' gaat maken. Hij moet een geweldigen indruk op haar gemaakt hebben, iets ongehoords en nooit beleefds, want hij sprak immers met haar in het Soendaasch en was hoogst vermakelijk natuurlijk, omdat hij alles deed herleven: volkshumor, sisindirans, Stamboelgrappen, allerlei dubbelzinnigheden in dicht en ondicht.[43]

Toen Du Perron zich in 1939 inscheepte voor de reis naar Europa, was hij er zelfs nog minder zeker van waar hij thuishoorde dan toen hij in 1936 aan wal ging in 'zijn' Indië. Ironisch genoeg was die onzekerheid versterkt door nog een ander bewezen feit: hij wist nu dat hij, ook al was hij Indisch, géén Indonesiër was. In minder dan dertig jaar had hij de gang gemaakt van tempo doeloe naar Indonesische onafhankelijkheid, en onderweg was er voor hem een wereld verloren gegaan. En hoe men verder ook over dit versnelde historische proces denkt, men kan niet ontkennen dat de uitwerking ervan niet anders dan traumatisch kon zijn. Hoe zou hij ooit weer weten wat hij was en waar hij was? Morele en intellectuele eerlijkheid ontzeiden hem zijn koloniale verleden, maar toch kon hij dat niet geheel en al verloochenen, omdat dit gelijk zou staan aan een zichzelf toegebracht geheugenverlies. Hij was in geen enkel zinvol opzicht een Indonesisch burger, en zou dat ook nooit kunnen worden. Hij was geen Hollander, en evenmin een Fransman.[44] Hij had geen thuis in het heden, troost in het verleden was hem niet gegund en in de toekomst had hij geen vertrouwen. Du Perrons besef van eigen identiteit moest wel heel sterk zijn om hem staande te kunnen houden. Zijn intellectuele aristocratie was een onontbeerlijke bescherming tegen de voortdurende realiteit van verbanning en vervreemding, en een dekmantel voor het feit dat hij vaak onzeker in de gewone wereld van het dagelijkse bestaan stond. Dit is het tragische wezen van zowel de moderne Romantiek als de beste Nederlandse koloniale literatuur: het manifesteert zich als een wanhopig uithoudingsvermogen dat zich steeds weer geplaatst ziet voor het feit dat een droom wreed verstoord is en verdrongen is door een realiteit die eerdere beloften niet kan waarmaken.

Hoe reageert men op deze heterogeniteit? Du Perrons reactie kwam vanuit Indië. Op het punt van zijn persoonlijke psychologie zette hij de koloniale traditie in een eigen code om; ook al was zij niet langer levensvatbaar en door schuldgevoel geplaagd, zij was tenminste een norm om naar te leven. Waar het de literatuur betrof, creëerde hij zijn eigen Indië en zijn eigen traditie.

Net als de andere koloniale schrijvers met wie we ons hebben beziggehouden, stond Du Perron niet in een literaire traditie, en hoewel dit hem de vrijheid gaf om zo'n onconventionele tekst als *Het land van herkomst* te vervaardigen, kan een dergelijke ongebondenheid ook een probleem worden. Een literaire traditie is niet hetzelfde als literaire smaak; een traditie heeft iets weg van een stamboom, een familiegeschiedenis, een ordening die via het verleden samenhang kan geven aan het heden. We hebben gezien dat, net als het Amerikaanse Zuiden, de Nederlandse koloniale samenleving een familie op grotere schaal was. Dit gold ook voor de literatuur ervan; de 'essentiële structuur' daarvan was 'de letterlijke en de symbolische familie'.[45] Uit Harold Blooms theorie van de literaire invloed is bekend dat verwantschappen binnen de literatuur een parallel vertonen met Freuds begrip 'familieroman' ('Familienroman'),[46] en als dit wordt toegepast op Du Perron als volgroeide schrijver dan blijkt dat dit inderdaad klopt op het moment dat hij zijn behoefte aan een symbolische familie kenbaar maakt. Daarom probeerde hij de 'familieroman' om te zetten 'in een perspectief om zich de mogelijkheden van de cultuur voor te stellen', zoals Robert Alter opmerkte over Stendhal.[47]

Intellectueel gezien was Du Perron een wees. Zijn naïeve, ongekunstelde, enigszins heroïsche vader had de sophisticated zoon weinig te zeggen. De macht van zijn vader school in zijn rijkdom, maar de zoon had deze onschadelijk gemaakt door in een ironische passage in *Het land van herkomst* een en ander af te doen als de onrechtmatig verkregen winsten van calvinistische kruideniers (*LvH* 17-8); de vaderlijke viriliteit zou hij op een andere manier aanpakken. Anders dan Thomas Wolfe had Du Perron geen behoefte aan een andere 'vader van zijn vlees', maar net als deze voelde hij wél de behoefte aan een moedergeest 'waarmee het geloof en de macht van zijn eigen leven konden worden verenigd'. Hoewel hij zich minder goed bewust was van zijn zoektocht dan Wolfe, deelde Du Perron met de zuidelijke schrijver toch een gevoel van verlies want ook voor hem was er 'geen voorafgaand systeem, geen structurele methode, geen corpus van de traditie dat zijn eigen werk de waarde en de waarheid [kon] geven die het moest hebben'. Om deze waarheid tot stand te brengen, zou Du Perron voor zichzelf 'een nieuwe traditie' moeten creëren.[48]

Een literaire doorbraak doet zich bij Du Perron vrij vaak voor in samenhang met belangrijke huiselijke voorvallen. Vóór de zelfmoord van zijn vader had hij een poging gedaan het vaderlijk gezag overbodig te maken door er een broederschap van vrienden voor in de plaats te stellen. Met in het achterhoofd de wetenschap dat Du Perron enig kind en een zoon was, zoals Malraux dat feitelijk en Stendhal dat naar de geest was, zien we dat hij eerst een Franse broederschap bijeenbracht om deze, ongeveer een jaar ná de dood van zijn vader, te vervangen door een meer gelijkgestemde Nederlandse. In sommige opzichten doet zijn omgang met zijn Nederlandse vrienden denken aan de manier waarop het oudste kind van een koloniaal gezin de jongere gezinsleden rondcommandeerde; dit stond bekend als *oeroesen.* Men zou daarom kunnen zeggen dat Du Perrons vele literaire verbintenissen een poging op coöperatieve grondslag waren om datgene te evenaren wat anders de stabiliteit van het vaderlijk gezag zou zijn geweest. Maar zulke gezamenlijke ondernemingen houden zelden lang stand en Du Perron werd uiteindelijk genoodzaakt zijn eigen ongewisse vaderschap te bewijzen en tegelijkertijd alles in zijn eentje op te knappen. Hij deed dit na de dood van zijn vader én nadat hij de representatieve autoriteit van het Nederlandse literaire establishment in de persoon van Dirk Coster (1887-1956) had neergesabeld. Het destructiewerk droeg de titel *Uren met Dirk Coster* en werd geschreven in de zomer van 1931, toen hij Elisabeth de Roos beter leerde kennen. Hij was bang dat zij verontwaardigd zou zijn over de hevigheid van de aanval, maar zijn aanstaande vrouw gaf haar goedkeuring en zorgde zelfs voor de titel.[49] Costers lot was bezegeld. Du Perrons tekst verscheen eerst in afleveringen in *Forum*, te beginnen ongeveer op het moment dat hij voor de tweede keer in het huwelijk trad, en hij werd in 1933 in boekvorm uitgegeven, kort na de dood van zijn moeder. Zij stierf op 3 januari 1933 en Du Perron begon begin maart dat jaar te werken aan *Het land van herkomst*.[50] In de roman creëerde hij zijn eigen Indië, terwijl hij ook zichzelf als kind nieuw leven inblies in de persoon van de jonge Ducroo.

De terechtstelling van Coster was overkill, een goed voorbeeld van Blooms opvatting dat goede schrijvers een andere schrijver 'verkeerd lezen' om 'voor zichzelf verbeeldingsruimte vrij te maken'.[51] Coster was zo'n felheid werkelijk niet waard, evenmin als Saks, een criticus die Du Perron zes jaar later met eenzelfde furieusheid aanviel omdat hij het had gewaagd majesteitsschennis te begaan tegenover Multatuli, de schrijver die Du Perron op de lege troon van het gezag wilde zetten. Hij had Multatuli al eerder gelezen en bij verschillende gelegenheden naar zijn werk verwezen, maar het was pas tijdens zijn laatste verblijf op Java dat Multatuli voor hem de autoriteit werd die hij nodig had. Hij maakte Multatuli tot zijn eigen intellectuele vader middels vier aan hem gewijde boeken die hij in de periode 1937-1940 schreef, de eerste twee terwijl hij nog op Java was. De aanleiding was opnieuw een negatieve: hij reageerde op drie weinig vleiende kritieken over Multatuli als koloniale ambtenaar. Een ervan was geschreven door een rechtstreekse nazaat van dezelfde generaal met wie Du Perrons overgrootvader, de taaie kolonel Louis, nog gevochten had tegen Dipo Negoro. Du Perron schreef iemand dat hij zich erop verheugde om de oude man een flink pak slaag te geven, een interessante uitdaging gezien in het licht van Freuds 'familieroman'. Maar in feite betekenen *De man van Lebak* (1937), *Multatuli, tweede pleidooi* (1938), *Multatuli en de luizen* (1940) en het postume *De bewijzen uit het pak van Sjaalman* (1940) een sublimering van zijn eigen aard. Multatuli wordt een idool voor hem, een intellectueel en onfeilbaar poesaka. Hij had de symbolische vader gevonden die opnieuw een geordende wereld kon laten gelden. Dat Du Perron literaire affiniteit als een uiterst persoonlijke aangelegenheid beschouwde, blijkt uit een brief die hij, in het Frans, in 1934 aan Valery Larbaud schreef. Over de auteurs van zijn favoriete boeken verklaart hij stellig dat zij geen schrijvers zijn maar 'ouders'.[52]

De man van Lebak is een vader zoals de zoon zich hem voorstelt. Men hoeft maar in aanmerking te nemen wat Du Perron benadrukte in zijn 'mislezing'. Multatuli is qua temperament geen Hollander maar een grand seigneur,[53] een bevlogen acteur die, net als Byron, in zijn eigen vertolking ging geloven.[54] We hebben hier te maken met een zinspeling op Stendhals voorkeur voor maskers en rollenspel, en alles wat binnen het Stendhaliaanse gezichtsveld gebracht kan worden, is positief; de Franse schrijver was immers Du Perrons eigen toetssteen voor uitmuntendheid. Toch bekende hij dat hij meer van Multatuli dan van Stendhal hield, om de hoogst persoonlijke reden dat de Nederlandse koloniale schrijver zijn leven lang gekweld werd 'door de vereende drommen van al wat laag en klein is'.[55]

Du Perron legt nadrukkelijk verband tussen Multatuli en Indië. In een lange brief aan Dekkers achterneef, Guido Douwes Dekker, schrijft hij: 'Hoe langer ik in *Indië* ben, (waar hij zich tenslotte toch heelemaal heeft gevórmd) hoe meer ik Multatuli *ontstellend* vind van "resources" en genialiteit.'[56] Aan het einde van *De man van Lebak*, dat in hetzelfde jaar geschreven werd als voorgaande brief, stelt hij ondubbelzinnig: 'Lebak [dat wil zeggen: Indië] was dus onmisbaar voor de volle betekenis van zijn schrijverschap.'[57] Hetzelfde geldt voor Du Perron, zoals duidelijker zal worden bij de beschouwing van *Het land van herkomst*. Du Perrons meest stellige bewering is dat Multatuli bovenal een schrijver was, waarmee hij Dekkers bureaucratische loopbaan als bijna irrelevant afdoet.[58] 'Hij was geboren schrijver, maar ook geboren oppositiefiguur.'[59] Bondiger dan dat kan men Du Perron niet samenvatten.

Multatuli's andere kenmerkende trekken, zoals geïnventariseerd in Du Perrons brief aan G. Douwes Dekker, volgen logisch uit dit hoofdoordeel. Multatuli was een romanticus, een revolutionair, een dwarsligger met een aangeboren hang naar heerszucht. Het laatste is te verstaan als een soort 'ideale' dominantie zoals ook Napoleon die bezat.[60] Dit wordt ondersteund door een terloopse verwijzing naar Stendhal, die, uiteraard, de Franse keizer bewonderde. Dit perfect bij elkaar passen van vader en voorvader, bestaat er tenslotte ook uit dat beide schrijvers 'hyperindividualist' waren.[61] Wanneer Du Perron naar Multatuli keek dan zag hij zichzelf.

Er wordt maar weinig vermeld over Multatuli's kunst. Hij zou een levendige stijl hebben, zo natuurlijk als die van Stendhal, en dit maakt zijn werk meeslepender dan dat van ieder ander.[62] Een van de overeenkomsten tussen Du Perron en Multatuli is dat voor beiden het ideaal van een natuurlijke, parlando stijl het moderne equivalent is van het proza van de zeevaarders. In 1937 schrijft Du Perron aan een vriend dat Multatuli de man is 'die onze heele taal bruikbaar heeft gemaakt', maar hij laat de schrijver van weleer nu ook zijn grootste metamorfose ondergaan. Multatuli was een toetssteen geworden, een criterium aan de hand waarvan hij de echtheid van de Hollandse natie kan toetsen. 'En als een Hollander de pest heeft aan Multatuli, d.w.z. zich zoo door hem voelt aangetast dat hij zijn [Multatuli's] waarde niet meer erkennen wil (...) wees ervan *door-*

drongen dat er iets in den man *verrot* is.'[63] Du Perrons emotionele verwantschap met Multatuli was uiteindelijk vertaald in gezag.

Nu de titulaire god zijn plaats had, kon hij het wagen zijn eigen traditie in kaart te brengen. Hij was van plan dit te doen in wat een bloemlezing van koloniale literatuur in vier delen moest worden, van ongeveer 1600 tot het einde van de jaren dertig van de twintigste eeuw.[64] Alleen het eerste deel werd voltooid en uitgegeven: *De muze van Jan Companjie* (1939; tweede, herziene druk 1948). De andere delen zouden hiermee te vergelijken zijn geweest,[65] en te zamen zouden ze een unieke prestatie hebben gevormd, ook al was de eerste echte bloemlezing reeds in 1902 in Haarlem verschenen onder de titel *Oost-Indisch landjuweel*; de samensteller ervan was S. Kalff (1851-1932).[66] Du Perron had al in 1933 plannen voor een dergelijk werk,[67] en in 1919 had hij reeds de noodzaak van zo'n onderneming aangeduid in een artikel waarin gepleit werd voor een kritische selectie naar 'literaire' maatstaven.

> Er is slechts leiding nodig; leiding van smaak door diegenen onder de ontwikkelden in Indië die, in het bezit van een scherpere critische blik, in staat zijn het kaf van het koren te scheiden, en naar hun beste kunnen het grote publiek dienen te wijzen op het vele schoons dat ook Indië ons op letterkundig gebied kan geven, – al doemt er niet dadelijk een genius op![68]

Du Perron schreef dit toen hij pas negentien was, een duidelijk bewijs van zijn niet-aflatende, levenslange belangstelling voor koloniale literatuur. Nochtans schonk de oudere schrijver weinig aandacht aan zijn jongere ik.

De muze van Jan Companjie is een idiosyncratische excursie naar het koloniale verleden die van weinig nut is voor de niet-ingewijde. Anderzijds is het boek van dezelfde aard als Du Perrons andere werk. Allereerst schenkt het weinig aandacht aan literaire verdienste, zoals Du Perron zelf toegaf in een nawoord bij de tweede druk: 'Deze verzameling [teksten] heeft het karakter gekregen van een tentoonstelling met beredeneerde katalogus en de waarde ervan ligt zeker minder op literair dan op histories en sociologies gebied.'[69] In een brief uit 1938 zegt hij hetzelfde maar hij voegt er een symbolisch familieverband aan toe: 'Het is niet zoozeer literatuurgeschiedenis als een sprekend foto-album van oude ooms en tantes.'[70] Het boek is Du Perrons persoonlijke rondleiding door een portrettengalerij van zijn vroege koloniale familie. Daarom zijn de gemaakte keuzes niet objectief en is, vanuit literair oogpunt gezien, de kritische taak niet volbracht. Maar alleen al het feit dat Du Perron besloot koloniale poëzie bijeen te brengen, vormt een belangrijke aanwijzing. Zoals ik al eerder stelde, was de lyrische muze in de Oost pas *compos mentis* in het decennium net voor de Tweede Wereldoorlog. Het lijkt bijna pervers dat Du Perron een paar onbetekenende versregels van Rumphius opnam maar niet de verfijnde poëzie van diens beschrijvingen van de tropische flora en fauna. Hetzelfde kan gezegd worden van de keuze die hij uit het werk van Valentijn maakt, en bovendien benadrukt het weglaten van heel wat fraai zeventiende- en achttiende-eeuws proza alleen maar de bijzondere aard van de onderneming. In overeenstemming met zijn overige werk en zijn karakter verhief Du Perron wederom persoonlijkheden tot principes, terwijl politiek vooroordeel ook het zijne bijdroeg. Door zich op poëzie te concentreren kon hij, bijvoorbeeld, het krachtige en levendige proza van zulke politiek ongewenste figuren als Coen en Bors negeren maar wel fragmenten opnemen uit *Agon, Sultan van Bantam*, een drama in verzen van Onno Zwier van Haren, dat zichzelf alleen maar kan aanprijzen als een historisch curiosum. Kortom, Du Perrons eigen verzoek om een verantwoorde keuze van koloniale teksten op grond van het criterium van 'literaire kwaliteit' werd pas vervuld toen Rob Nieuwenhuys tussen 1960 en 1975 zijn veelomvattende bloemlezingen publiceerde, naast zijn kritische geschiedenis van de koloniale literatuur, *Oost-Indische spiegel*, die in 1972 verscheen (herziene druk 1978).[71]

Du Perron schreef aan Vestdijk dat in *Het land van herkomst* 'liefde en erotiek langzamerhand verdrongen [worden] door politiek'.[72] Dit kan ook van zijn oeuvre als geheel gezegd worden, maar alleen dan als men zich realiseert dat er sprake is van een mentale terughoudendheid die onvermeld laat dat er altijd meer spijt dan instemming is. Hoewel Du Perron, van alle koloniale (en vooroorlogse Nederlandse) auteurs, het meest een schrijver van bekentenisliteratuur is, heeft hij toch de eigenschap om dat wat hem het meest dierbaar is voor zich te houden. *Het land van herkomst* werd geschreven voor 'Jane' maar Jane komt in de vele bladzijden van het boek nauwelijks voor en er wordt alleen in bedekte termen of impliciet naar haar verwezen. Toch komt haar naam voor in de allereerste zin en is het boek bedoeld als een bekentenis voor haar alleen (p. 33). Het tweede hoofdstuk eindigt met de erkenning:

> Jane – in de grond komt alles daarop neer; of liever, waar het mijn verleden betreft (vanaf de tijd toen ik reeds ik was, voorbestemd om tot haar te komen zoals ik het deed) voeren alle wegen van de herinnering tot haar: tot wie werkelijk het brandpunt, de éne grondige verandering in mijn leven betekent; over wie alleen ik zou willen schrijven, als zoiets mogelijk was. (p. 32)

Op een zeker moment verbindt de auteur (zoals altijd op indirecte wijze) de betekenis van zijn geschenk voor Jane, het 'romantische verhaal' (*Romantiek voor Jane*) dat hij aan het schrijven is, met het belangrijkste aspect van de fictionele wereld ervan, namelijk zijn 'indische jeugd [omdat zij] alles verklaart' (p. 371). Een parallel met Jane wordt gevormd door de andere cruciale vrouwenfiguur in de roman, baboe Alima. Zoals gold voor andere kolonialen, zo was ook voor Ducroo Alima de eigenlijke moeder, maar gezien haar belangrijke rol in zijn leven komt ze niet heel erg vaak ter sprake; zelfs de beschrijving van haar dood (p. 269-70) is zo geremd en welbewust beheerst dat men het vermoeden krijgt dat een grote emotie nauwelijks onder controle werd gehouden. Alima's superioriteit, die alleen gedeeld wordt door Jane, wordt achteloos vermeld en is verbonden met Ducroos vader: '"Het was een fijne ziel," zei mijn vader met kracht, zonder misschien te weten hoezeer haar ziel fijner was dan die van ieder ander in huis' (p. 115). De hele roman lijkt te zijn geschreven in deze trant van zinspeling en contiguïteit.

Hoewel het grootste deel van *Het land van herkomst ad libitum* lijkt te zijn, betekent deze indruk van geïmproviseerdheid niet dat het boek eenvoudig is of lukraak is geschreven. Hoe zou men het bijvoorbeeld moeten classificeren? In de eerste druk wordt het als 'roman' aangeduid maar in latere, zogenaamd 'herziene' drukken gebeurt dat niet. Du Perrons eigen commentaar maakte volkomen duidelijk dat we te maken hebben met de fictionele omwerking van autobiografisch materiaal, waarvan een deel nagenoeg ongewijzigd bleef.[73] Du Perrons eigen definitie, voordat hij met het schrijven van zijn roman begon, luidde dat hij 'alles wat ook maar enigszins vermomd is, wat niet geavoueerd tot de mémoires behoort' een roman zou willen noemen.[74]

Kunnen we het boek een autobiografie noemen? Als het een autobiografie is in de trant van Stendhals *Vie de Henry Brulard*, waaraan het het meest schatplichtig is, dan is het de meest zelfbewuste autobiografie in de Nederlandse literatuur; als het een roman is, dan is het de meest zelfbewuste roman van de Nederlandse literatuur van voor de Tweede Wereldoorlog. Critici hebben het gecategoriseerd als een 'Bildungsroman' én 'modernistische bewustzijnsroman' in één, als 'bovenal een Modernistische tekst', als een 'anti-roman' en als 'een uniek document van zelfreflectie op de rand van fictie en autobiografie', terwijl Du Perrons tijdgenoot de dichter Marsman in een bekende uitlating verklaarde dat het 'de "compleetste uiting" van onze generatie' was.[75] Men zou het gewoon een autobiografische roman kunnen noemen, het soort fictie dat zo prominent aanwezig is in de Amerikaanse literatuur (Thomas Wolfe, bijvoorbeeld), maar hoe men het ook wenst aan te duiden, *Het land van herkomst* is zonder enige twijfel – in de woorden van Francis Bulhof – 'een intrigerend unicum, volkomen buiten de traditie van de Nederlandse binnenhuisroman'.[76] Zoals we gezien hebben, was deze originaliteit te danken aan de koloniale oorsprong van het boek.

De plot van de roman is heel eenvoudig. De verteller, Arthur Ducroo genaamd, beschrijft voor Jane zijn kinderjaren en jeugd in Indië, en vertelt vervolgens over de dood van zijn ouders, zijn financiële fiasco en een reeks gesprekken met Franse en Nederlandse intellectuelen. De roman heeft een open einde en eindigt met een verwerping. De externe tijd bestrijkt een jaar, terwijl de individuele tijd, Bergsons *durée*, op zijn minst het hele leven van de verteller omvat tot op het moment van schrijven. Zelfs deze vluchtige samenvatting openbaart het wezenlijk dualistische karakter van het boek.[77] Het heeft verschillende dialogische kwaliteiten gemeen met Multatuli's *Max Havelaar.*

Jane is een dialogische imperatief. Alleen als er een respondent is, kan er sprake zijn van begrijpen, en begrip is van cruciaal belang voor de verteller, die, net als Stendhal in *Vie de Henry Brulard*, erachter hoopt te komen wie en wat hij is. Hij wenst zichzelf uit te drukken, en dat wil zeggen: 'zichzelf een object maken voor de ander en voor zichzelf ("het actualiseren van het bewustzijn")'.[78] Du Perron weet deze uiterst belangrijke verhouding tot stand te brengen door Ducroo zowel voor zichzelf als voor Jane te scheppen, waarna hij een dialogische verhouding, een responsieve verstandhouding kan hebben. Hoezeer Du Perron ook een individualist was en hoe groot zijn eenzaamheid ook was, hij voelde altijd deze behoefte aan dialoog. Doorloopt men zijn hele werk, dan moet men wel worden getroffen door de frequentie waarmee hij zijn fictie en zijn essays in dialoogvorm giet. De uiterst Bakhtiniaanse, oorspronkelijke titel van zijn boek over Dirk Coster luidde *Uren met Dirk Coster. Een tegenstem.*[79]

Een van de thema's van *Het land van herkomst* is het poneren van de suprematie van het gevoel over het intellect, in Du Perrons werk, onder verschillende benamingen zoals 'persoonlijkheid', 'hart' en 'eerlijkheid', een constante. Emoties zijn, zoals Bakhtin opmerkt, 'altijd in zekere mate dialogisch';[80] vandaar dat de lezer en de luisteraar in de structuur van de roman liggen besloten. Op die manier veranderde Du Perron de wereld, die hij als mechanistisch ervoer,[81] in een semantische context voor denken, spreken en handelen.[82] Door de autobiografische modus te gebruiken, verleende Du Perron zijn ik een contextuele betekenis en hij kan nu zijn eigen luisteraar, criticus en lezer zijn. Dit betekent vervolgens dat, stilistisch gezien, zijn teksten 'met polemiek getooid'[83] zijn. De minder subtiele variëteit van het openlijke polemiseren was Du Perrons kritische steunpilaar.

De polyfone aspecten van *Het land van herkomst* zijn niet zo rijk georkestreerd als in *Max Havelaar.* Als virtuositeit van stem het belangrijkste criterium is, dan is Du Perron niet zo'n briljante schrijver als Multatuli. Maar Du Perrons roman geeft wel blijk van heteroglossie, die onder andere zulke spraakgenres als brieven, dagboekaantekeningen, memoires en herinneringen behelst; dit maakte het boek, volgens Vestdijk, 'een protest tegen de romanvorm'.[84] We weten dat precies het tegenovergestelde het geval is. Bakhtin beschouwt de roman als een late ontwikkeling die 'zichzelf op de grens voelt staan tussen de afgeronde, dominerende literaire taal en de buitenliteraire talen die heteroglossie kennen'. Dit is een passende omschrijving van de moderne roman, maar als we het woord 'taal' vervangen door het literaire establishment van Nederland en het woord 'talen' door koloniale letteren, dan hebben we tevens een goede definitie van koloniale literatuur. Du Perron nam allerlei buitenliteraire genres in zijn bloemlezingen op en Nieuwenhuys maakte van niet-canoniek materiaal een centraal onderwerp in zijn *Oost-Indische spiegel.* Bakhtin zegt vervolgens iets wat heel goed van toepassing is op *Het land van herkomst* en de koloniale literatuur: 'De roman zet zich in voor de vernieuwing van een verouderde literaire taal, in het belang van die strata van de nationale taal die (in meer of mindere mate) buiten de centraliserende en eenheid scheppende invloed zijn gebleven van de artistieke en ideologische norm die wordt gesteld door de dominerende literaire taal.'[85] En daarom ligt de oorsprong van de originaliteit van *Het land van herkomst* in Indië, terwijl hiermee tevens een meer formele verklaring geboden wordt voor Du Perrons aanvallen op het literaire establishment, zoals belichaamd in bijvoorbeeld Dirk Coster.

Richard King noemde de moderne fictie uit het Zuiden een voorbeeld van 'realistische romantiek'.[86] Dit zou eveneens gezegd kunnen worden van Du Perrons fictie, op voorwaarde dat men haar, vooral *Het land van herkomst*, als iets 'dialogisch' leest, als 'repliek[en] in een onvoltooide dialoog'.[87] Bakhtin maakt een opmerking over Dostojevski die ook gemaakt had kunnen zijn met de Nederlandse koloniale schrijver in gedachten. 'De werkelijkheid over de wereld (...) kan niet gescheiden worden van de werkelijkheid van de persoonlijkheid.'[88] Dat is het hele betoog van *Het land van herkomst* in een notendop, omdat ook dit een roman is waarin 'het discours over de wereld samensmelt met het discours van bekentenissen over zichzelf'. Du Perron wilde ook dat ideeën interindividueel en intersubjectief zouden zijn, 'een levend gebeuren dat daar plaatsvindt waar er sprake is van een dialogische ontmoeting tussen twee of meer bewustzijnen'.[89] In een dialogisch discours denkt men 'in gezichtspunten, bewustzijnen, stemmen'.[90] Dit is de manier van denken in de vele hoofdstukken met intellectuele gesprekken, en zij is vooral goed geslaagd in het geval van Goeraëff (hoofdstuk 1 en 30) en Viala (hoofdstukken 6, 14 en 17) maar minder in het geval van Héverlé en Wijdenes. De gedachtewisselingen met de twee laatstgenoemden, hoewel langer en op het oog belangrijker, zijn veel minder interessant en bevredigend. Wijdenes en Héverlé ondergaan Ducroo min of meer als een object en begrijpen hem derhalve niet al te best. Zij lijken minder behoefte aan respons te hebben, zijn verder verwijderd van de luisteraar in henzelf, zodat hun spreken, ironisch genoeg, veel monologischer is dan Ducroos dialoog met de afwezige Jane.

Het geïmproviseerde karakter van *Het land van herkomst* wordt ook weerspiegeld in de stijl. Het is heel logisch dat een dialogisch discours gebruikmaakt van de ritmes van de sprekende stem. De verteller van *Het land van herkomst* heeft te horen gekregen dat, zoals hij erover vertelt, Indië tot leven komt; men geeft hem vandaar de raad 'er over te schrijven zoals ik vertel' (*LvH* 28-9). Hetgeen precies is wat Du Perron verder zal doen. Dit zou tevens een verklaring zijn van de losse manier van formuleren, de invloed van het Frans, zoals Bulhof te berde gebracht heeft,[91] van de soms onbegrijpelijke constructies, om nog maar te zwijgen van het feit dat Du Perron dit omvangrijke boek heel snel heeft geschreven, alsof hij aan het dicteren was. De mondelinge stijl, die zo kenmerkend is voor de koloniale literatuur, onderscheidt deze van de canonieke Nederlandse literatuur, omdat Nederlanders, zoals Ducroo opmerkte, bijzonder slechte sprekers zijn (*LvH* 352). Du Perron had eerder al naar voren gebracht dat hij, toen hij nog in Indië was, had ontdekt dat een eenvoudige stijl, een die neologismen en een omhaal van woorden vermeed, voortreffelijk proza kon opleveren: 'Dat men een zo zuivere analyse kon geven van een zo groot gevoel, zo rijkelijk en toch zo klaar en eenvoudig, zonder één woord in drieën te trekken of drie woorden in één te drukken, bijna uitsluitend zich baserende op de syntaxis en het rhythme (...).'[92]

Du Perron paste deze vroege overtuiging toe op zowel proza als poëzie. Toen hij, net voor zijn dood, zijn gedichten uit twee decennia verzamelde, noemde hij het boek *Parlando*, een titel die hij eerder al in 1930 gebruikt had. Het tegenwoordig deelwoord van het Italiaans voor 'praten' duidt een manier van zingen aan die op spreken lijkt. Zijn oudere tijdgenoot Ford Maddox Ford was de wegbereider van dit stemgeluid in de Britse poëzie en het Britse proza. Ford 'was van mening dat poëzie niets kunstmatigs mocht hebben maar dat zij van deze tijd moest zijn en geschreven moest zijn in de taal van deze tijd, terwijl zij streefde naar een uiterste precisie in waarneming en weergave',[93] en wat hij in het proza hoopte te verwezenlijken, was een 'helderheid van expressie die het proza zou laten lijken op het geluid van iemand die tamelijk zachtjes spreekt in het oor van de persoon op wie hij gesteld is'.[94] Ford verwezenlijkte deze dialogische perfectie een paar keer, met name in *The Good Soldier* (1915). In de Britse literatuur had op dat moment verder alleen de koloniaal Kipling Ford naar de kroon kunnen steken, terwijl het in Frankrijk Stendhal was die doelbewust deze bedrieglijk eenvoudige en ongekunstelde stijl cultiveerde. Hoewel we deze spreektaalachtige, informele stijl tegenwoordig als vanzelfsprekend beschouwen, moet men niet vergeten dat hij in die tijd tamelijk vernieuwend was, met name in de poëzie.

In *Vie de Henry Brulard* getuigt Stendhal van zijn vroegere afkeer van een 'hoogdravende stijl' ('l'emphase')[95] en zegt hij zijn 'te kortaangebonden stijl' ('style trop haché')[96] ontwikkeld te hebben als tegengif voor de pretentieuze retoriek van Chateaubriand. Zijn hele stilistische programma is gedestilleerd tot één kernspreuk in *De l'amour*: '*être sec*' ('geen gevoelens laten blijken').[97] Zowel de stijl als de door Stendhal gevolgde onderzoeksmethode wil ingetogenheid en helderheid handhaven om aldus in te gaan tegen de overmaat aan gevoel in literatuur én leven; anders zouden de hartstochten weleens te veel kunnen worden. Du Perron volgde dit voorbeeld, maar was hardnekkiger en vasthoudender. Stendhal verdedigde zich tegen een overmaat aan romantiek, terwijl Du Perron leed onder het tekort eraan in een tijd (het Europese interbellum) dat zij verdacht was in een land (Nederland) dat er nooit voor had opengestaan.[98] Niettemin is, in het geval van *Het land van herkomst*, *Vie de Henry Brulard* de geïmpliceerde tekst, hoewel er ook wat valt te zeggen voor de intieme dagboeken van Benjamin Constant.[99]

Stendhal liet aan Du Perron na wat deze de 'methode-Brulard' noemde (*LvH* 358). Dit verwijst naar verschillende dingen. Zo is er het voorbeeld van Stendhal, die zichzelf objectiveert door het karakter Henry Brulard te bedenken, net zoals Du Perron Arthur Ducroo bedacht. En de bedoeling, verwoord door de auteur, dat hij wil 'doorgronden wat voor soort man ik eigenlijk geweest ben' ('deviner quel homme j'ai été').[100] En zelfs al leefde hij in de tijd van Freud, Du Perron geeft terloops aan dat hij een nogal primitief soort psychologie opstak van *Vie de Henry Brulard* (*LvH* 294). De afwisseling van hoofdstukken is het meest waarschijnlijk een echo van *Max Havelaar*, maar Du Perron leerde vermoedelijk van Stendhals fictionele autobiografie hoe hij snel heen en weer moest pendelen tussen verleden en autobiografisch heden (de eerste twee hoofdstukken zijn hier een goed voorbeeld van). Dan is er de manier van herinneren die veeleer Stendhaliaans dan een navolging van Proust lijkt. Zelfs al vóór Proust kwam het iedere dag wel voor dat iemand zich de een of andere gebeurtenis in het verleden herinnerde dankzij een prikkel in het heden. Die dagelijkse openbaringen zijn een doodgewone ervaring en komen niet alleen voor in literatuur, en evenmin gaan zij bijzonder diep. Het is niet meer dan vanzelfsprekend dat, als zijn moeder een bepaald soort wierook brandt om de krissenverzameling eer te bewijzen of zich laat masseren met kajoepoetih-olie of voedsel laat klaarmaken met Indische kruiden, Ducroo of Du Perron meteen wordt herinnerd aan Java (p. 293). Maar Du Perrons meer persoonlijke manier van herinneren wordt al in een vroeg stadium beschreven, als hij 's nachts in Brussel in bed ligt, naast een vrouw om wie hij niet bijzonder veel geeft, en langzaam wegdoezelt. Er is niets in het bijzonder wat zijn geheugen aanboort, maar in plaats daarvan is de verteller in een onbestemde toestand van 'vaagheid' (p. 26). Vanuit deze algehele vormloosheid ontstaat exactheid, in dit geval het huis in Tjitjoeroeg. En zoals de uitgebreide beschrijving van het huis Gedong Lami in hoofdstuk 8 laat zien, neemt, na de eerste impuls, het herinneren toe en breidt het zich op miraculeuze wijze uit. Men zou het effect kunnen vergelijken met een omgekeerde kegel van herinnering: een ogenschijnlijk onbeduidend fenomeen zet een verplaatsing in werking naar een ervaring van weleer en elders die alsmaar sneller en verbazingwekkend gedetailleerd uitdijt, op een manier die te vergelijken valt met een steeds groter wordend bereik van een schok achter het inslagpunt van een hogesnelheidskogel. Bij de korte herinnering aan Tjitjoeroeg bijvoorbeeld gaat Ducroo van een vage opschorting van het bewustzijn naar een herinnering van het huis in zijn geheel, naar de omgeving ervan en dan, in samenhang daarmee, naar een trein, Batavia, rijstvelden, het thee drinken in de koepel, een leren sofa in de voorgalerij, zijn moeder in een bepaalde japon, de schele kinderjuffrouw, een prentenboek, de titel en de inhoud ervan, het omslag en, ten slotte, het opvallende lettertype (p. 26-7). Du Perron spreekt over een 'metamorfose' (p. 27) en over het opeens 'fysiek aanwezig' zijn (p. 26). De ervaring is een fysiologische metafoor: het overbrengen van de betekenis van iemands huidige bestaan naar een andere tijd en plaats waarmee een zekere samenhang bestaat. Het is volgens Du Perron een algehele verplaatsing die aanvoelt als een verandering van identiteit. Dit is meer verwant aan het Stendhaliaanse herinneren dat, in de beschrijving van Robert Alter, bestaat uit een 'subtiel aanpassen van de omgeving aan het geselecteerde zelfbeeld', hetgeen resulteert in de 'bijzondere eenheid van verbeelding' van het boek (dat wil zeggen *Vie de Henry Brulard*).[101] Men verbaast zich over dezelfde overdaad aan herinneringen in Du Perrons fictionele autobiografie, om maar te zwijgen van de onvermijdelijke manipulatie van zo'n stortvloed aan details. Men zou hier kunnen opmerken dat een bewuste controle actief lijkt te zijn omdat al deze eindeloos gevarieerde en nauwgezette beschrijvingen de clichés vermijden die geassocieerd worden met de sentimentele aanduidingen van de tropen zoals hiervoor geschetst in hoofdstuk II. De verteller kondigt dit heel stellig aan: hij zal niet 'vervallen in het weemakende europese exotisme' dat doorgaans bestaat uit 'een paar vreemd-harmonieuze namen, wat bruine huiden en fluwelen ogen' (p. 29).

Aangezien Du Perron zowat geobsedeerd was door persoonlijkheid en individualiteit, moet hij zich aangemoedigd hebben gevoeld door het extreme literaire zelfbewustzijn van Stendhal, dat welhaast een noodzaak is als men zo diep in het geheugen wil graven als hiervoor beschreven. Men treft dit soort naar het eigen ik verwijzende fictie ook aan in de literatuur van het Amerikaanse Zuiden, bijvoorbeeld bij James Agee, Thomas Wolfe, Truman Capote of Reynolds Price. Het werk van dergelijke schrijvers is zelden het soort fictie dat uitsluitend een product van de verbeelding is, maar veeleer een verhalende literatuur die gewild wordt door een almachtig ik dat we, in het geval van Du Perron en Stendhal, zich zien ontwikkelen vanaf de allereerste kinderjaren. Zoals te verwachten valt, beroepen beide auteurs zich op de veranderlijkheid van het ego.

Du Perron vond in Stendhal ook een ware meester van de schone kunst van de vermomming. De slechts in naam 'geschapen' kinderen Brulard en Ducroo zijn een middel om te ontsnappen aan het ik van de schrijver, en door, wat betreft de identiteit van de acteurs, in de tekst niets vast te leggen, kan de auteur zijn ik beschermen door te vluchten in welke beschikbare rol dan ook. Stendhal was een wonderkind van het masker en het pseudoniem, maar ook Du Perron begreep de voordelen ervan. In zijn onderzoek naar 'Stendhal onder schuilnaam' merkte Jean Starobinski op dat zich in het middelpunt van de parade van vermommingen een 'imperialistische wil' ('impérialisme de la volonté')[102] bevond die zichzelf, door het taalkundige masker van een pseudoniem op te zetten, vrij van sociale en familiale achtergronden kon verklaren. Stellig had Du Perron dezelfde bedoeling en hoewel hij niet op kan tegen Stendhals lange lijst pseudoniemen en gefingeerde metamorfosen,[103] publiceerde hij toch onder ten minste acht verschillende namen, terwijl men onder de menigte bijnamen die hij aan echte personen gaf, er enkele zal aantreffen die veeleer creatief dan kort en bondig zijn.[104] Du Perrons vroege alter ego, Duco Perkens, was waarschijnlijk niet veel meer dan een milde rebellie tegen het ouderlijk gezag, zo niet een bescheiden vorm van vader- of moedermoord,[105] maar behalve dat een vermomming een uitdrukking van individualiteit is, verhult zij ook onvrede over de eigen authenticiteit. Bulhof heeft erop gewezen dat het spelen van een rol een belangrijk motief is in *Het land van herkomst.*[106] Het blijft echter om iets dubbelzinnigs gaan, want hoewel het spelen van een rol iemands ware ik compromitteert, zou het weleens noodzakelijk kunnen zijn om te overleven.

Het land van herkomst en *Vie de Henry Brulard* vertonen nog andere parallellen. Beide vertellers hebben een hekel aan hun vader – zozeer dat men in het geval van Stendhal van haat kan spreken – en zijn kwaad omdat hun ouders er een aanzienlijk fortuin doorheen gejaagd hebben; zij veinzen minachting voor geldelijk gewin maar de schrik slaat ze beiden wel om het hart als ze erachter komen dat ze geen cent meer hebben. Beide auteurs zijn vol afkeer van de bourgeoisie terwijl beide vertellers gekweld worden door de gedachte dat ook zijzelf weleens tot die verfoeide klasse gerekend zouden kunnen worden. Zowel Brulard als Ducroo komt ervoor uit dat ze gefascineerd zijn door duels, boeken en vrouwen. Beide teksten gaan over vroege seksuele prikkeling. En dan is er nog het geval Cervantes.

Don Quichot speelt een prominente rol in *Vie de Henry Brulard* (hoofdstuk 9), waar de ontdekking van de roman beschouwd wordt als 'misschien wel het belangrijkste moment van mijn leven' ('peut-être la plus grande époque de ma vie'),[107] en de held ervan kan men gerust 'een van de gefingeerde helden' noemen 'die Stendhal vanaf zijn kinderjaren ten zeerste in beslag namen'.[108] Hetzelfde geldt voor Du Perron. In 'Don Quichotte te Surabaja', een vroeg verhaal dat hij op twintigjarige leeftijd onder een pseudoniem publiceerde, zijn de Don en Sancho veranderd in koloniale typen. Quichot is een *farfelu* (zoals Malraux hem zou hebben genoemd), een onmaatschappelijke figuur met de naam mijnheer Echec, en Panza is een rijke filister.[109] De Don klaagt erover dat Cervantes één ernstige fout gemaakt heeft: hij hield de mensheid voor intelligent en dacht dat de mensen zouden begrijpen hoezeer hij als zijn schepper van hem hield en Panza verachtte. Maar de mensen lezen verkeerd. Ze beseffen niet dat hij, de Don, zulke prachtige verzinsels als *De drie musketiers* en *Cyrano de Bergerac* heeft gedicteerd, terwijl Sancho 'het practische, het nuttige' najoeg: 'En geld maken... dat is het nuttigste wat er bestaat!'[110] Du Perron veranderde Panza niet alleen in de platvloerse, rijke koloniaal maar ook in het archetype van de Hollandse burgerman, een menssoort waarmee Du Perron het nooit goed zou kunnen vinden. De Don blijft de belasterde en onbegrepen romantische held, de belichaming zelf van het 'espagnolisme'.

Stendhal gebruikt deze term voor het eerst in hoofdstuk 21 van *Vie de Henry Brulard.* Hij geeft nergens een definitie die zich laat onthouden, maar de term is duidelijk synoniem met (zijn versie van) Italië en het Italiaanse leven, met een gebrek aan matiging, met vertoon van emotie en met onpraktisch gedrag en, het meest nadrukkelijk, met het allesbehalve burgerlijk zijn.[111] Du Perron gebruikt hem in *Het land van herkomst* als een Stendhaliaans begrip dat verband houdt met het Indië van zijn jeugd (p. 253 en 307). In een brief uit 1930 gebruikt hij hem als een synoniem voor romantiek.[112] Het lijkt erop dat beide schrijvers het over dezelfde gemoedstoestand hadden, een die gevoelens en emoties verheerlijkt. Stendhal kon op de man af zeggen dat 'sensations' ('gevoelens') het enig ware zijn.[113] En hoewel Du Perron hiermee zou instemmen, kan hij dit alleen in het geheim laten blijken, alsof een bekentenis afkeuring of spot zou opwekken (p. 154 en 363-73). Nadat hij het verhaal verteld heeft van zijn liefde voor het Italiaanse meisje Teresa, voelt hij zich bijvoorbeeld genoodzaakt tot het besluit om 'nooit meer het hart in het spel te brengen, omdat zoiets in Europa blijkbaar verkeerd was' (p. 481).

Stendhal zocht naar het 'espagnolisme' in een land vol hartstocht dat alleen maar in het Zuiden kon liggen. De antithese van het 'espagnolisme' was het Noorden, verbeeld door Genève ('waar nooit gelachen wordt alleen gerekend') en zijn geboorteplaats Grenoble: 'Alles wat op een kleinburgerlijke manier laag-bij-de-gronds en vulgair is herinnert me aan Grenoble en alles wat me aan Grenoble herinnert vervult me met afschuw, nee afschuw is nog een te mooi woord: maakt me ziek.'[114] De twee weerzinwekkende steden zijn verbonden met zijn vader. Du Perron daarentegen hoefde er niet naar te zoeken want het maakte deel uit van zijn 'land van herkomst', Indië, letterlijk en figuurlijk zijn vaderland. Maar in het Europa van een eeuw na Stendhal was het 'espagnolisme' niet langer een kenmerk van het mentale landschap. Hoewel Du Perron, anders dan Stendhal, er door zijn afkomst toe behoord had, maakte hij er niet langer deel van uit, en men proeft de grote frustratie in *Het land van herkomst*. In werkelijkheid verloor Du Perron Indië tweemaal, voor de tweede keer nadat hij in 1936 naar Java was teruggekeerd, en hij moest een soort alternatief vinden. Dat het zou voortkomen uit wat nu de mythe van Indië was, wekt geen verbazing en Du Perron wordt de eerste moderne vertegenwoordiger van de inversie die geleidelijk aan had plaatsgevonden in de koloniale maatschappij en literatuur: een verschuiving van fysieke en materiële waarden naar het vlak van intellect en verbeelding. In feite zou men, met betrekking tot de Nederlandse literatuur in het algemeen, de koloniale literatuur de literaire vorm van het 'espagnolisme' kunnen noemen.

Du Perrons belangstelling voor Stendhals neologisme duidt op enkele fundamentele aspecten van zijn persoonlijkheid en zijn werk die maakten dat hij een outsider bleef maar ook bewijzen dat hij een harmonieus man was. Zijn sterke individualisme, zijn romantische inslag en zijn hedonisme werden gevoed in het oude Indië en kwamen eerder in het algemeen ter sprake bij een vergelijking van het Indië van tempo doeloe met het oude Amerikaanse Zuiden. Tegen de tijd dat de Tweede Wereldoorlog op het punt van uitbreken stond, waren dit wereldvreemde, lastige eigenschappen geworden, zoals *Het land van herkomst* op pijnlijke wijze duidelijk maakt. Op zeker vlak gaat de roman over de kansloze strijd van de Indische waarden tegen die van het moderne Europa van het interbellum. Een van de noten die Du Perron later ter opheldering toevoegde, stelt: 'In al deze gesprekken [in bepaalde hoofdstukken] is Jane "inzet"; en het is Indië tegen Europa haast, grof genomen' (*LvH* 549). *Het land van herkomst* is niet zozeer een boek verdeeld in twee onderscheiden helften die weinig gemeenschappelijk hebben, maar het borduurt vanaf het allereerste begin voort op het 'Indië tegen Europa', in allerlei variaties op hetzelfde thema. Nauwkeurig lezen maakt duidelijk dat Indië in elk van de 'Europese hoofdstukken' een rol speelt, ook al is het tussen de regels door. Het eerste hoofdstuk is een goed voorbeeld. Hier wordt op de eerste bladzijde van het boek de koloniale officier Arthur Hille genoemd, en vervolgens wordt Ducroos verlangen naar zijn thuisland vermeld, zijn verdachte, uit Indië afkomstige welvaart, zijn vader, een rijsttafel en een citaat uit Gide dat volgens Ducroo het gebied 'volkomen weergeeft' en dat toevallig ook nog eens op fraaie wijze het land van het 'espagnolisme' oproept: 'Hier is het leven nuttelozer en zinnelijker, en de dood minder moeilijk' ('Là, plus inutile et plus voluptueuse est la vie, et moins difficile la mort'; p. 18). In andere hoofdstukken is de schakel minder duidelijk maar hij is er wél altijd. Hoofdstuk 24 bijvoorbeeld, met daarin het gesprek met Wijdenes, eindigt met Ducroo die zich afvraagt wat er gebeurd zou kunnen zijn met de krissen die ze ooit in Indië hadden (p. 374). Deze Javaanse dolken kondigen het volgende hoofdstuk aan, dat handelt over de koloniale officier en djago Arthur Hille. Hoofdstuk 31 roept Indië in herinnering als Ducroo zichzelf een 'planterszoon' noemt (p. 489), in hoofdstuk 32 vindt men een terloopse verwijzing naar de mogelijkheden voor Franse prostituees om op Java geld te verdienen (p. 499) en in hoofdstuk 33 vermeldt de verteller zijn schoonzuster in Indië (p. 517). En zo bevat ieder hoofdstuk dat niet rechtstreeks over Indië of Ducroos ouders handelt, op de een of andere manier een herhaling van de kolonie. En overweegt men het boek in zijn geheel, dan komt men tot de ontdekking dat er, met betrekking tot Indië, sprake is van een overgang van heroïek naar ironie, zoals men ook aantreft in het tweede hoofdstuk van Walker Percy's *The Last Gentleman* (1966). De familie Ducroo was eveneens 'een eerzame en gewelddadige familie, maar geleidelijk aan had men het geweld omgebogen en naar binnen gericht'.[115] Te vermelden valt dat *Het land van herkomst* voor zijn tijd een bijzonder gewelddadig en wreed boek was, naar Nederlandse maatstaven gemeten maar niet, zoals we hebben gezien, vanuit het koloniale standpunt. Het laat bijvoorbeeld de Aziatische onverschilligheid tegenover dieren als iets vanzelfsprekends zien, ook al zal de gratuite wreedheid, zoals het villen van de loetoeng (p. 221), hetzelfde soort aap dat Junghuhn zo bewonderde, hard aankomen voor de Europese fijngevoeligheid.

En dan zijn er de normen en idealen die Ducroo verdedigt en die zowel Du Perrons eigen ethos en de vroegere koloniale geaardheid aangeven. De Russische emigrant Goeraëff vertelt hem dat hij een romanticus is (p. 10); dit is zeker zo want de Russische kunstenaar vertelt Ducroo steeds weer dat zij op elkaar lijken. De gelijkenis is gebaseerd op het feit dat de 'Slavische ziel' veel gemeen heeft met de Indische emotionaliteit (p. 459-60). Ducroo bekent dit met zo veel woorden aan Wijdenes (p. 371). Merk op dat Ducroo veel beter op kan schieten met Goeraëff, die bovendien veel meer een personage op zich is, dan met Wijdenes, die, samen met Héverlé, romantiek afdoet als 'goedkoop bedrog' (p. 363). Dit algemene concept wordt dan nader beschouwd met betrekking tot liefde, de vrouw, seksualiteit en gevoel. Met ironische laatdunkendheid beschuldigt Wijdenes Ducroo ervan nog steeds 'respect voor de vrouw' te hebben (p. 368), waarmee hij natuurlijk impliceert dat zoiets niet meer dan ouderwetse dwaasheid is. Liefde bestaat niet voor deze Europese intellectueel, die seksuele relaties beschouwt als onsentimentele episoden van pragmatisch compromis (p. 363-8). Primaire emoties worden niet toegelaten en alles is geoorloofd (p. 375). Met andere woorden: als Ducroo hiermee zou instemmen, dan zou de 'inzet' van *Het land van herkomst*, namelijk zijn liefde voor Jane, onzinnig worden. Ducroo kan slechts ironisch antwoorden dat deze ouderwetse romantiek te danken is aan zijn 'provincialisme', dat hij vervolgens gelijkstelt aan 'kolonialisme' (p. 369). Vandaar: liefde is Indië.

Men moet niet denken dat dit alles preutsheid met zich meebrengt. Integendeel, *Het land van herkomst* bevestigt ten zeerste wat eerder is gezegd over de seksuele mores van het oude Indië. Er wordt ronduit gesteld dat een kind uit de kolonie seksueel vroegrijp was vergeleken bij een kind uit Europa (hoofdstuk 12). Het grootste deel van zijn seksuele opvoeding kreeg hij vanuit de inlandse of Indische wereld (p. 175) en terwijl in Europa de erotiek een intellectuele sanctionering nodig had, was zij in de tropen iets natuurlijks (p. 211). In feite was het bepaald niet ongebruikelijk dat een moeder een geschikte jonge vrouw uitzocht die haar zoon zou inwijden in de seksualiteit en erotiek (p. 312). Du Perron strijdt hier op twee fronten: de seksuele details en de openhartigheid van de roman waren shockerend en obsceen in Nederland terwijl in Parijs (in Europa) de geëmancipeerde intellectuelen te cerebraal waren wat betreft seksualiteit. In Europa ontbreekt het aan 'hart' (p. 367).[116]

Ducroo (en met hem Du Perron) moet een keuze maken. En hij doet dat. Tegen het eind van de roman vertelt Ducroo aan Héverlé dat alleen 'iemand die liefheeft, bestaat' (p. 531). Stendhal had een soortgelijk gevoelen toegegeven in *Vie de Henry Brulard*: 'Inderdaad, liefde is altijd het belangrijkste voor me geweest, of eigenlijk het enige.'[117] En aangezien Ducroo zich er goed van bewust is dat zo'n gevoelen heel sterk tegen de intellectuele aard van het sophisticated Europa indruist, doet hij uitdagend een Emersoniaanse onafhankelijkheid gelden: 'ik [kan] niets anders (...) zijn dan wat ik werkelijk ben' (p. 532), en het boek eindigt met die ene 'wijsheid' die hij denkt te hebben verworven: 'zolang men leeft, te leven volgens de eigen aard' (p. 540). Dit oprechte individualisme (Frank Lloyd Wrights 'individualiteit die verwezenlijkt wordt als een prachtig attribuut van het zijn'[118]) is ook vandaag de dag nog steeds niet probleemloos, maar in dat hachelijke decennium voor de Tweede Wereldoorlog was het een weinig bekende luxe; vandaar dat er door *Het land van herkomst* heen een parallel betoog loopt dat het individuele tegenover het collectivisme plaatst.

Ondanks zijn beste republikeinse bedoelingen kon Stendhal zich het 'volk' ('peuple') alleen maar als 'gepeupel' ('canaille') voorstellen.[119] Du Perron had een vergelijkbaar gebrek aan democratische eerbied. De Europese maatschappij tussen de twee oorlogen was een intellectueel strijdperk van ideologieën en vormen van collectivisme, zoals een eeuw eerder al voorzien door Kierkegaard.

> Te midden van al ons gejubel over wat we in deze tijd bereikt hebben (...) klinkt een zekere gebrekkig geconcipieerde minachting voor de individuele mens door; te

> midden van de gewichtigheid van de huidige generatie openbaart zich een gevoel van wanhoop met betrekking tot het mens-zijn. Alles moet zich ergens aan binden om maar deel uit te kunnen maken van de een of andere beweging; de mensen zijn vastbesloten zichzelf te verliezen in de totaliteit der dingen, in de wereldgeschiedenis, omdat ze gefascineerd én bedrogen worden door magische tovenarij; niemand wil nog een individueel mens zijn.[120]

Voortdurend belaagd door linkse en rechtse ideologieën, voelde Du Perron zich meer en meer geïsoleerd en alleen, persoonlijk ervan overtuigd dat het leven 'een oplichterij' was (p. 296). In een sterk essay dat hij schreef terwijl hij nog aan *Het land van herkomst* werkte, geeft hij een beknopte omschrijving van het thema van zijn roman: zijn vervreemding komt voort uit 'het gevoel (...) geen plaats voor mij meer te vinden in deze tijd, en er toch in te willen leven'. Iets verderop wordt dit gekoppeld aan zijn rol als schrijver, daar waar hij een scherpe alternatieve definitie van de roman formuleert: 'De roman is de stervende vorm van het individualisme.'[121]

Ducroo ligt in *Het land van herkomst* voortdurend onder vuur. Zijn vriend Héverlé probeert het debat te winnen voor politiek links terwijl overal om hem heen de dodelijke krachten van rechts de overhand krijgen. De gedachtewisseling sluit ook aan bij de vorige discussie. Ideologie gaat óf cynische manipulatie óf al te zeer gerationaliseerde betrokkenheid betekenen (p. 153 e.v., 447 e.v. en 531 e.v.). Intellectualiteit wordt verdacht en Ducroo/Du Perron kiest voor gevoel en emotie (p. 531), maar tezelfdertijd is hij zich er goed van bewust dat de stompzinnigheid zoals die vertegenwoordigd wordt door het gepeupel (canaille), nog dodelijker is. Wordt dit alles samengebracht, dan spreekt men van politiek, en bij politiek gaat het alleen nog maar om collectivisme. Maar hoe dan ook: men houdt op een individu te zijn, houdt op een mens te zijn, en hij weigert wat voor politieke overtuiging dan ook te onderschrijven (p. 533).

Ducroo ontdekt dat hij verkeerd begrepen, zo niet belasterd wordt. Dat hij er volkomen redelijk op aandringt dat hij iets betekenisvollers wil dan ideologische solidariteit, is voor de meeste Europeanen onbegrijpelijk en Ducroo raakt er meer en meer van doordrongen dat zijn positie bijzonder 'Indisch' is. Hij voelt zijn gelijk, hij hoeft het niet te bewijzen. 'Of is het, als men goed kijkt, altijd weer de Indischman in mij die protesteert – tegen Europa, tegen Parijs? (...) ik protesteer van mijn "kern" uit; de rest is analyse' (p. 455). Ducroo is *centrado*, zoals het in Latijns-Amerika wordt genoemd, een begrip dat zich net zozeer tegen definiëring verzet als 'liefde'.[122] Hij kent een kracht die hem staande zal houden, en die kracht is geworteld in Indië. Er kan nu een definitief voorstel gedaan worden om de zaken op één lijn te brengen. Europa staat gelijk aan steriel intellect, Indië vertegenwoordigt hartstocht. In Europa heeft collectiviteit het voor het zeggen, Indië is een veilige haven voor individualisten. Europa betekent onderwerping aan het gepeupel, Indië betekent dat men het gepeupel de baas is. Europa is het verstand, Indië is het hart. Europa is het systematische theoretiseren, Indië is de romantiek. Europa is de chaos van het moment, Indië is een geordend verleden. Indië is het leven, Europa is de dood.

Men zou iets van een hiërarchie in het bovenstaande kunnen bespeuren, en wel terecht. Net als Multatuli achtte Du Perron zichzelf superieur aan de massa en zonder scrupules gaf hij toe dat hij een elitemens was, een positie die bijna vanzelf sprak voor een zoon van de koloniale beau monde van het oude Indië.[123] Hij realiseerde zich dat dit een vorm van strijdbare romantiek was, die zichzelf gezworen had nooit toe te geven aan apathie en nooit terug te schrikken voor een gevoel van verantwoordelijkheid. 'Romantiseeren we ook niet,' zo schreef hij in 1939 aan een vriend, 'onze verhouding tot de dictatuur, tot de vrijheid v/h woord, tot onze vrienden? Het is zooveel gemakkelijker dat alles ook maar blauw-blauw te laten. Waarom doen we dat niet?'[124] Ducroo is in de verleiding om alles achter te laten en naar de tropen te vluchten (p. 416) maar hij doet dit niet. Du Perron deed dit wel en hij kwam tot de ontdekking dat hij eens te meer was 'opgelicht'. Het oude Indië was voorgoed verdwenen en was vervangen door een koloniale samenleving die op Europa leek! Er was een politieke ideologie die belichaamd werd in een groeiende fascistische partij, en een bestuurlijk collectivisme dat vertegenwoordigd werd door de koloniale ambtenarij. Deze laatste was de koloniale variant van wat Ducroo in Europa had gehaat als de categorie 'notarissen' en 'deurwaarders' (*LvH* 200). Zij vertegenwoordigen de bureaucratie en Ducroo haat deze uitvoerders van regelingen evenveel als zo niet meer dan zijn vader, die ambtenaren en plebejische planters verfoeide. In zekere zin is Ducroos 'haat tegen vrijwel alles wat ambtenaar is en politieagent' (p. 200) een onderdeel van het wantrouwen van de romanticus jegens iedere vorm van gezag, maar toch is deze haat ook in overeenstemming met het vurige individualisme dat tempo doeloe karakteriseerde en met het cluster thema's waar het 'espagnolisme' voor staat.

Du Perron was ontsteld door de nieuwe realiteit die hij op Java aantrof, en somber gestemd door een verlies van privilege. Dat gevoel van gemis komt naar voren in de beheerste, zelfs berustende beschrijving van de terugkeer naar zijn geboorteplaats Gedong Menu (Gedong Lami in *Het land van herkomst*) in augustus 1938.

> Ik heb hier twee kamers gehuurd, één ervan mijn 'kantoortje' toen ik twaalf à dertien was. Het huis wordt nu bewoond door een kleermakersfamilie die en gros werkt voor het Ned. Indische leger. Onze vroegere achtergalerij staat vol schragen en kasten met groen khaki; een van de paviljoens (bij de kali-kant) is werkplaats: daar zitten van 's morgens acht tot 's middags vier een veertig tal inlanders te werken met trapnaaimachines. In de kamer waar ik geboren ben, zitten een dertig inlandsche vrouwen op den grond te naaien zonder machines, gewoon met naald en draad. In het hoofdgebouw kom ik nooit, behalve om eens te telefoneeren.
> De kamers waar wij in zitten, zijn de eerste van het bijgebouw (...). Er is veel veranderd maar ook veel hetzelfde gebleven. Ik ben er soms dood melankoliek van,

> maar nooit op een onprettige manier. Spoken van mijn ouders, of Alimah, heb ik helaas niet gezien, al kijk ik er soms naar uit, in de duisternissen. (...) En alles [buiten] is opengekapt, heele boomgroepen zijn weg; wat vroeger ruig en 's avonds spookachtig was, is nu zoo'n beetje parkachtig aan 't worden, hoewel dit parkachtige dan flink verwaarloosd verdient te heeten. Ons gezellige ronde koepeltje vóór, is omgebouwd tot een leelijk houterig portaaltje. Toch zou, met een beetje geld, dit huis nog heerlijk zijn om te bewonen. Binnen is weinig veranderd, en een van mijn emoties was: dat niet alleen overal dezelfde vloertegels liggen, precies in de oude kleuren, maar dat het vitrophaniepapier op de ruiten er nog steeds niet is afgekrabd. 's Avonds, als ik om 't huis loop, kan ik me soms nog voorstellen dat 'wij' van vroeger het nog bewonen. Dat ik nu in de bijgebouwen zit, heeft niets dramatisch, omdat ik vroeger ook altijd hield van dit plekje.[125]

Huizen waren bijzonder belangrijk voor deze man, die, ondanks zijn innerlijke kracht en overtuiging, in zeer hoge mate alleen stond in de wereld. Du Perron was nergens thuis, getuige het gemak waarmee hij van domicilie kon veranderen, en hij leidde net zo'n rondzwervend bestaan als Couperus. Maar ondanks eenzelfde aanpassingsvermogen liet Du Perron doorschemeren dat hij ernaar verlangde onderdak te vinden, ergens thuis te horen. Zoals Heidegger stelde: mens zijn betekent woonachtig zijn.[126] Het archetype voor deze behoefte is het huis, en huizen spelen een prominente rol in *Het land van herkomst.* Huizen zijn voor Ducroo – maar volgens mij kunnen we gerust zeggen: ook voor Du Perron – belangrijker dan de natuur. Bomen betekenen bijvoorbeeld alleen iets voor hem als 'zij boven muren uitkomen die rondom gebouwen staan' (p. 289). Deze gebouwen moeten op de een of andere manier bewoond worden en alleen huizen die hem aan Indië doen denken, verdienen de aanbeveling 'on(t)roerend'.

Niets in het boek kan Gedong Lami overtreffen, het landgoed dat als Gedong Menu in zijn familie bekendstond. Du Perron legt nadruk op de ouderdom ervan en geeft aan dat het buiten de bekende koloniale wereld lag, door met zo veel woorden te zeggen dat het landgoed gesitueerd is in een oude buurt die oorspronkelijk bekendstond als 'Kampung Melaju' en – tweemaal – dat het op enige afstand van Batavia lag.[127] Het laat bovendien de Europese samenleving achter zich; in feite eindigt de moderne beschaving (in de vorm van een tram) slechts één halte voorbij Gedong Lami (p. 240). Het moet op zichzelf kunnen bestaan, wil de (betrekkelijke) geïsoleerdheid geen handicap worden, en de indruk is zonder enige twijfel die van een wereld die aan zichzelf wordt overgelaten. Het huis is in werkelijkheid Du Perrons eerste universum.[128] Dit roept onmiddellijk de meest voor de hand liggende en meest fundamentele symboliek voor het huis op: het vrouwelijke lichaam, met name het lichaam van de moeder, een veilige plaats waar men verzekerd is van bescherming. Du Perron verbeeldt zich zelfs marmeren traptreden als een plek waar men aangenaam achterover kan leunen.[129]

Van meer belang is het dat Du Perrons tropische landhuizen aantonen dat hij

– om met Bakhtin te spreken – in staat is om 'tijd te zíen in ruimte'. Wanneer de verteller spreekt van Franse of Belgische huizen die hem herinneren aan de vertrouwde woonplaatsen in Indië of wanneer Du Perron, in de hiervoor geciteerde brief, refereert aan huizen in de stijl van zijn jonge jaren, dan laat hij ons plekken zien 'waarop tijd en geschiedenis hun uitwerking hebben'.[130] In de mooie beschrijving van de villa's in Meudon-Bellevue (vlak bij Parijs) bijvoorbeeld, benadrukt hij de verwoestingen die de tijd heeft gebracht in het bestaan van deze huizen. Van één is de verf zo verschoten dat de muren eruitzien als karton: daarom is het veranderd in een 'kartonnen huis met een mysterie boven zijn stand'. Een ander is 'een ouderwetse villa, lichtgeel met bijna overal dichte jaloezieën van een verbleekt italiaans groen, verscholen achter een felgetande ijzeren poort met een hoge kuif van klimop, bewoond maar altijd slapend, bewaakt door een ruige zwarte hond die meestal ook slaapt; het "huis van de stille oude vrouwen"' (p. 290). En hij zou het wezen van al dergelijke huizen willen weergeven door 'het karakter van zo'n houten jaloezie met oude verf er op' uit te drukken, 'de schaduw en de innigheid ervan, dat waardoor iedereen kan zeggen: "Ik ken het allang, ik heb er als kind zo vaak onder gestaan"' (p. 291-2). De fenomenologie van zulke huizen wordt uitgedrukt door de woorden 'schaduw' en 'innigheid'. De Germaanse etymologie van het woord innig accentueert gerichtheid naar binnen, devotie, oprechtheid, het vertrouwde, terwijl het Oudfriese *innia*, evenals het Angelsaksische *innian*, 'in huis opnemen' betekent. Men zou denken dat de verspreide groep gebouwen waaruit Gedong Lami bestaat, zich zou verzetten tegen een dergelijke diep doorvoelde intimiteit, maar in feite roept zij deze juist op. Het gaat hier echter om een paradoxale innigheid.

De beschrijving van Gedong Lami laat een indruk na van uitgestrektheid en nachtelijkheid. Het huis wordt beschreven als net zo uitgestrekt en weelderig als de tropische natuur die het, gelijk de eeuwigheid, omgeeft. Het is een soevereine wereld waar de jongen Ducroo heel erg alleen lijkt in zijn streven zichzelf en de vreemde verzameling mensen die het huis bewonen, te begrijpen. Ducroo neemt het huis alsof hij zich voortbeweegt van het ene eiland van licht naar het volgende: gaslampen die hem leren het onbekende te beheersen. Maar toch roept de beschrijving van het huis, met al zijn magie, mysterie en geweld, geen afkeer op. Het mysterie ervan is onverklaarbaar maar ook vertrouwd. Het lijkt alsof de tijd het huis, volgens oude plannen, voor vrouwen heeft opgetrokken. Het is geen huis van de rede maar van de intuïtie, en het is niet gemaakt voor de zon. Als nachtelijk huis wint het aan gerieflijkheid door toedoen van lampen en de maan, en samen maken zij van de nacht een vertrouwde magie.[131] Het bergt heel wat in zich maar het liefst verleent het onderdak aan de herinnering van mensen.

Hoewel Gedong Lami een plaats is waar Ducroo moet leren angst en eenzaamheid de baas te worden, is het geen claustrofobische plaats. Het heeft bijvoorbeeld grote ramen die uitzicht bieden op de wereld. De ingang van het huis is uitnodigend met al zijn ruimte. Du Perron hield bijzonder veel van dit 'voorpaviljoen' dat een soort koepel heeft die Gedong Lami verbindt met de kleinere villa in Tjitjoeroeg, waar weer een ander koepelvormig voorgalerijtje de hemel het huis in leek te trekken of, omgekeerd, het huis een uitzicht op de lucht bood (p. 26). Daartegenover wordt Grouhy (dat staat voor het landgoed dat Du Perrons vader in België kocht) in *Het land van herkomst* meestal beschreven als donker, gesloten en – ondanks alle naïeve hoop van de ouders – als weerstand biedend aan de innigheid. Het is een ongelukshuis, een *roemah sial*, een 'gekkenhuis nog voor het een ziekenhuis werd' (p. 30).

Het belangrijkste is dat het huis Gedong Lami trouw is, als een groot dier (p. 292). Het verandert niet, het is nooit ontrouw (zoals mensen en de geschiedenis) en het is 'de bewaarplaats van onze herinneringen', en 'wij vertrouwen zonder het te weten zóveel van onszelf toe aan het huis van onze kindertijd' (p. 292). Het huis is voor Du Perron een plaats van herinnering en de verbeelding.

> Wij troosten onszelf door herinneringen aan bescherming te herleven. Iets geslotens moet de herinneringen bewaren, terwijl het hun wel hun waarde als beelden laat. De herinneringen aan de buitenwereld zullen nooit dezelfde tonaliteit hebben als de herinneringen aan thuis. Terwijl wij de herinneringen aan thuis oproepen, voegen wij droomwaarden toe; wij zijn nooit echte historici, wij zijn altijd een beetje dichters en onze emotie brengt misschien alleen maar verloren gegane poëzie over.[132]

Het huis is de perfecte metafoor voor de herinnering. Het was voor het eerst in de klassieke oudheid dat het huis van de herinnering als een hulpmiddel voor het geheugen werd gebruikt. Quintilianus, de Romeinse leraar uit de eerste eeuw, raadde de redenaar aan zich een groot huis met vele kamers voor te stellen.

> Alles wat daarin van belang is, wordt zorgvuldig aan het geheugen toevertrouwd, opdat het denkvermogen zonder enige belemmering in staat is alle details te doorlopen. (...) De eerste gedachte wordt als het ware geplaatst in het voorhof; de tweede, laten we zeggen, in de huiskamer: de rest wordt in de juiste volgorde rond het impluvium gezet, en wordt niet alleen toevertrouwd aan slaapkamers en zitkamers, maar zelfs aan de zorg van standbeelden en dergelijke. Als dit eenmaal gedaan is, dan worden, zodra de herinnering aan de feiten tot leven geroepen moet worden, al deze plaatsen op hun beurt bezocht (...). Wij hebben dus plaatsen nodig, werkelijk bestaande en denkbeeldige, en ook beelden of symbolen, die we natuurlijk zelf moeten verzinnen. Met beelden bedoel ik de woorden waarmee we de dingen onderscheiden die we uit het hoofd moeten leren (...).[133]

Du Perron had geleerd hoe hij deze beelden uit zijn hart moest verwoorden.

Taal drukt herinnering uit. Toen Du Perron het geliefde Indië was kwijtgeraakt, haalde hij het zich weer voor de geest door middel van taal, herbouwde hij een subjectief tropisch onderkomen dat, ook al werd het wel door de tijd aangetast, nooit kon instorten. Hij begrijpt die wereld beter dan hij het tegenwoordige moment kent, hetgeen één reden is waarom de Indische passages in *Het land van herkomst* veel meer beklijven dan de gesprekken in Parijs in het heden. Denk alleen al aan hoeveel gedenkwaardiger en afgeronder een personage als Wa Gedah is, de Soendanese, met zijn moeder bevriende dame. In de drie bladzijden (p. 179-82) die aan haar gewijd zijn, wordt zij ons veel vertrouwder dan Wijdenes of Héverlé in de zo vele hoofdstukken waarin zij een hoofdrol vervullen. We begrijpen nu ook de reden van de eerdere stelling dat het in het boek niet gaat om de Proustiaanse onwillekeurige herinnering, een openbarend toeval dat slechts voor het subject betekenis heeft. Het gaat hier om herinnering uit eigen beweging, gewilde, vurig gewenste herinnering (in tegenstelling tot Prousts spontane gedachteflits). Charles Mauron veronderstelde een verband tussen herinnering en esthetische beschouwing: beide zijn afstandelijk (thans spreekt men van objectivering) en staan los van het tegenwoordige moment.[134] Dit is een zegen, het wordt gezocht, want het is in het huis van het verleden dat de schrijver graag verblijf wil houden. Deze vorm van herinneren hunkert naar meer dan opzichzelfstaande schitteringen, hij wil, bijna maniakaal, alles omvatten. Du Perrons verontschuldiging voor zijn lange en gedetailleerde hoofdstuk over Gedong Lami lijkt ironisch te zijn, maar is dat in feite niet. Het werd geschreven, zo zegt hij, met een bordje 'Hebt u niets vergeten?' boven de schrijftafel. 'Deze manier is voor mij de natuurlijkste, en alles welbeschouwd vind ik geen beter argument' (p. 120).[135]

We kunnen onszelf verliezen in de herinnering en de werkelijkheid van het heden verzaken. We ontkomen er niet aan in deze realiteit te moeten leven maar we kunnen bij tijd en wijle een poging doen haar te vergeten. Na Du Perron waren er heel wat koloniale schrijvers die een voorkeur hadden voor deze vorm van vergeten. Zij voelden zich niet thuis in de werkelijkheid van het heden, derhalve 'vergaten' zij haar om terug te denken aan een verkieslijker woonplaats. Herinneren werd een ethos, een manier van wonen, waarbij men strikt persoonlijke troost tot stand bracht met de middelen van de verbeelding. Als het vroegere verblijf in werkelijkheid door anderen bewoond werd, dan kon een schrijver de indringers negeren en zich opnieuw verbeelden hoe het vroeger was. Maar dit brengt tevens de ambivalentie van alle herinneren naar voren: het wordt geplaagd door afwezigheid. Dit zou de fenomenologische reden kunnen zijn waarom Du Perron zich Gedong Lami het liefst bij nacht herinnert, met de hulp van de maan, een lichtbron die meer verhult dan onthult. Het zou tevens de verklaring kunnen zijn van de voorkeur voor huizen in verval, het liefst aanschouwd in de herfst, het jaargetijde van de melancholie. Het is een manier om toe te geven dat, ook al is dit verleden altijd aanwezig, het in werkelijkheid nooit opnieuw bewoond kan worden. Het zal altijd vervagen. Dit is de 'schaduw' op de jaloezie.

Het geheugen dat de moderne teksten van de Nederlandse koloniale literatuur schreef is niet zo gekweld als het geheugen dat de moderne fictie van het Amerikaanse Zuiden schreef. Het is echter even weemoedig en zich net zo bewust van zijn tijdelijkheid. De pijn komt voort uit het besef dat, hoezeer men dit ook wenst te omzeilen, het werk van het fictionele geheugen slechts een aanvulling op de werkelijkheid is. Het dient als vervanging. Iets wat men net zo goed over ieder kunstwerk kan zeggen. Dit soort literatuur sluit eens te meer aan bij het moderne schrijverschap, omdat deze koloniale literatuur eigenlijk kunst van het exil is, literatuur van ontwortelden, die lijkt op een geheugensteun met betrekking tot een plaats waarnaar toe zij nooit zullen kunnen terugkeren. Is de koloniale geest op zijn fantasierijkst, dan is hij, zoals we hebben gezien, voornamelijk romantisch en vandaar goed vertrouwd met een nostalgische instelling. Eens te meer sluiten subject en uitvoering naadloos op elkaar aan. Voor de beste twintigste-eeuwse koloniale schrijvers betekent het in gedachten teruggaan naar het vroegere Indië een 'elegisch najagen van het geluk'. Dit is wat Du Perron in *Het land van herkomst* deed; het was ook, zoals Robert Alter het formuleerde, een 'kenmerkende Stendhaliaanse notie – dat elegisch najagen van het geluk, waarbij op een merkwaardige manier de herinnering zelf het medium voor het geluk wordt, het middel waardoor een aanduiding (vrijwel nooit een verwerkelijking) van gelukzaligheid in het verleden, herleefd binnen de juiste configuratie van associaties, een blijvende glans krijgt, zoals een voltooid kunstwerk'.[136]

14

BEB VUYK (1905-1991): DE WILDE GROENE GEUR VAN HET AVONTUUR

'[Mijn ontmoeting met Du Perron] is het belangrijkste moment in mijn schrijversloopbaan geweest,' aldus Beb Vuyk bijna vijftig jaar nadat zij Du Perron in april 1938 op Java leerde kennen.[1] Gedurende de weinige tijd die hem nog restte, moedigde Du Perron de aankomende schrijfster aan en introduceerde hij haar bij een aantal auteurs, onder wie Walraven en Nieuwenhuys. Dat er maar zo weinig intellectuelen in het vooroorlogse Batavia waren, maakte dat Du Perron een belangrijke smaakbepaler was en dat zijn beoordeling een soort officiële goedkeuring inhield. Daarom was zijn voorzichtige bijval voor Beb Vuyks vroege fictie zowel een correctief als een aanbeveling, want hoewel Du Perron *Duizend eilanden* (verschenen in 1937) bekritiseerde als 'eens te meer (...) een boek over het plantersleven', prees hij toch ook het talent van de auteur voor beschrijvingen en voor het oproepen van een sfeer in een taal die spaarzaam en direct was.[2]

Enkele jaren eerder was zijn oordeel minder omzichtig geweest,[3] maar Du Perron ging alsnog waardering voelen voor deze vrouw, die, even in de dertig en moeder van twee kinderen, een pioniersbestaan leidde op een afgelegen eiland in het oostelijke deel van de archipel. In een artikel dat verscheen in dezelfde maand dat hij haar ontmoette, verklaarde hij dat zij, als zij zou schrijven over de Molukken, een locatie waar op dat moment maar weinig aandacht voor bestond, met een 'uniek' prozawerk voor de dag zou kunnen komen.[4] Een jaar later, in 1939, deed zij dit inderdaad, toen zij haar meesterwerk, *Het laatste huis van de wereld*, publiceerde.

Het werk van Beb Vuyk kan verdeeld worden in twee afzonderlijke, door de Tweede Wereldoorlog gescheiden delen. De vooroorlogse fictie vormt in thematisch en stilistisch opzicht één geheel, met *Het laatste huis van de wereld* als de kwintessens van haar lyrische evocatie van de Molukken. Haar naoorlogse werk is anders, zowel qua stijl als qua levensovertuiging, en bestaat, afgezien van nog geen dozijn verhalen, voor het grootste deel uit non-fictie. Bepaalde essentiële motieven bleven echter een rol spelen, zoals we zullen zien. Meer nog dan in het geval van Du Perron treft men in Beb Vuyks werk twee werelden aan die elkaar, binnen één schrijversleven, wederzijds uitsluiten. Hoewel we hier in de eerste plaats haar vroegere, meest persoonlijke werk behandelen, in het bijzonder *Het laatste huis van de wereld*, moeten we ons ook bezighouden met de latere, meer objectieve teksten, waarin zij een stijl probeert te vinden voor de verwoording van een kwaad dat binnen haar eerdere Molukse idylle onvoorstelbaar was.

Wat Beb Vuyk voor de oorlog schreef – en men moet niet vergeten dat Nederlands-Indië pas in maart 1942 werd bezet – is persoonlijk, autobiografisch en lyrisch. Het omvat onder andere drie korte romans of lange novellen, namelijk *Duizend eilanden* (1937), *Het laatste huis van de wereld* (1939) en *Het hout van Bara* (waar zij voor de oorlog aan begon en dat pas in 1947 verscheen). Wat betreft stijl en onderwerp zou het beschrijvende verhaal 'Journaal van een prauwreis' (1940) geplaatst moeten worden tussen de laatste twee novellen, om aldus een Molukse trilogie te vormen, terwijl het raadselachtige verhaal 'Way Baroe' (1940)[5] een prachtige coda zou vormen. De laatstgenoemde twee verhalen werden, samen met drie eerdere, minder geslaagde, in 1941 uitgegeven onder de veelbetekenende titel *De wilde groene geur van het avontuur* (nieuwe, vermeerderde uitgave in 1962). Net als Maria Dermoût en Friedericy vervaardigde Vuyk geen omvangrijk oeuvre, maar het gemis aan kwantiteit wordt goedgemaakt door kwaliteit.

Duizend eilanden beschrijft het leven van Beb Vuyk op een theeplantage op Java, samen met haar man, Fernand de Willigen, een Indische planter die zij had leren kennen op de boot die haar in 1929 naar Java bracht. Ze trouwde met hem in 1932, in hetzelfde jaar dat hij zijn baan kwijtraakte. De vraag was wat nu te doen. De echtgenoot van Beb Vuyk nam het besluit te vertrekken naar het afgelegen eiland Boeroe in de Bandazee, waar hij de in het slop geraakte kajoepoetihonderneming van zijn vader nieuw leven hoopte in te blazen. Dit doldrieste avontuur liep uit op het gelukkigste achttal jaren van Beb Vuyks leven. Het zware maar stimulerende bestaan op Boeroe is beschreven in *Het laatste huis van de wereld*, 'Journaal van een prauwreis', *Het hout van Bara* en, vanuit een ander perspectief, in het verhaal met de titel 'Way Baroe'. In deze periode, respectievelijk in 1933 en 1934, kreeg zij twee zonen, maakte zij op Java, tijdens het wachten op een boot naar Boeroe, kennis met Du Perron, en moest ze het einde van de kajoepoetih-onderneming onder ogen zien, zodat ze gedwongen was terug te keren naar Java in de hoop met schrijven geld te verdienen.

De titel van de verhalenbundel uit 1941, *De wilde groene geur van het avontuur*, bevat twee elementen die synoniem zijn met Beb Vuyks fictie van voor de oorlog: het avontuur en de veel goeds belovende kleur groen. Het verhaal van haar eigen belevenissen – ze gaf toe dat *Het laatste huis van de wereld* een nauwelijks verhulde kroniek van haar leven op Boeroe was[6] – vormt, zowel qua stijl als qua onderwerp, een anachronistische navertelling in eigen woorden van het vroegere zeevaarderstijdperk. Haar aanvaarding van het leven als een avontuur is noch argeloos noch intellectueel; Beb Vuyk onderging het avontuur alsof het een tonicum was dat het beste in een mens naar voren bracht.

Beweging, daar draait het om in het avontuur, zoals Robert Louis Stevenson ongeveer een halve eeuw eerder schreef. 'Wat mij betreft, ik reis niet om ergens naar toe te gaan, maar om te gaan. Ik reis om het reizen. *Het belangrijkste is te bewegen*; de behoeften en haperingen van het leven meer van nabij te voelen; van dit veren bed van de beschaving af te komen en te ontdekken dat de aarde van graniet is onder je voeten en bezaaid met scherpe vuurstenen.'[7] Ook voor Beb Vuyk is beweeglijkheid, zowel in fysieke als in gevoelsmatige zin, het meest kenmerkende element van het avontuur. Toen ze op de theeplantage in Midden-Java woonde, voelde ze zich, net als Junghuhn, ingeklemd door het gereguleerde bestaan met zijn alledaagse drijfveren van 'promotie, tantième en salarisverhoging'. Het leven was 'gekanaliseerd' en het was nodig dat het zijn begrenzingen doorbrak en voortstroomde als een 'vrije rivier tussen de oevers van de wildhoutbossen' (p. 160). Zij voelde zich 'ingesloten tussen de eentonige thee en de donkere bossen' (p. 434), als het ware gevangen door de massieve bergen die van geen wijken wilden weten. Zij werd claustrofobisch van zowel het landschap als het leven van haar man als bedrijfsemployé, en zij begon te verlangen 'naar een wijder land en een minder ingeklemd bestaan, naar de vrijheid van veel water en de vreugde van de zon' (p. 435). Ironisch genoeg werd de opgeslotenheid die ze voelde, weerspiegeld in de Javaanse naam van de vulkaan die haar het uitzicht benam. Hij heette Kemoelan, een naam die is afgeleid van *kemoel*, wat zoveel betekent als 'bedekken' of 'omhullen'.

Toen haar man in 1932 zijn baan kwijtraakte, waagden zij de gok: liever dan 'een voorzichtig bestaan op Java, in halve armoede' te leiden, kozen ze voor 'vertrek naar de Molukken en de sprong in het avontuur' (p. 437). Risico nemen is essentieel voor de ervaring van het avontuur omdat het, zoals Beb Vuyk wist, inhield dat men het doodse leven van matheid en veiligheid doorbrak om zichzelf over te geven aan de woeste stroom van onzekerheid, die het bestaan nieuwe energie geeft, op dezelfde manier als rukwinden ervoor zorgen dat een boom zijn takken buigzaam en zijn hout gezond houdt. Zij waagden de gok en gaven de voorkeur aan – in Stevensons woorden – 'galvanische elektriciteit boven berusting in het graf'.[8] En het leven dat zij gedurende acht jaar op het Molukse eiland Boeroe leidden, wordt telkens opnieuw een 'avontuur' genoemd, als een steeds weer herhaalde blijk van vreugde. Beb Vuyk ontkende deze zegening nooit. In 1985, bijna een halve eeuw later, vertelde ze aan een interviewer:

> Ik hou niet van bergen; ze werken op mij als een soort claustrofobie, ik hou van het water, van de zee en van brede rivieren, zelfs van de smalle rivier [de Vecht] waar ik thans aan woon. Ik hou ook niet van bossen. Ik hou van alles wat open en helder is en dat vond ik op Boeroe, een huis aan het strand, doorwaait [sic] van de winden, uitzicht op een brede baai met altijd beweeglijk water en daar achter de bergen, een zware contourlijn aan de horizon.[9]

De Amerikaanse plantkundige David Fairchild was al net zo verrukt over Boeroe, een eiland dat ongeveer een derde van de omvang van Nederland heeft. Toen hij er in april 1940 (toen de echtgenoot van Beb Vuyk er nog verbleef) in een van de baaien voor anker ging, beschreef Fairchild het als 'indrukwekkend woest', een 'paradijs dat zo ver van alles verwijderd leek'.[10] Hij merkte op dat de enige bedrijvigheid van betekenis op Boeroe eruit bestond de bladeren van de kajoepoetih-boom (*Melaleuca leucadendron*) te plukken en daaruit een sterk geurende olie te winnen door middel van een primitieve destillatiemethode.[11] De productie van deze vluchtige olie op Boeroe zou al snel aanzienlijk teruggebracht worden, zodat Beb Vuyk en haar man gedwongen waren te zoeken naar andere manieren om hun brood te verdienen.

Het bestaan kan alleen dan een avontuur zijn als het door beweeglijkheid gestimuleerd wordt. Beb Vuyks favoriete vergelijking voor deze vrijheid is het water; zij heeft het dan evenwel niet over een stilstaande, door de mens bedwongen watermassa, maar over een die nog gevaarlijk en vrij is. Toen Beb Vuyk en haar man in Boeroe arriveerden, was ze opgetogen over het 'wijde, beweeglijke water, het lichte, groene land er om heen. Leksoela [een stadje] was dood, hier leeft alles' (p. 162). Ze was ontsnapt aan de benauwenis van de Javaanse bergen, om deze te verruilen voor het bevrijdende van het levende, bewegende water van de Molukken. Hoewel ze het leven in eerste instantie als een avontuur ervoer toen ze naar Indië ging, ver weg van de benauwende Nederlandse samenleving die wantrouwend staat tegenover avonturiers, is de oorsprong van dit nieuw leven gevende water tóch gelegen in datzelfde land van herkomst. Het was in Nederland dat ze gewend raakte aan 'een vlak land (...), blinkend en bewegelijk van zeer veel water' (p. 434). En nadat Beb Vuyk in 1958 uit Indonesië vertrokken was, ging ze in Nederland niet in een stad wonen – zelfs niet in de buurt ervan – maar kocht ze een boot om te kunnen leven 'op het open, altijd bewegelijke water, dat het beste deel van dit land is' (p. 445). Deze geografische bijzonderheid verbindt voor haar Indië met Holland; bovendien is het verband ook gevoelsmatig consistent, want het open water was een onderdeel van haar eigen mythologie. Beb Vuyk werd in Rotterdam, in Delfshaven, geboren, vlak bij de plaats vanwaar de Pilgrim Fathers op de Mayflower naar Amerika vertrokken. Deze sfeer 'van water en huizen, van oude schepen en kleine scheepshellingen' was er een 'van avontuur en romantiek' (p. 422).

Beb Vuyks liefde voor vrij, stromend water maakt haar een ideale schrijver om uitdrukking te geven aan het leven in de oostelijke helft van de archipel. Aangezien zo veel koloniale literatuur zich afspeelt op Java, zou men nu en dan kunnen vergeten dat Indonesiërs over hun land van meer dan dertienduizend eilanden spreken als over *Tanah Air Kita*, 'ons land én water'. Beb Vuyk zet deze scheve verhouding recht, terwijl haar herhaalde verwijzingen naar de zee, eilanden en schepen een echo zijn van de ervaringen van de vroege zeevaarders.

De tegenstelling tussen beweging en rust, activiteit en kalmte, tussen stromen en opgesloten zijn, staat centraal in het werk van Beb Vuyk. Deze antithese komt naar voren in de kleinste details, in wat de gewoonste trekken van haar proza lijken. Maar zij draagt ook bij aan diepzinniger aspecten. In het zesde hoofdstuk van *Het laatste huis van de wereld* werkt Beb Vuyk het oxidatieproces uit als metafoor voor de toestand waarin het Nederlandse koloniale gezag in moreel opzicht verkeert. Zij gebruikt het in overdrachtelijke zin voor de bijtende inwerking die de koloniale ervaring kan hebben op een gewone burger uit Nederland, door te maken dat een bescheiden man zonder pretenties al snel vastroest in zijn eigen, nergens op gebaseerde gewichtigheid. Hij heeft met andere woorden geen flexibiliteit meer; gebukt onder zijn veronderstelde status, verliest hij zijn emotionele en morele beweeglijkheid. De belangrijke verplaatsing van het Europese continent naar de Aziatische archipel was niet een daad van vooruitgang maar van stagnatie. Inflexibiliteit is hetzelfde als bewegingloosheid, hetzij fysiek hetzij psychologisch. De ironie van deze passage is dat gesteld wordt dat dit alles vooral plaatsvindt op de 'buitenbezittingen' (p. 179), die eilanden die het verst verwijderd zijn van het centrale gezag in Java. In deze afgelegen gebieden, zoals de Molukken, had een koloniale gezagsdrager veel vrijheid en kon hij de kritiek van de koloniale bureaucratie nagenoeg negeren. Beb Vuyk beweert dat juist bij een dergelijke vrijheid degene met de minste mentale beweeglijkheid het meest onverzettelijk wordt. In het verhaal 'The Outstation', dat op Borneo speelt, schetst Somerset Maugham een vernietigend portret van de Britse variant. 'De positie die hij had, streelde zijn ijdelheid; hij was niet langer een kruiper die smachtte naar de glimlach van de prominenten, hij was de machthebber wiens woord wet was.'[12] Beb Vuyk kon dit soort koningen in het klein slecht uitstaan.

Dit contrast heeft uiteindelijk betrekking op de meest essentiële kwestie: leven is beweging, stilstand is dood. Dit wordt meer geïmpliceerd dan met zo veel woorden gezegd; het meest ontroerend gebeurt dit in hoofdstuk 18 van *Het laatste huis van de wereld*, waar de geboorte van de tweede zoon van de vertelster beschreven wordt. Zwangerschap houdt beperking in, opsluiting door het eigen lichaam, stelt paal en perk aan de activiteiten van de vertelster en zondert haar af van het avontuur van het leven op Boeroe. Zij voelt zich in een hoek gedreven, een meer direct, fysiek equivalent van de claustrofobie waaraan ze in de bergen van Java leed. Gekerkerd in haar eigen lijf, slechts een hoedster van het ongeboren kind, wordt zij, door gebrek aan activiteit, gekweld door gedachten aan de dood. Ze is bang dat ze bij de geboorte zal sterven, en overdenkt de verschillende manieren waarop mannen en vrouwen aan hun eind komen. Ook dit gebeurt in termen die verwijzen naar de wereld van het avontuur. Mannen kunnen op dramatische wijze sterven; bijvoorbeeld door 'de gruwelijke beet van een krokodil' of door een wond die zij hebben opgelopen bij het kappen van bomen. Maar vrouwen en kinderen sterven op meer prozaïsche wijze. 'Er zijn vele wijzen waarop een man sterft, maar de kleine kinderen gaan dood aan overvoeding en de vrouwen in het kraambed' (p. 230). Ze is er ook ontstemd over dat haar toestand haar dwingt tot een heroverweging van de geciviliseerde samenleving. Zij heeft die samenleving verworpen, heeft gekozen voor het avontuur in de tropen, maar nu, in haar kwetsbare en hachelijke situatie, moet ze ondanks zichzelf aan Nederland denken, 'waar in iedere straat een dokter [woont] en om de vier straten (...) een ziekenhuis [is] met medicijnen, instrumenten en de genade van een pijnstillend middel' (p. 228), terwijl er in de Molukken soms 'tachtig mijlen tussen het leven en de dood [liggen]' (p. 181). Ze begint het leven in haar dat haar zwak en angstig maakt, te haten, maar dan ondergaat ze een soort verzoening, wanneer een dokter die toevallig aan boord is van een pakketboot die eens per maand het eiland aandoet, haar laat luisteren naar het hart van de foetus. 'Hij laat mij naar de hartslag van het kind luisteren, een klein, snel hart. Dit is de eerste tederheid. Een klein, snel hart van een kind' (p. 230).

Nadat ze haar opgetogenheid over dergelijk leven heeft geuit, beschrijft ze aan het begin van het volgende hoofdstuk hoe haar andere zoon, Hans Christiaan, ernstig ziek wordt op het eiland Ambon. De paar bondige zinnen zijn opgebouwd rond beelden van opsluiting, en wederom impliceert dit een verband met de dood. Vier weken lang blijft ze met de jongen in een ziekenhuis, 'volkomen afgezonderd in een kleine isolatiekamer en met geen ander uitzicht dan het lijkenhuisje' (p. 233). Zo direct na de passage over de geboorte lijkt dit korte stuk eraan te willen herinneren dat het lot van vrouwen en kinderen altijd wisselvallig blijft, hen plotseling vast kan zetten in een toestand van doodsgevaar midden in het leven. Moeder en kind komen de bedreiging opnieuw te boven, en de tekst geeft vervolgens uiting aan blijdschap, in de meest uitvoerige passage van het boek, waarin een lange tocht per prauw naar het eiland Ambelau wordt beschreven. Het belang van het cluster beelden van beweging, reizen, water en zon blijkt hieruit dat deze ervaring herhaald wordt in het verhaal 'Journaal van een prauwreis' (p. 247-57).

Afgezien van het exotische decor lijkt de tekst van *Het laatste huis van de wereld* weinig te bevatten van hetgeen men tegenwoordig in het algemeen van het avonturenverhaal verlangt. Het materiaal is verre van sensationeel en er is weinig 'actie'. Maar – zoals Paul Zweig naar voren heeft gebracht in *The Adventurer. The Fate of Adventure in the Western World* – het huidige tijdvak heeft het avontuur getrivialiseerd. Ooit vormde het avontuur 'een aloud en wijdverbreid onderwerp' omdat het de lezer 'onderdompelt in een wezenlijke ervaring'.[13] Robert Louis Stevenson, een van de grote schrijvers van avonturenromans, deed soortgelijke beweringen met betrekking tot zijn onderwerpen. Hij vond dat romans die zich tot iedereen wilden richten, 'niet langer over salons moesten gaan (...) en zich moesten gaan bezighouden met vechten, zeilen, avontuur, dood of geboorte. (...) Op deze aloude zaken ligt de dauw van de ochtend van de mensheid; zij bevinden zich niet zozeer vlak bij ons, de halfkunstmatige bloempjes, als wel bij de stam en de oorspronkelijke hoofdwortel van het menselijk ras.'[14]

Al de fundamentele ervaringen die Stevenson noemt, zijn evident in het werk van Beb Vuyk, zo ze er niet al het wezen van uitmaken. Robert Kiely's beoordeling van Stevensons werk is tevens van toepassing op dat van Beb Vuyk, aangezien ook voor haar het avontuur 'onveranderlijk en universeel' is en 'een soort gewijde zuiverheid' om zich heen heeft.[15] Het avontuur werd veel gemakkelijker in de koloniale tropen ervaren, terwijl het in de geciviliseerde samenlevingen van

Europa werd verstikt en ontkracht. Hierom alleen al kan men pleiten voor een verband tussen de koloniale literatuur en het avonturenverhaal, evenals voor een nauwe verwantschap tussen koloniale literatuur en romantiek.

Ondanks de moderne oorsprong ervan vormt het werk van Beb Vuyk geen uitzondering. De volgende lofzang op individualisten in heden en verleden laat er geen twijfel over bestaan waar haar loyaliteit ligt.

> Ergens loopt een scheidslijn die ons verdeelt in burgers en avonturiers. Burgers zullen het geluk en de charme van dit bestaan [in de tropen] nooit begrijpen. Zij missen het comfort van de steden, de ijsfabrieken, het elektrische licht, scholen, doktoren en de bioscoop, waar men de romantiek van een verlaten eiland vanuit een diepe fauteuil en voor één avond aangenaam kan genieten.
> Met avonturiers valt te praten, zij begrijpen het genot van een tocht in een lekke prauw, de opwinding van een onverwacht schot en de schreeuw van een stervend dier, het ongemak van regens, bandjirrende rivieren en een lekkend dak. Want wiens leven licht is door de genade van het avontuur, voelt een heimwee in de steden en de bewoonde plaatsen en een lichte wrevel om het onglorieuze bestaan, beveiligd en zonder risico's. Zo waren de verloren zonen, die uitzeilden en stierven en de koloniën werden hun nalatenschap. Maar de koloniën zijn overzeese gewesten geworden en de avonturiers worden er liefst geweerd. Gelukkig zijn hier en daar nog eenzame plaatsen en verborgen eilanden, waar een dwaas kan leven en danken voor de genade van zijn uitzonderlijk bestaan. (p. 222)

Een dergelijk bestaan kan makkelijk iets legendarisch krijgen. Er werd reeds opgemerkt dat in *Het laatste huis van de wereld* de bevalling voorgesteld wordt als een wezenlijke confrontatie tussen leven en dood. Is het in de westerse wereld tamelijk ongebruikelijk om baring een mythologische dimensie te verlenen, de Azteken in het oude Mexico daarentegen geloofden dat een vrouw die in het kraambed stierf, gelijk was aan de 'krijger die in de strijd of als offer het leven liet'.[16] Zoals Inga Clendinnen het zo treffend zegt: 'Het indrukwekkende beeld van de hurkende godin van de geboorte van de Mexica [of Azteken], naakt, alleen in de extase van algehele inspanning, stelt niet een vrouw in "barensnood" voor. We kijken hier in het aangezicht van de strijd. Als mannen de dood uitdaagden op het jaguarveld van de oorlog, dan zagen vrouwen hem onder ogen op het bloedige slagveld van de bevalling.'[17] Als een vrouw de beproeving niet overleefde, dan werd haar lijk door haar echtgenoot naar een begraafplaats gedragen. Hij werd vergezeld door een groep oude vrouwen en vroedvrouwen die de wacht moesten houden en aldus het thans magische lichaam beschermden tegen jonge krijgers die eropuit waren het te stelen, hetzij in zijn geheel hetzij in stukken. Zij zetten hun zinnen vooral op de middelvinger van de linkerhand en op het haar van de dode vrouw. Als zij succes hadden, dan bevestigden zij de eerstvolgende keer dat zij ten strijde trokken de vinger of het haar aan hun wapenschild. Het op één lijn stellen van deze ongelukkige moeders met heroïsche strijders wordt verder benadrukt door het feit dat deze vrouwen niet naar de onderwereld gingen maar – zo nam men aan – in het zonnepaleis opgenomen werden. Deze 'heldhaftige vrouwen' werden godinnen, goddelijke wezens die heersten over de schemering, maar toch vertegenwoordigden zij ook een boosaardige macht, rondspokend bij kruispunten, loerend in een hinderlaag om mogelijke slachtoffers, in het bijzonder kinderen, te kwellen.[18]

Deze wonderbaarlijke macht werd ook toegeschreven aan de nageboorte. Een Aztekenkrijger begroef de navelstreng op een plaats van oorlogshandeling en droeg er daarmee zorg voor dat een kind van het mannelijk geslacht de gewenste gewelddadige dood zou sterven.[19] Ook voor de Molukkers had de placenta bijzondere krachten. In de geboortescène wordt zij een felbegeerd object omdat de krokodil of *boeaja*, in de ogen van Beb Vuyk de belichaming van het kwaad, klaarligt om ermee vandoor te gaan. Zoals de gewoonte is in een epos, moet de moed van de tegenstander vastgesteld worden zodat hij een geschikte opponent kan zijn in het gevecht dat op het punt staat plaats te vinden. En dus is 'de gruwelijke beet van een krokodil' een van de dramatische manieren waarop een man kan sterven: de wond die het gevolg is, wordt nauwkeurig beschreven als een wond die reikt 'van lies tot knie aan beide zijden van het been' (p. 230). Deze keer gaat het om een geheel nachtelijk tafereel en als de maan opkomt, aast de boeaja op de placenta. Er bestaat geen twijfel meer over deze wezenlijke manifestatie van de dood. En precies op dit punt suggereert Beb Vuyk zorgvuldig een verband met de hel. De inheemse bevolking, zo deelt zij de lezer mee, beschouwt de placenta als de tweeling van het pasgeboren kind en noemt haar *kaka* of 'oudere broeder' (p. 232); deze moet sterven om het andere kind het leven te geven. Op Ambon werd de placenta in de zwarte kunst gebruikt, onder het aanroepen van de duivel. Om dit te voorkomen laat het Europese echtpaar de nageboorte in zee werpen, echter niet ver genoeg, en het rood van de krokodillenogen wordt het rood van het bloed van de geboorte op het water. Als de kreet 'boeaja' weerklinkt, is het de echtgenoot van de vertelster die de rol van drakendoder op zich neemt. Maar het is veelbetekenend dat, hoewel hij beide lopen van zijn geweer afvuurt, er geen gewag wordt gemaakt van een voltreffer. En toch: al kan deze draak nooit gedood worden, hij wordt wel overwonnen en de zege behoort niet toe aan een man maar aan een vrouw. Zelfs al lijkt zij in haar toestand uiterst kwetsbaar, zij vermag meer dan een wapen. De boeaja viel weliswaar iets aan wat een deel van haar was en kwam gevaarlijk dicht in de buurt van het beoogde slachtoffer. Maar als het ware misleid door een lokaas, werd zijn macht afgewend door iets wat stierf om leven te geven, door de kaka, de oudere broer uit de overlevering. Als een hulpmiddel dat niet langer nodig is, werd de placenta weggegooid nádat zij haar taak om voedsel te geven aan nieuw leven had vervuld. Het monster werd afgeweerd door een offerdood, en de vrouw, uitgeput maar triomfantelijk als na een heroïsche krachtmeting, heeft een vijand overwonnen die niet kon worden verslagen door mannen. Zij heeft gezegevierd over de dood met het wapen van het leven. Misschien is dit de grootste betekenis die men kan toekennen aan het avontuur, namelijk dat het een wezenlijke ervaring is die waarlijk onveranderlijk is. Want stellig is de strijd tussen leven en dood het ultieme avontuur.

De boeaja, zowel het reptiel als het mythische beest van ongekende proporties, is een heroïsche krachtmeting waardig. *Het laatste huis van de wereld* is uiteraard een moderne beschrijving van een pioniersbestaan op een afgelegen eiland, en men zal er geen epische strijd in aantreffen zoals Beowulf die voerde tegen Grendel. Maar het subtiele literaire kunnen van Beb Vuyk vindt een manier om de verder strekkende dimensies te suggereren. Het boek begint en eindigt met de krokodil. Aan het einde van de allereerste alinea maken modder en de aanwezigheid van krokodillen de mangrovebossen aan de kust ontoegankelijk, en aan het einde van de laatste alinea van het boek wordt vermeld dat 'de afgrijselijke krokodil' verblijf houdt op Boeroe. Dit is negatief bedoeld want de krokodil herovert de macht over zijn domein nadat de De Willigens het onderspit delven tegen de onrechtvaardigheid van het Nederlandse koloniale bestuur. Terwijl andere ontberingen – ziekte, dood, armoede, schrale grond en Sisyfusarbeid – geen succes hadden, kan de onmenselijkheid van bureaucraten wel zegevieren. Op symbolische wijze wordt hun harteloosheid overgedragen op de boeaja, want het ontzagwekkende beest suggereert de dood met alle negatieve connotaties die eerder genoemd werden.

De eerste plaats waar de De Willigens op de Molukken met krokodillen geconfronteerd worden, is Leksoela, als ze nog onderweg zijn van Java naar Boeroe. Voor de vertelster is de stad Leksoela 'dood', en dit wordt benadrukt doordat ze tijdens een wandeling door verwaarloosde klappertuinen langs een stilstaande poel komen die overgroeid is door onkruid en 'naar krokodillen stinkt' (p. 162). In een latere passage, waarin een kust met mangrovebossen beschreven wordt, raakt hun prauw verstrikt in de overdadige plantengroei. Ze zien zich gedwongen het zeil te strijken en moeten de rivier op pagaaien. De vegetatie wordt beschreven in termen van wapens en de meer beweeglijke bladerrijke bomen zijn 'teruggedreven' door de donkere nipapalmen die in de modder net zo welig tieren als de krokodillen. Dit terrein wordt vervolgens beschreven als een 'voorwereldlijk landschap, verstard, groter en sterker en wreder, waar we beklemd doorheen vluchten' (p. 184). In overeenstemming met het eigen symbolisme van Beb Vuyk roept dit desolate landschap in hoge mate een gevoel van claustrofobie op omdat er geen beweging is.[20] Dit oergebied is het rijk van de boeja: 'Hier heeft de krokodil zijn paden, een helling van het bos naar de rivier, gladgeschuurd door zijn stinkende buik' (p. 184). Dit buitengewone landschap is het domein van de dood. Zo'n demonisch beest als de krokodil is de ultieme opponent voor ofwel de avonturier ofwel de epische held. Een dergelijke plaats en een dergelijke tegenstander moeten, letterlijk, uitzonderlijk zijn. Hetzelfde geldt voor de bestrijder.

Zo'n man was Heintje, die, in weerwil van het diminutief, op Boeroe de machtigste bondgenoot van het echtpaar was. Heintje Limba kwam oorspronkelijk van Ambon en was de metgezel van kapitein De Willigen, de schoonvader van de vertelster. Zoals hij beschreven wordt in de openingsalinea's, was de tijd dat deze twee mannen naar Boeroe kwamen om de kajoepoetih-stokerijen te exploiteren een tijd van legenden. Om zich in een dergelijke legendarische tijd staande te houden, moet men een wonderkind zijn, anders is men er niet tegen opgewassen: Heintje wordt geschetst als 'een groot jager, een geweldig drinker en een roekeloos avonturier' (p. 157). Heintje en de kapitein gaan niet alleen reële maar ook bovennatuurlijke gevaren te lijf: de *soeanggi's*, die 'de lichtekooien onder de honderd spoken van de Molukken' zijn. Samen 'dreven [zij] met bijlen en kapmessen het bos en de soeanggi's terug', en het is volkomen logisch dat twee mannen die een dergelijke strijd leveren, de gewone restricties van de alledaagse samenleving – zoals verschillen in ras, maatschappelijke positie of religie – niet langer erkennen, omdat er tussen hen iets is dat 'onwereldser en verhevener is': 'de verbondenheid van twee mannen, rug aan rug in een eenzaam gevecht' (p. 158). Dit is Beb Vuyks duidelijkste verwoording van Stevensons 'gewijde zuiverheid' van het avontuur, die, als inleiding, aan de verheerlijking van het avontuur in het boek de juiste legendarische dimensie geeft.

Nadat de kapitein aan een al te menselijke ziekte is overleden, is het Heintje die een heldenfiguur wordt voor de zonen van de kapitein. Zijn literaire verwantschap is net zo belangrijk als de man zelf, aangezien de jongens De Willigen hem zien als de personificatie van helden die in het leven zijn geroepen door grootmeesters van het avonturenverhaal zoals Captain Marryat (*Masterman Ready*), Scott (*Rob Roy*) en Cooper (*The Last of the Mohicans*).[21] En Heintje is tegen deze taak opgewassen want 'hij was de snelste jager en de behendigste visser'. Maar hij beschikte nog over een andere, voor een avonturier onontbeerlijke gave. Heintje was een goed verhalenverteller en 'wist ook het laatste nieuws, dat van kampong tot kampong waait, grieven, konkelarijen en het kwaad, dat in de nacht rondgaat'. Is de status van held van deze Ambonese avonturier eenmaal vastgesteld, dan is het duidelijk dat hij in staat zal zijn de meest geduchte vijand tegemoet te treden: 'Hij schoot de krokodillen, waar zij lagen te zonnen op de droge zandbanken in het ebbende getijde bij dag, 's nachts vuurde hij op het rode licht van hun ogen tussen de wortels van de mangrove' (p. 168).

Op een nacht dringt het boeaja-monster de nederzetting van zijn tegenstanders binnen en komt het al dichter en dichter bij de vertelster. Eerst doet het monster de idyllische vrijheid van het avontuur teniet. Doordat het zich gevaarlijk dicht bij het huis bevindt, is het absoluut noodzakelijk niet langer in de rivier te baden maar in plaats daarvan de badkamer te gebruiken die tot op dat moment gelaten was voor wat hij was, en 'Batoeboi heeft een van zijn charmes verloren' (p. 215). De gewone werkelijkheid staat machteloos tegenover het monster: het bijt dwars door de beste haaienhaak die ze hebben, gemaakt van het beste Engelse staal, en gewone kogels kunnen het niet deren. Maar Heintje weet wel beter. Om het te overmeesteren benodigt men een haak die vervaardigd is uit een hertengewei, en – als dat onvoldoende is – dumdumkogels. Het zijn niet de 'gecivіliseerde' werklieden die het monster het eerst opmerken, maar de meer 'primitieve' Alfoeren, de vroegere koppensnellers uit het binnenland, het Molukse equivalent van wat de Spanjaarden in Zuid-Amerika *Indios bravos* noemden. Heintje overwint de krokodil maar door het hele relaas heen is er de suggestie dat het dier over vermogens beschikt welke die van gewone stervelingen te boven gaan. Nadat het loden kogels, dumdumkogels, lansen en een strop heeft doorstaan, slaagt het er toch nog in om te ontsnappen: 's nachts, het aangewezen tijdstip voor deze demonische verschijning uit het rijk van de duisternis. En als het uiteindelijk dood is, eindigt de vertelster de passage met een huivering van vrees voor de macht van dit ondier, want ze twijfelt er niet aan of het is 'oneindig veel vreselijker en weerzinwekkender' (p. 216) dan zijn familie de reuzenslang, die eveneens huist op dit nog altijd legendarische eiland.

Na deze triomf volgt de beloning van de lange reis per prauw naar Ambelau, die wordt gedragen door alle positieve symbolen van Beb Vuyk. Maar de laatste drie woorden van het boek luiden: 'de afgrijselijke krokodil'. Hij heeft gezegevierd. De vertelster heeft haar gevecht in de arena van het bestaan gewonnen van de draak, maar de grootste tegenstander van de avonturier, de georganiseerde samenleving, blijkt te hebben samengespannen met de vijand. In dit verband is de vermelding op zijn plaats dat de krokodil tevens een symbool van de hypocrisie is, dat hij in het oude Egypte geacht werd de dwingelandij van de overheid te symboliseren en dat boeaja in het Maleis een slang-woord is voor criminelen in de grote stad. Het op één lijn stellen van de krokodil met het koloniale bestuur is bitter maar, met betrekking tot Beb Vuyks werk, onvermijdelijk. 'Het is alles voorbij, het visioen en het werk. In de grote vlakte zal het onkruid weer groeien en het ongedierte, de reuzenpython en de afgrijselijke krokodil' (p. 246).

Al de romantiek van het avontuur in de tropen, zo niet het pure genot van een leven in een wereld van weleer, werd door Beb Vuyk samengevat in de synesthesie: 'de wilde groene geur van het avontuur'. Dit drukt op verbeeldingsvolle wijze uit wat de koloniale ervaring had moeten wezen en maar zelden was, tenzij dan misschien ten tijde van de zeevaarders en de zeerovers.

Beb Vuyk gebruikte de uitdrukking voor het eerst in *Het laatste huis van de wereld*, aan het begin van de tot een hoogtepunt leidende geboortescène, en nog eens tweemaal in 'Journaal van een prauwreis'. De uitdrukking leverde ook de titel voor haar verhalenbundel die in 1941 in de koloniale hoofdstad Batavia verscheen. Onmiskenbaar hield zij dit voor de juiste formulering, en dat was het ook – tot de Tweede Wereldoorlog.

De uitdrukking geeft in gedestilleerde vorm de essentie van de vroege wereld van Beb Vuyk weer, zowel in een algemene als in een meer persoonlijke zin. 'Avontuur' is de magische magneet, en daaraan hechten zich de bepalingen 'wild', om de beweeglijkheid van het avontuur in herinnering te roepen, 'groen', als de overheersende kleur van Indië, en 'geur', voor de reukervaring die zo uniek is voor deze tropische gebieden, die Rimbaud 'les pays poivrés' ('peperlanden') noemde.[22] Maar de uitdrukking is ook een destillaat van meer persoonlijk en esthetisch materiaal.

In het grootste deel van haar werk, en in het bijzonder in *Het laatste huis van de wereld*, is kleur een dominerende kracht. Beb Vuyks Molukse wereld is helder verlicht, stralend van de zon. In tegenstelling tot de sombere, regenachtige bergen van Midden-Java is dit schitterende eilandenrijk een visueel avontuur. En door middel van herhaling lijken de twee belangrijkste kleuren, groen en blauw, bijna naar hun eigen heroïsche status te streven.

Groen is de kleur van de zintuiglijkheid, en dat is waar het voor Beb Vuyk bij het avontuur allemaal om draait. Maar de kleur had tevens een persoonlijke betekenis voor haar. Hoewel ze in haar jeugd het groen in verband had gebracht met een beangstigende atmosfeer (p. 423), en op Java had gemerkt dat het neerdrukkend kon zijn, wordt het op Boeroe uitbundig positief. Het geneest, het heelt, het is energie en belofte, en, in laatste instantie, is het de kleur van het geluk omdat het verband houdt met de natuur en met het destillaat van de kajoepoetih-bladeren. Er bestaat geen twijfel dat het expressieve beeld dat Beb Vuyk van het avontuur schetst, de bedoeling heeft die aromatische olie op te roepen. Aan het begin van de tweede alinea van de roman gebruikt ze voor de beschrijving van de olie dezelfde adjectieven als voor die van het avontuur, zodat een allitererende echo ontstaat.[23] Toch is hier ook sprake van ironie. Kajoepoetih betekent 'wit hout'. De bomen zijn niet erg groot en lijken enigszins op een kruising tussen een dwergeik en een berk. Het merkwaardige van de *Melaleuca leucadendron* is dat de wortels van één boom – de moeder (*iboe* in het Maleis) genoemd – zich vanuit de stam in steeds groter wordende cirkels verspreiden. Uit deze wortels ontstaan om de tien meter of daaromtrent nieuwe scheuten die ongeveer de hoogte van een struik krijgen. Deze miniatuur-kajoepoetih-bomen worden de kinderen (*anakans*) van de moederboom genoemd, en van de bladeren van deze anakans nu wordt de geurige olie gedestilleerd. Vandaar dat men zou kunnen zeggen dat vroegere bescheiden welvaart van Boeroe gebaseerd was op een matriarchaat van bomen, een thema dat, ook al dringt het zich nooit op, van aanzienlijk belang is.

De olie die van de bladeren van de anakans gedestilleerd wordt, is van een vuil wit.[24] De kenmerkende groene kleur van de kajoepoetih-olie was geheel en al te danken aan het kopergroen binnen in de koperen destilleerhelm (of *kepala*). Olie met de oorspronkelijke kleur kon er niet mee door; wat het zo waardevol maakte, was de kleur die veroorzaakt werd door de groene roest. De vervalsing die dit zeer gewaardeerde koperroestachtige groen tot resultaat had, heeft een positieve connotatie en is helemaal het tegenovergestelde van de morele oxidatie die Nederlandse gezagsdragers deed vastroesten in hun ijdelheid. Maar de olie was ook in gevaar, want om de waardevolle groene kleur ervan te versterken of te behouden, tierden frauduleuze praktijken welig, en daarbij werd er zo lang mee geknoeid dat het oorspronkelijke zuivere product nauwelijks meer te vinden was. En terwijl er van de morele corruptie werd gezegd dat zij de menselijkheid van de koloniale functionarissen op hun weg naar Indië bedierf, werd de zuiverheid van de kajoepoetih-olie 'op de lange, hete reis naar Europa' (p. 210) aangetast, zodat hij veranderde in een drabbig bruin. En bruin is voor Beb Vuyk in het gunstigste geval de kleur van de huiselijkheid, maar meestal brengt ze het in verband met de dood.

Groen bleef een belangrijk motief in haar naoorlogse werk. Naast het geluid van bewegend water ervoer Beb Vuyk ook de kleur – alleen al de herinnering eraan – als een zegening. Een voorval uit de oorlog illustreert dit. Opgesloten in een trein die haar en haar jongste zoon naar weer een ander Japans kamp brengt, vangt ze plotseling een vleug op van de begroeiing van de sawa's (rijstvelden) onder aan de spoorbaan.

> Je kon de sawa's ruiken, vochtig en groen met hier en daar ondanks de duisternis een blink van water. Het geluid van vele wateren! Zo was Java buiten de steden in de bergen [sic] en in de vlakte, als hier en altijd die geur en het geruis van water, huppelend water dat van sawa naar sawa valt. We passeerden een bamboebosje, je kon het niet zien, maar je hoorde het ritselen van het smalle stijve gebladerte en tegelijk was daar ook nog de geur van varens en mossen.[25]

Als ze over een latere reis naar Brazilië schrijft, dan wordt vrij duidelijk dat de kleur groen altijd haar toetssteen is geweest voor de kwaliteit van het leven. En dus schokt de armoede van Brazilië haar meer omdat zij grauw is: 'Maar zelfs op het platteland is de armoede niet groen.'[26] Daarbij vergeleken weegt de behoeftigheid in Paraguay minder zwaar omdat er in dat land volop groen is.[27]

De groene geur van het avontuur is net zo kwetsbaar als de groene aromatische olie die het wezen uitmaakt van het met groen bedekte tropische eiland. En beide zouden 'wild' moeten blijven, omdat de beschaving – de binnendringende Europese vooruitgang – hen wil beheersen en daarmee corrumperen. Dergelijke vooruitgang beperkt het initiatief, legt de geestdrift aan banden, reglementeert het toeval en temt het avontuur. Door de wens het risico risicoloos te maken en inspanning te vervangen door gelijke kansen, maakte de georganiseerde koloniale maatschappij de individuele ondernemingszin verdacht. Regulerende controlemiddelen verminderden het speculatieve aspect van het bestaan maar dit haalde echter ook alle energie uit het individuele streven. In het proza dat Beb Vuyk voor de Tweede Wereldoorlog schreef, is werk nog een avontuur. De De Willigens werken bijzonder hard op Boeroe. Zij zijn zich ten volle bewust van de ontberingen waaraan zij het hoofd moeten bieden, maar alle tegenspoed wordt verzacht door de prikkel van de wetenschap dat zij hun lot in eigen hand hebben en niet werktuiglijk arbeiden voor een onduidelijk doel dat wordt voorgeschreven door een gezag ver weg.

Dit werken voor het plezier is een bezigheid die voldoening geeft en die, hoewel zij een zekere opbrengst wil zien, niet wordt verricht met het oog op winstmarges. Hun pioniersbestaan is 'een visioen van werk in gloeiende oostmoessondagen, in wind en regenvlagen van de kenteringtijd. Dit is een arm en bijna onvruchtbaar land, maar rijk in de genade van werk voor deze dag en al onze verdere dagen' (p. 213). De 'genade' van de arbeid heeft iets archaïsch in zich. De huidige samenleving is niet in staat werk te vereenzelvigen met romantiek, is niet in staat de dagelijkse arbeid als een avontuur te ondergaan. En misschien omdat het om een individueel bepaalde inspanning gaat, zit er een dimensie van onbaatzuchtigheid aan dit gezwoeg. Het 'visioen' dat Beb Vuyk in verband brengt met werk is hetzelfde als dat van Kipling. In wat ooit een van zijn bekendste gedichten was – 'L'Envoi', het slotgedicht van *The Seven Seas*, een bundel die Beb Vuyk gelezen heeft (p. 439) – sprak Kipling van een tijdperk waarin 'niemand zal werken voor geld, en niemand zal werken voor roem; / maar elk voor 't plezier van het werk'.[28] Wat Beb Vuyk kwaad maakte, was dat, toen de mensen die hierin geloofden, het zware, vuile, bijna heroïsche werk hadden voltooid om van een wildernis een vruchtbaar stuk grond te maken, zij aan de kant werden gezet als niet meer van deze tijd en werden vervangen door bedrijfsemployés die geen loyaliteit aan een droom of een visioen voelden. Voor hen waren zulke gevoelens van trouw een teken van zwakheid of, in het gunstigste geval, een overblijfsel van een ouderwetse onschuld. Dit verschijnsel dat de koloniale bureaucratie zich de individuele inspanning toe-eigende, is voor Beb Vuyk een tragisch thema, omdat het de individualiteit vernietigde en de pioniers van weleer besmette met de ziekte van de eenzaamheid: een kwaal die veel kwaadaardiger was dan geïsoleerdheid in een vijandige omgeving, want zij werd veroorzaakt door ondankbaarheid en menselijk bedrog. Het werk wordt gemechaniseerd en de persoonlijkheid wordt uitgeschakeld.

Er werd al vermeld (in hoofdstuk 11 hiervoor) dat Beb Vuyks verheerlijking van de natuur en haar scherpe afwijzing van het materialisme opvallende gelijkenis vertoonden met het standpunt dat de Southern Agrarians in de jaren dertig van de twintigste eeuw innamen. Beide pleidooien werden ondersteund door een negentiende-eeuws optimisme dat na de Tweede Wereldoorlog naïef leek. Voor de oorlog konden zowel Beb Vuyk als de Agrarians nog veronderstellen dat de strijd tussen maatschappij en natuur een persoonlijk drama was, en niet een programma dat door cynici werd uitgevaardigd. Hun argumenten werden gepresenteerd met behulp van beelden, niet met behulp van een technologische manier van redeneren, en ook al waren deze effectief als literatuur, zij waren nutteloos als voorschriften voor maatschappelijke verandering. Deze negatieve ontwikkeling blijkt uit Beb Vuyks gebruik van het werkwoord 'woekeren', dat betrekking heeft op weelderige groei van ongewenst gewas én op onrechtmatige winst. Met een voorvoegsel ter aanduiding van een overmaat werd 'overwoekeren' vóór 1942 door Beb Vuyk gebruikt in de zin van een buitensporige groei, een onmatigheid van de natuur die het haar onmogelijk maakte te genieten van de open ruimte. Na de oorlog deed de vaststelling van een natuurlijk teveel voortaan in de eerste plaats dienst om sociale uitbuiting door de mens aan te geven. Deze neergang is eveneens duidelijk in Beb Vuyks onderwerpen en stijl.

Voor de oorlog koesterde Beb Vuyk een geschenk dat haar vijanden, de bondgenoten van de boeaja, haar nooit zouden kunnen ontnemen. Terwijl zij alleen maar voortgangsrapporten konden schrijven of een bloedeloze retoriek konden fabriceren ten behoeve van officiële verklaringen, had zij 'de herinnering als een boeiend verhaal' (p. 254). Het avontuur is iets waarover gepraat mag worden en de beste avonturiers zijn uitstekende verhalenvertellers. Dit wezenlijke verband tussen literatuur en avontuur wordt ook door Paul Zweig benadrukt. 'Het avontuur en het vertellen van verhalen zijn altijd hand in hand gegaan. De grote avonturiers zijn niet slechts grote doeners geweest, zij zijn ook grote sprekers geweest, zoals Odysseus die met zijn essentiële verhaal terugkeert uit toverachtige landen, of Gilgamesj die zijn belevenissen in een stenen tafel grifte.'[29]

Heintje Limba beschikt over deze gave die onmisbaar is om van hem de volmaakte avonturier te maken. Als hij ouder wordt en zijn leven trager, vertelt hij jagersverhalen, terwijl eerder, toen hij met de kapitein langs de kust van Boeroe zwierf, de twee mannen menige avond luisterden naar de verhalen die door oude hoofdmannen van de Alfoeren verteld werden rond rokerige vuren. In een latere autobiografische tekst legde Beb Vuyk de nadruk op dat plezier van het heen en weer trekken langs de kust van het eiland, toen er 'in iedere kampong (...) mensen [waren] die vertellen konden' (p. 439). Luisterend naar verhalen over de jacht, drinkgelagen en vreemde gebeurtenissen, en tevens naar verhalen over werk, realiseerde zij zich dat de oorsprong van de literatuur gelegen was in 'het verhaal, de gebeurtenis, de anekdote van de een over de ander verteld' (p. 435). En terwijl ze in haar jeugd het avontuur van het leven door middel van boeken had meegemaakt, doorleefde ze in de Molukken het verhaal in de werkelijkheid. Daar voelde ze zich bevoorrecht een dergelijk bestaan te leiden als 'een boek, onmiddellijk ontsprongen aan de werkelijkheid van het leven' (p. 435-6).

In het fraaie verhaal 'Way Baroe' (p. 258-69) verkent Beb Vuyk dezelfde ambigue verhouding tussen literatuur en ondervinding. Onno Bouvier krijgt maar één kans om zijn leeservaring om te zetten in realiteit. Hij grijpt deze kans en verhuist naar de afgelegen Molukken. Maar zijn tropische avontuur loopt uit op eentonigheid: 'Hij was nimmer bijzonder ongelukkig, bijzonder gelukkig evenmin. Aan de stormen en stilten van het leven was hij voorgoed ontkomen in deze laatste baai' (p. 269). Er zijn enkele interessante overeenkomsten tussen het verhaal van Beb Vuyk en R.L. Stevensons vertelling 'Will O' the Mill'. Beide verhalen gaan over een gevoelloze man die tot onbeweeglijkheid vervalt alsof hij verlamd is door de overdaad van het leven. Beide hoofdpersonen zagen het leven ooit als een vorm van avontuur, maar toch verwerpen zij het uiteindelijk beiden als zodanig. Zowel Stevensons Will als Beb Vuyks Onno Bouvier geeft niet langer om het leven en trekt zich terug in een ongeïnteresseerdheid die wijst op een doods leven, nadat de beide mannen het leven als vorm van avontuurlijke beweeglijkheid hebben verworpen.

Beb Vuyk zag zich voor hetzelfde dilemma geplaatst maar zij had al vroeg de capaciteit om eerst een leven van moed en durf te leiden, om zich daarna als een ervaren held de herinnering eraan voor de geest te roepen. Nadat zij zich, zoals gezegd, de oorsprong van de literatuur had gerealiseerd, werd haar werk, in haar eigen woorden, 'romantisch en realistisch tegelijk. Niet meer de romantiek van de verbeelding, maar van de onmiddellijke werkelijkheid' (p. 439). Dit was mogelijk in de uithoeken van Indië, omdat de werkelijkheid daar nog romantisch was, zoals zij dat was geweest voor de vroege zeevaarders, om nog maar te zwijgen van de voornaamste schrijvers van de 'Southern Renaissance'[30]. Men moet niet vergeten dat, vanuit een Europees standpunt, het dagelijkse leven in de tropen uitzonderlijk was. Het probleem was hoe een ongelooflijke maar doodgewone zaak zoals de volgende over te brengen: 'In de wind hangt een reusachtige slangehuid te drogen, zes meter lang en in het midden ruim een meter breed' (p. 213).

Joseph Conrad stond voor een vergelijkbare tegenstelling. In de inleiding van zijn verhalenbundel *Within the Tides* schrijft hij over dit ongewone samengaan in termen die lijken op die van Beb Vuyk en op diegene die gebruikt zijn in het onderhavige betoog.

> Ik heb het hier over romantiek in verhouding tot het leven, niet over romantiek in verhouding tot de literatuur van de verbeelding, die, in haar begindagen, gewoonweg was verbonden met middeleeuwse onderwerpen of, in ieder geval, met onderwerpen die men in een ver verleden zocht. Mijn onderwerpen zijn niet middeleeuws en ik heb een vanzelfsprekend recht op hen want mijn verleden is in hoge mate van mijzelf. Als hun koers buiten het platgetreden pad van het georganiseerde sociale leven ligt, dan is dit misschien omdat ikzelf me er al vroeg min of meer van losgemaakt heb, gehoorzamend aan een impuls die bijzonder authentiek moet zijn geweest aangezien hij mij kracht heeft gegeven in alle gevaren van de desillusie. Maar die oorsprong van mijn literaire werk droeg er bijzonder weinig aan bij om aan mijn verbeelding een grotere reikwijdte te geven. Integendeel: alleen al het feit dat ik me bezighield met aangelegenheden die buiten de gewone, alledaagse ervaring lagen, verplichtte mij tot een meer nauwgezette trouw aan de waarheid van mijn eigen gewaarwordingen. Het probleem was, vertrouwde zaken geloofwaardig te maken. Om dat te doen, moest ik ze scheppen, moest ik ze weergeven, moest ik ze omgeven met hun juiste sfeer van reëelheid.[31]

Beb Vuyk had dezelfde 'verplichtingen' aan een nauwgezette duidelijkheid wanneer ze over gebeurtenissen schreef die in Europa als fantastisch zouden worden beschouwd. Net als Conrad moest Beb Vuyk kiezen uit stijlvarianten om de 'juiste sfeer van reëelheid' over te brengen.

In 1893 schreef Robert Louis Stevenson aan Sidney Colvin over zijn ontevredenheid met de novelle *The Ebb Tide*: 'Er lijkt zo'n sluier van woorden over te liggen; en ik houd meer en meer van onopgesmukt schrijven; en toch verlangde je soms naar volle kleur en dan was daar die sluier weer.'[32] Het lijkt begrijpelijk dat ongeloofwaardige gebeurtenissen en plaatsen om hoogdravend proza vragen, om aldus een stijl vol overdrijving en overdreven gebeurtenissen met elkaar in overeenstemming te brengen. Een dergelijke 'sluier van woorden' werd inderdaad gebruikt door schrijvers als Conrad, T.E. Lawrence en Charles Doughty in het Engels en door Louis Couperus in het Nederlands. Deze schrijvers 'vertellen verhalen van imposante moed en exotische handelingen in een stijl die complexiteit en traagheid verhult, totdat de handelingen terugtreden en een achtergrond worden voor de minutieuze stijlfresco's'.[33]

Dit is niet het geval met Beb Vuyk. Haar stijl is 'onopgesmukt', sober en nauwgezet, wat niet wil zeggen dat het een natuurlijke stijl is, net zo onvermijdelijkerwijs eenvoudig en ongekunsteld als die van de vroege reisverhalen. Beb Vuyks ongekunstelde stijl is een weloverwogen techniek, bedoeld om een bepaalde visie over te brengen. In haar werk is sprake van een opzettelijke terughoudendheid die het de tekst mogelijk maakt een grotere verscheidenheid aan symbolische mogelijkheden tentoon te spreiden in plaats van de waarneming van de lezer te benevelen met een prachtige sluier van woorden. Beb Vuyk zou instemmen met Stevensons uitroep uit 1883: 'Er is maar één kunst: weglaten! O, als ik maar wist weg te laten, dan zou ik om geen andere kennis vragen. Een man die weet weg te laten, zou van een dagblad een Ilias maken (...). Hij leert het in de uitkristallisering van dagdromen; in het veranderen, niet in het kopiëren van feiten.'[34] En Beb Vuyk deed dit en zij maakte van een bescheiden bestaan op een afgelegen eiland in Indië een klein epos. Wat meer is: haar vooroorlogse proza heeft een ongewone lyrische kwaliteit die doet denken aan de verhalende poëzie uit de oudheid.

Nauwkeurige lezing van dat proza brengt een vorm van herhaling aan het licht die niet gebruikelijk is in de moderne literatuur. Niet alleen herhaalt ze voortdurend afzonderlijke beelden zoals de kleuren groen en blauw, maar ook gebruikt ze bepaalde uitdrukkingen steeds weer opnieuw. Het gaat om herhalingen die evenzeer een formule worden als de traditionele elementen bij Homerus, want Beb Vuyk gebruikt niet alleen beelden opnieuw, maar ook langere beschrijvingen. De kleur groen bijvoorbeeld, hoe vaak dan ook gebruikt, is altijd positief en staat voor leven, gezondheid, natuur en 'de wilde groene geur van het avontuur' (p. 254). Laatstgenoemde zinsnede wordt meerdere malen herhaald. Binnen dit positieve bereik bevinden zich ook synoniemen voor snelheid, voor adem en voor helder ('hel') licht. Net zoals geldt voor het homerische taalgebruik, zijn zulke vergelijkingen ook hier niet slechts beschrijvend; zij verkrijgen een emotionele diepgang die het de schrijfster mogelijk maakt ze zonder verdere uitleg te gebruiken. Op deze manier staat helderheid gelijk aan duidelijkheid, en roept beweging leven en energie op. Water bijvoorbeeld is steeds in beweging en maakt steeds een 'helder geluid' (p. 233). De natuur wordt vaak gepersonifieerd zonder gebruik te maken van vergelijkingen: een kaap 'waadt' de zee in (p. 235 en 265) en een berg heeft een 'vacht' met 'littekens' daar waar het bos is weggekapt (p. 252). Een overdrachtelijke zinsnede als 'eilanden, achteloos neergeworpen' in de zee (p. 162) wordt woordelijk herhaald (p. 262).

Bij de eerdere behandeling van het proza van de zeevaarders werd een beroep gedaan op Auerbachs klassieke uiteenzetting over de twee belangrijkste, de werkelijkheid uitbeeldende stijlsoorten in de westerse literatuur. In het geval van Beb Vuyk kan deze dichotomie binnen een enkel oeuvre onderzocht worden. Haar werk van voor de oorlog is lyrisch, zelfverzekerd, helder, aanschouwelijk en gespeend van gecompliceerde abstracties. De gedachten krijgen uiterlijke vorm, de verschijnselen zijn, zoals Auerbach stelt, 'gelijkmatig belicht',[35] terwijl de gevoelens primaire gevoelens zijn en ongecompliceerd tot uitdrukking worden gebracht. Voor zowel Homerus als Beb Vuyk is er sprake van 'vreugde in het zintuiglijke bestaan',[36] en het alledaagse en het verhevene gaan probleemloos samen. Beb Vuyks vroege proza is nooit duister en, net als de epen van Homerus, overgoten met licht. Gevoelens en gedachten zijn 'zelfs welgeordend waar affecten in het spel zijn'.[37]

Matthew Arnold karakteriseerde de homerische stijl als vlot, duidelijk en direct. Hetzelfde kan gezegd worden van de reisverhalen van de zeevaarders en de vooroorlogse teksten van Beb Vuyk. In het proza van Vuyk ontbreekt de loomheid van Maria Dermoûts proza, waarin nogal eens de litotes gebruikt wordt; dit verleent het werk van Dermoût een Aziatisch cachet omdat men in de Indische landen in de Stille Oceaan iets liever indirect dan onomwonden zegt. De stijl van Beb Vuyk is vlot en ongeduldig. Het gaat om een paratactische stijl, die vaak de voegwoorden achterwege laat die normaal gesproken zouden dienen om de delen van een samengestelde zin te verbinden. Het effect is er een van bezielde levendigheid en de toepassing ervan kan heel verrassend zijn. Een voorbeeld ontleend aan het verhaal 'Way Baroe' betreft snelheid. 'Ze staken [de baai] over in een kleine vlerkprauw; twee mannen pagaaiden met zo'n snelheid, dat de prauw een eind vastliep in het witte strand' (p. 263). De nadruk ligt op de kracht, niet op het reizen, want wat van belang is, dat is het eeuwige heden, onaangetast door overwegingen over het verleden of de toekomst.

De Tweede Wereldoorlog maakte voor eens en voor altijd een einde aan deze epische helderheid en eenvoud. De belangrijkste beelden en epitheta komen nog maar zelden voor, afgezien van een herhaling – met mate – van het groen en het negatieve gebruik van 'woekeren'. Beb Vuyks vroegere herhaald gebruik van het adjectief 'laatste' komt op de lezer over als een waarschuwing vooraf. De met groen overdekte eilanden in de Bandazee zijn nu een wonderbaarlijke droom, als van een sagenwereld, geworden, en sagen kunnen, zoals Auerbach opmerkte, niet samengaan met een geschiedverhaal.[38] Beb Vuyk had te lijden gehad onder de geschiedenis en dat gecompliceerde leed kon niet tot uitdrukking worden gebracht in de onschuldige taal van het epos. De weinige verhalen die ze na de oorlog schreef, laten veel onuitgesproken. Veel ervaringen blijven duister. Het licht is minder geworden, de gloed is afgekoeld en de vroegere lyrische toon is teruggebracht tot weemoedig gefluister. Deze geobjectiveerde vertellingen handelen over hoofdpersonen die gebukt gaan onder het verleden van een persoonlijkheid die zich gevormd heeft in een crisistijd. Zij merken alles op en zijn zeer in verwarring.

'Verhaal van een toeschouwer' (gepubliceerd in 1950) vormt het keerpunt. Het gaat over de natuur, een van de favoriete thema's van Beb Vuyk, maar vanuit een ander perspectief. Om te beginnen is het heden verdrongen door het verleden. De verteller kan niet langer gelijkgesteld worden aan de auteur, hoewel het goed mogelijk is dat de vertelde gebeurtenissen haar zijn overkomen. In dit bewuste verhaal is de verteller een man die in een jappenkamp de hoofdpersoon heeft leren kennen. Deze laatste, een man genaamd Hermans, had voorheen een klappertuin op een eiland, maar hij wil er niet naar terugkeren. De natuurbeleving is niet langer een reactie op een zintuiglijk waarneembare realiteit die op zichzelf machtig genoeg is; de natuur is thans een complex fenomeen dat te lijden heeft onder de menselijke wreedheid. De thema's van Beb Vuyk zijn niet meer uitbundig. Het nieuwe onderwerp van de wreedheid bijvoorbeeld wordt omschreven als 'een soort traagheid van het hart' (p. 373), terwijl eerder een 'klein, snel hart van een kind' (p. 230) de bevestiging van het leven was. Andere elementen komen de lezer eveneens bekend voor, maar zij raken ook – hoewel ze blijven passen in de fictionele context – aan grotere vraagstukken. Van Hermans' verhaal wordt gezegd: '[het] was uitvoerig en levendig als de verhalen die hij mij vroeger verteld had, maar miste de landelijke en bijna idyllische achtergrond' (p. 367). In feite is de beschrijving van Hermans' vertelwijze eveneens van toepassing op Beb Vuyks naoorlogse proza. 'Terwijl hij vertelde en moeizaam vertelde omdat hij vertellen moest, staarde ik over mijn voeten heen naar de gevangenismuur. Wij hebben allemaal bepaalde woorden en bepaalde gebaren voor bepaalde gelegenheden in voorraad, maar de aangeleerde formule kon ik niet gebruiken en het spontane woord ontstond niet in mij' (p. 371). De impulsieve, lyrische ikfiguur uit Beb Vuyks vooroorlogse proza is verdwenen. Het ongeduld is niet meer gewaagd. De toon is voorzichtig en bezorgd geworden, alsof de tekst zich bewust was van iets onzegbaars.

Iets of iemand vergelijken met een aspect van de natuur was voorheen het hoogste eerbetoon van Beb Vuyk; na de oorlog refereert het enkel aan uithoudingsvermogen. De verteller verklaart dat Hermans een van die mensen is 'die een vitaliteit bezitten, die niets uitbundigs heeft, maar een kracht is, verwant aan die van planten en bomen, die onuitroeibaar opnieuw botten uit hun wortelstok nadat de aardbeving en het vuur verwoestend over de vlakten zijn gegaan' (p. 376-7). Maar die kracht is niet voldoende om de aanblik te verdragen van opgeblazen kokospalmen, tijdens de oorlog van hun kruin beroofd. Zo zegt Hermans: ' "Naar een dode kun je teruggaan. Ik heb mijn herinneringen. Daar kun je mee leven, maar ik kan niet leven in een dode tuin." Toen sloeg zijn stem voor het eerst hoog uit: "Ik durf niet terug, ik durf niet tegenover die klappers te staan" ' (p. 378). De verschrikkelijke verandering die Du Perron, gelukkig genoeg, alleen maar intuïtief kon aanvoelen, was voor Beb Vuyk een afschuwelijke realiteit, een die om een andere stem vroeg. Maar naoorlogs betekent ook

postkoloniaal en we moeten terugkeren naar de teksten die Beb Vuyk vóór 1942 schreef, om ons over nog één laatste paradox te buigen.

Stellig heeft Paul Zweig het bij het rechte eind wanneer hij stelt dat, in het algemeen gesproken, het avonturenverhaal 'bij voortduring mannelijk' is, dat het 'een vorm van inwijding in het imperium van het mannelijke' is. Maar Zweig erkende ook de paradox dat – ook al mag het voorgaande juist zijn – de avonturier tevens onderworpen is aan 'de inkapselende invloed van het vrouwelijke dat vaak op een subtiele maar ondubbelzinnige manier in avonturenverhalen aanwezig is'.[39]

In eerste instantie krijgt men de indruk dat Beb Vuyk ook tot dat mannelijke imperium wilde behoren. Willem Walraven vermeldt hoe zij hem vertelde dat zij als kind een jongen wilde zijn.[40] In latere autobiografische teksten geeft Beb Vuyk toe dat zij naar vriendschap met mannen verlangde omdat 'mannen (...) waarachtiger en eenvoudiger [zijn] in hun onderlinge verhouding' (p. 435), en dat zij ervan droomde 'scheepskapitein of bosbouwer, planter of gezaghebber' te worden (p. 432). Ze schreef over zulke mannen aan het begin van *Het laatste huis van de wereld*: mannen als kapitein De Willigen en Heintje Limba, geadeld door 'de verbondenheid van twee mannen, rug aan rug in een eenzaam gevecht' (p. 158).

Haar bewondering voor dergelijke mannen werd er niet minder op, maar ik krijg de indruk dat Beb Vuyk de teneur van het avonturenverhaal op subtiele wijze veranderde, totdat zij aantoonde dat het vermogen van de vrouw om leven te geven, zegeviert in het ultieme avontuur van het bestaan: de confrontatie met de dood. Zij bracht deze unieke omkering van het genre niet op ruwe wijze tot stand, maar gaf haar veeleer zijdelings te verstaan door middel van de vernuftige beheerstheid van haar stijl. Misschien was dit mogelijk omdat, zoals Zweig naar voren brengt, in de recentere ontwikkeling van het avonturenverhaal 'de hoofdzaak van het avontuur naar binnen verschoven' is, en het avonturenverhaal thans wordt gecreëerd op basis van 'het innerlijke ritme dat de avonturier heeft opgelegd aan de wereld van zijn ondervinding'. En als er wordt gezegd dat alleen het avontuur in staat lijkt om 'de waarden te herstellen die zijn afgesleten door huiselijkheid' – want al met al gaat het bij het avontuur om het leven *in extremis* – dan blijkt geslacht er heel weinig toe te doen. Ten gevolge van deze verandering in nadruk zal 'het avontuur (...) niet langer een vorm van reisliteratuur zijn, maar van autobiografie'.[41]

Beb Vuyk heeft altijd duidelijk gesteld dat haar meeste werk autobiografisch is. Teksten als *Het laatste huis van de wereld*, 'Journaal van een prauwreis', *Het hout van Bara*, 'Mijn grootmoeders' en 'De vervulling en de terugkeer' zijn geheel en al autobiografisch, en in het grootste deel van haar vroegere werk is het autobiografische element alleen maar een beetje aangepast om aan de esthetische eisen te voldoen. Leest men over de jeugd en de familie van Beb Vuyk, dan zou men denken dat de mannelijke wereld de meeste invloed heeft. Haar grootvader van vaderskant voer rond het midden van de negentiende eeuw naar Java en keerde pas veertig jaar later terug. Hij werkte op koffie- en tabaksplantages totdat hij onafhankelijk was en eigen baas werd (p. 425). Hij trouwde met een vrouw afkomstig van Madoera (een eiland vlak bij de noordkust van Java) en kreeg twee zonen en een dochter. De vader van Beb Vuyk werd in Indië geboren maar kwam naar Holland toen hij vijf was; zijn geboortegrond heeft hij nooit meer teruggezien.[42] Hij werd scheepsbouwer in Rotterdam, waar Beb in 1905 werd geboren. Zowel de vaderlijke als de moederlijke lijn van haar familie was op de een of andere manier verbonden met de zee, en men zou zeggen dat zulke ontsnappingsroutes als het avontuur, Indië en de zee geassocieerd worden met mannen.

Geleidelijk aan blijkt het tegenovergestelde waar te zijn. De mannen bleken gesloten en zwijgzame mensen te zijn die vervreemd en gekwetst waren door een eenzaamheid waarvoor geen genezing bestond. Ook de dood werd met mannen in verband gebracht. Als klein meisje zag ze ooit twee mannen graven rooien, en de overblijfselen 'waren niet schoongekrabd, wit gebleekt en blinkend gewreven als het geraamte in de spreekkamer van de dokter, maar bruin, met resten van rottend vlees en dorre haren'. Een ander metoniem voor de dood was het kunstgebit van haar overgrootvader, dat zijn vrouw in een bruine kist op zolder bewaarde. Het wekt geen verbazing dat, in het verlengde daarvan, de dood 'bruin was en niet bewoog' en dat hij de omtrekken van haar grootvader aannam, niet als een spook maar als een geheel van 'brokken bot en vuil vlees' (p. 430, 431 en 424-5).

Aan de andere kant begonnen de vrouwen in haar familie zich te doen gelden als symbolen van opstandigheid, moed en Indië. De dochter van haar grootvader van vaderskant en zijn Madoerese vrouw stierf jong. Er was een portret van deze tante die Beb Vuyk nooit gekend heeft. Er werd haar verteld dat de Madoerezen betrouwbaar waren maar ook lichtgeraakt, omdat ze trots en gauw beledigd waren. 'Ik begon mij te identificeren met het portret van die jong gestorven tante en met de onbekende, betrouwbare, trotse en snel naar het mes grijpende grootmoeder' (p. 426). Deze identificatie over de grenzen van de tijd heen kreeg de nadruk toen Beb Vuyk zich er, door de reactie van jouwende en pestende scholieren, van bewust werd dat ze er anders uitzag dan de Hollandse kinderen, dat ze het vreemde en ongewone uiterlijk had van haar Madoerese grootmoeder. Dit fysieke gegeven isoleerde haar nog meer. Maar de vrouwelijke invloedssfeer won het, en de wereld van de tropen, met het bijbehorende avontuurlijke leven, werd mettertijd in verband gebracht met haar grootmoeders. 'Java, Sumatra, de oerwouden van Borneo, de verre eilanden van de Molukken. De werelden van mijn beide grootmoeders begonnen samen te vallen; vreemd en avontuurlijk en tegelijkertijd eigen als een ver en vertrouwd vaderland' (p. 433). En al was ze nog maar een meisje, deze ontdekking deed haar besluiten schrijfster te worden en naar Indië te gaan.

Beb Vuyk ontmoette haar toekomstige echtgenoot in 1929 aan boord van het schip dat haar naar Java en een betrekking als lerares in Batavia voerde. Ze trouwde met Fernand de Willigen in 1932. De Willigen was van gemengde afkomst: zijn vader was een gepensioneerde officier uit het Nederlands-Indische leger en zijn moeder was een Indonesische van het Molukse eiland Ambon. Het is merkwaardig dat er maar weinig duidelijke en directe verwijzingen naar haar echtgenoot in haar werk zijn. Men krijgt wél de indruk van een betrouwbare persoonlijkheid die – zo verzekert Beb Vuyk – gevoelig, waarachtig en zuiver is (p. 437), maar men moet de brieven van Walraven lezen om erachter te komen dat De Willigen lichamelijk en emotioneel gezien een sterke man was, dat hij intelligent was, een woudloper en een jager.[43] Hij stond model voor Carl van Waerlaarden in *Duizend eilanden*, voor Hajo in *Het hout van Bara*, waarschijnlijk voor Hermans in 'Verhaal van een toeschouwer', en hij is uiteraard Fernand de Willigen in *Het laatste huis van de wereld*. Toch krijgt men niet de indruk dat hij als karakter ooit uit de verf komt, maar veeleer dat hij een verzameling is van eigenschappen die, hoe bewonderenswaardig dan ook, er maar niet in slagen een vorm aan te nemen die bijblijft.

De acht jaren die Beb Vuyk op Boeroe doorbracht, waren de gelukkigste van haar leven (p. 440); maar de kentering kwam algauw, een kentering die drastisch en onherroepelijk was, zowel voor haar eigen leven als voor haar generatie. In 1940 was ze op Java voor een korte onderbreking van het bestaan op Boeroe, het eiland waarover Walraven graag opmerkte dat het werd bevolkt door 'oud-kannibalen en hondenverorberaars'.[44] Nederland viel in mei 1940 in handen van de nazi's, en Nederlands Oost-Indië capituleerde in maart 1942 voor de Japanners. Zes weken lang was Beb Vuyk een gevangene van de Kempeitai, het Japanse equivalent van de Gestapo, en de rest van de oorlog bracht zij in concentratiekampen door. Haar man werd ook gevangengenomen en hij belandde in Thailand. Na de oorlog maakten zij de verschrikkingen mee van de onafhankelijkheidsstrijd van Indonesië, en toen het land in december 1949 een soevereine staat werd, namen Beb Vuyk en haar man het Indonesische staatsburgerschap aan, iets wat in die dagen van moed getuigde. Beiden bleven Indonesisch staatsburger tot aan hun dood. In 1958 besloten zij wegens de verslechterende omstandigheden in Indonesië voorlopig terug te keren naar Europa. Nederland weigerde hun de toegang maar toonde zich later minder streng. Ze vestigden zich in Loenen aan de Vecht, waar ze bleven wonen tot aan hun dood. Fernand de Willigen overleed in 1986, Beb Vuyk in 1991.

Een betere wereld ging in de Tweede Wereldoorlog ten onder. In minder dan vijf jaar was een tijdperk zo snel en onvermijdelijk verdwenen dat het in 1945 al een verre en archaïsche periode leek, net zo lang geleden als de middeleeuwen. Men zou het een historische amputatie kunnen noemen. Beb Vuyk besefte de betekenis van deze amputatie heel goed. Om haar te kunnen registreren, veranderde zij van stijl. Dit wil niet zeggen dat haar literaire meesterschap minder was geworden, maar dat de inhoud en de toon veranderden om beter de verschrikkingen te kunnen inpassen van een wereld waar de boeaja niet alleen goed gedijde maar ook veel beangstigender was dan zij ooit had kunnen verwachten. Toen een dag niet langer meer een avontuur was maar een strijd om de overleving, leek het moeizame bestaan op Boeroe opeens idyllisch. Terwijl *Het laatste huis van de wereld* was geschreven vanuit een 'overvloed' (p. 445) aan vreugde, hield haar latere werk zich daarentegen bezig met 'de menselijke wreedheid'; de angst daarvoor was in het eigen leven doorgedrongen (p. 444). Haar werk werd korter, veel beheerster en extrinsieker, en het was geschreven in een stijl van 'gespannen gelatenheid' (p. 445).

Hoewel de literatuur over gebeurtenissen die in Indië plaatsvonden ná 1942 strikt genomen niet tot het geheel van de 'koloniale literatuur' behoort, moet toch vermeld worden dat in deze paar meedogenloze jaren bewoners zo gewelddadig en zo onherroepelijk van hun vroegere wereld werden afgesneden, dat deze een onevenredige vitaliteit verkreeg, net zo spookachtig als een fantoombeen. In 1945 leek Beb Vuyks vooroorlogse leven op Boeroe opeens veel meer op dat van de zeevaarders en reizigers van de zeventiende eeuw dan ooit mogelijk was geweest vóór de oorlog. Dit vreemde en angstige perspectief verkortte het directe verleden en maakte dat het zich op hetzelfde vlak leek te bevinden als dat wat voorheen gezien werd als een schemerige tijd lang geleden. Maar die vergroting bood tenminste de vertroosting van de mythe; de erfenis van de Tweede Wereldoorlog daarentegen kan nooit een dergelijk soelaas bieden.

15

MARIA DERMOÛT (1888-1962): HET INSTINCT VAN ONS HART

Ze kenden elkaar niet persoonlijk, maar het fictionele werk van Maria Dermoût (1888-1962) vormt een stevige ondersteuning van Du Perrons overtuiging dat gevoel boven rationalisme gaat en het individuele boven het collectieve. Net als Du Perron werd Maria Dermoût op Java geboren en groeide zij daar op, en was zij zeer goed op de hoogte van het Indonesische leven en de Indonesische overleveringen. Net als Arthur Ducroo beleefde zij het verleden intenser dan het politieke heden, maar anders dan van *Het land van herkomst*, dat een ambigue indruk achterlaat, staat van het meesterwerk van Maria Dermoût, *De tienduizend dingen*, wel vast dat het een afgerond geheel is. Er bestaat ook een verband tussen haar werk en dat van Beb Vuyk, in die zin dat het belangrijkste deel van het oeuvre van Maria Dermoût net zo genereus en welgemeend is in de verheerlijking van de Molukken als het werk van Beb Vuyk.

De literaire productie van Maria Dermoût was bescheiden. In de eerste plaats begon ze pas op latere leeftijd te publiceren: haar eerste boek, *Nog pas gisteren* (1951), verscheen toen ze 62 was. Ten dele autobiografisch, vertelt *Nog pas gisteren* het verhaal van de jeugd van een jong meisje, Riek, op een afgelegen suikerplantage in Midden-Java. In 1954 publiceerde zij een kleine verhalenbundel die geheel op Indonesisch materiaal gebaseerd was, *Spel van tifa-gongs*, en een jaar later haar meesterwerk, *De tienduizend dingen*. Deze roman is onderverdeeld in zes delen die elkaar op subtiele wijze als in een echo herhalen. In het eerste deel, 'Het eiland', wordt de plaats van handeling geïntroduceerd; hoewel het niet met name genoemd wordt, zijn er verscheidene aanwijzingen om vast te stellen dat Maria Dermoût schreef over het eiland Ambon in de Molukken, de vroegere Specerij-eilanden.[1] Dit inleidende deel introduceert ook de hoofdpersoon van het boek. We maken kennis met een flinke, krachtige, maar door en door eenzame vrouw, die onvoorzichtig genoeg Felicia gedoopt is, die alles waaraan ze gehecht was (grootmoeder, zoon, echtgenoot, ouders) heeft verloren, behalve het natuurschoon van het eiland. In het volgende deel, getiteld 'De tuin Kleyntjes', gaat de aandacht vooral uit naar de bijzondere omgeving van de oude, niet langer in gebruik zijnde specerijentuin die bekendstaat als 'Kleyntjes' en die zich op een afgelegen plaats bevindt die alleen per prauw te bereiken is, aan de binnenbaai. In dit deel wordt ook uitgeweid over de narratieve hoofdgebeurtenis: één keer per jaar, op Allerzielen, ziet Felicia het pijnlijke feit onder ogen dat haar zoon, die bekendstaat als Himpies, in een hinderlaag omgekomen is, en tezelfdertijd herdenkt ze al diegenen op het eiland die het afgelopen jaar het slachtoffer van moord zijn geworden of een onnatuurlijke dood zijn gestorven. In de volgende drie delen worden de verhalen van de slachtoffers van dat jaar verteld: de posthouder, het dienstmeisje Constance en haar matroos, en de Schotse professor in de plantkunde. Het laatste, korte deel met de titel 'Allerzielen' is een beschrijving van de herdenking van dat jaar. In een visioen van herhaalde schoonheid ziet Felicia alles wat in de roman als algemene kennis én als specifiek detail is gepresenteerd, en zij verlaat het toneel, met een laatste hint van een moeizaam gewonnen vertroosting.

In de zeven jaar die haar nog restten publiceerde Maria Dermoût nog twee kleine verhalenbundels: *De juwelen haarkam* (1956), vijf verhalen over kostbare voorwerpen, en *De kist* (1958), die grotendeels verhalen over Indonesische onderwerpen bevat. *De sirenen* (1963) en *Donker van uiterlijk* (1964) verschenen postuum, evenals het *Verzameld werk* in één deel (tweede druk 1974), waarin haar twee romans en 31 verhalen werden herdrukt. Een bescheiden oogst van blijvend belang.

Nog pas gisteren (1951) was een korte, lyrische herinnering aan een kindertijd in Midden-Java net voor de eeuwwisseling. Het leek derhalve nogal karakteristiek voor de heersende stroming in de koloniale literatuur van na de oorlog, maar de titel, zo symbolisch voor tal van literaire memoires, had voor Maria Dermoût de meer persoonlijke betekenis van tijd als een verleden tijd van troost, terwijl het motto van het boek, ontleend aan T.S. Eliots gedicht 'Ash Wednesday' – 'teach us to care and not to care' – goed zou kunnen dienen als een waarschuwing voor al diegenen die hun dierbare herinneringen aan hun eigen leven in Nederlands-Indië ophaalden. Voor de auteur had het credo meer diepgang.

Eliots dichtregel is een bondige formulering van Maria Dermoûts dilemma toen ze zich geconfronteerd zag met de keuze tussen een christelijke gelofte van naastenliefde en het boeddhistische verlangen naar verzaking. Want hoewel het juist is *caritas* als de geest van haar werk te zien – caritas in de oorspronkelijke Latijnse betekenis van hoogachting, waardering, liefde, voor zowel de natuur als de mensheid – wist zij ook, na een leven van fysieke en emotionele eenzaamheid, dat liefde onvermijdelijk een voorafschaduwing is van verlies, scheiding, afstandelijkheid en vertrek. In het dagboek waarmee ze in 1954 een begin maakte, slaan haar emoties van geloof om in het droeve besef dat niets blijvend is, zelfs de liefde niet. Bijvoorbeeld:

> Weet je wat ik zo moeilijk vind in dit leven, 'niet te zorgen'. Niet alleen het zorgen maken om iemand, maar ook het gevoel dat je voor iemand zorgen wilt, hem helpen, goed voor hem willen zijn, dat is toch een van onze instincten zou ik bijna zeggen, het instinct van ons hart, hoe kunnen we dat uitschakelen. Toch zijn er ogenblikken, en zulke bittere, dat we niets kunnen doen.[2]

Nog pas gisteren was heel wat vastberadener qua toon en overtuiging dan de contemporaine critici veronderstelden. Het boek is niet sentimenteel; het laat echter wel tederheid toe, maar dit is het mededogen van een reactie van medeleven op het onvermijdelijke leed en verlies in het leven. In die tijd wist men evenmin dat deze eersteling, ondanks zijn beknoptheid, de centrale thema's en motieven bevatte die Maria Dermoût in de rest van haar werk verder zou ontwikkelen. Een van de voornaamste betreft het raadsel van de liefde. Maria Dermoût stelde er veel vertrouwen in.

> Een volledige liefde, die geboren is in het diepste van een mens, kan naar alle waarschijnlijkheid niet sterven omdat die voor altijd in de gevoelige ziel geënt is. De omstandigheden, b.v. de verre verwijdering, kunnen haar noodzakelijke voeding belemmeren en dan zal die liefde sterk verschrompelen; ze zal een heel dun draadje van gevoel worden, een kleine springader van ontroering die zal blijven voortvloeien diep in de bodem van het bewustzijn, maar sterven zal ze niet; haar gevoelskwaliteit blijft ongerept.[3]

Maar zij wist ook dat 'geluk (...) een relatief begrip [is] en het geluk van een grote liefde (...) niet vrij [is] van groot verdriet'.[4] Zij werkte dit uit op andere plaatsen in haar dagboek: 'Het is niet, denk ik – soms misschien wel – dat wij mensen – de liefhebbenden – elkaar verraden, God forbid! maar dat de "liefde" ons verraadt, een illusie zijnde nu en hier en altijd weer.'[5] Haar fictie vormt de verkenning van dit verraad.

Een voorbeeld van dat conflict wordt meestal geleverd door echtgenoten die niet bij elkaar passen, zoals tante Nancy en oom Ru in *Nog pas gisteren* of Felicia en haar Duitse man in *De tienduizend dingen.* Laatstgenoemde steelt Felicia's juwelen en geld en laat haar zwanger en aan de grond in een duur hotel achter. Een variatie die gebaseerd is op wat een eigen ervaring lijkt te zijn, is het echtpaar dat in een echtelijke schikking leeft, bijvoorbeeld de ouders van Riek en een groot aantal echtgenoten en echtgenotes in de verhalen, bijvoorbeeld 'De prinses van het eiland'. Een belangrijke zijtak is het thema van de ongeoorloofde liefde – de verhouding van tante Nancy met oom Fred in *Nog pas gisteren* of de liefde van Himpies voor Toinette in *De tienduizend dingen* – met op zijn beurt weer de vertakkingen van verwijdering, eenzaamheid, gedoemde hartstocht en echtscheiding.

Het valt niet te ontkennen dat liefde het centrale thema is van de fictie van Maria Dermoût, maar zij laat zich nooit in melodrama gaan. Gevormd door levenslange bezinning en getemperd door heel wat persoonlijk leed, is het inzicht van Dermoût in dit meest openbarende aspect van het leven nauwgezet én vol mededogen; het gaat om een rijpe emotie die haar personages vaak ontroostbaar achterlaat, hoewel het ook een heftige hartstocht kan zijn die iets hards en blijvends heeft.

Met het personage van oom Fred, de jongere broer van Rieks vader, sneed

Nog pas gisteren een krijgsthema aan, een thema dat in *De tienduizend dingen* tragisch wordt waar het gaat om Felicia's zoon, Himpies, een officier in het Nederlands-Indische leger. Daaruit vloeien voort: geweld en de dood. Ongewoon geweld en de onrechtvaardigheid van een onnatuurlijke dood zijn voor Maria Dermoût manifestaties van het kwaad. Een voorbeeld van het eerstgenoemde in *Nog pas gisteren* levert het gedrag van de collega van oom Fred, een legerarts die, kennelijk om tante Nancy te kwellen, met plezier beschrijft hoe hij toezicht moet houden op lijfstraffen in Ngawi, een garnizoensstad in Midden-Java (*Werk*, 54-6). Rieks vader wordt boos maar blijft toch beleefd, tante Nancy evenwel stormt de kamer uit, trekt Riek met zich mee en barst tegen het meisje uit, amper in staat haar woede en afschuw in bedwang te houden: 'Wat moeten wij doen? Wat moeten wij toch doen? Wij moeten toch iets doen, maar wij kunnen niets doen (...).' Even later verwoordt ze een hoofdthema van Maria Dermoût: 'toch wel, wij kunnen wel wat doen. Zelf goed zijn, wij moeten andere mensen worden, en goed zijn... dat alleen... je zult zien...' (p. 56-7).

In *De tienduizend dingen* 'doet' Felicia iets. Als iemand vermoord is op het eiland, dan onderzoekt zij het waarom en het waartoe. Ze doet dit niet uit nieuwsgierigheid, maar omdat zij 'medelijden [had] met wie vermoord was, en de nabestaanden; zij zou hebben willen begrijpen wat er toe geleid had, iets verhelpen als het kon – het kon meestal niet'. Maar ze kan één ding doen: ieder jaar gedenkt ze degenen die dat jaar op het eiland 'vermoord' zijn (p. 134). Dit is geen aanstellerij. Felicia heeft een geharde ziel die dwazen en geestelijke leegte slecht kan uitstaan, en zij zou instemmen met de opvatting van het Hinayana-boeddhisme dat sentimentaliteit een kwaad is. En overeenkomstig haar karakter is ze onverzettelijk, zo niet koppig, in de toepassing van *sati* of 'bedachtzaamheid', omdat liefde nooit tevergeefs kan zijn. Te vergelijken met wat Felicia doet, kan men Maria Dermoûts fictie opvatten als poëticale sati van een bepaalde plaats, tijd en morele norm.

Maria Dermoût had heel wat boeddhistische literatuur gelezen,[6] en overal in haar werk vindt men dan ook verwijzingen naar het boeddhisme. Vooral de noties *bhakti* (liefdevolle overgave), *bodhi* (intuïtie of innerlijk licht) en *karuna* (barmhartigheid) lagen haar na aan het hart, en ze was op de hoogte van de *moedra's*, de symbolische handhoudingen van de Boeddha. Men zou kunnen zeggen dat Maria Dermoût zich, in het algemeen gesproken, aangetrokken voelde tot de zachtgeaardheid en de onsentimentele gemoedsrust van het boeddhisme, maar dit hield niet in dat zij enig ander geloof buitensloot. Net als veel Indonesiërs was zij eclectisch of syncretisch in haar religieuze voorkeuren. Zoals ze in een brief uit 1907 schreef: 'Een werkelijke overtuiging heb ik niet, maar ik tracht 't mooie zoveel mogelijk te vinden in alles wat er is, en te begrijpen al 't goede dat er in elke godsdienst is.'[7] Het is derhalve niet van speciale betekenis dat de titel van haar meesterwerk, *De tienduizend dingen*, ontleend is aan een taoïstische tekst, maar het impliceert wel een voorliefde voor een 'Aziatische' levensbeschouwing.

Het boeddhisme was echter meer dan zomaar een interesse van voorbijgaande aard. Het verhaal 'De boeddharing' (*Werk*, 339-47) was haar eigen lievelingsverhaal. Hierin refereert ze vrij gedetailleerd aan de Boroboedoer, de grote boeddhistische tempel in Midden-Java, en aan de moedra's (p. 344-45), in het bijzonder aan de handhoudingen die de aanduiding zijn van het Wiel van de Wetmatigheid, de Lering, het Oproepen van de Aarde tot Getuige (de *bhoemisparsa-moedra*, die Maria Dermoût heel typerend liever de handhouding van de Belofte noemt), de Schenking of de Liefdadigheid, en de Vertroosting (*abhaya-moedra* genaamd en veelal vertaald als 'de handhouding die afwezigheid van angst verleent'). Zoals gold voor al het andere waar ze in haar werk gebruik van maakte, veranderde Maria Dermoût ook hier – namelijk in het geval van de bhoemisparsa- en abhaya-moedra – haar bronnen voor haar eigen artistieke doeleinden. De laatstgenoemde moedra was voor haar het belangrijkst. Als de naamloze eigenaar van de ring deze moedra's nabootst, is het de handhouding van de Vertroosting die hem een kortstondig visioen bezorgt. 'Hij, zich nauwelijks bewust van eigen en aller mensen tekort: hun scheidingen en eenzaamheid, hun falen, en smart en angst – dat alles dat om vertroosting vraagt, [hij] wist op eenmaal hoe het is vertroost te worden' (p. 345). Of vertroosting mogelijk is, bleef steeds een groot vraagstuk in het werk van Maria Dermoût. In haar dagboek noteerde ze het volgende: 'Our grief is not greek. We are not to despair, weet ik wel, weet ik wel, maar ik vind nog altijd: een hand met een zakdoek die onze tranen droogt zo prettig, ja zelfs de laatste handhouding van de Boeddha is die van de Vertroosting.'[8]

Het boeddhisme is ook in de een of andere vorm aanwezig in *Nog pas gisteren* (*Werk*, 44) en in het verhaal 'Twee jade reigers' (p. 362), het is het onderwerp van een van de manuscripten van de naamloze Hollander in het verhaal 'De kist' (p. 390), en men treft het ook aan in de postume verhalen 'De prinses van het eiland' (p. 539-92) en 'Toetie' (p. 592-645). In het laatstgenoemde is er een ontroerende woordenwisseling tussen Toetie en haar oudste zoon, die boeddhist is geworden. Hij vindt dat mensen, hoe men het wendt of keert, alleen zijn, terwijl zijn moeder, een typisch Dermoût-personage, nog oppert dat liefde soms eenzaamheid kan overwinnen. De passage eindigt met de volgende fraaie zin: 'Zij [de moeder] kwam dichterbij, vlakbij, tegen zijn stoel aan en legde haar handen om zijn hoofd en hield hem even vast, haar zoon van al diep in de veertig, zijn haar werd al grijs, die boeddhist was en alleen' (p. 627). In 'De prinses van het eiland' neemt de echtgenoot een boeddhistische bedelnap met zich mee, wanneer hij en zijn vrouw voorgoed teruggaan naar Nederland, naar Delft. De bedelnap wordt een symbool van contemplatie, soberheid en stilte, te midden van de victoriaanse overvloed en het benauwende materialisme van zijn vrouw.

> De kamer had een donkergrijze marmeren schoorsteenmantel, daarop had de man zijn boeddhistische bedelnap neergezet. Hij was er zelf bij geweest toen die opgegraven werd, de schop had er een kleine kerf in gemaakt. Het leek hem soms toe dat

> de bedelnap zijn liefste bezit was. Hij had er een ebbenhouten plankje onder geschoven, er mocht niets anders op de schoorsteenmantel staan.
> De eeuwenoude bronzen bedelnap stond daar op het grijze marmer, zo op zich zelf, leeg, rustig, en werd flauw weerspiegeld in de verweerde spiegel erachter. (p. 556)

Eenvoud schenkt rust.

De meeste personages van Maria Dermoût zijn onversaagde vrouwen, van wie het eenvoudige en stille voorkomen gewoonlijk een moedige inborst verbergt. Ze leven volgens een regel die de grootmoeder voor Felicia samenvat: trots zijn, rechtop staan en onverschrokken, zonder angst het kwaad onder ogen zien, dat Maria Dermoût in *De tienduizend dingen* 'Fenijn' noemt, term en spelling aan Rumphius ontlenend. Dit 'fenijn' in figuurlijke zin is de macht die ons kan besmetten met moreel kwaad, die zowel ons leven als onze beste bedoelingen kan corrumperen. De grootmoeder probeert Felicia het volgende te leren: 'Overal waar mensen zijn daar is tegelijkertijd ongeluk, verdriet, slechtheid soms ook, fenijn – jij weet wel Fenijn – maar daarom zijn wij mensen nog niet vervloekt (...). Ik begrijp wel wat jij bedoelt: als wij het kwaad tegenkomen dan schrikken wij ervan, dan worden wij bang, maar dat mogen wij niet. Wij moeten proberen trotse mensen te blijven, rechtop!' (p. 171). Dit is het lef waar de meeste vrouwelijke personages van Maria Dermoût mee begiftigd zijn en dat zij ook in haar eigen leven aan de dag schijnt te hebben gelegd. Trots betekende voor haar moed, en moed impliceerde trouw en loyaliteit. Dit wordt geschetst aan de hand van Felicia's niet-aflatende gedenken of Toeties besluit (in het lange verhaal 'Toetie', p. 592-645) om haar Indonesische eiland te verlaten – ook al heeft ze nog nooit gereisd – en naar Engeland te gaan, om haar zoon in de gevangenis te kunnen bezoeken, een half uur lang, eens in de zes weken, zes jaar lang. Want liefde kan niet tevergeefs zijn.

In *Nog pas gisteren* vertoont oom Fred een meer koloniale vorm van trots, als hij geconfronteerd wordt met het 'fenijn' van de dokter. Hij daagt hem uit tot een duel. Er gebeurt niets ernstigs, maar zij krijgen zware disciplinaire straffen en oom Fred neemt ontslag uit dienst. Hij breekt dientengevolge met tante Nancy, vertrekt naar Australië en komt om het leven bij het zwemmen in de oceaan. Ook de professor in *De tienduizend dingen* wordt geplaagd door angst om te verdrinken, en hoewel hij in feite wordt vermoord, wordt zijn dood beschouwd als net zo onnodig als die van Himpies of oom Fred. Deze opzettelijke verwarring of een dood toe te schrijven is aan natuurlijke oorzaken dan wel moord, is een frappant kenmerk van *De tienduizend dingen*. Toch komt ook dit al voor in *Nog pas gisteren*, waar onduidelijk blijft of de dood van de naaister Roos het gevolg is van moord of ziekte (p. 50-3). Aan het eind van *Nog pas gisteren* heeft Riek geleerd dat sterven en weggaan hetzelfde zijn (p. 84), en ook al is zíj hiermee tevreden, Felicia uit *De tienduizend dingen* is dit niet en zij ziet zich genoodzaakt een moeilijker voornemen te aanvaarden.

De 'oude meneer' in *Nog pas gisteren* aan wie Riek en haar moeder een bezoek brengen tijdens het warmste deel van het jaar, is de literaire avatar van zowel de professor als mijnheer Rumphius in *De tienduizend dingen.* Hij woont in de koele bergen vlak bij een gebied dat ooit een oud hindoerijk in Midden-Java was. Hij is doorkneed in oude Javaanse geschiedenis, hindoereligie (met een bijzondere voorliefde – net als Maria Dermoût – voor Ganesha of Ganapati, de welgedane god van de wijsheid met het olifantenhoofd[9]) en boeddhisme. De Javanen uit de buurt komen hem raadplegen omdat hij 'geheime krachten' bezit, net als de grootmoeder in *De tienduizend dingen*, een kruidenkenner is en bedreven is in de Javaanse getallensymboliek (*petangan*) en magische kalender (*primbon*)[10]. Hij woont in een klein huis dat lijkt op de huizen in de nabijgelegen kampong en hij heeft slechts twee bedienden. Zijn woning is omringd door een weelde aan bloemen en planten maar hij heeft geen tuinman (zoals de meeste kolonialen in die tijd gehad zouden hebben) omdat hij er zelf voor wil zorgen. De liefde van de 'oude meneer' voor bloemen en zijn kennis van planten en kruiden verbindt hem met Rumphius, terwijl zijn zachtmoedige aard en vriendelijkheid doen denken aan de professor uit *De tienduizend dingen.*

Andere details uit deze, misschien wel fraaiste, passage van *Nog pas gisteren* (p. 36-46) duiken eveneens opnieuw op in Maria Dermoûts latere werk. Zo zijn juwelen of kostbare voorwerpen een terugkerend onderwerp in haar fictie. De 'oude meneer' laat drie prachtige ringen zien die het oude hindoerijk overleefd hebben; zij stellen een olifant, een stier en twee krabben voor. Ze hadden een speciale betekenis voor hem, en na zijn dood laat hij ze aan Rieks moeder na. Zulke dingen als juwelen, meubels, of in wezen ieder voorwerp, zijn voor Maria Dermoût bezield met hun eigen geest en betekenis. In 1956 schreef ze over een nieuwe verhalenbundel, *De juwelen haarkam*:

> Al deze vijf verhalen gaan over een voorwerp, een 'ding', een kostbaarheid: een juwelen haarkam, een antieke ring, een paar jade reigers, een stuk oosters koperwerk, een jade armband, – toebehorende aan mensen en hen niet toebehorende (...). Deze dingen hebben stuk voor stuk een eigen geschiedenis, een eigen leven zoals de levende mensen aan wie ze tijdelijk toebehoren, en zij zijn ergens op hun wijze even essentieel voor de loop van de vertelling.[11]

Dit is wat Barthes in zijn bespiegeling over Japan zo raak omschreef als: 'het begrijpen van een ding als gebeuren en niet als stof'.[12]

Dit opvallende kenmerk van Maria Dermoûts werk is Indonesisch van origine en heeft weinig te maken met westerse magie. Tot op de dag van vandaag leeft het begrip poesaka nog volop in Indonesië. Het woord wordt vaak vertaald als 'erfstuk', maar het betekent veel meer dan dat. Het kan betrekking hebben op welk voorwerp dan ook – om het even hoe onbetekenend het ons voorkomt, zelfs op een kiezelsteen of een vod – waarvan men aanneemt dat het een sacrale kracht heeft. Vandaar dat poesaka-voorwerpen erfstukken zijn die als heilig worden beschouwd en die vereerd moeten worden binnen één bepaalde familie.

Voorheen verstond men onder poesaka-voorwerpen ook de vorstelijke regalia, die werden beschouwd als sacrosanct en als vervuld van magische kracht. Een dergelijke kracht kwam óf van het voorwerp zelf óf zij werd erop overgedragen door de spiritualiteit van de maker. Men kan zich voorstellen dat concept en realiteit van poesaka veel verschijningsvormen hebben, maar voor onze doeleinden hoeven we slechts te weten dat zelfs in het huidige Java 'het natuurlijke en het bovennatuurlijke (...) zo innig met elkaar verbonden [zijn] dat het onmogelijk is een grens te trekken; beide hebben deel aan de eenheid van het bestaan, en alledaagse voorwerpen kunnen de tekenen en krachten van het allesomvattende kosmische gebeuren in zich hebben'.[13]

Maria Dermoût wist heel goed wat het concept poesaka inhield. Zij had vorstelijke poesaka's in de kraton van de sultan van Djokjakarta (Yogyakarta) gezien en was op de hoogte van hun betekenis.[14] Zij gaf blijk van haar inlevingsvolle begrip van poesaka in zulke verhalen als 'De broederkrissen', 'De dans met de speer' en 'Dit is het verhaal van Oji', die uitsluitend op Indonesisch materiaal zijn gebaseerd. Maar men treft de geest van poesaka in bijna al haar werk aan, met name in *De tienduizend dingen*, waar het nog eens versterkt wordt door de liefde van Rumphius voor het meest onbetekenende schepsel van de natuur.

Alleen al uit deze paar verwijzingen naar het rijke en gedetailleerde werk van Maria Dermoût blijkt dat de notie van tegengestelden belangrijk voor haar is. Liefde herbergt smart, genot verhult pijn, en zorgzaamheid kan aanleiding zijn tot verloochening. Ze was zich er ook van bewust dat men dergelijke antithesen moest overstijgen in een begrijpen van de eenheid, zoals bijvoorbeeld in het slotvisioen van Felicia in *De tienduizend dingen*. De duidelijkste formulering hiervan is te vinden in het verhaal 'Kwan Yins slang', waarin een jonge Hollandse vrouw van een grootmoeder (net als in *De tienduizend dingen*) het advies krijgt om een bezoek te brengen aan een Chinese tempel en de slang van Kwanjin (het equivalent van de geslachtsloze Heer van de Barmhartigheid, Avalokitesjvara, van het Mahayana-boeddhisme) te raadplegen. Haar wordt het volgende inzicht gegeven:

> Toen wist zij het; zoals de slang, links rechts, maar bijna niet, zoals de wijzer van een weegschaal, rechts links, bijna in rust. Omdat links en rechts gelijk zwaar zijn: rechts links, goed en niet goed, zoals de grootmoeder van de buren het gezegd had.
> Geluk ongeluk.
> Duisternis licht.
> Leven dood.
> Kwaad goed, links rechts.
> Tegengestelden, zij wegen even zwaar en even licht, er is een evenwicht.
> En met dat grote evenwicht als ondergrond raakte haar eigen leven ook in een soort evenwicht, stond alles op eenmaal op zijn plaats: haar voelen en denken, haar uiterlijk ook, haar blondheid, de manier waarop zij liep, haar stem, haar onrust en

> overdrevenheid, en haar aangeboren zachtheid, en tegelijk ook de mensen, de dingen in haar leven, alles wat zij kende en liefhad, of vreesde, of haatte. En het moest zo zijn! Het stond ook alles met elkaar in verbinding; zij begreep niet goed hoe dat kon, en probeerde ook niet het verder door te denken. (...)
> Op dat ogenblik daar voelde zij zich een eenvoudig mens met een licht hart, en zij had vertrouwen. Het zou zo wel niet blijven, maar het kon dus zo zijn, dat was genoeg. (*Werk*, 473-4)

Dit bevrijdende moment, als de vrouw de complementariteit van tegengestelden ervaart, is als een zegening. Maar voor Felicia, die in *De tienduizend dingen* tot een soortgelijk begrip moet komen, is het een moeizaam bevochten inzicht dat haar zachtmoedige zoon Himpies haar bijna moet aftroggelen. In deze roman behoudt het ook nog het tastbare van de honderd individuele dingen én van het koraal, de schelpen, de steentjes en de schaaldieren van mijnheer Rumphius, en van de schoonheid van een Indische tropennacht.

Bij dergelijke paren tegengestelden wordt gebruikgemaakt van herhaling om ze tot een oplossing of een eenheid te brengen. Dan, hetzij door de kracht van het ik hetzij door een grotere deugd (zoals de liefde), neemt de herhaling alles wat er in de tekst vooraf is gegaan op, als om het te prijzen. Tegengesteldheid wordt verheven tot eenwording, echter zonder dat de afzonderlijke identiteiten verloren gaan. Dit klinkt paradoxaal omdat het geen systeem is maar veeleer het begrijpen van een waarheid die de claims van het rationalisme te boven gaat. Het is een allesomvattend visioen dat lyrisch van aard is, waarin alle voorafgaande elementen van het verhaal, hetzij groot of klein, goed of slecht, opnieuw genoemd worden. Het valt te begrijpen dat als dit verwezenlijkt wordt, begrenzingen van tijd genegeerd worden en het verleden en het heden samengevoegd worden, als om een soort onsterfelijkheid aan te kondigen.

Herhaling heeft drie verschillende functies voor Maria Dermoût. De eerste, zoals aangeduid, is positief. Het enige onveranderlijke element in het leven was voor haar het herinneren.

> Ik heb het verleden nogal hevig doorleefd. Daarom kan ik altijd maar over één onderwerp schrijven, – die tijd [in Indië], destijds, daarginds, en nooit over een onderwerp nu en hier. De tendens van de huidige tijd is toch juist om in het nu en in het heden te leven en het verleden, dat voorbij is, nauwelijks zijn waarde te laten.[15]

De tweede, negatieve, functie manifesteert zich in het alsmaar voortduren van pijn en lijden. In *De tienduizend dingen* – als zij samen met haar zoon Himpies naar het eiland terugkeert – laat Felicia haar gedachten gaan:

> Zij dacht, nooit eerder had zij dat gedacht – in het licht en het geruis en de kleine beweging van de prauw – herhalingen, herhalingen, niets dan herhalingen, aan

> elkaar vastgeklonken. Altijd weer een dochter met een zoontje, en een man die doodgaat of weggaat – adieu, vaarwel – en altijd weer opnieuw hetzelfde, en weer opnieuw en nog eens weer. (*Werk*, 153)

Dit is de kringloop van oorzaak en gevolg waaruit Felicia zichzelf moet proberen te bevrijden. Maria Dermoût zelf probeerde de smart en de pijn die ze in haar eigen leven ondervond, te boven te komen door voor anderen te zorgen en door te schrijven.

Tenslotte is herhaling hét kenmerk van haar stijl. Ze schreef ooit: 'Ze zeggen dat ik een zekere eentonigheid heb, een mij willen herhalen, maar dat doet een verteller of vertelster juist in het oosten zo sterk.'[16] Naast H.J. Friedericy is Maria Dermoût, bij mijn weten, de enige koloniale auteur die een aanzienlijk aantal verhalen schreef – pakweg een zesde deel van haar gepubliceerde werk – die enkel en alleen Indonesisch materiaal tot onderwerp hebben.[17] Ze zijn opmerkelijk omdat ze een geloofwaardige authenticiteit weten over te brengen. In de Aziatische literatuur is herhaling een essentieel procédé, misschien om mnemotechnische redenen, ter benadrukking of vanwege de magische functie die zij heeft: hoe vaker iets wordt herhaald hoe geprononceerder de boodschap ervan wordt. Het is een wezenlijk bestanddeel van het vertellen van verhalen, en Maria Dermoût had goed geluisterd naar de inheemse vertellers, zoals de naaister Louisa, de vrouw die op het Ambonese schiereiland Hitoe het verhaal vertelt van de Slang met de Karbonkelsteen, in het verhaal 'De goede slang' (*Werk*, 447-58). Herhaling helpt onthouden, iets waar men zich in de blues ook van bewust is. Bijna alles in het werk van Maria Dermoût wordt wel ergens anders herhaald; dit geldt voor *Nog pas gisteren* en het is ook de basisstructuur van *De tienduizend dingen*. Het gaat om een techniek die ze op Ambon heeft geleerd. Zoals Beb Vuyk zou getuigen: zelfs Maria Dermoûts zinsbouw is niet Europees maar Indonesisch.[18] Daarom probeerde ze, in tegenstelling tot de gedetailleerde en verfijnde westerse stijl, de hare zo eenvoudig en geserreerd mogelijk te maken.[19] Maria Dermoûts fictie zou samengevat kunnen worden in de uitspraak dat zij Indië herdenkt, in de oorspronkelijke betekenis van het woord: zij roept het terug in de herinnering om het te vieren.

Nog pas gisteren mag dan klein in omvang hebben geleken maar het was, zoals we hebben gezien, rijk aan inhoud. Maria Dermoûts biograaf, Johan van der Woude, had een soortgelijke gewaarwording toen hij de auteur voor het eerst ontmoette in november 1949.

> Ze maakte toen de indruk een kleine vrouw te zijn; dat was gezichtsbedrog. Ze kon zich klein maken als ze niet aan 't gesprek wilde deelnemen, wat ze heel vaak niet wilde en dan leek het wel dat ze er ook niet was. Ze was niet klein. Als ze stond of door het huis liep was ze een rijzige vrouw.[20]

Het woord 'klein' duikt vaak, en op de meest onwaarschijnlijke plaatsen, in Maria Dermoûts fictie op. De belangrijkste functie ervan is om aan te geven dat het kleine, verre van onbetekenend te zijn, inhoudt dat er *multum in parvo* (veel in klein bestek) is. In Dermoûts fictie is kleinheid zoveel als een metafysica die noch de samenleving noch de wereld van de natuur als hiërarchie wil aanvaarden. Er kan grootheid voortkomen uit het kleine, zoals Maria Dermoût liet zien in haar meest Rumphiaanse tekst, het deel van *De tienduizend dingen* dat de titel 'De professor' draagt, en dit is het geval, niet ten gevolge van een logica die berust op een dialectiek van tegengestelden maar 'dankzij de bevrijding van alle verplichtingen van afmeting' ('grâce à la libération de toutes les obligations des dimensions'), zoals Bachelard opmerkte.[21] Deze afwijzing van hiërarchie, uiteindelijk toch een machtsstructuur, neemt velerlei vorm aan. Zij kan verbonden worden met mensen. In het verhaal 'Twee jade reigers' bijvoorbeeld wordt de vrouw van een naar Nederland teruggekeerd echtpaar liefhebbend aangeduid als 'de kleine'; haar man spreekt haar zelfs aan met het Engelse woord 'tiny' (kleintje). Toch is het de vrouw die de sterkste blijkt te zijn als het onheil toeslaat; zij is zelfs bereid datgene op te offeren wat haar dierbaar is. Evenzo staat in *De tienduizend dingen* de indrukwekkende Felicia bekend onder de naam 'mevrouw van Kleyntjes' (p. 122). 'Kleyntjes' heeft betrekking op de specerijentuin waar zij woont, in weerwil van deze aanduiding 'een van de grootste [tuinen] op het eiland' (p. 122). De grootmoeder is een nog indrukwekkender vrouw; de kleindochter Felicia heeft een mensenleven nodig om haar inzicht en karakter te krijgen. Toch zijn de meest gekoesterde bezittingen van de oude vrouw een doodgewoon bord en een paar stenen ter grootte van kiezels. Terwijl de meeste mensen onder de indruk zouden zijn geweest van haar juwelen, stelt de grootmoeder ogenschijnlijk onbetekenende voorwerpen boven alles op prijs omdat zij genezende krachten zouden hebben (p. 142-3). Het poesaka-motief speelt dus een rol bij het thema van de kleinheid, in die zin dat economische waarde vanuit een westers, kapitalistisch standpunt volkomen irrelevant is. Dit wordt het meest duidelijk gemaakt als in *De tienduizend dingen* de grootmoeder zowel haar schoondochter als haar kleindochter hekelt omdat ze vooral met geld bezig zijn (p. 146 en 162), een aangelegenheid die ze beneden haar waardigheid acht. Het thema wordt op symbolische wijze gesuggereerd in het verhaal 'De prinses van het eiland', als de echtgenoot een gewone boeddhistische bedelnap vereert met lege ruimte, te midden van de benauwende overdadigheid van zijn vrouw. Daar waar het westen aan een voorwerp materiële waarde toekent, een waarde die in feite een collectief overeengekomen abstractie is, daar verleent de Indonesische notie poesaka aanzien aan iets in overeenstemming met de betekenis ervan als persoonlijk gebeuren. Dit is een wereldbeschouwing die iemand met verbeelding op prijs kan stellen, al zou het meer beperkte zielen in verwarring kunnen brengen.

Deze wezenlijk andere wereld, die zo onnavolgbaar de wereld van Maria Dermoût was, werd haar geschonken door Indië.

Van vaderskant kwam Maria Dermoût uit een familie die al vier generaties lang in de Oost verbleef en die het daar voor de wind was gegaan. Zij werd in 1888 geboren als Helena Anthonia Maria Elisabeth Ingerman, op een suikerplantage genaamd Tirto, vlak bij Pekalongan in Midden-Java. Zij heeft haar moeder, Anna Halverhout, nooit gekend omdat deze een paar maanden na de geboorte stierf. Dit tragische verlies zette de toon, want het lijkt alsof het leven van Maria Dermoût hoofdzakelijk een hoogst eenzaam leven was, terneergedrukt door verlies. Haar vader hertrouwde in 1894 met de gouvernante van zijn dochter, maar Maria kreeg nooit een hechte band met haar stiefmoeder. Het is dan ook niet verbazingwekkend dat, indien *Nog pas gisteren* gemodelleerd werd uit autobiografisch materiaal, er daar sprake is van een nauwe band tussen het jonge meisje Riek en haar baboe Oerip.

Het gezin verhuisde naar een andere suikerplantage, Redjosari, nabij Ngandjoek, in een nogal afgelegen deel van zuidoostelijk Midden-Java. Het was naar alle waarschijnlijkheid het decor voor *Nog pas gisteren*. Tot haar twaalfde jaar woonde Maria hier, afgezien van twee reizen naar Nederland. Zoals gebruikelijk in de vooroorlogse kolonie werd ze als tiener naar Nederland gestuurd om haar middelbare-schoolopleiding af te maken. Dit deed ze tussen 1901 en 1905. In Haarlem was ze in de kost bij een predikantengezin en ging ze naar school. Het waren moeilijke en eenzame jaren die alleen verlicht werden door haar relatie met een iets oudere student, Aldert Brouwer. Deze verhouding die nooit tot een huwelijk zou komen, bleef het emotionele middelpunt van Maria Dermoûts leven[22] en kreeg een plaats in haar fictie in de vorm van de afwezige minnaars en de huwelijken van niet bij elkaar passende partners die steeds weer in haar werk opduiken.

De intense maar niet naar buiten tredende eenzaamheid die Maria Dermoût het grootste deel van haar leven doormaakte, gaf haar fictie een accent dat anders dan anders was. De meeste koloniale fictie werd, net als de werkelijkheid die zij weerspiegelde, gekenmerkt door een gezelschapsleven en sociabiliteit. Romans van Daum, Nieuwenhuys en zelfs van Du Perron zijn vol van bruisend leven en worden bevolkt door grote families. En ook bij Maria Dermoût treft men diverse traditionele elementen aan. In *De tienduizend dingen* bijvoorbeeld zijn er de bedienden, het typische feit dat Himpies Sjeba als zijn 'andere moeder' beschouwt (p. 188) of de terloopse suggestie dat de moeder van de grootmoeder afkomstig was van het eiland, en daarmee dat zij (en bijgevolg Felicia) Indonesisch bloed had (p. 191). Maar geen van deze kenmerken van koloniale fictie dringt zich op. Het werk van Maria Dermoût mist vooral de karakteristieke gerichtheid op het groepsleven en is veel minder geïnteresseerd in het gemeenschapsbestaan dan in het individuele uithoudingsvermogen. Onverenigbaarheid is een sterk punt en de snijdende eenzaamheid van haar fictie heeft veel meer gemeen met het bijna autistische van Alberts modernistische teksten dan met de minzamer hoofdstroming van de koloniale literatuur.

Maria Dermoût keerde in 1905 terug naar Java, en afgezien van drie jaar medisch verlof zou ze Indië pas weer in 1933 verlaten. Tijdens het herstel van de mazelen in het ooit befaamde kuuroord Tosari, ontmoette Maria een jurist met de naam Isaac Johannes Dermoût. In datzelfde jaar 1906 verloofden zij zich en ze trouwden ongeveer een half jaar later, in juni 1907. Ze was nog net geen negentien; haar echtgenoot was negen jaar ouder dan zij.

Isaac Johannes Dermoût maakte carrière bij het koloniale ministerie van justitie en meer dan tien jaar leidden ze het rusteloze en onbemiddelde bestaan van koloniale bestuursambtenaren. Net als zakenlieden woonden ze nooit erg lang op dezelfde plaats; iedere overplaatsing was niet zozeer een geografische verandering als wel een stap omhoog op de bureaucratische ladder. Zelfs als men bijvoorbeeld om gezondheidsredenen de voorkeur gaf aan een bepaalde streek – en beide Dermoûts werden hun hele leven geplaagd door een zwakke gezondheid – dan nog kon men niet verwachten er gestationeerd te worden, omdat de streek waarschijnlijk als iets uitgelezens werd beschouwd. Als men weigerde zo'n plaats waar men zich thuis voelde, weer te verlaten, dan betekende dit dat men bij promotie werd gepasseerd.

De eerste 25 jaar van haar huwelijk woonde Maria Dermoût op uiteenlopende plaatsen in Indië, veelal op Java en in de Molukken. De eerste van haar twee kinderen, een dochter, werd geboren op Java, en haar zoon op Ambon. De Dermoûts waren in 1910 naar dit eiland in de Molukken verhuisd. Ze konden beiden niet goed tegen het klimaat, maar Maria hield van het landschap, de Baai van Ambon en de 'zeetuinen'. Op Ambon was ze vaak alleen omdat haar man lange reizen naar de verschillende eilanden moest maken om de inheemse gerechtshoven voor te zitten. Ze begon Ambon te verkennen en raakte bevriend met een oudere vrouw, Johanna Louisa van Aart, die haar in aanraking bracht met het werk van Rumphius. Maria Dermoût liet mevrouw Van Aart herleven in Felicia in *De tienduizend dingen*; in dezelfde roman bevat het deel met de titel 'Constance en de matroos' een soort familieportret van de Dermoûts ten tijde van hun bijna vier jaar durende verblijf op het eiland.

Maria Dermoûts echtgenoot bereikte uiteindelijk het hoogst bereikbare in zijn metier, maar hij zou niet erg lang van dit succes kunnen genieten. Ten gevolge van zijn slechte gezondheid – hij leed aan een hartkwaal – was hij gedwongen ontslag te nemen en de Dermoûts gingen in 1933 voorgoed naar Nederland; zij was midden in de veertig, hij midden in de vijftig. Maria Dermoût had meer dan dertig jaar, bijna haar halve leven, in de tropen doorgebracht, maar zij zou Indonesië nooit meer terugzien.

De tropische helft van Maria Dermoûts leven was van doorslaggevend belang voor haar emotionele gerichtheid. Binnen de Nederlandse koloniale literatuur was de inspiratie van Maria Dermoût minder koloniaal dan Indonesisch; misschien zou men deze inspiratie 'Aziatisch' kunnen noemen, in de betekenis die Ralph Waldo Emerson aan de term gaf.[23] Zijzelf vond dat ze zozeer deel was van het land van haar geboorte dat ze zichzelf oprecht niet besmet achtte door de neiging onderscheid te maken. Betrekkingen tussen de Europese en de Indonesische wereld waren voor haar allereerst 'menselijk' en daarna pas politiek van aard. Ze schreef ooit: '(...) politiek ben ik slecht geschoold. Voor mij is 't trouwens zo een kwestie van personen'. Na de oorlog schreef ze in haar dagboek:

> Zij mensen als wij, wij mensen als zij, goede en slechte, fijne hoogbeschaafde en domme wrede en de gamma daartussen. Zo dom en blind als het is om de Oosterling voor primitief te verslijten, met een uitzondering hier en daar, evenzo dom en blind is 't de Westerling voor te stellen als niet anders dan een materialist, die naar 't oosten komt als geldhaler en koloniale uitbuiter. Laten we onze ogen opendoen, zij en wij, en elkaar aanzien, wij te zamen, zij ons wij hen, wij allen te zamen met elkaar.[24]

Deze wens om verder te kijken dan de beperkingen die door de maatschappij worden opgelegd, wordt een belangrijk onderwerp in *De tienduizend dingen* wanneer de Schotse professor zijn Javaanse assistent, die een sterke aversie tegen Europeanen heeft, probeert te vermanen:

> Zo'n kleine stevige schutting om ons heen met niets dan A's lijkt het wel: kasten, klassen, standen, landen, rassen, noem maar op! Hier en daar met oude diepe dingen verbonden ook nog, zo vertrouwd, zo veilig om ons heen; maar wij, wij van de geest, wij kunnen zonder; wij willen niet altijd, maar wij kunnen in de wind en de kou gaan staan en kijken, is het niet waar jonge vriend? Uit onze ogen kijken, als wij willen. (p. 262)

In de jaren dertig en veertig wijdde Maria Dermoût zich aan de verzorging van haar ziekelijke echtgenoot. Deze zo karakteristieke toewijding verbergt een bittere ironie. Isaac Dermoût had een hekel aan Indië en bleef alleen maar in de tropen om zijn carrière te bespoedigen.[25] Hij was nooit zo sterk gehecht aan Indië als zijn vrouw. Hij ging vervroegd met pensioen en verliet Nederland nooit meer. Wat dat betreft: Maria Dermoûts fysieke conditie was evenmin goed; haar hele leven leed ze aan bloedarmoede en darmaandoeningen, die een reeks operaties noodzakelijk maakten die langzaam haar zwakke gezondheid ondermijnden. De Tweede Wereldoorlog moet bijgedragen hebben aan de gestage lichamelijke achteruitgang van het echtpaar. Aan het begin van de oorlog waren ze naar Arnhem verhuisd om dichter bij hun dochter te kunnen zijn, en daarom hadden zij de pech de Slag om Arnhem, die uitliep op de nederlaag van de geallieerden en de verwoesting van de stad, mee te maken. In 1945 stierf hun zoon in een Japans concentratiekamp.

Hoewel ze haar eerste boek pas in 1951 publiceerde, toen ze al 62 was, had ze zich toch al het grootste deel van haar leven met schrijven beziggehouden. Het is bekend dat haar eerste publicatie bestond uit kleine schetsen in een koloniaal weekblad in 1908, maar er zijn gegevens die erop wijzen dat ze zelfs daarvoor al schreef.[26] Ze had nu en dan ook op Java en op Ambon het een en ander geschreven, maar men zou zeggen dat haar meest productieve periode die tijdens en na de oorlog was; het lijkt alsof er toen een grotere behoefte bestond om iets van de wrakstukken van een wereld te bewaren en in veiligheid te brengen. De productiviteit van de laatste tien jaar van Maria Dermoûts leven is een blijk van haar volharding, want ze schreef langzaam en ze herzag haar werk voortdurend, hoewel ze dit alleen kon doen tijdens de steeds kortere perioden van verlichting van haar fysieke kwalen.

Haar werk had veel succes nadat *Nog pas gisteren* was verschenen. Zij werd met drie literaire prijzen vereerd en kon oude en nieuwe verhalen in gerenommeerde weekbladen en tijdschriften plaatsen. De meeste bijval kreeg ze in 1955 met de publicatie van *De tienduizend dingen.* Het werd uiteindelijk in elf talen vertaald maar had zijn grootste succes in de Verenigde Staten, waar het in 1958 in vertaling verscheen.[27] Het werd echter steeds moeilijker voor Maria Dermoût om de kracht te vinden nog verder te schrijven. Na weer een grote operatie stierf zij op 27 juni 1962, op 74-jarige leeftijd.

De tienduizend dingen, Maria Dermoûts langste en mooiste fictiewerk, is niet, zoals sommigen menen,[28] een collectie van onderling verbonden verhalen, maar een zorgvuldig opgebouwde tekst met een eigen structuur. Maria Dermoût sprak over die structuur als een 'raamverhaal' en merkte op dat alle verhaallijnen 'gezamenlijk in de handen van mevrouw van Kleyntjes uitkomen'.[29] Maar zelfs al wordt er in het boek gebruikgemaakt van een kader – door te vertellen waarom Felicia de doden gedenkt – men zou ook staande kunnen houden dat dit gewoon de gebruikelijke vormgeving van een roman is waarbij het eind zich al in het begin manifesteert en het begin zich aan het eind als in een echo herhaalt.

Hoe men de structuur van de roman ook wil zien, niemand kan ontkennen dat er tussen de zes delen zowel overduidelijke als subtiele verbanden bestaan.[30] Maria Dermoût zet eerst algemene beelden neer – rood koraal, blauwe zeeën, graven, het groene eiland, een enigszins verwaarloosde tuin – die vervolgens gecombineerd worden met andere, meer specifieke clusters – Rumphius, de man met het blauwe haar, een Molukse dans, de dood van de zoon van de eigenares van de tuin, mevrouw van Kleyntjes –, terwijl de hele roman een gebied is waar alles naar één punt leidt en waar het erom gaat de diverse clusters van motieven en beelden opnieuw te activeren totdat de herinnering eraan tot een nieuwe entiteit van hogere orde is gesmeed. Men moet zich ervan bewust zijn dat deze groepen beelden en motieven alleen voor deze ene tekst van belang zijn en dat zij hun eigen specifieke context hebben. Zoals Jeroen Brouwers stelt, worden zulke elementen van een bepaalde stijl aanduidingen van een heel specifieke 'denktrant' of 'verhaaltrant',[31] zodat, in dit geval, handen symbolen worden van zielen, schelpen het onderwerp 'vertroosting' naar voren brengen, water zowel de dood als een drager van schoonheid is. Het is de narratieve drijfveer van de roman om de diverse clusters van algemene en specifieke betekenis met elkaar te verbinden, niet om ze te analyseren. Maria Dermoût volgde een intuïtieve methode die lijkt op de wijze van begrijpen in de oosterse filosofie, waarvoor geldt: 'Men wéét het of niet', zoals ze het eens formuleerde.[32] Deze nadruk is Bakhtiniaans. Wat Maria Dermoût de verhalenvertelster wil, is begrip, niet nauwkeurigheid. Misschien herinnert men zich dat de limiet van wetenschappelijke nauwkeurigheid het identiek-zijn is, terwijl voor de literatuur 'het criterium (...) niet de nauwkeurigheid van kennis [is] maar de diepgang van het begrip' ('le critère n'est pas l'exactitude de la connaissance mais la profondeur de la pénétration').[33] Dit nu is de taak van Felicia: zij voelt zich genoodzaakt de realiteit van de dood van haar eigen zoon en de aard van ander sterven te begrijpen, te bevatten. Kennis van de dood is eenvoudig, maar het begrijpen ervan is bijzonder moeilijk. Begrip vraagt om respons, het proces moet dialogisch zijn. Zoals Domingoes Himpies leert: 'Luisteren (...) is het begin van alles' (p. 200). En in feite geeft de roman van Maria Dermoût stem aan de dialoog van Felicia met zichzelf en met hen die er niet meer zijn ('dat altijd doorgaande gesprek', p. 289), in de hoop dat zij in de loop daarvan misschien zichzelf, zeker haar zoon Himpies en mogelijk zelfs het raadsel van ons bestaan, een beetje beter zal leren begrijpen.

Het grootste gevaar van deze narratieve opdracht is sentimentaliteit, maar het wordt afgewend door Maria Dermoûts manier van denken. Misschien zou men deze 'Aziatisch' kunnen noemen, maar het succes is hierin gelegen dat Maria Dermoût weigert tegenspraken te verzoenen omdat, zoals Hilaire Belloc ooit naar voren heeft gebracht, in een dergelijke verzoening het overdreven sentimentele schuilt.[34] Haar wereld is er niet een van elkaar wederzijds uitsluitende zaken maar een van zowel-als. Eén voorbeeld, en wel een dat de kern van het boek uitmaakt, is de notie dat groot en klein geen onverenigbare entiteiten zijn, een besef dat belichaamd wordt door het voorbeeld van Rumphius. Het gebruik dat Maria Dermoût maakt van zowel de letter als de geest van Rumphius' werk is dikwijls revelerend ('epiphanic') van aard, als om aan te geven dat dingen die maar al te vaak onaanzienlijk geacht worden, een transcendente schoonheid kunnen uitstralen. Al het werk van Maria Dermoût is vervuld van een dergelijke treffende weidsheid, een wereld van wat Bachelard 'immensité intime' ofte wel 'intieme onmetelijkheid' noemt.[35] Dit was ook een kenmerk van het natuuronderzoek van Rumphius. Hij behandelde alles wat hij op Ambon te zien kreeg met liefdevolle eerbied, omdat hij veronderstelde dat er iets transcendentaals was in zelfs de meest gewone mossen, slakken en kwalletjes. Zo werd 'de blinde ziener van Ambon' voor Maria Dermoût 'een openbaring' omdat hij aan dingen een eigen leven gaf,[36] dat wil zeggen dat hij ze liever als subject dan als object zag en hun schoonheid met zijn zintuigen in zich opnam. Ook zijn levendige proza sprak Maria Dermoût aan. Want Rumphius had met Emerson kunnen beweren dat hij 'een geboren dichter' was: 'Dat is mijn aard en mijn roeping. Mijn gezang is weliswaar erg "schor", en is voor het grootste deel in proza. Toch ben ik een dichter in de zin van een waarnemer en een fervent liefhebber van de harmonieën van de ziel en de materie' (brief aan Lydia Jackson, 1 februari 1835).

De tienduizend dingen is een herdenking van Rumphius in de meest zuivere vorm van een literaire hommage, gewoon door de dichterlijke metonymieën die hij als nomenclatuur voor planten en dieren gebruikte, te citeren. Himpies' 'rariteitenkastje' bijvoorbeeld is gevuld met koraal en schelpen die in het werk van Rumphius geïnventariseerd worden, maar de meest verbluffende demonstratie van Maria Dermoûts waardering is een lange passage waarin Felicia een lijst Rumphiaanse schelpennamen verweeft in een verhaal voor Himpies dat ook als ezelsbruggetje bedoeld is (p. 183-5). Ze maakt tevens volop gebruik van Rumphius' werk als een rijke bron van inheemse overleveringen en sagen, informatie die Rumphius opnam 'om dat er onder die fabeltjes altyd wat waarheyts en verborgene eygenschappen in de natuur schuylen', zoals hij het in de voorrede van *Het Amboinsche kruidboek* formuleerde. Rumphius wordt op z'n minst twintig keer met name genoemd, vaak alsof hij in levenden lijve aanwezig is (daar waar hij als 'mijnheer Rumphius' aangeduid wordt), en er wordt dikwijls naar zijn twee hoofdwerken verwezen. Maar Maria Dermoût vervlocht grotere ontleningen in haar vertelling, veelal om symbolische redenen. Het gaat hier onder andere om haar gebruik van Rumphius' beschrijving van de Nautilus, die hij 'Doeckhuyve' noemde, de *Kelapa Laut* of 'Kokospalm van de Zee', de 'koralen vrouw' en het 'besaantje', een soort kwalletje. Rumphius raakt aan de kern van Maria Dermoûts creatieve persoonlijkheid omdat hij de feiten van het tropische eiland omzette in poëzie en omdat zijn leven en zijn werk een soort liefde te zien gaven die verwant aan de hare was.

Maria Dermoût gaf aan Rumphius verschillende belichamingen. De vroegste is de 'oude meneer' in *Nog pas gisteren*, die 'alles [wist] van planten en kruiden, en de geschiedenis en alle verhalen van vroeger, van het Hindoerijk, "het oude Rijk", zei hij' (*Werk*, 39). En wat Maria Dermoûts opvatting van zowel Indië als Rumphius kenmerkt: 'de oude meneer was niet alleen hijzelf. Hij was ook de tuin met de heliotroop en de moerbeibomen, de tweelingbergen, "die met het olifantehoofd" [namelijk de hindoegod Ganesha] en Shiva bij de bron, de goede dagen, en de weg, en de heilige stad op de Dièng[37], die in puin was gevallen' (p. 46). De zorgzaamheid van de 'oude meneer' is er een die liefdevolle aandacht besteedt aan datgene wat voor de tijd bezweken is, alsof hij een behoeder van het verleden was.

Een andere belichaming is de naamloze Hollander in het verhaal 'De kist'. Hoewel geïsoleerder dan de 'oude meneer', leefde hij althans dichter bij het heilige Diëngplateau. In wat vroeger zijn huis was, vindt de verteller een kist die net als Pessoa's *arca* volgepropt is met ongepubliceerde en onvoltooide manuscripten. Er zijn teksten over 'plantkunde of eigenlijk kruidkunde: bij iedere plant stond wat voor medicijn er uit bereid kon worden, voor wat voor ziekte'; verder zijn er geschriften met 'oude heidense, ook hindoese, ook moslemse bezweringen', vertellingen over hindoegoden en -godinnen, over Boeddha en over nog veel meer (*Werk*, 389-90). En wanneer de verteller een oud dorpshoofd vraagt wat voor iemand deze eenzame en vreemde man was, antwoordt hij: 'O,

(...) mager, niet dik, blond haar (...) en niet grof' (p. 396). Maria Dermoût vindt het belangrijk dat laatste woord te herhalen, en daarmee benadrukt zij het op zo'n manier dat een oplettende lezer kan weten dat zij verwijst naar het Javaanse concept kasar. Kasar is, met zijn tegenpool aloes, tot op vandaag een tegenstelling die belangrijk is voor de Javaanse hogere stand of prijaji. 'Aloes betekent edel, verfijnd, elegant, beleefd, gracieus, vergeestelijkt, fijnbesnaard, beschaafd, gepolijst. (...) Kasar is slechts het tegenovergestelde: onbeleefd, ruw, onbeschaafd. (...) Tussen deze twee polen rangschikt de prijaji iedereen, van boer tot koning.'[38] Zoals reeds is opgemerkt in het geval van Junghuhn, Multatuli's *Max Havelaar* en Couperus' *De stille kracht*, kan men in het algemeen stellen dat de hogere heersende klasse op Java zichzelf altijd als aloes beschouwde en dat de Hollander of de westerling onherroepelijk kasar was. Een Javaan uit een lagere klasse te laten zeggen dat een Europeaan niet kasar was, is dan ook een groot compliment. Desondanks raakt de verteller droevig gestemd bij de gedachte dat de wereld nooit weet zal hebben van de kist gevuld met onvoltooid werk.

> Alsof in die kist, bij zijn schrijfboeken en gekleurde krijttekeningen, bij de geneeskrachtige kruiden, de juiste woorden, de goede dagen, de bezweringen, bij zijn vertellingen, bij al zijn onvoltooid werk, iets van de man zelf was achtergebleven, wel af, wel voltooid: een liefde die hij weg had willen schenken en die geweigerd was (...). (p. 395)

En in de ogen van Maria Dermoût is de grootste misdaad: liefde die iemand heeft getoond, af te wijzen.

Al deze elementen komen nog een keer samen in de figuur van de Schotse professor in *De tienduizend dingen*, Maria Dermoûts beste herschepping van het karakter van Rumphius. Ze maakte ook gebruik van informatie uit andere bronnen – zij het allemaal op de een of andere manier verband houdend met Rumphius[39] – om professor McNeill tot leven te brengen, maar het wezen van de man ligt elders. Het treedt aan het licht in zijn liefde voor Rumphius en in zijn relatie met Radèn Mas Soeprapto, de Javaanse assistent die hem wordt toegewezen door de Nederlandse directeur van de Plantentuin in Buitenzorg (Bogor). De verhouding tussen de Europeaan en de Javaan wordt meesterlijk beschreven. Maria Dermoût zet het gangbare vooroordeel over discriminatie op z'n kop en maakt van de kwestie in de eerste plaats een zaak van individueel begrip. De interactie tussen McNeill en Radèn Mas Soeprapto vormt een mooie schets van de eerdergenoemde Javaanse ethische code en etiquette.

De Javaanse aristocraat, voor wie correct gedrag en mystiek van groot belang zijn, is zeer gehecht aan een morele filosofie die vreemd is aan de westerse denkwijze. Indirectheid en verhulling worden bijvoorbeeld als deugden beschouwd. Iemand die tot de stand van de prijaji behoort, streeft ernaar zijn werkelijke gedachten of gevoelens te verbergen, in het bijzonder als zij negatief van aard zijn. Met zijn sociale gedrag wil hij orde en zelfbeheersing uitdrukken, en daarbij staat ingetogenheid centraal: ingetogenheid qua woorden, qua motoriek en qua gevoelens. Zoals Clifford Geertz het formuleert: 'directheid is gewoon geen deugd' en 'spontaniteit of natuurlijkheid in woord of gebaar is alleen betamelijk voor hen "die nog niet Javaans zijn" – dat wil zeggen: gekken, eenvoudigen van geest en kinderen.'[40] Wat hun wijze van kleden en spreken, zelfs wat hun uiterlijk betreft, vinden we de belichaming van het aloes in Radèn Mas Soeprapto en van het kasar in McNeill. En aangezien een groot deel van het verhaal wordt gepresenteerd vanuit het perspectief van Radèn Mas Soeprapto, krijgt hij in hoge mate het fictionele gelijk aan zijn zijde. We moeten hier ook nog opmerken dat Soeprapto uit Midden-Java komt, waar zich het Diëngplateau bevindt, dezelfde streek waar de 'oude meneer' en de eigenaar van de kist woonden.

Radèn Mas Soeprapto is van zeer hoge adel, wat wordt aangegeven door het feit dat zijn veronderstelde 'moeder' wordt aangeduid met de mannelijke titel 'heer Prinses' (toean Ratoe) (p. 256). Wat betreft haar manier van doen en vooroordelen lijkt zij op Couperus' regent Soenario, en zij heeft Soeprapto geïndoctrineerd met een algehele minachting voor Europeanen. Geconditioneerd door zijn stand en opvoeding, vindt Soeprapto het meeste wat de professor doet verkeerd. Toch is er een deel van hem dat begrip moet hebben voor de westerling, en Maria Dermoût maakt dit geloofwaardig door ons ervan te verwittigen dat hij aan een Nederlandse universiteit heeft gestudeerd. In koloniale tijden was het niet ongebruikelijk dat zonen uit de stand van de prijaji dit deden. En het is de eerdere blootstelling aan een vreemde cultuur die het voor Soeprapto mogelijk maakt te twijfelen, hoewel hij deze twijfel nooit zal verwoorden of, mocht hij het wel doen, dan alleen op indirecte wijze. Besmet met dit culturele virus, was Soeprapto in staat om te rebelleren tegen de maatschappelijke vooronderstellingen die hem wachtten toen hij terugkwam uit Nederland. Door deze besmetting kon hij een zekere mate van twijfel gaan voelen, toen hij werd geconfronteerd met het mentale beeld van het voorouderlijke hof, de kraton, waar hij opgroeide. De beschrijving van de kraton (p. 257-8) roept cirkels van beperking, een gevoel van culturele en emotionele claustrofobie op. Soeprapto zit opgesloten achter wat de professor een 'kleine stevige schutting' noemt. Wanneer hij de 'oude diepe dingen' die voor deze schutting hebben gezorgd, ter sprake brengt, dan verwijst hij naar Soeprapto's maatschappelijke erfenis (p. 262). Deze leidt ertoe dat Soeprapto niet 'in de wind en de kou', dat wil zeggen in de realiteit, kan staan, onbeschermd door de stevige schutting van het vooroordeel waar de professor het over had. Het gaat hier om een omgekeerd snobisme of een omgekeerde discriminatie die voortkomt uit het Indonesische standpunt. Soeprapto wordt als het ware gehinderd door de ballast van zijn opvoeding, en zijn tweestrijd is wederom een voorbeeld van de bekwame wijze waarop Maria Dermoût beeldpatronen in één punt samenbrengt. De professor vertelt Soeprapto een parabel over het gewicht, of de negatieve ballast, van iemands etnische, ouderlijke en culturele verleden. De parabel gaat over een Javaanse prins die rondtrekt door de archipel, in een prauw met de grond van zijn voorouders als ballast, op zoek naar een geschikte plaats om te leven. Hij vindt zo'n plek in de Molukken (p. 260). In het eerste deel is ons verteld dat Rumphius' geliefde 'koralen vrouw' deel uitmaakte van een grote familie van overgebrachte Javanen. Zij was al te zeer vervuld van de koralen tuinen in de baaien van het eiland om de nodige voorzichtigheid in acht te nemen, boog te ver over de rand van de boot en viel in zee (p. 131). De professor zal een zeemansgraf vinden als zijn lichaam door zijn moordenaars, de Binongko's, over de rand van de prauw wordt gegooid (p. 277). Ballast is een negatieve last. De schepen die vroeger de specerijen vervoerden, hadden op de heenweg wit marmer als ballast (p. 170); dit werd gebruikt voor de vloer van het sial (onheilspellende) huis van de tuin Kleyntjes. Ballast wordt synoniem met de 'kleine stevige schutting' van de professor: van beide moeten we bevrijd worden.

Zelf kinderloos, behandelt de professor zijn jonge assistent alsof hij familie is. Hij is op de man af maar oprecht in zijn aanbod om Soeprapto te helpen, al denkt de Javaan dat de Europeaan alleen maar welwillendheid veinst. En het is Rumphius die de professor de kans geeft om Soeprapto's egocentrisme te bekritiseren, hoewel hij daarbij ook een typisch voorbeeld van kasar gedrag biedt, wanneer hij hen beiden met honden vergelijkt (p. 264), een zware belediging voor een moslim. Hij leest hem Rumphius' beschrijving van een tropisch kwalletje voor, niet met het oog op de wetenschappelijke informatie maar vanwege de schoonheid van de voorstellingswijze. Wat de professor ontroert, is Rumphius' onmiskenbare liefde voor zo'n nietig schepseltje, en het feit dat hij in staat was om deze liefde uit te drukken in de verfijndheid en de verwondering van zijn proza. De professor legt de beschrijving als een vermaning voor aan zichzelf én Soeprapto omdat er nooit een einde kwam aan het vermogen van 'de blinde ziener van Ambon' om zijn ontzag te verwoorden, zelfs niet nadat hij, als een tweede Job, op middelbare leeftijd door rampen wordt getroffen.

Misschien is nu duidelijk waarom het werk en het leven van Rumphius de kern uitmaken van *De tienduizend dingen.* Zij zijn zowel een credo als een maatstaf. Zijn zachtaardige denkwereld en zijn overweldigende bescheidenheid verlenen een ethische dimensie aan het thema van de kleinheid. Hij nam bijvoorbeeld een onopvallend plantje in *Het Amboinsche kruidboek* op 'tot memorie (...), om dat het by de Inlanders onbekent is, en ik het wegens zyne mooje gedaante niet hebbe willen voor by gaan'.[41] Evenzo beschouwde Rumphius de kwalletjes als juwelen, 'wonderbaarlijk om (...) te zien', zelfs nadat hij door het lot met blindheid was geslagen (p. 263). En hun 'zeiltjes' worden levensgroot als de professor hen in zijn droom ziet, het visioen dat hem verzoent met zijn zeemansgraf. Het credo komt het duidelijkst tot uitdrukking als hij tegen Soeprapto zegt dat hij zou willen dat de assistent dit wonder ook zou kunnen zien (p. 270). Hij meent het, maar de liefde die hij voor Soeprapto toont, wordt afgewezen. De professor wil de liefdeloze wereld van de Javaanse aristocraat vullen met zovele 'domme kleine dingen' (p. 271). En als Soeprapto het begrepen zou hebben, dan zouden ook voor hem de kleine zeilen van de 'besaantjes' zo groot als de vleugels van de engel Gabriel zijn geworden, dan had hij door zijn afweerhouding heen kunnen breken, en dan zou hij hebben gekend wat Rumphius en de professor kenden: een bestendige glans die iedere dag wordt vernieuwd. 'Glorieus', zo beschreef de professor zijn visioen van de kwalletjes aan Soeprapto en hij bood hem de gift van een dergelijke bevrijdende schoonheid.

Direct voor het 'besaantje' vermeldt Rumphius van een ander kwalletje (de *Pulmo Marinus*) dat het de grootte van een dubbeltje heeft (*D'Amboinsche rariteitkamer*, p. 48). Alsof ze een symbolische suggestie oppakte, veranderde Maria Dermoût het kwalletje in de blinkende muntjes die de professor de inlandse kinderen ten geschenke geeft als ze hem de bloemen van Rumphius bezorgen. Maar geheel in de lijn van het thema van de tegenstellingen zijn deze goedbedoelde muntjes tevens de oorzaak van de moordaanslag op hem. De professor was bereid (p. 269) ook de ongure Binongko's een glimmend muntje te geven, uit een gevoel van medelijden dat men misschien eerder 'liefde' mag noemen. Maar opnieuw wordt het aanbod van de (getransformeerde) 'besaantjes' afgeslagen en het lot van zijn vier moordenaars wordt bezegeld met vier muntjes van weinig waarde die de Nederlandse bestuursambtenaar aan het meisje geeft als een beloning voor het aanbrengen van haar eigen mensen (p. 277).

Maria Dermoût vervlocht talloze verbindingen als de genoemde niet alleen in deze tekst maar in haar hele werk. Soeprapto simuleert malaria om een excuus te hebben de professor, die kasar Europeaan, niet aan zijn verfijnde plaatsvervangende moeder te hoeven voorstellen. Die gesimuleerde malaria wordt werkelijkheid op het eiland en draagt bij aan de dood van de professor. En in de prauw, met een van de moordenaars aan boord, veranderen de cirkels van wat de professor de 'kleine stevige schutting' had genoemd, in de beklemming van Soeprapto's geweten (p. 280). Deze opsluiting maakt het hem onmogelijk een band te hebben met de vrijheid van de wijde natuur (p. 280), zoals hij ook weigerde enige binding met de professor te erkennen (p. 271), want volgens Maria Dermoût belet een dergelijke moedwillige blindheid iemand ook de natuur als één geheel te zien.

Soeprapto's schuldbekentenis komt op een typisch indirecte manier: hij hoopt dat de 'besaantjes' naar dat deel van de zee komen waar de professor overboord werd gegooid (p. 283). Hierop volgt een korte Rumphiaanse catechismus van de kwal, samen opgevoerd door de Javaanse aristocraat en een Hollandse bestuursambtenaar. Soeprapto's boetedoening is symbolisch van aard, en daarbij draait het om de 'besaantjes'. Hij vraagt de Hollander naar de grootte van hun 'zeiltjes', en de Europeaan, na een blik op zijn eigen handen die net zo groot en 'onbehouwen' (kasar) zijn als die van de professor, kan ze alleen maar vergelijken met de slanke Javaanse handen die eerder als 'opvallend mooi' zijn beschreven (p. 249 en 284). Handen die eveneens juwelen hadden moeten zijn, maar die het geschenk hadden afgeslagen. En zoals Domingoes eerder zei: 'de hand onthoudt goed' (p. 209).[42] Voor Soeprapto zal er geen absolutie zijn; voor hem zullen de kwalletjes nooit 'glorieus' of 'levensgroot' zijn, zoals ze dat waren geweest in de ogen van de professor, voor wie deze symbolische verheerlijking tot troost was op het moment van zijn dood.

Het is symbolisch gezien een goede volgorde dat het afsluitende deel, dat na de episode met de titel 'De professor' komt, 'Allerzielen' heet en voorafgegaan wordt door twee regels uit Keats' 'The Fall of Hyperion': 'Since every man, whose soul is not a clod / Hath visions, and would speak, if he had lov'd.' (Want ieder mens, wiens ziel geen kluit van aarde is / heeft visioenen, en zou spreken, als hij heeft liefgehad.) Maria Dermoûts 'Allerzielen' heeft echter weinig te maken met Europese piëteit en lijkt meer op de Mexicaanse viering van de *día de muertos* (dag van de doden). In Mexico is deze belangrijke gebeurtenis in november iets vreugdevols, hoewel zij niet vrij is van angstgevoelens; tevens is zij een privé-gebeurtenis. Het is een feest dat zich thuis afspeelt, en geen gemeenschapsgebeuren. Ook Felicia staat erop, tegen alle regels van de koloniale gastvrijheid in, dat zij alleen is tijdens de nacht dat zij zich wijdt aan haar overledenen én aan diegenen die dat jaar een gewelddadige dood zijn gestorven op het eiland. Deze afsluitende episode – die zozeer doet denken aan het 'Slot' dat de verhalenbundel *De kist* tegelijkertijd herhaalt én besluit – is niet macaber; zo het iets is, is het huiselijk, en deze afwezigheid van gruwel maakt het bijzonder Mexicaans van geest. Felicia converseert bijna nonchalant met de recente slachtoffers van geweld: de posthouder, de professor, Constance en de matroos uit Makassar. Net als voor de Mexicanen geldt, is er hier sprake van een ongedwongen verkeer tussen het rijk van de levenden en dat van de doden. Er is geen angst voor de dood. Noch bij Felicia noch bij de Mexicaanse feestvierders. In een wereld die zo vreugdevol van leven bruist als die van Mexico of Maria Dermoût, zou het heiligschennis zijn de dood te ontkennen: zou men het wel doen, dan zou men het leven ontkennen. In geen van beide gevallen is de dood een abstractie; hij is uiterst reëel aanwezig.[43]

Toch botst er iets. Er lijkt een ongemakkelijke confrontatie te zijn tussen een niet-Europese, dat wil zeggen meer fatalistische, aanvaarding van de dood én een restant van de getormenteerde Europese vrees in Felicia's veroordeling van een dood door geweld of misdaad. In zekere zin aarzelt de roman, net als Felicia, tussen these en antithese, want Felicia moet zowel de moordenaars als de slachtoffers accepteren, overeenkomstig de vermaning van haar zoon dat we 'het-een-én-het-ander' moeten aanvaarden (p. 294).

De drie centrale delen van de roman – 'De posthouder', 'Constance en de matroos' en 'De professor' – zijn variaties op het hoofdthema van liefde en dood, van betrokkenheid en distantie, zonder vaste grenzen daartussen. De posthouder bijvoorbeeld is verdronken (een vooruitwijzing naar het zeemansgraf van de professor) óf werd vermoord door de vier vrouwen die hij in zijn huis opgesloten hield. Ondanks zijn beweerde rijkdom leidde hij een leven van beperkingen dat net zo benauwend was als dat van Soeprapto, volkomen in zijn eigen ik opgaand.[44] Hij sloot zichzelf buiten het leven en de mensheid, en werd volledig beheerst door zijn parels. De lezer weet uit het tweede deel dat parels vaak sial of ongeluk brengend zijn, vooral als ze in de zee zijn gewassen (p. 175), en zij staan voor de enige tranen die er bij het verscheiden van de posthouder geplengd worden. Ook Constance wordt helemaal door zichzelf in beslag genomen maar zij heeft tenminste hartstocht gekend, zij het dan slechts voor de trommels of voor de touwtrekwedstrijden met een touw van aan elkaar geknoopte stukken rotan. Men kan zeggen dat dit touw voor de roman zelf staat: de ontelbare dingen van het leven worden samengeknoopt en heen en weer getrokken tussen uitersten van menselijke hartstocht, hoewel ook de roman, net als het lied van het rotantrekken, ten slotte verandert in een lied van liefde.

En zelfs al is het verband tussen deze episoden in eerste instantie niet makkelijk te herkennen, toch heeft de lezer het gevoel dat zij zich op de juiste plaats bevinden, omdat ze de honderd dingen bevatten van de wereld rondom Felicia's eigen bestaan. Zij hebben een vergelijkbare betekenis aangezien zij allemaal metonymieën van het leven zijn. En Felicia komt tot het besef dat alles in het leven en de wereld met elkaar verband houdt, ook al zien we vaak geen plan of doel. Maar er kan geen twijfel aan bestaan dat alles bij elkaar hoort. Maria Dermoût is misschien het meest 'Aziatisch' wanneer zij de mensheid een centrale plaats in de schepping ontzegt en (in een weekbladartikel uit 1955) de mens ziet als:

> (...) een deel van de overweldigende – goede en wrede – schone en niet schone – eeuwig bewegende, eeuwig in rust zijnde veelheid die wij de Schepping noemen. Hij is niet meer, ook niet minder dan de boom of de bloem aan zijn zijde, een vogel of een kwalletje (mooi als een juweel); ja zelfs niet minder of meer dan wat wij als niet levend, niet bezield hebben leren beschouwen: een leeg schelpje zonder zijn bewoner, een kristal, een steentje.[45]

Maar net als haar personage Felicia had ook Maria Dermoût twijfels. Ze schreef in haar dagboek:

> Het leven, zomaar het leven is goed, all things are well, all manners of things are well, – de Harpe Amoret, het dubbele Venushartje, ja de doorzichtige Nautilus en een geheime verte, zij waren zo gaaf en glanzend, en schóner dan de mens eigenlijk. Maar toch, neen! De professor is meer waard dan het besaantje, ons menselijk tekort, ons lijden meer dan een volmaaktheid, hoe glanzend ook. Zie ik 't zo goed? Zag ik 't zo goed?[46]

Maar Maria Dermoût twijfelde niet aan de liefde. In 'De armband' zegt een man tegen een vrouw:

> Je moet maar zo denken, die ene vrouw hield, houdt, heeft gehouden van een man, en de andere van 't water, de wind, maar zij hielden van iets, van iemand! Daar gaat het toch om! Denk eens aan al die velen die nooit iets liefhebben, niet een man, niet

> een vrouw, niet de wind, niet het water, noch enig ander schepsel, (...) alleen het eigen zelf! Moeten we ruilen, vind je? (*Werk*, 357)

Zoals in al haar werk komt er heel wat liefde voor in *De tienduizend dingen*, maar zij is nooit sentimenteel van aard. Zij kan onstuimig zijn – zoals Paulines hartstocht voor Constance – of vol leed – zoals Felicia's liefde voor de echtgenoot die haar in de steek liet – maar zij is nooit onverschillig, want de ergste misdaad die een mens kan begaan, is: liefde onbeantwoord te laten.

Maria Dermoût was nooit overdreven sentimenteel ten aanzien van dit primaire gevoel, want zij was zich er pijnlijk van bewust dat liefde ervaren onherroepelijk ook lijden betekent. Haar beschrijvingen zijn die van een rijpe en volwassen geest die beseft dat er offers moeten worden gebracht en dat er compromissen worden verlangd en moeten worden gesloten; dat liefhebben om buitengewone standvastigheid vraagt. En de mensen die de meeste liefde tonen in Maria Dermoûts fictie, zijn stille maar trotse vrouwen, op de achtergrond maar krachtig, en met een bijzonder sterk karakter. Zo'n vrouw is Toetie in het gelijknamige verhaal en het personage met de naam Tiny in 'Twee jade reigers'; zo'n vrouw is Felicia in *De tienduizend dingen.* Zij is een geslaagd personage want zij kent geen teerhartigheid; zij is gehard in de strijd tegen het 'fenijn' van het leven. Zij is een vrouw in opstand, onverzettelijk, bazig, niet geneigd haar affectie in het openbaar te tonen. Ze is verbitterd over het leven, ze is gekwetst door de onrechtvaardigheid ervan en ze zal zich niet schikken in een overgave. Felicia '[had] de bitterheid geproefd (...), bitterder dan het bittere water uit de bittere martavaan[47]' (p. 288), en ze zal moeten leven met de doem van haar naam (Felicia van felix, gelukkig, geluk brengend) want zij heeft maar weinig geluk gekend in haar leven. Ze verschool zich achter de schutting van het decorum, evenzeer als Soeprapto. Ze weigerde te begrijpen dat de enige echte wens van haar zoon was dat hij zou kunnen terugkeren naar de tuin Kleyntjes en daar zijn leven leiden, hoe bescheiden dan ook. Maar zijn moeder was bang dat hij net als zijn vader een klaploper zou kunnen worden en veroordeelde hem als het ware tot ballingschap in Nederland, en daarmee dwong ze hem er indirect toe officier in het Nederlands-Indische leger te worden. Later, wanneer Himpies is teruggekeerd naar Ambon, dwarsboomt Felicia zijn liefde voor een ongelukkig getrouwde vrouw die nog een dochtertje heeft ook (p. 197-8). Ondanks haar eigen ervaring verordent Felicia waar vrijheid aan de orde is. Toch zal ook zij lering moeten trekken uit het voorbeeld van Rumphius, en dit gebeurt wanneer zij zich bewust wordt van de verbondenheid tussen de tienduizend dingen van de héle schepping, niet alleen tussen de 'honderd dingen' die deel uitmaken van een afzonderlijk leven. Maar het is een inzicht dat tijdelijk is: Felicia gaat het huis binnen 'om haar kopje koffie te drinken en om opnieuw te proberen verder te leven' (p. 298).

En ze heeft reden voor tweeslachtigheid. Ze heeft haar grootmoeder verloren, haar ouders, haar echtgenoot én haar zoon. De relatie tussen de moeder en haar enig kind wordt door Maria Dermoût prachtig beschreven,[48] met al haar tederheid, pijn en onuitgesproken liefde. Bij Felicia en Himpies is de situatie net andersom als bij de professor en Soeprapto: de zoon probeert de ouder het geheim van Rumphius te leren. In de brief aan zijn moeder probeert Himpies al te laten doorschemeren dat er in het leven zelden een duidelijk onderscheid is tussen het goede en het slechte – iets wat zijn moeder weigert te aanvaarden. Evenals de professor probeert Himpies iets bij te brengen aan de hand van voorbeelden. De dokter die zijn patrouille op Ceram (het grote eiland ten noorden van Ambon) vergezelde, moest leren dat koppensnellen meer dan etnologische theorie is, als hij geconfronteerd wordt met de realiteit van afgehakte hoofden, ook die van kinderen (p. 201). Er wordt voor Himpies gezorgd door een gevangene, een massamoordenaar, die even toegewijd is als een moeder. Ook schrijft hij zijn moeder dat zijn jeugdvriend, Domingoes, altijd bewondering had voor haar vastbeslotenheid, dat zij iemand was op wie je kon rekenen als ze zich eenmaal iets voorgenomen had, en toch bekent hij haar dat hij niet in staat is hetzelfde te doen, dat hij het moeilijk vindt een waardeoordeel te vellen (p. 202). En men realiseert zich dat de moeder gezwicht is voor de zoon wanneer zij uit Himpies' brief put voor de beantwoording van haar vragen als ze de vier nieuwe doden van dat jaar gedenkt.

Maar ze blijft zich niettemin verzetten, want 'zij was een op aarde levende vrouw die haar op aarde levende kind had liefgehad' (p. 289). Zoals Emerson inzag in 'Tragedy', zijn essay over 'het tragische': 'Wie nooit het Huis van Pijn te zien gekregen heeft, heeft slechts het halve Universum gezien. (...) zoals zoutwaterzeeën meer dan twee derde van het oppervlak van de aarde beslaan, zo tast in de Mens het Verdriet steeds meer het Geluk aan.' Maria Dermoût was een bewoner geweest van dat huis van pijn. Hoewel ze uiterst moedig probeerde te blijven geloven in de liefde, had ze evenals Felicia haar twijfels. 'Misschien is er op den duur wel ergens vandaan een zeker, nu ja aanvaarden, maar als 't gaat om de enkele die je erg dierbaar zijn dan blijf ik geloof ik toch tot 't eind een soms in opstand, soms in despair vrouw. Waarom moet dat nu zo?'[49]

Het zijn de wreedheid en de onrechtvaardigheid van een onnatuurlijke dood die Felicia niet wil accepteren. Himpies stierf op een manier die goed past bij de op antithesen berustende aard van het boek. Hij ging bij toeval voor het laatst op patrouille, namelijk om een zieke collega te vervangen (*Werk*, 200), hij werd dwars door de hals getroffen toen hij stond te lachen (p. 211). Hij werd op laf-hartige wijze gedood vanuit een hinderlaag, ongeveer op dezelfde manier als de professor werd vermoord door de vier Binongko's. Om deze reden maakt Felicia een onderscheid tussen enerzijds 'vermoord worden' en anderzijds 'sneuvelen', gezegd van hen die in de strijd vallen (p. 134). Maar haar zoon wijst haar erop: 'het valt ons mensen nu eenmaal niet licht vermoord te worden, te sterven, op wat voor wijze ook, moeder' (p. 291). En wanneer Himpies ten slotte op zijn stille en zachtmoedige manier zegeviert, op dezelfde manier als Rumphius en de professor zegevierden, dan is Felicia eventjes van haar intense gevoelens van haat, woede en verbittering bevrijd. Eventjes heeft ze de kringloop van oorzaak en gevolg doorbroken, is ze onzelfzuchtig geworden – als Rumphius, als de professor, als haar zoon – en heeft ze het kwaad en de antithese overwonnen door middel van mededogen. Maar hoewel er beweerd is dat Maria Dermoût een hang naar mystiek had,[50] wat ongetwijfeld waar is, bestaat de schoonheid van haar fictieve werk erin dat zij een dergelijke ervaring nooit in abstracte bewoordingen vertaalt maar dicht bij de zintuiglijk waarneembare wereld van het detail blijft, bij wat men een vergeestelijkt materialisme zou kunnen noemen. Het is ook een blijk van haar vaardigheid als verhalenvertelster – '[ik] kan alleen vertellen, niet uitleggen' (Van der Woude, p. 192) – dat haar personages karaktervast blijven. Net als andere vrouwen in Maria Dermoûts fictie heeft Felicia een onbuigzaam karakter. Haar resolute aard verdraagt geen enkele zinloosheid. Ze is vastberaden, soms koppig, als ze weet dat ze gelijk heeft; haar pijn wordt er alleen maar nog moeilijker door te verdragen. Het is dan ook Felicia ten voeten uit dat, wanneer ze haar leed te boven komt, haar houding tegenover de 'moordenaars' van deze wereld niet idealistisch is maar van irritatie getuigt: 'een klein gevoelen van ongeduld, van verdrietigheid – waarom nu toch, ezels die jullie zijn! – zonder wraakgevoelens, zonder haat meer' (p. 295).

Felicia berust niet, ze aanvaardt, en haar beloning is het buitengewone visioen van de binnenbaai van het eiland tijdens de nacht van de vermoorden. Het is een visioen dat alles omvat, het goede en het slechte, want haar zoon had gelijk: iemand met een hoger inzicht weet dat het niet gaat om of-of maar om zowel-als. En pas nadat ze dit heeft toegegeven, ziet ze haar grootmoeder en Rumphius onder 'de purperen Kokospalm van de Zee' (p. 296). Geen van beiden was er daarvoor al, tijdens Felicia's kwelling in deze nacht van de vermoorden, de nacht van haar zoon. Zij heeft de lering getrokken die sommigen in *De tienduizend dingen* niet konden trekken. Maar het blijft een onzekere overwinning want het menselijk bestaan ondermijnt nu eenmaal de verlossing.

Nu valt te begrijpen waarom het motto van haar eerste boek, *Nog pas gisteren*, zo toepasselijk is voor het hele werk van Maria Dermoût: 'teach us to care and not to care.' Het gaat om een tegenstelling en menselijkerwijs gesproken is het niet mogelijk om beide tegelijk te doen. Maar als men het toch zou kunnen, dan zou dit een vertroosting betekenen; het eerste is een noodzakelijkheid en het tweede een troost. Maria Dermoût bleef hopen dat zij zo'n verzoening tussen verdriet en vreugde zou kunnen bieden, maar ze was er nooit zeker van dat het haar gelukt was. En dus vroeg ze:

> Is er niet een kleine (hoeft niet een aartsengel) met een bril op en een grote Verenpen die alles opschrijft, en die mijn hart en mijn vulpen wil zegenen? In de 68ste psalm: 'Al laagt gijlieden tussen stenen, gij zult zijn als de vleugels van een duif overdekt met zilver, en haar veren met geelachtig goud'.[51]

16

H.J. FRIEDERICY (1900-1962): EEN ACTEUR MET EEN PEN

Friedericy's productie was zelfs nog bescheidener dan die van Beb Vuyk of Maria Dermoût. Hij publiceerde slechts vijf boeken; daarvan was zijn proefschrift over de strenge sociale hiërarchie van de Boeginese en Makassaarse samenleving op Zuid-Celebes – *De standen bij de Boegineezen en Makassaren* (1933) – het meest omvangrijk. Zijn twee korte romans – *De laatste generaal* (1947, tweede herziene druk 1958) en *De raadsman* (1958) – zou men ook als lange novellen kunnen betitelen, terwijl *Vorsten, vissers en boeren* (1957), een bundel met vijf korte verhalen ('Bloed', 'Reigerdans', 'Bendeleider', 'De dubbele aar' en 'Vazal'), haast wel gedrukt moest worden in een grote letter om iets op te leveren wat men redelijkerwijze als boek zou kunnen presenteren. Maar ook al is het gering in omvang, Friedericy's fictionele werk is rijk aan inhoud en daarom zo opmerkelijk omdat de exotische verhaalstof op feiten is gebaseerd. Dit wordt duidelijk als men zijn vijfde boek leest, een verzameling bewerkte brieven die de jonge koloniale bestuursambtenaar zijn ouders in Nederland stuurde, toen hij in de twintig was. Het kreeg van Friedericy de toepasselijke titel *De eerste etappe* (1961), want het vertelt het verhaal van zijn inwijding in een vreemde maar fascinerende wereld die beheerst wordt door primitieve hartstochten; een wereld waar dingen die in de Indonesische context normaal en op z'n plaats waren, in Nederland gehekeld zouden worden als 'romantisch'.[1]

Al het werk van Friedericy heeft betrekking op zuidelijk Celebes (tegenwoordig Sulawesi). Celebes is een van de vier Grote Soenda-eilanden, ten oosten van Borneo en ten zuiden van de Filippijnen. De merkwaardige vorm ervan lijkt enigszins op die van een giraffe, waarbij het langste schiereiland, dat zich naar het noordoosten uitstrekt, de nek voorstelt. Nog drie schiereilanden strekken zich vanuit het middelpunt uit. Gezamenlijk omsluiten zij drie grote golven: die van Bone, die van Tolo en die van Tomini.

De streek waar Friedericy acht jaar lang gestationeerd was en die nooit uit zijn verbeelding is verdwenen, is het meest zuidelijke deel van het eiland tussen de Golf van Bone in het Oosten en de Straat van Makassar in het Westen. Dit gebied was historisch gezien het dichtst bevolkte en meest welvarende deel van het eiland, en het werd gedomineerd door twee volkeren: de Boeginezen en de Makassaren. Bone, aan de oostkust van het schiereiland, was het vorstendom van de Boeginezen, terwijl dat van de Makassaren bestond uit Gowa, met Makassar, de grootste nederzetting op Celebes, als centrum.

Hoewel deze twee volkeren vanouds politieke rivalen waren, deelden zij veel kenmerkende eigenschappen. Hun onderling verschillende talen gaan terug op een gemeenschappelijk voorstadium, zij hadden gezamenlijk hun eigen alfabet en hoewel beide islamitisch waren, hielden zij er ook nog steeds vergelijkbare inheemse én hindoeïstische geloofsopvattingen op na. De Makassaren hadden een reputatie als handelaren, en hun voornaamste stad, de havenstad Makassar (tegenwoordig Ujung Pandang genaamd), was een van de grote handelscentra in de archipel in de vijftiende en de zestiende eeuw, terwijl de Boeginezen ook nu nog beschouwd worden als de beste zeevaarders en scheepsbouwers van Indonesië. Zij zeilen door de hele archipel en zijn zo bedreven dat zij nog steeds veelal hun weg over de zeeën 'op het gevoel' vinden; ze verlaten zich daarbij op natuurlijke indicaties zoals golven of de wind, en ze kijken neer op de dure hulpmiddelen van de moderne technologie.

Het was Gowa's voornaamste stad, Makassar, die de vijandschap van Holland opwekte. Aan het begin van de zeventiende eeuw stond de VOC erop dat zij het monopolie had van de specerijenhandel met de Molukken, de naburige eilandengroep in de Bandazee. Het belangrijkste doorvoercentrum in de oostelijke archipel was Makassar, en het vorstendom Gowa wilde zijn onafhankelijkheid als handelsnatie én zijn angstvallig bewaakte soevereiniteit op zee handhaven. In feite verdedigde de bestuurder van Makassar en Gowa een Indonesische versie van Hugo de Groots concept *mare liberum*, toen hij in 1615 vasthield aan het standpunt dat 'God (...) de aarde [heeft] verdeeld onder de mensen' maar 'de zee aan iedereen [heeft] gegeven'.[2] Het gevolg was een, bijna een eeuw durende, periode van verbitterde oorlogen, waarbij de Hollanders de rivaliserende rijken Gowa en Bone tegen elkaar uitspeelden. Pas in 1667 slaagde admiraal Speelman, met de hulp van de Boeginezen, erin de vorst van Gowa, Hasanoeddin[3], te verslaan en Makassar in te nemen in een bloedige veldtocht die blijk gaf van de legendarische moed en wreedheid van zowel de Makassaren als de Boeginezen.

Met het daaropvolgende verval van Gowa maakte Bone een bloeitijd mee en de Hollanders zagen zich thans genoodzaakt de expansie daarvan in te tomen, en daarbij verdedigden ze Gowa zelfs tegen hun vroegere bondgenoot. Maar in feite werden beide rijken pas geheel verslagen in het eerste decennium van deze eeuw. De beslissende veldtocht vond plaats in 1905 en 1906, waarna zowel Gowa als Bone ophield te bestaan als autonoom rijk. De vorst van Gowa kwam om het leven toen hij, op de vlucht voor de Hollandse troepen, in een ravijn viel, en de vorst van Bone werd verbannen naar Java, waar hij in ballingschap stierf. De Hollanders ontmantelden de feodale bovenbouw van de heersende vorstengeslachten en adel, en vervingen deze door het onpersoonlijke gezag van een koloniaal bestuur naar het voorbeeld van het systeem op Java. Zij confisqueerden zelfs de sacrale rijkssieraden (*gaoekang* en *aradjang*) en verdeelden ze vervolgens over musea in Batavia, Leiden en Amsterdam. Tegen 1910 was niet alleen

een tijdperk maar ook een unieke wereld en manier van leven nagenoeg verdwenen, opgeofferd aan koloniaal eigenbelang en de eisen van de moderne vooruitgang.[4]

Uit het gepubliceerde werk van Friedericy blijkt dat zijn sympathie lag bij de feodale aristocratie, die, toen hij in 1922 op Celebes kwam, nog maar een fractie van haar vroegere luister bezat. Zijn succesvolle poging om haar psychologie, haar maatschappelijke opvattingen en haar vroegere invloed te begrijpen, was niet alleen ingegeven door de praktische eisen van zijn baan maar ook – zo lijkt het – door een persoonlijke gelijkgezindheid.[5]

Friedericy wist heel goed dat het oude feodale systeem van het vorstenhuis en de adel van Gowa en Bone een onbarmhartige last was geweest voor de gewone mensen in een samenleving die in wezen geen middenstand kende (p. 232 en 347). Er bestond een uiterst strikte hiërarchie die gunstig was voor het vorstenhuis van de *aroe* (in het Boeginees) of de *karaëng* (in het Makassaars)[6], de hoge adel bestaande uit de afstammelingen van de vorsten (de *anakaraëng*), en de stand van de hoofden. De adel leidde een bestaan dat tot in details werd voorgeschreven door rituelen en tradities; deze regelden kleding (alleen mensen van vorstelijke komaf mochten geel dragen), huwelijk, de bouw van de huizen en iemands verschijning. Een adellijke dame had een bijzonder lichte gelaatskleur omdat ze zich nooit aan de zon blootstelde, en kleine voeten omdat ze doorgaans werd gedragen. Ze kon alleen paardrijden als ze op het aantal kussens zat dat in overeenstemming was met haar stand (voor de vorsten in Bone bijvoorbeeld moesten dat er zeven zijn).

De adellijken behandelden het gewone volk op tirannieke en vaak willekeurige wijze. Zij konden boetes opleggen als zij vonden dat er inbreuk was gemaakt op hun waardigheid, en volgens Friedericy was het vaak absurd wat zij als onbeleefdheid beschouwden. Zij konden een man straffen als de punt van diens hoofddoek te veel rechtop stond, of als hij zijn huis bouwde op meer palen dan volgens zijn stand was geoorloofd, als hij zijn woning met twee daken bedekte, als hij een bezoekende adellijke niet voorzag van het juiste aantal kopjes en borden, of als hij zijn onverwachte gast niet liet bedienen door de jonge vrouwen des huizes.[7]

Aan dergelijk despotisme was door de Hollanders een einde gemaakt, maar nu men de adel zijn rechten had ontnomen, was er een machtsvacuüm ontstaan. Friedericy was door het koloniale bestuur belast met de taak om een politiek compromis te vinden waardoor de vernieuwingen van het progressieve Europese bestuur konden worden verenigd met een heilzame herformulering van de oude machtsstructuur. Zo'n taak vereiste 'studie en onderzoek' (p. 348), zoals hij in 1925 schreef, en twee van de nevenvoordelen hiervan waren zijn etnologische studie over maatschappelijk aanzien in de rijken Gowa en Bone, die in 1933 verscheen, en de historische roman *De laatste generaal.*

De laatste generaal werd voor het eerst gepubliceerd in 1947, onder de titel

Bontorio, en was gebaseerd op eigen onderzoek.[8] Het werd zo'n tien jaar later opnieuw gepubliceerd zonder het laatste deel, dat werd gezien als gebrekkig in artistiek en structureel opzicht. Deze kortere versie beschrijft het leven van een edelman in Bone van 1870 tot 1906. Het is een van de tamelijk zeldzame voorbeelden dat een koloniale schrijver op een objectieve wijze, zonder hetzij romantische sentimentaliteit hetzij paternalistische toegeeflijkheid, het bestaan van een inlander op papier zet. Wat dit betreft willen alleen de verhalen van Maria Dermoût te binnen schieten. Het gefingeerde leven van Mappa, de Aroe Bontorihoe van Bone, getuigt niet alleen van Friedericy's gedegen kennis van het aristocratische verleden van de Boeginezen, maar geeft ook blijk van zijn onverholen bewondering voor die bewuste manier van leven. Dat leven was een feodaal leven, waarin fysieke moed, geweld, trouw, onaangevochten loyaliteit aan de *Aroempone* (of koning van Bone), hertenjacht, gokken, hofintriges en dapperheid in de oorlog toegejuicht werden.

Misschien zijn de gewelddadigheid van dat leven en de wijze waarop de Boeginezen dit accepteerden, de meest frappante kenmerken van het boek en dragen zij eraan bij het van de eigenlijke Nederlandse literatuur te onderscheiden. De roman bevat bijvoorbeeld een scène aan het hof waarin Mappa's vader een man doodt die amok heeft gemaakt. Later zweept Mappa zichzelf op tot een woeste trancetoestand van loyaliteit aan zijn vorst, waarbij hij zijn bereidheid uitschreeuwt iedereen te doden die door zijn vorst de dood in gewenst wordt. De twee voorvallen staan met elkaar in verband; allebei schetsen zij het vermogen van de Boeginees zichzelf in een gemoedstoestand te brengen waarin hij geen voorzichtigheid of angst meer kent, en die samengaat met een moorddadige razernij zonder genade én zonder onderscheid des persoons. Deze toestand, aangeduid als 'amokmakerij', werd door Multatuli omschreven als 'zelfmoord in gezelschap'.[9]

Let wel: amokmakerij was een verschijnsel dat bij alle Maleise volkeren hoorde, waar dan ook. Op Java hield men in de wachthuizen een speciaal soort gevorkte stok (*tjanggah*) achter de hand om dergelijke woestelingen in bedwang te houden. Maar in de negentiende eeuw werden de Boeginezen beschouwd als 'verreweg het meest geneigd zich over te geven aan amokmakerij. Ik denk dat driekwart van de gevallen die ik heb meegemaakt, op het conto komen van mensen van dit volk.'[10] A.R. Wallace stelt in zijn bekende boek over de Maleise archipel dat, wat betreft amokmakerij, Makassar 'de plaats met de grootste reputatie in het Oosten' is.[11] Men moet niet uit het oog verliezen dat het om een gemoedstoestand gaat en dat deze niet noodzakelijkerwijs het gevolg is van opium of alcohol. Ook is hij niet beperkt tot een bepaalde bevolkingslaag, zoals de twee romans van Friedericy laten zien. In *De raadsman* treft men verschillende gevallen aan van armen die amok maken (p. 187-91 en 207), terwijl het in *De laatste generaal* de adel is die deze mate van razernij bereikt (p. 33-4). De opgewondenheid van adellijken lijkt meer op die van de 'amoucos' van het oude India of van de Japanse kamikazepiloten in de Tweede Wereldoorlog, in die zin dat het gaat om een heftig emotioneel bewijs van trouw aan hun heerser, die inhoudt dat zij bereid zijn hun leven op te offeren (p. 63-4).

In ieder geval wordt deze vorm van een gewelddadige dood met een opvallende gelijkmoedigheid geaccepteerd door alle standen van de Boeginese maatschappij. Zoals Friedericy het formuleert in *De raadsman*, aanvaardden de meeste mensen hem net 'als het afvallen van een blad, als een windvlaag, als een wolk voor de maan' (p. 194). Afgezien van wat in onze ogen geheel irrationele motieven voor dit gevaarlijke gedrag moeten lijken, was de meest gangbare reden ervoor een schending van de eer, hetzij van een persoon, een familie of een clan, of, voorheen, van de onaantastbare eer van de vorst. Tot op vandaag veroorzaakt het *siriq*-concept van het genoegdoening eisen nog steeds tragedies in Celebes, waar een belediging of een dode gewroken moeten worden door de naaste bloedverwanten, op een manier die doet denken aan een Siciliaanse vendetta of aan de erecode van de *bushi*, de krijgers (samoerai) uit het Japanse verleden.

Friedericy had een zekere flair voor het dramatische; er wordt van hem verteld dat hij een geboren acteur was die er plezier in had toneelstukken op de planken te brengen voor de Europese gemeenschap. Dit talent is duidelijk in zijn eerste roman, *De laatste generaal*: een levendige vertelling, geschreven in een aanschouwelijke stijl met een beeldende kracht die herinnert aan Beb Vuyks fictie van voor de oorlog. Hoewel Friedericy's stijl misschien minder uitbundig is dan die van Vuyk, hield hij er wel een op na die erop lijkt: een stijl die sober, beknopt en vrij van abstracties is, en eens te meer aantoont dat het theatrale, grootse en heftige materiaal van de koloniale literatuur geen overdreven uitdrukkingswijze vergt. Vooral in *De laatste generaal* schrijft Friedericy met de eerder vermelde epische eenvoud die alle handeling veruiterlijkt, die stevig in het heden verankerd is en die behagen schept in de tastbare wereld. De beweeglijke stijl en de episodische structuur steunen op levendige beelden die voor een continuïteit zorgen die opmerkelijk veel lijkt op die van de film. *De laatste generaal* en de vijf verhalen in *Vorsten, vissers en boeren*, met name het op een ware gebeurtenis gebaseerde 'Bloed'[12], zijn niet te vergelijken met wat dan ook uit de literatuur van het moederland, maar zij zijn wel vergelijkbaar met de historische films van Akira Kurosawa, die de krijgshaftige viriliteit van het feodale Japan uitbeelden. De beschrijving in *De laatste generaal* van de strijd tussen de legers van Bone en Wadjo bijvoorbeeld (p. 64-70) roept de gevechtsscènes in *Kagemusha* (1980) en *Ran* (1985) in herinnering, terwijl de bijzonder filmische hertenjacht (p. 53-7) eenzelfde dynamiek heeft als de wilde-zwijnenjacht waarmee *Ran* begint.

> Bij een boomgroep, die als een weggeworpen boeket van bronzen tinten in het grasmeer dreef, sprongen kleine kleurvlekken op van rood en wit en geel. Aan de rand van de vlakte maakten zich ruiters los uit de schaduw van bomen en hoog struikgewas en dichterbij verlieten hertejagers, tevoren verdekt opgesteld, in galop hun posten, met de sprongen van paarden meedeinend boven de alang-alang uit. In het dorre geel dansten kleuren overal; stekend groen, vlammend rood, koel

> blauw, en wit dat in de zon was als blinkend kwik, zwenkten en verschoten en trokken wegen in één richting. Dáár sprong, bruin boven geel, het hert in nood boven de grasstengels uit en op dat ogenblik begon het gevolg op de tribune de jagers luid en hartstochtelijk aan te vuren. De koning lachtte. (p. 55)

Op dezelfde manier laten de moord op Aroe Bakka (p. 88-9) of de openingsscène van de aankomst bij regen van de vrouwelijke Aroe Bontorihoe (p. 19-23) zich lezen als een draaiboek, en ook de kwalijke hofintriges zouden niet misstaan in een film van Kurosawa. Wat dat betreft zou de Japanse regisseur, die afkomstig was uit een familie van samoerai en als jongen les kreeg in de schermkunst van het *kendo*[13], direct het meesterschap gezien hebben van Daëng Sisila en zijn leerlingen in 'Bloed'. Zij weten uitstekend hoe te doden met een kris of een *badik* (een dolk) en zij komen op dezelfde explosieve, plotselinge manier in actie als de zwaardvechter Kyuzo in *De zeven samoerai* (1954), de samoeraikrijger in *Yojimbo* (1961) of Sanjuro in de gelijknamige film (1962). Deze experts in de vechtkunsten van Celebes leven volgens een ethos dat lijkt op dat van de samoerai, waarbij toegewijdheid aan de feodale heer iets vanzelfsprekends is en een smet op iemands eer de ergste belediging. Een dergelijke leidraad is wezensvreemd aan de Hollandse samenleving, waar niemand ooit een man zou doden omdat hij aanmatigend over zijn afkomst was (p. 125). Zoals Aroe Tjenrana in het verhaal 'Vazal' overweegt: de Hollanders begrepen 'het verschil en de onmetelijke afstand tussen edelman en man uit het volk' niet, want soms verhieven zij iemand tot de stand van aroe, zelfs al konden zij er niet zeker van zijn dat er geen slavenbloed door zijn aderen stroomde (p. 170).

Deze vereenzelviging van een westerse auteur met zijn Aziatische hoofdpersonen is betrekkelijk zeldzaam. Het ging om een symbiose van gelijkgestemden die een authenticiteit garandeerde die opviel doordat zij geen vertekeningen in het oordeel of culturele arrogantie kende. Men kan Friedericy's welwillende begrip aflezen aan de opmerking dat de gegevens die hij verzamelt 'vaker (...) in de sfeer van de mythologie [liggen] dan in die van de geschiedenis' (p. 344). Hij werd zelf een deel van die mythe. In een interview uit 1959 vermeldde Friedericy dat hij tijdens een naoorlogs bezoek aan Indonesië kennismaakte met een man die zei dat hij de zoon was van Mappa, de Aroe Bontorihoe uit *De laatste generaal*. Mappa's schepper sprak hierover zijn verbazing uit, want het personage was een amalgaam van diverse mensen en had nooit in levenden lijve bestaan.[14] Maar Friedericy moet ingenomen zijn geweest met de invloed van zijn fictie.

Een aantal mensen heeft getuigd van Friedericy's talent als verhalenverteller.[15] Een van hen was A. Alberts, eveneens werkzaam in de koloniale bureaucratie en een collega-schrijver, die tijdens de Japanse bezetting Friedericy's talent leerde waarderen in de Soekamiskin-gevangenis (in de buurt van Bandoeng). In een herdenkingsartikel, geschreven na de dood van Friedericy, stelde Alberts dat het een voorrecht was Friedericy een verhaal te *horen* voordragen: 'Dat was een belevenis. Dat was eigenlijk een prachtige voorstelling, die hij gaf, lopende, gebarende en vooral mimerende in een kring van ademloos gespannen toeluisterende mensen. Grote en kleine verhalen, meesterlijk opgebouwd tot en met het allerlaatste woord.'[16] En ook al was het vertellen van verhalen een gangbaar tijdverdrijf in de vroegere kolonie,[17] toch vermeldde men Friedericy's bijzondere aanleg keer op keer, soms met enige verbazing, want er werd vaak van hem gezegd dat hij gesloten en gereserveerd was. Misschien leerde hij het een en ander van het metier van de professionele verhalenvertellers van Celebes, de *pakeso-keso*, die op feesten genodigd worden om, zichzelf begeleidend op een soort viool (*keso-keso*), oude heldendichten te vertellen.[18]

Het is dit mondelinge ritme dat avonturenverhalen en veel koloniale literatuur onderscheidt. Ook Kipling was erom bekend goed verhalen te kunnen vertellen: 'Er was een onnavolgbare intonering, een nadruk op bepaalde woorden, een overdrijving van bepaalde zinsneden, een manier van voordragen hier en daar die [Kiplings] vertellen onvergetelijk maakte.'[19] In het voorwoord van de verhalenbundel *Life's Handicap* formuleerde Kipling zijn artistieke credo bij monde van de heilige man genaamd Gobind.

> Vertel hen eerst over de dingen die gij gezien hebt en zij ook gezien hebben. Aldus zal hun kennis uw onvolkomenheden aanvullen. Vertel hen over wat gij alleen gezien hebt, vervolgens wat gij gehoord hebt, en aangezien zij kinderen zijn: vertel hen over veldslagen en koningen, paarden, duivels, olifanten en engelen, maar laat niet na hen te vertellen over liefde en dergelijke. De hele aarde is vol verhalen voor hem die luistert en de armen niet van zijn deur verjaagt.[20]

Friedericy was een goed luisteraar en een voortreffelijk verteller van gebeurtenissen die hij met eigen ogen had waargenomen. Hij stemde in met Gobinds gebod – 'Een verhaal dat wordt verteld, is een waar verhaal zolang het vertellen duurt' – toen hij stelde: 'Het is alsof ik er zelf bij ben, bij wat ik beschrijf. Ik zie de maan, ik ruik de geuren, ik hoor de trommels, ik neem deel aan de gesprekken.'[21]

Eerst de eigen identiteit verbergen en vervolgens stem geven aan dat wat vervlogen is – een ongerijmde combinatie – het zijn vaardigheden zonder welke een schrijver óf een succesvolle diplomaat niet kunnen. Friedericy was beide.

Zijn carrière als koloniaal ambtenaar en diplomaat mocht er wezen. Herman Jan Friedericy werd in 1900 in de provincie Groningen geboren, maar hij bracht het grootste deel van zijn jeugd door in Brabant. Op zeer jonge leeftijd schreef hij zich in aan de Leidse universiteit om 'indologie' te gaan studeren.[22] Op 21-jarige leeftijd deed hij doctoraalexamen. In 1922 trad hij in koloniale dienst en kreeg hij als standplaats het meest zuidelijke schiereiland van Celebes, waar hij acht jaar bleef. In 1928 trad hij in het huwelijk en in 1930 ging hij op verlof naar Nederland om zijn studie voort te zetten. In 1933 verwierf hij de doctorstitel met een etnologische studie over maatschappelijke standen bij de Boeginezen en Makassaren.

In 1933 keerde Friedericy naar Indië terug; hij bekleedde een aantal uiteenlopende ambten bij het koloniale bestuur in Palembang op zuidelijk Sumatra, in Batavia en bij het kabinet van de gouverneur-generaal. Na de capitulatie bracht hij in de periode 1942-1945 meer dan drieënhalf jaar door in Japanse concentratiekampen en gevangenissen. Het was daar dat hij, zoals enkele andere schrijvers uit de Nederlandse koloniale literatuur, een literaire loopbaan begon.

Strikt genomen begon zijn diplomatieke carrière na de oorlog, hoewel men om koloniaal bestuursambtenaar te zijn in de buitenbezittingen (dat wil zeggen: alle gebieden buiten Java) moest beschikken over de tact, het geduld en de bezonnenheid die altijd als onmisbaar zijn beschouwd voor een loopbaan in de buitenlandse dienst. Van 1946 tot 1947 was Friedericy hoofd van de politieke afdeling van het ministerie van Overzeese Gebiedsdelen in Den Haag. Van 1947 tot 1950 moet zijn diplomatieke talent ernstig op de proef gesteld zijn, toen hij belast werd met de taak de Amerikanen de Nederlandse houding tegenover de nieuwe staat Indonesië uit te leggen.

Een dergelijke ervaring maakt dat hij een logische keuze was als hoofd van de afdeling culturele en perszaken bij de Nederlandse ambassade in Washington, een post die hij van 1950 tot 1956 bekleedde. Een vergelijkbare betrekking had hij van 1956 tot 1959 bij de ambassade in Bonn, en vervolgens vanaf 1959 in Londen, tot aan zijn plotselinge overlijden in 1962.

Friedericy's vertellerstalent is op z'n best in zijn laatste fictionele werk, *De raadsman* (verschenen in 1958). De structuur van deze korte roman is die van een reeks door een alwetende verteller vertelde verhalen, gegroepeerd rondom de verhouding tussen de jonge Toewan Petoro (het tweede woord is een Makassaarse en Boeginese term voor een Nederlandse bestuursambtenaar met ten minste de rang van controleur of assistent-resident) en de aanzienlijk oudere en meer ervaren Toewan Anwar, een Makassaarse edelman in dienst van het Nederlandse koloniale bestuur. De verhalen zijn fascinerende vertellingen in een bondige stijl die iets van de beeldenrijkdom van *De laatste generaal* verloren heeft. Er is sprake van een toepasselijke directe toon die, zonder zelf de aandacht te trekken, ervoor zorgt dat gebeurtenissen en personages de plaats krijgen waarop ze recht hebben.

Toch is deze vertelwijze bedrieglijk. In zijn roman *Die Blendung* (1935; vertaald als *Het martyrium*) karakteriseerde Elias Canetti de romanschrijver als 'een acteur met een pen' en Friedericy logenstraft deze omschrijving niet. De stilistische nonchalance is een kunstgreep, want het terugsnoeien van de opschik van beelden, het beperken van de neiging om met adjectieven te strooien, en de bedaarde zinsbouw dienen het dramatische effect. Dit is Friedericy de verhalenverteller, zoals Alberts hem beschreef: iemand die zijn metier volledig beheerst, tot op het laatste woord. Ooit vermeldde de auteur dat hij het manuscript van *De raadsman* zes keer herschreef.[23]

Nadere beschouwing van de kant van de lezer brengt aan het licht dat er in de tekst heel wat gevoelskracht wordt gesuggereerd, ook al zit het proza vol understatements. We zien hier een Makassaarse wereld die op net zo'n nuchtere wijze gewelddadig is als de Boeginese in *De laatste generaal*. Moorden worden hier door de Makassaren met dezelfde gelijkmoedigheid geaccepteerd als door de Boeginezen, maar voor de Hollanders blijven het ernstige overtredingen van morele en juridische wetten en zij verstoren de rustige vastberadenheid van de Toewan Petoro. De hele wereld uit Friedericy's eerdere werk is hier aanwezig, maar in gedempte tinten en – in tegenstelling tot de nadruk op de aristocratie in *De laatste generaal* – teruggebracht naar het niveau van meer gewone mensen. Thans is er eerder sprake van een gevoel van mededogen dan van bewondering. Niettemin zijn er echo's van het viriele verleden – toen hertenjacht en veediefstal eerzame bezigheden waren voor mannen van adel – belichaamd in Sila de rover of in de stille waardigheid van de oude Karaëng Manoedjoe. Die wereld van vroeger ligt nu in een ver verleden maar Toewan Anwar wil haar laten herleven (zoals ook Friedericy wilde), en daarbij moet een meer humaan gezag de excessen in de hand houden. We maken ook kennis met de tegengestelde machten van de islam (in de persoon van de vrome Toewan Anwar) en inheems bijgeloof (in het voorval met de hond). Er is een toespeling op een gouden kris, de sacrale gaoekang, als een overblijfsel, een beeld van datzelfde onachterhaalbare verleden, eveneens belichaamd in de persoon van het kleine, oude, aristocratische 'moedertje' Manoedjoe.

Achter de onopgesmukte façade van de stijl gaat heel wat liefde schuil, dus er zouden weleens een psychologische én een dramatische reden voor deze ingetogen weergave kunnen zijn. Men zou kunnen zeggen dat zij als een afscherming dienstdoet, als een middel om de heftige gevoelens van genegenheid en verdriet te beteugelen. Want niet alleen zijn de legendarische vorstendommen Gowa en Bone thans enkel nog een herinnering, maar ook de bestaande wereld van de Toewans Anwar en Petoro is niet langer levensvatbaar.

Toewan Anwar is een anachronisme binnen zijn eigen samenleving. Hij is een Makassaarse edelman zonder ook maar één van de mannelijke attributen die zijn stand onderscheidden en waarvan voorbeelden gegeven worden in het heroïsche portret van Mappa, de Aroe Bontorihoe in *De laatste generaal*. Hij geeft niet om de jacht, hij heeft nooit iemand gedood (behalve één keer per ongeluk) en hij heeft al een leven lang geprobeerd het levenslot van zijn volk te verbeteren door het beste van zijn eigen erfenis en van het beleid van zijn Europese opperheren zorgvuldig tegen elkaar af te wegen. De op een bestaande persoon gebaseerde (p. 344) Anwar is een vriendelijke, meelevende en wijze man, die verstrikt raakt in de geschiedenis. Zijn eigen verleden kan hem kwaad maken over de onrechtvaardigheden uit die tijd, maar zijn onophoudelijke inspanningen ten behoeve van het heden stuiten op minachting in de toekomst. Toewan Anwar is een man wiens fatsoen en menselijkheid opgeofferd worden aan de historische noodzakelijkheid. Hij is een man die ingehaald wordt door de geschiedenis.

Let wel: Toewan Petoro wordt nooit door middel van een naam tot individu gemaakt. Hij is een van de vele Toewans Petoro die komen en gaan, terwijl het land Celebes zal blijven bestaan als een realiteit, geïndividualiseerd in Toewan Anwar, een naam die in het Arabisch 'helderheid' betekent. Ook moet vermeld worden hoe nauwkeurig aan iedereen zijn of haar juiste aanspreektitel toebedeeld wordt, als iets wat hoort bij een duidelijk afgebakende wereld van wederzijds respect. Maar deze wereld ging ten onder in de Tweede Wereldoorlog. Niet alleen de wereld van de Toewans Petoro – de wereld van het kolonialisme dat vaak wel fatsoenlijk wilde zijn, ook al schoot het even vaak tekort – maar ook de wereld van Toewan Anwar wordt verdrongen door nieuwsoortige onverbiddelijke krachten. Aan het eind van het boek heeft de meedogenloze dynamiek van de sociale en historische noodzakelijkheid Toewan Anwar gedegradeerd tot een toestand die net zo gezichtsloos en naamloos is als de vroegere opeenvolging van Toewans Petoro. Zijn identiteit, zijn individualiteit, zijn verleden en zijn leven van oprechte en meelevende inspanning zijn tenietgedaan en teruggebracht tot de anonieme aanduiding van 'collaborateur' (p. 241). Zijn raad wordt niet gehoord.

Er is leed en verdriet in dit voorbijgaan, maar Friedericy oordeelt of beschuldigt niet. De vroegere Toewan Petoro heeft dezelfde vermoeide houding van aanvaarding gekregen als de raadsman van weleer. Eerder is hij de 'zoon' van Anwar, de door moedertje Manoedjoe geadopteerde zoon (p. 211), de paradoxale erfgenaam van de vorstendommen Gowa en Bone. Ook hij is een anachronisme. Toewan Anwars echte zoon, dr. Moesa, vertegenwoordigt het nieuwe Indonesië dat zich geen subtiele onderscheidingen kan permitteren in zijn onverzettelijk najagen van een nieuwe orde en een nieuwe vrijheid (p. 234-41). Toch is er nog één laatste ironie. In de tijd dat de Toewans Petoro en Anwar aan het bewind waren, voelde het gewone volk van Celebes zich beledigd door de Nederlandse poging om het te onderwijzen, en was het hier niet van gediend. Toewan Anwar was zelf sceptisch over de doeltreffendheid van het onderwijs, maar zijn zoon, die zijn vader nooit zou begrijpen, kreeg toch onderwijs op Nederlandse scholen en wordt minister van onderwijs in de regering van de nieuwe natie.

Ten slotte moet er opnieuw op gewezen worden dat de Nederlandse koloniale literatuur niet alleen een specifieke koloniale samenleving weerspiegelt maar vaak ook een thema met meer eeuwigheidswaarde, een thema dat men aantreft in alle literatuur: het voorbijgaan van een tijdperk, van een oude orde, van een verdwijnende wereld die onveranderlijk anders is dan de huidige realiteit. In symbolische vorm wordt dit het vaakst weergegeven door het conflict tussen generaties, tussen vaders en zonen, tussen het element dat wil behouden en dat wat verandering wil opleggen. Deze oude strijd die nooit zal worden gestaakt, die zo onvermijdelijk is als de wisseling van de seizoenen, verleent aan *De raadsman* een reikwijdte die het boven het historische moment uittilt. In de uiteindelijke analyse richt het zich tot de mens in het algemeen.

17

J.J.TH. BOON/VINCENT MAHIEU/TJALIE ROBINSON (1911-1974): ANAK BETAWIE

Boon behoorde door geboorte tot de wereld van de *boeng ketjil* ('de kleine broer'), de proletarische samenleving van de Indo's die in hoofdstuk 11 geschetst werd. Die samenleving was van weinig belang voor het heersend echelon, ook al trof men de leden ervan overal in het koloniale leven aan. Als mensen van gemengd bloed waren zij in feite de ware erfgenamen van het kolonialisme, maar toch bleken ze juist de wezen van die maatschappij te zijn, een onderklasse die dezelfde bittere paradox doorleefde als Ralph Ellisons 'invisible man'. Tegenstellingen kenmerkten hun leven, zoals ze ook de koloniale literatuur kenmerkten; ze stonden tevens centraal in het leven en in de kunst van Boon.[1]

Zijn vader was een onvervalste Nederlander. Als zoon van een handelaar in kolen vertrok hij in 1906 naar Indië om, net als Cohen en Walraven, een carrière in het leger te beginnen. Vier jaar later trouwde hij met een Indisch meisje, Fela Robinson, dochter van een Engelsman en een Javaanse vrouw. Hun eerste kind, kortweg 'Jan' genoemd, werd in 1911 in Nederland geboren, omdat de vader in die tijd net een aanvullende opleiding kreeg. Dit gegeven is echter ironisch, want Boon ging al naar Java toen hij slechts drie maanden oud was, en zou pas weer in Europa verblijven toen hij er, op zijn 44ste, door politieke omstandigheden toe werd gedwongen.

Boon heeft de familie van zijn vader nooit gekend. Hij was een kind van de wereld van zijn moeder, maar toch zou hij de nagedachtenis van zijn vader nooit ontrouw worden, een soort trouw die zelfs de meest recalcitrante Indo-zoon nog kenmerkt, zoals bijvoorbeeld de naar zijn vader genoemde Willem Walraven junior. De sergeant geloofde in de intelligentie van zijn oudste zoon, en stimuleerde hem in zijn ontwikkeling. Jan Boon maakte de middelbare school af, wat in die dagen zeker niet vanzelfsprekend was, en voltooide de onderwijzersopleiding, maar hij voelde weinig enthousiasme voor het lesgeven en zocht weldra zijn heil in een loopbaan in de journalistiek. Hij begon als sportverslaggever voor de krant die Daum had opgericht, *Het Bataviaasch Nieuwsblad*, waar hij zich bediende van het pseudoniem 'Jan van Nimwegen', naar zijn geboortestad Nijmegen. Deze daad van literair delegeren markeerde het begin van zijn levenslange gewoonte om zijn talent over verschillende gefingeerde plaatsvervangers te verdelen.

Boon is drie keer getrouwd geweest. Nadat zijn eerste vrouw in 1938 was overleden, drongen zijn ouders en zijn familie er bij hem op aan dat hij een nieuwe moeder zou zoeken voor zijn drie kinderen. Maar alles wat normaal was, werd weldra een theoretische kwestie toen de koloniale samenleving de Japanse concentratiekampen werd ingedreven. Boon zat drieënhalf jaar gevangen. In het kamp in Tjimahi leerde hij Rob Nieuwenhuys en de dichter Leo Vroman kennen; Nieuwenhuys herinnerde zich later Boons talent om verhalen te vertellen.[2] Zoals alle overlevenden van zijn generatie werd Boon vervolgens op de proef gesteld door de traumatische *bersiap*-tijd tussen 1945 en 1947, toen veel kolonialen werden gedood in de Indonesische vrijheidsstrijd. Boon gebruikte zijn ervaringen voor verscheidene indrukwekkende verhalen, met name voor het aangrijpende verhaal met de titel 'Madjoe'.

In 1946 ontmoette hij de vrouw die zijn derde echtgenote zou worden. Zij was nieuw toegetreden tot de staf van *Wapenbroeders*, een publicatie van de Nederlandse Strijdkrachten. Boon was de hoofdredacteur. In 1950 volgde Boon Lilian Ducelle naar Borneo, waar zij een baan had gevonden bij een grote houtfirma. Datzelfde jaar trouwde hij met haar. De jaren tussen 1950 en 1952 schijnen zijn meest productieve te zijn geweest. Hij schreef fulltime. Zijn vrouw beweert dat hij op Borneo alle teksten heeft geschreven die later onder de naam Vincent Mahieu gepubliceerd zijn in de bundels *Tjies* (1955) en *Tjoek* (1960).[3] In 1952 moesten ze terugkeren naar Java om hun kinderen op een behoorlijke school te kunnen doen. Weer in Batavia werkten ze beiden voor de krant *De Nieuwsgier*[4], waarin Boon een wekelijkse column startte onder de titel 'Piekerans van een straatslijper'[5]. Hij publiceerde deze onder het pseudoniem Tjalie Robinson; deze naam en deze column zijn min of meer tot een instituut geworden binnen de naoorlogse Indo-gemeenschap in Nederland. De teksten, die vaak korte essays zijn, werden in 1953 en 1954 in twee delen onder dezelfde naam en titel gebundeld, en zijn sindsdien steeds weer herdrukt.

In 1954 zagen Boon en zijn vrouw zich gedwongen naar Nederland te emigreren, omdat hij de nationaliteit van zijn vader niet wilde opgeven. Hij had twee derde van zijn leven in Indië doorgebracht. Het gezin woonde eerst in Amsterdam, waar het van het ene adres naar het andere verhuisde vanwege de woningnood, en later in Den Haag. In 1956 begon Boon een weekblad genaamd *Tong-Tong* (wat de Maleise, klanknabootsende term is voor het houten blok waar vroeger alarm op werd geslagen), waarin hij zijn Tjalie Robinsoncolumns voortzette. In 1959 kende de gemeente Amsterdam hem de Prozaprijs toe voor de fictie die onder de naam Vincent Mahieu was verschenen. In diezelfde, voor hem zo vruchtbare, jaren vijftig schreef hij onder de naam Didi een aparte reeks columns die bedoeld waren voor *Het Parool*. Deze prachtige kleine essays werden in 1992 postuum gepubliceerd onder de titel *Didi in Holland*.

Schrijven was Boons lust en zijn leven, maar toen hij in Nederland kwam wonen, zag hij zichzelf in de rol van woordvoerder voor en goeroe van de Indo-gemeenschap in ballingschap gedrongen. Hij vocht voor haar rechten, en hielp de leden ervan hun gevoel van minderwaardigheid te boven te komen. Hij zette dit werk voort in de Verenigde Staten toen het hele gezin naar Californië was geëmigreerd. Ze woonden in Whittier, ten zuiden van Los Angeles (niet meer dan negentig kilometer van Victorville vandaan, waar Willem Walravens zoon zou gaan wonen), waar Boon het Indo Community Center oprichtte. De droeve ironie van Boons leven is dat hij in het derde en laatste gedeelte van zijn leven met deze rol werd geïdentificeerd, terwijl de creatieve schrijver door slechts enkele insiders werd bejubeld.

Boon kreeg zijn eerste hartaanval in 1962, in hetzelfde jaar dat hij naar Californië vertrok. Hij bleef er tot 1967, toen hij zich gedwongen zag naar Nederland terug te keren omdat *Tong-Tong* in moeilijke omstandigheden verkeerde. Zijn gezondheid bleef achteruitgaan, vooral na de tweede hartaanval in 1972. Boon stierf twee jaar later, in april 1974. Zijn as werd uitgestrooid over de Javazee, in het zicht van de haven van Djakarta. Zijn tijdschrift wist te overleven onder de naam *Moesson*, terwijl al het fictionele werk van Vincent Mahieu uiteindelijk, in 1992, in één deel werd uitgebracht.[6]

Als men Boon zou zien als iemand die niet verder komt dan een soort etnisch of geografisch regionalisme, dan zou zijn werk weinig meer dan een sociologisch onderzoek rechtvaardigen. Maar Boon is net zomin een 'regionaal schrijver' als Faulkner, Flannery O'Connor of Eudora Welty dat waren. Een dergelijke onderschatting levert eens te meer een verband op tussen de Nederlandse koloniale literatuur en de literatuur van het Amerikaanse Zuiden. Het lokale en het specifieke zijn, zoals Flannery O'Connor opmerkte, voldoende om iedere schrijver overeind te houden, maar wil men betekenis hebben die verder reikt dan het vertrouwde, dan vereist dat een groter talent, een talent dat 'een kleinschalige geschiedenis in een universeel licht' plaatst.[7]

Een van de redenen waarom Boon abusievelijk voor een beperkt auteur gehouden zou kunnen worden, is zijn gebruik van het petjo. Petjo is creools dat teruggaat op het Nederlands en het Maleis.[8] Het heeft een vereenvoudigde grammatica die meer Maleis dan Hollands is, en ook de syntaxis is meer Indonesisch dan Nederlands. De woordenschat van het petjo is ontleend aan beide talen, maar het Maleis heeft er het meest aan bijgedragen. Er was geen standaardpetjo: iedere grote stad op Java had haar eigen 'achterbuurtdialect', zoals Boon het noemde (*P*2: 36). Bijvoorbeeld: het petjo van Batavia was beïnvloed door een vorm van het Maleis die veel Chinees bevatte, in Bandoeng gebruikte men het Soendanees als basis, terwijl men in Semarang en Soerabaja uit het Javaans putte.[9] Het petjo (of *pecuk*) was een plaatselijk idioom dat voornamelijk tot een mondelinge vorm van communicatie beperkt bleef. In het overgrote deel van de negentiende-eeuwse koloniale literatuur gebruikte men altijd een soort afwijkend Nederlands als men de taal van Indische mensen wilde imiteren, maar het echte petjo werd maar zelden gebruikt voor literaire uitingen.

Boon gebruikte het petjo om de specifieke werkelijkheid van de Indo-bevolking onder woorden te brengen. Omdat de wereld van deze koloniale onderklasse de belangrijkste bron voor zijn verbeelding vormde, treft men de eigen taal ervan in alle stadia van zijn loopbaan aan, en wel in verschillende mate. Boons alter ego met de naam 'Tjalie Robinson' muntte uit in het petjo. Behalve dat hij er bekwaam gebruik van wist te maken als de narratieve context dat verlangde, gebruikte Robinson ook uitsluitend petjo in een serie korte, grappige dialogen die later verzameld zijn onder de titel *Ik en Bentiet*[10]. Boons petjo is het beste voorbeeld van skaz in de Nederlandse koloniale literatuur. Enerzijds imiteerde zijn stijl een bepaalde spreektaalintonatie en -syntaxis, terwijl hij tegelijkertijd meesterlijk gebruikmaakte van het kleurrijke vocabulaire van deze volkstaal. In engere zin voldoet deze koloniale skaz aan Bakhtins definitie van 'een oriëntatie op de spraak van iemand anders'[11]; het petjo van Boon wordt gesproken met de stem van iemand anders (of het nu om Tjalie Robinson, Vincent Mahieu of een gefingeerde verteller gaat), 'een stem die zich in maatschappelijk opzicht onderscheidt en juist die standpunten en waardeoordelen met zich mee draagt die voor de auteur noodzakelijk zijn'.[12] De doelbewustheid waarmee Boon die alter ego's Tjalie en Vincent schiep – elk net zo verschillend van elkaar als Pessoa's 'heteroniemen' – wordt geïllustreerd door de opmerking van zijn vrouw dat haar man 'dag en nacht bezig [was] met Tjalie Robinson te zijn'.[13] In hetzelfde interview vermeldt zij ook dat Boon zich zeer gekrenkt voelde door het gebrek aan waardering, vooral van de kant van zijn eigen mensen, voor het proza van Vincent Mahieu.

De koloniale literatuur maakte gebruik van een verscheidenheid aan genres en negeerde de gangbare literaire tradities. Zoals we gezien hebben, kwam deze literatuur ook voort uit een aantal verschillende sociale contexten. Boons gebruik van het petjo is even centrifugaal, omdat het weigert een standaardtaal te erkennen. Het literaire voordeel van het petjo is gelegen in een vertrouwdheid met een bepaalde sociale klasse die op haar beurt ieder woord doet 'smaken' naar een sociale of intellectuele context.[14] Daarom huldigt Boons gebruik van het petjo het heterologisch discours in het algemeen en de voor de Indo bestaande eigen context van de taaluiting in het bijzonder.

Boons werk bevat veel humor. De bevrijdende weerklank van de lach hoort van nature bij een 'multitonale cultuur'[15] zoals de koloniale, en hij was ook een kenmerk van de Indo-gemeenschap. Een groepstaal als het petjo wordt in tal van contexten gebruikt omdat een van de norm afwijkend taalgebruik de spot drijft met de superioriteit van de heersende klasse. Met andere woorden: skaz betekent vrijheid.

Een geleerde uit de school van Bakhtin kwam met Mark Twains verhaal 'The Celebrated Jumping Frog of Calaveras County' als een Amerikaans voorbeeld van skaz,[16] maar de literatuur van het Zuiden kende al een lange geschiedenis van geschriften in een eigen groepstaal, te beginnen met de onsamenhangende vertelsels van de 'roarer' die zijn 'tall tales' (sterke verhalen) als een opzettelijke bespotting van de pragmatische yankee ten beste gaf. Humoristische fictie die in een idiomatisch dialect was geschreven, werd tijdens de negentiende eeuw een belangrijk bestanddeel van de literatuur van het Zuiden. Schrijvers als Henry Clay Lewis (1825-1850), met zijn excentrieke verhalen over 'Swamp Doctors', G.W. Harris (1814-1869), die Sut Lovingood in het leven riep, en Joel Chandler Harris (1848-1908), die zijn Uncle Remusverhalen verzamelde in bundels die tussen 1880 en 1905 verschenen, brachten een genre tot stand dat een aanzienlijke invloed uitoefende op belangrijke auteurs als Mark Twain, Faulkner, Flannery O'Connor en Erskine Caldwell. Met name de lange verhalen van G.W. Harris, die allemaal door Sut Lovingood, die 'nat'ral born durn'd fool' (vervloekte aarts-stommeling), in het naar hem genoemde boek uit 1867 verteld worden, hebben een aantal dingen gemeenschappelijk met de Nederlandse koloniale literatuur.

De krachtige idiomatische stijl met zijn realistische details en zijn losse syntaxis doet denken aan het proza van de eerste zeevaarders en van Valentijn. Sut Lovingood beschrijft (in het verhaal 'Sut Lovingood at Bull's Gap') de klank van het Nederlands alsof de spreker ervan 'hed a jewsharp in his throat' (alsof hij 'een mondtrom in zijn keel had'), en toen deze Nederlander begon te schelden, 'he did hit in Dutch mostly, an hit sounded like sawin a loose sheet ove iron with a dull hansaw' (deed hij dat vooral in het Nederlands, en het klonk alsof je een losse plaat ijzer zaagde met een botte handzaag). Dergelijke levendige details en extravagante vergelijkingen zijn hét kenmerk van deze literatuur, een oorspronkelijkheid die later als 'zuidelijke groteskheid' werd verloochend. Een mengeling van spreektaal en poëzie is ook kenmerkend voor het Amerikaanse genre van de hardboiled misdaadliteratuur, in het bijzonder de romans van Raymond Chandler. Chandlers beroemde vergelijkingen waren doorgaans het resultaat van een verbinding van twee ongelijksoortige voorwerpen ('He looked as inconspicuous as a tarantula on a slice of angel food cake' – Hij zag er net zo onopvallend uit als een tarantula op een stukje paleisgebak), een techniek die Flannery O'Connor doortrok naar de moderne literatuur in het Zuiden omdat deze 'bijna noodzakelijkerwijs gewelddadig en komisch wordt vanwege de tegenstellingen die zij probeert te combineren'.[17] Boons beeldrijke taal is uitgevoerd op een manier die erg lijkt op die van Chandler. Zo is daar bijvoorbeeld de komische overdrijving: 'Hij wierp zich in het gevecht als een heremiet in het nachtleven' (*VW* 217), of 'Op dat ogenblik kwam opeens hysterisch gillend en keffend een klein langharig hondje binnenstuiven als een stuk dolgeworden smoezelige klamboe' (*VW* 77). De volgende beelden zouden Chandler op zijn best kunnen zijn: 'En voor een vrouw verliezen alle boeken hun waarde' (*VW* 29), of hij zegt van een nacht in Amsterdam dat deze zo stil is 'dat het is of je de natte keien van de grachten kunt horen' (*PN* 51). Een andere mogelijkheid is om ergens betekenis aan te geven door ironie te gebruiken: 'Nu ik (eindelijk!) oud en wijs ben, denk ik zo ingewikkeld als een bord vol bamie[18]' (*P*2: 87) – maar net als Chandler kon Boon ook met subtiele óf opzienbarende poëtische beelden precies zeggen wat hij bedoelde. Bijvoorbeeld: 'De maan stond recht boven ons als een lamp boven een boksring' (*VW* 17); een verlaten stad wordt beschreven als 'blind voor de fragiele morgen' (*VW* 23); van 'de nieuwe ochtendzon' wordt gezegd dat hij 'de lasso van zijn licht naar binnen [werpt]' (*P2*: 193); en de weg van Djakarta naar de haven Priok is 'als een onzichtbare draad, waarlangs af en toe een lichtkever raasde' (*VW* 148). Een beschrijving van het schip dat Boon naar Nederland bracht, legt er de nadruk op dat het er erg netjes en hygiënisch was, met als enige teken van leven 'een rechtgetrokken Pa Kua-teken[19] met een donkerblauwe Yang en een lichtblauwe Yin: de patrijspoort met zee en lucht' (*PN* 13).

Boons afkeer van een propere omgeving is een van de onderwerpen in zijn reeks van meer dan tachtig teksten die later in twee delen werden uitgegeven onder de titel *Piekerans van een straatslijper* en die zogenaamd door Tjalie Robinson waren geschreven. Men zou aannemen dat deze columns teksten ad hoc zijn, zonder enig concreet verband, maar closereading weerlegt deze veronderstelling. Net als andere dichters uit het verleden construeerde Boon een beeld van de stad dat hét toonbeeld van voortreffelijkheid was. Het gaat noch om de koloniale hoofdstad met de naam Batavia, noch om de Indonesische regeringszetel die bekendstaat als Djakarta, en ook niet om de 'ideale stad' die Simon Stevin (1548-1620) ooit ontwierp.[20] Hoewel men zou kunnen zeggen dat Boons stad zonder weerga min of meer dezelfde coördinaten heeft als Batavia en Djakarta, zijn de omtrekken ervan toch nog nooit in kaart gebracht, zouden cartografen haar niet kunnen vinden, en heeft geen enkele volkstelling ooit vastgesteld hoeveel bewoners er zijn: de *anak* Betawie (de kinderen van Betawie; *P1*: 15). De rivier die door de stad stroomt, is niet de Tjiliwoeng maar de Kali Betawie (*P1*: 49) en het idioom dat er gesproken wordt, is het 'petjo-Betwies' (*P2*: 34), die heerlijke 'levende, maar verdoemde taal van Kemajoran' (*P2*: 91). Die taal wordt tot in de puntjes beheerst door de Indo, de typische anak Betawie (*P2*: 224). Als buitenstaander is het niet makkelijk Betawie te vinden, maar de kroniekschrijver van de stad, die bekendstaat onder de naam Tjalie Robinson, weet er nog sporen van te vinden, en als al het andere niet lukt, dan kan hij het nog vanuit zijn herinnering reconstrueren.

Betawie is een onsamenhangend Camelot, een 'toevallige entourage van een eeuwenoude natuurstroom' (*P1*: 4), een 'nederige maar oprechte wereld' (*P2*: 239), 'waar je dromen kan om te onthouden en eten om te vergeten' (*P1*: 43). Tjalie Robinson kan zijn paradoxale thuis alleen beschrijven in een taal van het gemis:

> Niet meer zoals vroeger onbebouwde stukjes grond tussen huizen, geen lege veldjes, geen stukjes rimboe met poejoe of tekoekoer [loophoentje of tortelduif], geen grote en ononderhouden erven, geen wijde kalikanten en klappertuinen, geen verlaten huizen, die maanden lang te huur bleven staan omdat ze angker [onheildragend] waren en omdat het er spookte, geen bomen en nog eens bomen en bomen, waar je in klimmen kon. Ach nee, nou heb je alleen maar huizen met een klein, benauwd kloddertje erf, en straten. (*P1*: 10)

Voor deze wanordelijke en feilbare wereld bestaat geen plaats in het moderne Europa. Zoveel maakt Boon duidelijk wanneer hij straten en erven behandelt. De Nederlandse straat is voor hem een logisch onderdeel van een netwerk dat duidelijk en doelmatig is en in goede staat verkeert, dat met andere woorden 'dood' is (*P*1: 27). Een Nederlandse straat mist 'het menselijke, het feilbare en daardoor het vertrouwde. De [Nederlandse] straat is als een dominee. En nóg loopt er zowat om elke andere straat een keurige politiemeneer met de handen op de rug en de ogen attent onder de klep van de pet, als de ogen van een juffrouw die dictee geeft aan de klas' (*P*1: 28). Efficiëntie en orde maken geen deel uit van het leven in Betawie. Het symbool van de wanorde is het achtererf, een grote ruimte met veel fruit- en schaduwbomen en meer dan genoeg plaats om dingen te dumpen die in de toekomst misschien nog van pas kunnen komen. Het erf is geen tuin, ook al is het een stuk natuur dat nog in zijn natuurlijke staat verkeert. Het Indische erf was 'Indonesië in het klein' (*P*1: 193):

> Je realiseert je dat je vroeger om het huis heen had, wat je zou kunnen noemen, onversneden Indonesië, rauwe grond, ruwe bomen en gewassen, vruchtbaarheid. Maar ook dat specifieke tropenkenmerk: decay, verwering, bederf, vergankelijkheid. De kalk schilferde van de muren, hoeken en friezen brokkelden af, paggers [schuttingen van bamboe] werden door rajap [witte mieren] aangetast, onkruid groeide in de tuin, de jonge waringin op de gevel van het huis. Witgekalkte muren werden grijs en vuil. Alleen maar eens in het jaar, zo tegen Kerstmis, kwamen de mannen met kapoer [kalk] en mortel. Het hele huis verrees weer blank als een bruid uit de kleine woestenij. En dan kwam heel ongemerkt weer de achteruitgang: de eerste strepen van tjodot-poep [tjodot: soort vleermuis] op de muren onder zijdaken, de eerste boorgaatjes van de hagels van de windbuks, de eerste tjapbola's van voetbalpartijtjes. De bruine bies van opspattend regenwater klom omhoog langs de muren en de eerste rajap vrat zich lekker in de paggar. (*P*1: 192-3)

Het erf was het 'domein van elke jongen, ongeacht van welke nationaliteit, ras of komaf. Je plengde er je bloed, romantisch in duels of vuistgevechten, onromantisch in doodgewone beling [scherven] of doeries [doornen]' (*P*1: 193). Net als Du Perron/Ducroo lokaliseerde Boon/Robinson dat ideale tijdperk in de voltooid verleden tijd van de jeugd (*P*2: 196-201; *P*1: 72), en hij adelt zijn vrienden door middel van de Portugese term die iemand van voorname komaf aanduidt: zij zijn de 'Fidalgo's of the street' (*P*1: 77). Dit was ook de tijd dat de anak Betawie zich realiseerden dat zij geen Europeanen waren en dit ook nooit zouden worden: 'Het kan nou eenmaal niet. We hebben twee Hollandse linkerhanden en nul Europese rechterhanden: we hebben nou eenmaal een mond, die de woorden anders zeggen moet; een huid die naar zonnehitte ruikt en haar als alang-alang' (*P*2: 18). Maar de jeugd kan natuurlijk niet eeuwig duren, al kan zij nog wel blijven rondspoken in de bewaarplaats van het geheugen: het koloniale huis.

Net als Du Perron ziet Boon het Indië van zijn jeugd terug in de bouwvallige huizen van het heden. Boon verwoordt ook Du Perrons mening als hij zegt dat deze huizen 'in wezen niets anders zijn dan materie-geworden gemoedsrust' (*P*1: 40). Een koloniale woning is 'een afscheid en (...) een herinnering tevens': 'geen tijd kennende, had de tijd geen vat op haar gehad' (*P*1: 39 en 41). Het wordt daardoor volkomen begrijpelijk dat een verwaarloosd en verlaten huis voor 'het oude Betawie' staat, want ontbinding is 'een typisch kenmerk van de tropen'. Boon voegt hieraan toe dat het huis dezelfde functie vervulde in de fictie van het oude Zuiden van de Verenigde Staten en hij noemt hierbij met name Faulkner en Carson McCullers (*P*2: 86).

De gemeenschappelijke noemer van de reeks jeugd, erf, huis en Betawie is een soort feestelijke anarchie. Zij drukt non-conformisme, vrijheid, een gevoel van avontuur, en romantiek uit.

> En ver achter deze vreugde en ellenden van een jongensleven is een smaragdgroene horizon blijven roepen; er is poëzie geweest in namen als Masamba, Fordate, Siromboe en Kandahé; mysteriën hebben gefluisterd van de tijgermens, van de Borneose draak, van de mannenkarbouw, van diamanten zo groot als klappers, van goudvalleien en krokodillenrijken (*P*2: 25).

Maar de politieke geschiedenis kwam tussenbeide, en de magie ging verloren, hoewel zij nooit werd vergeten.[21] Boon werd gedwongen zich bij de andere koloniale schrijvers in ballingschap in Europa te voegen. Terwijl hij als fidalgo uit de tropen het espagnolisme had doorleefd, en zich van harte aan het *vivere pericolosamente* (het gevaarlijk leven) had overgegeven, moest hij zich nu tevreden stellen met een flets imitatieleven door middel van zijn kunst. Hij moest het hoofd bieden aan dezelfde tweeslachtigheid waar zijn tijdgenoten mee te maken hadden, en dezelfde ontberingen ondergaan die Du Perron had gekend, en hij zag zich gedwongen om een afwijkende mening te verdedigen terwijl hij in een toestand van vervreemding leefde.

Hoewel hij officieel Nederlander of Europeaan is, waren Boons hart en ziel Indonesisch, of, zo men wil, koloniaal (*PN* 3). 'We hebben [van Europa] het existentialisme gekregen we zijn onze existentie kwijt' (*PN* 2). Zoals Du Perron vóór hem en Nieuwenhuys na hem, kwam Boon erachter dat hij 'tussen twee vaderlanden' in zat en dat hij in geen van beide welkom was, en hij concludeerde spijtig dat dit van hem 'de Indo-par-excellence' maakte (*PN* 9). En Boon laat de problemen de revue passeren die iedereen kent die ooit vanuit Indonesië naar Nederland is gekomen. Het verstikkende gevoel ingesloten te zijn ('Bij deze mensen gaat het huis in Holland open, maar de horizon gaat dicht'; *PN* 7) dat alleen nog maar versterkt wordt door de lilliputachtige afstanden tussen de steden (*PN* 18). En dan is er nog de duizelingwekkende snelheid van het moderne westerse leven (p. 19), het gebrek aan zonlicht (in Indonesië is de zon 'een vuren schijf' terwijl zij in Nederland 'altijd weg [is] achter de wolken'; p. 125 en 17), de kleurloze en ongemakkelijke kleding (p. 19), het saaie voedsel (hij verlangt naar 'het eten van saté kambing [saté van geitenvlees] op een regenachtige middag in Bandung'; p. 50), de afwezigheid van straatverkopers die voedsel verkopen (*D* 55), het feit dat je 'in Holland niet met je neus [leeft]' (*PN* 141) en de noodzaak om schoenen te dragen (*D* 29). Boon (alias Tjalie) verbaast zich erover hoe oud de mensen worden ('In Holland schijnt men niet te kunnen sterven'; *PN* 25), hoeveel geld de Nederlanders sparen (*PN* 26), terwijl hij zich ook verwondert over het feit dat je, als je in Holland hulp nodig hebt of om een dienst vraagt, maar beter Engels kunt spreken (*PN* 45)!

Maar er waren grotere verliezen. Holland weet weinig van en bekommert zich nauwelijks om Indonesië ('We schijnen daar [in Indonesië] uitsluitend en alleen functie te zijn'; *PN* 14, zie ook p. 29-34), werken is een manier van leven ('Kantoren [in Holland] zijn specima van versteende efficiency: geen bomen, bloemen, vogels en zang. Niets mag afleiden'; *D* 37), en het gevaar is weggebrand uit het bestaan (*PN* 46). In navolging van Du Perron vindt ook Boon dat er in Nederland geen passie bestaat ('Men weet hier niet wat haten is'; *PN* 46). In Europa vind je geen toekomstverwachtingen; 'Hier is alleen verbetering van het bestaande. In Indonesië wist ik achter mij altijd het onmetelijke onbekende van Kalimantan [Borneo] en van de diepste binnenlanden van Zuid-Sumatra, van de onbekende zeeën rond de kleine Sunda-eilanden' (*PN* 47). Hij deelt het standpunt van Beb Vuyk als hij klaagt dat 'rusteloosheid en avontuurlijkheid (...) niet alleen [zijn] afgeschaft', maar ook worden 'veroordeeld of geschuwd' (*D* 33). En Boon roept, net als Beb Vuyk, de geest aan van de zeevaarders, mannen met lef. 'Waar is de geest van Van Linschoten, van Bontekoe, van Van Noort? Waar is de wind van de Compagnie van Verre? Waar is de moed om elders te sterven? Waar de moed om elders te leven?' (*D* 33; zie ook *D* 34 en *PN* 23). Het is daarom volkomen vanzelfsprekend dat Boon de voorkeur geeft aan 'de mannen van de daad' boven 'de Ethici' die 'politieke slogans uitvinden om elkaar te pesten' (*PN* 8). Hij deelt ook de mening van Beb Vuyk en de Agrarians dat werk een bron van vreugde moet zijn, en geen bezoeking. Met hen vindt Boon dat men van de 'levenskunsten'[22] in de moderne westerse wereld niets weet (*D* 35-8), en ook hij gaat krachtig tekeer tegen materialisme, industrialisatie en vooruitgang. En ten slotte maakt deze afstammeling van het 'evenaarsgeslacht'[23] luid bezwaar tegen een tijdrekening gebaseerd op de klok. Net als Beb Vuyk en de Agrarians uit het Zuiden verkiest Boon een meting van tijdsduur die organisch is, zoals de Indonesische verdeling van de dag in termen van licht (*D* 39-43).

Boon kon, toen hij nog in Indië woonde, aan dit alles ontsnappen. Er bestond altijd de mogelijkheid je ziel een nieuwe stimulans te geven door de stad te ontvluchten en weer deel van de natuur te worden. Daar kon hij 'dichter en jager, romanticus en realist' zijn (*PN* 80). Dit gold niet alleen voor Tjalie Robinson, als anak Betawie, maar ook voor Vincent Mahieu.

Het fictionele werk op de korte baan dat Boon onder de naam Vincent Mahieu schreef, is in dezelfde wereld gesitueerd die zojuist beknopt is beschreven. De verhalen laten een geraffineerd talent zien, een krachtige verbeelding, een onderzoekend intellect en ook heel wat gevoel. Het werk van Mahieu is meer gericht op de auteur, terwijl dat van Tjalie meer op de lezer is georiënteerd. Toch moet men niet de fout begaan om te denken dat wat Boon schreef, volkomen ongekunsteld was. Als men Robinsons columns natrekt op zoek naar literaire verwijzingen, levert dat een lange lijst op, en wel een die een sterke voorkeur voor de Amerikaanse literatuur vertoont. Het Engels draagt in feite een lang niet onaanzienlijk deel bij aan zijn scheppend idioom.[24] Boon citeert Mark Twain (*P*2: 49) en verwijst naar *Life on the Mississippi*, *Tom Sawyer* en *Huckleberry Finn*.[25] Hij citeert Robert Frost (*P*2: 80) in een tijd, namelijk de vroege jaren vijftig, waarin de Amerikaanse dichter nog nauwelijks een bekende naam was in Europa. Hij schrijft goedkeurend over Steinbeck (*P*1: 10; *D* 60), verwijst naar Tennessee Williams, citeert Henry Miller (*P*1: 9) en noemt T.S. Eliot, William Saroyan, Damon Runyon (die al met al toch ook in zijn eigen petjo schreef), Faulkner en Carson McCullers (*P*2: 86).[26] Met betrekking tot deze laatste twee schrijvers vermeldt Boon als punt van overeenkomst met de koloniale literatuur dat ook zij het verval te boek stelden.[27]

Als het ware om de binaire aard van de koloniale literatuur weer te geven, zijn de door Tjalie Robinson geschreven stukken veel zachtaardiger en bevatten zij verhoudingsgewijs veel meer petjo dan de verhalen die Mahieu vervaardigde. Men zou hieraan kunnen toevoegen dat de eerstgenoemde waren geschreven met de intonatie van zijn moedertaal, het Maleis (of een dialectversie daarvan), terwijl de laatstgenoemde gesneden zijn uit de taal van zijn vader, het Nederlands, en meer literaire kunstgrepen en subtiliteit vertonen. Het Betawie van Tjalie was een magische stad, bezield met de romantiek van de jeugd, Mahieus wereld daarentegen is gewelddadig, meedogenloos en gaandeweg meer pessimistisch. Het is ogenschijnlijk een mannenwereld van bravade waar de djago het voor het zeggen heeft (zie hoofdstuk 11). Moed wordt hoog aangeslagen; men kan op bewondering rekenen als men vecht, bokst en jaagt, en niets van pijn en leed wil weten ('medelijden werd beschouwd als nutteloos en onmanlijk'; *VW* 76). Het leven wordt gezien als een eindeloze wedstrijd in het najagen van gevaar. Uitersten doorleven houdt in: de essentie van het leven proeven ('insiders weten het: waar het gevaar het grootst is, daar is het leven het interessantst'; *VW* 221). Boon vat dit samen in de titel van een van zijn verhalen: 'Vivere pericolosamente' (*VW* 52).[28] Het gaat hier om een uitdrukking die door Mussolini gebezigd werd, maar zij was oorspronkelijk niet van hem; Nietzsche formuleerde haar voor het eerst in *Die fröhliche Wissenschaft* als een manier om het meeste uit het leven te halen. 'Gevaarlijk leven' heeft ook voor Mahieu een positieve klank. Het roept avontuur op, drukt minachting uit voor het burgerdom ('hier was eindelijk de vlucht uit de saaiheid'; *VW* 351) en suggereert zelfs een manier om te ontkomen aan het noodlot ('Wisten wij jongens toen al dat ellende en smart het lot zijn van ieder die leeft, maar dat triomf over het noodlot alleen is weggelegd voor de superieure enkeling?'; *VW* 68). Dit alles doet denken aan de weerspannige romantiek van Hemingway, maar dit is slechts het geval omdat Boon en Hemingway beiden geïnteresseerd waren in een aantal standaardbestanddelen van een aanmatigende mannenmaatschappij.

Eén punt van verschil springt echter meteen in het oog: sociale ongelijkheid. Anders dan Nick Adams, het bevoorrechte dokterszoontje uit Michigan, en anders ook dan Du Perrons Arthur Ducroo – die overigens Mahieus belangstelling deelt voor boksen, jagen en de zware taak die er op een man van de daad wacht – zijn de Indo's die in deze verhalen voorkomen leden van de onderklasse. Zo wordt bijvoorbeeld het rijden op een motorfiets in verband gebracht met een 'eenvoudiger milieu' (*VW* 304). In het verhaal 'Miere' belandt Mahieu in een gevaarlijke situatie eenvoudigweg omdat de jongemannen die in een arme buurt wonen, onmiddellijk weten dat hij afkomstig is van een andere, meer bevoorrechte klasse. Zij gaan om hem heen staan, en onder het voorwendsel dat Mahieu bij mensen naar binnen keek (*VW* 336), dreigen ze hem in elkaar te slaan: 'De lucht was geladen met klassenhaat en vergeldingsverlangen van de verstoten clan' (*VW* 337). Een andere Indo, Geertsema, jaagt niet vanwege de sport, maar om in zijn levensonderhoud te voorzien (*VW* 328), terwijl de verteller van 'Het vriendje van de rups' het desperate ethos onderschrijft van de vertrapten die gewelddadig reageren wanneer zij het gevoel hebben dat ze neerbuigend behandeld worden: 'Ook wij waren timide tegenover nette mensen omdat wij afkeuring of meelij in hun ogen zagen. Liever vloekend sterven dan dit soort vriendschap' (*VW* 13).

Boons tegenstrijdige houding lijkt niet zozeer op Hemingways lusteloze ontgoocheling, maar is veeleer een onzekerheid over wat voor profijt deze gedragscode zou kunnen hebben voor een man als Mahieu. Aan de ene kant is geweld eenvoudig een feit binnen het leven van de Indo, dat een zekere mate van ongevoeligheid en een hard karakter vereist, alleen al om te kunnen overleven. Aan de andere kant is Boon zich er zeer wel van bewust dat de noodzakelijke verharding iemand ongevoelig kan maken voor schoonheid, voor diversiteit, voor het leven van de geest. Daarom schommelt hij heen en weer tussen een uitdagend bespotten van wat als normaal geldt, en de nogal beperkte charme van een ferme linkse hoekstoot.

Deze onzekerheid houdt ook verband met zijn psychologische afkomst. De simplistische tastbaarheid van de Indo-wereld van zijn moeder lijkt te verkiezen, wanneer de veilige, correcte, westerse wereld van zijn Nederlandse vader te beperkend wordt. Op zulke momenten klinkt Boon precies als Beb Vuyk.

> Mensen in de veilige stad hebben geen hersens, geen bloed, niks. Het zijn luizige rotzakken. Als je goed nagaat, heb je maar één haat. Die haat is niet bestemd voor de vijand. Die leeft net als jij. Niet voor de ambtenaar van sociale zaken die je straks gaat neerschieten, dat is maar een afrekening. Nee, de haat is voor de weke, brijige,

eeuwig mooi-kletsende mensen van de veilige stad. Met hun gezeur over humaniteit, dierenliefde, moraal. Wat is alles goedkoop als je in een clubfauteuil zit. Maar lééf eens dáár. (*VW* 236)

Het onderschrijven van machismo is vaak niets meer dan trots op het Indoschap. Dan wordt actie verkozen boven cultuur (*VW* 223), is een mestiezenafkomst veel beter dan toe te moeten geven dat men Hollands bloed heeft, al is het maar één druppel (*VW* 377), en dan houdt het leiden van een opwindend leven automatisch in dat je geen Hollander kan zijn (*VW* 101). Zoals we gezien hebben, was Du Perron over een aantal van deze dingen dezelfde mening toegedaan, maar omdat zij uit de betere kringen kwamen, hoefden Ducroo/Du Perron nooit de droeve opstandigheid van de arme Indo te vertonen: 'hoewel hij niets was, was hij er toch' (*VW* 441). En wat als een grootse leer klinkt – 'Wij hebben allemaal maar één korte kans: een levensduur om iets te doen tot voorbij de grens van onze beperktheid' (*VW* 442) – is misschien in feite weinig meer dan het hopen op een betere baan.

Boon is echter geen ongenuanceerd schrijver, en zijn beste fictie koestert de complexiteit. Het verhaal getiteld 'Vivere pericolosamente' introduceert bijvoorbeeld een kantoorklerk uit Batavia die zijn sociale en psychologische beperkingen durft te trotseren door te gaan zwemmen in de rivier de Tjiliwoeng op het moment dat ieder ander siësta houdt. Zijn ingaan tegen de conformiteit wordt gevaarlijk als meneer Barkey door omstandigheden gedwongen is de hulp in te roepen van de weduwe Aubrey. Haar tartende sensualiteit vindt hij aantrekkelijk, maar wanneer het eropaan komt, durft hij toch niet de routine van zijn gewone bestaan te doorbreken. 'Hij was bang en hij voelde zich aangetrokken door het voorwerp van zijn angst. Iets was er in haar als in zwemmen in de kali [rivier]' (*VW* 62). In het verhaal wordt prachtig de ironie volgehouden die zowel het verlangen van de Indo naar een veilige positie binnen de koloniale maatschappij alsook zijn angst om te falen ondermijnt; het verhaal dwingt de oppervlakkige gelijkschakeling af van de 'avonturier' met een 'wegloper' uit de burgermaatschappij (*VW* 424). Een ander mooi verhaal uit de bundel *Tjies* (1955; tweede herziene editie 1958) is 'Didi', over een meisje dat net zo stoer is als de opgroeiende jongens om haar heen, en dat door hen bewonderd maar ook gevreesd wordt. Het verhaal beschrijft de vroegrijpe seksualiteit die we eerder hebben genoemd, en slaagt erin een overtuigend portret te schilderen van een aantrekkelijke rebellin die uiteindelijk verraden wordt door het feit dat seksualiteit voor haar een noodlot en niet een keuze inhoudt. Didi lijkt op Caddy uit Faulkners *The Sound and the Fury*, net als Tjoek uit het gelijknamige verhaal (zie met name *VW* 165) en Si Djos (dat wil zeggen Josephine) in 'Adieu aan Josephine'. Gaga uit het verhaal 'Gaga' (*VW* 132-44) is een tropische versie van Faulkners Benjy. Zijn tegenspeelster, het meisje Tettet, roept ook weer Caddy voor de geest, een meisje dat, evenals de andere zojuist genoemde, niet over het gezonde verstand beschikt dat opweegt tegen haar provocerende schoonheid

(‘Maar hoe kan je verstandig zijn met zo’n hals, zo’n taille, zulke voeten?’; *VW* 135). Gaga is zowel dwaas in geestelijke zin (in overeenstemming met het Engelse en Franse idioom[29]) als ongelooflijk sterk (wat de betekenis van de naam in het Maleis is), terwijl hij ook een goed voorbeeld is van het ‘groteske’ van Flannery O’Connor. Gaga’s situatie lijkt zeer op die waarin Steinbecks Lenny Small zich bevindt in *Of Mice and Men* (1937).

Het is jammer dat Boon zich nooit aan een roman heeft gewaagd. Vergelijkbaar met Faulkners Yoknapatawpha had Boon een decor in het leven geroepen dat zowel verbeelding als werkelijkheid was. Figuren keren in verscheidene verhalen weer terug, zoals de Loths of de verteller Vincent Mahieu, of ze zijn, ondanks verschillende namen, uit hetzelfde hout gesneden, zoals het drietal meisjes Didi, Tjoek en Tettet. Faulkners thema van het verval waaraan zowel een bepaalde plaats als de moderne tijd in het algemeen onderhevig is, is ook een van de belangrijkste onderwerpen bij Boon. Het wordt het meest bondig uitgedrukt door middel van het objectieve symbolisme van oude, verwaarloosde huizen, iets wat ook de voorkeur van Du Perron had. ‘Al deze huizen waren donker. Ze lagen daar achter de vaak dichte boombegroeiing van het voorerf als slapende oerdieren, geheimzinnig met een oud leven, dromend zoals dieren kunnen, met een licht steunen’ (*VW* 291). Ten slotte wordt het geweld in Faulkners fictie (en in de werkelijkheid van het oude Zuiden) makkelijk geëvenaard door Boon. Geweld maakt onderdeel uit van bijna alle verhalen van Boon/Mahieu, hetzij in goedmoedige zin, zoals de vechtpartij in ‘Arcola’ (*VW* 217), hetzij in tragische zin, zoals in ‘Gaga’, dan wel als een stompzinnig onheil, zoals in ‘Madjoe’, ‘De muur’ of in ‘Een bloedbad voor Ferdi’. De onderwijzer Lolo in ‘Posteerjacht’ ligt met zijn winchesterbuks op de loer om de assistent-resident te doden die toenadering had gezocht tot zijn vrouw. Meneer Douwes in ‘Het geval Douwes’ doodt zijn tyrannieke echtgenote doodkalm met een keukenmes, en komt er met een lichte straf van af. De jongen Leo in ‘Geen boeken voor de levenden’ dwingt zichzelf nog stoerder en vermeteler te worden nadat een van zijn benen is geamputeerd. In ‘De kip, de hond en de muis’ wordt een verwend schoothondje doodgeslagen met een Engelse sleutel, terwijl in ‘Korte vlucht van een ambtenaar’ een vrouw wordt gewurgd met de ‘zwarte cobra’ (*VW* 111) van haar gevlochten haar.

Boon was verontrust door de wreedheid van zijn tijd en zijn omgeving. Ook al verraadt hij, net als Hemingway, een hang naar de zuiverheid en de romantiek van een fysiek gevecht (‘Ik was bedaard en twistte nooit. Ik leefde voortdurend in het aangezicht van het gevaar en ontwikkelde daardoor barmhartigheid voor het leven. Ik was méér waard dan tien filosofen en tien dichters samen’; *VW* 199), toch verwarde hij het nooit met het wezenlijke kwaad van het bloedvergieten van deze tijd. Hij erkent zelfs dat hij gemengde gevoelens had met betrekking tot de viriliteit van de djago, een soort heldhaftigheid die zowel in de Indo-gemeenschap als bij de feodale Boeginezen van Friedericy hoog werd aangeslagen.

Hoe vreemd dat in dit klassiek gevormde lichaam zo'n traag en nauw verstand huisde, dat alleen omvatten kon wat met kracht en temperament te maken had. Hoe langs die gladde huid zelfs de meest elementaire gevoelens van tederheid en geluksverlangen machteloos afgleden. Hoe daarentegen (of juist daarom?) dit lichaam voortdurend geladen moest zijn met de wildste atavistische instincten en driften. Ik bedacht hoe eindeloos veel gevechten er nodig waren geweest om deze man tot djago te maken van twee beruchte buurten. Geen gevechten in faire sportiviteit, maar plotselinge aanvallen in de rug. Van velen tegen één, vuistgevechten en catch-as-catch-can, messengevechten, pentjak en sikoe-sikoe[30]. Ze overwinnen de boewaja's [letterlijk: krokodil; vechtersbaas] één voor één. Soms weken aaneen belaagd bij bioscoopuitgangen, in achterbuurtjes, bij koffieboeren in de nanacht. Tegenover gemeenheid nog groter gemeenheid stellend, tegenover wreedheid moordlust, tegenover onmenselijkheid ongetemde dierlijkheid. Hoe hij daarvoor had moeten trainen onder leiding van strenge goeroes pentjak in volkomen lichaams- en geestconcentratie, strenge onthouding en eindeloze harding, totdat hij met mensen kon smijten als met dweilen, tot de kant van zijn vlakke hand met een felle klap bakstenen in tweeën kon slaan. Een man die alleen leefde voor jacht en voor strijd; een jaguar in een mensenhuid. (*VW* 344-5)

Boon verwerkte een vergelijkbare ambivalentie in twee verhalen die over motorfietsen en geweld handelen. Er was maar weinig in deze verhalen dat hen verbond met de Nederlandse maatschappij rond het midden van de twintigste eeuw, maar ze zouden welwillend ontvangen zijn in de subcultuur van jonge Amerikanen uit de jaren veertig en vijftig. Ik heb het hier nu niet zozeer over Holden Caulfields beschaafde en broze milieu aan de oostkust zoals dat wordt geportretteerd in J.D. Salingers *The Catcher in the Rye* (1951), als wel over de veelbewogen en gewelddadige wereld uit bekende films als *The Wild One* (1953), met Marlon Brando, en *Rebel without a Cause* (1955), met in de hoofdrol James Dean.

Deze twee teksten van Boon vertellen in wezen hetzelfde verhaal: een jonge intellectueel van een sociaal hogere klasse die zich op het motorrijden is gaan toeleggen, komt terecht in een groepje motorrijders, gaat ervandoor met een meisje, rijdt naar het strand en moet daar de strijd aangaan met twee *boeaja's* of gangsters. Hij wordt snel uitgeschakeld maar het meisje – Loes in 'De regen voorbij', de eerdere versie, die postuum verscheen, en Laura in de latere, die als eerste verscheen, onder de ongelukkig gekozen titel 'Wharrr-wharrr-wharrrr!' – slaagt erin de gangsters te verdrijven, en er rest de verteller niets anders dan zijn viriliteit in twijfel te trekken. Boons verhalen gaan net als *The Wild One* ook over de ongelijkheid van sociale klassen. In de film met Brando wordt hier alleen op gezinspeeld. Als Johnny door Kathie, een keurig meisje uit de middenklasse, wordt afgewezen, beschuldigt hij haar ervan bevooroordeeld te zijn: 'I'm not good enough for ya?' ('Dus ik ben niet goed genoeg voor je?'). De film spoort de toeschouwers aan zich bewust te zijn van deze nieuwe criminelen in hun midden, en alsof ze inderdaad deze raad opvolgen, hebben de inwoners van de stad het steeds over de motorrijders als over gangsters en misdadigers uit de lagere klassen. Ze formeren een buurtwachtcomité om vergelding te eisen wanneer zij ten onrechte aannemen dat Kathie gemolesteerd is door Johnny, de leider van een van de bendes.

Het klassenverschil komt nog duidelijker naar voren in Boons verhalen. De hoofdpersoon van het postume verhaal heet François Macaré. Zijn voornaam geeft aan dat hij tot een klasse behoort die boven die van de fuifende motorrijders staat, en Loes moet hem ervoor waarschuwen deze niet bekend te maken omdat hij anders moeilijkheden krijgt (*VW* 309 en 311). Zijn kleding verraadt hem ook (*VW* 303), en zowel hij als zijn alter ego in de latere tekst vindt de onbehoorlijke taal van de gewone meisjes stuitend, zo niet shockerend (*VW* 307, 319 en 128); François zegt zelfs tegen Loes dat ze 'vulgair' is, en komt bijna met zijn motorfiets ten val vanwege haar furieuze reactie (*VW* 314). Eigenlijk weet hij wel dat het bezit van een motorfiets en het motorrijden een volkse liefhebberij zijn (*VW* 304-5). De Indische en de Californische motorrijders delen dezelfde mystiek. Men moet goed op de hoogte zijn van het gedetailleerde werktuigkundige jargon dat als een schibbolet voor ingewijden dient. De motorfiets is een modern strijdros (*VW* 122) dat – net zoals gold voor cowboys en hun paarden – vaak de voorkeur geniet boven een vrouw (*VW* 121 en 122).[31] De kick van het doodsgevaar is een instinctieve sensatie die men misschien wel prefereert boven het seksueel verkeer (*VW* 122). Op beide halfronden is er sprake van het zichzelf heel bewust een houding geven, van stoer gepraat en ruw gedrag, en van de gewoonte om iedere rit aan te grijpen als een kans om moeilijkheden te veroorzaken (*VW* 121). 'We terroriseerden de straten. We daagden iedereen uit en voelden ons door iedereen getart' (*VW* 121). Net als hun tegenhangers in de Amerikaanse film vertellen de motorrijders uit de tropen sterke verhalen over vrienden die de dood hebben getart, en op spectaculaire manier aan het kortste eind hebben getrokken (*VW* 122-3). Het vertoon van moed en de welbewuste doodsminachting zijn bedoeld als bespotting van de wereld van wat Brando's Johnny de 'squares' noemt: 'de angstjesmensen en de slaafjes, de nutbeestjes en de dromers' (*VW* 123). *Drag races* bewijzen dat men meent wat men zegt. In *Rebel without a Cause* ben je 'chicken' (laf) als je als eerste uit een gestolen auto springt die met een noodgang op de rand van een hoge klif afstormt; in Boons verhalen gaat het erom met hoge snelheid de weg naar Tandjong Priok (de haven van Batavia) af te rijden zonder opzij te gaan voor ander verkeer. In beide verhalen scheelt het slechts millimeters, als noch de verteller noch de tegemoetkomende automobilist voorrang verleent voor ze een brug overgaan. Zowel Loes als Laura krijgt een kick, en ze roemen de koelbloedigheid en durf van de verteller, maar hij, weinig op zijn gemak als bestuurder, weet dat ze bijna het leven hadden verloren (*VW* 313).

Brando's Johnny uit *The Wild One* is een lompe primitieveling die nauwelijks in staat is een korte, declaratieve zin te maken. Dit geldt niet voor de *high-school-*

leerling die James Dean neerzet in *Rebel without a Cause.* Jim Stark is uitstekend in staat om aan zijn gevoelens van verlatenheid uitdrukking te geven, maar niemand is bereid naar hem te luisteren. De film van Nicholas Ray concentreert zich niet alleen op het verstoorde gezin van Stark, maar verwijst ook naar een algehele malaise die in die tijd op één lijn werd gesteld met het existentialisme. De film verwijst er losjes naar wanneer de docent in het planetarium zegt dat het bestaan van de mens 'een episode van weinig belang' is. Dit drukt in wezen hetzelfde pessimisme uit als Sartres conclusie dat 'de mens een nutteloze passie' is ('l'homme est une passion inutile'). [2]

Critici hebben geopperd dat Sartres psychologie een twintigste-eeuwse vorm van romantiek is.[33] Dit zou ook voor Boon kunnen gelden omdat hij, als zo vele andere koloniale schrijvers, een romantische realist was die in zijn naoorlogse fictie de confrontatie moest aangaan met dezelfde onwerkelijkheid als waarmee het existentialisme gepoogd had te leren leven. De twee jongemannen in Boons verhalen hebben dezelfde handicap als Jim Stark: ze denken te veel na, ze geven blijk van te veel gevoel en ze weigeren zich te onderwerpen aan de routine van alledag, die juist de ongerijmdheid in stand houdt die zij teniet willen doen. Boons hoofdpersonen zijn ook slachtoffers van de schuldbewuste aantrekkingskracht die intellectuelen uitoefenen op de ongevoelige gewone man. Het verschil was nog duidelijker in de koloniale entourage van de Indo-gemeenschap. Alsof ze een Hamlet in de tropen zijn, zo worden Boons protagonisten heen en weer geslingerd tussen de poging te worden wat ze niet zijn, en haat voor wat ze willen bevestigen. Het conflict wordt nog eens versterkt door het machismo van de Indo-maatschappij. In beide verhalen is de belangrijkste man een onechte djago. Dit wordt fraai samengevat wanneer Loes aan Macaré vraagt of hij kan vechten, en haar charmeur antwoordt dat hij een heel redelijk bokser is. Maar het meisje weet dat, als het om menselijk geweld gaat, boksen een tamelijk onschuldige vaardigheid is en dat overleven een minder prettige vorm van vechten vereist (p. 315). Het meisje krijgt gelijk in de, in beide versies voorkomende, scène waarin haar vriend haar moet verdedigen. In beide verhalen faalt hij jammerlijk en wordt hij alleen maar gered omdat het meisje (hetzij Loes hetzij Laura) de gangsters woest vloekend en op zeer onsportieve wijze aanvalt (p. 318 en 128). Zowel Macaré als de naamloze verteller van de latere versie ziet zich genoodzaakt de onechtheid van zijn verlangens te erkennen. Tenslotte komen de boeaja's op het strand van Priok uit hetzelfde milieu als Loes of Laura, een milieu dat de vertellers beweren te minachten maar waar ze zich ook bij willen aansluiten. Hoewel ze tot een hogere sociale klasse behoren, hebben ze als man op een zeer vernederende manier gefaald. Zoals Loes beseft, is Macaré niet dierlijk genoeg als het op overleven aankomt (p. 313-4), en hij moet toegeven dat zijn bestaan eigenlijk een leugen is. In zijn ogen is de werkelijkheid de laagste vorm van leven en hij veracht deze, maar diezelfde vulgariteit redt hem het leven en maakt zijn meerderwaardigheidsdroom tot een farce (p. 129) Boon gaat de gevolgen van dat standpunt niet uit de weg. Het is Loes die van plezier kraait als ze op de brug maar op het nippertje aan de dood ontsnappen, het is Loes die het gevecht voor hem wint, en ten slotte is het ook Loes die de verteller naar bed brengt (p. 321-2). En om het djago-ideaal nog verder te ondermijnen legt Boon Macaré de zinsnede in de mond die in deze context een algehele capitulatie betekent. 'Help me, Loes (...), ik ben barang aloes' (p. 321). Deze Maleise uitdrukking kan vertaald worden als 'breekbare waar', maar men kan het ook als een woordspeling zien, waarbij de eigenschap aloes verwijst naar de 'verfijnde' talenten van de intellectueel. Hoe dan ook: de uitdrukking werd al eerder in het verhaal gebruikt om er de vriendin van een djago mee aan te duiden (p. 306) en zou nooit voor een man gebezigd worden. Boon ondermijnde niet alleen de mannelijke mystiek, maar ook de hypocrisie van het slot, wanneer Macaré aan seks dezelfde 'ontzinning' toeschrijft die volgens hem ook de kern uitmaakt van het gevecht op het strand en van de bijna fatale race op de brug. Deze drie gebeurtenissen vertegenwoordigen 'de volmaakte ontkenning van het denken' (p. 322). Maar dit is niet meer dan een uitvlucht, een heimelijke erkenning van zijn falen als man van de daad en als instrument van reflectie. Macaré daalt met een slecht geweten af naar de wereld van het instinct.[34]

Schrijvend onder de naam Mahieu bleef Boon aarzelen tussen zijn bewondering voor de gewelddadige mannenwereld en zijn behoefte die te ondermijnen. Zo is er bijvoorbeeld het technisch briljante verhaal 'Arcola' (p. 207-9), een welgemoed afscheid van het vuistvechten. Het is erg moeilijk om een gevecht op papier over te brengen, tenzij men tevreden is met de fantasieloze, gedetailleerde verslagen van een sportjournalist, maar Boon slaagt daar waar andere schrijvers falen. Dan is er ook nog het verhaal 'Little Nono', dat het boksen verheerlijkt als een superieure manier van leven (p. 199), en de lezer weet waar dat op neerkomt. Deze verhalen zijn loftiederen op de romantiek van een eenvoudige en 'pure' (p. 199) wereld van mannelijke viriliteit, maar aan de andere kant zijn de meisjes Si Djos in 'Adieu aan Josephine', Tjoek in het gelijknamige verhaal en Loes en Laura zeker opgewassen tegen de jongemannen als het gaat om geestelijke of fysieke gehardheid.

Aan de ene kant betreurt Boon een wereld die nergens meer slaag voor uitdeelt. Wat overblijft, zegt Boon spottend, is een wereld 'waar men alleen maar vertellen kan' (p. 219). Maar aan de andere kant zijn de verhalen die hij vertelt over de mensheid tijdens de oorlog en de gewelddadige jaren van de Indonesische vrijheidsstrijd nauwelijks te geloven vanwege hun wreedheid. In het verhaal 'De piroes oerat mas' lijkt Boon in te stemmen met de eerdere stelling van Beb Vuyk dat zelfs de oorlog een avontuur was (p. 221), maar hij definieert oorlog bovendien ook als 'de versnelling van dagelijkse slome gebeurtenissen' (p. 255), wat een nogal beklemmend idee van de alledaagse werkelijkheid is. Telkens weer geeft Boon aan dat hij een voorkeur heeft voor een wereld van de daad boven een van beschouwing (p. 69, 219, 223 en 304-5), maar hij beseft ook dat een meisje misschien het gezelschap van een intelligente jongen verkiest omdat hij 'anders' is, dat wil zeggen dat hij kan denken en lezen (p. 200, 45, 79 en 127).

Eenzelfde ambiguïteit treft men aan in de manier waarop Boon de andere belangrijke topos van zijn Indo-wereld, namelijk het jagen, aan de orde stelt. Het was belangrijk om deze vaardigheid machtig te zijn, zowel in psychologisch als in materieel opzicht. Zoals Ducroos oom in *Het land van herkomst*[35] voelt Geertsema in 'Schat, schot, schat' (p. 327-35) zich pas volledig voldaan wanneer hij 'door de rimboes van de Priangan en Bantam' zwerft (p. 329). En onder de naam Tjalie Robinson schreef Boon een lofzang op de jager als de perfecte belichaming van de Indo, want het jagen zit hem in het bloed (*P*1: 171). De jacht is ook de centrale metafoor van wat waarschijnlijk Boons verhalende meesterwerk is: het lange verhaal of de novelle genaamd 'Tjoek' (*VW* 156-93). 'Tjoek' is een raadselachtig verhaal. In het middelpunt staat het meisje dat Tjoek wordt genoemd ook al is haar echte naam Gerda. Als arme Indo woont zij samen met haar moeder in een van de drie vervallen huizen die ooit gebouwd werden tussen een Chinees kerkhof en een groot moeras (*rawa*). In het huis links woont een excentrieke muziekleraar, meneer Barrès, die buitengewoon goed cello speelt. Tjoek en haar moeder (haar vader heeft het meisje nooit gekend) wonen in het huis rechts, terwijl het huis in het midden leegstaat omdat er een vloek op zou rusten. Maar op zondag komt het weer tot leven door de vrolijkheid van de jagers uit de stad die het huis als hun trefpunt gebruiken.

Evenals de voormalige muziekcriticus Odilon Koning houdt Tjoek heel veel van de muziek van meneer Barrès, en voor het privilege om naar de muziek te luisteren geeft ze hem fruit dat ze steelt uit de nabijgelegen tuinen en boomgaarden. Tjoek is ook een opmerkelijke figuur in de context van de Indo-maatschappij omdat ze een hekel heeft aan het doden van dieren. Fel gaat ze een debat of zelfs een gevecht aan met mensen die vlees eten, maar toch voelt ze zich ook verbonden met de zondagsjagers. De enige man die het tegen haar kan opnemen, is Elmo Wyatt, de beste jager die er is (*VW* 171-2). Hij komt om het leven als zijn eigen geweer per ongeluk afgaat en hem in zijn zij treft. Men meldt de diefstal van Elmo's uitstekende jachtgeweer bij de politie en Tjoek ontdekt dat de pomander die Elmo altijd om zijn hals droeg, een ivoren doodshoofdje bevatte.

In het volgende gedeelte wordt duidelijk dat een arme Indo-jongen Elmo's geweer heeft meegenomen. Zijn naam is Sylvester of 'Zilverster', maar hij is beter bekend onder de bijnaam 'Man'. Zijn ouders verwaarlozen hem, en dus zwerft Man rond en jaagt hij op het uitgestrekte kerkhof en in het moeras. Op een nacht vernielt Man een Christusbeeld dat op het graf van zijn grootvader was geplaatst, waarna de jongen de benen neemt, weg uit de maatschappij. Hij zondert zich af in een grote, lege Chinese graftombe die, naar Chinees gebruik, zo is gebouwd dat ze op een moederschoot lijkt.[36] Tjoek ontdekt Mans schuilplaats en gaat bij hem wonen. Man betaalt hun steeds groter wordende uitgaven door meer en meer wild te vangen, maar zijn grote droom is het om het everzwijn dat bekendstaat als Si Badak te pakken te krijgen. Si Badak wordt ook achternagezeten door Go, een Indo-Chinees, voor wie deze jacht al zeven jaar een obsessie is. Tjoek en Man leven tevreden in wat Tjoek 'Het Groene Huis' heeft gedoopt, maar algauw wordt ze humeurig en lastig. Ze spot met de vakkundigheid van Man en beweert dat ze Si Badak wel zelf zal vangen. Om haar opschepperij ook waar te maken, vraagt ze Man haar te leren jagen. En op een nacht, als ze in het moeras in een hinderlaag ligt om Si Badak te verrassen, doodt ze Man per ongeluk met het geweer van Elmo.

Zelfs deze korte synopsis geeft aan dat dit geen realistisch verhaal is: net als het Betawie van Boon is het decor van 'Tjoek' magisch. Het doet denken aan het Latijns-Amerikaanse 'magisch realisme': Boon heeft ooit toegegeven dat de Latijns-Amerikaanse literatuur de herinnering aan zijn verleden in de tropen stimuleerde.[37] De realistische elementen van het verhaal kunnen aan Boons andere proza worden getoetst. De huizen in verval zijn bekend, evenals de bewondering voor jagers. Geweld is wederom een vanzelfsprekend aspect van het bestaan. Het is duidelijk dat de mensen in dit verhaal tot de Indo-gemeenschap behoren en dat ze arm zijn, maar dat ze ook weten hoe ze voor zichzelf moeten zorgen. Het is ook karakteristiek voor de manier waarop Boon de Indo zag, dat deze personages tússen het moeras en het kerkhof wonen, dat ze niet uitsluitend bij het een of bij het ander horen, dat ze in een niemandsland gevangen zitten.[38] Boon schreef er vaak over hoe het is om, zoals Nieuwenhuys het uitdrukte, 'twee vaderlanden' te hebben, een dilemma dat hij deelde met zijn Indo-gemeenschap. Zoals hij ooit verklaarde:

> Ik ben halfbloed (...). Ik ben dankbaar voor mijn halfbloedschap: ik wéét dat West niet superieur is over Oost of omgekeerd, al kan ik het niet formuleren. Ik ben belachelijk in mijn zoeken naar een verzoening, naar een evenwicht. Want ik zit maar in de marge tussen twee eindeloos grote vlakken.[39]

De zinsnede waar hij mee eindigt, correspondeert met 'de dubbele oneindigheid van kerkhof en moeras' uit het verhaal (p. 158), en de 'marge' wordt gesymboliseerd door de 'weg' die, 'hóe smal ook', staat voor 'het enige stuk waarheid en leven' (p. 157). En wat een westers publiek misschien het meest raadselachtig toeschijnt, namelijk Si Badak en het onbewoonbare Chinese kerkhof, ook daarvan kan makkelijk het waarheidsgehalte worden nagegaan.

In een van zijn *Piekerans*-teksten voert Boon Boengkie op. Hij is een Indojongen die enorm opziet tegen de wekelijkse oefening in het spreken in het openbaar (*P*2: 72-9). Jagen is zijn passie, en op deze bewuste woensdag vertelt hij de klas hoe hij met zijn vader op jacht gaat. Ze komen het 'grootste zwijn ter aarde' tegen, en Boengkie doopt het dier onmiddellijk 'Si Djagoer' ofte wel 'Heer Geweldig', 'Heer Reusachtig' (*P*2: 76). Wat later wordt van het everzwijn gezegd dat het zo groot als een neushoorn is (*P*2: 77); het legendarische zwijn in 'Tjoek' wordt het hele verhaal door 'Si Badak' ofte wel 'Heer Neushoorn' genoemd omdat het zo buitengewoon groot is. Men moet wel beseffen dat de Javaanse neushoorn (*Rhinoceros sondaicus*) kleiner is dan zijn Afrikaanse neef, maar toch is het heel aannemelijk dat men, zoals ik in het hoofdstuk over Junghuhn (hoofdstuk 7) al aanduidde, deze schuchtere vegetariërs met een aureool van mythen omgaf.

Op beide halfronden is het everzwijn een mythologisch dier. In de Griekse mythologie maakte het deel uit van het verhaal over Aphrodites geliefde, die gedood werd door een ever; door (toedoen van) Ovidius werd het ook bekend als het woeste Calydonische everzwijn dat, om Diana's woede te stillen, in Calydon huishield totdat Meleager het doodde; deze overwinning bezegelde ook het lot van de held. En ten slotte is er Hercules: hij volgde het spoor van de ever van de berg Erymanthus tot aan zijn hol, overmeesterde het en nam het mee terug naar Mycene. In de Noorse mythologie is de ever het rijdier van de god Freyr en van zijn tweelingzus Freya. Het lijkt misschien vreemd om in deze tropische context te verwijzen naar Noorse mythen, maar Boon deelt mee dat de oorspronkelijke naam van Man Herman was, en die van Tjoek, Gerda. Beide zijn bekende Germaanse namen: Herman betekent 'man', 'held' of 'strijder' en Gerda, de verkorte vorm voor Gerhardina, was de vrouw van Freyr. Het everzwijn was in Indië ook meer dan levensgroot. Zo was er, naar Wilkinson vermeldt, het legendarische zwijn *Sus gargantua*, 'een bebaard zwijn van een enorme afmeting en met solitaire gewoonten', terwijl het verband met Si Badak nog geloofwaardiger wordt omdat de Maleisiërs ook een 'goudkleurige neushoorn van ongewone woestheid' kenden, die bekendstond als *badak api* ofte wel 'de woeste neushoorn', waarbij *api* 'vuur' of 'vlam' betekent en ook verwijst naar het licht van een vuurtoren.[40] Wanneer Man wordt neergeschoten en hij in het zwarte water van het moeras wegzinkt, is het laatste wat van hem gezien wordt, zijn arm die als de 'lichtbundel van de vuurtoren' (*VW* 193; zie ook p. 191) omklapte en verdween.[41] In de religieuze literatuur van India is het zwijn het alter ego van Indra, een van Visjnoe's incarnaties, en zijn snuit wordt vergeleken met de maansikkel. Dit verband wordt ook in de Noorse mythologie gelegd. Merk op dat in dezelfde nacht dat Tjoek Man per ongeluk doodt, het enige constante licht boven het moeras komt van 'de dunne maan van de Arabische vlag' (p. 193).

In de grappige schets, die wel een voorstudie lijkt voor het lange verhaal, noemt Boengkie Nimrod en Diana. Hoewel zijn leraar dit onwaarschijnlijk acht, weet Boengkie wel degelijk wie deze mythologische figuren zijn en hoe zij passen in de context van de jacht (*P2*: 75). Diana (Artemis), godin van de jacht en vaak in verband gebracht met de maangodin Luna (Selene), speelt een hoofdrol in drie bekende mythen die te maken hebben met de jacht. Zo is er het al genoemde Calydonische verhaal, terwijl we verder nog Actaeon hebben, ook een jager die ten prooi viel aan Diana's toorn. Op een dag zag hij de godin een bad nemen in een bron, midden in het bos. Deze inbreuk werd gestraft met een gedaanteverwisseling: hij veranderde in een hert en werd door zijn eigen jachthonden verscheurd. Misschien is de belangrijkste mythe in dit verband wel het tragische verhaal van Orion, de reusachtige jager die, volgens één versie, de gunsteling van Diana werd. Haar broer Apollo werd kwaad, en toen hij op een keer

Orion door de zee zag waden, ging hij de weddenschap aan dat zijn zuster niet de donkere gestalte zou kunnen raken, die in werkelijkheid het hoofd van Orion was, net boven het water. Ze nam de uitdaging aan en als onfeilbare schutter trof ze Orion vol. Overmand door verdriet gaf ze hem een plaats onder de sterren. De overeenkomst tussen deze mythe en het slot van 'Tjoek' is overduidelijk. Om deze vergelijking nog meer kracht bij te zetten, zou men een passage in herinnering moeten roepen waarin Boon beschrijft hoe Tjoek eigen namen geeft aan sterrenbeelden omdat ze noch hun westerse, noch hun Indonesische namen kende. Daarbij gaat het ook om Orion (*VW* 163), het sterrenbeeld dat de joden Nimrod noemden.[42] In Genesis wordt van hem gezegd dat hij 'een geweldig jager voor het aangezicht des Heren' is. Daarom kunnen we uitgaande van de Griekse en Hebreeuwse mythologie zeggen dat het lot van Man een uitgemaakte zaak is. Er is ook een verband tussen Man en de maan. In Klein-Azië stond Selene bekend onder de naam 'Men' of 'Mene', een god die op bepaalde plaatsen 'Man' of 'Mannes' heette. Zijn verbondenheid met de maan werd aangeduid door een wassende maan. Hij zou een genezing brengende god zijn en hij zou graftomben beschermen.

Het Chinese kerkhof is gebaseerd op de werkelijkheid. In de *Piekerans*-tekst die meteen na Boengkies jachtverhaal komt (*P*2: 80-5), beschrijft Boon een groot Chinees kerkhof, voorbij Tanah Abang, waar krakers krakkemikkige onderkomens hadden gebouwd tussen de grote Chinese graftomben. Boon verwijst er heel toepasselijk naar als 'bewoonde dodenakker' (*P*2: 81). Hij noemt dit 'uitgestrekt half-kampong-half-kerkhof-gebied' een 'wondercomplex' dat zowel een dorp is als een stad (*Kampong Kota*). Gewone mensen wonen in de hutten, terwijl de doden in prachtige gebouwen rusten, want 'elk Chinees graf [is] een voorhof van de hemel, een monument op aarde van het eeuwige leven ginds' (*P*2: 81). Boon zegt dat er op deze paradoxale plaats 'maar één brede slingerende kerkhofweg' is (*P*2: 82), terwijl hij ook een 'grassnijder' vermeldt, en een 'onbewogen' zilveren blekok (reiger) die 'op één been melancholisch op het water [staat] te turen' (*P*2: 83).

Het Chinese kerkhof in 'Tjoek' en de eerdergenoemde vervallen huizen worden in vergelijkbare termen beschreven. Boon bewaart ook een stilistisch evenwicht tussen vaagheid en gedetailleerde precisie, zodat het kerkhof en het moeras één lijken te worden (*VW* 156). Van het kerkhof wordt gezegd dat het weinig meer is dan een 'terreinsgesteldheid', terwijl het moeras wordt gekenschetst als een 'onzekere werkelijkheidsvorm tussen land en water in' (p. 156). De graven echter worden duidelijk beschreven, als 'bedelaars geschaard rond een barok bouwwerkje met trappen en pilaartjes, leeuwtjes, pagodes en drakendakjes. Aan een ovaal vijvertje. Roze irissen, een wild eendje, verstrooid nebbend in kroos, een roerloze reiger' (p. 156). De grassnijder duikt opnieuw op in 'Tjoek', als de Dood met een zeis: 'De grassnijder, die langzaam verrees uit het hoge gras, een schrale, zwarte, naakte man, die bewegingloos naar de kinderen staarde, zijn sikkel witgloeiend als een voor de sprong gebogen bliksemflits' (p. 159). De reiger uit de *Piekerans*-tekst komt ook in het verhaal terug, en wordt met Tjoek zelf gelijkgesteld; hoewel ze arm was en gekleed ging in voddige kleren, zou een 'man van buiten (...) tot zijn verbazing en verwondering in haar gang de statige, bedachtzame tred van de reiger [herkennen]' (p. 161-2).

Tjoek wordt net zo vaak met vogels als met de nacht in verband gebracht (p. 162 en 190). Ze haat mensen die dieren doden en vlees eten, en ze kan fel zijn in haar verdediging van het dier of uit medelijden tot tranen toe bewogen (p. 169-70). Kort nadat ze zich bij Man voegt in het graf, verandert ze het 'hol' in 'Het Groene Huis' (p. 181). In het resterende deel van het verhaal wordt er op deze manier naar de verlaten tombe verwezen, en men kan zich niet aan de indruk onttrekken dat Boon de aandacht van de lezer wilde vestigen op W.H. Hudsons 'Romance of the Tropical Forest', getiteld *Green Mansions* (1904). De heldin Rima, het half-menselijke meisje dat de geest van de natuur belichaamt, is zeventien (Tjoek is ook een tiener), verafschuwt vlees en is een vurig verdedigster van de dierenwereld. Maar hoewel zij 'bloedvergieten haatte, zij die zo zachtaardig was jegens alle leven, zelfs het nederigste', zou ze niet aarzelen geweld te gebruiken als ze het nodig achtte.[43] Hetzelfde geldt voor Tjoek (p. 170). Net zoals het gebied waar Rima verblijft de naburige indianenstam angst aanjaagt, zo vermijden de jagers het terrein rond het graf van Man en Tjoek (p. 186); in beide gevallen wordt gezegd dat het er spookt. Zowel Rima als Tjoek wordt het meest vergeleken met vogels.

Het hoofdthema van de novelle is de jacht. De Indo-maatschappij hield ervan te jagen, en zo ook Boon zelf (*P*1: 171). Hij vergeleek het leven met een jacht, wat een beetje een cliché is, en hij hield vol dat jagers superieure wezens zijn, tegelijkertijd onschuldig en wijs, eerlijk en eenvoudig (*VW* 170). Boon vermeldt dat Hemingway en Ortega y Gasset ook stelden dat jagen een hogere vorm van bestaan was (*P*1: 168), en – ook al zou het toepasselijker geweest zijn om hier Faulkner in plaats van Hemingway te noemen – Ortega y Gasset publiceerde inderdaad een belangrijke tekst over de jacht (geschreven in 1942, en uitgegeven in 1943: het voorwoord bij *Veinte años de caza mayor* van Eduardo Yebes). Hiervan verscheen een Nederlandse versie in 1949 onder de titel *Het geluk van het jagen.* In zijn gebruikelijke, lucide schrijfstijl herinnert de Spaanse filosoof zijn lezers eraan dat de mens, voordat hij de 'historische mens' werd, een 'natuurmens' was, de prehistorische jager.[44] Nadat Tjoek naar 'haar' firmament heeft gekeken, neemt ze haar omgeving op, en 'de wereld sprong tien miljoen jaren terug tot haar oorsprong'; de enige gestalte die toen rondwaarde, was de voorloper van de mens: 'de jagende mens, behoedzaam lopend als een roofdier, elk moment klaar om snel te doden' (*VW* 164). 'Man' is zo'n primitieve figuur. Als Tjoek voor de eerste keer zijn schuilplaats binnendringt, staat ze tegenover een prehistorische mens:

> In dit huis van hem [de Chinese graftombe] leefde hij als een holbewoner. Overal lagen kluifjes. Midden in de kamer waren de zwarte stenen en verkoolde houtresten

van een primitief vuurtje. Ze hoorde het verhaal van de langdurige strijd tegen muskieten en mieren, aanvankelijk ook tegen schorpioenen, klabangs [een soort giftige duizendpoot] en andere insekten, het 'opruimen' van slangen en padden. Het verslag van een leven van een dier te midden van dieren. Een dier – roofdier, en mens (p. 181).

Technologische vooruitgang heeft weinig invloed gehad op de jacht omdat een echte jager de verhouding tussen eigen kunnen en dat van het dier gelijk wil houden. De rede is volgens Gasset de grootste vijand van de jacht omdat een mens bovenal zijn aanvallersinstincten in de strijd werpt tegen de verdedigerscapaciteiten van het wild.[45] En dus wordt van Man gezegd dat hij vanuit zijn instinct leeft, terwijl Tjoek gehinderd wordt omdat ze te veel nadenkt (p. 189-90). En vandaar dat Tjoek het bestaan van Man ingewikkelder maakt met verbeteringen terwijl hij voorheen zo weinig nodig had (p. 181). Net als in Stephen Cranes verhaal 'The Bride Comes to Yellow Sky' is het de vrouw die de beschaving opdringt aan een recalcitrante mannelijke omgeving: dit nu is de vrouw als 'matrijs' van de beschaving, zoals ze ook werd geschetst in het hoofdstuk over Kartini (hoofdstuk 12). Maar mét Tjoek kwam ook de 'vreugde om de hantering van het woord. De eenlingen konden weer praten' (p. 181). En dialoog gaat gepaard met verandering en uitwisseling. Het meisje introduceert de economie binnen wat nu hun gezamenlijk bestaan is. Tjoek rekent aan Man de rekensom van de massaslachting voor: één *tjoela* (hoorn van de neushoorn) alleen al levert vijfduizend gulden op, dus als Man vlijtig doorjaagt, zijn ze over vijf jaar rijk. Man probeert zich er zelfs van te overtuigen dat een dergelijk bloedbad zin zou hebben omdat het een soort natuurlijk evenwicht teweeg zou brengen (p. 184). Op deze paar bladzijden biedt Boon zijn lezers een ironische allegorie van de opkomst van de beschaving. Als Tjoek eenmaal een huis heeft (de Chinese graftombe die ook voor de moederschoot staat), voelt ze zich genoopt comfort te scheppen: 'En dat comfort kon alleen gekocht worden met nóg meer doden' (p. 182).

Man traint voortdurend zijn gezichtsvermogen om wild te kunnen ontdekken, want onzichtbaar blijven is het beste verdedigingsmechanisme van het dier. Daarom is zowel jager als gejaagd dier een waakzaamheidskunstenaar.

De toerist ziet de grote ruimten in de wijdte, maar zijn blik glijdt er langs, haakt nergens vast, merkt niet de rol van elk onderdeel in de dynamische architectuur van het open veld. Alleen de jager, bij het nabootsen van de voortdurende wakkerheid van het wilde dier, voor wie alles gevaar is, ziet alles en ziet ieder ding in zijn functie van gemakkelijkheid of moeilijkheid, van gevaar of bescherming.[46]

De dusdanig bezielde geest is niet alleen die van de filosoof die gedachtegangen volgt, maar ook die van de dichter die alles, zelfs ogenschijnlijk onbetekenende dingen, nauwkeurig onderzoekt. Allen Tate merkte op dat 'dichters, misschien nog meer dan romanciers, (...) op jagers [lijken] die in het lange gras staan te wachten tot de duif van het giersteveld naar het water van de kreek vliegt dat haar nieuw leven zal geven; en dan branden we los en de duif stort neer in het gras aan onze kant van het veld'.[47] Boons Man is zowel Gassets kunstenaar van de jacht als Tates dichter.

> Man dacht alleen wat hij deed en doen kon. Hij leefde zó rustig en zó gewetenloos. Hij leefde zó volkomen vreesloos. Hij zag nooit iets sombers of gevaarlijks. Hij zag alleen vlinders en bloemen. Hij kon urenlang naar jonge eendjes kijken of naar wilde hoentjes, die leerden lopen. En hij vermaakte zich kostelijk. En morgen schoot hij kalm een hele eendenfamilie weg. Hij kon geïnteresseerd en geamuseerd naar slangen kijken, soms de ongevaarlijke vangend, de gifslangen dodend met een snelle en feilloze zekerheid, zonder emotie. (p. 189)

'De jacht [is] een nabootsing van het dier,' verklaarde Gasset. En hij vervolgde:

> Bij die *unio mystica* met het wild wordt dadelijk een besmetting verwekt en de jager vangt aan zich als het dier te gedragen. Hij zal instinctief ineenduiken om niet gezien te worden; hij zal trachten te lopen zonder geluid te maken; hij zal heel de omgeving waarnemen vanuit het oogpunt van het dier met de nauwkeurigheid die dit eigen is. Dit noem ik 'binnenin' het land zijn.[48]

Man is zo'n jager, maar zijn kunst zal zijn dood betekenen. Tjoek wordt bang als Man steeds weer voor langere tijd wegblijft en bovendien verder dan ooit op zwerftocht gaat. Ze verneemt 'dat hij ook zwerftochten maakte ten oosten en ten zuiden van de stad. Tochten van tientallen kilometers, vaak op de grens van dichtbevolkte kampongs' (p. 185). Een vergelijkbare tocht werd eerder aan de legendarische Si Badak toegedicht, die 'was gesignaleerd tot op dertig kilometers ten westen, ten oosten en ten zuiden van de stad, en langs alle stranden' (p. 167). Si Badak boezemt ontzag in want hij is 'monsterlijk van kracht, sluwheid en uithoudingsvermogen' (p. 167), terwijl Man zijn lange en gevaarlijke speurtochten weet te overleven omdat ook hij over een 'ongelooflijk uithoudingsvermogen, dierlijke sluwheid en uiterst simpele (maar daardoor zo effectieve) menselijke logica' beschikte die 'hem buiten alle gevaren [hielden] of (...) hem gemakkelijk [deden] ontkomen' (p. 185). Man is een 'dier te midden van dieren' (p. 190).

Tjoek en Man raken allebei geobsedeerd door het idee Si Badak te vangen. Man denkt dat hij er uiteindelijk in zal slagen, want: ' "Wat Si Badak kan, moet ik ook kunnen!" had hij eens gezegd. En hij kon het' (p. 191). Het enorme, legendarische zwijn is verwant aan Faulkners beer Old Ben. Een paradigmatisch dier in een maatschappij die, net als Indië, de jacht als een kunst en als vorm van onderwijs beoefende – de oude beer was Ike McCaslins 'universiteit en de oude beer zelf, die al zo lang geen vrouw of kinderen meer had dat hij zijn eigen geslachtsloze voorvader was geworden, was zijn alma mater'[49] –; het verdwenen

Zuiden uit Faulkners fictie nam de natuur serieus. En net zoals Man ertoe aangezet moet worden om het waard te zijn Si Badak voor zich op te eisen, zo kan het ook niet anders dan dat alleen een uitzonderlijke hond als Lion Old Ben ten val kan brengen. Het ene wonder moet tegenover het andere gezet worden, en Man achtte zichzelf tegen de taak opgewassen totdat Tjoek hem doodde. Of het zou kunnen zijn dat Si Badak, net als Old Ben, 'absolutie van sterfelijkheid' gekregen heeft.[50]

Man weet dat hij zelfs een beter jager is dan de Indo-Chinees Go omdat hij, Man, een manier ontwikkeld heeft om zich geluidloos voort te bewegen, en hij maakt Tjoek deelgenoot van de technieken die nodig zijn om Si Badak te verrassen. En op een nacht, als Tjoek in een hinderlaag ligt, en de duisternis alleen door een maansikkel wordt verlicht, ziet ze hoe zich Si Badaks 'onhoorbare schim [losmaakt] in een magische beweging over het blauwe water' (p. 193). Tjoek schiet de linkerloop van Mans geweer leeg op wat zij voor het dier aanziet, maar dan hoort ze hoe Man het uitschreeuwt. En voordat de schim wegzinkt in het zwarte water van het moeras, ziet ze nog een laatste keer 'de dierbare gestalte van Man' (p. 193). Boon gebruikt hier het bijvoeglijk naamwoord 'dierbaar' in de gewone betekenis 'geliefd', maar er is ook een woordspeling. Het achtervoegsel '-baar' geeft aan dat iets zich kan ontwikkelen tot het zelfstandig naamwoord (in dit geval 'dier') dat het eerste deel van het woord vormt. Man heeft Gassets 'unio mystica' met een beest verwezenlijkt en een hoge prijs betaald voor zijn ingenieuze gedaanteverwisseling.

Niet alleen de Griekse mythen kondigden het lot van Man al aan; het was ook vanwege Tjoek al een uitgemaakte zaak. Haar bijnaam is een Indische verbastering van het Engelse 'choke' dat, onder andere, betrekking heeft op de vernauwing van de mond van de geweerloop met het doel de hagellading te bundelen. Dit – zo schrijft Boon – levert 'een geconcentreerder, een dodelijker schot' op (p. 163). De pogingen van de zondagsjagers ten spijt, snapt Tjoek de betekenis van haar naam niet helemaal. Het wordt haar uiteengezet in de 'codetaal' (p. 171) van de ballistiek, dat terrein binnen de toegepaste natuurkunde dat zich bezighoudt met de voortbeweging van projectielen. Gespecialiseerde kennis van vuurwapens is in Boons werk net zo gewoon als in de Amerikaanse literatuur in het algemeen en in de vertelkunst van het Zuiden in het bijzonder. Maar Boon heeft ook weet van de absolute werkelijkheid van vuurwapens. Wanneer Man en Tjoek over hun toekomst dromen, kijkend naar plaatjes uit tijdschriften en naar de knipsels uit jachttijdschriften van Man, dan moeten ze allebei toegeven dat de ballistische formules weinig meer zijn dan 'indrukwekkende toverformules' (p. 183). Tjoek voegt hier echter aan toe dat, waar het om berekeningen gaat van wat voor soort dan ook, 'het eind (...) altijd Nul [is]. Nul voor de snip en nul voor de olifant, nul voor het dwerghert en nul voor de neushoorn. Nul kortom, voor alles wat leefde' (p. 183). Het doet de lezer denken aan dezelfde onverbiddelijke negatie zoals gesymboliseerd door 'het koude o'tje' van de loop van het pistool dat Geber doodde in Daums *Ups en downs in het Indische leven.*[51]

Tjoek zal zowel de betekenis van haar naam als het nulresultaat van de ballistiek waarmaken. Eerst demonstreert ze, zonder het te weten, wat een 'choke' in een jachtgeweer voor effect kan hebben. In een van haar woedeaanvallen jegens Man, als hij naar de Chinese graftombe terugkeert met weer een lading wild, rukt ze het Bayardgeweer uit zijn handen en schiet ze op hem.

> Donderend en pikzwart was de wereld op haar neergestort in duizend rotsblokken en stof en as. Kruit en zwavel sneden vlijmend haar adem af. De doofheid in haar oren zette zich voort in een verlamming van haar lichaam. Eindeloos neerregenend stof en tussen golven van suizingen en geraas tintelend, tinkelend geluid in haar oren. Langzamerhand vormden zich herkenbare geluiden en plotseling een afgestoken lucifer en een mens van as, zich schuddend en afkloppend, terugkerend naar de *dierbare* [eigen cursivering] gestalte van Man, die bevend een nieuwe lucifer afstreek en nog een en ten slotte 'Ajo, naar buiten' zei met hoge, benauwde stem. (p. 187)

Wat is de herkomst van die dodelijke vereiste voor de veelgeprezen trits van de Indo: vuurwapens, jacht en geweld? Het geweer waarmee Tjoek Man doodt is het jachtgeweer dat hij heeft gestolen na de dood van Elmo Wyatt (p. 174). Elmo is een van de vijf mysterieuze personages van het tweede plan, van wie er geen een echt overkomt als iemand van vlees en bloed.[52] Zijn voornaam is een Italiaanse verbastering van Erasmus, en zijn beroemdste naamgenoot was St. Elmo, de beschermheilige van de zeelieden, die zijn naam heeft gegeven aan het verschijnsel van de blauwe of rode vlammen aan het uiteinde van de mast of de nok van een ra van een schip. Wyatt zou eveneens een vreemde naam zijn in het Nederlands-Indië, maar 'Elmo Wyatt' zou, zo oppert G.L. Cleintuar, kunnen doen denken aan '*ilmoe* white', dat wil zeggen 'witte kennis', 'witte wetenschap' of witte magie.[53] Het enige belangrijke hulpmiddel uit de westerse wetenschap in dit verhaal is Elmo's Bayard kaliber 12, waarvan de linkerloop 'full choke' is en de rechter 'half choke' (p. 171). Tjoek doodt Man met een schot uit de linker ('sinistere') loop. De veelbewonderde grootvader van Man werd 'een groot jager voor het aangezicht des Heren' genoemd (p. 175). Deze Nimrod was er trots op een Indo-jager te zijn, en had slechts minachting voor de Europese beschaving. Volgens hem was het enig waardevolle wat de westerse ilmoe ooit had voortgebracht, het vuurwapen (p. 175). Europa deelt de dood uit.

Jan Boon, alias Tjalie Robinson, alias Vincent Mahieu, was een romantisch pessimist.[54] Als hij in Nederland woont, betreurt hij het feit dat men stelselmatig de romantiek negeert die inherent is aan Indië (*P2*: 25). Daarginds kan een mens ontsnappen aan de maatschappij en aan de tijd, daar kan hij 'dichter en jager, romanticus en realist' zijn (*PN* 80). Maar Boon weet heel goed dat 'Mijnheer de Dood' (*VW* 12) aan het langste eind trekt, ongeacht welk vaderland men claimt en ongeacht de gedragslijn die men gedwongen is te volgen. Het enige wat misschien langer meegaat dan een mensenleven, is het geschrift. Het lijkt misschien niet veel, en voor velen is het zelfs minder dan dat, maar het is alles wat we hebben.

> Ons aller leven is een afdrijven naar de dood, die als een waterval dof rommelt in de verte. Dit is niet leuk, nee. Maar om nu direct weg te zinken, daar voelen we evenmin wat voor. We klemmen ons vast aan stuk wrakhout: onze enige zekerheid naast de dood: het schrijven. Alles gaat straks de afgrond in, het wrakhout blijft nog wat langer leven. We hebben er misschien inscripties in gesneden, een gebed, een godslastering, een gedicht, wat doet het er toe? We zijn gematerialiseerde eenzaamheidskreten. Net als het 'Killroy was here' van de stervende G.I. Joe in de voorste fox-hole op Okinawa. Net als de met meeuwenbloed geschreven brief-in-een-fles van de schipbreukeling op het vergeten eiland. 'Help mij. Ik zit op een eiland ergens in de Pacific. Er is geen water. Er is geen voedsel. Dat God deze fles wel besture. December 1889.'[55]

Van de hele koloniale literatuur benadert 'Tjoek' nog het meest de allegorie. Dit was ook duidelijk de bedoeling van Boon: het eenvoudigste bewijs hiervoor is zijn opzettelijk gebruik van hoofdletters (Het Groene Huis, het moeras De Grote Rawa, enzovoort), terwijl het Nederlands daar maar spaarzaam gebruik van maakt. De novelle was ook bedoeld als een Indo-mythe die weerklank moest vinden bij een groter publiek; vandaar dat zij overladen is met een pluralisme vol zinspelingen. Dit kan ook gezegd worden van de bijdragen onder de naam Tjalie Robinson, die volgens sommigen misschien weinig blijvends hebben. Maar we zagen al dat deze berichten uit de ideale en mythische stad Betawie verre van ongecompliceerd zijn. En dat geldt ook voor de stijl waarin ze werden geschreven. Boons hele proza wordt gekenmerkt door een rijkdom aan details maar het kan op hetzelfde moment ook opzettelijk onduidelijk zijn, zoals bijvoorbeeld in 'Tjoek'. Gasset citeerde een Spaanse schrijver die een jager de volgende raad gaf: 'Kijken, kijken en nogmaals kijken, ieder ogenblik, naar alle kanten en in alle omstandigheden.'[56] Dit is ook het credo van de dichter en van de prozaschrijver, en Boon had voldoende van beiden in zich om te kunnen zeggen dat 'de gewoonste dingen van de wereld (...) wonderlijk [werden] als je er lang naar keek' (p. 305). Dit gold in het bijzonder voor Rumphius en de vroege zeevaarders, maar men moet nu niet veronderstellen dat Boon, net als zij, in een eenvoudige en Attische stijl schreef, of dat hij op dezelfde manier als Beb Vuyk en Alberts schreef.

Boons woordgebruik is geraffineerd en geeft blijk van opmerkingsvermogen. De rijkdom aan adjectieven in zijn proza is een weerspiegeling van de tropische overvloed waar Boon zo naar verlangde, maar deze zelfde polychrome wereld werd tevens opgeroepen om het negatieve in haar binnenste niet naar voren te laten komen. De pijn van het verlies en de ballingschap zou nooit overgaan maar kon wel verzacht worden. Zo was Boon zich bijvoorbeeld goed bewust van de paradox dat, wanneer het geheugen iets duidelijk oproept, het tegelijkertijd ook het heden blokkeert of weigert te geloven. Een van de manieren om dit te bewerkstelligen, is het vertellen van een verhaal dat goed in elkaar zit:

> Door deze verhalen leerde ik al vroeg de aandacht en liefde krijgen voor het kleine, het detail; de sympathie voor het onbelangrijke, verdrukte en vergetene. Oom [dat wil zeggen: oom David, de held van het gelijknamige verhaal] ging in een verhaal als een hand in een handschoen: elke vinger in een eigen gat en helemaal tot aan het puntje. (p. 428)

Diezelfde superieure pasvorm dient zowel het geheugen als het schrijven. Boon had dezelfde combinatie in gedachten toen hij aan Maria Dermoût schreef:

> Vertel me wat je voelt en denkt als je een schelpje in je handen neemt, zijn vorm betast, zijn geur ruikt, zijn stem hoort, zijn tinten ziet, zijn ziltheid proeft, zijn gedaante herkent en zijn nevenvorm van de mens. Je kan het toch? Vertel mij de kleine domme sprookjes en verhaaltjes van de spin, de kikker en de ooievaar. Zing me de sing song liedjes van kleine kindertjes aan een ver koraalstrand – van de eindeloze djarakvelden en wat azuur is. Je kan het toch?[57]

18

ROB NIEUWENHUYS/E. BRETON DE NIJS (GEBOREN 1908): ZORGEN DAT HET BEKLIJFT

Hoewel hij niet echt een fidalgo van de straat was, was ook Rob Nieuwenhuys een ingezetene van de Indo-wereld die door Boon werd omgevormd tot het sjofele Camelot aan de oevers van de Tjiliwoeng. Hoe het was om in die wereld te leven, legde Boon vast in verhalen die net zo smakelijk waren als voedsel uit eigen keuken: eten dat is toebereid volgens een methode die men liever geheimhoudt maar waarover men ook graag zou willen opscheppen tegenover vreemden. Nieuwenhuys zorgde voor bekendheid buiten de familiekeuken, en de reputatie die deze had, gaf hij het aanzien van gezag, want hij voorzag in een geschiedenis van de smaak die, terwijl zij terug in de tijd reikte, ook het heden iets te bieden had.

Nieuwenhuys gaf op drie manieren een uitbreiding aan de Nederlandse koloniale literatuur: hij publiceerde oorspronkelijk fictioneel werk dat een verdwenen wereld herdacht door middel van het drama van de ondergang van een familie; hij bakende de literatuur van Nederlands-Indië af, in wat – om de zeevaardersterm te gebruiken – een 'leeskaart' genoemd zou kunnen worden, een die de unieke aard ervan aangaf en het relatieve belang van de onderdelen ervan afwoog aan de hand van een schaal voor literaire uitmuntendheid; en ten slotte introduceerde hij foto's als aanvullend bewijsmateriaal voor het geschreven woord.

Slechts drie jaar ouder dan Boon, had Rob Nieuwenhuys het een en ander gemeen met zijn landgenoot. Hij werd in 1908 geboren in Semarang, een grote havenstad aan de noordkust van Java.[1] Toepasselijk, want de familie van zijn vader was een familie van zeelieden; de eerste baan van zijn vader was er een bij de koopvaardij geweest. Nieuwenhuys senior (1868-1942) klom op door hard te werken, en werd zo in 1912 de directeur van wat ooit het meest vermaarde hotel in Indië was, Hotel des Indes. Het werd in 1971 met de grond gelijk gemaakt. Net als Jan Boons vader trouwde Nieuwenhuys senior met een vrouw uit de Indo-gemeenschap. In 1881 geboren in Solo, in Midden-Java, was zij dertien jaar jonger dan haar echtgenoot. Zoals het in een koloniale samenleving betaamt, was Nieuwenhuys' moeder in de vrouwelijke lijn een nazaat van Javaanse vrouwen; haar grootmoeder, Nieuwenhuys' overgrootmoeder, was zeer waarschijnlijk de njai van Nieuwenhuys' overgrootvader.[2] Marie Céline Palm (1881-1963) was het slachtoffer van een moeilijke jeugd. Op achtjarige leeftijd werd ze wees omdat beide ouders in hetzelfde jaar stierven. Samen met haar zuster, Willy, was ze genoodzaakt bij haar grootmoeder in Semarang te wonen. Dit was vanzelfsprekend, want Indo's voelden zich verplicht iedereen uit de familie te helpen, maar het is geen genoegen om genadebrood te eten. Bovendien stonden de meisjes voortdurend onder druk om te trouwen, totdat de twee tieners er ten slotte vandoor gingen. Ze vonden een schuilplaats bij het ene na het andere Javaanse of Indo-Europese gezin totdat ze in Batavia terechtkwamen bij een oom van moederszijde en zijn vrouw. Marie Palm had besloten dat ze met een totok zou trouwen omdat dit aan het eind van de negentiende eeuw voor zo iemand als zij de enige manier was om haar sociale status te verbeteren. Haar dromen werden meer dan verwezenlijkt want Nieuwenhuys' vader dronk niet, hij was royaal en hij was trouw: drie deugden die men doorgaans niet samen bij een en dezelfde Hollandse man in de Oost aantrof.

Als zo vele andere Indo's kon Nieuwenhuys' moeder niet wennen in Holland. De familie ging in 1921 zes maanden naar Nederland, en opnieuw toen Rob, de oudste zoon, rechten en letteren studeerde aan de Leidse universiteit. Hij had de middelbare school afgerond op Java, maar belangrijker was dat hij de eerste zeven of acht jaar van zijn leven opgevoed was door Nènèk Tidjah, de Javaanse baboe die (zoals vermeld in hoofdstuk II) een enorme emotionele invloed op hem had. 'Lih', zoals ze hem noemde (*lilih* betekent 'lieveling' in het Javaans), sprak eerst Javaans, ging daarna over op een mengeling van Javaans, Maleis en Nederlands, totdat hij ten slotte het Nederlands onder de knie kreeg toen hij een openbare school bezocht. De drie meest invloedrijke koloniale auteurs van de twintigste eeuw waren, chronologisch gezien, tijdgenoten maar zij waren afkomstig uit drie uiterst verschillende sociale klassen: de Boon/Robinson-clan beschikte over de meest bescheiden middelen, de familie Nieuwenhuys genoot de zekerheden van de vooroorlogse middenklasse, terwijl de patricische Du Perrons deel uitmaakten van de koloniale elite. De drie families hadden veel gemeenschappelijks en zouden elkaar gemakkelijk herkend hebben als uit hetzelfde hout gesneden, maar gegeven de onvermijdelijke neergang en ondergang van het kolonialisme, was het de hogere klasse die het meest te lijden had. Zowel Boon als Nieuwenhuys was veel beter dan zijn kameraad toegerust om overweg te kunnen met tegenslag.

Rob Nieuwenhuys keerde in 1935 terug naar Java. Anders dan Boon was hij qua temperament geknipt om les te geven, en hij deed dit dan ook in een half dozijn steden op Java, totdat hij in 1940 benoemd werd tot lector in de letterkunde in Batavia. In 1938 had hij Du Perron ontmoet; Nieuwenhuys correspondeerde met hem, werkte met hem samen wanneer hij maar kon, en voerde na de oorlog de wetenschappelijke taak uit die Du Perron gesuggereerd had voor zijn dood in het voorjaar van 1940. Een deel van de intellectuele activiteit die Nieuwenhuys ontplooide tijdens de merkwaardige jaren net voor de Tweede Wereldoorlog, bestond uit het redigeren van een literair tijdschrift genaamd *De Fakkel* dat tussen november 1940 en december 1941 verscheen. Het bood plaats aan werk van een aantal van de auteurs die in deze studie worden behandeld –

het nam bijvoorbeeld Beb Vuyks verhaal 'Way Baroe' op, de twee verhalen 'De clan' en 'Op de grens' van Walraven, evenals fictie van Nieuwenhuys zelf, namelijk het verhaal 'Een van de familie', dat een voorstadium zou blijken te zijn voor zijn roman *Vergeelde portretten.* Het tijdschrift bestond twaalf afleveringen lang, gedurende een periode van slechts één jaar, want de oorlog maakte een einde aan alle activiteiten die niet strikt noodzakelijk waren om te overleven. Nieuwenhuys werd vijf dagen na Pearl Harbor opgeroepen voor feitelijke dienst. Hij diende bij de medische troepen, maakte de strijd mee in februari 1942, en na de capitulatie van het Nederlandse koloniale bestuur op 8 maart 1942 bracht hij de volgende drieënhalf jaar in Japanse concentratiekampen door. Nieuwenhuys werd op verschillende plaatsen gevangengezet, onder andere in Bandoeng, Tjilatjap en Tjimahi. In Tjilatjap ontmoette hij zijn vriend de dichter Leo Vroman opnieuw, terwijl hij in Tjimahi Jan Boon leerde kennen. Een van de onverwachte voordelen van deze kampjaren was de gelegenheid om alles te lezen wat er maar beschikbaar was. In het geval van Nieuwenhuys ging het vooral om Amerikaanse en Britse literatuur, met het gevolg dat hij, in tegenstelling tot de Franse voorkeuren van Du Perron, later toegaf dat schrijvers als Marquand, Lewis Carroll, Scott Fitzgerald, James M. Cain en Christopher Isherwood een blijvende invloed op hem gehad hebben.

In 1945, toen het betrekkelijk veilig leek om de kampen te verlaten, werden Nieuwenhuys, zijn vrouw Frieda en hun twee zonen naar Nederland gerepatrieerd. Zijn broer was in een kamp op Sumatra gestorven, terwijl hun vader in juli 1942 om het leven was gekomen, net een paar maanden nadat zijn twee zonen door de Japanners gedetineerd waren. Nieuwenhuys nam zijn moeder, die nu weduwe was, met zich mee; een hele tijd woonde ze bij haar zoon, totdat het een huiselijke bezoeking werd. Zij was een taaie, veeleisende en dominerende vrouw, die druk op haar echtgenoot had uitgeoefend om in het leven te slagen, terwijl ze zichzelf opjoeg met een bijna wanhopige energie die gevoed werd door de angsten en ontberingen uit haar jeugd. In wezen bijna twintig jaar lang een balling, overleed ze in 1963 in Amsterdam, waar ze zich net zo in de val voelde zitten als Walravens vrouw Itih, die eveneens gedwongen was naar Nederland te emigreren en die zes jaar later stierf.

Nieuwenhuys voelde net als Boon meer affiniteit met zijn moeder dan met zijn vader, hoewel beide mannen de nagedachtenis van hun vader in ere hielden. Boon vertaalde de voorkeur die hij als zoon had, in 'Betawie', terwijl Nieuwenhuys haar tot uitdrukking bracht in zijn meest gedenkwaardige literaire personage, Tante Sophie in *Vergeelde portretten.* Hij kon het tropische decor van die roman nog eens controleren toen hij in juni 1947 terugkeerde naar Java. Tot 1952, het jaar waarin hij voorgoed vertrok, werkte hij als ambtenaar bij het departement van Onderwijs. In diezelfde jaren publiceerde hij in *De Nieuwsgier*, dezelfde krant waarvoor Boon werkte, en was hij in de redactie de stuwende kracht achter het succes van het literaire tijdschrift *Oriëntatie*, dat van 1947 tot 1953 verscheen. *Oriëntatie* was een belangrijk platform voor koloniale schrijvers:

er werd werk in gepubliceerd van Maria Dermoût, Beb Vuyk, Boon, Walraven en Friedericy, van de dichters Vroman en Resink, evenals van de Indonesische prozaschrijvers Pramoedya Ananta Toer, Mochtar Lubis en Idrus, de Indonesische dichter Chairil Anwar en de essayist Asrul Sani.

Op het moment dat hij zich uiteindelijk blijvend in Nederland vestigde, had Nieuwenhuys bijna veertig jaar in zijn geboorteland gewoond. Hij had, relatief gezien, minder moeite om zich aan te passen aan het land van de orang belanda dan Boon, hoewel bij allebei het verdwenen Indië in het middelpunt van hun verbeelding bleef staan. Nieuwenhuys ging zijn brood weer als leraar verdienen en tegelijkertijd begon hij zijn voornaamste werk te publiceren. Na tien jaar in het onderwijs in Amsterdam (1953-1963) werd hij gevraagd een documentatiecentrum voor de geschiedenis van Indonesië op te richten voor het Koninklijk Instituut voor Taal-, Land- en Volkenkunde. Hij werkte nog eens tien jaar bij het instituut, van 1963 tot 1973, toen hij met pensioen ging. Hij bleef gezaghebbend werk schrijven, het meeste ervan met betrekking tot Nederlands-Indië.

Sinds de jaren vijftig publiceerde Nieuwenhuys een gestage stroom artikelen, essays, inleidingen, nawoorden, bloemlezingen en interviews. De bibliografie van Nieuwenhuys is veel te uitgebreid om hier in haar geheel te behandelen, maar men mag niet vergeten dat hij dé meest invloedrijke gangmaker was voor de verspreiding van de Nederlandse koloniale literatuur in Nederland.[3] Nieuwenhuys was de ideale figuur om zorg te dragen voor juist deze literatuursoort. Hij had in Indië gewoond als kind, als jongeman en als volwassene van nog net niet middelbare leeftijd. De tropische samenleving was voor hem een dagelijkse realiteit geweest vanaf het allereerste begin van zijn leven. Zijn moeder maakte gebruik van inheemse kennis en overlevering zonder zich te generen zoals de Europeanen die dit soort zaken als bijgeloof beschouwden. In het geval van ziekte werd er bijvoorbeeld een *doekoen* of inheemse medicijnman geraadpleegd; bij begrafenissen werden bepaalde inheemse rituelen in acht genomen en, net als in *Vergeelde portretten*, werd het huis één keer per week met wierook gereinigd.[4] Hij leerde Javaans van zijn baboe, Nènèk Tidjah, die hem ook een gevoel van eerbied inprentte voor de tropische natuur, een omgeving die de Javanen als bezield (*angker*) zien, en daardoor liet ze hem deelhebben aan een bestaan waar niets statisch en steriel is maar dat geheel doortrokken is van een rijke magie die geen grens erkent tussen de natuurlijke en de bovennatuurlijke wereld.[5] Net als in het geval van Jan Boon gaf een dergelijke achtergrond Nieuwenhuys een van inlevingsvermogen getuigende kijk op het Indonesische leven, iets wat geenszins vanzelf sprak bij Nederlandse kolonialen. Hij kon bijvoorbeeld al worden overtuigd van de gerechtvaardigdheid van de Indonesische onafhankelijkheidsbeweging toen hij nog een student in Leiden was. Hij had hevige discussies met Setyadjit, een Indonesische nationalist die in Holland studeerde en die in *Vergeelde portretten* voorkomt als Soedarpo; hij publiceerde in *De Fakkel* (en dus voor de oorlog) ook een hoofdstuk uit *Buiten het gareel*, de eerder genoemde roman van de Indonesische schrijfster Soewarsih Djojopoespito.

Hoewel Nieuwenhuys bepaald werd door beide werelden, had hij altijd een voorliefde voor het geboorteland van zijn moeder. In het land van zijn vader verwierf hij kennis en werd zijn intellect gevormd, maar het ging hier om een structuur aan de oppervlakte; daaronder leefde nog steeds het Java van zijn baboe en zijn moeder voort, dat zijn verbeelding en zijn gevoelens voedde. Net als voor Boon gold, bleef Nieuwenhuys in intellectueel en emotioneel opzicht een displaced person, iemand op de grens, omdat hij nooit kon zeggen dat hij werkelijk thuishoorde in een van beide werelden. Men wist Nieuwenhuys evenals Boon zover te krijgen de zo mooi lijkende rol van Indisch expert in Holland op zich te nemen, terwijl hij voor Indonesische intellectuelen de culturele stem van Nederland werd. Niemand nam de moeite te vragen of Nieuwenhuys of Boon deze positie eigenlijk zelf gewild hadden. Hun aanhangers bleven onwetend van het feit dat beide mannen alleen maar wilden leven in een wereld die zijzelf gemaakt hadden, en dat zij de politieke en sociale kwesties met plezier zouden overlaten aan andere, meer aanmatigende leidersfiguren omdat er in werkelijkheid nooit sprake kan zijn van een synthese tussen deze diametraal tegengestelde werelden. Beb Vuyk drukte het goed uit toen ze scherpzinnig opmerkte dat het in haar geval anders lag omdat ze was geboren en opgevoed in Nederland; 'Rob leeft *tussen* twee vaderlanden, ik leef *in* twee vaderlanden. Ik heb altijd een vaderland in de verte.'[6] Leven op de grens was ook het lot van Boon.

Daar waar Boon zijn ik verdrievoudigde, verdubbelde Nieuwenhuys het zijne slechts. Hij maakte gebruik van het pseudoniem E. Breton de Nijs, een typisch Indische naam die hij naar zijn zeggen had gevonden in een genealogisch boek, om aldus zijn moeder en het model voor Tante Sophie te beschermen.[7] Het bieden van een dergelijke bescherming is waarschijnlijk de meest gangbare reden om een pseudoniem te kiezen, maar toch blijft het van belang dat Nieuwenhuys er gebruik van maakte voor werk dat de Indische wereld van zijn moeder op zeer persoonlijke wijze weerspiegelde. Evenmin mogen we buiten beschouwing laten dat een pseudoniem een verklaring inhoudt dat men vrij is van sociale en familiale achtergronden. Hoe het ook zij, Nieuwenhuys gebruikte zijn eigen naam voor werk dat meer wetenschappelijk en dus meer objectief van aard was.

Vergeelde portretten uit een Indisch familiealbum maakt gebruik van de verhaalconventie van het kader. Net als *The Fathers* (1938) van Allen Tate begint *Vergeelde portretten* met een begrafenis die door de verteller wordt bijgewoond. De Amerikaanse verteller, Lacy Buchanan, is aanwezig bij de begrafenis van zijn moeder op het landgoed Pleasant Hill in Virginia in 1860, terwijl Ed (ook wel Edu of Eddy genoemd) in 1940 waakt bij Tante Sophie in haar huis op Salemba in Batavia, en bij haar begrafenis is op het kerkhof Tanah Abang. Zowel Lacy als Ed vertelt vervolgens de gebeurtenissen die tot op dat moment zijn voorgevallen; in het geval van de roman uit het Amerikaanse Zuiden komt de lezer de redenen aan de weet voor de weigering van George Posey de begrafenis bij te wonen, terwijl in de koloniale roman Ed onthult waarom de drie dochters van Oom Alex zo onaangedaan blijven bij de dood van hun weldoener. Vandaar dat beide romans een onderzoek zijn (dat voor een weinig nadrukkelijke suspense zorgt) maar zij zijn ook een bespiegeling en een samenvatting.

Het bewuste verhaalprocédé past heel goed bij beide werken maar er zijn ook een paar technische voordelen die, nog geheel afgezien van psychologische vereisten, voldoen aan de behoefte aan een objectieve verteller. Ed moet bijvoorbeeld zijn gedachten laten gaan over de verwarde verhoudingen tussen zijn familie en de familie De Pauly, maar hij moet ook een oordeel vellen over zijn eigen ambivalente gevoelens voor Tante Sophie, een vrouw die door haar omgeving gezien wordt als vriendelijk en energiek, maar er bij haar echtgenoot Tjen, bij haar nichtjes Fonnie, Joyce en Deetje, en bij haar eigen zuster Christien heel wat minder goed afkomt. Op grond van Eds herinneringen, die altijd enigszins vertekend zijn omdat hij destijds een kleine jongen was, krijgen we eenzijdige antwoorden en soms niet meer dan vage aanduidingen van wat er onder het sociale vernis broeide. Sophie de Pauly houdt immers de eer van de familienaam hoog, zorgt voor het voorouderlijke huis op Salemba alsof het een relikwie is, en maakt zich voortdurend zorgen over de huidskleur van iedere nieuwe De Pauly, want in het verleden is er Soendanees bloed in de familie terechtgekomen. Het verhaal komt op gang als de lezer verteld wordt dat Sophie al een oude vrijster was op het moment van haar huwelijk met Tjen.

Tjen was net als zijn moeder schuchter, gevoelig en stil. Deze eigenschappen kenmerken ook de vader van Sophie: 'een stille blonde man met een zacht karakter, zonder veel wilskracht'.[8] Hij hield van het binnenland terwijl zijn vrouw de voorkeur gaf aan de stad. De enige reden dat hun liefdeloze huwelijk niet ontbonden werd, was het verbod dat volgens de toenmalige zeden op echtscheiding rustte. En op een dag pleegt Sophies vader zelfmoord (p. 67), net als Geber in Daums *Ups en downs*. Weldra begint het huwelijk van Tjen en Sophie op een soortgelijke wijze te tanen. Tjen trouwde met Sophie van de weeromstuit, want de liefde van zijn leven was de blonde totok Winny, die al vrij jong aan tyfus stierf. Een huwelijk tussen een Indische vrouw van al 35 en een man die vijf jaar jonger was, had meer te maken met pragmatisme dan met een romance. Maar Tjen betaalt een prijs. Het echtpaar verhuist bijvoorbeeld naar Salemba, naar het huis dat van Sophie is en dat zij zonder hulp van haar man bestiert. Maar Sophies egocentrisme (p. 67-8) kan geen zwangerschap afdwingen en het huwelijk blijft kinderloos. Sophie compenseert dit door de opvoeding van Kitty, het eerste kind van haar zuster Christien, over te nemen, en door een 'bureau voor de administratie van huizen en landerijen' te beginnen (p. 111). Terwijl Tjen zich aldoor een gast voelt in dit huis (p. 100), waar hij maar weinig privacy heeft, lijkt Sophie van twee dingen het beste te hebben, want zij is getrouwd én ze leeft nog steeds in het huis van de De Pauly's, waar ze toezicht blijft houden op de bestemming van haar familie.

Wat sommige mensen zouden kunnen zien als het bemoederen van een toegewijde vrouw, wordt geleidelijk aan ontmaskerd als liefdeloze verstikking van een huistiran, iemand die alleen in staat is om de wereld in zich op te nemen nadat zij door het filter van haar ego is gegaan. De verteller begint de stille tragedie van Tjens leven en de norse haat van Sophies nichtjes te begrijpen. Sophies tweespalt veroorzakende geest blijkt duidelijk als Kitty een verhouding begint met John, een maatschappelijke streber en een parvenu. Hij is niemands aandacht waard en toch laten Kitty en Sophie zich al snel verlagen tot een vernederende krachtmeting die aan het licht brengt hoe verdorven de tiener is en hoe seksueel verknipt de tante van middelbare leeftijd. Nadat de strijd beslist is in de vorm van een compromis, eindigt het boek met de dood van de hoofdpersoon, de ondergang van haar familie en het einde van een rijk. De drie rampen worden nog één keer herhaald in de slotbeschrijving van het huis op Salemba. Hoewel verwaarloosd en aan alle kanten belaagd door illegale nederzettingen, staat het er nog steeds. Zoals Du Perron over Gedong Lami had gesteld: om het even wie het nu onderdak biedt, een huis 'blijft trouw'.[9]

Vergeelde portretten recapituleert diverse koloniale stijlfiguren en thema's. Het boek is bijvoorbeeld een evocatie van een plaats met haar tastbare bijzonderheden en haar geuren. T.S. Eliot vestigde er in zijn essay over Kipling terecht de aandacht op dat 'de eerste voorwaarde om een vreemd land te kunnen begrijpen, is: het te ruiken, zoals je India ruikt in *Kim*'.[10] Hoewel dit voor de hand liggend lijkt, is het vaak de valstrik die auteurs laat struikelen die ofwel geen kameleontische verbeelding hebben ofwel de onbestudeerde vertrouwdheid met een plaats, zoals een kind die heeft, missen. Eén vorm van bewijs was de verbazing van Nieuwenhuys toen hij ontdekte hoeveel Maleise en Javaanse uitdrukkingen in zijn proza waren opgedoken zonder dat hij zich er ooit van bewust was geworden voordat het boek was voltooid. Iedereen die vertrouwd is met Indië zal de authenticiteit van de concrete details erkennen – de overvloed aan bloemen, het drukkende klimaat, de geuren van wierook en Indonesisch eten. Er is sprake van authenticiteit in de beschrijving van het dagelijkse bestaan in die tijd, met zijn ontspanning 's avonds op de veranda, wanneer men zich, na de lange inspanning van iedere dag in een klimaat waaraan men wel nooit zou wennen, op zijn gemak in een ligstoel of een schommelstoel liet vermaken en informeren door roddel. Men treft de gebruikelijke negatieve aspecten aan: het gekibbel, de preoccupatie met huidskleur, de obsessie met iemands plaats in de sociale hiërarchie, het snobisme en, ondanks de angst ervoor, de dagelijkse betrokkenheid bij het inheemse leven.

Maar de werkelijkheid van voorbije gebeurtenissen is voor Nieuwenhuys minder belangrijk dan de kwaliteit van het herinneren. De geschiedenis van de De Pauly's is te diep doorvoeld om vastgelegd te worden op een andere manier dan door middel van gevoel en verbeelding. Misschien dat, in het algemeen gesproken, sommige gebeurtenissen in het boek zo gebeurd zouden kunnen zijn als ze worden voorgesteld, maar toch is ook duidelijk dat dit voor veel ervan niet geldt en dat heel wat van het materiaal afkomstig zou kunnen zijn uit andere bronnen, uit verhalen over andere mensen of zelfs uit onnauwkeurige of partijdige lezingen van dezelfde gebeurtenissen van de kant van mensen met persoonlijke vooroordelen. Als een voorbeeld van deze fictionalisering kan men het portret van Geraerdt Knol zien, van wie gezegd wordt dat hij de stamvader van de De Pauly's is geweest (p. 59-60). Breton de Nijs levert hier rustig het bewijs van, door te verwijzen naar een bekend wetenschappelijk werk over Java in de periode 1600-1800. In feite heeft Geraerdt Knol niet bestaan. Hij is een verzinsel dat is samengesteld uit beschrijvingen van diverse historische figuren die te vinden zijn in De Haans *Priangan*. Met andere woorden: de feiten zijn ondergeschikt aan de fictie, de waarheid aan de leugen. Er is dan wel de toetssteen van de realiteit, maar alleen in die mate waarin alle schrijvers er gebruik van maken. Want het is uitgesloten iets geheel en al te verzinnen; fictie kan onmogelijk bedacht worden binnen een vacuüm.

Nieuwenhuys heeft bij herhaling verklaard dat hij niet echt een creatief schrijver is, omdat hij niet kan fantaseren. Dit is natuurlijk niet oprecht, want hij is evenmin een schrijver van memoires. In *Vergeelde portretten* noemt hij zichzelf een 'memorialist' (p. 71), wat, als ik hem goed begrijp, wil zeggen dat hij een verleden herdenkt, misschien dat hij de nagedachtenis ervan viert. Maar men kan alleen herdenken door te herinneren, en het zijn de toon en het gehalte van de herinnering die belangrijk zijn, niet de kwestie hoeveel waarheid zij bevat. Nieuwenhuys maakt heel duidelijk waar het om gaat in zijn boek over zijn ervaringen in de Japanse concentratiekampen. Alleen al de titel *Een beetje oorlog* is ironisch, want deze vreselijke gebeurtenissen aldus te kenschetsen, is op z'n zachtst gezegd een understatement. De titel zou een rechtstreeks citaat kunnen zijn uit Kipling, die, na zijn eerste verblijf in Zuid-Afrika als verslaggever van de Boerenoorlog, aan een vriend schreef: 'there happened to be a bit of war on, and I had the time of my life' ('er was toevallig een beetje oorlog aan de gang, en ik had de tijd van mijn leven').[11] Dat Nieuwenhuys de gruwelen van de gebeurtenissen die hij doormaakte opzettelijk afzwakt, is zowel een daad van piëteit (omdat hij van mening was dat zijn lijden, vergeleken bij dat van andere mensen, veel minder afschuwelijk was) als een methode om de schrijver te behoeden voor emotionele en stilistische overdrijving, die, ironisch genoeg, onrecht zou doen aan de verschrikkingen. De stijl van het boek is gepast ingetogen en onopgesmukt. Maar alleen al de ingetogenheid van de stijl suggereert dat het vertelde waar is, en dit blijkt niet het geval te zijn. 'Mijn herinneringen zijn verhalen geworden die natuurlijk dicht bij de werkelijke gebeurtenissen staan, maar die toch de authentieke werkelijkheid niet meer zijn.' Hij bekent dat hij 'met de werkelijkheid gemanipuleerd [heeft]', want 'je ontkomt als verteller of schrijver nooit aan de leugen'. 'De waarheid,' zo concludeert Nieuwenhuys, 'ligt niet in de werkelijkheid maar in het verhaal.' Hij verwijst hierbij met instemming naar het motto van het boek, een citaat uit een roman van John P. Marquand: 'A writer must be an untrustworthy, mendacious fellow who can tell a good falsehood and make it stick' ('een schrijver moet een onbetrouwbare, leugenachtige figuur zijn die een goede onwaarheid kan vertellen en ervoor zorgt dat deze beklijft').[12]

Nieuwenhuys had Marquand in een van de kampen gelezen. Hij was in het bijzonder getroffen door Marquands meest autobiografische roman, *Wickford Point* (1939). Deze beschrijft het leven van de familie Brill op de boerderij die de roman zijn titel heeft gegeven. In werkelijkheid ging het hier om Curzon's Mill in de buurt van Newburyport aan de noordkust van Massachusetts. Wickford Point wordt door Jim Calder, de hoofdpersoon, met net zoveel liefde gezien als het huis op Salemba door Ed in *Vergeelde portretten.* En zelfs al zijn de Brills in hoge mate een oude familie van yankeepuriteinen, toch heeft men het merkwaardige gevoel dat men een boek leest over een uit New England afkomstige versie van Faulkners familie Sartoris, of over de Compsons en de Sutpens. De Brills zijn eveneens een aanzienlijke familie die is afgetakeld. Zij zijn niet alleen onbekwaam zich in te laten met de bestaande realiteit maar ook niet van plan dat te doen, omdat zij vinden dat hun tegenwoordige eigenaardigheden en hun vroegere luister hen uniek en op de een of andere manier de ondersteuning van anderen waard maken. Het beeld van deze ingeslapen en voorname familie die in en vanuit het verleden leeft, de moderne maatschappij heeft verworpen en hunkert naar een agrarisch verleden, én de wijze waarop Marquand een plaats voor de geest roept – eertijds een paradijs van jacht, honden, visvangst en verdraagzame kameraadschap van de bedienden – verlenen het boek dat onmiskenbaar typisch zuidelijke. Als we voorbijgaan aan een substantieel deel van de roman dat handelt over Jim Calders loopbaan als schrijver, dan valt te begrijpen waarom *Wickford Point* bij Nieuwenhuys een snaar raakte.

Ed, de verteller van de koloniale roman, moet zichzelf bijvoorbeeld bevrijden van zijn gebondenheid aan de familie De Pauly, net zoals Jim Calder moet loskomen van de verleidelijke loomheid van de Brills. In die zin zijn beide boeken een roman over een strijd om verlossing, over de wens om bevrijd te worden van een verstikkende familie. Het is ook een wrange ironie – hoewel het zou kunnen zijn dat dergelijke opmerkelijke families hetzelfde zijn, om het even welk halfrond ze kiezen voor hun voortbestaan – dat de hele menigte van tantes, ooms, neven en nichten uit New England zo gemakkelijk overgebracht kon worden naar de tropen en de koloniale ervaring. Men zou haast zeggen dat Marquands Tante Clothilde moest kunnen invallen voor Tante Sophie, want ook eerstgenoemde 'wil iemand leiden. Ze zou het leuk vinden iedereen leiding te geven want dit betekent dat ze iets doet.'[13] Tante Sophie is eveneens verwant aan de Brills in haar verbeten bezorgdheid om de zuiverheid van de familiestamboom, die een vertragingstactiek toepassen om de verandering, de werkelijkheid en de toekomst op een afstand te houden. Ze hoopt dat haar inspanningen de vroegere luister van de De Pauly's en het koloniale Indië in stand zullen houden, zelfs op een moment dat Ed en zijn familie zich proberen aan te passen aan de onaangename werkelijkheid van het hier en nu. En de volgende passage uit de roman van Marquand doet niet alleen denken aan de titel van Nieuwenhuys' roman, duidt niet alleen heel raak een tijdperk aan dat in New England net zo onherroepelijk voorbij is als in Indonesië, maar zij is ook een echo van de oprechte verbijstering van Nieuwenhuys' verteller als hij de eigenaardige vervorming probeert te begrijpen die individuen uit een andere periode door toedoen van de tijd ondergaan – individuen die, ook al zijn ze dan misschien verwanten, toch vreemden zijn.

> Het was altijd moeilijk me mijn voorouders voor te stellen als mensen met gedachten en verlangens die op de mijne leken. Zelfs de foto's in de familiealbums – en er was een aantal van die albums, toegesloten met zware koperen clausuren, op de derde plank van de etagère in de kleine salon in Wickford Point – zelfs die foto's waren onwerkelijk. De personen zaten er in het nauw gedreven bij, starend naar niets, met koude grimassen die noch op ongedwongenheid noch op plezier wezen. Sommige portretten waren ferrotypieën en andere waren van hetzelfde verbleekte bruin van de fraai gekleurde meerschuimpijp van mijn vader.[14]

Er zijn nog andere parallellen tussen deze in geografisch opzicht zo verschillende romans. Er is bijvoorbeeld sprake van een meedogenloos soort liefde waarop de respectieve families een beroep doen om de vijandige werkelijkheid het hoofd te kunnen bieden. Want hoe rigoureus Tante Sophies maatregelen ook mogen zijn, ze vinden hun oorsprong in de wet die voorschrijft dat het belang van de De Pauly's voor het meisje gaat. Het is dit plichtsbesef dat ervoor zorgt dat beide romans, met name *Vergeelde portretten*, niet somber worden. Er is een gevoel van verdriet, van verlies, van gemiste kansen en van de dwaasheid van opeenvolgende misverstanden tussen de familieleden. Maar alle mogelijke tragiek wordt tenietgedaan door de hoop op voortzetting van de familielijn en op het behoud van alles wat deze mensen het beste in henzelf achten, hoewel het onvermijdelijk is dat deze hoop niet zal worden vervuld. En het is pas in de slothoofdstukken, die de desintegratie van de familie De Pauly beschrijven, als deze bezwijkt voor het gevaar van buitenaf, dat de roman een parallel suggereert – maar altijd in bedekte termen – met de ondergang van de kolonie. Het uiteenvallen, de repatriëring en de doden staan op één lijn met de afbrokkeling van een rijk. En dit klopt ook, want het meest herhaalde thema in deze literatuur is het verval, de verstoring van een dierbare droom die, net als in het geval van Faulkners Yoknapatawpha-saga, niet opgewassen is tegen verandering in wat voor vorm dan ook, of het nu een Snopes is of het 'ethische' liberalisme van de Nederlandse regering. En weer zien we opeens een ongewone overeenkomst tussen Nederlands-Indië, het Amerikaanse Zuiden en een verdwenen New England, wanneer Marquand opmerkt dat maar weinig schrijvers van buiten New England werkelijk iets van het gebied begrepen hebben, want 'er was iets wat zij niet zagen, een onvermurwbaar soort voornaamheid, een vergeefsheid van inspanning, een verdriet van een voorbeschikte mislukking'.[15]

De sensualiteit die Marquand concentreert in zijn portret van de wispelturige

Bella, die als een gevaarlijke geest de man verstikt die haar uit de fles laat, is in Nieuwenhuys' roman verdeeld over Kitty en Tante Sophie. Kitty gedraagt zich als een jongere versie van Couperus' Léonie van Oudijck in *De stille kracht.* Zij belichaamt de onproblematische seksualiteit die men bijna met de onvermijdelijkheid van een cliché is gaan verwachten van de tropische literatuur. Het gaat om een machtige aantrekkingskracht, een lome verleidelijkheid die de onervaren Europese man verlokt, maar binnen het huwelijk komt er een eind aan.

Kitty laat de lezer koud. Zelfs in de tropen is het vroegrijpe meisje à la Nabokov op zichzelf veel minder interessant dan de reacties die ze teweegbrengt bij haar bewonderaars. In *Vergeelde portretten* is het paradoxaal genoeg Tante Sophie die de tragische seksualiteit belichaamt. Aan Oom Tjen heeft ze niets als man, want hij zal nooit loskomen van Winny, het meisje met wie hij had moeten trouwen maar dat stierf voordat het ervan kwam. Wanneer ze zich ontfermt over Oom Tjen, verplicht ze hem (evenals anderen) aan zich, maar een plichtmatig blijk van dankbaarheid kan toch nauwelijks doorgaan voor hartstochtelijkheid. Ze is een vrouw die ondanks haar verwoede activiteit onbevredigd is, en haar ogenschijnlijke hysterie is veeleer een nauwelijks bedwongen woede en wanhoop. Haar pathetische strijd met Kitty om de liefde van John verraadt een nog niet aangeboorde emotionele kracht die anderszins moet uitrazen. Haar zuster Christien baart haar kinderen voor haar, de dode Winny legt beslag op haar echtgenoot, Kitty krijgt dat wat de adolescentenliefde van Tante Sophie lijkt te zijn die tot middelbare leeftijd is uitgesteld, en zelf kan zij zich alleen maar in het moederschap uitleven door het onwettige kroost van Oom Alex nagenoeg te kidnappen. De bijna beangstigende verwardheid van haar seksualiteit schemert slechts door als er gewag van wordt gemaakt dat ze weleens het voorbeeld van de inheemse vrouwen gevolgd zou kunnen hebben door schrijlings op de erotische fetisj van het heilige kanon in Batavia te gaan zitten (p. 110), en daarmee in haar radeloosheid toe te geven aan juist die levenswijze die ze zo weloverwogen verfoeit. Tante Sophie, en niet de verteller, is het middelpunt van *Vergeelde portretten*, en de karakterisering die ze krijgt, is voortreffelijk, want er borrelt van alles aan onvervulde verlangens en onuitspreekbare wanhoop.

De figuur van Tante Sophie is ook verbonden met het thema dat de roman overheerst: het verval. Al vanaf het allereerste begin krijgt de lezer een aanwijzing van het belang van het thema, als wordt medegedeeld dat Sophie het familiemausoleum op het kerkhof Tanah Abang goed onderhield (p. 10), alsof het herstel van het huis van de doden belangrijker is dan dat van het verblijf van de levenden. In symbolisch opzicht is dit precies wat er gebeurt, want net als Du Perron en Boon beschouwt Nieuwenhuys verval niet alleen als een normale verandering onder invloed van het klimaat maar ook als een symbool voor de neergang van het kolonialisme. Toen dat historische sterfgeval eenmaal achter de rug was, werd het literaire herinneren in zekere zin een reddingsactie voor datgene wat de gevaren van de geschiedenis had overleefd, een paradoxale piëteit die beter zorg droeg voor het verleden dan voor het heden. En zo slingert de begrafenisstoet van 1940 in de roman zich door een koloniale hoofdstad die 'onbekend [leek], door verlatenheid vervreemd van de werkelijkheid' (p. 14); ten slotte arriveert hij bij een begraafplaats die, afgezien van het mausoleum van De Pauly's, niet goed verzorgd is; en de passage eindigt met het wegsterven van het licht: 'Het leek wel of juist in dit stervende, verschietende licht het langzame bederf van heel de dag schaamteloos verraden werd' (p. 16).

Dat Sophies lijk 'tekenen van het bederf' (p. 186) vertoont, is begrijpelijk, maar men kan sporen van dit onherroepelijke afscheid ook bij de levenden terugvinden. Hoewel de gebruinde huidskleur van Oom Alex een indruk van gezondheid zou moeten maken, verraadt zij op slinkse wijze bederf want 'er lag iets vaals, iets verkleurds, iets verweerds' over zijn gezicht. Oom Alex zou het toonbeeld van stoere mannelijkheid moeten zijn; hij is een planter die net als Sophies vader de voorkeur geeft aan het binnenland boven de stad en bij de lezer de indruk zou moeten achterlaten van de koloniaal in zijn meest zuivere vorm. Maar evenals zijn bedrieglijke gebruindheid is zijn lichamelijke aftakeling analoog aan wat er met de tropische kolonie gebeurde. Net als een grote groep van de bewoners ervan voelde Oom Alex zich niet op zijn gemak onder Europeanen en was hij liever in het gezelschap van Javanen. Dit gold ook voor vrouwen. Niet alleen hield hij niet van Europese vrouwen vanwege hun *koelit boelé* (huid van een albino; p. 170), maar ook omdat ze restricties zouden opleggen die niet zouden bestaan zolang hij maar met een inheemse vrouw samenwoonde. Met laatstgenoemde kon hij de dingen op hun beloop laten, zich laten bedienen en zich niet druk maken om Europese eisen die zijn loomheid alleen maar zouden ondermijnen. Het gaat hier om een beschrijving (p. 170-1) van zowel een futloos individu als een van zijn vitaliteit beroofd gezag. Noch de man noch de maatschappij ondernam krachtdadige actie toen er gevaar dreigde; heel toepasselijk stierf Oom Alex net voor de Japanners Java binnenvielen (p. 171). Tegen die tijd is de ooit zo robuuste opzichter niet meer dan een zwak skelet, een vooruitwijzing naar de overlevenden van de Japanse kampen voor militairen. Hij stierf toen uiteindelijk geen enkel vitaal orgaan nog langer werkte. Niemand was erbij om zijn overlijden te verzachten (p. 172). Dit zou weldra ook het geval zijn met het systeem dat een leven als dat van Oom Alex mogelijk had gemaakt.

Boon en Nieuwenhuys waren getuigen van het debacle dat Du Perron alleen maar intuïtief kon aanvoelen. Terwijl het verval van huizen in de ogen van Boon hoofdzakelijk een aantrekkelijk teken van wanorde was, gebruikt Nieuwenhuys het als een meer subtiele indicatie van historische erosie. Hij beschrijft diverse huizen net zo gedetailleerd als Du Perron, hoewel zijn gevoel geen onderscheid maakt tussen het bescheiden 'tweede ouderhuis' van zijn moeder in Pasar-Baroe-Oost (p. 24-6) en de statige woning van de De Pauly's op Salemba, een huis dat meer doet denken aan Du Perrons Gedong Lami (p. 57-8). Maar vóór Salemba waren er de gouden tijden van de negentiende eeuw, die men op schitterende wijze tot uitdrukking had gebracht in het indrukwekkende landgoed Tjidané in

Bantam (p. 88-97). Zelfs al zijn de gloriedagen voorbij, de verteller is nog steeds onder de indruk van een herinnering aan licht, koelte, comfort en uitgestrektheid. Maar dit geldt niet voor de macht ervan. De historische werkelijkheid had deze al gereduceerd: 'Het grote huis leefde al in stilte, naar de binnenkant gekeerd, zonder uiterlijk vertoon' (p. 89). Op soortgelijke wijze schrompelt het huis op Salemba tot meer bescheiden proporties ineen, als de eigenaar ervan, Sophie, door de deerniswekkende strijd met Kitty tot normale dimensies teruggebracht wordt (p. 162).

Seksualiteit heeft een donkere ondertoon in deze tekst omdat Sophie weinig geluk heeft (vergelijk het begrip *sial* in het Maleis) als het om haar liefdes gaat. Ter gelegenheid van hun huwelijksreis bezoekt ze samen met Tjen het voorouderlijke landgoed Tjidané, maar er komt abrupt een einde aan hun geluk wanneer Christien, Sophies zuster, haar terugroept omdat ze zwanger is (p. 97). De fameuze sensualiteit van de tropen wordt in *Vergeelde portretten* op z'n kop gezet. Op een bepaald moment weet de verteller bijvoorbeeld zeker dat hij terug in de tropen is wanneer hij gaat slapen in een typisch Indisch bed in een typisch Indische slaapkamer (p. 159). Eerder al was er de opmerking dat het 'familiebed' van de De Pauly's, dat ook dienstdeed als 'bruidsbed' van Tjen en Sophie, sial was (ongeluk aanbracht; p. 98-9). Dezelfde slaapkamer in het huis op Salemba brengt de verteller ertoe te zeggen dat een typisch ouderwetse Indische slaapkamer 's nachts 'luguber' was:

> (...) een cementen vloer, een sampiran [staande kapstok, overtrokken met een klamboe], een groot ijzeren bed met witte klamboe, een wankele kast en het onvermijdelijke stilletje natuurlijk. Dit alles onder de belichting van een schraal oliepitje en voor die nacht, ook nog: het maanlicht dat door de jaloezieën viel en witte lichtstrepen op de vloer aftekende. Daarbuiten de geweldige natuur met de hoge, zwarte bomen tegen een lichtere hemel (p. 70).

Als men de hier voorgestelde volgorde omkeert, dan komt men erachter dat in deze roman de natuur bij nacht beangstigend is, dat de kamer die het meest privé is in huis, angstaanjagend is, en dat het meest intieme meubelstuk, het bed, niet veel heeft gegeven maar wel veel heeft genomen. Symbolisch gezien wekt het geen verbazing dat dit onheilspellende ook voor Sophie zelf geldt (p. 78) én voor haar huis op Salemba, dat beschouwd wordt als een *roemah sial* (een ongelukshuis; p. 180). Hieraan moet worden toegevoegd dat niets van dit alles de lezer opgedrongen wordt, want Nieuwenhuys' proza verzwijgt veel en is altijd subtiel, hoewel het ook zo is dat deze waarschuwende associaties de mate waarin een huis iets positiefs kan symboliseren, in twijfel trekken.

Nieuwenhuys stelt veel duidelijker dan Du Perron óf Boon dat het Indische huis 'functioneerde als een symbool van deze eenheid [van de familie]' en dat er binnen dit clanhuis een feodaal leven werd geleefd, afgesloten van de grote wereld daarbuiten, een weerspiegeling in het klein van de koloniale macrokosmos

(p. 71). Maar ook al mogen dit huis en dit bestaan voor sommigen 'een verloren droom' zijn (p. 97) of de intimiteit van de kinderjaren vertegenwoordigen (p. 88), zij zijn in de roman van Nieuwenhuys veel meer bedreigd dan zij het waren in de ogen van Du Perron, die tenslotte de Tweede Wereldoorlog niet meemaakte. Men moet niet vergeten dat Nieuwenhuys een deel van het boek in een van de kampen schreef.[16] Hij ziet de dingen daarom in een ruimer verband. Zijn roman eindigt met de berooide Indischgasten die met tegenzin in Nederland wonen, waar zij door hun frequentere omgang met de orang belanda uiteindelijk, in een perfecte ironie, de door Tante Sophie zo vurig gewenste bleke huidskleur krijgen (p. 189). En aan het eind wordt gezegd dat het koloniale huis standhoudt; maar het gaat hier niet om de pittoreske bouwvalligheid die we bij Boon en Du Perron aantreffen, maar om een vervallen bouwwerk dat 'zijn bestemming [heeft] verloren' (p. 189). Min of meer hetzelfde was al vastgesteld met betrekking tot het koloniale stelsel.

Nieuwenhuys schreef *Vergeelde portretten* in een ingetogen, rustig, helder proza. Vergeleken met het werk van Boon en Du Perron, of van Daum en Multatuli, komt er weinig directe rede voor in *Vergeelde portretten.* De dominerende vorm van het discours is niet-rechtstreeks, een literaire modus die het gesproken woord (oratio directa) omzet in indirecte rede ('reported speech', oratio obliqua). Deze vorm heeft verscheidene voordelen voor iemand met zulke voorkeuren als Nieuwenhuys. Met indirecte rede houdt een auteur zijn medium stevig onder controle, zonder dat hij het drama van een gebeurtenis rechtstreeks behandelt of weergeeft. De auteur treedt op als middelaar tussen de lezer en de verhaalsituatie, en handhaaft daarbij steeds een afstand die, in psychologisch opzicht, dient om emoties in bedwang te houden.

Indirecte rede impliceert een merkwaardige tegenstrijdigheid. Nieuwenhuys wil aan de ene kant een stijl hanteren die net zo gewoon is als het gesproken woord; 'goed schrijven,' stelde hij eens, 'is een stem laten doorklinken'.[17] Een dergelijke wens lijkt een pleidooi voor het zeevaardersproza dat, recht door zee, de dingen bij de naam noemt. Zoals Walraven schreef (zie volgende hoofdstuk). Walraven was Nieuwenhuys' beste voorbeeld want deze weinig alledaagse man 'schreef geen literatuur'.[18] Walraven vatte de pogingen van hen beiden kort samen in een brief aan Nieuwenhuys, daterend van 24 april 1941: 'Wij zijn geen fantasten, maar beschrijvers der werkelijkheid.'[19] Toch bekende Nieuwenhuys diverse keren dat hij zich het meest op zijn gemak voelt met wat men de methode-Hamlet zou kunnen noemen, dat wil zeggen: 'by indirections find direction out' (*Hamlet,* ii. i. 66; in de vertaling van Bert Voeten: langs kronkelpaden recht op het doel afgaan). Het verhaal van zijn kampjaren wordt voorafgegaan door het eerder genoemde citaat uit Marquands *Wickford Point*: 'A writer must be an untrustworthy, mendacious fellow who can tell a good falsehood and make it stick.' Hij stemde ook in met deze strofe van Lewis Carroll: 'Poeta fit, non nascitur' (Een dichter wordt gemaakt, niet geboren):

Beschrijf je dan vervolgens
Een vorm, geluid of tint;
Vermeld de zaak niet ronduit,
Maar doe het met een hint;
En leer jezelf te kijken
Met een soort mentaal geloens.[20]

Deze niet-rechtstreekse methode gaat geen directe confrontatie met de realiteit aan; zij biedt er wel plaats aan, maar dan voorzien van allerlei waarschuwingen. Traumatische belevenissen worden afgezwakt door een zijdelingse benadering, een indirectheid, niet van taalgebruik maar van rede. Het gaat om een schrijfwijze die een profiel schetst maar nooit iets recht van voren laat zien, met het resultaat dat zij met iedere emotie overweg kan omdat zij zich niet zal binden. Er wordt bijvoorbeeld van opzij naar de overdaad van de tropische natuur gekeken, zodat het onderzoekende intellect niet overweldigd wordt als het deze natuur ondergaat. Vandaar dat we hier te maken hebben met een merkwaardige complicering van het zeevaardersproza: de woordkeus mag dan gewoon blijven, maar het gebruik van die woordenschat heeft zijn onschuld verloren en is nu problematisch geworden. Het mooiste voorbeeld van deze natuurlijke taal in de twintigste-eeuwse koloniale literatuur was Walraven. Maar ondanks zijn bewondering voor hem, kon Nieuwenhuys niet net zo schrijven. Hij mocht zichzelf dan wel willen beperken tot de eenvoudige taal van Walraven, zijn denkwijze lijkt niet op diens openhartige en directe engagement. Nieuwenhuys is veel subtieler en maakt meer onderscheid. Hij blijft op afstand. Zijn discours blijkt een interessant mengsel te zijn van Nederlandse directheid en Indonesische verhulling. De ongekunstelde boodschap van de zeevaarders kan niet langer alleen maar betekenen wat zij meedeelt, want zij is gecompromitteerd door de ambiguïteit vol connotaties die zij in de loop van enkele eeuwen van ondervinding heeft vergaard. Complexiteit is niet meer een opzettelijke literaire truc, maar is ingebed in de taal. Van Nieuwenhuys lijkt het maar een korte weg naar de tergende eenvoud van Alberts' mysterieuze, moderne teksten.

Zorgvuldig geconstrueerde informaliteit kent nog andere, meer dienstige toepassingen; bijvoorbeeld voor het kritische discours. Een van Nieuwenhuys' belangrijkste prestaties is zijn geschiedenis van de Nederlandse koloniale literatuur: *Oost-Indische spiegel. Wat Nederlandse schrijvers en dichters over Indonesië hebben geschreven, vanaf de eerste jaren der Compagnie tot op heden.* Zij werd voor het eerst gepubliceerd in 1972; de derde en herziene editie verscheen in 1978. Zij werd opgedragen aan E. du Perron. Het kostte Nieuwenhuys tien jaar (1962-1972) om het boek te voltooien.

Hiermee voerde Nieuwenhuys datgene uit wat bij Du Perron nog maar weinig meer dan een plan was geweest. Het lijdt geen twijfel dat Du Perron aanzienlijke invloed op Nieuwenhuys had, maar het effect hiervan was toch nooit zo merkwaardig als Du Perrons mislezing van Multatuli. Nieuwenhuys wilde een kritische tekst vervaardigen die een stevige historische basis had en die was geschreven in een stijl die plezierig leesbaar was en tegelijk blijk gaf van gedegen kennis. Dit is opnieuw een kwestie van dialogische verscheidenheid, want hoewel de eerste indruk van de lezer er een van objectiviteit zou kunnen zijn, wordt deze al snel tegengegaan als men zich evenzeer bewust wordt van een subjectiviteit. De eerste 'stem' zou dan die van de historicus zijn – en Rob Nieuwenhuys beschouwt zichzelf in de allereerste plaats als een 'historicus, maar dan wél een creatieve'[21] – terwijl de tweede de stem van de 'creatieve schrijver' is, een stem waarin onmiskenbaar de echo van Du Perron en Walraven doorklinkt. In die zin is Nieuwenhuys' proza een fraai voorbeeld van Bakhtins dialogische stijl: een stem in strijd met een tegenstem.

De *Oost-Indische spiegel* is een 'leeskaart' van de Nederlandse koloniale literatuur die bewondering afdwingt en tegelijk richting geeft. Deskundigen mogen twisten over interpretaties maar niemand kan ontkennen dat Nieuwenhuys de eerste was die met een overtuigende documentatie en bewijsvoering kwam ten behoeve van een corpus literatuur dat een eigen karakter én iets gemeenschappelijks had (en heeft).[22] Niemand was ooit zo volledig geweest en niemand anders, met uitzondering van Du Perron, had ooit zo overtuigend gepleit voor het onder vuur nemen van de Europese literaire canon, en daardoor de weg vrijgemaakt voor wat er aan 'literairs' was in de wetenschappelijke teksten van Rumphius en Junghuhn, voor wat er aan prachtig verhalend proza was in de journalen van de vroege zeevaarders, of voor wat Walravens grootste prestatie was: zijn epistolaire autobiografie. De *Oost-Indische spiegel* is de uiteindelijke vorm die Nieuwenhuys aan het nog vage idee van Du Perron gaf. Tegelijkertijd had Nieuwenhuys ook Du Perrons credo in gedachten toen hij koos voor een beschrijving van intellectuele gebeurtenissen in de kolonie, in een stijl die indruk maakt op de lezer door zijn niet-aflatende levendigheid. Het was natuurlijk de bedoeling Du Perron te overtreffen, maar er zou ook sprake geweest kunnen zijn van een verborgen polemiek met het enige andere kritische werk dat zich met enig recht een geschiedenis van de Nederlandse koloniale literatuur mocht noemen: *Java in onze kunst* (1931) van Gerard Brom. Wat voor verdienste het boek van Brom ook gehad moge hebben, deze werd overschaduwd door zijn bovenmate gemaniëreerde stijl, en men blijft zich er dan ook over verbazen dat Du Perron het aanprees in een bespreking uit 1931. Brom was zich ervan bewust dat alles wat over Indië was geschreven, gezien zou moeten worden als een afzonderlijk geheel binnen de totale traditie van de Nederlandse literatuur. Tot op dat moment had men dit geheel enkel beoordeeld vanuit, wat Du Perron noemde, 'het europese superioriteitsgevoel', dat dit soort geschriften automatisch als verdacht beschouwde omdat zij niet netjes Nederlands waren. Zoals Du Perron het uitdrukte: 'de waringins hebben ongelijk, omdat zij niet zo gezellig kwispelstaarten als de bomen in Holland, en dus: niets van wat men in Indië beleven kan, haalt eigenlijk bij het genot van een glas bier op het leuke Rembrandtplein'.[23] Het werk van Brom corrigeerde dit perspectief. Vanuit het oogpunt van literaire kritiek schiet *Java in onze kunst* echter tekort.

In de allereerste plaats verschilt de toon van het betoog van Brom in sterke mate van die van Nieuwenhuys en is hij meer verwant aan die van Du Perrons werk. Hij is polemisch, belust op discussie, soms bijna schel. Ondanks Du Perrons bijval lijkt de negatieve toon van het boek overeen te stemmen met de kritische arrogantie van het moederland, want het hoofddoel was ogenschijnlijk niet om het beste wat er aan literatuur was te laten zien, maar om het kolonialisme vanuit historisch en sociologisch standpunt aan de kaak te stellen. Broms boek lijkt te zijn geschreven met de zegen van Multatuli's geest en een dergelijke zegening kon alleen maar worden toegejuicht door Du Perron, die zich immers beschouwde als de zaakwaarnemer van Multatuli. Maar het is een merkwaardige vorm van kritiekbeoefening wanneer een auteur alleen maar middelmatigheid vermeldt en veel van wat beter is, weglaat. Men blijft achter met een tegenstrijdige conclusie. Eerst is er alleen al verbazing dát er iets is geschreven, daarna vraagt men zich af waarom er zovéél was.

Zowel Brom als Du Perron was veel minder geïnteresseerd in literaire uitmuntendheid dan in sociologische getuigenissen. In zijn voorwoord van het geplande tweede deel van zijn bloemlezing koloniale bellettrie gaf Du Perron toe dat

> (...) de waarde ook hier – evenals in *De Muze van Jan Companjie* – in hoofdzaak historisch en sociologisch blijft; al vindt men hier dan heel wat meer leesstof (...) van vaak boeiende en gezellige vertellers. Literair zelden volwaardig, moet ondervinding met wat opmerkingsgave bij dezen meestal goedmaken wat zij tekortkomen aan hogere interpretatie van hun onderwerp of fijner kunstenaarschap.[24]

De keuze van auteurs ondersteunt zijn verklaring. Alleen Franz Junghuhn had een uitzondering moeten zijn, maar Du Perron verwaarloost hem als schrijver om de nadruk te kunnen leggen op zijn veel minder belangrijke rol van godsdienst- en maatschappijcriticus. We kunnen hieruit concluderen, hoe vreemd het ook moge klinken, dat het Nieuwenhuys' voornaamste vernieuwing was, dit corpus werken als literatuur onder de loep te nemen. Met andere woorden: hij velde een 'esthetisch' oordeel. Op deze manier kon Nieuwenhuys enkele bekende auteurs in een ander licht plaatsen (Multatuli, Couperus en Du Perron), maar eveneens kon hij voor het eerst voortreffelijk materiaal onder de aandacht brengen, afkomstig uit bronnen die Brom had genegeerd. Du Perron was de eerste geweest die stelde dat dergelijke ongewone teksten niet gezien moesten worden als vreemde marginalia van de Nederlandse literatuur, maar Nieuwenhuys was degene die ze voorgoed van de zelfkant overbracht naar hun eigen domein, waar ze zich niet langer hoefden te verontschuldigen voor het plaatsje onder de zon waar ze recht op hadden.

Rob Nieuwenhuys is de belangrijkste schakel tussen de koloniale werkelijkheid en de daaropvolgende vastlegging ervan. De getuige werd historicus of, nauwkeuriger misschien, een opmerkzame 'passatist', zoals Couperus het noemt (*Verzamelde werken*, xii. 193). Omdat hij er niet aan gehouden was gevestigde autoriteit te herhalen, kon Nieuwenhuys de klus van zijn literaire speurwerk aanpakken zonder veel tegenstand te ondervinden. Zijn voorkeur, net als die van Du Perron, ging uit naar de buitenstaanders, de veronachtzaamde 'randfiguren'.[25] De aanvankelijke beweegreden voor zijn vriendschap met Du Perron was in feite de op dat moment betrekkelijk onbekende koloniale schrijver P.A. Daum.[26] Het was Nieuwenhuys die zulke niet eerder verkende desiderata als Rumphius, Junghuhn, Van der Tuuk, Alexander Cohen en Willem Walraven ontdekte en propageerde – en het tweede is net zo belangrijk als het eerste. Hetzelfde inzicht en dezelfde kritische scherpzinnigheid zijn tevens goede eigenschappen voor een samensteller van een representatieve selectie. Een bloemlezing kan een belangrijke stellingname inhouden maar is ook blootgesteld aan aanvallen vanuit elke legerplaats aan het literaire front. Nieuwenhuys vervulde de ondankbare taak van samensteller vier keer.

Afgezien van Du Perrons buitenissige selectie voor *De muze van Jan Companjie* en het nooit gerealiseerde vervolg daarvan, zijn het Nieuwenhuys' bloemlezingen geweest die de Nederlandse lezers een kans gegeven hebben om kennis te maken met deze weinig gangbare literaire valuta. 'Bloemlezingen,' zo merkte Randall Jarrell ooit op, 'zijn idealiter een wezenlijke vorm van literaire kritiek.'[27] Nieuwenhuys' eerste poging, *Bij het scheiden van de markt* (1960), presenteerde veertien auteurs die Brom niet had kunnen kennen omdat zij pas tijdens of na de oorlog begonnen te schrijven of, zoals in het geval van Du Perron, hun belangrijkste werken pas na Broms studie publiceerden. Ten minste acht van hen bevinden zich echter in de voorhoede van de Nederlandse koloniale literatuur. Zijn tweede bloemlezing, *Van roddelpraat en litteratuur*, die in 1965 verscheen, toont zich veel kritischer dan het boek van Brom. De zestien opgenomen auteurs hadden allemaal, op één na (Cohen), vóór het verschijnen van Broms studie werk gepubliceerd. Van deze vijftien worden er vijf nergens door Brom vermeld, en drie slechts terloops genoemd. Het grote aantal onbetekenende auteurs dat Brom aan zijn lezers liet voorbijtrekken om er de spot mee te drijven, werd drastisch teruggebracht door vast te houden aan het eenvoudige hulpmiddel van de selectie volgens de maatstaf van literaire uitmuntendheid. Evenmin zal men de armzalige rijmelaars aantreffen die Du Perron had bijeengebracht. In 1962 publiceerde Nieuwenhuys een mooie keuze uit de geschriften van Van der Tuuk, *De pen in gal gedoopt*, en in 1966 liet hij zijn oordeelkundige selectie uit de werken van Junghuhn, *De onuitputtelijke natuur*, het licht zien. In 1980 publiceerde hij een uitgebreide versie met min of meer dezelfde titel, een versie die ook de verbluffende tekeningen bevatte die Junghuhn maakte van de Javaanse vulkanen waarvan hij zoveel hield, evenals de foto's die hij al heel vroeg, omstreeks 1860, maakte. Door uit hun werk datgene te kiezen wat nog steeds fris, vol verbeelding en van niet te loochenen literaire kwaliteit was, behield Nieuwenhuys deze twee schrijvers voor toekomstige generaties. In 1972 liet hij zijn *Oost-Indische spiegel* verschijnen, waarin zijn onovertroffen kritische smaak op feiten gestoeld werd, en in 1974 en 1975 publiceerde hij zijn definitieve bloemlezing van Nederlandse koloniale literatuur in vier delen. Met deze selectie, uitgebreid tot 55 auteurs en gelijk op gaand met zijn literaire geschiedenis, had Nieuwenhuys de droom van Du Perron vervuld, had hij het werk van Brom overschaduwd en had hij voor eens en voor altijd een eigen plaats voor de Nederlandse koloniale literatuur geclaimd, als een erkende literatuursoort met een eigen karakter, een eigen traditie en een eigen integriteit. Hij had in feite uit al zijn voorgaande inspanningen – inclusief de essaybundel *Tussen twee vaderlanden* (1959; tweede druk 1967), tijdschriftartikelen en zijn talrijke inleidingen – een kritische samenvatting van zijn leven gedestilleerd.[28]

Het derde hoofdstuk van Du Perrons roman *Het land van herkomst* heet 'Familie-album'. In dat hoofdstuk probeert Du Perron het verleden van Ducroos ouders te reconstrueren. Nieuwenhuys deed een soortgelijk onderzoek, zij het wat indirecter, in *Vergeelde portretten uit een Indisch familiealbum*. Volgens hem werd de titel gesuggereerd door zijn uitgever, maar men zou dit in twijfel willen trekken. In een sleutelpassage (eveneens in het derde hoofdstuk) worden gedetailleerd de foto's beschreven van de familieleden die Tante Sophie zo vertrouwd zijn en die in Eds roman opnieuw tot leven gewekt worden (p. 61-4). De beschrijving van deze oude foto's bevat een verwijzing naar de titel van de roman:

> Het bekijken van dit album maakte Tante Sophie altijd tot een ritueel. Er lag dan een wijding over al de handelingen die ze verrichtte. Met haar vingertoppen sloeg ze de bladen om. Het gaf altijd een knisterend geluid in de rug en bij elke neervallende bladzijde steeg een geur van oudheid en naftaline op. Op het passe-partout waren ook oude vochtvlekken. Ze leken op bruine wolken, zwevende tussen de vergeelde portretten. (p. 62)[29]

De beschrijving zinspeelt op enkele belangrijke kenmerken van deze foto's uit de kolonie. Voor latere familieleden verkrijgen deze foto's door toedoen van de tijd iets gewijds. Zij documenteren het verleden, terwijl het tegelijkertijd het verleden is dat ze heeft bekleed met een macht die een eigentijdse afbeelding niet zou kunnen vergaren. Het gaat om een vreemde en paradoxale werking, want hoewel zij van net zulke voorbijgaande aard lijken als langstrekkende wolken, kunnen foto's als deze de tijd trotseren en ons terugbrengen naar waar we, logisch gezien, niet kunnen zijn. Portretten uit de Oost worden magisch omdat ze poesaka's zijn, bezield (p. 62), en als men aan de koloniale samenleving denkt als aan een familie, dan is er niet veel voor nodig om de nog bestaande foto's te zien als een bewijs van afstamming. Of als een bewijs van genegenheid. Deze machinaal geproduceerde herinneringen worden aandenkens die staan voor een hartstocht; zij kunnen iemand laten wegdromen omdat ieder beeld een mogelijk verhaal lijkt te vertegenwoordigen. Rob Nieuwenhuys benutte foto's zowel in deze meer persoonlijke zin als op een meer algemene manier.

De stimulans om foto's op te vatten als een verleiding van het verleden, lijkt een reeds vroeg bestaande overtuiging te zijn geweest. In 1941 schreef Walraven aan Nieuwenhuys dat een aantal als illustratie dienende foto's bij een artikel over het 'oude Indië' een prachtig onderwerp zouden vormen 'voor een dik boek'.[30] In 1954 publiceerde Nieuwenhuys zijn roman, waarin foto's een voorname metafoor waren, en volgens een collega bij het Koninklijk Instituut voor Taal-, Land- en Volkenkunde was Nieuwenhuys 'op z'n best' wanneer hij zich bezighield met de grote fotocollectie van het instituut. Hij bedoelde ermee dat Nieuwenhuys handig was in het op een vindingrijke manier ordenen van de foto's en dat hij oog had voor 'het relevante, gekke detail'.[31] Met andere woorden: Nieuwenhuys had een andere indirecte manier ontdekt om het verhaal van het koloniale verleden te vertellen.

Foto's zijn de perfecte synecdoche's voor de van beelden doordrenkte twintigste eeuw. Ze zijn ambigu omdat ze kunnen pretenderen objectief te zijn terwijl ze tezelfdertijd een subjectief oordeel inhouden. Het tegenstrijdige karakter van de fotografie is door enkele belangrijke critici aan de orde gesteld. Volgens Barthes legt de fotografie de dood vast; wat uit de donkere kamer te voorschijn komt, is niet een herstel van het verleden maar een herinnering aan wat is geweest. In de ogen van Walter Benjamin is fotografie een typisch product van het kapitalisme, terwijl John Berger deze moderne beelden in de eerste plaats ziet als dragers van een ideologische boodschap. Van de belangrijke interpreteerders is alleen Susan Sontag onbevangen genoeg om de contradictoire aard van deze moderne toverkunst in één tekst aan bod te laten komen.[32]

Het is niet doenlijk hier een overzicht te geven van het onderwerp in zijn geheel. We kunnen het (dubieuze) gebruik van fotografische documenten als objectieve getuigen, bijvoorbeeld bij politiewerk of voor het gerecht, buiten beschouwing laten. Ook kunnen we foto's niet laten gelden als historisch bewijsmateriaal of als voorbeelden van het realisme. Veel beter is het toe te geven dat de technologie talloze manieren heeft om in te grijpen, wat wil zeggen dat geen enkele foto ooit onschuldig genoemd kan worden. Nieuwenhuys erkent fotografie dan ook als een objectief medium dat, net als taal, subjectieve beelden kan opleveren. Het is inherent aan het medium dat het onschuldig is in die zin dat het neutraal is, maar de wijze waarop het gemanipuleerd wordt om een bepaalde bedoeling over te brengen, houdt een persoonlijk alternatief in.

Nieuwenhuys is het ermee eens dat het een van de niet te ontkennen eigenschappen van de fotografie is dat zij over het verleden gaat.[33] Barthes zei het mooi: fotografie 'herhaalt langs mechanische weg datgene wat zichzelf nooit meer existentieel zal kunnen herhalen'.[34] Maar Nieuwenhuys is niet de pessimistische Orpheus van Barthes, want zelfs al vertellen foto's afzonderlijk geen verhaal, zij kunnen dit, bij wijze van spreken, wel doen als groep, wanneer zij in een andere opeenvolging worden geplaatst. En dus 'speelde [hij] ermee, zag [hij] mogelijkheden voor verhalen, voor geschiedschrijving',[35] en uiteindelijk schreef en compileerde hij vijf fotoboeken die zijn subjectieve opinie bevestigen.

Het eerste boek zette de toon. Het kreeg de titel *Tempo doeloe. Fotografische documenten uit het oude Indië 1870-1914*. Dit laat doorschemeren dat Nieuwenhuys nog aarzelde over de aard van de onderneming. 'Tempo doeloe' impliceert, zoals we al weten, dat de fotocamera het perfecte apparaat is voor een passatist, maar het gebruik van de term 'documenten' geeft aan dat er nog steeds min of meer wordt volgehouden dat het ook gaat om objectieve getuigen van historische feiten. Van de afbeeldingen wordt aangegeven dat ze zowel uit openbare als particuliere collecties afkomstig zijn, wat inhoudt dat we familiekiekjes te zien krijgen, evenals voorbeelden van wat Sontag 'beroepsmatig kijken' noemt.[36] In het voorwoord vertelt Nieuwenhuys zijn lezers dat de oorspronkelijke bedoeling om een dwarsdoorsnede in beelden te geven van het vroegere koloniale leven tegen het einde van de negentiende eeuw en het begin van de twintigste eeuw, een illusie bleek te zijn. De enige mogelijkheid was om die elementen uit het leven in de kolonie te selecteren die hopelijk beschouwd kunnen worden als 'kenmerkend' voor die verdwenen samenleving. Maar de keuze van Nieuwenhuys was puur subjectief, en de enige manier om er kritiek op te hebben, zou eruit moeten bestaan een andere 'subjectieve' keuze te maken.[37] De hoofdstukken in deze geïllustreerde geschiedenis van het koloniale Indië handelen over de schepen die de Europeanen naar Indië brachten, over de hoofdstad van de kolonie, Batavia, over de huizen, de lanen en de tuinen, over enkele zeldzame beelden van het binnenland van Java, over gewapende conflicten, over de 'andere wereld' van de autochtone Indonesiërs, over de heersende klasse van vorsten, regenten en residenten, en ten slotte over de Indische samenleving zelf. Hoewel er meer foto's zijn van objecten en landschappen, is toch al duidelijk dat Nieuwenhuys vooral in mensen was geïnteresseerd. Hij was tenslotte zowel een romanschrijver als een kroniekschrijver. Maar ongeacht of de beelden betrekking hebben op de natuur of de maatschappij, hun uitwerking is er onveranderlijk een van melancholie. Susan Sontag betoogt dat de reden hiervoor is dat foto's actief bijdragen aan nostalgie, en zij vervolgt:

> De fotografie is een weemoedige kunstvorm, een kunst van de schemering. De meeste gefotografeerde onderwerpen zijn beladen met pathos, louter en alleen op grond van het feit dat ze gefotografeerd werden. Een op zichzelf lelijk of lachwekkend onderwerp kan ontroerend worden wanneer het wordt veredeld door de aandacht van de fotograaf. Een mooi onderwerp kan het object zijn van treurige gevoelens, omdat het oud is geworden, of is vergaan, of niet langer bestaat. Iedere foto is een *memento mori*. Een foto maken is deelhebben aan de sterfelijkheid, kwetsbaarheid of veranderlijkheid van een ander mens (of ding). Door dat moment eruit te snijden en te doen stollen, getuigen alle foto's van de meedogenloze dooi van de tijd.[38]

De beelden in dit én in de andere fotoboeken van Nieuwenhuys zijn melancholieke iconen van wat al op weg was een mythische tijd te worden. Deze metonymieën van eenzaamheid suggereren het isolement dat mensen moesten doorstaan als ze niet in een van de weinige grote steden leefden. Deze mensen, die gewend waren aan de knusse Nederlandse samenleving, zagen zichzelf opeens aan hun lot overgelaten in een uitgestrektheid die zich niets aan hen gelegen liet liggen. De ogen in deze portretten geven vaak angst te kennen en verraden een emotionele pleinangst die in tegenspraak is met het zelfvertrouwen van de poses. En alsof tijd alleen niet voldoende was om wat als normaal geldt te veranderen, maakte de voor hen zo vreemde omgeving het groteske alledaags. Het boek bevat zulke beelden als een baby in een kinderwagen die vrijwel aan het oog onttrokken wordt door de overdadige versiering van bloemen en planten. Of een Eiffeltoren gebouwd van bamboe. Ook zijn er de talloze tableaux vivants die er hopeloos Europees en, in de tropen, misplaatst uitzien. Verder is er een rijkversierd bruidsbed dat eerder een dreigende dan uitnodigende indruk maakt; het afgehakte hoofd van een olifant; een Javaanse aristocraat in twaalf verschillende poses en even zo vele kostuums, als het ware een onderdeel van een bizarre caleidoscoop; officieren uit het koloniale leger verkleed als cowboys; danseressen (ronggèngs) met ontbloot bovenlichaam die er mismoedig en slecht op hun gemak uitzien, want, anders dan men ze zich over het algemeen voorstelt, zijn de Javanen een bescheiden volk. En wat waarschijnlijk de meest huiveringwekkende foto is: een formeel portret van een hoge Nederlandse bestuursambtenaar (een resident) en een Javaanse aristocraat van oude adel. Naast de vreemde extravagantie van de Soesoehoenan oogt de resident kwetsbaar en eenvoudig, ondanks zijn grotere lengte en zijn gala-uniform. De pose zal een westerling ook vreemd voorkomen, want de inheemse edelman staat arm in arm met de Europeaan alsof ze samen een bruidspaar vormen. Toch is het de tengere, kleine, fijn gebouwde Javaan die heel wat kracht in zich lijkt te bundelen. Het is een bizarre en dreigende foto, een onheilspellend beeldoxymoron dat de futiliteit symboliseert van de hoop dat deze twee culturen ooit wel bij elkaar zouden kunnen passen. Deze foto vat een wezenlijk aspect van de koloniale literatuur samen. Zij is de literatuur van een wereld die plaats bood aan twee leefwijzen. Hoewel zij zich zo nu en dan openstelden voor elkaar, bleven ze vaak van elkaar verschillen en op zichzelf staan, zelfs wanneer ze aan de buitenwereld deze formele pose van bondgenoten lieten zien.

In Nieuwenhuys' tweede fotoboek, *Batavia, koningin van het oosten*, heerst er een zelfs nog grotere stilte. De mensen zijn figuranten zonder stem in de stad Batavia; zij is de ster van deze verzameling stilstaande beelden die op de markt werd gebracht in een formaat dat met opzet de gedachte oproept aan een album met 'instant-antiquiteiten'[39]. Het werd op zo'n manier uitgegeven – de lay-out was eerder horizontaal dan verticaal; de foto's waren vastgelijmd binnen een 'kader' van een enkele inktlijn; het boek werd bijeengehouden door middel van een koord dat door twee gaten in de linker marge van elke bladzijde was geregen en vervolgens op het achterplat vastgebonden – dat het boek meteen het ouderwetse object in herinnering zou roepen waarmee iedereen ooit zo vertrouwd was. De welbewuste poging om een facsimile uit te brengen, zou weleens ondernomen kunnen zijn met de bedoeling van het boek als geheel een metonymie voor het vroegere Indië te maken.

In de trilogie van fotoboeken die Nieuwenhuys in de jaren tachtig liet verschijnen, wordt het vertellen gecompliceerder en het verhaal eenvoudiger. 'Tempo doeloe' is nu terugverwezen naar de ondertitel van alle drie delen, alsof de typografische plaatsing de titelmetafoor wil herhalen: *Tempo doeloe – een verzonken wereld. Fotografische documenten uit het oude Indië 1870-1920.*[40] Ieder deel geeft een meer abstract, vandaar meeromvattend eigen onderwerp weer. Het eerste deel, uitgegeven in 1981, had de titel *Baren en oudgasten*; het tweede, *Komen en blijven*, werd in 1982 gepubliceerd; het derde en laatste deel heette *Met vreemde ogen* en verscheen in 1988. De 'vreemde ogen' van het laatste deel hebben betrekking op de fotografen van weleer, voor het merendeel Europeanen. Achteraf gezien bood de hele trilogie beeld-'documenten' die van vreemde, dat wil zeggen niet-inheemse origine zijn.

Als westerse kunstvorm hield de fotografie in de kolonie vast aan de Europese motieven om foto's te nemen: het mooie, het pittoreske en wie of wat in maatschappelijk opzicht vooraanstaand was. Hieraan zou men ook het motief van het verrichten van onderzoek moeten toevoegen, want dit was een belangrijke factor van de negentiende-eeuwse niet te verzadigen honger naar expeditiefoto's.[41] Isidore van Kinsbergen (1821-1905) bijvoorbeeld kreeg de opdracht om zoveel mogelijk bijzonderheden van de Boroboedoer te fotograferen. K. Feilberg legde Noord-Sumatra met de camera vast, een fotograaf van de studio Woodbury & Page in Batavia nam foto's van de Krakatau na de eruptie van 1883, en de Armeense fotograaf Onnes Kurkdjian deed hetzelfde nadat de vulkaan Keloed op Java in 1901 tot uitbarsting kwam. Etnologen namen stelselmatig foto's tijdens reizen als die van Nieuwenhuys (geen familie) en Demmeni in Borneo (1896-1900), van Kleiweg de Zwaan en Winckel naar Nias (1910), of van onder anderen Van der Sande en Dumas naar Nieuw-Guinea. Fotograferen werd een soort aantekeningen maken, en de fotograaf was, zoals Baudelaire geringschattend opmerkte, min of meer een secretaris van wie dan ook maar beroepshalve behoefte had aan materiële exactheid.[42] Dergelijke voorbeelden impliceren dat gedurende de negentiende eeuw bijna alle fotografie het werk was van professionele beoefenaars omdat zij te kostbaar was voor gelegenheidsfotografen.[43] De resultaten bevestigen het toevallige van de fotografie: Kurkdjians foto van de lavastroom van de Keloed zou die van een ecologische ramp kunnen zijn waar dan ook op aarde of, wat dat betreft, op een andere planeet,[44] terwijl verscheidene variaties van kale bomen of blootliggende boomwortels de kijker treffen als een onheilspellend memento mori.[45] Een foto uit 1867 van het eenzame spoorwegstation van Tangoeng in Midden-Java ziet eruit als een van de kleine stationnetjes in een western, terwijl het huis van Radèn Saleh op Java evengoed dienst zou kunnen doen als nepfaçade in een Hollywoodstudio, hetzij voor een Disneysprookje hetzij voor een griezelfilm.[46] Er zijn talloze andere voorbeelden.

Nieuwenhuys is vooral goed in het vinden van expressieve beelden van de natuur of van voorwerpen, maar voor de meeste 'lezers' is de menselijke 'tekst' van deze 'fotoficties'[47] het meest interessant. Sommige mindere critici vinden echter nu juist dat de beelden van mensen de fotografie aanklagen als een ideologisch medium, ook al vormt een aantal foto's veeleer een goed voorbeeld van wat zowel Benjamin als Sontag opvat als het surrealisme van de fotografie. Men moet deze eigenaardigheid niet nastreven; het is het voorbijgaan van de tijd dat onvermijdelijk zorgt voor het merkwaardige pathos dat zo veel foto's hebben. Het effect hangt af van iemands achtergrond en smaak, maar sommige beelden zullen iedereen als ongerijmd en derhalve belangwekkender bijblijven. In *Komen en blijven* is er een vreemde foto van een schilder die het portret aan het schilderen is van een man in jachtkostuum. De finishing touch wordt buiten in een tropisch woud aangebracht: een tafereel, Magritte waardig.[48] Een andere gerede kans voor surrealistische beelden is de aanwezigheid van westerse kleding in een Aziatische context. In een dergelijk geval zijn het de westerse spullen die buitensporig worden. In *Met vreemde ogen* is er een geposeerd portret uit 1923 (of 1924) van de Soenan Pakoe Boewono in militair uniform, inclusief Sam Browneriem en kniehoge laarzen met sporen. Aan zijn zijde bevindt zich zijn dochtertje, onbeholpen en verschrikt in een Europese jurk, en naast haar staat haar moeder, geheel in Javaanse klederdracht.[49] Nog bizarder is een foto van de secretaris van deze Soenan, in Europese kleding, compleet met een bovenmaatse bolhoed om zijn hoofddoek te bedekken.[50] Een trieste reeks foto's van dode kinderen laat zien dat de tijd ieder verschil tussen beroeps- en amateurfotografie uitwist. Wie ze ook gemaakt heeft, deze in scène gezette uitbeeldingen raken het wezen zelf van het memento mori.[51]

De meeste negentiende-eeuwse foto's hebben een surrealistisch tintje omdat er niets natuurlijk aan ze is. Om wat voor gelegenheid het ook gaat, het zijn zorgvuldig neergezette tableaus die herkenbaar zijn aan hun voorgeschreven kunstmatigheid. Zelfs wanneer de ogen rechtstreeks op ons zijn gericht, delen zij niet iets mee wat echt bijblijft, terwijl de lichamen een gevoel van ongemakkelijkheid uitdrukken en de gezichten plechtstatigheid en afstandelijkheid. Een fotosessie was duidelijk een officiële gebeurtenis en dit sluit per definitie de mogelijkheid uit zich te onderscheiden. Er is maar weinig individueels onder de nummers van deze 'inventarislijsten van de sterfelijkheid'[52]. Pas als het wezenlijk toevallige van de fotografie benadrukt werd door de terloops gemaakte momentopname, treffen we de sporen aan van datgene wat Susan Sontag zo onvergetelijk omschreef als de 'vriendelijke roofzucht' van de fotografie.[53] Dergelijk geweld is niet te zien in de gebruikelijke poses van de jagers met hun jachttrofeeën, en evenmin in de zeldzame erotische foto's, die net zo oninteressant (of net zo interessant) zijn als de in Parijs tijdens la belle époque vervaardigde. We treffen het wel aan in de laatste foto van *Baren en oudgasten*: deze toont vier fauteuils;

in slechts een daarvan zit een schimmige figuur die moeite doet om terug te kijken in de camera, en in de verkort weergegeven verte vaart een met vlaggen versierd schip richting horizon. Het is een metonymisch beeld dat verwijst naar het steeds maar weer met pijn in het hart vertrekken dat zo gebruikelijk was in het koloniale bestaan. Dan is er wat een eenvoudige foto lijkt van een baboe met twee aan haar toevertrouwde kinderen, een jongen en een meisje. De foto werd in 1899 gemaakt op het landgoed Gamboeng van de theeplanter Rudolf Kerkhoven. De naam van de baboe was Engko en de twee kinderen waren Kerkhovens zoon Karel en zijn dochter Bertha. Het gezicht van de bediende geeft er blijk van dat ze heel wat heeft moeten doorstaan en haar hele aanwezigheid is afgetekend in donkere tinten. Daarbij vergeleken lijkt het of de lichte huid van de kinderen beschenen wordt. De jongen is in het wit gekleed, met zwarte kousen en zwarte rijglaarzen, en hij ziet eruit alsof hij aan het oefenen is voor zijn rol als beginnend meester. De baboe is blootsvoets, zoals normaal, maar ook het meisje loopt op blote voeten, als in een gebaar van liefdevolle solidariteit. Het andere teken van liefde is de arm van het meisje rond de schouders van de baboe en haar zijdelingse blik van genegenheid. Zij is de enige die niet recht in de camera kijkt.[54] Er zijn nog een paar andere toevallige momenten waarbij iets van een stemming of een gevoel doorbreekt, maar de meeste poserende individuen lijken te wachten op onze blik om hun voltooiing te krijgen.

De koloniale foto's die Rob Nieuwenhuys over zijn diverse 'fotoficties' verspreidde, zijn grotendeels een visueel 'moment van de waarheid' (*epiphany*), en dus een synecdoche van een geïmpliceerde realiteit. Fotografie is een metonymisch medium en derhalve onmiskenbaar modern, want metonymische kunst is de belangrijkste vorm van moderne kunst en literatuur.[55] De camera heeft een 'splijtende, ontwrichtende kijk op de dingen'[56] die details, brokstukken en een vreemde gezichtshoek tot kunst verheft. Deze verheffing is opzettelijk en het maken van een keuze onmiskenbaar subjectief. Fotografie kan dan ook nooit objectief zijn want alleen al de functie ervan is nominatief, toevallig en manipuleerbaar. Niet alleen ontregelt het medium fotografie de werkelijkheid, maar iedere afzonderlijke foto kan opnieuw gerangschikt worden, en de visuele componenten ervan kunnen worden verwijderd en verplaatst. De foto vertoont een deel van een groter geheel; zij verwijst naar iets anders, al kan zo'n geïsoleerd fragment buitengewoon mooi zijn. Zowel Sontag als Berger bevestigt de indruk dat foto's 'citeren'.[57] Een fotoboek is een 'bloemlezing van plaatjes' die een verhaal te vertellen hebben. 'Foto's verzamelen betekent de wereld verzamelen.'[58]

Rob Nieuwenhuys vertrouwde bij het vormgeven van zijn vijf 'fotoficties' op zijn vaardigheden als tekstbezorger en literatuurhistoricus. De bezigheid komt eigenlijk op hetzelfde neer, maar het resultaat is anders. De aan fotografie inherente partijschap leent zich voor een creatieve kritische keuze, terwijl juist het ambigue van de indruk van objectieve exactheid die zij wekt, Nieuwenhuys de mogelijkheid gaf veel vernieuwender te zijn dan bij literaire bloemlezingen haalbaar is. Een literaire bloemlezing is een verzameling citaten die in laatste instantie niet bevredigend is, omdat deze citaten hoe dan ook het afgeronde geheel oproepen waaraan ze zijn ontleend. Foto's missen deze, geïmpliceerde of feitelijke, compleetheid. De fotoboeken van Nieuwenhuys laten duidelijke voorbeelden zien van het verknippen van foto's, van het naar voren halen van een fragment om nadruk te leggen, of van het terugbrengen van een hele foto tot een minder prominent formaat. Door aldus met zachte hand te ontleden kon hij nieuwe toevalligheden creëren die de lezer/kijker tot mijmeren brengen. De 'fotofictie' bood Nieuwenhuys de kans alle deskundigheid die hij door de jaren heen had opgedaan als tekstbezorger, te benutten in een persoonlijke scheppingsdaad die tevens de roeping van de dichter is: op afstand helder het detail te zien.

19

WILLEM WALRAVEN (1887-1943): INDIË ALS MUIZENVAL

Of hij nu in eigen land of in den vreemde verbleef, Willem Walraven was een outsider. Net als een aantal van de grootste denkers van Indië zat hij gevangen in een intellectueel en spiritueel niemandsland. De wanhoop die men in zijn brieven en in zijn fictie aantreft, is zowel een weerspiegeling van het wezen van zijn persoonlijkheid als een gevolg van saillante aspecten van het kolonialisme.

Walraven werd geboren en grootgebracht in Dirksland, op het Zuid-Hollandse eiland Goeree-Overflakkee. Zijn vader was begonnen als een bescheiden straatventer en had zich opgewerkt tot een respectabele handelaar. Het kwam misschien wel door het materiële succes van zijn vader dat Walraven hem ging zien als een symbool van de status-quo, levend bij het handhaven van een stabiele samenleving waarin alles wat niet aan de norm voldeed, ongewenst en gevaarlijk was. In Walravens jeugd waren de Zeeuwse eilanden en Goeree-Overflakkee cultureel en geografisch een achtergebleven gebied. Het strijdlustig provincialisme dat het isolement verdedigde alsof het een deugd was, werd door de recalcitrante jongen verfoeid, en hij zocht zijn heil bij het meer stimulerende kosmopolitisme van Rotterdam. Er is niet veel bekend over zijn jeugd, maar de weinige feiten die uit zijn latere correspondentie gedestilleerd kunnen worden, maken duidelijk dat bepaalde fundamentele karaktertrekken al in die jonge jaren werden gevormd en niet veel veranderden tijdens de rest van wat Du Perron als 'een avontuurlijk leven' beschouwde.[1]

Walraven woonde van 1907 tot 1909 in Rotterdam.[2] Hij sloot zich in ethisch en politiek opzicht aan bij het nog altijd onstuimige revolutionair socialisme en marxisme. Het revolutionair socialisme, dat zei het lot van het gewone volk te willen verbeteren, was psychologisch gezien in strijd met de ouderlijke norm, was noodzakelijkerwijs tegen het imperialisme, juichte 'moderne' ontwikkelingen toe en verafschuwde de dwangbuis van de religie. En getrouw aan het revolutionaire protocol, stond Walraven kritisch tegenover het koloniale systeem, was hij tegen het calvinisme en een voorvechter van ideeën die een nieuwe ethiek van een jongere generatie stelden tegenover wat hoe dan ook gezien werd als het versteende conservatisme van de vijand, dat wil zeggen: de ouders. Maar er waren wat anomalieën in het standpunt dat Walraven innam. Hoewel hij zeker 'progressiever' was dan de gemeenschap waaruit hij afkomstig was, tekende hij bezwaar aan tegen zulke vernieuwingen als film en jazz, en het nostalgische beeld dat hij van zijn Rotterdamse jaren schetst, verraadt eerder verlangen naar een tijdperk dat onherroepelijk voorbij is, dan enthousiasme over het nieuwe tijdperk van de vooruitgang. Deze ogenschijnlijke tegenstrijdigheid loopt vooruit op zijn latere fascinatie voor het verval van de koloniale maatschappij met alle bijbehorende romantiek van mislukking en vervlogen dromen. Niettemin verrichte hij een revolutionaire daad – revolutionair althans voor die tijd – door met een inlandse vrouw te trouwen, waarmee hij in het openbaar erkende dat hij haar net zo hoogachtte als welke Europese dan ook, en zelfs toegaf dat zij in bepaalde opzichten zijn meerdere was. In latere jaren werd Nederland voor Walraven echter een beloofd land (dat hij nooit meer terug zou zien) en werd Indië een symbool van status-quo en onbuigzame conventionaliteit.

Toen hij Zuid-Holland en zijn door en door burgerlijke ouders zat was, emigreerde Walraven in 1909 naar het Noord-Amerikaanse continent en hij verbleef vijf jaar in Canada en de Verenigde Staten. Zoals zo veel emigranten, had ook Walraven een aantal verschillende ondergeschikte baantjes, bijvoorbeeld bordenwasser, hulpje op een ranch en fabrieksarbeider. Ook schijnt hij te hebben rondgezworven. Hoewel er weinig bekend is over deze cruciale jaren, kunnen we toch afleiden dat Walraven de eenzaamheid ervoer die de meeste nieuwkomers op het Noord-Amerikaanse continent moesten doorstaan. Van Canada herinnerde hij zich in het bijzonder de eentonigheid: 'Het was eentonig van dennen en sneeuw; een land vol kerstbomen, doch zonder de vrolijke versiersels. (...) Vooral bij zonsondergang herinner ik mij deze trieste, eentonige berglandschappen, triest wegens hun verlatenheid en eentonig door hun soberheid van vegetatie. Pijnbomen en pijnbomen, eindeloos...!' (*E* 92-3). Op een later tijdstip voegde hij hieraan toe dat dit landschappen waren 'waarbij je gaat huilen, of zelfmoord zou kunnen begaan' (*B* 393).

Wat de Verenigde Staten betrof, kon hij alleen het natuurschoon van het land loven; net als Multatuli vond hij het Amerikaanse volk even erg als zijn koloniale vijanden.

> Alleen de natuur is mooi, hoewel eentonig. Maar steden en menschen, ik zou niet weten, wat daaraan, voor iemand, die uit Europa komt, te bewonderen valt, of het moest zijn als curiositeit vanwege het belachelijke. Dat is alleen goed voor domme menschen, die nergens iets van af weten en geen geestelijke ontwikkeling bezitten, geen cultureele vorming noodig hebben. Amerika en Indië (en vooral Amerika!) zijn landen, waar je geestelijk honger lijdt. (*B* 293-4)

Zijn Amerikaanse avontuur verraadt een aantal veelzeggende, ironische details. Dankzij de bibliotheken die Andrew Carnegie, dat toonbeeld van kapitalisme, over het hele land had laten bouwen, was hij in staat veel te lezen. Hij las er bijvoorbeeld Heine en zou zijn leven lang grote bewondering voor de dichter blijven houden. En hoewel Amerika het toppunt van modernisme was in de ogen van de jongere Europese generatie van de eerste twintig jaar van deze eeuw, minachtte Walraven het als een culturele woestenij die volgens hem gekarakteriseerd werd door haar films. Hij beschuldigde Harold Lloyd, Charlie Chaplin en Douglas Fairbanks ervan een immorele invloed uit te oefenen op de jongere generatie en op de inheemse bevolking van Java; de filmsterren zouden ervoor verantwoordelijk zijn dat 'het beetje respect, dat ze [de Indonesiërs] nog voor ons hebben, ook nog verloren [gaat]' (*B* 172; zie ook *B* 392-3 en 531). Walraven vond de Verenigde Staten, net als Canada, saai.

> Als je opgaat in een vliegtuig, zie je geen verschil tusschen de eene en de andere stad. Straten langs rechte lijnen getrokken, eendere huizen, eendere menschen, eendere gebruiksartikelen, eendere denkbeelden, steak and onions, chicken pie, apple pie, ice cream soda, methodist- en baptist-church (in elke straat een kerk), en op den hoek van de straat het Leger des Heils met de meest naïeve bakerpraatjes over 'how God saves the sinners'. Hoe zwarter je zonden, hoe wonderbaarlijker de redding. Uniform is Amerika, uniform in alles, tot in het dienen van God toe. Het is een saai land, een land van schijnbeschaving. (*B* 260)

Omdat hij het koloniale Indië op één lijn stelt met de Verenigde Staten, vraagt men zich af of hij ergens wél een toevluchtsoord heeft kunnen vinden. Jazeker, al is het er maar één: 'de Westkust van Europa, van Kopenhagen tot de Pyreneeën, en dan natuurlijk nog alleen de groote steden. Overal elders verhonger je geestelijk, maar je kunt er wel gaan kijken, als je maar zorgt, dat je er altijd weer van weg kunt gaan. Als je ergens in de modder blijft steken, zooals ik, dan ben je een ongelukkig man' (*B* 260-1). Het wekt geen verbazing dat toen Walraven terugkeerde naar Goeree-Overflakkee, hij een even grote weerzin tegen zijn geboorteplaats voelde als hij tegen de Verenigde Staten had en later zou hebben ten opzichte van Indië.

Hij bleef minder dan een jaar thuis. Was hij het eerder niet met hen eens geweest, nu veranderde zijn houding tegenover zijn ouders in regelrechte haat. Het lijkt erop dat hij zich veel meer gekwetst voelde door het gebrek aan loyaliteit van zijn moeder dan door het onbegrip van zijn vader. Zijn moeder – zo dacht Walraven – minachtte hem, eenvoudig omdat hij geen prominente positie in de wereld innam. Sociale status werd gelijkgesteld aan geld: 'Bij die menschen draait alles om geld. Kinderliefde en ouderliefde ontaardt ten slotte in de vraag: "Hoeveel geld heb je?" ' (*B* 167). In dit opzicht waren zijn ouders niet anders dan ieder ander. Walraven typeerde hun maatschappij als een waarin men 'een gulden voor zichzelf als een bagatel beschouwde, maar een cent voor een ander als een kapitaal' (*E* 41). Eind 1915 nam hij dienst in het Nederlands-Indische leger en vertrok hij naar de tropen.

Veel van Walravens daden lijken welbewuste pogingen de confrontatie aan te gaan met zijn eigen persoonlijkheid. Dat hij vrijwillig dienst nam in het leger is daar een voorbeeld van, want hij was nauwelijks geschikt voor het soldatenleven.

Hij ergerde zich aan het ruwe leven in de kazerne en hij zag zich met een even diepe eenzaamheid geconfronteerd als hij in Noord-Amerika had ervaren. Ook in Indië was hij geïsoleerd en miste hij een gezelschap van geestverwanten, en hij voelde zich buitengesloten omdat hij niet de taal sprak van wat in wezen een vreemd land was.[3]

Hij werd gestationeerd in Tjimahi, een garnizoensplaats in de Preanger in West-Java. Zijn eerste taak was die van telegrafist, maar later werd hij kantoorklerk op het hoofdkwartier van de compagnie. In deze tijd, zo vertelt hij in het verhaal 'De clan', ging hij vaak langs bij een warong, een eetkraampje. Een Soendanees meisje, Itih genaamd, deed de bediening. Ondanks de taalbarrière moet er een zekere verstandhouding zijn geweest, want nadat hij uit dienst was ontslagen, bleef Walraven in zijn correspondentie met een vriend naar haar vragen. Het klinkt romantisch maar 'De clan' laat doorschemeren dat deze vriend Itih heeft gekidnapt en haar op de trein heeft gezet naar Walravens toenmalige woonplaats. Hij kwam haar op 3 september 1918 in Banjoewangi van het station halen. Itih woonde eerst als njai bij hem. In augustus 1919 kreeg zij een dochter. In januari 1920 was Walraven met haar getrouwd, hoewel Itih zelf niet scheen in te zien waarom hij die moeite nam (*B* 45-6).

Oppervlakkig bekeken lijkt de rest van Walravens leven weinig dramatisch. Hij bleef op Java tot zijn dood in 1943. De eerste pakweg tien jaar (van ongeveer 1918 tot 1930) ging alles goed. Dit waren Walravens vette jaren. Hij werkte voornamelijk als boekhouder bij olie- en suikerfabrieken, en hij verdiende een redelijk salaris. Hij gaf echter blijk van minachting voor zuinigheid en voor dat wat men als maatschappelijk aanvaardbaar zag. Hij nam zijn vrouw mee uit dineren, ondernam tochtjes met haar en gaf haar dure cadeaus. Ook waagde hij zich in diverse zaken, wereldvreemde ondernemingen die allemaal desastreus afliepen. Eerst kocht hij in Pasoeroean in Oost-Java, hetzelfde stadje waar zich zijn verhaal 'Op de grens' afspeelt, een verlopen hotel. Het bezwaar van dit plan was alleen dat niemand ooit in Pasoeroean wilde verblijven. Volgens zijn zoon probeerde Walraven vervolgens orchideeën voor de handel te kweken. De bloemen deden het uitstekend in het koele klimaat van zijn op grotere hoogte gelegen tuin maar als ze eenmaal naar Soerabaja waren vervoerd om daar te worden verkocht, verlepten ze al snel in de hitte van de grote kustplaats.

Toen de koloniale economie achteruitging, werd Walraven journalist. Uit zijn brieven van voor 1928 blijkt overduidelijk dat zijn schrijverstalent al ontwikkeld was voordat hij het besluit nam van de pen te gaan leven. Hij koos ervoor freelance te werken, wat het hem mogelijk maakte het onafhankelijke leven te leiden dat zo belangrijk voor hem was, maar de laatste vijftien jaar werden door dit beroep ook bemoeilijkt. Zijn werk leverde geen vast inkomen op, en hij had een groot gezin met acht kinderen te onderhouden.

Op huiselijk vlak belichaamde zijn huwelijk de ambivalentie van de koloniale maatschappij in het algemeen. Aan het hoofd van de onderneming stond de totok, de Europeaan, die zich verantwoordelijk voelde voor de inlander, in dit geval zijn vrouw. Het resultaat van deze relatie waren acht halfbloedkinderen ofte wel Indo's. Walraven minachtte de Indo-gemeenschap hoewel hij eigenlijk, ironisch genoeg, medelijden met de Indo's had moeten hebben omdat zij, net zozeer als hij, tussen twee werelden gevangen zaten. De Indo's waren inlanders noch Europeanen, en bevonden zich op een grens tussen twee culturen die ze geen van beide de hunne konden noemen. Alsof er sprake was van een symbolisch equivalent van de politieke realiteit, zo mocht Walraven zijn kinderen wel zolang ze nog klein waren, maar zodra ze een eigen persoonlijkheid ontwikkelden en tegen zijn gezag rebelleerden, begon hij ze te wantrouwen, zich aan hen te ergeren en langs hen heen te leven. Het gevoel van vervreemding dat zo kenmerkend was voor zijn karakter en zijn beleving van de koloniale samenleving, werd weldra een tastbaar deel van zijn dagelijks leven.

Met Walraven samenleven was geen sinecure. Zijn oudste zoon (en derde kind), die naar zijn vader Willem werd genoemd, heeft in fraaie bewoordingen verslag gedaan van zijn verhouding met zijn vader tijdens die moeilijke vooroorlogse periode. Hij kende dezelfde ambivalente gevoelens als zijn vader: beiden voelden liefde en haat voor elkaar. Wat zijn verslag zo typisch Indisch maakt, is de nadruk die hij legt op zeer specifieke, zijn vader kenmerkende eigenschappen (tjaps), en zijn opsomming van een aantal zorgvuldig gekozen voorwerpen alsof hij een lijst van poesaka's opstelt.

De zoon verbaasde zich over de grootte van de handen en voeten van zijn vader, zo niet over zijn forse gestalte in het algemeen. Walravens lichaamsomvang werd een probleem als hij te veel te drinken had. Hij dronk heel wat en als hij dronken was, dan spuwde hij zijn haat jegens zijn gezin, dat hem naar zijn gevoel gevangen hield in Indië. Dan stak hij een tirade af tegen het inferieure Oosten, dat wil zeggen zijn kinderen, en noemde hij hen, als Indo's, 'een mengelmoes van al de kwade eigenschappen van beide rassen'.[4] Dan beschuldigde hij hen ervan dat ze arrogant waren, geen gevoel voor humor bezaten en lichtgeraakt waren.

Het voorwerp dat zijn vader typeerde – zo schreef Walraven junior – was de schrijfmachine. Walraven onderhield haar altijd eigenhandig. Alsof het een magisch attribuut betrof, typten de kinderen weleens stiekem op de 'Royal portable' als Walraven er niet was, en toen de machine tijdens de bezetting verkocht werd om aan voedsel te kunnen komen, huilde zijn moeder bij het weghalen ervan, zo herinnerde de zoon zich. Deze herinnerde zich ook zijn verbazing over het feit dat de voorwerpen die zijn vader toebehoorden, 'het bijzonder lang uithielden'. Hij noemt met name een asbak, een zilveren horloge en een lakdoosje om zijn tabak in op te bergen. Walraven was vooral aan dit laatste voorwerp gehecht omdat zijn vrouw het hem gegeven had.

Zijn zoon noemde drie trekken die Walraven tot een buitenbeentje in de Indo-maatschappij maakten. Hij leefde sober en hij was bijzonder netjes en op een agressieve manier asociaal. Walravens misantropie werd met het klimmen der jaren alleen maar erger. Zijn zoon schreef dat hij soms 'op een oude grommende solitair [leek]',[5] een beeld dat overeenkomt met hoe Walraven zichzelf zag. Hij was ervan overtuigd dat zijn vrouw en kinderen hem van zijn vrijheid hadden beroofd en dat zij alleen maar uit waren op het geld dat hij verdiende: hij zei dat zijn vrouw ingenomen was met zichzelf omdat 'de blanda de beer is, dien zij gevangen heeft en die verplicht is te dansen en zijn kunsten te vertoonen, opdat zij en haar kindren kunnen leven, liefst iets royaal' (*B* 858-9). Als contrapunt stelt de zoon ook duidelijk dat zijn vader een zeer buitenissige Nederlander was omdat hij extravagant was, verkwistend en vol minachting voor sociale restricties.

En toch, ondanks alles, draaide zijn hele leven om zijn Soendanese vrouw. Zijn huwelijk met Itih illustreert heel tekenend de tweedeling tussen Nederland en Indië. Op sociaal vlak kreeg Walraven vaak te maken met de nauwelijks verholen vijandigheid of afkeuring van de Europeanen (*B* 46-7 en 152; *E* 151-7) en zoals zijn twee beste verhalen aangeven, was het huwelijk geen onverdeeld genoegen voor hem. Itih was bijvoorbeeld slordig en het kon haar niet veel schelen hoe het huis eruitzag, maar ze was, zoals de meesten van haar volk, weer uiterst nauwgezet als het om persoonlijke hygiëne ging. Deze tegenstrijdigheid hinderde haar niet maar Walraven werd er zowat gek van.

> Kousen stoppen gebeurt alleen op verzoek of op bevel. Een spinragje hier en daar, moet je maar niet op letten. Stoelen of meubels boenen, geen kwestie van. Ik heb daar zooveel van gezegd, van dat alles, maar ik heb het pleit verloren. Ik heb het opgegeven en ik kan het nu ook niet meer zoo ernstig opvatten, omdat ik bang ben, dat ik een beroerte krijg. Laat maar rotten. Op hun lichaam en kleeren zijn deze menschen zeer schoon, maar op hun spullen... dat komt er niet op aan, vinden ze. (*B* 358-9)

Het huis was altijd een rommel of, zoals Walraven het noemde, een 'zigeunerkamp', en het is veelzeggend dat hij hetzelfde beeld gebruikte voor zijn veroordeling van de tropische samenleving.

> Een soort van Zigeunerkamp is Indië. Het land waar alles 'ongeveer' klopt, maar niets heelemaal. Het land, waar alles altijd net even te laat komt. Waar de dood je net komt halen, als je denkt nog even in Holland te kunnen gaan uitrusten van den rommel. (*B* 293)

'Maar er is waarheid in de ruwe grap die zegt, dat Indië "snert" is, n.l. groen en heet!'(*B* 294).

Walraven begreep tevens beter dan de meeste kolonialen dat de inheemse vrouw heel anders was dan haar Europese evenknie. Dit lijkt voor de hand te liggen, maar het is verbazingwekkend hoeveel Nederlanders deze eenvoudige waarheid niet erkenden. Walraven laat een geluid horen dat opmerkelijk veel op dat van Kartini lijkt, wanneer hij zegt dat het westerse concept van liefde voor de Javaanse vrouw niet bestond. Dit kwam volgens hem door 'de haremidee, d.i.: je komt, als je geroepen wordt, en de rest is een mechanische functie. (...) Daarbij komt nog, dat de Oostersche vrouw eeuwen lang te lijden heeft gehad onder de polygamische opvattingen van haar samenleving. Zij kan verstooten worden, zij kan haar man met anderen moeten deelen' (*B* 501). Walraven verdedigde inlandse vrouwen tegen de beschuldiging dat ze koel zouden zijn. Hij vond dat ze geremd waren omdat ze geleerd hadden '*nooit* een man te gelooven' (*B* 722). Dit wantrouwen, dat gemakkelijk kon omslaan in jaloezie, was de vloek van zijn huwelijk. De onzekerheid die volgens Walraven zo karakteristiek was voor de inheemse vrouw, laat zich illustreren door een ogenschijnlijk frivole voorliefde voor juwelen. Het verklaart indirect ook waarom zo'n vrouw weinig zin had in het huishouden.

> De Inlandsche vrouw siert zich op met sieraden, die veel meer waard zijn dan het heele huis, waarin zij woont. Zij leeft op een aarden vloer en in den rook van haar 'dapoer' [keuken], maar zij draagt te midden van dat Zigeunerkamp lustig briljanten. Als je verstooten wordt, kun je namelijk briljanten meenemen, en ook je mooie kleeren. De rest blijft achter, dus waarom je druk te maken over meubels en een huis?' (*B* 505)

Er laat zich opnieuw een parallel met het koloniale dilemma onderscheiden als we lezen hoe Walraven zijn vrouw herhaaldelijk prees en zijn liefde voor haar betuigde, terwijl hij zich tegelijkertijd gevangen voelde binnen zijn eigen huwelijk en de bijbehorende alledaagsheden.

> Iti is geen gewoon mensch. Zij is een apart mensch, die zulke rechtschapen karaktertrekken heeft (en toch is zij dikwijls niet makkelijk!), dat je haar wel respecteeren moet. Je kunt haar niet meten met den gewonen maatstaf. Ook Iti heeft een helder verstand en zij is bovendien zoo vrij van allerlei fouten, die den meesten menschen plegen aan te kleven, dat je er je hoed voor moet afnemen. (*B* 280)

Zijn bewondering voor haar was bovendien niet alleen verstandelijk. Er zijn een paar fraaie passages waarin hij Itih vergelijkt met een 'beeld van de Boeroeboedoer'. Hij verwijst hiermee naar de gebeeldhouwde reliëfs van de reusachtige boeddhistische stoepa op Java, in de buurt van Djokjakarta. Als Itih met gekruiste benen op hun bed zat, dan leek zij sprekend op

> (...) een vrouwtje van een der reliefs van den Boeroeboedoer. Haar neus en mond zijn Hindoe, [evenals] haar schouders en armen en halfverstoken borsten (...). Zij had model kunnen zitten voor zoo'n vrouwtje aan den voet van 's vorsten troon. (...) In elk Hindoemuseum vind ik het portret van Itih in steen, en ook op elken Hindoetempel. (*B* 741-2)

Niettemin moet men niet denken dat Itih alleen maar een exotische schone was. Walraven was zeer onder de indruk van haar intellectuele capaciteiten. Aanvankelijk was ze een analfabete die alleen Soendanees sprak, maar met de hulp van haar echtgenoot ontwikkelde ze zich tot ze de literatuur van Europa in de oorspronkelijke talen kon lezen, en ze was al snel de gelijke van haar man. Walraven was zo eerlijk om toe te geven dat hij 'niet eens haar taal [had] geleerd! Ik schiet veel te kort bij haar vergeleken, die uitstekend Hollandsch, Javaansch, zelfs Madoereesch spreekt, afgezien van Soendaasch en Maleisch natuurlijk' (*B* 750). Itih vertegenwoordigde de twee soorten Indië waarmee de Nederlandse kolonialen na de Eerste Wereldoorlog te maken hadden: het oude en enigszins romantische rijk dat dienstbaar was aan de Europese opperheren, en het moderne Indonesië dat zich ontwikkelde en een nieuw vertrouwen uit zijn eigenwaarde wist te putten.

> Daar [dat wil zeggen: in een museum] zijn van die kleine [beeldjes] (...) zoo mooi en fijn, en zoo sprekend gelijkend op Itih, van wie ik houd, en die ook als zoo'n antiek beeldje zwijgend bij mij kan zitten. Haar kondeh[6] hangt laag in haar hals en haar kleine handen doen iets, dat geen geluid maakt. Maar soms ligt zij op bed met een bril op met ronde glazen en leest Pearl Buck of Kartini, en dan ziet ze er plotseling uit als een moderne Indonesische, die zóó zal gaan praten over den nationalen held Diponegoro, of den idem Thamrin (...). (*B* 744)

Het lijdt geen twijfel of Walraven hield zeer veel van Itih, maar er schijnt ook een gevoel van gemis in hun relatie bestaan te hebben. Hij waarschuwde zijn neef:

> (...) de echte liefde is dikwijls een bron van groot verdriet. Zij kan je heele leven wijzigen, je heele toekomst veranderen, je voor je leven binden aan iets idioots, waar je niets mee te maken hebt. Zij bond mij aan dit land, waarmee ik toch zeker niets te maken heb. Zij is er de oorzaak van, dat ik hier altijd zal moeten blijven. (*B* 502)

In sommige opzichten was Walraven een vrouwenhater, maar hij voelde zich ook aangetrokken door de 'internationale figuur' Eva (*B* 245). In feite zat hij in zijn relaties met vrouwen net zo in de val als in Indië. 'Iti stelt zich altijd voor, dat zij het eerst zal sterven van ons tweeën, maar zij begrijpt niet, dat ik zonder haar diep ongelukkig zou zijn. Zij vergeet ook altijd, dat ik *om* haar, of ter wille van haar, in Indië ben. Was zij er niet geweest, in mijn leven, dan was ik allang in Holland' (*B* 364). Dit gevoel in het nauw gedreven te zijn, gaat deel uitmaken van hoe hij zich het leven in Indië het liefst voorstelde. 'Wie naar Indië komt, moet ook weten, wanneer hij weer terug kan gaan. Maar wij, menschen als ik, zitten in de Indische muizenval! Wij komen er nooit meer uit, behalve als we dood gaan. Dan wordt ons lijk opgevreten door de Indische witte mieren!' (*B* 181). Hij haat Indië, maar toch herhaalt hij voortdurend zijn bewering: 'wie hier eenmaal is geweest, die komt er niet meer van los. Indië is gevaarlijk, als een mooie, slechte vrouw' (*B* 340). Dankzij zijn bijzondere karakter en zijn ongewone gevoeligheid realiseerde Walraven zich iets waar de Nederlandse natie veel meer tijd voor nodig had om het te kunnen erkennen: 'Wij drijven bovenop deze Aziatische samenleving als het vlies op de melk' (*B* 426). Walraven voelde aan dat de Europeanen in de val zaten. 'Indië beteekent ondergang, verrotting, bederf, vermolming, verslinding door haaien ook, vernieling door dommen en hebzuchtigen. De geest van Indië als altijd negatief, afbrekend, vooral ten opzichte van westersche dingen' (*B* 198).

Walraven beledigde heel wat mensen. Zijn pen werd gevreesd. Hij was een van de beste vuilspuiters in een samenleving die gemopper graag als een koloniaal specialisme beschouwde. Geklaag heette er 'kankeren', en deze bezigheid stoelde op een lange traditie. Het is niet moeilijk volleerde 'kankeraars' te vinden, zo ver in het verleden als Valentijn of, als we het over Walraven hebben, zo recentelijk als Du Perron, die literatuur als 'gesublimeerde polemiek' zag.[7] Multatuli was er ook een meester in, evenals Daum, Cohen en Beb Vuyk. Maar de meest beruchte beoefenaar ervan was Bas Veth, de overigens te verwaarlozen eerder genoemde schrijver. In 1900 publiceerde hij een venijnige aanval op de Indische kolonie onder de onschuldige titel *Het leven in Nederlandsch Indië*. Het boek veroorzaakte tumult, zowel op Java als in Nederland, en Veth werd aangevallen door een groot aantal strijdlustige critici. Maar sommigen verdedigden Veth, en het zal geen verbazing wekken dat Walraven veertig jaar nadat het boek verscheen, de vurigste pleitbezorger ervan werd. Walraven was het eens met bijna alles wat Veth te zeggen had, zij het om veel gecompliceerder redenen. 'Ik kan er [in het boek van Veth] niets in vinden wat ik ook zelf niet, vroeger of nu, in Indië heb gezien.' Walraven zag waarheidsliefde als hét kenmerk van literaire 'kankeraars'. Alleen 'Philistijnen' zagen hen als zuurpruimen omdat ze in wezen extreme realisten waren: 'De kankeraar vertelt mij de waarheid inzake het leven en de wereld, en het is de waarheid, die ik zoek.' Hij vond Sinclair Lewis een uitstekend voorbeeld, een kankeraar – 'alhoewel een, die de Nobelprijs won' – die zich verstikt voelde tussen de 'Amerikaanse Philistijnen'. En de filistijnen zullen altijd een hekel hebben aan iemand als Lewis of Veth omdat ze allergisch zijn voor de waarheid. 'Laat ons daarom kankeren, waarheidslievend, en zo mogelijk litterair, en zelfs een beetje geniaal. De grootsten hebben nooit anders gedaan en zijn dienovereenkomstig uitgescholden door het plebs. Zij allen hebben "gekankerd" en het is daarom, dat wij hen nog kennen en nooit zullen vergeten' (*E* 315-20).

Walraven kon nooit wennen in Indië, maar aan de andere kant was hij ook vervreemd geraakt van Europa. Hij schreef dat als hij weer in Nederland zou zijn hij 'toch weer [zou] teruggaan [naar Indië], daar ben ik zeker van. Ik zou verlangen naar Indië, o vast. Want ik heb in den strijd met Indië het onderspit gedolven immers!' (*B* 524-5). Walraven heeft nooit enige strijd gewonnen, omdat hij noch aan de overwinning noch aan de nederlaag voldoening kon beleven. Hij vatte de tragedie van zijn leven samen in een postscriptum bij een brief uit 1939. 'Ik lag zooeven op bed te denken, dat ik eigenlijk 48 jaar verbannen ben geweest van de 52. N.l. 19 jaar in Dirksland, 5 jaar in Canada en 24 jaar in Indië. (...) Ik was alleen niet verbannen 2 jaar in Delft en 2 jaar in Rotterdam. De rest is ballingschap en anders niet' (*B* 498).

Voor zo iemand die qua gevoelens altijd een man van uitersten was, was het registreren van achteruitgang een tweede natuur. Hij bespeurde het tragische in zijn eigen hart, in zijn huis, in zijn gezin, in de tropische samenleving, en zowel in Europa als in Azië. Walraven schreef nooit over iets wat hij niet zelf had meegemaakt, en men zal twee favoriete onderwerpen in zijn werk aantreffen die zijn neiging tot melancholie typeren. Hij was een meester in het beschrijven van kleine, doodse, naargeestige stadjes, de achtergebleven plaatsen van een afbrokkelend koloniaal rijk. Verder werd hij gefascineerd door begraafplaatsen. Als een wat meer ingehouden Baudelaire of een wat minder barokke Faulkner slaagde Walraven erin zijn nauwgezette beschrijvingen tot odes van neerslachtigheid te maken. Een beeld van zo'n stad – een stad die, zoals iemand schreef, 'te groot voor een servet en te klein voor een tafellaken' is[8] – is te vinden in 'Op de grens' of in de thans volgende openingsalinea van weer een andere schets:

> Het regent hier elke dag op een afgesproken uur. In de namiddag begint het al en gewoonlijk houdt het aan tot diep in de avond. Pajongs [paraplu's] en klompen zijn lakoe [in trek] en de kippen maken een misantropische indruk. Hun staarten en verder gepluimte hangen naar beneden als treurwilgen. De brave jongen die elke dag de krant brengt, zit met een pajong op de fiets en balanceert op die manier door onze straat. Hij murmureert in zijn binnenste en oppert bescheiden verontschuldigingen als het nieuwspapier wat nat is. Hij lijkt een sombere figuur uit een melodrama, net als de kippen trouwens. Kippen kijken zelden vrolijk, maar het gezicht van onze krantenbezorger is nog wel tienmaal treuriger dan de gelaatsuitdrukking van een doorsnee kip. Hij is elke dag in opstand tegen de elementen. (*E* 188-9)

De volgende twee passages beschrijven achtereenvolgens een Nederlands kerkhof, namelijk dat in Walravens geboorteplaats Dirksland, en een Chinees kerkhof in Malang op Java.

> De katholieken en de joden merken hun graven met zerken en kruisen. Zij volgen daarmee het aloude gebruik hunner gezindten. Doch de protestanten, die geen waarde hechten aan het vlees, doch alleen aan de ziel, geven nog heden hun afgestorvenen niet anders mee op de grote reis, dan een eenvoudige withouten kist, die neergelaten wordt in een aarden graf, waarover het gras groeit, zonder enig teken van onderscheiding of piëteit. Het kerkhof is een grasveld, met bomen beplant, waar men na enkele jaren geen enkel graf meer kan terugvinden. En misschien is dat het mooiste, vredigste kerkhof wel. Op een volkomen protestants dorp als het

mijne sluit de doodgraver het hek van het kerkhof na elke begrafenis en het wordt niet weer betreden dan bij de volgende begrafenis. Grafbezoek zou 'aanstellerig' worden gevonden, want het aardse omhulsel is immers van generlei waarde. Alleen de ziel is van belang en achter dit begrip 'ziel' plaatst men dan nog een groot vraagteken. Slechts wanneer een vreemdeling werd begraven, zorgde de burgemeester voor een klein paaltje op het graf, opdat eventuele nabestaanden desgewenst het graf zouden kunnen terugvinden gedurende de eerste jaren. Alleen 'de aristocraten' hadden voor zich een klein stukje grond gereserveerd. Zoals zij ook bij hun leven zich hadden afgescheiden in hun huizen met hoge stoepen en slingerkettingen, zo deden zij dat ook na hun dood. Vermoedelijk bezaten zij hun graven in eigendom. Meestal waren die gedekt door een van die metalen kransen in ijzeren dozen met glas. Doch zelfs 'de gegoede burgerstand' durfde niet het denkbeeld te opperen van een eigen, exclusief verblijf na de dood. Na een zeker aantal jaren werden de graven opgeruimd en nieuwe occupanten namen de plaats in van de ouden uit een vroeger geslacht...
Deze geest doordringt het gehele land. Hij uit zich in de rechtheid der wegen, die de polders doorsnijden, als waren zij langs een lineaal getrokken. Hij uit zich in de afwezigheid van natuurschoon, voornamelijk veroorzaakt door het gebrek aan bos. Wat de vroegere landheren nog aan bos hadden geplant, is reeds lang gerooid en in bouwland veranderd. Zelfs de populieren langs de dijken verdwijnen al meer en meer. Het hout is geld waard en aan geld offert men alle poëzie, alle natuurschoon... (*E* 38-9)

Men ziet Chinese graven op oude, beschaduwde grasvelden. Familiebezit van jaren her. Hier en daar een terrein vol slordige, stenen loodsen: een vuurwerkfabriek. Het plechtige en stemmige is hier vermengd met het banale en zakelijke. Dan eindelijk bereikt men een gedeelte dat de wandelaar bekoort. Links van de weg strekken zich de glooiingen uit in de richting van de rivier en aan de overkant stijgt het terrein weer langzaam op dezelfde wijze. En overal, maar met koninklijke ruimten daartussen, liggen de zorgvuldig onderhouden graven van het Chinese voorgeslacht. Te midden van het fijnste groen, van schilderachtige bosjes en boomgroepen, rusten hier op dit uitgestrekte dodenveld ganse generaties van afgestorven Chinezenfamilies en men moet zeggen, dat het indruk maakt.
Daar kan geen Europees kerkhof bij vergeleken worden. Alle naarheid en somberheid van onze kerkhoven, die altijd nog blijven gelijken op een bevolkingsregister of op een oud archief en met hun rechte paden ons immer blijven herinneren aan de ambtelijke orde in de wereld der levenden, worden hier op gelukkige wijze gemist. Hier krijgt men een indruk van wat deze voorouderverering betekent voor de Chinees en op welk een bijna geniale wijze hij dit tot uitdrukking weet te brengen, wanneer de middelen en de ruimte hem daartoe gegeven worden. Wij schudden onze hoofden over de Chinezen, die protserige paleizen bouwen te midden van de armelijkste buurten of die genoegen nemen met een klenteng [Chinese tempel], waaraan niets indrukwekkends valt te ontdekken. Maar hier, in deze brede bedding

van de Brantas, in het midden poëtisch doorsneden door het nog smalle, klaterende stroompje, heeft het Malangse Chinezendom iets gevonden waarin het waarlijk iets van zichzelf heeft gelegd en doet het ons zien, wat eigenlijk een dodenstad behoort te zijn.

Natuurlijk is dit alles tevens een bewijs van de grote rijkdommen die onder deze groep moeten schuilen. Want men heeft zich niet vergenoegd met de graven alleen. Telkens treft men weer een aan alle zijden open 'pendopo', dikwijls in onberispelijke bouwstijl naar Chinese trant opgetrokken, waar stoeltjes noden tot zitten en mediteren. Hier is de Chinees één met zijn doden, die immers voortgaan met het vervullen van een leidende rol in zijn leven. Hier ook kan hij zich naar waarheid overtuigen van het feit, dat hij alles wat in zijn macht was, heeft gedaan om het een dode naar de zin te maken. Hier beleeft hij wellicht zijn beste ogenblikken. (*E* 187-8)

Het zou kunnen lijken alsof Walraven een voorkeur had voor de Aziatische manier van doen. Maar dit soort voorkeuren is bedrieglijk, want soms betuigt hij zijn liefde voor de tropen en hekelt hij Nederland, en niet lang daarna verlangt hij naar Nederland en bespot hij zijn Javaanse leefomgeving. Een Frans schrijver heeft het als volgt samengevat: 'l'Europe leur manque et l'Inde leur pèse', ofte wel 'Europa een gemis, Indië een last'.[9] Een dergelijke dubbelzinnigheid kan tot merkwaardige ongerijmdheden leiden. Al die tijd dat hij in Indië woonde, weigerde hij rijst te eten en kon hij de hete specerijen waaraan veel Europeanen gaandeweg de voorkeur gaven, niet verdragen. Hij at aardappels, biefstuk, soep en brood met koude vleeswaren of eieren. Hij leerde zijn Soendanese vrouw Nederlandse gerechten klaar te maken, en bakte zijn eigen brood, cakes, koekjes en rabarberpie. Zijn eigengemaakte worst was een delicatesse. Hij weigerde steevast margarine te eten en gebruikte alleen boter, die, zoals alle etenswaar die hij beslist wilde hebben, in blik uit Nederland geïmporteerd moest worden.[10] Walraven miste ook de afwisseling van de seizoenen. 'Ook de natuur is steeds hetzelfde, altijd groene boomen, geen lente en geen herfst, en dientengevolge ook nooit geen lente-geuren of herfsttinten, die je hier eerst goed leert beseffen' (*B* 94).

Tijdens zijn verblijf op Java beschreef Walraven Goeree-Overflakkee in alle details, slechts geïnspireerd door een onbetekenende roman of een oud nummer van een krant uit zijn geboortestad. Ballingschap zorgt voor uitstekende kroniekschrijvers. Net als in het geval van Joyce en Dublin kon Walraven Dirksland beter tot leven brengen dan welke ingezetene ter plaatse dan ook, en kon hij zich kleinigheden herinneren waar de mensen daar zich nauwelijks van bewust waren. Toen Walraven in 1941 in de gevangenis gezet werd, ontmoette hij een jonge Nederlander die uit zijn geboortedorp bleek te komen. Walraven merkte met enige trots op: 'Tot zijn verbazing kende ik zijn complete stamboom uit mijn hoofd, tot ongeveer vier generaties terug.'[11] Men kan ook het heimwee proeven in een brief aan zijn neef, wanneer hij om wat keukenkruiden vraagt en daaraan toevoegt dat die 'een stuk van de Hollandsche lente' zijn (*B* 434). Weer een andere passage maakt duidelijk dat deze alledaagse plantjes in feite metonymieën zijn voor het land dat hij verlaten had.

> Bovendien is elk beest en elke plant uit een koel klimaat veel lekkerder dan die uit een tropisch klimaat. Net als met die kruiden. Het is niet anders dan een idee van mij misschien, maar uit die kruiden ruik ik Holland. De wei, en de berm van den weg en van den dijk. Het ontroert me zelfs dikwijls als ik thijm in een pan met eten doe en mijn neus daar boven houd. Ik weet niet of je dat kan begrijpen, maar het is een feit. Landen kun je ook *ruiken*, net als menschen! (*B* 449-50)

Het was echter niet zozeer Nederland waar hij naar verlangde, als wel een ander tijdperk, een tijd die onherroepelijk voorbij was. Voor zover ik weet, heeft hij dat slechts één keer toegegeven. In een brief aan zijn neef uit 1939 peinsde Walraven: 'Hoe anders was de wereld toen, vóór den oorlog. Ik geloof, dat ik alleen maar heimwee heb naar dien tijd, en eigenlijk minder naar Holland zelf' (*B* 318).

Schrijven was waarschijnlijk de enige activiteit waar Walraven zonder voorbehoud van hield. 'Bij alles, wat ik schrijf, voel ik me gelukkig, omdat ik het werkelijk zoo zie en voel, en dat zal wel de reden zijn, dat anderen het kunnen meevoelen. Ik heb nooit te klagen gehad over gebrek aan lezers' (*B* 748-9). Hij was zich er goed van bewust dat het grootste deel van zijn inspanningen weinig blijvends had. 'Het zijn te veel eendagsvliegen. Veel is niet meer actueel, veel is herhaling, veel is ook te locaal gekleurd. Het is alles geschreven, omdat het moest, ook al is het wel geschreven met liefde en met vreugde in het werk zelf, hetgeen U er ook wel aan zult kunnen merken' (*B* 522).

De laatste vijftien jaar van zijn leven leefde Walraven geheel en al van de journalistiek, en verdiende hij wat Itih oeang kepala noemde, ofte wel 'geld dat met het hoofd verdiend is, uit het hoofd voortkomt' (*B* 28). De zoon beschreef de vader zoals hij aan het werk was in zijn kamer, eindelijk verlost van zijn gezin, gekleed in een door Itih vervaardigd hemd zonder kraag en mouwen, ploeterend achter zijn schrijfmachine en overvloedig transpirerend: 'Inspiratie door transpiratie', hield Walraven zijn zoon voor. Vaak werkte hij 's nachts, wanneer het koeler en stiller was. Dan legde hij een stapel kranten onder zijn schrijfmachine om het lawaai te dempen, maar zijn zoon vermeldt dat het geluid niet zozeer het karakteristieke getik op de machine was, maar eerder een krachtig gebons dat hij toeschreef aan de kracht van zijn vader en diens grote handen.

Door de oorlog werd Walraven met politieke moeilijkheden én met een ernstige beperking van zijn journalistieke activiteiten geconfronteerd. In december 1940 werd hij ervan beschuldigd een fascist en een collaborateur van de Duitsers te zijn. Het incident was, om het zachtjes uit te drukken, idioot, en de formele beschuldiging was volkomen belachelijk. Hij vond het fascisme weerzinwekkend, zoals iedereen die hem of zijn werk kende, had kunnen getuigen.

Ondanks al zijn fouten was Walraven een uiterst oprecht man en een eenling die behoefte had aan volledige vrijheid – zowel mentaal als fysiek. Hij zag liever geen enkel gezag dan dat hij zich ernaar zou moeten schikken. Niettemin werd hij veroordeeld tot een maand gevangenisstraf en hij zat die straf uit in de Soekamiskin-gevangenis te Bandoeng. Hij legde zijn ervaringen vast in 'Een maand in het boevenpak', een verslag dat in afleveringen in *Kritiek en opbouw* moest verschijnen maar waarvan er slechts een paar gepubliceerd werden voordat de Japanners Indië bezetten.

Door de oorlog verminderde zijn inkomen drastisch. De reclameopbrengsten namen af en de kranten werden dunner. Het is misschien wel de laatste ironische gebeurtenis in Walravens leven dat hij het nodig vond zich aan fictie te wagen. De enige verhalen die hij ooit schreef, dateren uit de laatste twee jaar van zijn leven. Alles bij elkaar schreef hij er vier, allemaal bewerkingen van eerder, journalistiek materiaal en allemaal een vrij waarheidsgetrouwe weergave van persoonlijke ervaringen. Twee van deze kleine meesterwerken van de koloniale literatuur verschenen in *De Fakkel*, het literaire tijdschrift dat door Nieuwenhuys werd geredigeerd, de andere twee zagen pas na de oorlog het licht, toen ze in *Oriëntatie* gepubliceerd werden. Maar zijn grootste verdienste was toch zijn autobiografie in brieven.

De Nederlandse literatuur is niet rijk aan autobiografieën. En eigenlijk kwamen literaire biografieën ook pas na de oorlog in zwang. Als het ware om dit gemis te compenseren kan de Nederlandse literatuur wel bogen op verscheidene buitengewone epistolaire autobiografieën. Zo bestaat er bijvoorbeeld van Multatuli, van Van Gogh, van Walraven, van Jan Hanlo en van Jeroen Brouwers een dergelijke 'kroniek van een karakter'[12]. Het is opmerkelijk dat twee van deze auteurs strikt genomen koloniale auteurs zijn, terwijl zowel Hanlo als Brouwers in Indië is geboren. Walraven was, wat hij ook schreef, een beroepsschrijver, maar kenners als Du Perron, Nieuwenhuys en Beb Vuyk waren ervan overtuigd dat zijn brieven, die *documents humains*, tot het beste behoorden wat de moderne Nederlandse literatuur en de koloniale literatuur te bieden hadden. Brieven lagen Walraven zo goed omdat hij, zonder voorbehoud, zichzelf kon zijn en 'natuurlijk' kon schrijven, zonder de restricties van een bepaalde lengte, redactionele verplichtingen of politieke dwang. Zijn brieven waren, net als die van Multatuli, 'meesterstukken van ongekunsteldheid'.[13]

Walraven kon alleen schrijven over zichzelf en zijn werkelijkheid van alledag; in een brief aan Nieuwenhuys bestempelt hij zichzelf heel accuraat als iemand 'uit de school van de min of meer gevoelige realisten' (*B* 803; zie ook *B* 805 en 800). Hoewel hij eerlijk was ten opzichte van zichzelf en zijn correspondenten, waren zijn brieven veel meer dan een uitwisseling van informatie met zijn vrienden en familie. Walraven móest schrijven; het was de navelstreng die hem met de wereld verbond. Toen hij om politieke redenen, uit armoede en ten gevolge van wat voor hem de onbegrijpelijke gevoelens van zijn vrouw en kinderen waren, steeds meer geïsoleerd raakte, werd het schrijven van brieven voor Walraven 'het liplezen van de eenzameling' zoals de dichter Jan Hanlo het eens noemde.[14] In die situatie deed geen enkele literaire truc ter zake, en Walraven gaf zichzelf bloot met een openhartigheid die pijnlijk zou kunnen zijn maar die tegelijkertijd ook betrokkenheid inhield. 'Mijn verhalen zitten vol hatelijkheden, speldeprikken en erger (...). Dat zal altijd zoo blijven, want het is eigenlijk allemaal autobiografie en ik ben ik. Ik kan niet anders, God helpe me, Amen!' (*B* 869).

Op 28 februari 1942 landden de Japanners op Java. Binnen twee weken was het verzet van de Nederlandse strijdkrachten gebroken, een wapenfeit dat verre van indrukwekkend was en dat in het vervolg een inspiratiebron zou gaan vormen voor de Indonesische vrijheidsbeweging. In de maand juli van datzelfde jaar werden Walraven en zijn zoons opgepakt door de Japanners en geïnterneerd. Walraven stierf zeven maanden later, op 13 februari 1943, eenzaam, verbitterd en uitgeput, een man die lichamelijk de strijd had opgegeven en die zich had teruggetrokken in apathie. Maar het gevaar en de ontberingen hadden de band tussen de vader en zijn zonen versterkt.[15] Ze werden naar een ander kamp overgebracht, en op een dag kreeg zijn toch al zwakke gezondheid het dubbel te stellen met een aanval van zware dysenterie en malaria. De oudste zoon moest de vader naar de rivier helpen en hem, zo goed en zo kwaad als het kon, wassen. Hij vervulde deze taak iedere dag tot de patiënt eindelijk naar het kamphospitaal werd gebracht. De dysenterie maakte het Willem junior uiterst moeilijk om zijn vader van schone pyjama's te blijven voorzien. Vanwege het besmettingsgevaar was niemand bereid hem daarbij te helpen. 'De leege plaats in de barak bleef langen tijd open; niemand durfde erop te gaan liggen of er een gedeelte van te annexeeren. Er werd niet meer over mijn vader gesproken.' De betere voeding en verzorging in de ziekenboeg vermochten niets. 'Het kampbestuur waarschuwde mijn moeder. Ze kwam over en stond snikkend aan het bed waarop het wrak lag dat eens mijn vader was. Toen de zon bloedrood achter de heuvels zonk en mijn moeder reeds op den weg stond om het kamp te verlaten, stierf mijn vader.'[16]

In 1940 had Walraven correct voorspeld: 'Ik zal wel nooit meer terugkomen [in Nederland], en er is één troost: bij mijn begrafenis zal het niet vriezen' (*B* 597). Itih overleefde de oorlog; zij ging in 1950 naar Nederland en stierf daar in 1969. Willem junior overleefde de kampen. Toen hij terugkeerde naar Malang, naar huis, werd hij gevangengenomen door de Indonesiërs. Na acht maanden gevangenis werd hij als chauffeur aangesteld in het republikeinse leger. In 1950 schreef hij in Bandoeng zijn ontroerende herinneringen aan zijn vader, en hij nam deze met zich mee toen hij samen met zijn vrouw en zoontje naar Nederland ging. Maar noch hijzelf noch zijn vrouw voelde zich in Europa thuis en zij emigreerden naar de Verenigde Staten. Walraven junior werkte meer dan achttien jaar in een cementfabriek, waar hij moeilijk overweg kon met zijn collega's of zijn superieuren. Precies als zijn vader werd de jonge Walraven asociaal, vreemd en onaangenaam gevonden. Hij ging in het plaatsje Victorville wonen, in de woestijn ten oosten van Los Angeles. Daar heeft een Nederlandse journalist hem uiteindelijk opgespoord. Hij woonde er alleen, na de dood van zijn vrouw, luisterde naar popmuziek en schreef gedichten. De journalist vertelde hem dat hij er heel erg als zijn recalcitrante vader uitzag, en vroeg hem of hij eveneens melancholiek en depressief werd. Hij zei dat dit het geval was, en toen hem gevraagd werd wat hij deed om zijn frustraties af te koelen, antwoordde Walraven junior:

> Dan ga ik de woestijn in en schreeuw ik. Dat is een teken van onmacht. Veel mensen kunnen dat niet begrijpen, maar het lucht mij op. Soms schreeuw ik me schor in huis. Ik sluit dan de ramen en deuren. Ik schreeuw ook tegen de [overvliegende] vliegtuigen in de woestijn. Dan voel ik me rustiger. Het is een teken van onmacht omdat ik de wereld niet kan veranderen.[17]

Walraven senior is een symbool van het gebrek aan overeenstemming dat Nederland belette om Indië te begrijpen, en Indië, op zijn beurt, om zijn 'compagnon' te waarderen. Walraven leidde, tussen twee tegengestelde werelden, een bestaan dat het hem onmogelijk maakte in een ervan werkelijk zijn plaats te vinden. Zoals hijzelf toegaf, was hij een man van uitersten. 'Ik ben eigenlijk iemand, die alleen kan haten of liefhebben, beide intens, en er is geen middenweg. Misschien komt het daardoor, dat mijn geschrijf niemand onverschillig laat. Ze vinden het prachtig of ze worden er kwaad om, vooral het laatste' (*B* 712-3). Opgemerkt moet worden dat, in 'De clan', Itih vanuit eenzelfde perspectief geschetst wordt, want zij 'herinnert zich uit haar kindertijd vooral feesten en catastrofen, hevige emoties' (*E* 119).

Walraven was zich bewust van zijn neerslachtige aard en gaf toe dat hij last had van zenuwen (*B* 210). Hij deelde ooit iemand in vertrouwen mee dat hij uit een probleemfamilie kwam met een lang verleden van alcoholisme. Hij had het niet vaak over zijn eigen drankgebruik, maar eens schreef hij:

> Maar soms heb ik perioden, dat ik ergens in een hoek ga zitten en dan ga ik maar door met de eene flesch bier na de andere, tot ik eindelijk me opberg en 's morgens vol walging op sta met een kater, die in drie dagen niet overgaat. En ik ben heusch niet de eenige in Indië, die zoo is. Helaas niet. Je zoudt verbaasd staan, als je wist, wat hier gedronken wordt, juist door ontwikkelde menschen met allerlei bekwaamheden. Dat is een gevolg van het land. Wie hier denkt, zoekt vergetelheid, en dat zoekt men allicht in Bacchus. (*B* 166)

In de ogen van Walraven stond de wereld altijd in de weg; de werkelijkheid was een onoverkomelijk obstakel. Hij was een rebel en een verschoppeling die uit de ene maatschappij verstoten werd om verbannen te worden naar een andere die hij zowel liefhad als minachtte. Hij was getrouwd met de tropen maar vond dat hij erin geluisd was. Hij zat altijd op de grens, een displaced person die niet eens zichzelf tot troost was. Het is niet verwonderlijk dat Heine zijn favoriete dichter was.

In de twee eerder geciteerde passages verklaarde Walraven dat hij niet van de begraafplaats in Dirksland hield en de voorkeur gaf aan de Chinese benadering van de dood. Maar in 1939 leek hij, schrijvend over zijn eigen dood in het land van *tjelaka*, het land van tegenspoed, beide beschrijvingen te logenstraffen. Eens te meer gaat het om een inconsequentie van een gekweld en moeilijk man die de uiteindelijke verwarring van het kolonialisme in Indonesië belichaamde.

> Ik zou me ook zoo graag laten cremeeren na mijn dood, maar ook dat kost geld en we hebben hier nog geen crematorium zelfs. Ik haat de gedachte in dien Indischen grond te liggen en daar opgevreten te worden door de witte mieren. Misschien is het ook maar een idée fixe van me, maar ik zou graag willen, dat er van mij persoonlijk niets achterbleef in Indië; en vooral niet op een Indisch kerkhof liggen. Bespottelijker plaatsen bestaan er niet dan Indische kerkhoven. Kermissen der ijdelheid! In Indië respecteeren ze niemand bij zijn leven, maar als je dood bent, dan beginnen ze je te bewierooken. Het schijnt, dat ze dan pas bang van je worden, want alle Indischen gelooven aan 'geesten' en die geesten kunnen wraak nemen op hen, die niet genoeg aan doodenvereering doen, bloemetjes brengen en zoo, met bespottelijke graftomben en nog bespottelijker opschriften daarop. Ik hoop nooit in zoo'n etalage te liggen na mijn dood. Het mooiste kerkhof, dat ik me herinner, is het kerkhof in Dirksland, allemaal gras onder boomen, waar je geen graf meer kunt terugvinden en waar het hek altijd op slot is. (*B* 413)

20

A. ALBERTS (1911-1995): INDIË ALS EEN HEDENDAAGS MYSTERIE

Walraven zou een toepasselijk besluit vormen van een studie over de Nederlandse koloniale literatuur, maar er is één ding op tegen. Zijn werk, dat bijna in zijn geheel autobiografisch is, mist een schakel die het verbindt met de moderne literatuur die na de Tweede Wereldoorlog verscheen. Een dergelijke verbinding is er wel in het geval van de verhalenbundel met de titel *De eilanden*, uitgegeven in 1952, toen de auteur, A. Alberts, 41 jaar oud was. De elf raadselachtige verhalen van een paradoxaal schrijver (die zijn tropenjaren niet serieus nam, omdat hij niet in Indië was geboren) laten zien dat de koloniale literatuur in staat is over te schakelen van een literatuur die gebaseerd is op een historische realiteit naar een die Indonesië oproept als een zuiver literair domein. Terwijl sommige realistische teksten die zijn geschreven met gebruikmaking van bijzonderheden uit een specifiek heden, zich niet handhaafden, zullen Alberts' mysterieuze verhalen wel standhouden: de tijd lijkt immers geen vat op ze te hebben.

A. Alberts is het waard bestudeerd te worden. Zijn vakkundigheid is omzichtig, zijn werkwijze feilloos, en zijn proza koel en gereserveerd. Hij houdt er niet van over zichzelf of over zijn werk te praten, maar toch heeft hij vier autobiografische memoires gepubliceerd – *In en uit het paradijs getild* (1962; herdruk 1975), *Aan Frankrijk uitgeleverd* (1963; herdruk 1975), *De Utrechtse herinneringen van A. Alberts* (1983) en *Inleiding tot de kennis van de ambtenaar* (1986) – die enkele van zijn fictionele werken en een deel van zijn leven van documentatie voorzien, maar die er, net zoals de Cheshire Cat, tegelijkertijd in slagen onze kritische blik te ontglippen. Afgezien van een periode van zeven jaar in de tropen was zijn leven nogal prozaïsch, maar toch spelen zijn acht korte romans (of lange novellen) en zijn twee verhalenbundels zich af in zulke uitheemse omgevingen als Portugal, Peru, Schotland, Frankrijk, Denemarken en de Verenigde Staten. Zelfs als zijn werk over Nederland gaat, ontbreekt de specifiekheid die zo gangbaar is in de Nederlandse literatuur; in plaats daarvan lijkt het wel alsof Alberts een eigen mythe oproept. Maar het lijdt geen twijfel dat Alberts een meesterwerk van de Nederlandse koloniale fictie heeft geschreven én dat hij een van de belangrijkste Nederlandse auteurs van de tweede helft van de twintigste eeuw is.[1]

Albert Alberts werd in 1911 in Haarlem geboren. Hij stamde uit een familie van zeelieden. Hij had bewondering voor de wijze waarop huwelijken in dergelijke zeevaarderskringen stand wisten te houden, ondanks het feit dat man en vrouw elkaar zeven maanden per jaar niet zagen. 'Ieder had zijn eigen departement: de man het schip, de vrouw was kapitein van het gezin. Ieder eerbiedigde het terrein van de ander (...).'[2] Tijdens zijn jeugd woonde hij in Apeldoorn, vlak bij het bos dat een kroondomein was en dat een sleutelmetafoor werd in zijn fictie.

Aangezien hij in de crisisjaren opgroeide, waren er maar weinig kansen voor een lucratieve loopbaan. In die tijd subsidieerde de Nederlandse overheid slechts twee opleidingen: de ene leidde tot een benoeming in het leger, de andere bereidde voor op een detachering als ambtenaar in de kolonie. Alberts koos voor het laatste maar hij moest nu beslissen of hij 'indologie' wilde studeren in Leiden of in Utrecht. De faculteit aan de Leidse universiteit was progressiever en richtte zich meer op Aziatische talen en antropologie, terwijl Utrecht meer naar het conservatieve neigde; dus werd er meer aandacht besteed aan economie en de rechtenstudie. Nadat hij het contract met de overheid had getekend waarin was vastgelegd dat hij zich, in ruil voor een maandelijkse toelage gedurende zijn studietijd, verplichtte tot vijf jaar dienst in Indië, ging hij naar Utrecht en volgde daar de vakken Maleis, Javaans, kennis van de islam, en koloniale geschiedenis, economie en rechtswetenschap. Alberts schreef zijn proefschrift over twee negentiende-eeuwse Nederlandse staatslieden die tegenspelers waren in een conflict over de vraag hoe men het koloniale beleid kon liberaliseren ofte wel, zoals Alberts het in zijn inleiding formuleerde: 'hoe men, in één woord, de koloniale kip kon slachten en tóch zijn gouden eieren blijven rapen'.[3] Verschenen in 1939, was het een buitengewoon compacte, met zwier geschreven dissertatie; er komt zelfs een denkbeeldige dialoog tussen twee hoofdrolspelers in voor.

Terwijl hij in afwachting was van een benoeming in de Oost, was Alberts uit eigen beweging korte tijd bij het Franse ministerie van Koloniën werkzaam als onbezoldigd ambtenaar, door zijn chef in Parijs fijnzinnig aangeduid als 'fonctionnaire bénévole'[4]. Over zijn ervaringen met de Franse bureaucratie schreef hij in een boek met herinneringen dat oorspronkelijk *De Franse slag* (1963) heette en in 1975 werd herdrukt onder de nieuwe titel *Aan Frankrijk uitgeleverd.* Op 27 september 1939 zette Alberts, aan boord van de Johan van Oldenbarnevelt, koers naar Indië. Hij kreeg als standplaats het regentschap Soemenep op het eiland Madoera. Hij vermaakte zich er ongegeneerd, zoals kan worden afgeleid uit zijn beschrijving van zijn eerste bezoek aan de inheemse regent in november van dat jaar, in groot tenue, ingenomen met het aangename gezelschap, terwijl op de achtergrond op de radio het liedje 'O Jozef, Jozef, pas toch op je voeten' van Lou Bandy klinkt:

> Ik keek naar mijn voeten. Ze waren gestoken in zwart zijden sokken en zwarte glimmende schoenen, juist zoals het hoorde. Dit alles, deze zwoele donkere avond, dit paleis, dit goud, de kris en het lied, dit alles was zo onwerkelijk, dat ik begreep een sprookjesprins te zijn geworden. Een sprookjesprins in de salarisklasse tussen de *f* 250,– en *f* 400,– [per maand].[5]

Maar in maart 1942 veranderde het sprookje in een nachtmerrie. Samen met zijn collega's werd Alberts gearresteerd door de Japanse bezettingstroepen. Hij werd eerst gedurende tien maanden gevangengezet in de Boeboetan-gevangenis in Soerabaja, hierna nog eens tien maanden in het fort Ngawi in Midden-Java en vervolgens een maand of vijf in de beruchte Soekamiskin-gevangenis bij Bandoeng, waar hij zijn collega-schrijver Friedericy ontmoette. Daarna werd hij overgebracht naar een concentratiekamp in de buurt van Tjimahi, de voormalige garnizoensplaats van het Nederlands-Indische leger. In dit kamp, waar meer dan tienduizend man vastzaten, werd hij herenigd met zijn twee broers. Hij overleefde ternauwernood.

Alberts was terughoudend over zijn beproevingen in de kampen. Ooit formuleerde hij het bondig: 'we werden magerder, zieker en doder'.[6] Meer dan vier decennia later nam hij een hoofdstuk met de titel 'De verlatenheid' op in een boek over Indië dat hij tekenend genoeg *Een kolonie is ook maar een mens* (1989) noemde. Zijn relaas van een ervaring die hem bijna het leven kostte, was geschreven in een proza dat misschien zelfs nog indirecter was dan bij hem gebruikelijk. Hij verliet Indonesië in 1946 en keerde er nooit meer terug.

Gerepatrieerd naar een verwoest Nederland, werkte Alberts van 1946 tot 1953 als directiesecretaris voor een bedrijf genaamd het 'Kinabureau'.[7] Het ging hier om een kartel van producenten van kinabast en fabrikanten van kinine (die van kinabast gemaakt wordt), het meest effectieve geneesmiddel tegen malaria. De kinabastproducenten uit Indonesië hadden het feitelijke monopolie, tot de jaren vijftig, toen hevige concurrentie vanuit Belgisch Congo hun positie verzwakte. Het kartel waarvoor Alberts werkte, stierf een zachte dood. Zijn ervaring van de eindeloze zakelijke vergaderingen vormde de basis voor zijn korte roman *De vergaderzaal*, die in 1974 verscheen en waarin hij beschrijft hoe een zakenman tijdelijk gek wordt.

Alberts was van 1953 tot 1965 als journalist en weekbladredacteur werkzaam en als zodanig schreef hij vooral over de Indonesische politiek. In 1952 publiceerde hij een verhalenbundel, *De eilanden*, in 1953 gevolgd door de roman *De bomen*. Zijn werk werd goed ontvangen – hij kreeg zelfs een literaire prijs in 1953 – maar het verkocht heel slecht. Tijdens zijn jaren als journalist liet hij ook twee boeken met herinneringen verschijnen en schreef hij nu en dan verhalen. Alberts, die wel een van de meest pretentieloze schrijvers moet zijn, schreef deze verhalen voor zo'n onopvallende markt als die van interne publicaties van banken en de wijngroothandel.[8] Ze werden pas in 1975 in boekvorm gepubliceerd.

Na zijn jaren als journalist werkte Alberts ongeveer tien jaar lang bij de Nederlandse overheid, bij het ministerie van Buitenlandse Zaken. Gedurende de laatste vijf jaar voor zijn pensionering in 1976 was hij werkzaam bij de vertaalafdeling en vertaalde hij officiële documenten uit het Engels, Frans en Duits.

Toen Alberts in 1952 zijn eerste boek publiceerde, was hij 41 jaar. *De eilanden* was geschreven in een unieke stijl die in de daaropvolgende dertig jaar nauwelijks veranderde. Vele jaren was hij gerespecteerd maar amper bekend, maar toen hij in 1974 de korte roman *De vergaderzaal* liet verschijnen, over de krankzinnige zakenman Dalem, merkte hij dat hij van de ene op de andere dag een succesauteur geworden was. Het jaar 1975 was Alberts' wonderjaar: *De vergaderzaal* was binnen twee maanden uitverkocht en zijn twee boeken over zijn tropenjaren en zijn jaren in Parijs werden herdrukt, terwijl zijn verhalenbundel *Haast hebben in september* en een historisch werk getiteld *De Hollanders komen ons vermoorden* voor het eerst werden uitgegeven. In hetzelfde jaar werd hem de prestigieuze Constantijn Huygensprijs toegekend.

Zijn levensloop is een uiterst onwaarschijnlijk Assepoesterverhaal en Alberts een uiterst onwaarschijnlijke literaire coryfee. Zelfs na 1975 bleef zijn raadselachtige fictionele werk succesvol. Het in 1979 verschenen *De honden jagen niet meer* was eveneens enige tijd een bestseller. In hetzelfde jaar publiceerde hij ook een nostalgische verhandeling over de lijnschepen die de Nederlander vroeger over de wereldzeeën naar de tropen brachten: *Per mailboot naar de Oost.*

Na het succes van *De honden jagen niet meer* liet Alberts bijna elk jaar een nieuw prozawerk verschijnen: fictie, essays en historische romans. Zijn eigen stijl bleef al die tijd dezelfde, evenals zijn ontwijkende vertelwijze, die veeleer een open oor lijkt te hebben voor de stiltes en verzwijgingen dan voor onopgesmukte feitelijkheden. Alberts was ook een buitenbeentje omdat hij jarenlang zijn koloniale ervaring leek te negeren. Pas toen hij in de zeventig was, bekende hij uiteindelijk dat deze jaren de belangrijkste periode van zijn leven vormden. 'Dat begin ik nu pas te merken. Ik denk er veel vaker aan terug dan een aantal jaar geleden. En dan overheersen de plezierige herinneringen, al klinkt dat misschien een beetje gek wanneer je weet dat ik drieënhalf jaar, van de zeven die ik er heb doorgebracht, in een concentratiekamp heb gezeten.'[9] Maar ook dit is niet geheel en al oprecht.

In 1939 publiceerde hij zijn studie over het koloniaal beleid en in 1952 verscheen *De eilanden*, terwijl zijn niet-fictionele verslag van zijn bestaan als koloniaal bestuursambtenaar, *In en uit het paradijs getild*, in 1962 werd uitgegeven (toen nog onder de titel *Namen noemen*). Gedurende de ruim tien jaar die hij als journalist werkzaam was (1953-1965), schreef hij vooral over Indonesië, en bovendien publiceerde hij in 1968 een studie getiteld *Het einde van een verhouding. Indonesië en Nederland tussen 1945 en 1963.* En dan is er nog de hoofdpersoon genaamd Dalem, uit Alberts' meest succesvolle fictionele werk, *De vergaderzaal*, uit 1974. Dalem is een Javaanse term voor een aantal verwante concepten. Hij kan worden vertaald als 'binnen' of als 'inwendig' en inderdaad speelt de handeling van de korte roman zich vooral in de geest van meneer Dalem af. Het is een positieve term. Op Java had hij betrekking op een vorst of zijn hof, zelfs op het hart van een dynastie, terwijl hij op Bali deel uitmaakte van het vocabulaire voor dans en theater.[10] Ronduit een exercitie in nostalgie was *Per mailboot naar de Oost*, Alberts verhandeling uit 1979 over de reis per schip naar de archipel. Het meest publiceerde Alberts over Indië in de jaren tachtig. Zijn herinneringen aan zijn tijd als student indologie in Utrecht verschenen in 1983, terwijl zijn ironische verdediging van de ambtenaar, uitgegeven in 1986, een hoofdstuk bevatte over de rol van de koloniale bestuursambtenaar (hoofdstuk 5, getiteld 'Ontmoetingen met ambtenaren'). Hierin waren ook enkele opmerkingen opgenomen over Alberts' internering in de jappenkampen. In 1989 verscheen zijn tot boek uitgedijde essay *Een kolonie is ook maar een mens*. Het is een weloverwogen en beheerste uiteenzetting over de koloniale geschiedenis, die vooral opvalt doordat zij aandringt op een eerlijk oordeel: '(...) de kolonie [is] ook maar een mens (...) geweest, met al zijn gebreken, de hebzucht niet uitgezonderd, maar ook met nogal wat goede intenties, al hebben die in sommige gevallen een pad naar een bepaald soort hel geplaveid'. De Nederlanders brachten 'de unificatie en de stabiliteit', gunstige omstandigheden die van cruciaal belang waren voor de vorming van een onafhankelijke staat.[11] Bovendien hield Alberts ook vol dat het de vooringenomenheid van de ambtenarij was om de inheemse bevolking te beschermen tegen de priviliges van de ondernemers. Het was de rechterlijke macht van het koloniale bestuur die meer dan wat dan ook ertoe heeft bijgedragen dat de Indonesiërs zich de burgers van een opzichzelfstaande natie voelden.[12] Ten slotte publiceerde hij in 1992 nog een tekst over Nederlands-Indië: *Twee jaargetijden minder*. De titel verwijst naar dat wat Walraven zozeer miste: herfst en winter. In de ogen van Alberts houdt dit geen gemis in. Hij interpreteert het leven met maar twee seizoenen liever als 'een symbool, het zinnebeeld van een eenvoudiger, een minder ingewikkeld leven',[13] en aldus schaart hij zich bij het koor van koloniale auteurs zoals Daum, Cohen, Du Perron, Vuyk, Dermoût, Friedericy en Boon. Het essay eindigt met de constatering van een verlies, geschreven in de onnavolgbare stijl van Alberts: 'Het is weg. We hebben er geen enkel jaargetijde uit overgehouden. We hebben hen niet meer. Zij hebben ons niet meer. Wij hebben het niet meer. Het land.'[14] Alberts besteedde meer aandacht aan zijn koloniale tijd dan hij zich misschien bewust was.

De tekst waaruit de bovenstaande passage werd geciteerd, dateert van 1992, maar de stijl is niet anders dan die van Alberts' veertig jaar eerder verschenen fictionele debuut, *De eilanden*. Zijn geluid was vanaf het allereerste begin uniek en zelfverzekerd, en het veranderde nooit. Het komt over als een discours dat recht op de man af is, geschreven in een ongekunstelde stijl die ingetogen en eenvoudig is, zo niet karig. Deze metonymische stijl steunt in hoge mate op understatement, zelfs als hij de behandeling dient van de meest emotionele voorvallen.

Dit is uiteraard bedrieglijk. Het taalgebruik mag dan eenvoudig lijken, de stijl onopgesmukt, maar het effect is vernuftig. Alberts gaat in zijn proza op een handige manier om met het inwendige ritme. Hij merkte op dat de kolonialen 'meer verhalenvertellers dan briljante causeurs' waren,[15] en hij paste het ritme van de gesproken taal toe op de procédés van geschreven fictie.[16] Alberts vestigde de aandacht op deze tamelijk gangbare gewoonte in de koloniale tijd en hij noemde Friedericy als verhalenverteller met bijzonder veel talent.[17] Maar hij ontdeed de gebruikelijke verteltrant van zijn wijdlopigheid en de intentie en toonzetting van roddel, en bracht hem tot zijn essentie terug alsof hij doelbewust het stereotiepe gebabbel van de koloniale herinneringen bestreed. Zijn zinnen zijn vaak kort, declaratief en in de bedrijvende vorm. Zijn taalgebruik is zelden cryptisch of barok, en de betekenis van de afzonderlijke zinnen lijkt duidelijk genoeg. De dialoog is rechttoe rechtaan en vol herhaling, en maakt vaak deel uit van een zin die een gelijktijdige actie beschrijft. Adjectieven worden spaarzaam gebruikt en het werkwoord is de voornaamste motor van de syntaxis. De belangrijkste methode voor het uitwerken van langere fragmenten, zo niet complete teksten, is gebaseerd op opeenvolging.

Het gaat hier om een moderne stijl, maar ook om Kiplings 'economie van het impliceren', die een terugkeer inhield naar een andere stijl die gemodelleerd was naar het gesproken woord en die, 'na een groot aantal voordrachten', was ontdaan van 'de ergste overtolligheden'.[18] In termen van de koloniale literatuur is de stijl van Alberts de tot het uiterste doorgevoerde stijl van de zeevaarders: zou men hem nog verder reduceren, dan zou hij, net als het proza van Beckett, ophouden te bestaan. Hier, in het laatste stadium van de koloniale literatuur, zien we hoe de twee hoofdvormen van de weergave van de werkelijkheid die Auerbach onderscheidt, met elkaar samengaan: de expliciete eenvoud van de stijl van de zeevaarders of de stijl van Homerus wordt gekoppeld aan de impliciete complexiteit van het bijbelse discours, dat suggereert in plaats van duidelijk stelt, de dingen bij de naam noemt en daarbij epitheta vermijdt, eerder het toevallige dan het chronologische verloop uitdrukt, overstelpt met spanning omdat zoveel ongezegd blijft, en dat eerder suggestief is dan iets geheel en al onder woorden te brengen.[19]

Alberts' proza, in het bijzonder zijn weergave van dialogen, doet denken aan de toneelstukken van Harold Pinter. In het verhaal 'De dief' moet de verteller een vonnis vellen over Horan, die een stierkalf heeft gestolen.

> We stonden met zijn zessen om het kalf heen. Ikzelf, de griffier, het districtshoofd, de agent, de eigenaar en de dief. Horan, de dief, stond naast me, recht voor de kop van het kalf.
> Hoe oud is het? vroeg ik.
> Zes maanden, zei Horan.
> Zes maanden was het dier en zijn ogen waren nu al vijvers van weemoed.
> Het is een mooi dier, zei ik.
> Het is een klein dik kereltje, zei Horan. Het is een mooi ventje. En hij klopte het beest op de flanken.
> Dit is de emmer, zei de agent.
> Hoe emmer? vroeg ik.
> Het stuk van overtuiging toch? zei de agent.
> Ik stuur hem het volgend jaar naar de tentoonstelling in de hoofdplaats, zei de eigenaar.
> Hij zal vast de eerste prijs winnen, zei Horan.

We gaan maar weer eens terug, zei ik.
Toen we weer achter de tafel zaten, vroeg ik aan de griffier: Hoeveel staat er eigenlijk voor?
We zouden hem zes maanden kunnen geven, zei de griffier. Maar de minimumstraf is veel minder.
Wat is de minimumstraf? vroeg ik.
Eén maand, zei de griffier.
Twee maanden, zei ik.
Twee maanden! riep de griffier. En de stukken van overtuiging terug naar de eigenaar.[20]

Wat hier opvalt, is het informele woordgebruik, het ritme dat, in hoge mate, gedicteerd wordt door herhaling, de stychomythie die eveneens het handelsmerk van Beckett en Pinter is, en de uitwerking door middel van aaneenrijging. Net als bij andere hedendaagse meesters van de verhaalkunst lijkt Alberts' zorgvuldig gemoduleerde proza als uit stilte gehouwen. Zijn vertellingen lijken aan anderszins eenvoudige woorden een verhoogde betekenis te verlenen die voortkomt uit de voorafgaande tekst. Maar veel blijft onuitgesproken en heel wat informatie is weggelaten. Dit geldt voor al het fictionele werk van Alberts, maar met name voor *De eilanden.*

Alles wat men is gaan verwachten van koloniale fictie, ontbreekt in *De eilanden.* Er is sprake van het opzettelijk achterwege laten van uitleg en motivering, maar toch is het in de langste en mooiste verhalen duidelijk dat de hoofdpersonen gevaarlijk dicht op het randje van het gezond verstand en het voortbestaan balanceren. Wat men ook zou willen afleiden uit latere publicaties, Alberts' fictionele werk staat ver af van de autobiografie, en waar men gewend was geraakt aan het rumoer van grote koloniale families en hun ingewikkelde intriges, daar treft men in Alberts' verhalen onbestemde figuren aan die weten wat het is om alleen te zijn. Wat voor toespelingen men ook zou ontdekken, ze worden zorgvuldig onder controle gehouden en alleen al het ontbreken van de gewone fictionele informatie tekent deze verhalen als geheel en al 'verbeelding', als geheel en al 'literaire' constructies.

De uitdrukking 'Indië' wordt nooit gebruikt in *De eilanden.* Net zoals geldt voor de stijl, zijn de elf teksten, zowel apart als gezamenlijk, metonymische suggesties die naar iedere tropische archipel zouden kunnen verwijzen. Het valt op dat de afzonderlijke titels metoniemen zijn van een categorie die men is gaan zien als iets specifiek koloniaals: 'Groen', 'De maaltijd', 'Het moeras', 'De jacht', 'De schat', 'Het laatste eiland', 'Het onbekende eiland'. Alberts vermeed met zorg aanduidingen die dit onbestemde gebied herkenbaar zouden maken als een vaststaand aardrijkskundig gegeven. Dat dit opzet was, kan afgeleid worden uit zijn andere verhalenbundel, *Haast hebben in september* (1975), waar mensen, plaatsen en gebeurtenissen nauwkeurig van een naam voorzien zijn. In *De eilan-*

den komt echter maar één naam in één verhaal voor: Raäs (door Alberts 'Raas' gespeld) in 'Het laatste eiland'. Het is moeilijk te zeggen of dit een vergissing was of een voorbeeld van Alberts droge humor – toen hij gedacht zou kunnen hebben dat niemand van dit eiland zou hebben gehoord – maar Raäs bestaat. Het was deel van het gebied waarvoor hij verantwoordelijk was.

De gouverneur van Oost-Java benoemde hem op een post in een regentschap op het eiland Madoera. Tegen het oostelijke uiteinde van Java springt de noordkust van het eiland op zo'n manier in dat een rechthoekige uitsparing ontstaat. In die uitgespaarde rechte hoek zweeft Madoera, recht tegenover de grote haven van Soerabaja, als een loodsmannetje dat niet van zijn plaats komt en zijn baasje net boven de staartvin aanstoot. Alberts kreeg als standplaats Soemenep, ook wel Songenep genoemd, aangewezen. Madoera is zo'n honderdvijftig kilometer lang en veertig kilometer breed. Het eiland was al van zijn bomen ontdaan toen Alberts er in 1939 kwam wonen. De schrale grond bood niet veel mogelijkheden voor landbouw, en de talrijke riviertjes spoelden het kleine beetje vruchtbare bovengrond weg dat er nog was overgebleven. Het is dit Madoera, als het eiland zonder bomen, dat de achtergrond vormt voor 'De schat', een van de verhalen uit *De eilanden.*

Omdat het overeenkwam met zijn persoonlijkheid, was het een geluk voor Alberts dat het rechtsgebied van zijn regentschap ook meer dan veertig kleine eilanden ten oosten van Madoera omvatte.[21] Vooral deze eilanden – veel meer dan Madoera – inspireerden de schepping van zijn archetypische rijk. Na *De eilanden* gelezen te hebben, is men verbaasd als men te weten komt dat verscheidene van deze eilanden dichtbevolkt zijn. Dit geldt voor Sapoedi, Goa Goa en Raäs van de Sapoedi-archipel, en voor Kangean en Sepeken (door Alberts 'Sapeken' gespeld) in de Kangean-archipel. Uit zijn herinneringen blijkt duidelijk dat twee van deze legendarische eilanden, 'die eigenlijk niet tot deze boze wereld behoren', favoriet bij hem zijn, namelijk Kangean en Salamboe. Kangean was volgens hem 'het mooiste eiland van de wereld', een 'paradijs', met een baai, 'nog veel mooier dan die van Napels'.[22] De mythische aantrekkingskracht van tropische eilanden is vastgelegd in de volgende passage, die overigens ook een kenmerkende ondertoon van dreiging bevat.

> Ketapang was een dorpje van niet meer dan tien, twaalf huizen en de pasanggrahan [logeerverblijf voor reizigers] lag op de uiterste punt van het eiland, op een heuvel, een soort kaap. Naar het Oosten kon men een paar mijl verder het volgende eiland zien liggen en het water tussen ons en dat eiland was dus een zeeëngte. Een echte engte. Bij de westmoesson, die hard doorstond was de stroom zo sterk, dat we hem duidelijk konden zien. Terzijde van de stroom had ons eiland een kleine inham, die ten zuiden van de pasanggrahan lag, juist aan de voet van de heuvel met volkomen stil water en zelfs met een minuscuul zandstrandje.
>
> We waren met stijve benen op de voorgalerij van de pasanggrahan gaan zitten, ineens te moe om te baden en te eten. We zaten maar en we keken maar en op een

gegeven ogenblik was het donker. Donker en niet donker, want de maan scheen waarachtig ook nog. Vol. We keken uit op de kleine stille baai, die daar onder aan de voet van de heuvel in de luwte van de zeestroom lag.
Het water glinsterde een beetje en het kleine strand was wit. En daar kwam uit dat water een krokodil op het strand geschoven. Toen hij helemaal op het strand was bleef hij stil liggen. Hij bewoog zich niet. Hij bewoog zelfs zijn kop niet. En wij bewogen ook niet.[23]

Behalve Raäs wordt geen van de idyllische eilanden ooit bij naam genoemd. In zijn boek met herinneringen stelt Alberts dat Raäs een van de 'hele rare' eilanden is, maar zijn beschrijving blijft aan de vage kant. Er wordt vermeld dat het 'laag, langgerekt zonder bomen' is, 'maar met heel veel heggen tussen de erven. De paarden waren er niet best, maar dat hinderde niet, want Raas was eigenlijk klein genoeg om het te belopen.'[24] Het betreft hier een beschrijving die ook typerend is voor *De eilanden*: aanwijzingen die iets suggereren maar tegelijkertijd onvoldoende bewijs leveren om het in de werkelijkheid te verankeren. Raäs was in feite het meest agrarische eiland van de Sapoedi-eilandengroep en had een vrij grote bevolking.

Alberts ontdeed de in kaart gebrachte eilanden doelbewust van hun reële karakter om ze nog reëler te maken. Zoals Melville over het eiland van Queequeg schreef: 'Het komt op geen enkele kaart voor; met échte plaatsen is dit altijd het geval' (*Moby Dick*, hoofdstuk 12). De verbeelding houdt ervan plaatsen op te roepen die de exactheid tarten. Een van de meesters van dergelijke fantasieen was Lewis Carroll, en het wekt dan ook geen verbazing dat de 'Bellman' in 'Fit the Second', in het gedicht 'The Hunting of the Snark', zijn bemanning een volmaakte kaart overhandigt:

'What's the good of Mercator's North Poles and Equators,
Tropics, Zones, and Meridian Lines?'
So the Bellman would cry: and the crew would reply,
'They are merely conventional signs!'

'Other maps are such shapes, with their islands and capes!
But we've got our brave Captain to thank'
(So the crew would protest) 'that he's bought *us* the best –
A perfect and absolute blank!'

('Waartoe dienen Mercators Noordpool en Equators / En de Meridianen daarbij?' / Vroeg de Wachter aldoor, en dan antwoordde 't koor: / 'Allemaal interessant-doenerij!' // 'Zo'n kronkelige kust geeft je ogen geen rust! / Nee, die ouwe van ons, die heeft pit' / (Riepen alle hens luid), 'hij zocht de beste uit – / Zíjn kaart is nog witter dan wit!' – Lewis Carroll, *De jacht op de stork*, vert. Evert Geradts [Amsterdam, 1977].)

Alberts zou hiermee instemmen.

Alberts imaginaire archipel herinnert ons eraan waarom Oost-Indië ooit een eilandenrijk van legenden en overleveringen was, en waarom men zou kunnen spreken van het Atlantis van Holland.[25] Alberts suggereerde iets dergelijks in een verhaal uit een latere bundel – en legt er daarmee nog eens de nadruk op dat zijn werk één geheel vormt. In 'Zee, onvergetelijke zee bij Perou' beschrijft hij de nostalgische gevoelens van de Europeaan

> (...), zodra hij staat aan zijn altijd westelijke kust, verlangend naar een verloren land, dat achter de ondergaande zon ligt. Het is misschien juist wel dat, wat ons van de Amerikanen onderscheidt. Zij hebben twee kusten. Zij kunnen, aan hun zeeën staande, de zon zien op- en ondergaan. Zij kennen het verschil, maar het is geen voordeel, alles te weten. God zegene Europa en het mysterie van alleen maar een westerkim.[26]

Dit is één mogelijke manier om te verklaren waarom de westerling op zoek was naar het eiland van de gelukzaligen, naar het paradijseiland, of waarom Cook de Pacific verkende. Dit is wat Alberts met zijn eigen 'nesomanische'[27] fictie wilde doen: een wereld scheppen die – net zoals hij de Kaap Blanco van Afrika beschreef – 'het midden [hield] tussen een legende en een mistbank'[28].

Het is toepasselijk dat Alberts' eerstverschenen werk insulair van aard was, want het eiland is het grondmotief van zijn fictie. Houdt men de definitie die Auden van 'symbool' geeft,[29] in gedachten, dan kan een eiland voor een aantal dingen staan. Het kan een utopisch oord zijn waar men kan schuilen voor de bedreigende realiteit, een verheven rijk van vrede en schoonheid, maar het kan ook een symbool zijn van isolement, van eenzaamheid, van betovering en van de dood. Meer dan een geografische vaststelling van iets tastbaars op een lege zee (zoals in 'Groen' en 'Het laatste eiland') betekent een eiland voor Alberts in de allereerste plaats een toestand van isolement.

De meeste van Alberts' gefingeerde personages, ook de anonieme vertellers van *De eilanden*, zijn wat Melville in *Moby Dick* 'isolato's' noemt: 'Er waren bijna alleen maar Eilandbewoners op de Pequod, ook *Isolato's*, zoals ik ze noem, die het gewone continent van de mens niet erkennen, maar die – iedere *Isolato* voor zich – op hun eigen continent leven' (*Moby Dick*, hoofdstuk 27). In *De eilanden* hebben we te maken met mannen die eenlingen zijn die, in hun eenzaamheid, leven op een geografisch equivalent van hun emotionele isolement. Het is ambigu dat, zodra zij ervan gescheiden zijn, zij ernaar verlangen. Alberts suggereert, zo lijkt mij, dat men juist uit dat gegeven van afgezonderdheid kracht moet putten. In de roman *Maar geel en glanzend blijft het goud* (1981) laat hij een spookkoning verklaren: 'Gelukkig is de mens, die in de eenzaamheid een schat vindt.'[30] Alleen is zo'n ontdekking wel zeldzaam.

'Isolato's' bevolken *De eilanden.* In 'Groen' is Peereboom afgesneden van het gewone menselijke verkeer, afgezien dan van tweewekelijkse bezoekjes. Hij snakt naar menselijk gezelschap, maar als hij samen met de verteller is, doet hij weinig om zichzelf geliefd te maken. Hij pleegt zelfmoord als de zelfzuchtige ongevoeligheid van de verteller een volgende daad van verraad wordt – de eerste vond plaats toen zijn vrouw hem met een andere man bedroog. De verteller zelf legt het af tegen het tropische bos én tegen zijn eenzaamheid. Zijn waanzin wordt schrijnend duidelijk wanneer hij begint te geloven dat hij zichzelf onder de lamp – een beeld van troost en warmte – kan zien zitten, zelfs als hij er niet is. In het verhaal 'Het moeras' bevindt Namans huis zich op een eiland. Hij beaamt dat hij hier in 'edele eenzaamheid' kan leven (p. 75) maar in werkelijkheid is hij wanhopig en gek.

Het geval van Naman illustreert zelfs op nog pijnlijker wijze het leven van de 'isolato'. Naman is de attente hoffelijkheid zelve en hij wordt hierom het mikpunt van spot, alsof hij symptomen van een vreemde ziekte vertoont. Reeds afgesneden op het eiland, legt hij zichzelf nog meer beperkingen op wanneer hij wegtrekt van de mensen in het dorp. Menselijk gezelschap kan erger zijn dan helemaal alleen te zijn, ook al zou men dit weleens met krankzinnigheid kunnen moeten bekopen. 'Er was in het dorp niemand om mee te praten en daarom woonde Naman op een eiland in een moeras, waar helemaal niemand was om mee te praten, waar hij helemaal niemand zag. Misschien was dat nog niet eens zo gek. Misschien was het minder erg om alleen te zijn, dan te wonen in een dorp, waar niemand was om mee te praten' (p. 76). Nu leeft hij samen met een spookbeeld, een spookbeeld dat zijn geest voor hem gevormd heeft. En dat is beter gezelschap dan de Maria van vlees en bloed, want hij dringt zich niet op met luidruchtige reëelheid. Alberts voegde nog een dimensie toe door de in zelfopgelegde ballingschap levende man Naman te noemen. De naam, Naäman gespeld in het Oude Testament (2 Koningen 5: 1-27), verwijst naar een Syrische lepralijder en betekent 'liefelijk' in het Hebreeuws. Dit is natuurlijk precies datgene waarvoor Naman bespot werd. In bijbelse tijden betekende melaatsheid automatisch verbanning, isolement en een vroegtijdige dood. De Naman uit de tropen lijdt aan de ziekte van de eenzaamheid, hij wordt eveneens door de menselijke samenleving uitgestoten, zijn zorgzaamheid wordt de reden voor zijn verbanning en het moeras is zijn quarantaine. Voor deze Naman is er geen wonderbaarlijke genezing door een profeet. In feite heeft hij zijn ziekte tot een bestaansreden gemaakt en wil hij niet meer genezen worden. Terwijl in 'Groen' de dood van Peereboom wordt veroorzaakt doordat de verteller geheel door zichzelf in beslag wordt genomen, is in 'Het moeras' de vriendelijke daad van zijn bezoek een inbreuk die zijn gastheer niet op prijs stelt. Bovendien wordt de naamloze verteller ook besmet met Namans ziekte en bezwijkt hij er bijna aan. De aanwezigheid van Namans geweer wekt de suggestie dat de eigenaar ook weleens zelfmoord zou kunnen plegen, net als Peereboom in 'Groen'.

Deze zowel reële als symbolische afzondering wordt op allerlei manieren gesuggereerd. In 'Het huis van de grootvader' hebben de zonen van de handelsdynastie geen band van aanhankelijkheid met hun eigen vaders, maar zij slaan een generatie over en houden van de vader van hun vader alsof het die van henzelf is. De neergehaalde Amerikaanse vliegeniers in 'Het onbekende eiland' zijn geïsoleerd omdat ze de taal van de eilandbewoners niet kennen. Als eigentijdse Calibans moeten ze een taal leren om de vrijheid te verkrijgen. Het hulpmiddel voor hun bevrijding is een telefoon, een drager van taal. Maar zij weten niet hoe dit apparaat in het Maleis heet. De ironie is dat het Maleise equivalent het kinderlijk eenvoudige woord *tilpoen* is (of *tilpon* of *telpon*).

Er zijn nog andere symbolische aspecten aan het beeld van het eiland. Zo is er het dodeneiland ('Groen', 'De koning is dood' en 'De jacht'), het magische eiland ('De maaltijd' en 'De schat') of het eiland als het dubbelzinnige oord waar men kan schuilen voor de westerse wereld van de realiteit ('Het huis van de grootvader'). Goed of kwaad, deze eilanden hebben iets fascinerends omdat zij de belofte van vrijheid inhouden, om het even hoe ambivalent dit mag wezen. Eilanden zullen altijd een veilige schuilplaats zijn voor hen die het vasteland willen ontvluchten. Zoals John Fowles opmerkte in zijn boek over de Scilly-eilanden: 'Eilanden zijn ook geheime plaatsen, waar het onbewuste bewust wordt, waar de mogelijkheden als paddestoelen uit de grond schieten, waar de verbeelding nooit tot rust komt.'[31] Eén ding is zeker: men is niet meer dezelfde nadat men eenmaal op een eiland is geweest. Dit wordt duidelijk gemaakt in het slotverhaal van *De eilanden*, getiteld 'Achter de horizon'. De mensen van het vasteland – merk op dat Alberts nergens zegt dat het hier om Nederland gaat – 'zijn niet naar de eilanden gegaan. Zij zijn in dit land gebleven en nu vreemdelingen voor ons geworden. Voor ons. Voor alle mensen op dit schip. En wij zijn vreemdelingen geworden voor hen (...)' (p. 166). Het gaat hier om omstandigheden waarin ieder mens verkeert, maar deze bewuste passage heeft ook betrekking op de moeilijke situatie van die Nederlanders die in de Oost hadden geleefd, daar voorgoed door waren veranderd en terugkeerden naar een vaderland dat hun vreemd bleek te zijn geworden.

Twee beelden die, samen met het eiland, een symbolische drie-eenheid vormen, zijn de zee en het schip. Maar het drijvende eiland van het schip of het leven in isolement van de zeevaarder bieden geen uitkomst. In 1979 publiceerde Alberts een raadselachtige roman over een zeevaardersfamilie, onder de titel *De honden jagen niet meer.* Het leven van de familieleden die aan land blijven, wordt beschreven als een eenzaam leven, waarin slechts afwisseling wordt gebracht door het bitterzoete en korte verblijf thuis van de mannen, wanneer zij terugkeren na een reis, alleen maar om weer te vertrekken. Het gaat om een bestaan dat lijkt op dat in *De eilanden*, waar de band met medemensen wordt gevormd door het geregeld verschijnen van een schip van de pakketdienst. De Friese mannen, vrouwen en kinderen zijn zwijgzame mensen die niet geneigd zijn zich emotioneel te laten gaan, gesloten mensen die het volharden tot een stille kunst hebben verheven. Maar onder al dat dappere stilzwijgen broeit veel spanning en leed. De roman eindigt overigens met een van Alberts' meest ontroerende passages, vier zinnen die bol staan van gespannen zelfbeheersing en onuitsprekelijke liefde. Kapitein Wietze komt als stervende thuis. Hij krijgt een plaats in de kamer bij de tuin. De jongste zoon brengt zijn oom weg, en als hij weer thuiskomt, fluistert zijn moeder tegen hem dat hij snel eropuit moet om zijn oom terug te halen.

> En terwijl de kleine jongen wanhopig bij de steiger heen en weer liep, omdat de pont nog niet eens aan de andere kant was aangekomen, zat zijn moeder naast het bed. Ze sloeg de deken wat terug en tastte naar zijn voeten om te voelen of die nog warm waren. Omdat ze wilde dat hij nog leefde. Omdat ze van hem hield.[32]

Deze laatste thuiskomst was voorspeld door een andere vrouw die eveneens een echtgenoot op zee heeft. Ze vertelt de vrouw van kapitein Wietze dat het zeemansbestaan een mooi beroep is, alleen: 'elke keer als ze van daarginds terugkomen, hebben ze iets achtergelaten. Niet verloren, maar achtergelaten. En op het eind zijn ze niet zoveel meer dan een leeg mens, die zich alleen nog maar afvraagt wat er van hem nog achter die horizon bestaat.'[33]

Dit geeft ook de moeilijke situatie van de 'isolato's' weer, van de kwetsbare kolonisten die hun hart verpand hebben aan de eilanden. Maar eigenlijk zou de zee soelaas moeten bieden. Zij staat voor vrijheid, zij laat zich niets gelegen liggen aan de veelvormigheid van de geciviliseerde kust, zij kent geen beperking en zij is vormeloos. Maar zoals Auden heeft opgemerkt in zijn essay over de interpretatie die de romantici aan de zee gaven, maakt juist het feit dat het element onbegrensd en vrij is, het ook een 'eenzaam [oord] van vervreemding, en het individu dat zich daar bevindt, hetzij door eigen keuze hetzij door het lot, moet bij tijd en wijle wel, terecht of ten onrechte, bezocht worden door een wanhopig verlangen naar een thuis en naar gezelschap'.[34] Men zou kunnen zeggen dat kapitein Wietze thuis had moeten blijven en dat de vertellers uit *De eilanden* beter in Europa hadden kunnen blijven. Maar het antwoord luidt uiteraard dat zij dit niet kunnen. De verre oorden hebben te veel van hen afgenomen. Zij zijn niet langer op hun plaats – als zij het ooit al waren. En ook moet men niet vergeten dat Alberts de Europeaan beschreef als iemand die altijd hunkert naar 'het mysterie van alleen maar een westerkim'. In datzelfde verhaal, 'Zee, onvergetelijke zee bij Perou', proberen ook nog eens twee mannen te ontsnappen aan de 'eeuwige zee, gelijkmatige zee, onverstoorbare zee', door per bus naar het binnenland te gaan.[35] Maar als ze eenmaal hoog in de bergen zijn, vangen ze nog een glimp op van de zee. Ze dwingen de buschauffeur te stoppen, en ze stappen uit. 'We keken naar de zee. Naar de verrukkelijke, onafzienbare, onvergetelijke zee van Perou.'[36] Er is geen ontsnappen aan.

In een interview uit 1964 zei Alberts dat het verschil tussen hem en de jongere generatie auteurs eruit bestond dat laatstgenoemden schrijven om zichzelf te bevrijden (in de eerste plaats van hun jeugd), terwijl hij schrijft 'uit heimwee, dus om [zich] weer gevangen te geven'.[37] In het verhaal 'Het huis van de grootvader' in *De eilanden* komt de stichter en naamgever van de Taronggi-dynastie te voorschijn uit de zee, om naar het eiland te lopen met 'stappen, die hem buiten de gevangenis brachten, de gevangenis die het water in de laatste uren voor hem was geweest en waaraan hij was gewend geraakt' (p. 51). En toch begint hij, met de eerste stap die hij op dit reddende eiland zet, te verlangen: te verlangen naar zijn land van herkomst. En door de jaren heen worden de Taronggi's steeds meer de gevangene van hun herinnering aan een voorouderlijk huis in Spanje, een land en een huis dat geen van hen, behalve hun aangespoelde voorvader, ooit gezien heeft. Alle personages van Alberts ondergaan 'een zee-omtovering', soms zelfs, zoals Ariel in zijn lied rijmt, 'tot een rijk en wonder ding' (William Shakespeare, *De storm*, vert. Gerrit Komrij [Amsterdam, 1990], p. 23). Maar zij boeten hiervoor met ballingschap.

Er is echter één figuur in Alberts' werk die erin slaagt te ontsnappen, en wel op een manier die Junghuhn had weten te waarderen. Hij doet dit bereidwillig en in strijd met wat de maatschappij van hem verwacht. Het is opmerkelijk dat de vertroosting in de eenzaamheid is gelegen, en dat het een bos is dat hem bevrijding biedt. Bossen zijn een ander belangrijk symbool in Alberts' werk, en ook zij houden verband met eilanden en met de zee.

De korte roman heet *De bomen* en werd voor het eerst uitgegeven in 1953, één jaar na *De eilanden.* Het verband tussen de twee werken is de kleur groen, in het bijzonder als een metoniem voor bos. Het verhaal gaat over de emotionele band die een jongen, Aart Duclos, met bomen heeft, gedurende een periode van ongeveer twaalf jaar. Zoals altijd heeft Alberts allerlei subtiele details in het boek verweven, maar we moeten ons hier bezighouden met de belangrijkste elementen. Als Aart nog klein is, stelt hij de bomen soms als mensen voor, iets wat niet vreemd lijkt voor een kind. Maar algauw krijgt men het gevoel dat Aart deze verhouding volkomen serieus opvat en dat het niet waarschijnlijk is dat zij zal veranderen. Wat magistraal is van Alberts, dat is dat Aart een oprecht en vriendelijk kind is, en dat er nooit enige aanwijzing is dat er sprake is van een afwijking, enkel een zuiver en eenvoudig voornemen waarvan hij zich niet zal laten afhouden. Een onderwijzer, meneer Barre, geeft Aart de bijnaam 'Aardenburg', een burcht van aarde. De onderwijzer tekent een kasteel met vier torens en een aarden wal eromheen op het bord, en Aart begint met de bouw van dit kasteel in het bos. Hij doet dit op een open plek die de kenmerken van een eiland aanneemt. Binnen deze cirkel en binnen zijn eigen kasteel is Aart vrij, kan hij zichzelf zijn en in vrede leven.

Dit kasteel is verwant aan het 'Tweede Javafort' in het verhaal 'De jacht' uit *De eilanden.* De beschrijvingen zijn identiek. De twee Javaforten werden door een koning gebouwd, maar hetzelfde geldt ook voor fort Aardenburg. Lamme, de verloofde van Aarts zuster, zegt tegen haar dat hij altijd het gevoel heeft gehad dat Aart iets voornaams heeft, iets van een grand seigneur die niet verwaand of zelfingenomen is maar een natuurlijke adeldom heeft, alsof 'hij aan het hoofd staat van een troep volgelingen'. Deze 'volgelingen', zo wordt gesuggereerd, zijn de bomen.[38]

Het kasteel en het bos van Aart uit *De bomen* worden nog een derde keer beschreven in Alberts' herfstachtige verhalenbundel *Haast hebben in september* (1975), in de tekst met de titel 'De herfst van het heimwee'. Daar wordt duidelijk dat, aangezien het bewuste bos kroondomein was, er geen plannen voor bebouwing mogelijk waren, en dat het daarom een eiland van bomen was in de overvolle stedelijke zee van het moderne Nederland. In de tweede plaats laat Alberts doorschemeren dat een bos mogelijk weerspannig kan zijn. Er wordt van de bomen gezegd dat 'ze in staat en desnoods bereid zijn het dorp weer binnen te trekken en het te bezetten. Dat kan, want zij voelen zich gesteund door een machtige legertros, een onaantastbaar reservoir van boomkracht (...).' En ten slotte:

> Een bos in de herfst is de herfst zelf. Het is de rust, de gelatenheid, de weemoed. Het is de stilte en de onontkoombaarheid. Er is niets stervends aan een bos in de herfst. Sterven gebeurt misschien aan de horizon, die men kan zien, lopende door een laan aan de rand van het bos en misschien zelfs daar niet. Maar het bos gaat alleen maar de nacht in. Het kraakt en ritselt en het leeft verder. Er is niets geheimzinnigs aan een bos. Stille huizen kunnen angstaanjagend zijn, maar een bos is het nooit. Het laat ons onze gang gaan. Het doet ons soms alleen maar de herfst van ons heimwee beseffen.[39]

Aart bouwde zijn fort in het woud in oktober, en hij keert naar het bos terug in de herfst, enkele jaren later, net nadat hij met zijn studie is begonnen. In de ogen van zijn onderwijzer, meneer Barre, is het bos van Aart vijandig omdat de bomen, net als de natuur zelf, onverschillig staan tegenover het menselijk bestaan. Op een avond in de herfst slaat hij gade hoe de koplampen van een auto door het nachtelijke bos strijken. Het licht zou mensen opgeschrikt hebben maar 'die verdomde bomen blijven rustig staan. Die verdomde bomen laten zich nergens door van streek brengen. Die doen, wat ze zelf willen. Die worden nooit bang, nooit beschaamd, nooit schichtig' (*De bomen*, 56). Meneer Barre is net als Aart een solitaire figuur. Er is sprake van verstandhouding en affiniteit tussen de jongen en de oudere man. Maar het isolement van meneer Barre is, evenals dat van meneer Dalem in *De vergaderzaal*, een wanhopig isolement, het wordt niet gevoed door eigen kracht. Het onvermurwbare bos toont hem zijn angst en vertwijfeling. Hij kan er nooit één mee zijn, hij kan nooit één zijn met de natuur, omdat hij haar niet in haar eigen waarde kan laten. Wanneer hij Aart een tekening van het bos geeft, het laatste wat hij doet in het boek, dan is daarop de open plek van Aart te zien, omringd door bomen: het is er uitgestorven en doodstil (*De bomen*, 82).

Meneer Barre is dat wat er van Aart zou kunnen worden als hij zich door de samenleving zou laten scheiden van de natuur. Aart heeft zijn oom een keer gevraagd of deze ooit een boom zou willen zijn, en hij kreeg geen antwoord. Aart echter kán een boom zijn – metaforisch gesproken. Nadat hij zich in de herfst heeft ingeschreven aan de universiteit, wordt hij onderworpen aan het ritueel van de ontgroening. Hij doorstaat de vernederingen en de spot onverstoorbaar en het is duidelijk dat hij iets in zich verbergt dat onaantastbaar is, misschien 'een onaantastbaar reservoir van boomkracht'. Net als Joyce laat Alberts hier 'woordspel overgaan in ernst' ('letting punplays pass to ernest', *Finnegans Wake*). Wat de ontgroening, als een symbool van de samenleving, probeert te doen, dat is: hem van zijn 'groenheid' ontdoen. In het geval van Aart zou dit hem niet alleen vernederen, maar het zou ook betekenen dat hij zwicht voor een maatschappij die de 'groene mens' in hem (zoals John Fowles het facet in ons noemt dat in harmonie zou moeten zijn met de natuur[40]) wil 'ontbladeren'.

En zo staat Aart tijdens een nacht van zuipen op en vertrekt hij. Hij neemt een taxi die hem naar het woud van zijn jeugd moet terugbrengen. Hij laat de bestuurder bij het bos stoppen. 'Hier woon ik,' zegt hij tegen hem. En als hij door het nachtelijke woud loopt, bewegen de bomen met hem mee en door hem heen. Hij is één met hen. Aart Duclos heeft een steun gevonden in zijn eenzaamheid én een mogelijkheid om te midden daarvan een schat te claimen: de natuur.

In *De eilanden* hebben de Europese personages net zo'n gerede kans als Aart. Maar ze benutten deze niet. De verteller van 'Groen' geeft er blijk van dat hij van zichzelf vervreemdt, door zijn minachting voor de inheemse bevolking en zijn goed bureaucratische wens om orde te brengen in zijn chaotische eilandwereld. Door wat hij in zijn dagboek schrijft, zijn we getuige van zijn geleidelijke desintegratie. Zijn wreker is het bos, dat overweldigende groen van de tropische jungle dat Robert Louis Stevenson op Samoa zijn 'wurgende vijand' noemde, die bestreden moest worden met 'bijlen en dollars'.[41] De Nederlandse verteller gaat hiertoe over in de hoop het bos systematisch te bedwingen, en hij bouwt voorposten om als het ware zijn overwinning te vieren. Maar hij ondervindt een terugslag die lijkt op wat meneer Barre ondervond: 'Hier, in het Noorderbos, blijven plaats en omstandigheden volkomen gelijk en de gelijkheid wordt verhevigd tot uiting gebracht in het groene licht' (p. 20). In Alberts' koloniale verhalen is het groen niet meer 'de wilde groene geur van het avontuur' van Beb Vuyk. Groen is niet positief en evenmin de kleur van het geluk; voor Alberts' verteller is het dodelijk en weerzinwekkend; tropisch groen is de kleur van gangreen (p. 159).

In zijn obsessie het bos te omvatten, het te bezitten als het ware, heeft de verteller zich van zijn eigen aard en van die van zijn medemens afgesneden. Fowles merkte op dat bomen 'sociale wezens [zijn], en als geïsoleerde specimens niet natuurlijker dan de mens is als zeeman op een onbewoond eiland of kluizenaar'. De obsessie van de verteller om het bos te 'kennen', om er greep op te krijgen, om het te inventariseren, maakt hem blind voor de behoefte van zijn medebewoner van het eiland, een man die Peereboom heet. De verteller heeft van het groen van de bomen een tegenstander gemaakt, en van de 'groene mens' in hem een slachtoffer. En het bos neemt wraak. Als de verteller denkt dat hij het heeft verslagen omdat hij er doorheen is getrokken tot aan de uiterste grens, dan treft hij een open ruimte aan, een met rotsblokken bezaaide leegte, een versteend landschap, net zo afschrikwekkend als dat waarmee Thoreau oog in oog stond op de Mount Katahdin, en Junghuhn op de berg Kembang. Een landschap van de dood.

Fowles opperde heel juist dat het nog niet bedwongen bos correspondeert met de 'wildheid' van het onbewuste, een 'mentaal groen woud'. Daarmee komt de verteller oog in oog te staan wanneer hij zich, na het bos te hebben 'veroverd', omdraait om er nog eens naar te kijken. Hij staat tegenover dat wat hij zichzelf ontzegd heeft, en wat hij ziet is gruwelijk, een bosvariant van Conrads 'heart of darkness'. 'De lucht was schimmelachtig grijs en onder die lucht, tegen die lucht aan, lag het bos, giftig groen in het schelle licht van de grijze lucht, een laag kronkelende wriemelende slangen' (p. 32-3). Het aangezicht van de natuur, dat voor Aart Duclos zo vriendelijk was, is hier veranderd in een medusahoofd dat iemand doet verstenen. Aan zichzelf overgelaten na zijn 'moord' op Peereboom, als zijn 'mentale groene woud' ontbladerd is, als hij wanhopig wacht op een lichtpuntje om hem troost te bieden in het holst van de nacht, dan rest er de verteller niets anders dan zich te handhaven. Het is een straf voor het leven.

In 'De jacht' bevindt het symbolische middelpunt van het verhaal zich eens te meer in een bos, hetzelfde koninklijke bos als uit *De bomen* en 'De herfst van het heimwee'. Dat bos is tevens het domein van wilde zwijnen, die 'bij het bos [behoorden], zoals het kraken van de bomen bij het bos hoorde' (p. 112). Zij zijn evenzeer een symbool van de woeste natuur als de bomen. In dit verhaal heeft de boswachter de rol op zich genomen van de alles indelende verteller uit 'Groen'; hij is precies het tegenovergestelde van de 'natuurlijke' dieren. Bij zijn eerste ontmoeting met een zwijn redt de verteller het dier voor zijn achtervolgers. Bij het tweede voorval weet hij zichzelf, in de rol van prooi van de boswachter, in veiligheid te brengen binnen een magisch fort in een magisch bos. Wat ten slotte volgt, is een vergeefse jacht op een zwijn; aan het eind houdt men de verteller bij vergissing voor de prooi en wordt er op hem geschoten.

Hoewel het zwijn in 'De jacht' symboolwaarde heeft – helemaal aan het begin van het verhaal deelt de verteller, die regeringsambtenaar is, mee dat hij zichzelf, de rebellenleider Florines en het wilde zwijn 'haast niet meer uit elkaar kon houden' (p. 95) – heeft dit bewuste dier toch niet het mythische aanzien dat Si Badak ('Heer Neushoorn') had in de novelle 'Tjoek' van Boon/Mahieu. De mythen die verbonden zijn aan het dier, werden al eerder vermeld; men moet ze ook bij Alberts' fictie in gedachten houden, maar moet daarbij tevens in het oog houden dat de grandeur er wel vanaf is. In het fictionele werk van Alberts wordt het zwijn in de eerste plaats geassocieerd met wellust en seksualiteit. Tijdens de jacht in het Nederlandse eikenbos – in de herfst, want het zwijn wordt van oudsher gezien als een dier van de herfst – wordt het zwijn opgedreven dicht langs het huis van het meisje op wie de verteller ooit verliefd was. Men zou zelfs kunnen aanvoeren dat het doden van Florines onder andere de poging van de verteller is om zich te wreken op Albert, de beheerder van de boerderij, omdat het meisje meer in hem zag. Er is immers een tekstueel verband wat betreft hun namen: Albert betekent 'schitterend' in het Angelsaksisch, terwijl Florines, afgezien van de voor de hand liggende betekenis van 'bloem', eveneens 'schitterend' betekent in het Latijn. Hoe het ook zij, in het verhaal van Alberts is het libidineuze aspect ondubbelzinnig. Florines is een 'souteneur' die seksfeesten organiseert in zijn huis in de bergen, feesten die, zelfs in de herinnering, 'nog [natrilden] van het genot' (p. 97).

De jacht op deze Florines vindt op twee niveaus plaats. Aanvankelijk voelt de verteller als achtervolger de grootste tegenzin, want hij wordt gedwongen tot een rol die veel weg heeft van die van de gehate boswachter. Als regeringsambtenaar zit hij vast aan zijn plicht om Florines te achtervolgen, maar dit druist tegen zijn aard in. Hij raakt echter ook opgewonden door de jacht, want hij, de prooi van weleer, achtervolgt nu de jager. Maar op het moment van de waarheid is hij niet meer de jager en voelt hij medelijden met het opgejaagde dier, een mededogen dat opwelt uit zijn jeugdherinnering. Toch doodt hij Florines. Het cruciale moment komt wanneer Florines zich omdraait en de verteller iets weerzinwekkends ziet, zoals de verteller uit 'Groen' zich omdraaide om het bos onder ogen te zien en met afgrijzen vervuld was. Het is het gezicht van Florines: een gezicht van liederlijkheid en wellust. Het gaat hier niet om de ongebreidelde natuur of de echte zinnelijkheid van Rima in Hudsons *Green Mansions.* Florines heeft haar van haar echtheid beroofd, haar tot iets illegaals gemaakt, haar verhandeld om eraan te verdienen. Het is dat gezicht in travestie dat de verteller met één schot doodt. En men herinnert zich de passage aan het begin, waar we vernemen dat Florines wilde zwijnen schiet voor de verkoop aan slagers en dat hij tevens jacht op vrouwen maakt om hen te verkopen (p. 96-7). Florines staat voor alles wat de natuur neerhaalt, en in die zin vormt 'De jacht' een herhaling van 'Groen'.

Maar de verteller heeft zelf ook gejaagd. In Nederland deed hij dit op de Veluwe, in Indië nam hij de rol van de boswachter op zich en er zijn verbanden in de tekst die suggereren dat hij en Florines in sommige opzichten eender zijn. En als Florines op de brandstapel wordt verbrand, dan is dit de begrafenis van een held, het roosteren van een wild zwijn, maar het gaat ook om de verteller die zichzelf van het leven berooft, zij het dan middels een plaatsvervanger.

De kilte aan het einde is dubbelzinnig, hoewel onontkoombaar en passend. Zolang Florines' gezicht is afgewend, kan de verteller zichzelf laten geloven dat hij, met een begrafenisbrandstapel voor een held, een eerbewijs brengt aan zijn vriend het zwijn. Misschien is het verbranden ook een treuren om zijn jeugd, om de onschuld van dat waarlijk koninklijke bos dat van geen dood wist en waar hij net zoals Robin Hood kon optreden en de bewoners kon vrijwaren van kwaad. Want met het afvuren van het wrekende schot heeft hij ook zijn betere karakter gedood. De dreigende kilte aan het slot zou kunnen staan voor de bittere kou van de eenzaamheid. Zij zou tegelijkertijd kunnen verwijzen naar de dood van Meleager: nadat hij het Calydonische zwijn en zijn twee ooms gedood had ter wille van Atalante, stierf hij aan een inwendig vuur, als het slachtoffer van zijn eigen moeder, die haar broers wreekte door het gebluste stuk hout weer in brand te steken om aldus zijn leven te vernietigen.

Nauwkeurige lezing van Alberts' fictie brengt een cirkelpatroon aan het licht. De handelingen van de meesten van zijn personages lijken vergeefse pogingen om door iets heen te breken wat zij als onvermijdelijk weigeren te aanvaarden. Zij lijken rond te dolen door een labyrint, op zoek naar een schat waarvan ze veronderstellen dat hij zich in het middelpunt ervan bevindt. In laatste instantie gaat het om een terugkeer naar het eigen ik. Hoe lang het ook duurt en hoe ver ze ook reizen, ze zullen moeten terugkeren naar hun uitgangspunt. De duidelijkste weergave van deze onvermijdelijkheid is het zeemansleven, en als zodanig wordt het in *De honden jagen niet meer* weergegeven: een heenreis komt neer op een terugreis. *De eilanden* heeft een soortgelijke structuur. In het eerste verhaal, 'Groen', wordt een man aan wal gebracht op een onbekend tropisch eiland, en aan het eind gaat hij terug naar 'Achter de horizon', terug naar het land waar hij vandaan kwam maar dat nu net zo vreemd is geworden als die andere trekkerskust. Dit is prachtig uitgebeeld in het verhaal dat toepasselijkerwijs 'Het laatste eiland' is getiteld. Na een zwerftocht gemaakt te hebben door een archipel op zoek naar het eiland waar de beste zwemmers wonen, is Olon alleen maar langs de kortste route naar huis gevaren, naar het eiland Raas. Kapitein Wietze uit *De honden jagen niet meer* probeert een bestaan zonder oceaan te vinden en houdt zich schuil in Brazilië, maar ook hij wordt weer naar huis gebracht, want de weg naar voren is de weg terug. Aart Duclos uit *De bomen* verlaat zijn bos, alleen maar om er weer naar terug te keren. Meneer Dalem uit *De vergaderzaal* raakt zijn verstand kwijt maar hij moet het terugvinden, al zal hij nooit meer dezelfde zijn, zoals in feite geen een van Alberts' personages ooit dezelfde was na zijn omzwervingen. Zij moeten zich de waarheid eigen maken van 'Little Gidding', het laatste van de *Four Quartets* van T.S. Eliot:

We zullen niet ophouden met ontdekken
En het eind van alle ontdekking
Zal zijn aan te komen waar we begonnen
En de plaats te kennen voor de eerste keer.[42]

En dit is wat de literatuur van Nederlands-Indië ook hoopt te doen.

CONCLUSIE

Indië als een constructie van de verbeelding: dat is de laatste literaire transformatie die de koloniale literatuur ondergaat. Ontdaan van de politieke en historische last wordt de archipel een engram, een geheugenspoor in het Nederlandse literaire bewustzijn. Wat ontkend wordt als realiteit, komt als mythe weer aan de oppervlakte. De roman *De zondvloed* van Jeroen Brouwers is er een goed voorbeeld van hoe Indië na de oorlog als Atlantis herdacht wordt. Hoewel Brouwers in 1940 op Java geboren is, kan hij nauwelijks gezien worden als een koloniaal, maar het tropisch engram is toch in zijn hoofd blijven bestaan en heeft zijn verbeelding ertoe aangezet zich een context te vormen zodat hem duidelijk kon worden wat hij had verloren. Hier functioneert het geheugen als een persoonlijke mythe.

Het Indië dat Brouwers tot leven brengt in zijn roman uit 1988 is een *literaire* schepping: '"Mijn Indië" is: het papier waar ik nu op schrijf.'[1] Zijn 'Atlantis'[2] wordt geregeerd door een 'Koningin'[3], een vrouw aan wie door middel van geheugen en taal gestalte wordt gegeven.[4] Haar manifestatie in het heden werd door het verleden gecodeerd: zij is zowel het Indonesische meisje 'tikoes' als de Nederlandse tijdgenote die de schrijver 'Nachtschade' noemt. Maar Indië is ook een verbaal engram: het Maleis bleef aanwezig in het Nederlands van de schrijver als 'een onderstroom'.[5] Het Maleis is wat hij met tikoes sprak, en de taal die de twee kinderen bezigden, was 'de taal uit het paradijs van vóór de zondvloed'.[6] Dat 'paradijs' bestond uit een paar korte jeugdjaren in Balikpapan op Borneo, tussen het einde van de Tweede Wereldoorlog en de repatriëring naar Nederland in 1948. Die kortstondige idylle werd begraven en ogenschijnlijk vergeten totdat zij, veel later, ter vertroosting weer werd opgeroepen. Dit nu is een thema dat prominent aanwezig is in de koloniale literatuur van de twintigste eeuw, zoals bijvoorbeeld bij Du Perron. Indië wordt op één lijn gesteld met de jeugd, met een onschuldige sensualiteit, ongerepte liefde, en met de verbeelding. Brouwers schreef enkele ontroerende pagina's over de trieste noodzaak tikoes te moeten verliezen, het meisje dat het Indië van weleer belichaamt en dat het enige wezen is dat hij ooit heeft liefgehad.

> Tikoes manis [lieve muis]... Ook al smeer ik mij met modder in, daarvan krijg ik geen bruine huid. Ook al laat jij je in melk of meel of witte as vallen, daarvan krijg

jij geen blanke huid. Lieve tikoes... (...) Op alle muren schrijf ik mijn naam, jouw naam. Saja tjinta padamoe, – ik hou van jou. Het heimwee dat ik mijn leven lang naar je zal hebben, dat zou ik je nu willen geven.[7]

Brouwers' roman is een lijvig werk dat vernuftig in elkaar is gezet. Alles hangt met alles samen en is met elkaar verbonden als in een groot spinnenweb.[8] Deze onuitputtelijke tekst draait om een woordspeling. Het woord waar het om gaat, is een zelfstandig naamwoord dat is afgeleid van een voltooid deelwoord: 'het verzonkene'. Het heeft betrekking op iets wat zich onder de oppervlakte van het water bevindt, verloren is gegaan, en impliceert grote diepte, zowel letterlijk als figuurlijk. In het geval van *De zondvloed* is de kern van de hele groep associaties overduidelijk psychologisch van aard: 'het verzonkene' kan gelijkgesteld worden aan het onderbewustzijn van de schrijver. Indië wordt daarmee een verborgen psychische laag die strikt persoonlijk blijft maar die ook het emotionele leven van een Europeaan voedt.[9]

Brouwers' stijl is barok en lyrisch, en heeft dus weinig gemeen met de stijl van de zeevaarders. Die modus van schrijven, die we hebben leren kennen als de overheersende in de koloniale literatuur, roept een van de twee archetypische verhalenvertellers van Walter Benjamin in herinnering: de 'handeldrijvende zeevaarder' ('handeltreibender Seemann')[10]. De andere oorspronkelijke verhalenverteller is de boer, de man die zich niet verder dan zijn eigen stuk grond waagt. Ongeacht naar wie men luisterde, men wilde wat gezegd was, vasthouden om het door te kunnen geven. Daar moest het geheugen, Mnemosyne[11], de moeder van de muzen, aan te pas komen. Mettertijd vroeg complexiteit om een ingewikkelder vorm van het verhaal en aldus ontstond de roman. Met betrekking tot de koloniale literatuur houdt dit de ontwikkeling in van de zeemansverhalen en scheepsjournalen naar het fictionele proza van de tweede helft van de negentiende eeuw. Als belangrijkste vorm van in de stad gesitueerde literatuur vereiste de roman veeleer herdenking dan herinnering: mét een subtieler geest kwam er ook een verfijnder stijl. Aan deze noodzaak werd voldaan door Couperus en Du Perron, of door Nieuwenhuys en Boon, allen uitgesproken stedelijke vertellers. Na een lange literaire ontwikkeling begint het herdenkingsaspect van de roman het belangrijkst te worden; volgens Benjamin is één reden van dit destillatieproces hierin gelegen dat de romanbelevenissen zich meer in het innerlijk gaan afspelen.[12] Die innerlijke en meer persoonlijke communicatie komt naar voren in de laatste fase van de Nederlandse koloniale literatuur in prozateksten die, hoewel zij ook aandacht hebben voor de dubbelzinnige aard van het herinneren, een terugkeer vormen naar iets wat lijkt op de door de zeevaarders gebezigde eenvoud van schrijven. Maar, zoals het voorbeeld van Alberts aangaf, dit is bedrieglijk. Ongecompliceerdheid is thans een paradox: het gaat om een ongekunsteldheid die met grote scherpzinnigheid tot stand is gebracht door een complexe geest.

Een voortgang van een actualiteit van de politiek naar een introversie van de verbeelding: dat is, in een notendop, de ontwikkeling van het kolonialisme en de koloniale literatuur. Dat de literatuur nog steeds springlevend is, terwijl het politieke beleid achterhaald is, bewijst dat Maurois gelijk had toen hij verklaarde: 'les liens de l'Empire sont plus sentimentaux que politiques' ('de banden van het Rijk zijn eerder gevoelsmatig dan politiek van aard').[13] We hebben gezien dat het rijkskolonialisme wijdverbreid was in de tweede helft van de negentiende eeuw en tijdens de eerste decennia van de twintigste, en het was in deze periode dat de koloniale literatuur haar beste prestaties leverde. De werkelijkheid van de vroegere avonturiers moest wel een ander soort actualiteit worden, en maakte dat de daden van zeevaarders werden tot dromen van schrijvers. Deze tegenstelling zijn we in de voorafgaande bladzijden nagegaan. Deze twee totaal verschillende culturele en politieke psychologieën kunnen ondergebracht worden bij de algemene rubrieken 'aristocraat' en 'koopman'. Een element dat aan deze typen respectievelijk kan worden toegeschreven, is bijvoorbeeld dat de eerste wel excentrisch moet leven, terwijl de voorkeur van de koopman uitgaat naar een bestaan dat concentrisch is. De eerste was verwant aan de planter, de grootgrondbezitters die rijk werden van de landbouw, de koopman daarentegen ging samenwerken met de fabrikant voor de introductie van industrie, en onderkende de noodzaak van een bureaucratie. De 'aristocraat' bleef de idealistische buitenstaander, de romanticus die, politiek gezien, een romantiek van doelen onderschreef, terwijl de 'koopman' vertrouwen had in conformiteit en pragmatisme, en zich erop beroemde een conservatieve realist te zijn. Hij was er stiekem trots op dat hij wist hoe je geld spaart. Als perfecte zakenman liet hij zijn daden bepalen door voorzichtigheid en traagheid, terwijl zijn tegenspeler zich uitputte in impulsieve, onbezonnen acties die men doorgaans associeert met de rebel en de held. De 'aristocraat' is duidelijk een gevoelsmens, de 'koopman' een man van de rede. Het is daarom slechts vanzelfsprekend dat men zich de laatstgenoemde kan voorstellen als de ambtenaar die het objectieve rapport schrijft, terwijl zijn tegenstander het onderwerp van dit boek is: de schrijver wiens subjectiviteit haar ultieme uitdrukking vindt in de autobiografie.

Inmiddels zou duidelijk moeten zijn dat veel koloniale literatuur wordt voortgestuwd door de spanning tussen deze reeksen tegengestelden, vaak zelfs binnen een en dezelfde tekst. Havelaar en Droogstoppel in de *Max Havelaar* bijvoorbeeld, of in *Het land van herkomst* Ducroo, die staat voor de aristocraat, en de notarissen als de ambtenaren onder het kopje 'koopman'. Evenzo deelde Boon zijn *anak Betawie* in bij de 'aristocratische' klasse, en de burgers uit Nederland bij het rijk der kooplieden. Gedurende de zeventiende eeuw bestuurde het gezag dat eigenlijk ingedeeld zou moeten worden bij het eerste principe feitelijk de tropische kolonie. Hoe dit gezag taant, is na te gaan in de achttiende eeuw, en na de napoleontische tijd werd het iets verwerpelijks voor het pragmatisch conservatisme van een rijksbureaucratie. Maar de bijzondere eigenschappen van het type dat nu waarlijk een buitenstaander was geworden, waren niet meer uit te roeien, en de deugden van voorheen, die zich bedreigd en vervreemd voelden, gingen over tot subversiviteit om te kunnen overleven. Op het gebied van de literatuur doken zij weer op. Literatuur zal altijd een belangrijk deel blijven uitmaken van de algehele koloniale ervaring, want:

> Fictie is geschiedenis, menselijke geschiedenis, of zij is niets. Maar ze is ook meer dan dat; ze staat op steviger grond, omdat ze gebaseerd is op de werkelijkheid van vormen en de observatie van sociale verschijnselen; geschiedenis daarentegen is gebaseerd op documenten en op het lezen van gedrukt of geschreven werk – op een tweedehands indruk. Daarom staat fictie dichter bij de waarheid.[14]

We kunnen nu dan ook begrijpen waarom de koloniale literatuur tegen het einde van de negentiende eeuw en tijdens de eerste helft van de twintigste steeds meer elegisch van aard werd. Mét dat een vaarwel verwoord werd, begon de herdenking. Men herinnerde zich dat de droom ooit werkelijkheid was geweest: het was er, maar het is er niet meer. Het herinneren wordt een creatieve daad omdat het een context moet vormgeven om het verlies te kunnen begrijpen. Dit doet denken aan Proust. Zoals Margaret Mein heeft opgemerkt, interpreteerde Proust de wereld die in herinnering moest worden geroepen, als een 'landschap van de geest' dat 'onherleidbaar persoonlijk' was.[15]

> Proust breidt de reikwijdte van het landschap dat door de geest wordt geprojecteerd uit, en verheft het, qua status, van natuurlijk element tot vaderland, 'patrie inconnue' [onbekend vaderland], 'patrie intérieure' [innerlijk vaderland] en uiteindelijk, volgens proustiaanse wetten, 'patrie *perdue*' [*verloren* vaderland]. Op een vreemde en subtiele manier is dit vaderland van de geest voor Proust verbonden met de identiteit van de kunstenaar.[16]

Dezelfde verschuiving van een verloren wereld naar een innerlijke wereld kan ook toegepast worden op de Nederlandse koloniale literatuur, te beginnen met Du Perron, en zij strekt zich, over haar chronologische grenzen heen, uit tot de modernistische teksten van Jeroen Brouwers. Tevens kan men begrijpen waarom de in het onderhavige boek behandelde literatuur ook nog van betekenis is buiten de begrenzingen van een specifieke plaats. Nederlandse koloniale literatuur beperkt zich niet tot een treuren om het verdwijnen van een politiek en economisch privilege; zij herdenkt het voorbijgaan van een tijdperk, van een wereld, van een manier van leven. De banden met die wereld werden niet gesmeed door de politiek maar door het gevoel. Zoals de Vlaamse dichter Richard Minne zei: men moet het verleden ervaren 'niet als biecht, maar als toniek'.[17] Waar het uiteindelijk op neerkomt, is dat men zich de reuk, de aanraking, de smaak van die voorbije wereld wil herinneren. Dergelijke zintuiglijke gedetailleerdheid ligt nog in het verschiet, want het geheugen houdt van details; het fabriceert een 'kaart [die] ver verwijderd en toch concreet [is]'.[18] Die dubbele visie kan niet ingepast worden bij een theorie, maar zij is een literaire gewoonte. De politieke drijfveren van het kolonialisme bestaan niet meer, maar wat voor leven dan ook geleefd werd: het is niet vergeten. Het leven in de Oost was geen logica maar een ervaring, en we moeten ons tot de literatuur wenden om een al te vast vertrouwen in gesystematiseerde ideologie weer tot de juiste proporties terug te brengen. Zoals Conrad, de uitgeweken Pool die samen met Kipling het beste vertegenwoordigt dat de Britse koloniale literatuur heeft voortgebracht, schamper zei: het schrijven van literatuur is een soort reddingswerk.

> Het is reddingswerk, dit wegrukken van verdwijnende fasen van turbulentie, vermomd in mooie woorden, weg uit de eigen duisternis, het licht in, waar de worstelende vormen zichtbaar zijn, kunnen worden beetgepakt en verrijkt met de enig mogelijke vorm van duurzaamheid in deze wereld van betrekkelijke waarden – de duurzaamheid van de herinnering.[19]

NOTEN

I LITERAIRE UITGANGSPUNTEN

1 Ieder die bekend is met moderne Nederlandse literatuur zal dit moeten toegeven, maar zie J.L. Goedegebuure, *Romantische tradities in literatuur en literatuurwetenschap* (Amsterdam, 1987) en W. van den Berg, 'De Nederlandse romantiek, een verschijnsel in de marge?', *De Gids* 153: 2 (febr. 1990), 79-87.

2 Martin Green, *Dreams of Adventure, Deeds of Empire* (New York, 1979), 16-20.

3 Ibid. 114.

4 Hannah Arendt, *The Origins of Totalitarianism*, 2de uitgebr. druk (1958; herdruk Cleveland, 1963), 209.

2 ALGEMENE HISTORISCHE INLEIDING

1 Zie voor de Nederlandse aanwezigheid in Azië Kristof Glamann, *Dutch-Asiatic Trade 1620-1740* (Den Haag, 1981). Aanvullende informatie is te vinden in Maurice Aymard (red.), *Dutch Capitalism and World Capitalism* (Cambridge, 1982), speciaal 93-145, 215-33. Zie ook D.S. Richards (red.), *Islam and the Trade of Asia* (Pittsburgh, 1970). Zie voor een onderzoek naar het hoogtepunt van het Nederlandse kolonialisme op Java, met inbegrip van de loopbaan van Coen, George Masselman, *The Cradle of Colonialism* (New Haven, 1963). Het boek bevat een uitgebreide bibliografie. Statistische gegevens over de VOC zijn te vinden in F.S. Gaastra, J.R. Bruijn en I. Schöffer (red.), *Dutch-Asiatic Shipping in the Seventeenth and Eighteenth Centuries, 1595-1795* (Den Haag, 1981), deel ii en iii. Het beste overzicht van de koloniale geschiedenis van Indonesië is nog altijd Bernard H.M. Vlekke, *Nusantara: A History of the East Indian Archipelago* (Cambridge, Mass, 1945). Een korte geschiedenis van de vestiging van het Nederlandse gezag in Indië is E.B. Kielstra, *De vestiging van het Nederlandsche gezag in den Indischen Archipel* (Haarlem, 1920). Voornamelijk over de 16de eeuw, enigszins chauvinistisch van toon, maar met vele – hoewel vaak niet-gedocumenteerde – contemporaine citaten gaat W.J. van Balen, *Nederlands Voorhoede* (Amsterdam, 1941). De verrassend innovatieve rol van Nederland in de krijgswetenschap inclusief die in de techniek wordt besproken in William H. McNeill, *The Pursuit of Power: Technology, Armed Force, and Society since AD 1000* (Chicago, 1982). De standaardgeschiedenis van de koloniale Nederlanders in Indonesië is F. W. Stapel e.a. (red.), *Geschiedenis van Nederlandsch Indië* (Batavia, 1938); dit werk is herdrukt in 1990.

2 C. Fasseur, *The Politics of Colonial Exploitation: Java, the Dutch and the Cultivation System* (Ithaca, N.Y., 1992).

3 L. de Jong, *Nederlands-Indië*, deel xi, de delen a, b, c van *Het Koninkrijk der Nederlanden in de Tweede Wereldoorlog* (14 delen; Den Haag, 1969-1991).

3 DE BEHEERSING VAN DE OCEANEN: DE NEDERLANDSE BIJDRAGE AAN DE GESCHIEDENIS VAN DE ZEEVAART

1 De geschiedenis van zeilschepen is beschreven in Björn Landström, *The Ship* (Londen, 1961). De hele periode van ontdekkingen die in dit hoofdstuk wordt besproken, is behandeld in Boies Penrose, *Travel and Discovery in the Renaissance, 1420-1620* (Cambridge, Mass., 1955). Hoe de zeemachten elkaar opvolgden, kan worden bestudeerd in C.R. Boxer, *The Portuguese Seaborne Empire, 1415-1825* (New York, 1970); J.H. Parry, *The Spanish Seaborne Empire* (New York, 1979); C.R. Boxer, *The Dutch Seaborne Empire, 1600-1800* (New York, 1965). De ontwikkeling van Europese deskundigheid op het gebied van de zeevaart is weergegeven door J.H. Parry in twee werken: *The Age of Reconnaissance* (1963; herdruk Berkeley, 1981) en *The Discovery of the Sea* (1974; herdruk Berkeley, 1981). Het onderwerp en de periode zijn uitvoerig behandeld in G.V. Scamniel, *The World Encompassed: The First European Maritime Empires c. 800-1650* (Londen, 1981). Zie ook Peter Padfield, *Tide of Empires: Decisive Naval Campaigns in the Rise of the West* (Londen, 1979), i. 1481-1654, voor Holland met name 152-80. De uitgebreidste studie van de Nederlandse zeevaarttechnieken is C.A. Davids, *Zeewezen en Wetenschap. De Wetenschap en de ontwikkeling van de navigatietechniek in Nederland tussen 1585-1815* (Amsterdam, z.j. [1985]).

2 Zie voor Chêng Ho: Joseph Needham, *Science and Civilization in China*, iv (Cambridge, 1971), *Physics and Physical Technology*, deel 2: 'Civil Engineering and Nautics'. Chêng Ho was de toepasselijke naam van de jonk die de Amerikaanse botanicus David Fairchild gebruikte op zijn botanische reis naar de Molukken in 1940. David Fairchild, *Garden Islands of the Great East: Collecting Seeds from the Philippines and Netherlands India in the Junk 'Chêng Ho'* (New York, 1943). Zie ook Louise Levathes, *When China Ruled the Seas: The Treasure Fleet of the Dragon Throne 1405-1433* (New York, 1994).

3 Parry, *Discovery*, 33.

4 De beste studie over scheepsartillerie is Carlo M. Cipolla, *Guns, Sails and Empires: Technological Innovation and the Early Phases of European Expansion 1400-1700* (1965; herdruk York, z.j.).

5 Citaat ibid. 116.

6 Parry, *Discovery*, 238.

7 Een goede studie van de Nederlandse deskundigheid in het ontwerpen van schepen is Richard W. Unger, *Dutch Shipbuilding before 1800* (Assen, 1978), speciaal 1-62. Het werk bevat een uitgebreide bibliografie.

8 Dit commentaar van een 17de-eeuwse Portugees is geciteerd door Cipolla, *Guns, Sails and Empire*, 88-9.

9 De fundamentele, moderne editie van Linschotens werk is gepubliceerd door de Linschoten Vereeniging, het Nederlandse equivalent van de Britse Hakluyt Society: Jan Huyghen van Linschoten, *Itinerario. Voyage ofte Schipvaert van Jan Huyghen van Linschoten naar Oost ofte Portugaels Indien*, red. H. Kern (5 delen; Den Haag, 1910-1939). Men kan Linschoten de Mozes van het Nederlandse kolonialisme noemen omdat hij de Nederlanders wel naar het Beloofde Land van Indië leidde, maar het zelf nooit zag of er binnenging.

10 Er zijn aanwijzingen dat deze cruciale informatie, naast Portugese kaarten, aan boord was (en de publicatie vertraagd). Zie de editie van de scheepsjournaals van de eerste Nederlandse reis naar Oost-Indië, G.P Rouffaer en J.W. IJzerman (red.), *De Eerste Schipvaart der Nederlanders naar Oost-Indië onder Cornelis de Houtman (1595-1597)* (3 delen; Den Haag, 1915-1929), ii. 13, 46, 256-7, 261.

11 Enkele voorbeelden in D.F. Scheurleer (red.), *Van Varen en Vechten, Verzen van tijdgenooten op onze zeehelden en zeeslagen, lof- en schimpdichten, matrozenliederen* (3 delen; Den Haag, 1914), i. 44-6.

12 De geschiedenis van het Verre Oosten is ook de geschiedenis van de Indische en de Grote Oceaan. Zie voor de eerste G.A. Ballard, *Rulers of the Indian Ocean* (Boston, 1928); zie voor

de laatste O.H.K. Spate, *The Pacific since Magellan*, i. *The Spanish Lake* en ii. *Monopolists en Freebooters* (Minneapolis, 1979, 1983).

13 De snelle economische uitbreiding van het Nederlandse volk is voortreffelijk in kaart gebracht op blad 19 van de historische atlas van Nederland, die bestaat uit drieëndertig kaarten en negen historische beschrijvingen, gepubliceerd voor de Tweede Wereldoorlog. Zie A.A. Beekman [cartograaf], *Geschiedkundige Atlas van Nederland* (Den Haag, 1926). Tekst: Posthumus Meyjes, F.W. Stapel e.a., *Geschiedkundige Atlas van Nederland* (Den Haag, 1924-1938).

14 Zie F.W. Stapel, *De Vereenigde Oostindische Compagnie in de Groote Oorlogen der XVIIde eeuw* (Groningen, 1932); en T.H. Milo, *De invloed van de zeemacht op de geschiedenis der Vereenigde Oost-Indische Compagnie* (Den Haag, 1946).

15 Parry, *Reconnaissance*, 200, 186, 189.

16 J.S. Stavorinus, *Voyages to the East Indies*, vert. E.H. Wilcocke (3 delen, 1798; herdruk Londen, 1969), ii. 143 (aant. vert.: geciteerd uit editie 1797, eerste deel, 113). Johan Splinter Stavorinus, een postmeester in de Nederlandse vloot, maakte tussen 1768 en 1778 diverse reizen als kapitein voor de VOC naar de bezittingen van de Compagnie in Afrika en Azië. Zijn verslagen van deze reizen, die veel belangrijke informatie bevatten, werden gepubliceerd in 1793 en 1797, na zijn dood. Zij werden snel in het Frans en Engels vertaald. De Engelse vertaling van Wilcocke is heel goed en bevat correcties ten aanzien van het origineel. (Aant. vert.: voor deze Nederlandse vertaling is teruggegrepen op het Nederlandse origineel, waarvan twee edities bestaan: 1. *Reize van Zeeland over de Kaap de Goede Hoop, naar Batavia, Bantam, Bengalen, enz. Gedaan in de jaaren mdcclxviii tot mdcclxxi.* Leiden, 1793. Twee delen in één band. Koninklijke Bibliotheek 's-Gravenhage. 2. J.S. Stavorinus: *Reize van Zeeland over de Kaap de Goede Hoop en Batavia naar Samarang, Macassar, Amboina, Suratte, enz. Gedaan in de jaaren mdcclxxiv tot mdccxxviii.* Deel 1. Leiden, 1797. Koninklijke Bibliotheek 's-Gravenhage.)

17 J. de Hullu, *Op de schepen der Oost-Indische Compagnie*, red. J.R. Bruijn en J. Lucassen (Groningen, 1980), 76. Deze editie bevat vijf belangrijke artikelen van de Nederlandse historicus De Hullu over het leven van de gewone bemanningsleden op de VOC-schepen. De artikelen werden oorspronkelijk tussen 1913 en 1914 gepubliceerd in tijdschriften. Ondanks de soms antieke stijl van De Hullu zijn dit belangrijke artikelen, die primair op archiefmateriaal zijn gebaseerd.

18 Stavorinus, *Voyages*, i. 146 (aant. vert.: gecit. uit ed. 1793, eerste deel, 121).

19 De Hullu, *Op de schepen*, 115.

20 Stavorinus, *Voyages*, ii. 385 (aant. vert.: gecit. uit ed. 1797, eerste deel, 291).

21 E.S. de Klerk, *History of the Netherlands East Indies* (2 delen, 1918; herdruk Amsterdam, 1975), i. 433.

22 De Hullu, *Op de schepen*, 66-7, 78.

23 Hier wordt esoterische kennis tot politieke macht. Zie Mary W. Helms, *Ulysses' Sail: An Ethnographic Odyssey of Power, Knowledge, and Geographical Distance* (Princeton, 1988), 13.

24 Stavorinus, *Voyages*, ii. 112 (aant. vert.: gecit. uit ed. 1797, eerste deel, 89-90).

25 Ibid. 168-9 (aant. vert.: gecit. uit ed. 1797, eerste deel, 134-5).

26 Ibid. 416-7.

27 Ibid. 430-1 (aant. vert.: gecit. uit ed. 1797, eerste deel, 322).

28 Parr, *Jan van Linschoten*, 77.

29 Stavorinus, *Voyages*, ii. 97-8 (aant. vert.: gecit. uit ed. 1797, eerste deel, 77-8).

30 Ibid., i. 13 (aant. vert.: gecit. uit ed. 1797, 77, en ed. 1793, eerste deel, 10).

31 De Hullu, *Op de schepen*, 83.

32 Ibid. 88.

33 Stavorinus, *Voyages*, ii. 7, 104 (aant. vert.: gecit. uit ed. 1797, eerste deel, 83).

34 De Hullu, *Op de schepen*, 50-4.

35 Een aantal Engelse woorden met betrekking tot de zee en de zeevaart is van Nederlandse oorsprong. Enkele andere zijn 'lee' (van 'lij'), 'deck'; 'yawl' ('jacht'); 'lighter' ('lichter'); 'buoy'

(‘boei’); ‘sloop’ (‘sloep’); ‘buss’ (‘buis’); ‘jib’, zowel het naamwoord voor een zeil als het werkwoord voor werken met zo’n zeil (van ‘gijpen’); ‘luff’ of ‘loof’ (‘loef’); ‘boom’, een boom of paal (‘boom’); ‘caboose’, in de oorspronkelijke betekenis van een kokshut aan boord (‘kombuis’); een ‘rover’, of piraat, van hetzelfde Nederlands woord; ‘filibuster’ (‘vrijbuiter’); ‘pea jacket’ (‘pij-jekker’); ‘brandy’ (‘brandewijn’), enzovoort.

36 Voor muiterij en straffen aan boord, zie J.R. Bruijn en E.S. van Eyck van Heslinga, *Muiterij. Oproer en berechting op de schepen van de VOC* (Haarlem, 1980); en H. Hoogenberk, *De rechtsvoorschriften voor de vaart op Oost-Indië 1595-1620* (Utrecht, z.j.). Het laatste is een juridische studie gebaseerd op archiefmateriaal. Zie ook De Hullu, *Op de schepen*, 98-113.

4 DE EERSTE REIS NAAR OOST-INDIË (1595-1597) EN HET BEGIN VAN DE KOLONIALE LITERATUUR

Verwijzingen door middel van deel- en paginanummer in dit hoofdstuk worden verklaard in noot 1.
Verwijzingen naar *Zeeuwen*: zie noot 5.

1 De bewaard gebleven documenten zijn gepubliceerd in de volgende wetenschappelijke editie: G.P. Rouffaer en J.W. IJzerman (red.), *De eerste schipvaart der Nederlanders naar Oost-Indië onder Cornelis de Houtman 1595-1597* (3 delen; Den Haag, 1915-1929). *D’Eerste Boeck* van Willem Lodewycksz. bevat het hele eerste deel; Van der Does’ scheepsjournaal staat in deel ii (p. 239-378); Turck (p. 135-81) en Kackerlack (p. 285-338) staan in deel iii. Citaten hierna in de tekst met alleen deel- en paginanummer zijn uit deze editie. Zie ook J.K.J. de Jonge, *De opkomst van het Nederlandsch gezag in Oost-Indië: Verzameling van onuitgegeven stukken uit het oud-koloniaal archief (1595-1814)*, 1ste serie (Amsterdam en Den Haag, 1862-1888), i. 91-130; ii. 187-521.

2 J.C. Mollema, *De Eerste Schipvaart der Nederlanders naar Oost-Indië* (Den Haag, 1936), 83, 202; zie ook 133.

3 Ibid. 129.

4 Stapel, *Geschiedenis van Nederlandsch-Indië*, ii. 249, noot 1 en 322-3; zie ook iii. 361-3.

5 W.S. Unger (red.), *De oudste reizen van de Zeeuwen naar Oost-Indië 1595-1597* (Den Haag, 1948), p. xxxiii. Dit deel bevat de documenten over Houtmans tweede reis naar Indië en wordt hierna geciteerd als *Zeeuwen* met paginanummer. Zie ook Stapel, *Geschiedenis*, ii. 323, 378; Mollema, *Eerste Schipvaart*, 42.

6 *Zeeuwen*, 43. Zie ook Stapel, *Geschiedenis*, ii. 339.

7 Louis Couperus, *De stille kracht* (1900; herdruk in *Volledige werken*, xvii, Utrecht, 1989), 127. De uitdrukking werd ook gebruikt door de grote koloniale historicus F. de Haan. Omdat een bloemlezing uit zijn werk beter hanteerbaar is dan dit enorme, onhanteerbare oeuvre, verwijs ik hier naar: F. de Haan, *Uit de nadagen van de ‘Loffelijke Compagnie’. Een keuze uit de geschriften*, red. R. Nieuwenhuys (Amsterdam, 1984), 76.

8 Mollema, *Eerste Schipvaart*, 36.

9 Stapel, *Geschiedenis*, ii. 322.

10 Van der Does zegt het kort maar onvergetelijk: ‘ende de inwoonders hoe langher hoe schouwer voor ons worde, door ons heylich leeuwen dat zy met haer daer aan rechte’ (ii. 269). De scherpte zit in het woord ‘heylich’, dat in de tegenovergestelde betekenis van ‘los’, ‘onheilig’, ‘schandalig’ wordt gebruikt. Van der Does is de enige auteur die de Malagassiërs ‘inwoonders’ noemt (bijvoorbeeld ii. 269); Lodewycksz. noemt ze ‘swarten’ en ‘Turck wijlden’.

11 Het origineel van Lodewycksz. zegt: ‘dat sy zo haer leedt ghewroken hadden’ (ii. 26). ‘Leed’ betekent in de 16de eeuw ook belediging, verdriet, boosheid, vijandige behandeling of schade.

12 De Haan, *Uit de Nadagen*, 28, 174. In de begindagen van de VOC was de consumptie beperkt

tot wijn en bier, geen gedestilleerd, die in grote hoeveelheden werden gedronken.

13 Van der Does twijfelde echter terecht (lijkt mij) aan de gedachte dat dit moslims waren, al was het maar vanwege hun alcoholisme (ii. 282).

14 Stapel, *Geschiedenis*, ii. 360.

15 Ibid. 367-77.

16 Ibid. 378.

17 Ibid. 428-31; 439-41.

18 Ibid. 439-41.

19 In het origineel: 'gemerckt zyluyden tot dienste ende confirmatie van de negocie gecomen sijn'; *Zeeuwen*, p. xlix.

20 Stapel, *Geschiedenis*, iii. 296, 412. De prominente 19de-eeuwse Nederlandse criticus Huet dacht er ook zo over, zelfs na acht jaar in Indië, van 1868 tot 1876. Zie Conrad Busken Huet, *Het land van Rembrandt. Studies over de Noordnederlandse beschaving in de zeventiende eeuw* (1882-1884; herdruk Amsterdam, 1987), 483-4.

21 Geciteerd in Charles Wilson, *The Dutch Republic and the Civilisation of the Seventeenth Century* (New York, 1968), 22.

22 Stapel, *Geschiedenis*, ii. 310-1.

23 IJzerman denkt dat ook: iii, p. xxxv-xxxvi; zie ook Stapel, *Geschiedenis*, ii. 343.

24 Stapel, *Geschiedenis*, ii. 367-8.

25 Mary B. Campbell, *The Witness and the Other World: Exotic European Travel Writing, 400-1600* (Ithaca, N.Y., 1988), 139. Een voorbeeld in de Nederlandse scheepsjournaals is de kasuaris die de huichelende piratenleider Sedajoe (i. 168) aan de nietsvermoedende Nederlandse bemanning gaf. De vogel overleefde de aanval en de reis naar huis. Hij werd aan prins Maurits aangeboden en daarna aan andere Europese vorstenhuizen (iii. 48). De 16de-eeuwse Nederlanders noemden de kasuaris (afgeleid van het Maleis-Javaanse woord *kasuwari*) 'Eme' naar het Portugees *ema*, dat 'struisvogel' betekent. Lodewycksz. beschreef het rechtstreeks als 'seer groot, hebbende thooft met eenen crommen beck, sonder tonghe, gheheel inswelghende tzy appel, Ey, oft eenich ander sulcken dingen, ende tselve also weder heel van achteren uytlegghende' (i. 134). Hij voegt niets van bijzonder belang toe. Van der Does evenmin (ii. 315), maar de andere tekst spreekt van een vogel die 'slockt colen vyers in, sonder dattet hem letsel doet' (ii. 175; iii. 48), een legende, zoals Rouffaer zegt, die waarschijnlijk aan de Chinezen moet worden toegeschreven (i. 315). Pontanus (1571-1615), een geleerde Nederlandse arts, latinist en historicus, die beter had moeten weten en die kennelijk wist dat de legende uit de verhalen van de zeelieden afkomstig was (iii. 48), herhaalde het woordelijk, evenals Cornelis Gerritsz., die een volkomen nauwkeurige en gedetailleerde beschrijving van de vogel gaf, gebaseerd op persoonlijke waarneming. Gerritsz. vermeldde zelfs van de vleugels van de kasuaris dat uit 'elck stoppelken oft stammeken twee veerkens uyt spruyten', wat precies overeenkomt met het feit dat de kasuaris onder aan elke veer een secundaire veer heeft die bijna net zo lang is als de hoofdveer (ii. 1, 75-6). Als hij zo nauwkeurig kon waarnemen, moet hij ook gemerkt hebben dat de vogel geen kolen kon verzwelgen.

26 Linschoten, *Itinerario*, i. 77.

27 Angelo de Gubernatis, *Zoological Mythology* (2 delen, 1872; herdruk Detroit, 1968), ii. 380.

28 Zie ook Mollema, *Eerste Schipvaart*, 63-4. Verder i. 9 noot 15; i. 69 noot 27; i. 83 noot 19.

29 De haai (*Haye*) was geen bekend schepsel voor de 16de-eeuwse Nederlanders. Zelfs in William Sewels *A New Dictionary of English and Dutch* (Amsterdam, 1691) – die ik gebruik bij de vertaling van passages uit deze scheepsjournaals – wordt hij beschreen als 'a Ravenous sort of sea-fish'.

30 Rouffaer en IJzerman vinden Van der Does gebrekkig in vergelijking met Lodewycksz. (ii. p. xxviii), maar later moeten zij toegeven dat hij een goed schrijver is: ii. 256 noot 1. Zie ook ii. 260 noot 4 en ii. 254 noot 4.

31 Biografische informatie uit: Mollema, *Eerste Schipvaart*, 46-55; P.A. Leupe, 'Cornelis Hout-

man's tweede reis naar Indië, 1596', *Bijdragen van het Koninklijk Instituut voor de Taal-, Land- en Volkenkunde van Nederlandsch-Indië* 4: 1 (1880), 527-34; C. Swarts, 'Eenige bijzonderheden over Frederik Houtman', *Kroniek van het Historische Genootschap* (1852), 362-71; *Encyclopaedie van Nederlandsch-Indië*, red. D.G. Stibbs e.a., 2de druk in 4 delen en 3 supplementen (Den Haag, 1917-1932), ii. 108.

32 De enige mogelijke uitzonderingen zijn in lengte en aantal onvergelijkbaar; het zijn Pigafetta's korte lijst en de al even korte lijst die is afgedrukt in de appendix van Cornelis Gerritsz., ii. 162-8. Antonio Pigafetta, die in 1525 (in het Frans) zijn scheepsverslag van Magellans rondreis van 1519-1522 publiceerde, drukte achtenveertig woorden over 'the Moorish people of Tadore [i.e. Tidore]' als appendix bij zijn hoofdstuk 101. Zie ook A. Bausani, 'The first Italian-Maly vocabulary by Antonio Pigafetta', *East and West*, NS (1960), 229-48.

33 De moderne editie van dit werk (zonder de astrologische informatie) is: *Le 'Spraeck ende Woord-Boek' de Frederick de Houtman. Première méthode de malais parlé (fin du xvie s.)*, red. Denys Lombard (Parijs, 1970). Zie voor het astrologisch probleem W. van Bemmelen, *Die Abweichung der Magnetnadel; Beobachtungen, Säcular-Variation, Wert- und Isogonensysteme bis zur Mitte des xviiiten Jahrhunderts* (Batavia, 1899).

34 Zie Mollema, *Eerste Schipvaart*, 51; ook *Zeeuwen*, p. xxxviii-xl.

35 *Le 'Spraeck ende Woord-Boek' de Frederick de Houtman*, 3.

36 Ibid. 5; zie ook *Zeeuwen*, p. xxxix.

37 Zie voor Van der Tuuk: E.M. Beekman, *Fugitive Dreams: An Anthology of Dutch Colonial Literature* (Amherst, 1988), 130-62.

38 Houtman zat drieëntwintig maanden gevangen, terwijl zijn hele verblijf op Sumatra 26 maanden duurde. Zie Ungers commentaar in *Zeeuwen*, 64 noot 1.

39 Tzvetan Todorov, *The Conquest of America: The Question of the Other* (New York, 1984), 248. Dit onderzoek is voor het eerst gepubliceerd in Parijs in 1982 als *La Conquête de l'Amérique.*

40 *Zeeuwen*, 84.

41 Het verhaal van Davis beslaat in feite maar zes zinnen (p. 46) als men de beschrijvingen van de ontmoeting met de plaatselijke edelen en zijn vrouw er aftrekt. Davis gebruikt deze episode om het boerse en luidruchtige gedrag van zijn 'Baase', Cornelis de Houtman, aan te duiden. Frederick noemt geen slechte dingen van zijn broer (broederlijke welwillendheid misschien?) maar schrijft wel dat de edelman om onbekende redenen verlamd was van schrik (p. 66).

42 *Zeeuwen*, 67. De passage is een deel van een langer geheel waarin Houtman, waarschijnlijk terecht, veronderstelt dat dit ooit tempels waren en dat het om een heilig terrein ging (p. 68).

43 Campbell, *The Witness and the Other World*, 199.

44 Ibid. 200. Haar verwijzing naar linguïstische dominantie is gebaseerd op de uitspraak van de bisschop van Avila dat 'taal het volmaakte instrument is om te regeren' (200 noot 26). Deze bisschop doet ook dienst als getuige bij Todorov, *Conquest of America*, 123; zie ook 221.

45 Perry, *Reconnaissance*, 34.

46 Uit de inleiding van Blacker op Irwin R. Blacker (red.), *The Portable Hakluyt's Voyages* (New York, 1965), 3. Zie voor een historische bespreking van Hakluyts werk George Bruner Parks, *Richard Hakluyt and the English Voyages* (New York, 1928).

47 Afgeleid uit de data die Parks geeft in *Richard Hakluyt*, 242-59; zie ook 152-3. Men moet bedenken dat Holland aan het einde van de 16de en in de eerste helft van de 17de eeuw het voorbeeld voor Engeland was. Hakluyt dacht er zo over, maar ook Robert Burton zwaaide Nederland lof toe (zie bijvoorbeeld 'Democritus to the Reader' in *The Anatomy of Melancholy*), en zelfs een hoogst afkerige Raleigh (zie zijn 'Discourse Touching a War with Spain' en 'Observations Touching Trade and Commerce'). Robert Burton, *The Anatomy of Melancholy*, red. Thomas C. Faulkner, Nicolas K. Kiessling, and Rhonda L. Blair (5 delen; Oxford, 1989 e.v.), i. 74-5. Sir Walter Raleigh, *Works* (8 delen; Oxford, 1829), viii. 299-316, 351-76.

48 *Journalen van de Gedenckwaerdige Reijsen van Willem IJsbrantsz. Bontekoe*, red. G.J. Hooge-

werff (Den Haag, 1952). Biografische en bibliografische informatie zijn gebaseerd op Hoogewerffs inleiding.

49 Ernst Robert Curtius, *European Literature and the Latin Middle Ages* (1948), vert. Willard R. Trask (1953; herdruk Princeton, 1973), 83-5.

50 Wallace Stevens, *Opus Posthumous*, red. Milton J. Bates (1989; herdruk New York, 1990), 191.

51 Blacker, *The Portable Hakluyt's Voyages*, 118, 122, 503, 237, 257.

52 John Livingston Lowes, *The Road to Xanadu: A Study in the Ways of the Imagination* (Boston, 1927), 313-23. Douglas Bush, *English Literature in the Earlier Seventienth Century 1600-1660* (1945; herdruk New York, 1952), 180. Campbell, *The Witness and the Other World*, 260-3; Blacker, *Portable Hakluyt*, 5-6; Parks, *Richard Hakluyt and the English Voyages*, 231; Huet, *Het land van Rembrandt*, 474.

53 Stevens, *Opus Posthumous*, 203.

54 Dit is natuurlijk het onderwerp van de hele studie van Lowes, *The Road to Xanadu*. Zie ook Richard Holmes, *Coleridge: Early Visions* (Londen, 1989), 10, 140.

55 Holmes, *Coleridge*, 188.

56 Russell Noyes (red.), *English Romantic Poetry and Prose* (New York, 1956), 357.

57 Josephine Miles, *Eras and Modes in English Poetry* (Berkeley, 1964), speciaal de hoofdstukken 2, 7, 8 en 14.

58 E.M. Beekman, 'Let It Be: The Ergatic Mode of Netherlandic Poetry and Art', in Theo D'haen (red.), *Verbal Visual Crossing 1880-1980* (Amsterdam, 1990), 281-334.

59 Blaise Pascal, *Les Pensées et oeuvres choisies*, red. J. Dedieu (Parijs, 1937), 337. Het origineel: 'Quand on voit le style naturel, on est tout étonné et ravi, car on s'attendait de voir un auteur, et on trouve un homme'(nr. 700 in deze uitgave).

60 Zie J.J. Oversteegen, *Vorm of Vent. Opvattingen over de aard van het literaire werk in de Nederlandse kritiek tussen de twee wereldoorlogen* (Amsterdam, 1970), 371-475.

61 Het origineel: 'Daher nun ist die erste, ja, schon für sich allein beinahe ausreichende Regel des guten Stils diese, *dass man etwas zu sagen habe:* o, damit kommt man weit!' (par. 283). Deze citaten zijn afkomstig uit 'Schriftstellerei und Stil' in *Parerga und Paralipomena*. Als ze niet bedoeld waren voor de specifieke polemiek tegen de geschriften van zijn tijdgenoten, zouden de hoofdstukken 23, 24 en 25 mijn aanspraak voor het proza van de zeelieden heel goed ondersteunen. Arthur Schopenhauer, *Sämtliche Werke* (7 delen; Leipzig, 1939), vi. 550-1, 547.

62 Het origineel: 'Socrates faict mouvour son ame d'un mouvement naturel et commun. Ainsi dict un paysan, ainsi dict une femme. Il n'a jamais en la bouche que cochers, menuisiers, savetiers et maçons. Ce sont inductions et similitudes tirées des plus vulgaires et cogneuses actions des hommes; chacun l'entend' (boek iii, hoofdstuk 12), Montaigne, *Essais* (2 delen; Parijs), ii. 485.

63 Het origineel: 'Le parler que j'ayme, c'est un parler simple et naif, tel sur le papier qu'à la bouche; un parler succulent et nerveux, court et serré, non tant delicat et peigné comme vehement et brusque (...) plustot difficile qu'ennuieux, esloingné d'affectation, desreglé, descousu et hardy; chaque lopin y face son corps; non pedantesque, non fratesque, non pleideresque, mais plustost soldatesque' (boek i, hoofdstuk 26), Montaigne, *Essais*, i. 185-6.

64 Morris W. Croll, *'Attic' and Baroque Prose Style: The Anti-Ciceronian Movement*, red. J. Max Patrick en Robert O. Evans (Princeton, 1969), 184.

65 Erich Auerbach, *Mimesis: Dargestellte Wirklichkeit in der abendländischen Literatur* (Bern/München, 1946, 4de druk 1967), 26.

66 Paul Zweig, *The Adventurer* (1974; herdruk Princeton, 1981), 4, 46.

67 Dante Alighieri, *De Goddelijke Komedie*; vert. door Christinus Kops O.F.M. Nieuwe uitg. G. Wijdeveld (Antwerpen, 1971).

68 De mooiste literaire uitdrukking van dit verlangen is Baudelaires gedicht 'Le voyage', speciaal de vijfde strofe:

Mais les vrais voyageurs sont-ceux-là seuls qui partent

Pour partir; coeurs légers, semblables aux ballons,
De leur fatalité jamais ils ne s'écartent,
Et, sans savoir pourquoi, disent toujours: Allons!

Charles Baudelaire, *Oeuvres complètes*, Bibliothèque de la Pléiade (Parijs, 1961), 122.

69 W.H. Auden, *The Enchafèd Flood or The Romantic Iconography of the Sea* (1950; herdruk New York, 1967), 1-17.

70 Zweig, *The Adventurer*, 44.

71 Zie bijvoorbeeld Robert Kiely, *Robert Louis Stevenson and the Fiction of Adventure* (Cambridge, Mass., 1964), 24-6.

72 Stevens, *Opus Posthumous*, 195.

73 Cross, *'Attic' and Baroque Prose Style*, 60.

74 Zweig, *The Adventurer*, 126, 173-4.

75 Geciteerd en vert. door Dennis Porter, *Haunted Journeys. Desire and Transgression in European Travel Writing* (Princeton, 1991), 128.

76 Een parafrase op de mening van Coleridge over Scott door Martin Green, *Dreams of Adventure, Deeds of Empire*, 102.

77 Arendt, *The Origins of Totalitarianism*, 187-90.

78 Ibid. 209; speciaal hoofdstuk 7 (p. 185-266) is een goede bespreking van het onderscheid tussen kolonialisme en imperialisme.

79 Zo noemde Chapman zijn voorwoord tot *A Relation of the Second Voyage to Guiana* (1596) van Lawrence Leymis.

80 *The Age of Adventure: The Renaissance Philosophers*, gekozen, met inleiding en interpreterend commentaar door Giorgio De Santillana (New York, 1956), 43.

81 Zweig, *The Adventurer*, 246.

82 Ibid. 114.

83 *Georg Simmel, 1858-1918. A Collection of Essays, with Translations and a Bibliography*, red. Kurt H. Wolff (Columbus, 1959), 258.

84 Ibid. 249.

85 Ibid. 247.

86 Ibid. 245.

87 Heinrich Zimmer, *The King and the Corpse: Tales of the Soul's Conquest of Evil*, red. Joseph Campbell (2de druk) (1956; herdruk Princeton, 1973), 193. Dit is een verzameling van diverse teksten van de indoloog, na zijn dood uitgegeven in boekvorm. Mijn datering van het essay over Arthur is gebaseerd op het beknopte voorwoord van de redacteur.

88 Alfred North Whitehead, *Adventure of Ideas* (1933; herdruk New York, 1955), 276.

89 Ibid. 292.

90 Thomas Mann, *Betrachtungen eines Unpolitischen* (Frankfurt am Main, 1983; oorspr. 1918), 403.

91 Whitehead, *Adventure of Ideas*, 294.

92 Ibid. 278-9.

93 Mikhail Bakhtin, *Problems of Dostoevsky's Poetics*, vert. en red. Caryl Emerson (Minneapolis, 1984), 105. Zie ook p. 101-6.

94 Campbell, *The Witness and the Other World*, 6.

95 Ibid. 166.

5 RUMPHIUS (1627-1702): DE TROPISCHE NATUUR ZIEN ALS EEN GEHEEL

1 De biografie door P.A. Leupe, gebaseerd op geheel nieuw materiaal uit koloniale archieven, heeft alle voorgaande pogingen vervangen: P.A. Leupe, 'Georgius Everardus Rumphius, Am-

bonsch natuurkundige der zeventiende eeuw', *Verhandelingen der Koninklijke Akademie van Wetenschappen* 12 (1871), 1-63. Ik noem hier slechts enkele andere bronnen die na het werk van Leupe zijn ontsloten: J.E. Heeres, 'Rumphius Levensloop, naar de mededeelingen van P.A. Leupe', in *Rumphius Gedenkboek 1702-1902*, red. M. Greshoff (Haarlem, 1902), 1-13; G.P. Rouffaer en W.C. Muller, 'Eerste proeve van een Rumphius-bibliographie', ibid. 165-202; M. Greshoffs artikel over Rumphius in de *Encyclopaedie van Nederlandsch-Indië*, iii. 640-5; M.J. Sirks, *Indisch Natuuronderzoek*, diss. Utrecht, 1915 (Amsterdam, 1915), 25-61; G. Ballintijn, *Rumphius. De blinde ziener van Ambon* (Utrecht, 1944). Ballintijns biografie is vooral nuttig vanwege de zowel complete als lange uittreksels uit Rumphius' brieven. Een nadeel zijn de irritante stijl en de geestloze veronderstellingen. Hoewel hij kennelijk niet beschikte over Leupes werk, zijn er enkele goede pagina's over Rumphius door C. Busken Huet, *Het land van Rembrandt*, 592-5.
In het Engels bestaan er weinig biografieën van Rumphius. Een overzicht van Rumphius' leven door de redacteur van het tweede herdenkingsdeel, meer dan een halve eeuw na het eerste gepubliceerd, is te vinden in H.C.D. de Wit, 'Georgius Everardus Rumphius', in H.C.D. de Wit (red.), *Rumphius Memorial Volume* (Baarn, 1959), 1-26. Een ander is M.J. Sirks, 'Rumphius, The Blind Seer of Amboina', in Pieter Honig and Frans Verdoorn (red.), *Science and Scientists in the Netherlands Indies* (New York, 1945), 295-308. Dit is een vertaling van Sirks' hoofdstuk over Rumphius in zijn *Indisch Natuuronderzoek.* Ten slotte is er een biografische schets, opnieuw door H.C.D. de Wit, ter inleiding van zijn bijdrage 'Orchids in Rumphius' Herbarium Amboinense', in Joseph Arditti (red.), *Orchid Biology* (Ithaca, N.Y., 1977), 49-56.

2 In november 1668 rapporteerde Speelman dat 182 soldaten en 96 zeelieden ernstig ziek waren. Elke dag stierven er zeven of acht soldaten. Van veertig soldaten die vers van Batavia waren gestuurd, konden er minder dan een maand later nog maar acht vechten. In vier weken waren er 139 mannen overleden, en 52 zeelieden overleden aan boord. Alle vijf dokters stierven en van de vijftien Europese smeden overleefde er maar één. Toen Speelman opdracht gaf tot een aanval, monsterde hij zijn troepen en ontdekte dat er van de 557 Nederlanders 265 ernstig ziek waren. Zie Stapel, *Geschiedenis*, iii. 340-7.

3 De Hullu, *Op de schepen*, 50-62.

4 P.J.A.N. Rietbergen, *De eerste landvoogd Pieter Both (1568-1615). Gouverneur-generaal van Nederlands-Indië (1609-1614)* (Linschoten Vereniging, 86, 2 delen; Zutphen, 1987), ii. 279.

5 Ibid. 306.

6 Ibid. 297. De 22 brieven afgedrukt in deel ii van Rietbergens editie vormen één lange klaagzang.

7 De Hullu, *Op de schepen*, 62.

8 Zie F. De Haan, *Priangan* (4 delen; Batavia, 1910-1912), ii. 560-1.

9 Zie voor Johannes Thedens: De Hullu, *Op de schepen*, 62.

10 Ibid. 50-4.

11 Ibid. 52.

12 *Rumphius Memorial Volume*, 2-3.

13 *The Lusiadas of Luiz de Camões*, vert. L. Bacon (New York, 1950), 382.

14 G.P. Rouffaer en W.C. Muller, 'Proeve', in *Rumphius Gedenkboek 1702-1902*, 215.

15 H.L. Strack, *Results of the Rumphius Biohistorical Expedition to Ambon (1990). Part I. General Account and List of Stations* (Monografiereeks Zoölogische Verhandelingen 289; Leiden, 1993), 12.

16 François Valentijn, *Oud en Nieuw Oost-Indiën* (5 boeken in 8 delen; Dordrecht en Amsterdam, 1724-1726), ii. 1. 100.

17 Rumphius noemde het Maleise woordenboek in een brief aan Camphuys (zie onder). Dit is een volgende beproeving in zijn leven omdat dit, net als ander materiaal, blijkbaar van hem werd gestolen. Iemand anders had het op de zogenaamde 'Gouwediefspassar' gevonden. Waarom het niet was afgemaakt, kan uit de trieste data worden afgeleid. Rumphius' brief was van

1695 en hij noteerde dat zijn 'Lecsicon' 'met myn eygen handen voor 25 jaren door my geschreven' was, dat wil zeggen in 1670, het jaar waarin hij blind werd. De brief is vaak geciteerd in de bronnen die in noot 1 zijn genoemd.

18 Zijn plannen voor een versterking op Banda worden in 1663 vermeld in het 'Dagh-Register' van Ambon, en zijn werk op het kasteel Victoria is gerapporteerd door François Valentijn, *Oud en Nieuw Oost-Indiën*, ii. 2. 238; zie ook Heeres, 'Rumphius' Levensloop', 3.

19 Zie P.C. Bloys van Treslong Prins, 'Origineele bescheiden van en over Georgius Everhardus Rumphius', *Tijdschrift voor Indische Taal-, Land en Volkenkunde*, 69: 1-2 (1929), 426-35. Het is interessant op p. 428 een kopie van zijn handtekening te zien, getekend toen hij blind was, met de naam zorgvuldig voluit geschreven om voor de juiste identificatie zorg te dragen.

20 'Mexticen' is de spelling die H.J. de Graaf citeert in *De geschiedenis van Ambon en de Zuid-Molukken* (Franeker, 1977), 132.

21 Zie De Haan, *Priangan*, i. 225.

22 Gouverneur-generaal Maetsuycker sprak enigszins neerbuigend over 'eenen Georgius Everhardus Rumphius (...) die den naem heeft van een bequaem ende leergierig persoon, daarenboven van een goed leven is'; uit een brief aan de VOC, 19 dec. 1663, geciteerd door Heeres, 'Rumphius Levensloop', 4.

23 Zie Rouffaer en Muller, 'Proeve', in *Rumphius Gedenkboek*, 180. En dat men zegt dat hij naar Oost-Indië is gegaan met de bedoeling er de flora te bestuderen, is afkomstig uit een brief van 1669, geciteerd door Heeres, 'Rumphius Levensloop', 2.

24 De brief van 1663 is afgedrukt na Heeres' artikel in *Rumphius Gedenkboek*, 13.

25 De eisen die Samuel Johnson aan een biografie stelt, zijn te vinden in *Rambler* 60, over het schrijven van biografieën.

26 Rumphius' vastbeslotenheid is bestreden door De Haan in *Priangan*, ii. 456-7.

27 Rumphius leed onder ernstige hoofdpijn zodat zelfs de geringste beweging ondraaglijk pijn kon doen. Toen gouverneur Cops Rumphius opdracht gaf naar de hoofdstad – van Ambon – te komen, schreef Rumphius hem dat 'fel daglicht' het geringe gezichtsvermogen van een van zijn ogen hinderde. Hij kon niet vervoerd worden omdat de beweging op een draagbaar of op een schip het gevoel van 'sinkinge' in zijn hoofd verergerde. In oudere medische theorieen betekende dit dat 'boze stoffen' naar een aangedaan gebied van het lichaam werden getrokken en daar pijn veroorzaakten. In het voorwoord van zijn *Kruidboek* schrijft Rumphius zijn kwelling toe aan te grote inspanning in verband met zijn werk. Precies in het jaar 'wanneer ik Amboina meende te verlaten', zegt hij dat hij 'alle stranden en heuvelen doorkroop, geen ongemak nog Sonne-brand, die dog in deze gewesten zeer vinnig is, agtende'. Daarom heeft hij naar zijn zeggen 'in drie maanden' zijn gezichtsvermogen verloren. De brief aan Cops is gedateerd op 16 mei 1670 en uitvoerig geciteerd in Ballintijn, *Rumphius*, 55, en Heeres, 'Rumphius Levensloop', 7.

28 Cops' ongevoelige reactie op Rumphius' blindheid is natuurlijk fel bekritiseerd door vele commentatoren. Maar het is nuttig er door De Haan aan te worden herinnerd dat dit typisch voor de Compagnie was en te danken was aan de extreme tropische ervaringen in de begindagen van het koloniale Indië, toen tegenslagen en rampen gewoon waren, en dat het de geest van de tijd was. Zie De Haan, *Priangan*, ii. 216-7. Misschien is er nog wat steun voor De Haans standpunt te vinden als men weet dat het wapen van dezelfde Cops – drie in elkaar gevlochten vissen – te vinden is op de titelpagina van het manuscript van Rumphius' *Kruidboek*, een detail dat door De Haan op een andere plaats wordt genoemd: *Priangan*, i. 23.

29 De officiële weergave van de dood van Rumphius' vrouw en kind wordt uitgebreid geciteerd door Heeres, 'Rumphius Levensloop', 8. Vermeld moet worden dat Rumphius in de tekst in het *Kruidboek* met de titel 'Zeeboompjes' zegt dat hij zijn vrouw, twéé kinderen en een bediende heeft verloren. Het officiële register doet mij ook vermoeden – hoewel het bewijsmateriaal gering is – dat Susanna misschien gedeeltelijk Chinees was. Uit de manier waarop het is verwoord, kan men opmaken dat de familie Rumphius bij de bewoners van de Chinese wijk van

Ambon goed bekend was. Andere aanwijzingen zijn te vinden in het feit dat een aanzienlijk aantal teksten verwijzingen bevat naar Chinese flora, fauna en andere zaken (hoewel deze misschien te vinden waren in de weinige wetenschappelijke werken die er toen bestonden), terwijl Rumphius althans enig Chinees kende; en Heeres (p. 8) zegt in een noot dat Rumphius '8 stucx Chineesche boecken' van de erfgenamen van gouverneur Marville had ontvangen. Dit is echter dubbelzinnig geformuleerd en ik kon moeilijk beslissen of Rumphius deze werken heeft gekocht of dat ze op Marvilles verzoek aan hem werden overgedragen.

30 Zie P. Lotsy, 'Over de in Nederland aanwezige botanische handschriften van Rumphius', in *Rumphius Gedenkboek*, 46. Op p. 47 citeert Lotsy uit de brief waarin de rampzalige brand wordt meegedeeld. Gezegd wordt dat 'het principael werck ter naeuwer noot gesalveert' was. De meest recente herdruk van een deel van de illustraties in Rumphius' boeken is te vinden in S. Peter Dance, *The Art of Natural History. Animal Illustrators and their Work* (Woodstock, N.Y., 1978), 43-4.

31 Voor Camphuys zie Stapel, *Geschiedenis*, iii. 425-39.

32 Zie voor Clusius' indelingen Sirks, *Indisch Natuuronderzoek*, 20-2. Zie voor een geschiedenis van de tropische botanie die hiermee te maken heeft, Donald F. Lach, *Asia in the Making of Europe* (2 delen in 5 boeken, Chicago, 1977), ii. 3. *The Scholarly Disciplines*, 427-45; zie voor Clusius p. 434-41. Rumphius wordt in dit werk niet genoemd! Rumphius wordt wel uitvoerig vermeld in een Nederlandse geschiedenis van de biologie: H.C.D. de Wit, *Ontwikkelingsgeschiedenis van de biologie* (2 delen; Wageningen, 1982), ii A. 657; ii B. 975.

33 Zie W.W. Skeat, *Malay Magic: An Introduction to the Folklore and Popular Religion of the Malay Peninsula* (1900; herdruk Londen, 1965), 408-10.

34 Bijvoorbeeld Ballintijn, *Rumphius*, 142.

35 De Haans uiteenlopende beschuldigingen tegen Rumphius zijn te vinden in *Priangan*, ii. 456-7.

36 Ibid. 216-7.

37 Zie De Wit, *Ontwikkelingsgeschiedenis*, i. 354. Mijn stelling dat de geneeskunde van Galenus nog in de 17de eeuw werd gebruikt, wordt ook verdedigd door J.H. van den Berg in zijn provocerende studie over het menselijk lichaam: J.H. van den Berg, *Het menselijk lichaam* (2 delen; Nijkerk, 1959), 34-40; 70-3. Het schijnt ook vanzelfsprekend dat een geneesmethode die zo veel eeuwen overheerste, door gewone artsen niet zomaar werd opgegeven omdat bepaalde individuen aan de academies nieuwe theorieën hadden voorgesteld. Verder argumenteer ik hier dat Rumphius geloofde in wat Van den Berg noemt 'kennis van het levende lichaam', een begrip dat zag op de fysieke wereld in zijn geheel die aan de buitenkant kon worden bestudeerd zonder het in allerlei stukken te snijden; met andere woorden, een metaforische opvatting over het leven en niet een metonymische.

38 De Wit, *Ontwikkelingsgeschiedenis*, i. 318, schrijft dat Rumphius' beschrijvingen, net als die van Leeuwenhoek, identificatie heel goed mogelijk maken.

39 De oorspronkelijke Franse tekst uit Rousseaus botanische brieven luidt: 'Il ne faut pas, chère amie, donner a botanique une importance qu'elle n'a pas; c'est une étude de pure curiosité et qui n'a d'autre utilité réelle que celle que peut tirer un être pensant et sensible de l'observation de la nature et des merveilles de l'univers.' Jean-Jacques Rousseau, *Oeuvres complètes*, (Bibliothèque de la Pléiade, 4 delen; Parijs, 1969), iv. 1188.

40 Stapel, *Geschiedenis*, iii. 485.

41 Rumphius gebruikt de term zoals deze is gebruikt door Suetonius: het beheer van een provincie, in zijn geval natuurlijk Ambon.

42 Rumphius' schriftelijke discussies met andere leden van de Academie zijn gedrukt in de *Ephemerides* tussen 1682 en 1700; zie Rouffaer in *Rumphius Gedenkboek*, 174-6.

43 Informatie over de diverse wetenschappers uit Rumphius' tijd is te vinden in de 64 delen van Johann Heinrich Zedlers *Grosses vollständiges Universal Lexicon* gepubliceerd in Halle en Leipzig tussen 1732 en 1750, en in C.C. Gillispie (red.), *Dictionary of Scientific Biography* (14 delen;

New York, 1971-1976). Verdere details, speciaal over taal, zijn gevonden in John Crawford, *A Descriptive Dictionary of the Indian Islands & Adjacent Countries* (Londen, 1856) en Henry Yule en A.C. Burnell, *Hobson-Jobson: Being a Glossary of Anglo-Indian Colloquial Words and Phrases, and of Kindred Terms; Etymological, Geographical and Discursive.* Het laatste werk is in 1886 in Londen gedrukt, herdrukt in 1903 en daarna nog een aantal malen. Rumphius' werk wordt twintigmaal onder diverse hoofden geciteerd.

44 De Haan, *Priangan*, ii. 278.

45 Zie Stapel, *Geschiedenis*, iii. 503-7. Een bloemlezing van deze poëtasters verscheen, samen met een aantal andere uittreksels, in de 20ste eeuw: E. du Perron, *De Muze van Jan Companjie. Overzichtelijke verzameling van Nederlands-Oostindiese belletrie uit de Companjiestijd (1600-1780)* (Bandoeng, 1948).

46 Zie Lotsy, 'Botanische handschriften van Rumphius', in *Gedenkboek*, 53; zie ook 52, 54, 56-7. Zie ook De Haan, *Priangan* ('Personalia'), i. 15-21, 211-2.

47 Zie Stapel, *Geschiedenis*, iii. 425-39.

48 Het uitvoerigst geciteerd door Ballintijn, *Rumphius*, 117-28.

49 De Haan, *Priangan*, i. 14.

50 Een woordspeling op zijn achternaam, 'tijdelijk huis'; zie Stapel, iii. 504, waar hij Camphuys' eigen grafschrift citeert dat dezelfde woordspeling bevat.

51 Zie De Haan, *Priangan* ('Personalia'), i. 15-24.

52 Zie de artikelen 'Chastelein (Cornelis)' en 'Dépok' in *Encyclopaedie van Nederlandsch-Indië*, i. 473-4 en 588-9.

53 Er staat een uitstekend overzicht van de geschiedenis van de tropische botanie in koloniaal Oost-Indië in de bovengenoemde encyclopedie, i. 392-403.

54 Sommigen hiervan worden genoemd in Lach, *Asia in the Making of Europe.* Hij vermeldt speciaal het Iberische trio, maar laat de Nederlanders achterwege.

55 Een goede en voor het eerst complete vertaling in het Engels is pas in 1959 gepubliceerd: Gonzalo Fernández de Oviedo, *Natural History of the West Indies*, vert. en red. S.A. Stoudemire (Chapel Hill, 1959). Rumphius verwees echter, via Garcia, naar het grotere werk.

56 Orta's volledige en oorspronkelijke werk is slechts eenmaal in het Engels vertaald, door Sir Clements Markan, onder de titel *Colloquies on the Simples and Drugs of India* (Londen, 1913). Er bestaat een facsimile-editie van Clusius' editie van Orta, maar zelfs deze is betrekkelijk zeldzaam omdat de oplage beperkt was tot 500 exemplaren. Deze editie is deel vi in een serie 'Nederlandse Klassieken over de Geschiedenis van de Wetenschap' gedrukt van de kopie in de *Bibliotheca Medica Neerlandica* in Amsterdam. Zie Carolus Clusius, *Aromatum, et Simplicium Aliquot Medicamentorum Apud Indos Nascentium Historia*, facsimile-editie, inl. M. de John en D.A. Wittop Koning (Nieuwkoop, 1963).

57 Huet, *Het land van Rembrandt*, 590. De Elzevier-editie is: Guglielmi Pisonis, *Medici Amstelaedamensis de Indiae utrisque re naturali et medica Libri Quatordecim Quorum contenta pagina sequens exhibet* (Amsterdam, 1658). Zie ook Sirks, *Indisch Natuuronderzoek*, 5-12.

58 Stapel, *Geschiedenis*, iii. 479.

59 Een werk in het Engels over Van Rheede: J. Heniger, *Hendrik Adriaan van Rheede tot Drakenstein (1636-1691) and Hortus Malabaricus: A Contribution to the History of Dutch Colonial Botany* (Rotterdam, 1986).

60 Alle citaten uit de 'Voorreden' van het *Amboinsche kruidboek.*

61 Artikel over 'Rumphius (George Everhard)' in *Encyclopaedie van Nederlandsch-Indië*, iii. 640-5. Hoewel het artikel niet ondertekend is, geeft Rouffaer in zijn bibliografie van Rumphius in *Gedenkboek* (187) hiervoor aanwijzingen.

62 F.A.W. Miquels *Flora van Nederlandsch Indië*, en de lijst uit dat werk is gemaakt door E.W.A. Ludeking in zijn 'Schets van de Residentie Amboina' in *Bijdragen tot de Taal-, Land- en Volkenkunde van Nederlandsch-Indië*, 3de ser., 3 (1868), 23-8.

63 De klimplant is van het geslacht *Pothos* en heet *Pothos rumphii*; zie William H. Brown, *Philip-*

pine Fiber Plants (Bulletin 19 van het Bosbouwkundig Bureau van de Filippijnen; Manila, 1919), 47. Een soort sagopalm, *Metroxylon Sagu*, wordt ook *Metroxylon rumphii* genoemd, terwijl *Caryota rumphiana* nog een andere soort palm is; zie William H. Brown en E.D. Merrill, *Philippine Palms and Palm Products* (Bulletin 18 van het Bosbouwkundig Bureau van de Filippijnen; Manila, 1919), 28, 55-9, 96. Merrills belangrijkste publicatie over Rumphius is: E.D. Merrill, *An Interpretation of Rumphius's Herbarium Amboinense* (Manila, 1917).

64 J.J. Smith, *Die Orchideen von Ambon* (Batavia, 1905), 7, 9, 16, 57.

65 Zie zijn ingang over 'Rumphius' in Crawford, *A Descriptive Dictionary of the Indian Islands.*

66 De Wit, 'Orchids in Rumphius' Herbarium Amboinense', 51-2.

67 Zie J.S. Zaneveld, 'Rumphius' Contributions to Phycology', in *Rumphius Memorial Volume*, 282.

68 Albert S. Bickmore, *Travels in the East Indian Archipelago* (New York, 1869), 13-4. Bickmore beschrijft zijn bezoek aan Rumphius' graf en hij geeft een heel korte schets van zijn leven op p. 250-2. Bickmores biografische kennis van Rumphius is gebrekkig. Hij geeft ook foutieve geboorte- en overlijdensdata. Maar de geest van zijn enthousiaste bewondering voor Rumphius is sympathiek en van meer blijvende waarde. Eén ander voorbeeld van Rumphius' blijvende roem, geheel te danken aan zijn werk aan schelpen, is het boek *The Shell*, waarin men in de inleiding plotseling zijn naam tegenkomt. De informatie is correct, maar het laat zien dat men zijn naam nog altijd op de meest onwaarschijnlijke plaatsen tegenkomt. 'De Europese vooruitgang in de systematische bestudering van de schelp ging regelmatig door vanaf het begin van de achttiende eeuw. We kunnen slechts enkele van de vele beroemde onderzoekers noemen die aan het conchologische onderzoek van deze tijd hebben bijgedragen, en een van de opvallendste was ongetwijfeld Rumphius. Omdat hij in dienst was van de Nederlandse Oost-Indische Compagnie stelden zijn lange reizen hem in staat een grote hoeveelheid materiaal van nabij te bekijken en nauwkeurige aantekeningen en commentaren te leveren op de soorten die hij vond. In de moderne conchologie is dit de enige aanvaarde methode, die door de nieuwe duiktechnieken en speciaal door het dreggen geleidelijk werd verbeterd.' Uit de inleiding van Hugh en Marguerite Stix en R. Tucker Abbott, *The Shell* (New York, 1978), 30.

69 Zie Rouffaers artikel in *Rumphius Gedenkboek*, 180 en 184 noot 1; en dat van Lotsy, ibid. 56.

70 Zie Lotsy in *Rumphius Gedenkboek*, 56.

71 Zie De Jongs inleiding tot de facsimile-editie van Clusius' versie van Orta's boek waarnaar is verwezen in noot 56 hierboven.

72 Ibid. 20-1.

73 Ik doel op Eugène Minkowski en zijn filosofie neergelegd in *Vers une cosmologie* (Parijs, 1936).

74 Geciteerd in Peter Sloterdijk, *Critique of Cynical Reason*, vert. Michael Eldred (1983; Minneapolis, 1987), 126.

75 Ibid. 140.

76 Deze citaten zijn uit een editie zonder paginering: John Fowles, *The Tree* (Boston, 1980).

77 Sloterdijk, *Critique of Cynical Reason*, p. xxxi.

78 Ibid. 139.

79 Ibid. 108.

80 Ibid. 260.

81 Geciteerd in Huet, *Het land van Rembrandt*, 583.

82 Zie Svetlana Alpers, *The Art of Describing Dutch Art in the Seventeenth Century* (1983; herdruk Chicago, 1984), 105 en 254-5 noot 61; zie ook B.C. Southgate, '"Forgotten and Lost": Some Reactions to Autonomous Science in the Seventeenth Century', *Journal of the History of Ideas* 50: 2 (apr.-juni 1989), 249-68.

83 Sloterdijk, *Critique of Cynical Reason*, 145.

84 Ibid. 377.

85 Alpers, *The Art of Describing*, 167.

86 K. Goebel, 'Rumphius als Botanischer Naturforscher', in *Rumphius Gedenkboek*, 59.

87 Er is een korte maar bewonderende vermelding van Rumphius in 1943 door de Amerikaanse botanicus David Fairchild in *Garden Islands of the Great East*, 184, 192-5. Een andere respectvolle en sympathieke vermelding van Rumphius is te vinden in H.W. Ponder, *In Javanese Waters* (Londen, 194). Hij schrijft dat Amboyna (Ambon) 'beroemd werd door de werken van de grote natuuronderzoeker Rumphius' (p. 170). 'De naam van Rumphius is een naam die wonderen verricht op Ambon; en terecht, want er zijn niet veel kleine tropische eilanden die zich erop kunnen beroemen de wereld boeken te hebben geschonken die nog driehonderd jaar later door gezaghebbende figuren niet zijn overtroffen' (p. 170). Op de volgende pagina beschrijft hij waar Rumphius heeft gewoond en waar zijn tuin was, en hij noemt hem de 'blinde vlinderman' ('Blind Butterfly Man', p. 172). Rumphius wordt ook genoemd op p. 174-5, en Ponder geeft een korte, hoewel onnauwkeurige biografie van Rumphius op p. 222.

6 F. VALENTIJN (1666-1727): MEESTER IN HET ANEKDOTISCH PROZA

Voor verwijzingen naar 'Valentijn', *Encylopaedie* en naar *Priangan*: zie noot 13.

1 De 18de eeuw wordt vanuit koloniaal standpunt besproken in deel drie (geschreven door E.C. Godée Molsbergen) van Stapel, *Geschiedenis van Nederlandsch Indië* (1938-1940), en in de hoofdstukken 10 en 11 van Vlekke, *Nusantara*. De ingewikkelde geschiedenis van de laatste, chaotische jaren na de Franse Revolutie wordt besproken in E.S. van Eyck van Heslinga, *Van compagnie naar koopvaardij. De scheepvaartverbinding van de Bataafse Republiek met de koloniën in Azië 1795-1806* (Amsterdam, 1988). Zie voor dezelfde periode in Nederland Simon Schama, *Patriots and Liberators: Revolution in the Netherlands 1780-1813* (New York, 1977). Alleen over de invloed van de Revolutie in de koloniën handelt G.J. Schutte, *De Nederlandse Patriotten en de koloniën. Een onderzoek naar hun denkbeelden en optreden 1770-1800* (Groningen, 1974). Zie ook Boxer, *The Dutch Seaborne Empire*, met name 155-86.

2 Stapel, *Geschiedenis*, iii. 117-8.

3 Ibid. 113, 117-8, 156-9, 381, 391.

4 Ibid. 294.

5 Ibid. 147-8.

6 Ibid. 356-7.

7 Ibid. 357.

8 Ibid. 379.

9 Slechts enkele schitterende wetenschappelijke prestaties worden vermeld in *Encyclopaedie van Nederlandsch-Indië*, 307; en in Stapel, *Geschiedenis*, iii. 429. In Nederland zelf stelde ook de literatuur niet veel voor. Ondanks zijn vriendelijke pogingen kan R.P. Meijer de 18de-eeuwse letteren niet overtuigend rehabiliteren. Zie R.P. Meijer, *Literature of the Low Countries* (Assen, 1971), speciaal 152-92.

10 Een moderne editie van het stuk is Onno Zwier van Haren, *Agon. Sultan van Bantam. Treurspel in vijf bedrijven*, red. G.C. de Waard (Zwolle, 1968).

11 Van Hogendorp wordt besproken in Rob Nieuwenhuys, *Oost-Indische Spiegel*, 3de herz. druk (Amsterdam, 1978), 66-72. Hogendorps verblijf in Indië met als enige doel financiële verliezen goed te maken, was een normaal motief. Zie bijvoorbeeld De Haan, *Uit de nadagen van de 'Loffelijke Compagnie'*, 64-6 e.v.

12 Yule en Burnell, *Hobson-Jobson*, 575.

13 Biografische informatie is voornamelijk gebaseerd op twee secundaire bronnen, evenals op Valentijns eigen informatie. Dit zijn G.P. Rouffaer en W.C. Muller, 'Valentijn (François)', in *Encyclopaedie van Nederlandsch-Indië*, iv. 501-8, hierna geciteerd als 'Valentijn', *Encylopaedie*;

F. de Haan, *Priangan*, i. 270-80, hierna geciteerd als *Priangan*, met deel- en paginanummer. Valentijns eigen werk is gebruikt in twee verschillende edities. François Valentijn, *Oud en Nieuw Oost-Indiën, vervattende Een Naauwkeurige en Uitvoerige Verhandelinge van Nederlands Mogentheyd in die Gewesten ... beschreven, en met veele zeer nette daar toe vereyschte Kaarten opgeheldert* (5 boeken in 8 delen; Dordrecht en Amsterdam, 1724-1726), hierna in de tekst geciteerd met band-, deel- (indien bestaand) en paginanummers. Voor Valentijns beschrijving van zijn eigen vier reizen heb ik een aparte editie gebruikt, hoewel Valentijn deze opnam in het tweede gedeelte van deel iv: *Van en Naar Indië. Valentijns 1ste en 2de Uit en Thuisreis, vooraf-gegaan door Busken Huets Litterarisch-Critische Studie over François Valentijn*, red. A.W. Stellwagen (Den Haag, 1881), in de tekst geciteerd als *Uit* met paginanummer(s). Als ik naar Huets essay over Valentijn verwijs, citeer ik uit Stellwagens editie, die door Huets studie wordt voorafgegaan.

14 De Haan, *Nadagen*, 122. De Haan zegt dat een huwelijk met een rijke weduwe voor predikanten een normale weg was om vooruit te komen. Geestelijken waren aantrekkelijk vanwege hun sociale positie.

15 Abraham van Riebeeck (1653-1713) werd geboren in de Kaapkolonie. Hij studeerde rechten in Leiden en ging in 1677 naar Indië, in de rang van onderkoopman. Hij klom snel op en werd uiteindelijk in maart 1708 benoemd tot gouverneur-generaal, de positie die hij tot zijn dood in nov. 1713 bekleedde. Tijdens zijn ambtsperiode werden de belangrijke tinmijnen op het eiland Banka voor de kust van Sumatra ontdekt. Van Riebeeck was gedwongen tot gewapende interventie in plaatselijke conflicten, zoals tussen de leiders van Bone en Goa op Celebes, en tussen de eilanden Ternate en Tidore in de Molukken. Hij leidde ook de stichting van de eerste koffieplantages die totstandkwamen rondom Batavia. Van Riebeeck was een onvermoeibaar onderzoeker en leidde diverse expedities naar de tot dan toe onbekende binnenlanden van Bantam, Tjirebon en Preanger (allemaal op Java). Hij reisde zelfs naar de woeste zuidkust. Hij gaf opdracht naar die kust een weg aan te leggen en op deze zuidelijke reis stierf hij (in 1713 op zestigjarige leeftijd). Valentijn noemde zijn tegenstander een bitter man met een 'gemelijk' karakter.

16 Dance, *The Art of Natural History*, 47-50.

17 Gerard Brom, *Java in onze kunst* (Rotterdam, 1931), 11.

18 Multatuli zegt dat hij in de stad Ambon in Valentijns huis woonde toen hij daar als assistent-resident gestationeerd was in de eerste helft van 1852. Multatuli, *Volledig werk*, red. Garmt Stuiveling, H. van der Bergh e.a. (25 delen; Amsterdam, 1973-1995), ii. 297.

19 Andere vermeldingen van Rumphius zijn iii. 2. 3; iv. 2. 322-3.

20 Sirks, *Indisch Natuuronderzoek*, 47-8. Zie ook G.P. Rouffaer en W.C. Muller, 'Eerste proeve van een Rumphius-bibliografie', in *Rumphius Gedenkboek*, 167.

21 'Valentijn', *Encyclopaedie*, 504.

22 F. de Haan, 'Rumphius en Valentijn als Geschiedschrijvers van Ambon', in *Rumphius Gedenkboek*, 212.

23 Ibid. 20-1.

24 Nieuwenhuys, *Oost-Indische Spiegel*, 51.

25 De lof is van Wigberto Jiménez Moreno en wordt geciteerd in Laurette Séjourné, *Burning Water: Thought and Religion in Ancient Mexico* (1956; herdruk Berkeley, 1976), 17-8.

26 Valentijns verhaal over Ceylon werd in het Engels vertaald, zuiver om zijn historische waarde: *François Valentijn's Description of Ceylon*, vert. en red. Sinnappah Arasaratnam (Hakluyt Society, 2de serie, 149; Londen, 1978). Valentijns historische betekenis wordt behandeld in een bespreking van bovenstaand werk door J. van Goor, 'Boekbesprekingen', *Bijdragen tot de Taal-, Land- en Volkenkunde* 137 (1981), 365-6.

27 De Haan, 'Rumphius en Valentijn', 21.

28 Een goed voorbeeld is De Haan, die overal in de vier delen van *Priangan* Valentijn citeert en naar hem verwijst, ondanks zijn ernstige bezwaren tegen Valentijns betrouwbaarheid. De

Engelse vertaler van Stavorinus' reisboeken citeert Valentijn herhaaldelijk en zegt op één punt: 'Het onschatbare werk van Valentyn waarnaar de lezer zo dikwijls wordt verwezen, is zelfs in Nederland schaars; het bestaat uit vijf grote foliodelen, die tegen de 1000 koperplaten [sic] bevatten. De vertaler bezit een exemplaar dat hij met veel moeite en kosten wist te bemachtigen; en als zijn grenzen het toelieten zou hij er overvloediger uit aanhalen, omdat het een schat is die in een kist is opgesloten, waarvan slechts weinigen de sleutel hebben, omdat er nog nooit een vertaling van is gemaakt.' Stavorinus, *Voyages to the East Indies*, ii. 354. In de 19de eeuw noemde een Amerikaanse etnoloog Valentijn de expert ten aanzien van Ternate en Boeroe (!). Zie Bickmore, *Travels in the East Indian Archipelago*, 240, 270 e.v.

29 J.W. de Vries, 'Het Nederlands in Indonesië: i. Historische achtergronden', *Neerlandica Extra Muros* 41 (najaar 1983), 50-2.

30 In *Uit* schrijft hij dat hij op Ambon aankwam op 1 mei 1686 (p. 69) en dat hij op 3 augustus van hetzelfde jaar een preek in het Maleis hield (p. 71).

31 De Graaf, *De geschiedenis van Ambon en de Zuid-Molukken*, 179-82.

32 *Don't Tread on Me: The Selected Letters of S.J. Perelman*, red. Prudence Crowther (New York, 1987), 92-4. Men ontmoet Perelmans ongebruikelijke enthousiasme ook, zonder de details van de brieven, in zulk gepubliceerd werk als *The Swiss Family Perelman* (1950; herdruk New York, 1987), 94-5. Hoewel afgelegen, was Banda in Valentijns dagen een rijke buitenpost. Nadat Coen in 1621 de plaatselijke bevolking had uitgeroeid, was het recht op het kweken van nootmuskaatbomen strikt gecontroleerd. De bomen mochten alleen groeien op door de Compagnie aangewezen plantages, bekend als 'perken', en de opzichters, 'perkeniers' genaamd, moesten de nootmuskaat en foelie tegen vaste prijzen aan de Compagnie verkopen. Zelfs zo viel er op te verdienen; de zaken gingen goed tot ongeveer 1760. Met name toen in 1778 een orkaan de meeste bomen vernietigde, raakte de nootmuskaathandel in een langdurige achteruitgang waaruit deze pas in de laatste twee decennia van de 19de eeuw weer opklom.

33 J.L. Swellengrebel, *In Leydeckers Voetspoor. Anderhalve Eeuw Bijbelvertaling en Taalkunde in de Indonesische Talen* (2 delen, Verhandelingen van het Koninklijk Instituut voor Taal-, Land- en Volkenkunde 68 en 82; Den Haag, 1974), i. 8. Zie ook, De Haan, *Nadagen*, 115-26.

34 Stapel, *Geschiedenis*, iii. 13-5, 289-90.

35 Geciteerd door Vlekke, *Nusantara*, 132.

36 Swellengrebel, *In Leydeckers*, i. 11-3.

37 Ibid. 13-20; De Vries, 'Het Nederlands in Indonesië', 51.

38 Swellengrebel, *In Leydeckers*, i. 15; 'Valentijn', *Encyclopaedie*, 503.

39 'Valentijn', *Encyclopaedie*, 503.

40 Mijn opmerkingen over De Jager zijn vooral gebaseerd op twee artikelen uit de 19de eeuw. P.A. Leupe, 'Herbert de Jager', *Bijdragen tot de Taal-, Land- en Volkenkunde* 4 (1862), 17-22; en P.A. Leupe, 'Herbert de Jager', *Bijdragen tot de Taal-, Land- en Volkenkunde* 3 (1869), 67-97. Andere belangrijke informatie in *Priangan*, i. 220-4. Zie ook het artikel over 'De Jager' in *Encyclopaedie van Nederlandsch-Indië*, ii. 177-8.

41 Leupe, 'De Jager' (1862), 20.

42 Zie Stavorinus, *Voyages to the East Indies*, i. 515.

43 Leupe, 'De Jager' (1869), 69-70.

44 'De Jager', *Encyclopaedie*, ii. 177.

45 Leupe, 'De Jager' (1869), 85.

46 'De Jager', *Encyclopaedie*, ii. 178.

47 Leupe, 'De Jager' (1869), 85.

48 Zie voor deze brieven Rouffaer en Muller, 'Eerste proeve van een Rumphius-Bibliographie', 189-90; Rumphius' verwijzing naar De Jager als een 'geleerden Botanicus' staat in Georgius Everhardus Rumphius, *Het Amboinsche kruidboek*, v. 442; zie ook ibid. i. 50, ii. 48, 254; v. 23, 25, 64, 116, 183.

49 Een 'fiscaal' was de zesde in rang onder de gouverneur van een provincie. Hij was een magi-

straat die waakte tegen overtredingen tegen de inkomsten (*fiscus* in het Latijn). Stavorinus (1797, p. 287) schrijft dat het de taak van een fiscaal was 'zorg te draagen, dat de Compagnie niet benadeeld worde: deze heeft mede in den Raad van Politie eene concludeerende stem'. Misschien kan men de fiscaal zien als een soort openbaar aanklager.

50 *Lanquas* of *langkuwas* is *Alpinia galanga*, een kruid met een lange stengel en trossen bloemen. De witte variëteit wordt gebruikt in de keuken. Wortels en zaden van de rode planten werden gebruikt voor medische doeleinden. Elders zegt Valentijn dat *lanquas* 'groene gember' is (ii. 158).

51 *Lolan-hout* is waarschijnlijk de struik *Caesalpina sappan L.*, elders bekend als *sappan* of *sepang* (sapang). De bladeren werden als medicijn gebruikt.

52 *Arak*, *arack* of *arrack*, afgeleid van het Arabische *arak*, wat duidt op het 'zweet' van de dadelpalm, verwees over het algemeen naar elke gedestilleerde sterke drank. In Indië was het vaak een destillaat gemaakt van suikers, maar het werd ook gemaakt van rijst, en van het sap van de betelpalm. Stavorinus (1797, p. 296) merkt op dat veel drinken op Ambon normaal was: 'voor den middag (...) meer sterken drank, 't zij Arak of jenever, dan op Batavia, of om de West van Indiën; tien à twaalf glaasjens te drinken, is hier niet ongemeen'.

53 Brom, *Java*, 11.

54 W. Sewel, *A New Dictionary of English and Dutch* (Amsterdam, 1691), 283.

55 Het eiland Sint-Jago, het grootste van de Kaapverdische Eilanden, is in het Portugees bekend als São Thiago. Het klimaat was er zeer ongezond, er waren hoge vulkanen in het binnenland, maar ook, wat in die tijd zo belangrijk was, veel beken met fris water die het hele jaar stroomden.

56 Twee andere voorbeelden zijn het grappige verhaal hoe een 'chirurgijn' de diefstal door de 'kwartiermeester' van verscheidene flessen van zijn 'geconfijte nagelen' wreekt (*Uit*, 80-2); en het verhaal hoe gouverneur-generaal Maetsuycker zijn vrouw in verlegenheid bracht omdat ze een van zijn hemden met maar één mouw had laten maken. Het verhaal is ongetwijfeld bedoeld om Maetsuycker in een slecht daglicht te plaatsen, wat lukt, maar het is ook een mooi verhaal (iv. 1. 303-4).

57 Zie de brieven die Leupe laat afdrukken ('De Jager' (1869), 76-9). De woorden die aan het Frans of Latijn ontleend zijn, zijn te talrijk om op te noemen, maar een van de brieven bevat uitdrukkingen als 'gerackte ik ook bij occasie', 'mijn defentie jegens', 'gunstigh approbatie (...) heeft gelieven te benificeren', 'collatie van deze chargie (...) approbatie gelieven te confirmeren', 'in de conduite van de hoofdbesoignes naer de prudence ende de circumspectie', 'en nederigheyt te ambriëren indien dezelve nogh niet gesuppleert is', 'het favorabel expreseren', 'de patrocinie (...) te distitueren', en 'respectueuse memorie'. Laat ik als contrast enkele van Valentijns Nederlandse uitdrukkingen of woorden noemen: 'het grimmelt van allerlei menschen' (ii. 130); 'dat er nog al iets van den ouden suurdeegsem in zit' (ii. 143; 'doch ik geloove niet, dat zij hunne vingeren daar blauw aan telden' (*Uit*, 100); of 'bloedvriend' voor verwanten (ii. 179). Zie ook Huet (*Uit*, 30-1).

58 Parks, *Richard Hakluyt and the English Voyages*, 229.

59 Hoewel hij sterk anti-Nederlands was, aarzelde Purchas niet verslagen van Nederlandse zeelieden als Olivier van Noort, Spilbergen of Schouten te drukken. Dit was waarschijnlijk te danken aan het feit dat Hakluyt hen had opgenomen. Zie Purchas, 'A Note Touching the Dutch' (p. 1 IX-1) in het eerste deel van Samuel Purchas, *Hakluytus Posthumus or Purchas His Pilgrimes. Containing a History of the World in Sea Voyages and Lande Travells by Englishmen and Others* (20 delen; Glasgow, 1905-1907).

60 Parks, *Richard Hakluyt*, 224.

61 Rawlinson in *Narratives from Purchas His Pilgrimes*, red. H.G. Rawlinson (Cambridge, 1931), p. xiii.

62 Bush, *English Literature in the Earlier Seventeenth Century*, 179.

63 Enkele voorbeelden: ii. 143-4, 176-80; iv. 1. 363-4; *Uit*, 80-2, 105-20.

64 Parks, *Richard Hakluyt*, 224-5.
65 Du Perron, *De Muze van Jan Companjie*, 93.
66 Johan van der Woude, *Maria Dermoût. De vrouw en de schrijfster* (Den Haag, 1973), 71, 100-1, 111-2.
67 Maria Dermoût, *Verzameld werk* (Amsterdam, 1974), 448. Er zijn bijvoorbeeld een aantal details uit Valentijn in haar mooiste fictie, *De tienduizend dingen*. De 'professor' in die roman reist met een complete set van Valentijn en Rumphius (*Verzameld werk*, 258). Dermoûts verhalen die geheel op informatie van Valentijn berusten, zijn 'Koning Baaboe en de veertig jongelingen', 'De boom des levens' en 'De goede slang' (*Verzameld werk*, 89-107, 447-58). De editie van Valentijn die Dermoût noemt, is onvolledig vanaf de 19de eeuw. *Oud en Nieuw Oost-Indië* is nooit in zijn geheel herdrukt, en er zijn slechts twee bekorte versies. De editie van Dermoût is de driedelige *François Valentijns Oud en Nieuw Oost-Indië*, red. S. Keyzer (Den Haag, 1856-1858); deze is in 1862 in Amsterdam herdrukt en was enige tijd een soort reisgids voor koloniale ambtenaren omdat de tekst beperkt was tot beschrijvingen van koloniaal Indonesië. De enige andere 'editie' van Valentijn is het uittreksel van zijn reizen dat door Stellwagen is bezorgd (zie noot 13).

7 F.W. JUNGHUHN (1809-1864): VERHEFFING VAN DE TROPISCHE NATUUR

In dit hoofdstuk hebben verwijzingen die alleen uit deel- en paginanummers bestaan, betrekking op *Java* van Junghuhn.
Reis heeft betrekking op *Terugreis van Java naar Europa* van Junghuhn.
Batta-verwijzingen: zie noot 41.
Walden: zie noot 82.

1 *Gedenkboek Franz Junghuhn 1809-1909* (Den Haag, 1910), 66, 74-6, 80-1, 86, 88, 90, 97, 119, enz.
2 Ibid. 60-1, 245, 269.
3 Aldous Huxleys opmerkingen uit het essay 'Wordsworth in the Tropics', in *Collected Essays* (New York, 1958), 1-2.
4 De Haan, *Priangan*, ii. 727-32; Brom, *Java in onze kunst*, 1, 5, 6, 28-9, 35-6, 141; zie voor de term 'ergatisch' mijn essay 'Let it Be: The Ergatic in Netherlandic Art and Literature', in Theo D'haen (red.), *Verbal/Visual Crossings 1880-1990* (Amsterdam, 1990), 281-334.
5 Bas Veth, *Het leven in Nederlandsch-Indië*, red. Rob Nieuwenhuys (Den Haag, 1977), 35, 20, 107.
6 *Gedenkboek*, 61, 245, 269.
7 Ibid. 81, 245.
8 Ibid. 245, 60, 269.
9 Thomas J. Lyon, *This Incomparable Lande: A Book of American Nature Writing* (Boston, 1989), 3, 5, 4, 7.
10 L.J. Jordanova (red.), *Languages of Nature. Critical Essays on Science and Literature* (New Brunswick, noot J, 1986), 20 en passim. Zie ook Alan G. Gross, *The Rhetoric of Science* (Cambridge, Mass., 1991).
11 Citaat uit contemporaine vertaling: *Cosmos: A Sketch of a Physical Description of the Universe*, vert. C. Otté (2 delen; New York, 1850), i. p. ix.
12 F. Junghuhn, *Topographische und Naturwissenschaftliche Reisen durch Java* (Magdeburg, 1845), 6.
13 Biografisch materiaal uit: *Gedenkboek Franz Junghuhn 1809-1909; Java's onuitputtelijke natuur:*

Reisverhalen, tekeningen en fotografieën van Franz Wilhelm Junghuhn, red. R. Nieuwenhuys en F. Jaquet (Alphen aan den Rijn, 1980); *Franz Junghuhn. Biographische Beiträge zur 100. Wiederkehr seines Geburtstages*, red. Max C.P. Schmidt (Leipzig, 1909); C.W. Wormser, *Frans Junghuhn* (Deventer, z.j.); Paul van 't Veer, *Geen blad voor de mond. Vijf radicalen uit de negentiende eeuw* (Amsterdam, 1958).

14 Men vindt een bittere aanwijzing in Junghuhns laatste boek: *Licht- en schaduwbeelden uit de Binnenlanden van Java*, 7de druk (Amsterdam, z.j. [1883]), 142-3.

15 Schmidt, *Junghuhn*, 168; maar zie *Java's onuitputtelijke natuur*, 18. Zie verder C. Steinmetz, 'Culturele Gegevens uit Familiepapieren', *Cultureel Indië* 4 (1942), 60-72, 173-82.

16 Schmidt, *Junghuhn*, 168.

17 Ibid. 171.

18 Ibid. 302.

19 Het voorwoord tot de tweede editie van *Java* ('Voorrede der Tweede Uitgave' in deel i) staat vol beschuldigingen, speciaal tegen Blume, destijds de leidende botanicus in Leiden. Koorders maakt het in *Gedenkboek* (238, 240, 251 e.v.) duidelijk dat Junghuhns botanische bijdragen opzettelijk verkeerd behandeld werden om de carrière van zijn collega's te bevorderen. Junghuhn had geen aangename persoonlijkheid maar zijn werk was waardevol, zodat academisch plagiaat niet lang op zich kon laten wachten. Zie ook *Java's onuitputtelijke natuur*, 128-32.

20 De opmerking van Humboldt over *Kosmos* in een brief aan Varnhagen in 1834; zie L. Kellner, *Alexander von Humboldt* (Londen, 1963), 200-2. De standaardeditie van zijn volledige werken is: *Gesammelte Werke von Alexander von Humboldt* (12 delen; Stuttgart, 1889).

21 Uit het voorwoord van de 2de en 3de editie; Alexander von Humboldt, *Views of Nature: or Contemplations on the Sublime Phenomena of Creation* (Londen, 1850), p. xi.

22 Ibid. p. ix.

23 *Cosmos*, i. p. ix.

24 Ibid. p. vii.

25 Ibid. 24.

26 Ibid. 76, 24.

27 Charles Darwin, *The Voyage of the Beagle* (1859; herdruk in Garden City, N.Y., 1962), 500.

28 Darwins brief wordt geciteerd door Alan Moorehead, *Darwin and the Beagle* (Harmondsworth, 1971), 43. Dit werk is ook van belang vanwege de vele illustraties.

29 Zie speciaal Brief 23 aan Julie in de standaardeditie: J.-J. Rousseau, *La Nouvelle Héloïse*, red. Daniel Mornet (4 delen; Parijs, 1925), ii. 75-88.

30 Michel Tournier, *Le Vent Paraclet* (1977; herdruk Parijs, 1979), 192.

31 Natuurlijk was het lange gedicht *Die Alpen* van Albrecht von Haller (1708-1777) nog vroeger: het werd geschreven in 1729 en gepubliceerd in 1732 in een bloemlezing met de titel *Versuch Schweizerischer Gedichte*. Het is heel waarschijnlijk dat Junghuhn het had gelezen. Hallers feitelijke invloed was echter niet groot. Als Rousseau de vader van de romantische literatuur is, dan is Kant de filosofische theoreticus ervan. Schiller schreef een lang gedicht getiteld *Rousseau* waarin de Zwitserse schrijver wordt geëerd als een halfgod, terwijl Kant zijn morele en esthetische inspiratie was. Daarom begint de positieve waardering voor bergen nog altijd bij Rousseau, is het intellectueel vastgelegd door Kant, uitgebreid door Schiller en Goethe en tot een bekend onderwerp gemaakt door de Romantiek.

32 Humboldt nam Junghuhns werk op in *Kosmos*, deel iv, sectie 2 over 'eigentlicher Vulkane' ('echte vulkanen'), subsectie d. Humboldt noemde Junghuhn een 'kenntnisvollen, kühnen und unermüdet tätigen Naturforscher [geleerd, moedig en onvermoeibaar werkzaam natuuronderzoeker]'. Het origineel is te vinden in de geciteerde editie: *Gesammelte Werke*, ii. 233-40, 189-90.

33 De 'dwarsdoorsneden' van Humboldt worden beschreven in Kellner, *Alexander von Humboldt*, 91, en zijn het gemakkelijkst te halen uit Douglas Botting, *Humboldt and the Cosmos* (New York, 1973), 61, 208, met een afbeelding van de diverse planten op de berg Chimborazo. Bot-

tings boek is vooral waardevol vanwege de overvloedige illustraties. In 1909, bijna een halve eeuw na Junghuhns dood, schrijft Koorders duidelijk dat de botanische afdeling, in het eerste deel van *Java*, onovertroffen was; zie *Gedenkboek*, 238.

34 *Cosmos*, i. 42 en p. x.

35 De boom met zijn koorts verdrijvende bast was door Linnaeus naar een bepaalde Spaanse gravin De Chinchón genoemd (hij spelde haar naam verkeerd), de vrouw van de Spaanse onderkoning van Peru aan het begin van de 17de eeuw. Ze werd van malaria genezen door een indiaan die haar een extract van de bast te drinken gaf. Vandaar dat kinine bekend werd als 'gravinnepoeder'. De naam veranderde in 'jezuïetenpoeder' toen de jezuïeten in de bast gingen handelen, die zij verkregen van katholieke missionarissen in Zuid-Amerika. Tot 1850 werd de bast van de bomen gestroopt nadat deze waren geveld. Niemand lette op de waarschuwing van de jezuïeten de bomen te vervangen en daardoor ging het aantal cinchonabomen ernstig achteruit. Dat moedigde de Engelsen en Nederlanders aan te proberen ze in hun koloniën te laten groeien. Alleen de Nederlanders hadden succes, speciaal met de soort *Cinchona ledgeriana*. In de jaren 1930 produceerden de Nederlandse plantages op Java bijna 5 miljoen kilo cinchonabast per jaar, en ze hadden daarmee praktisch het monopolie. Zoals Fortune schreef: 'Het Nederlandse cinchona-monopolie , het grootste gewasmonopolie ter wereld (...) is niet alleen een monopolie maar een zeer sterk en zeer winstgevend monopolie.' Zie het artikel 'Cinchona-Quinine to You' in *Fortune* 9: 2 (feb. 1934), 76-86. In dat artikel worden de Nederlanders geprezen om hun zorgvuldige methoden en bekritiseerd om hun zakengebruiken. Junghuhn wordt niet genoemd. Het onderzoek van Humboldt werd uitgevoerd op de oorspronkelijke, en zeer beroemde, plaats waar de bomen van nature groeien: de Quina-wouden in de bergen om de stad Loxa in Peru. Hij geeft klimatologische en geografische details die Junghuhn er misschien toe hebben gebracht zijn keuze te laten vallen op het berggebied boven Bandoeng. Zie *Humboldts Views of Nature*, 280-1, 390-2, 422-3.

36 Zie *Licht- en schaduwbeelden*, 91-5; ook Jordanova in *Languages of Nature*, 27 e.v.

37 Humboldt, *Cosmos*, p. xx en i. 83.

38 Geciteerd in Herbert Gleason, *Thoreau Country* (San Francisco, 1975), p. xii. Zie ook het hoofdstuk 'Sounds' in *Walden*; Henry David Thoreau, *A Week on the Concord and Merrimack Rivers; Walden; The Maine Woods; Cape Cod*, red. Robert F. Sayre (Library of America, 28; New York, 1985), 411.

39 Walter Otto, *The Homeric Gods*, vert. Moses Hadad (Boston, 1964), 78-9.

40 Thoreau, *A Week*, 82-3.

41 F. Junghuhn, *Die Battaländer auf Sumatra* (2 delen; Berlijn, 1847), 47. Geciteerd als *Batta*. De oorspronkelijke zin luidde: 'Denn die hohe Urwalding verbarg ausserdem alle Aussicht.'

42 Geciteerd door Tony Tanner, *Scenes of Nature, Signs of Men* (Cambridge, 1987), 5.

43 Het laatste van de *Leatherstocking Tales*, *The Prairie*, werd gepubliceerd in 1827. Dr. Obed Battius, MD 'fellow of several cis-atlantic learned societies' (p. 952), is een van Coopers zeldzame komische creaties. Zijn dwang tot classificeren wordt niet ontmoedigd door omstandigheden, door wat voor de hand ligt en zelfs niet door vrees. 's Nachts, doodsbang door de verschijning van een of ander beest, beschrijft hij dit toch en noemt het een nieuw geslacht, 'Vespertillio, Horribilis, Americanus'. Het blijkt zijn ezel te zijn (p. 957-9). Obed Battius is ook een vroeg voorbeeld van het Amerikaanse wantrouwen zo niet de haat tegen de intellectueel. James Fenimore Cooper, *The Leatherstocking Tales*, i (Library of America, 26; New York, 1985), paginering hierboven gegeven.

44 Een voorbeeld van zijn beroepstrots is het volgende. Op zijn weg van Banjoe Wangi naar Bonsowoso op Oost-Java raakte zijn wagen vast in het zand en kon hij niet verder. Het was ongelooflijk heet en er was vrijwel geen schaduw. Junghuhn stuurde diverse mensen op hulp uit, maar er gebeurde niets. Nadat hij een aantal uren had gewacht, liep hij de weg af en zag een wagen op hem afkomen. Hij werd getrokken door zes paarden en was omringd door een groot gevolg. Junghuhn probeerde hem te stoppen maar de wagen ging door zonder enige aandacht aan hem te geven. De passagier was een inspecteur van kaneelplantages; hij raakte

vast op dezelfde plaats als Junghuhn, nam twee van Junghuhns paarden en ging ervandoor. Junghuhn is natuurlijk woedend, maar de nadruk is anders dan verwacht. Hij vertelt de lezer eerst waarin de taak van de kaneelinspecteur bestond: 'al wandelende inspecteert hij een tuintje, dat in de nabijheid van Pradjakan ligt en waarin een vijfhonderdtal kaneelstruiken zijn geplant; heeft hij dit werk verrigt, waartoe een half uurtje wordt vereischt, dan zet hij zich gedurende een paar uren aan tafel, vervolgens slaapt hij drie uren en rijdt eindelijk weder naar huis.' Junghuhn zei dat hij dit alleen maar uitvoerig behandelde om een '*zekere soort* van mensen in de Oost-Indië' voor te stellen die reizigers op zo'n afschuwelijke manier behandelt. En niet maar gewone reizigers maar iemand 'wiens streven, met opoffering van al zijn tijd, van al zijne middelen, eeniglijk was: het doen van *wetenschappelijke nasporingen*' (cursiv. in origineel: *Java*, iii. 1059-60).

45 De vier delen van *Java* gaan vergezeld van een aantal lithografieën die met de hand gekleurd waren en gebaseerd waren op Junghuhns eigen tekeningen: *Atlas van Platen. Bevattende Elf Pittoreske Gezigten. Behoorende tot het werk Java, Zijne Gedaante, zijn Plantentooi en Inwendige Bouw.* Alle elf prenten bevatten een menselijke figuur en als het een Europeaan is, draagt hij een geweer.

46 De brief is gereproduceerd in *Java's onuitputtelijke natuur*, 129. De veranderde houding tegenover de natuur en dieren is beschreven door Keith Thomas, *Man and the Natural World: A History of the Modern Sensibility* (New York, 1983). Thomas beweert dat het doden van dieren als sport of wetenschap in de 19de eeuw uit de gunst begon te raken, maar de positieve voorbeelden die hij geeft slaan op Engeland, en op een quaker en twee dichters.

47 *Java's onuitputtelijke natuur*, 14; achtenveertig van Junghuhns foto's zijn te vinden in *Gedenkboek*, afgedrukt na p. 309.

48 Zie voor een geschiedenis van de fotografie *The Art of photography*, red. Mike Weaver (New Haven, 1989).

49 Jordanova's inleiding tot *Language of Nature*, 23.

50 Ibid. 20.

51 Het is interessant op te merken dat Junghuhns uitdrukking bijna een halve eeuw vooruitloopt op Couperus' veelzeggende titel (*De stille kracht*, gepubliceerd in 1900). Las Couperus Junghuhn?

52 *Java*, iii. 854. Ik blijf terughoudend in de toepassing van psychologische interpretaties op een auteur. Als men freudiaanse begrippen en terminologie letterlijk en mechanisch zou toepassen, zou men een hoogst onredelijke Javaanse natuur kunnen ontwerpen, een natuur die bij Junghuhn nooit is opgekomen.

53 Dit is uit Junghuhns beschrijving van zijn vlucht naar Noord-Afrika, in Schmidt, *Junghuhn*, 176. De woordspeling in 'Nachtraum' is 'Nacht' en 'Raum', wat 'nachtrijk' betekent, een zeer toepasselijke betekenis in verband met herfst en paddestoelen.

54 Ook heel vervelend is Junghuhns incorrecte gebruik van 'uit hoofde van', wat normaliter op een hiërarchische functie duidt, vergelijk de Franse uitdrukking *du chef de.* Junghuhn gebruikt haar heel vaak, meestal als één woord geschreven zonder de prepositie 'van', als een incorrect synoniem van 'omdat'. Een voorbeeld uit vele is te vinden in *Java*, i. 206.

55 Cooper, *Leatherstocking Tales*, i. 889, 892.

56 In het origineel luidt die laatste uitspraak: 'La régularité est le goût de la médiocrité, l'ordre est le goût du génie.' Victor Hugo, *Oeuvres Politiques* (Bibliothèque de la Pléiade, 3 delen; Parijs, 1968), i. 280-2.

57 In het origineel '(...) levendig groen gebladerte, – een berg! van loof, zoo digt, zoo schaduwrijk ...' (*Java*, i. 244). Het uitroepteken achter 'berg' duidt op de hoogte.

58 Lyon, *This Incomparable Lande*, 61.

59 Leatherstocking klaagt dat zij 'scourge the very 'arth with their axes. Such hills and hunting grounds as I have seen stripped of the gifts of the Lord; without remorse or shame!' Cooper, *The Leatherstocking Tales*, i. 962; zie ook 898, 903, 971. Thoreaus afkeer van de bijl wordt vooral

uitgesproken in *The Maine Woods*; zie Thoreau, *A Week*, 684-5, 805.

60 In het origineel zijn de aansporingen aan hemzelf gericht, in het Duits, in 1834 en 1835 onder de titel *Mihi sacra principia*. De geciteerde zinnen luiden in het Duits: 'Verehre die Natur'; 'Suche keine Befriedigung bei Andern'. Schmidt, *Junghuhn*, 66, 68. Het citaat over een vrij bestaan is uit *Reis*, 34.

61 Cooper, *Leatherstocking Tales*, i. 902-3.

62 Toen Goethe in 1786 naar Italië vluchtte, waren de Italianen net zo vreemd voor hem als de Javanen waren voor Junghuhn of Mexicanen voor een Yankee uit New England. Maar in tegenstelling tot vele anderen – en hieruit blijkt opnieuw Goethes grootheid – leerde hij hen kennen zoals ze waren en weigerde hij ze weg te verklaren vanuit een Duits gezichtspunt. Goethes opmerkingen zijn toegankelijk in Audens voortreffelijke vertaling van Goethes reisverslag. J.W Goethe, *Italian journey*, vert. W.H. Auden en Elizabeth Mayer (1962; herdruk San Francisco, 1982), 71, 110, 157, 191, 199, 225, 316-7, 319.

63 Niels Mulder, *Mysticism & Everyday Life in Contemporary Java. Cultural Persistence and Change* (Singapore, 1978), 82-9.

64 Ibid. 83.

65 In het origineel wordt Nederland op negatieve wijze gecontrasteerd met een romantisch landschap en met de zee vergeleken: 'Bald waren die Gebirge und die *romantischen*, steilen Ufer des Stroms verschwunden, und das flache Land, *naturarm und eintönig*, breitete sich aus, *ein Vorbild des Meeres*, in dessen Boden es allmählich überläuft' (curs. toegevoegd). Junghuhn, *Topographische und Naturwissenschaftliche Reisen durch Java*, 2. Evenals Thoreau had Junghuhn een hekel aan de veranderlijkheid van de zee; zie *Reis*, 25,32.

66 Thoreau in *Walden*, hoofdstuk 'Solitude'; Thoreau, *A Week*, 425.

67 Ibid. 427-31.

68 De stilistische nuance wordt duidelijker als de gehele zin wordt geciteerd (ik voeg cursivering toe): 'het sterk bevolkte, *doch* stille, lieflijke Bandong' (*Java* iii. 551).

69 Mulder, *Mysticism & Everyday Life*, 84.

70 Ibid. 83-4.

71 Ik doel op de bloemlezing onder redactie van Rob Nieuwenhuys en Frits Jaquet: Franz Wilhelm Junghuhn, *De onuitputtelijke natuur. Een keuze uit zijn geschriften* ('Stoa'-serie; Amsterdam, 1966).

72 Junghuhns werk is een voorbeeld van mijn bewering dat de koloniale literatuur niet kan worden afgedaan als niet meer dan een catalogus van exotica. Dit kan nog wel het geval zijn, speciaal als het de tropische natuur betreft. Een recent voorbeeld is Victor R. Savage, *Western Impressions of Nature and Landscape in Southeast Asia* (Singapore, 1984). Dit is niet veel meer dan een *catalogue raisonné* van reisbeschrijvingen in het Engels. Junghuhn wordt niet genoemd.

73 Dit was de manier waarop Kolakowski het denken van Ockham samenvatte: Leszek Kolakowski, *Positivist Philosophy from Hume to the Vienna Circle*, vert. Norbert Guterman (1966; herdruk Harmondsworth, 1972), 23.

74 De 'Realometer' is te vinden in het hoofdstuk 'What I Lived For' in *Walden*. Thoreau, *A Week*, 400.

75 Tanner, *Scenes of Nature*, 30.

76 Ibid.

77 Ibid. 27.

78 Ibid. 39.

79 Alfred Kazin, *A Writer's America: Landscape in Literature* (New York, 1988), 14.

80 Ibid. 27.

81 Ibid. 147.

82 Bij *Walden* geef ik de hoofdstuktitel om het citaat beter vindbaar te maken. Anders verwijzen de paginanummers naar het hiervoor genoemde 'Library of America, 28' (= Thoreau, *A Week*).

In dit geval: Thoreau, 427 (hoofdstuk 'Solitude').

83 Thoreaus essays zijn niet opgenomen in de editie 'Library of America', daarom verwijs ik naar een aparte tekst: Henry David Thoreau, *The Natural History Essays* (Salt Lake City, 1980), 93.

84 Deze maken deel uit van Junghuhns 'Mihi sacra principia' (zie noot 60 hierboven). De laatste aansporing luidt in het origineel: 'Suche keine Befriedigung bei Andern, kein Glück ausser Dir, kein Ergötzen ausser der Natur... Dein Glaube sei allein die *Natur* in ihren Körpern, in ihren stillen, sich ewig gleichen Kräften.' Schmidt, *Junghuhn*, 66, 68.

85 Thoreau, *Natural History Essays*, 130.

86 Robert D. Richardson jr., *Henry David Thoreau: A Life of the Mind* (Berkeley, 1986), 208-9.

87 Thoreau, *Natural History Essays*, 106.

88 Ibid. 112.

89 Ibid.

90 Ibid. 127.

91 Richardson, *Henry David Thoreau*, 226.

92 Dit is uit de inleiding van Robert Sattelmeyer op de geciteerde editie van Thoreaus essays. Thoreau, *Natural History Essays*, p. xxiii.

93 Thoreau, 490 (hoofdstuk 'Higher Laws' in *Walden*).

94 Thoreau, *Natural History Essays*, 119.

95 Dit en de volgende twee citaten zijn uit het hoofdstuk 'Ktaadn' in *The Maine Woods*. Thoreau, *A Week*, 639-40.

96 Ibid. 645.

97 Ibid. 640.

98 Ibid. 641.

99 Thoreau, *Natural History Essays*, 174.

100 Ibid. 141.

101 Thoreau, 471, 481 (het hoofdstuk 'The Ponds' in *Walden*). John Muir, *The Mountains of California* (San Francisco Sierra Club Books, 1989), 80, 78.

102 Thoreau, 473, 642.

103 Muir, *Mountains of California*, 83-5.

104 Thoreau, 472-3.

105 Ik denk aan teksten als 'Abendlied' en 'Ein Wiegenlied, bei Mondlicht zu singen' van Matthias Claudius, of Goethes 'An den Mond'. Opvallende nachtelijke scènes in Junghuhns werk zijn: *Java*, i. 248-52, 465-8, 536, 547; iii. 1118-21; *Licht*, 290-4; *Reis*, 12-3, 24-5, 44-5; en *Batta*, 136-7.

106 Thoreau, 471 (het hoofdstuk 'The Ponds' in *Walden*). Er is nog een interessante parallel tussen Junghuhn en de Thoreau van *Walden*. Overal in de tekst bekent Thoreau zijn liefde voor hindoeïstische filosofie. Hij schrijft dat hij de oude schrijvers 's morgens leest en hen 's middags persoonlijk bij de bron ontmoet. 'Het zuivere water van Walden is vermengd met het heilige water van de Ganges' (p. 559). Junghuhn verachtte het georganiseerde christendom, sprak van het 'kale, drooge Mahommedanisme' (*Java*, i. 652), maar vond het hindoeïsme 'dichterlijk', het sprak 'de waarheid' en was nauw verbonden met de natuur (*Java*, i. 652). Ondanks zijn uitgesproken bewondering voor Goethe en Schiller, liet Junghuhn een beeld van een hindoegod en een tekst in het Sanskriet op de titelpagina van *Java* afdrukken.

107 Het fictieve meer in *Beelden van licht en donker* heet Telega-Nagnetap. Het is een samengesteld beeld maar verwijst in de eerste plaats naar het meer Patengan omdat Junghuhn op één plaats (p. 216) precies dezelfde hoogte (4900 voet boven zee) vermeldt als hij deed voor het meer Patengan in het tweede deel van *Java* (ii. 65). *Beelden* is Junghuhns minst authentieke tekst, ondanks enkele mooie passages, omdat het een stuk opzettelijke retoriek is, geschreven om zijn publiek ervan te overtuigen dat zijn soort positivistisch pantheïsme beter was dan het christendom. Het werk klinkt echter hol omdat men, nadat men Junghuhns ware waarden heeft vastgesteld, moeilijk het Java kan accepteren dat hij in *Beelden* beschrijft, een Java dat een zoet paradijs is, bevolkt met vriendelijke en tegemoetkomende inheemsen!

108 Muir, *Mountains of California*, 78; zie ook 185, 274.

109 Ibid. 274.

110 Lyon, *This Incomparable Lande*, 62-6.

111 Muir, *Mountains of California*, 91; zie ook 266.

112 Ibid. 62.

113 *Java*, iii. 744. De tegenstelling tussen laagland en berggebied wordt door Junghuhn uitgespeld in zijn verslag van zijn terugreis naar Europa. 'Wanneer ik de physiognomie van een vlak, of slechts met heuvelen van geringe hoogte bedekt land: onbevredigend, eindeloos, nergens zich hechtend, wegsmeltend, gemoed verstompend mag noemen, dan zijn: verheven, boeijend, opwekkend, de hoop verlevendigend en tevens toch ook verlangenstillend, geruststellend, – de woorden welke althans eenigermate den indruk schilderen, die elke grootsche gebergtenatur althans op mijn gemoed te weeg brengt' (*Reis*, 26). In zijn afwijzing is Junghuhn net zo categorisch als Kant, die het met hem eens zou zijn geweest.

114 Muir, *Mountains of California*, 100.

115 Ibid. 101.

116 Ibid. 100.

117 Ibid. 13, 193, 133, 115.

118 Ibid. 188-95.

119 Ibid. 50-4.

120 Ibid. 46, 163.

121 Ibid. 190.

122 Thoreau, 567 (het hoofdstuk 'Spring' in *Walden*).

123 Junghuhns passage herinnert aan een soortgelijke bij Goethe hoewel deze, typerend voor zijn landgenoot, de solidariteit van de mens in plaats van die van de natuurlijke kosmos oproept. In de *Italiaanse reis*, onder het kopje 'Venetië, 7 okt. 1786', krijgt Goethe te horen dat de vrouwen van de vissers graag op het Lido-strand zitten en hun mannen die in de baai zijn toezingen. De mannen antwoorden navenant. Goethe merkt op: 'het motief achter zulk zingen is zo menselijk en echt dat alleen daardoor de noten van de melodie, waarover geleerden zich tevergeefs het hoofd hebben gebroken, tot leven komen. Het is de kreet van een eenzaam menselijk wezen dat de wijde wereld is in gestuurd totdat hij de oren van een ander eenzaam menselijk wezen bereikt die tot een antwoord bewogen wordt.' *Italian Journey*, vert. W.H. Auden, 78.

124 Robert Augros en George Stanciu, *The New Biology: Discovering the Wisdom in Nature* (Boston, 1987), 231.

125 Ibid. 129.

126 Er zijn vele edities van 'The Bear'. Ik gebruik een editie waarin een aantal van Faulkners jachtverhalen bijeen zijn gebracht. William Faulkner, *Big Woods* (New York, 1959), 13.

127 Jeffrey A. McNeely en Paul Spencer Wachtel, *Soul of the Tiger: Searching for Nature's Answers in Exotic Southeast Asia* (New York, 1988), 218-9. Hetzelfde feit werd al waargenomen op de eerste reis naar Oost-Indië; zie *Eerste Schipvaart*, red. Rouffaer (zie boven, hoofdstuk 4 noot 1), i. 134.

128 McNeely en Wachtel, *Soul of the Tiger*, 217.

129 Faulkner, *Big Woods*, 13.

8 DEKKER/MULTATULI (1820-1887): DE DIALOGISCHE WAARHEID UIT DE TROPEN

Verwijzingen naar *Brieven*: zie noot 6.
DI: zie noot 106.
PDP: zie noot 106.
Roorda: zie noot 6.
SG: zie noot 106.
VW: zie noot 2.

1 Zie Atte Jongstra, *De multatulianen. 125 jaar Multatuli-verering en Multatuli-hulde* (Amsterdam, 1985), 17-26. Ook Hidde R.J. van der Veen, 'Uit het kasboek van D'Ablaing', *Over Multatuli* 16 (1986), 54-70.

2 De uiteenzetting over de status van de Javanen in hoofdstuk 5 van *Max Havelaar* is in een tekst uit de VOC-tijd ondenkbaar. 'De Javaan is Nederlands onderdaan. De Koning van Nederland is *zijn* koning. De afstammelingen zyner vorige vorsten en heren zyn *Nederlandse* beambten. Ze worden aangesteld, verplaatst, bevorderd, ontslagen door de Gouverneur-generaal die in naam van den *Koning* regeert. De misdadiger wordt veroordeeld en gevonnist naar een wet die van *'s-Gravenhage* is uitgegaan. De belasting die de Javaan opbrengt, vloeit in de schatkist van *Nederland*'. Multatuli, *Volledig werk*, red. Garmt Stuiveling, H. van den Berg e.a., (23 delen; Amsterdam, 1973-1993, hierna: *VW*, i. 58). Cursivering van Multatuli. Dit is een rijkshiërarchie die vanuit het buitenland wordt bestuurd. Dekker werkte binnen dit rijk, dit *politieke* systeem; de VOC was in wezen een handelssysteem.

3 Hij noemt Daendels een man die 'grote wilskracht' aan 'verregaande minachting voor byzondere belangen paarde. De blyken die van z'n ruwheid worden verteld, lopen in 't ongelooflyke. Toch zyn er in zekere gevallen mensen van die soort nodig' (*VW*, i. 317). Dit is volledig in overeenstemming met Dekkers positie zoals hieronder verklaard, maar was voor liberalen niet gemakkelijk te verteren.

4 Een uitstekende bespreking van de economie is te vinden in J.S. Furnivall, *Netherlands India: A Study of Plural Economy* (1944; herdruk Amsterdam, 1976), 80-147.

5 Het beste werk over deze oorlog is Paul van 't Veer, *De Atjeh-oorlog* (Amsterdam, 1969).

6 Biografische informatie is primair gebaseerd op Dekkers eigen onthullingen in zijn verzamelde werken, diverse uitgaven van zijn correspondentie, en op de biografie van Paul van 't Veer die echter alleen gaat over Dekkers leven tot de publicatie van de *Max Havelaar*. De editie van Dekkers verzamelde werken (*VW*) is in 1995 voltooid. Naast de correspondentie die in deze editie is afgedrukt, heb ik gebruikt: Mevr. Douwes Dekker (red.), *Brieven van Multatuli. Bijdragen tot de kennis van zijn leven* (10 delen; Amsterdam, 1891-1896), hierna geciteerd als *Brieven*; en Mevr. Douwes Dekker (red.), *Briefwisseling tusschen Multatuli en S.E.W. Roorda van Eysinga* (Amsterdam, 1907), hierna geciteerd als *Roorda*. Een uitstekende maar partijdige biografie is: Paul van 't Veer, *Het leven van Multatuli* (Amsterdam, 1979).

7 *VW*, x. 285, 307, 435-6. De meeste verwijzingen naar aspecten van Dekker kunnen gemakkelijk worden uitgebreid. De mijne zijn slechts een selectie.

8 *VW*, viii. 534.

9 Ibid. viii. 534; ix. 106.

10 P. Spigt, *Keurig in de Kontramine. Over Multatuli* (Amsterdam, 1975), 193. W.F. Hermans, *De raadselachtige Multatuli* (Amsterdam, 1976), 182.

11 *VW*, viii. 534; x. 643, 538-9.

12 Zie de uiteenlopende verhalen in E. du Perron, *Verzameld werk* (7 delen; Amsterdam, 1955-1959), iv. 661-78.

13 *VW*, viii. 534.

14 *VW*, ix. 149.

15 Furnivall, *Netherlands India*, 193.
16 *VW*, viii. 192; zie ook 190-2 en 194-6.
17 *VW*, viii. 122-3, 621, 616; ix. 148-9.
18 Ibid. viii. 289-95; Du Perron, *Verzameld werk*, iv. 84-91.
19 *VW*, ix. 155; viii. 621; ix. 155.
20 De epigrammen zijn te vinden in *Max Havelaar*, hoofdstuk 12; het spel *De eerloze* staat in *VW*, iii. 447-531, onder de titel 'De bruid daarboven'; en 'Losse bladen uit het dagboek van een oud man' staat in *VW*, viii. 364-81.
21 Zie *VW*, viii. 297; Du Perron, *Verzameld werk*, iv. 80-99.
22 Het kostte hem drie pagina's om zijn verantwoordelijkheden aan zijn broer uiteen te zetten – *VW*, ix. 109-12.
23 Ibid. ix. 108, 96, 229.
24 Du Perron, *Verzameld werk*, iv. 194; *VW*, ix. 243-4.
25 Green, *Dreams of Adventure, Deeds of Empire*, 29, 349.
26 Zie bijvoorbeeld de laatste pagina's van *Max Havelaar*, of de tekst 'Brief aan den Gouverneur-Generaal in ruste', *VW*, i. 391-419.
27 Darwin, *The Voyage of the Beagle*, 494. Er is heel weinig tropische natuurbeschrijving in Dekkers geschriften. Er zijn bijna verplichte verwijzingen naar de 'natuur' als een intellectueel of filosofisch begrip, maar dit is niets in vergelijking met bijvoorbeeld de oprechte bewondering van Junghuhn, Alberts, Couperus of, om Engelse schrijvers te noemen, Isak Dinesen, Kipling of A.R. Wallace. Misschien is dit merkwaardige feit over Dekker ook een onderdeel van de extreme betrokkenheid op zichzelf van de romanticus – of moet het worden toegeschreven aan zijn onverzadigbare nieuwsgierigheid ten aanzien van mens en maatschappij.
28 *VW*, viii. 104-5; i. 340.
29 C.G. Jung, *Symbols of Transformation* (2 delen, 1952; herdruk New York, 1962), i. 135.
30 Een ondubbelzinnige passage komt voor in een brief uit 1861; *VW*, x. 434-5. Zie ook Hella S. Haasse, 'De schijngestalten van Fancy', in *Multatuli* (Hasselt, 1970), 157-87. In deze tijd vertegenwoordigden blanke vrouwen in Brits-Indië de maatschappij, concubines waren afwijkend. Zie Ronald Hyam, *Empire and Sexuality: The British Experience* (Manchester en New York, 1990), 209-10. Hyams boek is de eerste wetenschappelijke studie naar dit onderwerp. De Engelsen waren veel hypocrieter dan de Nederlanders.
31 Green, *Dreams of Adventure*, 29.
32 *VW*, vi. 415-6.
33 J.C. van Leur, 'Java, vreemd en vertrouwd. Fragmenten uit brieven van J.C. van Leur', *De Nieuwe Stem* 12: 5 (mei 1957), 278.
34 G.J. Resink, 'De afronding van de Indische belletrie', *De Nieuwe Stem* 14: 1 (jan. 1959), 56.
35 *VW*, ix. 229, 304.
36 Wilfrid Blunt (1840-1922) lijkt in verschillende opzichten op Dekker, ook al was hij rijk en Dekker niet. Hij leefde als een byroniaanse held – en men kan zeggen dat Dekker dezelfde stijl heeft nagebootst – en had een buitengewone zucht naar macht, werd een luidruchtig criticus van het Britse kolonialisme in India en genoot van zijn rol als martelaar. Blunt werd berucht om zijn rokkenjagerij ondanks een respectabel huwelijk, was een egoïst, ijdel, opvliegend en naïef. Zijn enige kind, een dochter, haatte hem. De overeenkomsten zijn opmerkelijk en men moet zich wel afvragen of Blunt ooit de Engelse vertaling van *Max Havelaar* heeft gelezen die in 1868 in Edinburgh verscheen. Zie Elizabeth Longford, *A Pilgrimage of Passion: The Life of Wilfrid Scawen Blunt* (Londen, 1980).
37 *VW*, ix. 148; *Brieven*, x. 216. Zie ook *VW*, ix. 172.
38 *VW*, viii. 532-3.
39 *Brieven*, ix. 223. Dekker gebruikte het archaïsche Duitse woord 'verpönen' voor 'verboden'. Het duidt op slechte smaak en hij heeft het misschien gebruikt om te benadrukken hoe gezien zijn familie was.

40 *VW*, viii. 511.

41 Geciteerd door Stuiveling in *VW*, x. 378. Zie een brief van haar over hetzelfde onderwerp: Garmt Stuiveling, 'Uit het Multatuli-Museum', *Over Multatuli* 4 (1979), 56-7.

42 *Roorda*, 302. Dit is uit een brief uit 1876. Enkele zinnen verderop schrijft hij dat deze ideeën 'in mijn gemoed meer dan dertig jaren oud zyn'. Dat betekent dat ze voor 1846 kunnen worden gedateerd, tijdens zijn verblijf in Natal op Sumatra, en samenvallen met zijn botsing met generaal Michiels.

43 *VW*, xx. 165.

44 *Brieven*, x. 15.

45 *Roorda*, 83.

46 *VW*, viii. 370.

47 *Brieven*, x. 241. In het origineel zijn de eerste drie woorden alle in hoofdletters.

48 Ibid. 331, 304.

49 B.B. Oshis, *Multatuli* (Moskou, 1971), 4-11. Er staan enkele merkwaardige misverstanden in dit boekje. Van de *Ideën* wordt gezegd dat ze 'een eenvoudige vorm' hebben om meer mensen te bereiken (p. 8), wat nauwelijks het geval was. Alle voorspelbare platitudes lijken amusant als we bedenken dat Dekker aristocratie bewonderde, opmerkte: ''t Plebs wordt altyd beul van z'n weldoeners', en fel was in zijn afwijzing van het socialisme. Bezitsdeling zou bijvoorbeeld altijd onmogelijk zijn, meende hij, want: 'Een lotery met louter pryzen kan niet bestaan.' Alleen zijn afkeer van zakenlieden en Amerika past in het model. De vertaling van de Russische tekst leverde mijn collega Laszlo Tikos. De twee citaten hierboven zijn uit *Brieven*, x. 325, 329. Lenins vermelding van Multatuli is te vinden in zijn *Verzamelde werken* (47 delen; Moskou, 1968), xxxix. 445, 447, 460.

50 *Karl Marx on Colonialism and Modernization*, red. Shlomo Avineri (New York, 1968), 12-13, 22-3.

51 *Brieven*, x. 324.

52 Ibid. 292-3.

53 *Roorda*, 345.

54 *VW*, viii. 527-8.

55 *VW*, ii. 84.

56 *Brieven*, x. 277.

57 *Roorda*, 303.

58 Geciteerd door Henry Rule, *Hobson-Jobson*, 611.

59 Zie *VW*, ix. 268, 273-4, 276-9, 289, 301-5.

60 Ibid. 411-677.

61 Nieuwenhuys' essay heet 'De zaak van Lebak', en is te vinden in zijn collectie essays: R. Nieuwenhuys, *Tussen twee vaderlanden* (Amsterdam, 1967), 154-206. Dit werd twee jaar later weerlegd door P. Spigt in een artikel getiteld 'Lothario zal toch hangen', herdruk in Spigt, *Keurig in de Kontramine*, 9-27. Verdere polemische artikelen op p. 27, aan het eind van Spigts artikel. Verder nuttig commentaar werd geleverd door Van Leur en Rouffaer, twee uitnemende Indonesische geleerden die hun loopbaan begonnen als Multatuli-enthousiasten, maar tot de erkenning van zijn tekortkomingen kwamen. Van Leur, die te vroeg stierf op 33-jarige leeftijd, wordt besproken in Jan Romein, 'De ontdekking van Van Leur', *De Nieuwe Stem* 11: 7-8 (juli-aug. 1956), 413-37; en een selectie van zijn brieven over Java in 'Java, vreemd en vertrouwd', 276-93. Zie voor zijn materiaal over Multatuli speciaal p. 285-7.

Rouffaer was al even opmerkelijk, hoewel een geleerde met andere interesses. Er is een lang herdenkingsartikel, compleet met uitgebreide bibliografie, door N.J. Krom, 'Herdenking van Druk G.P. Rouffaer', *Bijdragen tot de Taal-, Land- en Volkenkunde van Nederlandsch-Indië* 84 (1928), 163-299. Zie voor Rouffaers jeugdige verering van Multatuli p. 168, 187, 190. Rouffaer begon met een kritische studie van Multatuli die hij helaas nooit heeft afgemaakt (p. 190-7). Rouffaer had bijvoorbeeld opgemerkt hoe 'eenzijdig' Dekkers 'revolutionaire partijdigheid' was

(p. 192), een standpunt dat ik hier ook inneem, hoewel ik het benader vanuit het gezichtspunt van de onvermijdelijke zelfgerichtheid van de Romantiek.
Zie voor Du Perrons geschriften over Multatuli het genoemde vierde deel van zijn *Verzameld werk*; zie voor een handige selectie kritieken van 1860 tot 1962 J.J. Oversteegen (red.), *Multatuli en de kritiek. Een bloemlezing uit de literatuur over Multatuli* (Amsterdam, 1970).

62 Clifford Geertz, *The Religion of Java* (1960; herdruk Chicago, 1976), 227.

63 Ibid. 229-30, 231-2. Zie ook Max Weber, *On Charisma and Institution Building. Selected Papers*, red. S.N. Eisenstadt (Chicago, 1968), speciaal 48-9, 56-61.

64 Van Leur, 'Java, vreemd en vertrouwd', 286. Zie ook Rob Nieuwenhuys, *De mythe van Lebak* (Amsterdam, 1987), 33-50.

65 Geertz, *The Religion of Java*, 232. Zie ook Nieuwenhuys in *De mythe van Lebak*, 29, en *Tussen twee vaderlanden*, 160 e.v.

66 Geertz, *The Religion of Java*, 234, 247.

67 *VW*, i. 70-1.

68 Mulder, *Mysticism & Everyday Life*, 43 e.v.

69 Ibid. 73, 45, 73, 81.

70 Geertz, *The Religion of Java*, 241.

71 Van Leur, 'Java, vreemd en vertrouwd', 286.

72 Sartono Kartodirdjo, *The Peasants' Revolt of Banten in 1888, its Conditions, Course and Sequel: A Case Study of Social Movements in Indonesia* (Den Haag, 1966), 91. Banten is hetzelfde gebied als Bantam, waartoe Lebak behoort. Op p. 45 noot 68 verklaart Kartodirdjo de 'knevelarijen' in overeenstemming met de schets van de prijaji-klasse die hierboven is gegeven. Voor de posities van de regenten in Dekkers tijd, zie Furnivall, *Netherlands India*, 192-4. Voor hun positie na 1900 zie p. 258-600. Zie ook J.S. Furnivall, *Colonial Policy and Practice: A Comparative Study of Burma and Netherlands India* (Cambridge, 1948), 240-1.

73 Mochtar Lubis, *Het land onder de regenboog. De geschiedenis van Indonesië* (Alphen aan den Rijn, 1979), 126.

74 Zie Kees Snoek, 'Max Havelaar in Indonesië: een forum van opinies', *Over Multatuli* 21 (1988), 1-17; Subiagio Sastrowardoyo, '*Max Havelaar* in de Indonesische samenleving', in Kees Groeneboer (red.), *Studi Belanda di Indonesia/Nederlandse Studiën in Indonesië* (Jakarta, 1989), 19-33.

75 *VW*, ix. 477-9.

76 C. Fasseur, 'Het Indië van Multatuli', *Over Multatuli* 3 (1979), 13-4; hij merkt op dat 'de coöperatie van de invloedrijke Javaanse regentenfamilies, tegen wie de gewone Javanen opkeken, essentieel was voor een ordelijke handhaving van het Nederlandse gezag'(p. 9).

77 Minstens één andere criticus heeft enige irritatie over het karakter Havelaar geuit. Zie R.P. Meijer, 'Was Havelaar a Bully?', *Dutch Crossing* 10 (maart 1980), 2-6.

78 Ik ben me goed bewust van het argument dat het Frits' *Schwärmerei* is die Havelaar maakt tot wat hij is. Maar Frits rangschikt alleen maar het materiaal dat hij kreeg, d.w.z. hij 'schept' Havelaar niet maar presenteert hem eenvoudigweg. Een goede Engelstalige studie over Multatuli als schrijver is Peter King, *Multatuli* (New York, 1972).

79 *VW*, x. 101.

80 *Brieven*, x. 235, 289.

81 Geciteerd uit *Over vryen arbeid* in *VW*, ii. 1. 84. Hier moet kort vermeld worden dat *Over vryen arbeid* (1862) en het begeleidende *Nog eens: vrye arbeid in Nederlands-Indië* (1870; in *VW*, v. 387 e.v.) het maar al te duidelijk maken dat Dekker niet tegen kolonialisme was. Het systeem van gedwongen verbouw van producten die op de Europese markt winstgevend waren ('cultuurstelsel') is naar zijn mening beter dan de privé-onderneming die onder één hoedje speelt met de Javaanse aristocratie en de gewone man nog meer zou onderdrukken. In de tweede tekst maakt hij nog duidelijker dat de koloniale regering de enige manier is om de *abangan* te beschermen. Hij noemt de koloniën nu een bijkantoor van de voornaamste staat (d.w.z. Nederland), en zegt dat hij nooit tegen wet en orde is geweest, maar tegen de aanranding van wet en orde. Zie ook *VW*, x. 705 e.v.

82 *Roorda*, 301, 276, 301; zie ook *VW*, xviii. 332-3.
83 *VW*, ii. 89.
84 In een brief uit 1859 aan zijn vrouw noemt hij zijn pseudoniem voor het eerst en zegt ondubbelzinnig dat hij het heeft gekozen vanwege de klank en het exotische idee, waardoor het de aandacht zal trekken. Zie *VW*, x. 60-1. In *Brieven*, x. 192, citeert hij de regels uit Horatius met de woorden 'Multa Tulit' op een manier alsof hij wil aangeven dat hij duidelijk Horatius' *Ars Poetica* (i. 412) in gedachten had en niet Ovidius.
85 *VW*, x. 689-90.
86 *VW*, x. 101, 62.
87 Geciteerd door Edmund Wilson, *Patriotic Gore: Studies in the Literature of the American Civil War* (New York: Oxford University Press, 1962), 3.
88 Zie Willem Walraven, *Brieven aan familie en vrienden 1919-1941*, red. E. Schamhardt en R. Nieuwenhuys (Amsterdam, 1966), 28. Dekkers opmerking in *VW*, viii. 488.
89 Het stuk *De eerloze* in *VW*, iii. 447-531 onder de titel *De bruid daarboven*; voor de gedichten, *VW*, viii. 50-4, 58-87, 285-6, 437-9; en *VW*, ix. 119, 130-1, 140-51, 152, 153-4, 185, 186-8, 189, 190-5, 197-9. 'Losse bladen uit het dagboek van een oud man' in *VW*, viii. 364-81; de opvallende brief aan Kruseman in *VW*, ix. 114-200. Het ontwerp van de brief aan de gouverneur-generaal in *VW*, ix. 604-17.
90 *VW*, ix. 546.
91 *VW*, ix. 300; x. 103.
92 *VW*, i. 148.
93 *Brieven*, x. 70.
94 A.J., *Multatuli* (Bussum, 1891), 88. Tweede, herz. druk: A.J. [L. van Deyssel], *Multatuli. Multatuli en Mr. J. van Lennep; Multatuli en de vrouwen* (Rotterdam, 1912), 90. De volgende verwijzingen zijn alle naar de uitgave van 1912.
95 *VW*, i. 138.
96 A.J., *Multatuli*, 89.
97 *VW*, i. 138.
98 A.J., *Multatuli*, 89.
99 M.M. Bakhtin, *The Dialogic Imagination*, vert. Caryl Emerson en Michael Holquist (Austin, 1981), 124-5.
100 A.J., *Multatuli*, 90-1.
101 Ibid. 38.
102 Geciteerd in Tzvetan Todorov, *Mikhail Bakhtin: The Dialogical Principle*, vert. Wlad Godzich (Minneapolis, 1984), 23.
103 Ibid.
104 J.C. Brandt Corstius, 'De bouw van de Max Havelaar', in P.H. Dubois, G. Stuiveling e.a. (red.), *100 jaar Max Havelaar; essays over Multatuli* (Rotterdam, 1962), 72-84. A.L. Sötemann, *De Structuur van Max Havelaar. Bijdrage tot het onderzoek naar de interpretatie en evaluatie van de roman* (2 delen; Utrecht, 1966).
105 Todorov, *Bakhtin*, p. ix.
106 Deze discussie is voornamelijk gebaseerd op de volgende teksten van Bakhtin: *The Dialogic Imagination*, hierna in de tekst afgekort als *DI*; *Problems of Dostoevsky's Poetics*, vert. en red. Caryl Emerson (Minneapolis, 1984), hierna in de tekst afgekort als *PDP*; en *Speech Genre and Other Late Essays*, vert. Vern W. McGee (Austin, 1986), hierna in de tekst afgekort als *SG*. Verwijzingen naar *Max Havelaar* worden in de tekst gegeven als *VW*, nummer van deel en pagina, wat verwijst naar het hiervoor genoemde *Volledig werk*.
107 Todorov, *Bakhtin*, 94.
108 Dit is duidelijk in heel zijn werk. Voor één polemiek tegen star formalisme kan men wijzen op *Duizend-en-enige hoofdstukken over specialiteiten*, gepubliceerd in 1871 (*VW*, v. 483-651).
109 David Lodge, *After Bakhtin: Essays on Fiction and Criticism* (Londen en New York, 1990), 33 en 85.

110 Ibid. 23.
111 Ibid. 111.
112 Geciteerd door Ronald Hyam, *Empire and Sexuality*, 208.
113 *Roorda*, 210.
114 Rousseaus invloedrijke tekst werd gepubliceerd in 1754 en men zou aannemen dat een beroemd pleidooi voor het morele en ethische onrecht van ongelijkheid bekend zou zijn bij de auteur van een roman die hetzelfde kwaad in de tropen aantoont. Er zijn veel overeenkomsten tussen Rousseaus tekst en Dekkers werk. Een klein voorbeeld is de openingszin van het voorwoord: 'La plus utile et la moins avancée de toutes les connaissances humaines me parait être celle de l'homme.' Hierin komt hetzelfde tot uitdrukking als in Multatuli's *idee* 1065. Rousseau laat zijn essay voorafgaan door een aantekening over zijn aantekeningen, waarmee hij aangeeft hoe nieuw zij in die tijd waren. Hij vertelt zijn lezer dat 'ces notes s'écartent quelquefois assez du sujet pour n'être pas bonnes à lire avec le texte' ('deze aantekeningen dwalen soms zo ver van het betreffende onderwerp af dat ze niet goed meer bij de tekst kunnen worden gelezen'). Hetzelfde kan worden opgemerkt over Dekkers aantekeningen.
115 De kortste uiteenzetting van dit feit is Jaap Hoogteijling, 'Klad, net, druk. Van basismateriaal tot "Max Havelaar"', *Literatuur* 3: 5 (sept.-okt. 1986), 281-8.
116 Todorov, *Bakhtin*, 60.
117 Om enkele duidelijke voorbeelden van parallellen te noemen: Heines mengsel van parodie, polemiek, satire en de implicatie van een diep gewonde psyche. De combinatie van politieke satire of politieke polemiek met affectieve fictie. Het gebruik van autobiografisch materiaal. Het bijzondere gebruik van de term Ideen, inzichten die door associatie en bepaalde overgangen achter elkaar zijn gezet, geen logische opeenvolging van formele gedachten. In feite is deze methode van ontwikkeling door implicatie een satire op de formele filosofie. Zie bijvoorbeeld hoofdstuk 13 en 14 van *Ideen. Das Buch Le Grand.* Meer specifiek is er het toeval van de fictieve 'Evelina' aan wie Heine zijn eigenaardige boekje opdroeg; Dekkers vrouw heette Everdine, de geduldige 'Tine' van zijn werk. Verder is er het eigenaardige en mysterieuze motto van een fictief toneelstuk: door Heine geïdentificeerd met niet meer dan een *Altes Stück*, door Dekker als een 'onuitgegeven toneelspel'. De directe aanspraak van 'Fancy' in *Minnebrieven* lijkt op Heines directe dialoog met 'Madame' in *Das Buch Le Grand.* Zie ook noot 128 hierna. Maar de meest sprekende overeenkomst is de opvallende polyfone en parodistische aard van Heines proza, die een toon en intonatie bezitten die men ook in Dekkers werk wel moet herkennen.
118 Geciteerd door Jeffrey L. Sammons, *Heinrich Heine, the Elusive Poet* (New Haven, 1969), 119. Sammons' bespreking van *Ideen. Das Buch Le Grand* in hoofdstuk 5 steunt mijn opmerkingen over Dekker en Heine.
119 Het komt mij voor dat Dekker de satirische naam aan Heine en niet aan Dickens ontleent.
120 David Lodge, *After Bakhtin*, 148.
121 Du Perron, *Verzameld werk*, iv. 150.
122 A.J., *Multatuli*, 8.
123 Er is een uitstekend essay over Multatuli's esthetica: J.J. Oversteegen, *De redelijke natuur. Multatuli's literatuuropvatting* (Utrecht, 1987).
Oversteegen benadrukt Dekkers wens te schrijven alsof hij tot iemand spreekt (p. 15, 16, 20) en typeert de onvergelijkelijke *Minnebrieven* als 'een poging om op papier te praten' (p. 21). Oversteegen onderzoekt ook de heterogeniteit van Dekkers proza (p. 35, 38-40, 60, 66), ofwel in zijn eigen woorden ofwel door Dekker te citeren. Oversteegen is een laat-20ste-eeuwse criticus. Van Deyssel was een invloedrijk criticus aan het einde van de 19de eeuw, die Dekkers 'meest ongebonden aller stijlen' prees (2de druk, p. 8). Een andere bewonderaar van Dekkers werk – om drie willekeurige voorbeelden te noemen – was de Vlaamse dichter Richard Minne (1891-1965). Hij noemde Dekker het centrale punt waaruit vele wegen uiteengaan, en schreef dat men nooit genoeg tijd heeft om zijn stijl te ontrafelen. Bovendien was Multatuli voor hem de enige werkelijk bevrijde Vlaming of Nederlander en de enige die zijn onderwerp met een

ongelofelijke vrijheid behandelt. Richard Minne, *Wolfijzers en schietgeweren* (Brussel, 1947), 61. In Nederland bestaat een (zeldzame) consensus aangaande Dekkers literaire verdiensten.

124 Zie Lodge, *After Bakhtin*, 43. Zie ook *VW*, i. 157.

125 Er kan van Dekkers kant sprake zijn van een poging de zelfgenoegzame toon van Havelaar te ondermijnen – inderdaad een dialogische intentie, als er de belachelijke suggestie is dat deze toespraak onvoorbereid werd gehouden! Zie *VW*, i. 104 en 114.

126 De vergelijking is niet zo vergezocht als zij lijkt. Jazzmuziek heeft altijd een nauwe band met taal gehad. Dit blijkt al uit het jazz-slang. In de jaren veertig en vijftig was een 'telling story' een instrumentsolo. De grote tenorsaxofonist Lester Young (1909-1959) was vooral bekend om zijn spreekwijze als hij over jazzmuziek sprak. Hij adviseerde jonge musici eerst een persoonlijke favoriet te volgen, 'but then there's a time when you have to go out for yourself and tell your story'. Young werd door zijn collega's gewaardeerd omdat hij hun volop ruimte gaf voor solo's; de reden hiervoor was 'that he should get a chance to tell his story'. De drummer Jo Jones sprak in soortgelijke termen over Lester Youngs eigen spel. 'Lester would play a lot of musical phrases that were actually words. He would *literally* [sic] talk on his horn. That's his conversation. I can tell what he's *talking* [sic] about in 85% of what he'll play in a night. I could write his thoughts down on paper from what I hear from his horn.' Young vond de lyriek van liederen heel belangrijk voor de interpretatie van een solospeler, en als hij deze niet kende, was iemand 'just playing the changes'. 'A musician should know the lyrics of the songs he plays. That completes it. Then you can go for yourself and you know what you're doing.' Dit is nog steeds waar. Om twee totaal verschillende spelers te noemen, beiden altsaxofonisten: Sonny Criss (1927-1977) en tenorsaxofonist Houston Person (geb. 1935) hebben in het openbaar gezegd dat zij de lyriek van balladen moeten kennen voordat zij hun versie ten gehore kunnen brengen. Deze band tussen jazzmuziek en taal wordt volkomen duidelijk als Nat Hentoff zijn interviews met Lester Young samenvat. 'The result has been a continuing enrichment of a significant part of the whole of the jazz language, for Lester's story has proved more universal than he himself might have imagined. In telling so personal, so introverted a life tale, Lester has communicated enduringly to listeners throughout the world; and he has marked hundreds of younger musicians, men who have taken parts of his speech, adapted it to their own needs, and in the process have made Lester's voice a permanent part of the sound of jazz.' Citaten uit Nat Shapiro en Nat Hentoff (red.), *The Jazz Makers* (New York, 1957), 262, 265, 267, 268, 272-3. Zie ook Gunther Schuller, *The Swing Era: The Development of Jazz 1930-1945* (1989; herdruk New York, 1991), 547-62 (over Young), 46-157 (over Ellington).
Omgekeerd is jazz een inspiratiebron voor ritmes in de poëzie. Twee goede voorbeelden zijn Langston Hughes' *The Weary Blues* (1926) en *Montage of a Dream Deferred* (1942); en Lawrence Ferlinghetti's *A Coney Island of the Mind* (1958). In de Nederlandse literatuur is het beste voorbeeld de poëzie van Paul van Ostaijen. Zie over de laatste E.M. Beekman, 'The Universal Hue: Paul van Ostaijen's lyrisme à thème', *Dutch Crossing* 13 (1981), 42-60.

127 Dit verband is goed mogelijk omdat dit speciale gedicht in 1855 werd gepubliceerd in *Revue des Deux Mondes* en de laatste alinea van deze passage in *Max Havelaar* (i. 122) schijnt te herinneren aan de laatste twee regels van Baudelaires gedicht.

128 Een soortgelijke uitweiding over uitweidingen is te vinden in hoofdstuk 13 van Heines *Ideen. Das Buch Le Grand.*

129 De gelijkenis met Auerbachs *Mimesis* is ook opgemerkt door Todorov, *Bakhtin*, 77.

9 LOUIS COUPERUS (1863-1923): DE MAGIE VAN HET ONUITSPREKELIJKE

Verwijzingen met alleen deel- en paginanummers in dit hoofdstuk betreffen Couperus, *De stille kracht*: zie de noten 3 en 69. Bastet-verwijzingen: zie noot 2. Vogel: zie noot 2.

1 Geciteerd in Frédéric Bastet, *Louis Couperus. Een biografie* (Amsterdam, 1987), 90; zie ook 88-93. (Hierna genoemd: Bastet, *Couperus.*)

2 Behalve op de hier genoemde biografie, is deze informatie ook gebaseerd op Henri van Booven, *Leven en werken van Louis Couperus* (1933; herdruk Den Haag, 1981); H.W. van Tricht, *Louis Couperus: Een verkenning* (Den Haag, 1965); Albert Vogel, *Louis Couperus* (1973; 2de herz. druk, Amsterdam, 1980); F.L. Bastet, *Een zuil in de mist. Van & over Louis Couperus* (Amsterdam, 1980). Er wordt op veel plaatsen naar verwezen en in het vervolg worden ze alleen met auteur en paginanummers aangeduid.

3 Er bestaan twee volledige edities van Couperus' werk. De eerste is Louis Couperus, *Verzameld werk* (12 delen; Amsterdam, 1952-1957). Citaten uit *De stille kracht* zijn uit deze editie, in de tekst geciteerd met deel- en paginanummers. Een andere editie, die een goede wetenschappelijke tekst biedt, wordt (sinds 1987) gepubliceerd door Veen in Utrecht onder auspiciën van het Bureau Basisvoorziening Tekstedities der Koninklijke Nederlandse Akademie van Wetenschappen.

4 P.N. Furbank, *E.M. Forster: A Life* (New York, 1978). Paginering is lastig. Deze editie is in werkelijkheid twee delen in een, maar met afzonderlijke paginering. De verwijzing hier is naar ii. 131.

5 Ibid. ii. 131.

6 C.E. Carrington, *The Life of Rudyard Kipling* (New York, 1955), 286.

7 Henry Adams, *The Education of Henry Adams*, in *Novels* (Library of America, 14; New York, 1983), 727.

8 Zie Mario Praz, *The Romantic Agony*, vert. Angus Davidson (1933; herdruk Cleveland, 1956); Jean Pierrot, *The Decadent Imagination, 1880-1900*, vert. Derek Coltman (Chicago, 1981).

9 Bastet, *Couperus*, 250.

10 Marie Louise de la Ramée (1839-1908) was ooit een populair en gewaardeerd schrijfster (ze publiceerde vijfenveertig romans) in de tweede helft van de 19de eeuw. Haar fictie staat ver van de werkelijkheid af en ze heeft talent voor verhalen en een opstandige geest. Van haar kortere werk is *A Dog of Flanders* (1872) het bekendst. Voor Couperus' voorliefde voor Ouida (hij was een zeer loyaal man) zie de biografie van Bastet, Couperus, 86-7, 335-7.

11 Ibid. 648-9; ook 85-7, 93, 135.

12 Albert Helman, 'De stille kracht in het oeuvre van Couperus', in Top Naeff e.a. (red.), *Over Louis Couperus* (Amsterdam, 1952), 50-1.

13 Richard Gilman, *Decadence: The Strange Life of an Epithet* (New York, 1979), 160, 92.

14 Al deze termen en uitdrukkingen: ibid. 10-12.

15 Geciteerd ibid. 98.

16 Ook Gilman gelooft, verrassenderwijs, in deze dichotomie van het 'vrouwelijke' Oosten en het 'mannelijke' Westen; zie *Decadence*, 48-9.

17 Praz, *Romantic Agony*, 200-2.

18 Katherine Mansfield, *Novels and Novelists* (New York, 1930), 131. Haar twee besprekingen van Couperus' werk staan op p. 127-31 en 213-7.

19 Zie Vogel, 63.

20 Tricht, 69-70; vergelijk iii. 43-4 van Couperus' verzamelde werken.

21 Vogel, 58.

22 Onder degenen die Couperus' buitengewone snelheid van schrijven en zijn ongerepte manuscripten noemen, is Kees Fens. Zie de inleiding tot zijn bloemlezing van Couperus: *Zo ik iets*

ben (Amsterdam, 1974), 5-6.
23 Tricht, 8-9; ook Bastet, *Zuil*, 77-88.
24 Praz, *Romantic Agony*, 332-5, 318-26; Pierrot, *Decadent Imagination*, 132-4.
25 Bastet, *Couperus*, 317-8; 313-4.
26 Zie Tricht, 73-84, 139-40; Vogel, 253.
27 Bastet, *Couperus*, 155, 403-4.
28 Praz, *Romantic Agony*, 383, 182; op p. 411 noot 186 noemt Praz Couperus' roman.
29 Tricht, 86.
30 Vogel, 123.
31 Vogel, 91, 100-1. Vergelijk Pierrot, *Decadent Imagination*, 130-1; hij merkt bijvoorbeeld op dat 'seksuele liefde wordt veroordeeld, omdat deze de mens verlaagt' (p. 130).
32 Vogel, 79-80, 100-1.
33 In een brief uit 1903 in 'Louis Couperus als briefschrijver', *Maatstaf* 11: 3-4 (1963), 195. Dit speciale nummer van *Maatstaf* bevat een keuze uit Couperus' brieven, evenals essays over zijn werk.
34 In een brief uit 1903, ibid. 173.
35 Helman, in *Over Louis Couperus*, 49.
36 In een brief in *Maatstaf*, 195.
37 Pierre H. Dubois, 'Werd Couperus onderbetaald?', *Maatstaf*, 233-48, speciaal 241-2.
38 In een brief uit 1900, afgedrukt in Bastet, *Zuil*, 86.
39 Dubois, 'Werd Couperus onderbetaald?', 240-1.
40 Tricht, 157; *Maatstaf*, 147; en Bastet, *Couperus*, 236 en passim.
41 Zie de brieven van 1907 en 1909 in *Maatstaf*, 206-9.
42 Edmund Gosse bericht over Couperus' 'trouble with the English booksellers. "They say I am improper! What do they mean by improper? We Continentals find you so difficult to understand."' Gosse maakte enkele amusante vergissingen. Hij schreef bijvoorbeeld dat Couperus 'earned his livelihood by teaching', terwijl Couperus daar juist een hekel aan had, en dat *De boeken der kleine zielen*, een realistische roman over de Haagse society, 'was placed in the world of ancient Egypt'. Sir Edmund Gosse, 'Louis Couperus: A tribute and a Memory', in Edmund Gosse, *Silhouettes* (New York, 1925), 259-67. Zie voor Katherine Mansfield noot 18. Het essay van William Plomer over Couperus' *The Hidden Force* is onlangs herdrukt in een Amerikaanse editie: William Plomer, *Electric Delights*, red. Rupert Hart-Davis (Boston, 1978), 58-65. Het stuk schijnt uit 1945 te zijn. Ik heb niet kunnen vinden wat Powys schreef; de bewering is gedaan door Booven, p. 252. Voorbeelden van ongeoorloofde zuivering zijn te vinden in de Engelse vertaling van *Van oude mensen de dingen die voorbijgaan*, ten onrechte in het Engels uitgegeven als *Old People and the Things that Pass* in New York in 1918 en in Londen in 1919. Deze vertaling is in 1963 zonder revisie herdrukt als *Old People and the Things that Pass* (Londen, 1963), in de serie 'Bibliotheca Neerlandica'. Op p. 139-45 zijn verscheidene zinnen weggelaten, waaronder de uitdrukking 'cerebraal onanisme' die Anton Dercksz. volmaakt typeert. Deze uitdrukking is een vrijwel exacte herhaling van wat Huysmans schreef over de kunst van de Franse schilder Moreau; zie Gilman, *Decadence*, 100. Zie voor een nuttige lijst van Couperus-vertalingen Booven, 274-89. Zie ook Bastet, *Couperus*, 805 noot 54; op p. 604 geeft Bastet een voorbeeld waarbij Couperus persoonlijk werd gevraagd zijn eigen werk te censureren! Zie voor een bespreking van Couperus' lot in de Verenigde Staten Gerda van Woudenberg, 'Couperus and his American Readers: Some Notes on the American Translations of his Novels and their Critical Reception', *Dutch Crossing* 36 (dec. 1988), 73-92.
43 Gosse, 'Louis Couperus', 267.
44 Ibid. 266.
45 De precieze oorzaak is niet bekend. Zie Bastet, *Couperus*, 679.
46 Geciteerd door Bastet, *Zuil*, 166-7; zie ook Bastet, *Couperus*, 686-8.
47 De definitie van Ernst Robert Curtius is uit zijn belangrijke studie van 1948, *European Litera-*

ture and the Latin Middle Ages, red. Willard R. Trask (1953; herdruk Princeton, 1973), 67. Zie voor Hocke: Gustav René Hocke, *Manierismus in der Literatur: Sprach-Alchimie und esoterische Kombinationskunst* (Reinbek bij Hamburg, 1959), 12-3.

48 Praz, *Romantic Agony*, 20.

49 Walter de la Mare, *Pleasures and Speculations* (Londen, 1940), 100.

50 P.H. Ritter jr., 'Over de stijl van Louis Couperus', in *Louis Couperus* (Amsterdam, 1952), 69.

51 Ibid. 54-5, 72-3. Zie ook M.C. van den Toorn, 'Enige stijlverschijnselen bij Louis Couperus', *De Nieuwe Taalgids* 51 (1958), 312-22.

52 Vogel, 160.

53 Geciteerd in Bastet, *Couperus*, 319-20.

54 Henri Borel, geciteerd in Bastet, *Couperus*, 616-7; Bastet zegt ook dat deze openbare lezingen bedoeld waren om geld te verdienen (p. 480); de eerste vond in maart 1915 in Den Haag plaats; zie p. 280-2, 486, 493-4, 511, 551, 568, 623.

55 Zie Bastet, *Couperus*, 125.

56 A. Baudisch, *Het probleem van de 'Stille kracht'* (Weltevreden, 1926), 13, 61-70, 112.

57 Javaanse mystiek is een uitgebreid onderwerp. In de hieronder gegeven selectie van teksten vindt men steun voor mijn argument. Zie voor hedendaagse mystiek en religie Niels Mulder, *Mysticism & Everyday Life in Comtemporary Java* en zijn artikel 'Abangan Javanese Religious Thought and Practice', *Bijdragen tot de Taal-, Land- en Volkenkunde* 139 (1983), 260-7; en Clifford Geertz, *The Religion of Java*. Voor een overzicht en de achtergrond van de verbijsterende variatie aan mystieke groepen zie Harun Hadiwijono, *Man in the Present Javanese Mysticism* (Baarn, 1967). Voor voorbeelden van meer populaire ontmoetingen met Javaanse magie en mystiek door buitenlanders zie H.W. Ponder, *Javanese Panorama*, 100-21; en Nina Epton, *Magic and Mystics of Java* (Londen, 1974), 173-87. Voor een studie over Maleis bijgeloof zie Skeat, *Malay Magic. An Introduction to the Folklore and Popular Religion of the Malay Peninsula.* Zie voor een kritische beoordeling van Skeat, Robert L. Winzeler, 'The Study of Malay Magic', *Bijdragen tot de Taal-, Land- en Volkenkunde* 139 (1983), 435-58.

58 Mulder, *Mysticism*, 5; Hadiwijono, *Man in the Present Javanese Mysticism*, 236.

59 Mulder, *Mysticism*, 23-5, 33-4, 17.

60 W.B. Yeats, *Essays and Introductions* (New York, 1961), 41.

61 De daturabloem is *Datura fastuosa*, uit de familie Solanaceae, in Indië beter bekend als *ketjoeboeng*. De plant is bijna een meter lang, heeft stekelige vruchten en grote witte of rode bloemen. Bloemen, zaden en bladeren zouden giftig zijn. De witte bloemen worden als het giftigst beschouwd, en de rode (*ketjoeboeng merah* of *itam*) als minder giftig. Kloppenburg-Versteegh denkt dat zij niet zo schadelijk zijn, maar merkt op dat de rook van gedroogde bloemen of zaden werd gebruikt om mensen in slaap te krijgen. De rook werd door een holle bamboestok in een slaapkamer zonder ventilatie geblazen, en wie zich daarin bevonden raakten diep in slaap. Men zegt dat deze methode vooral bij dieven geliefd was. De gedroogde bloemen werden ook gerookt om astma te bestrijden en de zaden werden inwendig gebruikt tegen wormen. In een koloniaal rapport over inheemse vergiften (*Indische Vergiftrapporten*) wordt opgemerkt dat kleine zwarte kevers die bij het begin van de moesson te voorschijn kwamen, werden gebruikt om mensen te vergiftigen. Ze werden in glazen potten bewaard en gevoerd met ketjoeboengbladeren. De feces van de kevers werden in eten of drinken gedaan en veroorzaakten naar men zegt ernstige ingewandsstoornissen. Zie M. Greshoff (red.), *Indische Vergiftrapporten* (Den Haag, 1914), 52. Zie ook: J. Kloppenburg-Versteegh, *Het gebruik van Indische planten* (1907; herdruk Katwijk aan Zee, 1978), 71. *Elmoe* wordt gewoonlijk gespeld als *ilmoe* in het Maleis en als *ngèlmoe* in het Javaans. Het is de algemene term voor 'kennis' en in combinatie met andere woorden kan het zowel verwijzen naar wat wij wetenschap noemen als naar wat wij de occulte wetenschappen noemen. *Ilmoe panas* betekende bijvoorbeeld ooit zwarte magie, maar betekent nu ook thermodynamica. Het woord is afgeleid van het Arabische *ilm* of wetenschap die was gebaseerd op goddelijke openbaringen. Onder Europese invloed ging men het

woord toepassen op het westerse begrip wetenschap, zo is *ilmu bintang* astronomie, is *ilmu bahasa* linguïstiek, en is *ilmu bumi* geografie. De occulte betekenis die Couperus in gedachten had, is opvallender in het populaire gebruik, waar ilmoe meestal slaat op magie of mystiek. In het moderne Indonesisch betekenen *ilmu alik* en *ilmu gaib* mystiek, en is *ilmu batin* occultisme.

62 H.A. van Hien, *De Javaansche geestenwereld en de betrekking die tusschen de geesten en de zinnelijke wereld bestaat* (4 delen; Semarang/Bandoeng, 1896/1912-1913).

63 Ibid., i. 13 (ed. 1896).

64 Ibid., iv. 34-5 (ed. 1912-1913); soeroe is het Javaanse woord voor sirih.

65 Vergelijk Van Hiens bespreking van goena-goena, ibid., iv. 37-9 (ed. 1912-1913).

66 Bijvoorbeeld Rob Nieuwenhuys, 'De onbegrepen stille kracht', *Haagse Post*, 14 sept. 1974, 46-9.

67 Van Hien, *De Javaanse geestenwereld*, i. 15 (ed. 1896). Couperus zwoer dat hij in 1899 door de gesloten deur van de mandiruimte waar hij een bad zou nemen een witte figuur met een tulband zag verdwijnen. Zie Bastet, *Couperus*, 224.

68 In een brief uit 1900 schreef Couperus: 'De derrière van Léonie heeft in Holland veel bekijks en hoofdschuddens veroorzaakt.' De beroemde scène van de naakte Léonie die in de mandiruimte wordt aangevallen door vreemde, onzichtbare machten, werd bijzonder berucht. In de Engelse vertaling werd de zin waarin het rode speeksel dat van haar billen droop werd beschreven, eruit geknipt. Zie Bastet, *Couperus*, 250; ook 236 e.v.

69 Het woord 'creool' sloeg niet per se op mensen van gemengd bloed die waren geboren in het Caribisch gebied. In Couperus' tijd duidde het eenvoudigweg op mensen die niet in Europa waren geboren hoewel zij Europese ouders hadden. De paginanummers in de tekst verwijzen naar de wetenschappelijke editie van *De stille kracht* waarnaar in noot 3 is verwezen.

70 C.G. Jung, *Four Archetypes* (Princeton, 1970), 38.

71 Walter Kaufmann, 'Hegel's Ideas about Tragedy', in Warren E. Seinkraus (red.), *New Studies in Hegel's Philosophy* (New York 1971), 202.

72 Furbank, *Forster*, i. 96.

73 G.W.F. Hegel, *The Philosophy of History*, vert. J. Sibree (New York, 1956), 272, 273.

74 Ibid, 139-42. Zie ook J.J. Bachofen, *Myth, Religion, and Mother Right*, vert. Ralph Manheim (Princeton, 1973), 216-37. Men vindt een soortgelijke interpretatie van het Oosten als die van Bachofen in de profetische poëzie van Blake, zoals 'The Book of Ahania' of 'The Song of Los'. Een interpretatie van de tegenstelling tussen Azië en Europa, vergelijkbaar met wat ik voorstel, is ook te vinden in Jungs opstel over oosters denken: C.G. Jung, *Psychology and the East* (Princeton, 1978), 40-51, 188.

75 Carl Kerényi, *The Gods of the Greeks* (1951; herdruk Harmondsworth, 1958), 221.

76 Charles Baudelaire, *Oeuvres complètes* (Bibliothèque de la Pléiade, Parijs, 1961), 285.

77 Tenslotte is *luce* de ablativus van *lux*, dat in het Latijn 'licht' betekent, speciaal het licht van de zon, maar ook daglicht, zelfs 'de wereld'. *Luz* betekent ook 'licht' of 'daglicht' in het Spaans en men zei dat Addy 'iets Spaans' over zich had.

78 Een *srimpi* of *serimpi* was een vrouwelijke danseres aan een koninklijk Javaans hof, gewoonlijk aan de hoven te Solo (nu Surakarta) of Djokja (nu Jogya) op midden-Java. Deze dansers moeten niet verward worden met gewone dansmeisjes zoals *ronggèngs*. Serimpi-dansers namen alleen deel aan formele dansen voor de vorst en zijn gasten. Meestal werden zij aangeworven uit het koninklijke huishouden zelf en zij werden een lange tijd zorgvuldig opgeleid voordat zij mochten optreden. Zij dansten op voorgeschreven muziek van een gamelanorkest met een bepaald aantal instrumenten. De serimpis kunnen alleen worden vergeleken met de *bedaya*, die ook reidansen uitvoerden – in groepen van negen – aan een groot koninklijk hof dat zich de aanzienlijke uitgaven van zulke optredens kon veroorloven. Zie Thomas Stamford Faffles, *The History of Java* (2 delen, 1817; herdruk Kuala Lumpur, 1978), i. 340-4; J. Kunst, *Music in Java: Its History, its Theory and its Technique* (2 delen, Den Haag, 1973), i. 279-80; Nusjirwan

Tirtaamidjaja, 'A Bedaja Ketawang Dance Performance at the Court of Surakarta', *Indonesia* 3 (apr. 1967), 31-61; H.J. da Silva, 'Notes on the Royal Classical Javanes Dance-Group of the Sultanate of Jogjakarta', programma voor een optreden in Den Haag, 1971. Het laatste bevat veel waardevolle informatie, maar de tekst is ondanks de Engelse titel in het Nederlands en het Javaans.

79 *PDP*-verwijzingen in de tekst slaan op Bakhtin, *Problems of Dostoevsky's Poetics.*

80 Gary Saul Morson en Caryl Emerson, *Mikhail Bakhtin: Creation of a Prosaics* (Stanford, Calif., 1990), 155.

81 J.Th. Koks, *De Indo* (Amsterdam, 1931), 249-67. Het leven van de 'Indo' is ook beschreven in een roman van Victor Ido, *De Paupers* (1912; herdruk Den Haag, 1978). 'Victor Ido' was het pseudoniem van Hans van de Wall (1869-1948), een Indo-europeaan. Zie ook de hoofdstukken 11 en 17 hierna.

10 ALEXANDER COHEN (1864-1961): LEVEN IN HET KOLONIALE LEGER

Encyclopaedie verwijst naar het artikel 'Leger', zie noot 9.
Voor *KNIL*: zie de noten 6 en 9.

1 Citaten van Alfred de Vigny zijn uit zijn herinneringen aan het Franse soldatenleven, *Servitude et grandeur militaires* (1835), gepubliceerd in diverse edities.

2 Michael Edwards, 'Oh to Meet an Army Man. Kipling and the Soldiers', in John Gross (red.), *Rudyard Kipling: The Man, his Work and his World* (Londen, 1972), 41.

3 J.R. Hale, *Artists and Warfare in the Renaissance* (New Haven, 1990), p. viii-ix. In deze fascinerende studie suggereert Hale dat de toename van het aantal beelden van soldaten in Noord-Europa te danken was aan het feit dat het soldatenleven een baan onder andere banen was geworden en daarom evenveel aandacht vroeg als elk ander beroep; zie p. 109-36. In Italië was de soldaat in de kunst niet bekend vanwege esthetische vooroordelen: gewone beroepen werden niet geschikt geacht voor representatie.

4 Er zijn vele uitgaven van Kiplings autobiografie. Ik citeer uit Rudyard Kipling, *Something of Myself* (Garden City, N.Y., 1937), 62.

5 Zie Edwards, 'Oh to Meet an Army Man', 41. Ook Byron Farwell, *Mr. Kipling's Army* (New York, 1981), 94.

6 De beste Engelstalige geschiedenis over het Franse vreemdelingenlegioen is Douglas Porch, *The French Foreign Legion: A Complete History* (New York, 1991); zie p. 1. Zie voor het Nederlandse koloniale leger H.L. Zwitzer en C.A. Heshusius, *Het Koninklijk Nederlandsch-Indisch Leger 1830-1950* (Den Haag, 1977), 10.

7 Mc Neill, *The Pursuit of Power*, 117-43.

8 Ibid. 135.

9 Wat volgt is gebaseerd op informatie uit de volgende bronnen. De geschiedenis van het Nederlandse koloniale leger, genoemd in noot 6, hierna afgekort als *KNIL.* Verder het artikel 'Leger' in *Encyclopaedie van Nederlandsch-Indië* (ii. 545-62), dit is voornamelijk nuttig vanwege de opsomming van de eindeloze maar ineffectieve hervormingen in de loop van meer dan een eeuw; afgekort als *Encyclopaedie.* Een van de nuttigste bronnen voor de geschiedenis en de taal van de koloniale soldaat in de 19de eeuw is J.J.M. van Dam, 'Jantje Kaas en zijn jongens. Bijdrage tot de kennis van den Ned.- Indische soldatentaal in de 19de eeuw', *Tijdschrift voor Indische Taal-, Land- en Volkenkunde* 82: 1 (1942), 62-209. Van Dam is de bron voor alle militaire termen die ik heb gebruikt, behalve waar anders aangetekend. Het citaat is uit Van Dam, 'Jantje Kaas', 68.

10 *KNIL* 12-3.
11 Farwell, *Kipling's Army*, 80.
12 H.J. de Graaf, *Wonderlijke verhalen uit de Indische historie* (Den Haag, 1981), 123-6.
13 Geciteerd in Farwell, *Kipling's Army*, 85.
14 Van Dam, 'Jantje Kaas', 68, 82, 142.
15 James Jones, *From Here to Eternity* (1951; herdruk New York, 1953), 93.
16 *Encyclopaedie*, ii. 559. Zie ook het artikel van Fred Lanzing, 'Gedane veldtochten, bekomen wonden, uitstekende daden, bijzondere verrichtingen en ontvangen belooningen', *Maatstaf* 5 (1982), 1-7. Het is een verhaal van de grootvader van de schrijver, die in dienst ging toen hij vijftien jaar oud was! Het artikel bevat enkele onjuistheden.
17 Van Dam, 'Jantje Kaas', 88.
18 Farwell, *Kipling's Army*, 242.
19 Gegevens uit Van Dam, 'Jantje Kaas', 85,89.
20 Farwell, *Kipling's Army*, 85.
21 Van 't Veer, *De Atjeh-oorlog*, 160.
22 Van Dam, 'Jantje Kaas', 85.
23 Farwell, *Kipling's Army*, 190.
24 Lin Scholte, *Anak kompenie* (Den Haag, 1965), 5.
25 *KNIL* 10.
26 Van Dam, 'Jantje Kaas', 74, 90.
27 Geciteerd in Farwell, *Kipling's Army*, 93.
28 Van Dam, 'Jantje Kaas', 78.
29 Van 't Veer, *De Atjeh-oorlog*, 118.
30 Farwell, *Kipling's Army*, 183.
31 Van Dam, 'Jantje Kaas', 79.
32 *KNIL* 136.
33 'Tart. emetic' is de samengestelde stof kalium-antimoniumtartraat. Deze leidt tot braken, wat maakt dat een ernstige astmapatiënt nog minder lucht krijgt, wat verstikking tot gevolg kan hebben.
34 Chloralhydraat is een kalmerend middel (in de jaren 1920 wel bekend als 'Mickey Finn').
35 Van Dam, 'Jantje Kaas', 80-1, 137.
36 R. Nieuwenhuys [E. Breton de Nijs], *Tempo Doeloe: Fotografische documenten uit het oude Indië* (Amsterdam, 1973), 82.
37 Lubis, *Het land onder de regenboog*, 129.
38 De Engelsen keken veel meer neer op inheemse volken dan de Nederlanders. Zie Farwell, *Kipling's Army*, 108-10.
39 Bajonetten vormen een goede barometer om de domheid en het conservatisme van een leger aan af te meten, speciaal het Britse leger. Ieder die ooit gedwongen is geweest aan een bajonetoefening deel te nemen, weet dat een bajonet in een tijd van snelvuurwapens geen enkel nut heeft. Het is in feite een belemmering. Zie voor de liefde van de Britse bovenlaag voor deze vervanging van de lans – officieren, speciaal staatsofficieren, hoefden er nooit een te gebruiken – Farwell, *Kipling's Army*, 114. Een intelligent commandant laat het van zijn ervaring afhangen wat de beste handelwijze is. Tijdens de Burgeroorlog waren de cavalerieonderdelen onder leiding van kolonel John S. Mosby een van de succesvolste onderdelen van de Confederatie. Cavalerie werd nog standaard voorzien van sabels, maar Mosby beval zijn mannen ze weg te doen. Hij merkte met gerechtvaardigde trots op: 'Ik denk dat ik de eerste cavaleriecommandant was die de sabel als nutteloos afdankte en als antiek naar het museum verwees. Mijn mannen waren net zomin onder de indruk van een cavalerie-eenheid die met sabels op hen afkwam als wanneer zij met hooivorken bewapend waren geweest.' (*The Memoirs of Colonel John S. Mosby*, red. Charles Wells Russell (Boston, 1917), 284; zie ook p. 30). In plaats daarvan gaf Mosby iedere man twee Colt-pistolen ('six shooters'), een zeer effectieve tactiek. 'Ik denk

dat wij meer bijdroegen aan de reputatie van de Colt dan welke andere eenheid ook' (ibid. 285; zie ook 152).

40 Van Dam, 'Jantje Kaas', 98; *KNIL* 49, 99.

41 Van Dam, 'Jantje Kaas', 71.

42 Ibid. 83.

43 Dit was (is) niet anders in het Amerikaanse leger. William Jay Smith merkte in zijn mooie herinneringen aan het Amerikaanse leger in de jaren twintig en dertig op: 'In de loop der jaren wordt drinken een zaak van trots en een verdienste' (*Army Brat: A Memoir* (New York, 1980), 42).

44 Van Dam, 'Jantje Kaas', 85.

45 *Alexander Cohen. Uiterst links. Journalistiek werk 1887-1896*, red. Ronald Spoor (Amsterdam, 1980), 61.

46 Van Dam, 'Jantje Kaas', 86-7.

47 Hanneke Ming, 'Barracks-concubinage in the Indies, 1887-1920', *Indonesia* 35 (apr. 1983), 84-5.

48 Smith, *Army Brat*, 153.

49 Scholte, *Anak kompenie*, 47.

50 Van Dam, 'Jantje Kaas', 149-50.

51 Van 't Veer, *De Atjeh-oorlog*, 162.

52 Van Dam, 'Jantje Kaas', 148.

53 Farwell, *Kipling's Army*, 99.

54 *The Rambling Soldier: Life in the Lower Ranks, 1750-1900, through Soldiers' Songs and Writings* (Harmondsworth, 1977), 65-6.

55 Smith, *Army Brat*, 66.

56 Zie voor een overzicht van antropologisch onderzoek in Indië voor de Tweede Wereldoorlog Robert von Heine-Geldern, 'Prehistoric Research in the Netherlands Indies', in *Science and Scientists in the Netherlands Indies*, 129-67. Zie ook Gert-Jan Bartstra, 'Some Remarks Upon: Fossil Man from Java, his Age, and his Tools', *Bijdragen tot de Taal-, Land- en Volkenkunde* 139: 4 (1983), 421-34.

57 Zie B.C.P. Jansen, *Het Levenswerk van Christiaan Eykman 1858-1930* (Haarlem, 1959).

58 Het boek vormt een vreemd geheel van kennis en fantasie. De stijl is luidruchtig en meestal gehaast. De meeste handelingen betreffen eindeloze beschrijvingen van gevechten, waarbij de vier deserteurs horden koppensnellende Dajaks doden. Het boek bevat hoogst onwaarschijnlijke gebeurtenissen zoals het gevecht met een boa constrictor (die zich heel weinig als slang gedraagt) en een rit op de rug van een krokodil (p. 70-80), maar ook anekdotes die kloppen. Het boek doet denken aan fictie van Karl May en Gustave Aimard.

59 Deze titels, die uit veel meer zijn gekozen, zijn te vinden in de lijst achter het trefwoord 'Literatuur (Nederl.-Indië in de)' in *Encyclopaedie* ii. 597-602.

60 Jones, *From Here to Eternity*, 204-6.

61 Biografisch materiaal is gebaseerd op het eerste deel van Cohens autobiografie: Alexander Cohen, *In opstand* (Amsterdam, 1976). De in de tekst volgende paginanummers verwijzen naar dit werk. Verder materiaal is ontleend aan *Alexander Cohen. Uiterst links. Journalistiek werk 1887-1896*, red. Ronald Spoor, hierna afgekort als *Uiterst links*, en aan *Alexander Cohen. Uiterst rechts. Journalistiek werk 1906-1920*, red. Max Nord (Amsterdam, 1981), hierna afgekort als *Uiterst rechts.* Zie ook H.P.L. Wiessing, *Bewegend Portret. Levensherinneringen* (Amsterdam, 1960).

62 *Uiterst rechts*, 8.

63 Octavio Paz, *Conjunctions and Disjunctions*, vert. Helen R. Lane (New York, 1982), 37.

64 *Uiterst rechts*, 8.

65 *Uiterst rechts*, 193-5. Cohen had natuurlijk gelijk. Hoewel Margaretha Zelle een Maleise (niet een Javaanse) naam aannam – *mata* betekent 'oog' en *hari* 'dag'; het 'oog van de dag' is de dichterlijke naam voor de zon – en meer dan tien jaar als legervrouw in Indië had gewoond,

waren haar dansen net zo Javaans als Greta Garbo Nederlands was. Een goede benadering van Mata Hari's optreden is te zien in Garbo's 'dans' in de film *Mata Hari* uit 1932. Ze danst opzettelijk voor Sjiva (men kan rustig stellen dat de invloed van het hindoeïsme op Java al in de 8ste eeuw was getaand; wat dat betreft was het hindoeïsme op Java nooit zuiver en altijd gecombineerd met boeddhisme en Javaanse mystiek), met een lange piek op haar hoofd die (althans naar Hollywood-ideeën) aan Thailand doet denken, en sluipt halfnaakt over het toneel waarbij ze suggestieve bewegingen maakt die een ronggèng (straatdanser en prostituee) zou laten blozen. Garbo zegt zelfs – in haar Engels met zijn heerlijke accent – dat ze haar optreden aan de hindoegod offert als een 'bajadere die in de tempels van Java danst'! In Javaanse tempels wordt niet gedanst; de zuiver hindoeïstische tempels (*tjandi*) zouden er trouwens te klein voor zijn. 'Bajadere' is een Portugees woord (van het werkwoord *bailar*, 'dansen') en verwijst naar een dansend hindoe-meisje, ruwweg equivalent met het Javaanse ronggèng. Men dient te bedenken dat de klassieke Javaanse dans zeer verfijnd was (en is), kuise kunst die voornamelijk werd gecultiveerd aan de hoven van Solo en Djokja op midden-Java (zie hiervoor, hoofdstuk 9 noot 78). De meeste verhalen over Mata Hari's optredens suggereren een soort striptease en naaktdans, terwijl seksualiteit absoluut niets met de klassieke Javaanse dans te maken heeft.

De Javaanse dans had in de 19de eeuw niet veel aanhangers onder Europeanen. Blom levert een soort kleine bloemlezing van domme opmerkingen over de Javaanse dans in zijn *Java in onze kunst*, 151-61. De muziek voor Garbo's dans is al even rampzalig. Zij klinkt als een gedrogeerde versie van de *Bolero* van Ravel en heeft absoluut niets gemeen met Javaanse gamelanmuziek.

66 Dat Cohen geen gewone rebel was, wordt ook opgemerkt door H.A. Gomperts in *De geheime tuin* (Amsterdam, 1963), 15-50, speciaal 146.

67 Menno ter Braak, *Verzameld werk* (7 delen; Amsterdam, 1950-1951), vi. 360.

68 Zie voor Van Eysinga: Hans Vervoort (red.), *Sicco Roorda van Eysinga. Zijn eigen vijand* (Amsterdam, 1979).

69 Ik weet niet zeker wat Cohen met deze term 'korporalisme' bedoelde. Misschien een overdreven belangstelling voor de materiële, dat wil zeggen lichamelijke aspecten van het leven?

70 Octave Mirbeau (1848-1917) was romanschrijver, toneelschrijver en polemist. Hij was een fel polemist, die graag opwinding veroorzaakte. Zijn politieke loopbaan was tegengesteld aan die van Cohen: hij begon rechts en eindigde uiterst links. Hij was anarchist en antimilitarist en was tegen georganiseerde godsdienst. A.F.M. Lugné-Poe (1869-1940) was een invloedrijk theaterdirecteur, acteur en auteur, die omstreden werken uit die dagen op het Franse toneel bracht, vaak met groot risico vanwege de censuur.

71 Zie voor Cohens liefde voor Frankrijk en zijn laatste jaren in de buurt van Toulon Max Nord, 'L'Amour d'Alexander Cohen pour la France', *Septentrion. Revue de culture néerlandaise* 10: 2 (sept. 1981), 32-7.

72 Ter Braak, *Verzameld werk*, vi. 363.

73 Cohen gebruikte 'opstand' als het tegenovergestelde van 'revolutie'.

74 *Uiterst links*, 52-68.

75 Ibid. 56.

76 *PDP* in de tekst verwijst naar Bakhtin, *Problems of Dostoevsky's Poetics.*

77 Kipling, *Something of Myself*, 54, 78.

78 *SG* in de tekst verwijst naar Bakhtin, *Speech Genre.*

79 Jones, *From Here to Eternity*, 268.

80 Bakhtin, *Dialogic Imagination*, 237.

81 *Uiterst links*, 56.

82 De twee teksten hebben een verschillend gewicht voor de bal. Die van 1887 heeft '18 kilogrammen' (*Uiterst links*, 56). Dit lijkt uitzonderlijk zwaar, zelfs voor een straf. De gevangene zou er niet mee kunnen werken, terwijl Cohen daarmee, toen hij er eenmaal aan gewend was, geen

moeite had. De informatie in *In opstand* (p. 100 e.v.) lijkt redelijker: 'veertien pond', 7 kilo.

83 Een ander mooi voorbeeld staat op p. 111. In een qua vorm gecompliceerde passage vertelt Cohen hoe hij een aantal smakelijke nesten vond, er een als aandenken bewaarde en het een aantal jaren later aan een Franse politieambtenaar kwijtraakte die het voor een bom hield. Men zegt dat dezelfde man, nadat hij had gehoord dat het een eetbaar vogelnest was, het als lekkernij heeft opgegeten.

II P.A. DAUM (1850-1898): DE NEDERLANDSE KOLONIALE MAATSCHAPPIJ EN HET AMERIKAANSE ZUIDEN

Zie noot 11 voor een genummerde lijst van Daums werken, waarnaar met behulp van deze nummers (met dubbele punt en paginanummers) wordt verwezen, bijvoorbeeld 8: 124.

1 'Zelfs Azië heeft tot de Delta bijgedragen en ervan geprofiteerd. Kleine Chinese winkeltjes zijn er bijna even talrijk als in de zuidelijke zeeën.' William Alexander Percy, *Lanterns on the Levee: Recollections of a Planter's Son* (1941; herdruk Baton Rouge, 1984), 18. Mijn commentaar op het Zuiden en zijn literatuur is gebaseerd op een aantal teksten – onder vele andere – die ik van bijzonder belang acht. Naast de literatuur van afzonderlijke auteurs zijn er niet-fictieve teksten van speciaal belang, zoals genoemd boek van Percy, of *I'll Take My Stand. The South and the Agrarian Tradition by Twelve Southerners* (1930; nieuwe uitg. met inleiding van Louis D. Rubin jr. en biografische opstellen door Virginia Rock, Baton Rouge, 1983); de invloedrijke studie over zuidelijke cultuur: W.J. Cash, *The Mind of the South* (1941; herdruk New York, 1960); Bruce Clayton, W.J. Cash: *A Life* (Baton Rouge, 1991); Allen Tate, *Memoirs and Opinions 1926-1974* (Chicago, 1975); V.S. Naipaul, *A Turn in the South* (New York, 1989); Susan Tucker, *Telling Memories among Southern Women. Domestic Workers and their Employers in the Segregated South* (1988; herdruk New York, 1989); William R. Taylor, *Cavalier and Yankee: The Old South and American National Character* (New York, 1961) en Theodore Rosengarten, *Tombee: Portrait of a Cotton Planter* (New York, 1986).
De volgende werken zijn van speciaal belang voor zuidelijke literatuur: Louis D. Rubin jr. e.a. (red.), *The History of Southern Literature* (Baton Rouge, 1985); Edmund Wilson, *Patriotic Gore: Studies in the Literature of the American Civil War*; Richard H. King, *A Southern Renaissance: The Cultural Awakening of the American South, 1930-1955* (1980; herdruk New York, 1982). Andere bronnen worden vermeld waar van toepassing.

2 'Nationalisme du soleil'; Albert Camus, *Essais*, (Bibliothèque de la Pléiade, red. R. Quilliot en L. Faucon, Parijs, 1965), 1321.

3 Naipaul, *A Turn in the South*, 81, 83. Naipaul zegt dat 'de oorspronkelijke rijstvelden in dit deel van South Carolina zijn aangelegd door Nederlanders die in Oost-Indië ervaring met rijst en dijken hadden opgedaan' (ibid. 80). Een intrigerende gedachte. Na enig onderzoek ben ik tot de conclusie gekomen dat dit waarschijnlijk niet klopt. Men is het erover eens dat rijst in South Carolina is geïntroduceerd vanuit Madagaskar. De enige Nederlandse connecties bestaan in het onware verhaal van die onbetrouwbaarste van alle koloniale critici, de Franse priester Abbé Raynal, dat een schip op de thuisreis uit Oost-Indië schipbreuk leed op de kust van South Carolina en dat wat rijst van het wrak werd gebruikt bij wijze van experiment. De andere connectie is Nathaniel Heyward, de grootste planter van South Carolina in de eerste helft van de 19de eeuw. 'Het verhaal gaat in zijn familie dat Nathaniel Heyward, toen hij in Europa was, Nederland bezocht en sterk onder de indruk was van het irrigatiesysteem dat hij daar zag en dat hij bij terugkeer Nederlandse namen gaf aan verscheidene van de plantages die hij achtereenvolgens bezat.' Twee ervan noemde hij Amsterdam en Rotterdam. Zie Duncan Clinch Heyward, *Seed from Madagascar* (Chapel Hill, 1937), 67. Ook: A.S. Saley jr., 'The

Introduction of Rice Culture into South Carolina', *Bulletins of the Historical Commissions of South Carolina* 6 (1919), 3-23. Ik dank de heer S. Hoffius voor deze informatie.

4 Zie William C. Havard en Walter Sullivan (red.), *A Band of Prophets: The Vanderbilt Agrarians after Fifty Years* (Baton Rouge, 1982), 20-1.

5 Cash, *Mind of the South*, 48.

6 Thomas Stamford Raffles, *The History of Java*, i. 69.

7 Sidney Lanier, *Retrospects and Prospects: Descriptive and Historical Essays* (New York, 1899), 134. Dit is uit een essay getiteld 'The New South'. Lanier zegt eenmaal kort: 'the New South means small farming' (p. 104).

8 Jan Wisseman Christie, 'States without Cities: Demographic Trends in Early Java', *Indonesia* 52 (okt. 1991), 23.

9 Ibid. 25.

10 Rubin, *I'll Take My Stand*, p. xv.

11 Er is geen standaardeditie van Daums werk. Omdat ik allerlei edities gebruik, geef ik hier een chronologische opsomming. Nummers in de tekst verwijzen naar deze lijst.

1 *Uit de suiker in de tabak*: feuilleton, 1883-1884; eerste druk in boekvorm 1885; herdruk, Den Haag, 1977.

2 *Hoe hij Raad van Indië werd*: feuilleton, 1884-1885; eerste druk in boekvorm 1888; herdruk, Den Haag, 1978.

3 *De Van der Linden's c.s.*: feuilleton, 1885; eerste druk in boekvorm 1889 [1886]; herdruk, Den Haag, 1978.

4 *L. van Velton-Van der Linden*: feuilleton, 1885-1886; eerste druk in boekvorm 1889 [1886]; herdruk in hetzelfde deel als 3, maar met afzonderlijke paginering.

5 *H. van Brakel, Ing. B.O.W.*: feuilleton, 1886; eerste druk in boekvorm 1890 [1888]; herdruk, Amsterdam, 1982.

6 *Goena-Goena*: feuilleton, 1887; eerste druk in boekvorm 1889; herdruk, Amsterdam, 1980.

7 *Indische mensen in Holland*: feuilleton, 1888; eerste druk in boekvorm 1890; herdruk, Amsterdam, 1963.

8 *Nummer elf*: feuilleton, 1889; eerste druk in boekvorm 1893; herdruk, Den Haag, 1981.

9 *Ups en downs in het Indische leven*: feuilleton, 1890; eerste druk in boekvorm 1892; herdruk, Amsterdam, 1946.

10 *Aboe Bakar*: feuilleton, 1893; eerste druk in boekvorm 1894; herdruk, Den Haag, 1980. Dit werk bestond oorspronkelijk uit twee delen, en is nu herdrukt in één deel met afzonderlijke paginering. Ik verwijs in de tekst naar 10 én het afzonderlijke deelnummer.

12 Oswald Spengler, *The Decline of the West*, vert. Charles Francis Atkinson (2 delen, 1923; herdruk van vert. New York, 1989), ii. 488 noot 4.

13 Het probleem van arbeid en slavernij in de Indonesische archipel is veel te gecompliceerd om hier volledig te worden behandeld. Hieronder vallen geschiedenis, politiek, adat en de gecompliceerde interpretatieverschuiving die het gevolg is als een vreemde staat zich met inheemse gewoonten en wetten bemoeit, maar die niet uitroeit. De bespreking in de tekst en de volgende korte samenvatting van slavernij in Indië is gebaseerd op het artikel over 'slavernij' in *Encyclopaedie van Nederlandsch-Indië*, iii. 800-8; A.D.A. De Kat Angelino, *Colonial Policy*, vert. G.J. Renier (2 delen; Den Haag, 1931), ii. 492-504; Furnivall, *Netherlands India*, 1-19, 178-96; F. de Haan, *Oud Batavia* (3 delen; Batavia, 1922-1923), i. 351-6, 451-72; en Raffles, *History of Java*, i. 69-79. Zie ook Ann Kumar, 'Literary Approaches to Slavery and the Indies Enlightenment: Van Hogendorp's Kraspoekol', *Indonesia* 43 (apr. 1987), 43-65.

De meeste slaven waren inheemse Indonesiërs en niet ingevoerd vanuit het buitenland. De Nederlanders probeerden het gebruik vanaf het eerste begin te reguleren en misbruiken te voorkomen maar zij ontmoetten veel plaatselijk verzet. Men kan zeggen dat zij het probleem niet konden of wilden aanpakken met een openlijk vertoon van geweld, omdat zij zich toelegden op bestuursmaatregelen. Wat dat betreft werd de moraal door de voc zelden bij wet geregeld, speciaal als het inheemse gebruiken betrof. Gedurende de 18de eeuw was het eigendomsrecht beperkt om te voorkomen dat slaven overzee werden verstuurd. Als een slaaf christen was geworden, waren de beperkingen nog hinderlijker voor de eigenaar. Reeds in 1715 bepaalde de VOC dat schuldenaars niet tot slaaf gemaakt konden worden. Samen met krijgsgevangenschap was dit waarschijnlijk de meest algemene bron van slaven en deze bleek het moeilijkst uit te roeien. In 1809 hief Daendels alle verboden op omdat hij soldaten en arbeiders nodig had; hij ronselde hen onder pas aangekomen slaven. Raffles probeerde tijdens zijn regime vrijlating te bevorderen, opnieuw met administratieve beperkingen, en beval in 1813 zelfs dat de slavenhandel in de archipel werd afgeschaft, maar niemand besteedde er aandacht aan.

Aantallen verraden ook dat de werkelijkheid anders was. Hoewel al zulke getallen benaderingen zijn, had het Zuiden voor 1860 naar men zegt ongeveer 4 miljoen slaven (Wilson, *Patriotic Gore*, 379), terwijl de bevolking van de Verenigde Staten in die tijd omstreeks 31 miljoen bedroeg. In ongeveer diezelfde tijd had het koloniale Indië een bevolking van ongeveer 20 miljoen en Raffles geeft voor het jaar 1814 een aantal van 27.000 slaven (*History of Java*, i. 76), terwijl De Haan alleen voor Batavia en omstreken in 1816 een aantal van 12.000 noemt (*Oud Batavia*, i. 454), waar zich in die tijd de grootste concentratie slaven bevond.

Na het herstel van het Nederlandse gezag herhaalden de Nederlanders het verbod op slavenhandel en stelden door middel van een reeks administratieve decreten strengere eisen aan het houden van slaven (1819, 1820, 1825, 1827, 1829, 1830, 1833, 1834, 1836, 1851). Het voorrecht werd daardoor zo'n last en zo kostbaar dat de slavernij in 1851 ten einde liep. Drie jaar later verklaarde een overheidsbepaling dat de slavernij op zijn laatst op 1 januari 1860 in heel Nederlands Oost-Indië zou zijn afgeschaft. Dus in het jaar waarin Multatuli de *Max Havelaar* publiceerde, Lincoln tot president werd gekozen en South Carolina van de *Union* werd losgemaakt, werd de slavernij in Indië officieel afgeschaft. Dit betekende niet dat de slavernij plotseling verdwenen was; ten eerste sloeg het edict alleen op geregistreerde slaven, en het was niet van invloed op de wetten en gewoonten van inheemse vorsten, terwijl de koloniale overheid weinig invloed had op het gebeuren buiten Java. In de volgende dertig jaar probeerde zij inheemse vorsten over te halen hun slaven vrij te laten, hetzij met financiële vergoeding hetzij met geweld, of beide, maar het was heel moeilijk. Op Bali duurde het bijvoorbeeld tot 1885, op Celebes tot 1905, in Atjeh tot 1908 en in de Bataklanden van Sumatra zelfs tot 1914 om de wet volledig van kracht te laten worden.

14 Raffles, *History of Java*, i. 75, 76.

15 Ibid., ii. p. ccxxxiv-ccxxxv (appendix K).

16 Herman Neubronner van der Tuuk, *De pen in gal gedoopt. Een keuze uit brieven en documenten*, red. Rob Nieuwenhuys, 2de herz. druk (Amsterdam, 192), 154-5. Hetzelfde geldt voor *bibi*, een Hindoestani-woord dat ooit 'dame' betekende, maar algemener bekend werd als synoniem van 'maîtresse'. Zie Hyam, *Empire*, 115.

17 Raffles, *History of Java*, i. 76.

18 De Haan, *Oud Batavia*, i. 451.

19 Zie voor Marx p. 227 hierboven, hoofdstuk 8.

20 De Haan, *Oud Batavia*, i. 463.

21 Slaven waren op koloniaal Java in een positie die opvallend veel leek op die van slaven in de klassieke oudheid. Zie Sarah B. Pomeroy, *Goddesses, Whores, Wives, and Slaves: Women in Classical Antiquity* (New York, 1975), 190-8.

22 Zie King, *Cultural Awakening*, 127.

23 Pomeroy, *Goddesses, Whores*, 191-2; De Haan, *Oud Batavia*, i. 453, 460.

24 De Haan, *Oud Batavia*, i. 453.

25 In een boekje waaruit een 20ste-eeuwse nieuwkomer in Indië enkele beginselen van het tropenleven moest leren, wordt gezegd dat het absolute minimumaantal bedienden drie is (p. 8); zie de hele bespreking aangaande bedienden in M.H. Székely-Lulofs, *Onze bedienden in Indië* (Deventer, z.j.), 6-12. Wat een eeuw eerder als minimum werd beschouwd, wordt geïllustreerd

door een afbeelding waarop acht verschillende taken worden weergegeven waarvoor ooit een bediende of slaaf nodig was; zie Bea Brommer (red.), *Reizend door Oost-Indië. Prenten en verhalen uit de 19de eeuw* (Utrecht, 1979), 39. Hoofdstuk 2 gaat over slaven in tempo doeloe.

26 De ongelooflijke indolentie wordt beschreven door een ooggetuige, J. Olivier, die dit soort leven tussen 1817 en 1823 observeerde; zie zijn verslag in Brommer, *Reizend door Oost-Indië*, 39-41.

27 Ik doel op een passage in de *Oost-Indise Spiegel* van De Graaff die is afgedrukt in hetzelfde deel dat zijn *Reisen* bevat maar met een andere paginering. *Reisen van Nicolaus De Graaff*, red. J.C.M. Warnsinck (Den Haag, 1930), 13-22.

28 Ibid. 16.

29 Jean Gelman Taylor, *The Social World of Batavia: European and Eurasian in Dutch Asia* (Madison, 1983), 29.

30 Ibid. 64.

31 Ibid. 71.

32 Ibid. 71, 37, 66, 41.

33 John Crowe Ransom in 'Reconstructed but Unregenerate', zijn bijdrage aan Rubin, *I'll Take My Stand*, 12.

34 Taylor, *Social World of Batavia*, 33-4.

35 Een goede term die Taylor ontleende aan G.W. Skinner; ibid. 132.

36 Hyam, *Empire and Sexuality*, 3.

37 Taylor, *Social World of Batavia*, 97.

38 In 1854 was bijna de helft van wat als de 'Europese' bevolking werd beschouwd, halfbloed; dit aantal was in 1940 nog groter toen er 170.000 Indo-europeanen waren naast 120.000 volbloed Europeanen of 'totoks'; op 1 januari 1990 woonden er 472.600 nakomelingen in Nederland. Zie Gijs Beets en Santo Koesoebjono, 'Indische Nederlanders: een vergeten groep', *Moesson* 36: 6 (1991), 28-30.

39 Taylor, *Social World of Batavia*, 113, 120, 123, 131.

40 Zie David Hackett Fischer, *Albion's Seed: Four British Folkways in America* (Oxford, 1989), 388. In *The Suppression of the African Slave-Trade to the United States of America 1638-1870* merkt W.E.B. Dubois op: 'hoewel de Nederlanders zo de continentale slavenhandel waren begonnen, hadden zij in feite geen groot aantal slaven aan de Engelse koloniën buiten West-Indië geleverd. Met een beperkte handel waren er in 1696 enkele duizenden naar New York gebracht, en nog minder naar New Jersey. Het werd aan de Engelsen, met hun sterke politiek ten gunste daarvan, overgelaten deze handel te ontwikkelen.' W.E.B. Dubois, *Writings* (Library of America, 34; New York, 1986), 25.

41 Hyam, *Empire and Sexuality*, 200.

42 Tucker, *Telling Memories among Southern Women*, 19.

43 *Mary Chestnut's Civil War*, red. C. Vann Woodward (New Haven, 1981), 168-9.

44 Wilson, *Patriotic Gore*, 564.

45 George Washington Cable, *The Grandissimes* (1880; herdruk New York, 1988). Enkele voorbeelden: 'the grave, receptive apothecary takes into his meditative mind, as into a large, cool cistern, the valued rain-fall of his friend's communications' (p. 333); een menigte die een ziekenkamer vult is 'as full of universal human love as the cup of a magnolia is full of perfume' (p. 303); verder zijn er vogels 'fluttering hither and thither, as one might imagine the babes do in heaven' (p. 150), terwijl de kracht van een man een 'ponderosity of arm' (p. 101) wordt genoemd, enzovoort. Uitdrukkingen en beelden als deze werden pasmunt in de stijl van de 'local-colourists' (zie onder).

46 De eerste langere tekst over Daum was van Rob Nieuwenhuys, 'Maurits, romanschrijver van tempo doeloe', in *Tussen twee vaderlanden*, 67-100. Er is sindsdien niet veel van groot belang aan toegevoegd. De standaardbiografie is Gerard Termorshuizen, *P.A. Daum. Journalist en romancier van tempo doeloe* (Amsterdam, 1988). Het boek van Termorshuizen is vooral een

goede studie over de koloniale journalistiek en de koloniale maatschappij in Semarang en Batavia in de tijd van Daum.

47 Nieuwenhuys, *Tussen twee vaderlanden*, 10; Termorshuizen, *P.A. Daum*, 83. De geschiedenis van de koloniale journalistiek is vastgelegd in Evert-Jan Hoogerwerf, *Persgeschiedenis van Indonesië tot 1942: geannoteerde bibliografie* (Leiden, 1990).

48 Geciteerd door Gerard Termorshuizen in 'P.A. Daum, journalist van Tempo Doeloe', in *Engelbewaarder Winterboek* (Amsterdam, 1978), 85.

49 2: 3-4. Nieuwenhuys, *Tussen twee vaderlanden*, 87-9; Du Perron, *Verzameld werk*, vii. 135-8.

50 Termorshuizen, *P.A. Daum*, 231-2.

51 Du Perron, *Verzameld werk*, vii. 135.

52 Termorshuizen, geciteerd door Corine Spoor in 'Hoe journalist Paatje Daum romanschrijver Maurits op de vingers keek', *De Tijd*, 2 jan. 1981, 24-8.

53 André Malraux, *La Tentation de l'Occident* (1926; herdruk Parijs, 1983), 23-4.

54 King, *Southern Renaissance*, 158.

55 Ibid. 160. Dit klinkt als het wrange commentaar van Henry Adams op Robert El Lee toen beiden student te Harvard waren: 'Strikt gesproken had de zuiderling geen geest; hij had temperament.' Henry Adams, *Novels. Mont Saint Michel. The Education* (The Library of America, 14; New York, 1983), 772.

56 Clayton, *W.J. Cash*, 193.

57 Rubin e.a., *The History of Southern Literature*, 426; zie ook King, *Cultural Awakening*, 146-51.

58 Havard en Sullivan, *Band of Prophets*, 141.

59 Cash, *Mind of the South*, 163.

60 Tate, *Memoirs and Opinions*, 146.

61 C. Vann Woodward, *Origins of the New South* (Baton Rouge, 1951), 314 (het hoofdstuk 'The Colonial Economy' staat op p. 291-320). Zie ook King, *Southern Renaissance*, 298 noot 12.

62 Warren in een interview in de *New York Times Book Review*, 9 jan. 1977, p. 22; Siddens geciteerd door Naipaul, *A Turn*, 40.

63 Cash, *Mind of the South*, 371.

64 Geciteerd door Termorshuizen, *P.A. Daum*, 311.

65 Geciteerd door Termorshuizen, ibid. 88. Het is geschreven door Daums voorganger bij *De Locomotief*, Cohen Stuart.

66 C.W. Wormser, *Ontginners van Java* (Deventer, z.j.), 9-10.

67 Geciteerd door Termorshuizen, *P.A. Daum*, 94.

68 Harry J. Benda, 'The Pattern of Administrative Reforms in the Closing Years of Dutch rule in Indonesia', *Journal of Asian studies* 25: 4 (aug. 1966), 592, 591.

69 Wormser, *Ontginners*, 9.

70 Ibid. 16.

71 Soms collectief gebruikt voor alle burgerlijke Europese kolonisten; zie Termorshuizen, *P.A. Daum*, 332.

72 Rosengarten, *Tombee*, 88.

73 Ibid. 89.

74 Wormser, *Ontginners*, 25, 27.

75 Ibid. 61.

76 Ibid. 40.

77 Ibid. 58, 20.

78 Rosengarten, *Tombee*, 133-4.

79 Wormser, *Ontginners*, 71.

80 Rob Nieuwenhuys, *Komen en blijven. Tempo doeloe – een verzonken wereld. Fotografische documenten uit het oude Indië 1870-1920* (Amsterdam, 1982), 46-7.

81 Wormser, *Ontginners*, 35.

82 Ibid. 62.

83 Cash, *Mind of the South*, 152.
84 Furnivall, *Netherlands India*, 198-9.
85 Wormser, *Ontginners*, 47, 69.
86 W.F. Wertheim, *Indonesian Society in Transition* (Den Haag en Bandung, 1956), 101, 98, 99.
87 Beb Vuyk, *Verzameld werk* (Amsterdam, 1972), 115; zie ook 108-10, 118, 136.
88 Ibid. 103, 254 (cursivering toegevoegd); zie onder, hoofdstuk 14.
89 Rubin, *I'll Take My Stand*, p. xv; Vuyk, *Duizend eilanden*, 136.
90 Wilson, *Patriotic Gore*, 435.
91 Cash, *Mind of the South*, 88.
92 Wilson, *Patriotic Gore*, 434, King, *Southern Renaissance*, 34-5, Rubin, *I'll Take My Stand*, 336, 346-7; Havard en Sullivan, *Band of Prophets*, 25.
93 Allen Tate, *The Fathers* (1938; herdruk Athens, Ohio, 1984), 4.
94 Rosengarten, *Tombee*, 92; hij doelt op planters in North en South Carolina.
95 Het volgende is gebaseerd op Wormser, *Ontginners*, 8-31 en Nieuwenhuys, *Komen en blijven*, 13-59. Deze ongelooflijke clan is het onderwerp van een historische roman: Hella S. Haasse, *Heren van de thee* (Amsterdam, 1992).
96 King, *Southern Renaissance*, 34-5.
97 Ibid. 34.
98 Naipaul, *A Turn in the South*, 90.
99 Marion Bloem, *Vaders van betekenis* (Amsterdam, 1989), 241.
100 Rosengarten drukt het verhaal van Chaplin af over een jury van blanke mannen die uitspraken dat een zwarte man per ongeluk was omgekomen, terwijl Chaplin en zijn collega-rechters heel goed wisten dat de kreupele slaaf was overleden ten gevolge van een wrede en onmenselijke behandeling. Zie *Tombee*, 456-8.
101 King, *Southern Renaissance*, 27.
102 Percy, *Lanterns on the Levee*, 309.
103 Cash, *Mind of the South*, 86.
104 Ibid. 51.
105 Percy, *Lanterns on the Levee*, 26.
106 Ibid. 27.
107 Rosengarten, *Tombee*, 172.
108 Cash, *Mind of the South*, 51.
109 Maria Dermoût, *Verzameld werk*, 166.
110 *Reizen van Nicolaus de Graaff*, 14. Zie voor het gebruik van Nederlands in de kolonie ook Kees Groeneboer, *Weg tot het Westen. Het Nederlands voor Indië 1600-1950* (Leiden, 1993).
111 Een goed voorbeeld is Riek in Dermoûts *Nog pas gisteren.* Zij 'hield wel van hen [haar ouders], eigenlijk niet veel' (p. 10) en gaf de voorkeur aan het gezelschap van haar baboe Oerip en de wachter Karto. Een voorbeeld van een totaal bedorven kind dat de baas speelt over haar baboe Dalima is Wies in de roman van Carry van Bruggen, *Goenong-djati* (1909; herdruk Schoorl, 1987), 42-50.
112 Hoe waar dit was, kan worden vastgesteld aan de hand van een citaat uit het boekje over bedienden dat in noot 25 is genoemd. Het kind dat in Indië uit Europese ouders is geboren 'is niet de hier gekomene, maar de hier geborene (...). En in de bijgebouwen zal hij geen vreemde zijn, die daar een vreemde, taboe wereld betreedt, (...) maar hij zal er welkom zijn en zich opgenomen voelen (...). Hij zal daar woorden leeren, die zijn ouders nooit kennen zullen, dingen eten en drinken, die zijn ouders nooit zullen proeven. (...) Voor hem hebben de bedienden oneindig minder geheimen dan voor den toewan en de njonja, zij verklaren en vertellen hem dingen over henzelve en hun gedachten, zooals zij die verklaren en vertellen aan hun eigen kinderen. Een deel van zijn dag leeft hij dáár, onder hen en als hij later volwassen zal zijn, zal in zijn herinnering het hoofdgebouw, het erf en de bediendenkamers tot één geheel geworden zijn: z'n thuis in Indië.' Székely-Lulofs, *Onze bedienden in Indië*, 79-80.

113 G.J. Resink, 'Baboe Han', in *Maatstaf* 9: 3 (juni 1961), 192.
114 Kipling, *Something of Myself*, 63.
115 Rob Nieuwenhuys, 'Het Indische kind dat ik was en ben', in Thijs Wierema (red.), *Rob Nieuwenhuys. Leven tussen twee vaderlanden* (Amsterdam, 1982), 18-9. Let op de eigenaardigheden van de oorspronkelijke tekst waarin onze gewone typografie niet wordt gebruikt. 'Sirih' is de betelpruim die, samen met alle andere genoemde ingrediënten, zowel door vrouwen als mannen werd gekauwd. *Selematan* is een offer dat onder andere uit voedsel bestaat. De speciale manier waarop echte Indische mensen elkaar knuffelden, wordt beschreven in Lin Scholte, *Takdiran en andere verhalen* (Amsterdam, 1977), 21-3. Een kus was anders dan een kus in westerse zin; hij werd 'kiss jawa' genoemd en leek meer op een gesnuf, het inademen van de geur van de ander. Er was ook veel aanraking, waaronder speciale manieren om het vlees of de huid van de geliefde te kneden en te knijpen. De ontmoeting van een geliefde was dus een zeer sensuele aangelegenheid, althans voor vrouwen, maar zonder seksuele implicaties, zoals men in Europa zou denken.
116 Zie Nieuwenhuys, *Komen en blijven*, 134.
117 Du Perron, *Verzameld werk*, vii. 137.
118 Dit schijnt ook in het Zuiden wel gebeurd te zijn. 'Zij [de zwarte verzorgster] waakte soms 's nachts over ons en sliep met een hamer aan het voeteneinde van het bed op de grond. Ze beschermde ons en wij werden haar beschermelingen. Ze was aldoor bij ons, en ze reisde elke zomer met ons naar Atlanta om onze tante op te zoeken.' Tucker, *Telling Memories among Southern Women*, 238.
119 Du Bose Heyward, *Porgy* (1925; herdruk Garden City, N.Y., 1928), 102.
120 Zie Stanley Booth, *Rhytm Oil: A Journey through the Music of the American South* (New York, 1992), 5.
121 Nieuwenhuys, *Tussen twee vaderlanden*, 18-9.
122 R. Nieuwenhuys, *Trade World and Worldtrade* (Rotterdam, 1963), 80-1.
123 Zie bijvoorbeeld Fraser Harrison, *The Dark Angel: Aspects of Victorian Sexuality* (New York, 1977), 7-8.
124 Scholte, *Takdiran*, 22-3.
125 Wertheim, *Indonesian Society in Transition*, 136. De Javaanse aristocratie was ook patriarchaal, maar voor de gewone bevolking waren de banden met de moeder strakker. De vader vertegenwoordigde *bangsa*, wat zoiets als 'type', 'soort', 'rang' betekent, maar de moeder stond voor verwantschap. Dit algemene besef wordt uitgedrukt in het Maleise spreekwoord 'Als je een vrouw uithuwelijkt win je een kind, als je een man uithuwelijkt verlies je een kind.' Geciteerd in Koks, *De Indo*, 41.
126 Michael Ondaatje, *Running in the Family* (New York, 1982), 53. Dit is een heel goede en fraai geschreven herinnering door de zoon aan het Ceylonese equivalent van de 'Indische' maatschappij op koloniaal Java. De Nederlandse invloed op Ceylon was vrij groot, zoals te zien is aan de namen van de Ceylonese bovenlaag: Van Langenbergs, De Mels, Bartholomeusz (p. 40) en De Vos (p. 119). Zie ook p. 64 en de naam Ondaatje zelf.
127 King, *Southern Renaissance*, 35, 187-8, 37.
128 'Zuurbier' duidt op een 'zure' of armzalige toekomst. Ooit betekende het ook een dochter die ouder was dan 25 en waarschijnlijk niet zou trouwen; de juiste uitdrukking voor zo'n vrouw was 'een vaatje zuur bier'. Denk aan het spreekwoord 'een huis vol dochters is een kelder vol zuur bier'.
129 'Buiten bezwaar'. In Daums tijd sloeg 'bezwaar' vaak op een financiële last, vandaar de gangbare uitdrukking in Indië: 'buiten bezwaar van den Lande', dat wil zeggen, een winst waar de overheid niet aan kon komen.
130 Percy, *Lanterns on the Levee*, 22.
131 Cash, *Mind of the South*, 87.
132 Wilson, *Patriotic Gore*, 376. Dit is van een bevolking van 31.443.321 in 1860. Het getal berust

op een volkstelling, men moet dus voorzichtig zijn omdat alleen geregistreerde kiezers, wat per definitie slechts blanken waren, werden meegeteld.

133 Tucker, *Telling Memories among Southern Women*, 21, 24, 80.

134 Ibid. 19.

135 Cable, *The Grandissimes*, 108.

136 Geciteerd door Michael Kreyling in zijn inleiding tot *The Grandissimes*, p. xviii.

137 Tate, *Memoirs and Opinions*, 12-4.

138 Zie de ontroerende maar niet sentimentele passage over Louisa's leven in *Ups en downs*, 318-9.

139 Ondaatje, *Running in the Family*, 41.

140 King, *Southern Renaissance*, 282.

141 Termorshuizen, *P.A. Daum*, 194-9, 298, 299, 357.

142 Carry van Bruggen, *Goenong-djati*, 129, 132.

143 Zie Termorshuizen, *P.A. Daum*, 129, 132. Daum was een fel koloniaal en maakte er geen geheim van.

144 Rubin, *I'll Take My Stand*, 122, 212. Deze afnemende morele en psychologische starheid is ook waarneembaar in het karakter van Fournier (bijvoorbeeld 4: 40, 135) die aan het einde van *De stille kracht* op Van Oudijck gaat lijken.

145 Cash, *Mind of the South*, 39. Er was geen echte aristocratie in het koloniale Indië en evenmin in het Oude Zuiden (p. 63-5). Er gingen enkele echte Nederlandse aristocraten naar Indië, maar zij vormden de uitzondering op de regel. En toch kan men zeggen dat er in de geschiedenis van het Nederlandse koloniale Indië, die uiteindelijk drieënhalve eeuw duurde, iets was wat er dichtbij kwam, een soort 'bourgeois aristocratie' misschien, zoals Carl Bridenbaugh de planters van de Chesapeake Bay in het 18de-eeuwse koloniale Amerika beschreef. Toch bestond er iets wat men een 'koloniale aristocratie' kan noemen. Het waren grootgrondbezitters die voornamelijk in de 18de eeuw agrarisch fortuin hadden gemaakt. Hun geschiedenis is te lang en te ingewikkeld om hier te bespreken, maar ze is fascinerend. De meeste van deze adellijke personen waren echte individualisten, sommigen waren dwaas, allen rijk. Een aparte manier om inzicht te krijgen in die wereld is door te letten op hun huizen of landgoederen in of om Batavia toen het nog een kleine, pastorale gemeenschap was. Vier van dergelijke huizen worden beschreven in een boek dat is gemaakt voor het koninklijk Bataviaasch Genootschap van Kunsten en Wetenschappen: V.I. van de Wall, *Indische Landhuizen en hun Geschiedenis* (Batavia, 1932). Men vindt hier beschrijvingen van families als Van Riemsdijk, Ament, De Klerk, Siber, Poelman en andere. Het boek bevat een biografie van de legendarische 'Majoor Jantje', wiens ware naam Augustijn Michiels was, een selfmade man, steenrijk, van gemengd bloed (hij was een Mardijker) en misschien het zinnebeeld van de 18de-eeuwse Nederlandse koloniale nabob. Via zijn dochter werd de familie Menu met zijn naam geassocieerd. Een nakomeling was E. du Perron. Bridenbaughs studie – *Myths and Realities: Societies of the colonial South* (1952; herdruk, New York, 1965) – laat zien dat de levenswijze van de koloniale planters in het Zuiden het grootste deel van de 1ste eeuw bleef bestaan. Zijn constateringen komen opvallend sterk overeen met die in dit hoofdstuk.

146 Betsy, in *Goena-Goena*, erkent dat ze een soortgelijke afkeer van kinderen heeft (6: 97).

147 'Huismus': iemand die liefst thuis blijft.

148 Percy, *Lanterns on the Levee*, 35.

149 Tennessee Williams, *Cat on a Hot Tin Roof* (1955; herdruk New York, 1975), 173.

150 Rosengarten, *Tombee*, 96-111, 299.

151 Eudora Welty, *Delta Wedding* (1945; herdruk New York, 1963), 171.

152 Harriet Beecher Stowe, *Three Novels* (Library of America; New York, 1982), 183-219. Augustine St Clare lijkt sterk op Geber in Daums *Ups en downs*. 'Als kind viel hij op door een extreem gevoelig karakter, dat meer leek op de zachtheid van een vrouw dan op de gewone hardheid van zijn eigen geslacht. In de loop der tijd raakte deze zachtheid echter bedekt met de ruwe bast van de mannelijkheid, en maar weinigen wisten hoe levend en fris ze daar nog onder

aanwezig was. Zijn talenten waren eersteklas, hoewel zijn geest altijd voorkeur aan de dag legde voor het ideaal en het esthetische, en om hem heen voelde men die afkeer van de eigenlijke zaken van het leven die meestal het gevolg is van deze stand van zaken.' (p. 183)

153 Cash, *Mind of the South*, 44.

154 Ibid. 45.

155 Zie de in Termorshuizen, *P.A. Daum*, 465, geciteerde kritiek. In een gedicht 'Spleen' drukte Willem Brandt de frustratie van de koloniaal over de dodelijke realiteit van het alledaagse Holland uit. In het laatste kwatrijn zegt hij: 'Als op de Dam nu eens wat apen stoeiden, / de leguanen door de grachten roeiden / en er een krokodil stond op de tram.' De grote moderne dichter Slauerhoff voelde ook deze dodelijke weigering van de Nederlandse maatschappij om enige afwijking van de norm toe te staan. Zijn gedicht 'In Nederland' opent met de regels: 'In Nederland wil ik niet leven, / Men moet er steeds zijn lusten reven...' en eindigt met: 'En nooit, neen nooit gebeurt er een mooie passiemoord.' Het oordeel is in een recenter verleden niet zachter geworden. In een artikel over het voor en tegen van Holland vraagt Roeland J. in 't Veld zich af: 'Waar elders is het zo knus? Waar elders heeft omvangrijke overheidsactiviteit zoveel van de bronnen van schuldgevoelens geëlimineerd? Maar aan de andere kant, is Nederland niet verschrikkelijk kleinburgerlijk? Kleinburgerlijkheid is, denk ik, vooral de afwezigheid van passie, en leidt ten slotte tot het beduimelen, het vies maken van de passie van anderen. "Doe maar gewoon, dan doe je al gek genoeg" is de horribele zegswijze die dit gebod tot uitdrukking brengt. Verandering mag, mits langzaam en een beetje. En vooral niet te opvallend.' Roeland J. in 't Veld, 'Mooi en lelijk in Nederland', *Hollands Maandblad* 31: 500-1 (juli-aug. 1989), 8.

156 Louis Couperus, *Van oude menschen, de dingen die voorbijgaan*, in *Volledige werken*, xxv (1906; Amsterdam, 1991), 188-92.

157 Percy, *Lanterns on the Levee*, 62.

158 Rubin in zijn inleiding tot *I'll Take My Stand*, p. xxi.

159 Cash, *Mind of the South*, 138.

160 Zie Bertram Wyatt-Brown, *Southern Honor: Ethics and Behavior in the Old South* (New York, 1983).

161 Ute Frevert, *Ehrenmänner. Das Duell in der bürgerlichen Gesellschaft* (München, 1991), 188. Mijn bespreking van het duel wordt gesteund door een studie die beperkt is tot Frankrijk: François Billacois, *The Duel: Its Rise and Fall in Modern France* (1986), vert. en red. Trista Selous (New Haven, 1990), met name 32, 131, 207-8.

162 Frevert, *Ehrenmänner*, 208-9.

163 Ibid. 216 e.v.

164 Cable, *The Grandissimes*, 31.

165 Welty, *Delta Wedding*, 144.

166 Veel Duitse mannen zagen de Eerste Wereldoorlog als 'eine Art Duell im Grossen'; Frevert, *Ehrenmänner*, 240. Dit duurde natuurlijk niet lang.

167 *The Memoirs of Colonel John S. Mosby*, 6-8.

168 Rubin e.a., *History of Southern Literature*, 333.

169 Joseph Blotner, *Faulkner: A Biography* (2 delen; New York, 1974), i. 45-7.

170 Frevert, *Ehrenmänner*, 201-2.

171 Ibid. 13.

172 Marx stond het duel toe als het de uitdrukking was van een individuele belediging, niet als het een klassenaangelegenheid was; hoewel Friedrich Engels officier noch student was, duelleerde hij tweemaal toen hij in 1841 in Bremen zijn opleiding tot koopman volgde. Ibid. 174, 186-7.

173 Thomas Mann, *De toverberg*, vert. Pé Hawinkels (Amsterdam, 1975), 910.

174 Green, *Dreams of Adventure*, 177.

175 Opnieuw verschilde het Nederlandse kolonialisme in Indonesië van andere Europese machten. Een politiemacht bestond feitelijk nooit in Indië tot het tweede decennium van de 20ste eeuw.

De VOC stelde er geen in omdat ze zich niet in plaatselijke aangelegenheden wilde mengen. Zie voor een korte geschiedenis van semi-officiële politiegroepen C.J.M. Kramers, 'De Indische politie en haar uniformering', *Moesson* 36: 8, 9, (1992), 28-30 en 30-7.

176 Kees Snoek, *De Indische jaren van E. du Perron* (Amsterdam, 1990), 34 en 263.

177 Vincent Mahieu, *Verzameld werk* (Amsterdam, 1992), 48. Zie hoofdstuk 17 hieronder.

178 Ibid. 213-9.

179 Eerste deel van *Faust*, regel 3700-15.

180 Denk onder andere aan *Die Leiden des jungen Werthers* (1774). Zie ook Frevert, *Ehrenmänner*, 55.

181 Joseph Conrad, *A Set of Six* (Garden City, N.Y., 1915), 319-20.

182 Multatuli, *Volledig werk*, ix. 148, 172. Zie ook *Brieven van Multatuli. Bijdragen tot de kennis van zijn leven*, x. 216.

183 Rob Nieuwenhuys, 'Op zoek naar het land van herkomst, i. De "Indische Jongen" Du Perron', *De Gids* 126: 7 (sept. 1963), 136-7.

184 E. du Perron, *Het land van herkomst* (1935; 13de, uitgebr. druk Amsterdam, 1989), 573. De vertaling van Du Perron is uitstekend. Zijn keuze is intrigerend. *Gabriel Lambert* is een vreemd geval bij Dumas. Het is een korte roman met een totaal negatieve held zonder enige romantische allure. De vervalser lijkt sterk op de kunstenaar en er schijnen heel wat autobiografische gegevens in het verhaal verwerkt te zijn.

185 Ibid. 509-12.

186 Cash, *Mind of the South*, 67.

187 Fischer, *Albion's Seed*, 240-6, 618-32. Het is interessant op te merken, met het oog op de parallellen die we ontdekken, dat het gebied van New England bevolkt was met immigranten uit East Anglia, een streek van Engeland die sterk beïnvloed is door Nederlandse vluchtelingen; zie *Albion's Seed*, 31-6.

188 Mark Twain, *Mississippi Writings*, 501-2; de beroemde aanval op Scott is hoofdstuk 46 van *Life on the Mississippi*.

189 Percy, *Lanterns on the Levee*, 57.

190 Cash, *Mind of the South*, 68.

191 Twain, *Mississippi Writings*, 501.

192 Avrom Fleishman, *The English Historical Novel: Walter Scott to Virginia Woolf* (Baltimore, 1971), 51.

193 Geciteerd ibid. 38-9.

194 Ibid. 69.

195 Hendrik Vissink, *Scott and his Influence on Dutch Literature* (Zwolle, 1922), 151.

196 Ibid. 154.

197 Ibid. 217.

198 Multatuli, *Volledig werk*, ix. 285-7. Du Perron dacht dat Dekker van Scott leerde hoe hij de *Max Havelaar* moest samenstellen; zie Du Perron, *Verzameld werk*, iv. 479. Ook: ii. 124-5; iv. 236, 240, 464; v. 258.

199 Termorshuizen, *P.A. Daum*, 146.

200 Reinier Salverda, 'The Indonesian Connection: Dutch Literature of the East Indies in Comparative Perspective', in Johan P. Snapper en Thomas F. Shannon (red.), *Europe 1992: Dutch Literature in an International Context* (Publications of the American Association for Netherlandic Studies; Lanham, 1993), 83-108.

201 Du Perron, *Land van herkomst*, 214-5.

202 Du Perron, *Verzameld werk*, v. 258-60.

203 Ibid. 259.

204 Ibid., ii. 604.

205 Ibid., v. 260.

206 Tate, *The Fathers*, 61-71.

207 Stendhal, *Selected Journalism from the English Reviews, with Translations of Other Critical Writings*, vert., red. en inl. Geoffrey Strickland (Londen, 1959), 325.
208 Ibid. 23.
209 Ibid. 25.
210 Ibid. 323.
211 Uit de inleiding van Jacques Suffel tot een paperbackeditie van Alexandre Dumas, *Les Trois Mousquetaires* (1844; herdruk Parijs, 1967), 28.
212 E. du Perron, *Brieven* (9 delen; Amsterdam, 1977-1990), ii. 181.
213 Termorshuizen, *P.A. Daum*, 357-8; Brom, *Java*, 133.
214 Brom, *Java*, 133.
215 Ibid. 131.
216 Ibid. 134-5.
217 Ibid. 148.
218 Een afbeelding van een 'leestrommel' staat in Nieuwenhuys, *Komen en blijven*, 46.
219 Cash, *Mind of the South*, 97. Zie ook de afwijzingen van Veth en Borel, geciteerd in Brom, *Java*, 168, 176.
220 Brom, *Java*, 115, 130, 131.
221 Rubin e.a., *History of Southern Literature*, 82; zie ook Wilson, *Patriotic Gore*, 370.
222 Cash, *Mind of the South*, 95.
223 Ibid. 101.
224 Ibid. 429-30. In 1991 tijdens een bezoek aan een plantage in South Carolina genaamd 'Boone Hall', hoorde ik de gids trots zeggen dat in de 'bibliotheek' zulke 'waardevolle boeken' aanwezig waren als de Harvard Classics en de 7de editie van de *Encyclopaedia Britannica*!
225 Geciteerd in Wilson, *Patriotic Gore*, 460-1.
226 Rubin e.a., *History of Southern Literature*, 179; zie ook Helpers tirade in Wilson, *Patriotic Gore*, 368-9.
227 Simpele krachttermen werden bijvoorbeeld uit de Nederlandse uitgave geweerd; zie Termorshuizen, *P.A. Daum*, 464-5.
228 Zie Brom, *Java*, 150-6.
229 Chailley-Bert, geciteerd in Nieuwenhuys, *Tussen twee vaderlanden*, 56.
230 King, *Southern Renaissance*, 189. Zie voor het Britse Rijk Hyam, *Empire and Sexuality*, 72.
231 Rubin e.a., *History of Southern Literature*, 213, 219, 246; Wilson, *Patriotic Gore*, 605-6.
232 Brom, *Java*, 95.
233 Ibid. 188.
234 Zie Daums overtuigende afwijzing, die volledig wordt geciteerd in Termorshuizen, *P.A. Daum*, 203-6. Als men geen Nederlands wil leren om deze fictie zelf te beoordelen, kan men hetzelfde resultaat bereiken door films uit die tijd te bezien. Een voorbeeld is Greta Garbo in de stomme film *Wild Orchids* (1920). De film gaat over wat in eerste instantie een driehoeksverhouding is. Garbo is mevrouw Sterling, de veel jongere vrouw van een 'oude industrieel', John Sterling (gespeeld door Lewis Stone), die haar, seksueel en sociaal, weinig aandacht schenkt, omdat hij 'de grote god Zaken dient'. Aan boord van een schip naar Indië ontmoeten zij prins De Gace (gespeeld door Nils Asther), kennelijk een Javaan. De Gace valt het meest uit de toon. Hij treedt op als de klassieke schurk: knijpt de ogen dicht, haalt de wenkbrauwen op, krult de bovenlip die voorzien is van een fijn snorretje, loert en pocht. Hij draagt westerse tropenkleding, maar op Java ook een hoofddoek. Hij verleidt Garbo met zinnen als 'Java is een land van magische schoonheid maar het is er vervloekt heet – ontzettend heet', een plaats waar vrouwen 'niet wild maar natuurlijk zijn'. Java, waar de 'hitte – de onophoudelijke hitte – iedereen alle pretenties afneemt', ook 'vrouwen alle pretenties afneemt'. Hij neemt een ander cliché in de mond als hij zegt dat 'de orchideeën op Java in het wild groeien – en hun geur vervult de lucht'. Dat kan het geval zijn met veel andere geurende bloemen, maar niet met orchideeën. Als De Gace een echte *Javaanse* edelman moet zijn, gedraagt hij zich volkomen tegennatuur-

lijk; als hij een Indo moet zijn, kan hij die titel niet dragen. Zijn dienaren doen alles wat de adat verbiedt, hij knijpt en kust een baboe in het openbaar om te ontkomen aan de verdenking dat hij mevrouw Stone heeft aangerand (een scène die zo belachelijk is en zo tegen elke goede Javaanse gedragscode ingaat dat men zich afvraagt hoe iemand hem heeft kunnen bedenken), hij gebruikt een schijnbaar misdadige Javaan die lijkt op een werkloze dokwerker uit New York en hij en de heer Sterling gaan 's nachts op tijgerjacht (wat alleen een nieuwkomer met zelfmoordneigingen zou doen). Men heeft inderdaad een paar Aziatische landschapsshots in de film opgenomen, maar verder zit hij vol clichématige vergissingen (zoals het 'Javaanse' kostuum dat Garbo te dragen krijgt: een glimmend geheel van verschillende stijlen).

235 Taylor, *Social World of Batavia*, 145.

236 Ibid. 151. Zoals ik hierboven opmerkte, is de studie van Taylor belangrijk, maar ze maakt enkele eigenaardige opmerkingen over Daum. Op p. 148 beweert ze dat Daum 'bijdroeg aan de schepping van het beeld van de concubine die door kwaad en list bezeten is', een onzinnige observatie. Zijn schetsen van njais zijn integendeel realistisch en evenwichtig; zie bijvoorbeeld de passage over de njai Louisa, genoemd in noot 138. Op p. 152 uit ze een nog merkwaardiger beschuldiging: dat 'een Indonesiër die amok maakt (...) voor Daum en Couperus een geliefd onderwerp was'! Voor zover ik weet, vindt men bij geen van beide schrijvers dergelijke clichévoorstellingen.

237 Ook hier een parallel met de koloniale maatschappij op Ceylon. 'Ze behoorde tot een Ceylonese soort familie waarin vrouwen de kleinste reactie van elkaar plachten op te blazen tot een enorm opwindend verhaal, en dit later gebruikten als voorbeeld van iemands karakter. Als er iets was dat hun generatie in leven hield was het wel dit vastleggen door overdrijving. Gewone tenniswedstrijden werden zo gemythologiseerd dat een van de spelers zo dronken was dat hij bijna overleed op de baan. Iemand leefde voor eeuwig voort in de herinnering om één kleine daad die in vijf jaar tijds zo vergroot was dat hij er zelf nog maar een voetnoot bij was. De stilte van de theeplantages en ongetwijfeld mijn moeders gevoel voor theater en romantiek (gevoed door luidruchtige lezingen van J.M. Barrie en Michael Arlen) combineerden de uitgegeven verrukkingen van fictie met het laatste tijdperk van een koloniaal Ceylon' (Ondaatje, *Running in the Family*, 169).

238 Tate, geciteerd door King, *Southern Renaissance*, 169.

239 Cash, *Mind of the South*, 53. Dit citaat krijgt een andere dimensie als men het legt naast de uiting van Allen Tate in *The Fathers*, dat 'praten leek op goede manieren, het was een uitdrukking van gevoeligheid en smaak' (p. 17).

240 Rob Nieuwenhuys, *Baren en oudgasten. Tempo doeloe – een verzonken wereld. Fotografische documenten uit het oude Indië 1870-1920* (Amsterdam, 1981), 84.

241 Nieuwenhuys, *Tussen twee vaderlanden*, 94.

242 Brom, *Java*, 116-9, 126-30.

243 Cash, *Mind of the South*, 153.

244 King, *Southern Renaissance*, 35, 92.

245 Zie voor Nieuwenhuys *Tussen twee vaderlanden*, 67-100; voor Van Deyssel *Multatuli*, 68-9, en voor Borel en Prins 70. Zie voor Brom *Java in onze kunst*, 115-30. Zie voor Du Perron *Verzameld werk*, ii. 627-9 en vii. 135-8. Zie voor Ter Braak *Verzameld werk*, vi. 184-90. Vergelijk Justus M. van der Kroef, 'The colonial Novel in Indonesia', *Comparative Literature* 10: 3 (zomer 1958), 215-31.

246 Zie Termorshuizen, *P.A. Daum*, 164, 171, 218.

247 Ibid. 208, 223.

248 Ibid. 224.

249 Bakhtin, *Dialogic Imagination*, 44-5, 50, 315, 320.

250 Van Deyssel, geciteerd in Termorshuizen, *P.A. Daum*, 215.

251 Zola's origineel is natuurlijk veelzeggender. 'C'est la seule école virile, à cette heure; c'est là qu'on se frotte aux hommes et qu'on se bronze; c'est encore là, au point de vue spécial du

métier, qu'on peut forger son style sur la terrible enclume de l'article au jour le jour. (...) Nous sommes tous les enfants de la presse, nous y avons tous conquis nos premiers grades. C'est elle qui a rompu notre style et qui nous a donné la plupart de nos documents.' Uit Zola's afscheidsartikel getiteld 'Adieux', voor het eerst gepubliceerd in *Le Figaro* op 22 september 1881. Émile Zola, *Oeuvres complètes* (16 delen; Parijs, 1962-1970), xiv. 668. Zie ook Termorshuizen, *P.A. Daum*, 172-3, 215-301.

252 Wilson, *Patriotic Gore*, 650.

253 Van Deyssel, geciteerd in Termorshuizen, *P.A. Daum*, 466.

254 Van de Wall gebruikte de term 'gemoedelijkheid', zie Termorshuizen, *P.A. Daum*, 301.

255 Ibid. 465.

256 Hyam, *Empire and Sexuality*, 91.

257 In 1890, dat wil zeggen twee jaar na Kiplings debuut in boekvorm, drukte Daum vertalingen van Kiplings werk af in zijn *Bataviaasch Nieuwsblad.* Daaronder waren reisbrieven evenals verhalen, speciaal de verhalen uit het deel *Many Inventions* (1893). Zie Termorshuizen, *P.A. Daum*, 360 en 555 noot 261.

258 Zie voor een onderzoek van zuidelijke literatuur in deze termen Richard Gray, *The Literature of Memory: Modern Writers of the American South* (Baltimore, 1977). Vergelijk ook Daniel Joseph Singal, *The Man Within: From Victorian to Modernist Thought in the South*, 1919-1945 (Chapel Hill, 1983).

12 KARTINI (1879-1904): DE PARADOX VAN HET KOLONIALISME

Paginaverwijzingen in de tekst slaan op de editie van het werk van Kartini die in noot 4 wordt geciteerd.

1 Taylor, *Social World of Batavia*, 107-9.

2 Termorshuizen, *P.A. Daum*, 127.

3 Biografische gegevens zijn uit het artikel 'Kartini' van J.H. Abendanon in *Encyclopaedie van Nederlandsch-Indië*, ii. 279. (Dit niet ondertekende artikel kan aan Abendanon worden toegeschreven op basis van het artikel over Abendanon (6: 2-3), dat werd geschreven door zijn zoon.) De nauwkeurigste en meest recente informatie is te vinden in vier teksten geschreven door Cora Vreede-De Stuers: *L'Émancipation de la femme indonésienne* (Parijs, 1959); 'Kartini: feiten en ficties', *Bijdragen tot de Taal-, Land- en Volkenkunde* 121 (1965), 233-44; 'Een nationale heldin: R.A. Kartini', *Bijdragen tot de Taal-, Land- en Volkenkunde* 124 (1968), 386-93; en 'Boekbespreking', *Bijdragen tot de Taal-, Land- en Volkenkunde* 136 (1980), 390-5.

4 Omdat er geen betrouwbare uitgave van Kartini's brieven in het Engels is, verwijzen de paginanummers in de tekst naar de Nederlandse editie: Radèn Adjeng Kartini, *Door Duisternis tot Licht. Gedachten over en voor het Javaanse volk*, red. Elisabeth Allard, 5de druk (Amsterdam, 1976), 30. Er is een afzonderlijke, integrale editie van de brieven aan mevr. R.M. Abendanon-Mandri en haar man J.H. Abendanon sr.: *Brieven aan mevrouw R.M. Abendanon-Mandri en haar echtgenoot*, red. F.G.P. Jacquet, een publicatie van het Koninklijk Instituut voor Taal-, Land- en Volkenkunde (Dordrecht, 1987). Waar nodig heb ik passages uit de Allard-editie gecombineerd met bovenstaand deel.

5 Radèn Adjeng Kartini, *Letters of a Javanese Princess*, vert. Agnes Louise Symmers (1920; herdruk New York, 1976); deze eerste editie had een voorwoord van Louis Couperus. Dezelfde vertaling werd in 1964 herdrukt met een kort voorwoord van Eleanor Roosevelt; deze werd geredigeerd en had een inleiding van Hildred Geertz: Radèn Adjeng Kartini, *Letters of a Javanese Princess* (New York, 1954).

6 De informatie is afkomstig van een studie van de Javaanse cultureel-antropoloog Loentjaraningrat; geciteerd door Vreede-De Stuers, in 'Kartini', 234.

7 Ibid. 242.

8 'Hoog-Javaans' en 'laag-Javaans' vereist een verklaring die te ingewikkeld is om hier volledig te worden besproken. Ik volsta met te zeggen dat er verschillende spraak- en stijlsoorten bestaan gebaseerd op sociale verhoudingen. Laag-Javaans, met het grootste aantal woorden, is Ngoko; formele, hoog-Javaanse spreektaal wordt Krama genoemd. Ertussen ligt Madya. Elk niveau heeft verfijningen. Ngoko kent vier varianten, Madya en Krama hebben elk drie graden van formaliteit. Clifford Geertz: 'In het Javaans is het bijna onmogelijk iets te zeggen zonder de sociale relatie tussen de spreker en de hoorder aan te geven in termen van status en bekendheid.' Een aantal woorden heeft, behalve hun denotatieve betekenis, een 'statusbetekenis'. Zelfs de manier van spreken hangt af van het gebruikte niveau: 'Hoe hoger het niveau dat men gebruikt, hoe langzamer en zachter men spreekt en ook hoe vlakker. De hoge taalniveaus hebben, indien correct uitgesproken, een soort statigheid die zelfs de eenvoudigste conversatie op een ceremonie kan doen lijken.' Zie zijn uitstekende verklaring van wat hij 'linguïstische etiquette' noemde: Clifford Geertz, *The Religion of Java*, 248-60. Zoe ook Elinor Clark Horne, *Javanese-English Dictionary* (New Haven, 1974), p. xxxi-xxxiii. Een interessante interpretatie van het gebruik van Ngoko en Krama bij zaken rond de dood biedt James R. Siegel in zijn artikel 'Images and Odors in Javanese Practices Surrounding Death', *Indonesia* 36 (okt. 1983), 1-14. Men zegt dat de dood de meest volmaakte vorm van decorum is omdat de onbeweeglijkheid van het lichaam geen enkele vergissing meer toestaat.

9 ELS is de afkorting van 'Europeesche Lagere School' waar prijaji-kinderen in het Nederlands onderwijs kregen. Deze scholen op Java begonnen in 1864; in 1898 waren er 762 leerlingen. Zie Heather Sutherland, *The Making of a Bureaucratic Elite: The Colonial Transformation of the Javanese Priyayi* (Singapore, 1979), 46. Deze scholen worden ook besproken in Groeneboer, *Weg tot het Westen.* Zie ook Kees Groeneboer, 'Het Nederlands in Indonesië van 1600 tot heden', *Neerlandia* 98: 2 (mei 1994), 65-70.

10 In het Javaans: 'sargo nunut, meraka katut'. Vreede-De Stuers, 'Een nationale heldin', 392.

11 Vreede-De Stuers, *L'Émancipation*, 30.

12 Vreede-De Stuers, 'Kartini', 239.

13 Sutherland, *Making of Bureaucratic elite*, 46.

14 Ibid. 47-8.

15 Vreede-De Stuers, 'Boekbespreking', 393-4.

16 Ibid. 391.

17 *Brieven aan mevrouw R.M. Abendanon-Mandri*, 309.

18 Vreede-De Stuers, 'Een nationale heldin', 387, en 'Boekbespreking', 391-2. De gedachte dat de emancipatie van vrouwen directe invloed heeft op de emancipatie van het volk wordt in het moderne Indonesië heel letterlijk genomen. President Soekarno heeft een boek gepubliceerd over de belangrijke rol van vrouwen in de lotgevallen van de republiek: *Sarinah, Panitya penerbit Buku-buku karangan presiden Sukarno* (Jakarta, 1963). Het is in het Nederlands vertaald: *De taak van de vrouw in de strijd van de Republiek Indonesia* (Amsterdam, 1966). Cora Vreede-De Stuers pleit voor hetzelfde verband in haar onderzoek naar de emancipatie van de Indonesische vrouw; zie *L'Émancipation*, p. xiii. Een roman waarin de problemen worden geschetst van een moderne gestudeerde vrouw in de laatste jaren van het Nederlandse bestuur is Soewarsih Djojopoespito, *Buiten het gareel* (Utrecht, 1940). Javaanse vrouwen staan opnieuw in de voorhoede. Een eiland met 88 miljoen inwoners heeft wanhopig behoefte aan geboortebeperking, en om enig resultaat te boeken, achtte de regering het van wezenlijk belang de hulp van Javaanse vrouwen op dorpsniveau in te schakelen; zie Richard Critchfield, 'Discovering Indonesia's Women', *Asia* 2: 4 (nov./dec. 1979), 8-17.

19 Todorov, *The Conquest of America*, 171. Deze studie werd voor het eerst gepubliceerd in 1982 in Parijs als *La Conquête de l'Amérique.*

20 Ibid. 248, 92, 101.
21 Deze uitspraak van de 15de-eeuwse Spaanse taalkundige Antonio de Nebrija wordt geciteerd in ibid. 123.
22 Ibid. 254.
23 Ibid. 101, 100.
24 Ibid. 69.
25 Een dergelijke interpretatie van moederschap kan ook het gevolg zijn van de ervaring van het hebben van diverse 'moeders' in een prijaji-familie (p. 165). In haar stelling dat een vrouw geen biologische moeder hoefde te zijn om moederlijk te kunnen zijn, verzette Kartini zich tegen het belang dat de Javanen hechtten aan het krijgen van kinderen. Zelfs als een prijaji-vrouw getrouwd was, bleef ze bekend als een nganten (afkorting van pengantèn of 'bruid') tot ze een kind ter wereld had gebracht. Ze kon levenslang 'bruid' genoemd worden als ze geen kinderen kreeg (p. 201).
26 Geciteerd uit de inleiding van George McT. Kahin tot Benedict R. O'G. Anderson, *Mythology and the Tolerance of the Javanese* (Monograph Series of the Modern Indonesia Project; Ithaca, N.Y., 1965), p. iii.
27 Todorov, *Conquest of America*, 177.

13 E. DU PERRON (1899-1940): HET HUIS VAN DE HERINNERING

Verwijzingen in dit hoofdstuk waarbij alleen de pagina vermeld wordt, hebben betrekking op *LvH.*
Voor deze afkorting en voor *Brieven* en *VW*: zie noot 1.

1 Uit biografisch oogpunt vormt Du Perrons leven een probleem. Er is slechts één volledige biografie maar zij is bijzonder onbetrouwbaar: Ada Deprez, *E. du Perron 1899-1940. Zijn leven en zijn werk* (Brussel/Den Haag, 1960). Verder is er een studie die vooral ingaat op de jaren die Du Perron in Indië doorbracht: Kees Snoek, *De Indische jaren van E. du Perron* (Amsterdam, 1990). Dit boek legt merkwaardige accenten. Du Perron bracht de eerste *helft* van zijn leven op Java door en deze twintig jaar worden in 36 bladzijden behandeld! Du Perrons terugkeer voor een periode van drie jaar vormt de hoofdmoot van het boek; daarbij wordt de meeste ruimte besteed aan portretten van Indonesiërs met wie Du Perron in contact kwam in die korte tijd. Een aanzienlijk deel van het door Snoek behandelde kwam eerder aan de orde in twee werken van J.H.W. Veenstra: *D'Artagnan tegen Jan Fuselier. E. du Perron als Indisch polemist* (Amsterdam, 1962) en *Multatuli als lotgenoot van Du Perron* (Utrecht, 1979). De beste biografische schets is Dik van der Meulen, *E. du Perron. Een korte biografie* ('s-Gravenhage, 1990). Vermelding verdienen ook de voortreffelijke bladzijden in de vaak aangehaalde literatuurgeschiedenis van Rob Nieuwenhuys, *Oost-Indische spiegel* (3de herz. druk, 1978), 377-94. Nieuwenhuys kende Du Perron persoonlijk. Er is een groot aantal persoonlijke herinneringen te vinden van tijdgenoten van Du Perron zoals Roland Holst, Vestdijk, Ter Braak, Greshoff, Walraven, Marsman en anderen. Ten slotte is er Du Perrons eigen werk, dat heel wat autobiografisch materiaal bevat aangezien hij zijn eigen leven als inspiratiebron gebruikte. Veel informatie is te vinden in zijn roman *Het land van herkomst* (1935), al is de waarheidsgetrouwheid hier wel steeds een probleem. De uitgave waarnaar in dit hoofdstuk verwezen wordt, is: E. du Perron, *Het land van herkomst* (13de verm. druk, 1989), in de tekst aangeduid met *LvH* en paginanummer, of met alleen paginanummer als de verwijzing voor zichzelf spreekt. Du Perrons oeuvre werd uitgegeven als: E. du Perron, *Verzameld werk* (7 delen; Amsterdam, 1955-1959), in het vervolg afgekort als *VW*, met verwijzing naar deel en pagina. Zijn correspondentie

bevat eveneens veel informatie: E. du Perron, *Brieven* (9 delen; Amsterdam, 1977-1990), in het vervolg geciteerd als *Brieven*. De inleidingen van de tekstbezorgers geven uitvoerige biografische informatie.
2 Zie Nieuwenhuys, *Oost-Indische spiegel*, 385-388; en Willem Walraven, *Eendagsvliegen* (Amsterdam, 1971), 302-4.
3 Du Perron, *Verzameld werk*, vii. 124.
4 'Majoor Jantje', Augustijn Michiels (1768-1833), was een mardijker. De mardijkers waren vrijgelaten slaven, afstammelingen van vroegere slaven van de Malabarkust van India. Deze ondernemende mensen hadden zich tot het christendom bekeerd en werden vandaar niet langer als 'inlanders' beschouwd, ook al waren ze van gemengd bloed. Augustijn Michiels was fabelachtig rijk, een echte nabob. Hij bezat acht grote landgoederen én een groot huis, 'Semper idem', in Batavia. Majoor Jantje, zoals hij in de wandeling bekendstond, was van een spreekwoordelijke gastvrijheid. Hij nodigde iedereen uit om te logeren, doorgaans in Tjitrap; meestal ging men hierop in en bleef voor lange tijd. Zijn diners waren legendarisch, evenals zijn beeldschone slavinnen, zijn vier orkesten (een militaire kapel, een Europees strijkorkest, een Chinees orkest en een Javaans) en zijn vrijgevigheid tegenover het personeel. Hij moest wel uitzonderlijke geldbedragen uitgeven want – om één voorbeeld te noemen – het personeel van één enkel huis (Tjitrap, in 1833) bestond in het geheel uit 320 man! Zie voor bijzonderheden: Van de Wall, *Indische landhuizen en hun geschiedenis*, 80-9.
5 Zie ibid. 69-101.
6 Du Perron was duidelijk niet pur sang Europees. Hoezeer hij ook volhield dat er geen Indisch bloed in hem was (*Het land van herkomst*, 16), toch is het meer dan waarschijnlijk dat er onder zijn Franse voorouders gemengde huwelijken met Ceylonezen voorkwamen, en zijn grootmoeder van vaderskant was beslist van gemengd bloed. De familie van zijn moeder was eveneens van gemengd bloed.
7 Ibid. 51.
8 Tegen het eind van zijn leven zei Hemingway: 'En hoeveel beter om te sterven in de gelukkige periode dat je nog jong [sic] en niet ontgoocheld bent, om heen te gaan in een gloed van licht, dan om mee te maken dat je lichaam versleten en oud is en je illusies in duigen gevallen zijn.' Carlos Baker, *Ernest Hemingway. A Life Story* (New York, 1969), 552; het hele trieste verhaal van Hemingways einde staat op 550-64.
9 Percy, *Lanterns on the Levee*, 57.
10 Ibid. 125-6
11 Ibid. 127.
12 Ibid. 126.
13 Nieuwenhuys, *Oost-Indische spiegel*, 386.
14 Ik heb gebruikgemaakt van de meest recente uitgave van Stendhals werken in de Bibliothèque de la Pléiade: Stendhal, *Oeuvres intimes*, red. V. Del Litto (2 delen; Parijs, 1981-1982), ii. 699. Vergelijk Nederlandse vertaling: Stendhal, *Het leven van Henry Brulard*, vert. C.N. Lijsen (Amsterdam, 1980), 150.
15 Du Perron, *VW*, ii. 169-70.
16 Zie Kees Snoek, 'Aandacht voor een archipel: Du Perron op de Kangean-eilanden', *Indische letteren* 3: 2 (juni 1988), 85-100.
17 Geciteerd in Snoek, *Indische jaren*, 94.
18 Pascal Pia, *Parler de Du Perron* (Utrecht, 1979), 14-5. Het gaat hier om een in het Frans afgenomen interview met Pia. Het boekje werd uitgegeven samen met een (onbetrouwbare) Nederlandse vertaling van J.H.W. Veenstra.
19 S. Vestdijk, *Gestalten tegenover mij. Persoonlijke herinneringen*, 2de verm. druk (Den Haag, 1962), 70.
20 Stendhal, *Oeuvres intimes*, ii. 567. Vergelijk Nederlandse vertaling, 33.
21 Geciteerd in Snoek, *Indische jaren*, 16.

22 W. Walraven, *Brieven. Aan familie en vrienden 1919-1941*, 2de verm. druk (Amsterdam, 1991), 574.

23 Vestdijk, *Gestalten tegenover mij*, 71.

24 Zie Du Perron, *Verzameld werk*, i. 225-66.

25 Pascal Pia was een van die interessante literaire persoonlijkheden die achter de schermen grote invloed uitoefenen maar die anderszins weinig bekend blijven. Er staat een mooi hoofdstuk over Pia in de memoires van een Franse uitgever: Maurice Nadeau, *Grâces leur soient rendues. Mémoires littéraires* (Parijs, 1990), 105-37. Merk op dat Pia, die in *Het land van herkomst* onder de naam Viala voorkomt, in het boek een van de meest sympathieke Parijse gesprekspartners is en dat hij bijna tot leven komt. Een andere reden dat het tussen Du Perron en Pia zou hebben geboterd (*getjotjokt*: die uiterst Indische manier om een verstandhouding aan te duiden) is dat de Fransman politiek zeer beslist verfoeide. Zoals Nadeau zegt: 'Zijn minachting voor de politiek en hen die ervan leven, is volkomen. "Het laatste beroep", zegt hij van deze kwakzalvers, het toevluchtsoord voor de onbekwamen.' ('Son mépris pour la politique et ceux qui en vivent est total. "Le dernier des métiers", dit-il de ces marchands d'orviétan, le refuge des incapables'; p. 121.) Pia maakte, net als Du Perron in die tijd, gebruik van een aantal pseudoniemen (p. 119), en Nadeau laat ons weten dat Pia's vrouw, Suzanne, haar toekomstige man in België door toedoen van Du Perron leerde kennen; ze gaf de voorkeur aan de Nederlandse koloniaal boven zijn Franse vriend (p. 116). Zelfs Pia's 'ideale' levenswijze heeft een ondertoon van 'espagnolisme' (zie hierna); zij houdt in: 'niets doen, onder bruggen slapen, als clochard leven' ('ne rien faire, coucher sous les ponts, vivre en clochard'). In plaats daarvan, zo voegt Nadeau hieraan toe, leidde Pia het 'leven van een dwangarbeider' ('vie de forçat'; 117). Zie ook het artikel: Philippe Noble, 'Du Perron et ses amis français', *Septentrion. Revue de culture néerlandaise*, 10: 3 (december 1981), 2-9. Nederlandse versie van dit artikel: Philippe Noble, 'E. du Perron en zijn Franse vrienden', *Juffrouw Idastraat 11*, 7: 1 (maart 1981), 2-11.

26 André Malraux, *Antimémoires* (Parijs, 1967), 472. Malraux schreef tevens een nogal duister voorwoord voor een geplande Franse vertaling van *Het land van herkomst.* Het werd gepubliceerd (met een vertaling van de hoofdstukken 3 en 28 door A.L. Fernhout) in *Botteghe Oscure*, 12 (1953), 11-42. Hetzelfde voorwoord werd later toegevoegd aan de voortreffelijke vertaling, bijna dertig jaar later, door Philippe Noble, en opnieuw gepubliceerd als: André Malraux, 'Sur Le Pays d'origine' in de artikelenbloemlezing *Septentrion. Le Dialogue permanent* (Rekkem, 1990), 91-4. Het blijft een raadsel wat er terecht is gekomen van de eerste poging om de roman te vertalen. Zij werd immers onder auspiciën van Malraux verricht. De definitieve vertaling is: E. du Perron, *Le Pays d'origine*, vert. Philippe Noble (Parijs, 1980). Met betrekking tot 'het avontuur', vergelijk het volgende. In de jaren twintig stelde Du Perron het 'reële avontuur' gelijk aan het 'romantisch-en-toch-reëel-geziene [avontuur]' (*VW*, ii. 633). En hoofdstuk 2 van Malraux' roman *La Voie royale* (1930) bevat een sleutelpassage aangaande het begrip 'avontuur'. Centraal daarin staat de verklaring: 'Wat ze avontuur noemen (...) is geen vlucht, het is een jacht (...) [avontuur is] de aanzet tot alle mogelijkheden om hoop te hebben.' ('Ce qu'ils appellent l'aventure (...) n'est pas une fuite, c'est une chasse (...) [l'aventure est] l'élément suscitateur de tous les moyens de posséder l'espoir.') Uit de paperbackeditie: André Malraux, *La Voie royale* (Parijs, 1979), 37.

27 Vestdijk, *Gestalten tegenover mij*, 240.

28 De naam van het tijdschrift was Du Perrons idee. Hij noemde het zo in 1927. Het manifest van *Avontuur* werd evenwel door de dichter Paul van Ostaijen geschreven. Voor laatstgenoemde zie E.M. Beekman, *Homeopathy of the Absurd. The Grotesque in Paul van Ostaijen's Creative Prose* (Den Haag, 1970). Voor *Avontuur* zie Gerrit Borgers, *Paul van Ostaijen. Een documentatie* (2 delen; Den Haag, 1971), ii. 903, 912 en 1122-3.

29 In de aantekeningen die hij later aan *Het land van herkomst* toevoegde, verklaart Du Perron heel openlijk dat hij pas in 1927, met Greshoff als leidsman, goed vertrouwd raakte met de Nederlandse literatuur. Zie *LvH* 560.

30 Malraux, *Antimémoires*, 472.

31 Voor een beschouwing over Ter Braak in het Engels, zie E.M. Beekman, 'The Critic and Existence. An Introduction to Menno ter Braak', *Contemporary Literature* 9: 3 (zomer 1968), 377-93.

32 Deze tegenstelling, die wordt uitgedrukt door 'vent' (persoonlijkheid) tegenover 'vorm' te plaatsen, hield de vooroorlogse Nederlandse kritiek enige tijd bezig. De beste behandeling van het onderwerp is Oversteegen, *Vorm of vent*, vooral 371-445. Er zou een persoonlijke reden voor Du Perrons opstelling kunnen zijn. Het lijkt mij dat het gaat om een intellectuele versie van de persoonlijkheidscultus die volgens mij de kern vormt van zowel de eertijdse koloniale ervaring als de samenleving van het Oude Zuiden. Als zodanig is zij uitstekend in overeenstemming met mijn bespreking van Du Perron in dit hoofdstuk. Voor Maria Dermoût (zie hierna, hoofdstuk 15) bijvoorbeeld is alles 'een kwestie van personen', zelfs politiek (Van der Woude, *Maria Dermoût*, 73). Op dezelfde wijze brengt King naar voren dat het in de beste roman van Robert Penn Warren, *All the King's Men*, gaat om 'een strijd van persoonlijkheden meer dan om een van principes. De politieke beweging van Stark is meer gebaseerd op een impuls dan op de een of andere bijzonder samenhangende ideologie' (King, *Southern Renaissance*, 235). Wij kennen de gevaren hiervan in politiek opzicht, maar dat is hier niet aan de orde. Oversteegen brengt naar voren dat Du Perrons notie van 'vent' voortkwam uit zijn *persoonlijke antwoord* op Van Ostaijens voorkeur voor 'zuivere lyriek' (*Vorm of vent*, 384-8). Dit is een opvallend 'koloniale' en 'zuidelijke' oorsprong van een intellectuele voorkeur. Merk bovendien op dat de verdiensten van een 'persoonlijkheid' die Du Perron bespreekt, heel sterk lijken op die van de betere standen uit het Zuiden en de oude kolonie: eerlijkheid en moed. Een dichter 'moet een mens zijn die zich volledig durft uit te spreken' (*Vorm of vent*, 391). Du Perrons vader zou hetzelfde gezegd hebben over iedereen behalve een dichter. Ik moet ook vermelden dat Du Perrons 'vent'-doctrine veel gemeenschappelijk heeft met de literaire kritiek van Sainte-Beuve, hoewel ik geen bewijs kan vinden dat hij goed op de hoogte was van het werk van de Franse criticus. Hij noemt Sainte-Beuve maar twee keer in zijn gepubliceerde werk (*VW*, ii. 336 en vi. 151) en één keer in zijn correspondentie (*Brieven*, i. 312) maar het valt niet te ontkennen dat zijn voorkeur voor authenticiteit van de auteur, gesteld tegenover de vorm van het werk, in de buurt komt van Sainte-Beuves credo: de mens te zoeken in het werk (*chercher l'homme dans l'oeuvre*).

33 De korte mededeling is herdrukt in: *E. du Perron* (Schrijversprentenboek, nr. 13; Amsterdam, 1969), 43; zie ook *VW*, vii. 548 (nr. 53).

34 Snoek citeert de bewering van Walraven dat het conservatisme, zoals vertegenwoordigd door het (achttiende-eeuwse) 'regententype', in de kolonie veel langer heeft voortgeleefd dan in Europa, net zoals in Indië 'het trekken van de klewang, het gemeenzaam zijn met vuurwapens' gewoon en alledaags was (Snoek, *Indische jaren*, 170). Walravens opmerkingen zijn afkomstig uit zijn bespreking van *Schandaal in Holland*.

35 Pia, *Parler de Du Perron*, 20 (Franse deel).

36 In een brief aan G.O. Tissing uit Tjitjoeroeg, 30 mei 1937; *Brieven*, vi. 453.

37 Ibid., ix. 239.

38 Ibid. 241.

39 Zie het voorwoord van de uitgave van de gebundelde essays van Van Leur: J.C. van Leur, *Indonesian Trade and Society. Essays in Asian Social and Economic History* (1955; herdruk Dordrecht, 1983), v-xii. Van Leur nam als vrijwilliger dienst bij de marine nadat Japan Indië was binnengevallen. Hij kwam om bij de Slag in de Javazee in 1942. Hij was toen 34 jaar.

40 Zie Nieuwenhuys, *Oost-Indische spiegel*, 377-417; en Snoek, *Indische jaren*, 85-247.

41 Snoek citeert (p. 235-6) een passage uit Sjahrirs dagboek (aantekening van 31 december 1936) die ondersteunt wat ik eerder heb geformuleerd als het standpunt van Marx: dat Azië eerst 'westers gemaakt' moet worden voordat het een revolutionair stadium bereikt. 'Het Westen betekent voor mij het bruisende, voortdringende leven, het dynamische. Het is de Faust, die

ik liefheb en ik ben ervan overtuigd, dat alleen het Westen, in deze betekenis van het dynamische, het Oosten van zijn slavernij kan verlossen. Het leven ervaren en aanvaarden als streven, als strijd, als beweging waaraan het begrip rust ondergeschikt is, dat leert het Westen nu aan het Oosten en dat is goed. (...) Wat wij in het Westen bewonderen en liefhebben is die onverwoestbare vitaliteit, die liefde tot en begeerte naar het leven, naar de vervolmaking van het leven. Iedere levenskrachtige jongeman en jonge vrouw hier in het Oosten moest zich dáárom richten naar het Westen, want alleen van het Westen kan hij of zij leren om zich een krachtcentrum te voelen, in staat en bereid om deze wereld te veranderen, te beheersen.' Bij mijn bespreking van Kartini noemde ik al de paradox dat men de westerse cultuur nodig heeft om zichzelf te kunnen worden.

42 Geciteerd in Snoek, *Indische jaren*, 192.

43 Walraven, *Brieven*, 825-6. *Sisindirans* zijn korte satirische gedichten; 'Stamboel' verwijst naar een bijzondere, hybridische vorm van toneel die specifiek Indo-europees was.

44 Du Perron, *VW*, vii. 124.

45 King, *Southern Renaissance*, 7.

46 Harold Bloom, *The Anxiety of Influence. A Theory of Poetry* (1973; herdruk New York, 1975), 8. Voor het freudiaanse gebruik zie: Sigmund Freud, 'De familieroman van de neuroticus', in *Mijn opvattingen over de rol van de seksualiteit in de etiologie der neurosen [en andere teksten]* (Sigmund Freud Nederlandse editie, Klinische beschouwingen, ii; Meppel, 1985), 111-9.

47 Robert Alter, *A Lion for Love. A Critical Biography of Stendhal* (1979; herdruk Cambridge, Mass., 1986), 15.

48 Thomas Wolfe, *The Story of a Novel* (Londen, 1936), 39 en 92.

49 Van der Meulen, *E. du Perron*, 43.

50 Het is mij bekend dat hij al een begin had gemaakt in oktober 1932, maar het ging hier om een mislukte poging. Het eigenlijke werk begon in maart 1933, minder dan twee maanden na de dood van zijn moeder.

51 Bloom, *Anxiety of Influence*, 5. De bijzonder opmerkzame dichter Roland Holst wist dit eveneens. 'Behalve gulzig en gul kon hij ook bezeten zijn. In de laatste phase van zijn leven schreef hij zich letterlijk lam in zijn lof over Multatuli tegen een of andere meneer die bezwaren tegen Multatuli had. Multatuli bleef gelukkig even bewonderd als hij tevoren al was, en van die meneer weet – geloof ik – geen mens meer: much to do about nothing, komt het mij voor.' A. Roland Holst, 'Over den mens Edgard [sic] du Perron', *Tirade* 17: 184-5 (Du Perron-nummer; februari-maart 1973), 65.

52 'Maintenant, s'il me fallait nommer les 3 livres que je mets *personnellement* (souligné) au-dessus de tous les autres, les voici: *Henri [sic] Brulard, Barnabooth, le Petit Ami* de Paul Léautaud. Ce ne sont plus des "auteurs" comme vous dites, ce sont des "parents".' *Brieven*, iv. 415.

53 Du Perron, *VW*, ii. 449.

54 *VW*, ii. 546.

55 *Brieven*, vii. 136.

56 *Brieven*, vi. 470. Cursivering van Du Perron.

57 *VW*, iv. 438.

58 *Brieven*, vi. 484.

59 *VW*, iv. 440.

60 *Brieven*, vi. 473.

61 Ibid. 472

62 *Brieven*, vi. 473-4; vii. 213.

63 *Brieven*, vii. 104. Cursivering van Du Perron.

64 Ibid. 378.

65 *VW*, vii. 177. De volledige titel van het enige verschenen deel luidt: *De muze van Jan Companjie. Overzichtelike verzameling van Nederlands-Oostindiese bellettrie uit de companjiestijd (1600-1780)*, red. E. du Perron, 2de herz. en verm. druk (Bandoeng, 1948).

66 Voor Kalff zie Joop van den Berg, 'Eerherstel voor S. Kalff. Samensteller van de eerste bloemlezing van de Indisch-Nederlandse letterkunde', *Indische letteren* 1: 1 (maart 1986), 37-46.

67 *Brieven*, iv. 78. Dit betekent dat het idee om Indië te incorporeren, een rol ging spelen in de tijd dat hij *Het land van herkomst* schreef, en nadat allebei zijn ouders waren overleden en hij ontdekte dat hij geen cent meer had.

68 *VW*, vii. 482.

69 *De muze van Jan Companjie*, 2de druk, 217.

70 *Brieven*, vii. 483.

71 Een naam die opmerkelijk genoeg ontbreekt, is Brom. Gerard Broms geschiedenis van de koloniale bellettrie, *Java in onze kunst* (1931), werd hiervoor al in hoofdstuk II genoemd. Du Perron bespreekt Brom heel welwillend (*VW*, ii. 621-34). De reden hiervoor is eenvoudig dat Brom zich gunstig uitlaat over Multatuli. Anderszins valt er heel wat aan te merken op Broms boek, al waren het alleen maar de gezwollen stijl waarin het was geschreven – een stijl die Du Perron wel een gruwel moest zijn – en de dubieuze observaties. Zo beschouwde Brom Augusta de Wit als de gelijke van Homerus (p. 174)!

72 *Brieven*, v. 284.

73 Dit blijkt uit de aantekeningen die hij later toevoegde. Deze aantekeningen zijn uiteindelijk afgedrukt in de dertiende, vermeerderde druk, die in dit hoofdstuk gebruikt is; ze zijn daar te vinden op 543-74.

74 *VW*, ii. 123. Dat het citaat dateert van voordat hij aan de roman begon, blijkt uit het feit dat het uit het 'Vierde cahier' van de *Cahiers van een lezer* afkomstig is; deze essays werden voor het eerst gepubliceerd in 1928-1929; zie *VW*, ii. 748.

75 Deze opinies zijn, in volgorde van citeren, afkomstig uit: Dina van Berlaer-Hellemans, 'Twee romans uit de Forum-tijd: *Hampton Court* en *Het land van herkomst*. Deel ii: *Het land van herkomst*: het wonderlijke fatum van het individualisme', *Spiegel der letteren* 21: 1 (1979), 14; Douwe Fokkema en Elrud Ibsch, *Modernist Conjectures. A Mainstream in European Literature 1910-1940* (Londen, 1987), 278; Simon Vestdijk, 'E. du Perron's grote anti-roman', in *Lier en lancet*, 2de druk (2 delen; Den Haag, 1961), ii. 131; Francis Bulhof, *Over Het land van herkomst van E. du Perron* (Synthese-reeks; Amsterdam, 1980), 80; H. Marsman, *Verzameld werk* (Amsterdam, 1960), 490. Vermeld moet worden dat Bulhofs boekje de meest uitvoerige studie over Du Perrons roman is.

76 Bulhof, *Over Het land van herkomst*, 10. Du Perron gebruikte een aan 'binnenhuisroman' verwante term bij de behandeling van Nederlandse romans: 'Holland is een land voor binnenhuis-tragedies' (*VW*, ii. 157).

77 Ook Bulhof besprak dit uitgebreid, op 52-4.

78 Bakhtin, *Speech genres*, 110.

79 *VW*, vii. 548.

80 Bakhtin, *Speech genres*, 113.

81 *VW*, ii. 523.

82 Bakhtin, *Speech genres*, 164.

83 Bakhtin, *Problems of Dostoevsky's Poetics*, 32.

84 Aldus samengevat door Bulhof, *Over Het land van herkomst*, 76.

85 Bakhtin, *The Dialogic Imagination*, 67.

86 King, *Southern Renaissance*, 6.

87 Bakhtin, *Problems of Dostoevsky's Poetics*, 32.

88 Ibid. 78.

89 Ibid. 88.

90 Ibid. 93.

91 Bulhof, *Over Het land van herkomst*, 55-6.

92 *VW*, ii. 169.

93 Alan Judd, *Ford Maddox Ford* (Cambridge, Mass., 1991), 73.

94 Ibid. 76.

95 Stendhal, *Oeuvres intimes*, ii. 538. Vergelijk Nederlandse vertaling, 11. Voor de gebruikte edities zie noot 14 hierboven. *Vie de Henry Brulard* werd geschreven tussen november 1835 en maart 1836 en voor het eerst, postuum, gepubliceerd in 1890. De Franse editie is, volgens de verzorger ervan, V. Del Litto, de meest betrouwbare en is ontleend aan Stendhals manuscript in Grenoble; zie Del Litto's toelichting op 1306-1313.

96 Stendhal, *Oeuvres intimes*, ii. 745. Vergelijk Nederlandse vertaling, 192.

97 Er zijn vele edities van *De l'amour*, dat bij verschijning in 1822 op algehele onverschilligheid stuitte. De kernspreuk is een deel van de eerste zin van hoofdstuk 9; het hele hoofdstuk bestaat uit slechts drie zinnen.

98 Ik heb al bij verschillende gelegenheden gesteld dat Nederland niet welwillend tegenover de Romantiek stond. Een ander voorbeeld van iemand die een tekort aan hartstocht in het leven in Nederland ervoer, is Belle van Zuylen (1740-1805), in de Franse literatuur beter bekend als Madame de Charrière. Ooit klaagde zij over Holland: 'Hier is men helemaal alleen levendig' ('Ici l'on est vif tout seul'). Zie *Boswell in Holland, 1763-1764*, red. Frederick A. Pottle (New York, 1952), 286.

99 In het vierde cahier van *Cahiers van een lezer* treft men een aantal onthullende bladzijden over Constant aan. Opnieuw gaat het erom waar Du Perron de nadruk op legt. Constant is voor hem deze 'mislukte politicus die zo'n brilliant spreker vermocht te zijn, deze halve geleerde die zo heel veel wist, deze analyticus die zo'n dromer was', die 'zijn verleden – en hoe dikwijls het heden – met een bleke wreedheid [ziet]. Hij was als kind reeds ontgoocheld en telkens waar hij zich aan de dolste actie overgeeft, voelt men het als de cache-misère van een altijd aanwezige kwelling.' De overeenkomsten met hemzelf óf met Ducroo spreken voor zichzelf. Hij eindigt zijn opmerkingen over Constants *Journal intime* als volgt: 'Adolphe is Constant, gezien door Mme de Staël; de roman [dat wil zeggen *Adolphe*] werd geschreven voor haar en als om haar te bewijzen dat hij begreep hoe zij hem zag; het *Journal* is daar om te getuigen dat hij niets bereikt heeft, zelfs met een zo delicate vorm van verwijt.' Zie *VW*, ii. 131-3.

100 Stendhal, *Oeuvres intimes*, ii. 735. Vergelijk Nederlandse vertaling, 183.

101 Alter, *A Lion for Love*, 11.

102 Jean Starobinski, *L'Oeil vivant* (Parijs, 1961), 205.

103 Ibid. 196-7.

104 *Brieven*, ix. 548-60 en 734.

105 Starobinski, *L'Oeil vivant*, 194.

106 Bulhof, *Over Het land van herkomst*, 41-2.

107 Stendhal, *Oeuvres intimes*, ii. 618. Vergelijk Nederlandse vertaling, 78.

108 Alter, *A Lion for Love*, 9.

109 *VW*, v. 555-64.

110 Ibid. 561.

111 Stendhal, *Oeuvres intimes*, ii. 727 en 730-1. Vergelijk Nederlandse vertaling, 177 en 179-81. Stendhal gebruikte zijn neologisme voor het eerst in *Vie de Henry Brulard*; Del Litto omschrijft het als 'de afwijzing van de wereld en de mensen zoals ze zijn, de neiging om in een universum te leven dat ontdaan is van alle platvloerse realiteiten' ('le refus du monde et des hommes tel qu'ils sont, le penchant à vivre dans un univers vidé de toutes les réalités vulgaires'; ii. 1306).

112 *Brieven*, ii. 180.

113 Stendhal, *Oeuvres intimes*, ii. 854. Vergelijk Nederlandse vertaling, 293.

114 Genève: 'on y calcule et jamais on n'y rit'; Grenoble: 'Tout ce qui est bas et plat dans le genre bourgeois me rappelle Grenoble, tout ce qui me rappelle Gr[enoble] me fait horreur; non, *horreur* est trop noble, *mal au coeur.*' Stendhal, *Oeuvres intimes*, ii. 620-1. Vergelijk Nederlandse vertaling, 79-80.

115 Walker Percy, *The Last Gentleman* (New York, 1966), 9.

116 Merk op hoe deze tegenstelling zelfs wordt doorgevoerd tot in kleine details. Zo worden bij-

voorbeeld Arthur Ducroos jeugdige ideeën over geslachtelijke omgang ruw verstoord door de platte en realistische kilheid van zijn *Europese* klasgenoten (*LvH* 249).

117 'En effet, l'amour a toujours été pour moi la plus grande des affaires, ou plutôt la seule.' Stendhal, *Oeuvres intimes*, ii. 767. Vergelijk Nederlandse vertaling, 211.

118 Geciteerd in Robert Pogue Harrison, *Forests. The Shadow of Civilization* (Chicago, 1992), 234-5.

119 Stendhal, *Oeuvres intimes*, ii. 678. Vergelijk Nederlandse vertaling, 128.

120 Vertaald naar Søren Kierkegaard, *Concluding Unscientific Postscript*, vert. David F. Swenson (Princeton, 1941), 317.

121 *VW*, ii. 510-1.

122 Men zou in feite heel makkelijk Du Perrons 'Indische' persoonlijkheid kunnen vergelijken met de Latijns-Amerikaanse aard, in het bijzonder met de manier waarop de Mexicanen tegen het leven aankijken. Neem bijvoorbeeld de volgende beoordeling: 'Misschien het vreemdste contrast is het schijnbare naast elkaar bestaan van ritueel en wanorde in de Mexicaan, maar ook dit illustreert dat het spirituele belangrijker is dan het materiële. Een sterke religiositeit, een vasthouden aan tradities, een ceremoniële vorm van gedrag, de vormelijkheid van taalgebruik, bij dit alles gaat het om zorg voor de gevoelsmatige en spirituele kant van het leven. De mechanische efficiëntie, punctueelheid en georganiseerdheid van een Angelsaksische samenleving daarentegen, lijken nutteloos. Voor een Mexicaan telt veeleer wat hij is dan wat hij doet, veeleer de man dan de baan: hij werkt om te leven en niet andersom. Hij kan overweg met externe chaos als er voor zijn spirituele bekommernissen gezorgd is, maar hij kan niet toestaan dat zijn identiteit vernietigd wordt door krachten die door de mens in het leven zijn geroepen. Eerder interpreteert hij de wereld in overeenstemming met zijn emoties. In een omgeving van schijnbare wanorde kan hij improviseren, scheppen en uiteindelijk zijn eigen persoonlijkheid aan het gebeuren opleggen. En aan het eind draagt hij bij aan de wanorde, in naam van de expressie van zijn individualiteit.' Alan Riding, *Distant Neighbors. A Portrait of the Mexicans* (New York, 1985), 5. Dit verschilt, mutatis mutandis, niet veel van de geaardheid die in dit hoofdstuk en in hoofdstuk 11 geschetst is. Zelfs de titel van Riding zou heel geschikt zijn voor de verhouding van Holland met het Nederlands-Indië gedurende de negentiende en de twintigste eeuw.

123 Zie ook Veenstra, *D'Artagnan tegen Jan Fuselier*, 23.

124 *Brieven*, viii. 233.

125 *Brieven*, vi. 422-3. In *Het land van herkomst* (p. 95-6) wordt duidelijk dat Du Perron met 'vitrophaniepapier op de ruiten' doelt op een soort kleurentransparanten die men op glas kon overbrengen.

126 Martin Heidegger, *Poetry, Language, Thought*, vert. Albert Hofstadter (1971; herdruk New York, 1975), 147.

127 Het woord 'uitloper', dat twee keer gebruikt wordt, maakt het gevoel van afstand een stuk duidelijker. Zie *Het land van herkomst*, 240.

128 Gaston Bachelard, *La Poétique de l'espace* (Parijs, 1957), 24.

129 *Het land van herkomst*, 16. Zie Bachelard, *La Poétique de l'espace*, 57. Hij citeert twee prachtige versregels van Oscar de Milosz, waarin het allemaal is uitgedrukt.
Je dis ma Mère. Et c'est à vous que je pense, ô Maison!
Maison des beaux étés obscurs de mon enfance.
(Ik zeg Moeder. En het is aan u dat ik denk, o Huis!
Huis van de mooie duistere zomers van mijn kinderjaren.)
De notie van het huis als ouder was Du Perron niet vreemd; zie *Het land van herkomst*, 292-3.

130 Bakhtin, *The Dialogic Imagination*, 247.

131 De maan is de titulaire godheid van *Het land van herkomst*, net zozeer als zij dit was voor *De stille kracht* van Couperus. Als het symbool van de vrouwelijke levenskracht is zij in *Het land van herkomst* altijd verbonden met huizen bij nacht (p. 289) en is zij de symbolische schakel tussen Indië en Europa (p. 28). De maan verbindt ook het verleden en het heden (p. 418).

Merk op dat een van de krontjongliederen die Ducroo zich herinnert van zijn jeugd in Gedong Lami, over maneschijn (*terang boelan*) gaat (p. 118).

132 'Nous nous réconfortons en revivant des souvenirs de protection. Quelque chose de fermé doit garder les souvenirs en leur laissant leurs valeurs d'images. Les souvenirs du monde extérieur n'auront jamais la même tonalité que les souvenirs de la maison. En évoquant les souvenirs de la maison, nous additionnons des valeurs de songe; nous ne sommes jamais de vrais historiens, nous sommes toujours un peu poètes et notre émotion ne traduit peut-être que de la poésie perdue.' Bachelard, *La Poétique de l'espace*, 25.

133 Uit Quintilianus' *Institutio Oratoria*, ii. 2. 18-21. Vertaald naar de Engelse vertaling in de Loeb Classical Library door H.E. Butler (4 delen; Cambridge, Mass., 1936), iv. 221 en 223. Het *impluvium* was 'de lichtkoker in het midden van het *atrium* met daaronder een waterreservoir om het regenwater van het dak op te vangen'.

134 Charles Mauron, *Aesthetics and Psychology*, vert. Robert Fry en Katherine John, uitg. Leonard en Virginia Woolf (Londen, 1935), 71-3.

135 Het woord 'schrijftafel' legt een direct verband met het schrijven.

136 Alter, *A Lion for Love*, 93.

14 BEB VUYK (1905-1991): DE WILDE GROENE GEUR VAN HET AVONTUUR

Verwijzingen in dit hoofdstuk naar enkel de pagina hebben betrekking op Beb Vuyks *Verzameld werk*; zie noot 6.

1 Zie het interview met Beb Vuyk in Willem M. Roggeman, *Beroepsgeheim. Gesprekken met schrijvers*, deel v (Antwerpen, 1986), 158.

2 Du Perron, *Verzameld werk*, vi. 190.

3 Du Perron, *Brieven*, ii. 311, 344 en 404; ii. 250; v. 256 en 364.

4 Du Perron, *Verzameld werk*, vi. 267.

5 Vooral dit verhaal wordt geprezen door Justus M. van der Kroef, 'The Colonial Novel in Indonesia', *Comparative Literature* 10: 3 (zomer 1958), 215-31, met name 227. Zie ook mijn vertaling: Beb Vuyk, 'Way Baru', *Metamorphosis* 3: 2 (april 1995), 35-44.

6 Zie Beb Vuyk, *Verzameld werk* (Amsterdam, 1972), 440. Hierna volgende verwijzingen in de tekst en de noten naar enkel de pagina hebben betrekking op deze editie. Zoals gewoonlijk moet men er rekening mee houden dat deze uitgave van het 'verzameld werk' niet alles bevat wat Beb Vuyk publiceerde, maar zij brengt wel in één band haar belangrijkste fictionele werk bijeen. Naar ander werk wordt in de noten verwezen. Zie bijvoorbeeld ook Beb Vuyk, *Reis naar het vaderland in de verte* (Utrecht, 1983), 27, waar ze de nadruk legt op het autobiografische karakter van haar werk. Zie verder Roggeman, *Beroepsgeheim*, v, 157.

7 Robert Louis Stevenson, *Works* (24 delen; New York, 1900), xii. 186; eigen cursivering. Beweeglijkheid, met alle mogelijke connotaties, staat beslist centraal in het avonturenverhaal. Nog een voorbeeld is te vinden in het werk van Robert Brown, die, in zijn reisverhaal *The Road to Oxiana* (1937; herdruk New York, 1982), erg opziet tegen het einde van zijn reizen: 'Bij Paddington [een station in Londen] begon het mij te duizelen, te duizelen bij het vooruitzicht tot stilstand te komen, bij de ophanden zijnde botsing tussen de vaart van elf maanden en de onbeweeglijkheid van een dierbaar thuis' (p. 286).
Beweeglijkheid is natuurlijk ook een belangrijk aspect van de Romantiek. Multatuli formuleert het in hoofdstuk 11 van de *Max Havelaar* als volgt: 'Natuur is beweging. Groei, honger, denken, gevoelen, is beweging… stilstand is de dood! Zonder beweging, geen smart, geen genot, geen aandoening!' Multatuli, *Volledige werken*, i. 138.

8 Stevenson, zoals geciteerd door Robert Kiely, *Robert Louis Stevenson and the Fiction of Adventure*, 267.
9 Roggeman, *Beroepsgeheim*, v, 155.
10 Fairchild, *Garden Islands of the Great East*, 183 en 189.
11 Ibid. 186.
12 W. Somerset Maugham, *Collected Short Stories* (3 delen, 1951; herdruk in 4 delen, New York, 1963), iv. 345. Zie ook *Maugham's Malaysian Stories* (Kuala Lumpur, 1969), met een uitstekende inleiding van Anthony Burgess.
13 Zweig, *The Adventurer. The Fate of Adventure in the Western World*, 7 en 4.
14 Stevenson, *Works*, xiii. 238.
15 Kiely, *Robert Louis Stevenson*, 40.
16 Jacques Soustelle, *The Daily Life of the Aztecs on the Eve of the Spanish Conquest* (1955), vert. Patrick O'Brian (1961; herdruk Stanford, Calif., 1962), 190.
17 Inga Clendinnen, *Aztecs. An Interpretation* (Cambridge, 1991), 174.
18 Ibid. 174-80; Soustelle, *Daily Life of the Aztecs*, 189-91. Zie ook Laurette Séjourné, *El pensamiento Náhuatl cifrado por Los Calendarios* (Mexico, 1981), 311.
19 Clendinnen, *Aztecs*, 175.
20 De claustrofobie wordt benadrukt door de bijvoeglijke naamwoorden 'verstard' en 'beklemd', woorden die Beb Vuyk ook gebruikte voor de beschrijving van de Javaanse bergen in *Duizend eilanden* en 'De vervulling en de terugkeer' (p. 435).
21 Vuyk, *Verzameld werk*, 168. Deze auteurs zijn van belang vanwege de schakel die zij vormen tussen het avonturenverhaal en het kolonialisme; zij worden als zodanig besproken in Martin Green, *Dreams of Adventure, Deeds of Empire.* In de oorspronkelijke tekst is sprake van 'Rob en Roy'. Dit is een zetfout voor *Rob Roy* (1817) van Sir Walter Scott (zoals blijkt uit de eerste druk van *Het laatste huis van de wereld*). Voor Scott, zie Green, 97-128, en Zweig, *The Adventurer*, 189. Voor James Fenimoore Cooper, zie Green, 129-63. Frederick Marryat is in de oorspronkelijke tekst vertegenwoordigd met 'Stuurman Flink', dat, naar ik aanneem, verwijst naar *Masterman Ready* (1841); zie eveneens Green, 214-6.
22 In 'Démocratie', uit de bundel *Illuminations.*
23 De allitererende adjectieven zijn 'de groene, geurige kajoepoetih-olie' (p. 157 en 185). Vergelijk 'de groene, wilde geur van het avontuur' (p. 230, 254 en 256).
24 De details van het destilleren van de kajoepoetih-olie zijn ontleend aan P.A. Arends, 'Waarom kajoepoetih groen is', *Moesson* 26: 10 (kerst 1981), 8-9.
25 Beb Vuyk, *Kampdagboeken* (Utrecht, 1989), 44.
26 Beb Vuyk, *Een broer in Brazilië* (Utrecht, 1983), 92.
27 Ibid. 117.
28 Rudyard Kipling, *The Seven Seas* (New York, 1896), 209.
29 Zweig, *The Adventurer*, 81; zie ook 23, 32, 81-5 en 93-6.
30 King, *A Southern Renaissance*, 6.
31 Joseph Conrad, *Within the Tides. Tales* (1915; New York, 1925), viii.
32 Robert Louis Stevenson, *Vailima Letters. Being Correspondence Addressed by Robert Louis Stevenson to Sidney Colvin* (2 delen; New York, 1906), ii. 127. Stevensons verrukking over fysieke arbeid in de tropen lijkt veel op die van Beb Vuyk (zie ii. 27-8). Zijn talent om gewone gebeurtenissen in avonturen te veranderen, wordt vermeld door Gavan Daws, *A Dream of Islands. Voyages of Self-Discovery in the South Seas* (New York, 1980), 175.
33 Zweig, *The Adventurer*, 227-8.
34 Stevenson, zoals geciteerd door Kiely, *Robert Louis Stevenson*, 103.
35 Erich Auerbach, *Mimesis. De weergave van de werkelijkheid in de westerse literatuur*, vert. Wilfred Oranje (Amsterdam, 1991), 14.
36 Ibid. 16.
37 Ibid. 8.

38 Ibid. 21-2.
39 Zweig, *The Adventurer*, 61 en 71.
40 Walraven, *Brieven*, 624. Zie ook Roggeman, *Beroepsgeheim*, v, 151.
41 Zweig, *The Adventurer*, 227, 239 en 114.
42 Walraven, *Brieven*, 496. Biografische gegevens kan men halen uit haar eigen semi-autobiografische werk, met name 'Mijn grootmoeders' (*Verzameld werk*, 421-31) en 'De vervulling en de terugkeer' (p. 434-45). Ook zijn er interviews, zoals dat van Roggeman (zie noot 1), en is er heel wat biografische informatie te vinden in het 'Schrijversprentenboek' (nr. 30) dat gepubliceerd werd door het Nederlands Letterkundig Museum en Documentatiecentrum: Joop van den Berg, Kester Freriks en Greetje Heemskerk, *In Indië geweest. Maria Dermoût, H.J. Friedericy, Beb Vuyk* (Amsterdam 1990), 84-119 en 124-5.
43 Walraven, *Brieven*, 608; zie ook 639.
44 Ibid. 556.

15 MARIA DERMOÛT (1888-1962): HET INSTINCT VAN ONS HART

Verwijzingen in dit hoofdstuk naar enkel de pagina hebben betrekking op Maria Dermoûts *Verzameld werk*: zie noot 1.
Verwijzingen naar Van der Woude: zie noot 2.

1 Paginaverwijzingen hebben betrekking op de uitgave van haar verzamelde werk in één deel: Maria Dermoût, *Verzameld werk*, 2de uitgebr. druk (Amsterdam, 1974). Verwijzingen hiernaar in de tekst vermelden alleen de pagina, tenzij er misverstand mogelijk is; in dat geval wordt het woord *Werk* toegevoegd. De voornaamste verwijzing naar het feit dat de roman zich afspeelt op Ambon, is de passage op p. 125 waarin gesteld wordt: '(...) twee schiereilanden, door buiten- en binnenbaai bijna geheel van elkaar gescheiden, op de kleine landengte aan de binnenbaai na (niet eens zo ver weg van de tuin). "Passo", dat zeiden de Portugezen al.' Dit maakt dat het eiland duidelijk herkenbaar is als Ambon: dit bestaat immers uit twee lange schiereilanden, het noordelijke genaamd Hitoe, en het zuidelijke genaamd Leitimor, verbonden door de, ongeveer anderhalve kilometer lange, landengte genaamd Pas van Bagoeala. Hitoe en Leitimor zijn van elkaar gescheiden door de Baai van Ambon, de in de roman vermelde baai.
2 Johan van der Woude, *Maria Dermoût. De vrouw en de schrijfster* ('s-Gravenhage, 1973), 83; zie ook 83-5 en 193; hierna geciteerd als Van der Woude. Dit met liefde geschreven boek is de enige biografie van boekomvang over het leven van Maria Dermoût. Het heeft echter zijn gebreken en omissies. Het moet aangevuld worden met het lange artikel van de kleindochter van Maria Dermoût: Marie de Bruyn Ouboter-Kist: ' "Hart van mij". Brieven en teksten van Maria Dermoût (1950-1960)', *Bzzlletin* 13: 127 (juni 1985), 22-35. Zie ook het eerder vermelde 'Schrijversprentenboek nr. 30': Van den Berg e.a., *In Indië geweest*, 8-49 en 121-2. Het boek van Van der Woude was in de onderhavige context van bijzonder belang omdat het fragmenten bevat uit de brieven en het dagboek van Maria Dermoût.
3 Van der Woude, 193.
4 Ibid. 194.
5 Ibid. 111.
6 Ibid. 144. De secundaire literatuur over het boeddhisme is te omvangrijk om samengevat te worden. Ik wil er slechts op wijzen dat Ananda K. Coomaraswamy, *Buddha and the Gospel of Buddhism* (1916; herdruk New York, 1964) nog steeds een van de beste inleidingen is. Heel wat iconografisch materiaal is te vinden in Pierre Rambach, *The Secret Message of Tantric Buddhism*

(New York, 1979), terwijl A.J. Bernet Kempers, *Ageless Borobudur* (Wassenaar, 1976) de meest uitvoerige studie over de Boroboedoertempel op Java is. Een grondige studie over de *moedra's* is: E. Dale Saunders, *Mudra. A Study of Symbolic Gestures in Japanese Buddhist Sculpture* (1960; herdruk Princeton, 1985).

7 Van der Woude, 80.

8 Ibid. 144.

9 Ganesha of Ganapati is de populaire hindoegod van wereldlijke wijsheid en succes, van wie gezegd wordt dat hij alle wensen vervult. Maria Dermoût had een bijzondere voorliefde voor Ganesha, misschien omdat hij beschouwd werd als zachtaardig, rustig en wijs. Hij was de oudste zoon van Shiva en Parvati en wordt in heel India vereerd. Er is ook een aantal beelden van Ganesha op Java aangetroffen. Maria Dermoût schreef twee verhalen over hem: 'Oema en de Noordpoolster' en 'Ganeesha' (*Werk*, 423-6 en 426-31). Hoewel hij een mensenlichaam had, is Ganesha's hoofd dat van een olifant. Maria Dermoût had blijkbaar sympathie voor dit dier. In veel Aziatische beschavingen was de olifant het symbool van schranderheid en was hij tevens een belangrijke icoon in het boeddhisme. Een voorbeeld is de boeddhistische tekst die André Malraux als motto gebruikte voor zijn *Antimémoires*: 'De olifant is de meest wijze van alle dieren, de enige die zich zijn vorige levens herinnert; ook blijft hij langdurig stilstaan, terwijl hij ze overdenkt' ('L'éléphant est le plus sage de tous les animaux, le seul qui se souvienne de ses vies antérieures; aussi se tient-il longtemps tranquille, méditant à leur sujet'). Olifanten spelen een belangrijke rol in 'De danseres van koper' (p. 330-8) en in het prachtige verhaal-in-een-verhaal dat in 'Toetie' wordt verteld (p. 600-1). Een ander dier dat Maria Dermoût in haar werk noemt, een dier dat eveneens bijzonder wijdverbreid is in de Aziatische symboliek, is de schildpad; maar het meest zinspeelt ze op vogels.

10 *Petangan* en *primbon* zijn Javaanse begrippen die Maria Dermoût waarschijnlijk ontleende (zie Van der Woude, 50) aan H.A. van Hiens studie *De Javaansche geestenwereld* (zie hoofdstuk 9, noot 62).

11 Van der Woude, 195.

12 In de oorspronkelijke tekst: 'saisie de la chose comme événement et non comme substance'. Roland Barthes, *L'Empire des signes* (Genève, 1970), 103.

13 Mulder, *Mysticism & Everyday Life in Contemporary Java*, 17.

14 Van der Woude, 113-4.

15 Ibid. 74.

16 Ibid. 75.

17 Verhalen die voornamelijk zijn gebaseerd op Indonesisch materiaal, zijn 'Koning Baâboe en de veertig jongelingen', 'De boom des levens', 'Het lied van Patinama de dode', 'De boeddhaơring', 'Heer Bi-Tjak', 'Sélô en de vogels', 'De Nieuwe Heer', 'De broederkrissen', 'Dit is het verhaal van Oji', 'Oema en de Noordpoolster', 'Ganeesha', 'De sirenen', 'De haaienvechter' en 'De dans met de speer'. Ook zou men kunnen overwegen 'Het kanon', 'De kist' en 'Kwan Yins slang' tot deze groep te rekenen.

18 Roggeman, *Beroepsgeheim*, v, 166.

19 Van den Berg e.a., *In Indië geweest*, 43.

20 Van der Woude, 11.

21 Bachelard, *La Poétique de l'espace*, 145. Het brahmaanse inzicht in de werkelijke status van kleine dingen herinnert aan het werk van een schrijver wiens naam bijna een homoniem van Dermoût was. J.A. Dèr Mouw (1863-1919) was een filosoof en dichter die, onder de naam Adwaita, een aantal opmerkelijke sonnetten en verscheidene lange filosofische gedichten schreef. Dèr Mouw was, zowel gevoelsmatig als intellectueel, diepgaand beïnvloed door het brahmanisme, en hij geloofde, in overeenstemming daarmee, dat tegengestelden, zoals goed en kwaad, opgenomen kunnen worden in Brahman, al sloot hij het bestaan van leed niet uit. Zijn brahmanisme hield ook de overtuiging in dat klein en groot van gelijk belang waren. Twee niveaus om zich te wijden aan de verering van Brahma, waren de schoonheid van de

natuur en de kunst, én de ervaring van de liefde. Maria Dermoût las veel poëzie, en men zou zeggen dat Dèr Mouws uitzonderlijke gewoonte om het verhevene en het alledaagse naast elkaar te plaatsen – in die tijd beschouwd als iets revolutionairs – haar zou hebben aangesproken. Adwaita's grootse visioenen van het universum zouden van weinig betekenis zijn geweest voor een schrijver van prozafictie, maar de versmelting van het laag-bij-de-grondse en het sublieme, de liefdevolle aandacht voor gewone dingen, en de lage dunk die hij had van de christelijke vroomheid van het lijden – 'Nee, smart veredelt niemand: smart verhardt' – zou bij Maria Dermoût weerklank hebben gevonden.

22 De Bruyn Ouboter-Kist, ' "Hart van mij" ', 29-30.

23 Frederic Ives Carpenter, *Emerson and Asia* (Cambridge, Mass., 1930), 27-38. Zie ook Guus Houtzager, *Het een-én-het-ander. Over De tienduizend dingen van Maria Dermoût* (Leiden, 1991), 41-53.

24 Van der Woude, 73 en 140.

25 Ibid. 38 en 52.

26 De Bruyn Ouboter-Kist, ' "Hart van mij" ', 24.

27 De Amerikaanse editie is Maria Dermoût, *The Ten Thousand Things*, vert. Hans Koningsberger (New York, 1958). Een waarschuwing: deze editie is geen integrale vertaling van het origineel.

28 Zie bijvoorbeeld Leo Vissers, *De harpe Amoret. Een studie over de verhalencyclus De tienduizend dingen van Maria Dermoût* (Roosendaal, 1990), 16 en 19 (om nog maar te zwijgen van de titel).

29 Van der Woude, 180.

30 Er zijn te veel voorbeelden om hier allemaal te noemen. Overduidelijke verbanden zijn natuurlijk de diverse personen, zoals Domingoes (Himpies jeugdvriend en later de sergeant van de patrouille), of het terugkerende beeld van de graven van de drie kleine meisjes. Het laatstgenoemde biedt een voorbeeld van grotere subtiliteit: de drie vermoorde meisjes (voor het eerst genoemd op p. 122) versmelten met de drie roze meisjes op het glazen schermpje van het nachtlicht (p. 156) en zij doen zich aan Felicia voor als drie jonge zeeschildpadden, op het moment dat Himpies sterft (p. 204). Een deel van het meubilair van de posthouder (p. 214 en 221) wordt verkocht aan Felicia (p. 192). Op dezelfde bladzijde wordt vermeld dat Felicia niet van de kleur blauw houdt. De onbewuste verklaring hiervan is de man met het blauwe haar, die de vader is van een heldhaftige soldaat (p. 127), een aankondiging van het tragische krijgsthema. Het motief van de handen dat door de hele roman heen speelt, bereikt een climax in 'De professor'. Ten slotte is er in het laatste deel het subtiele verband van het Binongkomeisje dat naar het timmeren op de Portugese werf luistert (p. 297); één keer slechts (op p. 128) werd vermeld dat men daar ook galgen maakte.

31 'Wolken, spinnewebben, e.d., krijgen dan "betekenis", niet omdat ze met-elkaar-in-verband-gebrachte "details" zijn, maar *stijlelementen*, waarvan de "betekenis" losstaat van enige betekenis, – zij worden het symbool van een denktrant, of een verhaaltrant.' Jeroen Brouwers, *Kroniek van een karakter* (2 delen; Schoten, 1986-1987), ii. 88.

32 Van der Woude, 184.

33 Tzvetan Todorov, *Mikhaïl Bakhtine. Le Principe dialogique* (Parijs, 1981), 41.

34 Hilaire Belloc, *The Jews* (Londen, 1937), 36.

35 Bachelard, *La Poétique de l'espace*, 168.

36 Van der Woude, 184.

37 Het Diëngplateau is een hoogvlakte in midden-Java, ten zuiden van de bekende vulkaan Goenoeng Prahoe. Het ligt op zo'n tweeduizend meter boven de zeespiegel en heeft een oppervlakte van ongeveer 105 hectare. Het is er fris en in juni en juli kan de temperatuur 's nachts tot het vriespunt dalen. De belangrijkste attractie zijn de ruïnes van oude hindoetempels. Deze ruïnes zijn de overblijfselen van wat in de achtste of de negende eeuw een tamelijk omvangrijk religieus centrum, een hindoeïstische tempelstad, moet zijn geweest. Dergelijke bewaard gebleven stenen bouwwerken worden *tjandis* (tegenwoordig *candis*) genoemd, en die op het Diëngplateau (genoemd naar een nabijgelegen dorp) behoren tot de oudste op Java. Junghuhn was

de eerste die een betrouwbare beschrijving van het plateau leverde. Zij is te vinden in het tweede deel van zijn hoofdwerk: *Java*, ii. 247-314; zie ook iii. 1069-1110.

38 Geertz, *The Religion of Java*, 232. Zie ook Mulder, *Mysticism*, 15-6, 80-2 en 92-3.

39 Als bron voor het personage van professor McNeill dienden de volgende individuen die op de een of andere manier te maken hadden met het werk van Rumphius; ik twijfel er niet aan dat Maria Dermoût hen kende. Men moet niet uit het oog verliezen dat haar Engels heel goed was (ze had onder anderen Keats, Eliot en Pound gelezen) en dat ze ooit had overwogen Engelse poëzie in het Nederlands te vertalen (Van der Woude, 181). Het detail van de muntjes zou ontleend kunnen zijn aan het optreden van een Amerikaanse hoogleraar in de biologie. A.S. Bickmore ging naar Ambon, alleen om 'de schelpen die afgebeeld zijn in Rumphius' "*Rariteit-Kamer*" opnieuw bijeen te brengen'. Hij had het laatstgenoemde boek bij zich tijdens het veldwerk. Bickmore vermeldt dat hij altijd een grote hoeveelheid blinkende muntjes bij zich had, 'en onmiddellijk doken tot mijn grote vreugde de soorten die ik altijd had beschouwd als de zeldzaamste en de waardevolste, met manden tegelijk op, aangezien iedere inlander stond te popelen om zijn spullen nog voor zijn maten van de hand te doen en zo een deel van de felbegeerde blinkende munten te krijgen; ik had er wel voor gezorgd ze aan hun begerige blikken bloot te stellen voordat ik zei dat ik alles had gekocht wat ik mij maar wenste' (p. 133-4). In het Ambonese dorp Toelahoe doet Bickmore hetzelfde: 'Om aan de handel meer *éclat* te geven, nam ik een flinke hoeveelheid kleine kopermuntjes en verdeelde ze in het voorbijgaan met gulle hand onder de kleine kinderen. Het resultaat van deze manoeuvre was zeer wonderbaarlijk; iedereen was erop gebrand kennis met me te maken en me schelpen te verkopen' (p. 174). Bickmore legde een oprechte bewondering en eerbied voor Rumphius aan de dag. Zie Bickmore, *Travels in the East Indian Archipelago*, met name 13-4, 133-4, 154 en 250-2. Door het hele boek heen wordt naar Rumphius of naar zijn werk verwezen.

De poging van McNeill om een moderne versie van Rumphius' *Kruidboek* te schrijven, zou gebaseerd kunnen zijn op het werk van de Amerikaanse plantkundige E.D. Merrill, die precies hetzelfde deed. Hij publiceerde zijn inventarisatie in 1917 als *An Interpretation of Rumphius's Herbarium Amboinense.* Merrills onderzoek was gebaseerd op veldwerk en aangezien hij beroepshalve op de Filippijnen moest blijven, stuurde hij een jong staflid uit Manila erop uit om de klus te klaren. Dit was Charles Budd Robinson (1871-1913). Hij werd geboren in Nieuw-Schotland (is McNeill misschien om die reden een Schot?) en studeerde daar. Later ging hij naar Columbia University en werkte hij in de botanische tuin van New York, en in 1908 vertrok hij naar Manila vanwege zijn deskundigheid op het gebied van tropische planten. In 1913 reisde hij naar Ambon om zijn plan ten uitvoer te brengen een grondige studie te maken van de in Rumphius' *Kruidboek* genoemde planten. Hij arriveerde er in juli 1913 en in december van hetzelfde jaar werd hij vermoord in een kleine kampong negen mijl ten zuiden van de stad Ambon. Ik heb twee verschillende lezingen over deze moord aangetroffen. De *Encyclopaedie van Nederlandsch-Indië* vermeldt dat 'zijn eigenaardige kleeding en de vreemde wijze, waarop hij zich uitdrukte' de oorzaak waren dat de inheemse bevolking hem hield voor de legendarische geest genaamd 'potong kepala', die in november en december rondloopt met de bedoeling mensen het hoofd af te slaan. Om die reden 'had [men] Robinson toen vermoord en zijn lijk in zee geworpen' (zie iii. 629-30). Professor H.C.D. de Wit geeft in het eerste hoofdstuk van het door hem geredigeerde *Rumphius Memorial Volume* een enigszins andere versie. 'Robinson wilde graag een verse kokosnoot en riep: "potong kepala", wat betekent: "ik zal je het hoofd afhakken". Hij bedoelde eigenlijk: "potong kelapa", wat zoveel betekent als: "Hak een kokosnoot voor mij af". Langskomende inlanders verkeerden in de mening dat zij werden bedreigd, vielen hem aan en vermoordden hem' (p. 13). Men kan de twee verslagen zien als aanvullingen op elkaar. Maar het is duidelijk waar Maria Dermoût het idee voor McNeills tragische dood vandaan haalde.

Andere details zijn ontleend aan Rumphius' leven. Onder andere kan men erop wijzen dat McNeill bang is om dezelfde redenen blind te worden als Rumphius (p. 270). Of er is het kleine detail van het 'boeket aardorchideeën' dat het meisje hem brengt (p. 267) en dat haar daarmee indirect tot de veroorzaakster van zijn dood maakt. De Wit heeft verklaard dat Rumphius enkele baanbrekende ontdekkingen op het gebied van orchideeën heeft gedaan. Bovendien noemde hij een kleine aardorchidee 'Susannabloem', naar zijn eerste vrouw Susanna, die bij een aardbeving om het leven was gekomen. Men vraagt zich af of Maria Dermoût daarom Felicia's baboe 'Suzanna' noemde (p. 136). Deze kleine orchideeën zijn ook een goed voorbeeld van Maria Dermoûts subtiele netwerk van tekstuele verwijzingen. De 'oude meneer' in *Nog pas gisteren*, die, zoals ik vermeldde, een voorloper is van McNeill, woont aan het eind van een steile weg die met gras omzoomd is. In dat gras groeien 'paarse aardorchideeën' (p. 38) die doen denken aan het boeket dat het meisje de professor overhandigt.

40 Geertz, *The Religion of Java*, 234 en 247. De dissertatie van A.L.V.L. van de Linden, *De Europeaan in de Maleische literatuur* (Meppel, 1937), biedt een fascinerende kijk op hoe de inlanders de Europeaan zagen en hoe dit uit hun literatuur blijkt; in de huidige context zijn vooral van belang: 9-11, 20 en 50-1, en talrijke andere aangehaalde voorbeelden van wat men zag als ongemanierd en verwerpelijk aan de Europeanen.

41 Rumphius, *Het Amboinsche kruidboek*, vi, boek 11, hoofdstuk 38.

42 Handen zijn een belangrijk motief in het werk van Maria Dermoût. Handen zijn altijd belangrijk geweest in Azië, vooral bij het dansen. Hun symboliek kan zowel goed als kwaad van aard zijn (zoals bij de meeste symbolen) maar de positieve aspecten overheersen. Er werd al opgemerkt dat Maria Dermoût bijzonder getroffen was door de *moedra's* in de boeddhistische beeldhouwkunst. In het tantristische boeddhisme is de taal van de handhoudingen zeer belangrijk; daarbij vertegenwoordigt iedere vinger de vijf elementen, de vijf Boeddha's, de vijf zintuigen, enzovoort; zie Rambach, *The Secret Message of Tantric Buddhism*, 69-75. In de islam vertegenwoordigt de hand de heilige familie en de vijf zuilen van de islam. Grootmoeder Kleyntjes weet eveneens dat vijf 'zo'n bijzonder goed getal' is (p. 144). De christelijke iconografie van de hand is welbekend. Handen kunnen gedachten of gevoelens zonder de hulp van woorden overbrengen, hun 'taal' is bijna universeel, en zij kunnen niet liegen. De belangrijke rol van handen in het deel over de professor is reeds genoemd. Constance loopt 'alsof haar handen zo zwaar wogen' (p. 226; zie ook p. 236) omdat ze geen talent hebben voor zachtaardigheid maar wel bedreven zijn in het knopen van rotantouwen en overweg kunnen met het mes. De hand is voor Maria Dermoût vaker wel dan niet een levend bewijs van vertroosting. Ze tekende de laatste woorden op van haar stervende echtgenoot, die het gevoel had dat 'er iemand [was] die hem bij de hand nam' en zei: 'Het is wel prettig om bij de hand genomen te worden' (Van der Woude, 167). Maria Dermoût leed vaak onder het gebrek aan wederkerigheid in de liefde, zij het in haar eigen leven of in dat van haar personages. Ze 'droomde weer van een briefkaart, 't adres in een bekende hand, wat is 't dat het handschrift zo iets zeer wezenlijks kan zijn, iets tast-voelbaars' (Van der Woude, 179). Maria Dermoût schreef altijd met de hand, zodat deze niet alleen een symbool van trouw, eendracht en vertroosting was, maar ook een metonymie voor haar kunst.

43 Zie Elizabeth Carmichael en Chloë Sayer, *The Skeleton at the Feast. The Day of the Dead in Mexico* (Austin, 1991), 14 en passim.

44 Vergelijk de beschrijving van de kraton van Soeprapto op p. 257 met die van het huis van de posthouder op p. 212.

45 *Haagse Post*, 26 november 1955. Ook geciteerd in Van der Woude, 81.

46 Ibid. 83-4. Maria Dermoût ontleende de twee Engelse regels waarschijnlijk aan T.S. Eliot; ze was redelijk goed thuis in zijn werk. Hij gebruikt de woorden drie keer in 'Little Gidding', het slotgedicht van *The Four Quartets*. Ze komen in het derde deel voor: 'Sin is Behovely, but / All shall be well, and / All manner of thing shall be well' ('Zonde is noodzakelijk, maar / Alles komt terecht, en / Alle dingen worden goed') en opnieuw aan het eind van dat deel: 'And all shall be well and / All manner of thing shall be well / By the purification of the motive / In the ground of our beseeching.' ('En alles komt terecht en / Alle dingen worden goed / Door

de zuivering van het motief / In het diepste van ons smeken.') Ze maken ook deel uit van de laatste vijf regels van het vijfde deel (het slot van het gedicht als geheel): 'And all shall be well and / All manner of thing shall be well / When the tongues of flame are in-folded / Into the crowned knot of fire / And the fire and the rose are one.' ('En alles komt terecht en / Alle dingen worden goed / Wanneer de vlammende tongen naar binnen zijn gevouwen / In de gekroonde knop van vuur / En het vuur en de roos één zijn.') Zie T.S. Eliot, *The Complete Poems and Plays, 1909-1950* (New York, 1971), 142-5. Voor de Nederlandse vertaling zie T.S. Eliot, *Four Quartets*, vert. en red. Herman Servotte, 2de herz. druk (Antwerpen, 1983), 145, 147 en 153. Deze regels sluiten uitstekend aan bij Maria Dermoûts werk en karakter, maar de oorspronkelijke bron waar Eliot zelf uit citeert, is al even toepasselijk. Ze werden geschreven door de middeleeuwse Engelse kluizenaarster Juliana of Norwich (1343-1443) en maken deel uit van de dertiende 'revelation' (openbaring) van haar mystieke werk *Sixteen Revelations of Divine Love*. In haar visioen zegt Christus tegen haar: 'Sin is necessary, but all will be well, and all will be well, and every kind of thing will be well.' In een andere goddelijke verschijning werd aan de Engelse non duidelijk wat ook Rumphius leerde inzien; ze kreeg 'een spiritueel beeld van zijn gewone liefde' voor 'iets kleins, niet groter dan een hazelnoot'. En hoewel ze verbaasd was over de kleinheid en de nietigheid ervan, werd haar 'geantwoord' in haar 'inzicht' dat 'het bestaat en altijd zal blijven bestaan, omdat God het liefheeft' (uit het vijfde hoofdstuk van de zogenaamde 'lange' versie van haar openbaringen).

47 Een martavaan was een grote pot van geglazuurd aardewerk, die oorspronkelijk vervaardigd werd in de stad Martaban in Pegoe, in het zuidelijke deel van Birma.

48 Het motief van de hechte band tussen een moeder en haar zoon wordt in enkele andere teksten herhaald. Naast de verhouding tussen Felicia en Himpies is er, in het lange verhaal 'Toetie', een soortgelijke nauwe band van Toetie met haar boeddhistische zoon, én met haar op het verkeerde pad geraakte zoon 'kleine Tsjalie'; ook is er de band van 'Tiny' met haar zoon Dick in 'Twee jade reigers' (*Werk*, 361-83). Maria Dermoûts eigen zoon Hans, die model stond voor Himpies (Van der Woude, 93-5), is ook de hoofdpersoon in het verhaal 'De kenari-vrouw' (*Werk*, 655-67). De moeder is doorgaans de sterkste figuur, terwijl de zoon zachtmoediger en meer introspectief is.

49 Van der Woude, 179.

50 Tjalie Robinson (ofte wel Jan Boon; zie hierna hoofdstuk 17) schrijft aan Maria Dermoût een hang naar mystiek toe (Van der Woude, 105).

51 Van der Woude, 193.

16 H.J. FRIEDERICY (1900-1962): EEN ACTEUR MET EEN PEN

Verwijzingen in dit hoofdstuk naar enkel de pagina hebben betrekking op Friedericy's *Verzameld werk*; zie noot 1.
Verwijzingen naar *Standen*: zie noot 1.

1 Verwijzingen naar vier van zijn boeken hebben betrekking op de uitgave van zijn werk in één deel: H.J. Friedericy, *Verzameld werk* (Amsterdam, 1984); niet nader gespecificeerde paginavermeldingen in de tekst slaan op deze uitgave. Friedericy's proefschrift is een afzonderlijke publicatie: H.J. Friedericy, *De standen bij de Boegineezen en Makassaren* ('s-Gravenhage, 1933), verkort tot *Standen*. De biografische informatie is gebaseerd op Rob Nieuwenhuys, 'Herman Jan Friedericy', in *Jaarboek van de Maatschappij der Nederlandse letterkunde 1969-1970* (Leiden, 1971), 119-26; Nieuwenhuys' inleiding bij het *Verzameld werk*; de aan Friedericy gewijde bijdrage van Greetje Heemskerk aan het eerder genoemde 'Schrijversprentenboek nr. 30': Van den

Berg e.a., *In Indië geweest*, 50-83 (zie ook 122-3); en een verscheidenheid aan interviews en herdenkingsartikelen in Nederlandse kranten en tijdschriften uit de jaren vijftig en zestig.

2 Het Indonesische citaat met betrekking tot *mare liberum* komt uit G.J. Resink, *Indonesia's History between the Myths* (Den Haag, 1968), 45. Voor een studie over deze zeventiende-eeuwse oorlogen in Celebes, zie Leonard Y. Andaya, *The Heritage of Arung Palakka. A History of South Sulawesi in the Seventeenth Century* (Den Haag, 1981).

3 Hasanoeddin is zowel een plaatselijke als een nationale held in het moderne Indonesië. Zijn graftombe is vlak bij Soenggoeminasa, de stad die het decor vormt van *De raadsman*. Het vliegveld van het moderne Makassar of Ujung Pandang is naar hem genoemd.

4 Voor de ondergang van deze rijken, zie Friedericy, *Verzameld werk*, 346-8.

5 Latere onderzoekers stelden dat hij zich in feite te zeer had vereenzelvigd met de aristocratie. Zie Nieuwenhuys, *Jaarboek*, 122.

6 Van de held van Joseph Conrads verhaal 'Karain: A Memory' wordt gezegd dat hij een leider is van 'zijn volk', de Boeginezen, en zijn naam lijkt dan ook een verbastering van *karaëng*. Diezelfde leiderspositie wordt door de Boeginezen echter *aroe* genoemd. Conrads Indonesische fictie bevat andere fouten van deze aard.

7 Deze overtredingen worden genoemd in het lemma over de 'Boegineezen' in de *Encyclopaedie van Nederlandsch-Indië*, i. 324-31, met name 326. Zie ook *Standen*, 124-30.

8 Zie Jan Limburg, 'Het raadsel van Bontorio, de laatste generaal', *Indische letteren* 2: 1 (maart 1987), 25-30.

9 Multatuli, *Volledige werken*, i. 359. Over de herkomst van *amok* en voor illustratieve tekstfragmenten zie het lemma 'a muck' in Yule en Burnell, *Hobson-Jobson* (herdruk 1979), 18-23.

10 Geciteerd in Yule en Burnell, *Hobson-Jobson*, 22.

11 Wallace, *The Malay Archipelago* (herdruk 1962), 134.

12 *Verzameld werk*, 349-50. Zie ook Roger van Tol, 'Een bloedig voorspel: de controleur van Gowa, H.J. Friedericy als rapporteur', *Indische letteren* 2: 1 (maart 1987), 7-23, met name 8-9.

13 Akira Kurosawa, *Something like an Autobiography*, vert. Audie E. Bock (New York, 1982), 22 en 28.

14 Uit een interview in *Het vaderland*, 9 april 1959.

15 Nieuwenhuys in de inleiding van Friedericy's *Verzameld werk*, 9-10, en in zijn herdenkingsartikel in *Jaarboek*, 120-1; A. Alberts, 'H.J. Friedericy. Bestuursambtenaar, schrijver, verteller', *Ons erfdeel* 29: 3 (mei-juni 1986), 325-6; en van dezelfde auteur 'In memoriam H.J. Friedericy', *De Groene Amsterdammer*, 1 december 1962. Zie ook Greetje Heemskerk in het aan Friedericy gewijde deel van Van den Berg e.a., *In Indië geweest*, 51.

16 Alberts in *De Groene Amsterdammer*, 1 december 1962.

17 J. Bernlef, 'Het zwijgende goud. Over de verteltrant van A. Alberts', in J. Bernlef, Kees Fens en K. Schippers, *Inleiding tot de kennis van A. Alberts* (Amsterdam, 1986), 8.

18 *Standen*, 71.

19 C.E. Carrington, *The Life of Rudyard Kipling* (New York, 1955), 221.

20 Kipling, *Something of Myself*, 33-4.

21 Geciteerd door Nieuwenhuys in zijn inleiding bij Friedericy's *Verzameld werk*, 9.

22 De academische opleiding voor een betrekking bij het koloniale bestuur wordt beschreven door A.A.J. Warmenhoven in 'De opleiding van Nederlandse bestuursambtenaren in Indonesië', in S.L. van der Wal (red.), *Besturen overzee. Herinneringen van oud-ambtenaren bij het binnenlands bestuur in Nederlandsch-Indië* (Franeker, 1977), 12-41. Hetzelfde boek bevat een beschrijving van de taak van een Nederlandse bestuursambtenaar in Zuid-Celebes, het gebied waar Friedericy werkzaam was: H.J. Koerts, 'Bestuursambtenaar in Zuid-Celebes', 45-72. Zie ook C. Fasseur, *De indologen. Ambtenaren voor de Oost 1825-1950* (Amsterdam, 1993).

23 Uit een interview in *De Telegraaf*, 3 februari 1960.

17 J.J.TH. BOON/VINCENT MAHIEU/TJALIE ROBINSON (1911-1974): ANAK BETAWIE

Zie voor de afkortingen die in dit hoofdstuk gebruikt worden (*P*1, *P*2, *PN*, *D* en *VW*) noot 6.

1 Er bestaat niet veel biografische informatie, althans voor zover ik heb kunnen vaststellen. Het volgende is bijeengesprokkeld uit voorwoorden en nawoorden in de uitgaven die hierna vermeld worden, en uit een lang interview met de weduwe van Boon: Frits Abrahams, 'Leven met Tjalie', *NRC Handelsblad*, 28 maart 1992, in het 'Zaterdags bijvoegsel'. De meeste biografische informatie werd geleverd door Rob Nieuwenhuys: in de eerste plaats zijn *Oost-Indische spiegel* (1978), 512-20; verder zijn voorwoord tot de postuum verschenen verhalenbundel Vincent Mahieu, *Schuilen voor de regen* (Den Haag, 1989), 7-16; zijn nawoord in Vincent Mahieu, *Schat, schot, schat* (Amsterdam, 1990), 123-7; en zijn nagenoeg identieke nawoord in de uitgave van Boons verzamelde fictie: Vincent Mahieu, *Verzameld werk* (Amsterdam, 1992), 488-92. Verder is er de inleiding van Wilfried Dierick op: Tjalie Robinson, *Didi in Holland* (Arnhem, 1992), 7-12; het voorwoord van zijn weduwe, Lilian Ducelle, in Tjalie Robinson, *Piekeren in Nederland* (Den Haag, 1983), en een aantekening in het eerste deel van Tjalie Robinson, *Piekerans van een straatslijper* (2 delen; Den Haag, 1992). Zie ook een langere evaluatie van Rudy Kousbroek in *Het Oostindisch kampsyndroom* (Amsterdam, 1992), 105-28.

2 Voorwoord tot *Schuilen voor de regen*, 9.

3 Lilian Ducelle in het interview van Frits Abrahams in *NRC Handelsblad*, 28 maart 1992.

4 Deze naam is een woordspeling met 'nieuws', 'gier' en 'nieuwsgierig'.

5 'Piekerans' is Indisch idioom; 'piekeren' (dat in de gewone Nederlandse woordenschat is opgenomen) komt van het Maleise *pikiran*, dat betekent: een gedachte, een mening, een idee hebben. Een 'straatslijper' is een stadsfiguur die voor z'n plezier over straat zwerft. Verwante termen zijn 'flaneur', 'slenteraar', 'lanterfanter' en 'leegloper'.

6 Paginaverwijzingen in de tekst hebben betrekking op de volgende publicaties (zie ook noot 1): het eerste deel van *Piekerans van een straatslijper* (Den Haag, 1992; oorspronkelijk verschenen in 1953) wordt geciteerd als *P*1; het tweede deel (Den Haag, 1992; oorspronkelijk verschenen in 1954) als *P*2. Naar Tjalie Robinson, *Piekeren in Nederland* (Den Haag, 1983) wordt in de tekst verwezen met *PN*, naar Tjalie Robinson, *Didi in Holland* (Arnhem, 1992) met *D*. Al het verhalende werk van Vincent Mahieu, inclusief de postume publicaties, werd bijeengebracht in één deel: Vincent Mahieu, *Verzameld werk* (Amsterdam, 1992); er wordt naar verwezen met *VW* en paginanummer, of met alleen het paginanummer als er geen misverstand mogelijk is.

7 Flannery O'Connor, *Mystery and Manners. Occasional Prose* (New York, 1969), 58.

8 Ik noem het petjo 'creools' uitgaande van het onderscheid dat Steven Pinker maakt tussen 'pidgin' en 'creools'. Het eerstgenoemde omschrijft hij als willekeurige ontleningen aan een overheersende taal 'die qua volgorde in hoge mate variëren en met weinig wat op grammatica lijkt'. Het petjo is duidelijk meer dan dat. Creools is pidgin waaraan grammaticale complexiteit is toegevoegd, zodat het de moedertaal van een groep wordt. Creooltalen zijn 'talen' op zich, 'met gestandaardiseerde woordvolgorde en grammaticale markers die in het pidgin ontbraken'; Steven Pinker, *The Language Instinct* (New York, 1994), 35; zie ook 33-5 en 39.
Een nuttige introductie is V.E. de Gruiter, *Het Javindo. De verboden taal* (Den Haag, 1990). Een goed onderzoek naar het gebruik van het petjo in een roman uit de jaren dertig van deze eeuw is Reinier Salverda, 'Indisch-Nederlands in het Batavia van de jaren dertig. De roman Goena goena van Caesar Kijdsmeir', *Indische letteren* 9: 1 (maart 1994), 29-43. Dit themanummer bevat twee andere artikelen over het algemene onderwerp: Kees Groeneboer, 'Bestrijding van Indisch-Nederlands: je-lâh-je-kripoet', en het artikel van Joop van den Berg met de titel '"Indisch-Nederlands" in de Indische letteren'.

9 De Gruiter, *Het Javindo*, 13.

10 Tjalie Robinson, *Ik en Bentiet* (Den Haag, 1976).

11 Bakhtin, *Problems of Dostoevsky's Poetics*, 191.
12 Ibid. 192.
13 Zie het interview van Frits Abrahams in *NRC Handelsblad*, 28 maart 1992.
14 Bakhtin, *The Dialogic Imagination*, 293.
15 Bakhtin, *Speech Genres*, 135.
16 Morson en Emerson, *Mikhail Bakhtin*, 153.
17 O'Connor, *Mystery and Manners*, 43.
18 *Bami* is een bekend Indonesisch gerecht, bereid met een vermicelliachtige, dunne soort spaghetti (mie).
19 *Pa-kua* verwijst naar een orakelfiguur uit de *I-ching*.
20 De VOC had Stevin gevraagd een plattegrond te maken voor de nieuwe havenstad die zij van plan was te bouwen aan de Tjiliwoeng (tegenwoordig Ciliwung), en hoewel dit ontwerp niet bewaard is gebleven, lijkt het erop dat Batavia oorspronkelijk dezelfde ordelijke en rechthoekige vorm had als de ideale stad van Stevin. Zie Bea Brommer, *Historische plattegronden van Nederlandse steden. Deel iv: Batavia* (Alphen aan den Rijn, 1992), 7. Dat Boon een eigen en ideale stad in kaart brengt, kan ook worden opgemaakt uit een prachtig klein essay over Amsterdam, waarin hij zeer juist stelt dat het oude centrum van de stad, Mokum genaamd, lijkt op zijn centrum Betawie binnen het grotere stedelijke geheel, genaamd Djakarta (of Amsterdam). Zie 'Kennismaking met het hartje van Amsterdam', in *PN*, 136-41.
21 Boon gebruikte de uitdrukking 'tempo doeloe' maar twee keer! Bij één vermelding stelt hij het einde ervan op 1940 (*P*2: 178), ergens anders op 1939 (*P*2: 59).
22 Rubin (red.), *I'll Take My Stand*, 12.
23 Dit citaat is afkomstig uit twee fraaie kwatrijnen, afgedrukt op de binnenkant van de flap van *Didi in Holland*. De kwatrijnen maken oorspronkelijk deel uit van het 'Sonnet van de halve' uit de bundel *Kreeft en steenbok* (1963) van G.J. Resink.
24 Hij gebruikt bijvoorbeeld 'southpaw' (linkshandige bokser) op de correcte wijze (*VW* 195), evenals 'choke' (vernauwing aan het eind van de loop van een jachtgeweer), terwijl bepaalde verhalen met Engelse uitdrukkingen zijn doorspekt (*VW* 121-31 en 194-206), enzovoort.
25 Van de allereerste tekst in het eerste deel van *Piekerans van een straatslijper* (*P*1: 1-8) zou men kunnen zeggen dat hij een Indo-versie van Huck Finns reis op het vlot behelst.
26 Kousbroek merkt zeer terecht op dat Boon goed thuis was in de literatuur maar dat hij deed alsof hij een minachting had voor eruditie. Kousbroek, *Oostindisch kampsyndroom*, 112.
27 Ondanks de verklaring van Boon dat hij slecht op de hoogte was, kan men (op grond van zijn werk) aan de lijst Amerikaanse schrijvers de volgende auteurs toevoegen: Lewis Carroll, Joseph Conrad, Rimbaud, Villon, Dumas (père), Sartre, Cocteau en Céline. Bovendien kende hij ook de poëzie van Paul van Ostaijen want op één bepaald moment (*P*1: 53) verwijst hij, zonder deze te citeren, naar een specifieke tekst: 'Melopee', een van de late gedichten. Van Ostaijen was een weinig gelezen auteur in de jaren vijftig.
28 Dit verhaal werd in het Engels vertaald: Tjalie Robinson, 'Vivere pericolosamente', vert. Winniefred Anthonio, *Indonesia*, 52 (oktober 1991), 105-17.
29 Boon lijkt de betekenis van de term 'gaga' in het Engels en Frans te hebben gekend; hij gebruikt hem op de correcte wijze in de zin van: kierewiet, gek, dwaas (zie *VW* 129 en 136).
30 *Pentjak* of *pentjak sila* is een Indonesische vechtsport die enigszins op kungfu lijkt. Het is tevens een danskunst, net als *sikoe-sikoe*, en strikt genomen mag de kunstvorm niet verschillen van de gevechtstechniek.
31 'Hoe konden wij urenlang poetsen en schuren, demonteren en monteren, delicaat werkend als een chirurg op het lichaam van zijn verloofde. Hoe konden wij met de intensiteit van een dokter luisteren naar een haast imaginaire onregelmatigheid in de hartslag van onze geliefde' (*VW* 123).
32 J.-P. Sartre, *L'être et le néant* (Parijs, 1943), 708.
33 Colin Wilson, *The Outsider* (1956; herdruk Los Angeles, 1982), 293. Deze studie was een be-

langrijke tekst in de jaren vijftig en had heel wat invloed op de jongere schrijvers en intellectuelen. Zie ook Iris Murdoch, *Sartre. Romantic Realist* (1953; herdruk Londen, 1967), 77.

34 'Wharrrr-wharrrr-wharrrrr!' verscheen nog bij Boons leven. Het is de mindere versie. Zo is Laura niet geloofwaardig als meisje dat twee gangsters in elkaar slaat en daarna als een bange middelbare-schoolleerlinge reageert als het op seks aankomt. Het verhaal wordt ook ontsierd door de banale verwijzingen naar een 'satanische haan' (*VW* 130), dat wil zeggen de djago, die driemaal kraait! De postume versie is veel beter. Loes is een consistente figuur. In deze versie verwijst Boon naar de Griekse mythologie, die te prefereren valt boven de moderne filosofie (*VW* 305). Dit zal van belang worden in het lange verhaal 'Tjoek'. Het is ook in deze versie dat we kunnen gissen naar de datum waarop de handeling bij benadering plaatsvindt. Boon vermeldt op p. 303 dat er gedanst wordt op de muziek van het populaire Amerikaanse liedje 'Ice cream, you scream'. Dit was een hit in februari 1928, en als we er rekening mee houden dat het een hele tijd duurde voordat dergelijke zaken op Java terechtkwamen, dan kunnen we zeggen dat het verhaal zich op zijn vroegst afspeelt in 1929, en nog waarschijnlijker pas in de vroege jaren dertig.

35 Du Perron, *Het land van herkomst*, 190-2.

36 Zie een andere beschrijving van een Chinees kerkhof in het zesde hoofdstuk van het eerste deel van Louis Couperus' *De stille kracht* (zie *Volledige werken*, xvii. 38-9) en in Willem Walravens *Eendagsvliegen* op p. 187-8.

37 Robinson, *Didi in Holland*, 75.

38 Zie *P*1: 185, waar het personage Ting zegt dat een Indo 'niet blanda vis, niet Indonesiër-vlees' is: zijn Indo-variant van: 'het is vlees noch vis'.

39 Geciteerd door Nieuwenhuys in *Schuilen voor de regen*, 13.

40 Zie R.J. Wilkinson, *A Malay-English Dictionary* (2 delen; Londen, 1959), de lemma's *api*, *babi* en *badak*.

41 Deze ongebruikelijke vergelijking is ook te vinden in een *piekerans*-tekst: *P*1, 169.

42 Richard H. Allen, *Star Names. Their Lore and Meaning* (1899; herdruk New York, 1963), 309.

43 W.H. Hudson, *Green Mansions* (1904; herdruk New York, 1944), 199.

44 José Ortega y Gasset, 'Het geluk van het jagen', in *Zelfinkeer en verbijstering. En drie andere essays*, vert. G.J. Geers (Den Haag, 1949), 240. In 1959 ook afzonderlijk verschenen. Ik vermoed dat Boon het boek van Ortega y Gasset nauwgezet gelezen heeft. Ik baseer dit op een beeld waarvan Boon gebruikmaakte. Op p. 183 gebruikt Ortega y Gasset de Latijnse zegswijze 'Aquila non capit muscas' ofte wel: een adelaar vangt geen vliegen (omdat hij verre de meerdere van hen is). Op p. 124 van de verzamelde verhalen gebruikt Boon hetzelfde beeld: 'een adelaar eet geen vliegen'.

45 Ortega y Gasset, 'Het geluk van het jagen', 198 en 201.

46 Ibid. 254.

47 Allen Tate, *Memoirs and Opinions*, 12.

48 Ortega y Gasset, 'Het geluk van het jagen', 249-50.

49 Faulkner, *Big Woods*, 32.

50 Ibid. 25.

51 Daum, *Ups en downs in het Indische leven*, 176.

52 De vijf om wie het gaat, zijn: meneer Barrès, Odilon Koning, Go, Elmo Wyatt en Mohamad Noor. De beschrijvingen van de muziek van Barrès zijn prachtig, en misschien is hij bedoeld als Orpheusfiguur, maar al deze personages leiden slechts een kort bestaan en hun functie is verre van duidelijk.

53 G.L. Cleintuar, 'Tjoek van Vincent Mahieu', *Indische letteren* 4: 2 (juni 1989), 90.

54 Cleintuar is dezelfde mening toegedaan; zie ibid. 90.

55 Robinson, *Didi in Holland*, 17.

56 Ortega y Gasset, 'Het geluk van het jagen', 252.

57 Geciteerd door Marie de Bruyn Ouboter-Kist in haar artikel '"Hart van mij". Brieven en

teksten van Maria Dermoût (1950-1960)', 32. De *djarak* is de ricinusplant, waarvan de zaden gebruikt worden om wonderolie te maken.

18 ROB NIEUWENHUYS/E. BRETON DE NIJS (GEBOREN 1908): ZORGEN DAT HET BEKLIJFT

Verwijzingen in dit hoofdstuk die alleen uit een paginanummer bestaan, hebben betrekking op de editie van *Vergeelde portretten* die in noot 8 genoemd wordt.

1 De biografische informatie is afkomstig uit de volgende bronnen: Thijs Wierema (red.), *Rob Nieuwenhuys. Leven tussen twee vaderlanden* (Amsterdam, 1982); interviews in *De tijd* (30 maart 1979), 25-37; *Literama*, 16: 5 (september 1981), 167-76; *de Volkskrant* (10 december 1983); *Literatuur* 1: 2 (maart-april 1984), 93-8; *Vrij Nederland* (supplement) (7 september 1985); *Vrij Nederland* (supplement) (2 juli 1988), 18-25; dit is niet meer dan een selectie. Onder een aantal autobiografische teksten van Nieuwenhuys bevindt zich: E. Breton de Nijs, 'Kroniek of roman?', *Singel 262* 10 (1957), 14-20, en 'De dag dat ik geboren ben', *Vrij Nederland*, 1 september 1984, 13-4. In de onderhavige tekst zijn bovendien zowel geschreven als mondelinge mededelingen verwerkt.

2 Dat zijn moeder inheems bloed in de aderen had, was voor Nieuwenhuys altijd iets om trots op te wezen. Zie zijn lezing 'De houding van de Nederlanders in Indonesië zoals deze weerspiegeld wordt in de toenmalige letterkunde', *Bijdragen en mededelingen betreffende de geschiedenis der Nederlanden* 86 (1971), 62-9. Hij maakt daar op p. 68 de opmerking dat zijn moeder en de baboe Nènèk Tidjah samen in een 'volstrekt Javaans-magische wereld' leefden.

3 Er is geen complete bibliografie, maar als zij wel zou bestaan, zou zij lang zijn. Tot op heden is de meest representatieve die van Dorothée Buur in Wierema (red.), *Rob Nieuwenhuys*, 163-75.

4 Zie Nieuwenhuys' artikel in *Vrij Nederland*, 'De dag dat ik geboren ben', 13. Dezelfde riten werden uitgevoerd in zijn bescheiden kleine huis (*pondok*) in Friesland.

5 Zie Lisette Lewin, 'Portretschrijver', *Vrij Nederland*, 12 juli 1980, 7-8.

6 Beb Vuyk in een interview: Wierema (red.), *Rob Nieuwenhuys*, 71.

7 Ibid. 152.

8 *Vergeelde portretten*, 65. Paginaverwijzingen worden in het vervolg in de tekst gegeven. De verwijzingen hebben niet betrekking op de eerste druk uit 1954 maar op een latere pocketeditie: E. Breton de Nijs, *Vergeelde portretten uit een Indisch familiealbum*, 6de druk (Amsterdam, 1973), een deeltje in de Salamanderreeks. Ook al wordt het niet in het boek vermeld, er bestaat nogal wat verschil tussen deze zesde druk en de eerste.

9 Du Perron, *Het land van herkomst*, 292.

10 Uit de inleiding van *A Choice of Kipling's Verse*, red. T.S. Eliot (New York, 1943), 30.

11 Geciteerd in Martin Fido, *Rudyard Kipling* (New York, 1974), 106.

12 Rob Nieuwenhuys, *Een beetje oorlog* (Amsterdam, 1979), 9-10. Vergelijk E. Breton de Nijs, 'Kroniek of roman?', 16-8.

13 John Marquand, *Wickford Point* (Boston, 1939), 252.

14 Ibid. 51. De laatste zin van het citaat luidt: 'Some of the likenesses were tintypes and others were the faded brown of my father's well-coloured meerschaum pipe.' *Vergeelde portretten* werd in het Engels vertaald onder de titel *Faded portraits*.

15 Ibid. 156.

16 Nieuwenhuys in een interview met Corinne Spoor, in Wierema (red.), *Rob Nieuwenhuys*, 153.

17 In het interview in *Literatuur* 1: 2 (maart-april 1984), 94.

18 Wierema (red.), *Rob Nieuwenhuys*, 153.

19 Walraven, *Brieven*, 743.

20 Het origineel luidt: Next when you are describing / A shape, or sound, or tint; / Don't state the matter plainly, / But put it in a hint; / And learn to look at all things / With a sort of mental squint.

21 Wierema (red.), *Rob Nieuwenhuys*, 152.

22 Zie H. Baudet, 'Schrijvers over Oost-Indië: een studie en een slotsom', in Wierema (red.), *Rob Nieuwenhuys*, 125-46. Zie ook Rob Nieuwenhuys, 'De Oost-Indische spiegel gespiegeld na dertien jaar', *Indische letteren* 1: 1 (maart 1986), 3-12.

23 De bespreking waar het om gaat, is: E. du Perron, 'Oost-Indische opbrengst', in *Verzameld werk*, ii. 621-34; citaten op p. 634. Het beeld van de waringinbomen is zeer waarschijnlijk ontleend aan een sarcastische passage in Bas Veth, *Het leven in Nederlandsch Indië*, 38-9.

24 Du Perron, *Verzameld werk*, vii. 177.

25 'Een kampvriend zei eens dat hij niet begreep waarom ik zo'n hang had naar zonderlingen, randfiguren. Zelf vond ik dat heel normaal. Ik leid mijn hele leven al een burgerlijk bestaan, ben altijd een deugdzaam leraar geweest, ben nooit gescheiden, doe geen wilde dingen. Mijn avonturen beleef ik in het bestuderen van wat ik noem de "periferen" (...). Maar als je nu vraagt: wat ben je dan, burgerlijk of avontuurlijk, moet ik zeggen: allebei.' Uit Wierema (red.), *Rob Nieuwenhuys*, 8.

26 Du Perron, *Brieven*, vi. 329.

27 Randall Jarrell, *Poetry and the Age* (New York, 1953), 155.

28 De bloemlezingen van Nieuwenhuys zijn: *Bij het scheiden van de markt. Een bloemlezing uit de Indische letterkunde van 1935 tot heden* (Amsterdam, 1960); *Van roddelpraat en litteratuur. Een keuze uit het werk van Nederlandse schrijvers uit het voormalig Nederlands-Indië* (Amsterdam, 1965); *Het laat je niet los. Nederlandse letterkunde over Indonesië van 1935 tot heden* (Amsterdam, 1974); *Om nooit te vergeten. Nederlandse letterkunde over Indonesië van 1935 tot heden* (Amsterdam, 1974); *Wie verre reizen doet. Nederlandse letterkunde over Indonesië van de Compagniestijd tot 1870* (Amsterdam, 1975); *In de schommelstoel. Nederlandse letterkunde over Indonesië van 1870 tot 1935* (Amsterdam, 1975). Nieuwenhuys redigeerde ook een bundel verhalen uit Indië in vertaling: *Memory and Agony. Dutch Stories from Indonesia*, red. Rob Nieuwenhuys, vert. Adrienne Dixon (Boston, 1979). De twee 'ontdekkingen' van Nieuwenhuys zijn: Herman Neubronner van der Tuuk, *De pen in gal gedoopt. Brieven en documenten*, red. R. Nieuwenhuys (Amsterdam, 1962); Franz Wilhelm Junghuhn, *De onuitputtelijke natuur. Een keuze uit zijn geschriften*, red. R. Nieuwenhuys en F. Jacquet (Amsterdam, 1966); en Franz Wilhelm Junghuhn, *Java's onuitputtelijke natuur. Reisverhalen, tekeningen en fotografieën*, red. Rob Nieuwenhuys en Frits Jacquet (Alphen aan den Rijn, 1980). Zijn essaybundel is: R. Nieuwenhuys, *Tussen twee vaderlanden*, 2de druk (Amsterdam, 1967). Zijn laatste bloemlezing is: *Het laat je niet los. Verhalen van Nederlandse schrijvers over Indonesië, vanaf de eerste jaren der Compagnie tot op heden*, red. Rob Nieuwenhuys (Amsterdam, 1985).

29 Ik heb al vermeld dat Marquands *Wickford Point* eveneens een inspiratiebron geweest zou kunnen zijn. In zijn artikel 'Kroniek of roman?' (gepubliceerd onder het pseudoniem E. Breton de Nijs) noemt Nieuwenhuys nog een andere bron: het gedicht 'Anonym' van Leo Vroman (p. 15-6).

30 Walraven, *Brieven*, 836.

31 Wierema (red.), *Rob Nieuwenhuys*, 91.

32 Walter Benjamin, 'Kleine Geschichte der Photographie' (1931), in *Angelus Novus* (Frankfurt am Main, 1966), 229-47. Susan Sontag, *On Photography* (1977; herdruk New York, 1980); Nederlandse vertaling: Susan Sontag, *Over fotografie*, vert. Henny Scheepmaker (Utrecht, 1981). Roland Barthes, *La Chambre claire. Note sur la photographie* (Parijs, 1980). John Berger en Jean Mohr, *Another Way of Telling* (New York, 1982); zie ook John Berger, *Keeping a Rendezvous* (New York, 1991). Er bestaat een geschiedenis van de Nederlandse koloniale

fotografie die dezelfde ideologische basis als het werk van John Berger heeft. Zie Anneke Groeneveld e.a., *Toekang portret. 100 jaar fotografie in Nederlands Indië 1839-1939* (Amsterdam, 1989).

33 Berger, *Keeping a Rendezvous*, 22; Berger en Mohr, *Another Way of Telling*, 86; Sontag, *Over fotografie*, 68.

34 Barthes, *La Chambre claire*, 15: 'Ce que la Photographie reproduit à l'infini n'a eu lieu qu'une fois: elle répète mécaniquement ce qui ne pourra jamais plus se répéter existentiellement.'

35 Wierema (red.), *Rob Nieuwenhuys*, 91.

36 Sontag, *Over fotografie*, 17.

37 E. Breton de Nijs, *Tempo doeloe. Fotografische documenten uit het oude Indië 1870-1914* (Amsterdam, 1961; 2de herz. druk 1973), 8.

38 Sontag, *Over fotografie*, 19 (met een enkele wijziging).

39 Ibid. 67.

40 'Verzonken' heeft een letterlijke betekenis, namelijk 'onder de oppervlakte van het water', maar in figuurlijke zin betekent het ook 'verloren', 'uit het zicht', hoewel het nog door iemand teruggehaald kan worden. Hier is Nieuwenhuys' tijdperk van tempo doeloe een soort onderschildering die door het omvangrijker beeld van de oude kolonie van Zuidoost-Azië heen schemert.

41 Désiré Charnay (1828-1915) zou een goed voorbeeld zijn. Hij was de eerste die de Mayaruïnes in Yucatán en Mexico fotografeerde (1857-1861, 1880-1882 en 1886). Hij maakte eveneens veel foto's op zijn reizen naar Java (1878) en Madagaskar (1863). Zie Keith F. Davis, *Désiré Charnay. Expeditionary Photographer* (Albuquerque, 1981).

42 Baudelaire, *Oeuvres complètes*, 1035. De fotograaf wordt 'le secrétaire et le garde-note de quiconque a besoin dans sa profession d'une absolue exactitude matérielle (...).'

43 De fotografie droeg bij aan de voortdurende financiële problemen van de schilder G.H. Breitner (1857-1923). Hij liet een verzameling opmerkelijke foto's na: afbeeldingen die hij als een vorm van beknopte aantekeningen lijkt te hebben gebruikt. Breitner besteedde grote bedragen aan zijn hobby. Zie A.B. Osterholt, *Breitner en zijn foto's* (Amsterdam, 1974).

44 Rob Nieuwenhuys, *Baren en oudgasten. Tempo doeloe – een verzonken wereld. Fotografische documenten uit het oude Indië 1870-1920* (Amsterdam, 1981), 25.

45 Rob Nieuwenhuys, *Komen en blijven. Tempo doeloe – een verzonken wereld. Fotografische documenten uit het oude Indië 1870-1920* (Amsterdam, 1982), 191. Rob Nieuwenhuys, *Met vreemde ogen. Tempo doeloe – een verzonken wereld. Fotografische documenten uit het oude Indië 1870-1920* (Amsterdam, 1988), 147.

46 *Komen en blijven*, 66-7 en 24-25.

47 Sontag, *Over fotografie*, 63.

48 *Komen en blijven*, 174.

49 *Met vreemde ogen*, 35.

50 Ibid. 34.

51 *Baren en oudgasten*, 172 en 176-7.

52 Sontag, *Over fotografie*, 60 (vergelijk *On photography*, 70).

53 Sontag, *Over fotografie*, 48.

54 *Met vreemde ogen*, 189.

55 Sontag, *Over fotografie*, 56, 57, 69, 76, 88 en 126.

56 Ibid. 75-6.

57 Ibid. 61; Berger en Mohr, *Another Way of Telling*, 96.

58 Sontag, *Over fotografie*, 9.

19 WILLEM WALRAVEN (1887-1943): INDIË ALS MUIZENVAL

Voor verwijzingen naar *Het oog in 't zeil*: zie noot 1.
Voor de afkortingen *B* en *E*: zie noot 1.

1 Du Perron, *Brieven*, viii. 203. De biografische informatie is afkomstig uit zijn brieven: W. Walraven, *Brieven. Aan familie en vrienden 1919-1941*, red. R. Nieuwenhuys, F. Schamhardt en J.H.W. Veenstra, 2de verm. druk (Amsterdam, 1992); uit zijn journalistieke werk: W. Walraven, *Eendagsvliegen. Journalistieke getuigenissen uit kranten en tijdschriften*, red. F. Schamhardt en R. Nieuwenhuys (Amsterdam, 1971); uit de beschrijving van zijn gevangenisstraf: W. Walraven, *Een maand in het boevenpak*, red. F. Schamhardt ('s-Gravenhage, 1978), een boek dat tevens een bibliografie van kranten- en tijdschriftartikelen over zijn werk bevat; uit de herinneringen van zijn oudste zoon: Wim Walraven jr., *De groote verbittering. Herinneringen aan mijn vader*, 3de druk (Amsterdam, 1977); en uit een themanummer van het literaire tijdschrift *Het oog in 't zeil* 9: 3 (april 1992). Indien nodig wordt er verwezen naar de afzonderlijke artikelen. Verwijzingen in de tekst staan tussen haakjes; *B* heeft betrekking op *Brieven*, en *E* op *Eendagsvliegen*.
2 Kees Vogels, 'Walraven in Rotterdam (1907-1909)', *Het oog in 't zeil*, 9-13.
3 Voor Walravens beschrijving van het soldatenleven in Indië, zie *Eendagsvliegen*, 105-17.
4 Walraven jr., *De groote verbittering*, 31 en 32.
5 Ibid. 13.
6 Dit slaat op een bepaalde haarstijl. De vrouw draagt haar haar lang en bindt het tot een knot die aan het uiteinde ervan bungelt of opgestoken wordt met haarpennen.
7 Du Perron, *Verzameld werk*, ii. 746.
8 Geciteerd door R. Nieuwenhuys in *Tussen twee vaderlanden*, 49.
9 Geciteerd ibid. 57.
10 Walraven jr., *De groote verbittering*, 39-40.
11 Walraven, *Een maand in het boevenpak*, 65.
12 Deze uitdrukking vormt de titel van de twee delen brieven van Jeroen Brouwers: *Kroniek van een karakter*. Voor Multatuli zie hoofdstuk 8, noot 6. Vincent van Gogh, *De brieven*, red. Han van Krimpen en Monique Berends-Albert (4 delen; 's-Gravenhage, 1990). Jan Hanlo, *Brieven*, red. Ser J.L. Prop, K. Schippers en Erica Stigter (2 delen; Amsterdam, 1989).
13 H. van den Bergh, 'Multatuli as a Writer of Letters', *Canadian Journal of Netherlandic Studies* 13: 2 (herfst 1992), 19.
14 Hanlo, *Brieven*, i. 26.
15 Walraven jr., *De groote verbittering*, 46.
16 Ibid. 50.
17 Rob van Olm, *In de schaduw van het licht* (Amsterdam, 1991), 71.

20 A. ALBERTS (1911-1995): INDIË ALS EEN HEDENDAAGS MYSTERIE

Paginaverwijzingen in de tekst zonder meer hebben betrekking op *De eilanden*; zie noot 20.

1 Biografische gegevens zijn gebaseerd op de volgende interviews en Alberts' eigen memoires: K. Schippers, 'A. Alberts schrijft zijn boeken tussen de middag op het departement', *Haagse Post*, 25 augustus 1971; Vera Illès, 'Ik denk nooit meer aan mijn verhalen', *NRC Handelsblad*, 15 augustus 1975; Rob Nieuwenhuys en K. Schippers, 'De geschiedenis van A. Alberts', *Hol-*

lands Diep, 20 december 1975; Anneriek de Jong, 'Ik schrijf zo prozaïsch mogelijk, nuchter en gewoon', *Hervormd Nederland*, 22 maart 1980; Johan Diepstraten, 'Als ik een gefortuneerd mens was schreef ik alleen nog maar geschiedenisboeken', *Bzzlletin* 106 (mei 1983), 3-7; René 't Sas, 'De mensen denken dat ik zoveel weglaat in mijn verhalen om hen te pesten', *Vrij Nederland* (supplement), 16 augustus 1986. Alle volgende titels zijn memoires van Alberts: *Namen noemen* (Amsterdam, 1962), herdrukt als *In en uit het paradijs getild* (Amsterdam, 1975), in het vervolg aangeduid als *Paradijs*; *De Franse slag* (Amsterdam, 1963), herdrukt als *Aan Frankrijk uitgeleverd* (Amsterdam, 1975); *De Utrechtse herinneringen van A. Alberts* (Amsterdam, 1983); *Inleiding tot de kennis van de ambtenaar* (Amsterdam, 1986).

2 De Jong, 'Ik schrijf zo prozaïsch mogelijk'.

3 A. Alberts, *Baud en Thorbecke, 1847-1851* (Utrecht, 1939; Utrechtse bijdragen tot de geschiedenis, het staatsrecht en de economie van Nederlands-Indië, deel 18), 2.

4 Alberts, *Aan Frankrijk uitgeleverd*, 6.

5 Alberts, *Paradijs*, 28.

6 Ibid. 151.

7 Illès, 'Ik denk nooit meer aan mijn verhalen'.

8 Zie Rob Nieuwenhuys, 'Franse herinneringen van A. Alberts', *Het Parool*, 28 december 1963.

9 René 't Sas, 'De mensen denken dat ik zoveel weglaat'.

10 Zie Clifford Geertz, *Negara. The Theatre State in Nineteenth-Century Bali* (Princeton, 1980), 58-60; en Ana Daniel, *Bali. Behind the Mask* (New York, 1981), 71-5.

11 A. Alberts, *Een kolonie is ook maar een mens* (Amsterdam, 1989), 7.

12 Ibid. 57.

13 A. Alberts, *Twee jaargetijden minder* (Amsterdam, 1992), 42.

14 Ibid. 53.

15 Alberts, *Inleiding tot de kennis van de ambtenaar*, 102; zie ook 113 en 116.

16 Bernlef, 'Het zwijgende goud. Over de verteltrant van A. Alberts', 7-8.

17 Illès, 'Ik denk nooit meer aan mijn verhalen'.

18 Zie Czeslaw Milosz, *The Land of Ulro*, vert. Louis Iribarne (New York, 1984), 41. Kipling, *Something of Myself*, 43-4.

19 Auerbach, *Mimesis*, vert. Wilfred Oranje, 11-25.

20 A. Alberts, *De eilanden*, 4de druk (Amsterdam, 1973), 90. Verdere verwijzingen naar dit boek worden in de tekst gegeven.

21 Voor deze eilanden zie: Alberts, *Paradijs*, 37-41; H. Blink, *Nederlandsch Oost- en West-Indië geographisch, ethnographisch en economisch beschreven* (2 delen; Leiden, 1905-1907), ii. 169-77; *Encyclopaedie van Nederlandsch-Indië* onder de ingangen 'Kangean-archipel' en 'Sapoedi-archipel' en onder de namen van de afzonderlijke eilanden. Dit was ook de eilandengroep die Du Perron in 1920 bezocht; zie een herdruk van Du Perrons artikel hierover, die is opgenomen in: Kees Snoek, 'Aandacht voor een archipel: Du Perron op de Kangean-eilanden', *Indische letteren* 3: 2 (juni 1988), 85-100.

22 Alberts, *Paradijs*, 50-1.

23 Ibid. 50-1.

24 Ibid. 38.

25 Ik doel hier op Atlantis als een legendarisch rijk waarvan men, per definitie, veronderstelt dat het beter is dan wat dan ook in het heden. Ik heb het alleen over de oorspronkelijke schepping van Plato in *Timaeus* en *Critias*, waar Critias aan Socrates vertelt wat hij van Solon over Atlantis heeft gehoord. Als men aan Indië denkt als een, figuurlijk gesproken, verzonken paradijs, dan kan men een direct verband leggen tussen Alberts' fictie en de belangrijke naoorlogse romans van Jeroen Brouwers. Hij publiceerde een trilogie van romans die betrekking hebben op het vroegere koloniale Indië en die het woord 'verzonken' in de titel hebben óf erop zinspelen: *Het verzonkene* (1979), *Bezonken rood* (1981) en *De zondvloed* (1988).

26 A. Alberts, *Haast hebben in september* (Amsterdam, 1975), 103.

27 John Fowles gebruikt de term 'nesomane' (eilandbewoner) in *Islands* (Boston, 1978), 17. Dit zelfstandig naamwoord en het hier gebruikte adjectief zijn afgeleid van het Griekse *nèsos* (eiland); Liddell en Scott opperen dat *nèsos* mogelijk van het werkwoord *neoo* (zwemmen) komt, dat wil zeggen: alsof een mens, zoals zij opperen, drijvend land is.
28 Alberts, *Paradijs*, 11.
29 Auden, *The Enchafèd Flood*, 62.
30 A. Alberts, *Maar geel en glanzend blijft het goud* (Amsterdam, 1981), 81.
31 Fowles, *Islands*, 28.
32 A. Alberts, *De honden jagen niet meer* (Amsterdam, 1979), 80-1.
33 Ibid. 79. De poging van kapitein Wietze om zich in Brazilië schuil te houden voor schepen en de zee, roept de personages van Conrad, met name Jim, in herinnering. Veel van Conrads personages zijn net zulke 'isolato's' als die van Alberts of Melville.
34 Auden, *The Enchafèd Flood*, 17.
35 Alberts, *Haast hebben in september*, 104.
36 Ibid. 110.
37 Zie '"Wij schrijven uit heimwee" zegt indoloog Alberts', *Algemeen Dagblad*, 15 februari 1964. Het woord 'heimwee' wordt vooral gebruikt om het verlangen naar huis aan te duiden. Maar het heeft bij Alberts allerlei connotaties, zoals blijkt uit de tekst 'De herfst van het heimwee' in *Haast hebben in september*, 61-70. Wat dat betreft: de connotatie 'nostalgie' bevat nog steeds de oorspronkelijke Griekse betekenis van 'verlangen naar huis': *nostos*, dat 'terugkeer naar huis' betekent, en *algos*, dat 'pijn' betekent.
38 A. Alberts, *De bomen* (Amsterdam, 1953), 105.
39 Alberts, *Haast hebben in september*, 62 en 70.
De Mexicaanse schrijver Octavio Paz neemt eenzelfde soort kracht waar in bomen. 'De bomen krommen zich, buigen zich, richten zich weer op met veel lawaai, en rekken zich uit alsof ze proberen zichzelf te ontwortelen en te vluchten. Nee, ze wijken niet. Pijn van wortels en van gebroken takken, woeste volharding van vegetatie, niet minder sterk dan die van dieren en mensen. Als deze bomen zouden beginnen te lopen, zouden ze alles vernietigen wat hun de doortocht zou beletten.' Octavio Paz, *El mono gramático* (Barcelona, 1974), 13. (Vergelijk Engelse editie: Octavio Paz, *The Monkey Gramarian*, vert. Helen R. Lane (New York, 1981), 5.)
40 John Fowles, *The Tree* (Boston, 1980); paginering ontbreekt. *De bomen* van Alberts lijkt wel een fictionele tegenhanger van het essay van Fowles.
41 Stevenson, *Vailima Letters*, i. 27.
42 T.S. Eliot, *Four Quartets*, vert. en red. Herman Servotte (Antwerpen 1983), p. 153. Het origineel luidt: 'We shall not cease from exploration / And the end of all our exploring / Will be to arrive where we started / And know the place for the first time.'

CONCLUSIE

1 Jeroen Brouwers, *De zondvloed* (Amsterdam, 1988), 53; zie ook 92, 246 en 264-5. Een ander verband met de koloniale literatuur bestaat erin dat Brouwers het een en ander met Du Perron gemeen heeft; zie Peter de Boer, 'De wereld als strijdtoneel. De eenzame stellingen van Jeroen Brouwers en Eddy du Perron', in Hans Dütting (red.), *Over Jeroen Brouwers. Kritische motieven* (Baarn, 1987), 21-50. Een andere modernistische roman die voortkomt uit de koloniale literatuur is Oscar de Wit, *Met koele obsessie* (Amsterdam, 1979), een uiterst persoonlijke tekst waarmee de auteur graag Multatuli en Du Perron, maar vooral Multatuli, zou willen evenaren (p. 37). De Wit neemt zelfs de gewoonte van Multatuli over om polemische noten aan zijn fictie toe te voegen. Het boek is een merkwaardig slecht gehumeurd relaas, dat doet denken aan het vitriool van Bas Veth; het waarschuwt de lezer dat het 'begeerte in venijn [voelt] op-

gaan' (p. 18). Interessant genoeg zijn de herinneringen aan het vroegere Indië (p. 86-90, 95-148, 222-54, 306-13 en 332-54) de meest aantrekkelijke stukken van het boek.

2 Brouwers, *De zondvloed*, 345.

3 Ibid. 733.

4 Ibid. 612.

5 Ibid. 197.

6 Ibid. 105.

7 Ibid. 334.

8 Om slechts één verband te noemen: het 'symfonion', een zelfontworpen, uit allerlei onderdelen samengesteld muziekinstrument op Borneo (p. 672-3), keert in België terug als een carillon van opgehangen flessen (p. 275-8).

9 De verborgen werking van de tropen, als het om de verbeelding gaat, wordt door Brouwers grif toegegeven, maar hij verwoordt tevens de daarmee verband houdende eenzaamheid ten gevolge van het besef dat men in geen van beide domeinen echt thuishoort. 'Alsof mijn ouders een eiland zijn geweest waar ik weliswaar ben geboren, maar dat ik nooit heb leren kennen omdat ik er te snel van werd verbannen. Zoals ik ben verwekt en geboren op Java, waar ik niet ben opgegroeid: ook dat eiland vervult me met nooit gestild heimwee naar iets dat ik nauwelijks heb gekend. Wat ik er wel heb gekend, zij het als kleuter, – maar het zou mijn hele verdere leven bepalen, – was oorlog, gevangenschap, de verscheuring van ons gezin, angst om in de steek gelaten te worden en alleen achter te blijven.' Jeroen Brouwers, *Het vliegenboek. Kladboek 3* (Amsterdam, 1991), 437. Hetzelfde boek bevat een liefdevol portret van Rob Nieuwenhuys (p. 36-46).

10 Walter Benjamin, 'Der Erzähler. Betrachtungen zum Werk Nikolai Lesskows', in *Illuminationen. Ausgewählte Schriften* (1961; herdruk Frankfurt am Main, 1977), 386.

11 Benjamin heeft het bij het verkeerde eind als hij, op p. 399, Mnemosyne in verband brengt met de epische poëzie. Haar dochter Calliope was de muze van het epos.

12 Benjamin, *Illuminationen*, 400.

13 André Maurois, *Magiciens et logiciens* (Parijs, 1935), 249.

14 Joseph Conrad, *Notes on Life and Letters* (Garden City, N.Y., 1924), 17.

15 Margaret Mein, 'Novalis a Precursor of Proust', *Comparative Literature* 23: 3 (zomer 1971), 219.

16 Ibid. 221.

17 Richard Minne, *Wolfijzers en schietgeweren*, red. R. Herreman en M. Roelants, 2de druk (Brussel, 1947), 141.

18 Afkomstig uit de rede van Czeslaw Milosz ter gelegenheid van de uitreiking van de Nobelprijs; zie Czeslaw Milosz, *Beginning with my Streets. Essays and Recollections* (New York, 1991), 273.

19 Conrad, *Notes on Life and Letters*, 13.

BIBLIOGRAFIE

PRIMAIRE BRONNEN

Alberts, A., *Baud en Thorbecke, 1847-1851* (Utrechtse bijdragen tot de geschiedenis, het staatsrecht en de economie van Nederlandsch-Indië, deel 18). Utrecht, 1939.

Alberts, A., *De eilanden.* Amsterdam, 1973 (1ste druk 1952).

Alberts, A., *De bomen.* Amsterdam, 1953.

Alberts, A., *In en uit het paradijs getild.* Amsterdam, 1975 (1ste druk 1962).

Alberts, A., *Aan Frankrijk uitgeleverd.* Amsterdam, 1975 (1ste druk 1963).

Alberts, A., *Het einde van een verhouding. Indonesië en Nederland tussen 1945 en 1963.* Alphen aan den Rijn, 1968.

Alberts, A., *De vergaderzaal.* Amsterdam, 1974.

Alberts, A., *Haast hebben in september.* Amsterdam, 1975.

Alberts, A., *De honden jagen niet meer.* Amsterdam, 1979.

Alberts, A., *Per mailboot naar de Oost. Reizen met de Lloyd en de Nederland tussen 1920 en 1940.* Bussum, 1979.

Alberts, A., *Maar geel en glanzend blijft het goud.* Amsterdam, 1981.

Alberts, A., *De Utrechtse herinneringen van A. Alberts.* Amsterdam, 1983.

Alberts, A., *The Islands,* vert. Hans Koning, Amherst, 1983.

Alberts, A., *Inleiding tot de kennis van een ambtenaar.* Amsterdam, 1986.

Alberts, A., *Een kolonie is ook maar een mens.* Amsterdam, 1989.

Alberts, A., *Twee jaargetijden minder.* Amsterdam, 1992.

Bontekoe, Willem IJsbrantsz., *Journalen van de Gedenckwaerdige Reijsen van Willem IJsbrantsz. Bontekoe 1618-1625,* red. G.J. Hoogewerff, Den Haag, 1952 (oorspr. 1646).

Clusius, Carolus, *Aromatum, et Simplicium Aliquot Medicamentorum Apud Indos Nascentium Historia* (fotogr. herdruk). Inl. M. de John en D.A. Wittop Koning, Nieuwkoop, 1963 (oorspr. 1567).

Cohen, Alexander, *In opstand.* Amsterdam, 1976.

Cohen, Alexander, *Uiterst links. Journalistiek werk 1887-1896,* red. Ronald Spoor, Amsterdam, 1980.

Cohen, Alexander, *Uiterst rechts. Journalistiek werk 1906-1920,* red. Max Nord, Amsterdam, 1981.

Couperus, Louis, *Verzamelde werken.* Amsterdam, 1952-1957 (12 delen).

Couperus, Louis, *Old People and the Things that Pass,* vert. Alexander Teixera de Mattos, Londen, 1963.

Couperus, Louis, *The Hidden Force,* vert. Alexander Teixeira de Mattos, rev. en ed. E.M. Beekman, Amherst, 1985.

Couperus, Louis, *De stille kracht.* Utrecht, 1989. *Volledige werken,* deel xvii. Utrecht, 1989.

Couperus, Louis, *Van oude menschen, de dingen die voorbijgaan.* Utrecht, 1991. *Volledige werken,* deel xxv. Amsterdam, 1991.

Daum, P.A., *Uit de suiker in de tabak.* Den Haag, 1977 (1ste druk 1885).
Daum, P.A., *Hoe hij Raad van Indië werd.* Den Haag, 1978 (1ste druk 1888).
Daum, P.A., *De Van der Linden's c.s.* Den Haag, 1978 (1ste druk 1889).
Daum, P.A., *L. van Velton-Van der Linden.* Den Haag, 1978 (1ste druk 1889).
Daum, P.A., *Goena-Goena.* Amsterdam, 1980 (1ste druk 1889).
Daum, P.A., *H. van Brakel, Ing. B.O.W.* Amsterdam, 1982 (1ste druk 1890).
Daum, P.A., *Indische mensen in Holland.* Amsterdam, 1963 (1ste druk 1890).
Daum, P.A., *Ups en downs in het Indische leven.* Amsterdam, 1946 (1ste druk 1892).
Daum, P.A., *Nummer elf.* Den Haag, 1981 (1ste druk 1893).
Daum, P.A., *Aboe Bakar.* Den Haag, 1980 (1ste druk 1894).
Daum, P.A., *Ups and Downs of Life in the Indies*, vert. Donald en Elsje Sturtevant, Amherst, 1987.
Dekker, Mevr. Douwes (red.), *Brieven van Multatuli. Bijdragen tot de kennis van zijn leven.* Amsterdam, 1891-1896 (10 delen).
Dekker, Mevr. Douwes (red.), *Briefwisseling tussen Multatuli en S.E.W. Roorda van Eysinga.* Amsterdam, 1907.
Dermoût, Maria, *The Ten Thousand Things*, vert. Hans Koningsberger, New York, 1958.
Dermoût, Maria, *Verzameld werk.* Amsterdam, 1974.
Djojopoespito, Soewarsih, *Buiten het gareel.* Utrecht, 1940.

Friedericy, H.J., *De standen bij de Boegineezen en Makassaren.* Den Haag, 1933.
Friedericy, H.J., *The Counselor*, vert. Hans Koning, in *Two Tales of the East Indies.* Amherst, 1983.
Friedericy, H.J., *Verzameld werk.* Amsterdam, 1984.

Graaff, Nicolaus de, *Reisen van Nicolaus de Graaff*, red. J.C.M. Warnsink, Den Haag, 1930.

Houtman, Frederick de, *Le 'Spraeck ende Woord-Boek' de Frederick de Houtman. Première méthode de malais parlé (fin du XVIe s.)*, red. Denis Lombard, Parijs, 1970.
Houtman, Frederick de, *Cort Verhael van 't gene wedervaren is Frederick de Houtman tot atchein* in *De oudste reizen van de Zeeuwen naar Oost-Indië 1598-1604*, red. W.S. Unger, Den Haag, 1948 (1ste druk 1880).

Ido, Victor, *De paupers.* Den Haag, 1978 (1ste druk 1912).

Jonge, J.K.J. de, *De opkomst van het Nederlandsch gezag in Oost-Indië. Verzameling van onuitgegeven stukken uit het koloniaal archief (1595-1814).* 1ste reeks. Amsterdam en Den Haag, 1862-1888.
Junghuhn, Franz Wilhelm, *Topografische und naturwissenschaftliche Reisen durch Java.* Magdeburg, 1845.
Junghuhn, Franz Wilhelm, *Die Battaländer auf Sumatra.* Berlijn, 1847 (2 delen).
Junghuhn, Franz Wilhelm, *Java, zijn gedaante, zijn plantentooi en inwendige bouw.* Den Haag, 1850-1854 (4 delen).
Junghuhn, Franz Wilhelm, *Terugreis van Java naar Europa, met de zoogenaamde Engelsche overlandpost in de maanden September en October 1848.* Zaltbommel, 1851.
Junghuhn, Franz Wilhelm, *Licht- en schaduwbeelden uit de binnenlanden van Java.* Amsterdam, [1883] (1ste druk 1854).
Junghuhn, Franz Wilhelm, *De onuitputtelijke natuur. Een keuze uit zijn geschriften*, red. Rob Nieuwenhuys en Frits Jaquet, Amsterdam, 1966.
Junghuhn, Franz Wilhelm, *Java's onuitputtelijke natuur. Reisverhalen, tekeningen en fotografieën*, red. Rob Nieuwenhuys en Frits Jaquet, Alphen aan den Rijn, 1980.
Junghuhn, Franz Wilhelm, in *Fugitive Dreams. An Anthology of Dutch Colonial Literature*, vert. en red. E.M. Beekman, Amherst, 1988.

Kartini, Raden Adjeng, *Door duisternis tot licht. Gedachten over en voor het Javaanse volk.* 5de druk. red. Elisabeth Allard, Amsterdam, 1976 (1ste druk 1911).
Kartini, Raden Adjeng, *Letters of a Javanese Princess*, vert. Agnes Louise Symmers, New York, 1976 (1ste druk 1920).
Kartini, Raden Adjeng, *Brieven aan mevrouw R.M. Abendanon-Mandri en haar echtgenoot*, red. F.G.P. Jaquet, Dordrecht, 1987.

Linschoten, Jan Huyghen van, *Itinerario. Voyage ofte Schipvaert van Jan Huyghen Van Linschoten naer Oost ofte Portugaels Indien*, red. H. Kern, Den Haag, 1910-1939 (5 delen; oorspr. 1595-1596).

Mahieu, Vincent, *Schuilen voor de regen.* Den Haag, 1989.
Mahieu, Vincent, *Schat, schot, schat.* Amsterdam, 1990.
Mahieu, Vincent, *Verzameld werk.* Amsterdam, 1992.
Multatuli, *Volledige werken*, red. Garmt Stuiveling, H. van de Berg e.a., Amsterdam, 1973-1995 (25 delen).
Multatuli, *Max Havelaar*, vert. Roy Edwards, Amherst, 1982.
Multatuli, *Max Havelaar of de koffieveilingen der Nederlandsche Handelsmaatschappij.* Assen, 1992 (2 delen).

Nieuwenhuys, R. (onder pseud. E. Breton de Nijs), *Vergeelde portretten uit een Indisch familiealbum.* 6de herz. druk. Amsterdam, 1973 (1ste druk 1954).
Nieuwenhuys, R., *Van roddelpraat en literatuur. Een keuze uit het werk van Nederlandse schrijvers uit het voormalig Nederlands-Indië.* Amsterdam, 1965.
Nieuwenhuys, R. (onder pseud. E. Breton de Nijs), *Tempo doeloe. Fotografische documenten uit het oude Indië 1870-1914.* Amsterdam, 1973 (1ste druk 1961).
Nieuwenhuys, R., *Bij het scheiden van de markt. Een bloemlezing uit de Indische letterkunde van 1935 tot heden.* Amsterdam, 1960.
Nieuwenhuys, R., *Tussen twee vaderlanden.* Amsterdam, 1967 (1ste druk 1959).
Nieuwenhuys, R., *Oost-Indische spiegel.* 3de herz. druk. Amsterdam, 1978 (1ste druk 1972).
Nieuwenhuys, R., *Het laat je niet los. Nederlandse letterkunde over Indonesië van 1935 tot heden. Mensen en landschappen.* Amsterdam, 1974.
Nieuwenhuys, R. (onder het pseud. E. Breton de Nijs), *Batavia, koningin van het oosten.* Den Haag, 1976.
Nieuwenhuys, R., *Om nooit te vergeten. Nederlandse letterkunde over Indonesië van 1935 tot heden. Bezetting en Revolutie.* Amsterdam, 1974.
Nieuwenhuys, R., *In de schommelstoel. Nederlandse letterkunde over Indonesië van 1870 tot 1935.* Amsterdam, 1975.
Nieuwenhuys, R., *Wie verre reizen doet. Nederlandse letterkunde over Indonesië van de Compagniestijd tot 1870.* Amsterdam, 1975.
Nieuwenhuys, R., *Een beetje oorlog.* Amsterdam, 1979.
Nieuwenhuys, R. (red.), *Memory and Agony. Dutch Stories from Indonesia*, vert. A. Dixon, Boston, 1979.
Nieuwenhuys, R., *Baren en oudgasten. Tempo doeloe – een verzonken wereld. Fotografische documenten uit het oude Indië 1870-1920.* Amsterdam, 1981.
Nieuwenhuys, R., (onder pseud. E. Breton de Nijs), *Faded Portraits*, vert. Donald en Elsje Sturtevant, Amherst, 1982.
Nieuwenhuys, R., 'Het Indische kind dat ik was en ben', in T. Wierema (red.), *Rob Nieuwenhuys. Leven tussen twee vaderlanden.* Amsterdam, 1982, 11-32.
Nieuwenhuys, R., *Mirror of the Indies. A History of Dutch Colonial Literature*, vert. Frans van Rosevelt, Amherst, 1982.

Nieuwenhuys, R., *Komen en blijven. Tempo doeloe – een verzonken wereld. Fotografische documenten uit het oude Indië 1870-1920.* Amsterdam, 1988.
Nieuwenhuys, R., *Het laat je niet los. Verhalen van Nederlandse schrijvers over Indonesië vanaf de eerste jaren der Compagnie tot op heden.* Amsterdam, 1985.
Nieuwenhuys, R., *De mythe van Lebak.* Amsterdam, 1985.
Nieuwenhuys, R., *Met vreemde ogen. Tempo doeloe – een verzonken wereld. Fotografische documenten uit het oude Indië 1870-1920.* Amsterdam, 1988.

Oviedo, Gonzalo Fernández de, *Natural History of the West Indies*, vert. en red. S.A. Stoudemire, Chapel Hill, 1959 (oorspr. 1526).

Perron, E. du, *Het land van herkomst* (13de verm. druk). Amsterdam, 1989 (1ste druk 1935).
Perron, E. du (red.), *De Muze van Jan Companjie. Overzichtelike verzameling van Nederlands-Oostindiese belletrie uit de Companjiestijd 1600-1780.* 2de herz. en verm. druk. Bandung, 1948 (1ste druk 1939).
Perron, E. du, *Verzameld werk.* Amsterdam, 1955-1959 (7 delen).
Perron, E. du, *Country of Origin*, vert. Francis Bulhof en Elizabeth Daverman, Amherst, 1984.
Perron, E. du, *Brieven.* Amsterdam, 1977-1990 (9 delen).
Purchas, Samuel, *Hakluytus Posthumus of Purchas His Pelgrimes. Containing a History of the World in Sea Voyages and Lande Travells by Englishmen and Others.* Glasgow, 1905-1907 (20 delen; oorspr. 1625).

Raffles, Thomas Stamford, *The History of Java.* Kuala Lumpur, 1978 (1ste druk 1817, 2 delen).
Robinson, Tjalie, *Piekerans van een straatslijper.* Den Haag, 1992 (2 delen; oorspr. 1953-1954).
Robinson, Tjalie, *Ik en Bentiet.* Den Haag, 1976.
Robinson, Tjalie, *Piekeren in Nederland.* Den Haag, 1983.
Robinson, Tjalie, 'Vivere pericolosamente', vert. Winniefred Anthonio, *Indonesia* 52 (okt. 1991), 105-17.
Robinson, Tjalie, *Didi in Holland.* Arnhem, 1992.
Rouffaer, G.P. en J.W. IJzerman (red.), *De eerste scheepvaart der Nederlanders naar Oost-Indië onder Cornelis de Houtman 1595-1597.* Den Haag, 1915-1929 (3 delen).
Rumphius, Georgius Everhardus, *D'Amboinsche rariteitenkamer.* Amsterdam, 1705.
Rumphius, Georgius Everhardus, *Het Amboinsche kruidboek.* Amsterdam, Den Haag en Utrecht, 1741-1755 (7 delen).
Rumphius gedenkboek 1702-1902, red. M. Greshoff, Haarlem, 1902.
Rumphius Memorial Volume, red. H.C.D. de Wit, Baarn, 1959.
Rumphius, *The Poison Tree. Selected Writings of Rumphius on the Indies*, red. E.M. Beekman, Amherst, 1981.

Sewel, W.A., *New Dictionary of English and Dutch.* Amsterdam, 1691.
Stavorinus, J.S., *Voyages to the East Indies*, vert. E.H. Wilcocke, Londen, 1969 (3 delen; oorspr. 1789).

Valentijn, François, *Oud en nieuw Oost-Indiën, vervattende Een Naaukeurige en Uitvoerige Verhandelinge van Nederlands Mogentheyd in die Gewesten... beschreven, en met veele zeer nette daar toe vereyschte Kaarten opgeheldert.* Dordrecht en Amsterdam, 1724-1726 (8 delen).
Valentijn, François, *Van en naar Indië. Valentijns 1ste en 2de Uit- en Thuisreis, vooraf-gegaan door Busken Huets Litterarisch-Critische Studie over François Valentijn*, red. A.W. Stellwagen, Den Haag, 1881
François Valentijn's Description of Ceylon, vert. en red. Sinnappah Arasaratnam, Londen, 1978.
Vuyk, Beb, *Verzameld werk.* Amsterdam, 1972.
Vuyk, Beb, *Een broer in Brazilië.* Utrecht, 1983.

Vuyk, Beb, *Reis naar het vaderland in de verte.* Utrecht, 1983.
Vuyk, Beb, *The Last House in the World*, vert. André Lefevere, in *Two Tales of the East Indies.* Amherst, 1983.
Vuyk, Beb, *Kampdagboeken.* Utrecht, 1989.

Walraven, Willem, *Brieven. Aan familie en vrienden 1919-1941.* 2de verm. druk, red. R. Nieuwenhuys, F. Schamhardt en J.H.W. Veenstra, Amsterdam, 1992 (1ste druk 1966).
Walraven, Willem, *Eendagsvliegen. Journalistieke getuigenissen uit kranten en tijdschriften*, red. F. Schamhardt en R. Nieuwenhuys, Amsterdam, 1971.
Walraven, Willem, *Een maand in het boevenpak*, red. F. Schamhardt, Den Haag, 1978.
Walraven, Willem, in *Fugitive Dreams. An Anthology of Dutch Colonial Literature*, vert. en red. E.M. Beekman, Amherst, 1988.

Yule, Henry en A.C. Burnell, *Hobson-Jobson. Being a Glossary of Anglo-Indian Colloquial Words and Phrases, and of Kindred Terms. Etymological, Historical, Geographical en Discursive.* New Delhi, 1979 (1ste druk 1886).

SECUNDAIRE BRONNEN MET BETREKKING TOT HET KOLONIALE OOST-INDIË

Alberts, A., 'In memoriam H.J. Friedericy', *De Groene Amsterdammer*, 1 december 1962.
Alberts, A., 'H.J. Friedericy. Bestuursambtenaar, schrijver, verteller', *Ons Erfdeel* 29: 3 (mei-juni), 322-6.
Andaya, Leonard Y., *The Heritage of Arung Palakka. A History of South Sulawesi in the Seventeenth Century.* Den Haag, 1981.
Anderson, Benedict R. O'G., *Mythology and the Tolerance of the Javanese.* (Monograph Series of the Modern Indonesia Project). Ithaca, N.Y., 1965.
Angelino, A.D.A. de Kat, *Colonial Policy*, vert. G.J. Reinier, Den Haag, 1975 (1ste druk 1931, 2 dln).
Arends, P.S., 'Waarom kajoepoetih groen is', *Moesson* 26: 10 (1981), 8-9.
Atlas van tropisch Nederland. Landsmeer, 1990 (1ste druk 1938).

Balen, W.J. van, *Nederlands voorhoede.* Amsterdam, 1941.
Ballintijn, G., *Rumphius. De blinde ziener van Ambon.* Utrecht, 1944.
Bastet, Frédéric, *Louis Couperus. Een biografie.* Amsterdam, 1987.
Baudet, H., 'Schrijvers over Oost-Indië. Een studie en een slotsom', in Thijs Wierema (red.), *Rob Nieuwenhuys. Leven tussen twee vaderlanden.* Amsterdam, 1981, 125-46.
Baudisch, A., *Het probleem van de 'Stille kracht'.* Weltevreden, 1926.
Beekman, E.M. (red.), *The Poison Tree. Selected Writings of Rumphius on the Indies.* Amherst, 1981.
Beekman, E.M. (red.), *Fugitive Dreams. An Anthology of Dutch Colonial Literature.* Amherst, 1988.
Beets, Gijs en Santo Koesoebjono, 'Indische Nederlanders. Een vergeten groep', *Moesson* 36: 66 (1991), 28-30.
Benda, Harry J., 'The Pattern of Administrative Reforms in the Closing Years of Dutch Rule in Indonesia', *Journal of Asian Studies* 25: 4 (aug. 1966), 591-5.
Berg, Joop van den, 'Eerherstel voor S. Kalff. Samensteller van de eerste bloemlezing van de Indisch-Nederlandse letterkunde', *Indische Letteren* 1: 1 (maart 1986), 37-46.
Berg, Joop van den, ' "Indisch-Nederlands" in de Indische letteren', *Indische Letteren* 9: 1 (maart 1994), 21-8.
Berg, Joop van den, e.a., *In Indië geweest. Maria Dermoût, H.J. Friedericy, Beb Vuyk.* Amsterdam, 1990.

Bergh, H. van den, 'Multatuli as a Writer of Letters', *Canadian Journal of Neerlandic Studies* 13: 2 (herfst 1992), 17-22.
Bickmore, Albert S., *Travels in the East Indian Archipelago.* New York, 1869.
Blink, H., *Nederlandsch Oost- en West Indië geographisch, ethnographisch en economisch beschreven.* Leiden, 1905-1907 (2 delen).
Bloem, Marion, *Vaders van betekenis.* Amsterdam, 1989.
Brom, Gerard, *Java in onze kunst.* Rotterdam, 1931.
Brommer, Bea (red.), *Reizend door Oost-Indië. Prenten en verhalen uit de 19e eeuw.* Utrecht, 1979.
Brown, William H., *Philippine Fiber Plants* (Bulletin 19 van het Bureau of Forestry of the Philippine Islands). Manilla, 1919.
Bruggen, Carry van, *Goenong-djatti.* Schoorl, 1987 (1ste druk 1909).
Bruyn Ouboter-Kist, Marie de, ' "Hart van mij". Brieven en teksten van Maria Dermoût (1950-1960)', *Bzzlletin* 13: 127 (juni 1985), 22-35.

Christie, Jan Wisseman, 'States without Cities. Demographic Trends in Early Java', *Indonesia* 52 (okt. 1991), 23.
Cleintuar, G.L., '*Tjoek* van Vincent Mahieu', *Indische Letteren* 4: 2 (juni 1989), 81-94.
Colenbrander, H.T., *Koloniale geschiedenis.* Den Haag, 1925-1926 (3 delen).
Crawford, John, *A Descriptive Dictionary of the Indian Islands & Adjacent Countries.* Londen, 1856.
Critchfield, Richard, 'Discovering Indonesia's Women', *Asia* 2: 4 (nov.-dec. 1979), 8-17.

Dam, J.J.M. van, 'Jantje Kaas en zijn jongens. Bijdrage tot de kennis van den Ned.-Indische soldatentaal in de 19e eeuw', *Tijdschrift voor Indische Taal-, Land- en Volkenkunde* 82: 1 (1942), 62-209.
Daniel, Ana, *Bali. Behind the Mask.* New York, 1981.
Doel, H.W. van den, *De stille macht. Het Europees binnenlands bestuur op Java en Madoera 1808-1942.* Amsterdam, 1994.
Doorn, J.A.A. van, *De laatste eeuw van Indië. Ontwikkeling en ondergang van een koloniaal project.* Amsterdam, 1994.

Encyclopaedie van Nederlandsch-Indië, red. D.G. Stibbe e.a., Den Haag, 1917-1939 (4 delen en 4 supplementen).
Epton, Nina, *Magic and Mystics of Java.* Londen, 1974.

Fairchild, David, *Garden Islands of the Great East. Collecting Seeds from the Philippines and Netherlands India in the Junk 'Chêng Ho'.* New York, 1943.
Fasseur, C., 'Het Indië van Multatuli', *Over Multatuli* 3 (1979), 13-4.
Fasseur, C., *The Politics of Colonial Exploitation. Java, the Dutch and the Cultivation System.* Ithaca, N.Y., 1992.
Fasseur, C., *De indologen. Ambtenaren voor de Oost 1825-1950.* Amsterdam, 1993.
Furnivall, J.S., *Netherlands India. A Study of Plural Economy.* Amsterdam, 1976 (1ste druk 1944).
Furnivall, J.S., *Colonial Policy and Practice. A Comparative Study of Burma and Netherlands India.* Cambridge, 1948.

Gaastra, F.S., J.R. Bruijn en I. Schöffer (red.), *Dutch-Asiatic Shipping in the Seventeenth and Eighteenth Centuries 1595-1795.* Den Haag, 1981.
Geertz, Clifford, *The Religion of Java.* Chicago, 1976 (1ste druk 1960).
Geertz, Clifford, *Negara. Theatre-State in Nineteenth-Century Bali.* Princeton, 1980.
Glamann, Kristof, *Dutch-Asiatic Trade 1620-1740.* Den Haag, 1981.
Gomperts, H.A., *De geheime tuin.* Amsterdam, 1963.
Graaf, H.J. de, *De geschiedenis van Ambon en de Zuid-Molukken.* Franeker, 1977.
Graaf, H.J. de, *Wonderlijke verhalen uit de Indische historie.* Den Haag, 1981.

Greshoff, M., *Indische vergiftrapporten.* Den Haag, 1914.
Groeneboer, Kees, *Weg tot het Westen. Het Nederlands voor Indië 1600-1950.* Leiden, 1993.
Groeneboer, Kees, 'Bestrijding van Indisch-Nederlands. Je-lâh-je-kripoet', *Indische Letteren* 9: 1 (maart 1994), 5-19.
Groeneboer, Kees, 'Het Nederlands in Indonesië van 1600 tot heden', *Neerlandia* 98: 2 (mei 1994), 65-70.
Groeneveld, Anneke, e.a., *Toekang potret. 100 jaar fotografie in Nederlands Indië 1839-1939.* Amsterdam, 1989.
Gruiter, V.E. de, *Het Javindo. De verboden taal.* Den Haag, 1990.

Haan, F. de, 'Rumphius en Valentijn als de geschiedschrijvers van Ambon', in *Rumphius Gedenkboek 1702-1902.*
Haan, F. de, *Priangan.* Batavia, 1910-1912 (4 delen).
Haan, F. de, *Oud Batavia.* Batavia, 1922-1923 (3 delen).
Haan, F. de, *Uit de nadagen van de 'Loffelijke Compagnie'. Een keuze uit de geschriften*, red. R. Nieuwenhuys, Amsterdam, 1984.
Haasse, Hella S., *Oeroeg.* Amsterdam, 1993 (1ste druk 1948).
Haasse, Hella S., *Heren van de thee.* Amsterdam, 1992.
Haasse, Hella S., *Een handvol achtergrond, 'Parang Sawat'. Autobiografische teksten.* Amsterdam, 1993.
Hadiwijono, Harun, *Man in the Present Javanese Mysticism.* Baarn, 1967.
Hamilton, Alexander, *A New Account of the East Indies*, red. William Foster, Amsterdam, 1970 (oorspr. 1727).
Haren, Onno Zwier van, *Agon. Sultan van Bantam. Treurspel in vijf bedrijven*, red. G.C. de Waard, Zwolle, 1968 (oorspr. 1769).
Heeres, J.E., 'Rumphius' Levensloop, naar de medeedelingen van P.A. Leupe', in *Rumphius Gedenkboek 1702-1902.*
Heniger, J., *Hendrik Adriaan van Rheede tot Drakenstein (1636-1691) en Hortus Malabaricus. A Contribution to the History of Dutch Colonial Botany.* Rotterdam, 1986.
Heslinga, E.S. van Eyck van, *Van compagnie naar koopvaardij. De scheepvaartverbinding van de Bataafse Republiek met de koloniën in Azië 1795-1806.* Amsterdam, 1988.
Hien, H.A. van, *De Javaansche geestenwereld en de betrekking, die tusschen de geesten en de zinnelijke wereld bestaat.* Semarang en Bandoeng, 1896-1913 (4 delen).
Hoogenberk, H., *De rechtsvoorschriften voor de vaart op Oost-Indië 1595-1620.* Utrecht, z.j.
Hoogerwerf, Evert-Jan, *Persgeschiedenis van Indonesië tot 1942. Geannoteerde bibliografie.* Leiden, 1990.
Horne, Elinor Clark, *Javanese-English Dictionary.* New Haven, 1974.
Hullu, J. de, *Op de schepen der Oost-Indische Compagnie*, red. J.R. de Bruijn en J. Lucassen, Groningen, 1980.

Jong, L. de, *Het Koninkrijk der Nederlanden in de Tweede Wereldoorlog.* Den Haag, 1969-1991 (14 delen). Deel xi; a, b, c.
Junghuhn, Franz Wilhelm, *Gedenkboek Franz Junghuhn 1809-1909.* Den Haag, 1910.

Kartodirdjo, Sartono, *The Peasants' Revolt of Banten in 1888, its Conditions, Course and Sequel. A Case Study of Social Movements in Indonesia.* Den Haag, 1966.
Kempers, A.J. Bernet, *Ageless Borobudur.* Wassenaar, 1976.
Kielstra, E.B., *De vestiging van het Nederlandsch gezag in den Indischen Archipel.* Haarlem, 1920.
Klerck, E.S. de, *History of the Netherlands East Indies.* Amsterdam, 1975 (2 delen; 1ste druk 1918).
Kloppenburg-Versteegh, J., *Het gebruik van Indische planten.* Katwijk aan Zee, 1978 (1ste druk 1907).
Koerts, H.J., 'Bestuursambtenaar in Zuid-Celebes', in S.L. van der Wal (red.), *Besturen overzee. Herinneringen van oud-ambtenaren bij het binnenlands bestuur in Nederlandsch-Indië.* Franeker, 1977, 45-72.

Koks, J.Th., *De Indo.* Amsterdam, 1931.
Kousbroek, Rudy, *Het Oostindisch kampsyndroom.* Amsterdam, 1992.
Kramers, C.J.M., 'De Indische politie en haar uniformering', *Moesson* 36: 8-9 (1992), 28-30 en 30-7.
Kroef, Justus M. van der, 'The Colonial Novel in Indonesia', *Comparative Literature* 10: 3 (zomer 1958), 215-31.
Krom, N.J., 'Herdenking van Dr. G.P. Rouffaer', *Bijdragen tot de Taal-, Land- en Volkenkunde van Nederlandsch-Indië* 84 (1928), 163-299.
Kumar, Ann, 'Literary Approaches to Slavery and the Indies Enlightenment. Van Hogendorp's *Kraspoekol*', *Indonesia* 32 (april 1987), 43-65.
Kunst, J., *Music in Java. Its History, its Theory and its Technique.* Den Haag, 1973 (2 delen).

Leupe, P.A., 'Herbert de Jager', *Bijdragen tot de Taal-, Land- en Volkenkunde* 4 (1862), 17-22.
Leupe, P.A., 'Herbert de Jager', *Bijdragen tot de Taal-, Land- en Volkenkunde* 3 (1869), 67-97.
Leupe, P.A., 'Georgius Everardus Rumphius, Ambonsch natuurkundige der zeventiende eeuw', *Verhandelingen der Koninklijke Akademie van Wetenschappen* 12 (1871), 1-63.
Leupe, P.A., 'Cornelis Houtman's tweede reis naar Indië 1598', *Bijdragen van het Koninklijke Instituut voor de Taal-, Land en Volkenkunde van Nederlandsch-Indië* 4: 1 (1880), 527-34.
Leur, J.C. van, *Indonesian Trade and Society. Essays in Asian Social and Economic History.* Dordrecht, 1983 (1ste druk 1955).
Leur, J.C. van, 'Java, vreemd en vertrouwd. Fragmenten uit brieven van J.C. van Leur', *De Nieuwe Stem* 12: 5 (mei 1957), 276-93.
Limburg, Jan, 'Het raadsel van Bontorio, de laatste generaal', *Indische Letteren* 2: 1 (maart 1987), 25-30.
Linden, A.L.V.L. van de, *De Europeaan in de Maleisische literatuur.* Meppel, 1937.
Lubis, Mochtar, *Het land onder de regenboog. De geschiedenis van Indonesië.* Alphen aan den Rijn, 1979.
Ludeking, E.W.A., 'Schets van de Residentie Amboina', *Bijdragen tot de Taal-, Land- en Volkenkunde van Nederlandsch-Indië*, 3de reeks, 3 (1868), 23-8.

Marsden, William, *The History of Sumatra.* Kuala Lumpur, 1966 (oorspr. 1783).
Masselman, George, *The Cradle of Colonialism.* New Haven, 1963.
Merrill, E.D., *An Interpretation of Rumphius's Herbarium Amboinese.* Manila, 1917.
Meulen, Dik van der, *E. du Perron. Een korte biografie.* Den Haag, 1990.
Milo, T.H., *De invloed van de zeemacht op de geschiedenis der Vereenigde Oost-Indische Compagnie.* Den Haag, 1946.
Ming, Hanneke, 'Barracks-Concubinage in the Indies, 1887-1920', *Indonesia* 35 (april 1983), 65-93.
Mollema, J.C., *De eerste schipvaart der Nederlanders naar Oost-Indië 1595-1597.* Den Haag, 1936.
Mulder, Niels, *Mysticism & Everyday Life in Contemporary Java. Cultural Persistence and Change.* Singapore, 1978.
Mulder, Niels, 'Abangan Javanese Religious Thought and Practice', *Bijdragen tot de Taal-, Land- en Volkenkunde* 139 (1983), 260-7.
Mundy, Rodney, *Narrative of Events in Borneo and Celebes.* Londen, 1848 (2 delen).

Nieuwenhuys, Rob (onder pseud. E. Breton de Nijs), 'Kroniek of roman?', in *Singel 262* 10 (1957), 14-20.
Nieuwenhuys, Rob, 'Op zoek naar het land van herkomst. I. De "Indische jongen" Du Perron', *De Gids* 126: 7 (september 1963), 126-40.
Nieuwenhuys, Rob, 'The young Merchant in the Indies of 1863', in H. Baudet (red.), *Trade World and Worldtrade.* Rotterdam, 1963.
Nieuwenhuys, Rob, 'De houding van de Nederlanders in Indonesië zoals deze weerspiegeld wordt in de toenmalige letterkunde', *Bijdragen en mededelingen betreffende de geschiedenis der Nederlanden* 86 (1971), 62-9.

Nieuwenhuys, Rob, 'Herman Jan Friedericy', *Jaarboek van de Maatschappij der Nederlandse Letterkunde 1969-1970.* Leiden, 1971, 119-26.
Nieuwenhuys, Rob, 'De onbegrepen stille kracht', *Haagse Post,* 14 september 1974, 46-9.
Nieuwenhuys, Rob (onder pseud. E. Breton de Nijs), 'De dag dat ik geboren ben', *Vrij Nederland,* 1 september 1984, 13-4.
Nieuwenhuys, Rob, 'De *Oost-Indische spiegel* gespiegeld na dertien jaar', *Indische Letteren* 1: 1 (maart 1986), 3-12.

Olivier, J., in Bea Brommer (red.), *Reizend door Oost-Indie. Prenten en verhalen uit de 19e eeuw.* Utrecht, 1979 (oorspr. 1827-1830).

Ponder, H.W., *Javanese Panorama.* Londen, 1944.
Prins, P.C. Bloys van Treslong, 'Origineele bescheiden van en over Georgius Everhardus Rumphius', *Tijdschrift voor Indische Taal-, Land- en Volkenkunde* 69: 1-2 (1929), 426-35.

Resink, G.J., 'De afronding van de Indische belletrie', *De Nieuwe Stem* 14: 1 (jan. 1959), 44-58.
Resink, G.J., 'Bahoe Han', *Maatstaf* 9: 3 (juni 1961), 192.
Resink, G.J., *Indonesia's History between the Myths.* Den Haag, 1968.
Rietbergen, P.J.A.N., *De eerste landvoogd Pieter Both (1568-1615). Gouverneur-generaal van Nederlands-Indië (1609-1614).* (Linschoten Vereniging 86). Zutphen, 1987 (2 delen).
Romein, Jan, 'De ontdekking van Van Leur', *De Nieuwe Stem* 11: 7-8 (juli-aug. 1956), 416-37.

Salverda, Reinier, 'The Indonesian Connection. Dutch Literature of the East Indies in Comparative Perspective', in Johan P. Snapper en Thomas F. Shannon (red.), *Europe 1992. Dutch Literature in an International Context,* Lanham, Md., 1993.
Salverda, Reinier, 'Indisch-Nederlands in het Batavia van de jaren dertig. De roman *Goena Goena* van Caesar Kijdsmeir', *Indische Letteren* 9: 1 (maart 1994), 29-43.
Sastrowardoyo, Subagio, '*Max Havelaar* in de Indonesische samenleving', in Kees Groeneboer (red.), *Studi Belanda di Indonesia/Nederlandse Studiën in Indonesië.* Djakarta, 1989.
Savage, Victory R., *Western Impressions of Nature and Landscape in Southeast Asia.* Singapore, 1984.
Schmidt, Max C.P. (red.), *Franz Junghuhn. Biografische Beiträge zur 100. Wiederkehr seines Geburtstages.* Leipzig, 1909.
Scholte, Lin, *Anak Kompenie.* Den Haag, 1965.
Scholte, Lin, *Takdiran en andere verhalen.* Amsterdam, 1977.
Schrieke, B., *Indonesian Sociological Studies.* Den Haag, 1955.
Schutte, G.J., *De Nederlandse patriotten en de koloniën. Een onderzoek naar hun denkbeelden en optreden, 1770-1800.* Groningen, 1974.
Siegel, James T., 'Images and Odors in Javanese Practices Surrounding Death', *Indonesia* 36 (okt. 1983), 1-14.
Silva, H.J. da, 'Notes on the Royal Classical Javanese Dance-Group of the Sultanate of Jogjakarta', in het programma van een voorstelling in Den Haag, 1971.
Sirks, M.J., *Indisch natuuronderzoek.* Amsterdam, 1915 (Diss. Utrecht, 1915).
Sirks, M.J., 'Rumphius. The Blind Seer of Amboina', in Pieter Honig en Frans Verdoorn (red.), *Science and Scientists in het Netherlands Indies.* New York, 1945.
Skeat, W.W., *Malay Magic. An Introduction to the Folklore and Popular Religion of the Malay Peninsula.* Londen, 1965 (1ste druk 1900).
Smith, J.J., *Die Orchideen von Ambon.* Batavia, 1905.
Snoek, Kees, 'Max Havelaar in Indonesië. Een forum van opinies', *Over Multatuli* 21 (1988), 1-17.
Snoek, Kees, *De Indische jaren van E. du Perron.* Amsterdam, 1990.
Stapel, F.W., e.a. (red.), *Geschiedenis van Nederlandsch Indië.* Amsterdam, 1938-1940 (5 delen).
Steinmetz, C., 'Culturele gegevens uit familiepapieren', *Cultureel Indië* 4 (1942), 60-72; 173-82.

Strack, H.L., *Results of the Rumphius Biohistorical Expedition to Ambon (1990). Part 1, General Account and List of Stations.* (Monografieserie 'Zoölogische Verhandelingen' 289). Leiden, 1993.
Soekarno, *Sarinah, Panitya penerbit Buku-buku karangan presiden Sukarno.* Jakarta, 1963.
Soekarno, *De taak van de vrouw in de strijd van de Republiek Indonesia.* Amsterdam, 1966.
Sutherland, Heather, *The Making of a Bureaucratic Elite. The Colonial Transformation of the Javanese Priyayi.* Singapore, 1979.
Swarts, C., 'Eenige bijzonderheden over Frederik Houtman', *Kroniek van het Historische Genootschap* (1852), 362-71.
Swellengrebel, J.L., *In Leijdeckers voetspoor. Anderhalve eeuw bijbelvertaling en taalkunde in de Indonesische Talen.* (Proceedings of the Royal Institute for Linguistics, Geography, and Ethnography, 68 en 82). Den Haag, 1974 (2 delen).
Székely-Lulofs, M.H., *Onze bedienden in Indië.* Deventer, z.j.

Taylor, Jean Gelman, *The Social World of Batavia. European and Eurasian in Dutch Asia.* Madison, Wisc., 1983.
Termorshuizen, Gerard, 'P.A. Daum, journalist van Tempo Doeloe', in *Engelbewaarder Winterboek.* Amsterdam, 1978.
Termorshuizen, Gerard, *P.A. Daum, journalist en romancier van Tempo Doeloe.* Amsterdam, 1988.
Tirtaamidjaja, Nusjirwan, 'A Bedaja Ketawang Dance Performance at the Court of Surakarta', *Indonesia* 3 (april 1967), 31-61.
Tol, Roger, 'Een bloedig voorspel. De controleur van Gowa, H.J. Friedericy als rapporteur', *Indische Letteren* 2: 1 (maart 1987), 7-23.
Tuuk, Herman Neubronner van der, *De pen in gal gedoopt. Een keuze uit brieven en documenten,* red. Rob Nieuwenhuis, Amsterdam, 1982 (1ste druk 1962).

Unger, W.S. (red.), *De oudste reizen van de Zeeuwen naar Oost-Indië 1598-1604.* Den Haag, 1948.

Veer, Paul van 't, *De Atjeh-oorlog.* Amsterdam, 1969.
Veer, Paul van 't, *Het leven van Multatuli.* Amsterdam, 1979.
Veth, Bas, *Het leven in Nederlandsch Indië,* red. Rob Nieuwenhuys, Den Haag, 1977.
Vlekke, Bernard H.M., *Nusantara. A History of the East Indian Archipelago.* Cambridge, Mass., 1945.
Vreede-De Stuers, Cora, *L'Emancipation de la femme indonésienne.* Parijs, 1959.
Vreede-De Stuers, Cora, 'Kartini. Feiten en ficties', *Bijdragen tot de Taal-, Land,- en Volkenkunde* 121 (1965), 233-44.
Vreede-De Stuers, Cora, 'Een nationale heldin. R.A. Kartini', *Bijdragen tot de Taal-, Land- en Volkenkunde* 124 (1968), 386-93.
Vreede-De Stuers, Cora, 'Boekbespreking', *Bijdragen tot de Taal-, Land- en Volkenkunde* 136 (1980), 390-5.
Vries, J.W. de, 'Het Nederlands in Indonesië. I. Historische achtergronden', *Neerlandica Extra Muros* 41 (herfst 1983), 50-6.

Wall, V.I. van de, *Indische landhuizen en hun geschiedenis.* Batavia, 1932.
Wallace, Alfred Russel, *The Malay Archipelago.* Dover, 1962 (1ste druk 1869).
Walraven jr., Wim, *De groote verbittering. Herinneringen aan mijn vader.* 3de druk. Amsterdam, 1977.
Warmenhoven, A.A.J., 'De opleiding van Nederlandse bestuursambtenaren in Indonesië', in S.L. van der Wal (red.), *Besturen overzee. Herinneringen van oud-ambtenaren bij het binnenlands bestuur in Nederlandsch-Indië.* Franeker, 1977, 12-41.
Wertheim, W.F., *Indonesian Society in Transition.* Den Haag en Bandoeng, 1956.
Wierema, Thijs (red.), *Rob Nieuwenhuys. Leven tussen twee vaderlanden.* Amsterdam, 1982.
Wilkinson, R.J., *A Malay-English Dictionary.* Londen, 1959 (2 delen).
Winzeler, Robert L., 'The Study of Malay Magic', *Bijdragen tot de Taal-, Land- en Volkenkunde* 139 (1983), 435-58.

Wit, H.C.D. de, 'Georgius Everhardus Rumphius', in *Rumphius Memorial Volume*, 1-26.
Wit, H.C.D. de, 'Orchids in Rumphius' Herbarium Amboinense', in Joseph Arditti (red.), *Orchid Biology.* Ithaca, N.Y., 1977.
Wormser, C.W., *Frans Junghuhn.* Deventer, z.j.
Wormser, C.W., *Ontginners van Java.* Deventer, z.j.

Zwitzer, H.L. en C.A. Heshusius, *Het Koninklijk Nederlandsch-Indisch Leger 1830-1950.* Den Haag, 1977.

SECUNDAIRE BRONNEN, ALGEMEEN

Adams, Henry, *Novels. Mont Saint Michel. The Education.* (Library of America 14). New York, 1983.
Allen, Richard H., *Star Names. Their Lore and Meaning.* New York, 1963 (1ste druk 1899).
Alpers, Svetlana, *The Art of Describing. Dutch Art in the Seventeenth Century.* Chicago, 1984.
Alter, Robert, *A Lion for Love. A Critical Biography of Stendhal.* Cambridge, 1986 (1ste druk 1979).
Anderson, Benedict R.O'G., *Imagined Communities. Reflections on the Origin and Spread of Nationalism.* Londen, 1983.
Arendt, Hannah, *The Origins of Totalitarianism.* 2de uitgebr. druk. Cleveland, 1963 (1ste druk 1958).
Auden, W.H., *The Enchafèd Flood or The Romantic Iconography of the Sea.* New York, 1967.
Auerbach, Erich, *Mimesis. De weergave van de werkelijkheid in de westerse literatuur*, vert. Wilfred Oranje. Amsterdam, 1991.
Augros, Robert en George Stanciu, *The New Biology. Discovering the Wisdom in Nature.* Boston, 1987.
Aymard, Maurice (red.), *Dutch Capitalism and World Capitalism.* Cambridge, 1982.

Bachelard, Gaston, *La Poétique de l'espace.* Parijs, 1957.
Bachelard, Gaston, *The poetics of Space*, vert. Maria Jolas, New York, 1964.
Bachofen, J.J., *Myth, Religion, and Mother Right*, vert. Ralph Manheim, Princeton, 1973 (oorspr. 1841).
Baker, Carlos, *Ernest Hemingway. A Life Story.* New York, 1969.
Bakhtin, M.M., *The Dialogic Imagination*, vert. Caryl Emerson en Michael Holquist, Austin, 1981.
Bakhtin, M.M., *Problems of Dostoevsky's Poetics*, vert. en red. Caryl Emerson, Minneapolis, 1984.
Bakhtin, Mikhail, *Speech Genres and Other Late Essays*, vert. Vern W. McGee, Austin, 1986.
Ballard, G.A., *Rulers of the Indian Ocean.* Boston, 1928.
Barthes, Roland, *L'Empire des signes.* Genève, 1970.
Barthes, Roland, *La Chambre claire. Note sur la photographie.* Parijs, 1980.
Barthes, Roland, *Empire of Signs*, vert. Richard Howard, New York, 1982.
Bartstra, Gert-Jan, 'Some Remarks upon: Fossil Man From Java, his Age, and his Tools', *Bijdragen tot de Taal-, Land- en Volkenkunde* 139: 4 (1983), 421-34.
Bastet, F.L., *Een zuil in de mist. Van & over Louis Couperus.* Amsterdam, 1980.
Baudelaire, Charles, *Œuvres complètes*, red. Y.G. Le Dantec. (Bibliothèque de la Pléiade). Parijs, 1961.
Bausani, A., 'The first Italian-Malay Vocabulary by Antonio Pigafetta', *East and West*, NS, 11 (1960), 229-48.
Beekman, A.A., *Geschiedkundige atlas van Nederland.* Den Haag, 1912-1938 (7 delen).
Beekman, E.M., 'The Critic and Existence. An Introduction to Menno ter Braak', *Contemporary Literature* 9: 3 (zomer 1968), 377-93.
Beekman, E.M., *Homeopathy of the Absurd. The Grotesque in Paul van Ostaijen's Creative Prose.* Den Haag, 1970.
Beekman, E.M., 'The Universal Hue. Paul van Ostaijen's lyrisme à thème', *Dutch Crossing* 13 (1981), 42-60.

Beekman, E.M., 'Let It Be. The Ergatic Mode of Netherlandic Poetry and Art', in Theo D'haen (red.), *Verbal/Visual Crossing 1880-1980*. Amsterdam, 1990.
Belloc, Hilaire, *The Jews*. Londen, 1937.
Bemmelen, W. van, *Die Abweichung der Magnetnadel. Beobachtungen, Säcular-Variation, Wert- und Isogonensysteme bis zur Mitte des XVIIIten Jahrhunderts*. Batavia, 1899.
Benjamin, Walter, *Angelus Novus. Ausgewählte Schriften ii*. Frankfurt am Main, 1966.
Berg, J.H. van den, *Het menselijk lichaam*. Nijkerk, 1959 (2 delen).
Berg, W. van den, 'De Nederlandse romantiek, een verschijnsel in de marge?', *De Gids* 153: 2 (feb. 1990), 79-87.
Berger, John, *Keeping a Rendezvous*. New York, 1991.
Berger, John, en Jean Mohr, *Another way of telling*. New York, 1982.
Berlaer-Hellemans, Dina van, 'Twee romans uit de Forum-tijd: *Hampton Court* en *Het land van herkomst*. Deel ii: *Het land van herkomst*: het wonderlijke fatum van het individualisme', *Spiegel der Letteren* 21: 1 (1979), 3-25.
Bernlef, J., 'Het zwijgende goud. Over de verteltrant van A. Alberts', in J. Bernlef, Kees Fens en K. Schippers, *Inleiding tot de kennis van A. Alberts*. Amsterdam, 1986, 7-16.
Billacois, François, *The Duel. Its Rise and Fall in Modern France*, vert. en red. Trista Selous, New Haven, 1990 (1ste druk 1986).
Blacker, Irwin R. (red.), *The Portable Hakluyt's Voyages*. New York, 1965.
Bloom, Harold, *The Anxiety of Influence. A Theory of Poetry*. New York, 1975.
Blotner, Joseph, *Faulkner. A Biography*. New York, 1974 (2 delen).
Boer, Peter de, 'De wereld als strijdtoneel. De eenzame stellingen van Jeroen Brouwers en Eddy du Perron', in Hans Dütting (red.), *Over Jeroen Brouwers. Kritische motieven*. Baarn, 1987, 21-50.
Booth, Stanley, *Rythym Oil. A Journey through the Music of American South*. New York, 1992.
Booven, Henri van, *Leven en werken van Louis Couperus*. Den Haag, 1981 (1ste druk 1933).
Borgers, Gerrit, *Paul van Ostaijen. Een documentatie*. Den Haag, 1971 (2 delen).
Boswell, James, *Boswell in Holland, 1763-1764*, red. Frederick A. Pottle, New York, 1952.
Botting, Douglas, *Humboldt and the Cosmos*. New York, 1973.
Boxer, C.R., *The Dutch Seaborne Empire, 1600-1800*. New York, 1965.
Boxer, C.R., *The Portuguese Seaborne Empire, 1415-1825*. New York, 1970.
Braak, Menno ter, *Verzameld werk*. Amsterdam, 1950-1951 (7 delen).
Bridenbaugh, Carl, *Myths en Realities. Societies of the Colonial South*. New York, 1952.
Brommer, Bea, *Historische plattegronden van Nederlandse steden. Deel iv: Batavia*. Alphen aan den Rijn, 1992.
Brouwers, Jeroen, *Kroniek van een karakter*. Schoten, 1986-1987 (2 delen).
Brouwers, Jeroen, *De zondvloed*. Amsterdam, 1988.
Brouwers, Jeroen, *Het vliegenboek. Kladboek 3*. Amsterdam, 1991.
Brown, Robert, *The Road to Oxiana*. New York, 1982 (1ste druk 1937).
Bruijn, J.R. en E.S. van Eyck van Heslinga, *Muiterij. Oproer en berechting op de schepen van de VOC*. Haarlem, 1980.
Bulhof, Francis, *Over Het land van herkomst van E. du Perron*. Amsterdam, 1980.
Burton, Robert, *The Anatomy of Melancholy*, red. Thomas C. Faulkner, Nicolas K. Kiessling en Rhonda L. Blair. Oxford, 1989 (5 delen; oorspr. 1628).
Bush, Douglas, *English Literature in the Earlier Seventeenth Century 1600-1660*. New York, 1952 (1ste druk 1945).

Cable, George Washington, *The Grandissimes*. New York, 1988 (oorspr. 1880).
Campbell, Mary B., *The Witness and the Other World. Exotic European Travel Writing, 400-1600*. Ithaca, N.Y., 1988.
Camus, Albert, *Essais*, red. R. Quilliot en L. Faucon. (Bibliothèque de la Pléiade). Parijs, 1965.
Camões, Luiz de, *The Lusiads*, vert. L. Bacon, New York, 1950.

Carmichael, Elizabeth en Chloë Sayer, *The Skeleton at the Feast. The Day of the Dead in Mexico.* Austin, 1991.
Carpenter, Frederic Ives, *Emerson and Asia.* Cambridge, Mass., 1930.
Carrington, C.E., *The Life of Rudyard Kipling.* New York, 1955.
Cash, W.J., *The Mind of the South.* New York, 1960 (1ste druk 1941).
Cipolla, Carlo M., *Guns, Sails and Empires. Technological Innovation and the Early Phases of European Expansion 1400-1700.* New York, z.j. (1ste druk 1965).
Clayton, Bruce, *W.J. Cash. A Life.* Baton Rouge, 1991.
Clendinnen, Inga, *Aztecs. An Introduction.* Cambridge, 1991.
Conrad, Joseph, *A Set of Six.* Garden City, N.Y., 1915.
Conrad, Joseph, *Within the Tides. Tales.* New York, 1925 (1ste druk 1915).
Conrad, Joseph, *Notes on Life and Letters.* Garden City, N.Y., 1924.
Coomaraswamy, Ananda K., *Buddha and the Gospel of Buddhism.* New York, 1964 (1ste druk 1916).
Cooper, James Fenimore, *The Leatherstocking Tales*, deel i. (Library of America 26). New York, 1985.
Corstius, J.C. Brandt, 'De bouw van de Max Havelaar', in P.H. Dubois, G. Stuiveling e.a. (red.), *100 jaar Max Havelaar. Essays over Multatuli.* Rotterdam, 1962.
Croll, Morris W., *'Attic' and Baroque Prose Style. The Anti-Ciceronian Movement*, red. J. Max Patric en Robert O. Evans, Princeton, 1969.
Curtius, Ernst Robert, *European Literature and the Latin Middle Ages*, vert. Willard R. Trask, Princeton, 1973 (1ste druk 1948).

Dance, S. Peter, *The Art of Natural History. Animal Illustrators and their Work.* Woodstock, N.Y., 1978.
Dante Alighieri, *The Divine Comedy. Italian Text and Translation*, vert. en comm. Charles S. Singleton, Princeton, 1970-1973 (6 delen).
Darwin, Charles, *The Voyage of the Beagle.* Garden City, N.Y., 1962 (oorspr. 1859).
Davids, C.A., *Zeewezen en wetenschap. De wetenschap en de ontwikkeling van de navigatietechniek in Nederland tussen 1585 en 1815.* Amsterdam, z.j. [1985].
Davis, Keith F., *Désiré Charnay. Expeditionary Photographer.* Albuquerque, 1981.
Daws, Gavan, *A Dream of Islands. Voyages of Self-Discovery in the South Seas.* New York, 1980.
Deprez, Ada, *E. du Perron 1899-1940. Zijn leven en zijn werk.* Brussel en Den Haag, 1960.
Deyssel, Lodewijk van (onder pseudoniem A.J.), *Multatuli. Multatuli en Mr. J. van Lennep. Multatuli en de vrouwen.* Rotterdam, 1912 (1ste druk 1891).
Dubois, Pierre H., 'Werd Couperus onderbetaald?', *Maatstaf* 11: 3-4 (juni-juli 1963), 233-48.
DuBois, W.E.B., *Writings.* (Library of America 34). New York, 1986.
Dumas, Alexandre, *Les Trois Mousquetaires.* Parijs, 1967 (oorspr. 1844).

Edwards, Michael, 'Oh to meet an Army Man. Kipling and the Soldiers', in *Rudyard Kipling. The Man, his Work and his World.* John Cross (red.), Londen, 1972.
Eliot, T.S., *The Complete Poems and Plays, 1909-1950.* New York, 1971.

Farwell, Byron, *Mr. Kipling's Army.* New York, 1981.
Faulkner, William, *Big Woods.* New York, 1959.
Fens, Kees (red.), *Zo ik iets ben...* Amsterdam, 1974.
Fido, Martin, *Rudyard Kipling.* New York, 1974.
Fischer, David Hackett, *Albion's Seed. Four British Folkways in America.* Oxford, 1989.
Fleischman, Avrom, *The English Historical Novel. Walter Scott to Virginia Woolf.* Baltimore, 1971.
Fokkema, Douwe, en Elrud Ibsch, *Modernist Conjectures. A Mainstream in European Literature 1910-1940.* Londen, 1987.
Fowles, John, *Islands.* Boston, 1978.
Fowles, John, *The Tree.* Boston, 1980.

Frevert, Ute, *Ehrenmänner. Das Duell in der bürgerlichen Gesellschaft.* München, 1991.
Freud, Sigmund, 'De familieroman van de neuroticus', in *Mijn opvattingen over de rol van de seksualiteit in de etiologie der neurosen.* Meppel, 1985.
Furbank, P.N., *E.M. Forster. A Life.* New York, 1978.
Furst, Lillian R. (red.), *European Romanticism.* Londen, 1980.

Gardner, W.H. (red.), *Gerard Manley Hopkins. A Selection of his Poems and Prose.* Baltimore, 1953.
Gillispie, C.C. (red.), *Dictionary of Scientific Biography.* New York, 1971-1976 (14 delen).
Gilman, Richard, *Decadence. The Strange Life of an Epithet.* New York, 1979.
Gleason, Herbert, *Thoreau Country.* San Francisco, 1975.
Goedegebuure, J.L., *Romantische tradities in literatuur en literatuurwetenschap.* Amsterdam, 1987.
Goethe, J.W., *Italian Journey*, vert. W.H. Auden en Elizabeth Mayer, San Francisco, 1982 (1ste druk 1962).
Gogh, Vincent van, *Brieven*, red. Hans van Crimpen en Monique Berends-Albert, Den Haag, 1990 (4 delen).
Goor, J. van, 'Boekbesprekingen', *Bijdragen tot de Taal-, Land- en Volkenkunde* 137 (1981), 365-6.
Gosse, Edmund, 'Louis Couperus. A Tribute and a Memory', in *Silhouettes.* New York, 1925.
Gray, Richard, *The Literature of Memory. Modern Writers of the American South.* Baltimore, 1977.
Green, Martin, *Dreams of Adventure, Deeds of Empire.* New York, 1979.
Gross, Alan G., *The Rhetoric of Science.* Cambridge, Mass., 1991.
Gubernatis, Angelo de, *Zoological Mythology.* Detroit, 1968 (2 delen; oorspr. 1872).

Haasse, Hella S., 'De schijngestalten van Fancy', in G. Stuiveling (red.), *Multatuli.* Hasselt, 1970.
Hale, J.R., *Artists and Warfare in the Renaissance.* New Haven, 1990.
Hanlo, Jan, *Brieven*, red. Ser J.L. Prop, K. Schippers en Erica Stigter, Amsterdam, 1989 (2 delen).
Harrison, Fraser, *The Dark Angel. Aspects of Victorian Sexuality.* New York, 1977.
Harrison, Robert Pogue, *Forests. The Shadow of Civilization.* Chicago, 1992.
Havard, William C. en Walter Sullivan (red.), *A Band of Prophets. The Vanderbilt Agrarians after Fifty Years.* Baton Rouge, 1982.
Hegel, G.W.F., *The Philosophy of History*, vert. J. Sibree, New York, 1956.
Heidegger, Martin, *Poetry, Language, Thought*, vert. Albert Hofstadter, New York, 1975 (1ste druk 1971).
Helman, Albert, 'De stille kracht in het œuvre van Couperus', in Top Naeff e.a. (red.), *Over Louis Couperus.* Amsterdam, 1952.
Helms, Mary W., *Ulysses' Sail. An Ethnographic Odyssey of Power, Knowledge, and Geographical Distance.* Princeton, 1988.
Hermans, W.F., *De raadselachtige Multatuli.* Amsterdam, 1976.
Heyward, Du Bose, *Porgy.* Garden City, N.Y., 1928 (1ste druk 1925).
Heyward, Duncan Clinch, *Seed from Madagascar.* Chapel Hill, N.C., 1937.
Hocke, Gustav René, *Manierismus in der Literatur. Sprach-Alchimie und esoterische Kombinationskunst.* Reinbek bei Hamburg, 1959.
Holmes, Richard, *Coleridge. Early Visions.* Londen, 1989.
Hoogteijling, Jaap, 'Klad, net, druk. Van basismateriaal tot "Max Havelaar"', *Literatuur* 3: 5 (sept.-okt. 1986), 281-8.
Hopkins, Gerard Manley, *The Poems of Gerard Manley Hopkins*, red. W.H. Gardner en N.H. MacKenzie, Londen, 1967.
Houtzager, Guus, *Het een-én-het-ander. Over De tienduizend dingen van Maria Dermoût.* Leiden, 1991.
Hudson, W.H., *Green Mansion.* New York, 1944 (1ste druk 1904).
Huet, C. Busken, *Het land van Rembrandt. Studies over de Noordnederlandse beschaving in de zeventiende eeuw.* Amsterdam, 1987 (oorspr. 1882-1884).

Hugo, Victor, *Œuvres poétiques.* (Bibliothèque de la Pléiade). Parijs, 1968 (3 delen).
Humboldt, Alexander von, *Views of Nature: or Contemplations on the Sublime Phenomena of Creation.* Londen, 1850 (1ste druk 1808).
Humboldt, Alexander von, *Cosmos. A Sketch of a Physical Description of the Universe*, vert. E.C. Otté, New York, 1850 (2 delen).
Humboldt, Alexander von, *Gesammelte Werke.* Stuttgart, 1889 (12 delen).
Huxley, Aldous, *Collected Essays.* New York, 1958.
Hyam, Ronald, *Empire and Sexuality. The British Experience.* Manchester en New York, 1990.

Jansen, B.C.P., *Het levenswerk van Christiaan Eykman 1858-1930.* Haarlem, 1959.
Jarrell, Randall, *Poetry and the Age.* New York, 1953.
Jones, James, *From Here to Eternity.* New York, 1953 (1ste druk 1951).
Jongstra, Atte, *De multatulianen. 125 jaar Multatuli-verering en Multatuli-hulde.* Amsterdam, 1985.
Jordanova, L.J. (red.), *Languages of Nature. Critical Essays on Science and Literature.* New Brunswick, N.J., 1986.
Judd, Alan, *Ford Madox Ford.* Cambridge, Mass., 1991.
Jung, C.G., *Symbols of Transformation.* New York, 1962 (2 delen; 1ste druk 1952).
Jung, C.G., *Four Archetypes.* Princeton, 1970.
Jung, C.G., *Psychology and the East.* Princeton, 1978.

Kaufmann, Walter, 'Hegel's Ideas about Tragedy', in Warren E. Steinkraus (red.), *New Studies in Hegel's Philosophy.* New York, 1971.
Kazin, Alfred, *A Writer's America. Landscape in Literature.* New York, 1988.
Kellner, L., *Alexander von Humboldt.* Londen, 1963.
Kerényi, Carl, *The Gods of the Greeks.* Harmondsworth, 1958 (1ste druk 1951).
Kiely, Robert, *Robert Louis Stevenson and the Fiction of Adventure.* Cambridge, Mass., 1964.
Kierkegaard, Søren, *Concluding Unscientific Postscript*, vert. David F. Swenson, Princeton, 1941 (1ste druk 1846).
King, Peter, *Multatuli.* New York, 1972.
King, Richard H., *A Southern Renaissance. The Cultural Awakening of the American South 1930-1955.* New York, 1982 (1ste druk 1980).
Kipling, Rudyard, *The Seven Seas.* New York, 1896.
Kipling, Rudyard, *Something of Myself.* Garden City, N.Y., 1937.
Kipling, Rudyard, *A Choice of Kipling's Verse*, red. T.S. Eliot, New York, 1943.
Kockelmans, Joseph J. en Theodore J. Kisiel (red.), *Phenomenology and the Natural Sciences.* Evanston, Ill., 1970.
Kolakowski, Leszek, *Positivist Philosophy from Hume to the Vienna Circle*, vert. Norbert Guterman, Harmondsworth, 1972 (1ste druk 1966).
Kurosawa, Akira, *Something like an Autobiography*, vert. Audie E. Bock, New York, 1982.

Lach, Donald F., *Asia in the Making of Europe.* Chicago, 1977 (2 delen in 5 banden).
Landström, Björn, *The Ship.* Londen, 1961.
Lanier, Sidney, *Retrospects and Prospects. Descriptive and Historical Essays.* New York, 1899.
Lanzing, Fred, 'Gedane veldtochten, bekomen wonden, uitstekende daden, bijzondere verrichtingen en ontvangen belooningen', *Maatstaf* 5 (1982), 1-7.
Lenin, V.I., *Collected Works.* Moskou, 1968 (47 delen).
Lodge, David, *After Bakhtin. Essays on Fiction and Criticism.* Londen en New York, 1990.
Longford, Elizabeth. *A Pilgrimage of Passion. The Life of Wilfrid Scawen Blunt.* Londen, 1980.
Lowes, John Livingston, *The Road to Xanadu. A Study in the Ways of Imagination.* Boston, 1927.
Lyon, Thomas J., *This Incomparable Lande. A Book of American Nature Writing.* Boston, 1989.

McNeely, Jeffrey A., en Paul Spencer Wachtel, *Soul of the Tiger. Searching for Nature's Answers in Exotic Southeast Asia.* New York, 1988.
McNeill, William H., *The Pursuit of Power. Technology, Armed Force, and Society since AD 1000.* Chicago, 1982.
Major, R.H. (red.), *Early Voyages to Terra Australis, now called Australia.* Londen, 1859.
Malraux, André, *La Tentation de l'Occident.* Parijs, 1983 (1ste druk 1926).
Malraux, André, *Antimémoires*, Parijs, 1967.
Mann, Thomas, *Betrachtungen eines Unpolitischen.* Frankfurt am Main, 1983 (1ste druk 1918).
Mann, Thomas, *The Magic Mountain*, vert. H.T. Lowe-Porter, New York, 1961 (1ste druk 1927).
Mannoni, O., *Psychologie de la colonisation.* Parijs, 1950.
Mansfield, Katherine, *Novels and Novelists.* New York, 1930.
Mare, Walter de la, *Pleasures and Speculations.* Londen, 1940.
Marquand, John P., *Wickford Point.* Boston, 1939.
Marsman, H., *Verzameld werk.* Amsterdam, 1960.
Marx, Karl, *Karl Marx on Colonialism and Modernization*, red. Shlomo Avineri, New York, 1968.
Maugham, W. Somerset, *Collected Short Stories.* New York, 1963 (4 delen; 1ste druk 1951, 3 delen).
Maugham, W. Somerset, *Maugham's Malaysian Stories.* Kuala Lumpur, 1969.
Maurois, André, *Magiciens et logiciens.* Parijs, 1935.
Mauron, Charles, *Aesthetics and Psychology*, vert. Robert Fry en Katherine John, Londen, 1935.
Meijer, R.P., *Literature of the Low Countries.* Assen, 1971.
Meijer, R.P., 'Was Havelaar a Bully?', *Dutch Crossing* 10 (maart 1980), 2-6.
Mein, Margaret, 'Novalis a Precursor of Proust', *Comparative Literature* 23: 3 (zomer 1971), 217-32.
Miles, Josephine, *Eras and Modes in English Poetry.* Berkeley, 1964.
Milosz, Czeslaw, *The Land of Ulro*, vert. Louis Iribarne, New York, 1984.
Milosz, Czeslaw, *Beginning with my Streets. Essays and Recollections*, vert. Madeline G. Levine, New York, 1991.
Minkowski, Eugène, *Vers une cosmologie.* Parijs, 1936.
Minne, Richard, *Wolfijzers en schietgeweren*, red. R. Herreman en M. Roelants, Brussel, 1947.
Montaigne, Michel de, *The Complete Essays of Montaigne*, vert. Donald M. Frame, Standford, Cal., 1985 (1ste druk 1957).
Moorehead, Alan, *Darwin and the Beagle.* Harmondsworth, 1971.
Morson, Gary Saul, en Caryl Emerson, *Mikhail Bakhtin. Creation of a Prosaics.* Stanford, Cal., 1990.
Mosby, John S., *The Memoirs of Colonel John S. Mosby*, red. Charles Wells Russell, Boston, 1917.
Muir, John, *The Mountains of California.* San Francisco, 1989.
Murdoch, Iris, *Sartre. Romantic Realist.* Londen, 1967 (1ste druk 1953).

Nadeau, Maurice, *Grâces leur soient rendues. Mémoires littéraires.* Parijs, 1990.
Naipaul, V.S., *A Turn in the South.* New York, 1989.
Needham, Joseph, *Science and Civilization in China.* Cambridge, 1954 e.v. (7 delen).
Noble, Philippe, 'Du Perron et ses amis français', *Septentrion. Revue de culture néerlandaise* 10: 3 (dec. 1981), 2-9.
Noyes, Russel (red.), *English Romantic Poetry and Prose.* New York, 1956.

O'Connor, Flannery, *Mystery and Manners. Occasional Prose.* New York, 1969.
Olm, Rob van, *In de schaduw van het licht.* Amsterdam, 1991.
Ondaatje, Michael, *Running in the Family.* New York, 1982.
Ortega y Gasset, José, 'Het geluk van het jagen', in *Zelfinkeer en verbijstering. En drie andere essays*, vert. G.J. Geers. Den Haag, 1949.
Oshis, B.B., *Multatuli.* Moskou, 1971.
Osterholt, A.B., *Breitner en zijn foto's.* Amsterdam, 1974.
Otto, Walter, *The Homeric Gods*, vert. Moses Hadad, Boston, 1964.

Oversteegen, J.J. (red.), *Multatuli en de kritiek. Een bloemlezing uit de literatuur over Multatuli.* Amsterdam, 1970.
Oversteegen, J.J., *Vorm of Vent. Opvattingen over de aard van het literaire werk in de Nederlandse kritiek tussen de twee wereldoorlogen.* Amsterdam, 1970.
Oversteegen, J.J., *De redelijke natuur. Multatuli's literatuuropvatting.* Utrecht, 1987.

Padfield, Peter, *Tide of Empires. Decisive Naval Campaigns in the Rise of the West.* Londen, 1979.
Palmer, Roy (red.), *The Rambling Soldier. Life in the Lower Ranks, 1750-1900, through Soldier's Songs and Writings.* Harmondsworth, 1977.
Parks, George Bruner, *Richard Hakluyt and the English Voyagers.* New York, 1928.
Parr, Charles McKew, *Jan van Linschoten. The Dutch Marco Polo.* New York, 1964.
Parry, J.H., *The Age of Reconnaissance.* Berkeley, 1981 (1ste druk 1963).
Parry, J.H., *The Discovery of the Sea.* Berkeley, 1981 (1ste druk 1974).
Parry, J.H., *The Spanish Seaborne Empire.* New York, 1979.
Pascal, Blaise, *Les Pensées et œuvres choisies*, red. J. Dedieu, Parijs, 1937.
Paz, Octavio, *El mono gramático*, Barcelona, 1974.
Paz, Octavio, *Conjunctions and Disjunctions*, vert. Helen R. Lane, New York, 1982.
Penrose, Boies, *Travel and Discovery in the Renaissance, 1420-1620.* Cambridge, Mass., 1955.
Percy, Walker, *The Last Gentleman.* New York, 1966.
Percy, William Alexander, *Lanterns on the Levee. Recollections of a Planter's Son.* Baton Rouge, 1984 (1ste druk 1941).
Perelman, J.S., *The Swiss Family Perelman.* New York, 1987 (1ste druk 1950).
Perelman, J.S., *Don't Tread on Me. The Selected Letters of J.S. Perelman*, red. Prudence Crowther, New York, 1987.
Pia, Pascal, *Parler de Du Perron.* Utrecht, 1979.
Pierrot, Jean, *The Decadent Imagination, 1880-1900*, vert. Derek Coltman, Chicago, 1981.
Pinker, Steven, *The Language Instinct.* New York, 1994.
Piso, Gulielmus, *De Indiae utrisque re naturali et medica Libri Quatordecim.* Amsterdam, 1658.
Plomer, William, *Electric Delights*, red. Rupert Hart-Davis, Boston, 1978.
Pomeroy, Sarah B., *Goddesses, Whores, Wives and Slaves. Women in Classical Antiquity.* New York, 1975.
Porch, Douglas, *The French Foreign Legion. A Complete History.* New York, 1991.
Porter, Dennis, *Haunted Journeys. Desire and Transgression in European Travel Writing.* Princeton, 1991.
Praz, Mario, *The Romantic Agony*, vert. Angus Davidson, Cleveland, 1956 (1ste druk 1933).

Raleigh, (Sir) Walter, *Works.* Oxford, 1829 (8 delen).
Rambach, Pierre, *The Secret Message of Tantric Buddhism.* New York, 1979.
Rawlingson, H.G. (red.), *Narratives from Purchas His Pilgrimes.* Cambridge, 1931.
Richards, D.S. (red.), *Islam and the Trade of Asia.* Pittsburgh, 1970.
Richardson jr., Robert D., *Henry David Thoreau. A Life of the Mind.* Berkeley, 1986.
Riding, Alan, *Distant Neighbors. A Portret of Mexicans.* New York, 1985.
Ritter, P.H., 'Aantekeningen over de stijl van Louis Couperus', in Top Naeff e.a. (red.), *Over Louis Couperus.* Amsterdam, 1952.
Roggeman, Willem M., *Beroepsgeheim. Gesprekken met schrijvers*, deel v. Antwerpen, 1986.
Roland Holst, A., 'Over den mens Edgard du Perron', *Tirade* 17: 184-185 (feb.- maart 1973), 64-7.
Rosengarten, Theodore, *Tombee. Portret of a Cotton Planter.* New York, 1986.
Rousseau, J.-J., *La nouvelle Héloïse*, red. Daniel Mornet, Parijs, 1925 (4 delen; oorspr. 1760).
Rousseau, J.-J., *Œuvres complètes.* Parijs, 1969 (4 delen).
Rubin jr., Louis D. (red.), *I'll Take my Stand. The South and the Agrarian Tradition by Twelve Southerners.* Baton Rouge, 1983 (oorspr. 1930).

Rubin jr., Louis D., e.a. (red.), *The History of Southern Literature.* Baton Rouge, 1985.

Saley jr., A.S., 'The Introduction of Rice Culture into South Carolina', *Bulletins of the Historical Commission of South Carolina* 6 (1919), 3-23.
Sammons, Jeffrey L., *Heinrich Heine. The Elusive Poet.* New Haven, 1969.
Santillana, Giorgio de, *The Age of Adventure. The Renaissance Philosophers.* New York, 1956.
Sartre, J.-P., *L'être et le néant.* Parijs, 1943.
Saunders, E. Dale, *Mudra. A Study of Symbolic Gestures in Japanese Buddhist Sculpture.* Princeton, 1985 (1ste druk 1960).
Scammel, G.V., *The World Encompassed. The First European Maritime Empires c. 800-1650.* Londen, 1981.
Schama, Simon, *Patriots and Liberators. Revolution in the Netherlands 1780-1813.* New York, 1977.
Scheurleer, D.F. (red.), *Van varen en vechten, Verzen van tijdgenooten op onze zeehelden en zeeslagen, lof- en schimpdichten, matrozenliederen.* Den Haag, 1914 (3 delen).
Schopenhauer, Arthur, *Sämtliche Werke.* Leipzig, 1939 (2 delen).
Schopenhauer, Arthur, *Essays and Aphorisms*, vert. R.J. Hollingdale, Harmondsworth, 1970.
Schor, Naomi, *Reading in Detail. Aesthetics and the Feminine.* New York, 1987.
Séjourné, Laurette, *Burning Water. Thought and Religion in Ancient Mexico.* Berkeley, 1976 (1ste druk 1956).
Séjourné, Laurette, *El pensamiento Náhuatl cifrado por Los Calendarios.* Mexico (City), 1981.
Shapiro, Nat en Nat Hentoff (red.), *The Jazz Makers.* New York, 1957.
Simmel, Georg, *A Collection of Essays*, red. Kurt H. Wolff, Columbus, 1959.
Singal, Daniel Joseph, *The Man Within. From Victorian to Modernist Thought in the South, 1919-1945.* Chapel Hill, 1983.
Sloterdijk, Peter, *Critique of Cynical Reason*, vert. Michael Eldred, Minneapolis, 1987 (1ste druk 1983).
Smith, William Jay, *Army Brat. A Memoir.* New York, 1980.
Sontag, Susan, *Over fotografie*, vert. Henny Scheepmaker. Utrecht, 1981.
Sötemann, A.L., *De structuur van Max Havelaar. Bijdrage tot het onderzoek naar de interpretatie en evaluatie van de roman.* Utrecht, 1966 (2 delen).
Soustelle, Jacques, *The Daily Life of the Aztecs on the Eve of the Spanish Conquest*, vert. Patrick O'Brian, Stanford, 1962 (1ste druk 1961).
Southgate, B.C., '"Forgotten and Lost". Some Reactions to Autonomous Science in the Seventeenth Century', *Journal of the History of Ideas* 50: 2 (april-juni 1989), 249-68.
Spate, O.H.K., *The Pacific since Magellan; i. The Spanish Lake; ii. Monopolists and Freebooters.* Minneapolis, 1979, 1983.
Spengler, Oswald, *The Decline of the West*, vert. Charles Francis Atkinson, New York, 1989 (2 delen; 1ste druk 1923).
Spigt, P., *Keurig in de kontramine. Over Multatuli.* Amsterdam, 1975.
Stapel, F.W., *De Vereenigde Oostindische Compagnie in de Groote Oorlogen der XVIIde eeuw.* Groningen, 1932.
Starobinski, Jean, *L'oeil vivant.* Parijs, 1961.
Starobinski, Jean, *The Living Eye*, vert. Arthur Goldhammer, Cambridge, 1988.
Stendhal, *Selected Journalism from the English Reviews, with Translations of Other Critical Writings*, vert. en red. Geoffrey Strickland, Londen, 1959.
Stendhal, *Œuvres intimes*, red. V. Del Litto. (Bibliothèque de la Pléiade). Parijs, 1982 (2 delen).
Stendhal, *Het leven van Henry Brulard*, vert. C.N. Lijsen. Amsterdam, 1980.
Stevens, Wallace, *Opus Posthumus*, red. Milton J. Bates, New York, 1990 (1ste druk 1989).
Stevenson, Robert Louis, *Works.* New York, 1900 (24 delen).
Stevenson, Robert Louis, *Vailima Letters. Being Correspondence Addressed by Robert Louis Stevenson to Sidney Colvin.* New York, 1906 (2 delen).

Stix, Hugh, Marguerite Stix en R. Tucker Abbott, *The Shell.* New York, 1978.
Stowe, Harriet Beecher, *Three Novels.* (Library of America). New York, 1982.

Tanner, Tony, *Scenes of Nature, Signs of Men.* Cambridge, 1987.
Tate, Allen, *The Fathers.* Athens, Ohio, 1984 (1ste druk 1938).
Tate, Allen, *Memoirs and Opinions 1926-1974.* Chicago, 1975.
Taylor, William R., *Cavalier and Yankee. The Old South and American National Character.* New York, 1961.
Thomas, Keith, *Man and the Natural World. A History of the Modern Sensibility.* New York, 1983.
Thoreau, Henry David, *The Natural History Essays.* Salt Lake City, 1980.
Thoreau, Henry David, *A Week on the Concord and Merrimack Rivers; Walden; The Maine Woods; Cape Cod* (Library of America 28), red. Robert F. Sayre, New York, 1985.
Todorov, Tzvetan, *The Conquest of America. The Question of the Other.* New York, 1984 (1ste druk 1982).
Todorov, Tzvetan, *Mikhail Bakhtine. Le principe dialogique.* Parijs, 1981.
Tournier, Michel, *Le Vent Paraclet.* Parijs, 1979 (1ste druk 1977).
Tricht, H.W. van, 'Louis Couperus als briefschrijver', *Maatstaf* 11: 3 (1963), 145-232.
Tricht, H.W. van, *Louis Couperus. Een verkenning.* Den Haag, 1965.
Tucker, Susan, *Telling Memories among Southern Women. Domestic Workers and their Employers in the Segregated South.* New York, 1989 (1ste druk 1988).
Twain, Mark, *Mississippi Writings.* (Library of America). New York, 1982.

Unger, Richard W., *Dutch Shipbuilding before 1800.* Assen, 1978.

Veen, Hidde R.J. van der, 'Uit het kasboek van D'Ablaing', *Over Multatuli* 16 (1986), 54-70.
Veenstra, J.H.W., *D'Artagnan tegen Jan Fuselier. E. du Perron als Indisch polemist.* Amsterdam, 1962.
Veenstra, J.H.W., *Multatuli als lotgenoot van Du Perron.* Utrecht, 1979.
Veer, Paul van 't, *Geen blad voor de mond. Vijf radicalen uit de negentiende eeuw.* Amsterdam, 1958.
Veld, Roeland J. in 't, 'Mooi en lelijk in Nederland', *Hollands Maandblad* 31: 500-1 (juli-aug. 1989).
Vervoort, Hans (red.), *Sicco Roorda van Eysinga. Zijn eigen vijand.* Amsterdam, 1979.
Vestdijk, Simon, 'E. du Perron's grote anti-roman', in *Lier en lancet.* Den Haag, 1961 (2 delen).
Vestdijk, Simon, *Gestalten tegenover mij. Persoonlijke herinneringen.* Den Haag, 1962.
Vissers, Leo, *De harpe Amoret. Een studie over de verhalencyclus De tienduizend dingen van Maria Dermoût.* Roosendaal, 1990.
Vissink, Hendrik, *Scott and his Influence on Dutch Literature.* Zwolle, 1922.
Vogel, Albert, *Louis Couperus.* 2de herz. druk. Amsterdam, 1980 (1ste druk 1973).
Vogels, Kees, 'Walraven in Rotterdam (1907-1909)', *Het oog in't zeil* 9: 3 (apr. 1992), 9-13.

Warren, Austin, 'Instress of Inscape', in *Gerard Manley Hopkins by the Kenyon Critics.* Norfolk, 1945.
Weaver, Mike (red.), *The Art of Photography.* New Haven, 1989.
Weber, Max, *On Charisma and Institution Building. Selected Papers,* red. S.N. Eisenstadt, Chicago, 1968.
Welty, Eudora, *Delta Wedding.* New York, 1963 (1ste druk 1945).
Whitehead, Alfred North, *Adventure of Ideas.* New York, 1955 (1ste druk 1933).
Wiessing, H.P.L., *Bewegend portret. Levensherinneringen.* Amsterdam, 1960.
Williams, Tennessee, *Cat on a Hot Tin Roof.* New York, 1975 (1ste druk 1955).
Wilson, Charles, *The Dutch Republic and the Civilisation of the Seventeenth Century.* New York, 1968.
Wilson, Colin, *The Outsider.* Los Angeles, 1982.
Wilson, Edmund, *Patriotic Gore. Studies in the Literature of the American Civil War.* New York, 1962.
Wit, H.C.D. de, *Ontwikkelingsgeschiedenis van de biologie.* Wageningen, 1982 (2 delen).
Wit, Oscar de, *Met koele obsessie.* Amsterdam, 1979.

Wolfe, Thomas, *The Story of a Novel.* Londen, 1936.
Woodward, C. Vann, *Origins of the New South.* Baton Rouge, 1951.
Woodward, C. Vann, *Mary Chestnut's Civil War.* New Haven, 1981.
Woude, Johan van der, *Maria Dermoût. De vrouw en de schrijfster.* Den Haag, 1973.
Woudenberg, Gerda van, 'Couperus and his American Readers. Some Notes on the American Translations of his Novels and their Critical Reception', *Dutch Crossing* 36 (dec. 1988), 73-92.
Wyatt-Brown, Bertram, *Southern Honor. Ethics and Behavior in the Old South.* New York, 1983.

Yeats, W.B., *Essays and Introductions.* New York, 1961.

Zimmer, Heinrich, *The King and the Corpse. Tales of the Soul's Conquest of Evil,* red. Joseph Campbell, Princeton, 1973 (1ste druk 1956).
Zola, Emile, *Œuvres complètes.* Parijs, 1962-1970 (16 delen).
Zweig, Paul, *The Adventurer. The Fate of Adventure in the Western World.* Princeton, 1981 (1ste druk 1974).

REGISTER

verhalen, *zie* romans, mondelinge vertelvorm